Studien zur Außereuropäischen
Christentumsgeschichte
(Asien, Afrika, Lateinamerika)
―――――――――――――
Studies in the History of Christianity
in the Non-Western World

Herausgegeben von / Edited by
Klaus Koschorke & Johannes Meier

Band 18 / Volume 18

2011
Harrassowitz Verlag · Wiesbaden

Deutsche evangelische Kirche im kolonialen südlichen Afrika

Die Rolle der Auslandsarbeit von den Anfängen bis in die 1920er Jahre

Herausgegeben von
Hanns Lessing, Julia Besten, Tilman Dedering,
Christian Hohmann und Lize Kriel

im Auftrag der Träger und des Wissenschaftlichen Beirats
des Studienprozesses zur Rolle der deutschen evangelischen
Auslandsarbeit im kolonialen südlichen Afrika

2011

Harrassowitz Verlag · Wiesbaden

Gedruckt mit Unterstützung des Studienprozesses zur Rolle der deutschen evangelischen Auslandsarbeit, Wuppertal.

Umschlagabbildung: Grundmann, Reinhold, Kleiner Missions-Atlas zur Darstellung des evangelischen Missionswerkes nach seinem gegenwärtigen Bestande, Calw u. Stuttgart 1905, Nr. 3. Die roten Punkte markieren Missionsstationen und von Missionsgesellschaften betreute Siedlergemeinden

Bibliografische Information der Deutschen Nationalbibliothek
Die Deutsche Nationalbibliothek verzeichnet diese Publikation in der Deutschen Nationalbibliografie; detaillierte bibliografische Daten sind im Internet über http://dnb.d-nb.de abrufbar.

Bibliographic information published by the Deutsche Nationalbibliothek
The Deutsche Nationalbibliothek lists this publication in the Deutsche Nationalbibliografie; detailed bibliographic data are available in the internet at http://dnb.d-nb.de.

Informationen zum Verlagsprogramm finden Sie unter
http://www.harrassowitz-verlag.de

© Otto Harrassowitz GmbH & Co. KG, Wiesbaden 2011
Das Werk einschließlich aller seiner Teile ist urheberrechtlich geschützt.
Jede Verwertung außerhalb der engen Grenzen des Urheberrechtsgesetzes ist ohne Zustimmung des Verlages unzulässig und strafbar. Das gilt insbesondere
für Vervielfältigungen jeder Art, Übersetzungen, Mikroverfilmungen und
für die Einspeicherung in elektronische Systeme.
Gedruckt auf alterungsbeständigem Papier.
Druck und Verarbeitung: Memminger MedienCentrum AG
Printed in Germany
ISSN 1613-5628
ISBN 978-3-447-06535-1

Inhalt

Die Träger des Studienprozesses zur Rolle der deutschen
evangelischen Auslandsarbeit im kolonialen südlichen Afrika 1

Präses Nikolaus Schneider, Ratsvorsitzender der EKD
Geleitwort 3

**Der Studienprozess zur Rolle der deutschen evangelischen Auslandsarbeit
im kolonialen südlichen Afrika aus Sicht der Trägerkirchen und Missionswerke**

Bischof Martin Schindehütte 5

Bischof Nils Rohwer 11

Bischof Zephania Kameeta 12

Einleitung der Herausgeber und des Wissenschaftlichen Beirats

I. Historisches: Kurzer Überblick über die Geschichte der deutschen evangelischen
Auslandsarbeit im kolonialen südlichen Afrika bis zum Ende der 1920er Jahre 15

II. Theologisches: Ekklesiologische Anfragen
an die deutsche evangelische Auslandsarbeit 22

III. Methodisches: Zum Aufbau des Sammelbandes 29

IV. Theoretisches: Die Bedeutung der Diasporabegriffs für das Verständnis
der Geschichte der deutschen evangelischen Auslandsarbeit 38

V. Hermeneutisches: Zur Arbeitsweise und zu den Zielen des Forschungsprozesses 48

VI. Terminologisches: Zum Format und zur Begrifflichkeit des Sammelbandes 52

VII. Dank 54

Abkürzungen 57

Teil 1 - Die Auslandsarbeit deutscher Kirchen und Missionswerke

Kontakte und Transferbeziehungen

Britta Wellnitz
1. Die Etablierung der kirchlichen Auslandsdiasporafürsorge
als zentrale Gemeinschaftsaufgabe des deutschen Protestantismus im 19. Jahrhundert .. 59

Jürgen Kampmann
2. Der preußische Evangelische Oberkirchenrat und die evangelische Auslandsarbeit
im südlichen Afrika bis 1922 - Grundlinien der Entwicklung 87

Reinhard Wendt
3. Das südliche Afrika in der Öffentlichkeitsarbeit der Rheinischen Missionsgesellschaft
„Licht- und Schattenbilder" von der „Hebung heidnischer Völker"
in Zeiten des Kolonialismus 107

Ideen und Konzepte

Hanns Lessing
4. „Außenhin begrenzt, im Innern unbegrenzt"
Der nationalistische Imperialismus Wilhelms II. 121

Hanns Lessing
5. Evangelische „Diasporafürsorge" im „größeren Deutschland" 139

Jens Ruppenthal
6. „Kirchennahe" Kolonialpropaganda im Kaiserreich - Zum Stellenwert von
Auswanderung und Mission bei Friedrich Fabri, Ernst Fabarius und Paul Rohrbach 159

Jürgen Kampmann
7. „Festhalten an der Nationalität und am Glauben der Väter"
Kolonie und „Deutschtum" in der deutschen theologischen Diskussion bis 1922 175

Kathrin Roller
8. Die Seelen der ‚Anderen' - Theologische Debatten um Ethik und Humanität
in der deutschen Kolonialzeit um 1907/08 193

Teil 2 - Entstehung, Entwicklung und Selbstverständnis der deutschsprachigen Minderheiten im südlichen Afrika

Formation und Konsolidierung

Martin Eberhardt
9. Die deutsche Siedlergemeinschaft in Namibia 211

Lothar Engel
10. „... und dass wir Pfarrer ausgesprochene Träger des Deutschtums sind"
Zur Geschichte der deutschsprachigen evangelischen Gemeinden in Namibia 225

Reino Ottermann
11. Deutschsprachige Siedlergemeinschaften in Südafrika 255

Tilman Dedering
12. Die deutsche Minderheit in Südafrika während des Ersten Weltkrieges 269

Georg Scriba
13. Chronologie der lutherischen Kirchengeschichte Südafrikas (1652-1928) 285

Kulturelle Identitäten

Gunther Pakendorf
14. Die deutsche Sprache als konstituierendes Element
deutscher Siedlergemeinschaften 307

Lize Kriel und Maren Bodenstein
15. Die Rolle der Frauen in deutschen Siedlergemeinschaften nach dem Ende
des Kaiserreichs - „Zugeschriebene, abgelehnte und akzeptierte Identitäten"
erforscht anhand von Printmedien und Erinnerungen 323

Fallbeispiele

Lothar Engel
16. Gründung der deutschen evangelischen Gemeinde Swakopmund
im Kontext des Elends der besiegten Herero und Nama 349

Rudolf Hinz
17. „An die Freunde der Colonie und des Reiches Gottes in der Heimath"
Missionsgemeinde für „Farbige" und Kirchengemeinde für „Weiße"
Von den Anfängen in Windhoek 367

Christian Hohmann
18. Die Beziehungen der deutschsprachigen lutherischen Gemeinden in der Kapregion
zur Lutherischen Kirche in Hannover (1652 bis 1895) 393

Lizette Rabe
19. Die „Bauernmission", der britische Kolonialismus und das religiös-kulturelle Erbe
der „Bauernsiedlung" Philippi 419

Siedlerkirchen im Vergleich

Kevin Ward
20. Deutsche Lutheraner und englische Anglikaner im südlichen Afrika bis 1918
Eine gemeinsame und eine divergierende Geschichte 435

Marcus Melck
21. Kroondal im Kontext des Südafrikanischen Krieges
Die Beziehungen deutschsprachiger Siedler zu Buren und Afrikanern 455

Teil 3 - Konsequenzen deutscher Einwanderung:
Siedlergemeinschaften, Missionswerke und afrikanische Gesellschaften

Rassismus und Ausgrenzung

Hanns Lessing
22. „In der Nähe dieser Wasserstellen sollen Konzentrationslager errichtet werden"
Eine theologische Rekonstruktion der Rolle der Rheinischen Missionsgesellschaft
während des Kolonialkrieges in Namibia (1904-1908) 471

Fritz Hasselhorn
23. „Warum sollen wir nicht mehr in dem Gotteshause da oben feiern?"
Die Trennung der Gemeinden in Hermannsburg (Natal) 497

Dorothee Rempfer
24. „Gemeinsam, getrennt, hierarchisch" - Das Bildungs- und Erziehungskonzept
der Rheinischen Missionsgesellschaft im südlichen Afrika 511

Christian Hohmann
25. Zwischen Vision und Kompromiss - Die Arbeit der Herrnhuter und der
Hermannsburger Mission in Missions- und Siedlergemeinden im kolonialen Südafrika 523

Landkonflikte

Reinhart Kößler
26. Land und Mission im Süden Namibias 555

André Saenger
27. Die Landpolitik der Rheinischen Missionsgesellschaft in Deutsch-Südwestafrika
von 1890 bis 1904 - Die Auswirkungen des Falls Rietmond-Kalkfontein 569

Martin von Fintel
28. Die Rolle von Landbesitz - Deutsche protestantische Missionen und Landerwerb
in Südafrika 581

Stimmen aus den Kirchen zum Umgang mit den Folgen des Kolonialismus

Paul John Isaak
29. Kulturelle Dominanz und geistige Sklaverei - Die Rolle protestantischer deutscher
und einheimischer Missionare im kolonialen Namibia 591

Bischof Martin Schindehütte
30. Predigt zu Johannes 8, 28-36 bei der Abschlusstagung des Studienprozesses
zur Rolle der deutschen evangelischen Auslandsarbeit im kolonialen südlichen Afrika
am 4. Juli 2010 in Wuppertal 613

Wolfram Kistner
31. Grußwort zum 150jährigen Jubiläum der Hermannsburger Schule in Natal
(28.-30. April 2006) 619

Verzeichnisse

Quellenverzeichnis
Unveröffentlichte Quellen 623
Veröffentlichte Quellen 629
Zeitungen und Zeitschriften... 641

Literatur.. 645

Register
Bibelstellen... 675
Historische Personen 675
Orte, Volksgruppen, Länder und Staaten.. 685
Sachen 692

Autorinnen und Autoren 705

Die Träger des Studienprozesses zur Rolle der deutschen evangelischen Auslandsarbeit im kolonialen südlichen Afrika

Evangelische Kirche in Deutschland (EKD)

Evangelische Kirche im Rheinland (EKiR)

Evangelisch-Lutherische Landeskirche Hannovers

Vereinigte Evangelisch-Lutherische Kirche Deutschlands (VELKD)

Evangelisches Missionswerk in Deutschland (EMW)

Berliner Missionswerk (BMW)

Ev.-luth. Missionswerk in Niedersachsen (ELM)

Vereinte Evangelische Mission (VEM)

Evangelisch-Lutherische Kirche im Südlichen Afrika am Kap (ELKSA-Kapkirche)

Evangelisch-Lutherische Kirche im Südlichen Afrika Natal Transvaal (ELKSA-N-T)

Evangelical Lutheran Church in Southern Africa (ELCSA)

Evangelisch-Lutherische Kirche in Namibia (Deutsche Evangelisch-Lutherische Kirche) (ELKIN [DELK])

Evangelical Lutheran Church in the Republic of Namibia (ELCRN)

Evangelical Lutheran Church in Namibia (ELCIN)

Geleitwort

Präses Nikolaus Schneider, Ratsvorsitzender der EKD

„Wer Versöhnung ermöglichen will, muss zur Erinnerung bereit sein": So heißt es in einer Stellungnahme des damaligen Ratsvorsitzenden der EKD, Bischof Wolfgang Huber, anlässlich der Gedenkfeiern im August 2004 zum Völkermord an den Herero.

Dieser Satz beschreibt auch die Zielrichtung des „Studienprozesses zur Aufarbeitung der Rolle der deutschen evangelischen Auslandsarbeit im kolonialen südlichen Afrika", dessen Ergebnisse in diesem Buch veröffentlicht werden. Dieser Prozess wurde 2007 vom Rat der EKD in Auftrag gegeben. Laut Ratsbeschluss sollte es ein wissenschaftlicher und ergebnisoffener Studienprozess sein, in dem Historiker und Kirchengeschichtler die Anfänge der deutschen evangelischen Auslandsarbeit sowie der Missionsarbeit und deren Rolle in den kolonialen Zusammenhängen in Namibia und Südafrika untersuchen sollten. Landeskirchen und Missionswerke sowie deren Partnerkirchen wie auch die Partnerkirchen der EKD in Namibia und Südafrika wurden eingeladen, sich ideell, personell und finanziell an diesem Prozess zu beteiligen. Erfreulicherweise haben alle die Einladung angenommen und den Studienprozess nicht nur als Träger mit verantwortet und gefördert, sondern auch auf mehreren Tagungen Vorarbeiten und Zwischenergebnisse reflektiert und hilfreiche Hinweise für die Weiterarbeit gegeben. Das hat dazu beigetragen, dass nicht nur eine intensivere Auseinandersetzung mit der eigenen leidvollen und schuldbeladenen Geschichte stattfand, sondern darüber hinaus auch unter den Trägern ein Vertrauen und eine Offenheit gewachsen ist, die Trennungen und Vorbehalte der Vergangenheit überwinden half.

Danken möchte ich allen, die zum Gelingen des Studienprozesses und zur Veröffentlichung seiner Ergebnisse beigetragen haben: den als Träger beteiligten deutschen Landeskirchen und Missionswerken sowie den lutherischen Kirchen in Namibia und Südafrika, den Historikern und Kirchenhistorikern im Wissenschaftlichen Beirat, die die wissenschaftliche Begleitung, Förderung und Verantwortung geleistet haben, den vielen Autorinnen und Autoren aus dem südlichen Afrika und aus Deutschland und den Mitgliedern des Koordinierungsausschusses, die den Prozess organisiert haben. Allen genannten ist auch deshalb zu danken, weil ihr Einsatz über die drei Jahre des Prozesses hinweg weitgehend ehrenamtlich erfolgte. Namentlich genannt seien hier besonders Dr. Thorsten Altena, Dr. Hanns Lessing, Julia Besten, Dr. Christian Hohmann, Dieter Schütte und Oberkirchenrätin Dr. Ruth Gütter aus Deutschland sowie Prof. Lize Kriel und Prof. Tilman Dedering aus Südafrika.

Von der Wissenschaftlichkeit der vorgelegten Ergebnisse kann sich jede Leserin und jeder Leser überzeugen und eine eigene Einschätzung gewinnen.

Ich kann und will nicht vorwegnehmen, was die Träger des Studienprozesses für sich aus den hier vorliegenden Ergebnissen an Schlussfolgerungen ziehen. Dazu bedarf es je einer genauen Kenntnisnahme und gründlichen Reflektion der Ergebnisse.

Mein großer Wunsch als Ratsvorsitzender der EKD ist jedoch, dass die Aufarbeitung der kolonialen Vergangenheit allen Beteiligten hilft, als Kirche Jesu Christi nicht nur Vergangenes besser zu verstehen, sondern auch Schuld – unsere eigene und die unserer Vorfahren – zu erkennen, Vergebung zu erbitten und zu gewähren. Als Christinnen und Christen leben wir aus der Gnade Gottes, die uns hilft zu unserer Schuld und unserer Verantwortung zu stehen. Wir können darin Vorbild für andere sein in der Art und Weise, wie wir mit den Schatten unserer Geschichte umgehen. So können Wunden der Vergangenheit heilen und wir werden dazu befreit, als Christinnen und Christen in unseren Kirchen mit neuer Perspektive die Herausforderungen der Gegenwart anzugehen. Als EKD freuen wir uns über alle Schritte, die der Versöhnung zwischen den verschiedenen lutherischen Kirchen im südlichen Afrika dienen, und werden auch weiterhin die Prozesse auf dem Weg zur Einheit nach unseren Kräften fördern und begleiten, ohne dabei in koloniale Haltungen zurückzufallen.

In diesem Sinne wünsche ich mir, dass dieses Buch nicht nur viele aufmerksame Leserinnen und Leser findet, sondern dass es auch dazu beitragen möge, die vielfältigen partnerschaftlichen kirchlichen Beziehungen zwischen Deutschland und dem südlichen Afrika noch mehr zu vernetzen, sie zu stärken und zu vertiefen.

Der Studienprozess zur Rolle der deutschen evangelischen Auslandsarbeit im kolonialen südlichen Afrika aus Sicht der Trägerkirchen und Missionswerke

Bischof Martin Schindehütte

Leiter der Abteilung Ökumene und Auslandsarbeit im Kirchenamt der EKD

Das vorliegende Buch umfasst die Ergebnisse eines Studienprozesses zur Aufarbeitung der Rolle der deutschen evangelischen Auslandsarbeit im kolonialen südlichen Afrika. Nicht nur die Ergebnisse sind höchst spannend, sondern auch der Prozess selbst ist es. In ihm haben Frauen und Männer aus unterschiedlichen Bereichen zusammengewirkt: aus Geschichte und Kirchengeschichte, aus den Kirchen und den Missionswerken, aus dem südlichen Afrika und aus Deutschland.

Dafür sei allen Beteiligten sehr herzlich gedankt!

Weil die verschiedenen geographischen, kulturellen wie auch fachlichen Perspektiven den Prozess nicht nur aus wissenschaftlicher, sondern auch aus kirchenpolitischer Sicht zu einem spannenden und ertragreichen werden ließen, sollen Entstehung und Verlauf des Studienprozesses zunächst aus Sicht der deutschen kirchlichen Träger dargestellt werden, bevor sich Darstellungen aus der Perspektive der Kirchen im südlichen Afrika anschließen.

Vorgeschichte des Studienprozesses

Anstöße zur Durchführung des Studienprozesses kamen von Initiatoren aus der Evangelischen Kirche im Rheinland (EKiR) und der Vereinten Evangelischen Mission VEM, die 2004 zum 100-jährigen Gedenken an den Völkermord an den Herero einige Veranstaltungen durchgeführt haben – zum Beispiel einen Gedenkgottesdienst und eine Tagung mit den namibischen Mitgliedskirchen sowie eine bemerkenswerte Ausstellung. Die Landessynode der Evangelischen Kirche im Rheinland und die Vereinte Evangelische Mission bekannten sich 2004 zu ihrer geschichtlichen Verantwortung im Hinblick auf den Völkermord in Namibia. Sie forderten auch die EKD auf, sich ebenfalls zu ihrer Verantwortung zu bekennen, und regten an, einen Studienprozess zur Aufarbeitung der Kolonialvergangenheit durchzuführen.[1] Der damalige Ratsvorsitzende der EKD, Bischof Wolfgang Huber, erklärte 2004 in einem Rundfunkbeitrag und einer Presseerklärung, dass die Kirchen in jener Zeit durch ihre Zusammenarbeit mit den Kolonialbehörden mitschuldig geworden seien, und verwies darauf, dass die deutschen evangelischen Kirchen schon zur Unabhängigkeit Namibias 1990 ihre Schuld bekannt und die Menschen in Namibia um Vergebung gebeten haben.[2] „Wer Versöhnung ermöglichen will, muss zur Erinnerung

---
1 Synodenbeschluss 2004, www.ekir.de.
2 Siehe Pressemeldung 2004 www.ekd.de/aktuell_presse/news_2004_08_14_1_rv_rbb_hereros.html. Auch der Ratsvorsitzende und der Präses der EKD-Synode baten im Jahr 2004 einen Vertreter der He-

bereit sein" – dieser Satz aus der Rundfundansprache lässt sich bereits als eine Einladung zu dem Studienprozess interpretieren und formuliert schon die Zielrichtung und die Hoffnung, die sich für die Träger mit diesem Prozess verbinden.

Ein weiterer Anstoß zur Durchführung des Studienprozesses kam aus den Diskussionen, die der Mainzer Arbeitskreis Südliches Afrika (MAKSA) anregte, als er die EKD aufforderte, ihre Verträge mit den sogenannten „weißen lutherischen Apartheidskirchen" zu kündigen. In diesen kontroversen Diskussionen wurde auch vorgeschlagen, die Entstehungsgeschichte der sogenannten „Siedlerkirchen" wie auch der „Missionskirchen" genauer zu untersuchen.[3] Jedoch war hier noch die Absicht, den Studienprozess mit kirchenpolitischen Forderungen zu verknüpfen. So heißt es in einem Exposé für einen Ratsbeschluss aus dem Jahr 2006: „Die historische Arbeit soll unter eine handlungsleitende Perspektive gestellt werden. Sie soll exemplarisch am Beispiel Südafrika und Namibia darstellen, wie aus der kritischen Rezeption der Kolonialgeschichte die Partnerschaftsbeziehungen zwischen Deutschland und dem südlichen Afrika in Zukunft gestaltet werden können."[4] Der Rat der EKD hat in seiner Sitzung am 21. und 22.4.2006 grundsätzlich der Durchführung eines Studienprozesses zur Aufarbeitung der Rolle der evangelischen Kirchen in der Kolonialvergangenheit im südlichen Afrika zugestimmt, dabei jedoch deutlich gemacht, dass er nur eine unabhängige wissenschaftliche Aufarbeitung in Auftrag geben kann und eine Vermischung von historischen und kirchenpolitischen Fragen ablehnt.[5]

In den Gesprächen des Kirchenamtes mit den Initiatoren wurde schließlich ein Exposé erarbeitet, das die Grundlage für einen „unabhängigen, wissenschaftlichen und ergebnisoffenen"[6] Forschungsprozess bildete.

Beschluss des Rates der EKD 2007

Nachdem diese Einigkeit erzielt worden war, stimmte der Rat der EKD in seiner Sitzung am 11. und 12.5.2007 der Durchführung eines solchen Prozesses zu. Da der Prozess sich mit einem kirchenpolitisch umstrittenen und sensiblen Inhalt befassen sollte, wurde ebenfalls beschlossen, eine möglichst breite Partizipation all derer zu gewährleisten, die von der Kolonialgeschichte betroffen waren. Ein Koordinierungsausschuss, der zur Geschäftsführung des Studienprozesses eingerichtet wurde, bekam den Auftrag, folgende Kirchen und Missionswerke als Träger dieses Prozesses zu gewinnen:

- Evangelische Kirche im Rheinland (EKiR)
- Evangelisch-Lutherische Landeskirche Hannovers
- Evangelisches Missionswerk in Deutschland (EMW)
- Vereinte Evangelische Mission (VEM)
- Ev.-luth. Missionswerk in Niedersachsen (ELM)
- Berliner Missionswerk (BMW)
- Evangelisch-Lutherische Kirche im Südlichen Afrika (Natal-Transvaal) (ELKSA-N-T)

---

rero in Magdeburg um Vergebung.
Siehe www.ekd.de/synode2004/grussworte_magdeburg2004_herero.html.
3 Vgl. Ratsvorlage 21/22.4.2006 , AZ 0232/2, Band 1, 5-7.
4 Siehe Exposé im Anhang der Rastvorlage 21./22.4.2006, AZ 0232/2 Band 1, 2.
5 Vgl. Ratsvorlage.
6 Ibid.

- Evangelisch-Lutherische Kirche im Südlichen Afrika am Kap (ELKSA- Kapkirche)
- Evangelisch-Lutherische Kirche in Namibia, (Deutsche Evangelisch-Lutherische Kirche) (ELKIN [DELK])
- Evangelical Lutheran Church in Southern Africa (ELCSA)
- Evangelical Lutheran Church in the Republic of Namibia (ELCRN)
- Evangelical Lutheran Church in Namibia (ELCIN)

Erfreulicherweise erklärten sich alle eingeladenen Kirchen und Missionswerke bereit, als Träger an dem Studienprozess mitzuwirken. 2008 kam als Mitträger auch noch die Vereinigte Evangelisch-Lutherische Kirche Deutschlands (VELKD) hinzu.

Die EKD erklärte sich bereit, 50 Prozent der Kosten zu übernehmen, die übrigen 50 Prozent wurden unter den anderen Trägern aufgeteilt.

Um die unabhängige, wissenschaftliche und ergebnisoffene Durchführung des Studienprozesses zu gewährleisten, wurde ein wissenschaftlicher Beirat eingerichtet, der die fachliche Arbeit verantwortete, Autoren gewann und die Ergebnisse auf seine Wissenschaftlichkeit hin prüfte.

Um Mitarbeit im wissenschaftlichen Beirat wurden gebeten:

- Dr. Thorsten Altena (Geschäftsführung)
- Rudolf Hinz, Oberkirchenrat i.R. (Christian-Albrechts-Universität zu Kiel)
- Prof. Dr. Jürgen Kampmann, Kirchengeschichte (Eberhard-Karls-Universität Tübingen)
- Prof. Dr. Klaus Koschorke, Kirchengeschichte (Ludwig-Maximilians-Universität München)
- Prof. Dr. Christoph Marx, Historiker, Historisches Institut (Universität Duisburg-Essen)
- Prof. Dr. Reinhard Wendt, Historiker (Fernuniversität in Hagen)

Auch hier folgten dankenswerter Weise alle Gefragten der Bitte um Mitarbeit. Prof. Dr. Lize Kriel und Prof. Dr. Tilman Dedering aus Südafrika waren dem Beirat assoziiert und haben den Kontakt mit den Autoren aus Südafrika und Namibia koordiniert. Der Wissenschaftliche Beirat hat mit seinem großen fachlichen und zeitlichen Einsatz, der rein ehrenamtlich erfolgte, ganz maßgeblich zum Gelingen des Studienprozesses beigetragen. Er hat von 2007 bis 2011 mehrmals jährlich getagt, dazu noch mehrere Tagungen vorbereitet und durchgeführt. Einige Mitglieder sind sogar zum Austausch mit Autorinnen und Autoren sowie Trägern ins südliche Afrika gereist. Für diesen Einsatz gebührt allen Mitgliedern des Beirates großer Dank und Anerkennung.

Zur Organisation des Prozesses und zur Koordinierung der Anliegen der Träger wurde ein Koordinierungsausschuss eingerichtet. In diesem arbeitete als Vorsitzender Dr. Hanns Lessing, als Geschäftsführerin Julia Besten (Archiv- und Museumsstiftung der VEM) sowie Dr. Christian Hohmann (Ev. Kirche von Westfalen), Dieter Schütte (ELM) und Oberkircherätin Dr. Ruth Gütter (Kirchenamt der EKD) mit.

Die Mitglieder des Koordinierungsausschusses arbeiteten eng mit dem wissenschaftlichen Beirat zusammen und nahmen regelmäßig an dessen Sitzungen teil.

Auch den Mitgliedern des Koordinierungsausschusses ist für ihren großen und engagierten ehrenamtlichen Einsatz sehr zu danken.

Impulstagung 2007 in Hofgeismar

Vom 30.10. bis zum 1.11.2007 fand in Hofgeismar als Auftakt des Studienprozesses eine „Impulstagung" mit Vertreterinnen und Vertretern fast aller Trägerorganisationen sowie den Mitgliedern des wissenschaftlichen Beirates und des Koordinierungsausschusses statt, bei der sich der Trägerkreis offiziell konstituierte. Die Träger tauschten sich über ihren Umgang mit der Kolonialgeschichte sowie ihre Erwartungen an den Studienprozess aus. Die Wissenschaftler gaben eine erste Einführung in den Forschungsstand. Am Ende wurden in einer „Hofgeismarer Erklärung" Verabredungen zu Mandat, Struktur und Zeitplan des Forschungsprojektes getroffen. Dort heißt es: „Beschlossen wird die folgende Zielsetzung: Der Studienprozess unternimmt eine unabhängige wissenschaftliche und ergebnisoffene Untersuchung zu Gestalt und Wirkung der deutschen evangelischen Auslandsarbeit während der Kolonialzeit im Bereich des südlichen Afrika. Grundlage dafür ist das Exposé, wie es dem Rat der EKD vorgelegen hat. [....] Die Ergebnisse werden auf einer öffentlichen Fachtagung vorgestellt und in angemessener Weise publiziert [...]. Der Studienprozess untersucht die kolonialen Verflechtungen evangelischer Kirchen und Missionswerke aus Deutschland oder deutschen Ursprungs im südlichen Afrika und berücksichtigt dabei insbesondere die Rolle und Bedeutung der Arbeit von evangelischen Kirchen, Missionen, Werken und Vereinen in der Organisation deutscher Siedler von den Anfängen der Besiedlung bis zur Gründung des Deutschen Evangelischen Kirchenbundes im Jahr 1922 [...]. Der Studienprozess ist partizipatorisch angelegt."[7]

Bemerkenswert bei dieser Impulstagung war die große Offenheit sowie die vertrauensvolle und sensible Haltung, mit der man sich begegnete und sich einem Thema stellte, das die Schattenseite und Schmerzpunkte der eigenen Vergangenheit berührte. Dies ist umso bemerkenswerter angesichts der Tatsache, dass sich die Kommunikation zwischen einigen Trägern in den vergangenen Jahren und Jahrzehnten sehr sparsam und nicht ohne Probleme gestaltete. Dieser gute Geist der Impulstagung hat erfreulicherweise auch die weiteren Tagungen des Studienprozesses geprägt.

Forschungsphase

Von November 2007 bis Ende 2010 schloss sich die eigentliche Forschungsphase an. Der Wissenschaftliche Beirat stellte eine Themenliste[8] auf, gewann Autorinnen und Autoren, begleitete deren Arbeit und führte mehrere Workshops und Tagungen durch, um den jeweiligen Forschungsstand mit den Wissenschaftlern und den Trägern zu diskutieren. Im Oktober 2008 fand in Pretoria, Südafrika, ein Workshop mit Wissenschaftlern und Wissenschaftlerinnen der School of Graduate Studies der Universität von Südafrika (UNISA) sowie der Abteilung Geschichte der Universität Pretoria (UP) statt, der sehr wichtig war, um den Studienprozess dort vorzustellen, die Debatten zum Umgang mit der Kolonialvergangenheit im südlichen Afrika besser kennenzulernen und in den Studienprozess zu integrieren. Der Workshop war auch hinsichtlich der Gewinnung von Autorinnen und Autoren aus dem südlichen Afrika bedeutsam.

Im Mai 2009 fand in Hannover für die Mitglieder des Wissenschaftlichen Beirates und die Vertreterinnen und Vertreter der Träger eine Zwischentagung statt, in der der aktuelle

---

7   Hofgeismarer Erklärung vom 31.10.2007, AZ 5192/9 , Band 1, 2.
8   Mehr dazu in der Einleitung der Herausgeber und des Wissenschaftlichen Beirats.

Sachstand des Studienprozesses vorgestellt und diskutiert wurde. Außerdem wurde verabredet, wie die Träger die Ergebnisse des Studienprozesses zur Kenntnis nehmen, der Öffentlichkeit vorstellen und publizieren wollen. Es wurde beschlossen, sich zunächst in einer internen Fachtagung im Jahr 2010 mit den Ergebnissen auseinanderzusetzen, bevor die Ergebnisse dann 2011 auf einer öffentlichen Tagung vorgestellt und in einer deutsch- und in einer englischsprachigen Fachpublikation veröffentlicht werden.

Wie sehr die Träger sich mit dem Studienprozess identifiziert haben, zeigt sich auch an der Tatsache, dass alle bereit waren, Zeit für dieses aufwendigere Verfahren einer internen und einer öffentlichen Abschlusstagung aufzubringen und auch die dafür nötige Nachfinanzierung gemeinsam zu tragen. Da die Rezeption im südlichen Afrika allen am Herzen lag, erzielte man auch Einigkeit darüber, die Mehrkosten für eine englische Ausgabe des Abschlussbandes gemeinsam zu tragen.

Abschlusstagung der Träger

Vom 2. bis 4.7.2010 fand in Wuppertal die interne Abschlusstagung für die Träger, die Mitglieder des Wissenschaftlichen Beirates sowie einer großen Zahl der Autorinnen und Autoren aus Deutschland und dem südlichen Afrika statt. Alle Träger waren vertreten, mehrheitlich sogar mit jeweils zwei Personen. Mitglieder des wissenschaftlichen Beirates führten in die jeweiligen Kapitel ein und einige Autoren stellten ihre Beiträge vor, die intensiv vom gesamten Auditorium diskutiert wurden.

Die Träger bekamen einen Überblick über die Komplexität der Beziehungen der Siedlergemeinschaften, Missionskirchen, Missionsgesellschaften und dem deutschen evangelischen Kirchenausschuss zu den damaligen Kolonialbehörden. Damals waren Nähe und Distanz zum kolonialen System und zum kolonialen Denken unterschiedlich ausgeprägt – nicht nur bei den verschiedenen Akteuren, sondern auch innerhalb der jeweiligen Kirchen und Missionsgesellschaften. Fast alle fühlten sich der afrikanischen Bevölkerung deutlich überlegen, die Übergänge von einem gutwilligen Paternalismus zum aggressiven und unreflektierten Rassismus waren oft fließend. Die theologische Überhöhung des Kaisertums und des Imperialismus verschärfte diese Haltung. Das koloniale System führte nicht nur zu vielfachem leidvollen Unrecht bis hin zum Völkermord, es trug auch zu einem fatalen Unterlegenheits- und Minderwertigkeitsgefühl der „schwarzen" afrikanischen Bevölkerung und zu einer folgenreichen „mental slavery"[9] bei. In dieses Unrechtssystem waren mehr oder weniger alle Kirchen und Missionsgesellschaften verwoben, besonders ausgeprägt war die Nähe zu den Kolonialbehörden jedoch unbestreitbar bei dem deutschen evangelischen Kirchenausschuss und den Siedlerkirchen, hier insbesondere in Namibia.

Ausblick

Was die Aufarbeitung dieser dunklen Seiten der eigenen Geschichte für die unterschiedlichen Träger des Studienprozesses bedeutet, wie sie sie jeweils deuten und welche Konsequenzen sie daraus ziehen, müssen die Träger jeweils für sich klären. Diese Frage wird auch ein Gegenstand der öffentlichen Abschlusstagung des Studienprozesses im September 2011 sein, bei der die vorliegende Publikation der Öffentlichkeit vorgestellt werden soll.

---

9 Vgl. Beitrag #29 von Paul John Isaak.

Dass die Aufarbeitung der Vergangenheit tatsächlich der Versöhnung dienen kann, zeigen mehrere hoffnungsvolle Entwicklungen.

Der Studienprozess hat die Bereitschaft gestärkt, sich den dunklen Seiten der eigenen Vergangenheit zu stellen. Schmerzhaftes wurde ausgesprochen und als nicht zu leugnender Teil der eigenen Geschichte erkannt. So ist Offenheit und Vertrauen untereinander gewachsen. Das lässt hoffen, dass der Studienprozess auch dazu beiträgt, jene Kräfte zu stärken, die die noch existierenden Trennungen zwischen den lutherischen Kirchen in Südafrika und Namibia, die ihre Ursprünge auch im Kolonialsystem haben, überwinden wollen.

Alle Träger haben inzwischen ihr Interesse bekundet, den Prozess der Aufarbeitung der Vergangenheit fortzusetzen und nach Abschluss des Studienprozesses zur Aufarbeitung der Kolonialvergangenheit nun auch die noch schmerzhaftere, weil noch viel präsentere Apartheidgeschichte gemeinsam aufzuarbeiten. Wenn ein solcher Folgeprozess tatsächlich beschlossen und durchgeführt wird, möge der gute Geist des gerade abgeschlossenen Prozesses fortwirken und den künftigen Prozess befruchten.

Am 16.10.2010 fand das 100. Jubiläum der Christuskirche in Windhoek – einst das Symbol deutscher kolonialer Überlegenheit und Macht in Namibia – statt. Das Jubiläum wurde nicht nur unter großer Beteiligung vieler Gäste aus Deutschland und Südafrika, sondern selbstverständlich auch unter Beteiligung der Bischöfe der drei lutherischen Kirchen in Namibia gemeinsam gefeiert. Diese drei lutherischen Kirchen – zwei sogenannte ehemalige „Missionskirchen" und eine sogenannte ehemalige „Siedlerkirche" – haben 2007 eine gemeinsame Kirchenleitung gebildet, die daran arbeitet, Trennungen der Vergangenheit zu überwinden. Bischof Dr. Kameeta – Bischof einer ehemaligen „Missionskirche" – hielt eine beeindruckende Festpredigt, in der die Botschaft der Versöhnung unüberhörbar war. Die Vertreterin der EKD, Oberkirchenrätin Dine Fecht erklärte in ihrem Grußwort, dass die EKD das Eigentum an der Christuskirche, das ihr aus kolonialer Zeit als Rechtsnachfolgerin des Deutschen Evangelischen Kirchenausschusses zugewachsen war, in Kürze in Absprache mit der Evangelisch-Lutherischen Kirche in Namibia an die Gemeinde der Christuskirche zurückzugeben gedenke. Der Rat der EKD tue dies in der Hoffnung, „ dass die Christuskirche bald die Kirche aller lutherischen Kirchen wird, in der das Lob Gottes gemeinsam gesungen wird."

In diesen wenigen, hier nur kurz skizzierten Entwicklungen zeigt sich schon, dass sich die Hoffnungen, die zu Beginn des Studienprozesses geäußert wurde, zu erfüllen beginnen.

„Mit dem Studienprozess ist die Hoffnung verbunden, dass die Aufarbeitung der kolonialen Vergangenheit allen Beteiligten hilft, als Kirche Jesu Christi Vergangenes besser zu verstehen, Schuld zu erkennen, Vergebung zu erbitten und zu gewähren, Wunden zu heilen und als Kirchen und Missionswerke mit neuer Perspektive die Herausforderungen der Gegenwart anzugehen."[10]

---

10 Flyer der Impulstagung 2007 des Studienprozesses, AZ 5192/ 9, Band 1.

Bischof Nils Rohwer
Vorsitzender der Kirchenleitung der Vereinigten Evangelisch-Lutherischen Kirche
im südlichen Afrika

Die Gliedkirchen der Vereinigten Evangelisch-Lutherischen Kirche im Südlichen Afrika (VELKSA) haben mit großem Interesse als Träger am Studienprozess mitgewirkt. Uns war es wichtig, dass bei der Aufarbeitung der geschichtlichen Vorgänge die Verschiedenheit der Motivationen und Begründungen wahrgenommen und verstanden wird, die Menschen in ihrer Handlungsweise bestimmt haben. Geschichte im weiteren Sinn des Begriffs erschöpft sich ja nicht in einer Aufzählung von Fakten, der Erstellung einer Chronologie der Geschehnisse oder gar in einer Anhäufung von genuinen Zitaten, sondern bedeutet gerade auch das Wahrnehmen der Akteure in „ihrer" jeweiligen Situation, die wiederum durch ihre Vorgeschichte, ihren Glauben, ihre Weltanschauung, ihren zeitbedingten wissenschaftlichen Wissensstand und ihre Wahrnehmung ihrer Umwelt geprägt waren.

Unsere Kirchen haben von Anfang an die Unerlässlichkeit einer unabhängigen, wissenschaftlichen und ergebnisoffenen Durchführung des Studienprozesses betont und sind dem wissenschaftlichen Beirat und den Autoren für die durchgehende Orientierung an diesem Prinzip dankbar. Es ist gelungen, eine fundierte historische Grundlage zu legen, dabei aber auch die Offenheit geschichtlicher Prozesse aufzuzeigen. Eine monokausale Betrachtungsweise wird dabei weitgehend ausgeschlossen; nicht jede Anfangsmotivation muss zwangsläufig in einem bestimmten Endergebnis enden! Je nach Situation haben sich durchaus differenzierte Ausprägungen ergeben. Vielfach gehegte Pauschalurteile verbieten sich damit von selbst.

Möge der weitergehende Prozess selbst und insbesondere diese Veröffentlichung zu einem vertieften Verständnis der Vergangenheit und damit auch der Gegenwart beitragen, damit wir die Tragweite unserer Entscheidungen begreifen und uns in einer offenen Betrachtung nicht nur gegenseitig schuldhaftes Handeln aufzeigen, sondern in diesem Prozess auch Versöhnung erfahren.

Wenn es gelingt, durch die Aufarbeitung der geschichtlichen Prozesse Brücken der Verständigung und der Versöhnung für eine gemeinsame Zukunft zu bauen, dann wäre in der Tat das Ziel dieses Studienprozesses erreicht. Möge der Herr aller Geschichte uns in diesem Bemühen segnen.

Bischof Zephania Kameeta
Evangelisch-Lutherische Kirche in der Republik Namibia

Seit 1652 spielt das Christentum in der Geschichte des südlichen Afrika eine wichtige Rolle. Ein Großteil dieser Zeit war vom Kolonialismus und seinen Auswirkungen stark geprägt. Noch heute spiegeln sich in den Strukturen der lutherischen Kirchen im südlichen Afrika die Spaltungen der Kolonialzeit wieder. Noch immer sind unsere Gemeinden nach „Rassen" und Ethnien getrennt. Sogar die internationalen Beziehungen zu unseren Partnern in Deutschland sind von der Kolonialvergangenheit gezeichnet: während Kirchen, die ihren Ursprung in der Missionsarbeit haben, bis heute mit den jeweiligen Missionsgesellschaften verbunden sind, unterhalten die deutschsprachigen Kirchen besondere Partnerschaftsbeziehungen zur Evangelischen Kirche in Deutschland (EKD).

Im südlichen Afrika stoßen wir nach wie vor auf die Auswirkungen des Kolonialismus – überall, wo wir hinschauen. Wir erinnern uns an die Zeit des Kolonialismus. Die Menschen damals glaubten, etwas Gutes zu tun. Trotzdem wurden im Namen der Zivilisation, besonders der westlichen, scheußliche Grausamkeiten begangen. Wir schauen auf die Zeit der Apartheid in Namibia und Südafrika und stoßen auch hier auf Verbrechen, die im Namen der westlichen Zivilisation und des Christentums geschehen sind. Wir erinnern uns an die Geschichte des Unabhängigkeitskampfes in Namibia, wo Gräueltaten auf beiden Seiten begangen wurden. Auch heute noch sind die Landverteilung und die Chancen, die die meisten von uns im Leben haben, von der Kolonialvergangenheit ebenso beeinflusst wie unsere Kultur und unsere Sprache.

Doch wenn wir uns heute an diese, oftmals sehr unruhige Vergangenheit erinnern, tun wir dies aus einer ganz bestimmten Perspektive: Diese Geschichte von Spaltung und Unrecht ist kein unumstößliches Schicksal, das uns für immer in den Fängen des Kolonialismus gefangen halten muss. In Südafrika und Namibia haben wir erfahren, was es heißt, befreit zu werden. In beiden Ländern haben wir nun die Chance, uns so zu entwickeln, dass niemand mehr diskriminiert wird, weil er oder sie der „falschen Rasse", der „falschen" ethnischen Gruppe, einer „falschen" politischen Partei oder der „falschen" Klasse angehört. 20 Jahre nach der Befreiung können wir heute stolz sein und sagen: Wir haben eine Menge erreicht.

Diese Freiheit ist jedoch nach wie vor gefährdet. Die Abschaffung der Unterdrückung und die Einführung der Demokratie hätte zu mehr sozialer Gerechtigkeit und Gleichheit für alle führen sollen. Wir sind dankbar, dass der Veränderungsprozess in unserer Region nicht im Chaos mündete. Wir danken Gott dafür, dass nach mehr als 350 Jahren der Rassentrennung immer mehr Menschen gemeinsam die Verantwortung dafür übernehmen, die Auswirkungen von Kolonialismus und Apartheid zu überwinden. Ohne das Bewusstsein, dass wir gemeinsam Verantwortung tragen, können wir die Errungenschaften der Befreiung nicht aufrechterhalten.

Ich sehe im Studienprozess zur Rolle der deutschen evangelischen Auslandsarbeit im kolonialen südlichen Afrika ein wichtiges Beispiel für diese Bereitschaft, Verantwortung zu übernehmen. Darum möchte ich den beteiligten Wissenschaftlern für ihr Engagement danken, die Geschichte zu erforschen und uns so dabei zu helfen, die Auswirkungen des Kolonialismus auf unser heutiges Leben zu bewältigen. Ich bin dankbar dafür, dass wir als Kirchen nach so vielen Jahrhunderten der Trennung heute in der Lage sind, unsere Vergangenheit gemeinsam aufzuarbeiten. Wir sind entschlossen, das Gebot ernst zu nehmen, dass wir als Christen die Last des anderen tragen sollen (Gal 6, 2), und versuchen deshalb, uns von der Erinnerung an unsere schmerzvolle Vergangenheit nicht wieder spalten zu lassen.

Viele von uns leiden noch immer unter schmerzlichen Erinnerungen, manche sind zornig über viele Ungerechtigkeiten, die auch heute noch nicht korrigiert sind. Aber wir versuchen zu verstehen, dass wir die Vergangenheit nur dann bewältigen können, wenn wir das Gedenken nicht dazu benutzen, die alten Trennungslinien wieder mit neuem Leben zu füllen. Denn wenn wir die Erinnerung dazu gebrauchen, uns gegenseitig anzuklagen und politischen Gewinn zu erzielen, spalten wir uns wieder in die Lager, in die uns der Kolonialismus aufgeteilt hat.

Wir sind der Auffassung, dass sich der christliche Glauben niemals mit Grenzen und Spaltungen zufrieden geben darf. Wenn wir die Herausforderung annehmen wollen, vor die uns der Tod und die Wiederauferstehung Jesu Christi stellt, müssen wir Grenzen überschreiten, wie es der Apostel im Brief an die Hebräer schreibt: „So lasst uns nun zu ihm hinausgehen aus dem Lager und seine Schmach tragen. Denn wir haben hier keine bleibende Stadt, sondern die zukünftige suchen wir" (Hebräer 13, 13). Die Überwindung der kolonialen Spaltung wird möglich, wenn wir die alten „Lager" verlassen und beginnen, unsere Erinnerungen und unseren Schmerz miteinander zu teilen. Unsere Idee einer befreiten Gesellschaft zielt auf eine Welt, in der Verschiedenheit existiert, aber nicht für politischen Profit ausgenutzt wird.

Wir müssen uns an die Zeit des Kolonialismus erinnern, aber wir brauchen dazu den Geist der Versöhnung. Die Befreiung unserer Länder kann nur dann gelingen, wenn Menschen aus allen Bevölkerungsgruppen zusammenkommen, sich den Schmerz und die Sorgen der anderen anhören und sich die Hand reichen, um die Auswirkungen der Kolonialvergangenheit endlich zu überwinden, die unser Leben noch immer bestimmen.

Ich wünsche mir, dass dieses Buch in unseren Kirchen häufig gebraucht wird. Im Alltag vergessen wir oft, was wirklich wichtig ist, und beschäftigen uns mit oberflächlichen Dingen, ohne in die Tiefe zu gehen. Der Boden, auf dem wir uns bewegen, ist noch immer brüchig, denn auch 20 Jahre nach unserer Befreiung sind die Kräfte der Vergangenheit noch lebendig und aktiv. Darum hoffe ich, dass uns der Studienprozess zusammenruft, um das zu pflegen und weiterzuentwickeln, was unsere Länder und unsere Kirchen in den vergangenen Jahrzehnten an Gemeinschaft erreicht haben. Als wir in Namibia im Jahr 2004 den Gräueltaten des Kolonialkrieges vor mehr als 100 Jahren gedachten, kamen Christen aus verschiedenen Kirchen in einem Geist zusammen. Das Gedenken war geprägt von Solidarität, Mitgefühl und der Verpflichtung, etwas zu verändern. Ich wünsche mir, dass viele Menschen dieses Buch in einem solchen Geist lesen werden.

Ich bin dankbar dafür, dass Kirchen und Missionsgesellschaften in Deutschland die Initiative ergriffen haben, die Kolonialvergangenheit gemeinsam mit den Kirchen des Südens aufzuarbeiten. Unsere Beziehungen waren über viele Jahrzehnte hinweg von Strukturen gezeichnet, die auf die Kolonialgeschichte zurückgehen. Der Studienprozess bietet nun eine Gelegenheit, die Fragen unserer Beziehungen zueinander mit einem neuen historischen Bewusstsein anzugehen. Viel zu lange waren wir Agenten der Teilung. Lassen Sie uns nun zu Botschaftern der Befreiung werden, indem wir die Verantwortung auf uns nehmen, die

Auswirkungen der Kolonialvergangenheit im Geist des neuen Jerusalem gemeinsam zu überwinden.

Einleitung der Herausgeber und des Wissenschaftlichen Beirats[1]

I. Historisches: Kurzer Überblick über die Geschichte der deutschen evangelischen Auslandsarbeit im kolonialen südlichen Afrika bis zum Ende der 1920er Jahre

Seit mehr als 300 Jahren gibt es im südlichen Afrika eine deutschsprachige Minderheit. Im Jahr 1780 wurde in Kapstadt die erste evangelische Gemeinde deutscher Auswanderinnen und Auswanderer gegründet.[2] Anders als in anderen Migrationsgebieten (wie etwa den Vereinigten Staaten, in Brasilien oder in Australien)[3] haben sich die deutschsprachigen Einwandererinnen und Einwanderer in den Gebieten des heutigen Südafrika und Namibia nicht in eine Mehrheitskultur assimiliert, sondern pflegen bis zur Gegenwart ein auf deutsche Sprache und Kultur gegründetes Bewusstsein der Eigenständigkeit.[4]

Dieses Streben nach Identität fand während des Untersuchungszeitraums einen wichtigen institutionellen Ausdruck in den deutschsprachigen evangelischen Kirchengemeinden und den mit ihnen an vielen Orten eng verbundenen deutschen Schulvereinen.[5] Während

---

1 Dieser Sammelband wird im Auftrag des Wissenschaftlichen Beirats von Hanns Lessing, Julia Besten, Tilman Dedering, Christian Hohmann und Lize Kriel herausgegeben. Dem Wissenschaftlichen Beirat des Studienprozesses gehören an: Rudolf Hinz (Universität Kiel), Jürgen Kampmann (Universität Tübingen), Klaus Koschorke (Universität München), Christoph Marx (Universität Duisburg-Essen) und Reinhard Wendt (Fernuniversität in Hagen). Aus Südafrika waren Lize Kriel (University of Pretoria) und Tilman Dedering (University of South Africa) dem Wissenschaftlichen Beirat beigeordnet. Wir danken auch Thorsten Altena, der die Arbeit des Wissenschaftlichen Beirats von 2007 bis 2010 als Geschäftsführer begleitet hat.

2 Aufgrund der Sprachpolitik der Vereinigten Ostindischen Kompanie (VOC) und der konfessionellen Monopolstellung der reformierten Kirche mussten Gottesdienste zu dieser Zeit noch in niederländischer Sprache abgehalten werden. Diese Praxis wurde in der ersten Hälfte des 19. Jahrhunderts von Neueinwanderern aus Deutschland kritisiert. Dies führte schließlich 1861 dazu, dass ein erster deutschsprachiger Gottesdienst in der St. Martinskirche gehalten wurde und sich die Martinigemeinde als erste deutschsprachige lutherische Gemeinde am Kap etablierte (zur Geschichte der deutschen evangelischen Kirchengemeinden in und um Kapstadt vgl. die Beiträge #13, #18 und #19 von Georg Scriba, Christian Hohmann und Lizette Rabe in diesem Sammelband; zur niederländischen Sprachpolitik vgl. Jan und Leo Lucassen, Niederlande, in: Klaus J. Bade, Pieter C. Emmer, Leo Lucassen und Jochen Oltmer (Hgg.), Enzyklopädie Migration in Europa. Vom 17. Jahrhundert bis zur Gegenwart. 3. Auflage, Paderborn, München, Wien u.a. 2010, 95-101 und Beitrag #11 von Reino Ottermann).

3 Zur deutschen Einwanderung nach Brasilien vgl. Roland Spliesgard, „Verbrasilianerung" und Akkulturation. Deutsche Protestanten im brasilianischen Kaiserreich am Beispiel der Gemeinden in Rio de Janeiro und Minas Gerais (1822–1889) (StAECG, 12), Wiesbaden 2006; zur Einwanderung in die USA vgl. Christian Chmel, Die beschleunigte Assimilation der deutsch-amerikanischen Minderheit als Folge des von Weltkriegen, Nationalsozialismus und Propaganda geprägten Deutschlandbildes in den USA (1914–1945), München u. Ravensburg 2008.

4 Zu den verschiedenen Perioden in der Entwicklung des Selbstverständnis der deutschen Einwanderer vgl. Beitrag #14 von Gunther Pakendorf.

5 Zur Geschichte der Gemeinden in Südafrika vgl. Fußnote 2; zur Geschichte der Kirchengemeinden auf dem Gebiet des heutigen Namibia vgl. die Beiträge #9, #10, #16 und # 17 von Martin Eberhardt, Lothar Engel und Rudolf Hinz; zur Geschichte des deutschsprachigen Schulwesens vgl. die Beiträge #14 und #24 von Gunther Pakendorf und Dorothee Rempfer.

viele deutsche Synoden und Gemeinden in den Vereinigten Staaten schon früh den Kontakt nach Deutschland verloren und sich oft auch für das Englische als Sprache für Gottesdienst und Gemeindeleben entschieden,[6] standen die deutschsprachigen Gemeinden im südlichen Afrika seit der Entsendung von Pfarrer Christian Heinrich Friedrich Hesse durch das Konsistorium der lutherischen Kirche in Hannover im Jahr 1800 – und damit lange vor Beginn der deutschen Kolonialherrschaft im Gebiet des heutigen Namibia im Jahr 1884 – unter der konsistorialen Aufsicht deutscher Landeskirchen.[7] Bis heute werden viele der im südlichen Afrika tätigen deutschsprachigen Pfarrerinnen und Pfarrer von der Evangelischen Kirche in Deutschland entsandt, die die Gemeindearbeit in der Region auch finanziell unterstützt.

In Deutschland selbst entwickelte sich die sogenannte „Diasporafürsorge", die kirchliche Betreuung von Auswanderern deutscher Herkunft seit dem Ende des 19. Jahrhunderts, zu einem zentralen Feld der Einigungsbestrebungen, die dem seinerzeit in über 30 Landeskirchen zersplitterten deutschen Protestantismus eine nationale Struktur zu geben versuchten.[8] Durch die Auswandererfürsorge gewann die evangelische Kirche ein nationales politisches Profil und konnte sich auf diese Weise selbstbewusst in die zeitgenössischen Diskurse einbringen.[9] Deutsch-Südwestafrika stand als die einzige deutsche Siedlerkolonie dabei im Zentrum der Aufmerksamkeit. Die hier gegründeten Kirchengemeinden wurden von kirchlichen und staatlichen Stellen und (bis 1914) auch vom Kaiserhaus generös unterstützt.[10] Die kirchliche Versorgung der Kolonie galt als eine nationale Aufgabe, durch die Deutschland seine wissenschaftliche, kulturelle und auch religiöse Überlegenheit international zum Ausdruck bringen wollte.[11]

Die Entwicklung der deutschsprachigen Minderheiten im südlichen Afrika

Durch diese engen Beziehungen nach Deutschland wurde die Entwicklung des kirchlichen Lebens der deutschsprachigen Minderheiten im südlichen Afrika seit dem 18. Jahrhundert durch deutsche Landeskirchen, kirchliche Vereine und Missionswerke nachhaltig beein-

---

6 Bereits 1786 verzichteten Synode und Ministerium der Evangelical Lutheran Church in the State of New York and adjacent parts offiziell auf den verpflichtenden Gebrauch der deutschen Sprache (Edmund Jacob Wolf, The Lutherans in America. A story of struggle, progress, influence and marvelous growth, New York 1889, 312). Diese und ähnliche Entscheidungen führten in der Folge zu heftigen Konflikten (Albert Henry Newman, Der Protestantismus in Nord-Amerika, in: Carl Werckshagen (Hg.), Der Protestantismus am Ende des XIX. Jahrhunderts, Berlin 1902, 1113-1148, 1187). Konsequent durchgesetzt hat sich das Englische in den lutherischen Kirchen deutschen Ursprungs in Amerika erst in den Jahren nach dem Zweiten Weltkrieg.

7 Die Evangelisch-lutherische Kirche im südlichen Afrika (Kapkirche) war bis 1961 ein Sprengel der Evangelisch-lutherischen Landeskirche Hannovers.

8 Zur Geschichte der kirchlichen Einigungsbestrebungen vgl. die Beiträge #1 und #2 von Britta Wellnitz und Jürgen Kampmann.

9 Besonders interessant: die Debatte über die Beiträge von Johannes Lepsius, Friedrich Naumann und Karl Rathgens auf der Tagung des Evangelisch-Sozialen Kongresses in Karlsruhe im Jahr 1900 (zu den Einzelheiten vgl. Beitrag #5 von Hanns Lessing).

10 Zu den kirchlichen Beziehungen zwischen Deutschland und Deutsch-Südwestafrika vgl. die Beiträge #2, #10 und #17 von Jürgen Kampmann, Lothar Engel und Rudolf Hinz.

11 Gunther Pakendorf vergleicht in Beitrag #14 die Entwicklung zwischen lutherischen und baptistischen Gemeinden deutschen Ursprungs und weist darauf hin, dass die deutschen Einwanderer ohne die institutionelle Unterstützung durch die Kirchen und den deutschen Staat ihre kulturelle Eigenständigkeit wahrscheinlich nicht über einen so langen Zeitraum hätten bewahren können.

flusst. Viele Gemeindegründungen wären ohne die personelle und finanzielle Unterstützung aus Deutschland nicht möglich gewesen. Weltanschaulich wurde die Einbindung in das weltweite Netzwerk deutschsprachiger evangelischer Auslandsarbeit vor allem in der Hochzeit des deutschen Nationalismus in den Jahren vor dem Ersten Weltkrieg als Zugehörigkeit zu einem, wie Kaiser Wilhelm II. es nannte, „größeren deutschen Reich" erfahren, das die Deutschen überall auf der Welt zu einer durch ökonomische, kulturelle und religiöse Bindungen konstituierten schlagkräftigen Einheit zusammenschließen sollte.[12]

Diese starke nationale und kirchliche Bindung an Deutschland stellte die deutschsprachige Minderheit im südlichen Afrika in ein nachhaltig wirkendes Spannungsverhältnis sowohl zu den Einwanderergruppen aus anderen europäischen Ländern als auch zu den afrikanischen Gesellschaften in ihrer Umgebung. Die seit der Reichsgründung 1871 von den Deutschen im Ausland[13] immer stärker eingeforderte nationale Identität förderte die Bildung von kulturell geschlossenen Gemeinschaften in den Siedlungsgebieten.[14] Der Stolz auf die globale Bedeutung deutscher Wirtschaft, Technik, Wissenschaft und Kultur begründete darüber hinaus vielerorts ein Überlegenheitsgefühl – nicht nur gegenüber den meist als minderwertig erachteten afrikanischen Gesellschaften und ihrer Kultur, sondern auch in Kontakt mit dem Burentum und selbst im Verhältnis zur Konkurrenz des britischen Imperialismus. Das Bewusstsein dieser Spannungen prägte den täglichen Umgang der Menschen vor Ort und verdichtete sich zu kolonialen Weltbildern, die die politischen Entscheidungsprozesse legitimierten.

In Deutsch-Südwestafrika entwickelten die deutschen Siedlerinnen und Siedler auf der Grundlage dieses nationalistischen Imperialismus schon Ende des 19. Jahrhunderts die Vision eines ausschließlich deutschen Siedlungsgebietes und propagierten die vollständige Unterwerfung der afrikanischen Bevölkerung.[15] Zu Beginn des Kolonialkrieges 1904-1908 forderten wichtige Vertreter der deutschen Siedlerschaft die vollständige Vernichtung der feindlichen afrikanischen Völker. In den Jahren zwischen dem Völkermord und dem Ersten Weltkrieg versuchten die unter aktiver Mitwirkung der Siedlerschaft formulierten sogenannten Eingeborenenverordnungen, die afrikanische Bevölkerung in ein rechtloses Proletariat zu verwandeln,[16] dessen einzige Existenzberechtigung, wie es der Theologe Paul Rohrbach formulierte, in ihrer Nützlichkeit für die Siedlerökonomie bestand.[17] Zu diesem Zweck wurde in großem Maßstab Land enteignet; die afrikanische Bevölkerung wurde

---

12 Zum nationalistischen Imperialismus Wilhelms II. vgl. Beitrag #4 von Hanns Lessing.
13 Zur komplizierten Entwicklung des deutschen Staatsbürgerschaftsrechts vgl. Rogers Brubaker, Citizenship and Nationhood in France and Germany, Cambridge, Massachusetts, 1992; und Dieter Gosewinkel, Einbürgern und Ausschließen. Die Nationalisierung der Staatsangehörigkeit vom Deutschen Bund bis zur Bundesrepublik Deutschland, Göttingen 2001.
14 Zur Bedeutung der deutschen Sprache für die Konstitution der deutschen Siedlergemeinschaften vgl. Beitrag #14 von Gunther Pakendorf.
15 Helmut Bley, Kolonialherrschaft und Sozialstruktur in Deutsch-Südwestafrika 1894-1914, Hamburg 1968, 112.
16 Gesine Krüger, Kriegsbewältigung und Geschichtsbewußtsein. Realität, Deutung und Verarbeitung des deutschen Kolonialkriegs in Namibia 1904 bis 1907, Göttingen, 1999, 177.
17 Paul Rohrbach, Deutsche Kolonialwirtschaft. Kulturpolitische Grundsätze für die Rassen- und Missionsfragen, Berlin 1909, 20. Rohrbach fungierte in den Jahren 1903--1906 als Ansiedlungskommissar in Deutsch-Südwestafrika (zu Rohrbach vgl. die Beiträge #6 und #22 von Jens Ruppenthal und Hanns Lessing).

einer umfassenden Arbeitspflicht unterworfen.[18] Die Vision eines deutschen Siedlungsgebietes im südlichen Afrika entwickelte eine Strahlkraft bis nach Südafrika. Viele deutschstämmige Südafrikaner siedelten sich in den Jahren vor dem Ersten Weltkrieg in der Kolonie Deutsch-Südwestafrika an.[19]

Dieses exklusive nationale Selbstverständnis stand jedoch in vielen Bereichen in deutlicher Diskrepanz zu den Möglichkeiten, die den deutschen Einwanderern vor Ort real zur Verfügung standen. Die deutsche Siedlerökonomie war in die lokalen und regionalen Wirtschaftskreisläufe eingebunden und deshalb auf funktionierende Handelsbeziehungen zu den anderen Siedlergruppen und zur afrikanischen Bevölkerung angewiesen. Außerdem beruhte die koloniale Wirtschaft auf dem ungehinderten Zugriff auf „schwarze" Arbeitskraft. Die Vorstellung eines rein deutschen Siedlungsgebietes erwies sich in der Praxis deshalb als eine reine Fiktion. Martin Eberhardt bezeichnet die deutschen Siedler in seinem Beitrag deshalb in Aufnahme eines Begriffs von Helmut Bley als „abhängige Herren".[20]

Auch kulturell kam es im südlichen Afrika nie zu einer deutschen Hegemonie. Selbst in Deutsch-Südwestafrika konnte sich etwa die deutsche Sprache zu keinem Zeitpunkt als allgemeine Verkehrssprache durchsetzen. Der national gesinnte Pfarrer Anz aus Windhoek beklagte kurz nach der Jahrhundertwende, dass die deutschen Einwanderer bereits auf ihrer ersten Reise ins Inland Gefahr liefen, ihr Hochdeutsch gegen eine durch das Kapholländische geprägte *lingua franca* einzutauschen.[21] Der von ihm geleitete Allgemeine Deutsche Sprachverein kämpfte gegen jede Form sprachlicher und kultureller Assimilation und propagierte eine rein deutsche Identität, ohne sich mit diesen Forderungen vor Ort jemals vollständig durchsetzen zu können.

Außerhalb der Kolonie war die Bedeutung von deutscher Sprache und Kultur naturgemäß noch geringer. In den Gebieten des heutigen Südafrika konnten die Einwanderer aus Deutschland zu keinem Zeitpunkt eine politisch oder kulturell dominierende Stellung gewinnen. Der deutsche Einfluss war deshalb auf den Bereich der deutschsprachigen Familien, Kirchengemeinden und Vereine begrenzt. Und selbst hier verfuhren die Einwanderer mit den aus Deutschland propagierten Vorgaben selektiv. In der Konsequenz unterschied sich das real gelebte Leben deutlich von den Modellen einer großdeutschen Identität, wie sie von den Protagonisten eines globalisierten „Deutschtums" vorgegeben wurden.[22]

---

18 Vgl. Beitrag #9 von Martin Eberhardt.
19 Diese bislang nur selten erwähnte Wanderungsbewegung beschreibt Pfarrer J. Grassmann in seinem Jahresbericht über das kirchlich-sittliche Leben der Deutschen Evangelischen Gemeinde in Johannesburg für das Jahr 1907 vom 28.02.1908 an den Evangelischen Oberkirchenrat in Berlin (Evangelisches Zentralarchiv in Berlin: EZA 5 /3049, EOK: Acta betreffend die kirchlichen Angelegenheiten der deutschen evangelischen Gemeinde zu Johannesburg in der südafrikanischen Republik Transvaal. Juni 1907-Dezember 1913, 7).
20 Beitrag #9 (vgl. auch Brigitta Schmidt-Lauber, Die abhängigen Herren: Deutsche Identität in Namibia. Interethnische Beziehungen und Kulturwandel. Ethnologische Beiträge zu soziokultureller Dynamik, Bd. 9, Münster/Hamburg 1993).
21 Wilhelm Anz, Deutschverderber in Deutsch-Südwestafrika, in: Deutsch-Evangelisch. Zeitschrift für die Kenntnis und Förderung der deutschen evangelischen Diaspora im Auslande, 1903, 153-164.
22 Zu dieser Diskrepanz vgl. Beitrag #15 von Lize Kriel und Maren Bodenstein.

Die Beziehungen zwischen den Siedlergemeinschaften und Deutschland zur Zeit des Imperialismus

Diese Spannungsverhältnisse spiegelten sich auch in der Entwicklung der politischen und kirchlichen Institutionen wider, in denen sich die deutschen Siedler organisierten und ihre Interessen nach außen vertraten. Martin Eberhardt beschreibt die ausgesprochene „Subventionsmentalität" der deutschen Siedlerschaft.[23] Das Nationalbewusstsein war für die Siedler kein Selbstzweck, sondern wurde für die Erlangung von Unterstützungsleistungen aller Art strategisch eingesetzt. Der 1910 in Deutsch-Südwestafrika konstituierte Landesrat, die vielfältigen deutschen Vereine und die nach 1895 gebildeten evangelischen Synoden[24] sind aus diesem Grund nicht einfach als nachgeordnete Organe eines weltweiten „Deutschtums" zu verstehen, sondern versuchten mitunter auch aggressiv, ihre lokalen Interessen zu vertreten. Vorgaben aus Deutschland wurden von diesen Gremien nicht einfach übernommen, sondern auf ihre Eignung zur Lösung regionaler Probleme befragt. Vertreter der Siedlerschaft präsentierten sich im Kontakt nach Deutschland als die wahren Experten für afrikanische Verhältnisse; Vorgaben aus dem Heimatland wurden teilweise scharf zurück gewiesen.

Die Institutionen deutscher Selbstverwaltung in Deutsch-Südwestafrika und in abgeschwächtem Maße auch in Südafrika, wo noch andere politische Ebenen berücksichtigt werden mussten, waren unter diesen Voraussetzungen das Ergebnis eines komplexen Interessenausgleichs zwischen den verschiedenen Siedlergruppen auf der einen und den zuständigen Behörden in Deutschland auf der anderen Seite. Die etablierten nationalen Rechtssysteme stießen außerhalb Deutschlands immer wieder an ihre Grenzen. Das Verhältnis zwischen der Siedlerschaft und den kirchlichen Institutionen in Deutschland war rechtlich nur rudimentär geregelt und musste vor Ort immer wieder neu ausgehandelt werden. So verfolgten der preußische Evangelische Oberkirchenrat (EOK) und die deutschsprachigen Gemeinden in Deutsch-Südwestafrika beispielsweise ganz unterschiedliche Konzeptionen zur Entwicklung der evangelischen Kirche in der Kolonie. In den Verhandlungen mit den Gemeinden präsentierte sich der EOK in den Jahren vor dem Ersten Weltkrieg als das Zentrum einer globalen deutschsprachigen evangelischen Christenheit und erstrebte aus diesem Selbstverständnis heraus den Anschluss der Gemeinden an die preußische Landeskirche. Die Kirchengemeinden vor Ort sahen diese Entwicklung kritisch; sie betrieben die Gründung einer eigenständigen Synode, aus der perspektivisch eine eigenständige evangelische Landeskirche in der Kolonie hervorgehen sollte.[25]

Der Aufbau kirchlicher Strukturen wurde zusätzlich dadurch erschwert, dass weder das herkömmliche landeskirchliche Recht noch das in Deutschland etablierte Staatskirchenrecht außerhalb der Reichsgrenzen von 1871 einfach angewandt werden konnte. Die Institution des landesherrlichen Kirchenregiments beschränkte die kirchliche Jurisdiktion auf das Gebiet des jeweiligen Landesherrn. Deutsche Landeskirchen konnten außerhalb dieser Grenzen nur dann tätig werden, wenn auswärtige Gemeinden sich der landeskirchlichen Aufsicht unterstellten und formell um den „Anschluss" an eine Landeskirche baten. Zeitgenös-

---

23 Beitrag #9.
24 Zur Geschichte der Synoden vgl. Beiträge #13 und #18 von Georg Scriba und Christian Hohmann.
25 Zu den unterschiedlichen Interessen zwischen EOK und den Gemeinden in der Kolonie vgl. Beitrag #2 von Jürgen Kampmann.

sische Beobachter sahen die Parallelen dieses Anschlussverhältnisses zu den Protektoratserklärungen und Schutzverträgen, mit denen das Deutsche Reich seinen Einfluss international geltend zu machen versuchte.[26]

Für den Anschluss an eine deutsche Landeskirche war es dabei ohne Belang, ob sich eine Auslandsgemeinde in einer deutschen Kolonie oder auf dem Gebiet eines anderen Staates befand. Artikel 6 der Kongoakte hatte 1885 die Religionsfreiheit für Afrika erklärt.[27] Diese Festlegung wurde in die deutsche Kolonialgesetzgebung übernommen. Die Entwicklung eines landesherrlichen Kirchenregiments nach deutschem Vorbild war auf dieser Grundlage unmöglich. Angesichts dieser konstitutiven Begrenzung des deutschen Staatskirchenrechts entwickelte sich im 19. und beginnenden 20. Jahrhundert das Instrument der Anschlussvereinbarungen zu einem internationalen Rechtsrahmen, der es ermöglichte, Kirchengemeinden außerhalb des deutschen Staatsgebietes rechtlich an die deutsche evangelische Kirche zu binden.

Die deutschsprachigen Kirchengemeinden in den Gebieten des heutigen Südafrika und Namibia waren aus diesem Grund mit praktisch gleichlautenden Vereinbarungen mit der preußischen oder der Landeskirche Hannovers verbunden. Unterschrieben wurden diese Anschlussvereinbarungen von Kaiser Wilhelm II., allerdings in seiner Eigenschaft als König (und damit summus episcopus) von Preußen und von Hannover.[28] Das System der Auslandsgemeinden erscheint aus dieser Perspektive als ein wichtiger institutioneller Aspekt des von Wilhelm II. propagierten „größeren deutschen Reichs".

Die Entwicklung der Beziehungen nach dem Ersten Weltkrieg

Der Erste Weltkrieg entzog dem deutschen imperialen Großmachtstreben die materielle Basis. Deutsch-Südwestafrika wurde 1915 von südafrikanischen Truppen besetzt. In ganz Südafrika wurden die deutschstämmigen Einwanderer zu „feindlichen Ausländern" erklärt,[29] große Teile der männlichen Bevölkerung wurden interniert. In Südwestafrika wurden darüber hinaus noch die Mitglieder der deutschen Kolonialverwaltung und des Militärs ausgewiesen. Diese Maßnahmen betrafen auch viele Pfarrer und Missionare.[30]

---

26 Vgl. dazu Carl Mirbt, Die Preußische Landeskirche und die Auslandsdiaspora, in: Deutsch-Evangelisch im Auslande. Zeitschrift für die Kenntnis und Förderung der Auslandsgemeinden, 1907, 53-68. 101-123, 118f; Britta Wellnitz, Deutsche evangelische Gemeinden im Ausland. Ihre Entstehungsgeschichte und die Entwicklung ihrer Rechtsbeziehungen zur Evangelischen Kirche in Deutschland, Tübingen 2003, 85.

27 Straehler, Art. Religionsfreiheit, in: Deutsches Koloniallexikon, Band 3, Leipzig 1920, 165f. Britta Wellnitz spricht in Beitrag #1 von einem „kirchenrechtlichen Niemandsland" (zur Frage des Kolonialkirchenrechts vgl. auch die Ausführungen von Jürgen Kampmann und Lothar Engel in den Beiträgen #2 und #10).

28 Vgl. etwa die Korrespondenz bezüglich der Anschlussverfügungen von Kapstadt, Worcester, British Caffraria und King William's Town, Emngesha, Johannesburg, East London, Pretoria, in: Geheimes Staatsarchiv Preußischer Kulturbesitz: Nr. 21864, Bestand: I. HA Rep. 89 - Geheimes Zivilkabinett, jüngere Periode, Kirchen und Schulen in Afrika.

29 Zur Geschichte der deutschen Minderheit während des Ersten Weltkriegs in Südafrika vgl. Beitrag #12 von Tilman Dedering.

30 Zur Geschichte der deutschen Minderheit in Südwestafrika nach dem Ersten Weltkrieg vgl. die Beiträge #9 und #10 von Martin Eberhardt und Lothar Engel.

Diese Entwicklung verstärkte das Spannungsverhältnis der deutschen Einwanderer zu den anderen Bevölkerungsgruppen in der Region. Die südafrikanische Regierung beschnitt die Privilegien der deutschen Siedlerschaft. Wer sich weigerte, die südafrikanische Staatsbürgerschaft anzunehmen, wurde vom politischen Prozess ausgeschlossen. Ihres Einflusses beraubt, zog sich die deutsche Minderheit immer stärker auf sich selbst zurück. In Südwestafrika entwickelte sich ein „Südwester Nationalismus", der durch ein ausgeprägtes Exklusivitätsbewusstsein gekennzeichnet war und sich deswegen der von der Smuts-Regierung propagierten Assimilation in die burische Mehrheitskultur verweigerte. Diese Haltung bestimmte auch die Haltung der deutschsprachigen Bevölkerung in Südafrika. Die Vertreter der deutschen Siedlerschaft zogen sich in den 1920er Jahren fast vollständig aus dem politischen Leben zurück und engagierten sich in der Öffentlichkeit nur noch in wenigen Fragen unmittelbaren Interesses, wie etwa der des Status der deutschen Privatschulen und der Stellung der deutschen Sprache in der Öffentlichkeit.

Durch die Wirtschaftskrise nach dem Ersten Weltkrieg war die materielle Unterstützung aus Deutschland stark reduziert. Weder die deutschen Kirchen noch der Weimarer Staat waren in der Lage, die deutschsprachige Bevölkerung im südlichen Afrika auch nur annähernd auf dem Niveau der Vorkriegsjahre zu versorgen. Trotzdem wurde das Gefühl der Verbindung zwischen der deutschen Minderheit im südlichen Afrika und Deutschland in diesen Jahren nicht geringer. Der Nationalismus der Kaiserzeit entwickelte sich bei vielen zu einer völkischen Weltanschauung, die die deutsche Weltgeltung – anders als der Imperialismus der Vorkriegsjahre – nicht durch kulturelle, wissenschaftliche und militärische Leistungskraft, sondern zunehmend durch „rassische" Überlegenheit begründete. Der behauptete „völkische Zusammenhang" aller Deutschen überall auf der Welt blieb dabei jedoch meist im Imaginativen. Das „Deutschtum" im südlichen Afrika artikulierte sich in den 1920er Jahren nicht im lebendigen Austausch mit Deutschland und deutschsprachigen Minderheiten in anderen Teilen der Welt, sondern in der Form einer imaginierten Gemeinsamkeit, die ihre innere Kohärenz durch den Ausschluss aller fremden Einflüsse aus ihrer Mitte zu erreichen suchte. Vor allem die Frauen sollten durch das Achten deutscher Werte in einem „deutschen Heim" für die „Reinhaltung der deutschen Rasse" sorgen.[31]

Die Gründung von Synoden der deutschsprachigen evangelischen Kirchengemeinden wurde in dieser Situation von Beobachtern als eine „Demonstration des Deutschtums" gefeiert. Die „Weckung der brüderlichen Einheit" und „Pflege des deutschen Kulturguts" wurden in der Satzung der 1926 gegründeten Deutschen Evangelischen Synode von Südwestafrika als zentrale kirchliche Aufgaben definiert.[32] Geistliche und konfessionelle Fra-

---

31 Vgl. dazu Artikel #15 von Lize Kriel und Maren Bodenstein. Dieser Beitrag beschäftigt sich mit dem von den deutschsprachigen Medien verbreiteten Idealbild einer deutschen Frau und arbeitet heraus, wie sehr sich die reale Existenz deutschsprachiger Siedlerfrauen in Südafrika von diesem „völkischen" Frauenbild unterschied.

32 Auch im Norden Südafrikas schlossen sich die letzten noch nicht regional organisierten deutschen Gemeinden 1926 zur Deutschen Evangelisch-Lutherischen Synode Transvaals zusammen. Damit gab es in Südafrika nun drei deutschsprachige Synoden: Die 1895 gegründete Kapsynode, die Hermannsburger Deutsch-Evangelisch-Lutherische Synode von 1911 und die Deutsche Evangelisch-Lutherische Synode Transvaals. Dazu kam die Deutsche Evangelische Synode von Südwestafrika (1926). Die gemeinsamen Interessen dieser vier Synoden wurden von dem ebenfalls 1926 gegründeten gemeinsamen Deutschen Kirchenbund Süd- und Südwestafrikas vertreten, der sich vor allem publizistisch betätigte, etwa durch

gen traten hinter diese „völkische" Grundrichtung des Gemeindelebens zurück. Lothar Engel sieht die deutschen Gemeinden in den 1920er Jahren in einen heftigen Abwehrkampf gegen burische Hegemoniebestrebungen verstrickt, die, wie der Windhoeker Pfarrer Paul Heyse es 1923 ausdrückte, die deutsche Siedlerschaft am liebsten „in ein allgemeines [afrikaanssprechendes] Südafrikanertum aufgehen sehen" wollten.[33] Auf diesen Assimilationsdruck reagierte die in den evangelischen Gemeinden organisierte deutschsprachige Minderheit mit einer Haltung der Selbstabschließung, die Einflüsse von außen nach Möglichkeit abzuwehren versuchte.

II. Theologisches: Ekklesiologische Anfragen an die deutsche evangelische Auslandsarbeit

Die Auswirkungen dieser besonderen kirchlichen Beziehungen zwischen Deutschland und dem südlichen Afrika auf die Entstehung und Entwicklung von Praktiken, Institutionen und Ideologien der Rassentrennung im Zeitalter des Kolonialismus sind das Thema dieses Sammelbandes. Die Beiträge rekonstruieren das komplexe Beziehungsgeflecht zwischen deutschen Kirchen, Hilfsvereinen und Missionswerken und den Siedlergemeinden im südlichen Afrika und fragen nach den Folgen der immer wieder zu beobachtenden politischen, kulturellen und religiösen Selbstabschließung der deutschen Einwanderinnen und Einwanderer für die kirchliche, politische und soziale Entwicklung. Dabei wird deutlich, dass die kirchlichen Beziehungen in vielfachen Wechselwirkungen mit anderen kolonialen Netzwerken, Diskursen und Institutionen standen.

Mit dieser Zielrichtung nimmt die Konzeption dieses Sammelbandes die Fragestellung auf, die ihr von den Trägern des „Studienprozesses zur Rolle der deutschen evangelischen Auslandsarbeit im kolonialen südlichen Afrika" aufgegeben war. In den Kirchen und Missionswerken in Namibia, Südafrika und Deutschland, die durch die gemeinsame Geschichte der deutschen evangelischen Auslandsarbeit im südlichen Afrika miteinander verbunden sind, wird seit Jahrzehnten eine leidenschaftliche Auseinandersetzung zur Frage der Bedeutung der besonderen Beziehungen zwischen deutschen Kirchen und den deutschsprachigen Siedlergemeinden für die Entstehung und Konsolidierung der Rassentrennung im südlichen Afrika geführt.[34] Der südafrikanische Theologe und langjährige Leiter der Abteilung Gerechtigkeit und Versöhnung des südafrikanischen Kirchenrates, Wolfram Kistner, hat die zentralen Fragestellungen dieser Debatte prägnant zusammengefasst:

---
die Herausgabe des Afrikanischen Heimatkalenders (vgl. Beitrag #13 von Georg Scriba).
33 Zu den Einzelheiten vgl. Beitrag #10 von Lothar Engel.
34 Diese Diskussion müsste noch im Einzelnen aufgearbeitet werden; Ansätze bieten folgende Studien und Beiträge: Hans W. Florin, Lutherans in South Africa, revised report with a preface from Hamburg, January 1967, insbesondere 88-90 und 120-126; Carl-Johan Hellberg, A Voice of the Voiceless. The Involvement of the Lutheran World Federation in Southern Africa 1947-1977, Lund 1979; Gunther J. Hermann, Apartheid als ökumenische Herausforderung. Die Rolle der Kirche im Südafrikakonflikt, Frankfurt a.M. 2006, besonders 58-63, 175-183, 306-314, 459-465 und 497-505, sowie Wolfram Kistner, Zum 30jährigen Bestehen der Evangelical Lutheran Church in Southern Africa (ELCSA), in: Rudolf Hinz, Christian Hohmann, Hanns Lessing (Hgg.), Wolfram Kistner: Gerechtigkeit und Versöhnung. Theologie und Kirche im Transformationsprozess des neuen Südafrika, Sammelband mit Beiträgen aus den Jahren 1985 bis 2006, Hannover 2008, 49-59.

Noch steht die Antwort auf die Frage aus, wie es zu erklären sei, „dass von Anfang an der Aufbau kirchlicher Strukturen in Südafrika die gesellschaftliche Wirklichkeit der Rassentrennung spiegelte. [...] Wie wirkte sich der Glaube an die alle Grenzen überwindende Kraft des Evangeliums auf das konkrete Zusammenleben von Menschen verschiedener Herkunft aus? [...] Warum erwies sich das Band gemeinsamer Kultur und Sprache, weißer Hautfarbe und rassischer Identität weitgehend als viel stärker und wichtiger als die umfassende Gemeinschaft der Gläubigen untereinander? Wie konnte es geschehen, dass das Band der Taufe und die Gemeinschaft am Tisch des Herrn sich so schnell auflöste in getrennte Gemeinschaften? Letztlich ist damit die Frage verbunden: Ist das Evangelium wirklich das ausschlaggebende Kriterium für die Gestaltung des gemeinsamen christlichen Lebens und die Wahrnehmung der Verantwortung für die ganze Menschheit?"[35]

Mit diesen Fragestellungen gibt Kistner den theologischen und moralischen Anliegen, die im Hintergrund des Studienprozesses stehen, eine Form, die eine historische Bearbeitung ermöglicht. Die historische Forschungsarbeit hat dieses Anliegen aufgenommen und sich mit den folgenden beiden Fragen beschäftigt:

Welche Prozesse haben die Tendenzen zur Selbstabschließung innerhalb der deutschsprachigen Gemeinschaften bestärkt?

Wie lassen sich diejenigen Entwicklungen rekonstruieren, in denen die grenzüberschreitenden Traditionen des Christentums historisch wirksam wurden?

Zum Verständnis dieser beiden Fragestellungen ist entscheidend, dass die alle Grenzen überwindende Kraft des Evangeliums für Kistner nicht nur eine theologische und moralische, sondern eine historische Kategorie ist. Kistner geht davon aus, dass der christliche Glaube in der Neuzeit immer wieder Entwicklungen motiviert hat, die zur Überschreitung von traditionellen Grenzen geführt haben. Umso wichtiger ist für ihn die Frage, warum die deutschen Siedlerkirchen im südlichen Afrika trotz dieser Impulse die Trennung der Kirche nach den Kriterien von Kulturen, Ethnien und „Rassen" akzeptierten und so letztlich zur Konstitution der kolonialen Systeme der Rassentrennung beitragen konnten.

Mit dieser Unterscheidung zwischen einer begrenzenden und einer entgrenzenden Dynamik im Leben der christlichen Kirche greift Kistner eine der zentralen Strukturfragen des deutschen Protestantismus des 19. und frühen 20. Jahrhunderts auf und versucht, ihre Auswirkungen auf die Entstehung und Entwicklung von Systemen der Rassentrennung zu verstehen. Der deutsche Protestantismus des 19. Jahrhunderts war durch zwei grundsätzlich verschiedene Perspektiven geprägt: Der Fokus der Landeskirchen war territorial begrenzt. Die Missionswerke betrachteten unter dem Einfluss des pietistischen Kosmopolitismus, wie er etwa durch Nikolaus Graf von Zinzendorf repräsentiert wurde,[36] nationale und kulturelle Grenzen hingegen nur als vorläufige Ordnungsstrukturen und erwarteten, dass diese durch die Ausbreitung des Evangeliums an Bedeutung verlieren würden, um schließlich ganz zu verschwinden.[37]

---

35 Wolfram Kistner, Vorwort, in: Gunther J. Hermann, Apartheid als ökumenische Herausforderung. Die Rolle der Kirchen im Südafrikakonflikt, Frankfurt 2006, 8-10, 9.
36 Zu Zinzendorfs Kosmopolitismus vgl. u. Abschnitt IV.
37 Ein Beispiel für diese Erwartung ist die Missionstheologie Gustav Warnecks (zu den Einzelheiten vgl. Beitrag #22 von Hanns Lessing).

Hinweise auf diese Spannung zwischen territorial umgrenzter Kirchlichkeit und missionarischem Kosmopolitismus finden sich in vielen Beiträgen dieses Sammelbandes. Dabei wird jedoch deutlich, dass die beiden Stränge ganz unterschiedliche historische Entwicklungen motivieren und beeinflussen konnten. Eine einlinige Betrachtung, die die Tendenz zur territorialen Umgrenzung allein bei den evangelischen Landeskirchen, die Entwicklungen zu einer transnationalen und transkulturellen Internationalität dagegen auf der Seite der von Deutschland ausgehenden evangelischen Missionsarbeit lokalisierte, würde der historischen Entwicklung nicht gerecht. Viele der hier abgedruckten Beiträge weisen auf eine Entwicklung hin, in der die Ansätze des Kosmopolitismus in den deutschen Kirchen und in den Missionswerken gleichermaßen gerade in den Jahren vor dem Ersten Weltkrieg immer stärker unter den Einfluss des nationalistischen Imperialismus gerieten.

Die Entstehung einer nationalistisch begrenzten Weltperspektive in den evangelischen Landeskirchen in Deutschland und den deutschen lutherischen Kirchen im südlichen Afrika
In den deutschen evangelischen Landeskirchen war die territoriale Begrenzung seit dem Ende des 19. Jahrhunderts immer deutlicher als Einschränkung empfunden worden. Man beneidete die Missionswerke um ihre internationalen Netzwerke und ihre globale politische Bedeutung. Friedrich Fabri ist das prominenteste Beispiel eines landeskirchlich geprägten Theologen,[38] der sich in den Dienst der Mission stellte, um von dieser Position aus zuerst dem deutschen Protestantismus und später auch der deutschen Politik ein globales Profil zu geben.[39] Gleichzeitig wurden die Missionswerke mit wachsender Bedeutung immer stärker mit realpolitischen Fragen konfrontiert und mussten ihre Positionen in der deutschen und internationalen Öffentlichkeit begründen und verteidigen.[40] Im Zuge dieser Entwicklung griffen Missionare und Missionsleitungen zeitgenössische koloniale und imperialistische Diskurse auf. In den deutschen Missionswerken erhielten nationale Überzeugungen ein immer stärkeres Gewicht und prägten zunehmend auch die praktische Missionsarbeit. In den Jahren vor dem Ersten Weltkrieg gab es in Kirche und Mission deshalb nur noch wenige Stimmen, die sich ein christliches Leben jenseits von national und kulturell bestimmten Ordnungsstrukturen vorstellen konnten.

Viele Beiträge dieses Sammelbandes interpretieren die Entwicklung der evangelischen Auslandsarbeit und das kirchliche Leben der deutschsprachigen Minderheit im südlichen Afrika im Schnittpunkt dieser Traditionen der Begrenzung und der Entgrenzung.

Auswanderung aus Deutschland war seit der Reformation oft auch religiös motiviert; die Kolonisationsanstrengungen außerhalb Deutschlands hatten aus diesem Grund in vielen Fällen die Form eines christlich begründeten utopischen Projekts. Prominentes Beispiel dieser Entwicklung waren die Auswanderungsunternehmungen der Herrnhuter Brüderge-

---

38 Fabris Vater Friedrich Gotthart Karl Ernst Fabri war evangelischer Kirchenrat in Würzburg. Friedrich Fabri hatte in Erlangen und Berlin studiert und war vor seinem Dienstantritt in Barmen in Bonnland bei Würzburg Pfarrer gewesen (Friedrich Wilhelm Bautz, Art. Fabri, Friedrich, in: BBKL 1, Hamm 1990, 1587-1588).
39 Zu Fabris kolonialem Engagement vgl. Beitrag #6 von Jens Ruppenthal.
40 Der schärfste Angriff ging von Reichskanzler von Bülow aus, der die Rheinische Missionsgesellschaft am 9. Mai 1904 im Reichstag öffentlich dazu aufrief, sich während des Kolonialkriegs in Deutsch-Südwestafrika eindeutig auf die Seite des Deutschen Reichs zu stellen (zu den Hintergründen vgl. Beitrag #22 von Hanns Lessing.).

meine und der Mennoniten nach Pennsylvania.[41] Im 19. Jahrhundert wurde die Auswanderung württembergischer Pietisten nach Russland und Palästina in kirchlichen Kreisen stark beachtet.[42] In Südafrika standen die Hermannsburger Kolonisten in der Kolonie Natal im Einfluss dieser Tradition.[43] Diesen Auswanderinnen und Auswanderern ging es nicht um nationale Ziele, sondern um einen dem kommenden Reich Gottes angemessenen Lebensstil, den sie jenseits von vorgegebenen kirchlichen und staatlichen Ordnungsstrukturen verwirklichen wollten.

Gleichzeitig hat aber gerade dieser religiöse Gestaltungswille, der zur Erreichung seiner Ziele dazu bereit war, traditionelle Grenzen zu überschreiten, Tendenzen der Selbstabschließung gefördert. In Konsequenz konnte das christliche Selbstbewusstsein dieser frommen Gemeinschaften in den Dienst ganz anderer Weltanschauungen und politischer Projekte treten. So galten die Nachkommen der Hermannsburger Kolonisten in Johannesburg zu Beginn des 20. Jahrhunderts als der Idealtyp des deutschen Einwanderers, weil ihr rigider Moralkodex sexuelle Kontakte zu anderen Bevölkerungsgruppen verbot und sie dazu anhielt, sich dem ausschweifenden Leben der Bergbaumetropole zu entziehen.[44]

Auch das Selbstverständnis vieler säkular motivierter Auswanderer war von der Spannung zwischen begrenzenden und entgrenzenden Tendenzen der sozialen Wirklichkeit geprägt. Allerdings unterschieden sich Ziele und Ausdrucksformen stark von denen einer pietistisch motivierten Migration. Viele Auswanderungen aus Deutschland waren neben der Hoffnung auf eine verbesserte wirtschaftliche Situation auch durch ein starkes Freiheitsstreben motiviert. Aus dieser Perspektive erschien das deutsche evangelische Kirchenwesen im 19. Jahrhundert als rückwärtsgewandt und repressiv. Entsprechend zurückhaltend reagierten deshalb viele Einwanderer in Deutsch-Südwestafrika und den südafrikanischen

---

41 Zur Geschichte der Brüdergemeine in Amerika vgl. Joseph Edmund Hutton, A History of the Moravian Church. Second Edition, Revised and Enlarged [1909]. Nachdruck, Christian Classics Eternal Library, Grand Rapids, 2000; Gisela Mettele, Weltbürgertum oder Gottesreich. Die Herrnhuter Brüdergemeine als globale Gemeinschaft 1727–1857, Göttingen 2009; zur Geschichte der Mennoniten vgl. Horst Penner, Horst Gerlach: Weltweite Bruderschaft. Ein mennonitisches Geschichtsbuch. 5. Auflage. Weierhof 1995.

42 Zur Geschichte der deutschsprachigen Minderheit in Russland vgl. Detlef Brandes, Von den Zaren adoptiert. Die deutschen Kolonisten und die Balkansiedler in Neurußland und Bessarabien 1751–1914, München 1993. Zu den Kolonien württemberger Pietisten in Palästina vgl., Alex Carmel, Die Siedlungen der württembergischen Templer in Palästina 1868–1918, Stuttgart 2000.

43 In seiner Denkschrift an die Norddeutsche Mission vom 28.07.1849, in der er seine Missionsstrategie begründet, schreibt Ludwig Harms: „Die Hauptsache an dem Missionswerke ist: es muss Gestalt bildend sein" (Hartwig F. Harms, Jobst Reller (Hgg.), Ludwig Harms. In treuer Liebe und Fürbitte. Gesammelte Briefe, 1830-1865, I: Einleitung und Briefe, 1830–1859, Münster 2004, 260). Harms verband den Gedanken einer christlichen Koloniegründung mit der Missionsidee und verwies auf das Vorbild der mittelalterlichen Missionsorden (zum Missionsverständnis von Harms vgl. die Beiträge #19 und # 25 von Lizette Rabe und Christian Hohmann).

44 Pastor E. Königk schreibt in seinem Bericht über die Lage der deutschen evangelischen Gemeinde in Johannesburg in der Zeit während und nach dem Ersten Weltkrieg an den Evangelischen Oberkirchenrat in Berlin vom 24.03.1920 über die „aus Hermannsburg eingewanderten Deutschen aus Natal": „Bei ihnen ist das Deutschtum (wie es mir scheint) noch besser gepflegt worden als bei uns" (Evangelisches Zentralarchiv: EZA 5 / 3051, EOK: Acta betreffend die kirchlichen Angelegenheiten der deutschen evangelischen Gemeinde in Johannesburg. Januar 1914 – Dezember 1930, 4f). Zur Selbstabschließung der von der Hermannsburger Tradition geprägten Gemeinschaften vgl. die Beiträge #21 und #23 von Markus Melck und Fritz Hasselhorn.

Großstädten auf die Initiativen zur Gründung von Kirchengemeinden. Immer wieder klagten Pfarrer im südlichen Afrika über die große Kirchenferne ihrer Gemeindeglieder.[45] Sie kritisierten, dass die Mitgliedschaft in einer Gemeinde in vielen Fällen weniger religiös als vielmehr durch ganz praktische Nützlichkeitserwägungen motiviert war. Die Gemeindeglieder suchten nach kulturellem Zusammenhalt und nach sozialen Netzwerken, die ihnen den Start in ein neues Leben ermöglichen sollten. Einen hohen Stellenwert hatte der Wunsch nach einer guten und bezahlbaren Schulbildung für die Kinder.

Trotzdem führte die Spannung zwischen dem Freiheitsbewusstsein der Auswanderer und den Erwartungen der Pfarrer an die kirchliche Arbeit in der Regel nicht zu unüberwindlichen Problemen. Viele der vom EOK entsandten durchweg universitär gebildeten Auslandspfarrer teilten die Zurückhaltung ihrer Gemeinden gegenüber den überlieferten Traditionen aus theologischen Gründen und waren stolz auf ihre (etwa auch im historisch-kritischen Umgang mit den biblischen Texten an jedem Sonntag aufs Neue bezeugte) Fähigkeit zur Kritik.[46] Der Widerstand gegen den Einsatz pietistischer Missionare als Pfarrer in den an den EOK deutschsprachigen Gemeinden lag deshalb auch im traditionskritischen Freiheitsbewusstsein vieler deutscher Auswanderer begründet.[47]

Dieses Freiheitsbewusstsein erschloss jedoch in weiten Teilen der deutschen Migrationsgeschichte im südlichen Afrika keine transnationalen oder transkulturellen Ressourcen, sondern konnte sogar die Tendenz zur nationalen Selbstabschließung verstärken. Im Unterschied zu wichtigen Debatten in US-amerikanischen Kirchen gingen die deutschsprachigen Einwanderer im südlichen Afrika nicht davon aus, dass sie sich langfristig in Kultur und Gesellschaft der Einwanderungsländer assimilieren würden.[48] Ein wichtiger Grund für diese Ablehnung angelsächsischer Nivellierungsstrategien lag in der von vielen Zeitgenossen betonten kulturellen Besonderheit des „Deutschtums" begründet, das sich, wie Ernst Bussmann in seinem breit rezipierten Handbuch der Diasporakunde betonte, nicht in äußerlichen Formen, sondern – ganz in der Tradition der klassischen Obrigkeitslehre, die die weltliche Herrschaft den von Gott berufenen Autoritäten überließ – in besonderer

---

45 Vgl. dazu etwa den von Engel in Beitrag #16 zitierten Bericht von Missionar Heinrich Vedder aus dem Jahr 1905 über die Situation der Gemeinde in Swakopmund. Rudolf Hinz weist in Beitrag #17 auf ähnliche Probleme in Windhoek hin.
46 Zur Stellung der deutschen Universitätstheologie zu kolonialen Fragen vgl. die Beiträge #7, #8 und #22 von Jürgen Kampmann, Kathrin Roller und Hanns Lessing.
47 Vgl. dazu Beitrag #10 von Engel.
48 Ein Beispiel für den Integrationswillen einer starken Gruppe deutschsprachiger Gemeindeglieder in den USA ist das Buch The Lutherans in America des Kirchengeschichtlers Edmund Jacob Wolf von 1889. Während in Deutschland und im südlichen Afrika die Auswanderer als ein essentieller Bestandteil Deutschlands gesehen wurden, kritisierte Wolf die negativen praktischen und theologischen Auswirkungen der Weigerung mancher lutherischer Synoden, in der Kirche die englische Sprache zu gebrauchen: „The Lutheran Church still feels the consequences of this policy. It was as ruinous in results as it was irrational in theory. It was essentially a blow at her life. The effort to make the Lutheran Church a church for the Germans only was a stab at her evangelical and apostolical character, which devolves upon her the mission of giving the restored Gospel to the world and preaching it in every tongue. It was the renunciation of her birthright. It was casting aside her crown. No wonder that in some localities it almost caused her extinction and in all places it inflicted on her irreparable injury." (Edmund Wolf, Lutherans, 283) Die sprachliche Liberalität des Einwanderungslandes Amerika erschien ihm als eine gesellschaftliche Entsprechung zu dem lutherischen Kirchenverständnis, für das der gemeinsame Glaube eine höhere Bedeutung hat als der Unterschied der Nationalität.

„Innerlichkeit und Personellität [sic]" ausdrücke:[49] Es sei das besondere Charakteristikum der deutschen Kultur, dass sie innere Freiheitspotenziale erschlösse, ohne sie nach Außen in politische Ansprüche zu übersetzen.

Während der britische und amerikanische liberale Universalismus ohne Rücksicht auf Nationalität, Kultur, Religion oder „Rasse" eine globale Weltkultur propagiere, zeichne sich das „Deutschtum" dadurch aus, dass sich sein Freiheitsbewusstsein auf den Bereich der Innerlichkeit beschränke und die äußere Ordnung ausdrücklich nicht tangiere. Während das angelsächsische Naturrechtsdenken langfristig alle Unterschiede nivellieren wolle, achte das „Deutschtum" seine Besonderheit als eine zentrale kulturelle Ressource und stelle sich aus diesem Grund jedem Assimilationsversuch mit Nachdruck entgegen.

Das traditionelle christliche Untertanenbewusstsein wurde auf diese Weise zu einer machtvollen imperialistischen Ressource uminterpretiert: Die Weite des deutschen Kulturbewusstseins nimmt die ganze Welt in den Blick und bleibt dabei den deutschen Autoritäten gegenüber loyal.

An dieser Stelle berührten sich kirchliche und gesellschaftliche Diskurse. Houston Stewart Chamberlain, ein Vordenker des Rassismus in Deutschland, hat diese besondere deutsche Kombination von Freiheitsstreben und Selbstabgrenzung in einem vor dem Ersten Weltkrieg breit rezipierten Schlagwort ausgedrückt: „Außenhin begrenzt, im Innern unbegrenzt".[50] Der Universalismus der „germanischen Weltanschauung" äußere sich in einer doppelten Gestalt: Die innere Freiheit überschreite jede Grenze und ziele auf unbegrenzte Weltumfassung in den Gebieten Wirtschaft, Wissenschaft, Kultur und Religion. Dieser universale Gestaltungswille gründe jedoch auf der unerschütterlichen Bereitschaft, sich äußeren Ordnungsstrukturen zu unterwerfen. Durch diese unbedingte Bereitschaft zur Unterordnung sei das „Deutschtum" allen anderen Völkern überlegen. Während die britische und die amerikanische Herrschaft durch den liberalen Universalismus immer weiter geschwächt würden, gehöre dem „Deutschtum" die Zukunft.[51]

Kaiser Wilhelm II. hat diesen von Chamberlain geprägten Slogan in verschiedenen in der Öffentlichkeit stark beachteten Reden aufgenommen und auf die Deutschstämmigen überall auf der Welt bezogen. Nach Überzeugung des Kaisers bildeten sie, auch wenn sie in Gebieten außerhalb der deutschen Jurisdiktion lebten, ein „größeres Deutsches Reich". Wilhelm forderte die „Deutschen" im Ausland deshalb auf, den deutschen Herrschaftsan-

---

49 Ernst Wilhelm Bussmann, Evangelische Diasporakunde. Handbuch für Pfarrer und Freunde deutscher Auslandsgemeinden, Marburg 1908, 86. Hermann-Josef Röhrig bezeichnet Bussmanns Diasporakunde in seiner Studie zur Theologie der Diaspora in der evangelischen Kirche als „das Diasporabuch" seiner Zeit (Diaspora – Kirche in der Minderheit. Eine Untersuchung zum Wandel des Diasporaproblems in der evangelischen Theologie unter besonderer Berücksichtigung der Zeitschrift „Die evangelische Diaspora" (Erfurter theologische Studien 62), Leipzig 1991, 40). Ernst Wilhelm Bussmann war 1894-1903 Pfarrer der deutschen evangelischen Gemeinde in Buenos Aires und Vorsitzender der La-Plata-Synode; von 1903 bis 1910 wirkte er als Propst der Erlöserkirche in Jerusalem. Als Herausgeber der Zeitschrift Deutsch-Evangelisch im Auslande übte er großen Einfluss auf die Entwicklung der Auslandsarbeit aus (Zu den Einzelheiten des nationalistischen Diasporaverständnisses Bussmanns vgl. Artikel #5 von Hanns Lessing).
50 Houston Stewart Chamberlain, Briefe 1882–1924 und Briefwechsel mit Kaiser Wilhelm II., Band 2, München 1928, 160.
51 Zu den Einzelheiten der Position Chamberlains und ihrer Rezeption durch Kaiser Wilhelm II. vgl. Beitrag #4 von Hanns Lessing.

spruch überall auf der Welt zu vertreten. Dieser Aufruf definierte die deutsche Weltgeltung nicht primär über Kolonien, sondern über die Überlegenheit der deutschen Wissenschaft, Kultur und Religion. Angesichts des im Vergleich zu Großbritannien und Frankreich eher unbedeutenden Kolonialbesitzes erwies sich diese kulturimperialistische Vision als äußerst wirkungsvoll, um Aktivitäten von Menschen deutscher Herkunft überall auf der Welt zu einem globalen politischen Projekt zu bündeln.

Die evangelische „Diasporafürsorge" folgte dieser nationalistischen Grundrichtung. Das in der Theologie und im Leben der Auslandsgemeinden so nachdrücklich propagierte Freiheitsbewusstsein übersetzte sich nicht in die Unterstützung von Initiativen zum Aufbau von freien Gesellschaften, sondern beschränkte sich (wie im Südafrika der 1920er Jahre) auf die Forderung nach kulturellen und religiösen Gruppenrechten; es förderte so die bestehenden Tendenzen zur Selbstabschließung. Das zeitgenössische Verständnis von Ökumene hatte Kirchen und Konfessionen außerhalb Deutschlands nur am Rande im Blick und zielte primär auf die Einigung des deutschen Protestantismus.[52] Ernst Bussmann warnte die Auslandsgemeinden deshalb vor Kontakten zu nichtdeutschen evangelischen Kirchen und Gemeinden. Einen organisatorischen Zusammenschluss zwischen Siedler- und Missionsgemeinden lehnte er kategorisch ab. In Folge dieser beschränkten ökumenischen Perspektive wurde das Verhältnis der Siedlergemeinden zu den von deutschen Missionaren gegründeten Missionsgemeinden an vielen Orten zum Problem.[53]

Die Missionswerke im Spannungsfeld zwischen pietistischem Kosmopolitismus, Völkerchristianisierungsstrategie und nationalem Bewusstsein

Zweifel an einer organisatorischen Vereinigung von Siedler- und Missionsgemeinden in gemeinsamen Synoden wurden aber auch auf der Seite der Missionswerke immer lauter. Die im Verlauf des 19. Jahrhunderts entwickelte Missionsstrategie der Völkerchristianisierung wurde immer nationalistischer interpretiert. Als Ziel der Missionsarbeit wurde nun die Gründung von „Volkskirchen" propagiert, die auf ethnische und kulturelle Strukturen gegründet werden sollten. In der Konsequenz gingen Siedler- und Missionsgemeinden, wie es etwa bei der Bildung der ersten deutschsprachigen Synode in der südafrikanischen Kapkolonie im Jahr 1895 deutlich wird, oft getrennte Wege.[54] Dort, wo die Verbindung erhalten blieb, wenn etwa ein Missionar auch die pfarramtliche Versorgung einer deutschsprachigen Gemeinde übernahm, waren die Beziehungen durch vielfältige Spannungen gekennzeichnet.[55]

Diese Entwicklungen bestätigen Wolfram Kistners Beobachtung, dass die deutschen Traditionen der Universalität des Evangeliums in der kolonialen Wirklichkeit im südlichen Afrika nicht dazu beigetragen haben, Nationalismus und Rassismus zu überwinden. Zwar

---

52 Zum zeitgenössischen Ökumeneverständnis in der evangelischen Kirche vgl. Beitrag #5 von Hanns Lessing; zum Verhältnis zwischen evangelischer und katholischer Kirche in Deutsch-Südwestafrika vgl. Beitrag #10 von Lothar Engel, zu den Beziehungen zur anglikanischen Kirche vgl. Beitrag #20 von Kevin Ward.
53 Vgl. dazu besonders die Beiträge #16, #23 und #25 von Lothar Engel, Fritz Hasselhorn und Christian Hohmann.
54 Vgl. die Beiträge #13, #23 und #25 von Georg Scriba, Fritz Hasselhorn und Christian Hohmann.
55 Zur Frage des Doppelamts vgl. die Beiträge #3, #10, #17 und #29 von Reinhardt Wendt, Lothar Engel, Rudolf Hinz und Paul John Isaak.

hat es gerade in der Arbeit der Missionswerke immer wieder Ansätze gegeben, die dem Christentum eine Gestalt verleihen wollten, die nicht durch Grenzen der Nation oder der „Rasse" bestimmt war.[56] Diese Traditionen verloren aber im Verlauf des 19. Jahrhunderts an Überzeugungskraft, weil seit dem Ende des Jahrhunderts „Diasporafürsorge" und Missionsarbeit im südlichen Afrika fast durchgehend von kulturellen, rassistischen und zunehmend auch von nationalen Parametern bestimmt waren.[57]

III. Methodisches: Zum Aufbau des Sammelbands

Ein Forschungsansatz, der sich in besonderer Weise mit den Prozessen der Selbstabschließung und der Rassentrennung in der Geschichte der deutschen evangelischen Auslandsarbeit im südlichen Afrika beschäftigt, steht in der Gefahr, die Komplexität und Vielfältigkeit der Entwicklungen aus dem Blick zu verlieren. Um dieser möglichen Verengung des Blickfelds zu begegnen, bemüht sich dieser Sammelband um einen induktiven Zugang und um einen möglichst umfassenden Blick auf die vielfältigen Aspekte der Thematik:

– Historische Überblicksartikel führen in die Breite der historischen Entwicklungen ein;
– Diskursanalysen erschließen die ideologischen Hintergründe und Auswirkungen der zeitgenössischen theologischen und gesellschaftlichen Debatten;
– ein Artikel untersucht die Lebenswelt der deutschsprachigen Minderheiten explizit unter der Genderperspektive;[58]
– Fallstudien versuchen, die Komplexität der Entwicklungen im Leben vor Ort zu rekonstruieren;
– komparative Untersuchungen gehen den Berührungspunkten mit Entwicklungen in anderen imperialen und regionalen Zusammenhängen nach und vergleichen die deutsche evangelische Auslandsarbeit etwa mit der Entwicklung in der anglikanischen Kirche und in Afrikaans sprechenden reformierten Gemeinden;
– die Autorenschaft ist interdisziplinär: neben Historikern und Theologen haben auch Juristen, Soziologen, Publizisten, Ökonomen und ein Musikwissenschaftler an dem Projekt mitgearbeitet.

Der Aufbau des Sammelbandes versucht, die unterschiedlichen Horizonte in den Blick zu nehmen, die die Struktur und Entwicklung der deutschen evangelischen Auslandsarbeit bestimmt haben, und unterscheidet deshalb:

---

56 Bei einem Missionsfest in Moers Anfang Februar 1906 forderte der Inspektor der Rheinischen Missionsgesellschaft Gottlob Haußleiter: „Es gilt dort vor allem, die unchristliche **Mißachtung des Schwarzen** [im Original fett und vergrößert und mittig gesetzt in extra Zeile] zu bekämpfen, die so weit geht, daß er mit Weißen zusammen nicht einmal das Abendmahl nehmen darf." (Allgemeiner Anzeiger für den Kreis Mörs und den Niederrhein. Mörser Zeitung, 8. Februar 1906).
57 Zur Entwicklung der Diskussion in der Rheinischen Missionsgesellschaft vgl. Beitrag #3 von Reinhardt Wendt.
58 Beitrag #15 von Lize Kriel und Maren Bodenstein. Vor allem mit Blick auf die Themenkomplexe der Kapitel eins und drei bleiben aber leider eine Reihe von Fragestellungen unbearbeitet. Es wäre interessant gewesen, Ideologie und Aktivitäten der Träger der Auslandsarbeit aus der Genderperspektive zu untersuchen und die Dynamiken zu erforschen, die Genderfragen im Verhältnis der Siedlergemeinschaften zu ihrer afrikanischen Umwelt entwickelt haben.

- zwischen der deutschen Perspektive, die die Entwicklung, Strategien und das Selbstverständnis der Auslandsarbeit der deutschen Kirchen und Missionswerke untersucht,
- der Perspektive der deutschsprachigen Minderheit; hier geht es um die Rekonstruktion der Entwicklung der Siedlergemeinschaften im Kontext der Geschichte des südlichen Afrika,
- und der Perspektive der von der Konsolidierung der deutschen Siedlerschaft betroffenen afrikanischen Gesellschaften.

Eine verengte Sichtweise soll auch dadurch vermieden werden, dass in den verschiedenen Abschnitten immer wieder gefragt wird, wie die Entwicklungen im südlichen Afrika auf die Diskurse und Institutionen in Deutschland zurückgewirkt haben.[59]

Die Auslandsarbeit deutscher Kirchen und Missionswerke

Der erste Teil behandelt die kirchlichen Aktivitäten aus deutscher Perspektive und stellt sich dabei der Frage, wie die Auslandsarbeit der deutschen Kirchen und Missionswerke zum Aufbau und zur Erhaltung des deutschen Imperialismus beitrugen.[60] Die hier zusammengestellten Beiträge gehen davon aus, dass sich die „Diasporafürsorge" vor allem in den Jahren vor dem Ersten Weltkrieg mit dem deutschen Imperialismus identifizierte und deshalb wie andere Gruppen in Politik, Wirtschaft und Kultur versuchte, „die eigenen nationalen Interessen immer wieder als imperiale zu definieren und weltweit geltend zu machen."[61] Die deutsche evangelische Auslandsarbeit erscheint vor diesem Hintergrund als ein Beitrag zur Errichtung eines deutschen *„informal empire"*[62]. Das Deutsche Reich versuchte vor dem Ersten Weltkrieg, seinen globalen Einfluss auch auf Regionen außerhalb der Kolonialgebiete auszuweiten. Den deutschen Auswanderern kam in dieser Strategie ein besonderer Stellenwert zu. Kirchliche und staatliche Stellen arbeiteten Hand in Hand, um die Deutschen im Ausland an das Reich zu binden.[63] Auf diese Weise sollten die vielfachen

---

59 Jean und John Comaroff weisen auf die Bedeutung dieser Rückwirkungen für die Entwicklungen in Europa hin: „Colonialism was as much involved in the making of the metropole, and the identities and ideologies of colonizers, as it was in (re)making peripheries and colonial subjects. […] colonies were typically locales in which the ways and the means of modernity […] were subjected to experimentation and then reimported for domestic use." (Of revelation and revolution. Volume two. The dialectics of modernity on a South African frontier, Chicago and London 1997, 22).
60 Methodisch orientiert sich das Kapitel dabei an der Imperialismusdefinition Jürgen Osterhammels: „Imperialismus ist der Begriff, unter dem alle Kräfte und Aktivitäten zusammengefaßt werden, die zum Aufbau und zur Erhaltung […] transkontinentaler Imperien beitrugen. Zum Imperialismus gehört […] der Wille und das Vermögen eines imperialen Zentrums, die eigenen nationalstaatlichen Interessen immer wieder als imperiale zu definieren und sie in der Anarchie des weltweiten Systems weltweit geltend zu machen. Imperialismus impliziert also nicht bloß Kolonialpolitik, sondern ‚Weltpolitik'" (Jürgen Osterhammel, Kolonialismus. Geschichte, Formen, Folgen, 4. Auflage, München 2003, 27).
61 Ibid.
62 Ibid., 25. Bei der Übernahme dieser Definition ist zu berücksichtigen, dass Osterhammel selbst in seiner Definition des „informal empire" die kulturelle und religiöse Dimension des Imperialismus nicht in den Blick nimmt. Dies wird jedoch von anderen Autoren, wie etwa von Jean und John Comaroff (Revelation, 21), eingefordert. Die Comaroffs gehen dabei von einem Wirklichkeitsbegriff aus, in dem Politik, Wirtschaft und Kultur untrennbar miteinander verwoben sind (ibid., 19).
63 Ein typisches Beispiel ist etwa die Korrespondenz zwischen dem Ministerium der geistlichen, Unterrichts- und Medizinalangelegenheiten und Schatzamt im Juli 1907 bezüglich des Immediatgesuchs der deutschen evangelischen Gemeinde in Johannesburg an „Seine Majestät den Kaiser und König, durch

Tätigkeiten deutschstämmiger Akteure zu einem gemeinsamen imperialen Projekt gebündelt werden. Die Parallelen zwischen den Anschlussverträgen mit Kirchengemeinden im Ausland und den zeitgenössischen staatlichen Protektorats- und Schutzerklärungen belegen, wie eng die Auslandsarbeit der deutschen evangelischen Kirchen mit diesem staatlichen System imperialer Interessensicherung verbunden war.[64]

Der erste Teil dieses Kapitels macht unter der Überschrift *„Kontakte und Transferbeziehungen"* die Entstehung, Struktur und Entwicklung der deutschen evangelischen Auslandsarbeit zum Thema.[65] Dabei wird die eurozentrische Perspektive dadurch erweitert, dass zum Schluss des Abschnitts die Rückwirkungen der Entwicklungen im südlichen Afrika auf die kirchlichen Diskurse in Deutschland in den Blick genommen werden. Reinhard Wendt fragt in seinem Artikel zur Öffentlichkeitsarbeit der Rheinischen Missionsgesellschaft,[66] wie öffentliche Meinung und kirchliches Leben in Deutschland durch die Berichte der Akteure aus Mission und Auslandsarbeit geprägt wurden.

Die Aufsätze im Abschnitt *„Ideen und Konzepte"* untersuchen die kirchlichen Debatten zur „Diasporafürsorge" im Kontext der zeitgenössischen Diskurse über die Rolle und das Selbstverständnis des deutschen Imperialismus. Jens Ruppenthals Beitrag zu Fabri, Fabarius und Rohrbach[67] zeigt, wie sehr sich die zeitgenössischen Diskussionen in Kirche und Gesellschaft personell und inhaltlich überlagerten. Es stellt sich die Frage, inwieweit in den Debatten zu Fragen des Kolonialismus überhaupt von einer Eigenständigkeit des „evangelischen Denkens" ausgegangen werden kann. Hier gehen die Bewertungen auseinander: Jens Ruppenthal sieht die kirchlichen Debatten eher als Bestandteil eines gesamtge-

---

Gewährung eines Gnadengeschenkes, den Bau einer neuen evangelischen Kirche in Johannesburg zu ermöglichen." Die Zustimmung zu dieser Bitte begründete das Kaiserliche Konsulat in Johannesburg wie folgt: „Es ist in Südafrika allgemein anerkannt, daß in der Kapkolonie, und zwar namentlich in ihren ländlichen Gemeinden die lutherische Kirche allein es vermocht hat, deutsche Sprache und deutsches Wesen, über eine Generation hinaus, in einer großen Anzahl von Familien zu erhalten. Die Aufgabe wurde der Kirche dadurch erleichtert, daß ihre Gemeindeglieder sich vereinigt fühlten, nicht nur durch das Band der gemeinsamen Sprache – dieses wäre bei dem, dem Deutschen eigenen Hange zur Annahme fremder Sitten und Gebräuche, bald genug gelockert worden – sondern durch das Band einer besonderen Konfession. […] Deutsche Vereine kommen und gehen. Sie werden ebenso schnell gegründet, wie sie sich auflösen. Kirche und Schule bleiben" Aufzeichnung 2 zum Schreiben des Ministerium der geistlichen, Unterrichts- und Medizinalangelegenheiten vom 31.07.1907, Evangelisches Zentralarchiv in Berlin: EZA 5 /3049, EOK: Acta betreffend die kirchlichen Angelegenheiten der deutschen evangelischen Gemeinde zu Johannesburg in der südafrikanischen Republik Transvaal. Juni 1907-Dezember 1913.

64 Mit Osterhammel ist darauf hinzuweisen, dass die deutschen imperialistischen Bemühungen niemals zu einer dem britischen oder amerikanischen Imperialismus vergleichbaren weltweiten Präsenz geführt haben (Osterhammel, Kolonialismus, 28). Dies gilt auch für die Auslandsarbeit der evangelischen Kirchen, die in der Praxis niemals das Maß von Zentralisierung und Gestaltungskraft gewinnen konnte, das ihre publizistischen Vorkämpfer erstrebten.

65 Im Rahmen des Studienprozesses war es nicht möglich, die Thematik in ihrer Breite vollständig zu entfalten. So fehlt etwa ein Beitrag zur Auslandsarbeit von kirchlichen Vereinen, wie etwa der Gustav-Adolf-Stiftung, des Lutherischen Gotteskastens und des Central-Ausschusses für die Innere Mission sowie der Missionswerke. Diese Körperschaften waren wichtige Träger der deutschen evangelischen Auslandsarbeit und haben sie gerade in der Anfangsphase bis zum verstärkten Engagement der Landeskirchen am Ende des 19. Jahrhunderts entscheidend geprägt.

66 Beitrag #3.

67 Beitrag #6.

sellschaftlichen Diskurses; Hanns Lessing weist hingegen darauf hin, wie stark der Einfluss von protestantischen Traditionen und Überzeugungen auf die politische Debatte gewesen ist.[68]

Auch dieser Abschnitt nimmt am Ende wieder die Rückwirkungen der Ereignisse im südlichen Afrika auf die deutsche Debatte in den Blick: Kathrin Roller untersucht in ihrem Beitrag zu den *Seelen der Anderen*[69] die Auswirkungen der kolonialen Begegnung mit dem afrikanischen Anderen auf ein vorherrschendes Selbstverständnis in der deutschen Theologie und weist nach, wie stark der Universalismus des traditionellen christlichen Menschenbildes durch den Kontakt mit Menschen und Gesellschaften erschüttert wurde, denen nach den Wertmaßstäben des Kulturprotestantismus keine volle Humanität zugesprochen werden konnte. Konfrontiert mit dieser Frage gibt etwa Ernst Troeltsch die Vorstellung einer universalen Anthropologie auf und sieht die Humanität im Vollsinn auf bestimmte Kulturräume beschränkt.

Entstehung, Entwicklung und Selbstverständnis der deutschsprachigen Siedlergemeinschaften

Das zweite Kapitel wechselt die Perspektive. Im Zentrum steht die Geschichte der deutschsprachigen Minderheit im südlichen Afrika. In den Beiträgen wird die große Bedeutung der Einflüsse aus Deutschland auf die Entwicklung der deutschsprachigen Gemeinschaften deutlich. Gleichzeitig zeigt sich aber auch, wie stark die Geschichte vor Ort von lokalen und regionalen Faktoren beeinflusst wurde.

Diese Unterschiedlichkeit der Perspektiven führt zu der Frage, wie die Situation der deutschen Minderheiten im südlichen Afrika methodisch erfasst werden kann. Für die „Diasporafürsorge" war die Antwort auf diese Frage klar: Die Deutschsprachigen waren als Deutsche anzusehen, auch wenn sie vielleicht gar keine deutsche Staatsangehörigkeit mehr besaßen. Für die südafrikanischen Autoritäten waren eben diese Gemeinschaften nur eine Einwanderungsgruppe unter vielen. Von ihnen wurde deshalb selbstverständlich erwartet, dass sie sich in die „weiße" Gesellschaft, je nach ethnischem Hintergrund mit afrikaans- oder englischsprachigem Akzent, integrierten. Für die afrikanischen Gesellschaften waren die deutschen Einwanderer eine weitere Siedlergruppe, mit der es in Fragen wie Landbesitz und auf dem Arbeitsmarkt zu Problemen kommen konnte.[70]

Aus dieser Zusammenstellung wird deutlich, dass eine einfache Definition die Situation der deutschsprachigen Minderheit im südlichen Afrika nicht angemessen beschreiben kann. Die Beiträge dieses Sammelbandes entwickeln deshalb keine einheitliche Begrifflichkeit, sondern versuchen, die Entwicklung zu verstehen, indem sie die unterschiedlichen Beziehungsebenen im Blick behalten, die das Leben der deutschsprachigen Minderheiten im südlichen Afrika prägten.

Das von Bade, Emmer, Lucassen und Oltmer in ihrer „Enzyklopädie Migration in Europa" entwickelte Prozessmodell der Migration[71] ist nach unserer Ansicht eine Hilfe, um

---

68 Beitrag #4.
69 Beitrag #8 (zur Theologie Troeltschs vgl. auch Beitrag #22 von Hanns Lessing).
70 In Deutsch-Südwestafrika wurden diese Probleme dadurch verschärft, dass die deutschsprachigen Einwanderer die Herkunft mit der Kolonialmacht teilten.
71 Klaus J. Bade, Pieter C. Emmer, Leo Lucassen und Jochen Oltmer, Die Enzyklopädie: Idee – Konzept –

den Migrationsprozess in seiner Vielschichtigkeit wahrzunehmen. Migration wird hier als ein mehrstufiger Kultur- und Sozialprozess in und zwischen geographischen und sozialen Räumen verstanden. Der Migrationsprozess kann sich über mehrere Generationen hinziehen. Diese Zeit ist dadurch charakterisiert, dass die Migranten weder dem Herkunfts- noch dem Zielraum vollständig angehören, sondern in beide Richtungen Beziehungen unterhalten, die sich im Laufe des Migrationsprozesses in Charakter und Intensität stark verändern können.[72]

Das Modell geht davon aus, dass sich Migranten in der Regel nach einer (unter Umständen sehr langen) Zeit in den Zielräumen assimilieren.[73] Allerdings ist hier nicht an eine quasi natürliche Entwicklung gedacht, in der eine Einwanderungsgruppe schließlich in einer homogenen Mehrheitsgesellschaft aufgeht.[74] Das Prozessmodell versteht Migration

---

Realisierung, in: dies. (Hgg.), Enzyklopädie Migration in Europa. Vom 17. Jahrhundert bis zur Gegenwart. 3. Auflage, Paderborn, München, Wien u.a. 2010, 19-27, 24.

72 Migration beginnt nach diesem Modell mit einem komplexen Prozess der Ausgliederung in den Ausgangsräumen. Es folgt eine Periode vielgestaltiger Bewegungen zwischen Ausgangs- und Zielräumen. In dieser Periode sind ganz unterschiedliche Affiliationen zu Entwicklungen in den Herkunfts- und den Einwanderungsländern möglich. Die „Integration/Assimilation in den Zielräumen" steht am Ende dieses Prozesses und geschieht unter Umständen erst nach Generationen (ibid., 21).

73 Damit steht es in der Tradition des Assimilationsmodells der in den 1920er Jahren von Robert Ezra Park begründeten Chicagoer Schule der Migrationsforschung, die eine lineare und quasi natürliche Eingliederung von Einwanderinnen und Einwanderern in eine Aufnahmegesellschaft postulierte. Park entwickelte in seinem Aufsatz zum Race Relations Cycle von 1926 eine dialektische Migrationstheorie, nach der sich die Spannungen, die sich durch Ankunft neuer Gruppen von Einwanderinnen und Einwanderern ergeben, im Laufe der Zeit ausgleichen. Dieser Prozess vollzieht sich in der Analyse Parks in vier Stadien: Wettbewerb um begrenzte Ressourcen; Konflikt, wenn dieser Wettbewerb etwa durch aktive Interessenvertretung öffentlich ausgetragen wird; Akkommodation, wenn die Konfliktparteien erkennen, dass die Auseinandersetzung sie zu viel kostet und ihren Interessen deshalb letztlich entgegen steht; Assimilation, wenn in diesem Prozess der Annäherung die Unterschiede zwischen den Gruppen verschwinden und die jeweilige Einwanderungsgruppe in der Mehrheitsgesellschaft aufgeht. (Robert E. Park, The Race Relations Cycle, in: ders., Collected Papers of Robert Ezra Park. Volume 1: Race and Culture. Glencoe 1950, 149-151).

In diesem Artikel gebraucht Park den Begriff „Rasse" für alle Einwanderungsgruppen. Nach seiner Analyse entstammen europäische Migranten und Afro-Amerikaner aus ländlichen Umgebungen mit sehr vergleichbaren ökonomischen und kulturellen Strukturen. Bei einem Zuzug in ein Ghetto einer Großstadt seien beide Gruppen deshalb mit sehr ähnlichen Herausforderungen konfrontiert. Auf Grund dieser Parallelen geht Park davon aus, dass alle Einwanderungsgruppen letztlich eine parallele Entwicklung durchlaufen. Sein Referenzrahmen für die Untersuchung von Assimilationsprozessen ist deshalb für alle „Rassen" gleich.

Dieses Migrationsmodell der Chicagoer Schule wird in der Forschung heute in wesentlichen Zügen in Frage gestellt. Der Assimilationsbegriff Parks erscheint einseitig an der amerikanischen „melting-pot"-Ideologie orientiert, die die vollständige Assimilation in eine homogene Mehrheitsgesellschaft zum verbindlichen US-amerikanischen Staatskonzept machen wollte. In dieser ideologischen Zuspitzung kann das Modell den Komplexitäten historischer Migrationsprozesse nur unzureichend gerecht werden.

74 Diese Vorstellung eines „melting pots" wurde in den USA bereits Anfang des 20. Jahrhunderts kritisiert. Während des Ersten Weltkriegs waren Deutsch-Amerikaner einem starken Druck ausgesetzt, sich in die angelsächsische Mehrheitskultur zu assimilieren. Gegen diese Forderung protestierten nicht nur die Deutschstämmigen.

So kritisierte der Journalist Randolph Bourne die Vorstellung eines homogenen Schmelztiegels als Ausdruck eines angelsächsischen Machtanspruchs, der nachfolgenden Einwanderergenerationen seine eigene kulturelle Identität aufzwingen wollte (Randolph Bourne, Trans-national America, in: Atlantic

vielmehr als einen komplexen Vorgang, in dem sich sowohl die Migrantinnen und Migranten als auch die Einwanderungsgesellschaft verändern. Am Ende einer solchen Entwicklung ist es jedoch wahrscheinlich, dass die Unterschiede und Differenzen zwischen den Einwanderungsgruppen und ihrer Umgebung langsam verblassen und die ethnische Eigenständigkeit in sozialen Kontexten an Gewicht und Bedeutung verliert.[75]

Der Abschnitt „*Formation und Konsolidierung*" präsentiert in diesem Kapitel in der Hauptsache Überblicksartikel, die die historische und kirchengeschichtliche Entwicklung der deutschen Siedlergemeinschaften im südlichen Afrika in ihrer Breite erschließen sollen.

Die Beiträge zum Thema „*Kulturelle Identitäten*" nehmen die Selbstverständnisdiskurse der deutschsprachigen Minderheiten in den Blick. Sie beschäftigen sich mit den Debatten um die Bedeutung der deutschen Sprache und mit den Widersprüchen in den zeitgenössischen Bildern der Rolle von deutschen Frauen.[76]

Die vielfältigen „*Fallbeispiele*" beleuchten ganz unterschiedliche lokale Entwicklungen und verdichten auf diese Weise das Bild der deutschsprachigen Siedlergemeinden im südlichen Afrika.

Der Abschnitt „*Siedlerkirchen im Vergleich*" untersucht die Geschichte der deutschen Siedlergemeinschaften und ihrer kirchlichen Institutionen gegenüber Entwicklungen in der anglikanischen Kirche und der reformierten Kirchengemeinde in Kroondal, einem der bedeutendsten deutschen Siedlungsgebiete in Südafrika.[77]

Der Forschungsstand zur Geschichte der untersuchten Regionen ist sehr unterschiedlich. Während man die Geschichte der deutschsprachigen Minderheit im Gebiet des heutigen Namibia sehr breit untersucht hat,[78] ist die Entwicklung in Südafrika noch weitgehend unerschlossen.[79] Das gleiche gilt für die kirchengeschichtliche Forschung. Viele Beiträge der

---

Monthly 118, July 1916, 86-97, 86). Bourne wendet sich im Namen der amerikanischen Ideale scharf gegen diese Forderung und propagiert ein trans-nationales Amerika, in dem nicht zählt, wo jemand herkommt, sondern wie er sich für die Gemeinschaft einbringt: „All our idealisms must be those of future social goals in which all can participate, the good life of personality lived in the environment of the Beloved Community. No mere doubtful triumphs of the past, which redound to the glory of only one of our trans-nationalities, can satisfy us. It must be a future America, on which all can unite, which pulls us irresistibly toward it, as we understand each other more warmly" (Randolph Bourne, Trans-National America, 96f).

75 Bade u.a., Enzyklopädie, 21.
76 Vgl. die Beiträge #14 von Gunther Pakendorf und #15 von Kriel und Bodenstein.
77 Vgl. die Beiträge #20 und #21 von Kevin Ward und Markus Melck.
78 Vgl. etwa die in den letzten Jahren erschienen Studien: Brigitta Schmidt-Lauber, „Die verkehrte Hautfarbe". Ethnizität deutscher Namibier als Alltagspraxis, Berlin und Hamburg 1998; Birte Kundrus, Moderne Imperialisten. Das Kaiserreich im Spiegel seiner Kolonien, Köln, Weimar, Wien 2003; und Daniel Joseph Walther, Creating Germans abroad. Cultural policies ans settler identities in Namibia, Ohio 2002; Martin Eberhardt, Zwischen Nationalsozialismus und Apartheid. Die deutsche Bevölkerungsgruppe Südwestafrikas 1915-1965, Berlin 2007.
79 Die wichtigsten Darstellungen zur Geschichte der deutschsprachigen Minderheit in Südafrika sind: Werner Schmidt-Pretoria, Deutsche Wanderung nach Südafrika im 19. Jahrhundert, Berlin 1955; Andrea Schultze, In Gottes Namen Hütten bauen. Kirchlicher Landbesitz in Südafrika - die Berliner Mission und die Evangelisch-Lutherische Kirche Südafrikas zwischen 1834 und 2002, Stuttgart 2005; Christian Hohmann, Auf getrennten Wegen. Lutherische Missions- und Siedlergemeinden in Südafrika im Spannungsfeld der Rassentrennung (1652-1910) (Studien zur Außereuropäischen Christentumsgeschichte 16), Wiesbaden 2011.

letzten Jahre über die Entwicklung der deutschsprachigen Gemeinschaften in Südafrika sind Jubiläumsschriften,[80] die die jeweilige Geschichte für ein Festpublikum selbstvergewissernd präsentieren, sich aber nicht der Aufgabe stellen, die Entwicklungen kritisch zu untersuchen. Hier besteht noch ein außerordentlich großer Forschungsbedarf. Wichtig wären vor allem Untersuchungen, die die Unterschiede der verschiedenen regionalen Entwicklungen in den Blick nehmen und ihre Verankerung in den jeweiligen Kontexten herausarbeiten.

Konsequenzen deutscher Einwanderung: Siedlergemeinschaften, Missionswerke und afrikanische Gesellschaften

So fruchtbar das von Bade und seinen Mitautoren entwickelte Migrationsmodell ist, um die Komplexitäten und Widersprüche in der Entwicklung der deutschen Siedlergemeinschaften zu erfassen, so unzureichend erscheint es jedoch für das Verständnis der kolonialen Wirklichkeit. Denn so intensiv die Austauschverhältnisse zwischen der „schwarzen" und „weißen" Bevölkerung während der Kolonialzeit auch gewesen sind, so ist es doch an keiner Stelle zu den prognostizierten Integrations- und Assimilationsprozessen gekommen. Eher scheint das Gegenteil der Fall zu sein: Während zu Beginn der deutschen Kolonialherrschaft in Südwestafrika die afrikanischen Gesellschaften für die deutschen Siedler und für die Kolonialverwaltung einen nicht zu unterschätzenden Machtfaktor darstellten, dem mit Respekt zu begegnen war,[81] nahm die Radikalität der rassistischen Entwertung der afrikanischen Wirklichkeit in der Zeit vor dem Kolonialkrieg 1904-1908 dramatisch zu und gipfelte in der weitgehenden Vernichtung der zentralnamibischen Völker nach der Schlacht am Waterberg am 11. August 1904. In den Jahren nach dem Krieg verfestigte sich der Rassismus auf der Seite der Siedler und führte zu immer ausgefeilteren Systemen der Rassentrennung, die die afrikanische Bevölkerung für die koloniale Wirtschaft verfügbar machen sollten.

Wenn man in den Regionen des heutigen Südafrika und Namibia überhaupt von Assimilierungsprozessen der deutschsprachigen Minderheiten sprechen kann, beginnen sie erst mit der Aufhebung des Apartheidsystems in den 1990er Jahren. In der Geschichte des südlichen Afrika während der Kolonialzeit erwies sich die von der übergroßen Mehrheit der

---

80 Vgl. etwa: Hundert Jahre Deutsche Evangelisch-Lutherische Gemeinde Bloemfontein (Oranje Freistaat) 1875-1975, in: Afrikanischer Heimatkalender 1976, 143-170; Deutscher Schulverein Kapstadt (Hg.), 100 Jahre Deutsche Schule Kapstadt, Kapstadt 1983; Hans Georg Hillermann, Die Geschichte Neu-Hannovers zum 125-jährigen Gemeindejubiläum, 1858-15. Mai 1983; Hugo und Irene Behrens, Die Siedlung Kroondal 100 Jahre. Festschrift zur Jubiläumsfeier am 4. November 1989; Deutsche Evangelisch-Lutherische Kirche zu Pretoria. Festschrift zum 100-jährigen Bestehen 1889-1989; Jubiläumsschrift 100 Jahre Kroondaler Schule 1892-1992, Kroondal 1992; Reino Ottermann, The Centenary of the Synod 1895-1995. Evangelical Lutheran Church in Southern Africa (Cape Church), Kapstadt 1995; Hugo Behrens u.a. (Hg.), 100 Jahre Deutsche Ev.-Lutherische Gemeinde Kroondal 1896 bis 1996; Festschrift zum 150-jährigen Bestehen der Evangelisch-Lutherischen Peter-Pauls-Gemeinde Hermannsburg in Kwazulu-Natal, Südafrika am 26. September 2004; Festschrift zum hundertjährigen Bestehen der Evangelisch-Lutherischen Concordia-Gemeinde Gerdau am 28. Mai 2005; Hermannsburg 1856-2006 [Festschrift zum 150-jährigen Bestehen der Hermannsburger Schule].
81 Hemut Bley bezeichnete diese Form der Kolonialherrschaft nach dem ersten Gouverneur der Kolonie als das „System Leutwein" (Helmut Bley, Kolonialherrschaft, 18ff, vgl. dazu auch Beitrag #9 von Martin Eberhardt).

deutschsprachigen Bevölkerung praktisch nie in Frage gestellte Rassentrennung als zentraler Faktor, der die Assimilation in eine afrikanische geprägte Mehrheitsgesellschaft verzögert und unterbunden hat und sie bis heute erschwert.

Die Kolonialismusdefinition Jürgen Osterhammels hilft, die Unterschiede zwischen Siedlergesellschaften und anderen Migrationsprozessen zu verstehen: „*Kolonialismus* ist eine Herrschaftsbeziehung zwischen Kollektiven, bei welcher die fundamentalen Entscheidungen über die Lebensführung der Kolonisierten durch eine kulturell andersartige und kaum anpassungswillige Minderheit von Kolonialherren unter vorrangiger Berücksichtigung externer Interessen getroffen und tatsächlich durchgesetzt werden. Damit verbinden sich in der Neuzeit in der Regel sendungsideologische Rechtfertigungsdoktrinen, die auf der Überzeugung der Kolonialherren von ihrer eigenen kulturellen Höherwertigkeit beruhen."[82] Diese Definition betont den Herrschaftsaspekt der kolonialen Unterwerfung und definiert auf diese Weise die Elemente, die die koloniale Einwanderung von anderen Migrationsprozessen unterscheidet: die Sendungsideologie und das Bewusstsein der eigenen kulturellen Höherwertigkeit. Siedlerinnen und Siedler in kolonialen Siedlungsgebieten werden sich nach den Parametern dieser Definition nicht assimilieren, sondern werden versuchen, die kolonialisierte Bevölkerung ihren Interessen zu unterwerfen.

Das Kapitel *„Konsequenzen deutscher Einwanderung"* untersucht die Folgen des Engagements von kirchlichen und missionarischen Akteuren in diesem Prozess. Hierbei stehen neben der Untersuchung der vielfältigen Konflikte mit den Siedlern vor allem auch die Auswirkungen des pietistischen Kosmopolitismus in der kolonialen Welt auf dem Prüfstand. Führende Stimmen aus den Missionswerken betonten an verschiedenen Stellen die universelle Gleichheit aller Menschen vor Gott. Gleichzeitig waren die Versuche der Mission, diese Überzeugung in der kolonialen Wirklichkeit praktisch umzusetzen, oft nur schwach und halbherzig und trugen sogar an manchen Stellen auch zur Entrechtung und Enteignung afrikanischer Gesellschaften bei.

Der Abschnitt *„Rassismus und Ausgrenzung"* belegt, wie sehr die deutschen Missionswerke trotz ihrer Betonung der Gottesebenbildlichkeit aller Menschen Teil der kolonialen Wirklichkeit waren. Die missionarische Arbeit zielte, ganz unabhängig von der Frage, ob sie nun wie die Herrnhuter Mission eine Einzelbekehrungs- oder eine Völkerchristianisierungsstrategie nach dem von Hermannsburg propagierten Modell verfolgten,[83] auf die Gründung frommer Gemeinschaften unter der teilweise sehr rigiden moralischen Leitung von Missionaren. Diese von den Missionswerken etablierte „Erweckungstopographie"[84] entfaltete im Prozess der Intensivierung der kolonialen Ausbeutung ihre ganz eigene religiöse und politische Dynamik. Zwar protestierten Missionare, um ihre Gemeinden vor dem vermeintlich moralisch verderblichen Einfluss der Siedler zu schützen, immer wieder gegen Landraub, Alkoholhandel und Zwangsarbeit und waren aus diesem Grund eine der wichtigsten zeitgenössischen Stimmen gegen koloniales Unrecht.[85] Auf der anderen Seite stell-

---

82 Jürgen Osterhammel, Kolonialismus, 21.
83 Zu den Zielen und den Konsequenzen dieser Missionsstrategien vgl. Beitrag #25 von Christian Hohmann.
84 Andrea Schultze, In Gottes Namen Hütten bauen. Kirchlicher Landbesitz in Südafrika - die Berliner Mission und die Evangelisch-Lutherische Kirche Südafrikas zwischen 1834 und 2002, Stuttgart 2005, 131.
85 Diese Kritik wurde sogar von Missionaren geübt, die die Aufgabe hatten, auch deutschsprachige

ten die Missionswerke die Legitimität der kolonialen Ordnung nicht grundsätzlich in Frage und trugen mit der Errichtung von Missionsstationen und mit der Forderung nach der Einrichtung von Reservaten selbst zur Aufteilung des Landes in „weiße" und „schwarze" Siedlungsgebiete bei.[86]

Die politische Stellung der Missionen wurde durch diese Erweckungstopographie auch ganz praktisch bestimmt. Die Missionsstationen gaben den Missionaren den Status von Landbesitzern und machten sie auf diese Weise zu einer Interessengruppe in den sich immer weiter verschärfenden Landkonflikten. Darüber hinaus wurden die Missionen durch das von ihnen in Anspruch genommene Aufsichtsrecht über die von ihnen betreuten Gemeinden zu Akteuren in den Politikfeldern „Eingeborenengesetzgebung" und „Bildung". Zwar konnten die Missionswerke auch hier immer wieder eigene Akzente setzen, ihre ökonomischen und politischen Interessen sowie ihre zum Teil große personelle Nähe zu den Kolonialverwaltungen und einzelnen Siedlergruppen führten aber an vielen Stellen zu einer Annäherung der Ordnungen in den Gemeinden und in den Schulen an die Vorgaben der kolonialen Umwelt.[87]

Die Beiträge zum Thema „Landkonflikte" vertiefen den Blick auf die Konsequenzen des Landerwerbs durch die Missionen. Von besonderer Bedeutung sind hierbei die beiden Beiträge über die Entwicklung in Deutsch-Südwestafrika, weil sie zeigen, welche Rolle die afrikanischen Gesellschaften selbst bei diesen Landtransaktionen gespielt haben und wie sie heute mit den noch immer spürbaren Auswirkungen der in der Kolonialzeit geschaffenen Bodenordnung umgehen.[88]

An dieser Stelle zeigt sich das größte Desiderat dieses Sammelbandes. Als Herausgeber und als Wissenschaftlicher Beirat des Studienprozesses hätten wir uns mehr Beiträge gewünscht, die sich mit den Wirkungen der deutschen Siedlergemeinschaften auf die afrikanische Umwelt beschäftigen. Von Beginn an war es unser Ziel, die Geschichte der deutschen evangelischen Auslandsarbeit auch in ihrem afrikanischen Kontext zu verorten und die vielfältigen Interaktionen zu untersuchen, die die deutschsprachigen Siedler mit ihrer Umgebung verbanden. Trotz einer Autorenkonferenz in Pretoria im Oktober 2008 und einem Call for Papers auf H-SAfrica ist es uns aber nicht gelungen, für diese Fragestellung weitere Autorinnen und Autoren zu finden.[89] Hier verbleibt ein weites Feld für die historische und die kirchengeschichtliche Forschung.

Gemeinden pastoral zu versorgen. Heinrich Siebe, der von 1895-1899 in Windhoek arbeitete, forderte die deutschen Gemeindeglieder auf, die „Eingeborenen" als Menschen zu behandeln. Viele Siedler waren über dieses Ansinnen empört und betrieben Siebes Abberufung (vgl. Beitrag #17 von Rudolf Hinz).

86 Zu der politischen Widersprüchlichkeit der missionarischen Position im Umfeld des Kolonialkriegs in Namibia (1904-1908) vgl. die Beiträge #10 und #22 von Lothar Engel und Hanns Lessing.

87 Vgl. hierzu die Artikel #23 und #24 von Fritz Hasselhorn und Dorothee Rempfer.

88 Vgl. die Beiträge #26 und #27 von André Saenger und Reinhart Kößler.

89 Ein wichtiger Grund dafür ist, wie uns oft bestätigt wurde, der besondere Charakter des Quellenmaterials: Archivalien und historisches Schrifttum liegen in der Hauptsache nur in deutscher Sprache vor. Vieles ist nur in Archiven in Deutschland zugänglich, handschriftliche Quellen sind oft in Sütterlin geschrieben.

IV. Theoretisches: Die Bedeutung des Diasporabegriffs für das Verständnis der Geschichte der deutschen evangelischen Auslandsarbeit

Das Diasporaverständnis der deutschen evangelischen Auslandsarbeit

Die Auslandsarbeit der deutschen evangelischen Kirche firmierte bis zur Verabschiedung der Grundordnung der Evangelischen Kirche in Deutschland im Jahr 1948 unter dem Namen „Auslandsdiasporafürsorge".[90] In der kirchlichen Diskussion entstammte der Begriff aus den Debatten um die konfessionelle Neuordnung Deutschlands nach den napoleonischen Kriegen. Nach dem Reichsdeputationshauptschluss von 1803 hatten die größeren deutschen Staaten ihre konfessionelle Einheitlichkeit verloren. Durch die schon während der napoleonischen Herrschaft weitgehend durchgesetzte Niederlassungsfreiheit entstanden auch in vormals rein katholischen Gebieten evangelische Kirchengemeinden, die von den evangelischen Landeskirchen betreut wurden. Durch diese Entwicklung wuchs ein Bewusstsein konfessioneller Zusammengehörigkeit auch über die Grenzen geschlossener protestantischer Siedlungsgebiete hinweg. Zunehmend gerieten dabei auch Gemeinden außerhalb des eigenen staatlichen Territoriums in den Blick. Es bildeten sich Initiativen und Vereine, die sich die Unterstützung der in katholischen Umgebungen verstreuten Evangelischen zum Ziel setzten. Der Begriff der Diaspora war aus dieser Perspektive vornehmlich konfessionell definiert und meinte „jede unter Andersgläubigen (sprich: Katholiken) zerstreut wohnende Minorität".[91] Ziel der Diasporafürsorge war, wie es im Gründungsaufruf der Gustav-Adolf-Stiftung formuliert wurde, die „brüderliche Unterstützung bedrängter Glaubensgenossen."[92]

Die Auswanderungswellen im 19. Jahrhundert und die vermehrten Gründungen von Auslandsgemeinden ließen im Kontext des allgemein wachsenden Nationalbewusstseins neue kirchliche Strömungen entstehen. Dies beeinflusste auch die Diasporaarbeit der evangelischen Kirche. Der Fokus der Arbeit wurde erweitert. Als Diaspora wurden nun nicht mehr nur konfessionelle evangelische Minderheiten verstanden, sondern es rückten zunehmend die aus Deutschland Ausgewanderten in das Blickfeld des kirchlichen Handelns. Es entstand eine Vielzahl von Vereinen, die sich um die Unterstützung der deutschen Diaspora vor allem in den Vereinigten Staaten bemühten.[93] Im Zentrum der kirchlichen Arbeit stand

---

90 Britta Wellnitz, Ausland, 172.
91 Ernst Bussmann, Diasporakunde, 16. In der katholischen Kirche wurde der Begriff in paralleler Weise verwandt, vgl. Georg Walf, Art. Bonifatiuswerk der deutschen Katholiken e. V., in: LThK³ 2, Freiburg i.Br. 1994, 582-583. Die jüdische Tradition des Begriffs spielte im 19. Jahrhundert weder in der evangelischen noch in der katholischen Kirche eine Rolle.
92 Aufruf zur Gründung der Gustav-Adolf-Stiftung im Leipziger Tageblatt vom 9.12.1832 (zur Diskussion um das Verständnis des Diasporabegriffs in der evangelischen Kirche vgl. die Artikel #1 und #5 von Britta Wellnitz und Hanns Lessing).
93 1837 wurde in Langenberg auf Anregung der Rheinischen Missionsgesellschaft die Evangelische Gesellschaft für die Unterstützung der Deutschen in Nordamerika gegründet, 1839 in Bremen der Evangelische Verein für deutsche Protestanten in Nordamerika. 1841 begann Wilhelm Löhe in Neuendettelsau mit der Ausbildung von Nothelfern zur kirchlichen Versorgung der Deutschen in Nordamerika, 1844 folgte das Rauhe Haus in Hamburg unter der Leitung von Wichern mit der Ausbildung von Kolonistenpredigern, in Berlin entstand 1852 die Gesellschaft für die deutsch-evangelische Mission in Amerika, 1865 gründete Fabri in Barmen das Comité für die protestantischen Deutschen in Südbrasilien (Klaus J. Bade, Friedrich Fabri und der Imperialismus in der Bismarckzeit. Revolution – Depres-

die Linderung materieller und spiritueller Not. Allerdings flossen bereits sehr früh auch politische Motive in die Begründung der Diasporafürsorge mit ein. So sagte etwa Johann Hinrich Wichern in seiner berühmten Rede auf dem Wittenberger Kirchentag 1848 zum Thema Diaspora:

> „Hierzu kömmt ein zweites verwandtes Gebiet der innern Mission: *Die Deutschen außerhalb Deutschlands zunächst in Europa.* [...] Diese deutsche Diaspora in Europa besteht wieder vorzugsweise aus Handwerksgesellen und ist in den großen europäischen Hauptstädten, besonders in Paris, Marseille, Lyon, London, Petersburg usw. zu suchen. Was geschieht für alle diese von der evangelischen Kirche des Vaterlandes aus? Vor noch zwei Jahren mußten die, die mit Ernst von den Gefahren des *Kommunismus* unter den Deutschen, z. B. in Paris und London, sprachen, besorgt sein, daß sie belächelt oder kurz abgewiesen würden. Die Zeitumstände haben es anders gelehrt. Diejenigen, welche wußten, wie die Sachen standen, sahen das drohende Ungeheuer heraufziehen, und jetzt hat sich das Ungewitter der kommunistischen Revolution entladen. Mehr als man bis jetzt auch von Seite der Nüchternsten hat anerkennen wollen, haben dabei Handwerksgesellen mitgewirkt [...].Trotz alledem kenne ich, als Lutheraner, auch solche [...] nur als *getaufte* Christen, also als Objekte der innern Mission, und diese erfordert und hat den Mut, das Satanswerk mit Gottes allmächtigem Worte anzugreifen."[94]

In der zweiten Hälfte des 19. Jahrhunderts führte diese Entwicklung auch zu einer Stärkung der Diasporafürsorge im Bereich der Landeskirchen. Gleichzeitig wurde die Auslandsarbeit als ein Feld erkannt, in dem die evangelischen Territorialkirchen auf nationaler Ebene zusammenarbeiten und ein gemeinsames politisches Profil erringen konnten. Die Auslandsdiasporafürsorge war deshalb ein wichtiges Schwerpunktthema in den Verhandlungen der Eisenacher Kirchenkonferenz (1853–1921), im Deutschen Evangelischen Kirchenausschuss (1903-1922)[95] und schließlich im Deutschen Evangelischen Kirchenbund (1922-1933).[96]

Der Diasporabegriff erhielt durch diese Entwicklung insbesondere an der Wende zum 20. Jahrhundert Tendenzen, die stärker das nationale Moment betonten.[97] Diese nationale

---

sion – Expansion. Internet-Ausgabe: www.imis.uni-osnabrueck.de/BadeFabri.pdf mit einem neuen Vorwort, Osnabrück 2005, 111).

94 Johann Hinrich Wichern, Erklärung, Rede und Vortrag Wicherns auf dem Wittenberger Kirchentag (1848), in: Peter Meinhold (Hg.), Johann Hinrich Wichern. Sämtliche Werke 1, Berlin/Hamburg 1962, 155-171. 157f.

95 Von besonderer Bedeutung für die Auslandsarbeit war die Diasporadenkschrift von 1904, in der der Kirchenausschuss einen „Führungsanspruch" beim weiteren Ausbau der evangelisch-kirchlichen Arbeit unter den Deutschen in den überseeischen Schutzgebieten reklamierte (Denkschrift des Deutschen Evangelischen Kirchenausschusses über die kirchliche Versorgung der Diaspora im Auslande. Berlin, im November 1904, Berlin o. J. [1904], 20).

96 Zur Entwicklung der Diasporaarbeit im Bereich der evangelischen Kirche vgl. die Beiträge #1, #2 und #18 von Britta Wellnitz, Jürgen Kampmann und Christian Hohmann.

97 Christin Pschichholz, ‚Diaspora'-Erfahrungen. Deutsche evangelische Gemeinden und ihre Pfarrer in der osmanischen Stadtgesellschaft, in: Discussions 1, 2008 5, URL: http://www.perspectivia.net/content/publikationen/discussions/discussions-1-2008/pschichholz_diaspora [22.05.2011].

Zuspitzung fand in der Diasporadefinition Ernst Wilhelm Bussmanns ihren deutlichen Ausdruck:

> „Unter deutsch-evangelischer Diaspora sind also die evangelischen Gemeinden mit deutscher Sprache in anderen Ländern (in der Schweiz und Österreich in anderer Sprachumgebung) zu verstehen. Die Mitglieder sind Deutsche nicht im politischen Sinne, sondern in einem weiteren Sinne: Deutschsprechende."[98]

In dieser Definition trat das konfessionelle Element, das das Verständnis von Diaspora in der evangelischen Kirche im 19. Jahrhundert entscheidend bestimmt hatte, vollkommen zurück. Im Vordergrund stand nun die Arbeit unter den Deutschsprechenden im Ausland unter dem Primat von Nation und Kultur.

Der Diasporabegriff in der aktuellen historischen Diskussion

Angesichts dieser zeitgenössischen Selbstbezeichnung der Auslandsarbeit als „Diasporafürsorge" haben wir als Herausgeber diskutiert, ob der Diasporabegriff im Rahmen des Studienprozesses auch als analytische Kategorie Verwendung finden sollte. Eine solche Entscheidung hätte sich auf die Terminologie Bades und seiner Mitherausgeber stützen können, die „Diaspora" im Kontext ihrer Prozesstheorie der Migration als eine „wichtige Subkategorie eines erweiterten Migrationsbegriff" verstehen, bei der eine zugewanderte Minderheit lange erkennbar bleibt.[99] Eine Diasporabildung würde die im Horizont des Assimilationsmodells prognostizierte Integrationserwartung zwar nicht grundsätzlich außer Kraft setzen, sie erschiene aber im Rahmen dieser Theorie als eine Anomalie, deren besondere historische Voraussetzungen und Reproduktionsbedingungen erklärt werden müssten.

Diese Fassung des Diasporabegriffs erscheint uns methodisch sinnvoll. Angesichts der begrifflichen Zerfaserung der Diasporadebatte erscheint uns die Verwendung des Begriffs aber dennoch nicht hilfreich, da er wegen der Vielfalt und Unterschiedlichkeit der vorgeschlagenen Definitionen nicht zur Klärung der Entwicklung der deutschen evangelischen Auslandsarbeit im südlichen Afrika beiträgt und, wie im Folgenden dargelegt wird, auch Missverständnisse provozieren kann. Mit dieser Zurückhaltung unterscheidet sich dieses Buch von anderen Sammelbänden, die sich in den letzten Jahren mit der Geschichte deutschsprachiger Einwanderinnen und Einwanderer vor allem in Amerika und in Osteuropa befasst haben und die trotz der auch dort empfundenen Problematik an dem Begriff festhalten.[100]

---

98 Ernst Bussmann, Diasporakunde, 17.
99 Klaus J. Bade u.a., Enzyklopädie, 21, 24f.
100 In ihrer Einleitung zu dem Sammelband The Heimat Abroad. The Boundaries of Germanness schlagen Krista O'Donnell, Renate Bridenthal und Nancy Reagin vor, die Geschichte deutschsprachiger Einwanderer mit einem an der Methodik der Chicagoer Schule orientierten Prozessmodell zu interpretieren (Krista O'Donnell, Renate Bridenthal und Nancy Reagin, Introduction, in: dies. (Hgg.) The Heimat Abroad. The Boundaries of Germanness, Ann Arbor 2005, 1-14, 3). Die Herausgeberinnen beziehen sich auf den Beitrag Race, Religion, and Nationality in American Society: A Model of Ethnicity from Contact to Assimilation von Elliot Barkan (in: Journal of American Ethnic History 14, 1995, 38-75), und sehen den Assimilationsprozess in sechs Schritte gegliedert: Kontakt, Akkulturation, Adaption, Akkommodation, Integration, Assimilation. Sie stellen fest, dass es im Verlauf dieses Assimilationsprozesses in einigen Ländern zu begrifflich definierbaren Diasporabildungen deutscher Einwanderer gekommen ist, in anderen dagegen nicht (O'Donnell e.a.,

Einleitung 41

Die Debatte um die Entwicklung einer Diasporatheorie war in den letzten Jahren von starken Bemühungen geprägt, die verschiedenen Diasporadefinitionen wieder in einem klar strukturierten Modell zueinander zu führen. Als wegweisend gilt hier das Buch *Global Diasporas. An Introduction* von Robin Cohen.[101] Dieser Beitrag ist für den Studienprozess auch deshalb von großer Bedeutung, weil darin in einem Kapitel versucht wird, die Geschichte von europäischen Einwanderern in imperialen Siedlerkolonien mit dem Diasporabegriff zu erfassen. Zu diesem Zweck entwickelt Cohen den Idealtypus der „imperial diaspora" und wendet ihn ausdrücklich auf die britischen Siedler in Südafrika an.[102]

Cohen sieht den Typus der imperialen Diaspora durch die folgenden Faktoren definiert:[103]

Introduction, 5).

Allerdings führen die Herausgeberinnen nicht aus, welche Kriterien aus der Diasporatheoriedebatte sie auf die Entwicklung für anwendbar halten und welche der deutschsprachigen Gruppen sie als Diasporen verstehen wollen. Deshalb kann ihr Ansatz zur Klärung der Angemessenheit des Diasporabegriffs für die Geschichte von deutschen Siedlergemeinschaften nur wenig beitragen.

Noch offener wird der Diasporabegriff in der Einleitung zu dem Band German Diasporic Experiences. Identity, Migration, and Loss gefasst. Die Herausgeber verweisen darauf, dass die Verwendung des Diasporabegriffs wegen seiner historischen Verbindung zur jüdischen Geschichte im deutschen Kontext nicht unproblematisch ist. Sie halten den Gebrauch aber dennoch für möglich, wenn man ihn in seiner griechischen Grundbedeutung als „Verstreuung" versteht (Mathias Schulze, James M. Skidmore, Diaspora experiences. German immigrants and their descendants, in: dieselben u.a. (Hgg.), German Diasporic Experiences. Identity, Migration, and Loss, Waterloo, Ontario 2008, xiii).

101 Robin Cohen, Global Diasporas. An Introduction, Second Edition, London und New York 2008. Ruth Mayer bezeichnet in ihrem Diasporabuch Cohens Beitrag als die „wohl systematischste Einführung zum Diasporabegriff" (Ruth Mayer, Diaspora. Eine kritische Begriffsbestimmung, Bielefeld 2005). Für die Thematik des Studienprozesses ist die Position Cohens auch deshalb von Bedeutung, weil Cohen 2001-2003 an der University of Cape Town gelehrt hat und sich in seinem Buch immer wieder mit der Situation in Südafrika auseinandersetzt.

102 Ibid., 70, 74-76, 78. Anders als die Mehrzahl der Diasporatheoretikerinnen und -theoretiker versucht Cohen, auch die kolonialen Siedlergemeinschaften mit dem Diasporabegriff zu erfassen. Der Begriff „imperial diaspora" umfasst bei ihm sowohl Arbeitsmigranten asiatischen Ursprungs als auch europäischen Einwanderer in Siedlungskolonien wie Australien, Kanada und Südafrika.

Wegen dieser besonderen inhaltlichen Nähe zwischen dem Begriff der imperialen Diaspora und der in diesem Sammelband behandelten Thematik konzentriert sich die theoretische Auseinandersetzung mit der Diasporatheorie in diesem Abschnitt in der Hauptsache auf Cohens Beitrag. Andere Entwürfe werden dann herangezogen, wenn es die Darstellung erfordert.

103 Ibid., 69. Für Cohen bildet die „imperial diaspora" einen Weberschen Idealtypus (ibid., 16f.). Die sehr umstrittene Einbeziehung der imperialen Diaspora in die Diasporatypologie (vgl. Ruth Mayer, Diaspora, 86f) kann dadurch gerechtfertigt werden, dass fünf der neun Charakteristika, die Cohen als Erweiterung der auf William Safran 1991 zurückgehenden Typologie zur Identifikation von Diasporen (William Safran, Diasporas in modern societies: myths of homelands and return, in: Diaspora 1, 1991, 84) vorschlägt, auf die imperialen Siedler in britischen Siedlungsgebieten wie etwa in Südafrika zutreffen: die Auswanderung aus einem Herkunftsland auf der Suche nach Arbeit, aus Handelsinteressen oder um anderen kolonialen Ambitionen nachzugehen; die Idealisierung des Herkunftslandes und das Gefühl der Verpflichtung zu seiner Unterhaltung, seiner Sicherheit und seines Wohlstands; ein starkes ethnisches Gruppenbewusstsein, das über einen langen Zeitraum aufrechterhalten wird und auf einem Gefühl der Besonderheit beruht; dazu kommen die Überzeugung einer gemeinsamen Geschichte und eines gemeinsamen kulturellen Erbes und der Glaube an ein gemeinsames Schicksal; ein schwieriges Verhältnis zu den anderen Gesellschaften in den Einwanderungsländern;

- eine andauernde Verbindung mit dem Heimatland,
- die Ehrerbietung gegenüber seinen sozialen und politischen Institutionen und deren Imitation,
- das Bewusstsein, Teil eines großen imperialen Gebildes zu sein,
- und das Selbstbild, einer „erwählten Rasse" mit einem globalen Sendungsauftrag anzugehören.

Die britische imperiale Diaspora ist für Cohen dabei ein Beispiel für eine Entwicklung, die in allen großen europäischen Nationalstaaten stattgefunden hat. Er verweist in diesem Zusammenhang ausdrücklich auch auf Deutschland.[104] Folgt man seinen Ausführungen, werden in der Tat Parallelen zur deutschen Geschichte deutlich:[105]

- millionenfache Auswanderung im 19. Jahrhundert;
- das Bemühen um eine staatliche Steuerung der Auswanderungsbewegung mit dem Ziel, die Auswanderung für das Herkunftsland möglichst nützlich zu gestalten;[106]
- die Formung von Institutionen, deren Aufgabe es war, die Interessen der Auswanderer mit denen des Herkunftslandes identisch zu halten;[107]
- der Versuch, die kolonialen Systeme von Kultur, Ausbildung und Religion nach Möglichkeit an das Herkunftsland zu binden,[108]
- und schließlich die kulturelle Ausrichtung der Siedler, die sich in ihrem Versuch, sich im Siedlungsgebiet gesellschaftlich zu etablieren, an der Kultur höherstehender Schichten des Herkunftslandes orientieren.[109]

Methodisch liegt Cohens Begriff einer imperialen Diaspora ganz in der Nähe des von Bade und seinen Mitautoren entwickelten Verständnisses von Diaspora als einer Prozesskategorie, die nur im Kontext des Migrationsprozesses als ganzem angemessen verstanden werden kann. Cohen versteht den Typus der imperialen Diaspora als Teil eines sich über Generationen entwickelnden Migrationsprozesses und interpretiert ihn trotz seiner langen Dauer deshalb als ein Übergangsphänomen, das durch die schrittweise Assimilation der Eingewanderten langsam an Bedeutung verliert.[110] Er beobachtet in den britischen Siedlungsgebieten eine Entwicklung, in der die Siedlerinnen und Siedler eigene Interessen zu verfolgen beginnen, die immer häufiger den nationalen Interessen des Herkunftslands auch entgegenstehen.[111] Dieser Prozess lässt die regionalen Entwicklungsfaktoren stärker in den Vordergrund treten und befördert so letztlich die Auflösung der imperialen Diaspora.[112]

Empathie und ein Gefühl der Mitverantwortung für das Wohlergehen von Landsleuten in anderen Siedlungsgebieten außerhalb des Herkunftslandes (Robin Cohen, Diaspora, 17).
104 Ibid., 69.
105 Zu Parallelen und Unterschieden im kirchlichen Leben britischer und deutscher Siedler im südlichen Afrika vgl. Beitrag #20 von Kevin Ward.
106 Robin Cohen, Diaspora, 70.
107 Ibid., 73.
108 Ibid., 75.
109 Ibid., 77.
110 Ibid.
111 Ibid., 79.
112 Ibid., 80.

Gründe gegen die Übernahme des Diasporabegriffs als einer analytischen Kategorie

Trotz dieser offensichtlichen Parallelen haben wir uns als Herausgeber aus folgenden Gründen gegen die Verwendung des Diasporabegriffs als einer analytischen Kategorie entschieden:

1. Zum einen empfinden wir die Verwendung des Diasporakonzepts, das in der historischen Forschung heute die traumatischen Erfahrungen der „Zerstreuung" in der Geschichte des Judentums, der Armenier und der transatlantischen Versklavung afrikanischer Männer und Frauen zum Ausdruck bringen will, im Kontext der deutschen Geschichte als nicht angemessen. Gerade in einer Zeit, in der immer mehr politische Ansprüche mit Unrechtserfahrungen begründet werden, erscheint uns die Übernahme des Diasporabegriffs für die Geschichte der deutschsprachigen Minderheiten im südlichen Afrika, die ja trotz der gegen sie gerichteten staatlichen Zwangsmaßnahmen im Umfeld des Ersten und des Zweiten Weltkriegs im Verlauf ihrer Geschichte durch die Systeme des Kolonialismus und der Apartheid kontinuierlich begünstigt worden sind, als unangebracht.[113]

2. Zum anderen wollen wir eine Vermischung von zeitgenössischen und analytischen Kategorien vermeiden. In der zeitgenössischen Diskussion hatte der Diasporabegriff eine klar definierte nationalistische und eurozentrische Bedeutung. Auch wenn der Begriff in der neueren Forschung anders gebraucht wird, wäre die Nähe zum Forschungsgegenstand sehr groß und würde deshalb eine kritische Interpretation erschweren.

3. In Cohens Ausführungen zur imperialen Diaspora sind die drei Perspektiven, die wir in dieser Untersuchung zum besseren Verständnis der Entwicklung auseinanderhalten wollen, analytisch nicht sauber voneinander getrennt. In Cohens Darstellung erscheinen imperiale Diasporen:

– als Produkt von planvollem politischem und gesellschaftlichem Handeln, das zur Auswanderung motiviert und die Aktivitäten der Auswanderer auch weiterhin auf das Herkunftsland zu beziehen sucht;

– als Konsequenz des Integrationsprozesses in den Siedlungsgebieten, wenn die in die Kolonialgebiete Eingewanderten die Kultur und die Institutionen der europäischen Imperien imitieren, um ihre eigene politische, ökonomische und gesellschaftliche Position auf diese Weise abzusichern;

---

113 Cohen sieht dieses Problem und versucht, ihm zu begegnen, indem er verschiedene, sehr unterschiedliche Idealtypen von Diasporen (Opfer-, Arbeits-, imperiale, Handelsdiaspora und Diasporen ohne ein klar erkennbares Herkunftsland (wie etwa die Roma) nebeneinanderstellt (ibid., 18). Mit dieser Typologie versucht er einen Rahmen zu schaffen, mit dem sich auch die verschiedenen politischen Potenziale dieser einzelnen Typen sauber voneinander trennen lassen. Gleichzeitig stellt Cohen aber auch fest, dass diese Potenziale erst dann politisch zum Tragen kommen, wenn sie innerhalb einer Gruppe wirksam mobilisiert werden (ibid., 7). Dabei wird jedoch nicht deutlich, warum sich bestimmte Gruppen nur auf die Potenziale ihres eigenen Typus beschränken sollten, wenn ihnen andere Ressourcen größere politische Resonanz versprechen. Cohens Ausführungen zur Rolle von Diasporen in der internationalen Politik (ibid., 169f) bleiben vor diesem Hintergrund eigentümlich vage.

– als ideologische Konstruktion einer Siedlerschaft, die durch die Selbststilisierung als „erwählte Rasse" die koloniale Entwertung der indigenen Bevölkerung zu legitimieren sucht.

Der Begriff der „imperialen Diaspora" steht nach unserer Überzeugung dem Verständnis dieser unterschiedlichen Prozesse im Wege, weil er von vornherein die Entwicklungen durch die Subsumierung unter einen Idealtypus als eine Einheit zu beschreiben sucht, anstatt sie in ihren komplexen Spannungsverhältnissen zueinander zu analysieren.

4. Schließlich erscheint uns auch die Motivation hinter Cohens Versuchen, die traditionelle Begrenzung des Diasporabegriffs auf die Geschichte von Opferdiasporen zu überwinden, zum Verständnis der deutschen evangelischen Auslandsarbeit und der Geschichte deutschsprachiger Migrantinnen und Migranten im südlichen Afrika mehr Fragen aufzuwerfen als zu beantworten. Cohens Diasporatheorie begründet sich aus der jüdischen Geschichte. Anders als die Protagonisten von Opferinterpretationen analysiert Cohen diese Geschichte jedoch mit dem Ziel, sie zu entzionisieren.[114] Das Konzept der Opferdiaspora erscheint ihm als eine historisch und politisch problematische Verengung. Seine Untersuchung betont deshalb, dass bereits die jüdischen Diasporen zur Zeit des babylonischen Exils und nach der Zerstörung Jerusalems im Jahr 70 nicht allein durch gewaltsame Vertreibungen entstanden sind, sondern in ihrer Größe und Bedeutung nur durch freiwillige Auswanderung zu erklären sind.[115]

Als Konsequenz dieser Analyse plädiert Cohen für ein duales Diasporamodell, das die von den Theorien der Opferdiaspora betonten Elemente von Angst und Misstrauen gegenüber der lokalen Umgebung aufnimmt, diese aber durch die Aspekte von Kreativität und Erfolg ergänzt[116] und beide Seiten in Form einer dialektischen Synthese aufeinander bezieht. Für Cohen ist die für die Diaspora charakteristische Erfahrung der Nicht-Zugehörigkeit eine Quelle der Kreativität. Er argumentiert anhand der Geschichte des Judentums, dass gerade die Angst und die Sorge vor einer diasporischen Existenz die jüdischen Gemeinschaften in der Diaspora zu kreativen Anstrengungen herausgefordert haben.[117]

Dieses anhand der jüdischen Geschichte herausgearbeitete duale Modell ist nach Cohens Überzeugung in der Lage, die beiden Strömungen zusammenzuführen, die sich in der aktuellen Diasporadebatte gegenüber stehen:

– auf der einen Seite eine ontologisch argumentierende Position, die die Diaspora durch ihre realen und symbolischen Bezüge auf ein existierendes Heimatland konstituiert sieht;[118]

– auf der anderen Seite postmoderne Theorien, die den Begriff der Diaspora rein metaphorisch verstehen. Diesen Interpretationen zufolge wären Diasporen nicht primär durch institutionalisierte politische, kulturelle oder religiöse Kontakte untereinander und

---

114 Ibid., 12.
115 Ibid., 21-35.
116 Ibid., 35.
117 Ibid. 7, 23ff.
118 Mit Blick auf die afrikanische Debatte wäre hier etwa an den Pan-Afrikanismus oder die Philosophie der Négritude zu denken.

mit ihren Herkunftsgebieten definiert, sondern durch die Differenzerfahrung des Bruchs, die in der Folge die Gültigkeit jeder Identitätskonstruktion in Frage stellt.[119]

Der dualen Interpretation entsprechend bildet die Spannung zwischen historisch identifizierbaren Diasporagruppen und sie ablehnenden Mehrheitsgesellschaften die reale Bedingung für die Entstehung von Diasporaerfahrungen, die sich nicht mehr ontologisch durch Zugehörigkeit, sondern aus der Erfahrung der Nichtzugehörigkeit heraus begründen. Diese beiden Diasporainterpretationen stehen sich in Cohens Theorie deshalb nicht antagonistisch gegenüber, sondern sind zwei Seiten der gleichen Medaille.

Während Cohens duales Diasporamodell eine wichtige Perspektive auf die jüdische Geschichte eröffnet, wäre eine Interpretation der Entwicklung der deutschen evangelischen Auslandsarbeit und der Geschichte der deutschsprachigen Minderheit im südlichen Afrika problematisch. Die „diasporische Erfahrung" des Lebens in Afrika hat im deutschen Beispiel wohl eher Prozesse der Selbstabschließung begünstigt und durch die Rückwirkung nach Europa zu einer Radikalisierung und Verengung der kolonialen Diskurse in Deutschland beigetragen.

Aspekte der modernen Diasporaforschung in der zeitgenössischen Diskussion
Auch wenn die moderne Diasporaforschung keine umfassende und durchgängig adäquate Begrifflichkeit bereitstellt, um die Rolle der deutschen evangelischen Auslandsarbeit im südlichen Afrika zu erfassen, öffnet sie doch den Blick für die Spannungsverhältnisse innerhalb der zeitgenössischen Diskurse. Viele Kontroversen, die in der modernen Diasporaforschung ausgetragen werden, waren auch damals schon Gegenstand der Auseinandersetzung:

1. So war der Eurozentrismus der kirchlichen Diasporafürsorge in der zeitgenössischen Diskussion keineswegs unumstritten. Wie die imperialen Institutionen im Herkunftsland nach Cohens Typus der imperialen Diaspora hatte auch die kirchliche Auslandsarbeit das Ziel, eine selbstverständliche Affinität zwischen Diaspora und Heimatland zu bewahren bzw. herzustellen[120] und für die eigenen imperialen Interessen nutzbar zu machen. Diese

---

119 Ein einflussreiches Beispiel für diesen Ansatz ist die Black Atlantic-Theorie Paul Gilroys (The Black Atlantic: modernity and double consciousness, London 1993). Afrikaner teilen nach Gilroys Interpretation die Erfahrung von Unterdrückung, Ausgrenzung und Ausbeutung. Diese Geschichte begründet für Gilroy aber keine Opferkonstruktion, sondern erscheint als eine Ressource, die „schwarzen" Menschen ein Leben als handlungsmächtige, produktive und autonom gestaltende Individuen eröffnet. Solche diasporischen Erfahrungen haben für Gilroy das Potenzial, eine Gegenkultur der Moderne zu begründen (ibid., 16). Eine solche Kultur hätte nicht die Gestalt von Wurzeln und Verwurzelung (ibid. 19), sondern würde sich auf Formen stützen, die Menschen untereinander verbinden, ohne sie – wie etwa nationale, kulturelle, religiöse oder rassistische Identitätskonstruktionen – im gleichen Moment wieder voneinander zu trennen. Gilroy spricht hier von einer Politik der „Transfiguration" und beschreibt sie als eine Gegenkultur, die ihre eigene imaginäre, antimoderne Vergangenheit und ein postmodernes Noch-Nicht schafft (ibid., 38). So gesehen stellt der Diasporabegriff keine Neuformulierung von Begriffen wie Ethnizität oder Nationalität dar, sondern zielt auf eine radikale Alternative. Durch die Entstehung eines diasporischen Bewusstseins soll es möglich werden, Gruppenidentitäten nicht durch Grenzziehungen zu definieren, sondern durch flexible Allianzen ohne Ausschlusscharakter.
120 Cohen, Diaspora, 77.

imperial erstrebte Identität der Interessen[121] zwischen Metropole und Diaspora stieß auf Widerstände, die sich in der Geschichte der deutschsprachigen Minderheit im südlichen Afrika an vielen Stellen nachweisen lassen. Ein wichtiges Indiz für diese Zurückhaltung ist, dass der Begriff der Diaspora in den lokalen Diskussionen im Untersuchungszeitraum offensichtlich keine Rolle gespielt hat.

Besonders anschaulich wird diese Zurückhaltung gegenüber Vereinnahmungsversuchen aus Deutschland bei der Namensgebung der deutschsprachigen kirchlichen Zeitschriften in den 1920er Jahren. Während die Kolonialpropaganda zwischen Kolonie und Heimat unterschied und den Begriff der Heimat eindeutig Deutschland zuordnete,[122] lokalisierten die Presseorgane des 1926 gegründeten Deutschen Evangelischen Kirchenbundes die Heimat ausdrücklich in Afrika: Die 1927 gegründete und bis heute erscheinende Kirchenzeitung firmiert unter dem Namen *Heimat*, das seit 1930 veröffentlichte Jahrbuch heißt *Afrikanischer Heimatkalender*.[123] In seinem Editorial zur ersten Ausgabe des Heimatkalenders schrieb Präses Winfried Ebers: „Was will dieser Kalender? […] Daß wir uns alle ein deutsches Heim gründen und unseren Kindern zu erhalten suchen, sei es an der wildumwogten Küste Afrikas, sei es unter den blühenden Dornbüschen unseres Hochlands!"[124]

Wer so formuliert, versteht sich nicht als Mitglied einer auf ein fernes Herkunftsland bezogenen Diaspora, sondern betont seine lokalen Wurzeln. Das „Deutschtum" erscheint unter diesen Voraussetzungen als eine imaginierte Größe ohne eine lebendige Beziehung zu den Entwicklungen in Deutschland und hat seinen Sitz im Leben im „deutschen Heim" vor Ort.

2. Auch die von Cohen skizzierte Dualität der Diasporaerfahrung war ein wichtiges Thema der zeitgenössischen deutschen Imperialismusdebatte. Cohen wäre sicherlich nicht erfreut über den Hinweis, wie sehr sein duales Modell den Argumentationen Bussmanns und anderer Vertreter einer imperialen Diasporatheorie ähnelt. Auch in diesen Positionen ist es die Erfahrung der Differenz zu den herrschenden Gesellschaftsordnungen im Ausland, die besondere wissenschaftliche, religiöse und kulturelle Potenziale erschließen soll. In diesen Beispielen begründet gerade das Kreativitätspotenzial dieser Differenzerfahrung die Fähigkeit, sich dem Assimilationsdruck zu entziehen, die Beziehung zu einem Heimatland zu bewahren und das Bewusstsein einer gemeinsamen Identität für globale politische Projekte zu nutzen. Auch diese Visionen wurden in den deutschen Siedlungsgebieten mit zunehmender Skepsis aufgenommen. Die Artikel von Eberhardt, Engel und Kriel/Bodenstein belegen,[125] wie sehr sich die gepriesene Weite der deutschen Kultur nach dem Ersten Weltkrieg begrenzt und wie das „Deutschtum" als eine immer rigidere Weltanschauung propagiert wird, der sich die Mitglieder der deutschsprachigen Minderheit zu unterwerfen haben.

---

121 Ibid., 73.
122 Vgl. die Titel der einschlägigen Zeitschriften: „Kolonie und Heimat in Wort und Bild" (1907–1911); „Kolonie und Heimat" (1911–1919); „Ausland und Heimat" (1919–1920); „Deutschland im Ausland – Kolonie und Heimat" (1926); „Kolonie und Heimat. Die deutsche koloniale Bilderzeitung" (1937–1943).
123 Zum Hintergrund dieser Zeitungsgründungen vgl. den Beitrag #13 von Georg Scriba.
124 Winfried Ebers, Zum Geleit!, in: Afrikanischer Heimatkalender. Herausgegeben vom Kirchenbundesrat des deutschen Kirchenbundes Süd- und Südwestafrikas 1, 1930, 1.
125 Beiträge #9, #10 und #15.

3. Schließlich hat auch die von Gilroy herausgearbeitete postmoderne Diasporatheorie ihre Vorläufer in den kirchlichen Diskussionen des 19. und beginnenden 20. Jahrhunderts. Schon das Diasporaverständnis Nikolaus Graf von Zinzendorfs hatte versucht, die Zusammengehörigkeit von Christinnen und Christen jenseits institutionalisierter Identitätsstrukturen zu organisieren. Zinzendorf unterschied zwischen der unsichtbaren Kirche und den sichtbaren Religionsgemeinschaften und ging davon aus, dass diesseits des Weltendes keine Kirchenstruktur die wahre Kirche repräsentieren könne: „Überhaupt glaubt man bei uns, dass die Kirche, die ganze Christenheit nicht unter einem sichtbaren, sondern unter einem ungesehenen Hut ist. Die Diasporae, die zerstreuten Kinder Gottes[,] werden einmal zusammen kommen. [...] aber an eine leibliche und vor der Zeit beständige Koalition ist nicht zu denken."[126] Bis diese wahre Kirche dereinst zustande komme, so die Einschätzung von Gisela Mettele, habe es der Brüdergemeine, die sich als experimentellen Vorgriff auf die künftige universale Einheit der Kinder Gottes verstanden habe, oblegen, die Mitglieder der unsichtbaren Kirche überall auf der Welt aufzufinden und geistlich zu betreuen.[127]

Dieser weltbürgerliche Universalismus Zinzendorfs, der religiöse, kulturelle und ethnische Strukturen nur als vorläufige Größen ansah, bestimmte die deutsche Missionstheologie während des gesamten 19. Jahrhunderts. Das von Zinzendorf propagierte diasporische Bewusstsein beeinflusste auch diejenigen Theologen, die eigentlich eine Strategie der Völkerchristianisierung favorisierten. So sollte die Missionsarbeit etwa nach dem Verständnis von Gustav Warneck auf die Schaffung von frommen Gemeinschaften zielen, die trotz aller Unterschiede dadurch miteinander verbunden wären, dass sie sich nicht in erster Linie durch ethnische und kulturelle Zugehörigkeiten definierten, sondern durch christliche Demut.[128] Diese Theologie hat es – im Unterschied zum Nationalismus und der etwa von Ernst Troeltsch propagierten Bildungsreligion des deutschen Kulturprotestantismus – den Missionaren im südlichen Afrika ermöglicht, das Bewusstsein der eigenen kulturellen Höherwertigkeit zumindest partiell in Frage zu stellen und ethnische und kulturelle Grenzen zu überschreiten.

Allerdings sind diese Versuche, die Universalität des Evangeliums praktisch wirksam werden zu lassen, auch selbst geschichtliche Prozesse und müssen deshalb mit Blick auf ihre Ursachen und Konsequenzen analysiert werden. Die politischen Auswirkungen des

---

126 Jüngerhausdiarium, 4. Dezember 1758, zitiert nach Gisela Mettele, Weltbürgertum, 94 (zur Theologie Zinzendorfs vgl. auch Beitrag #25 von Hohmann).

127 Gisela Mettele, Weltbürgertum, 94. Dieses Verständnis wird schon in der Namensgebung deutlich: Die Brüdergemeine versteht sich nicht als Gemeinde, sondern Gemeine, sie distanziert sich auf diese Weise von einem strukturellen Kirchenverständnis und betont das allen wahren Christen Gemeinsame (zu den Einzelheiten des Zinzendorfschen Kirchenverständnisses vgl. den Beitrag von Hans Schneider, „Philadelphische Brüder mit einem lutherischen Maul und mährischen Rock": Zu Zinzendorfs Kirchenverständnis, in: Martin Brecht und Paul Peuckert, Neue Aspekte der Zinzendorf-Forschung, Göttingen 2006, 11-36).
Im Laufe ihrer Geschichte hatte die Herrnhuter Brüdergemeine immer wieder Schwierigkeiten, dieses Verständnis von Gemeine organisatorisch und praktisch mit Leben zu füllen. Außerhalb Deutschlands wurde die Internationalität der Brüdergemeine als Herrschaft der Deutschen interpretiert. In den Vereinigten Staaten wurden bereits in der ersten Hälfte des 19. Jahrhunderts Forderungen nach „home rule" laut, die letztlich zu einer organisatorischen Loslösung von Deutschland und zur Errichtung eigenständiger Strukturen führten (Hutton, Moravian Church, 266).

128 Zu Warnecks Missionstheologie vgl. Beitrag #22 von Hanns Lessing.

missionarischen Handelns sind deshalb in vielen Beiträgen dieses Sammelbandes Gegenstand der historischen Untersuchung. Dabei wird deutlich, dass diasporisches Bewusstsein an verschiedenen Stellen eine teilweise auch scharfe Kritik an kolonialem Unrecht ermöglicht hat.[129] Gleichzeitig war die Missionsarbeit eng mit den kolonialen Strukturen der Rassentrennung verbunden.

V. Hermeneutisches: Zur Arbeitsweise und zu den Zielen des Forschungsprozesses

Trotz dieser problematischen Geschichte ist die kosmopolitische Theologie Zinzendorfs in den Kirchen im südlichen Afrika bis heute wirksam geblieben. Immer wieder hat es Ansätze gegeben, die von Wolfram Kistner betonte „alle Grenzen überwindende Kraft des Evangeliums" auch praktisch wirksam werden zu lassen. Ein wichtiges Beispiel für die Vitalität dieser Tradition sind die von den lutherischen Kirchen in Namibia verantworteten Veranstaltungen zum Gedenken an den Kolonialkrieg in Namibia (1904-1908) im Jahr 2004.[130] Die Bischöfe Zephania Kameeta von der Evangelisch Lutherischen Kirche in der Republik Namibia (ELCRN) und Reinhard Keding von der Evangelisch-Lutherischen Kirche in Namibia (DELK), zweier Kirchen, die aus der Arbeit der Rheinischen Missionsgesellschaft hervorgegangen sind, haben im Verlauf dieses Prozesses immer wieder die Grundsätze hervorgehoben, die den Umgang mit der Kolonialgeschichte bestimmen sollten:

1. Die Perspektive der Befreiung: Hass, Vergeltung und Rassentrennung sind seit der Unabhängigkeit Namibias im Jahr 1990 nach mehr als einem Jahrhundert des Kolonialismus und der Apartheid offiziell überwunden und sollen deshalb auch das Gedenken nicht bestimmen:

> „We are today looking back on what happened exactly 100 years ago […]. This is not a looking back from nowhere in the midst of hopelessness but we are commemorating this 100 years in a free and independent Namibia. […] Although we speak different languages and are coming from different cultural, tribal and racial backgrounds, we are one in Jesus Christ and also One Nation in Our One Namibia. […] Those who fail to understand this, are far from understanding our unity as one Nation."[131]

2. Die Abwehr von Opferkonstruktionen: Stolz und Gestaltungskraft der Menschen in Namibia haben sich als stärker erwiesen als die Entwürdigung und Vernichtung durch den Kolonialismus:

---

129 Vgl. dazu etwa die Untersuchung kritischer Stellungnahmen von Missionaren der Rheinischen Missionsgesellschaft in den Beiträgen #3 und #21 von Reinhardt Wendt und Hanns Lessing.
130 Mitglieder aus allen lutherischen Kirchen in Namibia fanden sich im National Preparatory Committee for the Commemoration of 1904 (NPCC04) zusammen. Wichtige Projekte waren etwa die Vorbereitung des Gottesdienstes am Vorabend des 100. Jahrestag des Kriegsbeginns am 12. Januar 1914 und der Gedenkveranstaltung am 14. August 2004 in Ohamakari zum Gedenken an die Schlacht am Waterberg. Diese Veranstaltung wurde gemeinsam mit dem Committee for the First Commemoration of the Ovaherero Genocide (CC), einer Gruppierung aus dem Hererovolk, die von Deutschland ein offiziellen Schuldbekenntnis und Reparationen forderte, vorbereitet.
131 Zephania Kameeta, Predigt im Gedenkgottesdienst am 11. Januar 2004 in Windhoek (unveröffentlicht).

„Aus der Asche der Vernichtung ist eine lebendige Kirche entstanden. Was immer die Mission falsch gemacht hat – und es hat Verbrechen gegeben – das Christentum ist in Namibia keine koloniale oder imperialistische Religion."[132]

3. Die Überwindung ethnischer und rassistischer Stereotypen. Das Gedenken soll nicht dazu führen, die kolonialen Konstruktionen von „Rassen", Völkern und Kulturen wiederzubeleben:

„The challenge of commemoration is to remember the past, but to do so in a spirit that will not renew the colonial divisions. [...] What we need [...] is to leave the camps set up by history and to share our memories and our pain and to start building a better future. A nation is created by the way by which it deals with its history."[133]

4. Die Übernahme von gemeinsamer Verantwortung für die Überwindung der immer noch spürbaren Auswirkungen des Kolonialismus. Bischof Reinhard Keding betonte in diesem Zusammenhang sehr deutlich die Verpflichtung der Mitglieder der deutschsprachigen Minderheit in Namibia:

„And I know that we as descendants will be accountable. It makes my heart feel sad and sorrowful when I read and hear about that time. [...] Let us not forget the past, but rather let us commemorate the past with one aim of finding ways how we can live together as people in Namibia today, all being part of the history, all working for a brighter future of all people."[134]

Diese Grundsätze hatten großen Einfluss auf die namibische Debatte zum Umgang mit der Kolonialgeschichte, denn sie brachte Menschen aus allen Bevölkerungsgruppen in dem Bewusstsein der gemeinsamen Verantwortung für den Umgang mit Geschichte zusammen.[135] Menschen aus unterschiedlichen Traditionen, die unter den Systemen von Kolonialismus und Apartheid nur wenige soziale, politische und geistliche Berührungspunkte miteinander gehabt hatten, trafen sich in dem Bewusstsein, dass die noch immer spürbaren Folgen des Kolonialismus nur dann überwunden werden können, wenn sich Bürgerinnen und Bürger Namibias im Gedenken an die durchlebte Geschichte nicht wieder auseinanderdividieren lassen. Dabei wurde sehr positiv aufgenommen, dass ein erster Impuls zu dieser Initiative von der Windhoeker Gemeinde der ELKIN-DELK ausgegangen war. Die politische Kraft dieser Initiative ermöglichte es, die verschiedenen Gruppen, die

---

132 In: Gisela und Udo Kilimann, Waterberg. Kolonialkrieg und Völkermord in Namibia. Ein Film von Gisela und Udo Kilimann, Essen 2004.
133 Zephania Kameeta, Eröffnungsrede zur Ausstellung "Remembering the Past, Building the Future" am 15.10.2005 in Windhoek (unveröffentlicht).
134 Reinhard Keding, Predigt im Gedenkgottesdienst am 11. Januar 2004 in Windhoek (unveröffentlicht). Diese Verantwortung schließt nach Kedings Verständnis, wie seine Forderung nach einer Versöhnungskommission zeigt, auch die materiellen Folgen des Kolonialismus mit ein (vgl. Larissa Förster, Jenseits des juristischen Diskurses. Die Entschuldigung von Heidemarie Wieczorek-Zeul in Namibia, in: afrika süd. Zeitschrift zum südlichen Afrika. Heft Nr. 5, 2004, 8f).
135 Von der Seite des Genocide Committees wurde diese Haltung immer wieder scharf kritisiert. Mitglieder des Komitees befürchteten, dass die Betonung der Forderung nach einer Überwindung der kolonialen Stereotypen die juristische Durchsetzung von deutschen Reparationszahlungen an das „Hererovolk" in Frage stellen könnte.

Gedenkveranstaltungen vorbereiteten, zusammenzuführen, so dass die Veranstaltung zum Gedenken an den Genozid, der in den Monaten nach der Schlacht am Waterberg vom 11. August 1904 an den Völkern Zentralnamibias begangen wurde, einen umfassenden nationalen Charakter hatte.[136]

Die in der Öffentlichkeit vor allem von den beiden Bischöfen bekräftigte Haltung trug auch zu einer Öffnung der Gespräche mit der deutschen Bundesregierung zur Frage der Anerkennung der deutschen Schuld für das während der Kolonialzeit verübte Unrecht bei. Aus Sorge vor Reparationsforderungen hatte die Bundesregierung vor 2004 eine offizielle Entschuldigung verweigert. Diese Position erschien angesichts der Jahrestage zum Gedenken an den Vernichtungskrieg weiten Kreisen der Bevölkerung in Namibia und in Deutschland politisch wie moralisch unhaltbar. In dieser Situation suchte die damalige Entwicklungshilfeministerin Heidemarie Wieczorek-Zeul auf der Suche nach einer tragfähigen Formulierung den Kontakt zu den Kirchen in Namibia. In ihrer am 12. August 2004 in Ohamakari gehaltenen Rede zum Gedenken an die Schlacht am Waterberg sprach sie zuerst nicht von einem „Völkermord", sondern von „atrocities committed at that time, [that] would today be termed genocide", und vermied auf diese Weise eine justiziable Formulierung. In der Rede selbst verwendete die Ministerin das Wort „Entschuldigung" nicht, sondern wählte eine liturgische Formulierung aus der Sprache des christlichen Gottesdienstes: „In the words of the Lord's Prayer that we share, I ask you to forgive us our trespasses and our guilt."[137]

Diese Formulierung wurde in der Folge von vielen Seiten kritisiert.[138] Bischof Kameeta verteidigte die Position der Ministerin in einer Presseerklärung aber nachdrücklich.[139] Grund für diese Zustimmung war, dass die Bitte um Vergebung nach seiner Überzeugung dem christlichen Verständnis von Versöhnung eher gerecht wird als die juristische Form einer Entschuldigung. Eine Entschuldigung zielt auf die Wiederherstellung des Rechtsfriedens, ein juristisch gefasster Versöhnungsprozess versucht, vergangenes Unrecht durch Reparationsleistungen zu sühnen. Die Bitte um Vergebung zielt dagegen auf die Heilung von Beziehungen, ihr Interesse liegt auf der Gestaltung einer Zukunft, die nicht mehr durch die Gewaltverhältnisse der Vergangenheit bestimmt wird.

Diese namibische Debatte um einen angemessenen Umgang mit der Kolonialvergangenheit hat den Studienprozess nachhaltig bestimmt. In Aufnahme des Versöhnungsgedankens aus Namibia war der Studienprozess von Anfang an partizipatorisch angelegt und schloss die lutherischen Kirchen in Südafrika und Namibia als Träger mit ein. Auch die Forschungsarbeit wurde durch die Mitwirkung von Historikerinnen und Historikern aus

---

136 Petrus Kuteeue, Groups bury axe over genocide commemoration, The Nambian 08.04.2004. In den Monaten nach den Gedenkveranstaltungen blieb das Verhältnis zwischen den Gruppen brüchig. Seit Anfang 2005 war es nicht mehr möglich, gemeinsame Initiativen zu entwickeln.

137 Larissa Förster, Jenseits, 8. Nach Unmutsäußerungen aus der Zuhörerschaft schloss Frau Wieczorek-Zeul ihre Rede jedoch mit dem Satz: „Everything I said in my speech was an apology for crimes committed by Germany" (ibid.).

138 Zur Debatte vgl. Reinhart Kößler, Awakened from colonial amnesia? Germany after 2004, 2006, URL: http://www.freiburg-postkolonial.de/Seiten/koessler-colonial-amnesia.html [25.05.2011].

139 Zephania Kameeta, Entschuldigung angenommen – Dr. Zephania Kameeta begrüßt die Rede von Entwicklungsministerin Wieczorek-Zeul, in: Christian Hohmann und Hanns Lessing (Hgg.), Versöhnungsarbeit im Schatten des Kolonialismus. epd Dokumentation Nr. 39/40 2004, 70-71.

dem südlichen Afrika geprägt.¹⁴⁰ Immer wieder wurde die besondere Intensität der Diskussionen während der Tagungen des Studienprozesses auf das Wissen um die Verantwortung für die gemeinsame Geschichte zurückgeführt, mit dem sich die Teilnehmerinnen und Teilnehmer in die Gespräche einbrachten.¹⁴¹

Wir als Herausgeber und als Wissenschaftlicher Beirat haben versucht, diese Gesprächserfahrung in die Konzeption des Forschungsprozesses und in die Struktur dieses Sammelbandes einzubringen. Die jahrzehntelangen heftigen Auseinandersetzungen um die Frage nach dem Umgang mit den Folgen von Kolonialismus und Apartheid hatten dazu geführt, dass sich die verschiedenen Positionen so verfestigt hatten, dass ein gegenseitiges Verstehen in vielen Situationen nahezu ausgeschlossen war. In allen Lagern waren diskursive Grammatiken entstanden, die die eigene Position gegenüber Kritik absichern sollten. Die Geschichte diente in dieser Entwicklung in vielen Fällen als ein Steinbruch, den man benutzte, um die eigenen Weltbilder mit Beispielen zu belegen. Viele dieser Konstruktionen hatten ihre Wurzeln in kolonialen Ideologien und reproduzierten politische, kulturelle und biologische Vorstellungen vergangener Jahrzehnte. Auch manche kritischen Diskurse blieben kolonialen Kategorien verhaftet und beschränkten sich auf die Verurteilung der Reste europäischen Einflusses in Afrika. Die Komplexität der Beziehungsgeflechte, mit denen die verschiedenen Bevölkerungsgruppen im südlichen Afrika untereinander und auch international verbunden sind, geriet dabei oftmals aus dem Blick. Die Folge war eine sehr einseitige Wahrnehmung von Vergangenheit und Gegenwart.

Vor dem Hintergrund dieser Entwicklungen möchte der historische Forschungsprozess, der im Rahmen des Studienprozesses in Auftrag gegeben wurde, die folgenden Impulse setzen:

– eine detailreiche Beschreibung der großen Vielfalt der historischen Entwicklungen;

– die Darstellung der historischen Personen unter Achtung ihrer persönlichen Würde;

– die besondere Berücksichtigung derjenigen Entwicklungen, die von den Überlebenden und ihren Nachkommen bis heute als schmerzhaft und traumatisch empfunden werden;

– die Untersuchung der Denkformen, Frömmigkeitsstile und theologischen Überzeugungen hinsichtlich ihrer Auswirkungen auf die Gestaltung der kolonialen Welt;

– die Entfaltung der unterschiedlichen Perspektiven der Akteure aus Deutschland, der Siedler und der von der kolonialen Unterwerfung betroffenen afrikanischen Menschen, um auf diese Weise die politischen, geistigen und theologischen Spielräume der Beteiligten in der damaligen Zeit besser verstehen zu können;

– die Herausarbeitung derjenigen Traditionen, die dazu beitragen können, die Folgen des Kolonialismus zu überwinden.

---

140 In einigen Beiträgen nehmen die Autorinnen und Autoren auch persönlich zu den von ihnen dargestellten Entwicklungen Stellung. Diese Wertungen entsprechen nicht in allen Fällen den Einschätzungen der Herausgeber.

141 Die Rezeption der Forschungsergebnisse im südlichen Afrika soll dadurch gefördert werden, dass dieser Sammelband auch in englischer Sprache erscheinen wird.

Als Herausgeber und als Wissenschaftlicher Beirat hoffen wir, dass die in diesem Sammelband dargebotenen Artikel die Debatte um den Umgang mit der Kolonialvergangenheit weiter öffnen und Menschen mit ganz unterschiedlichen Hintergründen miteinander ins Gespräch bringen. Der Studienprozess hätte ein wichtiges Ziel erreicht, wenn sich mehr Menschen von der „alle Grenzen überwindenden Kraft des Evangeliums" aufrufen ließen, sich der Verantwortung für die Überwindung der Folgen des Kolonialismus gemeinsam zu stellen.

VI. Terminologisches: Zum Format und zur Begrifflichkeit des Sammelbandes

Zeitraum und räumlicher Fokus des Forschungsprojekts waren von den Trägern des Studienprozesses im Grundsatz vorgegeben und wurden in intensiven Gesprächen zwischen Koordinierungsausschuss und Wissenschaftlichem Beirat präzisiert:

Untersuchungszeitraum

Der Untersuchungszeitraum von den Anfängen der deutschen Einwanderung in das südliche Afrika im 17. Jahrhundert bis in die 1920er Jahre wurde von den Trägern des Studienprozesses vorgegeben. Eine Fortsetzung der Forschung ist in Planung.

Regionaler Fokus auf das südliche Afrika

Das südliche Afrika war als geografischer Rahmen für die Arbeit des Studienprozesses nicht unumstritten. Kritiker wiesen darauf hin, dass die Entwicklung der deutschsprachigen Gemeinschaften in den Gebieten des heutigen Südafrika und Namibia in vielen Hinsichten nicht zu vergleichen ist. So war nur Deutsch-Südwestafrika eine deutsche Kolonie, während die deutschsprachige Minderheit in Südafrika mit der Kolonialherrschaft anderer Länder konfrontiert war.

Die Unterschiede zwischen den Entwicklungen in den beiden Ländern sind in der Tat offenkundig. Allerdings verfließen die Grenzen während des Untersuchungszeitraums auch immer wieder: Die Region war bis weit in die Zeit der deutschen Kolonialherrschaft hinein durch vielfältige Wanderungsbewegungen geprägt. Solche Bewegungen lassen sich bei den namasprechenden Oorlam, im Hererovolk, bei den Buren und auch bei der deutschstämmigen Bevölkerung beobachten, die etwa nach der Rezession im Gefolge des Südafrikanischen Krieges (1899-1902) nach Deutsch-Südwestafrika einwanderten. Von 1915 bis 1990 war Namibia von Südafrika besetzt. Die Entwicklungen bei den deutschsprachigen Minderheiten waren während dieser Zeit in vieler Hinsicht – auch im kirchlichen Bereich – vergleichbar. So waren etwa die Anschlussvereinbarungen, die die deutschsprachige evangelische Gemeinden mit deutschen Landeskirchen eingingen, kirchenrechtlich parallel formuliert.

Aus diesen Gründen erscheint es uns, den Herausgebern und dem Wissenschaftlicher Beirat, sinnvoll, die Untersuchung dieser beiden Regionen methodisch nicht grundsätzlich voneinander zu trennen, sondern die vielfältigen Wechselbeziehungen im Blick zu behalten. Zur besseren Übersichtlichkeit orientieren sich die meisten Beiträge in diesem Sammelband an den Grenzen zwischen den beiden Regionen, berücksichtigen aber gleichzeitig die Interdependenzen.

Umgang mit zeitgenössischer Terminologie
In diesem Sammelband werden historische Begriffe, sofern sie heute missverständlich sind oder als anstößig erscheinen, in Anführungszeichen gesetzt.

Bezeichnung der verschiedenen Bevölkerungsgruppen im südlichen Afrika
Die Begrifflichkeit zur Bezeichnung der verschiedenen Bevölkerungsgruppen im südlichen Afrika ist politisch belastet und in vielen Fällen auch missverständlich. Herausgeber und Wissenschaftlicher Beirat haben sich nach eingehender Diskussion für die folgende Terminologie entschieden:

1. Begrifflichkeit für die Entwicklung der deutschen Minderheiten im südlichen Afrika
Die Frage nach einer angemessenen Bezeichnung der deutschsprachigen Gemeinschaften im südlichen Afrika wirft Schwierigkeiten auf. Krista O'Donnell, Renate Bridenthal und Nancy Reagin diskutieren in ihrer Einleitung zu dem Sammelband *The Heimat Abroad. The Boundaries of Germanness* die folgenden Begriffe: Migranten, ehemalige Kolonisten, ethnische Minderheit, Enklave, Diaspora.[142] Für all diese Bezeichnungen gibt es Argumente. Allerdings gelingt es der jeweiligen Zuspitzung nicht, das komplexe Beziehungsgeflecht, in dem sich die deutschsprachigen Gemeinschaften bewegt haben, in seiner ganzen Breite zu erfassen.

Wir lehnen uns deshalb an das von Bade, Emmer, Lucassen und Oltmer vorgeschlagene Prozessmodell von Migration an[143] und differenzieren die Bezeichnungen der deutschsprachigen Gemeinschaften nach den unterschiedlichen Bezügen, die sie in ihrer Geschichte bestimmt haben:

– Aus der Perspektive des Herkunftslandes erscheinen die Migranten als „Auswanderer", solange lebendige familiäre und soziale Beziehungen nach Deutschland ihr Leben in zentraler Weise bestimmt haben;

– mit Blick auf das Bestreben der deutschsprachigen Migranten, in den Gesellschaften vor Ort ökonomisch und sozial Fuß zu fassen, sprechen wir von „Einwanderern";

– geht es um das koloniale Verhältnis zu den afrikanischen Gesellschaften, bezeichnen wir die deutschen Einwanderer als „Siedler";

– um die lange Dauer zum Ausdruck zu bringen, während der die Einwanderer ihre kulturelle Identität ausgeprägt haben, verwenden wir den Ausdruck „deutschsprachige Minderheit".

2. Begrifflichkeit für die Geschichte der afrikanischen Gesellschaften
Zur Beschreibung der Entwicklungen in den afrikanischen Gesellschaften verwendet der Sammelband in der Regel die Selbstbezeichnungen der jeweiligen Gruppen. Bezeichnungen aus der Siedlerperspektive, wie „Häuptling" oder „Chief" werden in Anführungszeichen gesetzt.

---

142 Krista O'Donnell u.a., Heimat, 5.
143 Klaus J. Bade u.a., Enzyklopädie.

Das Adjektiv „afrikanisch" soll die afrikanische Wirklichkeit, auf die der europäische Kolonialismus traf, möglichst neutral und unabhängig von kolonialen Kategorisierungen bezeichnen. Als Herausgeber optieren wir für die Verwendung dieser Bezeichnung, weil sie, anders als eine Klassifikation nach Hautfarben, rassistische Stereotypisierungen vermeidet und, im Unterschied etwa zu dem Begriff „indigen", der ausschließlich als kolonialer Gegenbegriff zum „Siedler" eine Bedeutung hat, auf eine dichte kulturelle Wirklichkeit jenseits des kolonialen Zugriffs verweist.

Wir verstehen den Begriff in einem umfassenden Sinn, der auch die Lebenswirklichkeit der von den Klassifizierungssystemen des Kolonialismus und der Apartheid als „Coloured"[144] Klassifizierten mit einschließt.

Um Missverständnisse zu vermeiden, setzen wir die zeitgenössischen Selbstbezeichnungen von Deutschstämmigen und Buren als „Afrikaner" bzw. „Afrikaaner" in Anführungszeichen.

VII. Dank

Die Erstellung dieses Sammelbandes wäre nicht ohne die engagierte Mitarbeit vieler Beteiligter möglich gewesen.

Wir möchten uns bei den Trägern des Studienprozesses für die vertrauensvolle Zusammenarbeit bedanken. Seit der Impulstagung in Hofgeismar im November 2007 wurde auch während der Konferenzen des Studienprozesses immer wieder deutlich, wie intensiv sich die Vertreterinnen und Vertreter der Kirchen und Missionswerke mit der Geschichte ihrer Institutionen beschäftigen und zu diesem Zweck das Gespräch mit den am Forschungsprozess Beteiligten suchten. Ohne die finanzielle Unterstützung durch die Träger wäre das Projekt nicht möglich gewesen.

Die Koordination der Forschungsarbeit lag in der Verantwortung des Wissenschaftlichen Beirats und der Herausgeber. Einen herzlichen Dank für das große zeitliche Engagement und für die sorgfältige Begleitung des Studienprozesses! Besonders gilt dieser Dank Tilman Dedering, Lize Kriel, Dieter Schütte (Evangelisch-lutherisches Missionswerk in Hermannsburg) und Hans Büttner für die Herstellung vieler Kontakte in Südafrika. Ein zentraler Schritt voran im Forschungsprozess war der Autorenworkshop in Pretoria im Oktober 2008. Wir danken Christoph Marx für die Koordination des Antragsprozesses, der Deutschen Forschungsgemeinschafft für die Finanzierung, Greg Cuthbertson von der University of South Africa für die Einladung nach Pretoria, Moetsie du Plessis für die Organisation des Workshops und Jürgen Kampmann für die Zusammenstellung der Ergebnisse.

Die Zusammenstellung des Sammelbandes wurde durch die Mitarbeit der folgenden Personen ermöglicht: Cornelia Gerlach, Maren Bodenstein und Lena Langbein danken wir für das Lektorat und Casey Butterfield sowie Elisabeth Steinweg-Fleckner für die Übersetzungen. Dieses große Engagement hat es ermöglicht, den Sammelband parallel in deutscher und englischer Sprache herauszubringen. Klaus Koschorke und Johannes Meier haben den Sammelband in die Reihe *Studien zur außereuropäischen Christentumsgeschichte* aufge-

---

144 Im kolonialen Sprachgebrauch in Deutschland und in Deutsch-Südwestafrika sprach man vielfach von „Mischlingen" und „Halbweißen", vgl. die Beiträge #8, #17 und #24 von Kathrin Roller, Rudolf Hinz und Dorothee Rempfer.

nommen und der Harrassowitz Verlag hat das Projekt aufmerksam betreut; auch dafür sagen wir gerne Dank.

Die mit vielen Mühen verbundene, unverzichtbare Geschäftsführung für den Forschungsprozess lag bei Julia Besten. Wir bedanken uns bei ihr sowie bei der Archiv- und Museumsstiftung der Vereinten Evangelischen Mission in Wuppertal für diese großzügige personelle Unterstützung der Arbeit des Studienprozesses.

Schließlich gilt unser besonderer Dank den Autorinnen und Autoren. Vielen Beiträgen dieses Sammelbandes liegt neu erschlossenes Material zugrunde. Die Zusammenarbeit war aufgrund der intensiven Kommunikation während des Prozesses sehr dicht. Wir hoffen, dass der Studienprozess für alle, die an ihm teilgenommen haben, eine ebenso bereichernde Erfahrung wie für uns gewesen ist.

Abkürzungen

Alle Abkürzungen, wenn nicht unten erläutert, nach Religion in Geschichte und Gegenwart, 4. Aufl., 1998-2005.

AA – Auswärtiges Amt
AKED – Protokolle der Deutschen Evangelischen Kirchenkonferenz
AMEC – African Methodist Episcopal Church
ANC – African National Congress
APO – African Peoples' Organisation
BM – Berliner Mission
BMW – Berliner Missionswerk
BRMG – Berichte der Rheinischen Missionsgesellschaft
CESA – Church of England in South Africa
CLM – Co-operating Lutheran Mission
CMS – Church Missionary Society
CPSA – Church of the Province of South Africa
DACB – Dictionary of African Christian Biography
DDP – Deutsche Demokratische Partei
DHM – Dänisch-Hallesche Mission
DNVP – Deutschnationale Volkspartei
DOA – Deutsch Ostafrika
DSAB – Dictionary of South African Biography (1968-1987)
DSWA – Deutsch Südwestafrika
DTA – Demokratische Turnhallenallianz
EDG – Enzyklopädie deutscher Geschichte (seit 1988)
EKiR – Evangelische Kirche im Rheinland
ELCIN – Evangelical Lutheran Church in Namibia
ELCRN – Evangelical Lutheran Church in the Republic of Namibia
ELCSA – Evangelical Lutheran Church in Southern Africa
ELCSA-SED – Evangelical Lutheran Church in Southern Africa – South Eastern Diocese
ELKIN (DELK) – Evangelisch-Lutherische Kirche in Namibia (Deutsche Evangelisch-Lutherische Kirche)
ELKSA (N-T) – Evangelisch-Lutherische Kirche im Südlichen Afrika (Natal-Transvaal)
ELKSA (Kapkirche) – Evangelisch-Lutherische Kirche im Südlichen Afrika (Kapkirche)
ELM – Evangelisch-lutherisches Missionswerk in Niedersachsen, früher Hermannsburger Mission
EMW – Evangelisches Missionswerk in Deutschland
EZA – Evangelisches Zentralarchiv, Berlin
FELM – Finnische Evangelisch-Lutherische Mission
FELSISA – Freie Evangelisch-Lutherische Synode in Südafrika
HLK – Hannoversche Landeskirche
HFM – Hannoversche Freikirchliche Mission (Bleckmarer Mission)
HM – Hermannsburger Mission
HMBl – Hermannsburger Missionsblätter
JBRMG – Jahresberichte der Rheinischen Missionsgesellschaft
KABl – Kirchliches Amtsblatt für den Bezirk des Königlichen Landeskonsistoriums in Hannover

KGVBl – Kirchliches Gesetz- und Verordnungsblatt
LMS – London Missionary Society
LTI – Lutheran Theological Institute
MAKSA – Mainzer Arbeitskreis Südliches Afrika
MM – Methodist Mission
NAMZ – Neue Allgemeine Missionszeitschrift (1924-1939)
NKM – Norwegische Kirchenmission
NM – Norwegische Mission
NP – National Party
NSDAP – Nationalsozialistische Deutsche Arbeiterpartei
OMI – Hünfelder Oblaten
ÖRK – Ökumenischer Rat der Kirchen
OSFS – Oblaten des Heiligen Franz von Sales
RGBl – Reichsgesetzblatt
RMG – Rheinische Missionsgesellschaft
RMS – Royal Mail Ship
S.M.S. – Seiner Majestät Schiff
SAP – South African Party
SBRT – Stenographische Berichte des Reichtags
SKM – Schwedische Kirchenmission
SPCK – Society for the Propagation of Christian Knowledge
SPD – Sozialdemokratische Partei Deutschlands
SPG – Society for the Propagation of the Gospel
SWAPO – South West Africa Peoples' Organisation
TMDK – Transatlantic Moravian Dialogue Correspondence
UNISA – University of South Africa
VELKD – Vereinigte Evangelisch-Lutherische Kirche Deutschlands
VELKSA – Vereinigte Evangelisch-Lutherische Kirche im Südlichen Afrika
VEM – Vereinte Evangelische Mission
VOC – Vereenigde Oostindische Compagnie (Vereinigte Ostindische Kompanie)
ZAR – Zuid-Afrikaansche Republiek (Südafrikanische Republik)

Die Etablierung der kirchlichen Auslandsdiasporafürsorge als zentrale Gemeinschaftsaufgabe des deutschen Protestantismus im 19. Jahrhundert

Britta Wellnitz

Die Anfänge der evangelischen Auslandsdiasporafürsorge

Die Entstehung deutscher evangelischer Gemeinden außerhalb Deutschlands

Die ersten deutschsprachigen evangelischen Auslandsgemeinden sind bereits im Jahrhundert der Reformation entstanden. In der Regel handelte es sich noch nicht um förmlich konstituierte Gemeinden, sondern um lose Gemeinschaften von Anhängern der reformatorischen Lehren, die – meist in privaten Räumen und ohne ordinierten Geistlichen – gemeinsam Gottesdienste in deutscher Sprache hielten. Zu den ersten formellen Gemeindegründungen kam es in den bereits dem lutherischen Bekenntnis angehörenden skandinavischen Ländern, so etwa in Stockholm 1571 und Kopenhagen 1575. Es folgten weitere Gemeindegründungen an wichtigen europäischen Handelsplätzen, unter anderem in London 1669, Genf 1707, Lissabon 1761 und Triest 1778 sowie in Smyrna in Kleinasien 1759.[1]

Die Hauptentstehungszeit deutscher evangelischer Auslandsgemeinden liegt im 19. Jahrhundert. Beispielhaft genannt seien die Gemeindegründungen in Rom (1819), Rio de Janeiro (1827), Athen (1837), Buenos Aires (1843), Melbourne (1853), Kairo (1864), Tokio (1885) und Daressalam (1898). Wesentliche Faktoren für die Entstehung dieser Kaufmanns- und Diplomatengemeinden waren die damals einsetzende Industrialisierung, der Ausbau der weltweiten Handelsbeziehungen, die verbesserte Verkehrsinfrastruktur, die wachsende Mobilität der Menschen sowie nicht zuletzt der Erwerb der überseeischen Kolonien, der sogenannten Schutzgebiete[2], durch das 1871 gegründete Deutsche Reich. Neben die für das Aufblühen der deutschsprachigen Auslandsgemeinden in den Haupt- und Handelsstädten in aller Welt ursächliche Auswanderung auf Zeit trat jetzt verstärkt auch die durch starkes Bevölkerungswachstum, landwirtschaftliche Missernten und damit einhergehende wirtschaftliche Not ausgelöste Auswanderung auf Dauer. Waren im 18. Jahrhundert vereinzelt kleinere Gruppen von Deutschen – primär aus religiösen Motiven – zunächst meist nach Nordamerika, später auch nach Australien[3] ausgewandert, kam es im

---

1 Dieser Beitrag basiert auf der von der Verfasserin vorgelegten kirchenrechtlichen Dissertation: Deutsche evangelische Gemeinden im Ausland. Ihre Entstehungsgeschichte und die Entwicklung ihrer Rechtsbeziehungen zur Evangelischen Kirche in Deutschland (Jus Ecclesiasticum 71), Tübingen 2003. Dort, 13ff., auch näher zu den Anfängen der deutschen evangelischen Auslandsgemeinden.
2 Deutsch-Südwestafrika (1883), Kamerun, Togo, Deutsch-Ostafrika (alle 1884), Deutsch-Neuguinea (1885), Deutsch-Samoa (1889) und Kiautschou (1898).
3 Die ersten deutschstämmigen Einwanderer in Australien waren Lutheraner aus den preußischen Provinzen, die ihre Heimat wegen der dort 1817 zwangsweise eingeführten Kirchenunion verlassen hatten

19. Jahrhundert zu regelrechten Massenauswanderungen vor allem nach Nord- und Südamerika (hier insbesondere nach Brasilien) sowie in geringerem Umfang auch ins südliche Afrika – anfangs vornehmlich in die Kapregion, später auch nach Südwestafrika. Bei den Auswanderern handelte es sich überwiegend um landlose Bauern, Handwerker und einfache Arbeiter, die als Wirtschaftsflüchtlinge ihr Heil in der Emigration nach Übersee suchten.[4]

Die deutschen evangelischen Gemeinden in den größeren Handelsorten der deutschen Kolonien – etwa Windhoek, Swakopmund und Daressalam – entsprachen aufgrund ihrer Zusammensetzung (vornehmlich Handelsunternehmer, Geschäftsleute, Kolonialbeamte, Militärangehörige) dem Typus der klassischen Auslandsgemeinde, das heißt, es handelte sich um eher großstädtische, europäisch geprägte Fremdengemeinden mit stark fluktuierendem Mitgliederbestand unterschiedlicher Nationalität. In den ländlichen Regionen war der Typus der Kolonialgemeinde vorherrschend. Diese Gemeinden der „weißen" Einwanderer (überwiegend kleine Kaufleute, Farmer und Pflanzer) entstanden vielfach in enger Verbundenheit zu den dort Eingeborenenmission betreibenden evangelischen Missionsstationen, durch deren Missionare sie nebenamtlich mitbetreut wurden – so etwa die Gemeinden Grootfontein und Keetmanshoop in Deutsch-Südwestafrika. Teilweise wurden von den Missionsgesellschaften Geistliche auch eigens in den Dienst dieser deutschen Diasporagemeinden entsandt. Da die Arbeit der Missionsgesellschaften jedoch naturgemäß in erster Linie auf die Missionierung der indigenen Bevölkerung und nicht auf die Pastorierung der „weißen" Kolonialherren zielte, wurde mit der Zeit die Gewinnung von akademisch ausgebildeten Pfarrern aus Deutschland notwendig. Nur so konnte dem stetig wachsenden Bedürfnis der in immer größerer Zahl sich ansiedelnden deutschen Einwanderer nach kirchlicher Versorgung auf Dauer Rechnung getragen werden. Oft blieben die sich etablierenden Diasporagemeinden den Missionsstationen auch weiterhin eng verbunden.

Den beiden in Deutsch-Südwestafrika anzutreffenden Gemeindetypen entsprachen von ihrer Struktur und Zusammensetzung her auch die deutschsprachigen, ebenfalls meist lutherischen Gemeinden auf dem Gebiet des heutigen Südafrika – neben den großstädtischen deutschsprachigen Ausländergemeinden in Kapstadt und Johannesburg seien als Beispiele ländlicher Kolonialgemeinden die Gemeinden in Stutterheim und Keiskamahoek genannt.

Die freien Träger der Auslandsdiasporafürsorge

Lange Zeit waren die deutschsprachigen evangelischen Gemeinden im Ausland ganz auf sich selbst gestellt. Erst im 18. Jahrhundert entwickelte sich in Deutschland eine nachgehende Fürsorge für die ausgewanderten Glaubensgenossen. Diese ging allerdings zunächst nicht von den evangelischen Kirchen der deutschen Territorialstaaten aus, sondern wurde von religiös motivierten Einzelpersonen und freien Vereinigungen geleistet.[5] Es waren namentlich die beiden herausragenden Figuren des Pietismus, August Hermann Francke (1663-1727) und Ludwig Nikolaus Graf von Zinzendorf (1700-1760), welche die Aus-

---

(Bilder aus dem deutschen evangelischen Leben im Ausland. Entworfen im Auftrage des Deutschen Evangelischen Kirchenausschusses, Berlin 1908, 28).
4 Nach der gescheiterten Revolution von 1848 waren unter den Auswanderern allerdings auch in großer Zahl Emigranten aus politischen Gründen.
5 Ausführlicher zu den Anfängen der Auslandsdiasporafürsorge Wellnitz, Auslandsgemeinden, 42ff.

landsdiasporafürsorge als wichtiges Aufgabenfeld des deutschen Protestantismus gleichsam entdeckten. Durch die Sammlung von Geldspenden in der Heimat und ausgedehnte Reisen zu den Ausgewanderten bemühten sie sich vor allem um die geistliche und materielle Versorgung der deutschsprachigen Evangelischen in Russland, England und Nordamerika.

Zu Beginn des 19. Jahrhunderts entstanden eine Reihe von freien, gleichwohl meist kirchennahen Organisationen, die sich mit unterschiedlichen Ansätzen auf sachlich und räumlich ganz verschiedenen Arbeitsfeldern der Auslandsdiasporahilfe widmeten. Genannt seien etwa der Verein zur Beförderung der evangelischen Gemeinden Brasiliens (gegründet 1828 in Berlin), der von Theodor Fliedner (1800-1864) aufgebaute Dienst der Kaiserswerther Diakonissen im Vorderen Orient (1836), die Basler, die Rheinische und die Hermannsburger Mission sowie der Jerusalemverein in Berlin.

Um die Auslandsdiasporafürsorge besonders verdient gemacht hat sich der Evangelische Verein der Gustav-Adolf-Stiftung. Anlässlich der Gedenkfeier zum 200. Todestag des schwedischen Königs Gustav Adolf am 6. November 1832 als Stiftung gegründet und 1842 in einen Verein umgewandelt, hat er den Anstoß zu einer organisierten Diasporaarbeit sowohl in Deutschland als auch im Ausland gegeben.[6] Daneben entfaltete der Lutherische Gotteskasten große Wirksamkeit, der sich speziell die Unterstützung der im In- und Ausland in der Diaspora (namentlich auch unter Reformierten und Unierten) lebenden Lutheraner zur Aufgabe gemacht hatte. Ursprünglich auf die geistliche und materielle Versorgung der deutschstämmigen Lutheraner in Nordamerika ausgerichtet, wurde die Hilfstätigkeit der Gotteskastenbewegung schon bald erheblich ausgeweitet; vor allem nach Brasilien wurden lutherische Prediger ausgesandt, aber auch die Lutheraner in Südafrika empfingen Unterstützung.[7] Zu erwähnen ist schließlich der 1886 in Erfurt gegründete Evangelische Bund, zu dessen Aufgaben auch die Unterstützung der deutschsprachigen Evangelischen im Ausland gehörte und der dazu beigetragen hat, dass 1903 der Deutsche Evangelische Kirchenausschuss errichtet werden konnte, dessen zentrale Aufgabe die Auslandsdiasporafürsorge war.[8]

Daneben förderten seit dem 17. Jahrhundert auch verschiedene protestantische Landesfürsten die geistliche Versorgung ihrer ausgewanderten Landeskinder durch die Gewährung politischer Protektion sowie finanzieller Mittel für den Kirchenbau oder durch die Entsendung von Pfarrern.[9] Dieses Engagement hatte seinen Grund nicht zuletzt im Institut des

---

6 Von Beginn an beschränkte der Gustav-Adolf-Verein mit Sitz in Leipzig und Zweigvereinen in allen deutschen Ländern seine Hilfe nicht nur auf deutsche evangelische Diasporagemeinden im In- und Ausland, sondern unterstützte über die Grenzen der Konfession und des Landeskirchentums hinweg und unabhängig von Nationalität und Sprache ganz allgemein Evangelische in der Erhaltung ihres Glaubens (Heinz Brunotte, Die Evangelische Kirche in Deutschland. Geschichte, Organisation und Gestalt der EKD, Gütersloh 1964, 127ff).

7 Die Gotteskastenvereine wurden ab 1853 in Hannover, Mecklenburg, Sachsen, Bayern, Württemberg und weiteren Ländern als Gegengewicht zu dem in konfessioneller Hinsicht als zu liberal empfundenen Gustav-Adolf-Verein gegründet (Karl Kühner, Gotteskasten, in: RGG[1] 2, 1588f.; Ortwin Bang, Gotteskasten, in: RGG[2] 2, 1393).

8 Carl Mirbt, Evangelischer Bund, in: RGG[2] 2, 447ff.; Ernst Wilhelm Bussmann, Evangelische Diasporakunde. Handbuch für Pfarrer und Freunde deutscher Auslandsgemeinden, Marburg 1908, 112.

9 Ausführlich zum Engagement der evangelischen Landesfürsten Ernst Schubert, Die Fürsorge der Hohenzollern für die evangelische Auslanddiaspora, in: Auslanddeutschtum und evangelische Kirche 1935, 115ff.

landesherrlichen Kirchenregiments[10] – als Oberhaupt des Staates war der Landesherr zugleich der Summus Episcopus der evangelischen Kirche seines Landes. Hinzu kam die persönliche Anteilnahme des Regenten, sei es aus eigenem religiösen Interesse, aus kirchen- oder kulturpolitischen Motiven oder aus staatspolitischem Kalkül. So förderten etwa die Kurfürsten von Sachsen den Kirchenbau der evangelischen Gemeinde in Prag; die Kurfürsten von Hannover – von 1714 bis 1837 in Personalunion mit dem Königreich Großbritannien verbunden – versorgten die deutschen evangelischen Gemeinden in London mit lutherischen Pfarrern aus der Hannoverschen Landeskirche.

Bedingt durch ihren stetig wachsenden politischen Einfluss haben die preußischen Hohenzollern das umfangreichste Engagement in der Auslandsdiasporafürsorge entfaltet. Ihre Blütezeit hatte diese Fürsorge unter Friedrich Wilhelm III. (1797-1840) und Friedrich Wilhelm IV. (1840-1861); dies zum einen aufgrund der politischen Vormachtstellung Preußens in Europa, zum anderen wegen der starken Ausweitung der deutschen evangelischen Auslandsdiaspora im 19. Jahrhundert. Friedrich Wilhelm III. förderte vor allem die deutschsprachigen evangelischen Gemeinden in Italien, seine besondere Anteilnahme galt hierbei der preußischen Gesandtschaftsgemeinde in Rom. Die Berufung eines Gesandtschaftspredigers nach Rom durch Kabinettsorder vom 2. August 1818 war nicht nur die erste formelle Pfarrerentsendung durch den preußische König, zugleich wurde hierdurch erstmals eine förmliche Verbindung zwischen der Preußischen Landeskirche und einer Auslandsgemeinde begründet.[11] Das Interesse Friedrich Wilhelms IV. war vornehmlich auf Südosteuropa und den Vorderen Orient gerichtet; er förderte unter anderem die Gemeinden in Konstantinopel, Beirut, Alexandria und Jerusalem durch finanzielle Zuwendungen, daneben unterstützte er aber auch Fürsorgeträger wie die Fliednerschen Diakonissenhospitäler und -schulen und den Gustav-Adolf-Verein.

Wilhelm I. (1861-1888), der ab 1871 zugleich deutscher Kaiser war und in dessen Regentschaft der Erwerb der meisten überseeischen Kolonien fiel, setzte die Unterstützung der deutschsprachigen evangelischen Auslandsgemeinden fort. Zunächst wurden diese als auch im staatlichen Interesse liegend betrachteten Zuwendungen noch überwiegend aus der Staatskasse Preußens bzw. des Deutschen Reiches finanziert, teilweise handelte es sich auch um Schenkungen aus dem Privatvermögen des Monarchen.[12] Aus Gründen konfessioneller Parität hielten sich jedoch ab den 1870er Jahren sowohl die Behörden des Reiches als auch Preußens immer mehr zurück, finanzielle Mittel für rein kirchliche Zwecke zu gewähren, und konzentrierten sich statt dessen auf die Förderung der deutschen Auslandsschulen – bei diesen handelte es sich vielfach um Gründungen evangelischer Auslandsgemeinden. Auch Kaiser Wilhelm II. (1888-1918) hat die Auslandsgemeinden durch die Gewährung finanzieller Zuwendungen aus seinem Privatvermögen, durch persönliche Fürsprache oder durch die Anregung von Hilfe und Spenden gefördert.[13] Die vom deutschen Kaiserpaar

---

10 Näher dazu Axel Freiherr von Campenhausen, Staatskirchenrecht. Ein Studienbuch, 3. Aufl., München 1996, 19ff.
11 Carl Mirbt, Die Preußische Landeskirche und die Auslandsdiaspora, in: Deutsch-Evangelisch im Auslande VI, 1907, 58.
12 Schubert, Fürsorge, 152ff.
13 So erhielt die Gemeinde in Smyrna für ihren Kirchenbau ein Gnadengeschenk des Kaisers von 12.000 Mark, von der Kaiserin eines von etwa 4.500 Mark (Protokolle der Deutschen Evangelischen Kirchenkonferenz [im Folgenden: Protokolle] 1902, AKED 1902, 462). Zahlreiche Auslandsgemeinden haben

1898 anlässlich der Einweihung der Erlöserkirche der deutschen evangelischen Gemeinde in Jerusalem unternommene Reise ins Heilige Land war als international wahrgenommenes Bekenntnis zum evangelischen Glauben für den zersplitterten deutschen Protestantismus ein Ereignis mit hoher Symbolkraft, welches das Selbstbewusstsein ebenso stärkte wie das Zusammengehörigkeitsgefühl.[14] Als Einigkeit stiftendes Signal für den deutschen Protestantismus wirkte auch der Aufruf des deutschen Kaisers zu einer Sammlung für den Kirchenbau in Daressalam und die kirchliche Versorgung der deutschen Kolonien, der breite Unterstützung bei den deutschen Fürstenhäusern fand und in allen Landeskirchen erhebliche Kollekteneinnahmen erbrachte.[15]

Die Auslandsdiasporafürsorge als Aufgabe der organisierten Kirche

Von einer planmäßigen Fürsorge der evangelischen Landeskirchen für die Auslandsgemeinden kann erst ab Mitte des 19. Jahrhunderts gesprochen werden.[16] Bis dahin war das evangelische Kirchenwesen bedingt durch das System des landesherrlichen Kirchenregiments noch vollständig in den staatlichen Organismus der vielen kleinen und wenigen größeren deutschen Territorien eingegliedert und besaß keinen eigenen Verwaltungsapparat. Ihre Gesuche um geistliche Versorgung und finanzielle Unterstützung richteten die Auslandsgemeinden daher an die Landesherren der protestantischen deutschen Staaten. Erst als die kirchlichen Verwaltungsaufgaben sukzessive aus der Zuständigkeit der staatlichen Verwaltung herausgelöst und den neu eingerichteten Kirchenbehörden übertragen wurden, konnte auch die stetig an Bedeutung gewinnende Verantwortung für die Auslandsgemeinden in die eigene Zuständigkeit der Landeskirchen übergehen. – Allerdings war diese Aufgabe inzwischen so umfangreich geworden, dass sie zum einen rechtlich geordnet werden musste, zum anderen sinnvoll nur noch als gemeinsame Aufgabe aller evangelischen Landeskirchen wahrgenommen werden konnte.

1. Die Preußische Landeskirche

Die bei weitem umfangreichste Fürsorgetätigkeit für die deutsche evangelische Auslandsdiaspora in aller Welt hat die Preußische Landeskirche als die größte und leistungsfähigste evangelische Landeskirche entfaltet.[17] Standen 1861 erst 21 Auslandsgemeinden in einem förmlichen Fürsorgeverhältnis zur Preußischen Landeskirche, so waren es 1904 bereits über 100, zu Beginn des Ersten Weltkriegs etwa 200[18] und 1919 sogar rund 240 Gemeinden. Eine wesentliche Voraussetzung hierfür bildete die Verselbständigung der kirchlichen

---

damals Altarbibeln, Kirchenschmuck, Kirchenfenster oder Abendmahlsgeschirr als Geschenk des Kaisers oder der Kaiserin erhalten. Zum Engagement Wilhelms II. vgl. auch Beitrag #4 von Hanns Lessing.

14 Friedrich Michael Schiele, Kirchliche Einigung des Evangelischen Deutschland im 19. Jahrhundert, Tübingen 1908, 60f.; Thorsten Preine, „Es ist ein Wunder vor unseren Augen" (100 Jahre Erlöserkirche in Jerusalem, in: Ökumene und Auslandsarbeit 1998, 194ff).

15 Protokolle 1900, AKED 1900, 437.

16 Ausführlicher zur Fürsorgetätigkeit der evangelischen Landeskirchen, insbesondere der Preußischen, Wellnitz, Auslandsgemeinden, 57ff.

17 Zum Engagement der Evangelischen Kirche in Preußen (die seit 1817 mehrfach ihren Namen geändert hat) vgl. Mirbt, Preußische Landeskirche, 53ff., 101ff. Vgl. hierzu außerdem Beitrag #2 von Jürgen Kampmann in diesem Band.

18 Franz Rendtorff, Diaspora II, in: RGG^2 1, 1919.

Verwaltung durch die Errichtung des Evangelischen Oberkirchenrates (EOK) in Berlin durch Allerhöchsten Erlass Friedrich Wilhelms IV. vom 29. Juni 1850. Durch Allerhöchste Ordre des Königs vom 31. Juli 1852 wurde dem EOK als oberster Kirchenbehörde der Preußischen Landeskirche auf eigenen Antrag auch die Verantwortung für die dieser angeschlossenen deutschsprachigen evangelischen Auslandsgemeinden übertragen.[19]

Bei den verschiedenen Arten der Beziehungen zur Preußischen Landeskirche kristallisierten sich schon früh zwei Gruppen von Gemeinden heraus. Die eine Gruppe bildeten Gemeinden, die in unterschiedlicher Form in einem relativ lockeren Verhältnis zur Landeskirche standen – sie wurden etwa durch einen aus der Preußischen Landeskirche entsandten Pfarrer versorgt oder erhielten finanzielle Unterstützung oder politischen Schutz durch die örtliche preußische Gesandtschaft. Die andere, homogenere Gruppe bildeten diejenigen Gemeinden, die sich der Preußischen Landeskirche förmlich angeschlossen hatten oder diesen gleichzuachten waren.[20] Der Anschluss an die Preußische Landeskirche wurde den Auslandsgemeinden zunächst im einzelnen Fall auf Antrag und unter Erfüllung bestimmter Bedingungen hinsichtlich Gemeindegröße, Räumlichkeiten, Gemeindestatuten, Kultus und Lehre durch Allerhöchste Kabinettsorder gewährt.[21]

Da die Zahl der den Anschluss begehrenden Auslandsgemeinden ständig stieg, wurde 1897 das „Kirchengesetz betr. die mit der evangelischen Landeskirche der älteren Provinzen in Verbindung stehenden deutschsprachigen Kirchengemeinden außerhalb Deutschlands" verabschiedet. Mit diesem sogenannten Anschlussgesetz[22], das am 7. Mai 1900 in Kraft trat, waren die in der Praxis bewährten Grundsätze, die für jeden Anschlussfall unverzichtbaren Mindestanforderungen und die notwendigen Regelungen erstmals umfassend kodifiziert. Insbesondere normierte es die von den Auslandsgemeinden zu erfüllenden Anschlussvoraussetzungen und gewährte ihnen einen Anspruch auf Fürsorge der Landeskirche. Ein Großteil der gesetzlichen Bestimmungen betraf die Rechtsverhältnisse der Pfarrer. Diese unterstanden der Aufsicht und Disziplin des EOK in Berlin, außerdem eröffnete ihnen das Gesetz den Zugang zur Ruhestands- und Hinterbliebenenversorgung der Preußischen Landeskirche.

---

19 Gesetz-Sammlung für die Königlich-Preußischen Staaten 1850, 343; Aktenstücke aus der Verwaltung des Evangelischen Oberkirchenraths 1858, 135.
20 Mirbt, Preußische Landeskirche, 60 (Stand 1879: 30 Gemeinden) bzw. 107f. für den Stand 1897: 70 Gemeinden – die Gemeinde Johannesburg war der Preußischen Landeskirche damals bereits förmlich angeschlossen, die Gemeinde Pretoria gehörte zur Gruppe derjenigen Gemeinden, „bei welchen ein solcher Anschluß nicht erfolgt ist, deren Geistliche jedoch mit der evangelischen Landeskirche insofern in Verbindung stehen, als sie die Pastorierung im Auftrage oder mit Genehmigung des Evangelischen Ober-Kirchenraths übernommen haben" (Begründung des Entwurfs des Anschlussgesetzes, KGVBl. 1897, 259).
21 Als erste Auslandsgemeinde hatte sich am 29. August 1843 die Gemeinde Rio de Janeiro der Preußischen Landeskirche förmlich angeschlossen und damit dem Königlichen Konsistorium in Berlin bzw. später dem EOK als geistlicher Oberbehörde unterstellt.
22 KGVBl. 1900, 27; Begründung des Gesetzentwurfs, KGVBl. 1897, 258ff. Zum Regelungsinhalt des Gesetzes vgl. Mirbt, Preußische Landeskirche, 109ff.; Bernhard Karnatz, Der Anschluss auswärtiger Kirchengemeinden und Geistlicher an die altpreußische Landeskirche, in: Deutsch-Evangelisch im Auslande XI, 1912, 166ff., 203ff.; vgl. außerdem Wellnitz, Auslandsgemeinden, 66ff.

2. Die Evangelisch-lutherische Landeskirche Hannovers und die Evangelisch-lutherische Landeskirche des Königreichs Sachsen

Aufgrund ihrer geringen Größe und ihrer demgemäß begrenzten Leistungsfähigkeit beschränkte sich die Fürsorgetätigkeit der weitaus meisten Landeskirchen in der Regel darauf, Geld für konkrete Projekte bestimmter Auslandsgemeinden zu gewähren. Neben der Preußischen Landeskirche haben daher nur die Hannoversche Landeskirche und die Landeskirche des Königreichs Sachsen ein nennenswertes auslandskirchliches Engagement entfaltet. Schon im Jahre 1800, also noch bevor die Preußische Landeskirche mit den ersten der von ihr versorgten Auslandsgemeinden in förmliche Beziehungen trat, war aus der Evangelisch-lutherischen Landeskirche Hannovers ein Geistlicher in die bereits seit 1780 bestehende lutherische Strandstraßengemeinde in Kapstadt entsandt worden.[23] Seither stand die Hannoversche Landeskirche in fester Verbindung mit dem größten Teil der lutherischen Gemeinden im Kapland.[24]

Die besondere Verbundenheit der Hannoverschen Landeskirche mit den lutherischen Gemeinden im Kapland rührte daher, dass der hannoversche Kurfürst in Personalunion auch König von Großbritannien war und in dieser Eigenschaft 1795 die Kapkolonie in Besitz genommen hatte. Diese spezielle Konstellation – der hannoversche Landesfürst war zugleich geistliches Oberhaupt der Hannoverschen Landeskirche und in seiner Eigenschaft als englischer König Herrscher über die Kapkolonie – erklärt auch, warum die dortigen lutherischen Gemeinden (anders als die der Preußischen Landeskirche angeschlossenen Auslandsgemeinden, die dieser lediglich aufgrund vertraglicher Vereinbarung *an*gegliedert waren[25]) wie inländische Gemeinden vollständig in die Landeskirche *ein*gegliedert waren[26]. Auch nach ihrem Zusammenschluss zur Deutschen evangelisch-lutherischen Synode Südafrikas 1895 blieben sie deshalb *unter der Aufsicht* des Hannoverschen Konsistoriums bzw. später des Evangelisch-lutherischen Landeskirchenamtes in Hannover.[27] Ein spezielles Diasporagesetz existierte nicht, allerdings waren die Rechtsverhältnisse der angeschlossenen Auslandsgeistlichen nach dem Recht der Landeskirche gesetzlich geregelt; die Anschlussmodalitäten ergaben sich aus der Synodalordnung der südafrikanischen Synode.[28]

---

23 Der englische Gouverneur Sir George Younge hatte sich über den Geheimrat von Lenthe in London mit dem Ersuchen an das Konsistorium zu Hannover gewandt, für die Gemeinde, zu der er sich selbst zu halten gedächte, einen evangelisch-lutherischen Prediger zu entsenden (Johannes Spanuth, Hannoversche Diasporaarbeit in Kapstadt und Umgebung, in: Die evangelische Diaspora 14, 1932, 21f). Der daraufhin im September 1800 in Kapstadt eingetroffene Predigtamtskandidat Christian Hesse war wohl der erste Pastor, „den eine deutsche evangelische Kirchenregierung in den schwarzen Erdteil entsandte" (DEKA, Bilder, 34).

24 1907 schloss sich ihr außerdem die Deutsche Evangelische Kirche A.K. in Paris an (ibid., 7). Zu den Beziehungen der Hannoverschen Landeskirche zu den lutherischen Gemeinden in der Kapregion vgl. auch Beitrag # 18 von Christian Hohmann.

25 Ausführlich zur Rechtsnatur des Anschlussverhältnisses an die Preußische Landeskirche Wellnitz, Auslandsgemeinden, 76ff.

26 Theodor Köberlin, Die deutschen evangelischen Auslandgemeinden in der heimatkirchlichen Diasporagesetzgebung, Diss. iur. Erlangen 1931, 5.

27 Bis 1961 war der Bischof der Hannoverschen Landeskirche zugleich Bischof der Kapsynode, Klaus-Peter Edinger, Die Evangelisch-Lutherische Gemeinde Port Elizabeth (Springfield) im Kontext des neuen Südafrika, in: Ökumene und Auslandsarbeit 1998, 213.

28 Hermann Kapler, in: Verhandlungen des 1. Deutschen Evangelischen Kirchentages 1919, hg. v. Deut-

Die Evangelisch-lutherische Landeskirche des Königreichs Sachsen, die nach dem Vorbild des Anschlussgesetzes der Evangelischen Landeskirche der älteren preußischen Provinzen ein eigenes Anschlussgesetz erlassen hatte[29], stand mit den Gemeinden Valdivia, Temuco und Victoria in Chile sowie – allerdings nur für kurze Zeit ab etwa 1913 – mit der ebenfalls evangelisch-lutherischen Gemeinde Leudorf in Deutsch-Ostafrika in förmlicher Verbindung und versorgte diese mit lutherischen Pfarrern; außerdem förderte sie aus Kollektenmitteln die mit der Hannoverschen Landeskirche verbundenen lutherischen Gemeinden im Kapland.[30]

Die Entstehung der deutschen evangelischen Gemeinden im südlichen Afrika

Die Gemeinden im Kapland

Die ersten (überwiegend deutschen) Lutheraner kamen als Soldaten und Beamte nach Südafrika, als der Kaufmann Jan van Riebeeck, der im Auftrag der Niederländischen Ostindien-Kompanie am Kap der Guten Hoffnung eine Versorgungsstation errichten sollte, 1652 mit drei Schiffen in der Tafelbucht landete.[31] Nachdem ihnen im damals unter niederländischer Herrschaft stehenden, konfessionell streng niederländisch-reformierten Kapstadt lutherische Gottesdienste zunächst nur anlässlich des Besuchs lutherischer Geistlicher aus Europa gestattet waren, konnten sie 1780 eine eigene lutherische Gemeinde bilden und auch eine eigene Kirche in der Strandstraße einrichten; die Predigten mussten in niederländischer Sprache gehalten werden, nur für den Gesang waren deutsche Kirchenlieder erlaubt.[32] Als Folge von zwei Gemeindespaltungen sowie aufgrund der starken Zuwanderung von Deutschen wurde 1861 in Kapstadt die von Pastor Johann Parisius geführte deutsche evangelisch-lutherische St. Martini-Gemeinde gegründet. Die Gemeinden Paarl (1876), Worcester (1883), Wynberg (1883) mit Neu-Eisleben (1896) und Wynberg-Vlakte (1896) in Westkapland, um deren geistliche Versorgung sich insbesondere auch die Missionare der Rheinischen Missionsgesellschaft verdient gemacht haben, waren ursprünglich Filialen bzw. Predigtstationen der St. Martini-Gemeinde. Gleiches gilt für die weiter entfernt liegende, 1901 gegründete Gemeinde Port Elizabeth. Die meisten dieser Gemeinden trugen städtischen Charakter.

Im Osten der Kapkolonie, in Kaffraria (Ostkapland), begann die deutsche, vorwiegend lutherische Besiedlung 1857[33], als die britisch-deutsche Krimlegion mit drei Regimentern

---

schen Evangelischen Kirchenausschuß, Berlin-Steglitz 1919, 120; Köberlin, Auslandgemeinden, 52.

29 Kirchengesetz, die Verbindung auswärtiger Kirchengemeinden und Geistlichen mit der evangelisch-lutherischen Landeskirche des Königreichs Sachsen betreffend, VOBl. des Ev.-luth. Landeskonsistoriums für das Königreich Sachsen 1908, 17. Vgl. dazu Carl Mirbt, Die Landeskirche des Königreichs Sachsen und die Auslandsdiaspora, in: Deutsch-Evangelisch im Auslande VII, 1908, 299ff.

30 Protokolle 1900 bzw. 1914, AKED 1900, 447; 1914, 583; DEKA, Bilder, 55.

31 Die folgenden Ausführungen zu den vier deutschen evangelischen Synoden stützen sich insbesondere auf Karl F. Hoeflich, Deutsches Luthertum in Südafrika, in: Die evangelische Diaspora 31, 1960, 93ff., und DEKA, Bilder, 34ff., 64f. Wertvolle Hinweise zu den im Folgenden genannten Gründungsdaten der Gemeinden verdanke ich Hans Dieter Büttner und Reino Ottermann. Einen Überblick über die Geschichte der lutherischen Kirchen in Südafrika bietet Beitrag #13 von Georg Scriba in diesem Band. Speziell zu den Gemeinden in der Kapregion vgl. Beitrag #18 von Christian Hohmann.

32 Zu den Einzelheiten vgl. Spanuth, Kapstadt, 20ff.

33 Die lutherische Berliner Missionsgesellschaft (so der Name seit 1908; bei der Gründung 1824 lautete er

unter der Führung des Generals von Stutterheim an der Mündung des Buffalo, wo später die Hafenstadt East London entstand, an Land ging.[34] Angeworben durch den Gouverneur Sir George Grey, kamen 1858 auf sechs Seglern außerdem etwa 500 Familien (Knechte, Handwerker, Tagelöhner) aus der Uckermark, Pommern und Mecklenburg. Die geistliche Versorgung der rund 20 deutschen Ansiedlungen wurde zunächst durch Albert Kropf von der Berliner Mission (dem späteren Missionssuperintendenten) und zwei Garnisonspredigern der Legion geleistet.[35] Die Verbundenheit dieser „hannoverschen" Diasporagemeinden mit der Berliner Mission war daher von Beginn an sehr eng. 1864 wurde der zuvor in Kapstadt unter Parisius als Lehrer und Organist tätige Friedrich Clüver durch das Hannoversche Konsistorium zum Pastor der 1862 gegründeten St. Johannis-Gemeinde in King William's Town ernannt. Noch im 19. Jahrhundert wurden die als Filialen der Gemeinde von King William's Town entstandenen Gemeinden East London und Berlin mit Potsdam und Macleantown (1872), Frankfurt (1879) und Braunschweig (1880) selbständig; 1906 zweigte sich Kwelegha von East London ab; Keiskamahoek (1883) mit Emngesha war ursprünglich eine Missionsgemeinde und wurde von der Berliner Mission versorgt. In Stutterheim, auf dessen Gemarkung die Missionsstation Bethel lag, waren bis 1907 Pastor Kropf und anschließend Pastor Wilhelm Beste von der Berliner Mission in Personalunion Seelsorger der „schwarzen" und der (1864 gegründeten) „weißen" lutherischen Gemeinde.[36] Nach dem Tod von Pastor Beste 1907 schloss sich die deutsche Gemeinde der Kapsynode an, ebenso im gleichen Jahr – nachdem Pastor Johann Gottlob Großkopf als Missionssuperintendent der Berliner Mission von dort abberufen worden war – die Gemeinde Bloemfontein (gegründet 1869) im Oranje-Freistaat; beide Gemeinde waren damit dem Hannoverschen Konsistorium unterstellt. Mit Ausnahme von East London waren alle diese Gemeinden Landgemeinden.

„Gesellschaft zur Beförderung der evangelischen Missionen unter den Heiden") war hier schon seit 1837 von der Station Bethel aus in der Eingeborenenmission aktiv.

34 Während ein erheblicher Teil der Militärangehörigen 1858 nach Auflösung der Legion nach Indien weiterzog, ließen sich die übrigen an der Nordostgrenze des Kaplandes nieder, um diese als Soldatenbauern gegen die aufständischen Xhosa zu verteidigen.

35 Die Berliner Missionare hielten in dieser frühen Phase gelegentlich Gottesdienste für die deutschen Immigranten, meist in Privaträumen oder Gasthäusern. Einzelheiten zur Entstehung und geistlichen Versorgung der Gemeinden im Osten der Kapkolonie bei Johannes Spanuth, Hannoversche Diasporaarbeit in Kaffraria, in: Die evangelische Diaspora 14, 1932, 222ff.

36 Auch die kleineren, 1920 aufgelösten Gemeinden Bell und Bodiam wurden bis 1904 von einem Missionar im Nebenamt versorgt; dieser nahm an Konferenzen der Synodalgeistlichen teil und erstattete Bericht über seine Arbeit sowohl an den Synodalausschuss als auch an das Hannoversche Landeskonsistorium. Näher zu den Verbindungen der ‚hannoverschen' Gemeinden in Kaffraria mit der lutherischen Mission und dem um 1885 unternommenen, aber letztlich gescheiterten Versuch, „die deutschen lutherischen Gemeinden und die lutherische Mission zu einer Synode, zu einer ‚lutherischen Kirche', zusammenzuschließen, damit beide Werke einander tragen sollten" (Johannes Spanuth, Verhältnis der Diaspora zur Heidenmission. Kafferländisches zu „Bussmann, Diasporakunde § 25", in: Deutsch-Evangelisch im Auslande VIII, 1909, 255ff., 258). Spanuth, damals Pastor der Gemeinde Berlin, findet im Anschluss an seine informativen Ausführungen zu diesem frühen Vereinigungsansatz allerdings ausschließlich Argumente gegen ein engeres Zusammengehen von Diasporagemeinden und Missionsarbeit und für eine sorgsame Trennung beider Arbeitsgebiete für die Zukunft. Ebenfalls auf „einer reinlichen Scheidung zwischen Mission und Diaspora" beharrt Otto Stahl (Diaspora und Mission, in: Deutsch-Evangelisch im Auslande V, 1906, 189ff., 200).

Bereits am 2. Juli 1895 haben sich die Gemeinden der Kapkolonie zur Deutschen evangelisch-lutherischen Synode Süd-Afrikas (Kapsynode) auf maßgebliche Initiative und unter Vorsitz von Pastor Georg Wilhelm Wagener (Kapstadt) zusammengeschlossen.[37] Das Landeskonsistorium in Hannover bestätigte am 4. Oktober 1895 die Synodalordnung und übernahm die Aufsicht über den Gemeindeverband.[38]

Die Gemeinden in Transvaal

Die deutschstämmigen evangelischen Gemeinden im Transvaalgebiet in Südafrika sind im Wesentlichen aus der Arbeit der Berliner Mission hervorgegangen, die hier bereits seit 1860 tätig war. Aufgrund der Verbindungen zur Berliner Mission ist auch die Preußische Landeskirche seit alters her in der Versorgung und Förderung dieser Gemeinden engagiert. Die ältesten und zugleich auch bei weitem größten Gemeinden sind Johannesburg (gegründet 1890) und Pretoria (1889), sie standen in Verbindung mit der Preußischen Landeskirche und wurden von dieser mit hauptamtlichen Pfarrern versorgt. Die übrigen, überwiegend kleinen und weit verstreut liegenden Gemeinden wie etwa Pietersburg wurden traditionell von Berliner Missionaren bedient.[39] Am 18. März 1926 schlossen sich die Gemeinden zur Deutschen evangelisch-lutherischen Synode Transvaals zusammen, blieben jedoch auch weiterhin weitgehend eigenständig.

Die Gemeinden der Hermannsburger Synode

Ursprünglich die geschlossenste deutsche evangelische Gruppe im südlichen Afrika bildeten die aus der Arbeit der 1849 von Ludwig Harms (1808-1865) im hannoverschen Hermannsburg gegründeten Missionsanstalt Hermannsburg hervorgegangenen Einwanderergemeinden. Ab 1854 kamen die vornehmlich aus dem Königreich Hannover, insbesondere der Lüneburger Heide und Umgebung stammenden Lutheraner als Kolonisten und Missionare nach Natal, um vom dort von ihnen gegründeten Hermannsburg aus das Land zu kolonisieren und ganz bewusst Bauernmission zu betreiben. Am 31. Mai 1911 konstituierten sich die Einwanderergemeinden als Hermannsburger deutsch-evangelisch-lutherische Synode in Südafrika.[40] Ende der 1920er Jahre gehörten 18 Gemeinden in Natal und Transvaal zur Hermannsburger Synode, unter anderem Neu-Hannover (gegründet 1858), Lüneburg (1869), Kirchdorf (1882) und Kroondal (1896). Die Verbindung der deutschstämmigen Gemeinden zur Missionsarbeit und den daraus hervorgegangenen Mis-

---

37 Gründungsmitglieder der Synode waren die Gemeinden in Kapstadt, King William's Town, Wynberg, Paarl, East London, Berlin mit Kwelegha und Potsdam. Später traten Worcester, Braunschweig und Keiskamahoek hinzu; es folgten bis 1913 Port Elizabeth, Wynberg-Vlakte, Macleantown, Bloemfontein, Stutterheim, Durban, Neu-Eisleben und Bellville. Einzelheiten bei Johannes Spanuth, Die Hannoversche Landeskirche und die Deutsche evangelisch-lutherische Synode Südafrikas, in: Die evangelische Diaspora 15, 1933, 13ff.
38 Diese exklusive Anbindung an die Hannoversche Landeskirche bestand auch nach Gründung des Deutschen Evangelischen Kirchenbundes 1922 fort; sie endete erst, als sich die Synode am 1. Juli 1961 als selbständige Kirche konstituierte.
39 Ebenfalls von der Berliner Mission bedient wurden einige Gemeinden in Natal (Neudeutschland, Pietermaritzburg) sowie Kimberley in der Kapkolonie.
40 Christoph Schomerus, Hermannsburger Mission, in: RGG^2 2, 1821. Näher zu den Gemeinden und der Missionstätigkeit der Hermannsburger Synode vgl. Beitrag #25 von Christian Hohmann.

sionsgemeinden war hier traditionell besonders eng und das Doppelamt des Missionars und Gemeindepfarrers seit jeher vorherrschend.

Die Gemeinden in Südwestafrika

Die ersten deutschsprachigen evangelischen Kolonialgemeinden in Südwestafrika sind bereits im Zusammenhang mit der Arbeit der Rheinischen Mission, die hier seit 1842 tätig war, entstanden. Die Einwanderersiedlungen, die sich an einigen Orten um die Missionsstationen herum gebildet hatten (etwa Otjimbingwe), wurden von den dortigen Missionaren mit Gottesdiensten und deutschsprachigem Schulunterricht für die Kinder versorgt. Zu förmlichen Gemeindegründungen kam es jedoch überall erst in der Zeit, als das Land unter dem Namen Deutsch-Südwestafrika Schutzgebiet des Deutschen Reiches geworden war[41] und dadurch ausgelöst auch eine verstärkte Einwanderung von Deutschen und eine zunehmende Besiedelung des Landesinneren stattfand – genannt seien etwa Windhoek (1896), Swakopmund (1905), Lüderitzbucht (1909), Grootfontein und Keetmanshoop (beide 1910). Während der deutschen Kolonialherrschaft setzte sich der EOK in Berlin intensiv für die kirchliche Versorgung der Deutschen – es handelte sich vor allem um Angehörige der Schutztruppe, Kolonialbeamte, Kaufleute und Siedler – ein und weitete sie erheblich aus: zusätzlich zu den in den deutschen Gemeinden nebenamtlich tätigen Missionaren taten vor dem Ersten Weltkrieg in zehn Gemeinden zuletzt auch acht hauptamtliche Pfarrer Dienst; etliche Gemeinden bzw. die Pfarrer der noch nicht formell gegründeten Gemeinden unterstellten sich damals der Aufsicht und Disziplin des Berliner Oberkirchenrats, damit so die Geistlichen in den Genuss der Ruhestands- und Hinterbliebenenversorgung durch die Preußische Landeskirche kamen.[42] Am 1. Oktober 1926 schlossen sich die Gemeinden, die zuvor bereits größtenteils in die Fürsorge des Deutschen Evangelischen Kirchenbundes

---

41 Das Recht der Kolonialbevölkerung auf Kultusfreiheit und Missionstätigkeit war in den deutschen Kolonien durch § 14 des Schutzgebietsgesetzes – Schutzgebietsgesetz vom 17. April 1886 (RGBl. S. 75) i.d.F. vom 10. September 1900 (RGBl. S. 813) – ausdrücklich gewährleistet: „Den Angehörigen der im Deutschen Reiche anerkannten Religionsgemeinschaften werden in den Schutzgebieten Gewissensfreiheit und religiöse Duldung gewährleistet. Die freie und öffentliche Ausübung dieser Kulte, das Recht der Erbauung gottesdienstlicher Gebäude und der Einrichtung von Missionen der bezeichneten Religionsgemeinschaften unterliegen keinerlei gesetzlicher Beschränkung noch Hinderung." – Mit dieser (übrigens gegenüber Art. 6 Abs. 3 der Kongo-Akte vom 26. Februar 1885, der die Freiheit aller Kulte garantierte, eingeschränkten) reichsrechtlichen Gewährleistung der nicht nur individuellen, sondern auch korporativen Religionsfreiheit für alle in einem der Länder des Deutschen Reiches staatlich anerkannten Religionsgesellschaften war für das Kolonialstaatskirchenrecht bereits vorweggenommen, was für das Reichsgebiet, wo die Kompetenz in Religionsangelegenheiten bei den Einzelstaaten lag, erst 1919 nach dem Ende der Monarchie und des landesherrlichen Kirchenregiments durch die Weimarer Reichsverfassung erreicht wurde (Manfred Baldus, Reichskolonialkirchenrecht. Über die religionsrechtliche Lage in den Schutzgebieten des Deutschen Reiches 1884 – 1919, in: Liber amicorum. Professor Dr. Herbert Frost zum 65. Geburtstag, bearb. von dems. u. Josef G. Stanzel, Köln 1986, 155f).

42 So war die Gemeinde in Windhoek der Preußischen Landeskirche bereits seit dem 19. Juni 1901 angeschlossen, Swakopmund seit dem 29. Dezember 1906, später folgten die 1909 bis 1911 gegründeten Gemeinden Lüderitzbucht, Karibib, Omaruru, Usakos, Keetmanshoop, Grootfontein und Tsumeb. Zur Gründung der deutschen Gemeinden – unter aktiver Beteiligung der Rheinischen Mission sowie höherer Kolonialbeamter (Lothar Engel, Kolonialismus und Nationalismus im deutschen Protestantismus in Namibia 1907 bis 1945, Frankfurt a.M./Bern 1976, 62ff). Zu den Anfängen der deutschen evangelischen Gemeinden im heutigen Namibia vgl. auch Beitrag #10 von Lothar Engel.

(DEKB) übergegangen waren, zu einem Gemeindeverband, der Deutschen Evangelischen Synode von Südwestafrika, zusammen. Nachdem sich die Gemeinden Okahandja und Walfischbai 1927 und Gobabis 1928 förmlich konstituiert hatten, sind auch sie in ein Anschlussverhältnis zum DEKB getreten. Ebenfalls im Oktober 1926 wurde als Zusammenschluss der drei deutschen evangelischen Synoden im südlichen Afrika (Kapland, Transvaal und Südwestafrika) der Deutsche Kirchenbund für Süd- und Südwestafrika gegründet.[43]

Das gesamtkirchliche Engagement für die Auslandsgemeinden im südlichen Afrika

Die Deutsche Evangelische Kirchenkonferenz

Parallel zur sukzessiven Herauslösung der kirchlichen Verwaltung aus dem staatlichen Verwaltungsapparat und der dadurch ermöglichten Übernahme der Auslandsdiasporafürsorge in die Zuständigkeit der neugeschaffenen Kirchenverwaltungsbehörden entwickelten sich ab der Mitte des 19. Jahrhunderts ernsthafte Bestrebungen der evangelischen Landeskirchen, die territoriale Zersplitterung und die konfessionelle Spaltung des deutschen Protestantismus durch die Errichtung einer gesamtkirchlichen Organisation zu überwinden – und zwar gerade auch im Hinblick auf die mittlerweile als eine zentrale Gemeinschaftsaufgabe erkannte Auslandsdiasporafürsorge.[44] Denn es war offenkundig, dass eine wirksame Förderung der vielen in der Heimat um Unterstützung nachsuchenden Auslandsgemeinden, deren Zahl stetig weiter zunahm, für die Zukunft nur durch die Bündelung und Koordinierung der vielfältigen Hilfsangebote der verschiedenen kirchlichen und freien Fürsorgeträger zu leisten sein würde. Schon auf dem ersten deutschen evangelischen Kirchentag 1848 in Wittenberg sprach Johann Hinrich Wichern[45] von der Auslandsdiasporafürsorge als einer „Liebespflicht der Kirche". Auch die 1851 gegründete und seither in der Regel alle zwei Jahre stattfindende Deutsche Evangelische Kirchenkonferenz, die sogenannte Eisenacher Konferenz, beschäftigte sich schon früh und dann immer wieder mit diesem Thema und rief wiederholt zur Durchführung von Kirchenkollekten für die Auslandsdiaspora auf.[46]

Den Anstoß zu den ersten Beratungen auf der Konferenz von 1855 gab der vom Central-Ausschuss für die innere Mission gestellte „Antrag auf eine allgemeine deutsche Collecte zum Besten der evangelischen Diaspora deutscher Zunge in außerdeutschen europäischen Landen".[47] Auf der Konferenz 1857 wurde es durch förmlichen Beschluss

---

43 Präses beider Verbände wurde Landespropst Winfried Ebers in Windhoek (Verhandlungen des dritten Deutschen Evangelischen Kirchentages 1930, hg. v. Deutschen Evangelischen Kirchenausschuß, Berlin-Steglitz 1930, 75).
44 Näher zu den Einigungsbestrebungen des deutschen Protestantismus vgl. Wellnitz, Auslandsgemeinden, 89ff.
45 Es sollte ein Ausschuss für die innere Mission errichtet werden, zu dessen Aufgaben auch die kirchliche Versorgung der Deutschen im Ausland gehören sollte (Johann Hinrich Wichern, Ausgewählte Schriften, hg. v. Karl Janssen, Bd. 1: Schriften zur sozialen Frage, Gütersloh 1956, 111ff) Wichern (1808–1881) war 1848 Initiator und führende Persönlichkeit des Central-Ausschusses für die Innere Mission (Karl Janssen, Wichern, in: RGG³ 6, 1678ff).
46 Zu den Bemühungen der Eisenacher Konferenz um eine Verbesserung der Auslandsdiasporafürsorge vgl. Mirbt, Preußische Landeskirche, 61ff., 102ff.
47 Diese Anregung basierte auf der von Wichern auf dem Kirchentag 1853 in Berlin gehaltenen Rede über „Die evang. Deutschen in der europäischen Diaspora" (Protokolle 1855, AKED 1855, 433ff., 532ff).; vgl. dazu Gerhard Besier, Die Auslandsarbeit des Evangelischen Oberkirchenrats, in: J. F. Gerhard

ausdrücklich „als eine Liebespflicht der Kirche an[erkannt], mit den außerhalb Deutschlands lebenden Glaubensgenossen die Gemeinschaft in jeder möglichen Weise aufrecht zu erhalten und zu pflegen".[48] Die Kirchenregierungen wurden aufgefordert, dass sie

> „bemüht seyn mögen, mit den, in der Diaspora lebenden, von ihrer Landeskirche ausgegangenen deutschen evangelischen Gemeinden das kirchliche Band zu bewahren und zu fördern",

und

> „solchen Vereinen, welche die Unterstützung bedürftiger Gemeinden in der Diaspora sich zur Pflicht machen, namentlich dem evangelischen Vereine der G.-A.-Stiftung, durch Gewährung von Collecten [...] behülflich zu seyn".[49]

Die später immer wieder erneuerten Aufrufe der Konferenz an die Kirchenregierungen, zu den Auslandsgemeinden „das kirchliche Band zu bewahren und zu pflegen", indem sie ihnen den Anschluss an ihre Landeskirchen gestatten und die Gewinnung tüchtiger Geistlicher ermöglichen sowie Haus- und Kirchenkollekten durchführen sollten[50], blieben – abgesehen von dem umfangreichen Engagement der Preußischen Landeskirche – lange ohne erhebliche Resonanz.[51] Als Ergebnis der von der Konferenz 1868 an die Kirchenregierungen gerichteten Anfrage, was zur evangelisch-kirchlichen Versorgung der ausgewanderten Deutschen geschehe, konnte auf der Tagung 1872 lediglich für zwei Kirchenregimentsbehörden berichtet werden, dass sie den Auslandsgemeinden auf Wunsch den Anschluss an ihre Landeskirche gestatteten, nämlich der Evangelische Oberkirchenrat zu Berlin mit 37 Gemeinden in Europa, im Orient und Südamerika sowie das königliche Provinzial-Consistorium zu Hannover mit „eine[r] aus älterer Zeit stammende[n], im letzten Decennium aus der gemeindlichen Verbindung mit den Holländern ausgeschiedene[n] Gemeinde in der Kapstadt" und der

> „von Bestandtheilen der deutsch-englischen Legion aus der Zeit des Krimkrieges in Britisch-Caffraria gebildete[n] Colonie und Gemeinde zu King Williamstown",

> „die sich der lutherischen Kirche in Hannover angeschlossen und in freier Weise dem lutherischen Provizial-Consistorium in Hannover untergeordnet haben, so daß

Goeters/Joachim Rogge (Hgg.), Die Geschichte der Evangelischen Kirche der Union. Ein Handbuch, 3 Bde., Bd. 2: Die Verselbständigung der Kirche unter dem königlichen Summepiskopat (1850–1918), 1. Aufl., Leipzig 1994, 464.

48 Protokolle 1857, AKED 1857, 233ff., 317f.
49 Protokolle 1857, 17, zitiert nach Besier, Auslandsarbeit, 465.
50 Vgl. etwa den auf der Tagung 1859 einstimmig angenommenen Antrag über die geistliche Versorgung der Diaspora (Protokolle 1859, AKED 1859, 382f.) oder die von der Konferenz 1868 an die Kirchenregierungen gerichteten Fragen zur evangelisch-kirchlichen Versorgung der ausgewanderten Deutschen, vornehmlich in überseeischen Ländern (Protokolle 1868, AKED 1868, 199, 281), die Erneuerung der Beschlüsse von 1859 und die Anregung einer mindestens alle zwei Jahre durchzuführenden Kirchen- oder Hauskollekte auf der Konferenz 1872 (Protokolle 1872, AKED 1872, 416ff., 464f.), die Anträge von 1882 und 1884 zur Durchführung einer Kirchenkollekte (Protokolle 1882 bzw. 1884, AKED 1882, 381; 1884, 356ff., 595f.) oder die Erneuerung der Beschlüsse von 1884 durch die Konferenzen 1892 und 1894 (Protokolle 1892 bzw. 1894, AKED 1892, 567; 1894, 570, 643).
51 Mirbt, Preußische Landeskirche, 61ff.

sie dorthin jährlich Bericht erstatten und mit Rath und Weisung so weit nöthig und möglich geleitet werden, die auch ihre Geistlichen aus Hannover erhalten haben".[52]

Einen gewissen Fortschritt bedeutete dann auf der 17. Tagung 1886 die Einsetzung der bereits in dem Beschluss der 16. Eisenacher Konferenz 1884 angeregten „Kommission der Deutschen Evangelischen Kirchenkonferenz für die Angelegenheiten der deutschen evangelischen Kirchen im Ausland" (Diasporakommission), die über die Verwendung der den Landeskirchen nahegelegten Diasporakollekte entscheiden sollte.[53] Auf der 18. Tagung 1888 konnte der Referent der Diasporakommission D. Trautvetter unter anderem darüber berichten, dass die in der Hannoverschen Landeskirche gesammelte Kirchenkollekte überwiegend für die lutherischen Gemeinden in Südafrika verwendet worden sei.[54] Angestoßen durch ein ausführliches Referat des Berichterstatters der Diasporakommission D. Trautvetter über die Fortschritte bei der Einsammlung der Diasporakollekte und die Situation in den ausländischen Diasporagebieten auf der 21. Kirchenkonferenz 1894 kam es zu einer eingehenden Diskussion über die Materie.[55] Zwar hatte die Eisenacher Konferenz 1896 noch eine Erweiterung des Aufgabenkreises ihrer Diasporakommission beschlossen[56],

---

52 Protokolle 1872, AKED 1872, 451ff.; von den übrigen Kirchenregierungen gewährten etwa Baden und das Königreich Sachsen immerhin finanzielle Unterstützung in einzelnen Fällen, einige empfahlen oder förderten Sammlungen der Diasporahilfevereine, wieder andere beschränkten sich auf die Ermahnung der Auswanderer, in der neuen Heimat in eine kirchliche Gemeinschaft einzutreten, 18 Kirchenregierungen teilten mit, dass zu dem fraglichen Zweck nichts geschehe.
53 Protokolle 1884 bzw. 1886, AKED 1884, 557ff.; 1886, 374.
54 Protokolle 1888, AKED 1888, 439ff. (441): „Das Landeskonsistorium der Provinz Hannover hat einen Ertrag der Kollekte von 7 291 M 62 Pf. zu verzeichnen. Davon hat die deutsch-lutherische Gemeinde in der Kapstadt, welche der Hülfe besonders bedurfte, den größten Theil erhalten. Es ist auch mit Hülfe des Kollektenertrags und einer später zu erwähnenden Sammlung im Königreich Sachsen gelungen, die bisher von der Kapstadt aus versorgte Gemeinde Wynberg abzutrennen und dort einen eigenen Geistlichen anzustellen. Auch dieser Gemeinde, sowie derjenigen in der Stadt Paarl sind Unterstützungen zugeflossen. Außerdem sind diese südafrikanischen Gemeinden auch mit Bibeln, Gesangbüchern und Erbauungsbüchern versorgt worden". Die vom Landeskonsistorium für das Königreich Sachsen auf ein Unterstützungsgesuch der St. Martini-Gemeinde in Kapstadt hin innerhalb der Sächsischen Landeskirche veranstalteten Sammlungen „zum Besten der vorgenannten und anderer bedürftiger deutschen lutherischen Gemeinden des Kaplandes" erbrachten ca. 8.600 Mark. Das Geld war in erster Linie zur Ermöglichung der Anstellung eines zweiten, zugleich der Seemannsmission dienenden Geistlichen in der St. Martini-Gemeinde, im übrigen für die Unterstützung der Gemeinden Wynberg, Paarl und Worcester bestimmt, ibid., 442. Der Kommissionsbericht von 1890 berichtet über eine vom Landeskonsistorium in Hannover gesammelte Beckenkollekte in Höhe von 7.665,19 Mark (Protokolle 1890, AKED 1890, 419f).
55 Protokolle 1894, AKED 1894, 563ff.; 633ff. Auf der Konferenz 1892 war als Ergebnis der Kollekte in der Provinz Hannover ein Betrag von 8.659,01 Mark mitgeteilt worden sowie die Genehmigung einer am zweiten Bußtag durchzuführenden Auslandsdiasporakollekte durch das Landeskonsistorium im Königreich Sachsen, die unter anderem der weiteren Unterstützung der kapländischen Gemeinden dienen sollte, Protokolle 1892, AKED 1892, 458f. Aus dieser sächsischen Kollekte wurden 4.000 Mark für die Versorgung der Gemeinden in Südafrika zur Verfügung gestellt, welchen außerdem die in der Provinz Hannover gesammelte Kollekte in Höhe von 7.844,22 Mark vollständig zugute kam; die Gemeinde St. Martini in Kapstadt erhielt außerdem Mittel aus den Pfingstkollekten 1892 und 1893 der Württembergischen Landeskirche (Protokolle 1894, AKED 1894, 634f).
56 „1) Unter Wiederaufnahme ihrer bezüglichen Beschlüsse von 1894 empfiehlt die Konferenz insbesondere dringend eine regelmäßige Kirchenkollekte für die Zwecke der ausländischen Diaspora. 2) Die Kirchenregierungen, welche keine ausländischen, ihrer Aufsicht unterstellten Gemeinden zu versorgen

aufgrund ihrer nach wie vor nur sehr eingeschränkten Handlungsbefugnisse gegenüber den Landeskirchen und da sie nur alle zwei Jahre zusammentrat, konnte sie den beständig steigenden Anforderungen der sich rasch ausweitenden Auslandsdiaspora jedoch immer weniger gerecht werden. Gleichzeitig war jetzt aber ein deutlich gewachsenes Verantwortungsbewusstsein der Kirchenregierungen für die geistliche Versorgung der Auslandsgemeinden zu verzeichnen – dokumentiert wird dies nicht zuletzt durch die der Eisenacher Konferenz von der Diasporakommission vorgelegten Berichte über die mittlerweile von fast allen Landeskirchen für die Auslandsdiaspora durchgeführten Kollekten.[57] Auf ihrer 24. Tagung im Jahr 1900 fasste die Eisenacher Konferenz daher den – auf der 25. Tagung 1902 nochmals wörtlich wiederholten – Beschluss:

„Die Konferenz erkennt die kirchliche Versorgung der im Auslande wohnenden evangelischen Deutschen als eine durch neuere Ereignisse von Jahr zu Jahr dringlicher gewordene Aufgabe der deutschen Landeskirchen an und hält zu deren Lösung die Gewinnung eines gemeinsamen Organs für geboten, welches die kirchlichen Bedürfnisse der ausländischen Diaspora zu ermitteln, deren Befriedigung zu vermitteln und bei den geeigneten Instanzen anzuregen hat".[58]

„Die von Jahr zu Jahr wachsende Bedeutung und de[r] Umfang kirchlicher Versorgung der im Auslande weilenden evangelischen Deutschen" manifestierte sich auch in dem auf der 24. Tagung vom Vizepräsidenten der Eisenacher Konferenz, Freiherr D. Hermann von der Goltz, vorgelegten umfangreichen Bericht über den Stand der kirchlichen Auslandsdiasporafürsorge.[59]

---

haben, werden ersucht, hinsichtlich der Verwendung der gesammelten Gelder die Vorschläge der Kommission der Kirchenkonferenz zu verlangen und entgegen zu nehmen, namentlich auch hinsichtlich der an sie ergehenden direkten Bittgesuche das Gutachten der Kommission einzufordern. 3) Die Konferenz ermächtigt die Kommission, auch aus eigener Initiative den einzelnen Kirchenregierungen besonders bedürftige Gemeinden oder kirchliche Anstalten des Auslandes zur Unterstützung vorzuschlagen." (Protokolle 1896, AKED 1896, 653f).
57 Protokolle 1898, AKED 1898, 421ff. Bezüglich der der Hannoverschen Landeskirche angeschlossenen lutherischen Gemeinden in Südafrika meldet der Bericht der Diasporakommission, dass die im Jahr 1896 ausschließlich für diese durchgeführte Kollekte 9.610 Mark erbracht habe; darüber hinaus habe das Landeskonsistorium in Dresden 4.500 Mark zur Verfügung gestellt (ibid., 423). Wie in den Jahren zuvor erneuerte die Konferenz ihre Beschlüsse zur Kollekte für die Auslandsdiaspora, außerdem erklärte sie ihre Zustimmung zu der von der Kommission geplanten Herausgabe einer Zeitschrift für die Diasporapflege (ibid., 613f).
58 Protokolle 1900 bzw. 1902, AKED 1900, 608; 1902, 481. Vgl. hierzu auch das vom Vizepräsidenten des EOK in Berlin, D. Hermann von der Goltz, auf der Eisenacher Konferenz am 4. Juni 1902 gehaltene Referat zu der Frage „Empfiehlt es sich und unter welchen Voraussetzungen, bez. in welcher Weise erscheint es ausführbar, die kirchliche Fürsorge für die evangelischen Deutschen im Auslande und in den deutschen Schutzgebieten in weiterem Umfang als bisher auf die Eisenacher Konferenz oder deren Organe zu übertragen?" (abgedr. in: Deutsch-Evangelisch II, 1903, 1ff).
59 Protokolle 1900, AKED 1900, 432ff.; Zitat aus der Verweisung von der Goltz' auf seinen bei der vorigen Tagung vorgelegten umfassenden Bericht auf der 25. Konferenz 1902 (Protokolle 1902, AKED 1902, 460ff).

Zur Begründung des Beschlusses der Kirchenkonferenz, für die Wahrnehmung der Auslandsdiasporafürsorge ein eigenständiges Organ zu schaffen, heißt es dort[60]: Die Fortschritte der kirchlichen Versorgung seien erfreulich,

> „aber nur ein Geringes gegen die Bedürfnisse und Ansprüche, welche aus den verschiedensten Gebieten der Erde mit wachsender Dringlichkeit an die evangelischen Kirchen Deutschlands herantreten. Weltgeschichtliche Ereignisse haben in den letzten Jahren die kirchliche Aufgabe, den in fernen Landen ansässigen deutschen Glaubensgenossen den Segen von Wort und Sakrament zu sichern und sie zu christlicher Gemeinschaft zu sammeln, in ein völlig neues Licht gestellt".

Die vergangenen Jahre hätten ein „Wachsthum der Ansiedlungen und Unternehmungen in den deutschen Schutzgebieten" gebracht, ebenso

> „mehrt sich bei dem Wachsthum deutschen Welthandels die Zahl der vielen tausend deutschen Männer, welche im Dienst des überseeischen Verkehrs und Waarenaustauschs von einem Hafenplatz zum anderen sich bewegen und ohne ausreichende Seelsorge außerhalb der kirchlichen Gemeinschaft und ihrem Gottesdienste stehen".

Die Auswanderung aus Deutschland finde nicht mehr aus wirtschaftlicher Not statt, vielmehr dringe

> „deutsches Gewerbe, deutscher Handel und deutsche Forschung unternehmend und schaffend, ja Kolonien bildend vor in ferne Welttheile, [...] denen der evangelische Glaube bisher fremd war. Diesen zu Tausenden in das Ausland zu fester Ansiedlung strömenden Landsleuten aus den verschiedensten Ständen und Berufsarten, sowie ihren in der Fremde aufwachsenden Kindern muß der evangelische Glaube und damit zugleich deutsche Bildung und Gesittung erhalten werden".

Diese „heilige Pflicht" dürfe die Kirche „nicht länger der nur vereinzelt für sie wirksamen freien Vereinstätigkeit allein überlassen. Umsomehr muß sich die Kirche aller dieser neuen Aufgaben annehmen, als die staatlichen Instanzen im Deutschen Reiche aus Rücksichten konfessioneller Parität sich von der direkten Unterstützung kirchlicher Einrichtungen zurückhalten und sich auf die Förderung der nothwendigsten Schuleinrichtungen beschränken zu müssen meinen".[61] Auch sei es nicht länger hinnehmbar, „daß die evangelische Kirche in der Befriedigung der religiösen Bedürfnisse ihrer in den Kolonien und im Auslande weilenden Glaubensgenossen zurückbleibt hinter der katholischen Kirche", ob-

---

60 Protokolle 1900, AKED 1900, 432ff.
61 An anderer Stelle wird jedoch ausdrücklich gewürdigt, dass der Staat – das Deutsche Reich – durch seine politischen Vertreter und seine Konsulate den Auslandsgemeinden „werthvolle Dienste [leistet] durch Schutz bei eintretendem Bedürfniß, durch Rechtsbeistand und Rath, durch Schlichtung von Zwistigkeiten und Förderung bei Erwerb und Sicherung von Grundstücken, durch Vermittlung der aus der Heimath an sie gelangenden Zuwendungen, durch Auskunft und Gutachten für die im Vaterlande fürsorglich eintretenden Instanzen, namentlich aber durch reichliche Beihülfen für die Unterhaltung von Schulen, zwar unter der Bedingung, daß dieselben für deutsche Angehörige aller Konfessionen offen stehen müssen, allein auch für solche Schulen, welche in ihrer Einrichtung und Leitung eng mit einer Kirchengemeinde verbunden sind" (ibid., 440f).

wohl die Protestanten unter den dauerhaft oder vorübergehend im Ausland lebenden Deutschen überrepräsentiert seien.[62]

> „Bei der Bestellung ihrer Diasporakommission hat die Kirchenkonferenz ursprünglich Hülfsdienste für einzelne den Anschluß an die Heimath erbittenden deutschen Gemeinden des Auslandes im Auge gehabt. Heute stehen wir vor einer umfassenden kirchlichen und nationalen Mission, zu deren thatkräftigen Ausrichtung es an einer ausreichend leistungsfähigen, das ganze evangelische Deutschland zusammenfassenden Instanz fehlt. [...] die Kirchenregierungen sind berufen, die gangbaren Wege zu finden und zu bahnen, damit nicht nur durch Worte und Wünsche, sondern durch die Größe der Aufgabe entsprechende Thaten die Wirksamkeit des lauteren, allein selig machenden Evangeliums auch die im großen Weltverkehr sich über den Erdboden zerstreuenden Glaubensgenossen im Auslande erreicht."

Über die der Hannoverschen Landeskirche angeschlossenen Gemeinden in Südafrika teilt der Bericht für die 24. Tagung mit, dass die für sie veranstalteten Kollekten seit 1898 jährlich stattfänden und 11.630 Mark (1898) bzw. 10.400 Mark (1899) eingebracht hätten.[63]

Der Deutsche Evangelische Kirchenausschuss

Als Reaktion auf die Forderung der Eisenacher Konferenz von 1900 und 1902, ein gemeinsames Organ für die kirchliche Versorgung der Auslandsgemeinden zu schaffen, wurde am 13. Juni 1903 von den evangelischen Kirchenregierungen der Deutsche Evangelische Kirchenausschuss gegründet. Ein wesentliches Motiv hierfür war, dass die Auslandsdiasporafürsorge durch den Erwerb der überseeischen Kolonien sowohl vom Umfang her als auch unter kirchenpolitischem Aspekt erheblich an Bedeutung gewonnen hatte. So stellte die speziell für die evangelische Kirche schwierige staatskirchenrechtliche und kirchenverfassungsrechtliche Situation in den deutschen Schutzgebieten ein drängendes Problem dar. Da die Schutzgebiete staatsrechtlich in die alleinige Zuständigkeit des Deutschen Reiches fie-

---

62 Zum Konkurrenzverhältnis zur katholischen Kirche in den Schutzgebieten – sowohl in der Arbeit der Missionsgesellschaften als auch in der Auslandsdiasporafürsorge – (DEKA, Bilder, 67): „die katholische Kirche setze Alles daran, die Schutzgebiete katholisch zu machen". So werde etwa das Gebiet um Warmbad trotz eines deutlichen Übergewichts der Evangelischen nur von einem Militärgeistlichen im Nebenamt sowie einem evangelischen Missionar bedient, während dort sechs katholische Patres und neun Nonnen wirkten. Ähnlich stehe es anderen Orten. Laut Geschäftsbericht des DEKA von 1910 war damals in Grootfontein nur ein eingeborener Gehilfe der Rheinischen Mission stationiert – die katholische Kirche sei dort jedoch mit zwei geistlichen Kräften präsent, Protokolle 1910, AKED 1910, 552. Vgl. zu dieser Konkurrenz auch Engel, Kolonialismus, 55ff. (Mission), 62ff. (deutsche Gemeinden).
63 Protokolle 1900, AKED 1900, 447f. Außerdem wurden dem Hannoverschen Konsistorium für diese Gemeinden vom Landeskonsistorium in Dresden 2.500 Mark bzw. 3.000 Mark aus Kollektenmitteln zur Verfügung gestellt, vom Großherzogtum Oldenburg wurden 944 Mark für die neu gegründete Gemeinde Wynberg-Vlakte überwiesen. 1902 wird für Hannover ein Kollektenertrag von 28.305 Mark für die vergangenen zwei Jahre mitgeteilt; der Ertrag einer Hauskollekte in Höhe von 10.000 Mark wurde größtenteils für die Linderung der Notstände der durch den Südafrikanischen Krieg betroffenen Gemeinde in Kapstadt verwendet. Speziell für die Gemeinde Wynberg-Vlakte wurden aus Oldenburg 1.148 Mark und 4.000 Mark aus Dresden überwiesen, für die in Port Elizabeth sich sammelnde Gemeinde kamen 1.000 Mark aus Dresden und 400 Mark vom Landeskonsistorium in Stuttgart; auch im Fürstentum Schaumburg-Lippe sei erstmals eine Kollekte zur Unterstützung der lutherischen Gemeinden in Südafrika angeordnet worden (Protokolle 1902, AKED 1902, 464ff).

len[64], stand diesem dort auch die innerhalb des Reiches in den einzelnen Ländern durch den jeweiligen Landesherrn kraft seiner Souveränität ausgeübte staatliche Kirchenhoheit (iura circa sacra) zu. Während die Landesfürsten in ihrer Funktion als Staatsoberhaupt für die evangelische Kirche zugleich auch Inhaber der inneren Kirchengewalt (iura in sacra) auf ihrem Territorium waren, kam für die deutschen Schutzgebiete eine Ausübung der kirchenregimentlichen Befugnisse durch den deutschen Kaiser aus reichsverfassungsrechtlichen Gründen nicht in Betracht.[65] Andererseits konnten aber auch die evangelischen Landeskirchen wegen der Geltung des Territorialitätsprinzips nicht einfach durch Eingliederung der Kolonialgemeinden ihr Kirchenregiment auf die überseeischen Schutzgebiete ausdehnen.[66] Die staatsrechtlich zum Deutschen Reich gehörenden Schutzgebiete waren somit in Bezug auf die evangelische Kirche eine Art kirchenrechtliches Niemandsland.[67] Die Schaffung eines kirchlichen Pendants zur Reichsregierung auf evangelischer Seite, das heißt eines handlungsfähigen Vertretungsorgans der Landeskirchen, welches hinsichtlich der kirchlichen Kolonialangelegenheiten die evangelischen Interessen dem Reich gegenüber wirksam wahrnehmen konnte, erwies sich deshalb als dringend geboten.

Zentrale Aufgabe des Kirchenausschusses war die Wahrnehmung der gemeinsamen evangelisch-kirchlichen Interessen, insbesondere

„1. gegenüber anderen deutschen und außerdeutschen Kirchengemeinschaften wie den nichtchristlichen Religionsgesellschaften

2. in bezug auf die kirchliche Versorgung der Evangelischen in den deutschen Schutzgebieten

---

64 Art. 4 Nr. 1 der Verfassung des Deutschen Reiches vom 16. April 1871 (RGBl. S. 63) wies dem Reich die ausschließliche Kompetenz für Kolonialangelegenheiten zu. Gemäß Art. 1 RV gehörten die Schutzgebiete nicht zum Bundesgebiet, so dass gemäß Art. 2 RV die Reichsverfassung und die darin festgelegte Kompetenzverteilung zwischen dem Reich und den Einzelstaaten, wonach Religionsangelegenheiten in die Zuständigkeit der Länder fielen, dort nicht galt.

65 Die Reichsverfassung sah die Ausübung des Kirchenregiments durch den deutschen Kaiser nicht vor. Seitens des Reiches ist daher eine Verantwortlichkeit für die Unterhaltung kirchlicher Einrichtungen unter Hinweis auf seine Indifferenz in konfessioneller Hinsicht stets abgelehnt worden; es beschränkte seine Mitwirkung an der kirchlichen Versorgung der in den Schutzgebieten lebenden Deutschen auf die Gewährung von Schutz und wohlwollender Förderung, vgl. Denkschrift des DEKA (unten bei Anm. 69), 7.

66 Mangels Bestehens einer Länderzuständigkeit für die Schutzgebiete fehlte es im Hinblick auf deren kirchliche Versorgung außerdem bereits an einer irgendwie gearteten Zuordnung der deutschen Kolonialgebiete zu den einzelnen Landeskirchen.

67 Die Probleme der evangelischen Kirchenorganisation in den deutschen Schutzgebieten waren nicht so sehr durch die wenigen deutschen Auslandsgemeinden als vielmehr durch die völlig ungeklärten kirchenverfassungsrechtlichen Verhältnisse der dort von deutschen und ausländischen Missionsgesellschaften geführten Eingeborenengemeinden aufgeworfen worden. Näher dazu vgl. Baldus, Reichskolonialkirchenrecht, 164ff.; August Wilhelm Schreiber, Koloniales Kirchenrecht, in: Zeitschrift für Kolonialpolitik 6, 1904, 871ff., sowie Hermann Edler von Hoffmann, Fragen des protestantischen Kolonialkirchenrechtes, in: ibid., 492ff., der auf der Grundlage rechtsvergleichender Untersuchungen die Errichtung einer bundeskirchlich organisierten Kolonialkirche vorschlug. Zu den rechtlichen Problemen bei der Gründung von Kirchengemeinden in Deutsch-Südwestafrika vgl. auch die Beiträge #2 und #10 von Kampmann und Engel.

3. bezüglich der Förderung kirchlicher Einrichtungen für die evangelischen Deutschen im Auslande, sowie der Seelsorge unter deutschen Auswanderern und Seeleuten

– zu 2 und 3 unter Rücksichtnahme auf konfessionelle Verhältnisse –".[68]

In der „Denkschrift des Deutschen Evangelischen Kirchenausschusses über die kirchliche Versorgung der Diaspora im Auslande"[69] vom November 1904 wird das Aufgabengebiet genauer umschrieben.[70] So sah der Kirchenausschuss seine Zuständigkeit auf die eigenen Glaubensgenossen und Landsleute im Ausland begrenzt; keine Zuständigkeit bestehe hingegen für geordnete evangelische Gemeindeverbände und organisierte Kirchen etwa im deutschsprachigen bzw. protestantischen europäischen Ausland sowie in Nordamerika und Australien. Als unverzichtbar anerkannt und lobend gewürdigt wurde das vielfältige Wirken der in der Auslandsdiasporafürsorge engagierten Missionsgesellschaften, Hilfsvereine und Landeskirchen.[71] Seine Aufgabe sah der Kirchenausschuss daher ausdrücklich nicht darin, diese Aufgabenfelder an sich zu ziehen und selbst zu übernehmen, sondern darin, durch die Förderung des Zusammenwirkens der verschiedenen Fürsorgeträger deren Arbeit zu stärken, sowie in der Vertretung der Auslandsdiasporafürsorge in der deutschen Öffentlichkeit[72] und der Versorgung der Diaspora mit Bibeln, Katechismen, Gesangbüchern und christlicher Erbauungsliteratur.[73] Als Aufgabengebiete, „welche vor anderen das Interesse des gesamten evangelischen Deutschlands in Anspruch nehmen und bei denen nur nachhaltiges Zusammenwirken aller Landeskirchen unter Führung des Kirchenausschusses zum Ziel führen kann", nennt die Denkschrift „1) die kirchliche Versorgung der deutschen Schutzgebiete, 2) die Erbauung einer deutschen evangelischen Kirche mit ihren Nebenge-

---

68 Satzung des Deutschen Evangelischen Kirchenausschusses vom 13. Juni 1903, AKED 1903, 589.
69 Berlin 1904.
70 Die Grundlage hierfür bildeten die dem Kirchenausschuss von der Diasporakommission auf der 26. Eisenacher Konferenz 1904 vorgelegten Richtlinien für seine weitere Tätigkeit, Protokolle 1904, AKED 1904, 362ff.
71 Denkschrift des DEKA, 3ff. Hervorgehoben wird außerdem die wertvolle Hilfe des Staates für die Auslandsgemeinden (ibid., 14f).
72 Mit der Herausgabe geeigneter Schriften und durch die regelmäßige Veröffentlichung von Berichten in der allgemeinen Presse sollte das Interesse der Bevölkerung für die Auslandsdiasporaarbeit geweckt und aufrechterhalten werden. Die deutschen Staats- und Kirchenregierungen sollten gebeten werden, eine „allgemeine Kollekte in den evangelischen Kirchen und evangelischen Haushaltungen Deutschlands zu genehmigen, welche einen Grundfonds für die Diasporaarbeit des Kirchenausschusses beschaffen soll". Ferner sollten „persönlich die evangelischen Fürsten Deutschlands, Prinzen fürstlicher Häuser, hervorragende Reeder und Kaufherren, [...] andere hochgesinnte und für gemeinnützige Aufgaben opferbereite Persönlichkeiten" sowie „Gesellschaften und Bankinstitute, welche an dem überseeischen Welthandel und an der Besiedlung der Kolonien beteiligt sind", um einmalige oder dauernde Zuwendungen für die Arbeit des Kirchenausschusses gebeten werden (Denkschrift des DEKA, 16f., 22f). Dem Zweck, die Kenntnis von der Auslandsdiaspora „weitesten Kreisen zu vermitteln und sie zur Mitarbeit aufzurufen", diente ausdrücklich auch die Schrift Bilder aus dem deutschen evangelischen Leben im Ausland (DEKA, Bilder, 6).
73 Zu den wesentlichen Leistungen des Kirchenausschusses zählt die Herausgabe des „Evangelischen Hausbuchs für Deutsche im Ausland" (1907) und des „Deutschen Evangelischen Gesangbuchs für die Schutzgebiete und das Ausland" (1915), welches später den Grundstock für das nach 1918 in verschiedenen Landeskirchen eingeführte „Deutsche Evangelische Gesangbuch" bildete (Brunotte, EKD, 41).

bäuden in Rom und 3) die Pflege der evangelischen Gemeinden und Liebeswerke im heiligen Lande".[74]

Als Erläuterung zu 1) heißt es:

> „Die kirchliche Versorgung der evangelischen Landsleute in den in drei Weltteilen weit auseinander gelegenen Schutzgebieten des Deutschen Reiches wird allenthalben als gemeinsame Pflicht des evangelischen Deutschlands empfunden. Ein beredtes Zeugnis hierfür ist das erfreuliche Ergebnis der nach dem Vorgehen des Deutschen Kaisers für Preußen in den meisten deutschen Staaten veranstalteten Kollekten in den evangelischen Kirchen und Haushaltungen für den Kirchenbau in Daressalam und für den Bau anderer Kirchen in den Schutzgebieten mit einem Ertrage von 380 921 M."

Und nach der Feststellung, dass die Gemeindebildung in den Schutzgebieten noch im Werden sei, heißt es weiter:

> „Soviel steht aber fest, für den weiteren Ausbau der dortigen kirchlichen Einrichtungen gebührt dem Kirchenausschuß die Führung, und die ihm gestellte Aufgabe verleiht ihm die Befugnis, im Namen der Gesamtheit mit den Reichsbehörden für die Kolonien und die Marine zur Förderung der Sache in Verbindung zu treten. Dem entsprechend hat der Evangelische Ober-Kirchenrat in Berlin unter Allerhöchster Ermächtigung dem Kirchenausschuß die Verwaltung des nach Fertigstellung der Kirche in Daressalam noch vorhandenen Bestandes des Kollektenfonds im Betrage von etwa 280 000 M angeboten. Ihm wird nunmehr obliegen, die begonnene Arbeit tatkräftig weiter zu führen."

Auf der 28. Eisenacher Konferenz 1906 konnte der Kirchenausschuss noch keinen detaillierten Bericht über seine Wirksamkeit auf dem Gebiet der Auslandsdiaspora vorlegen. Die systematische Inangriffnahme der Diasporaarbeit, namentlich in den Schutzgebieten, sei in Ausschusssitzungen vorbereitet worden. Hinsichtlich der Schaffung eines Grundfonds für die Diasporatätigkeit wird dankbar berichtet, dass der Kaiser dem Kirchenausschuss 25.000 Mark huldvoll überwiesen habe und seiner Bitte um Veranstaltung einer einmaligen Kirchen- und Hauskollekte in den Landeskirchen weitgehend entsprochen worden sei und das Guthaben damit aktuell 103.743,87 Mark betrage.[75]

Auf der Eisenacher Konferenz 1908 konnte der DEKA von erfreulich gewachsenen Finanzmitteln für seine Arbeit berichten.[76]

> „In Erfüllung der ihm satzungsmäßig vorzugsweise obliegenden kirchlichen Versorgung der evangelischen Deutschen in den Schutzgebieten[77] hat der Kirchenausschuß

---

74 Denkschrift des DEKA, 20. Hier auch die nachfolgenden Zitate. – Dass der Kirchenausschuss darüber hinaus praktisch keine selbständige Diasporaarbeit leisten konnte, lag an seiner mangelnden finanziellen Ausstattung, seiner rein behördlichen Organisation (es existierte weiterhin keine evangelische Gesamtkirche, welche die ins Ausland entsandten Geistlichen hätte anstellen können) und seiner Konzeption als Vertretungsorgan der Kirchenregierungen, dessen Beschlüsse für die einzelnen Landeskirchen nur kraft Zustimmung ihrer Kirchenregierungen verbindlich waren.
75 Protokolle 1906, AKED 1906, 356ff.
76 Protokolle 1908, AKED 1908, 582ff.; hier auch die nachfolgenden Zitate.

vor allem der Verbesserung der bisher ganz unzulänglichen Pastorierung von Deutsch-Südwestafrika seine Aufmerksamkeit zugewendet."

So sei unter namhafter finanzieller Beihilfe des Kirchenausschusses in Windhoek ein zweiter Geistlicher angestellt und in Swakopmund eine Gemeinde gegründet und ein Pfarrer berufen worden. Es bedürfe jedoch

> „weiterer Sammlung von Gemeinden und weiterer geistlicher Kräfte, sowie der Erbauung von Kirchen und Kapellen, um dem kirchlichen Bedürfnis auch nur einigermaßen gerecht zu werden."

In Windhoek sei im Sommer 1907 mit dem Bau einer Kirche begonnen worden, der unter anderem durch eine Beihilfe des DEKA bis zu 150.000 Mark (aus dem Kirchenbaufonds für Daressalam etc.), 10.000 Mark vom Berliner EOK und eine Gabe von 8.600 Mark vom Gustav-Adolf-Verein finanziert werden sollte, aufgrund der durch die Kriegswirren deutlich gestiegenen Preise für Baumaterialien und Arbeitslöhne aber deutlich teurer als die sorgfältig veranschlagten 200.000 Mark würde.[78] Im Sommer 1909 musste der Bau wegen Erschöpfung der vorhandenen Mittel sogar vorübergehend eingestellt und konnte erst wieder aufgenommen werden, „nachdem längere Verhandlungen dahin geführt haben, daß ein Allerhöchstes Gnadengeschenk Seiner Majestät des Kaisers von 30 000 M für den Bau erwirkt werden konnte".[79] Für die Vollendung des Kirchenbaus wurden unter anderem vom Berliner Oberkirchenrat nochmals 10.000 Mark bewilligt und vom Kirchenausschuss bis zu 7.000 Mark als Kredit gewährt. Der der Eisenacher Konferenz 1910 vorgelegte Geschäftsbericht des DEKA erwähnt außerdem die dringend notwendige Errichtung eigener kirchlicher Gebäude für die etwa 800 Seelen zählende Gemeinde in Swakopmund, die auch vom Kirchenausschuss finanziell unterstützt werde, sowie den Bau eines Pfarrhauses in der Gemeinde Lüderitzbucht.[80] Mit der bereits erfolgten bzw. bevorstehenden Einrichtung von Pfarrstellen in Windhoek, Lüderitzbucht und Karibib sei wegen der raschen Entwicklung der Kolonie den Anforderungen keineswegs in ausreichender Weise genügt und deshalb von sachkundiger Seite die Einrichtung weiterer Pfarrstellen in Grootfontein und

---

77 Wie im Geschäftsbericht des DEKA für die 31. Tagung der Eisenacher Konferenz ausdrücklich festgestellt wird, stand von den Schutzgebieten „Deutsch-Südwestafrika nicht nur wegen der überwiegenden Zahl der evangelischen Bevölkerung, sondern auch aus wirtschaftlichen und klimatischen Gründen für die Betätigung kirchlicher Fürsorge weitaus im Vordergrunde" (Protokolle 1912, AKED 1912, 412).
78 Auch die Deutschen in Kapstadt hatten fast 5.700 Mark gespendet. Durch neue Spenden des EOK von 20.000 Mark und des Gustav-Adolf-Vereins von 5.000 Mark sowie „durch neue Sammlungen der bereits äußerst erschöpften Gemeinde" selbst hoffte man die Kostenüberschreitung von 65.000 auf 35.000 Mark zu senken (DEKA, Bilder, 65). Zum Bau der Christuskirche in Windhoek vgl. auch Beitrag #17 von Rudolf Hinz.
79 Protokolle 1910, AKED 1910, 550.
80 Ibid., 551f. Das Grundstück für den Kirchenbau sei der Gemeinde Swakopmund teils von der Deutschen Kolonialgesellschaft für Südwestafrika geschenkt, teils aus dem Kirchenbaufonds bezahlt worden. Der Gemeinde Lüderitzbucht sei der erforderliche Bauplatz – unter Vermittlung des Kirchenausschusses – von der Kolonialgesellschaft unentgeltlich überlassen worden. Zu Einzelheiten der Finanzierung dieser beiden Projekte sowohl durch Eigenleistungen der Gemeinden als auch durch Beihilfen verschiedener Stellen vgl. auch den Bericht des Kirchenausschusses von 1912 (Protokolle 1912, AKED 1912, 414f).

Keetmanshoop als dringend notwendig bezeichnet worden. Angeregt worden sei außerdem die Gründung von Pfarrämtern in Warmbad, Gibeon und Gobabis.[81]

Der Bericht des Kirchenausschusses von 1912 hebt besonders das Engagement des 1909 in Breslau gegründeten und mit ihm in enger Fühlung stehenden Vereins für deutsch-evangelisches Leben in den Schutzgebieten und im Auslande e.V. hervor. Die von dem sogenannten Breslauer Verein, der satzungsgemäß alljährlich die Hälfte seiner Mittel an den Kirchenausschuss überweise, zur Verfügung gestellten Beträge würden vom Kirchenausschuss im Einvernehmen mit der Vereinsleitung zugunsten des Kirchenbaus in Swakopmund verwendet.[82] Des Weiteren werden die Einweihung der Kirchen in Windhoek (16. Oktober 1910) und Swakopmund (7. Januar 1912) sowie die für Juli 1912 bevorstehende Einweihung der Kirche in Lüderitzbucht mitgeteilt. Außerdem seien im Berichtszeitraum vier neue Gemeinden gegründet worden – Keetmanshoop und Gibeon im Süden des Schutzgebiets, Grootfontein und Tsumeb im Norden –, in denen die Gottesdienste einstweilen in den Missionskirchen abgehalten würden, wo aber, ebenso wie im bereits 1909 eingerichteten Pfarrbezirk Karibib, der Wunsch nach eigenen kirchlichen Gebäuden bestehe. Zu diesem Zweck hätten sich einzelne dieser Gemeinden bereits darum bemüht, eigenen Grundbesitz für ihre kirchlichen Zwecke zu erwerben bzw. sicherzustellen. Als Hindernis habe sich hierbei allerdings erwiesen,

> „daß die Rechtsfähigkeit der kirchlichen Gemeinden zweifelhaft ist und im allgemeinen von den maßgebenden Instanzen auch bei denjenigen Gemeinden, die durch den Anschluß an eine heimische Landeskirche bereits festen Bestand erlangt haben, nicht anerkannt wird".[83]

Der EOK in Berlin habe daher den mit ihm in Verbindung stehenden Schutzgebietsgemeinden empfohlen, den Gemeindegrundbesitz auf den Namen des Kirchenausschusses eintragen zu lassen. Entsprechenden Ersuchen der Gemeinden Windhoek und Keetmanshoop habe der DEKA bereits zugestimmt, allerdings seien die Vorbereitungen für die Eintragung noch nicht abgeschlossen.[84]

---

81 Protokolle 1910, AKED 1910, 552.
82 Auf Anregung des Kirchenausschusses habe sich der Breslauer Verein die Förderung des Kirchenbaus in Swakopmund einstweilen zur besonderen Aufgabe gemacht; bislang seien für diesen Zweck vom Verein – zum Teil durch besondere Sammlungen – insgesamt bereits 17.736 Mark aufgebracht worden. Durch Änderung seiner ursprünglichen Satzung hatte sich der Verein in erster Linie die Förderung evangelisch-kirchlicher Versorgung der deutschen Schutzgebiete zur Aufgabe gemacht. Diese Konzentrierung der Hilfstätigkeit auf die Schutzgebiete wurde vom Kirchenausschuss ausdrücklich begrüßt, „weil die Anforderungen der deutschen Schutzgebiete an die Heimat hinsichtlich der kirchlichen Versorgung nach wie vor ganz außerordentlich steigen, und der Kirchenausschuß notwendig gerade auch hier eines festen Rückhalts bei dem gesamten evangelischen Deutschland bedarf". Als Beleg hierfür wird auf eine Statistik über die Zunahme der „weißen" Bevölkerung in den Schutzgebieten zwischen 1909 und 1911 verwiesen – diese weist für den 1.1.1911 für Südwestafrika 13.962 „Weiße", davon 11.176 Evangelische, aus (Protokolle 1912, AKED 1912, 410f).
83 Ibid., 415. Das Reichskolonialamt wollte, trotz der vom EOK in dieser Angelegenheit geführten intensiven Verhandlungen, den Gemeinden in den Schutzgebieten nicht den Status einer öffentlich-rechtlichen Körperschaft zuerkennen, so dass diese sich als privatrechtliche Vereine organisieren mussten (Besier, Auslandsarbeit, 477). Zur schwierigen kirchenrechtlichen Situation in den Schutzgebieten vgl. bereits oben Anm. 67.
84 Protokolle 1912, AKED 1912, 415f.

In seinem Geschäftsbericht von 1914 konnte der Kirchenausschuss der Eisenacher Konferenz unter anderem den Anschluss der Gemeinden in Keetmanshoop, Karibib, Omaruru, Usakos, Grootfontein und Tsumeb in Deutsch-Südwestafrika an die Preußische Landeskirche sowie den der Gemeinde Durban in Südafrika an die Hannoversche Landeskirche mitteilen. Außerdem würden vermehrt Landeskirchen, die nicht mit einzelnen Gemeinden in einer förmlichen Verbindung stünden, bestimmten Gemeinden in den Schutzgebieten ihr besonderes Interesse und finanzielle Unterstützung zuwenden. So hätten etwa das Protestantische Konsistorium in Speyer der Gemeinde Swakopmund und der Fürstlich Schwarzburgische Kirchenrat in Sondershausen der Gemeinde Windhoek, vermittelt durch den Kirchenausschuss, bei der Tilgung ihrer Kirchenbauschulden geholfen; das Fürstlich Waldecksche Konsistorium habe sich auf Anregung des Kirchenausschusses bereiterklärt, auch für die Zukunft bei fortdauerndem Bedürfnis Mittel für die Gemeinde Keetmanshoop zur Verfügung zu stellen.[85] Im September 1912 sei die Friedenskirche in Johannesburg in Südafrika, für die vom Kirchenausschuss eine Beihilfe bewilligt worden sei, vollendet worden. Auch die Gemeinde Lüderitzbucht habe ihren Kirchenbau vollenden können und die vom Pfarramt Keetmanshoop bediente Gemeinde in Gibeon hoffe, „in diesen Tagen ein dem Gottesdienst für Eingeborene und für Weiße gemeinschaftlich gewidmetes Gotteshaus zu weihen".[86]

Ausführlich beschreibt der Bericht die großen Schwierigkeiten, mit denen die kirchliche Versorgung der Schutzgebiete zu kämpfen habe. Schwere Hindernisse bereiteten vor allem die großen Entfernungen und die Zerstreuung der „weißen" Ansiedler. In Deutsch-Südwestafrika lebten auf einem Gebiet von 835.000 Quadratkilometern 11.947 evangelische „Weiße". Die Entfernungen der Farmen zu ihrem Pfarramt betrügen in einzelnen Bezirken 60, 180 oder sogar 360 Kilometer. Für die Pfarrer bedeutete dies lange und beschwerliche Reisen zu Pferde oder mit dem Ochsenkarren sowie teilweise Abwesenheiten vom Pfarrsitz von etwa 140 Tagen im Jahr (so in Grootfontein 1912), der Pfarrer von Keetmanshoop hielt von 55 Gottesdiensten 26 auswärts.[87]

Der Gustav-Adolf-Verein, der bereits in früheren Jahren mehrfach Schutzgebietsgemeinden seine Hilfe habe zuteil werden lassen, habe auf seiner letzten Hauptversammlung in Kiel beschlossen, die Förderung des evangelisch-kirchlichen Lebens in den Schutzgebieten als innerhalb der Aufgaben des Vereins liegend mit allem Nachdruck zur Geltung zu bringen.[88] Ausdrücklich wies der Kirchenausschuss außerdem darauf hin, dass es sich bei den von ihm den Vereinen der Äußeren Mission gewährten Zuwendungen nur um Vergütungen in einzelnen besonderen Fällen handele, in denen die Missionen im Interesse der außerordentlichen Pastoration der „Weißen" ihres Bezirks besondere Aufwendungen gemacht hätten. Es sei nicht beabsichtigt und auch gar nicht möglich, den Missionen generell

---

85 Er würde es begrüßen, wenn andere Landeskirchen diesem Beispiel folgen würden, Protokolle 1914, AKED 1914, 583f.
86 Ibid., 590f. bzw. 598.
87 Ibid., 596f. Der Geschäftsbericht des DEKA für 1912 weist als von ihm 1911 an die Gemeinde Windhoek gewährte Beihilfe unter anderem „1 500 M zur Beschaffung eines Ochsenkarrens" aus, Protokolle 1912, AKED 1912, 433. – Deutsch-Südwestafrika war erheblich mehr als anderthalbmal so groß wie das damalige Deutsche Reich, der Sprengel der Geistlichen in Windhoek dehnte sich bis zu mehr als 600 Kilometern aus (DEKA, Bilder, 67).
88 Protokolle 1914, AKED 1914, 600.

die wertvollen Dienste zu entgelten, die sie durch kirchliche Fürsorge den evangelischen Deutschen an den verschiedensten Orten der Kirche leisteten.[89]

Die vom Kirchenausschuss unterbreitete Anregung, die wichtige Frage der Sicherstellung des kirchlichen Grundbesitzes einer näheren Prüfung zu unterziehen, sei von den Gemeinden und Verbänden des Auslandes und der Schutzgebiete dankbar aufgenommen worden. Die der Preußischen Landeskirche angeschlossenen Gemeinden in Deutsch-Südwest- und Deutsch-Ostafrika hätten übereinstimmend die Eintragung ihres Grundbesitzes auf den Kirchenausschuss beschlossen. In Windhoek und Karibib sei dieser Beschluss bereits zur Ausführung gebracht, bei den übrigen Gemeinden seien die nötigen Verhandlungen noch in der Schwebe.[90]

Schließlich wies der DEKA nochmals mit Nachdruck darauf hin, dass er für seine Arbeit erheblicher Mittel bedürfe. Insbesondere sei der Daressalam-Fonds erschöpft. Auch das Kapital des bei Gründung des DEKA für die Wahrnehmung seiner Aufgaben aufgebauten Grundfonds habe zur Befriedigung dringender Bedürfnisse bereits in erheblichem Umfang (125.000 Mark) angegriffen werden müssen. Um den Grundfonds wieder aufzufüllen „und gleichzeitig die Mittel für die großen Aufgaben der Zukunft zu gewinnen, wird sich der Kirchenausschuß genötigt sehen", an die Kirchenregierungen mit der Bitte um Bewilligung bzw. Erwirkung von Kirchen- und Hauskollekten heranzutreten.[91]

Mit dem Ausbruch des Ersten Weltkriegs im August 1914 kam die Auslandsdiasporafürsorge praktisch zum Erliegen. Dies schlägt sich auch im Geschäftsbericht des DEKA für die 33. Tagung der Eisenacher Konferenz 1917 deutlich nieder. Dort heißt es[92]:

---

89 Im übrigen seien „diese Zuschüsse aus kirchlichen Mitteln ein äußeres Zeichen für die Berührungspunkte, welche die Kirche in ihrer Fürsorge für die Auslandsdiaspora und für die Schutzgebiete mit den Missionen zusammenführen. Zu weiterem Arbeiten Hand in Hand wird sich vermehrte Gelegenheit dadurch bieten, daß dem Deutschen Evangelischen Kirchenausschuß aus der Kaiser-Wilhelm-Spende [aus Anlass der Feier des fünfundzwanzigjährigen Regierungsjubiläums des Kaisers veranstaltete Sammlungen] für die evangelische Mission in den deutschen Kolonien und Schutzgebieten durch Allerhöchste Bestimmung für Gotteshäuser zur abwechselnden Benutzung durch Europäer und Eingeborene ein Betrag von 10 000 M überwiesen ist. Daß der Deutsche Evangelische Kirchenausschuß der aus dem Restbetrage der Nationalspende unter dem Protektorat Seiner Majestät des deutschen Kaisers begründeten Deutschen Evangelischen Missions-Hilfe herzlichste Sympathie entgegenbringt, und das neue Unternehmen mit den besten Wünschen für den Erfolg seiner Arbeit begrüßt, darf auch an dieser Stelle zum Ausdruck gebracht werden" (ibid., 589f).

90 Ibid., 593f.: „Die Eintragung erfolgt in der Regel mit der Maßgabe, daß die Gemeinden alle durch die Auflassung auf den Namen des Kirchenausschusses entstehenden Kosten sowie alle sonstigen Lasten des Grundbesitzes übernehmen und für die Erhaltung der Baulichkeiten auf eigene Kosten zu sorgen haben, während anderseits der Kirchenausschuß sich verpflichtet, den Gemeinden die dauernde Nutzung des Grundbesitzes für ihre kirchlichen Zwecke zu überlassen und das Eigentum an dem Grundbesitz auf die Gemeinden zu übertragen, sobald sie die Rechte einer Korporation des öffentlichen Rechts erlangt haben." – Von dem neuen Reichsgesetz, betreffend Änderung des Schutzgebietsgesetzes, vom 22. Juli 1913 (RGBl. S. 95), durch das dem Reichskanzler die Befugnis erteilt war, Vereinen mit Sitz in einem Schutzgebiet – einschließlich der Religionsgesellschaften – nach Maßgabe des bürgerlichen Rechts Rechtsfähigkeit zu verleihen, hätten die evangelischen Kirchengemeinden bisher keinen Gebrauch gemacht.

91 Ibid., 600f.
92 Protokolle 1917, AKED 1917, 549f.

„Auf dem Gebiete der Auslandsdiaspora wurde die Wirksamkeit des Deutschen Evangelischen Kirchenausschusses mit der Vergrößerung der Zahl der Feinde Deutschlands und seiner Verbündeten in wachsendem Maße gelähmt und allmählich fast ganz unterbunden, nachdem der überseeische Brief- und Geldverkehr, welcher bis in die jüngste Zeit immer noch, wenn auch mit starken Beschränkungen, aufrecht erhalten werden konnte, seit dem Eintritt Nordamerikas in den Kreis der Feinde unmöglich geworden ist. Besonders schmerzlich traf den Kirchenausschuß, der sich die kirchliche Versorgung der deutschen Schutzgebiete zur besonderen Aufgabe gestellt hat, die Einnahme von Kiautschou mit seiner hauptsächlich aus deutschen kirchlichen Mitteln erbauten schönen, mächtigen Kirche durch die Japaner und die Eroberung der westafrikanischen Schutzgebiete durch die Engländer. Aber auch sonst sind die Schäden, die unsern Gemeinden im feindlichen und auch im neutralen Auslande durch den Krieg erwachsen sind, unübersehbar groß. [...] Eine eingehende Übersicht über die Gestaltung der Lage der deutschen evangelischen Gemeinden in den Schutzgebieten und im Auslande während des Krieges zu geben, ist wegen der Lückenhaftigkeit der Nachrichten über große Teile des Fürsorgegebiets nicht wohl möglich."

Der Bericht zur Auslandsdiaspora beschränkte sich daher diesmal auf die (zu jeder Tagung der Kirchenkonferenz mit dem Geschäftsbericht präsentierte) Übersicht über die Einnahmen und Ausgaben aus den verschiedenen Fonds für die Auslandsdiasporafürsorge des Kirchenausschusses.[93]

Einen gravierenden Einschnitt für die evangelischen Landeskirchen ebenso wie für die Auslandsdiaspora bedeutete dann die Kriegsniederlage des Deutschen Reiches 1918 mit den daraus resultierenden harten Friedensbedingungen des Versailler Vertrages vom 28. Juni 1919. So wurden durch die Deutschland auferlegten Gebietsabtretungen vor allem im Osten des Reiches große Gebiete mit deutscher protestantischer Bevölkerung abgetrennt. Gemeinden, die bislang zum Deutschen Reich und damit zu einer der evangelischen Landeskirchen, größtenteils der Preußischen, gehört hatten, lagen jetzt außerhalb der Reichsgrenzen. Das dadurch entstandene sogenannte Grenzlanddeutschtum musste deshalb von den Landeskirchen im Rahmen der Auslandsdiasporafürsorge mitversorgt werden.[94] Zudem verlor Deutschland endgültig seine überseeischen Kolonien, die ihm faktisch überwiegend bereits 1915 entzogen worden waren. Darüber hinaus bedeutete der Sturz der Monarchie nach der Revolution von 1918 das Ende des landesherrlichen Kirchenregiments und machte eine vollständige verfassungsmäßige Neuorganisation der Landeskirchen sowie die Neugestaltung ihres Verhältnisses zum Staat erforderlich.[95]

Aufgrund der schlechten Wirtschaftslage nach dem Krieg schnellten die Auswandererzahlen in die Höhe. Viele Auslandsgemeinden waren durch den Krieg schwer in Mitleidenschaft gezogen worden – sei es in Form von kriegsbedingten Zerstörungen, sei es durch gegen Deutschland und auch gegen die Auslandsdeutschen als Kriegsverlierer gerichteten

---

93 Ibid., 555ff.
94 Dies betraf etwa die östlichen Kirchenprovinzen der Altpreußischen Union, Danzig und das Memelland, aber beispielsweise auch Nordschleswig.
95 Dazu Theodor Karg, Von der Eisenacher Konferenz zum Deutschen Evangelischen Kirchenbund, Diss. iur. Freiburg i.Br. 1961, 91ff.

Repressalien der gegnerischen Staaten oder anschließend durch die Sanktionen des Versailler Vertrages – und bedurften deshalb mehr als zuvor der Unterstützung durch die Heimatkirche. Ein erster, vorläufiger Überblick über das Schicksal der alten und neuen Auslandsdiaspora aus dem Jahr 1920 berichtet vom Fortbestehen der deutschen evangelischen Gemeinden in Südwestafrika trotz großer wirtschaftlicher Schädigungen und persönlicher Leiden. Von den 14.000 Deutschen der Vorkriegszeit seien 7.000 aus dem Land abgeschoben worden und von den vormals acht entsandten Pfarrern seien noch fünf im Amt und würden in ihrer Arbeit von den Rheinischen Missionaren unterstützt. Auch die deutschen Gemeinden in Südafrika (Pretoria und Johannesburg, verbunden mit der Preußischen Landeskirche, und 26 zur Hannoverschen Landeskirche gehörende Gemeinden), die während des Krieges ebenfalls viel zu leiden gehabt hätten, bestünden weiter.[96]

Schon auf dem ersten (vorbereitenden) Deutschen Evangelischen Kirchentag 1919 in Dresden, der zur Gründung eines Bundes der Landeskirchen führen und bis dahin die Aufgaben der Eisenacher Konferenz und des DEKA wahrnehmen sollte, betraf der erste grundlegende und einstimmig gefasste Beschluss die „Übernahme der Fürsorge für die deutsche evangelische Auslandsdiaspora durch den Kirchentag", welcher als einem Hauptgegenstand der Verhandlungen des Kirchentages außerdem eine eigenständige Vorlage gewidmet war.[97] Am 25. Mai 1922 wurde in Wittenberg der Deutsche Evangelische Kirchenbund als Zusammenschluss und gemeinsame Vertretung der in Bekenntnis, Verfassung und Verwaltung weiterhin selbständigen und unabhängigen Landeskirchen gegründet. Gemäß § 2 Abs. 3 A. Nr. 1e seiner Verfassung[98] war der Kirchenbund ausschließlich und unmittelbar zuständig für

> „die Wahrung der gemeinsamen evangelischen Interessen bei der kirchlichen Versorgung der evangelischen Deutschen im Ausland unter Fühlungnahme mit den jeweils beteiligten einzelnen Kirchen und freien Vereinigungen".

Gemäß § 2 Abs. 3 A. Nr. 1d besaß er auch die unmittelbare Zuständigkeit für die „Wahrung der gemeinsamen evangelischen Interessen im Verhältnis zu anderen Religionsgemeinschaften im In- und Auslande". In mittelbarer Zuständigkeit war dem Kirchenbund die Aufgabe der „Förderung der freien kirchlichen Arbeitsorganisationen, insbesondere der Werke der inneren und äußeren Mission" übertragen (§ 2 Abs. 4 B. Nr. 2) – hierzu gehörten etwa die Missionsgesellschaften und der Gustav-Adolf-Verein.

Auf dem ersten Deutschen Evangelischen Kirchentag 1924 in Bethel wurde das „Kirchenbundesgesetz betreffend den Anschluß deutscher evangelischer Kirchengemeinschaf-

---

[96] Ernst Schubert, Das evangelische Auslandsdeutschtum, in: Kirchliches Jahrbuch 47, 1920, 278ff., 291f. zu Südwestafrika und Südafrika. Besonders unter der Wut des Pöbels hätten unter anderem die Gemeinden in Kapstadt, Port Elizabeth (vorübergehend aufgelöst) und Durban (Verlust der gottesdienstlichen Stätten) gelitten; Durban, ursprünglich von der Berliner Mission versorgt, dann Predigtplatz der Hermannsburger Mission und danach als selbständige Gemeinde der Hannoverschen Landeskirche angeschlossen, wurde nach dem Weltkrieg wieder in die Fürsorge der Hermannsburger Mission überwiesen (Spanuth, Synode Südafrikas, 20, 23f). Speziell zur Lage der Deutschen in Südafrika während des Ersten Weltkriegs vgl. auch Beitrag #12 von Tilman Dedering in diesem Band.
[97] Vorlage und Beschluss des Kirchentages, Verhandlungen des 1. DEKT 1919, 293ff., 305f.
[98] Kirchenbundesvertrag und Verfassung des Deutschen Evangelischen Kirchenbundes, AKED 1922, 341, 346.

ten, Gemeinden und Geistlichen außerhalb Deutschlands an den Kirchenbund" (Diasporagesetz) beraten und verabschiedet.[99] Mit seinem Inkrafttreten am 1. Januar 1925 war die rechtliche Grundlage für die Überleitung der bisher von einzelnen Landeskirchen getragenen Auslandsdiasporafürsorge auf den DEKB geschaffen. Allerdings konnte dieser die Zuständigkeit für die einer Landeskirche bereits förmlich angeschlossenen Auslandsgemeinden nicht von sich aus an sich ziehen; aufgrund seines föderalen Charakters und der Autonomie der Landeskirchen bedurfte er hierfür deren Zustimmung. Während die meisten Auslandsgemeinden nach und nach in ein Anschlussverhältnis zum DEKB traten – so auch die bislang dem Berliner Oberkirchenrat unterstellten ehemaligen Schutzgebietsgemeinden in Südwestafrika[100] sowie die Gemeinden Johannesburg und Pretoria in Südafrika –, blieben etwa die Gemeinden der Deutschen evangelisch-lutherischen Synode Südafrikas auch weiterhin der Hannoverschen Landeskirche angeschlossen.[101]

Das Diasporagesetz des DEKB war im Wesentlichen eine Fortentwicklung und Präzisierung des altpreußischen Anschlussgesetzes von 1900.[102] Die rechtliche Situation der ins Ausland entsandten Pfarrer konnte hinsichtlich ihrer Rückkehr in den inländischen Kirchendienst und ihrer Versorgungsansprüche weiter verbessert werden. Unterschiede zum Anschlussgesetz waren im Wesentlichen dadurch bedingt, dass der DEKB selbst keine Kirche, sondern ein Verband selbständiger Landeskirchen war. Die wesentliche Neuerung gegenüber dem altpreußischen Anschlussgesetz bestand darin, dass jetzt nicht mehr nur Auslandskirchengemeinden sowie in besonderen Fällen entsandten Pfarrern, sondern auch organisierten Kirchengemeinschaften der Anschluss gewährt werden konnte. Von dieser Möglichkeit Gebrauch gemacht haben unter anderem die Österreichischen evangelischen Kirchen A.B. und H.B. und die Riograndenser Synode in Brasilien – nicht jedoch die vier lutherischen Synoden im südlichen Afrika.[103]

---

99 AKED 1924, 97. Zugleich wurden eine „Ruhestands- und Hinterbliebenen-Versorgungsordnung für Auslandsgeistliche" (RHVO) sowie die in § 19 des Gesetzes vorgesehenen Ausführungsvorschriften (AV) erlassen, ibid., 258.

100 Daten der Gemeindeanschlüsse an den DEKB bis 1930: 1.4.1926: Keetmanshoop; 9.4.1926: Grootfontein, Karibib, Omaruru, Swakopmund, Tsumeb, Usakos; 26.4.1926: Windhoek; 19.6.1926: Lüderitzbucht; 27.4.1927: Okahandja; 3.1.1928: Walfischbai; 20.3.1930: Gobabis. – Die Gemeinden Windhoek, Swakopmund (von hier wurde Walfischbai mitversorgt) und Keetmanshoop hatten entsandte Pfarrer, alle übrigen Gemeinden wurden von Missionaren der Rheinischen Mission nebenamtlich bedient (Verhandlungen des 3. DEKT 1930, 161ff).

101 Nachweisung der bis zum 1. Mai 1930 an den Kirchenbund angeschlossenen Kirchengemeinschaften, Gemeinden und Geistlichen sowie der weiterhin einzelnen Landeskirchen angeschlossenen Gemeinden und Geistlichen in: Deutsche Evangelische Ausland-Diaspora und Deutscher Evangelischer Kirchenbund, hg. v. Deutschen Evangelischen Kirchenbundesamt, Berlin-Charlottenburg 1930, 81ff.

102 Zu den Einzelheiten der Bestimmungen des Diasporagesetzes und der zugehörigen Verordnungen vgl. Wellnitz, Auslandsgemeinden, 107ff.

103 Der Deutsche Kirchenbund für Süd- und Südwestafrika, dessen Anschluss rechtlich nicht möglich war und sich „auch sonst untunlich erwies", trat in freundschaftliche Beziehungen zum DEKB, Der Deutsche Evangelische Kirchenbund in den Jahren 1924–1927, hg. v. Kirchenbundesamt, Berlin-Charlottenburg 1927, 32f.

Der preußische Evangelische Oberkirchenrat und die evangelische Auslandsarbeit im südlichen Afrika bis 1922

Grundlinien der Entwicklung

Jürgen Kampmann

Es bedürfte einer umfangreichen Monographie, um die hier im Rahmen des Studienprozesses zu untersuchende Thematik in der angesichts des erhaltenen Quellenmaterials möglichen Präzision und Detailfülle darzustellen. Im hier gegebenen Rahmen können nur Hauptlinien jener Auslandsarbeit skizziert werden, die vom preußischen Evangelischen Oberkirchenrat (EOK) in Berlin im Zusammenwirken mit den deutschsprachigen evangelischen Kirchengemeinden im heutigen Namibia und Südafrika bis 1922 unternommen worden ist. Immerhin können so aber die grundlegenden Bedingungen, die Ziele und insbesondere auch die Probleme bei dieser Arbeit in den Blick kommen.

Zu den Quellen

In reichem Maße sind unveröffentlichte hand- und maschinenschriftliche, aber auch im Druck veröffentlichte Quellen vorhanden. Sie gewähren Einblick in die Auslandsarbeit des EOK,[1] ermöglichen aber auch zu erkennen, wie diese Arbeit in den jeweiligen im Ausland befindlichen Kirchengemeinden rezipiert worden ist.

Der zentrale Quellenbestand, der die Arbeit des EOK auf dem Gebiet der so genannten „Auslandsdiaspora" dokumentiert, befindet sich im Evangelischen Zentralarchiv in Berlin. Die umfangreiche Aktenüberlieferung in dem archivisch gut erschlossenen Bestand 5 *Kirchliches Außenamt und Vorgängereinrichtungen* ist nicht durch Kriegsverluste oder sonstige Schäden beeinträchtigt.[2] Sie umfasst wesentlich die Korrespondenz und weiteren Unterlagen der seit 1852 vom EOK wahrgenommen Betreuung deutscher evangelischer Kirchengemeinden im Ausland. Hinzu kommen Schriftwechsel aus der Arbeit der 1884 gegründeten „Kommission der Deutschen Evangelischen Kirchenkonferenz für die Angelegenheiten der deutschen evangelischen Kirchen im Ausland", der so genannten „Diasporakommission", sodann die des Deutschen Evangelischen Kirchenausschusses (DEKA) ab 1903 – und schließlich auch die des 1922 gegründeten (und damit nicht mehr zum vorgege-

---

1 Die Arbeit des preußischen EOK in der ersten Hälfte des 20. Jahrhunderts ist in einem knappen Überblick charakterisiert von Georg Burghart, Der Evangelische Oberkirchenrat in den Jahren 1900–1950, in: Oskar Söhngen (Hg.), Hundert Jahre Evangelischer Oberkirchenrat der altpreußischen Union 1850–1950, Berlin-Spandau 1950, 11-64; zur Auslandsarbeit ibid., 22f.
2 Siehe dazu Christa Stache, Das Evangelische Zentralarchiv in Berlin und seine Bestände, Berlin 1992, 49f.

benen Untersuchungszeitraum unmittelbar gehörenden) Deutschen Evangelischen Kirchenbundes (DEKB). In späterer Zeit wurde die Betreuung der Auslandsgemeinden umstrukturiert; dies hatte zur Folge, dass die Aktenbestände zusammengeführt und umgelagert wurden. Doch durch den Umstand, dass das Kirchliche Außenamt schließlich als eine Dienststelle der Evangelischen Kirche in Deutschland (EKD) eingerichtet wurde, sind die für den Forschungszeitraum bis 1922 relevanten Unterlagen von EOK und DEKA ab 1903 sämtlich im Bestand 5 des Evangelischen Zentralarchivs in Berlin greifbar. Dies ist für die Forschung außerordentlich hilfreich, weil aufgrund der Aktenzusammenführungen für die Zeit ab 1903 eine allem Anschein nach weitgehend vollständige Doppelüberlieferung erhalten ist.

Dabei sind nicht nur sogenannte „Generalia" vorhanden – also sich generell auf die von evangelischen Deutschen im Ausland gebildeten Gemeinden beziehende Unterlagen –, sondern auch „Spezialia", die sich auf die dort befindlichen kirchlichen Einrichtungen und die Aktivitäten in einer jeden Kirchengemeinde beziehungsweise Einsatzregion beziehen. Hinzu kommen mehr als 600 Faszikel Personalakten der bis zum Ende des Zweiten Weltkriegs aus Deutschland entsandten evangelischen Pfarrer, die deren persönliche Dienstverhältnisse erkennen lassen.

Auf das Gebiet des heutigen Namibia beziehen sich auf Zeitraum bis 1922 fünf Aktenbände Generalia, hinzu kommen weitere Bände zum Synodalverband der deutschen evangelischen Gemeinden in Namibia (ab 1910), zur dortigen Pastoralkonferenz (ab 1910) sowie zu der dort zwischen 1909 und 1916 bestehenden Reisepredigteinrichtung. Spezialakten dokumentieren die Beziehungen zu den Kirchengemeinden ab 1896 in Windhoek, ab 1903 in Gibeon und Swakopmund, ab 1907 in Karibib und ab 1908 in Gobabis, Grootfontein, Keetmannshoop, Lüderitzbucht, Okahandja, Omaruru, Tsumeb, Usakos und Warmbad. Besonders für die Gemeinde in Windhoek ist die Überlieferung reichhaltig – hier liegen auch spezielle Akten vor, die über den dortigen Kirchenbau (von 1908 bis 1915) und die Errichtung der Orgel (zwischen 1909 und 1913) Auskunft geben.

Mit einer Laufzeit von 1859 an liegen zudem Generalakten vor, die sich auf Kirchengemeinden beziehen, die sich im Gebiet des heutigen Südafrika befinden; außerdem sind die Kontakte zur deutschen evangelischen Synode in Südafrika ab 1907 dokumentiert. Über eine vom EOK durchgeführte Bereisung der deutschen evangelischen Gemeinden im Juni 1913 durch keinen Geringeren als den Oberkirchenrat Hermann Kapler[3], den späteren Präsidenten des Evangelischen Oberkirchenrats, geben spezielle Unterlagen Auskunft;[4] sie stellen eine Momentaufnahme dar, die von einer besonderen Bedeutung ist, weil sie Einblick in die kirchlichen Verhältnisse und Strukturen zu einem Zeitpunkt gewähren, zu dem ein (äußerlich betrachtet) relativ konsolidierter Zustand hergestellt war – sechs Jahre nach dem Ende der kriegerischen Auseinandersetzung mit den Herero und Nama, zugleich aber noch unbeeinträchtigt von den grundlegenden Veränderungen, die der ein Jahr später ausbrechende Erste Weltkrieg mit sich brachte. Die bei seiner Reise[5] gewonnenen Eindrücke

---

3 Zu Kaplers Werdegang und Wirken siehe Carsten Nicolaisen, Kapler, Hermann, in: RGG[4] 4, 802.
4 S. Evangelisches Zentralarchiv in Berlin [EZA] 5/3034.
5 Siehe zu deren Verlauf Hasenkamp, Zum Besuch des Herrn Geheimrates Dr. Kapler, in: Evangelisches Gemeindeblatt für Deutsch-Südwestafrika, 3, 1913, 51f; sowie Die Reise des Herrn Geheimrats Dr. Kapler, in: Evangelisches Gemeindeblatt für Deutsch-Südwestafrika, 3, 1913, 72f.

hat Kapler zudem sofort öffentlich gemacht – und damit politisch wie kirchenpolitisch Akzente gesetzt.[6]

Die Entwicklung der Beziehungen des EOK zu einzelnen in Südafrika gelegenen Gemeinden ist dokumentiert für Berlin (1868 bis 1914), Bloemfontein (1885 bis 1914), Bodiam (1909 bis 1911), Braunschweig (1909 bis 1914), Durban (ab 1913), East-London (1891 bis 1921), Frankfurt (ab 1909), Johannesburg (ab 1896), Kapstadt/St. Martini (ab 1886), Keiskamahoek (mit Emngesha) (ab 1909), King William's Town (1875 bis 1914), Kwelegha (1909 bis 1912), Neu Eisleben (1909 bis 1914), Paarl (ab 1909), Pietersburg (1913 bis 1920), Port Elizabeth (1906 bis 1909), Pretoria (ab 1882), Queenstown (1909 bis 1914), Stutterheim (1907 bis 1914), Worcester (ab 1909) und Wynberg (1906 bis 1914).

Das im Evangelischen Zentralarchiv in Berlin erhaltene Material stellt unter Beweis, dass der EOK seine Tätigkeit für die Gemeinden der Auslandsdiaspora im Prinzip nicht anders dokumentiert hat, als er das ansonsten als oberste kirchliche Verwaltungsbehörde für die ihm nachgeordneten Kirchenprovinzen, Kirchenkreise und Kirchengemeinden in Altpreußen getan hat – wobei aber nicht der gewichtige Unterschied übersehen werden darf, dass es zwischen dem EOK in Berlin und den Kirchengemeinden im südlichen Afrika keine zwischengeschalteten Leitungsebenen gab.

Mit Blick auf im Druck vorliegende Darstellungen zur hier darzustellenden Thematik ist vor allem auf die Arbeiten von Britta Wellnitz zu verweisen – zuerst auf ihre Monographie *Deutsche evangelische Gemeinden im Ausland*[7], dann aber auch auf den in diesen Sammelband aufgenommenen Aufsatz.[8] Wellnitz skizziert die Entwicklung insbesondere der rechtlichen Beziehungen zu den Gemeinden der Auslandsdiaspora; das Hauptinteresse ihrer Monographie ist indes nicht der Zeit vor 1922 gewidmet.[9] Sie bezieht sich zudem fast durchgängig nur auf gedruckte Quellen, so dass der Anspruch, für die hier interessierende Epoche und Fragestellung „in weiten Teilen" „zugleich auch eine kirchengeschichtliche Darstellung eines Arbeitsfeldes, das auf dem Weg zur Verwirklichung eines gesamtkirchlichen Zusammenschlusses der deutschen evangelischen Landeskirchen als wichtiger Integrationsfaktor gewirkt hat"[10] zu bieten, noch einzulösen ist.

Sonst hat nur Gerhard Besier die hier relevanten Zusammenhänge in der dreibändigen *Geschichte der Evangelischen Kirche der Union* kurz skizziert.[11] Er beleuchtet insbesondere das Zusammenspiel von altpreußischem EOK einerseits und deutschem DEKA andererseits; ein detaillierteres Bild von der vor Ort in den Gemeinden im südlichen Afrika

---

6 Siehe Hermann Kapler, Die deutschen Schutzgebiete als Arbeitsfeld für den Gustav Adolf-Verein. Vortrag, gehalten auf der 65. Hauptversammlung des Gustav Adolf-Vereins in Kiel 1913. Hg. vom Centralvorstand des Evangelischen Vereins der Gustav Adolf-Stiftung. Mit einer Kartenskizze der evangelischen kirchlichen Organisation in Deutsch-Südwestafrika, Leipzig 1913.
7 Britta Wellnitz, Deutsche evangelische Gemeinden im Ausland. Ihre Entstehungsgeschichte und die Entwicklung ihrer Rechtsbeziehungen zur Evangelischen Kirche in Deutschland, Tübingen 2003.
8 Beitrag #1.
9 Siehe Wellnitz, Gemeinden, 57-154.
10 Ibid., 516.
11 Siehe Gerhard Besier, Die Auslandsarbeit des Evangelischen Oberkirchenrats, in: Joachim Rogge, Gerhard Ruhbach (Hgg.), Die Geschichte der Evangelischen Kirche der Union. Bd. 2. Die Verselbständigung der Kirche unter dem königlichen Summepiskopat (1850–1918), Leipzig 1994, 457-480.

geleisteten Arbeit entsteht dabei aber nicht. In neueren Lexika vermisst man Hinweise auf die bedeutende Rolle des EOK für die evangelischen Gemeinden im Ausland sogar ganz.[12]

Zu diesen Darstellungen aus jüngerer Zeit treten solche hinzu, die vor Jahrzehnten beziehungsweise auch schon zeitgenössisch entstanden sind und denen damit aus heutiger Perspektive teilweise auch schon der Charakter von Quellen zukommt – zu verweisen ist hier insbesondere auf die Arbeiten von August Krieg,[13] Carl Mirbt[14] und von Amand Suin de Boutemard[15].[16] Zudem bieten die in beträchtlicher Anzahl erschienenen zeitgenössischen Veröffentlichungen in fachlich einschlägigen, im südlichen Afrika wie auch in Deutschland verlegten Periodika vielfach Einblicke in die Lebenswirklichkeit der Gemeinden und in die Gestaltung ihrer Kontakte zum EOK;[17] sie sind aber nur verstreut und bisweilen lückenhaft in deutschen Bibliotheken greifbar.

Schließlich gibt es auch eine lokale Gegenüberlieferung in Namibia und Südafrika, deren Umfang insgesamt aber bisher nicht eruiert ist.[18]

---

12 Siehe z.B. das EKL³, 1, das wohl ein Lemma „Ausländerarbeit", nicht aber „Auslandsarbeit" bietet (ibid., 336f) und im Zusammenhang der Erläuterungen zur „Evangelischen Kirche in Deutschland" (ibid., 1208-1215) wie zur „Evangelischen Kirche der Union" (ibid., 1205-1208) das Thema übergeht; ebenso: Hermann Göckenjan, Auslandsgemeinden deutscher Sprache. I. Evangelische Auslandsgemeinden, in: RGG⁴, 1, 990-994.

13 August Krieg, Evangelische Kirche der altpreußischen Union und Auslandsdiaspora, in: Oskar Söhngen, Hundert Jahre Evangelischer Oberkirchenrat der altpreußischen Union 1850–1950, Berlin-Spandau 1950, 114-155, schildert insbesondere die sich dem EOK generell stellenden Aufgaben.

14 Siehe Carl Mirbt, Mission und Kolonialpolitik in den deutschen Schutzgebieten, Tübingen 1910; ibid., Die deutsch evangelische Diaspora im Auslande. Vortrag […] in Chemnitz […] 1910 gehalten. Halle (Saale) 1910; ibid., Die Frau in der deutschen evangelischen Auslandsdiaspora und der deutschen Kolonialmission, Marburg 1912.

15 Amand Suin de Boutemard, Die Auslands-Diaspora. Ein neues Arbeitsfeld der Deutschen Evangelischen Kirche. Mit Geleitswort von Carl Mirbt, Potsdam o.J. [1909], bietet die detailreichste vor dem Ersten Weltkrieg verfasste Darstellung der evangelischen Auslandsdiasporaarbeit.

16 Weiterhin sei zu verweisen auf die Informationen bei E. Wilhelm Bussmann, Evangelische Diasporakunde. Handbuch für Pfarrer und Freunde deutscher Auslandsgemeinden. Marburg (Hessen) 1908, sowie auf die kleinen Abhandlungen von Carl Paul, Was tut das evangelische Deutschland für seine Diaspora in überseeischen Ländern, Leipzig 1903, sowie Mission und Auslandsdeutschtum, Gütersloh 1918.

17 Zu erwähnen sind hier unter anderem die Zeitschriften „Deutsch-Evangelisch" beziehungsweise „Deutsch-Evangelisch im Auslande", „Daheim und Draußen", „Diasporabote", „Mitteilungen des Vereins für deutsch-evangelisches Leben in den Schutzgebieten und im Ausland E.V.", „Evangelisches Gemeindeblatt für Deutsch-Südwestafrika" und „Südafrikanisches Gemeindeblatt" – sowie nach dem Ersten Weltkrieg die „Die evangelische Diaspora" und „Der Deutsch-Afrikaner".

18 So sind etwa im Archiv der ELKIN (DELK) einschlägige Archivalien greifbar, die über die Geschichte der Gemeinde in Windhoek und die Beziehungen zum EOK in Berlin detailliert Auskunft geben; siehe dazu in diesem Sammelband den Aufsatz von Rudolf Hinz, „An die Freunde der Colonie und des Reiches Gottes in der Heimath". Missionsgemeinde für „Farbige" und Kirchengemeinde für „Weiße" – von den Anfängen in Windhoek, Beitrag #17.

Die Entwicklung der Zusammenarbeit des EOK mit deutschen evangelischen Kirchengemeinden

Kontakte vor 1900

„Nichts hat den Evangelischen Oberkirchenrat in Berlin in der weiten Welt so bekannt gemacht wie seine Auslandsarbeit, die Fürsorge für die deutschen evangelischen Gemeinden außerhalb des Deutschen Vaterlandes."[19] Die Verpflichtung, sich dieser Aufgabe anzunehmen, war dem EOK schon von seiner Gründung 1850 an durch König Friedrich Wilhelm IV. offiziell auferlegt, nachdem es schon seit 1827 Kontakte des Königlichen Konsistoriums Berlin zu deutschsprachigen Gemeinden in Südamerika gegeben hatte.[20] Die Arbeit wuchs dann stetig, und 1872 befasste sich die Deutsche Evangelische Kirchen-konferenz auf Betreiben des EOK mit den Fragen der kirchlichen Versorgung der ausgewanderten evangelischen Deutschen: Oberkonsistorialrat Ottomar Hermes[21] legte eine Thesenreihe vor, in der er es allem anderen voran als eine „Liebespflicht der Kirche" bezeichnete, die auch von den Landeskirchen wahrzunehmen sei, mit den „außerhalb Deutschlands lebenden deutschen Glaubensgenossen die kirchliche Gemeinschaft in jeder möglichen Weise aufrecht zu erhalten und zu pflegen."[22] Wenn die ausgewanderten Deutschen im Ausland über eine Gemeindebildung hinaus zur Bildung einer eigenständigen Kirche gelangt seien, so sei die Gemeinschaft mit diesen wie mit einer anderen Landeskirche zu pflegen, aber „die organische Verbindung einer deutschen Landeskirche mit einzelnen Gemeinden des im Auslande bestehenden Kirchenkörpers" sei „unzulässig".[23] Von vornherein sollte es also bei der Kontaktpflege zu den evangelischen Deutschen im Ausland nicht darum gehen, eine etwa dort sich entwickelnde eigene Kirchbildung zu hindern oder zu unterlaufen, vielmehr wollte man – was die Begleitung einzelner Kirchengemeinden anbetraf – von Deutschland aus nur subsidiär tätig werden. Man bekräftigte schon 1859 gefasste Beschlüsse, einzelnen evangelischen Gemeinden im Ausland auf deren Wunsch den Anschluss an eine deutsche evangelische Landeskirche zu gestatten; anderen, zu denen nicht auf eine solche Weise eine Verbindung hergestellt war, sollte Unterstützung dadurch zuteil werden, dass man Pfarrern, die sich zu einer Tätigkeit im Ausland beziehungsweise in den deutschen Kolonien bereitfanden, eine Wiederaufnahme in die jeweilige heimische Landeskirche in Aussicht stellte; nach fünf bis zehnjähriger tadelloser Arbeit im Ausland wurde eine angemessene Pfarrstelle in der Heimat zugesichert.[24] Überdies fasste man ins Auge, dass die Landeskirchen im Deutschen Reich die Auslandsgemeinden materiell unterstütz-

---

19 Krieg, Kirche, 114.
20 Ibid., 115f.
21 Zu dessen persönlichem und beruflichen Werdegang siehe Otto Lerche, Verzeichnis der Mitglieder und wissenschaftlichen Mitarbeiter des Evangelischen Oberkirchenrats 1850–1950, in: Oskar Söhngen (Hg.): Hundert Jahre Evangelischer Oberkirchenrat der altpreußischen Union 1850–1950, Berlin-Spandau 1950, 171-194, dort 180, Nr. 60.
22 Julius August Ottomar Hermes, Thesen des Referenten. Gedruckt, ohne Ort und Datum [31. Mai 1872]. Mit handschriftlichen Korrekturen durch Oberkonsistorialrat Albrecht Schmidt, Berlin, zwischen dem 4. und 23. Dezember 1880, Nr. 1. EZA Berlin, 1/91.
23 Ibid., Nr. 2.
24 Ibid., Nr. 3.

ten.²⁵ Dazu hoffte man auf staatliche Mittel,²⁶ wollte aber auch für diesen Zweck Kollekten veranstalten.²⁷ Um eine zielgerichtete und zweckmäßige Verwendung der Mittel sicherzustellen, wurde der EOK in Berlin zur „Centralvermittelungsstelle" für dieses Werk der Kirchenkonferenz bestellt, um (in Rückkoppelung mit den Landeskirchen) einen Plan zur Verwendung der Gelder aufzustellen.²⁸ Jeder einzelnen Landeskirche blieb es unbenommen, sich darüber hinaus für eine bessere kirchliche Versorgung der im Ausland lebenden Deutschen zu verwenden.²⁹

Die Umsetzung dieser Beschlüsse unterblieb jedoch für ein ganzes Jahrzehnt;³⁰ „[d]ie dringend erbetene gemeinsame Diasporakollekte fand keinen rechten Widerhall."³¹ Durch die 1875 zusammentretende außerordentliche preußische Generalsynode wurde dann aber immerhin in der Generalsynodalordnung festgeschrieben, dass die bisher schon wahrgenommenen Kontakte zu im Ausland befindlichen Kirchengemeinden mit evangelischen Deutschen fortgeführt werden sollten. In der Folge befasste sich dann die ordentliche Generalsynode des Jahres 1879 ausführlich mit dieser Thematik.³² Beziehungen des EOK nach Afrika gab es zu diesem Zeitpunkt noch nicht³³ – und dabei verblieb es bis 1891.³⁴

Erst zu diesem Zeitpunkt wurde erstmals in einer vom EOK gefertigten Aufstellung über die neu mit ihm in Kontakt getretenen auswärtigen Kirchengemeinden eine Gemeinde im südlichen Afrika genannt: Pretoria – und knapp dazu vermerkt: „Pretoria in Transvaal mit 200 Seelen. Pfarrer Grünberger (Missionar für 786 Farbige) seit 1891. Gehalt 4.000 M[ark]."³⁵ Unverkennbar ging es hier darum, einen Pfarrer, der als Missionar tätig war, für seine zusätzlich ausgeübte pastorale Tätigkeit unter den am Ort befindlichen Siedlern zu bezuschussen.

1891 machte die Konferenz deutscher evangelischer Kirchenregierungen dringlich noch einmal auf den schon ein Jahrzehnt zuvor gefassten Beschluss aufmerksam, die Auslandsgemeinden durch in Deutschland gesammelte Kollekten unterstützen zu wollen; wo diese Kollektenmittel am dringlichsten benötigt wurden, sollte die Kommission für die Angele-

---

25 Ibid., Nr. 4.
26 Ibid., Nr. 8.
27 Ibid., Nr. 5.
28 Ibid., Nr. 7.
29 Ibid., Nr. 9.
30 Siehe Oberkonsistorialrat Schmidt an EOK. Berlin, 23.12.1880. EZA Berlin 1/91.
31 So formuliert von Theodor Heckel, Kirche jenseits der Grenzen. Aus der deutschen evangelischen Auslanddiaspora, Göttingen 1949, 40.
32 Siehe Denkschrift betreffend die mit der Preußischen Landeskirche in Verbindung stehenden deutschen evangelischen Gemeinden des Auslandes (General-Synodal-Ordnung § 19). Gedruckt. O. O. [Berlin] 1879, 1149-1179; vorhanden in EZA Berlin 1/163.
33 Ibid., 1149f.
34 Siehe Nachweisung der seit dem Jahre 1880 eingetretenen Veränderungen in den mit der Preußischen Landeskirche in Verbindung stehenden deutschen evangelischen Gemeinden des Auslandes. Zweite ordentliche Generalsynode 1885. No. 8, Berlin, im September 1885, Berlin o. J. [1885], 1-3; siehe weiter Mittheilung des Evangelischen Ober-Kirchenraths, betr. die mit der Preußischen Landeskirche in Verbindung stehenden deutschen evangelischen Gemeinden des Auslandes. Dritte ordentliche Generalsynode 1891. No. 5, Berlin, 28.9.1891, Berlin o. J. [1891], 3f.
35 Nachweisung der seit 1891 neu hinzugetretenen Diaspora-Gemeinden. O. O. o. D. [1894], EZA Berlin 1/163.

genheiten der ausländischen Diaspora begutachten.[36] Über die Zusammenarbeit bei der Vergabe der Kollektenmittel entwickelte sich dann allmählich ein konkreter und greifbarer werdender Zusammenhang zwischen den deutschen evangelischen Landeskirchen. Dabei teilte in der Alltagspraxis der EOK die Mittel auf. In diesem Kontext wurde er über die bis dahin durch das Landeskonsistorium in Hannover betreuten südafrikanischen Gemeinden informiert, erhielt aber auch Kenntnis von der „Synodalordnung der deutschen evangelisch-lutherischen Gemeinden Süd-Afrikas",[37] in der jedoch ausdrücklich festgehalten war: „Die Synode steht unter der Aufsicht des Hohen Landeskonsistoriums zu Hannover, welches auch in allen Berufungssachen die letzte Entscheidung giebt [!]."[38] Der gemeinsamen Arbeit blieben also vorerst klare Grenzen gesteckt.[39]

Es sollte bis 1896 dauern, bis erstmals bei der Berichterstattung den in Südafrika gelegenen Auslandsgemeinden in einem Referat über die Entwicklung der ihnen gewährten Unterstützung größere Aufmerksamkeit zuteil wurde:

„In Südafrika haben die Ereignisse dieses Jahres das vor zwei Jahren an dieser Stelle über die Bedeutung des deutschen Elementes Vorhergesagte in ein helles Licht gestellt. Zwischen die stammverwandten Holländer und Engländer hineingestellt, wurden unsere deutschen Bruder dort wesentlich durch ihr lutherisches Bekenntnis vor dem Aufgehen in einer dieser Nationen bewahrt, und werden ihre geschichtliche Aufgabe auch neu durch die Bewahrung ihrer religiösen und nationalen Sonderart erfüllen können. Im Kaplande sind eine Reihe von Gemeinden seit alter Zeit dem evangelisch-lutherischen Landeskonsistorium zu Hannover unterstellt, welches unter Mithilfe des Landeskonsistoriums zu den [?] auch in materieller Hinsicht die dorti-

---

36 Siehe Zusammenstellung der von der Konferenz deutscher evangelischer Kirchenregierungen in ihrer 21. ordentlichen Versammlung vom 24. bis 30. Mai gefaßten Beschlüsse, O. O. o. J. [1894], 3 Nr. II, EZA Berlin 1/163.
37 Siehe Landeskonsistorium Hannover an Generalsuperintendent Trautvetter (Rudolstadt), Hannover, 10.4.1896, EZA Berlin 1/163.
38 Synodal-Ordnung der deutschen evangelisch-lutherischen Gemeinden Süd-Afrikas, O. O. o. J. [1894], ohne Paginierung [4].
39 Da der jeweilige hannoversche Landesherr in der Zeit von 1714 bis 1837 zugleich in Personalunion König von England war, übte er auch die summepiskopalen Rechte über die in der Kolonie Britisch-Südafrika (Kapkolonie) entstehenden deutschen lutherischen Kirchengemeinden aus; diese waren damit in die Hannoversche Landeskirche inkorporiert und ihr nicht etwa nur vertraglich „angeschlossen" wie diejenigen Kirchengemeinden im südlichen Afrika, die zum preußischen EOK in Berlin in Verbindung standen. Da die hannoversche Landeskirche auch nach der 1866 erfolgten Annexion Hannovers durch Preußen selbständig blieb, kam es auch zu keiner Veränderung hinsichtlich des rechtlichen Status der Beziehungen der in Südafrika gelegenen deutschen Kirchengemeinden zum Landeskonsistorium in Hannover. Siehe dazu Wellnitz, Gemeinden, 86f; Wellnitz weist ibid., 87, Anm. 115, mit Recht darauf hin, dass diese Differenz in den rechtlichen Formen der Beziehung zu den im Ausland befindlichen Kirchengemeinden in der kirchenrechtlichen Literatur nicht immer klar herausgearbeitet worden ist. Vgl. weiter Britta Wellnitz, Die Etablierung der kirchlichen Auslandsdiasporafürsorge als zentrale Gemeinschaftsaufgabe des deutschen Protestantismus im 19. Jahrhundert, Beitrag #1. – Die von Lessing so eindrücklich beschriebene Selbststilisierung Wilhelms II. zu einem messianischen, universalen Anspruch erhebenden Kaiser (siehe Hanns Lessing, „Außenhin begrenzt, im Innern unbegrenzt". Der nationalistische Imperialismus Wilhelms II., Beitrag #4) hat allerdings die kirchenrechtliche Realität des Landeskirchentums bis zum Ende der Monarchie 1918 nicht in Richtung einer neuen, nationalen Struktur des Protestantismus zu verändern vermocht.

gen Pfarrer unterstützt. Zu diesen Gemeinden ist eine neue hinzugetreten[,] und man hofft auch in Johannesburg in Transvaal eine deutsche lutherische Kirche und Pfarrei zu errichten."[40]

Auf eine wesentlich detailliertere, dann auch kirchengesetzlich fixierte Grundlage wurden die Beziehungen durch 1897 angestoßene Verhandlungen der Preußischen Generalsynode gestellt; am 7. Mai 1900 wurde ein Gesetz erlassen, das den mit der preußischen Landeskirche verbundenen Kirchengemeinden Fürsorge und Förderung ihrer Interessen garantierte und die ins Ausland entsandten Pfarrer rechtlich absicherte.[41]

Gesteigertes Engagement nach der Jahrhundertwende

Auf der neuen gesetzlichen Basis verstetigte und steigerte der EOK in Berlin von den ersten Jahren des 20. Jahrhunderts an sein Engagement und richtete bald sein besonderes Augenmerk auf die Förderung der deutschen evangelischen Kirchengemeinden im Bereich des heutigen Namibia. Nun appellierte er nicht mehr (wie noch 1899) nur eindringlich, Kollekten zur Unterstützung der kirchlichen Arbeit an den im Ausland lebenden Deutschen (unter anderem der Gemeinde in Windhoek) zu geben:

„Wir müssen ihnen helfen, in freudiger Bewahrung des Glaubens der Väter deutsche Art und Sitte in der Fremde zu pflegen und durch vorbildlichen Wandel den Ehrenschild des deutschen evangelischen Namens rein und unbefleckt zu erhalten, damit das Reich Gottes auch durch sie unter den rohen Naturvölkern ausgebreitet und gemehrt werde."[42]

Sondern der EOK legte bei der 5. ordentlichen Generalsynode 1903 auch eine ausführliche „Mitteilung [...] über die kirchliche Versorgung der deutschredenden Evangelischen in den deutschen Schutzgebieten" vor, in der mit Blick auf Deutsch-Südwestafrika über die erfolgreichen Bemühungen zur Bildung einer deutschen evangelischen Gemeinde am Ort des dortigen Regierungssitzes in Windhoek und vom förmlichen Anschluss dieser Gemeinde (auf deren Antrag hin) an die altpreußische Landeskirche berichtet wurde,[43] außerdem von dem Vorhaben, dort eine Kirche zu bauen, einen Kindergarten einzurichten, Religionsunterricht zu erteilen und an anderen Orten Predigtstationen aufzubauen.[44]

Sechs Jahre später wurde dann in einer vergleichbar angelegten Berichterstattung für die 6. ordentliche Generalsynode geradezu pathetisch erinnert an die schon der 4. ordentlichen Generalsynode vorgestellte Aufgabe,

„wie der evangelischen Landeskirche der älteren Provinzen Preußens als der größten deutschen Kirchengemeinschaft die Ehrenpflicht zufalle, die Erfüllung der großen

---

40 Referat über die auswärtige Diaspora aus den Jahren 1894. u. 1895. erstattet deutsch-ev. Kirchenkonferenz im Jahre 1896, B[erlin], 29.1.[1896], EZA Berlin 1/163.
41 Siehe Krieg, Kirche, 130. Zu den Inhalten des Gesetzes im Einzelnen s. Bussmann, Diasporakunde, 216f, sowie Wellnitz, Gemeinden, 67-74.
42 Aufruf des evangelischen Oberkirchenrates in Berlin, in: Diasporabote 1899, Nr. 6, 139f, Zitat 139.
43 Mitteilung des Evangelischen Ober-Kirchenrats [gez. Barkhausen] über die kirchliche Versorgung der deutschredenden Evangelischen in den deutschen Schutzgebieten, Berlin, 14. August 1903, in: Fünfte ordentliche Generalsynode 1903, Nr. 48, O. O. 1903, 3.
44 Ibid., 4.

neuen Aufgaben, die sich aus der Notwendigkeit geordneter kirchlicher Einrichtungen für die deutschen Glaubensgenossen in den Kolonien ergeben, in die Hand zu nehmen."[45]

Hier konnte nun aber auf die zwischenzeitlich geschaffene, die Ebene der Landeskirchen übergreifende Einrichtung des DEKA verwiesen werden, der berufen sei, „die gemeinsamen evangelisch-kirchlichen Interessen in Bezug auf die kirchliche Versorgung der Evangelischen in den deutschen Schutzgebieten wahrzunehmen."[46] Genau definiert wurde aber die trotz dieses Wechsels der Zuständigkeit bleibende Verpflichtung des EOK zu „weitgehender Mitarbeit" an diesem Aufgabenfeld

„aus der Tatsache, daß die deutschen evangelischen Gemeinden in unseren Kolonien, soweit sie überhaupt mit den heimatlichen bisher in Verbindung stehen, unserer Landeskirche nach Maßgabe des Kirchengesetzes vom 7. Mai 1900 [...] angeschlossen sind oder diesen Anschluß nachgesucht haben, sowie daraus, daß die Geistlichen dieser Gemeinden auf deren Ersuchen durch uns in die Schutzgebiete entsandt worden sind, und zur Sicherstellung ihrer Ruhestands- und Hinterbliebenenversorgung durch unsere Vermittlung ihren Anschluß an die Ruhegehaltskasse und an den Pfarr-Witwen und Waisenfonds der preußischen Landeskirche erlangt haben."[47]

Faktisch arbeite man nun – zumindest in der Außendarstellung – erfolgreich und vertrauensvoll Hand in Hand mit dem DEKA,[48] der am 10. November 1903 programmatisch erklärt hatte:

„Die in die weite Welt ziehenden Landeskinder sollen doch weder deutscher Sprache und Sitte noch ihrer Kirche verloren gehen: unser Auge will ihnen in Liebe folgen. Und da auch gemeinsames Wirken mehr Erfolg verspricht, als noch so treu gemeinte vereinzelte Hilfe, so wollen wir den hervortretenden kirchlichen Notständen in den deutschen Kolonien wie in der Auslandsdiaspora unter möglichster Wahrung des Bekenntnisstandes gemeinsam begegnen."[49]

Das besondere Augenmerk auf Deutsch-Südwestafrika

Das gesteigerte Interesse des EOK insbesondere an Deutsch-Südwestafrika[50] hatte seinen Grund unter anderem[51] in einem (verglichen mit den übrigen deutschen „Schutzgebieten" in

---

45 Mitteilung des Evangelischen Ober-Kirchenrats [gez. Voigts] über die kirchliche Versorgung der deutschredenden Evangelischen in den deutschen Schutzgebieten. Berlin, 5. Oktober 1909, in: Sechste ordentliche Generalsynode 1909, Nr. 43, o. O. 1909, 1.
46 Ibid. – Der DEKA hatte die sich ihm stellende Aufgabe in einer umfangreichen Denkschrift charakterisiert; s. Denkschrift des Deutschen Evangelischen Kirchenausschusses über die kirchliche Versorgung der Diaspora im Auslande. Berlin, im November 1904, Berlin o. J. [1904].
47 Mitteilung des Evangelischen Ober-Kirchenrats [gez. Voigts], 2.
48 Ibid.
49 Zitiert bei Bussmann, Diasporakunde, 110.
50 Diese Entwicklung seit 1903 ist ausdrücklich hervorgehoben in Mitteilung Oberkirchenrat 1909, 3. – Eine Charakterisierung des Landes und seiner Bevölkerung um 1900 bietet Rudolf Fitzner, Deutsches Kolonial-Handbuch. Nach amtlichen Quellen bearbeitet, Bd. 1, 2., erweiterte Aufl., Berlin 1901, Nachdruck Wolfenbüttel o. J. [2006], 121-204; zur Entwicklung der Zahl der im Land ansässigen Deutschen

Übersee) starken Zuwachs der dort lebenden deutschen evangelischen Bevölkerung[52] – nicht zuletzt infolge der Wirren im Zuge des Krieges mit den Herero und Nama von 1904 bis 1907,[53] aber auch wegen der guten wirtschaftlichen Entwicklung und der Entdeckung von Diamantenfeldern und Kupferlagern.[54] Jedenfalls hegten die dortigen Einwanderer aus Deutschland große Erwartungen und Hoffnungen für die Zukunft und gingen von einem Ausbau der deutschen Präsenz in diesem wirtschaftlich vielversprechenden Land aus.[55]

Oberkonsistorialrat Hermann Kapler hat den Forschern der Nachwelt den Gefallen getan, diese Erwartungen 1913 auch in öffentlichen Vorträgen zu formulieren; er hat dabei einen unmittelbaren Konnex zwischen den deutschen politischen und ökonomischen Zukunftserwartungen für Deutsch-Südwestafrika auf der einen Seite und dem nach seiner Auffassung dringend zu wünschenden Ausbau der deutschen Diasporakirchengemeinden andererseits hergestellt: Auf diese Weise solle vermieden werden, dass Deutsche am kirchlichen Leben der dort ja ebenfalls bestehenden, aus der Mission hervorgegangenen Gemeinden mit der einheimischen Bevölkerung teilzunehmen hätten:

> „Deutsch-Südwestafrika nimmt unter unseren Kolonien eine scharf ausgeprägte Sonderstellung ein, die auch der evangelischen Kirche besonders große Aufgaben zuweist. [...] Deutsch-Südwestafrika ist Siedlungskolonie."[56]

> „Die weiße Rasse ist die herrschende, die schwarze und gelbe die dienende; und diese durch natürliche Verhältnisse begründete Verschiedenheit ist durch Niederwerfung des großen Aufstandes von 1904-1907 noch schärfer als vorher, vielleicht auch schärfer als in anderen Schutzgebieten ausgeprägt worden. Mit diesem Tatbestand ist es objektiv und namentlich auch im Bewußtsein der weißen Bevölkerung unvereinbar, daß sie, die alle Macht, allen Besitz und alle höhere Kultur in ihrer Hand vereinigt, sich außerstande bekennen soll, ihre gottesdienstlichen Bedürfnisse durch eigene Kraft und mit der Hilfe des deutschen Mutterlandes zu befriedigen, und daß sie dauernd zu Gast gehen soll in die Missionskirchen, zu deren Bau und Unter-

---

und der Ausländer siehe ibid., 140-142.
51 Zu weiteren Aspekten siehe in diesem Band Hinz, Freunde, Beitrag #17, sowie #10 und #16 von Lothar Engel.
52 Kapler, Schutzgebiete, 4, nennt folgende Zahlen für 1912: demnach lebten in Südwestafrika (835.000 km²) 14.816 „Weiße" (einschließlich der 2.171 Truppenangehörigen), davon 11.812 Evangelische, während es in Togo nur 222, in Kamerun 1.218 und in Ostafrika 3.187 evangelische Deutsche waren.
53 Der Verlauf der zu einem Genozid eskalierenden Auseinandersetzungen ist knapp charakterisiert bei Bernd G[...] Längin, Die deutschen Kolonien. Schauplätze und Schicksale 1884–1918. Bilddokumentation Michael Schindler, Hamburg, Berlin, Bonn 2005, 125-143. – Ausführlich siehe Gesine Krüger, Kriegsbewältigung und Geschichtsbewußtsein. Realität, Deutung und Verarbeitung des deutschen Kolonialkriegs in Namibia 1904 bis 1907. Göttingen 1999, sowie Lothar Engel, Kolonialismus und Nationalismus im deutschen Protestantismus in Namibia 1907 bis 1945. Beiträge zur Geschichte der deutschen evangelischen Mission und Kirche im ehemaligen Kolonial und Mandatsgebiet Südwestafrika, Bern [u.a.] 1976, sowie in diesem Band die lokalgeschichtliche Studie von Hinz, Beitrag #17.
54 Kapler, Schutzgebiete, 3.
55 Siehe dazu z.B. die Charakterisierung bei Längin, Kolonien, 148f.
56 Kapler, Schutzgebiete, 14. Die „weiße" Bevölkerung bestand zu „61 % aus erwachsenen Männern", während „19 % auf die erwachsenen Frauen und 20 % auf die Kinder" entfielen (ibid., 17).

haltung die Eingeborenengemeinden mit Handdiensten und Beiträgen herangezogen werden."[57]

Deshalb müsse von Seiten der evangelischen Landeskirchen in Deutschland in Südwestafrika investiert werden, damit dort der Plan einer selbständigen deutschen evangelischen Kirche realisiert werden könne,[58] „wo der weiße Mann nicht kommen und gehen, sondern, so Gott will, eine unabsehbare Kette von Geschlechtern erwachsen, ein großes deutsches Volk werden soll!"[59]

Aufschlussreich an dieser Argumentation dürfte weniger die für diese Zeit kaum überraschende Überzeugung von einer militärischen, ökonomischen und kulturellen Überlegenheit der „Weißen" gegenüber der indigenen Bevölkerung sein[60] als vielmehr die Verquickung dieses Aspekts mit dem Argument, dass die Einheimischen die Kirchen finanziert und errichtet hätten und die „Weißen" ihnen zur Last fallen würden, wenn sie diese mitbenutzten. Diese fiskalisch-etatistisch-ethnische Betrachtung trifft sich unmittelbar mit der Beobachtung, dass bei dem Kirchenjuristen Hermann Kapler zugleich jegliche theologische Überlegung – etwa die Frage nach der im Pfingstgeschehen bezeugten und durch die *eine* Taufe einem jeden Christen evident werdende Einheit des Volkes Gottes über alle ethnischen und kulturellen Grenzen hinweg – fehlt.

Und auch darüber hinaus scheint die konzeptionelle Arbeit des EOK in Berlin für die aus Deutschen gebildeten Kirchengemeinden in den Kolonialgebieten weithin von juristischen Perspektiven geprägt gewesen zu sein.[61] So wurde die – verglichen mit den sonst in Deutschland üblichen Strukturen – außerordentlich schwache Rechtsstellung der evangelischen Gemeinden in den Kolonien vehement beklagt,[62] denn diese waren keine Körperschaften öffentlichen Rechts; erst 1913 konnten sie eine rechtliche Anerkennung als privatrechtliche Vereinigungen erlangen.[63] Darin spiegelt sich wider, dass es auch in der

---

57 Ibid., 26.
58 Ibid., 33.
59 Ibid., 34.
60 1914 schilderte Konsistorialrat Carl Mirbt die Attraktivität des Landes so: „In der Tat hat Südwest große Reize. Der dauernde Sonnenschein wird angenehm empfunden; die klare Luft ist gesund, und die Größe des Landes gewährt eine große Bewegungsfreiheit; das Vorhandensein einer sozial tiefer stehenden Eingeborenenbevölkerung gibt dem Weißen als solchen eine gehobene Stellung." (Carl Mirbt, Leistungen und Aufgaben der evangelischen Kirche Deutschlands in Deutsch-Südwest- und Deutsch-Ostafrika. Vortrag gehalten an unserem Jahresfest in Magdeburg am 15. Februar 1914, in: Mitteilungen des Vereins für deutsch-evangelisches Leben in den Schutzgebieten und im Ausland e. V. 1914, Nr. 19, 341-356, Zitat 345.)
61 Die diskutierten Probleme sind zu ersehen aus H. Edler von Hoffmann, Fragen des protestantischen Kolonialkirchenrechtes, in: Zeitschrift für Kolonialpolitik, Kolonialrecht und Kolonialwirtschaft 6, 1904, 492-497; s. auch Schreiber, Koloniales Kirchenrecht, in: Zeitschrift für Kolonialpolitik, Kolonialrecht und Kolonialwirtschaft 6, 1904, 871-884.
62 Siehe z.B. Rudolf Böhmer, Deutsch-evangelisches Leben in Deutsch-Südwestafrika. Vortrag auf dem II. Deutschen Kolonial-Missionstage zu Cassel, in: Mitteilungen des Vereins für deutsch-evangelisches Leben in den Schutzgebieten und im Ausland e. V. 1912, Nr. 13, 185-193, dort 190f)
63 Kapler (Schutzgebiete, 4-7), erläuterte das so: „Unser deutsches Kolonialrecht kennt nichts ähnliches wie eine Landeskirche für die Schutzgebiete; das Kirchenwesen bildet dort nicht einen Teil der öffentlichen Rechtsordnung. Auch die einzelnen Kirchengemeinden werden nicht als öffentlich-rechtliche Korporationen anerkannt. Selbst die privatrechtliche Rechtsfähigkeit hat ihnen bisher gefehlt; erst durch eine vor wenigen Wochen ergangene Novelle zu Schutzgebietsgesetz – Reichsgesetz v. 22. Juli 1913, R.

Zeit des Zweiten Deutschen Kaiserreiches in Deutschland noch einen *landesherrlichen* Summepiskopat gab, dass es aber ein vergleichbares *kaiserliches* summepiskopales Rechtsinstitut mit Wirkung für die deutschen Schutzgebiete in Übersee nicht gab: Weder die aus der Mission hervorgegangenen Kirchen noch die deutschen evangelischen Auslandsgemeinden (mit Ausnahme der zur Hannoverschen Landeskirche gehörenden im Kapland) kannten einen „summus episcopus".[64] An der staatskirchenrechtlichen Problematik wird sehr deutlich, dass das in Deutschland seit der Reformation reichsrechtlich verankerte Summepiskopalrecht der Landesherrn eben nicht zum Kernbereich der monarchischen Rechte gehörte, sondern dass es aufgrund der im Augsburger Religionsfrieden 1555 getroffenen Regelungen lediglich den Charakter eines allein den evangelischen Landesherren zukommenden Annexrechtes besaß.[65] Die Schutz- und Kolonialgebiete standen aber nicht unter preußischer Landeshoheit, sondern unter der des Deutschen Reiches – und so hatten die dortigen deutschen evangelischen Kirchengemeinden die zwiespältige Erfahrung zu machen, einerseits frei zu sein von den Problemen des summepiskopalen Systems der Kirchenleitung, andererseits aber auch nicht in den Genuss der zahlreichen, meist gar nicht bewusst registrierten Vorteile zu kommen, die das System für den kirchlichen Alltag der evangelischen Landeskirchen und Kirchengemeinden in Deutschland bot.[66]

So konnte der EOK gegenüber den deutschen evangelischen Kirchengemeinden im südlichen Afrika keine aus dem Summepiskopat abzuleitenden Gerechtsame geltend ma-

---

G. Bl. S. 95 – ist Vereinen, deren Zweck nicht auf einen wirtschaftlichen Betrieb gerichtet ist, und lediglich unter diesem Gesichtspunkt auch unseren deutschen evangelischen Kirchengemeinden in den Schutzgebieten die Möglichkeit eröffnet worden, die privatrechtliche Rechtsfähigkeit durch Verleihung von seiten des Reichskanzlers zu erwerben. Das Reich hat eben nach seiner Entstehung und Struktur dem Kirchenwesen gegenüber eine andere Stellung als unsere deutschen Einzelstaaten, die sich in enger geschichtlicher Verbindung mit einer Landeskirche entwickelt haben. Demgemäß erkennt auch das Reich eine finanzielle Fürsorgepflicht für die kirchlichen Einrichtungen in den Schutzgebieten grundsätzlich nicht an [...] unbeschadet des Zuschusses von jährlich 6000 M., den in Südwestafrika die evangelische und katholische Mission für Seelsorge an der weißen Bevölkerung aus Mitteln des Schutzgebietsetats empfangen. [...] Wir haben hier eine echte Diaspora auf deutschem Boden. Aber in ungleich schlimmerer Lage als unsre inländischen Diasporagebiete: denn diese letztere sind integrierende Teile von Landeskirchen, haben unmittelbaren Anteil an den Einrichtungen und Anspruch auf Fürsorge ihrer Landeskirche. Unsere deutschen Glaubensgenossen in den Schutzgebieten dagegen sind in kirchlicher Beziehung an sich heimatlos."

64 Wellnitz, Gemeinden, 77f, beschreibt, in welcher Weise die dem preußischen EOK vertraglich angeschlossenen Auslandsgemeinden rechtlich gravierend anders gestellt waren als die preußischen Inlandsgemeinden: Die Auslandsgemeinden wurden „weder an den Lasten (Steuern) und Rechten (Beteiligung an der Kirchenregierung) der landesherrlichen Gemeinden beteiligt noch den landeskirchlichen Normen für den Gottesdienst und der Aufsicht der heimatlichen Kirchenbehörden unterworfen." (Zitat ibid., 78)
65 Siehe Christoph Link, Summepiskopat des Landesherrn, in: RGG[4], 7, 1866f; Heinrich de Wall, Landesherrliches Kirchenregiment, in: Werner Heun u.a. (Hgg.), Evangelisches Staatslexikon. Neuausgabe, Stuttgart 2006, 1380-1386, dort besonders 1383.
66 Zur Rechtsstellung der Kirchen und Religionsgemeinschaften und deren Verhältnis zum Staat im Zweiten Kaiserreich siehe die zeitgenössische Beschreibung bei Hermann Priebe, Kirchliches Handbuch für die evangelische Gemeinde unter besonderer Berücksichtigung der preußischen Landeskirche, 2., umgearbeitete und vermehrte Aufl., Berlin 1914, 33-35. Vgl. auch Mirbt, Leistungen, 345; sowie Paul Heyse, Pfarrkonferenz in Deutsch-Südwest, in: Mitteilungen des Vereins für deutsch-evangelisches Leben in den Schutzgebieten und im Ausland e. V. 1913, Nr. 16, 246-249; ibid., 247f.

chen. Er beanspruchte aber dennoch zumindest bis 1914 unverhohlen ein Mitspracherecht gegenüber denjenigen Gemeinden, die sich ihm in Deutsch-Südwestafrika angeschlossen hatten. Dies kristalisierte sich als ein Konfliktpotential heraus, als die deutschen Gemeinden in Südwestafrika sich anschickten, sich näher zusammenzuschließen. Einen Startschuss zu einer engeren Zusammenarbeit hatte es 1910 durch die Bildung eines Pfarrkonvents der dort tätigen Pfarrer gegeben, der fortan jährlich für mehrere Tage zusammentrat.[67] Dabei wurde bald auch der Gedanke erwogen, einen nächsten Schritt zu tun und einen synodalen Zusammenschluss der Gemeinden zu initiieren.[68] Dementsprechend wurde 1913 von den Pfarrern der Entwurf zu einer Satzung eines solchen Verbandes aufgestellt, die – wie es für das Synodalwesen charakteristisch ist – auch eine freie Wahl eines Vorsitzenden (wohlgemerkt hier von vornherein unter Vorbehalt eines Bestätigungsrechtes durch den EOK!) vorsah.[69] Doch gab Oberkonsistorialrat Hermann Kapler, der bei den darüber in Karibib angestellten Beratungen anwesend war, sogleich zu verstehen, dass man seitens des EOK ein Ernennungsrecht für den Vorsitzenden der Synode beanspruche, denn diesem Vorsitzenden der Synode komme die Funktion eines Vertrauensmannes des EOK (und nicht etwa der Synode!) zu; außerdem möge man bedenken, in wie starkem Maße die Arbeit der dortigen deutschen evangelischen Kirchengemeinden finanziell durch den EOK getragen worden sei und werde.[70] Der Gang dieser Argumentation belegt, wie unverhohlen konsistorial (und eben nicht synodal!) man im EOK nach wie vor zu denken gewohnt war – mehr als siebzig Jahre nach der Einführung der Rheinisch-Westfälischen Kirchenordnung in den preußischen Westprovinzen 1835 und mehr als dreißig Jahre nach der Einführung der Kirchengemeinde- und Synodalordnung in den östlichen Provinzen Preußens.

Angesichts dennoch sich abzeichnender konkreter Schritte zur Bildung eines Synodalverbandes (dort sprach man sogar schon von „unsere[r] deutsch-südwestafrikanische[n] Landeskirche"[71]) der deutschen evangelischen Kirchengemeinden in Deutsch-Südwestafrika, die juristisch zu verhindern der EOK nicht in der Lage war, gab er zu verstehen, dass er diese Pläne zwar grundsätzlich billige, er verlangte aber – aus angeblich praktischen Erwägungen – die Verschiebung der Einberufung einer Gründungsversammlung um ein Jahr.[72] Zudem teilte er mit, dass zu einer förmlichen Beratung über diese Fragen beim

---

67 Siehe Konferenz der evangelischen Pfarrer Deutsch-Südwestafrikas. Windhoek, 17./18.10.1910, EZA Berlin 5/2924: „8. Zusammenschluß der Gemeinden. Die Konferenz hält den Zeitpunkt noch nicht für gekommen[,] daß die evangelischen Gemeinden der Kolonie zu einem Synodalverband zusammengeschlossen werden. Dagegen wird beschlossen, daß sämtliche Pfarrer sich möglichst in jedem Jahre zu einer Konferenz in einem der Gemeindeorte zusammenfinden."
68 So 4. Pfarrkonferenz für Deutsch-Südwestafrika, Karibib, 18.-20.6.1913, Nr. 6, EZA Berlin 5/2924. – Die Pfarrkonferenz befürwortete nicht nur die Bildung eines Gemeindeverbandes, sie benannte ibid. auch schon einen Aufgabenkatalog, dessen sich dieser Verband annehmen sollte: Gemeindeblatt, Krankenhaus, Altersheim, Schwesternwesen und Baukasse. Vgl. auch den Bericht: Heyse, Pfarrkonferenz, 246-249.
69 4. Pfarrkonferenz für Deutsch-Südwestafrika, Karibib, 18.-20.6.1913, Nr. 6, EZA Berlin 5/2924.
70 Ibid.
71 Siehe Hasenkamp, Unsere deutsch-südwestafrikanische Landeskirche, in: Evangelisches Gemeindeblatt für Deutsch-Südwestafrika 2, 1913, 2f, passim.
72 EOK an Pfarrer in Deutsch-Südwestafrika, Berlin, 27.4.1913, EZA Berlin 5/2924.

jährlichen Pfarrkonvent im Jahr 1913 „kein Anlaß" bestehe.[73] Die Verzögerungsstrategie ist nur zu sehr durchschaubar.

Die Verschiebung der Sache um ein Jahr zog nach sich, dass wegen des Ausbruchs des Ersten Weltkriegs und der anschließenden Wirren der Nachkriegszeit ein derartiger Synodalverband der deutschen evangelischen Kirchengemeinden in Südwestafrika erst anderthalb Jahrzehnte später ins Leben trat: 1921 wurde dazu ein erneuter Anlauf unternommen, der dann aber noch einmal scheiterte,[74] und erst 1927 kam die erstrebte synodale Verbindung zustande, dann allerdings unter sehr veränderten Rahmenbedingungen.[75]

Die Anläufe zur Etablierung eines eigenständigen deutschen evangelischen Kirchenwesens in Deutsch-Südwestafrika sind jedenfalls gerade nicht einer entsprechenden Förderung durch den EOK zuzuschreiben,[76] sondern der Eigeninitiative der in den deutschen Siedlergemeinden tätigen Pfarrer. Sie haben ihre Wurzel auch nicht erkennbar in einem Unabhängigkeitsstreben als solchem oder gar in einem Verlangen nach Demokratisierung, sondern sind aus den praktischen kirchlichen Erfordernissen nach engerer Zusammenarbeit vor Ort erwachsen. Der EOK hingegen erweist sich vor Ausbruch des Ersten Weltkrieges als Kirchenbehörde, die ihre unzweifelhaft bestehende strukturelle Überlegenheit gegenüber den personell, materiell und strukturell schwachen deutschen Gemeinden im südlichen Afrika im Laufe der Jahre zunehmend in die Zubilligung kirchenleitender Kompetenzen

---

73 Ibid.
74 Der in Karibib wirkende Pfarrer Heyse übersandte dem EOK im März 1921 einen im Rahmen einer Pfarrkonferenz in Swakopmund in den Tagen vom 1. bis 4.3.1921 erstellten Satzungsentwurf (Heyse an EOK, Karibib, 6.3.1921. EZA Berlin 5/2924) und beschrieb das auch schon verabredete weiter vorgesehene Verfahren: „Dieser Entwurf soll in den Gemeindekirchenräten durchberaten werden. Ist Uebereinstimmung gewonnen, so gilt der Verband als begründet und werden die Vertreter gewählt. […] Bei ihrer ersten Zusammenkunft sollen die Satzungen endgültig festgelegt werden. […] Ich wäre der hohen Behörde dankbar, wenn sie mir ihrerseits etwa auftretende Wünsche äussern wollte." In diesem Entwurf war keinerlei Mitwirkung des EOK an der Leitung und der praktischen Arbeit des Verbandes vorgesehen – nur handschriftlich hatte man am Schluss hinzugesetzt: „Entschliessung: Der Gemeindeverband übersendet dem Evangelischen Oberkirchenrat in Berlin Bericht über seine Verhandlungen." Der EOK teilte Heyse daraufhin mit, man halte den Entwurf im Allgemeinen für geeignet, und beschränkte sich darauf, einige praktische Verbesserungsvorschläge zur Bewältigung von Konfliktsituationen zu machen (so EOK an Heyse, Berlin-Charlottenburg, 29.4.1921, EZA Berlin 5/2924.) Irgendwelche eigenen Ansprüche erhob der EOK nicht mehr. – Obwohl nun alles danach aussah, dass der Gemeindeverband in absehbarer Zeit ins Leben treten würde, brachten unerwartet sich verändernde äußere Bedingungen das Projekt aber im Sommer 1921 erneut zum Scheitern. Denn die wirtschaftliche Depression (insbesondere die Schließung von Diamantenminen) ließ plötzlich das Fortbestehen der Gemeinde Lüderitzbucht fraglich erscheinen (so Heyse an EOK, Karibib, 2.6.1921, EZA 5/2924). Gegen die zu dieser Zeit ebenfalls virulenten Überlegungen, die pastorale Arbeit unter den evangelischen Deutschen in Südwestafrika wegen der in Deutschland inflationsbedingt enorm gestiegenen Kosten für die auswärtige Pfarrbesoldung einzuschränken und Pfarrstellen einzuziehen, bezog Heyse zugleich Stellung, indem er ibid. versicherte, er für seine Person werde aus Karibib nicht weichen und das dortige Pfarramt nicht schließen: „Die katholische Kirche wird, wie ich schon einmal zu betonen mich beehrte, sicher nicht weichen, solange noch ein deutscher Katholik hier ist." Interessanterweise nahm der EOK diesen Ball aber nicht auf, sondern antwortete Heyse, man habe das Vertrauen zu ihm, dass es ihm dennoch gelingen werde, den projektierten Gemeindeverband zustande zu bringen (so EOK an Heyse, Berlin-Charlottenburg, 26.7.1921. EZA Berlin 5/2924).
75 Siehe entsprechende Vermerke in: EZA Berlin 5/2924.
76 Gegen Mirbt, Leistungen, 351.

umgesetzt sehen wollte. Da sie dafür keine tradierten kodifizierten Rechte geltend machen konnte, versuchte sie, neues, ihrem Anliegen entsprechendes Recht zu setzen.[77] Dabei setzte der EOK besonders bei den nach Übersee entsandten Pfarrern an, auf die er am ehesten Einfluss nehmen konnte, waren die Pfarrer doch unmittelbar finanziell wie insbesondere dann auch bei einer späteren Heimkehr nach Deutschland auf ein wohlwollendes Verfahren der kirchlichen Verwaltungsbehörde angewiesen.

Die „planmäßig und von Jahr zu Jahr fortschreitende Fürsorge" des EOK wurde als „auch unter nationalem Gesichtspunkt von allergrößter Tragweite" begriffen.[78]

Die Unterbrechung der Kontakte als Folge des Ausbruchs des Ersten Weltkriegs

Der Erste Weltkrieg brach die seit der Jahrhundertwende mehr und mehr verstärkten Beziehungen zwischen dem EOK und den deutschen Gemeinden im südlichen Afrika abrupt ab. Schon Ende Juli 1914 gab es keine Postverbindung mehr von Berlin nach Deutsch-Südwestafrika.[79] Fortan erreichten den EOK vor dort nur noch sehr sporadisch Nachrichten, bevor die dort stationierten deutschen Truppen im August 1915 kapitulierten.[80] Die deutschen evangelischen Gemeinden und deren Pfarrer gerieten unter massiven Druck; zeitweilig kam es auch zu Internierungen.[81] Eine umfangreiche Schilderung der Ereignisse während des Krieges hat später der Keetmannshooper Pfarrer Hans Siebold verfasst.[82] Seitens des EOK bemühte man sich in dieser Zeit, unter Einschaltung der diplomatischen Vermittlung der Schweiz, zumindest eine finanzielle Versorgung der zu dieser Zeit in Südwestafrika befindlichen deutschen evangelischen Pfarrer fortzuführen.[83] Auch dies erwies sich aber als kaum realisierbar, zumal auf Jahre nur ganz spärlich Nachrichten von dort nach Deutschland gelangten, die einen näheren und verlässlichen Aufschluss über das Ergehen der dortigen deutschen evangelischen Gemeinden gegeben hätten.[84]

---

77 Es kam sogar ein Gerücht auf, dem Windhoeker Pfarrer Kriele seien die Superintendenturgeschäfte für Südwestafrika übertragen worden – das dann aber dementiert wurde; siehe Anz, Rundschau in den Schutzgebieten, in: Mitteilungen des Vereins für deutsch-evangelisches Leben in den Schutzgebieten und im Ausland e. V. 3, 1914, 359f; ibid., 359.
78 Mirbt, Leistungen, 343.
79 So Vermerk zu mehreren Schreiben des EOK nach Windhoek vom 24.7.1914, EZA Berlin 5/2916.
80 Siehe zum Verlauf der Kampfhandlungen Längin, Kolonien, 305-309.
81 Siehe z.B. den zeitgenössischen Bericht von Guhr, Umschau in den Schutzgebieten, in: Mitteilungen des Vereins für deutsch-evangelisches Leben in den Schutzgebieten und im Ausland e. V. 1915, Nr. 21, 410-412, dort 411f.
82 Siehe Hans Siebold, In Südwest unter englischer Herrschaft, Potsdam 1916; vgl. auch Hans Siebold, Kurze Uebersicht über die deutsch-evangelische Gemeinde Keetmanshoop während des Raubzuges der Union gegen das deutsch-südwestafrikanische Schutzgebiet, in: Mitteilungen des Vereins für deutsch-evangelisches Leben in den Schutzgebieten und im Ausland e. V. 1916, Nr. 22, 437-444.
83 Einschlägiger Schriftwechsel in EZA Berlin 5/2916 und EZA Berlin 5/2917; ibid. liegt ebenfalls vor ein später verfasster Bericht des Swakopmunder Pfarrers Hasenkamp „Die evangelischen Gemeinden in Deutsch-Südwestafrika während der Jahre 1914–1919, Düren (Rheinland), 8.11.1919".
84 Siehe z.B. einen Aktenvermerk über einen Brief des Swakopmunder Pfarrers Hasenkamp an Oberkonsistorialrat Kapler vom 25.11.1918: „Allen anderen Amtsbrüdern – d.h. außer dem verstorbenen Pfarrer Kriele–Windhuk – geht es gut. [...] Wir Amtsbrüder hatten zwei Zusammenkünfte, im Januar 1917 und im August 1918 in Karibib. Eine rechte Herzensstärkung für uns alle!" (Hasenkamp an Kapler, Swakopmund, 25.11.1918, EZA Berlin 5/2917.) Dgl. Hasenkamp an Kapler, Swakopmund, 10.2.1919, EZA Berlin 5/2917: „Ein Gemeindeblatt besteht nämlich nicht mehr. [...] Wir rechnen alle

Erst vom Dezember 1919 war ein unmittelbarer Geschäftsverkehr zwischen dem EOK in Berlin und den im Südwesten Afrikas verbliebenen Pfarrern wieder möglich. In seinem ersten Schreiben, das der EOK nach langer Unterbrechung wieder dorthin richtete, betonte er, dass er der den Gemeinden wie den Pfarrern aufrichtigen Dank für ihr Durchhalten schulde[85] – worin man durchaus einen das Wirken dieser Kirchenbehörde offenbar auch nach dem Ende des Summepiskopats in Deutschland noch immer prägenden patriarchalischen Zug erkennen kann. Sodann aber wurde sofort eine für die dortigen Kirchengemeinden bis dahin so nicht erlebte finanzielle Realität angesprochen: Die wirtschaftliche Fähigkeit der preußischen Landeskirche, für die Gemeinden im Südwesten Afrikas einzutreten, sei stark beeinträchtigt, so dass der EOK die Kosten für die dortige Pfarrbesoldung auf Dauer nicht zu tragen vermöge – daher müssten die Gemeinden eigene Anstrengungen zur Alimentation der Pfarrer unternehmen, wenn es denn nicht zu einer Abberufung von Pfarrern kommen solle.[86] Der aufgrund der zunehmenden Inflation verfallende Wert der Mark machte aber schon im Jahr 1920 die den Pfarrern im Ausland gewährte Pfarrbesoldung zu einer Farce. Angesichts dessen überrascht das im Grundzug eher positive Bild, dass man vor der preußischen Generalsynode am 14. April 1920 über die Lage der Gemeinden im südlichen Afrika zeichnete: Die dortigen Gemeinden seien zwar personell und wirtschaftlich sehr geschwächt, davon abgesehen aber habe „die kirchliche Arbeit im Wesentlichen ungestört fortgeführt werden können."[87]

Eine Versammlung der südwestafrikanischen deutschen Pfarrer Mitte April 1920 zeichnete dann aber ein deutlich anders akzentuiertes, umfassendes Bild der Situation vor Ort; sie drängte den EOK, sich dagegen auszusprechen, dass sich die evangelische Kirche aus dem Lande zurückziehe.[88] Nur durch den Einsatz des Gustav-Adolf-Vereins und der Deutschen Kolonial-Gesellschaft gelang es, die deutschen Gemeinden und Pfarrer, die in Südwestafrika verblieben waren, wenigstens notdürftig weiter zu unterstützen.[89] So war 1922 nur in Swakopmund und Windhoek Gemeindeleben erhalten geblieben.[90]

Weitere Kontakte des EOK zu deutschen Kirchengemeinden im späteren Südafrika

Die vom preußischen EOK gepflegten Beziehungen zu deutschen evangelischen Kirchengemeinden im heutigen Südafrika beschränkten sich auf Kontakte zu wenigen Gemeinden. Einen ersten Hinweis auf die im südlichen Afrika lebenden Siedler weithin preußischer Herkunft erhielt Präsident von Uechtritz in Berlin 1859.[91] Ihn erreichte die Information, dass unter 6.000 dort lebenden Deutschen 4.000 aus Preußen stammten – und dass zu be-

---

fest damit, daß die vorhandenen Kirchengemeinden weiter bestehen werden, wenn auch mit vermindertem Mitgliederbestande; die Hilfe der Heimatkirche können wir freilich nicht entbehren."
85 EOK an die deutschen evangelischen Gemeinden in Süd-West-Afrika, Berlin, 22.12.1919, EZA Berlin 5/2917. Auszugweiser Abdruck: Südwestafrika, in: Die evangelische Diaspora 2, 64.
86 Ibid.
87 Siehe Die Preußische Generalsynode und die Auslandsdiaspora, in: Die evangelische Diaspora 2, 1920/21, 23-25, Zitat 24.
88 So Pfr. Heyse an EOK, Karibib, 22.4.1920, EZA Berlin 5/2917.
89 Siehe den einschlägigen Schriftwechsel in EZA Berlin 5/2918.
90 Aus Südwestafrika, in: Die evangelische Diaspora 5, 1923, 84-88; dort 84. Vgl. auch Kirchliche Lage in Südwestafrika, in: Der Deutsch-Afrikaner, 25. Juni 1925, 11.
91 Siehe Konsistorialrat Thielen an Präsident EOK (Uechtritz), Carlsbad, 8.9.1859, EZA Berlin 5/3033.

fürchten stehe, dass diese wegen nicht hinreichender pastoraler Begleitung zur anglikanischen und auch römisch-katholischen Seite herübergezogen würden. Man bitte daher um die Entsendung von zwei Pfarrern im Range von Superintendenten. Die Kosten dafür (die auf Dauer von den Kolonisten würden aufgebracht werden können) seien zwar für den EOK erheblich, sie seien aber wegen des dringenden Bedürfnisses der Kolonisten und auch wegen des internationalen Ansehens Preußens gerechtfertigt. Trotz dieses Appells geschah aber nichts – mit dem bloßen Vermerk „Bis auf weitere Anregung zu den Akten" wurde die Sache abgetan.[92]

Der nächste Vorgang, der in der Südafrika betreffenden Akte des EOK festgehalten wurde, ist ein gedruckter „Jahresbericht über die zur Deutschen Evang.-Luth. Synode Südafrikas gehörenden Gemeinden" über das Kirchenjahr 1896/1897.[93]

Zu einer näheren Befassung mit den deutschen evangelischen Gemeinden in Südafrika kam es erst mit dem Jahr 1913. Zu diesem Zeitpunkt beschwerte sich das Deutsche Generalkonsulat in Kapstadt vertraulich beim Reichskanzler darüber, dass Pastor Schneider aus Bloemfontein auf der 7. Tagung der deutschen evangelisch-lutherischen Synode Südafrikas den Anschluss der Gemeinden in Johannesburg, Pretoria und Kimberley an diese Synode angeregt hatte.[94] In Berlin sei man nach Worten des Pfarrers Reylander (Johannesburg) schon darüber verstimmt gewesen, dass sich die neue deutsche Kirchengemeinde in Durban an diese Synode, nicht aber an den preußischen EOK angeschlossen habe[95] – was dieser indes als „völlig unzutreffend" bezeichnete:[96] Mit der Angelegenheit der Gemeinde Durban sei man überhaupt nicht befasst gewesen – und ein Anschluss Johannesburgs und Pretorias an die Synode stehe auch nicht zur Verhandlung an.[97]

Der Erste Weltkrieg brachte die deutschen evangelischen Gemeinden in Südafrika, die in Verbindung nach Berlin und zum EOK standen, aufgrund der politischen Entwicklung in unmittelbare Bedrängnis[98] – nach Ende des Krieges stellte sich die Lage so dar, dass die Gemeinden in Johannesburg und Pretoria zwar weiterhin existierten, aber keine Pfarrer im aktiven Dienst dort für die Gemeindearbeit zur Verfügung standen.[99] In einen näheren Kontakt zu den anderen deutschsprachigen Gemeinden, die in Verbindung zur Hannoverschen

---

92 So ibid. Aktenvermerk vom 29.9./1.10.1859.
93 Siehe Jahresbericht über die zur deutschen evang.-luth. Synode Südafrikas gehörenden Gemeinden. Kirchenjahr 1896–[18]97, Worcester 1897.
94 Deutsches Generalkonsulat Kapstadt (von Humboldt) an Reichskanzler. Vertraulich, Kapstadt, 12.1.1913, EZA Berlin 5/3033.
95 Siehe Eichbauer, Aus der Chronik der deutsch-luth. Gemeinde zu Durban. Schluss, in: Der Deutsch-Afrikaner 1, 1922, Nr. 47, 9f; dort 9.
96 Siehe EOK an Minister der geistlichen Angelegenheiten, Berlin, 19. März 1913, EZA Berlin 5/3033.
97 Ibid. – Das Verhältnis zwischen dem Hannoverschen Landeskonsistorium und dem preußischen EOK in Berlin hinsichtlich der Beziehungen zu den Gemeinden im südlichen Afrika scheint zumindest nicht spannungsfrei gewesen zu sein; hierzu ist weitere Forschung erforderlich.
98 Einzelheiten werden geschildert in dem Bericht „Die Auslandsarbeit des Evangelischen Oberkirchenrats in der Kriegszeit", in: Daheim und Draußen. Mitteilungen der Frauenhülfe fürs Ausland 5, 1916, 20-24, dort 21.
99 Preußische Generalsynode, 23: „Erstere [Johannesburg] wird von einem deutschen Emeritus, letztere [Pretoria] von einem Pfarrer holländischer Abstammung und britischer Staatsangehörigkeit treu versorgt." Dgl. KJ 47, 1920, 291. Vgl. auch Bruno Geißler, Neues und Altes aus Süd-Afrika, in: Die evangelische Diaspora 6, 1924, 19-25, dort 22.

Landeskirche standen, sowie zu den Hermannsburger Gemeinden in Natal und Transvaal waren sie aber bis dahin nicht getreten.[100]

Strukturen und Ziele der vom EOK betriebenen Arbeit an deutschen Evangelischen im südlichen Afrika bis 1922

Zunächst gilt es festzuhalten, dass sich die Beziehungen zwischen dem EOK und den deutschen evangelischen Kirchengemeinden im südlichen Afrika im Untersuchungszeitraum bis 1922 ausgesprochen situationsabhängig gestaltet haben. Sie wurde nicht vorgängig, sondern nachgängig entwickelt, das heißt, sie verdankten sich wesentlich dem Verlangen, die dort lebenden evangelischen Deutschen in einer von diesen gewünschten und ihnen aus der Heimat vertrauten Weise kirchlich zu versorgen. Darunter wurde verstanden, dass für regelmäßige Gottesdienste, für die Wahrnehmung von Amtshandlungen und für die Erteilung von kirchlichem Unterricht gesorgt wurde – und zwar durch Pfarrer, die nicht minder qualifiziert waren als in Deutschland tätige. Ziel war nicht mehr, aber auch nicht weniger als eine Transferierung der aus Deutschland vertrauten, in breit volkskirchlich geprägtem Stil angelegten kirchlichen Arbeit in das neue koloniale süd(west)afrikanische Umfeld. Dabei standen bis 1914 Fragen der praktischen Bewältigung des pfarramtlichen Alltags in den Beziehungen weithin im Vordergrund.

Das Engagement des EOK erfolgte jedenfalls nicht zentral aus einer besonderen theologischen Reflexion, sondern aus einem lingual, völkisch, kulturell, national und nicht zuletzt auch konfessionell motivierten Bewusstsein von Verbundenheit heraus. Diese sah man um so mehr als auf Dauer gegeben und daher auch als mit dauerhaften Strukturen zu versehen notwendig an, als Fragen wie etwa die nach dem Recht von Kolonialherrschaft nicht gestellt, sondern wie selbstverständlich bejaht wurden.

Ebenso aufschlussreich ist, dass der EOK wie selbstverständlich nicht nur eine patriarchalische Rolle gegenüber den Gemeinden im südlichen Afrika einnahm, sondern zugleich – ohne dass er eine rechtliche Handhabe dazu gehabt hätte! – in deutlich konsistorialer Manier Leitungsrechte gegenüber den von ihm betreuten Kirchengemeinden in Anspruch nahm. Und er scheute es auch nicht, dies mit den hohen finanziellen Zuwendungen zu legitimieren, die den Pfarrdienst, aber auch die Errichtung von Pfarrhäusern und Kirchen dort ermöglichten. Eine – modern ausgedrückt – „Partnerschaft auf Augenhöhe" zwischen dem EOK in Berlin und deutschen evangelischen Kirchengemeinden im südlichen Afrika gab es jedenfalls nicht – und eine solche war (jedenfalls aus Sicht des EOK) auch nicht intendiert.

Die Zeit der intensiven Beziehungen des EOK insbesondere nach Südwestafrika vor dem Ausbruch des Ersten Weltkrieges 1914 war aber letztlich zu kurz, um die kirchliche Arbeit in ihrer praktischen Durchführung konzeptionell wesentlich von Berlin aus zu prägen. Der Ausbruch des Ersten Weltkrieges unterband dann unerwartet und abrupt für mehr als fünf Jahre jeden effektiven Austausch – und die hernach (von Ende des Jahres 1919 an) wieder neu geknüpften Verbindungen waren unübersehbar von einem geradezu depressiven

---

100 Südafrika, in: Die evangelische Diaspora 3, 1921/22, 63f, dort 64: „Der bevorstehende Übergang der Diasporaarbeit auf den deutschen Kirchenbund wird hoffentlich hier fördernd einwirken. [...] Schließet die Reihen! heißt die Mahnung der Zeit." Vgl. auch Fr. Lührs, Die Deutsche Ev.-Luth. Synode Südafrikas im Jahre 1922, in: Der Deutsch-Afrikaner, 17. Mai 1923, 9.

Zug geprägt, in dem sich die bedrückenden ökonomischen und politischen Gegebenheiten in Deutschland widerspiegelten.

Zu beachten ist, dass die hier ausgewertete Überlieferung an Akten des EOK und zeitgenössischem Schrifttum ihrer Tendenz nach unverkennbar eurozentriert ist – denn überliefert ist in ihr in aller Regel nur, was deutsche (beziehungsweise aus dem übrigen Europa stammende) und damit eben aus diesem kulturellen Milieu geprägte Akteure dargestellt haben. Bei der Interpretation ist also sorgsam darauf zu achten, dass dieser Mangel an anderen Quellen nicht ausgeglichen wird durch letztlich spekulative Interpolationen hinsichtlich weiterer Ziele und Absichten des EOK.

Schließlich: Zur eurozentrischen Perspektive des EOK sind auch dessen Vorbehalte gegenüber der Bildung einer Synode der deutschen Gemeinden in Südwestafrika zu rechnen. Es gelang ihm nicht, die juristisch gegebene Eigenständigkeit der dortigen Gemeinden als Chance zu sehen und von dieser Basis aus weiterzuentwickeln. Subsidiär zu denken und dementsprechend zu handeln, lag der preußischen obersten kirchlichen Verwaltungsbehörde vor dem Ersten Weltkrieg offenkundig ferner als ein autoritäres Auftreten – und dies konnte kaum augenfälliger in Szene gesetzt werden als dadurch, dass Oberkonsistorialrat Hermann Kapler wie selbstverständlich bei seiner Besuchsreise 1913 nicht etwa als Gast an der Pfarrkonferenz der in Südwestafrika tätigen Pfarrer teilnahm, sondern den Vorsitz dieser Konferenz selbst beanspruchte[101] und sich auch nicht scheute, sich inmitten der ihn umstehenden Pfarrerschaft geradezu thronend ablichten zu lassen.[102]

---

101 So die Berichterstattung von Heyse, Pfarrkonferenz, 246f.
102 Fotographie ibid., 247. – Nicht zu übersehen ist dabei, dass der DEKA seine Aufgabe in der von ihm im November 1904 vorgelegten Denkschrift „über die kirchliche Versorgung der Diaspora im Auslande" deutlich weniger autoritär beschrieben und vielmehr unterstrichen hatte, dass „die kirchliche Versorgung auf die Herkunft und konfessionelle Eigenart der den Stamm der Gemeinden bildenden Mitglieder und ihre Entstehungsgeschichte, wenn auch überall in zarter und schonender Weise Rücksicht nehmen" müsse; siehe Denkschrift DEKA, 9. Das ist festzuhalten auch angesichts der Idee des DEKA, seinerseits deutsche Gemeinden in Übersee zu gründen, wovon der preußische EOK bis dahin abgesehen hatte; siehe ibid., 19. Den vom DEKA 1904 reklamierten „Führungsanspruch" beim weiteren Ausbau der evangelisch-kirchlichen Arbeit unter den Deutschen in den überseeischen Schutzgebieten (ibid., 20) konnte er gegenüber dem preußischen EOK hinsichtlich der Beziehungen zu den Gemeinden in Südwestafrika in den Jahren bis zum Ausbruch des Ersten Weltkriegs indes nicht realisieren.

Das südliche Afrika in der Öffentlichkeitsarbeit der Rheinischen Missionsgesellschaft

„Licht- und Schattenbilder" von der „Hebung heidnischer Völker"
in Zeiten des Kolonialismus

Reinhard Wendt

Missionsgesellschaften und kolonialer Diskurs
Missionsgesellschaften haben zu einem erheblichen Teil das Bild geprägt, das sich die Öffentlichkeit in Deutschland im späten 19. und frühen 20. Jahrhundert von den Kulturen der überseeischen Welt gemacht hat.[1] Dabei war ihre Wirkung nicht nur beschränkt auf das, was man protestantisches Milieu nennen könnte. Sie haben die Spitze der sozialen Hierarchie erreicht, die kirchen- und kolonialpolitischen Entscheidungsträger; und sie haben gleichzeitig in die Breite gewirkt, weit in die säkularen Teile der Gesellschaft hinein. Missionsgesellschaften haben Wissen gesammelt, rezipiert, produziert und vermittelt – und zwar über außereuropäische Glaubensvorstellungen ebenso wie über soziale Verhältnisse, politische Strukturen und kulturelle Besonderheiten, über Alltagsleben oder über künstlerische Ausdrucksformen. Sie haben gelegentlich nüchtern deskriptiv, oft sogar wissenschaftlich berichtet, häufig aber auch wertend und hierarchisierend.

Die Rolle der Missionsgesellschaften als Schnittstelle und ihre Funktion als Multiplikator werden greifbar, wenn man sie als offenes Kommunikationssystem versteht.[2] Den Kern bildeten die „Organisation", also die Leitung und ihr „Personal" in Übersee, und die „Bewegung", also die Unterstützerkreise der Missionsgesellschaften. Aus deren Reihen rekrutierten sich nicht nur die Missionare und ihre Ehefrauen. Mit Geld- und Sachspenden lieferte sie einen wesentlichen Teil der materiellen Grundlage der Arbeit in Übersee, und sie bildete den ideellen Rahmen, in dem die Missionsgesellschaften verankert waren. Die Bewegung musste deshalb betreut, beworben und informiert werden. Als offen kann das Kommunikationssystem bezeichnet werden, weil sich in Übersee wie in Deutschland weitere Institutionen und Personen an den Kern anlagerten, so dass die Missionsgesellschaften an beiden Enden ihres Aktionsraumes vielfältig in der Gesellschaft verankert waren.

In diesem Kräftefeld bemühten sich die Missionsgesellschaften, Evangelisation möglich zu machen, zu organisieren, zu finanzieren, zu gestalten und durchzuführen. Sie mussten

---
1 Rebekka Habermas, Mission im 19. Jahrhundert – Globale Netze des Religiösen, in: Historische Zeitschrift 287, 2008, 629-679, 630f; Ulrich van der Heyden, Das Schrifttum der deutschen Missionsgesellschaften als Quelle für die Geschichtsschreibung Südafrikas, in: Ders./Heike Liebau (Hgg.), Missionsgeschichte – Kirchengeschichte – Weltgeschichte, Stuttgart 1996, 123-138, 130.
2 Darin folge ich Paul Jenkins, Was ist eine Missionsgesellschaft?, in: Wilfried Wagner, Kolonien und Missionen, Münster, Hamburg 1997, 441-454, 445-450.

für ihre Positionen werben oder sie verteidigen und nach ideeller und materieller Unterstützung suchen. Dafür nutzten sie das offene Kommunikationssystem, in dem sie allerdings nicht nur agieren konnten, sondern auch reagieren mussten. Das hatte Einfluss auf die Bilder, die die Missionsgesellschaften von ihren Arbeitsgebieten entwarfen. Zunächst mussten sie sich selbst ein Bild von den Kulturen machen, in denen sie ihre Ziele verwirklichen wollten; dann entwarfen und verbreiteten sie ein Bild dieser Kulturen, um sich in der Öffentlichkeit vorteilhaft präsentieren zu können; schließlich waren ihre Bilder, sprich ihr Wissen und ihre Erfahrungen über diese Kulturen, bei einer Reihe von Personen und Institutionen gefragt, die sich auf die eine oder andere Weise mit Übersee befassten. Da sich wirtschaftliche Rahmenbedingungen und politische Konstellationen ebenso wie die Interessenlagen der verschiedenen Akteure änderten, wandelte sich auch der Blick der Missionsgesellschaften auf die außereuropäische Welt und die Sichtweisen, die sie weitergaben. Als wichtige Eckpunkte sind hier Industrialisierung, Auswanderung, Entwicklung deutschsprachiger Gemeinschaften in Übersee, Nationalismus, Reichseinigung, Kolonialismus, Rassismus sowie globale Mächterivalität und lokale Konflikte in Übersee zu nennen.

Die Öffentlichkeitsarbeit der Rheinischen Missionsgesellschaft mit Blick auf das südliche Afrika

Die Rheinische Missionsgesellschaft (RMG) setzte in ihrer Öffentlichkeitsarbeit ein breites Spektrum von Medien ein. Es reichte von Texten über Realien – also Gegenständen aus Alltagsleben oder Kultus – und visuelles Material bis zum gesprochenen Wort. Diese Techniken und Methoden ebenso wie der gesamte oben umschriebene Diskurs sind wissenschaftlich in weiten Teilen kaum behandelt. Das gilt sogar für Zeitschriften, ist aber noch ausgeprägter bei Missionsfesten und -museen und bei Diavorträgen oder Filmvorführungen der Fall.[3] Während sich zumindest nachzeichnen lässt, was dort zu sehen war, kann nur vermutet werden, was ein Missionar auf Heimaturlaub oder im Ruhestand erzählte, wenn er einen Näherein besuchte oder auf einem Missionsfest sprach.

Texte[4]
Die Publikationstätigkeit der Rheinischen Missionsgesellschaft zum südlichen Afrika war auf unterschiedliche Leserkreise abgestimmt. Publiziert wurden umfangreiche Monografien ebenso wie schmale Traktate und fortlaufende Zeitschriften. Die separaten Veröffentlichungen widmeten sich der Arbeit der Mission im südlichen Afrika in seiner Gesamtheit, aber auch der Entwicklung einzelner Stationen. Prominente Missionare wurden porträtiert, autobiografisch ebenso wie aus zweiter Hand. August Schreiber und Johannes Spiecker schilderten ihre Inspektionsreisen und lieferten damit Momentaufnahmen und persönliche Eindrücke von den Verhältnissen in den Arbeitsgebieten. Alle diese Themen fanden sich zudem in allgemeinen Abhandlungen zur Geschichte der RMG. Der Krieg gegen Herero und Nama wurde breit behandelt, nicht zuletzt um die Haltung der Mission, die sich zwischen den Fronten sah, zu verdeutlichen und zu rechtfertigen. Porträts afrikanischer Chris-

---
3 Habermas, Mission im 19. Jahrhundert, 642f; van der Heyden, Schrifttum, 130f; Andreas Junck, Lichtbilder-Vorträge in der Arbeit der Basler Mission. Unveröffentlichte Diplomarbeit, Bremen 1994, 3.
4 Dieser kursorische Überblick wurde durch eine vorläufige Bibliografie des Schrifttums der RMG möglich, die Karin Gockel dankenswerter Weise zusammenstellte.

ten, die in einigen Traktaten sogar selbst zu Wort kamen, sollten die erfolgreiche Arbeit der RMG veranschaulichen. Mit sachbezogenen Themen wandte sich die Mission an ein gebildetes Publikum und an die akademische Welt. Ethnografische Beschreibungen einzelner Völker aus dem südlichen Afrika gehörten in diese Kategorie, aber auch Abhandlungen zu historischen, etymologischen und linguistischen Fragen. Trotz ihrer fachlichen Ausrichtung gaben diese Arbeiten auch Weltsicht und Wertungen weiter. Einige Namen tauchen in dieser Kategorie von Publikationen immer wieder auf. Peter Heinrich Brincker beispielsweise legte zahlreiche ethnografische und linguistische Beiträge vor. Anerkannter Philologe war Carl Gotthilf Büttner, der einige Jahre sogar als Herausgeber der Berliner *Zeitschrift für afrikanische Sprachen* fungierte. Heinrich Vedder hinterließ eine Vielzahl historischer Arbeiten, die teilweise bis in jüngste Zeit wieder aufgelegt wurden.[5]

Um die verschiedenen Gruppen innerhalb der Bewegung zu erreichen, publizierte die RMG eine Vielzahl von Zeitschriften. Über die strukturelle, organisatorische und finanzielle Entwicklung in der Heimat und in den Missionsgebieten informierten auf sachlich-nüchterne Weise die Jahresberichte. Wichtigstes und auch „offizielles" Organ waren die *Berichte*. Sie schöpften aus den Nachrichten, die aus Übersee in die Zentrale nach Barmen kamen, und gaben den Leserinnen und Lesern detailliert und im Duktus durchaus anspruchsvoll Einblicke in die Schwierigkeit und Erfolge der Missionsarbeit, aber auch in Alltag und Kultur der Menschen in der „Heidenwelt". Einen „erbaulicheren" und „volksthümlicheren" Charakter hatte dagegen das *Missionsblatt*, das sich für sämtliche Mitglieder der unterstützenden Gemeinden als Lektüre eignen sollte. An Kinder wandte sich seit 1855 der *Der Kleine Missionsfreund*, und speziell für Frauen und die Schwesternarbeit wurde seit 1909 *Des Meisters Ruf* publiziert. Wer mit der Sammelbüchse von Haus zu Haus ging und auch wer für die Mission spendete, erhielt zum Dank das *Kollektenblatt*.[6]

Die Veröffentlichungen der Missionare erschienen keineswegs nur in Barmen oder in den hauseigenen Zeitschriften. Über die *Allgemeine Missions-Zeitschrift (AMZ)* ließen sich diejenigen erreichen, die an „geschichtlicher und theoretischer Missionskunde" interessiert waren.[7] Der Barmen verbundene Gustav Warneck war lange Zeit leitender Redakteur, und er ging häufig aus unterschiedlichsten Blickwinkeln auf die RMG ein. Die Kritik an ihrem Verhalten während des Kolonialkriegs wies er zurück.[8] Die Inspektoren von Ludwig von Rohden bis Johannes Spiecker kamen in der AMZ immer wieder zu Wort, häufig mit ihren Beiträgen zu Geschichte und Entwicklung der Mission in einzelnen Regionen.[9] Erfahrene Missionare wie Gottlob Viehe, Johann Jakob Irle oder Heinrich Vedder schilderten Lage,

---

5 John J. Grotpeter, Historical Dictionary of Namibia, Metuchen, London 1994, 553; Wilhelm J.G. Möhlig, Barbara Faulenbach, Petra Henn (Hgg.), Die Witbooi in Südafrika während des 19. Jahrhunderts, Köln 2007, 17.
6 Wolfgang Apelt, Kurze Geschichte der Vereinten Evangelischen Mission, Köln 2008, 16, 19; Eduard Kriele, Geschichte der Rheinischen Mission, Bd. 1: Die Rheinische Mission in der Heimat, Barmen 1928, 237; Alfred Bonn, Ein Jahrhundert Rheinische Mission, Barmen 1929, 39, 44; ab 1895 wurden die Berichte als „offizielles Organ" der RMG bezeichnet (66. Jahresbericht 1895, 92).
7 So der Untertitel der AMZ. Ich danke Barbara Schneider für eine systematische Bestandsaufnahme.
8 Aufstand der Herero und die Angriffe auf die Mission, in: AMZ 31, 1904, 194-205.
9 Vgl. beispielsweise Ludwig von Rohden, Die Mission unter den Ovaherero. Nach Mittheilungen Rheinischer Missionare insonderheit des Miss. Brincker, in: AMZ 5, 1878, 293-304, 341-361, 389-415.

Ziele und Strategien ihrer Arbeit oder lieferten ethnografische Beschreibungen.[10] Biografische Skizzen und Nachrufe stellten wichtige Persönlichkeiten vor.[11] Erfolge wie Taufen kamen im Einzelnen zur Sprache, gingen aber auch in die übergreifenden Statistiken ein, mit denen die AMZ kontinuierlich Verlauf und vor allem wachsende Bedeutung evangelischer Missionsarbeit zu dokumentieren suchte.[12]

Manche Missionare publizierten in regulären Tageszeitungen. Artikel wissenschaftlichen Charakters kamen in einschlägigen Fachblättern heraus. Geografische Themen erschienen beispielsweise in *Petermanns Geographischen Mitteilungen*, in der *Zeitschrift der Gesellschaft für Erdkunde* oder im *Globus*. Die *Mitteilungen des Seminars für Orientalische Sprachen zu Berlin*, die *Zeitschrift für afrikanische und ozeanische Sprachen* oder die *Zeitschrift für Africanische Sprachen* waren linguistische Foren, in denen Missionare der RMG zu Wort kamen. Im Bereich der Ethnologie sind die *Mitteilungen der Anthropologischen Gesellschaft zu Berlin*, *Anthropos* sowie das *Archiv für Anthropologie* zu nennen. In den kolonialen Diskurs eingebunden waren Beiträge zu kolonialpropagandistischen Zeitschriften wie der *Deutschen Kolonialzeitung*, der *Kolonialen Rundschau* oder der *Zeitschrift für Kolonialsprachen*.

Die Mehrzahl der Veröffentlichungen richtete sich an ein deutsches Publikum und war deshalb auch in Deutsch verfasst. Doch auch im südlichen Afrika und für eine dortige Leserschaft meldeten sich Missionare der RMG zu Wort. Heinrich Vedder beispielsweise legte seine historischen Arbeiten nicht nur in Deutsch, sondern auch in Englisch oder in Afrikaans vor.[13]

Realien und Bilder

Realien, also Gegenstände etwa aus Alltagsleben oder Kultus, sprachen die Betrachter auf visuellem Weg an. Waffen, Amulette oder Zauberstäbe waren im völkerkundlichen Museum der RMG zu sehen. Schulklassen bestaunten sie, Gruppen von Jungmänner- und Frauenvereinen, aber auch Einzelbesucher. Führungen wurden angeboten, und es kam auch vor, dass Exponate in andere Städte ausgeliehen wurden. Im kleineren Rahmen leisteten Wanderausstellungen Vergleichbares. Seit Mitte des 19. Jahrhunderts stand zudem ein tragbares Museum en miniature speziell für Kinder zur Verfügung, das im Schulunterricht präsentiert werden konnte.[14]

Karten und Atlanten vermittelten Wissen gleichfalls visuell, auch wenn Beschriftung, Legende und Erläuterungen die bildliche Darstellung ergänzten. Ein erster Atlas der RMG erschien bereits in den fünfziger Jahren des 19. Jahrhunderts. Zum 50jährigen Jubiläum der Gesellschaft kam 1878 ein völlig neu konzipiertes Kartenwerk samt Textteil heraus. 1891

---

10 Etwa Gottlob Viehe, Die Lage der Rheinischen Mission in Hereroland seit dem Beginn der deutschen Schutzherrschaft, in: AMZ 17, 1890, 158-170; Johann Jakob Irle, Die zivilisatorische Arbeit der Rheinischen Mission in Deutsch-Südwestafrika, in: AMZ 30, 1903, 122-131; Heinrich Vedder, Die Buschmänner, in: AMZ 39, 1912, 403-416.
11 Siehe Gustav Warneck, Dr. Karl Büttner, in: AMZ 21, 1894, 88-91 oder Eduard Fries, Dr. Hugo Hahn, in: AMZ 30, 1903, 37-69.
12 Z. B. AMZ 10, 1883, 518; 34, 1907, 440-442; 44, 1917, 191-199.
13 Grotpeter, Historical Dictionary, 553.
14 RMG 1.997, Jahresbericht Emil Becker 1926 vom 28.12.1926; RMG 60, 65f; Kriele, Rheinische Mission in der Heimat, 63, 127; Bonn, Rheinische Mission, 39; Apelt, Kurze Geschichte, 19.

konnte eine zweite, veränderte und erweiterte Ausgabe auf den Markt gebracht werden. Sie enthielt neun farbige Karten, die einleitend die Welt mit sämtlichen protestantischen wie katholischen Missionsgebieten und dann im Detail die Regionen zeigten, in denen die RMG tätig war.[15] Sachwissen von Missionaren der RMG floss zudem mindestens in zwei Karten ein, die in Petermanns Geografischen Mitteilungen erschienen, eine zum Herero- und Kaokoland und eine zur chinesischen Provinz Guandong.[16]

Ab Mitte des 19. Jahrhunderts illustrierte die RMG die Berichte oder das Missionsblatt mit Stichen. 1862 reiste Johann Georg Schröder jun. mit einer Kamera im Gepäck nach Südafrika. Er war der Erste, der überhaupt auf Stationen der RMG fotografierte. Seine Bilder sind verschollen, dienten aber als Vorlage für Stiche. Vermutlich hat er mehr als 25 Jahre im Umfeld der Mission fotografiert.[17] Die ersten Reproduktion eines Fotos tauchte 1886 in den Berichten auf. Von da an war das regelmäßig der Fall, weil die Aufnahmen „nicht unwesentlich mit dazu beitragen, unsre Arbeit draußen unsern Lesern recht lebendig vor die Seele zu stellen."[18] Ab 1900 verbreitete die RMG Bildpostkarten mit verschiedenen Motiven.[19] Etwa zeitgleich wurde begonnen, kolorierte Diapositive zu dramaturgisch durchkomponierten Vorträgen zusammenzustellen, in denen sich Bild und Wort ergänzten.[20] Zeittakt der Show und verlesener Text ließen sich je nach Publikum variieren. Filme, die ab 1927 Teil der Öffentlichkeitsarbeit der RMG wurden, waren weniger flexibel, faszinierten aber durch das lebendige, bewegte Bild.[21]

Allein zu Südwestafrika hatte die Rheinische Mission um 1930 mindestens drei Diaserien im Programm. Serie 1 trug den Titel *Südwestafrika und die seine Geschichte gestaltenden Mächte* und bestand aus 50 Bildern. Mit 62 Diapositiven wurde *Die Rheinische Mission in Südwestafrika* in Serie 2 in Szene gesetzt. Eine *Reise ins Ovamboland* ließ sich in Serie 3 in einer Kurz- und einer Langfassung visualisieren. Mindestens als Filmfotostreifen[22] scheint wohl ein vierter Vortrag existiert zu haben, in dem 33 Bilder das Leben *Bei den Buschleuten* vorführten. Ein Film zu Südwestafrika war erst ab 1933 im Angebot: *Op Pad* mit deutlich nationalsozialistischen Einflüssen.[23]

---

15 Rheinischer Missions-Atlas, herausgegeben bei Gelegenheit des 50jährigen Jubiläums der Rheinischen Mission. Barmen 1878; Rheinischer Missions-Atlas, zweite Ausgabe 1891, Barmen 1891; Kriele, Rheinische Mission in der Heimat, 132.

16 Jan Smits, Petermann's Maps. Carto-bibliography of the maps in Petermanns Geographische Mitteilungen, 1845-1955, 't Goy-Houten 2004, 173.

17 Apelt, Kurze Geschichte, 101; Barbara Faulenbach, Sicherung und Erschließung des Historischen Bildarchivs der Vereinten Evangelischen Mission in Wuppertal-Barmen, in: Landschaftsverband Rheinland (Hg.), Fotos und Sammlungen im Archiv, Köln 1997, 63-71, hier 64; die Porträts des Katecheten Frederik Hein und seiner Frau aus Heft 2 der Berichte von 1887 stammen aller Wahrscheinlichkeit nach von Schröder (Berichte 44, 1887, 35).

18 Es handelte sich um eine Aufnahme von Kirchgängern der Station Dahana auf Nias, einer der Westküste Sumatras vorgelagerten Insel (Berichte 43, 1886, 379, Foto nach dem Titelblatt).

19 Apelt, Kurze Geschichte, 107.

20 Faulenbach, Sicherung und Erschließung, 65f.

21 Die ersten Filme wurden nicht selbst produziert, sondern von Bethel übernommen (RMG 60, 104).

22 Dabei handelte es sich um einem Kleinbildfilm ähnliche Zelluloidstreifen, die über einen speziellen, leicht transportierbaren Apparat vorgeführt werden konnten.

23 Finke, Aus unserer Lichtbilderei, in: Berichte 1933, 213-218, hier: 214.

Heimatarbeit und gesprochenes Wort

Heimgekehrte Missionare und so genannte „Agenten" fungierten als wichtiges Scharnier zwischen Organisation einerseits und Bewegung und einer größeren Öffentlichkeit andererseits. Sie verbanden die Gemeinden in der Heimat mit „der Arbeit und den Arbeitern draußen". Damit leisteten sie zweierlei: Sie förderten „die Liebe und das Interesse für die Mission". Und sie warben Spenden ein.[24]

Einer dieser Agenten war Johannes Olpp,[25] der diese Doppelrolle zwischen 1883 und 1913 auf vielfältige Weise erfüllte.[26] Geografisch konzentrierte sich Olpp auf den Raum um Herford, wo er wohnte. Er unternahm jedoch auch Reisen nach Süddeutschland und bis nach Holland, Ostpreußen und Russland. Olpp pflegte systematisch die Beziehungen zu Gemeinden und Pastoren. Er war in Gottesdiensten präsent und besuchte regelmäßig Missionsfeste, wo er predigte und an den so genannten Nachversammlungen teilnahm. Diesen kam aus RMG-Sicht besondere Bedeutung zu, denn bei Kaffee und Kuchen ließ es sich ungezwungener und direkter sprechen als im Talar von der Kanzel.[27] Meist waren die Räume bei diesen Anlässen „gedrängt voll, und die Versammelten nahmen das Wort von den Lippen weg". Für Kinder, die zusätzlich in der Sonntagsschule angesprochen werden konnten, wurden spezielle Gottesdienste und Feste veranstaltet.

Um die Bewegung zu pflegen, stellte Olpp im Christlichen Verein Junger Männer Ziele und Vorgehensweise der Mission vor und ließ sich mehrmals jährlich in Näh-, Spinn- und Strickvereinen sehen. Routinemäßig nahm er an Pastoralkonferenzen und Versammlungen von Missionshilfsvereinen teil. Mit dem Gustav-Adolf-Verein, dem Evangelischen Bund und anderen Einrichtungen der Auslandsfürsorge stand er gleichfalls in Kontakt. Alle diese Anlässe nutzte er, um Schriften zu verkaufen und Spenden zu sammeln. Olpp sprach in Schulen, Universitäten und „in Kreisen, die das Missionsinteresse nicht gerade obenan stellten." Dort referierte er beispielsweise über Entdeckung und Besiedlung Südafrikas, Sklaverei, die komplexen Sprachlandschaften, über Fauna, Mythologie und den „Kulturzustand" des Landes. Außerdem führte er ein offenes Haus, in dem Besucher aus aller Welt zu Gast waren. „Auswanderungslustige" Personen beriet er schriftlich und persönlich, und auch wer sich für den Beruf des Missionars interessierte, erhielt von ihm Informationen. Forscher wünschten wissenschaftliche Auskünfte, „und dem Ausschuß einer Gesellschaft für vergleichende Rechts- und Staatswissenschaft wurden einmal mehr wie 300 gedruckt vorliegende Fragen beantwortet." Olpps Schriftwechsel nahm erstaunliche Dimensionen an.

---

24 60. Jahresbericht 1889, 6; 65. Jahresbericht 1894, 4.

25 Johannes Olpp sen. wurde 1837 in Merklingen in Württemberg geboren und war Schneider von Beruf. Nach dem Besuch des Seminars arbeitete er zwischen 1864 und 1879 für die RMG in Südwestafrika, und zwar zunächst in Berseba und ab 1868 in Gibeon, wo er eine enge und dauerhafte Beziehung zu Hendrik Witbooi aufbaute. Ein Kehlkopf- und Leberleiden zwang Olpp zur Rückkehr nach Deutschland. Er starb 1920 (Berichte 1920, 65; RMG Personalkarte Olpp sen.; Möhlig, Die Witbooi, 8). Olpps Erinnerungen an seine Tätigkeit als Heimatmissionar sind auch die in Anführungszeichen gesetzten Begriffe des Titels dieses Beitrags entnommen (RMG 1.599).

26 Olpps Briefe und Berichte, besonders „Aus der Mappe eines Missionsagenten" (besonders 15, 18, 20, 29, 30) und „Missionschronik aus Herford" (besonders Fol. 041, 043, 046, 047), die sich in seiner Personalakte (RMG 1.599) befinden, geben davon einen anschaulichen Eindruck. Sofern nicht anders angegeben, basiert die folgende Darstellung einschließlich der Zitate auf diesen Quellen.

27 Bonn, Rheinische Mission, 36, 37; RMG 584, Missionarskonferenzen 1907-1921, Konferenz 19. – 22.10.1908, Referat Diehl.

„Jährlich wandern gegen 700 Briefe und Karten aus unserem Haus zur Post." Schließlich war Olpp publizistisch tätig. Er veröffentliche linguistische Arbeiten, schrieb aber auch kleinere Artikel für kirchliche Blätter.

Die Erinnerung an Afrika war ihm stets präsent. Besonders an Leben und Schicksal Hendrik Witboois und seiner Leute nahm er stets intensiv Anteil. In einem als „intim" bezeichneten Brief bekannte er, dass auch lange nach seiner Rückkehr „das Blut unserer Herzen" immer noch für diese Menschen schlug. Angesichts des deutschen Verhaltens in Südwestafrika äußerte er Verständnis für die Reaktionen von Nama und Herero, auch wenn Witbooi seiner Ansicht nach die Besinnung verloren hatte und dem religiösen Wahnsinn verfallen war.[28] Angesichts dieser emotionalen Affinität kann man davon ausgehen, dass Olpp bei Vorträgen und Besuchen immer wieder engagiert über das südliche Afrika sprach. Ob die Adressaten von Texten, Bildern und Worten aber immer das aufnahmen, was der Missionar vermitteln wollte, ist keineswegs sicher. Olpp notierte in seinen Aufzeichnungen, nachdem er für eine spannende Geschichte gelobt worden war, der Missionar merke bei solchen Gelegenheiten, dass es erst die Zuhörer waren, die „,eine Geschichte' aus seinen Mitteilungen gemacht" hatten. Manchmal mag es eher das Exotische gewesen sein, das die Menschen ansprach, und weniger das Erbauliche.

Das transkontinentale Netzwerk der Rheinischen Missionsgesellschaft

Im Rahmen des offenen Kommunikationssystems lassen sich verschiedene Kontakt- und Austauschfelder identifizieren, in die die Mission hineinwirkte, von denen sie aber auch Impulse bekam und gefordert wurde. Mit Jungfrauen- und Jünglings-, Näh- und Kollektenvereinen, durch Veranstaltungen für Männer und Frauen, für Kinder und Erwachsene, über freundlich gesonnene Pastoren und die Agenten band die RMG die Bewegung an das Unternehmen Mission.

Um die Öffentlichkeitsarbeit nicht gänzlich alleine schultern zu müssen, kümmerte sich die RMG gezielt um Multiplikatoren, mit deren Hilfe sie auch über ihr engeres Umfeld hinaus ausstrahlen konnte. Für Pastoren ebenso wie für die Leiter und Sekretäre von Jünglingsvereinen wurden Kurse organisiert, zu deren Programm auch Lichtbildervorträge und Museumsführungen gehörten. 1908 konstituierte sich in Barmen ein Lehrermissionsbund für Westdeutschland, der die Präsenz der Mission in den Schulen weiter verstärken sollte. Interessierten Lehrern offerierte die RMG deshalb ähnliche Lehrgänge. Daneben gab es einen „Rheinischen Verein für ärztliche Mission". Beide Vereine wandten sich mit eigenen Zeitschriften an ihre Zielgruppen.[29]

Beziehungen zur akademischen Welt halfen der RMG, sich tiefer in der Gesellschaft zu verankern und ihr Renommee zu vergrößern. Sie pflegte diese Beziehungen beispielsweise durch Vorträge oder Publikationen. Friedrich Fabri etwa bemühte sich, über August Petermann und seine Mitteilungen Zugang zu einem Publikum zu finden, das sich besonders für ferne und fremde Länder interessierte. Obwohl sie in der Regel Autodidakten und Quereinsteiger waren, fanden Missionare und ihre wissenschaftliche Arbeit nicht nur bei Petermann

---

28 RMG 1.599, „intimer" Brief Olpps an einen „lieben Bruder im Herrn" vom 25.2.04.
29 RMG 584, Missionarskonferenzen 1907-1921, Programme des 6. (1904), 7. (1905) und 8. (1906) Missionskursus, Konferenz 19.-22.10.1908, Protokoll, 22, 23; Bonn, Rheinische Mission, 44, 45.

Anerkennung.[30] Nach seinem Ausscheiden aus der RMG 1889 wurde Carl Gotthilf Büttner Lektor am Orientalischen Seminar in Berlin.[31] Heinrich Vedder erhielt für seine ethnografischen, linguistischen und historischen Arbeiten 1925 die Ehrendoktorwürde der Universität Tübingen und 1948 die der Universität Stellenbosch.[32] Umgekehrt wurden Missionare von Forschern oder von Museen angesprochen und um Informationen oder um Exponate gebeten.

Was das kirchliche Kommunikationsfeld betraf, stand die RMG mit anderen Missionsgesellschaften auf nationaler und auf internationaler Ebene in ständigem Austausch. Sie war durch Inspektoren im Ausschuss der deutschen Missionsgesellschaften vertreten, der deren Interessen öffentlich artikulieren sollten. Führende Vertreter gehörten auch der „Evangelischen Gesellschaft für die protestantischen Deutschen in Amerika" an, die regelmäßig am Barmer Seminar ausgebildete Missionare in die Neue Welt schickte. Auch zu anderen Werken und Vereinen der Evangelischen Auslandsarbeit bestanden enge Kontakte. Den Evangelischen Oberkirchenrat versorgte die RMG mit Informationen zu überseeischen Verhältnissen, kümmerte sich auf seinen Wunsch um Pastoren für deutsche Gemeinden und Schulen und nahm ihrerseits seine Dienste in Anspruch, um finanzielle Unterstützung von der Reichsregierung für diese Tätigkeiten zu erhalten.[33]

Bindeglied der Missionsgesellschaften zu Reichstag und Regierung war der Kolonialrat. In diesem Gremium saß stets ein Vertreter der Missionsgesellschaften, der diesen aber offenbar weniger als ihr eigener, sondern eher als Vertrauensmann der Politik erschien.[34] Sie fürchteten vielleicht, im Rat in Dienst genommen zu werden. Andererseits engagierten sich etliche RMG-Mitglieder kolonialpolitisch. Friedrich Fabri, der 1879 seine programmatische, mehrfach neu aufgelegte Schrift *Bedarf Deutschland der Colonien* publizierte und zwischen 1857 und 1884 als Inspektor fungierte, dürfte der bekannteste gewesen sein. Er schrieb der Mission „nationalen und civilisatorischen Wert" zu und betrachtete sie als „Pionier für Handel und Cultur". In der RMG stießen diese Positionen jedoch auf Kritik, und Fabri musste sein Amt niederlegen. Büttner war als kaiserlicher Kommissar daran beteiligt, das südwestafrikanische Schutzgebiet vertraglich zu arrondieren, und Vedder diente dem südafrikanischen Apartheidstaat von 1950 bis 1958 als Senator für Namibias afrikanische Völker.[35]

---

30 Forschungsbibliothek Gotha, PGM 355 (Friedrich Fabri), f. 2, 5; PGM 502 (Barmen), f. 5.
31 Apelt, Kurze Geschichte; 63. Jahresbericht 1892, 91.
32 Grotpeter, Historical Dictionary, 553; Hans Martin Barth, Hermann Heinrich Vedder, in: RGG⁴, 8, Tübingen 2005, 919.
33 RMG 13, Protokolle der Deputationssitzungen 1884-1895, 76, 87f, 277, 280, 311, 375; 14; Protokolle der Deputationssitzungen (und der Generalversammlungen) 1896-1905, 198, 470; 60, 64; 52. Jahresbericht 1881, 5; Klaus J. Bade, Friedrich Fabri und der Imperialismus der Bismarck-Zeit. Revolution – Depression – Expansion, Freiburg 1975, 110f; Habermas, Mission im 19. Jahrhundert, 638, 656f; vgl. auch Beitrag #6 von Jens Ruppenthal in diesem Band.
34 RMG 13, Protokolle der Deputationssitzungen 1884-1895, 282; Hartmut Pogge von Strandmann, Imperialismus vom Grünen Tisch. Deutsche Kolonialpolitik zwischen wirtschaftlicher Ausbeutung und „zivilisatorischen" Bemühungen, Berlin 2009, 87, 101, 501, 504, 510.
35 Habermas, Mission im 19. Jahrhundert, 637 Anm. 16; Julia Besten, Erinnert Namibia! Mission, Kolonialismus und Freiheitskampf, in: Jochen Motte, Wolfgang Apelt, Julia Besten (Hgg.), 100 Jahre Beginn des antikolonialen Befreiungskrieges in Namibia, o. O. 2004, 77-197, hier: 93; Pogge von Strandmann, Imperialismus, 42f; Gustav Menzel, C. G. Büttner, Missionar, Sprachforscher und Politi-

Im südlichen Afrika trugen koloniale Verwaltungen oder europäische Siedler Wünsche an die RMG heran. Dabei ging es vor allem um Seelsorge, Schulbildung sowie Engagement für die Stabilisierung des kolonialen Systems. Andererseits war auch die Mission an Verhältnissen interessiert, die ihr eine Arbeit in geordneten Bahnen erlaubte. Sie nahm zwar Anstoß am unchristlichen Leben von Händlern und Siedlern, fand sich aber dennoch bereit, ihnen Vermittler- und Dolmetscherdienste zu leisten. In ihren Bildungseinrichtungen verbreitete sie Werte wie Arbeitsethos und Pflichtgefühl und trug so dazu bei, die Strukturen der deutschen Kolonialherrschaft zu festigen. Die Behörden und die deutsche Öffentlichkeit kritisierten aber das Verhalten der Mission im Kolonialkrieg. Sie warfen ihr vor, für die Afrikaner Partei zu nehmen und zu wenig deutsche Gesinnung zu zeigen. Dadurch sah sich die RMG veranlasst, Loyalität zu beweisen. Auf ähnliche Weise waren die afrikanischen Völker nicht nur Adressaten der missionarischen Botschaft. Sie versuchten ihrerseits, die Mission für die eigenen Interessen und Ziele zu nutzen. Für eine Reihe afrikanischer Völker, die Oorlam und die „Bastards" beispielsweise, stellte die Annahme des Christentums einen Baustein in einem Prozess dar, den man Ethnogenese oder Nationbuilding nennen könnte. Sie baten um einen Missionar, wünschten sich die Gründung einer christlichen Gemeinde und hofften damit, Bildung, medizinische Versorgung und einen besseren Draht zur Kolonialverwaltung zu erhalten. Stationen der RMG konnten einen Fixpunkt bilden, der ihren Gemeinschaften Struktur und Zusammenhalt gab. Dass die Missionare dazu beigetragen haben, die Sprachen grammatikalisch und lexikalisch zu erfassen und zu fixieren, Literatur zu entwickeln und traditionellen Normen zu kodifizieren, mag derartige Entwicklungen verstärkt haben.[36]

Die Rheinische Missionsgesellschaft und die heidnischen Völker des südlichen Afrika

Die Bilder vom südlichen Afrika und seinen Menschen, die die RMG vermittelte, spiegelten ihre Interessen wieder, waren aber auch Reaktionen auf Herausforderungen, Notwendigkeiten und Wünsche, mit denen sie an verschiedenen Stellen innerhalb des offenen Kommunikationsnetzes konfrontiert war. Diese Bilder standen im Dienst einer Öffentlichkeitsarbeit, die die Tätigkeit der Missionare zwar als einen mühsamen und steinigen Weg beschreiben konnte, sie aber grundsätzlich positiv zeichnete. Anders wäre nicht um ideelle und materielle Unterstützung zu werben gewesen. Deshalb wurden Publikationen und Auftritte geplant und geglättet und stets die Interessen und Befindlichkeiten der Rezipienten, also der Leser, Zuhörer oder Zuschauer, mitbedacht. Nicht zu lang, leicht verständlich, spannend und unterhaltsam, möglichst unmittelbar und anschaulich aus eigenem Erleben erzählen, so lauteten die Maßgaben. Gleichzeitig war jedoch auf den „erwecklichen" und „erbaulichen" Charakter der Predigten und Vorträge zu achten. Da Mission als Prozess und Entwicklung verstanden wurde, kam Hell-Dunkel-Bildern oder Vorher-Nachher-Schemata eine wichtige dramaturgische Rolle zu. Der „furchtbaren Macht der Feinde und der Göt-

---

ker in der deutschen Kolonialbewegung, Wuppertal 1992, 140; Grotpeter, Historical Dictionary, 553; vgl. zudem Beitrag #6 von Jens Ruppenthal in diesem Band.

36 51. Jahresbericht 1880, 51; 54. Jahresbericht 1883, 14; 56. Jahresbericht 1885, 13; 57. Jahresbericht 1886, 12, 16; 58. Jahresbericht 1887, 15, 17; Besten, Erinnert Namibia, 89-91, 96f, 104, 106, 119; Grotpeter, Historical Dictionary, 436f; Pogge von Strandmann, Imperialismus, 242, 246, 276f; Möhlig, Die Witbooi, 18-20.

zendiener" wurde „die erneuernde Allgewalt der Gnade" gegenübergestellt.[37] Heimatmissionare erhielten den Rat, mit der „Schilderung des heidnischen Elends" Mitleid zu erregen und mit dem Verweis auf „das Werden und Wachsen des neuen Lebens in den einzelnen Seelen" ein Gefühl der Dankbarkeit zu wecken.[38] Eine ähnliche Konzeption lag Traktaten zu Grunde, die die Lebensgeschichte christlicher Afrikaner erzählten, die ja mit Hilfe der Mission Heidentum und Barbarei hinter sich gelassen hatten,[39] und auch in der Missionsfotografie und in den Diavorträgen finden sich solche Spannungsbögen.[40] Die Exponate in Missionsmuseen dokumentierten eine überwundene Zeit. Anstößiges war jedoch stets zu vermeiden. So sollten „nackte Körper der Eingeborenen" nicht auf Ansichtspostkarten zu sehen sein.[41] „Nicht alles, was er gesehen, gehört oder erlebt hat, darf er auch mitteilen", schrieb Olpp mit Blick auf die öffentlichen Auftritte eines Missionsagenten.[42]

Um eine Vorstellung von den Bildern zu geben, die sich aus der Öffentlichkeitsarbeit der RMG herausfiltern lassen, werden im Folgenden drei Facetten vorgestellt: das Verhältnis zwischen Missions- und Siedlerkirchen, die Beziehungen der RMG zur Kolonialmacht und die kulturelle Hierarchie zwischen „Weiß" und „Schwarz". Quellengrundlage dafür sind Jahresberichte und Berichte, der *Rheinische Missions-Atlas*, die Diaserien zu Südwestafrika und die Schilderungen des Missionsagenten Johannes Olpp sen.. Zusammenfassend lässt sich sagen, dass sich 1880 in allen drei Bereichen ein heterogenes, vielschichtiges Bild bot. Vier Jahrzehnte später war es sehr viel einheitlicher, aber keineswegs völlig homogen geworden. Die Komplexität hatte sich reduziert, und was 1880 als eine Variante unter mehreren Möglichkeiten verstanden werden kann, war 1920 zur Ausnahme geworden.

Im Einzelnen ist festzuhalten, dass 1880 die Sorge für die im Ausland lebenden Deutschen ganz fraglos als Teil der Arbeit der RMG präsentiert wurde. Wechselten Missionare im südlichen Afrika auf eine Pastorenstelle, war das eine Erwähnung, aber keine Erläuterung wert. Es liest sich wie selbstverständlich, dass sich Missionare auch für Seelsorge und Schulbildung deutscher oder europäischer Siedler und ihrer Kinder verantwortlich fühlten.[43] Zwar wurde bereits 1882 aus dem südafrikanischen Worcester berichtet, dass sich dort eine lutherische Gemeinde gebildet hatte, die „von unserer farbigen Missionsgemeinde völlig geschieden" war. Doch war auch zu lesen, dass in manchen Gemeinden europäische Siedler und Missionschristen zusammenlebten, in Concordia in Klein-Namaqualand beispielsweise, wo sich „auch einzelne der umwohnenden weißen Bauern zur Gemeinde" hielten.[44]

---

37 RMG 584, Missionarskonferenzen 1907-1921, Protokoll Konferenz 16.-18.11.1911.
38 RMG 584, Missionarskonferenzen 1907-1921, Protokoll Konferenz 4.-7.3.1907, 5, Konferenz 19.-22.10.1908, Referat Diehl, Protokoll, 3; Protokoll Konferenz 16.-18.11.1911.
39 Van der Heyden, Schrifttum, 133, 136.
40 Vgl. Andreas Eckl, Ora et labora: katholische Missionsfotografien aus den afrikanischen Kolonien, in: Marianne Bechhaus-Gerst, Sunna Giesecke (Hgg.), Koloniale und postkoloniale Konstruktionen von Afrika und Menschen afrikanischer Herkunft in der deutschen Alltagskultur, Frankfurt am Main 2006, 231-249.
41 RMG 584, Missionarskonferenzen 1907-1921, Konferenz 19.-22.10.1908, Protokoll, 12.
42 Olpp, Aus der Mappe eines Missionsagenten, 14.
43 Vgl. dazu Beitrag #1 von Britta Wellnitz in diesem Band.
44 53. Jahresbericht 1882, 9, 11.

Während sich hier ein pragmatischer Umgang mit evangelisatorischen und seelsorgerischen Notwendigkeiten und Gegebenheiten erkennen lässt, vermittelte der Missionsatlas in seinen Ausgaben von 1878 und 1891 ein anderes Bild. Er sprach von einem „gewaltigen Standesunterschied" zwischen Europäern und Afrikanern, der sich unter anderem darin ausdrückte, „dass Farbige und Weiße fast nirgends zu einer kirchlichen Gemeinde sich vereinigen. Unsere Missionsgemeinden bestehen natürlich nur aus Farbigen."[45] Mit der Intensivierung des deutschen Kolonialismus in Südwestafrika erhielten derartige Darstellungen eine ideologischere Interpretation. Evangelische Gottesdienste für Landsleute zu halten oder deutsche Kirchen- und Schulgemeinden zu gründen, so formulierte es der Ausschuss deutscher Missionsgesellschaften 1902, galt nun als „Mittel zur Erhaltung des Deutschtums unter fremden Nationen und zur Pflege der anhänglichen Liebe zur Heimat".[46]

Auch wenn ein solcher Trend erkennbar ist, setzte er sich in der Außendarstellung der Mission jedoch nicht vollständig durch. Ein Blick auf die Bilder der Diavorträge und in die begleitenden Texthefte macht das deutlich. Die einzelnen Aufnahmen sind zwar zeitlich älter, die Erläuterungen entstanden jedoch nicht vor 1930.[47] Lange nach Ende des Ersten Weltkriegs und der deutschen Kolonialherrschaft wurde keineswegs das Bild einer konsequenten Trennung von Missions- und Siedlerkirchen gezeichnet. Beide Typen waren mit verschiedenen Aufnahmen vertreten.[48] Nur die „weißen" Kirchen in Lüderitz und vor allem in Windhoek erschienen im direkten Kontrast zu den afrikanischen als koloniale Prestige- und Vorzeigebauten.[49] Die zwischen 1907 und 1910 erbaute evangelische Kirche in Windhoek kostete, so verriet der Begleittext, 350.000 Mark. „Man hat die Kirche Christuskirche genannt. Sie gereicht Windhoek zur Zierde und ragt über das Tal, von weither sichtbar." Dem steht die Missionskirche gegenüber, die 1903 errichtet wurde.

> „Sie ist von Luftziegeln, die Oelabstrich erhielten, für etwa 30.000 Mark gebaut. Die Schulkinder und Erwachsenen haben die Backsteine, etwa 120 000 Stück, 2 Kilometer weit auf den Kirchenhügel getragen, auch haben die Kinder das zum Bau nötige Wasser in leeren Flaschen herbeigeschafft."[50]

Im Fall von Karibib wurde dagegen ausdrücklich hervorgehoben, dass die „eingeborene Christengemeinde [...] diese Kirche vor rund 25 Jahren aus eigenen Mitteln" erbaute und dass „die kleine deutsche Gemeinde [...] sich hier ebenfalls" versammelte.[51] Es mag sein, dass sie das nicht gemeinschaftlich taten. Dennoch sind auch 1930 Reste einer einst komplexeren und unentschiedeneren Situation spürbar.

---

45 Rheinischer Missions-Atlas 1878, 4; Rheinischer Missions-Atlas 1891, 4.
46 Vgl. Beitrag #6 von Jens Ruppenthal in diesem Band.
47 Die Vorträge wurden zu einer Zeit vorgeführt, als Südwestafrika als Völkerbundsmandat von der Südafrikanischen Union verwaltet wurde. Im Text zu Bild 35 der Serie 2 (RMG, Fm 17, 7) wurde die Jahreszahl 1930 genannt. Zumindest die in Wuppertal vorliegende Version des Begleitheftes kann also nicht früher entstanden sein. Die Bilder sind sicherlich älter, aber die Erläuterungen machen deutlich, dass der Vortrag auch nach 1930 noch in dieser Kommentierung gezeigt wurde.
48 Z.B. in der Serie 2: RMG, Fm 17, 6-8 (Dias Nr. 30, 43, 45, 51).
49 Serie 2, RMG, Fm 17, 7, 9 (Dias Nr. 35, 36, 53, 54, 55).
50 Serie 2, RMG, Fm 17, 7.
51 Serie 2, RMG, Fm 17, 6 (Dias Nr. 32 und 33).

Auch wenn die RMG Vorteile in der Kolonialherrschaft sah und an ihrem Ausbau und ihrer Verfestigung mitwirkte, stand sie ihr jedoch keineswegs uneingeschränkt positiv gegenüber. Eine Distanz war unverkennbar, die sich jedoch nach dem Kolonialkrieg und mit Intensivierung der deutschen Kolonialherrschaft reduzierte. Die RMG geriet unter Anpassungsdruck. Trotzdem wurden die „verderblichen" Einflüsse, die die Siedler auf die afrikanischen Christen ausübten, häufig und heftig angeprangert. Auf einer höheren Ebene war eine generellere Kritik an deutscher Kultur und Gesellschaft unüberhörbar. Als bei der Berliner Kolonialausstellung einige christliche Herero auftraten, ließen die Berichte zwar Unbehagen an derartigen „Zurschaustellungen" erkennen, hatten aber vor allem Sorge davor, dass der Glaube der Afrikaner durch ihre Erfahrungen in Deutschland Schaden nehmen könne. Missionsfreunde wurden gebeten, die Ausstellung zu besuchen, um

> „unsern Hererochristen ein freundliches Wort zu sagen und ihnen zu zeigen, dass die weißen Christen ein warmes Herz haben für ihre farbigen Brüder und die Mission, damit sie doch aus Deutschland den Eindruck mitnehmen, dass es inmitten des Unglaubens bei uns noch viele giebt, die mit ihnen denselben Herrn anrufen. Sie werden ohnehin manches Böse zu sehen und zu hören bekommen in dem Lande, aus dem ihnen das Evangelium gekommen ist."[52]

Angesichts der Entwicklungen, die Südwestafrika unter kolonialer Herrschaft durchlief, gewann Olpp sogar den Eindruck, es „wäre im deutschen Vaterland etwas faul". Olpp kontrastierte bei Europäern übliche Praktiken mit afrikanischen Gewohnheiten und sah letztere positiv: So hielten die „Eingeborenen" beispielsweise wichtige Beratungen nicht

> „am Biertisch, hinter dem Wein- oder Schnapsglas, sondern unter schattigen Bäumen, oder im geräumigen Mattenhaus eines Amtsmanns, und zwar mit nüchterner Kaffeetasse oder kreisender Tabakspfeife in der Hand [...]"[53]

„Wo der gottentfremdete Kulturist hinkommt", so schrieb Olpp an die Deputation, „lebt er heidnischer wie die Nichtchristen. Mit dem Handel fängt er an, und mit dem Händelmachen hört er nicht auf. Er trägt das Zeug in sich, ‚die Wilden' zu ruinieren, anstatt sie zu civilisieren."[54] Sympathien für manche Afrikaner sind unübersehbar, und bestimmte Aspekte afrikanischer Lebensweise wurden positiv von deutschen Fehlentwicklungen abgegrenzt. Dennoch machte die Öffentlichkeitsarbeit der RMG in Wort wie Bild deutlich, dass die Afrikaner auf einer „Bildungs- und Kulturstufe" gesehen wurden, die europäischer und besonders missionarischer Führung und „Hebung" bedurfte. Die Mission verstand sich als „Pionier der Civilisation"[55] und machte vielfach klar, dass im südlichen Afrika sowohl Bedarf wie Verpflichtung bestand, diese Rolle anzunehmen. Der Atlas beschrieb die Herero als kindisch, schwatzhaftig, neugierig, prahlerisch, diebisch, lügenhaft, grausam, schmutzig, schamlos und sehr geizig, bescheinigte ihnen aber auch einen guten Kern und eine schwache Erkenntnis von einem höchsten Gott. Nur mit Hilfe der Mission konnten sich, so

---

52 Berichte 1896, 181.
53 Olpp, Aus der Mappe eines Missionsagenten, 8f.
54 RMG 1.599, Brief Olpps an die Deputation vom 5.4.04.
55 Friedrich Albert Spieker, Mission und Handel, Pioniere der Civilisation, in: AMZ 9, 1882, 365-384; programmatisch sicher auch der bereits genannte Beitrag von Irle, Die zivilisatorische Arbeit.

das vermittelte Bild, die afrikanischen Völker europäischen Standards nähern. Die Herero, die nicht auf den Missionsstationen lebten, verharrten in ihrem „heidnischen Wesen und Schmutz", konstatierte der Atlas von 1878. Dieser Satz findet sich in der zweiten Ausgabe nicht mehr. Doch auch dort war zu lesen, dass nicht mehr gelang, als „wenigstens die auf den Missionsstationen gesammelten Herero an etwas Ackerbau sowie an Ordnung und Zucht zu gewöhnen". Allerdings schien „der Widerstand des Heidentums […] überall gebrochen zu sein".[56] Auch in Olpps Darstellung waren die Missionare Vater- und Führungsfiguren, die ihre afrikanischen Schützlinge lenken, leiten und zivilisatorisch heben mussten. War der „Schmutz des Heidentums" weggewaschen, konnten die „Wildlinge durch Einsetzen edler Augen und Pfropfreiser zu Bäumen umgestaltet werden, die Früchte tragen für Zeit wie für die Ewigkeit." „Die Christen aus den Heiden werden an Arbeit, Ordnung, Reinlichkeit […] gewöhnt", und wo einst wilde Tiere ihren Durst löschten, lebten nun blühende christliche Gemeinden.[57]

Im Bild, das Olpp vermittelte, konnten sich die Afrikaner unter missionarischer Fürsorge entwickeln. Doch auch 1885 gab es deutliche Zweifel, ob sie dabei jemals europäisches Niveau erreichen könnten. In Heft 6 der Berichte dieses Jahres wurden in einer Art Schwerpunktthema die einheimischen Mitarbeiter der verschiedenen Missionsgebiete vorgestellt. Einleitend hieß es,

„daß die Heranziehung und Heranbildung eingeborener Mitarbeiter eine der Hauptaufgaben der Missionsarbeit sein müsse, und dass es darauf ankomme, je länger desto vollständiger eben durch die eingeborenen Mitarbeiter die europäischen Missionare entbehrlich zu machen."

In der Kapkolonie nun war man „von der Erreichung dieses Zieles […] nicht nur ganz außerordentlich weit entfernt, nein, wir werden und können dasselbe hier auch niemals erreichen." Nicht viel besser sah es im Namaqualand aus, etwas erfreulicher bei den Herero.[58] Einflüsse von Sozialdarwinismus und Rassismus trugen dazu bei, die Grenzen zwischen den kulturellen Hierarchien zunehmend undurchlässiger zu machen. Besonders gut lassen sich derartige Einflüsse an Porträts verdeutlichen, die Teil der Diavorträge waren. Zur Aufnahme eines „jungen Bergdama" erläuterte der Begleittext, dass in seinem Gesicht „der Negertyp" zu erkennen war. „Als Arbeiter ist er geschickt und bereit, die niedrigsten Dienste zu tun."[59] Über das Bild eines Nama erfuhr der Zuschauer via verlesenem Begleittext, dass „die Rasseneigenart […] an den Gesichtszügen und an der Kopfform sehr schön deutlich" wird.[60] Diese Lichtbilder ähnelten stark anthropometrischen, rassentypologischen Aufnahmen.

Diese Darstellung stand in deutlichem Kontrast zum Bild, das die RMG von den Menschen in ihren asiatischen Missionsgebieten vermittelte, etwa auf Sumatra. Der „alte batakische Häuptling", der auf einem Dia zu sehen ist, strahlt Stolz und Selbstbewusstsein

---

56 Rheinischer Missions-Atlas 1878, 5f; Rheinischer Missions-Atlas 1891, 5f.
57 Olpp, Aus der Mappe eines Missionsagenten, 12, 24f, 33.
58 Berichte 42, 1885, Die eingeborenen Mitarbeiter, 164-168.
59 Serie 2, RMG, Fm 17, 5 (Dia Nr. 22).
60 Serie 3, Kurzfassung, RMG, Fm 18, Nr. 5.

aus, erscheint Achtung gebietend und Respekt heischend, obwohl er „Heide" war.[61] Die eben erwähnte Skizze der einheimischen Mitarbeiter bestätigt das. Zusammenfassend wurde dort festgehalten,

> „daß je näher ein Volk in seiner Bildungs- und Kulturstufe uns Europäern steht, desto schneller und leichter kann man auch aus ihm eingeborne Mitarbeiter für die Mission gewinnen, die in ihrer Arbeit und in ihrer Leistung den Europäern immer näher kommen. Ist das richtig, so kann es uns auch nicht befremden, daß in unserer indischen Mission, obwohl sie z. T. wenigstens doch sehr bedeutend viel jünger ist, als die afrikanische, doch die Mitarbeit der eingebornen Gehilfen schon eine viel größere Rolle spielt als in Afrika."[62]

Aus diesen Detailskizzen lassen sich drei Schlussfolgerungen ableiten. Ein ursprünglich facettenreiches Bild nahm zwischen 1880 und 1920 an Komplexität deutlich ab. Was anfangs pragmatisch war und als Teil eines noch entwicklungsoffenen Systems erschien, wirkte ein knappes halbes Jahrhundert später festgefügt und mit deutlichen Prioritäten versehen. Der Aufbau der deutschen Kolonialherrschaft, der Zustrom von Siedlern, der Kolonialkrieg und der Druck auf die RMG, öffentliche Kritik zu vermeiden, verstärkte ideologische und sozialdarwinistische Sichtweisen. Dass es weiterhin Ausnahmen gab, sollte dennoch nicht übersehen werden. Insgesamt jedoch wurde die Trennung von Missions- und Siedlerkirchen als Regelfall und die kulturelle Superiorität Europas als naturgegeben dargestellt. Zum Zweiten zeigte sich, dass hier vermutlich weniger ein Bruch als vielmehr eine Akzentverschiebung sichtbar wird. Tendenzen wurden verstärkt und verschärft, die auch 1880 bereits sichtbar waren. Der paternalistische Grundtenor, der schon im ausgehenden 19. Jahrhundert die mediale Darstellung durchzog, wurde ideologisch vom Rassegedanken und politisch vom Kolonialismus verstärkt und verhärtet. Drittens kann man dem Vergleich mit Sumatra entnehmen, dass afrikanische Entwicklungsmöglichkeiten sehr viel negativer gezeichnet wurden als asiatische. Das mag damit zu tun haben, dass sich das Problem einer Siedlerkirche auf Sumatra nicht stellte, könnte aber auch daran liegen, dass die Vorstellungen afrikanischer Inferiorität auf europäischer Seite fester verankert waren.

Diese Wahrnehmungsmuster konnten zu allgemeinen Bildern werden, weil die europäische Dominanz über die Welt im ausgehenden 19. und frühen 20. Jahrhundert so ausgeprägt und weitreichend war wie niemals zuvor. Mit der politischen Macht, so der Kern von Edward Saids Orientalismusthese[63], ging eine wissenschaftliche Deutungshoheit einher, die festlegen konnte, was Wesen und Essenz der übrigen Religionen und Kulturen war. Europas Perspektive wurde zur allgemein verbindlichen und überzeitlich gültigen. Eine mentale Kolonisation fand statt, in deren Verlauf eine naturgegebene kulturelle Dominanz Europas auch Teil afrikanischer Selbstsicht wurde.

---

61 Emil Becker, Die Rheinische Mission in Sumatra, Abteilung I: Silindung, Angkola und Steppe, Barmen, o. J., 12f (Dia Nr. 20).
62 Berichte 42, 1885, Die eingeborenen Mitarbeiter, 170.
63 Komprimiert dazu María do Mar Castro Varela, Nikita Dhawan (Hgg.), Edward Said – Der orientalisierte Orient, in: Dies., Postkoloniale Theorie. Eine kritische Einführung, Bielefeld 2005, 29-54.

„Außenhin begrenzt, im Innern unbegrenzt"

Der nationalistische Imperialismus Wilhelms II.

Hanns Lessing

> „Aus dem Deutschen Reiche ist ein Weltreich geworden. Überall in fernen Teilen der Erde wohnen Tausende unserer Landsleute. Deutsche Güter, deutsches Wissen, deutsche Betriebsamkeit gehen über den Ozean. Nach Tausenden von Millionen beziffern sich die Werte, die Deutschland auf der See fahren hat. An Sie, Meine Herren, tritt die ernste Pflicht heran, mir zu helfen, dieses größere Deutsche Reich auch fest an unser heimisches zu gliedern."[1]

Mit diesen programmatischen Sätzen wollte Kaiser Wilhelm II. auf dem Festbankett anlässlich der „Jubelfeier zum fünfundzwanzigjährigen Bestehen des Deutschen Reiches" im Jahr 1896 eine neue politische Ära eröffnen. In seinen Augen hatten Auswanderung und die Entwicklung des Verkehrs die Welt verändert. Durch die Präsenz von Deutschen überall auf der Welt, die Vorherrschaft des deutschen Geisteslebens und den Erfolg der Wirtschaft war Deutschland über seine Grenzen im Zentrum Europas hinausgewachsen und zu einer Weltmacht geworden.

Diese Öffnung der Welt hatte die politische Wirklichkeit nachhaltig verändert. Die Aktivitäten der europäischen Nationen ließen sich immer weniger durch räumliche Grenzen beschränken. Diese Wandlung hatte einen nachhaltigen Einfluss auf das Verständnis des Kaisertums in Deutschland. Die Rede zur Jubelfeier belegt, wie sehr Wilhelm sein kaiserliches Amt in den Horizont eines größeren Deutschland gestellt sehen wollte. Sein Machtanspruch überschritt die Grenzen des Deutschen Reiches und wollte, wie viele seiner im Folgenden zu untersuchenden Interventionen belegen, jede deutsche Aktivität an jedem Punkt des Globus umgreifen.

Es war deshalb kein Zufall, dass Wilhelm in seiner Jubiläumsrede so nachdrücklich auf die Bedeutung der deutschen Auswanderer hinwies. Noch bis zur Mitte des 19. Jahrhunderts hatten die deutschen Nationalstaaten ihre Beziehung zu den Menschen abgebrochen, die das heimische Territorium verließen. In der Kaiserrede von 1896 erschienen die Auswanderer nun als die Repräsentanten eines neuen politischen Paradigmas. Kaiser Wilhelm sah die Auswanderer nicht als Abtrünnige, sondern nahm ihre wirtschaftlichen, wissenschaftlichen und kulturellen Aktivitäten als Beweis für die deutsche Weltmachtstellung in Anspruch.

Der von Wilhelm II. propagierte Imperialismus zeichnete sich durch eine besonders nationalistische Stoßrichtung aus. Der Kaiser proklamierte in seiner Rede keine geografischen

---

1 Wilhelm II., Die Reden Kaiser Wilhelms II. ges. und hrsg. von Johannes Penzler. Bd. 2: 1896–1900, Leipzig 1904, 9.

Interessensphären. Das global entgrenzte Deutschland existierte nach seiner Überzeugung überall dort, wo Deutsche sich im Bewusstsein ihres „Deutschtums" niederließen oder sich wirtschaftlich, politisch oder kulturell engagierten. Die Ausrichtung all dieser Tätigkeiten auf die Person des Kaisers schuf nach seiner Überzeugung eine transnationale Struktur, die das „größere Deutsche Reich [...] fest an unser heimisches" gliederte.

Der Einfluss dieser Rede auf die politische Entwicklung in Deutschland war gewaltig. Admiral von Tirpitz begründete mit den Worten des Kaisers das Flottenbauprogramm, mit dem Deutschland in den Jahren vor dem Ersten Weltkrieg die britische Vormachtstellung auf den Weltmeeren brechen wollte. Im Reichstag wurde der imperialistische Herrschaftsanspruch Deutschlands von den konservativen und bürgerlichen Parteien nachdrücklich unterstützt.

Auch in den Kirchen erzeugte der vom Kaiser propagierte Imperialismus eine Aufbruchsstimmung. Gerade die protestantische Elite war der Begrenztheit des evangelischen Landeskirchentums müde und fand es peinlich, dass der deutsche Protestantismus nicht in der Lage war, eine schlagkräftige nationale Struktur zu formen, und auf der internationalen Bühne überhaupt keine Rolle spielte. Innerhalb der evangelischen Kirche in Deutschland entstanden eine ganze Reihe von Bewegungen, die dem deutschen Protestantismus nationale und internationale Bedeutung verschaffen wollten. Für diese Unternehmungen war der nationalistische Imperialismus Wilhelms II. ein zentraler Referenzpunkt.[2]

Das Selbstverständnis Wilhelms II. im Spiegel zeitgenössischer Kaiserbilder

Das historische Urteil über die wilhelminische Weltmachtpolitik fällt heute in der Regel kritisch aus. Besonders negativ wird die persönliche Rolle des Kaisers bewertet. Wilhelms imperialistische Rhetorik gilt als Ausdruck eines übersteigerten Größenwahns; die durch diese Haltung motivierte Politik erscheint vor diesem Hintergrund als eine wichtige Ursache für die Katastrophe des Ersten Weltkriegs. Entsprechend häufig werden deshalb diejenigen zeitgenössischen Bewertungen zitiert, die Person und Regierung des Kaisers scharf verurteilen. Besonders deutlich fällt die Kritik Max Webers aus, der im sogenannten ‚Hottentottenwahlkampf' 1906/1907 in einem Brief an Friedrich Naumann die Kaiserfreundlichkeit der liberalen Parteien kritisierte:[3]

> „Das Maß von Verachtung, welches uns, als Nation im Ausland (Italien, Amerika, überall!) – nachgerade mit Recht! – das ist das Entscheidende – entgegen gebracht wird, weil wir uns das Regime dieses Mannes gefallen lassen, ist ein Machtfaktor erstklassiger ‚weltpolitischer' Bedeutung für uns geworden. [...] Wir werden ‚iso-

---

2 Dieser Artikel behandelt den nationalistische Imperialismus Wilhelms II.; die Debatten zur Bedeutung der von Wilhelm beschworenen deutschen Weltmachtstellung in Kirche und Theologie behandelt Beitrag #5 zur Evangelischen Diasporafürsorge im größeren Deutschland.

3 Reichskanzler von Bülow hatte im August 1906 den Reichstag aufgelöst, nachdem ein Nachtragshaushalt zur Finanzierung des Kolonialkriegs in Deutsch-Südwestafrika an der Ablehnung durch Sozialdemokratie und Zentrum gescheitert war. Friedrich Naumanns Zeitschrift „Die Hilfe" unterstützte den Kriegshaushalt und polarisierte den Wahlkampf mit den Slogans „für den Kaiser gegen das ‚machtlüsterne Zentrum'" (Marianne Weber, Max Weber: ein Lebensbild, Tübingen 1926, 403) und „Zentrum oder Cäsar" (Elisabeth Fehrenbach, Wandlungen des deutschen Kaisergedankens, München u.a. 1969, 206).

liert', weil dieser Mann uns in dieser Weise regiert und wir es dulden und beschönigen."[4]

Dieser Angriff kritisiert Person und Politik des Kaisers, nicht jedoch seine imperialistische Grundhaltung. Weber maß die Erfolge der kaiserlichen Politik an den vom Kaiser selbst formulierten imperialistischen Ansprüchen und kritisierte, dass dieser die weltpolitischen Ziele nur zögerlich und wankelmütig umsetzte. Er wollte nicht weniger, sondern mehr imperialistische Machtpolitik. Für ihn bedeutete die Sprunghaftigkeit des Kaisers eine Beeinträchtigung deutscher Interessen.[5]

Webers Missbilligung des Kaisers war zu Beginn des Jahrhunderts eher eine Einzelmeinung. Trotz vieler Satiren und weit verbreiteter Kritik am „Byzantinismus" des kaiserlichen Hofes[6] fanden Person und Regierungsstil Wilhelms II. – zumindest bis zur Krise um das Daily-Telegraph-Interview im Oktober 1908 – in bürgerlichen Kreisen breite Unterstützung.[7] Wilhelm wurde als Industriekaiser und Weltpolitiker bewundert und galt als

---

4 Brief vom 14. Dezember 1906, vgl. Weber, Lebensbild, 403.
5 Weber hatte in seiner Freiburger Antrittsvorlesung von 1895 einen nationalen Imperialismus gefordert und war aus diesem Grund dem Alldeutschen Verband beigetreten. Nach heftigen Auseinandersetzungen verließ Weber den Verband 1899 jedoch wieder. Grund für die Trennung war aber nicht die Kritik an der immer radikaleren imperialistischen Ausrichtung der Alldeutschen, sondern deren Ablehnung von Webers Forderung, den Zustrom von polnischen Wanderarbeitern zu begrenzen. Weber hatte vor „einer slavischen Überflutung" des deutschen Ostens gewarnt (Max Weber, Gesamtausgabe. Abteilung I: Schriften und Reden. Band 4. Landarbeiterfrage, Nationalstaat und Volkswirtschaftspolitik. Schriften und Reden 1892-1899. Herausgegeben von Wolfgang Mommsen in Zusammenarbeit mit Rita Aldenhoff, Tübingen 1993, 458), die Alldeutschen sahen durch eine harte Polenpolitik jedoch ihre agrarischen Interessen gefährdet und unterstützten Weber aus diesem Grund nur zögerlich (Theodor Heuss, Friedrich Naumann. Der Mann, das Werk, die Zeit, 3. Auflage, München u.a. 1968, 128).
Mit Blick auf die imperialistische Grundhaltung gab es jedoch keine Differenz zwischen Weber und den Alldeutschen. Beide waren vereint in der Forderung nach einer konsequenteren Durchsetzung der deutschen Weltmachtforderungen. Der Vorsitzende des Alldeutschen Verbandes, Heinrich Class, konnte deshalb auch mit Webers Zustimmung rechnen, als er auf dem Verbandstag 1903 seiner Enttäuschung über die magere Bilanz des von Wilhelm II. ausgerufenen „neuen Kurses" Ausdruck gab: „Am 18. Januar 1896 hatte der Kaiser in feierlicher Stunde gesagt: „Aus dem Deutschen Reiche ist ein Weltreich geworden [...]" Am 2. März 1898 hatte er den Marinerekruten bei der Beeidigung zugerufen: „Wo ein deutscher Mann, in treuer Pflichterfüllung für sein Vaterland gefallen, begraben liegt und wo der deutsche Aar seine Fänge in ein Land eingeschlagen hat: das Land ist deutsch und wird deutsch bleiben" [...] Am 4. Juli 1900 nahm er bei dem Stapellauf der ‚Wittelsbach' in Anspruch: „Ohne das Deutsche Reich und ohne den deutschen Kaiser darf keine große Entscheidung mehr fallen". [...] Das waren fürwahr stolze Worte – Worte, die uns Kunde geben von den hohen Zielen und Absichten, von denen die Seele des Kaisers erfüllt ist. [... Aber:] Wo zeigt sich die Morgenröte der großen Tage, denen wir entgegengeführt werden sollten?" (Heinrich Class, Rede auf dem Plauer Verbandstag 1903, in: Heinrich Class (Hg.), Zwanzig Jahre alldeutscher Arbeit und Kämpfe. Herausgegeben von der Hauptleitung des Alldeutschen Verbandes, Leipzig 1910, 177-182, 177f).
6 Ernst zu Reventlow, Kaiser Wilhelm II. und die Byzantiner, 4. Auflage, München 1906. Reventlow definierte Byzantinismus als ein „krankhaftes Verhältnis von Herrscher und Volk", bei der der Herrscher durch seinen Hofstaat so sehr von der Wirklichkeit abgeschottet werde, dass er seine Führungsaufgaben nicht mehr effektiv wahrnehmen kann (Reventlow, Byzantiner, 121).
7 Zur Daily-Telegraph-Affäre vgl. Peter Winzen, Das Kaiserreich am Abgrund. Die Daily-Telegraph-Affäre und das Hale-Interview von 1908. Darstellung und Dokumentation, Stuttgart 2002.
Am 28. Oktober 1908 veröffentlichte das Londoner Massenblatt "The Daily Telegraph" ein Gespräch mit dem deutschen Kaiser. Wilhelm II. betonte darin sein andauerndes Bemühen um ein gutes deutsch-

Repräsentant einer neuen Zeit. Seine Nähe zum immer mächtiger werdenden Industriekapital,[8] das in seinen ersten Regierungsjahren propagierte Sozialkaisertum[9] und vor allem die Flotten- und Weltmachtpolitik vermittelten vielen bürgerlichen Zeitgenossen das Gefühl, von einem modernen Herrscher regiert zu werden, der die konservative Enge des alten preußischen Königtums weit hinter sich gelassen hatte.

Trotz mancher Kritik war die Regierung Wilhelms II. zumindest bis 1908 für Friedrich Naumann deshalb kein politisches Desaster, sondern Ausdruck eines neuen politischen Systems, in dem die Person des Kaisers unabhängig vom Herrschaftsanspruch der alten Aristokratien des Adels und der Kirche den mächtigen Gesamtwillen des ganzen Volkes repräsentierte. Dieses Kaiserverständnis ist das große Thema seines Buches „Demokratie und Kaisertum".[10] Naumann sah für die alte preußische Ordnung keine Zukunft mehr. Gleichzeitig hegte er in den ersten Jahren nach der Jahrhundertwende ein tiefsitzendes Misstrauen gegenüber dem parlamentarischen System, das in seiner Zerrissenheit und Volatilität weder zu einer langfristig angelegten Diplomatie noch zu einer effektiven Heeresleitung in der Lage sei.[11] Eine kraftvolle Außen- und Weltpolitik konnte nach seiner Überzeugung deshalb weder Adel noch Parlament, sondern nur der Kaiser garantieren:

> „Der Kaiser ist zugleich König von Preußen. Als Preußenkönig hat er das Erbe der alten Tradition übernommen, als Kaiser ist er nationaler Imperator, Verkörperung des Gesamtwillens, persönlicher Führer aus einer alten und neuen Zeit."[12]

Naumann war überzeugt, dass der neue Regierungsstil des Kaisers das Ergebnis eines historischen Umbruchs von gewaltigen Ausmaßen war. Zu Beginn des 20. Jahrhunderts könne sich Weltpolitik weder auf den Traditionalismus der alten Ordnung, noch auf den Formalismus von Verfassung und Parlament stützen, sondern verlange einen charismatischen Führer. Politisches Handeln müsse von der historischen „Lücke" ausgehen, in der ein überkommenes Herrschaftssystem an Einfluss verliert, ein neues aber noch nicht etabliert ist. In dieser Umbruchsituation schlage die Stunde für den Führungsanspruch des kaiserlichen Herrschers:

> „Es klafft eine Lücke zwischen alter und neuer Zeit […] und damit ist die Situation gegeben, in der persönliche Fürstenenergie sich ausleben kann."[13]

---

britisches Verhältnis. Der britische Argwohn gegenüber dem Deutschen Reich sei unangebracht, denn während des Burenkriegs habe er die Bildung eines anti-britischen Bündnisses zwischen Russland, Frankreich und Deutschland verhindert. Er habe sogar der englischen Königin Victoria, seiner Großmutter, einen Feldzugsplan geschickt, der dem tatsächlichen Vorgehen gegen die Buren entsprochen habe. Das Interview wurde in Großbritannien als anmaßend und in Frankreich und Russland als diplomatische Taktlosigkeit empfunden. In Deutschland löste es eine innenpolitische Krise aus.

8 Zum Einfluss der Großindustriellen Friedrich Alfred Krupp und Carl Ferdinand von Stumm-Halberg am kaiserlichen Hof vgl. Heuss, Naumann, 115ff.
9 Zum „neuen Kurs" und dem von Wilhelm II nach 1890 propagierten „Sozialkaisertum" vgl. Ibid., 114f.
10 Friedrich Naumann, Demokratie und Kaisertum. Ein Handbuch für innere Politik, 3. Auflage, Berlin 1904.
11 Ibid., 178f.
12 Ibid., 175f.
13 Ibid., 176.

Friedrich Naumanns Unterstützung für ein charismatisches Kaisertum berührt sich eng mit Wilhelms eigener Selbstwahrnehmung. Anders als Naumann, dessen rein rational argumentierende Darlegung völlig ohne religiöse Bezüge auszukommen suchte, begründete der Kaiser seinen Herrschaftsanspruch mit einem Amalgam historistischer, sozialdarwinistischer und religiöser Argumente.[14] Wilhelms Ausgangspunkt ist die traditionelle Idee des Gottesgnadentums. In diesem Selbstverständnis geht der persönliche Machtanspruch des Kaisers jedoch weit über das hinaus, was die Königstradition den preußischen Herrschern zubilligte. Während sich die preußische Theologie der Krone aus der protestantischen Interpretation der Obrigkeitslehre von Römer 13 ableitete und aus diesem Grund von einer göttlichen Legitimation aller staatlichen Organe ausging, bezieht Wilhelm den göttlichen Auftrag auf sich persönlich und versucht, die Institutionen des Staates auf diese Weise von sich abhängig zu machen. 1898 schrieb Wilhelm wenige Monate nach dem Tod Bismarcks einen Brief an seine Mutter Victoria, in dem er die göttliche Ordination der kaiserlichen Herrschaft nicht für die Organe des Staates, sondern ausschließlich für seine eigene Person in Anspruch nahm. Nach Wilhelms Vorstellung begründete dieses entstaatlichte Machtverständnis den weltweiten Herrschaftsanspruch des deutschen Kaisers:

> „[...] die Krone sendet ihre Strahlen durch ‚Gottes Gnade' in Paläste und Hütten, und – verzeih, wenn ich das sage – Europa und die Welt horcht auf, um zu hören ‚was sagt, was denkt der Deutsche Kaiser?', und nicht, was ist der Wille des Kanzlers! Und ich habe es erkannt, in einem ist Papas Anschauung von der Fortsetzung des alten Reiches durch das neue richtig; das hat er immer gesagt und dasselbe tue ich! Für immer und ewig gibt es nur einen wirklichen Kaiser in der Welt und das ist der Deutsche Kaiser, ohne Ansehen seiner Person und seiner Eigenschaften, einzig durch das Recht einer tausendjährigen Tradition, und sein Kanzler hat zu gehorchen."[15]

Die Berufung auf Gottesgnadentum und monarchisches Prinzip waren alte preußische Traditionen.[16] Der im Brief an die Kaiserin formulierte Anspruch reichte jedoch weiter. Durch den Verweis auf die tausendjährige Tradition des mittelalterlichen Kaisertums versuchte Wilhelm, seine Herrschaft durch eine mythisch konstruierte Kaisertradition zu legitimieren, wie sie etwa in der Kyffhäusersage zu finden war.[17] Nach dieser Überlieferung schläft der Kaiser (je nach Version: Friedrich Barbarossa oder Karl der Große) mit seinen Getreuen im Kyffhäusergebirge im Ostharz, um eines Tages zu erwachen und das Reich zu neuer Herrlichkeit zu führen. Im Horizont dieser Erwartung ist der Kaiser nicht – wie in der

---

14 Zur Religiosität Wilhelms vgl. Stefan Samerski, Wilhelm II. und die Religion. Facetten einer Persönlichkeit und ihres Umfelds, Berlin 2001. Die in diesem Sammelband enthaltenen Beiträge beschäftigen sich jedoch nicht mit der religiösen Begründung des deutschen Imperialismus.
15 Bernhard von Bülow, Denkwürdigkeiten. Hrsg. von Franz von Stockhammern. Band 1. Vom Staatssekretariat bis zur Marokko-Krise, Berlin 1920, ohne Paginierung im Anhang.
16 Die Berufung auf das göttliche Recht der Krone hatte bereits König Friedrich Wilhelm IV. 1848 bewogen, das vom Paulskirchenparlament angetragene Kaisertum auszuschlagen (vgl. Fehrenbach, Kaisergedanke, 44). Auch Wilhelm II. verwies in seinen Reden immer wieder auf die göttliche Begründung der kaiserlichen Herrschaft und betonte auf diese Weise, dass Staat und Königtum ihre Legitimität nicht von Bürgern, Parlamenten und Verfassungen beziehen, sondern von Gott allein.
17 Zur Bedeutung der Kyffhäusersage für das wilhelminische Kaisertum vgl. Ibid., 33f, 113f.

preußischen Tradition – erster Repräsentant des Staates, sondern erscheint als Retter in der Not und Befreier von äußeren und inneren Feinden. Mit dieser Interpretation sprengt Wilhelm den Rahmen eines territorial begrenzbaren Kaisertums. Die messianische Konstruktion der Kyffhäusertradition erhebt Wilhelm zum universalen Weltenherrscher und macht ihn in seiner eigenen Wahrnehmung zum „einen wirklichen Kaiser in der Welt".

In der kaiserlichen Rhetorik wird dieser mythische Anspruch immer wieder moralisch unterfüttert. Wilhelm rechtfertigte seine Machtforderung mit der Behauptung, dass nur seine Herrschaft den Weltfrieden gewährleisten könne. Der deutsche Kaiser sei der Repräsentant einer neuen Weltordnung, die ihre Legitimität direkt von Gott selbst beziehe. Anders als der nationalstaatliche Wettbewerb der Interessen könne das religiös begründete Universalkaisertum der Hohenzollern den Weltfrieden garantieren.

Die politische Form, in der sich dieser Herrschaftsanspruch der Welt präsentierte, war das Angebot des kaiserlichen Schutzes, das alle Menschen, die sich dem Kaiser unterwarfen, in einer globalen Friedensordnung zusammenzufassen suchte.[18] In Wilhelms Reden gibt es eine Reihe von Belegen, die dieses universale Friedensversprechen in Richtung eines umfassenden Humanismus interpretierten. So rief der Kaiser den Soldaten der Schutztruppe bei der Ausschiffung nach Deutsch-Südwestafrika zu:

> „Die Schutztruppe möge nicht vergessen, daß sie dem Deutschen Reiche angehört. Ich wünsche Ihnen Glück im fernen Lande, wo sie den Deutschen Ehre machen sollen. Haben Sie stets vor Augen, daß die Leute, die Sie dort treffen, wenn sie auch eine andere Hautfarbe haben, gleichfalls ein Herz besitzen, das ebenfalls Ehrgefühl aufweist. Behandeln Sie diese Leute mit Milde."[19]

Diese humanistische Rhetorik hat die nationalistische Struktur des wilhelminischen Imperialismus jedoch niemals überlagert. Nach Wilhelms Überzeugung war die Friedensbotschaft die freundliche Seite des imperialen Herrschaftsanspruchs des Deutschen Reiches. Hinter dem Friedenskaiserkonzept stand eine Drohung: Wer sich dem Friedensangebot widersetzte, musste mit Vernichtung rechnen. In der Abschiedsrede an seinen Bruder Heinrich vor dessen Ausfahrt nach Ostasien[20] im Dezember 1897 stellte Wilhelm das Angebot des kaiserlichen Schutzes explizit unter den Primat der Durchsetzung der deutschen Ehre.

---

18 In den kaiserlichen Reden bleibt der Inhalt des Schutzbegriffs in der Regel unbestimmt und schwankt von einer rechtlich präzise definierten Bedeutung (wie z. B. in den Schutzverträgen zur rechtlichen Absicherung der deutschen Herrschaft in den Kolonien), bis hin zu mythischen Deutungen, die auf das mittelalterliche Lehensrecht anspielen. Dieses Schillern erklärt die große Bandbreite in der Rezeption der kaiserlichen Impulse: Die Alldeutschen hören sie als Aufruf zu einer totalitären Weltherrschaft, während die pazifistische Bewegung ihre Hoffnung auf ein von Wilhelm aufgerufenes Friedenskaisertum setzt. So konnte Andrew Carnegie auf dem National Arbitration and Peace Congress in New York feststellen: „At this moment, however, it is not in his [i.e. Theodore Roosevelt] hands but in those of the Emperor of Germany, alone of all men, that the power to abolish war seems to rest" (National Arbitration and Peace Congress, Proceedings of the National Arbitration and Peace Congress. New York, April 14th to 17th, 1907, New York 1907, 54).
19 Wilhelm II., Die Reden Kaiser Wilhelms II. Bd. 1: 1888-1895, Leipzig 1897, 270.
20 Prinz Heinrich war seit 1899 Chef des Ostasiengeschwaders der deutschen Marine. In dieser Eigenschaft besuchte er die Kaiserhöfe in Japan und China und nahm an der Niederschlagung des Boxeraufstands teil.

Die kaiserliche Vernichtungsrhetorik der Hunnenrede[21] und der Völkermord in Deutsch-Südwestafrika wurden an dieser Stelle sprachlich bereits vorweggenommen:

> „Möge einem jeden Europäer draußen, dem deutschen Kaufmann draußen, und vor allen Dingen dem Fremden draußen, auf dessen Boden wir sind oder mit dem wir zu tun haben werden, klar sein, daß der deutsche Michel seinen mit dem Reichsadler geschmückten Schild fest auf deutschen Boden gestellt hat, um dem, der ihn um Schutz angeht, ein für allemal diesen Schutz zu gewähren; und mögen unsere Landsleute draußen die feste Überzeugung haben, seien sie Priester oder seien sie Kaufleute, oder welchem Gewerbe sie obliegen, daß der Schutz des Deutschen Reiches, bedingt durch die Kaiserlichen Schiffe, ihnen nachhaltig gewährt wird. Sollte aber je irgendeiner unternehmen, uns an unserem guten Recht zu kränken oder schädigen zu wollen, dann fahre darein mit gepanzerter Faust! und, so Gott will, flicht dir den Lorbeer um deine junge Stirn, den niemand im ganzen Deutschen Reiche dir neiden wird."[22]

In dieser Rede nahm der Kaiser jede Tätigkeit von Deutschen im Ausland – von der Mission bis hin zur ökonomischen Erschließung – für seinen Herrschaftsanspruch in Beschlag. Wilhelm präsentierte sich als Repräsentant aller deutschen Interessen. Das Recht Deutschlands auf die Unterwerfung der Welt wurde mit einer sozialdarwinistischen Theorie begründet: Deutschland sei anderen Völkern überlegen, weil es ihm in besonderer Weise gelinge, die Schöpferkraft des einzelnen Menschen im Gesamtwillen des ganzen Volkes aufgehen zu lassen. Wilhelm orientierte sich bei diesen Behauptungen an den Systemen von Naturwissenschaft und Industrie. Die kreative Freiheit des Menschen sei durch die Orientierung an den objektiven Systemen der Naturgesetze und des Marktes nutzbar zu machen, um gemeinsame Zwecke durchzusetzen. Dieser Gedanke kam in der Görlitzer Rede vom 19. November 1902 besonders deutlich zum Ausdruck:

> „Wir stehen an der Schwelle der Entfaltung neuer Kräfte; unsere Zeit verlangt ein Geschlecht, das sie versteht. Das neue Jahrhundert wird beherrscht durch die Wissenschaft, inbegriffen die Technik, und nicht wie das vorige, durch die Philosophie.

---

21 Selbst die offizielle Ausgabe der Kaiserrede weist darauf hin, dass der Text der Rede durch offizielle Stellen redigiert wurde (Wilhelm II., Reden Bd. 2, 210ff). Reichskanzler von Bülow hatte den Text aus Sorge um die politischen Reaktionen stark gekürzt. Nach der Rekonstruktion von Bernd Sösemann hatten die besonders strittigen Passagen den folgenden Wortlaut:
„Eine große Aufgabe harrt eurer: ihr sollt das schwere Unrecht, das geschehen ist, sühnen. Die Chinesen haben das Völkerrecht umgeworfen, sie haben in einer in der Weltgeschichte nicht erhörten Weise der Heiligkeit des Gesandten, den Pflichten des Gastrechts Hohn gesprochen. [...]
Ihr sollt fechten gegen eine gut bewaffnete Macht, aber Ihr sollt auch rächen, nicht nur den Tod des Gesandten, sondern auch vieler Deutscher und Europäer. Kommt Ihr vor den Feind, so wird er geschlagen, Pardon wird nicht gegeben; Gefangene nicht gemacht. Wer euch in die Hände fällt, sei in Eurer Hand. Wie vor tausend Jahren die Hunnen unter ihrem König Etzel sich einen Namen gemacht, der sie noch jetzt in der Überlieferung gewaltig erscheinen läßt, so möge der Name Deutschland in China in einer solchen Weise bestätigt werden, daß niemals wieder ein Chinese es wagt, etwa einen Deutschen auch nur scheel anzusehen." (Bernd Sösemann, Die sog. Hunnenrede Wilhelms II. Textkritische und interpretatorische Bemerkungen zur Ansprache des Kaisers vom 27. Juli 1900 in Bremerhaven, in: Historische Zeitschrift, 1976, 342-358, 349.)
22 Wilhelm II., Reden Bd. 2, 97f.

Dem müssen wir entsprechen. Groß ist der Deutsche in der wissenschaftlichen Forschung, groß in seiner Organisierungs- und Disziplinfähigkeit. Die Freiheit für das einzelne Individuum, der Drang zur Entwicklung der Individualität, der unserem Stamme innewohnt, ist bedingt durch die Unterordnung unter das Ganze zum Wohle des Ganzen. [...] Freiheit für das Denken, Freiheit für die Weiterbildung der Religion und Freiheit für unsere wissenschaftliche Forschung, das ist die Freiheit, die Ich dem deutschen Volke wünsche und ihm erkämpfen möchte, aber nicht die Freiheit, sich nach Belieben schlecht zu regieren."[23]

Wahre Freiheit gibt es nach Wilhelms Überzeugung nur in Unterordnung unter den Kaiser. In Görlitz fasste Wilhelm diese Verbindung von persönlicher Freiheit, die sich durch keine äußere Macht begrenzen lässt, und politischer Unterordnung in einem Schlagwort zusammen: „äußerlich begrenzt und innerlich unbegrenzt."[24] Die Einordnung in den Gesamtwillen des Volkes bedeute für den Einzelnen keine Einschränkung, sondern gebe seiner kreativen Freiheit erst die Kraft, die Welt zu verändern. Wilhelm präsentierte sich in Görlitz nicht als Diktator, sondern als Vertreter eines mächtigen Gesamtwillens. Erst die Ausrichtung auf den Kaiser sorge dafür, dass das Freiheitsbewusstsein nicht die Machtbasis des deutschen Volkes zersplittere. Nur in der Unterordnung unter die kaiserliche Führung könne Deutschland eine Weltmacht werden.

Die Görlitzer Rede war bis in den Wortlaut hinein durch den Rassentheoretiker Houston Stewart Chamberlain beeinflusst.[25] Von ihm stammte das Schlagwort „äußerlich begrenzt und innerlich unbegrenzt". In einem Brief an Wilhelm vom 20. Februar 1902 hatte Chamberlain die weltpolitischen Potenziale dieses Slogans mit großer Leidenschaftlichkeit ausgeführt:

„Wie der Engländer sein Bestes vereinzelt, so leistet der Deutsche sein Bestes in Gemeinschaft. Dem Angloamerikanismus kann Deutschland nur dadurch den Rang ablaufen, daß es eine völlig andere Methode verfolgt und als geschlossene Einheit – diszipliniert und methodisiert [...] – auftritt. Deutschland – dessen bin ich fest überzeugt – kann innerhalb zweier Jahrhunderte dahin gelangen, die gesamte Erdkugel (teils unmittelbar politisch, teils mittelbar, durch Sprache, Kultur, Methoden) zu beherrschen, wenn es nur gelingt, beizeiten den „neuen Kurs" einzuschlagen, und das heißt, die Nation zum endgültigen Bruch mit den angloamerikanischen Regierungsidealen zu bringen. Die Freiheit, die Deutschland braucht, ist die Freiheit, wie Friedrich sie verstanden hat – unbeschränkte Freiheit des Denkens, der Religion, der Wissenschaft – nicht die Freiheit, sich selber schlecht zu regieren.

---

23 Wilhelm II., Reden, Bd. 3: 1901-1905, Leipzig 1907, 139f.
24 Ibid., 140.
25 Der Kaiser hatte Chamberlains Grundlagen des 19. Jahrhunderts (Houston Stewart Chamberlain, Die Grundlagen des XIX. Jahrhunderts. 1. Hälfte, München 1899) im Familienkreis vorgelesen (Houston Stewart Chamberlain, Briefe 1882–1924 und Briefwechsel mit Kaiser Wilhelm II. Band 2, München 1928, 165) und die Anschaffung des Buches für alle Lehrerbildungsanstalten vorgeschlagen. Chamberlain wurden zum Hof geladen und stand über viele Jahre in einem intensiven Briefwechsel mit dem Kaiser.

‚Äußerlich begrenzt, innerlich unbegrenzt' ist auch für diese Erkenntnis die Formel; nach jeder Richtung hin muß sie Parole werden. Würde sie es, so machten mir keine Zahlen bange. Ein rassenbewußtes, vom Mittelpunkt aus bis in die Extremitäten, trotz der Sonderbcharaktere der verschiedenen Stämme, einheitlich organisiertes und zielbewußtes Deutschland würde – wenn auch an Einwohnerzahl weniger reich als das Angelsachsentum und das Russentum – dennoch, zugleich durch äußere Macht und durch innere Geisteshöhe, die Welt beherrschen."[26]

Dieser Text zeigt beispielhaft, wie Chamberlain die zeitgenössischen Vorstellungen von den Charaktereigenschaften der Völker aufgriff und zu einer rassistischen Ideologie des Germanentums umarbeitete. Deutschland hatte nach seiner Überzeugung die Möglichkeit, das Recht und die Pflicht, die Welt zu beherrschen. In seinen Briefen an den Kaiser präsentierte sich Chamberlain als Kantianer und unterbreitete eine rassistische und imperialistische Deutung der Kantschen Philosophie: In seiner Deutung war Freiheit bei Kant immer eine begrenzte Freiheit.[27] Chamberlain übertrug diesen Gedanken der Begrenzung auf den Begriff der „Rasse" und begründete aus ihr die Verweigerung jeder Form von Assimilation und den globalen Herrschaftsanspruch des „Deutschtums": Weil Deutschland durch Disziplin und Methode allen anderen Völkern überlegen sei, habe es auch das Recht, die Welt zu unterwerfen.[28]

Chamberlains Gedanken faszinierten nicht nur den Kaiser. Die rassistische Interpretation des „Deutschtums" wurde von vielen Zeitgenossen als Ausdruck eines neuen National-

---

26 Chamberlain, Briefwechsel, 160.
27 Houston Stewart Chamberlain, Immanuel Kant. Die Persönlichkeit als Einführung in das Werk, München 1905, 760.
28 Der Kaiser war von Chamberlains Ausführungen tief beeindruckt. In seinem Antwortschreiben an Chamberlain vom 21. Dezember 1902 wird deutlich, wie sehr sich Wilhelm emotional und inhaltlich von Chamberlain beeinflussen ließ:
„Innigen und herzlichen Dank für Ihren Brief und die Beilage. Ich habe beide sorgfältig und öfters durchstudiert und darüber nachgedacht. Die Hauptpunkte, unsere Zukunft, ihre Aufgaben betreffend, habe ich als Programm in Görlitz „point blanc", wie der Brite sagt, unter die Zuhörer gefeuert. Ich war ja so froh, daß Sie dem, was ich innerlich fühlte und was in mir rang, in so lapidarischer Weise Form und Worte verliehen hatten. Ich beobachtete die Gesichter, gespannte Aufmerksamkeit und Staunen war da zu lesen. Es war ganz etwas anderes, als sie erwartet hatten, und es war etwas Neues!" (Chamberlain, Briefwechsel, 165).
Schon ein Jahr zuvor hatte sich Wilhelm bei Chamberlain dafür bedankt, dass er durch seine Schriften in der Lage war, seine Gedanken in Form einer geschlossenen Weltanschauung zu präsentieren:
„Und nun mußte all das Urarische-Germanische, was in mir mächtig geschichtet schlief, sich allmählich in schwerem Kampf hervorarbeiten. Kam in offene Gegnerschaft zum „Althergebrachten", äußerte sich oft in bizarrer Form, oft formlos, weil es mehr als dunkle Ahnung oft unbewußt in mir sich regte und sich bahnbrechen wollte! Da kommen Sie, mit einem Zauberschlage bringen Sie Ordnung in den Wirrwarr, Licht in die Dunkelheit; Ziele, wonach gestrebt und gearbeitet werden muß; Erklärung für dunkel Geahntes, Wege, die verfolgt werden sollen zum Heil der Deutschen und damit zum Heil der Menschheit! Sie singen das Hohelied vom Deutschen und vor allem von unserer herrlichen Sprache und rufen dem Germanen bedeutsam zu: „Laß ab von deinen Streitigkeiten und Kleinlichkeiten, deine Aufgabe auf der Erde ist: Gottes Instrument zu sein für die Verbreitung seiner Kultur, seiner Lehren! Darum vertiefe, hebe, pflege deine Sprache und durch sie Wissenschaft, Aufklärung und Glauben!" Das war eine Erlösung! So! Nun wissen Sie, mein lieber Mr. Chamberlain, was in mir vorging, als ich Ihre Hand in der meinen fühlte!" (Chamberlain, Briefwechsel, 142).

bewusstseins gefeiert, das die Grenzen von Tradition und Territorium hinter sich ließ, ohne in einem unvölkischen Nationalismus aufzugehen. Dieser neue Nationalismus entsprach der Universalität des globalen Zeitgeistes. Die Welt stand offen und viele Deutsche fühlten sich aufgerufen, mit unverhohlenem Überlegenheitsgefühl auf der internationalen Bühne zu agieren. Die von Kaiser Wilhelm II. propagierte Verbindung von nationalistischer Begrenzung des deutschen Volkstums und universalem Herrschaftsanspruch schuf die weltanschauliche Grundlage für ein Verständnis des „Deutschtums", das sich nicht assimilierte, sondern auch jenseits der deutschen Grenzen selbstbewusst die eigenen Interessen vertrat und ohne Skrupel durchzusetzen versuchte.

Die Inszenierung des Kaisertums während des Jerusalembesuchs von 1898

Am augenfälligsten wurde das universalistische Kaiserverständnis Wilhelms II. auf der Orientreise im Jahr 1898.[29] Wie Thomas Benner herausgearbeitet hat,[30] benutzte der kaiserliche Hof den religiösen Anlass der Kirchweihe der Erlöserkirche in Jerusalem zu einer ritualisierten Inszenierung der kaiserlichen Macht.[31] Von besonderer Bedeutung für die evangelische „Diasporaarbeit" waren neben der rituellen Abbildung des symbolischen Kosmos des Kaisertums die dezidiert evangelische Begründung der kaiserlichen Herrschaft und die vom Kaiser abgegebenen Schutzversprechen an die deutschen Siedler im osmanischen Reich.

Der aufwändig bebilderte Sammelband „Der Protestantismus am Ende des XIX. Jahrhunderts" illustrierte den Bericht zum Einzug Wilhelms in Jerusalem mit einer Plastik Adolf Jahns mit dem Titel „Credo".[32] Die Skulptur zeigte Kaiser Wilhelm mit der Rüstung und den Waffen eines Kreuzfahrers. Die Kreuzzugssymbolik zog sich wie ein roter Faden durch die Inszenierung des kaiserlichen Besuchs im Heiligen Land: Die kaiserliche Delegation fuhr nicht mit der Eisenbahn nach Jerusalem, sondern ritt zu Pferde. Augenzeugen fühlten sich immer wieder an die Kreuzfahrerzeit erinnert und verglichen Wilhelms Reise mit dem Hohenstaufenkaiser Friedrich II., der sich 1229 in der Grabeskirche selbst zum König von Jerusalem gekrönt hatte.[33]

---

29 Wichtiger Anlass für die Besuche in Konstantinopel und Palästina war der Wunsch des Kaisers, am Reformationstag 1898 an der Einweihung der deutschen Erlöserkirche in Jerusalem teilzunehmen.
30 Thomas Hartmut Benner, Die Strahlen der Krone. Die religiöse Dimension des Christentums unter Wilhelm II. vor dem Hintergrund der Orientreise 1898, Marburg 2001.
31 Die Pläne zum Bau der Erlöserkirche reichen bis in die 1840er Jahre zurück. 1841 gründete Friedrich Wilhelm IV. in Zusammenarbeit mit der anglikanischen Kirche das englisch-preußische Bistum Jerusalem, kurz darauf wurde eine erste Kapelle eingeweiht (vgl. dazu Beitrag #20 von Kevin Ward). 1869 gelangte Preußen an das Baugelände unmittelbar neben der Grabeskirche. Der Bau wurde von dem Architekten Friedrich Adler geplant. Wilhelm II. griff stark in die Planungen ein und verlangte etwa die Anbringung des Christusmosaiks in der Kuppel nach dem Vorbild der Laterankirche in Rom (Jürgen Krüger, Wilhelms II. Sakralitätsverständnis im Spiegel seiner Kirchenbauten, in: Stefan Samerski (Hg.), Wilhelm II. und die Religion. Facetten einer Persönlichkeit und ihres Umfelds, Berlin 2001, 235-264, 260f.
32 Reinhold Seeberg, Der Protestantismus unter Kaiser Wilhelm II. Die Kräfte der Gegenwart und Aufgaben der Zukunft, in: Carl Werckshagen (Hg.), Der Protestantismus am Ende des XIX. Jahrhunderts, Berlin 1902, 1193-1206, 1194.
33 Friedrich-Wilhelm Barkhausen, Das deutsche Kaiserpaar im Heiligen Land im Herbst 1898. Mit allerhöchster Ermächtigung Seiner Majestät des Kaisers und Königs bearbeitet nach authentischen Berichten und Akten, Berlin 1899, 97; vgl. Benner, Strahlen, 276f.

Der Einzug in Jerusalem wurde mit deutlich messianischen Grundtönen arrangiert. Zwar hatte sich der Kaiser, anders als oft behauptet, mit Nachdruck gegen das Einreißen der Stadtmauer ausgesprochen,[34] eine Inszenierung des Einzugs nach Motiven aus der alttestamentlichen Königstheologie und der Einzugsgeschichte in den Evangelien lag aber durchaus in der Absicht des Kaisers und seines Hofstaats: Der Kaiser ritt auf einem weißen Schimmel inmitten eines großen Gefolges in Jerusalem ein.[35] Der jüdische Bogen an der Jaffastraße war mit einem Zitat aus Psalm 118 versehen: „Gesegnet sei, der da kommt im Namen des Herrn! Wir grüßen euch aus dem Hause des Ewigen." Die Kinder der jüdischen Schule sangen auf die Melodie von „Heil Dir im Siegeskranz": „Die Kinder Judas rufen aus voller Seele jubelnd: Gesegnet, der da kommt im Namen des Herrn! Willkommen deutscher Kaiser, willkommen deutsche Kaiserin in Jerusalem." Zwei Tage später sang die deutsche Gemeinde zum Einzug des Kaisers in die Erlöserkirche „Tochter Zion, freue dich, jauchze laut, Jerusalem, siehe dein König kommt zu dir, ja er kommt, der Friedefürst."[36] Das ganze Ritual betonte den Anspruch Wilhelms, der „eine wirkliche Kaiser in der Welt" zu sein.

Durch diese messianische Inszenierung des Einzugs in Jerusalem sprengt Wilhelm die räumlichen Grenzen des Deutschen Reiches und präsentiert sich symbolisch als der eine wirkliche Kaiser in der Welt. In der europäischen Tradition ist der Universalismus dieser Inszenierung weder ungewöhnlich noch neu. Die politische Theologie der monarchischen Herrschaft beruht darauf, dass sich die königliche Würde nicht auf die physische Natur des Monarchen begrenzen lässt, sondern darüber hinaus am mystischen Körper Christi teilhat. Durch diese Teilhabe an der göttlichen Natur kann der König in seiner Person die Legitimität allen staatlichen Handelns verbürgen. Ernst Kantorowicz hatte die Bedeutung dieser zwei Naturen des Königs in seiner berühmten Studie „The King's Two Bodies" vor allem im Hinblick auf ihre zeitlichen Konsequenzen untersucht. Die Teilhabe am mystischen Körper Christi garantierte den Fortbestand der Legitimität der Königsherrschaft über den Tod des physischen Königs hinaus.[37]

Die Einzugsinszenierung in Jerusalem greift auf diese Tradition zurück, verschiebt den Akzent aber markant von der zeitlichen auf die räumliche Dimension der göttlichen Ewig-

---

34 Alex Carmel, Der Kaiser reist ins Heilige Land – Legende und Wirklichkeit, in: Alex Carmel and Ejal Jakob Eisler (Hgg.), Die Palästinareise Wilhelms II. 1898. Eine illustrierte Dokumentation, Stuttgart 1999, 51-184, 51.

35 Benner rekonstruiert die Reihenfolge der Prozession nach den zeitgenössischen Quellen: „Vier Beduinen-Scheichs mit Lanzen führten die Prozession an, gefolgt von einer Abteilung der türkischen Garde-Kavallerie; danach Infanterie und die uniformierten Kawassen des deutschen Konsulats in Jerusalem. Botschafter Marschall und Konsul v. Tischendorf schlossen die erste Abteilung des Zuges. Dann folgte mit einigem Abstand die Karosse der Kaiserin mit ihren Damen und dem männlichen Gefolge. Der Kaiser ritt auf seinem Schimmel ‚Kurfürst', in khakifarbener Tropenuniform mit Korkhelm und einem langen weißen Nackenschleier – ganz der Kreuzfahrer –, „der Ausdruck des wie aus Stein gemeißelten Gesichts blieb tiefernst und streng" [so der Chrischonamissionar Johann Ludwig Schneller]. Hinter dem Kaiser ritten die Träger der deutschen Kaiserstandarte und der preußischen Königsstandarte, gefolgt von deutscher Leibgarde zu Pferde, über zwanzig Wagen des kaiserlichen Gefolges, den Schluß bildete türkische Gardekavallerie" (Benner, Strahlen, 283).

36 Ibid., 284ff.

37 Ernst Kantorowicz, The King's Two Bodies. A Study in Mediaeval Political Theology, Princeton, NJ 1957, 3f.

keit: Der Kaiser verlässt die durch räumliche Grenzen definierte Wirklichkeit und wird universaler Weltenherrscher.[38]

Für seine Ansprache bei der Einweihung der Erlöserkirche am Reformationstag des Jahres 1898 wählte Wilhelm die Form eines religiösen Bekenntnisses und begründete sein Kaisertum aus der universalen Bedeutung des *locus* Jerusalem:

> „Jerusalem, die hochgebaute Stadt, in der unsere Füße stehen, ruft die Erinnerung wach an die gewaltige Erlösungsthat unseres Herrn und Heilands. Sie bezeugt die gemeinsame Wahrheit, welche alle Christen über Konfessionen und Nationen im apostolischen Glauben eint; die welterneuernde Kraft des von hier ausgegangenen Evangeliums treibt uns in treuer Nachfolge des Einigen Erlösers [...] an."[39]

Dieses universale Licht begründe den kaiserlichen Herrschaftsanspruch. Wilhelm zitierte Josua 24, 15 und gründete sein Kaisertum auf diese Weise durch direkte göttliche Ordination unabhängig von jeder Verfassung und außerhalb der bestehenden Rechtsordnung: „Ich und mein Haus wollen dem Herrn dienen."[40]

Wie in der Görlitzer Rede wurde der universale Horizont auch hier nationalistisch interpretiert und in Form einer Theologie des germanischen Imperialismus zum Ausdruck gebracht:

> „Von Jerusalem ist der Welt ein Licht aufgegangen, das selige Licht, in dessen Glanze unser deutsches Volk groß und herrlich geworden ist."[41]

Der Erfolg des Germanischen begründe sich aus der durch das Evangelium eröffneten Fähigkeit zu Selbstaufopferung und Unterordnung. Durch diese christliche Grundhaltung bedeute die Herrschaft des Germanentums keine Tyrannei, sondern eröffne einen Friedenshorizont für die ganze Welt:

> „Was die germanischen Völker geworden sind, das sind sie geworden unter dem Panier des Kreuzes auf Golgatha, des Wahrzeichens der selbstaufopfernden Nächstenliebe. Wie vor fast zwei Jahrtausenden, so soll auch heute von hier der Ruf in alle Welt erschallen, der unser aller sehnsuchtsvolles Hoffen in sich birgt: Friede auf Erden. Nicht Glanz, nicht Macht, nicht Ruhm, nicht Ehre, nicht irdischer Ruhm ist es,

---

38 Diese symbolische Transformation ist von zeitgenössischen Beobachtern sehr bewusst wahrgenommen worden. Benner zitiert als Beispiel den Bericht des französischen Journalisten Etienne Lamy:
„[Wilhelm II.] füllt seine Rolle des Kaisers, des deutschen Kaisers gut aus. Die stolze Unbeweglichkeit sowohl des Gesichts als der Haltung; die knappe, kurze, herablassende Geste [...] offenbaren den Kaiser aller Kaiser, den Deutschen aller Deutschen, den am meisten von seiner Größe Durchdrungenen und von seinen Rechten Erfüllten. Doch die Uniform, Gestik und Persönlichkeit sind durch einen großen weißen Schleier wie verklärt, der über die Schultern zurückfällt und über den Rücken fließt. Dieses Nichts verwandelt alles. Er gibt dieser weißen Erscheinung auf einem weißen Pferd, ich weiß nicht, was für einen Nimbus: unfaßbar, geheimnisvoll, unwirklich, symbolisch, schön. Dieses Nichts enthüllt die persönlichste Originalität dieses Monarchen [...], seinem Willen, seiner wirklichen Macht die Flügel der Legende hinzuzufügen, den Souverän durch den Romanhelden zu vervollständigen und den schwarzen Adler Preußens mit dem weißen Schwan des heiligen Grals zu vereinen" (Benner, Strahlen, 285f).
39 Wilhelm II., Reden Bd. 2, 122.
40 Ibid.
41 Ibid.

was wir hier suchen; wir lechzen, stehen, ringen allein nach dem einen, dem höchsten Gute, dem Heil unserer Seelen!"[42]

Die Betonung der Nächstenliebe ermöglichte es Wilhelm auch, trotz aller Demonstration seines imperialen Glanzes den Demutsforderungen zu genügen, die die Tradition der Obrigkeitslehre auch dem König abforderte. Der preußische Herrscher war kein Gottkönig; als Mensch war auch der König Sünder und deshalb der göttlichen Rechtfertigung bedürftig.[43] Allerdings waren Wilhelms Ausführungen rhetorisch geschickt formuliert und provozierten den Hörer, die Sätze auch in einer umgekehrten Lesart zu interpretieren. Der Ton lag nun nicht mehr auf der sündhaften Natur des Menschen, sondern auf der Teilhabe an der universalen Wirklichkeit, die sich durch das global entgrenzte Kaisertum eröffnete. Das spätere Schlagwort „außenhin begrenzt, nach innen unbegrenzt" deutete sich hier bereits an:

„Und wie ich das Gelübde meiner in Gott ruhenden Vorfahren […] an diesem feierlichen Tage hier feierlich wiederhole, so fordere ich Sie alle auf zum gleichen Gelöbnis. Jeder sorge in seinem Stand und Berufe, daß alle, die den Namen des gekreuzigten Herrn tragen, in dem Zeichen dieses hochgelobten Namens ihren Wandel führen zum Siege über alle aus der Sünde und der Selbstsucht kommenden Mächte. Gott verleihe, daß von hier aus Segensströme zurückfließen in die gesamte Christenheit, daß auf dem Throne wie in der Hütte, in der Heimat wie in der Fremde Gottvertrauen, Nächstenliebe, Geduld im Leiden und tüchtige Arbeit des deutschen Volkes edelster Schmuck bleibe, und daß der Geist des Friedens die evangelische Kirche immer mehr und mehr durchdringe und heilige."[44]

Mit diesen Sätzen deutete Wilhelm die zu Quietismus und Innerlichkeit neigende lutherische Rechtfertigungsfrömmigkeit in eine imperiale Theologie um. Der Kaiser nahm Glaube und Nächstenliebe aus der Intimität der *coram*-Beziehungen zu Gott und Mensch heraus und übersetzte sie in die harte Währung politischer Überzeugungen. Gottvertrauen bedeutete in diesem Kontext, bereit zu sein sich in das vom Kaiser angeführte Projekt eines global entgrenzten „Deutschtums" einzuordnen. Deutsche Christen hatten nach Wilhelms Überzeugung das Recht und die Pflicht, das deutsche Wesen überall auf der Welt zur Geltung zu bringen.

In starkem Kontrast zu dieser hohen Rhetorik standen die eher zurückhaltenden außenpolitischen Ziele, die die Reichsregierung mit der Orientreise verband. Das reale Kräfteverhältnis setzte dem kaiserlichen Universalismus enge politische Grenzen. Die vorsichtige Formulierung der vielfältigen vom Kaiser auf der Reise abgegebenen Schutzversprechen belegt, dass das von Wilhelm propagierte Universalkaisertum oft symbolischer Natur war und sich deshalb nur indirekt in konkrete politische Aktionen übersetzen ließ. Jeder Versuch der Durchsetzung des kaiserlichen Herrschaftsanspruchs hätte die Grenzen der deutschen Macht unmittelbar aufgezeigt. Die von Wilhelm formulierte Kaiseridee erwies ihre Wirkmächtigkeit in der symbolischen Kraft, Menschen zu imperialen Aktivitäten zu bewe-

---
42 Ibid.
43 Mit seinem Bekenntnis, so urteilt Benner, hat sich Wilhelm die Loyalität eines Großteils der evangelischen Geistlichkeit für den Rest seiner Regierungszeit gesichert (Benner, Strahlen, 296).
44 Wilhelm II., Reden Bd. 2, 122f.

gen, und war – zur großen Enttäuschung radikaler Nationalisten – als politische Doktrin nur selten durchzusetzen.[45]

Unter diesem Widerspruch stehen die vom Kaiser während seiner Reise abgegebenen Schutzzusagen an die deutschen Siedler im osmanischen Reich und das Freundschaftsversprechen an die gesamte islamische Welt.

Wo immer der Kaiser auf deutschsprachige Siedler traf, versicherte er sie seines kaiserlichen Schutzes. So etwa paradigmatisch in seiner Grußadresse vom 18. Oktober 1898 an die Auslandsdeutschen in Istanbul:

> „Zu meiner Freude habe Ich in der knappen Zeit, während Ich hier bin […] auch von dem Herrscher dieses Landes erfahren, welche geachtete Stellung die Deutsche Kolonie hier in Stambul einnimmt und daß sie sich dieselbe durch eigene Kraft erworben hat. […] die Politik meines verstorbenen Herrn Großvaters […] hat den Beweis dafür geliefert, daß zwei große Völker, die von verschiedener Abstammung und verschiedenen Glaubens sind, wohl gute Freunde werden können und in friedlichem Wettbewerb sich gegenseitig zu nützen vermögen. Sie haben dies an sich selbst erfahren, indem es ihnen gelungen ist, sich hier in Stambul eine Stellung zu erwerben, die auch von großem Wert für das Deutsche Reich ist […] Ich hoffe, daß es auch in Zukunft so bleiben wird, und können Sie jedenfalls Meiner steten Fürsorge und Meines Schutzes sicher sein."[46]

In diesem Grußwort finden sich die wesentlichen Elemente der kaiserlichen Sichtweise zur Stellung von Deutschen im Ausland. Die Rede definierte das vom Kaiser geforderte Selbstverständnis der deutschen Gemeinschaften und bestimmte zugleich das Verhältnis zu den staatlichen Strukturen in den Ländern, in denen sie lebten.

Deutsche Siedler konnten nach Wilhelms Überzeugung nur dann wirtschaftlichen und kulturellen Einfluss gewinnen, wenn sie die Beziehung zum Vaterland aufrechterhielten und als kulturelle Gruppe erkennbar blieben. Wilhelms Aussagen wendeten sich gegen jede Form der Assimilation und zielten auf einen Wettbewerb der Nationalitäten, in dem die deutsche Gemeinschaft ihre Überlegenheit zur Geltung bringen konnte.[47]

---

45 Die von der französischen Presse im Vorfeld der Reise formulierten Befürchtungen, dass Wilhelm etwa das französische Protektorat über alle Katholiken und ihre Institutionen im Orient beseitigen wolle oder die Errichtung eines deutschen Flottenstützpunktes in der Levante plane, waren unbegründet (Carmel, Kaiser, 58).

46 Wilhelm II., Reden, Bd. 2, 116f.

47 Indem Wilhelm den deutschen Gemeinschaften im türkischen Reich seinen Schutz erklärt, erhebt er – ganz im Sinne des von ihm proklamierten Friedenskaisertums – keinen politischen Herrschaftsanspruch über das osmanische Reich. Gleichzeitig wird die Anerkennung der türkischen Souveränität an die Voraussetzung geknüpft, dass sie den wirtschaftlichen und politischen Einfluss der deutschen Bevölkerungsgruppe politisch absichert.
In seiner Ansprache an die deutschen Kolonisten in Sarona bei Jaffa am 27. November betonte Wilhelm diese Ambiguität in der Anerkennung der türkischen Souveränität besonders deutlich. Nach der offiziellen Zusammenfassung der Rede sagte Wilhelm zur Situation der Deutschen in der Levante:
„Je mehr die Deutschen in der Levante an der Heimat festhielten, um so mehr würden sie für das türkische Reich ein kulturförderndes und nationales Element bilden. Weil der Sultan dies erkannt habe, lasse er den Deutschen in seinem Reiche einen wohlwollenden Schutz zu teil werden" (Ibid., 118).

Neben diesen imperialen Zielen dienten die Schutzerklärungen Wilhelms an deutsche Siedler im osmanischen Reich vor allem innenpolitischen Zwecken. Wilhelm plante, die konfessionellen und religiösen Spannungen im Deutschen Reich symbolisch zu überwinden. Das Heilige Land war zu dieser Zeit für deutsche Auswanderer vor allem aus religiösen Gründen interessant. Die deutschen Siedlungen hatten aus diesem Grund sehr deutliche konfessionelle Profile und eigneten sich deshalb dafür, religionspolitische Akzente zu setzen. In Sarona richteten sich die kaiserlichen Worte an eine Gemeinschaft von evangelischen Templern.[48] Am Tag davor hatte er die Bewohner der katholischen Kolonie in Tabgha am See Genezareth des kaiserlichen Schutzes versichert. Trotz der besonderen Betonung evangelischer Traditionen waren die Beziehungen zur katholischen Kirche auf der gesamten Reise im Blick von Kaiser und Reichsregierung. Am Reformationstag nahm der Kaiser nicht nur an den Einweihungsfeierlichkeiten der Erlöserkirche teil, sondern übergab auch das Grundstück für die Dormitio-Abtei in Jerusalem an Vertreter der katholischen Kirche.[49] Dieses Ereignis wurde Papst Leo XIII. telegraphisch mitgeteilt, der dem Kaiser umgehend seine Dankbarkeit ausdrückte. Der katholische Pater Schmidt antwortete auf die Übergabe mit einer Ergebenheitsadresse im Namen aller deutschen Katholiken:

> „Euer Majestät innigst dankend füge ich zugleich ein Versprechen hinzu, mit welchem ich sicher bin, dem Herzen Euer Majestät entgegen zu kommen: Wir stehen auf dem heiligen Berge Zion, von dem geschrieben steht: ‚non commovebitur'. Ebenso fest und stark soll stehen die Treue der katholischen Unterthanen Eurer Majestät, sie soll immer unerschüttert und fest stehen."[50]

Mit der Übergabe des Dormitio-Geländes zieht Wilhelm einen symbolischen Schlussstrich unter den Kulturkampf und präsentiert sein Kaisertum als die universale Klammer, die es Menschen unterschiedlicher Konfessionen ermöglicht, in Frieden miteinander zu leben. Der kaiserliche Religionsuniversalismus beschränkt sich jedoch nicht nur auf das Zusammenleben der christlichen Konfessionen, sondern sieht sich selbst als das Modell, nach dem das Verhältnis von Christentum, Judentum und Islam friedlich entwickelt werden kann.[51] So etwa in Damaskus, wo Wilhelm sich in seiner Begeisterung für den enthusiasti-

---

48 Die Tempelgesellschaft ist eine um 1850 in Süddeutschland entstandene christlich-reformatorische Religionsgemeinschaft. Der Name „Tempel" hat nichts mit dem viel älteren Templerorden zu tun, sondern soll zum Ausdruck bringen, dass die Mitglieder der Gemeinschaft sich als „lebendige Bausteine" eines Gotteshauses verstehen, das sie durch ihr Miteinander bilden. Wesentlich ist die Bereitschaft zur Mitarbeit und Pflege christlicher Gemeinschaft. Kirchliche Lehrsätze werden als weniger zentral betrachtet. Am 18. August 1871 erwarb die Tempelgesellschaft nahe dem Fluss Jarkon Land. 1872 kamen die ersten Siedlerfamilien nach Sarona (Zur Geschichte der Siedlungen der Tempelgesellschaft vgl. Alex Carmel, Die Siedlungen der württembergischen Templer in Palästina 1868-1918, Stuttgart 2000.).
49 Die Dormitio-Kirche ist eine römisch-katholische Kirche auf dem Zionsberg, südlich der ummauerten Altstadt von Jerusalem. Anlässlich seines Besuchs im Heiligen Land 1898 erwarb Kaiser Wilhelm II. das Grundstück und übergab es dem Deutschen Verein vom Heiligen Lande zur Nutzung für die deutschen Katholiken.
50 Barkhausen, Kaiserpaar, 259.
51 Während seiner Reise empfängt der Kaiser Theodor Herzl zweimal und scheint während dieser Gespräche dem von der zionistischen Bewegung entwickelten Gedanken der Einrichtung eines jüdischen Protektorats in Palästina in Form einer Chartered Company unter deutschem Schutz grundsätzlich zuzuneigen (Benner, Strahlen, 250f). An dieser Stelle zeigt sich aber auch, wie gering die Bereitschaft der

schen Empfang durch die Bürger der Stadt zu einer Schutzerklärung für alle Muslime auf der ganzen Welt hinreißen ließ:

> „Möge der Sultan und mögen die 300 Millionen Mohammedaner, die, auf der Erde zerstreut lebend, in ihm ihren Khalifen verehren, dessen versichert sein, daß zu allen Zeiten der deutsche Kaiser ihr Freund sein wird."[52]

Gerade dieses letzte Beispiel belegt, wie sehr Wilhelm selbst von seiner Rolle als messianischer Universalkaiser durchdrungen war. Man kann diesen ungeheuren Anspruch psychologisch problematisieren.[53] Man kann ihn aber auch als ein Experimentieren mit den Möglichkeiten des charismatischen Herrschaftsmodells in einer medial entgrenzten Welt verstehen. Die neuen Kommunikationsmöglichkeiten beschränkten die Herrschaftsausübung nicht mehr auf ein territorial begrenztes Gebiet oder ein traditionales Ordnungssystem, sondern eröffneten globale Perspektiven der Machtentfaltung.

Dieser „neue Kurs" Wilhelms II. verschaffte dem deutschen Protestantismus neue Möglichkeiten der Öffnung: Die Institution des Kaisertums stellte an sich bereits die überkommene landeskirchliche Struktur in Frage und implizierte durch seine reine Existenz die Notwendigkeit einer nationalen Struktur des deutschen Protestantismus. Wilhelms universales Kaiserverständnis erschloss darüber hinaus einen weltweiten Horizont. Die messianische Inszenierung des Kaisertums in Jerusalem ließ die evangelische Kirche in Deutschland als universale Gesamtkirche erscheinen.

Den mitreisenden Kirchenführern und Theologen war die besondere ekklesiologische Bedeutung der Jerusalemreise deutlich bewusst. Vertreter der Landeskirchen wollten an der kaiserlichen Reise teilnehmen und organisierten deshalb eine eigene Festfahrt.[54] Heinrich Niemöller urteilte in dem von ihm herausgegebenen Berichtsband über die Kaiserreise: „Kaum je ist die Gemeinschaft evangelischer Christen des Erdenrunds so erhebend hervorgetreten, wie dort zu Jerusalem […] Die Einweihung der Erlöserkirche war eine evangelische Manifestation, wie sie die neuere Zeit noch nicht gesehen hat."[55] In einem Gottesdienst in Bethlehem beschrieb Oskar Pank die Kaiserreise als ein „freies evangelisch-ökumenisches Konzil"[56] und wies auf die Parallele zu den altkirchlichen Konzilen hin, die ihre Ökumenizität ja auch der universalen Herrschaft eines Kaisers verdankten, der die unterschiedlichen Regionen und Gruppierungen der Kirche zur Einheit des Konzils zusammenführte.[57]

Reichsregierung war, Wilhelms Schutzversprechen politisch auch umzusetzen. Wegen des erwarteten türkischen Widerstandes war Reichskanzler von Bülow entschieden gegen diesen Vorschlag und versuchte, Herzls Begegnungen mit dem Kaiser so wenig wie möglich publik werden zu lassen (John C. G. Röhl, Wilhelm II. Der Aufbau der persönlichen Monarchie 1888-1900, München 2001, 1050ff).

52 Wilhelm II., Reden Bd. 2, 127.
53 So z. B. Röhl, Aufbau der persönlichen Monarchie, 1169ff.
54 Die „Offiziellen Festfahrt zur Einweihung der Erlöserkirche in Jerusalem" ist dokumentiert in Heinrich Niemöller, Hinauf gen Jerusalem. Gedenkbuch der offiziellen Festfahrt zur Einweihung der Erlöserkirche in Jerusalem, Berlin 1899. An der Reise nahmen über 200 Kirchenführer und prominente Mitglieder der evangelischen Kirche, meist aus dem Adelsstand, teil (Niemöller, Jerusalem, 151ff).
55 Niemöller, Jerusalem, 71f.
56 Ibid., 168.
57 Benner, Strahlen, 270.

Die Parallelen zum Kaisertum Konstantins wurden während der Kaiserreise von den politisch Verantwortlichen bewusst inszeniert.[58] Dass ein evangelischer Superintendent die Rolle Konstantins für das wichtige Konzil in Nicäa besonders würdigte, war jedoch symptomatisch für die Verfasstheit der evangelischen Kirche am Ende des 19. Jahrhunderts. Anders als die Missionswerke war der kirchlich verfasste Protestantismus zu dieser Zeit nicht in der Lage, aus sich selbst heraus eine globale Perspektive zu entwickeln. Nur in der Gefolgschaft des Kaisers konnten die Landeskirchen die Welt jenseits ihrer Grenzen wahrnehmen und gestalten. Das durch die Anlehnung an den Staat konstituierte Weltverhältnis hatte einen hohen politischen und ekklesiologischen Preis. Die deutsche evangelische Kirche übernahm die nationalistische Stoßrichtung des wilhelminischen Imperialismus und beschränkte ihre internationalen Aktivitäten auf die Arbeit an deutschen Auswanderern.[59]

---

58 Zitate des Kaisertums Konstantins gehörten zum Programm der Jerusalemreise. Jürgen Krüger weist darauf hin, dass der Bau von drei Kirchen in Palästina (Bethlehem, Jerusalem, Ölberg) das Kirchbauprojekt Kaiser Konstantins widerspiegelt, der an den Stätten von Geburt, Tod und Himmelfahrt Jesu Christi Kirchengebäude errichtet hatte (Krüger, Sakralitätsverständnis, 261).
59 Vgl. dazu Beitrag #5.

Evangelische „Diasporafürsorge" im „größeren Deutschland"

Hanns Lessing

Erst Anfang des 20. Jahrhunderts begannen sich die evangelischen Landeskirchen in Deutschland ernsthaft mit den Folgen der Öffnung der Welt durch Handel, Auswanderung und der kolonialen Unterwerfung ganzer Erdteile zu beschäftigen. Zwar waren die deutschen Missionswerke zu diesem Zeitpunkt schon seit vielen Jahrzehnten in Übersee engagiert und hatten sich dabei auch der Arbeit an deutschen Auswanderern angenommen[1], aber mit Ausnahme missionarisch interessierter Kreise im Umfeld des Pietismus und der Erweckung war die evangelische Kirche von diesen Veränderungen weitgehend unberührt geblieben. Die Perspektive der Landeskirchen beschränkte sich nach wie vor auf das durch das Regiment des Landesherrn vorgegebene Territorium[2] und auch die kirchliche Öffentlichkeit begann erst langsam, sich mit den durch die Entgrenzung der Welt aufgeworfenen Fragen zu beschäftigen.

Vielen Mitgliedern der evangelischen Eliten war es unangenehm, dass der deutsche Protestantismus nicht in der Lage zu sein schien, auf die Öffnung der Welt mit eigenen Antworten zu reagieren. Dieses Unbehagen war ein wichtiger Impuls zur Gründung des *Deutschen Evangelischen Kirchenausschusses (DEKA)* im Jahr 1903. Mit dieser Institution bekam die deutsche evangelische Kirche erstmals ein handlungsfähiges Organ, um die gemeinsamen Interessen der Landeskirchen gegenüber anderen Religionsgesellschaften und staatlichen Instanzen im In- und Ausland zu vertreten.[3]

Im Vorfeld dieser Gründung gab es in verschiedenen Foren lebhafte Diskussionen über Form und Struktur einer Theologie, die die deutschen Kirchen bei der Entwicklung ihrer weltweiten Aktivitäten leiten sollte. Von besonderer Bedeutung waren die Debatte um die Folgen der deutschen Weltmachtstellung auf der Tagung des Evangelisch-Sozialen Kon-

---

1 Zur Arbeit von Missionswerken und freien Vereinen in der kirchlichen Versorgung deutscher Auswanderer vgl. die Beiträge #1 und #3 von Wellnitz und Wendt.
2 Die kirchliche und politische Bedeutung der wenigen an die Landeskirchen angeschlossenen Auslandsgemeinden wurde erst langsam verstanden. Zum Verhältnis der evangelischen Landeskirchen zu Auslandsgemeinden im südlichen Afrika vgl. die Beiträge #1, #2, #13, #16, #17 und #18.
3 Zu Geschichte und Arbeit des Kirchenausschusses vgl. die Beiträge #1 und #3 von Wellnitz und Kampmann. Während sich die Arbeit des DEKA im Inland vor allem auf die Koordination der Positionen der Landeskirchen beschränkte, galt die Versorgung der deutschen Auslandsgemeinden von Anfang an als eine nationale Aufgabe, in der der Kirchenausschuss auch eigenständig tätig werden konnte. In der Diasporadenkschrift von 1904 hieß es programmatisch:
„Das evangelische Volk Deutschlands muss die kirchliche Versorgung der im Ausland verstreuten Glaubensgenossen und Landsleute als ein notwendiges Werk ins Herz und aufs Gewissen nehmen und den deutschen evangelischen Kirchenausschuss in den Stand setzen, unter Gottes Segen das Wollen zum Vollbringen zu leiten" (Deutscher Evangelischer Kirchenausschuß, Denkschrift über die kirchliche Versorgung der Diaspora im Auslande, in: Deutsch-Evangelisch. Zeitschrift für die Kenntnis und Förderung der deutschen evangelischen Diaspora im Auslande, 1905, 49-68).

gresses im Juni 1900 in Karlsruhe und die publizistischen Aktivitäten, die dazu dienten, die „Diasporafürsorge" zu intensivieren und so die Auslandsgemeinden zu stärken.[4] Beides zeichnete sich durch große imperiale Begeisterung und einen starken nationalistischen Einschlag aus. Die Situation der Auswanderer rückte dabei immer stärker in den Fokus der Aufmerksamkeit. In kirchlichen Kreisen erschien das „Deutschtum" im Ausland als ein zentrales Paradigma der deutschen Weltbedeutung.

Die Weltmachtambitionen auf dem Evangelisch-Sozialen Kongress im Jahr 1900

Der Evangelisch-Soziale Kongress[5] behandelte auf seiner Tagung in Karlsruhe am 8. Juni 1900 das Thema „Welche sittlichen und sozialen Aufgaben stellt die Entwicklung zur Weltmacht unserem Volke?" Die Diskussionen im Vorfeld und die Auseinandersetzungen auf der Tagung zeigen, wie unsicher die evangelische Öffentlichkeit damals auf die neuen Voraussetzungen reagierte. Das Thema der Session war offensichtlich von dem damaligen Generalsekretär Paul Rohrbach vorgeschlagen worden,[6] aber bereits bei der Auswahl der Referenten traten die ersten Probleme auf. Der ursprünglich für das Hauptreferat vorgesehene Nationalökonom Adolph Wagner sagte ab,[7] weil er sich nicht vorstellen konnte, Fragen der Außenpolitik im Horizont der christlichen Sittlichkeit zu diskutieren:

> „Ich war […] nicht über den Zwiespalt hinausgekommen, ob in der That die aus wirtschaftlichen und sonstigen Gründen auch mir notwendig erscheinende Weltmachtpolitik sich zunächst gewissermaßen nur theoretisch und vor dem Gewissen, geschweige denn in der Praxis, vereinigen lasse, mit den Anforderungen, die wir gewohnt sind, als christliche und auch kurzweg als sittliche anzusehen."[8]

---

4 Zu nennen ist hier vor allem die einflussreiche Streitschrift des späteren Direktors der Leipziger Mission, Carl Paul, Was tut das evangelische Deutschland für seine Diaspora in überseeischen Ländern?, Leipzig 1903 und die Gründung der Zeitschrift „Deutsch-Evangelisch im Auslande" im Jahr 1902 durch Ernst Bussmann, M. Urban und Carl Mirbt.

5 Der Evangelisch-Soziale Kongress (ESK) wurde am 28. Mai 1890 von Theologen, Volkswirtschaftlern, Politikern, Juristen und anderen gegründet. Auf den jährlich stattfindenden Tagungen wurden soziale Probleme vom Standpunkt der protestantischen Ethik aus erörtert.
Im Aufruf zum Kongress in Karlsruhe wurde die Aufgabe des Kongresses in folgender Weise definiert: „Der Kongreß faßt das Wort evangelisch nicht im trennenden, sondern im verbindenden Sinne auf, indem er darin das Losungswort erblickt, welche den sittlichen und religiösen Grundsätzen des Evangeliums die oberste Stelle unter den idealen Mächten des deutschen Volkslebens zuweisen und sich zu deren Pflege verpflichtet fühlen. Sozial aber nennt sich der Kongress, weil er sich das hohe Ziel gesetzt hat, die täglich wichtiger werdenden großen und kleinen Fragen des wirtschaftlichen, bürgerlichen und staatlichen Lebens nicht vom einseitigen Standpunkte persönlicher Interessen und wirtschaftlicher Einzelvorteile, sondern von der hohen Zinne des Gesamtwohls und des dauernden Gedeihens unseres geliebten deutschen Volkes zu betrachten!" (Evangelisch-sozialer Kongress, Mitteilungen des Evangelisch-sozialen Kongresses Juli/August 1900.)

6 Walter Mogk, Paul Rohrbach und das „Größere Deutschland". Ethischer Imperialismus im Wilhelminischen Zeitalter. Ein Beitrag zur Geschichte des Kulturprotestantismus, München 1972, 86. Paul Rohrbach ging 1904 als Ansiedlungskommissar nach Deutsch-Südwestafrika und erlangte danach als Kolonialpropagandist Berühmtheit.

7 Der Nationalökonom Adolph Wagner war Gründungsmitglied und erster Präsident des evangelisch-sozialen Kongresses. Als Sympathisant der konservativen Partei sah er die Öffnung der Welt durch den liberalen Freihandel eher kritisch.

8 Evangelisch-Sozialer Kongress, Die Verhandlungen des Evangelisch-sozialen Kongresses, abgehalten

Um die Jahrhundertwende galt die Außenpolitik als Vorrecht der souveränen Fürsten der Nationalstaaten und war aus diesem Grunde einer kritischen theologischen Diskussion weitgehend entzogen. Selbst auf wirtschaftsethischem Gebiet bewegte sich der Evangelisch-Soziale Kongress auf politisch schwierigem Terrain und war 1896 vom Kaiser selbst kritisiert worden:

> „Politische Pastoren sind ein Unding. Wer Christ ist, ist auch sozial; christlich-sozial ist Unsinn und führt zu Selbstüberhebung und Unduldsamkeit. Die Herren Pastoren sollen sich um die Seelen ihrer Gemeinden kümmern, die Nächstenliebe pflegen, aber die Politik aus dem Spiele lassen, dieweil sie das gar nichts angeht."[9]

Vor dem Hintergrund dieser Auseinandersetzungen um das gesellschaftliche Mandat von Kirche und christlicher Öffentlichkeit kam es auf dem Kongress zu einem heftigen Schlagabtausch zwischen Johannes Lepsius und Friedrich Naumann über die Frage einer christlichen Begründung der Weltpolitik.

Beide Redner waren in der Debatte um die Unterstützung der Armenier gegen die türkische Verfolgung bereits vorher aneinander geraten. Lepsius hatte versucht, die deutsche Öffentlichkeit gegen Verfolgung der Armenier zu mobilisieren.[10] Naumann hatte diesem Projekt mit allem Nachdruck widersprochen. Im Reisebericht über seine Erfahrungen auf der Orientreise Wilhelms II.[11] rechtfertigte er die Verfolgung, bei denen in den 1890er Jahren zwischen 80.000 und 100.000 Menschen ums Leben gekommen waren,[12] mit machtpolitischen Argumenten:

Deutschland habe ein strategisches Interesse am Erhalt des Osmanischen Reiches und dürfe separatistischen Tendenzen aus diesem Grund auf keinen Fall Vorschub leisten. Niemand werde es eifrigen Christen verwehren, die Opfer unter dem Rad zu verbinden.

> „Nur ist zu verlangen, daß die Liebestaten niemals zu politischen Handlungen werden, die unsere deutsche Staatspolitik durchkreuzen. Wir sind der festen Überzeugung, daß unser Volk auch dem Christentum am besten dient, wenn es sich selber im Völkerkampfe stark erhält."[13]

---

zu Karlsruhe am 7. und 8. Juni 1900. Nach den stenografischen Protokollen, Göttingen 1900, 159.

9 Norbert Friedrich, Die Christlich-soziale Bewegung und Wilhelm II., in: Stefan Samerski (Hg.), Wilhelm II. und die Religion. Facetten einer Persönlichkeit und ihres Umfelds, Berlin 2001, 59-90, 105.

10 Lepsius hatte während seiner Tätigkeit im Vorstand des syrischen Waisenhauses in Jerusalem von der Verfolgung der Armenier durch die Türken erfahren und darauf mit der Gründung des Armenischen Hilfswerks reagiert, das vor Ort Hilfe zu leisten versuchte und in Deutschland für die Unterstützung der Armenier warb (Johannes Lepsius, Armenien und Europa. Eine Anklageschrift wider die christlichen Großmächte und ein Aufruf an das christliche Deutschland, Berlin 1896).

11 Naumann hatte Kaiser Wilhelm auf seiner Jerusalemreise begleitet. Er war vom Zustand der orientalischen Kirchen entsetzt und urteilte, dass die Ostkirchen durch Dogmenzank und Uneinigkeit alle Kraft verloren hätten, dem sterbenden Islam etwas entgegenzusetzen (Friedrich Naumann, Asia, Athen, Konstantinopel, Baalbek, Damaskus, Nazaret, Kairo, Neapel, 6. Auflage, Berlin 1907, 107).

12 Ibid., 137.

13 Ibid., 141. Aus dieser sozialdarwinistischen Grundüberzeugung hat Naumann auch die brutalsten Vernichtungsaktionen des deutschen Imperialismus unterstützt. So kritisierte er wenige Wochen nach dem Kongress die öffentlichen Angriffe gegen die „Hunnenrede" Kaiser Wilhelms II. vom 27. Juli 1900 und schrieb in seiner Zeitschrift „Die Hilfe": „Die deutschen Staatsbürger haben jetzt in ihrer großen

In Karlsruhe stritten die beiden wieder um die Frage nach der materiellen Bedeutung des christlichen Glaubens für die deutsche Weltmachtpolitik. Lepsius polemisierte gegen ein Christentum, das noch nicht entdeckt habe, „daß Christus ein Mann war."[14] Er wehrte sich gegen eine Haltung, die den christlichen Glauben auf einen „weiblichen Hilfsdienst" reduziert, der die Wunden, die der Kampf ums Dasein dem einzelnen oder ganzen Volksklassen geschlagen hat, verbindet und heilt, ohne dabei den Kampf selbst aufzunehmen und zum Siege zu führen.[15] Ein solches Verständnis des Christentums begnüge sich mit der Rolle, die ein

> „Monarch bei der Wahrnehmung seiner königlichen Pflichten seiner Gemahlin zuzuweisen pflegt. […] Ein vollkommener Christ scheint danach ein Mensch zu sein, der vom Kopf bis zur Zehe mit der Watte sentimentalen Mitleids ausgestopft ist, […] die man sich gewöhnt hat christliche Liebe zu nennen."

Moderne Menschen, die solche Anschauungen guthießen, huldigten nach seiner Überzeugung einem „verkappten Marienkult".[16]

Gegen dieses „weibliche Christentum" wollte Lepsius eine Haltung setzen, die es wagt „in den Kampf von Mächten um die Gewinnung von Rechten einzutreten."[17] Grundlage seiner imperialistischen Überzeugung war Leopold von Rankes These, dass „das Christentum, […] die leitende Macht in der Geschichte ist, die organisierende Kraft der Volks- und Staatenbildung"[18] sei.

Die Argumente, mit denen Lepsius diesen Gedanken ausführt, erinnern in frappierender Weise an die Thesen von Houston Stewart Chamberlain und von Wilhelm II. zur weltpolitischen Bedeutung der deutschen „Rasse".[19] Wie Wilhelm in Jerusalem versuchte Lepsius, die Innerlichkeit des evangelischen Rechtfertigungsglaubens zu einer imperialistischen Weltanschauung zu transformieren. Größe und Bedeutung des innerlichen Lebens im deutschen Protestantismus dienten dabei als Rechtfertigung für die globale Expansion:

> „Der Deutsche mußte, um seine Weltaufgabe zu begreifen, eine doppelte Entdeckung machen, er mußte seine Innenwelt und seine Außenwelt entdecken. Das erste hat Luther gethan, das zweite hat Bismarck gethan. Man kann sagen, daß der Wert der

---

Mehrzahl das drohende Gefühl, daß sie weit moralischer sind als ihr Kaiser […] Wir halten diese ganze Zimperlichkeit für falsch" (Theodor Heuss, Friedrich Naumann. Der Mann, das Werk, die Zeit, 3. Auflage, München u.a. 1968, 148). So sehr Naumann mit der machtpolitischen Stoßrichtung der kaiserlichen Rhetorik übereinstimmt, so deutlich kritisiert er die vom Kaiser angeführten christlichen Begründungsmuster: „Wir kämpfen, weil wir Nation sind, nicht, weil wir an das Evangelium glauben. Um des Evangeliums willen schicken wir Missionare, um der Politik willen Korvettenkapitäne. Der religiöse Teil der Kaiserrede ist mittelalterlich-katholisch gedacht. Kreuzzüge machte man um des heiligen Kreuzes willen, nach Peking aber fahren unsere Soldaten um unserer Macht willen" (ibid., 149).

14 Evangelisch-Sozialer Kongress, Verhandlungen 1900, 150.
15 Ibid.
16 Ibid., 149.
17 Ibid., 150.
18 Ibid.
19 Zu den Positionen von Wilhelm II. und Chamberlain vgl. Beitrag #4 von Hanns Lessing.

Nationen sich darin erweist, in welcher Weise sie diesen doppelten Übergang in die Innenwelt und in die Außenwelt vollzogen haben."[20]

Wie bei Chamberlain sind die Kategorien „innen" und „außen" auch hier politisch aufgeladen. Die Betonung der Bedeutung der Innerlichkeit richtete sich gegen die Oberflächlichkeit des angelsächsischen Imperialismus, die die Ausbildung der menschlichen Persönlichkeit angeblich behinderte.[21] Die weltpolitische Notwendigkeit, aus der Innerlichkeit nach außen zu treten, betrachtete Lepsius als große Herausforderung für das deutsche Volk, das im Laufe seiner Geschichte immer wieder in der Gefahr gestanden habe, „sich in diese Innenwelt zurückzuziehen und auf die Weltaufgabe zu verzichten."[22]

Wenn die Innerlichkeit des Christentums sich jedoch nach außen öffne, beginne der „Kreuzzug", in dem Christus selbst die Herrschaft über die Erde antrete: „Das Reich Gottes hat eine politische Geschichte. […] Das Ziel der Weltmachtpolitik, gewollt oder ungewollt, bewußt oder unbewußt, ist die Herrschaft Christi über den Erdkreis."[23] Lepsius sah keinen Unterschied zwischen dem deutschen Imperialismus und dem Kommen des Reiches Gottes. Die beiden Begriffe waren für ihn austauschbar: Der Siegeszug Christi sei gleichbedeutend mit der Unterwerfung der Welt unter die Herrschaft der protestantischen Völker Europas und Amerikas, allen voran Deutschland, denn nur sie hätten die Wahrheit des Evangeliums in ihr Inneres aufgenommen. Am Ende seines Vortrags fasst Lepsius diese Überzeugung in emphatischen Worten zusammen:

„Wenn wir Deutschen unsere Weltmission erfüllen wollen, so müssen wir Deutsche bleiben und müssen Christen bleiben. Wir dürfen weder unsere Innenwelt opfern, um eine Außenwelt zu erobern, noch dürfen wir unser Recht auf unsere Außenwelt dran geben, um unsere Innenwelt zu behaupten. Nur wenn wir beides thun, werden wir die Weltmission des Deutschtums mit der Eroberung der Großmachtstellung des deutschen Reiches erfüllen."[24]

Trotz Lepsius' Begeisterung für einen nationalistischen Imperialismus implizierte seine Gleichsetzung von Reich Gottes und Weltmachtpolitik eine Beschränkung der deutschen Außenpolitik. Mit Blick auf die Frage der Beziehungen zum Osmanischen Reich wird der materielle Gehalt von Lepsius' christlichem Weltmachtbegriff deutlich: Wenn Imperialismus und das Kommen des Reiches Gottes ein und dasselbe sind, ist die Außenpolitik des Deutschen Reiches gebunden und muss die christlichen Armenier gegen den muslimischen Staat beschützen. Eine solche Beschränkung der deutschen Außenpolitik war jedoch für einen Machtpolitiker wie Naumann nicht akzeptabel. Für ihn war der Glaube der Armenier kein Faktor der Außenpolitik; religiös oder humanitär begründete Intervention lehnte er strikt ab.[25]

---

20 Evangelisch-Sozialer Kongress, Verhandlungen 1900, 154.
21 Ibid., 156.
22 Ibid., 154.
23 Ibid.
24 Ibid., 156.
25 Zu den Einzelheiten der Debatte zwischen Lepsius und Naumann vgl. die Beiträge von Hans-Walter Schmuhl, Friedrich Naumann und die Armenische Frage. Die deutsche Öffentlichkeit und die Verfolgung der Armenier vor 1915, www.hist.net/kieser/aghet/Essays/EssaySchmuhl.html [30.07.2010] und

In seiner Antwort setzte Naumann der Kreuzzugstheologie von Lepsius eine sozialdarwinistische Interpretation der lutherischen Lehre von der Unterscheidung der Regimenter entgegen. Nach seiner Überzeugung ist es gerade die Stärke der „männliche[n] lutherischen Tradition", dass sie die „Trennung zwischen Politik und Religion am exaktesten durchgeführt hat."[26] Naumann hält um 1900[27] Christentum und Politik für grundsätzlich unvereinbar. Wer das Evangelium ernst nehme, müsse erkennen, dass das Neue Testament ein „Weltbild von zweifelhaft internationaler Art" propagiere, das, wenn man versuche, es in die Welt des Politischen zu übersetzen, auf einen Tolstoischen Pazifismus hinauslaufe, wie er von den „Friedensfreunde[n]" gefordert werde.[28]

Die sittlichen Forderungen des Evangeliums behinderten nach Naumanns Überzeugung die Ausübung von Machtpolitik und seien aus diesem Grund nur für den persönlichen Glauben des Einzelnen verbindlich. Politik ziele auf die Durchsetzung von Macht und werde deshalb nicht von geistlichen, sondern von „natürlichen" Prinzipien[29] kontrolliert. Naumann begründete dieses Verständnis explizit mit Darwins Begriff der natürlichen Auslese[30] und interpretierte den Kampf ums Dasein als das Paradigma der Politik: „Kampf [ist] das Prinzip der Politik";[31] „das, was wirklich die Grundlage ist, der natürliche Kampf ums Dasein unter den Völkern, [muss] als solches auch wirklich anerkannt und ausgesprochen" werden.[32]

Als überzeugter Lutheraner überließ Naumann die Weltgeschichte an diesem Punkt seiner intellektuellen Biographie jedoch nicht dem Herrschaftsbereich der Biologie[33], sondern interpretierte den Kampf ums Dasein im Rahmen der Zweiregimenterlehre als eine Anordnung Gottes. Wie in seinem Kaiserbuch[34] forderte Naumann auch in Karlsruhe alle Christen auf, sich in das vom Kaiser angeführte imperialistische Machtsystem einzuordnen, mit dem Deutschland die Welt zu unterwerfen suchte:

> „[…] wir werden am besten thun, wenn wir daran glauben, daß Gott uns eine Aufgabe giebt, und die bedeutet einfach: Du Volk, das du geworden bist, du habe dich in Zucht und Kraft. Habe dich aber auch nach außen in der nötigen Macht!"[35]

Andreas Baumann, Johannes Lepsius' Missiologie, Pretoria 2005, 111ff, 132ff.
26 Evangelisch-Sozialer Kongress, Verhandlungen 1900, 177.
27 Zur Entwicklung von Naumanns Verhältnis zum Christentum vgl. Heuss, Naumann, 100ff. Bis zu seiner Palästinareise hatte Naumann das Bild eines sozialen Jesus vertreten, danach erfolgte eine radikale Säkularisierung seiner sozialpolitischen Positionen.
28 Evangelisch-Sozialer Kongress, Verhandlungen 1900, 178.
29 Ibid., 179.
30 Ibid.
31 Ibid., 177.
32 Ibid., 180.
33 In späteren Jahren geriet Naumann dann jedoch immer stärker unter den Einfluss des Naturalismus Ernst Haeckels (Heuss, Naumann, 168), den er mit einer Schrift zum Darwinismus gesellschaftlich umzusetzen suchte (Friedrich Naumann, Religion und Darwinismus, in: Max Apel (Hg.), Darwin. Seine Bedeutung im Ringen um Weltanschauung und Lebenswert. 6 Aufsätze, Berlin 1909, 99-123).
34 Friedrich Naumann, Demokratie und Kaisertum. Ein Handbuch für innere Politik, 3. Auflage, Berlin 1904.
35 Evangelisch-Sozialer Kongress, Verhandlungen 1900, 181.

Die Schärfe dieser Auseinandersetzung verdeckte, wie nah die Positionen von Naumann und Lepsius politisch und theologisch beieinander lagen. Beide Redner waren auf der Suche nach einer Theologie, die in einer geöffneten und entgrenzten Welt Relevanz beanspruchen konnte. Beide Theologen fühlten sich dabei durch das territorial umgrenzte Kirchentum und die Tradition der christlichen Nächstenliebe beschränkt und wollten den Universalanspruch des Christentums zur Begründung des deutschen Imperialismus politisch nutzbar machen. Sowohl Naumann als auch Lepsius griffen zu diesem Zweck auf die darwinistische Theorie zurück und versuchten, die Kategorie des Kampfes um das Dasein in die theologische Debatte einzuführen, in der sie zu diesem Zeitpunkt noch keine Rolle spielte. Die Differenzen zwischen den beiden Kontrahenten beschränkten sich auf die Fragen, ob Außenpolitik inhaltlich durch spezifisch christliche Interessen bestimmt werden sollte und ob es neben dem Kampf ums Dasein noch eine spezifisch persönlich christliche Dimension geben sollte, die nicht nach außen drängt, sondern sich allein Gott zuwendet. Grundsätzliche Auswirkungen auf das deutsche Weltmachtverständnis hatten diese Differenzen, wie Lepsius in seinem Schlusswort selbst feststellte, aber praktisch nicht.[36] Beide Redner propagierten einen nationalistischen Imperialismus und versuchten, den Weltherrschaftsanspruch des Deutschen Reiches theologisch abzusichern. Dem kirchlichen Handeln wurde in beiden Entwürfen keine eigene weltpolitische Bedeutung zugeschrieben. Entweder erschöpfte sich ihre Rolle in der theologischen Rechtfertigung staatlicher Machtpolitik wie bei Lepsius oder sie hatte sich, wie von Naumann gefordert, auf die Innerlichkeit des Glaubens und die Diakonie zu beschränken.

Das stenografische Protokoll konstatiert nach Naumanns Redebeitrag: „Außerordentlich lebhafter, lang andauernder Beifall" – trotzdem konnten sich die Positionen, die den Imperialismus von Staat und Wirtschaft theologisch abzusichern suchten, in Karlsruhe nicht durchsetzen. Die Konferenzresolution nahm keines der Argumente von Lepsius und Naumann auf, sondern wiederholte die weit vorsichtigeren Thesen aus dem Eingangsreferat des Marburger Nationalökonomen Karl Rathgen,[37] dem es, wie Adolph Wagner im Anschluss feststellte, gelungen sei, die sittlichen und religiösen Fragen, die sich aus der deutschen Entwicklung zur Weltmacht ergäben, zum ersten Mal umfassend zu begründen.[38] Diese Auffassung wurde von den meisten Konferenzteilnehmern geteilt und auch in der Presse positiv kommentiert.[39] Die Thesen Rathgens fanden so weitreichende Zustimmung, dass sein Referat fast als Manifest zur Rolle von Christentum und Kirche in dem von Wilhelm II. ausgerufenen größeren Deutschland gelten kann.

Rathgens Argumentation bewegte sich innerhalb der Parameter der traditionellen Zweiregimenterlehre und überließ das weltliche Regiment der Politik. Im Unterschied zu

---

36 Ibid., 194.
37 Der Nationalökonom Karl Rathgen lebte von 1882 bis 1890 in Japan und unterrichtete an der Kaiserlichen Universität in Tokio öffentliches Recht, Statistik und Verwaltungswissenschaften. Nach seiner Habilitation zum Thema „Japans Volkswirtschaft und Staatshaushalt" wurde Rathgen 1893 Professor an der Universität Marburg und vertrat von 1900 bis 1907 Max Webers Lehrstuhl in Heidelberg. 1907 wurde er Professor am neu gegründeten Hamburger Kolonialinstitut und übernahm 1919 nach dessen Umwandlung in eine Universität neben dem Rektorat den Lehrstuhl für Nationalökonomie, Kolonialpolitik, Finanzwissenschaft.
38 Evangelisch-Sozialer Kongress, Verhandlungen 1900, 162.
39 Zu den Reaktionen auf die Tagung in Karlsruhe vgl. die Darstellung von Mogk, Rohrbach, 80ff.

Lepsius und Naumann reduzierte er die Bedeutung der geistlichen Sphäre aber nicht auf den Wirkungsbereich von Frauen oder den Pazifismus Tolstois, sondern versuchte, die weltgeschichtlichen Potenziale des christlichen Handelns herauszuarbeiten. Nach Rathgens Überzeugung artikulierte sich das geistliche Leben in kultureller Aktivität und wirkte auf diese Weise auf die Welt ein. Während Naumann und Lepsius die Gewalt des Weltmachtstrebens der politischen Institutionen zu legitimieren suchten, zielten Rathgens Ausführungen auf eine kulturprotestantische Rechtfertigung des deutschen Imperialismus.

Wegen dieser selbst auferlegten Zurückhaltung berührte der Vortrag ökonomische und politische Themen nur am Rande. Rathgen hielt Kolonisation und Welthandel für vorgegebene Tatsachen, die eine christliche Diskussion nur zur Kenntnis nehmen könne, und konzentrierte sich auf Fragen der Sittlichkeit und Kultur. Im Zentrum seiner Überlegungen stand daher nicht die Frage nach einer globalen Gerechtigkeit, wie sie etwa im Horizont von Lepsius' Theologie durchaus hätte formuliert werden können. Rathgens Thema waren die ethischen Konsequenzen aus dem Kulturgefälle zwischen Deutschland und „Ländern geringerer Kultur":[40]

> „Welche Pflichten also erwachsen unserem Volke dadurch, daß uns der Übergang Deutschlands zur Weltmacht in neue Beziehungen zu anderen Völkern setzt, zu Völkern, die auf einer geringeren Stufe der Gesittung, der gesellschaftlichen Leistungsfähigkeit stehen; denn gerade auf diese erstreckt sich die Bethätigung der Weltmacht: auf die Wilden und Halbbarbaren Afrikas, auf die Halbkulturvölker Asiens und des tropischen Amerikas."[41]

Die kulturelle Überlegenheit der europäischen Nationen rechtfertigte für Rathgen die koloniale Unterwerfung und die mit dem Kolonialismus verbundene Gewalt:

> „So wird es nun zur doppelten Pflicht, die Tropenvölker auf ein höheres Niveau zu erheben[:] um ihrer selbst willen und um sie zu befähigen, die Naturschätze ihres Landes dienstbar zu machen. Den Kulturvölkern fällt die Aufgabe zu, die Erzieher zu werden. […] Ohne Entfaltung von Macht, ohne Anwendung von Gewalt wird es meist nicht abgehen. […] Gewalt ist gerechtfertigt, wenn sie dem Kulturziele zuführt."[42]

Die Gewalt sei aber an die Pflicht zur kulturellen Hebung gebunden und verliere ohne nachdrückliche Kulturarbeit jegliche Legitimität:

> „Aber Eroberung und Unterwerfung ohne nachfolgende Kulturarbeit ist wertlos; Eroberung nur zur Ausbeutung ist verwerflich. […] kein Lohn auf Kosten der Beherrschten, kein Vorteil ohne gleichzeitige Hebung der Unterworfenen! Wie die Überordnung der gesellschaftlichen Klassen und die bessere Lebenslage der höheren Stände nie verschwinden wird, aber sittlich gerechtfertigt werden muß durch Hin-

---

40 Evangelisch-Sozialer Kongress, Verhandlungen 1900, 134.
41 Ibid., 132.
42 Ibid., 134.

gabe an das Ganze und Fürsorge für die tieferstehenden Klassen, so ist es auch im Verhältnis herrschender und beherrschter Völker und Rassen."[43]

Dieser Satz bringt das politische Grundverständnis des Evangelisch-Sozialen Kongresses auf den Punkt: Rathgen und mit ihm die Führungselite des deutschen Kulturprotestantismus dachte die Welt des Politischen nicht im Horizont von Rechten, sondern im Paradigma von Pflichten. Politik agierte nach dieser Auffassung in Ausübung eines Pflichtbewusstseins, das die eigenen Privilegien mit der Übernahme der Verantwortung für das Ganze zu rechtfertigen suchte. Die „beherrschten Völker und Klassen" konnten in diesem Horizont niemals zum Subjekt werden, sondern blieben Objekte des politischen Handelns. „Humanitäts- und Gleichheitsideen" angelsächsischer Provenienz wurden von Rathgen deshalb auch scharf abgelehnt.[44]

Das Kulturgefälle war nach Rathgens Überzeugung in der kolonialen Situation sowohl für die Beherrschten als auch für die Herrschenden mit großen Gefahren verbunden. Der Kulturkontakt bedrohe die traditionellen Strukturen der niedrig stehenden Völker. Jeder Versuch der kulturellen Hebung müsse deshalb darauf achten, die beherrschten Völker nicht zu überfordern. „Die europäische Herrschaft [dürfe nicht] indirekt zur Sprengung des sozialen Zustands" führen.[45]

Aber auch die höher stehende Kultur stehe in der Gefahr, nachteilig beeinflusst zu werden, denn der Kontakt mit niedrig stehenden Völkern könne sich sittlich negativ auf die Herrschenden auswirken. Diese Gefahr drohe sowohl in den Kolonien[46] als auch in der Heimat.[47] Eine praktische Kulturarbeit, die diesen Gefahren entgegen zu steuern suche, müsse den Kulturkontakt deshalb so gestalten, dass eine Gefährdung nach Möglichkeit gar nicht erst auftritt. Die Angehörigen der höheren Kultur sollten ihr Niveau unter allen Umständen aufrechterhalten und dafür Sorge tragen, dass die niedriger stehenden Kulturen nach Möglichkeit gehoben würden.

Die Verantwortung lag dabei nach Rathgens Überzeugung allein auf Seiten der Herrschenden. Die Beherrschten wurden weder gefragt noch hatten sie ein Mitgestaltungsrecht. Die Kolonisten sollten wohl auf die besondere Situation der Kolonisierten eingehen. Jedoch dürfe „solch liebevolles Eingehen auf die Eigenart der Eingeborenen nie zur Schwäche werden. Schwäche ist kulturfeindlich; denn der Unkultur macht nur Kraft Eindruck. [...] Den Neger erklären alle Kenner für ein Kind, das der Vormundschaft bedarf und straffer Erziehung."[48] Rathgens praktische Vorschläge beschrieben die Konsequenzen dieses paternalistischen Grundverhältnisses für Kolonialisierte und Kolonisatoren:

Zur Hebung des kulturellen Niveaus der beherrschten Völker forderte Rathgen die Unterdrückung des Sklavenhandels und die Bekämpfung des Branntweinhandels und betonte die Bedeutung der Erziehung zur Arbeit: „Und ich scheue vor der Konsequenz nicht zu-

---

43 Ibid.
44 Ibid., 137.
45 Ibid., 135.
46 „Immer ist die Gefahr groß, im Kampf gegen die Barbarei die Methoden der Barbarei anzuwenden" (ibid., 137).
47 Rathgen beobachtete bei der jungen Generation mit Sorge, „daß der Geist nationaler Überhebung und Selbstgefälligkeit verbreiteter ist, als für unsere sittliche Fortentwicklung taugt." (ibid., 139).
48 Ibid., 140.

rück, daß im Interesse der Eingeborenen selbst ein gewisser Zwang zur Arbeit gerechtfertigt ist."[49]

Eine sittlich zu rechtfertigende Kolonisation erforderte nach Rathgens Überzeugung sittlich hochstehende Kolonisatoren. Im Zentrum seiner Ausführungen stand deshalb die Forderung nach „Pflege und Stärkung aller Kulturbande zwischen der Heimat und den Volksgenossen draußen."[50]

Mit dieser letzten Wendung gelang es ihm, die klassische Arbeit der evangelischen Kirche in das Zentrum seiner Gedanken zur Weltmachtstellung Deutschlands zu stellen, ohne dem Christentum dabei selbst ein eigenständiges politisches Mandat zuzuschreiben. Rathgen verzichtete auf die Entwicklung eines eigenen christlichen Weltbegriffs und band die weltweite Kulturarbeit der deutschen Kirchen an den kaiserlichen Auftrag von 1896, das „größere deutsche Reich auch fest an das heimische anzugliedern."[51] Der kaiserliche Machtanspruch begründete nach seiner Überzeugung die Arbeit der Kirche in Übersee.

Rathgen forderte, die Elemente draußen zu unterstützen, die den Kulturzusammenhang verstärkten, an dessen Erhaltung alles liege.

> „Vor allem handelt es sich um die Pflege der Institutionen, auf welchen der geistliche und sittliche Zusammenhang in erster Linie beruht: Kirche und Schule. [...] Die reichen Kräfte unserer deutschen evangelischen Kirche können und müssen ganz anders als bisher der Gemeindebildung in den überseeischen Gebieten nutzbar gemacht werden."[52]

Mit diesen Gedanken hatte die evangelische Kirche ihren Ort im Kosmos des deutschen Imperialismus gefunden. Nach alter preußischer Tradition blieben Kirche und Theologie ihrem *summus episcopus* untertan und überließen die Machtpolitik den Organen des Staates. Die von den Kirchen zu leistende Kulturarbeit begründete sich aus dem geistlichen Regiment Gottes über die Welt, orientierte sich in ihrem Weltbezug aber an den staatlichen Vorgaben. Anders als die Missionswerke hatte die verfasste Kirche nach der Überzeugung des Evangelisch-Sozialen Kongresses nicht die Aufgabe, das Evangelium in aller Welt zu verkündigen. Ihr Auftrag beschränke sich darauf, in einer entgrenzten Welt das kulturelle Niveau zu heben und dem deutschen Imperialismus mit ihrer Kulturarbeit auf diese Weise ein „gutes Gewissen" zu verschaffen.[53] Rathgen schloss seine Ausführungen mit dem leidenschaftlichen Aufruf: „Der Wert der Kolonien liegt nicht in ihren Produkten, in ihrem Reichtum, sondern im Charakter der Menschen, die sie hervorbringen!"[54]

---

49 Ibid., 141.
50 Ibid., 142.
51 Ibid. Mit dem Begriff des „größeren Deutschen Reichs" (Wilhelm II., Die Reden Kaiser Wilhelms II. ges. und hrsg. von Johs. Penzler. Bd. 2: 1896-1900, Leipzig 1904, 9) erklärte Wilhelm II. die deutschen Auswanderer zu Trägern eines globalen „Deutschtums" und dehnte auf diese Weise seinen Herrschaftsanspruch weit über die Grenzen Deutschlands aus (vgl. Beitrag #4).
52 Evangelisch-Sozialer Kongress, Verhandlungen 1900, 142.
53 Ibid., 145.
54 Ibid., 147. Diese kulturprotestantische Adaption des nationalistischen Imperialismus der wilhelminischen Zeit findet sich in exemplarischer Form in der Resolution wieder, die der Kongress in Anschluss an diese Diskussion um die Konsequenzen der deutschen Weltmachtstellung verabschiedete:
„I. Der evangelisch-soziale Kongress, unter dem bedeutsamen Eindruck der für unsere nationale Zukunft wichtigen Flottenbewilligung durch den Reichstag stehend, spricht es als seine Überzeugung aus,

Deutsch-evangelisch im Auslande

Diese nationalistische Zuspitzung des deutschen Imperialismus charakterisierte nicht allein die Diskussionen des Evangelisch-Sozialen Kongresses. Um die Jahrhundertwende verstärkte sich in der Kirche die Tendenz, die Welt aus der Perspektive eines über den ganzen Erdkreis verbreiteten „Deutschtums" wahrzunehmen. Die deutschen Auswanderer erschienen auf diese Weise als Repräsentanten des von Kaiser Wilhelm II. beschworenen „größeren Deutschland".[55]

Für die evangelische Kirche bedeutete diese neue Weltsicht eine große Herausforderung. Um die Jahrhundertwende waren die Kirchenverfassungen noch immer durch das landesherrliche Kirchenregiment bestimmt. Für eine Arbeit außerhalb des heimatlichen Territoriums gab es deshalb, von wenigen Ausnahmen abgesehen, weder organisatorische, noch rechtliche Möglichkeiten. Die Tradition der konservativen Lehre von den zwei Regimentern standen der Entwicklung eines von staatlichen Strukturen unabhängigen globalen Weltbildes entgegen. Aus der Perspektive der Landeskirchen galten die Ausgewanderten deshalb bis zum Ende des 19. Jahrhunderts vielfach als „Abgebröckelte", die sich selbst helfen müssten.[56] Mit der Bildung des Deutschen Reiches 1871 hatte sich diese Wahrnehmung jedoch langsam zu ändern begonnen. Auswanderer galten nun nicht mehr als für die deutschen Interessen verloren, sondern wurden immer stärker als Repräsentanten eines „einigen Deutschlands in der Fremde" wahrgenommen.[57]

Während zeitgenössische kirchliche Kommentatoren ihre Befriedigung über den wachsenden patriotischen Sinn der Auswanderer in Übersee zum Ausdruck brachten, machten sie aus ihrer Enttäuschung über die Schwerfälligkeit der kirchlichen Institutionen keinen Hehl. Zwar hatte die preußische Landeskirche den Anschluss von ausländischen Gemeinden schon lange erlaubt, eine institutionalisierte gesamtdeutsche kirchliche Verantwortung für die Ausgewanderten war jedoch erst durch die Gründung des Deutschen Evangelischen

---

daß die Berechtigung und die Pflicht Deutschlands, eine Weltmachtstellung zu erringen, in dem Überschuß seiner nationalen Kraft und in seiner ganzen kulturellen Entwicklung begründet ist.

II. Der Kongreß hält diese nationale Entwicklung für untrennbar von der Aufgabe, nicht nur die wirtschaftliche Selbständigkeit Deutschlands zu heben, sondern auch an der Zivilisierung und Nutzbarmachung unterentwickelter Länder und Völker mitzuwirken.

III. Die Erreichung dieses Ziels stellt an die geistige und sittliche Energie unseres Volkes Anforderungen, welche nur von einer entschieden christlichen Gesinnung erfüllbar sind.

IV. Dabei sind vorzugsweise diejenigen Elemente zu pflegen, welche die Kulturbande zwischen unseren in ausländischen Erwerbungen oder im Ausland lebenden Landsleuten und dem Mutterlande stärken (Mission, Kirche, Schule, Wissenschaft, Einfluß der Frau)" (ibid., 169).

55 Ernst Wilhelm Bussmann, Zur Einführung, in: Deutsch-Evangelisch. Zeitschrift für die Kenntnis und Förderung der deutschen evangelischen Diaspora im Auslande, 1902, 1-11, 2.
56 Ernst Wilhelm Bussmann, Evangelische Diasporakunde. Handbuch für Pfarrer und Freunde deutscher Auslandsgemeinden, Marburg 1908, 108.
57 „Das Kaiserwort vom „weiteren Deutschland" hat in vielen deutschen Herzen im Auslande einen lebhaften und dankbaren Widerhall gefunden. Die vielen Tausende [deutscher Auswanderer] […] hatten ja schon lange vor der Entstehung des Reiches ein einiges Deutschland in der Fremde geschaffen. Sie hatten ein Deutschland, auf das die Worte des Sängers passten: Sein Vaterland muss größer sein – ein Deutschland nämlich, das innerlich durch gemeinsame Interessen, Erziehung, Sprache und Sitte sich einte, das sich aber auch äußerlich geeint zeigte bei mannigfachen Gelegenheiten" (Bussmann, Einführung, 2).

Kirchenausschusses im Jahr 1903 möglich geworden.[58] Vielen Beobachtern erschien dieser Prozess der kirchlichen Anerkennung der Arbeit an den Deutschen im Ausland unerträglich langsam. In seiner Flugschrift „Was tut das evangelische Deutschland für seine Diaspora in überseeischen Ländern?" fragte der spätere Direktor der Leipziger Mission Carl Paul 1903 mit rhetorischem Entsetzen:

> „Aber liegt nicht etwas widersinniges darin, daß die deutschen Christen mit solchem Eifer ihre Missionare zu den schwarzen, braunen und gelben Heiden senden und ihnen Schulen und Kirchen bauen, während sie die eigenen Landsleute, die zeitweilig die heimische Erde verließen und sich damit auch von der heimischen Kirche losgelöst haben, ihrem Schicksal überlassen?"[59]

Pauls Frage zeigt die Parameter, in denen sich Theologen und Kirchenführer zu dieser Zeit bewegen konnten: Christliches Handeln war entweder territorial begrenzt oder missionarisch entgrenzt; entweder galt das landesherrliche Kirchenregiment oder der eschatologische Horizont des christlichen Missionsbefehls. Die Welt zwischen diesen beiden Polen war der Kirche erkenntnistheoretisch und handlungstheoretisch verschlossen. Transnationale Realitäten wie Welthandel oder Migration ließen sich auf dieser Grundlage nur sehr schwer verstehen und in kirchliche Aktivitäten übersetzen.

Zur Lösung dieser Problematik konnten die Fürsprecher der „Diasporafürsorge" auf zwei Traditionen zurückgreifen: Die Arbeit von Gustav-Adolf-Verein, Evangelischem Bund und Lutherischem Gotteskasten, die sich der Erhaltung des evangelischen Glaubens verpflichtet wussten, und die eher diakonisch und missionarisch orientierten Aktivitäten der kirchlichen Vereine zur Unterstützung der Auswanderer, die sich unter dem Dach der Inneren Mission zusammenfanden. Alle diese Organisationen betrieben „Diasporafürsorge", allerdings wurde der Begriff jeweils sehr unterschiedlich verstanden.

Die Arbeit von Gustav-Adolf-Verein, Evangelischem Bund und Lutherischem Gotteskasten hatte ihre Wurzeln in den konfessionellen Auseinandersetzungen nach dem Zusammenbruch der religiösen Ordnung des alten Kaiserreichs unter dem Ansturm der napoleonischen Truppen. Während die politische Geographie bis zu diesem Zeitpunkt durch weitgehende religiöse Einheitlichkeit gekennzeichnet war, brachte die territoriale Neuordnung konfessionell gemischte Staatsgebiete hervor, in denen sich konfessionelle Minderheiten befanden. Der Begriff der „Diaspora" war aus dieser Perspektive vornehmlich konfessionell definiert und meinte „jede unter Andersgläubigen [sprich: Katholiken] zerstreut wohnende Minorität".[60] Ziel der „Diasporafürsorge" war, wie im Gründungsaufruf des Gustav-Adolf-Vereins formuliert, die „brüderliche Unterstützung bedrängter Glaubensgenossen."[61]

Die Innere Mission betrieb ihre „Diasporaarbeit" weniger aus konfessionellem Interesse, sondern hatte sich zum Ziel gesetzt, die Auswanderer vor religiöser und moralischer

---

58 Carl Mirbt, Die Preußische Landeskirche und die Auslandsdiaspora, in: Deutsch-Evangelisch im Auslande. Zeitschrift für die Kenntnis und Förderung der Auslandsgemeinden, 1907, 53-68. 101-123, 55ff u. 119ff. Zu den Einzelheiten dieser Entwicklung vgl. die Beiträge #1 und #2 von Wellnitz und Kampmann.
59 Paul, Evangelisches Deutschland, 20.
60 Bussmann, Diasporakunde, 16.
61 Aufruf zur Gründung des Gustav-Adolf-Vereins im Leipziger Tageblatt vom 9.12.1832.

Verwahrlosung zu bewahren. Der hier zur Verwendung kommende Diasporabegriff stand deshalb unter dem Missionsgedanken Wicherns:

> „Unsere innere Mission begegnet demnach im Gebiete ihrer [...] Diaspora größtentheils einer chaotischen, hin- und herflutenden Masse von Deutsch-Evangelischen, die kirchlich größtentheils verlassen, vergessen oder verwahrlost, verarmt, verwildert, umherschweifend, innerlich zum Theil aufs tiefste entartet, zum nicht geringen Theil mit den Feinden des Vaterlandes und der evangelischen Kirche verbündet [...] dasteht. [...] Ist es nicht heiliger und unveräußerlicher Beruf der Kirche, in der inneren Mission ihre Kräfte zusammenzufassen und denen Handreichung zu thun, welche in dieser Ferne seit kurzem versuchen, dem Verderben entgegen zu treten, und dabei auf die Handreichung und Liebe ihrer Glaubensgenossen in der Heimat rechnen?"[62]

Beide Traditionen wurden nach der Überzeugung der Architekten einer Neuordnung der evangelischen „Diasporafürsorge" der Situation der deutschen Auswanderer um die Jahrhundertwende nicht mehr gerecht. Auswanderung sei im 20. Jahrhundert nicht mehr religiös begründet, konfessionelle Überlegungen seien deshalb inzwischen weitgehend ohne Bedeutung. Die Vorstellung, als Objekt sozialer und moralischer Fürsorge betrachtet zu werden, widerspreche zudem dem Stolz und dem Selbstbewusstsein einer Mehrheit der Deutschen im Ausland.[63] Die Definition von „Diasporaarbeit" dürfe deshalb, so die Überzeugung des Herausgebers der Zeitschrift „Deutsch-Evangelisch im Auslande"[64] Ernst Wilhelm Bussmann,[65] nicht mehr von religiösen und sozialen Erwägungen ausgehen, sondern müsse das Nationale ins Zentrum setzen. Bussmann schlug aus diesem Grund in seiner „Evangelischen Diasporakunde"[66] eine Definition von „Diaspora" vor, die die Sorge um Religion und Nation in der Arbeit der evangelischen Kirche ununterscheidbar miteinander zu verknüpft suchte:

---

62 Johann Hinrich Wichern, Die innere Mission der deutschen evangel. Kirche: Eine Denkschrift an die deutsche Nation, 2. Auflage, Hamburg 1849, 181f.
63 Bussmann, Diasporakunde, 36.
64 Die von den Auslandspfarrern Ernst Wilhelm Bussmann und M. Urban in Zusammenarbeit mit dem Marburger Kirchenhistoriker Carl Mirbt herausgegebene Zeitschrift hieß von 1902-1906 „Deutsch-Evangelisch. Zeitschrift für die Kenntnis und Förderung der deutschen evangelischen Diaspora im Auslande". 1906 wurde die Zeitschrift umbenannt und der Titel auf die Arbeit in den Auslandsgemeinden zugespitzt: „Deutsch-Evangelisch im Auslande. Zeitschrift für die Kenntnis und Förderung der Auslandsgemeinden". Adressat der Zeitschrift waren die Auslandspfarrer und die deutschen Landeskirchen, die zur Unterstützung der Arbeit in den Auslandsgemeinden aufgerufen werden sollten.
65 Ernst Wilhelm Bussmann war 1894-1903 Pfarrer der deutschen evangelischen Gemeinde in Buenos Aires und Vorsitzender der La-Plata-Synode; von 1903 bis 1910 wirkte er als Propst der Erlöserkirche in Jerusalem.
66 Bussmann hat in „Deutsch-Evangelisch im Auslande" an verschiedenen Stellen zum Verständnis des Begriffs Diaspora publiziert (Ernst Wilhelm Bussmann, Zur Einführung, in: Deutsch-Evangelisch im Auslande. Zeitschrift für die Kenntnis und Förderung der Auslandsgemeinden, 1902, 1-11; Ernst Wilhelm Bussmann, Über den Begriff der Diaspora, in: Deutsch-Evangelisch. Zeitschrift für die Kenntnis und Förderung der deutschen evangelischen Diaspora im Auslande, 1903, 65-72; Ernst Wilhelm Bussmann, Zum Begriff der Diaspora, in: Deutsch-Evangelisch. Zeitschrift für die Kenntnis und Förderung der deutschen evangelischen Diaspora im Auslande, 1909, 335-351, 434-452), die 1908 erschienene Evangelische Diasporakunde wollte diese Beiträge in Form eines Handbuchs zusammenfassen.

"Unter deutsch-evangelischer Diaspora sind also die evangelischen Gemeinden mit deutscher Sprache in anderen Ländern (in der Schweiz und Österreich in anderer Sprachumgebung) zu verstehen. Die Mitglieder sind Deutsche nicht im politischen Sinne, sondern in einem weiteren Sinne: Deutschsprechende."[67]

Diese nationale Zuspitzung des Diasporabegriffs überstieg jedoch das politische Mandat der evangelischen Kirche. Die Formulierung eines Anspruchs dieser Tragweite war zu diesem Zeitpunkt mit theologischen und kirchlichen Mitteln allein nicht zu begründen, sondern erschien nur mit direkter Zustimmung der staatlichen Autoritäten vorstellbar. Anders als etwa Johannes Lepsius beriefen sich die Vorkämpfer für den Aufbau einer umfassenden weltweiten „Diasporafürsorge" deshalb nicht direkt auf das Evangelium, sondern argumentierten mit der besonderen staatskirchenrechtlichen Verbindung der evangelischen Kirchen zu ihrem jeweiligen Landesherrn. Die „Diasporaarbeit" der preußischen Landeskirche war von Anfang an mit der preußischen Krone verbunden gewesen. Die ersten mit der preußischen Kirche verbundenen ausländischen Gemeinden waren in der Regel Gesandtschaftsgemeinden und standen als solche unter dem Patronat des Königs.[68] Nach diesem Vorbild wurde der Anschluss an die preußische Landeskirche auch in der Folgezeit „durch allerhöchste Kabinettsordre" bestätigt.[69] In § 3 des Anschlussgesetzes von 1900 wird dieses Verfahren ausdrücklich festgelegt. Viele Gemeinden, deren Status zu diesem Zeitpunkt vom König noch nicht bestätigt worden war, baten nun um die nachträgliche Genehmigung ihres Anschlusses durch den König.[70]

Die Bestätigung des Anschlusses durch den Landesherrn implizierte eine Ausweitung des fürstlichen Souveränitätsanspruchs auf Regionen jenseits der Grenzen des eigenen Territoriums. Bis zur Trennung von Kirche und Staat in der Weimarer Reichsverfassung konnte der Anschluss einer Gemeinde an die preußische Landeskirche völkerrechtlich als die Erklärung eines preußischen Protektorats in einem anderen Land verstanden werden. Britta Wellnitz kommentiert in ihrer kirchenrechtlichen Studie zur Auslandsarbeit der evangelischen Kirche: „Von den Gastländern der Auslandsgemeinden konnte damit der Vorwurf einer Einmischung in die inneren Angelegenheiten souveräner Staaten erhoben werden."[71]

---

67 Bussmann, Diasporakunde, 17. Bussmann beruft sich bei der Begründung dieser Definition ausdrücklich auf die Bedeutung des Diasporabegriffs in der Septuaginta (Ps 146, 2, Jer 34, 17, Jes 49, 6, Dtn 30, 4, Neh 1, 9): „Der aus der LXX stammende Begriff der „Diaspora" hat ursprünglich zwei Seiten: Zerstreuung in religiöser und nationaler Hinsicht, entsprechend der Eigenart des Volkes Israel, daß sich in ihm Nationalität und Religion innigst vereinten. [...] Nachdem aber in der Reformation wieder die Verschmelzung jeder Nationalität mit dem Christentum je zu einer bestimmten Art der Auffassung des Christentums ermöglicht wurde, wird man auch heute [...] an diesen beiden Voraussetzungen festhalten müssen und unter Diaspora nur die im Ausland lebenden Evangelischen des eigenen Volks, also von unserem Standpunkt aus des deutschen Stammes zu verstehen haben" (ibid., 11f). Im Unterschied zum Judentum sei das Christentum trotz dieser Betonung des Nationalen eine Weltreligion: „Im Judentum ist die Nationalität eine Schranke der Ausbreitung der Religion, in der Kirche der Reformation das Vehikel" der Ausbreitung (Bussmann, Diasporabegriff, 69).
68 Mirbt, Preußische Landeskirche und Auslandsdiaspora, 57.
69 Ibid., 107.
70 Ibid., 112.
71 Britta Wellnitz, Deutsche evangelische Gemeinden im Ausland. Ihre Entstehungsgeschichte und die Entwicklung ihrer Rechtsbeziehungen zur Evangelischen Kirche in Deutschland, Tübingen 2003, 85.

Den Fürsprechern für eine Ausweitung und Stärkung der „Diasporafürsorge" waren diese rechtlichen Konsequenzen bewusst. Der Marburger Kirchenhistoriker Carl Mirbt, Mitherausgeber der Zeitschrift „Deutsch-Evangelisch", begrüßte die Form des Anschlusses an die preußische Landeskirche in der Konstruktion eines Protektorats:

> „Die Zugehörigkeit der angeschlossenen Auslandsgemeinde zur Landeskirche ist [...] eine Angliederung an die Organisation der Landeskirche, für die das Verhältnis des Schutzstaates zu dem Protektionsstaat als Analogie zutreffend herangezogen worden ist."[72]

Bis zum Ende des Kaiserreiches sind die religiösen Befugnisse des preußischen Königs nicht auf das Amt des Kaisers übertragen worden. Wie es keine deutsche evangelische Nationalkirche gab, konnte es aus Verfassungsgründen auch kein kaiserliches Kirchenregiment über die evangelischen Auslandsgemeinden geben. In der Praxis hatte dieses Fehlen einer nationalen Struktur aber nur wenig Bedeutung, denn der preußische König war durch das Regiment über die Landeskirchen von Preußen und Hannover der Schutzherr fast aller deutschen Auslandsgemeinden weltweit.

Der Anschluss von deutschen Auslandsgemeinden an die Landeskirchen Preußens und Hannovers hatte eine große politische Bedeutung. Das Protektorat über die Auslandsgemeinden gab den Schutzerklärungen, wie sie Wilhelm II. etwa während seiner Orientreise für die deutschsprachigen Siedler im Osmanischen Reich abgab, eine institutionelle Basis.[73] Neben einem weit ausgebauten Konsulatssystem konnte der Kaiser seinen globalen Herrschaftsanspruch auch auf die Institutionen der kirchlichen „Diasporafürsorge" stützen. Der Schutz von deutschen Reichsangehörigen im Ausland entsprang nicht nur dem abstrakten Wunsch nach der Durchsetzung nationaler Interessen, sondern war auch durch das persönliche Schutzverhältnis zwischen Monarch und Auslandsgemeinden begründet. Das „größere Deutschland" bekam auf diese Weise seine eigene institutionelle Struktur.

Mit der Etablierung des staatlichen Schutzes waren die Auslandsgemeinden politisch abgesichert. In diesem von Kaiser und Regierung vorgegebenen Rahmen machten sich Ernst Wilhelm Bussmann und seine Mitstreiter nun daran, den geistlichen Auftrag der Auslandsgemeinden zu bestimmen. Wie Rathgen argumentierte Bussmann zu diesem Zweck auf der Grundlage von kulturprotestantischen Überzeugungen und verstand evangelischen Glauben, Volkstum und Kultur als Kategorien, die im konkreten Leben praktisch nicht zu unterscheiden waren. „Diasporaarbeit" war für ihn aus diesem Grund zuerst Kulturarbeit. Bussmann dachte dabei im Horizont eines Inkulturationsparadigmas: Religion könne sich im praktischen Leben nur in kulturellen Formen ausdrücken. Ein „Kosmopolitismus", der das religiöse Leben unabhängig von den jeweiligen kulturellen Rahmenbedingungen zu gestalten versucht, war für ihn deshalb weder denkbar noch wünschenswert. Verschiedene Kulturen blieben einander grundsätzlich fremd. Eine wirksame Evangelisierung könne deshalb nur von Angehörigen des eigenen Volkes in Angriff genommen werden.[74]

---

72 Mirbt, Preußische Landeskirche und Auslandsdiaspora, 118f.
73 Zur Orientreise Wilhelms II. vgl. Beitrag #4.
74 Bussmann, Diasporabegriff, 86f.

Für Bussmann war es das Verdienst der Reformation, dass sie das Volkstum ausbildete und verklärte,[75] ohne dabei die Universalität des christlichen Glaubens preiszugeben. Bussmann dachte das Christentum in Form eines „Multiversums der Kulturen", in dem jede Kultur dem Glauben ihre eigene Anschauungssprache verleiht.[76] Die Einheit des Evangeliums ist nach dieser Überzeugung nur in der Diversivität der verschiedenen kulturellen Ausdrucksformen zu denken: Die Reformation

> „will nicht aus allen Nationalitäten eine machen, sondern achtet die Verschiedenheit als von Gott zur Erziehung des Menschengeschlechts gegeben und weiß sich ihr anzupassen, ohne daß dabei die höhere Einheit verloren geht: das Evangelium. So erhält das Christentum seine bestimmte Ausprägung in jeder Nationalität."[77]

Bussmann scheute sich auf dieser Grundlage nicht, von „deutschem Glauben und deutscher Religion, ja vom deutschen Gott" zu sprechen, und meinte damit die „Erfassung des Christentums durch das deutsche Gemüt", das sich in besonderer „Innerlichkeit und Personellität [sic]" des Glaubens ausdrückt.[78]

Diese extrem nationalistische Auslegung des Inkulturationsparadigmas hatte direkte politische Konsequenzen für die Arbeit in den Auslandsgemeinden. Für Bussmann blieben Einwanderer immer „Fremdkörper im neuen Volk",[79] die Arbeit der „Diasporafürsorge" hatte deshalb darauf zu achten, diese Fremdheit zu erhalten und jeder Form von Assimilation entgegenzuwirken:[80]

> „Der Protestantismus [ist] nicht international, wie die katholische Kirche, sondern schützt und entfaltet das besondere Volkstum. […] Daher ist es das schöne Vorrecht der evangelischen Gemeinden […], die hervorragendsten Träger des deutschen Volkstums durch ihre Pflege der deutschen Sprache und Sitte, des deutschen Glaubens und Geistes, die keine Fremdherrschaft dulden, zu sein."[81]

Der Kampf gegen die Assimilation war jedoch nur die eine Seite von Bussmanns Handlungstheorie der „Diasporafürsorge". Auslandsgemeinden waren für ihn nicht allein abgeschlossene Enklaven des „Deutschtums", sondern darüber hinaus auch Zentren der kulturellen und wirtschaftlichen Agitation. Bussmann forderte, dass die Auslandsgemeinden dazu beitragen sollten, die kulturellen Ressourcen des „Deutschtums" für das imperialistische Weltmachtstreben des Deutschen Reiches zu erschließen. Diese Aufgabenstellung

---

75 Ibid., 69.
76 Der Ausdruck stammt von Heinz Kimmerle, der betont, dass alle bestehenden Kulturen ihr Ziel, ihre Lebensform so zu gestalten, dass sie auf Dauer Bestand haben kann, erreichen (Heinz Kimmerle, Prolegomena, in: Heinz Kimmerle (Hg.), Das Multiversum der Kulturen: Beiträge zu einer Vorlesung im Fach 'Interkulturelle Philosophie' an der Erasmus Universität Rotterdam, Amsterdam 1996, 9-30, 10). Aus diesem Grund verbieten sich nach seiner Überzeugung alle Modernisierungs- oder Fortschrittstheorien, die Kulturen in Form einer Hierarchie anzuordnen versuchen. Im Unterschied zu Bussmann versteht Kimmerle Kulturen aber nicht als abgeschlossene Entitäten, sondern als mobile und wandelbare Systeme, die miteinander in komplexen Austauschprozessen stehen.
77 Bussmann, Diasporakunde, 15.
78 Ibid., 86.
79 Ibid., 76.
80 Bussmann, Diasporabegriff, 77.
81 Bussmann, Diasporakunde, 39.

sah er bereits durch eine lange Tradition begründet, wie ein Beschluss des altpreußischen EOK aus dem Jahr 1870 belege:

> „Wir müssen die Bedeutung der Diaspora auch für die Kirche, ja selbst für den Staat erfassen. Die Diaspora ist nicht etwa anzusehen als eine Zerstreuung evangelischer Christen [...], sie hat vielmehr eine unendlich höhere Bestimmung, welche ihr einen besonderen Wert verleiht. Wie sie jetzt durch Gottes gnädige Fürsorge besteht, ist sie die hoffnungsreiche Ausstreuung eines heiligen Samens."[82]

In Bussmanns Ausführungen wurde dieses Bibelwort von der Ausbreitung des Samens mit einem starken nationalistischen Akzent versehen. Der Autor scheint sich bei der Abfassung an Chamberlains Slogan „außenhin begrenzt, nach innen unbegrenzt"[83] orientiert zu haben:

Bussmann forderte die deutschen Auslandsgemeinden auf, sich nach *außen* scharf abzugrenzen und verurteilte jede Form des „Internationalismus" als Anarchismus, der „das Heil nur in der Auflösung von Familie, Volk und aller Ordnung sehen" könne und sich selbst dabei verlöre.[84]

Diese Abgrenzung dürfe dem deutschen Weltmachtstreben aber nicht im Wege stehen. Nach Bussmanns Überzeugung verlieh die reiche *Innerlichkeit* des christlichen Lebens dem deutschen Volk das Recht, „im Völkerkonzert auch eine führende Stimme zu erhalten." Auf der Grundlage seines reichen innerlichen Lebens „ist es ein Hort des Weltfriedens, ein Schutzherr wahrer Frömmigkeit, freier Wissenschaft und Kunst (die nichts von Frivolität wissen), ein Schirmherr des freien Handelsverkehrs unter den Nationen."[85] Anders als der Imperialismus anderer Länder strebe die durch das innere Leben begründete deutsche Weltherrschaft nicht danach, die Welt als Objekt der Ausbeutung in Form von „Eroberungskolonien" zu unterwerfen.[86] Als Kulturnation versuche Deutschland vielmehr, mit den Mitteln von Geist, Kultur und Religion pädagogisch auf fremde Völker einzuwirken. Wie für Rathgen in dessen Idee vom Kulturprotestantismus äußerte sich das deutsche Recht auf Weltbeherrschung auch für Bussmann in Form einer Pflicht: Auf Grund seiner wirtschaftlichen, geistigen, sittlichen und religiösen Leistungen sei die deutsche Auslandsdiaspora aufgerufen, „einen Einschlag in das Leben der Völker, in deren Mitte sie weilt, zu geben, das Gute, das die Heimat getragen, hinauszutragen und zum Segen werden zu lassen."[87] Die Auslandsgemeinden waren nach seiner Überzeugung der „Kanal", „durch den die lebensfähigen, guten Eigenschaften, die unserem Volk von Gott gegeben sind, ins fremde Volk geleitet werden sollen."[88]

Diese Kulturaktivität richtete sich im Normalfall nicht gegen fremde Obrigkeiten – hier war Bussmann ganz wie Rathgen strenger Lutheraner. In großer Nähe zu den Reden Wil-

---

82 Ibid., 162.
83 Houston Stewart Chamberlain, Briefe 1882-1924 und Briefwechsel mit Kaiser Wilhelm II. Band 2, München 1928, 160.
84 Bussmann, Diasporabegriff, 78.
85 Ibid., 80.
86 Ibid., 66.
87 Ibid., 161.
88 Ibid.

helms II. in Istanbul und Sarona[89] forderte Bussmann für die deutschen Einwanderer das Recht, sich für den „Kampf ums Dasein" wappnen zu dürfen.[90] Bussmann hatte an der Durchsetzungskraft des deutschen Einflusses keinen Zweifel. Er sah die Welt erfüllt von den positiven Auswirkungen der deutschen Kulturarbeit: „Frei von jedem Chauvinismus verstanden hat das Wort Geibels[91]: es soll am deutschen Wesen noch die Welt genesen, in vielen Gebieten, wohin unsere Auswanderer ziehen, seine Berechtigung."[92]

In ihrer Begeisterung für den deutschen Nationalismus kamen die Architekten der „Diasporafürsorge" an verschiedenen Stellen auch auf die Ökumene zu sprechen. Allerdings sollte das hier formulierte Ökumeneverständnis die Geschlossenheit der Kulturen nicht öffnen, sondern vielmehr das Christentum für die drohenden weltgeschichtlichen Kämpfe wappnen. Carl Mirbt begrüßte, dass der „Protestantismus jetzt wenigstens angefangen hat, das oekumenische Element in sich aufzunehmen, ohne daß es ihm unmöglich ist, seine weltgeschichtliche Mission zu erfüllen."[93] Die direkt anschließende Qualifizierung band das ökumenische Bewusstsein in die zeitgenössischen Weltanschauungen des Sozialdarwinismus und Nationalismus ein: Der Protestantismus

> „ist jetzt in ein neues Stadium seiner Entwicklungsgeschichte eingetreten. In dem großen Kampf der Weltreligionen wird er [...] für die evangelische Auffassung des Evangeliums aber nur dann mit Erfolg zu werben im Stande sein, wenn der oekumenische Sinn in den heimatlichen Kirchen weiter wächst und zugleich das kirchliche Solidaritätsgefühl sich steigert."[94]

Diese Klarstellungen belegen den schmalen Fokus des hier zur Anwendung kommenden Ökumenebegriffs: Ökumenische Kontakte beschränkten sich, wie angesichts der zeitgenössischen Spannungen zwischen evangelischer und katholischer Kirche nicht anders zu erwarten, ausschließlich auf die Beziehungen zwischen evangelischen Kirchen. Kontakte zu ausländischen Kirchen waren dabei offensichtlich eher zweitrangig. Für Mirbt war die ökumenische Hauptaufgabe in Deutschland die Einigung des deutschen Protestantismus. In seinen Augen hatte sich die Ökumene dem nationalen Interesse unterzuordnen. Bussmann war mit Mirbt an diesem Punkt völlig einer Meinung und warf den Befürwortern einer stärkeren ökumenischen Öffnung eine antinationale Haltung vor: „Der ökumenische Sinn überwuchert den patriotischen, und von einer Aufgabe des Deutschtums im fremden Lande an anderen Völkern will er gar nichts wissen."[95]

Mit dem gleichen Argument wendet sich Bussmann auch gegen die Gleichsetzung von „Diasporafürsorge" und Mission. In §25 der „Diasporakunde" beschreibt er die Interessengegensätze zwischen deutschen Auslandsgemeinden und Missionsarbeit und plädiert für

---
89 Vgl. Beitrag #4.
90 Bussmann, Diasporabegriff, 79.
91 Das bekannte Schlagwort „am deutschen Wesen mag die Welt genesen" entstammt dem Gedicht „Deutschlands Beruf" von Emanuel Geibel von 1861.
92 Bussmann, Diasporabegriff, 80.
93 Carl Mirbt, Das Interesse der Theologie an der Auslandsdiaspora, in: Deutsch-Evangelisch. Zeitschrift für die Kenntnis und Förderung der deutschen evangelischen Diaspora im Auslande, 1902, 12-21, 13.
94 Ibid., 13.
95 Bussmann, Diasporakunde, 83f.

eine deutliche Scheidung der beiden Arbeitsbereiche.[96] Grund für die anvisierte Trennung ist die unterschiedliche Ausrichtung der beiden Arbeitsfelder. Nach Bussmann ist das Weltverhältnis der Mission international, während die „Diasporaarbeit" notwendig national ausgerichtet sein muss: Der Missionar „akkomodiert sich mehr und mehr dem fremden Volke. Dagegen der Auslandspfarrer tut gerade das Gegenteil, er schließt sich möglichst vom fremden Volke ab, er ist nur gesandt zu den zerstreuten Kindern seines Volkes, die er fest mit ihrer angestammten Nationalität wieder verknüpfen möchte. Die Interessen der Mission und der Diaspora werden also oft einander schroff gegenüberstehen, und es ergeben sich hieraus Konflikte, die sofort auftreten, wenn eine Auslandsgemeinde direkt intensiv Mission zu treiben versucht. Die Gemeinde wird ihr nationales Empfinden erweichen, bald einem religiösen Kosmopolitismus huldigen, der nach und nach die Auflösung der Gemeinde herbeiführt."[97]

Die Forderung nach einer Trennung der Arbeitsbereiche wird in „Deutsch-Evangelisch im Auslande" immer wieder aufgenommen. In einer Artikelserie aus den Jahren 1909 und 1911[98] verteidigt Johannes Spanuth die Gründung einer eigenständigen deutschen Synode in der Kapprovinz im Jahre 1895 mit Bussmannschen Argumenten:

> „Aber für unsere deutsch-lutherische Gemeinde ist es eine Lebensfrage, das Kirchlich-Christliche mit dem Nationalen zugleich zu pflegen, und im Interesse dieser besonderen Aufgabe wird freundschaftliche Scheidung der Gebiete für die Diaspora das beste sein."[99]

Die Identifizierung von evangelischem Glauben und deutschem Nationalbewusstsein ist das wesentliche Charakteristikum aller hier in den Blick genommenen Diskurse. Trotz ihrer Verschiedenheit und der teilweise heftigen Gegnerschaft untereinander unterstützen die Positionen den nationalistischen Imperialismus des Deutschen Reiches und fordern eine Berücksichtigung der deutschen Auswanderer im Selbstverständnis und in der Arbeit der Kirche. In ihrer argumentativen Entfaltung war die imperialistische Begeisterung durch einen starken inneren Widerspruch geprägt: Die Autoren wollten die Enge des landeskirchlichen Protestantismus durch die Entwicklung eines neuen Weltbewusstseins überwinden – und blieben in diesem Bemühen doch in den Grenzen ihrer nationalen Weltanschauung gefangen.

Die Diskussionen im Evangelisch-Sozialen Kongress und im Umfeld der kirchlichen „Diasporafürsorge" belegen, dass der wilhelminische Protestantismus nicht in der Lage war – und letztlich auch gar nicht ernsthaft versuchte –, sich von den staatlichen und kulturellen Voraussetzungen zu emanzipieren, die Kirche und Theologie im 19. und beginnenden 20. Jahrhundert prägten. In ihrem immer wieder deutlich spürbaren Streben nach gesellschaftli-

---

96 Ibid., 99.
97 Ibid., 100.
98 Johannes Spanuth, Verhältnis der Diaspora zur Heidenmission. Kafferländisches zu „Bussmann, Diasporakunde §25", in: Deutsch-Evangelisch. Zeitschrift für die Kenntnis und Förderung der deutschen evangelischen Diaspora im Auslande, 1909, 255-264; Johannes Spanuth, Verhältnis der Diaspora zur Heidenmission, in: Deutsch-Evangelisch im Auslande X, 1911, 165-175, 207-216.
99 Spanuth, Verhältnis der Diaspora zur Heidenmission. Kafferländisches zu „Bussmann, Diasporakunde §25", 262. Zu den Einzelheiten dieser Synodengründung vgl. Beitrag # 18 von Christian Hohmann zur Geschichte der Kapkirche.

cher Relevanz verzichteten Kirchenführer und Publizisten auf die Entwicklung einer christlichen Weltsicht, die die Grenzen von Nationen und Kulturen hätten überschreiten können, und wandten sich explizit gegen ökumenische und missionarische Strömungen, die dieses Ziel verfolgten. In Folge dieser Selbstbegrenzung orientierte sich der Welthorizont der evangelischen Kirche theologisch anders als die klassische Missionsbewegung nicht an der Vorstellung des Kommens des alle irdischen Grenzen transzendierenden Reiches Gottes, sondern konstituierte sich im Horizont des von Wilhelm II. proklamierten „größeren Deutschen Reichs".

Den beteiligten Akteuren war dabei bewusst, wie sehr die nationalistische Ausrichtung des deutschen Imperialismus traditionellen christlichen Werten widersprach. Naumann sah angesichts der Brutalität der imperialistischen Weltbemächtigung keine andere Möglichkeit, als die staatliche Machtpolitik komplett aus dem Bedeutungsraum der christlichen Ethik herauszunehmen. Lepsius versuchte mit seiner Forderung eines „männlichen Christentums", die „weiblichen" Züge des traditionellen kirchlichen Selbstverständnisses aus dem Christentum zu vertreiben. Rathgen war zu mühsamen Konstruktionen gezwungen, um die Brutalität des kolonialen Alltags mit dem christlichen Liebesgebot und dem deutschen Kulturanspruch zu vereinbaren. Die Architekten der „Diasporafürsorge" versuchten mit Nachdruck, den in den Missionswerken noch immer wirksamen ökumenischen Geist des Pietismus in möglichst enge nationale Grenzen zu zwingen.

Wenn die Realität des nationalistischen Imperialismus und christliche Überzeugungen in Spannung zueinander gerieten, versuchten die Propagandisten der „Diasporafürsorge", die ethischen Forderungen dem deutschen Machtanspruch unterzuordnen. Der Wunsch nach gesellschaftlicher und staatlicher Anerkennung und die nationalistische Engführung des Kulturprotestantismus verstellten den Blick auf den ökumenischen Reichtum der deutschen christlichen Tradition und verhinderten eine Öffnung des deutschen Protestantismus für die Begegnung mit Menschen aus anderen Kulturen, Nationen und Religionen.

„Kirchennahe" Kolonialpropaganda im Kaiserreich

Zum Stellenwert von Auswanderung und Mission bei Friedrich Fabri, Ernst Fabarius und Paul Rohrbach

Jens Ruppenthal

Einleitung

Die deutschen Missionsgesellschaften beider Konfessionen übernahmen in der Kolonialdiskussion des Kaiserreichs die Rolle sowohl von Subjekten als auch von Objekten. Grundsätzlich lassen sich Mission und Kolonialgeschichte „nicht reinlich als sich wesensfremde Erscheinungen voneinander trennen", so Wolfgang Reinhard. Er verweist auf zwei zentrale Gründe: Erstens das zeitliche Zusammentreffen von imperialistischer und missionarischer Expansion im 19. Jahrhundert und zweitens den in beiden Fällen bestehenden „Fundamentalkonsens hinsichtlich der Inferiorität des Nicht-Europäers."[1] Zugleich betont er, dass sich der moderne Nationalismus von der Religion gelöst hat und damit Widersprüche und Konflikte zwischen Mission und Kolonialismus möglich wurden.[2] Vor diesem Hintergrund gestaltete sich die Kooperation von Kolonialbewegung und Missionsgesellschaften ausgesprochen wechselvoll. Die Haltung zueinander variierte von gegenseitiger Wertschätzung bis zu völliger Ablehnung; personale Überschneidungen in Organisationen beider Gruppen waren ebenso möglich wie eine gezielte Ausgrenzung der anderen Seite in der eigenen Kolonialpropaganda. Der vorliegende Beitrag soll den Stellenwert der Mission in der Programmatik dreier Protagonisten der deutschen Kolonialbewegung zwischen etwa 1880 und dem Ersten Weltkrieg beleuchten: Friedrich Fabri, Ernst Fabarius und Paul Rohrbach. Hierzu werden die zentralen Aussagen der drei herangezogen. Alle hatten evangelische Theologie studiert, waren zumindest zeitweise als Pfarrer oder Religionslehrer oder religionswissenschaftlich tätig und haben mit Initiativen, Publikationen und Vorträgen wirksam zum Kolonialdiskurs beigetragen. In einem allgemeinen Sinne können sie deshalb als kirchennah bezeichnet werden. Die zentrale Fragestellung ist, inwieweit sie über diese plakative Charakterisierung hinaus einen Anteil daran hatten, die Rolle von Mission und Kirche in Kolonialpolitik und Kolonialpraxis zu definieren. Besondere Aufmerksamkeit gilt dabei den Auswanderungskonzepten der drei genannten Personen.

Deshalb knüpfen die folgenden Ausführungen an die in der Kolonialgeschichtsschreibung zuletzt häufiger gestellte Frage nach den Vorstellungen des Kolonialbesitzes als eines nicht nur „neuen", sondern potenziell „besseren Deutschland" an. Nach Birthe Kundrus

---

1 Wolfgang Reinhard, Christliche Mission und Dialektik des Kolonialismus, in: Historisches Jahrbuch 109, 1989, 353f.
2 Ibid., 365.

boten „Kolonien [...] nicht nur die Möglichkeit zur sozialpolitischen Reform, sondern vielmehr zur grundlegenden individuellen wie kollektiven Neuorientierung und nationalen Selbstvergewisserung."[3] Schon seit längerem interessieren die Kolonien in ihrer Eigenschaft als „Phantasiereiche" und hinsichtlich ihrer Rückwirkungen auf die Metropole.[4] Bei den Aspekten Mission und Auswanderung sowie ihren Zusammenhängen kreiste die koloniale Diskussion darum, wie Werte und Traditionen, die als konstitutiv für die deutsche nationale Identität galten, gleichsam in Reinform unter den vermeintlich idealen Bedingungen einer kolonialen *terra nullius* reproduziert werden konnten. Die Bezeichnung von Kolonien als „Laboratorien" ist hierbei ungenau, denn das Ergebnis des geplanten Experiments war programmiert; offen war, ob die Versuchsanordnung das gewünschte Ergebnis zuließ.[5] Sebastian Conrad weist darauf hin, dass die Bewahrung der deutschen kulturellen und nationalen Identität, des „Deutschtums" in der „Diaspora" bereits in den Diskussionen über die Auswanderungswellen vor 1880 eine Rolle gespielt hatte und sich intensivierte, als das Deutsche Reich 1884 in die Reihe der Kolonialmächte eintrat. Das Spektrum der Standpunkte reichte von liberalen, nationalökonomischen Motiven bis zu Forderungen nach exklusivem Siedlungs- respektive „Lebensraum".[6]

Mit dem Beginn der aktiven Kolonialpolitik stand die Mission vor der Frage, wie mit der neuen Situation umzugehen war. Als Ergebnis gemeinsamer Beratungen im 1885 gebildeten „Ausschuss der deutschen Missionsgesellschaften" und unter dem Eindruck einer engagiert von innen wirkenden Gruppe kolonialpolitisch orientierter Missionsvertreter sprach sich eine Mehrheit der Missionare für die gezielte Arbeit in den deutschen Kolonien aus.[7] Zwar bedeutete die „Annäherung von deutscher protestantischer Mission und Kolonialstaat" keine Abkehr von der mehrheitlich geforderten grundsätzlichen Internationalität der Missionsarbeit, doch „mit dem öffentlichen Kolonialinteresse" ergaben sich „beinahe zwangsläufig zahlreiche Berührungspunkte zwischen Mission und Staat, die für beide Seiten von Vorteil waren und genutzt wurden."[8] Die prinzipielle Anerkennung einer kolonialen Interessengemeinschaft bei Zurückhaltung in Einzelfragen beruhte auf Gegenseitigkeit und mündete in vielen Fällen in die Beteiligung von Missionsgesellschaften an Kolonialausstellungen, die Mitarbeit in Gremien und Verbänden sowie in wirtschaftlichen

---

3 Birthe Kundrus, Moderne Imperialisten. Das Kaiserreich im Spiegel seiner Kolonien, Köln, Weimar, Wien 2003, 43.
4 Birthe Kundrus (Hg.), Phantasiereiche. Zur Kulturgeschichte des deutschen Kolonialismus, Frankfurt a.M., New York 2003.
5 Dirk van Laak, Kolonien als „Laboratorien der Moderne"?, in: Sebastian Conrad, Jürgen Osterhammel (Hgg.), Das Kaiserreich transnational. Deutschland in der Welt 1871-1914, Göttingen 2004, 266f.
6 Sebastian Conrad, Globalisierung und Nation im Deutschen Kaiserreich, München 2006, 233ff.
7 Thorsten Altena, „Ein Häuflein Christen in der Heidenwelt des dunklen Erdteils." Zum Selbst- und Fremdverständnis protestantischer Missionare im kolonialen Afrika 1884-1918, Münster und New York 2003, 29f. Auf eine Darstellung der inneren Kontroversen der Mission um Zustimmung oder Ablehnung zur Kolonialmission sowie der Reaktionen auf Anwürfe seitens der Kolonialbewegung muss hier verzichtet werden. Vgl. dazu immer noch die Überblicksdarstellungen von Klaus J. Bade (Hg.), Imperialismus und Kolonialmission. Kaiserliches Deutschland und koloniales Imperium (Beiträge zur Kolonial- und Überseegeschichte, Bd. 22), Wiesbaden 1982; Horst Gründer, Christliche Mission und deutscher Imperialismus 1884-1914. Eine politische Geschichte ihrer Beziehungen während der deutschen Kolonialzeit (1884-1914) unter besonderer Berücksichtigung Afrikas und Chinas, Paderborn 1982.
8 Ibid., 31f.

Konsultationen.⁹ Insbesondere an diesen Schnittflächen von Kolonialbewegung und Mission lagen die Betätigungsfelder kirchennaher Kolonialpropagandisten.

„Wo noch Ellbogenraum vorhanden"¹⁰ – Friedrich Fabri

Friedrich Fabri wurde schon als „Vater der deutschen Kolonialbewegung" bezeichnet, und seine zentrale Schrift „Bedarf Deutschland der Colonien?" von 1879 sogar als Katechismus derselben.¹¹ Eine der Grundannahmen, auf denen Fabris viel beachtete Programmatik fußte, war die Gleichzeitigkeit von Auswanderung und Kolonisationstrieb: Deutschland verzeichne im 19. Jahrhundert die zahlenmäßig größte Auswanderung und besitze zugleich „vielleicht die höchste colonisatorische Befähigung".¹²

Der aus Schweinfurt stammende Fabri hatte zwischen 1841 und 1845 in Erlangen und Berlin studiert, bevor er 1847 in Tübingen zum Doktor der Philosophie promovierte. Bis zu seinem Amtsantritt als Leiter der Rheinischen Missionsgesellschaft hatte er unter anderem als Stadtvikar in Würzburg und als Pfarrer in Bonnland bei Kissingen gearbeitet. Positive Reaktionen namhafter Theologen auf einige seiner wissenschaftlichen Veröffentlichungen ließen eine akademische Karriere möglich scheinen, doch entsprach die Führungsposition in Barmen offenbar eher Fabris Ambitionen.¹³ Bereits im ersten Jahrzehnt an der Spitze einer der größten deutschen Missionsgesellschaften verknüpfte er in seinen Veröffentlichungen die missionarische Tätigkeit seines Hauses mit politischen Fragen von nationaler Tragweite. In einer Beurteilung der „politischen Lage" und der „Zukunft der evangelischen Kirche in Deutschland" im Vorfeld der Reichsgründung von 1871 warnte Fabri vor dem Verlust „deutscher Stammes-Eigenthümlichkeit"; zwischen den beiden Kriegen gegen Österreich und Frankreich beschwor er die Gefahr einer zu starken Zentralisierung sowohl des politischen als auch des kirchlichen Lebens.¹⁴ Das bedeutete nicht, dass er den „Flickenteppich" deutscher Kleinstaaterei zu erhalten wünschte, vielmehr glaubte er eine „sittlich-nationale Berechtigung unserer deutschen Großmachtstellung vor aller Welt" zu erkennen. In diesem Sinne betonte er auch die Relevanz der äußeren Mission für Deutschland wie für die evangelische Kirche. Zu den Merkmalen der Mission zählte er hier bereits ihren „nationalen und civilisatorischen" Wert und ihre Bedeutung „als eines Pioniers für Handel und Cultur".¹⁵

Diesen Aspekten widmete sich Fabri 1879 ausführlich. Eine bis zum Jahre 1900 auf 80 Millionen Menschen anwachsende Bevölkerung im Reich sei „eine wahrhaft erschreckende

---

9 Gründer, Christliche Mission, 100.
10 Friedrich Fabri, Fünf Jahre Deutscher Kolonialpolitik. Rück- und Ausblicke, Gotha 1889, 132.
11 Gründer, Christliche Mission, 24f.; Markus Joch, Der Katechismus zur Kolonialfrage. Februar 1879: Friedrich Fabri fragt: „Bedarf Deutschland der Colonien?", in: Alexander Honold, Klaus R. Scherpe (Hgg.), Mit Deutschland um die Welt. Eine Kulturgeschichte des Fremden in der Kolonialzeit, Stuttgart, Weimar 2004, 51; zu Fabri ausführlich vgl. Klaus J. Bade, Friedrich Fabri und der Imperialismus in der Bismarckzeit. Revolution, Depression, Expansion (Beiträge zur Kolonial- und Überseegeschichte, Bd. 13), Freiburg i.B. 1975.
12 Friedrich Fabri, Bedarf Deutschland der Colonien? Eine politisch-ökonomische Betrachtung, Gotha 1879, 15.
13 Bade, Friedrich Fabri, 30-33.
14 Friedrich Fabri, Die politische Lage und die Zukunft der evangelischen Kirche in Deutschland. Gedanken zur kirchlichen Verfassungsfrage, Gotha 1867, 99.
15 Ibid., 110.

Perspektive" und bedeute „rapides Wachsthum des Pauperismus und der socialen Noth".[16] Vor dieser Szenerie entkräftete er außenpolitische Argumente gegen eine – quasi religiös legitimierte – Kolonialagitation:

> „[...] ein Volk, dem von der göttlichen Vorsehung eine mächtige Weltstellung zugewiesen worden ist, [kann nicht] die Erfüllung einer nationalen Aufgabe von dem Beifall oder dem Mißbehagen anderer Völker und Staaten abhängig machen."

Diese Aufgabe sei „überhaupt keine politische Machtfrage", sondern eine „Cultur-Frage".[17] Gegen Vorwürfe in Presse und Öffentlichkeit, im Rahmen kolonialer Betätigung sei die Mission eine Angelegenheit „hirnverbrannter Schwärmer oder gar heuchlerischer Frömmler", führte er die „culturelle Bedeutung der Mission, ihre Nutzbarkeit für die ihr nachrückenden Handels-Unternehmungen oder colonialen Annexionen" an.[18] Insbesondere bei der Erschließung Zentralafrikas für den europäischen Handel sei es für die deutsche Beteiligung „von nicht zu unterschätzender Bedeutung, daß an geeigneten Stellen [...] deutsche Missions-Niederlassungen zunächst zu Stande kämen."[19] In Fabris Entwurf hing der Aufbau deutscher Kolonien vom Zusammenwirken wirtschaftlicher und kirchlicher Kräfte ab. Die genuin religiöse Aufgabe der Mission führte er nicht weiter aus, seine Pläne umrissen eher eine Politisierung der Mission unter nationalökonomischen Prämissen.

Die Veröffentlichung von Friedrich Fabris „Bedarf Deutschland der Colonien?" bezeichnete einen „Wendepunkt" in der Kolonialdiskussion.[20] Als Fabri mit seinen Überlegungen an die Öffentlichkeit trat und eine der einflussreichsten Stimmen in der beginnenden Diskussion um Sinn und Unsinn deutschen Kolonialerwerbs wurde, hatte er bereits 22 Jahre an der Spitze der Rheinischen Missionsgesellschaft in Wuppertal-Barmen gestanden. Bis zu seiner Amtszeit hatten sowohl die Missionare im südwestlichen Afrika als auch ihre Funktionäre im Reich die Aufgaben der Gesellschaft hauptsächlich religiös und nur bedingt kulturell oder gar politisch definiert; der biblische Missionsauftrag hatte eindeutig im Zentrum gestanden.[21] Fabri war jedoch ein dezidiert politischer Missionsleiter. Für ihn stand fest, dass die Mission mit ihrer Arbeit in Übersee zum Erwerb und zum administrativen wie wirtschaftlichen Ausbau von deutschen Kolonien erheblich beitragen konnte – und sollte. Die Verbindung von missionarischer und wirtschaftlicher Betätigung setzte er schließlich 1869 mit der Gründung der Missions-Handelsgesellschaft praktisch um.[22] Sie sollte als Wirtschaftsunternehmen unter dem Dach der Rheinischen Mission zur Finanzierung der missionarischen Aktivitäten beitragen. Die Missionare in Südwestafrika oppo-

---

16 Fabri, Bedarf Deutschland, 20.
17 Ibid., 59. Insbesondere Ackerbaukolonien seien für die deutsche überseeische Expansion wichtig, da sie den Bedürfnissen der Auswanderer am besten entsprächen. Konkret dachte Fabri an Südbrasilien, wo bereits eine große auslandsdeutsche Bevölkerung existierte. Diese Pläne können hier nicht weiter ausgeführt werden. Ibid., 73-76.
18 Ibid., 99.
19 Ibid., 102.
20 Dirk van Laak, Imperiale Infrastruktur. Deutsche Planungen für eine Erschließung Afrikas 1880 bis 1960, Paderborn 2004, 59.
21 Nils Ole Oermann, Mission, Church and State Relations in South West Africa under German Rule (1884-1915) (Missionsgeschichtliches Archiv, Bd. 5), Stuttgart 1999, 30.
22 Bade, Friedrich Fabri, 63.

nierten jedoch gegen die Unabhängigkeit des Projekts und forderten seine Einbindung in die Missionsarbeit vor Ort. Dieser Konflikt blieb ungelöst, bis die Handelsgesellschaft 1880 Bankrott anmelden musste, und trug neben Fabris kolonialpolitischer Orientierung und seinem Engagement in kolonialen Vereinen und Wirtschaftskreisen dazu bei, dass der Missionsinspektor selbst zum Streitfall wurde. Als er vier Jahre später von der Missionsleitung zurücktreten musste, hatte die relativ kurze Phase des aktiven deutschen Kolonialismus gerade begonnen.[23]

Als Fabri zehn Jahre nach seinem „kolonialen Katechismus" eine Art Zwischenfazit des deutschen Kolonialismus veröffentlichte, hatte sich seine zentrale Forderung nicht verändert: Nach wie vor konstatierte er, wünschenswert sei eine „nationale Auswanderungs-Politik", die „stets erneuter Anregung" bedürfe.[24] Dass sein Abstand zu den Idealen der Mission größer wurde, illustriert eine zunehmend sozialdarwinistische Rhetorik: „Die höheren Rassen sind in stetem, stillem Angriffskrieg gegen die niederen." Sein persönliches Engagement in den Vereinen und Verbänden nahm dagegen ab, nachdem deutlich geworden war, dass das Ziel einer groß angelegten Auswanderungspolitik erst zu verwirklichen war, wenn durch Investitionen und Handelsaktivitäten in Übersee entsprechende Voraussetzungen geschaffen waren.[25]

In der Tat war nahezu jeder Beitrag zur deutschen Kolonialdiskussion der 1880er Jahre eine Mischung aus nationalökonomischen, sozialpolitischen, nationalistischen und (kultur-) missionarischen Elementen. Die Gewichtung variierte, der professionelle Hintergrund der Kolonialpropagandisten war durchaus heterogen.[26] Der Einfluss dieser Gruppe – und einiger Führungsfiguren im Besonderen – zeigte sich an der bis dato nicht gekannten Intensität der Diskussion. Hinzu kam, dass sich die Führungsfiguren in vielen Fällen persönlich kannten und beim Aufbau von Initiativen und Vereinen gegenseitig unterstützten.[27] Die Kooperation zwischen Kolonialbewegung und Mission ging hierbei nicht immer – wie im Falle Fabris – von kolonialinteressierten Missionsvertretern aus. Auch einzelne kaufmännische Kolonialinteressierte waren der Kirche oder der Mission verbunden, wie der Bremer Westafrikahändler Fritz Vietor, dessen Firma seit langem Beziehungen zur Norddeutschen Missionsgesellschaft unterhielt.[28] Er unterstützte den befreundeten Friedrich Fabri bei der Organisation einer Missionskonferenz in seinem Haus, die im Oktober 1885 Vertreter der unterschiedlichen Positionen innerhalb der Mission zusammenführte und mit dem grundsätzlichen Votum für eine aktive deutsche Kolonialpolitik endete. Sie markierte für Klaus Bade „einen wichtigen Wendepunkt in der Geschichte der deutschen evangelischen Mis-

---

23 Ibid., 31f.
24 Dieses und das folgende Zitat in: Fabri, Fünf Jahre, 131, 139.
25 Bade, Friedrich Fabri, 301
26 Winfried Speitkamp, Deutsche Kolonialgeschichte, Stuttgart 2005, 16-20.
27 Klaus J. Bade, Zwischen Mission und Kolonialbewegung, Kolonialwirtschaft und Kolonialpolitik in der Bismarckzeit: der Fall Friedrich Fabri, in: ders. (Hg.), Imperialismus und Kolonialmission. Kaiserliches Deutschland und koloniales Imperium (Beiträge zur Kolonial- und Überseegeschichte, Bd. 22), Wiesbaden 1982, 104f.; ders., Friedrich Fabri, 140f.
28 Zu Vietor vgl. Hartmut Müller, Bremen und Westafrika. Wirtschafts- und Handelsbeziehungen im Zeitalter des Früh- und Hochkolonialismus 1841-1914, in: Jahrbuch der Wittheit zu Bremen 15, 1971, 45-83.

sion im letzten Drittel des 19. Jahrhunderts."²⁹ Es handelte sich um eine außerordentliche Konferenz, die im gleichen Jahr stattfand, in dem auch der Ausschuss der evangelischen Missionsgesellschaften gebildet wurde, und die die eingangs erwähnte Annäherung von Mission und Kolonialbewegung zusätzlich stärkte.

Die Firma Vietor eignet sich, um ein erstes Schlaglicht auf den bleibenden Stellenwert der Mission im Spektrum der Kolonialplanungen zu werfen: Knapp zwanzig Jahre nach der Konferenz sollte Johann Karl Vietor in einem Vortrag gegen „die kurzsichtige, rücksichtslose Ausbeutung der Eingeborenen" wettern; er sah die Mission als wichtigen Bestandteil der kolonialen Zukunft, wo sich zeigen werde,

> „was verständig regierte und geleitete Neger leisten können, und dann wird man auch die Mission ganz anders ansehen, die treu die Regierung hilft [!], die Eingeborenen zu bekehren und aus unseren Schutzbefohlenen tüchtige, arbeitsame Menschen zu machen, die unserem Mutterlande Vorteil und Nutzen und Machtzuwachs bringen werden."³⁰

Hier spielte die Mission eine positive Rolle, wobei ihr genuines Interesse, nämlich die Verbreitung des Evangeliums, den wirtschaftlichen Interessen des tonangebenden Teils der Kolonialbewegung untergeordnet war. Auch jene, die den Bekehrungsauftrag in den Kolonien dezidiert befürworteten, verstanden den missionarischen Beitrag im Rahmen eines nationalen Kolonialprogramms zum Zwecke der Entwicklung deutscher Weltgeltung. Auf „kirchennahem" Gebiet kreiste die öffentliche Debatte um die Themen Auswanderung, Kulturmission und „Erziehung des Negers zur Arbeit". Folglich zeichneten sich die zentralen Ordnungsvorstellungen der Kolonialpropaganda dadurch aus, dass sie der Mission keine unabhängige Funktion zuwiesen; die religiösen Ziele der Mission blieben zweitrangig. Sogar ein Missionsvertreter wie Friedrich Fabri definierte die Aufgaben seiner Organisation als flankierende Maßnahmen zum Gesamtprojekt des deutschen Kolonialismus.

Evangelische „Erziehungs- und Pflegearbeiten" – Ernst Fabarius

Bis zur Jahrhundertwende zeichnete sich die deutsche Kolonialpropaganda durch großzügige Programmatiken und durch konkrete Kolonisationsprojekte aus, durch hitzig im Reichstag diskutierte sozialimperialistische Auswanderungskonzepte und durch kläglich scheiternde Handelsunternehmen in den Usambarabergen. Um 1900 jedoch nahmen Politik und Öffentlichkeit die Entwicklungen auf den Gebieten von Kolonialwissenschaften und Kolonialausbildung aufmerksamer wahr. So galt die Gründung des Instituts für Schiffs- und Tropenkrankheiten in Hamburg 1901 als prestigeträchtiger Schritt in Richtung einer medizinischen Beherrschung der kolonialen Lebenswelt, und auch eine formalisierte Spezialausbildung für angehende Kolonialbeamte wurde zum dauerhaften und präziser umrissenen Ziel der Kolonialpolitik.³¹

---

29 Bade, Zwischen Mission und Kolonialbewegung, 115f.
30 Johann Karl Vietor, Der Einfluß der Mission auf die Deutsche Kolonial-Politik, Bremen 1904, 12.
31 Wolfgang U. Eckart, From Questionnaires to Microscopes: Founding and Early Years of the Hamburg Institute of Tropical Diseases, in: Benedikt Stuchtey (ed.), Science across the European Empires, 1800-1950, Oxford 2005, 309-327; Jake W. Spidle Jr., The German Colonial Civil Service: Organization, Selection, and Training, Stanford 1972.

An der Schnittstelle von Programmatik, Verwissenschaftlichung und Professionalisierung entstand 1898 auch die „Deutsche Kolonialschule Wilhelmshof" (DKS) in Witzenhausen an der Werra. Der Anstoß zur Gründung erfolgte vom „Rheinischen Verband des Evangelischen Afrika-Vereins", insbesondere seinem Geschäftsführer, dem evangelischen Divisionspfarrer Ernst Albert Fabarius.[32] Der 1859 in Saarlouis geborene Sohn eines Pfarrers hatte von 1881 bis 1886 Theologie, Nationalökonomie, Geschichte und Staatswissenschaften in Bonn, Berlin, Tübingen und Halle studiert und danach als Hilfsprediger und Kadettenpfarrer gearbeitet, bevor er Divisionspfarrer in Koblenz wurde. Fabarius sah in dem Rheinischen Verband eine „Ergänzung zur evangelischen Mission" und ein „Mittelglied zwischen Kolonisation und Mission".[33] Der erste Schritt zur Realisierung des Projekts bestand in der Bildung einer „Vereinigung zur Errichtung einer deutschen evangelischen Kolonialschule", wobei katholische Interessenten explizit nicht durch die Betonung der „evangelischen Grundlage" abgehalten werden sollten.[34] Aus der Taufe gehoben wurde die DKS schließlich 1898 unter dem Protektorat des Fürsten Wilhelm zu Wied, seines Zeichens auch Präsident des „Antisklaverei-Komitees". Die Wirtschafts-, Verwaltungs- und Wohngebäude sowie die Ländereien eines ehemaligen Wilhelmiter-Klosters im nordhessischen Witzenhausen dienten der Anstalt als Sitz.[35] Im Mai 1899 nahm die DKS mit zwölf Schülern den Betrieb auf.[36] Die Schülerzahlen nahmen rasch zu: Bis 1910 durchliefen die zweijährige Ausbildung insgesamt 421 Schüler, von denen sich im gleichen Jahr 196 in den deutschen Kolonien befanden – 91 in Südwestafrika, 62 in Ostafrika, 16 in Kamerun, elf in Neuguinea, acht auf Samoa, sechs in Togo und jeweils einer in Kiautschou und in der Südsee.[37] Diese Absolventen hatten sich in Witzenhausen auf die Arbeit als „praktische Wirtschafts- und Plantagenbeamte, Pflanzer, Landwirte, Viehzüchter sowie Wein- und Obstbauer[n]" vorbereitet. Damit bildeten sie jenen Personenkreis, der nach Fabarius' Vorstellungen am treffendsten von dem Oberbegriff „Deutsche Kulturpioniere" erfasst wurden.[38]

Der theoretische Unterricht gliederte sich in sechs Fachbereiche: Die zumeist von Fabarius selbst gelehrten „Kulturwissenschaften" umfassten Kultur- und Religionsgeschichte, Kolonialgeschichte und Kolonialpolitik, Landwirtschaftsgeschichte und -politik, Völkerkunde, Rechts- und Bürgerkunde. Zu den „Wirtschaftswissenschaften" zählten Volks- und Kolonialwirtschaftslehre, Landwirtschaftliche Buchführung und Handelslehre. Die Gebiete der „Naturwissenschaften" waren Chemie, Physik, Botanik und landwirtschaftliche Technologie, Geologie, Mineralogie und Klimalehre. Unter „Landwirtschaftslehre und Verwandte Fächer" fielen Heimische und Tropische Pflanzenlehre, Tierzucht-

---

32 Eckhard Baum, Daheim und überm Meer. Von der Deutschen Kolonialschule zum Deutschen Institut für Tropische und Subtropische Landwirtschaft in Witzenhausen (Der Tropenlandwirt, Beiheft 57), Witzenhausen 1997, 23.
33 Ernst Albert Fabarius, Deutsch-evangelische Arbeit in den Kolonien, 21, 35, zit. nach: Jens Böhlke, Zur Geschichte der Deutschen Kolonialschule in Witzenhausen. Aspekte ihres Entstehens und Wirkens (Schriften des Werratalvereins Witzenhausen, Heft 29), Witzenhausen 1995, 21.
34 Moritz Schanz, Die Deutsche Kolonialschule in Witzenhausen (Beiheft zum „Tropenpflanzer" XIV, Nr. 9, September 1910), Berlin 1910, 397f.
35 Ibid., 406f.
36 Ibid., 413.
37 Böhlke, Zur Geschichte der Deutschen Kolonialschule, 94.
38 Ibid., 68f.

lehre, Tierheilkunde, Gartenbaulehre und Forstwirtschaftslehre. Im Bereich der „Sprachen" war Englisch obligatorisch, fakultativ wurden Spanisch, Portugiesisch, Holländisch, Französisch, Suaheli und Malaiisch unterrichtet. Komplettiert wurde der theoretische Ausbildungszweig durch „Technik und Handwerke", das hieß konkret: Baukonstruktion, Feldmessen, Be- und Entwässerung, Planzeichnen, Schmiede, Zimmerei, Sattlerei, Tischlerei, Stellmacherei und Schuhmacherei. In Verbindung mit praktischen Übungen in den meisten Bereichen ergab sich so ein auf vier Semester angelegter Stundenplan.[39] Den erfolgreichen Abschluss krönte der Titel „Diplom-Kolonialwirt" – der nie staatlich anerkannt wurde. Über theoretisches und praktisches Wissen in der tropischen Landwirtschaft hinaus sollte die Ausbildung auch in „deutsch-christlichem und ausgeprägt nationalem Geiste" erfolgen.[40]

Im Kern war das Ausbildungskonzept auf einen Vorstandsbeschluss des Rheinischen Verbands aus dem Jahr 1896 zurückzuführen, in der Absicht – abweichend von der Berliner Zentrale des Afrika-Vereins –,,die Gründung einer Anstalt zu betreiben, welche sowohl den deutschen Kulturaufgaben, wie den Interessen der evangelischen Mission in unseren Kolonien förderlich und dienstbar wäre". Dabei war auch an die Unterrichtung von „Missions-Laienbrüdern" gedacht worden, die neben ihrer eigentlichen Tätigkeit als Landwirte oder Kaufleute in den Kolonien auch zur Übernahme seelsorgerischer Aufgaben befähigt sein sollten. Von der ersten Initiative bis zum formellen Gründungsakt bildete Fabarius „die Seele der ganzen Propaganda".[41] Sein Interesse an kolonialen Fragen teilte er früh mit seinem Freund Max Busse, der seinerseits Geschäftsführer des „Antisklaverei-Komitees" war. Die ebenfalls auf privates Betreiben ins Leben gerufene Vereinigung hatte sich der „kulturellen Eroberung und Erschließung Afrikas" verschrieben. Zudem besaß Fabarius durch seine Mitgliedschaft im Alldeutschen Verband persönliche Kontakte zu deutlich imperialistisch gesinnten Kreisen.[42] Die Verbindung zum Präsidenten des „Antisklaverei-Komitees", dem Fürsten Wilhelm zu Wied, ermöglichte es Fabarius, den Kontakt zu Herzog Johann Albrecht zu Mecklenburg, Präsident der Deutschen Kolonialgesellschaft, herzustellen. Beide Fürsten standen dem Projekt des Koblenzer Pfarrers wohlgesonnen gegenüber. Angesichts der anfänglich ablehnenden Haltung in weiten Kreisen der DKG wie der kolonialen Lobby im Allgemeinen war Fabarius auf die Unterstützung durchaus angewiesen.[43]

Während der mehrjährigen Bemühungen um ideelle und finanzielle Förderung entwickelte sich das programmatische Konzept der Kolonialschule. Die explizit genannte „evangelische Grundlage" sollte keine konfessionelle Exklusivität festschreiben, sondern nach eigenem Bekunden das öffentliche Profil gegenüber katholischen Ausbildungseinrichtungen stärken. Tatsächlich war dies mehr als eine Frage des bloßen Erscheinungsbildes; der Rheinische Verband wollte mit seinem Vorhaben dem Vorwurf seitens des Afrikavereins deutscher Katholiken entgegentreten, die evangelische Mission vernachlässige die kultu-

---

39 Baum, Daheim und überm Meer, 54f.
40 Böhlke, Zur Geschichte der Deutschen Kolonialschule, 69.
41 Schanz, Die Deutsche Kolonialschule, 399f.
42 Böhlke, Zur Geschichte der Deutschen Kolonialschule, 19.
43 Ibid., 397ff.

relle gegenüber der religiösen Missionierung.⁴⁴ Dabei wollte die DKS sich nicht im unmittelbaren Bezug zur organisierten evangelischen Missionsbewegung verstanden sehen. Dies gelte bereits für den Rheinischen Verband des Evangelischen Afrika-Vereins; beide hätten es sich zur Aufgabe gemacht, „die humanitär-sittlichen, praktisch-wirtschaftlichen Erziehungs- und Pflegearbeiten" zu übernehmen, denen die Mission aus Sicht ihrer Kritiker zu wenig Aufmerksamkeit schenkte. Bei der Umsetzung von „national-ethischen Gesichtspunkten und den kolonialpädagogischen Zwecken" sollte es zwar keine Ausschlusskriterien entlang konfessioneller Unterschiede geben, doch zur „Pflege einer idealen und religiössittlichen Lebensanschauung bei den zukünftigen Kulturpionieren" sollte der vierzehntägige Gottesdienst „in den für die deutsch-evangelischen Formen und an der Hand des evangelischen Militärgesangbuches" erfolgen.⁴⁵ Hinzu kam die Auflage, dass Aufsichtsratsmitglieder der DKS evangelisch zu sein hatten, und auch katholische Gesellschafter sollten möglichst nicht an dem Unternehmen beteiligt werden.⁴⁶

Relativiert wurde die konfessionelle Offenheit zudem dadurch, dass auch die Geschäftsstelle des 1897 gegründeten Evangelischen Hauptvereins für deutsche Ansiedler und Auswanderer in Witzenhausen eingerichtet wurde. Vorsitzender des Vereins war zunächst ein Aufsichtsratsmitglied der Rheinischen Missionsgesellschaft, der Kaufmann Gustav Schlechtendahl aus Barmen. Dann übernahm Ernst Fabarius auch dieses Amt. Der Verein hatte sich zum Ziel gesetzt, deutsche Auswanderer vor dem Verlust ihrer nationalen und kulturellen Identität zu bewahren, indem er sich darum bemühte, die Auswanderung in deutsche Kolonien oder andere, überwiegend von Deutschen besiedelte Gebiete in anderen Ländern zu lenken.⁴⁷ Obwohl die „Pflege idealer Weltanschauung, schlicht christlichen Bewußtseins und edelnationaler, gut deutscher Gesinnung"⁴⁸ im Vordergrund der Ausbildung für angehende „Kulturpioniere" stehen sollte, existierte in Witzenhausen zweifellos eine konfessionelle Orientierung, und die Arbeit war an die evangelische Mission angelehnt. Entsprechend positiv urteilte die Allgemeine Missions-Zeitschrift:

„Wenn die Kolonisation [...] in dem Sinn geschieht, wie er in der Kolonialschule herrscht und ihren Zöglingen eingeimpft wird: wer könnte sich dessen mehr freuen als die evangelische Mission und ihre Freunde!"⁴⁹

Die DKS besetzte eine Mittelstellung zwischen evangelischer Mission und ökonomisch oder politisch ausgerichteten, nichtreligiösen Einrichtungen auf kolonialem Betätigungsfeld. Ihr Leiter Ernst Fabarius verkörperte als evangelischer Geistlicher einerseits und national gesinnter Kolonialpolitiker andererseits in besonderer Weise den Typus des kirchennahen Kolonialpropagandisten.

---

44 Ibid., 401.
45 Ibid., 451.
46 Baum, Daheim und überm Meer, 33.
47 Ibid., 34.
48 Schanz, Die Deutsche Kolonialschule, 452. Die DKS stellte ihren Unterrichtsbetrieb im Ersten Weltkrieg ein, nachdem beinahe alle Schüler und die Mehrzahl der Lehrkräfte einberufen worden waren. Vorübergehend diente die Schule als Lazarett. Da jedoch auch nach dem Krieg finanzielle Unterstützung u. a. durch die DKG bestehen blieb, konnte Fabarius die Anstalt wieder öffnen und zunächst mit unverändertem Programm weiterführen. Vgl. Baum, Daheim und überm Meer, 77ff.
49 P. Richter, Die deutsche Kolonialschule zu Witzenhausen, in: AMZ 32 (1905), 429.

„Arbeit am Neger" – Paul Rohrbach

Die Kolonisationskonzepte von Friedrich Fabri und Ernst Fabarius können als Beiträge zur Zivilisierungsmission mit unterschiedlich enger Anlehnung an die evangelische Mission gedeutet werden. Während sich Fabris Bedeutung vor allem aus seiner programmatischen Tätigkeit ableitet – seine Beteiligung an einzelnen kolonialwirtschaftlichen Projekten beispielsweise bleibt in der vorliegenden Betrachtung ausgeblendet –, steht die von Fabarius geleitete Kolonialschule exemplarisch für eine steigende Zahl konkreter Versuche, den deutschen Kolonialismus effizient zu organisieren. Dagegen stellte der Diskussionsbeitrag des Theologen und Publizisten Paul Rohrbach einen geradezu radikal-kolonialistischen Bezug zur *situation coloniale* in den deutschen „Schutzgebieten" her.

Rohrbach war von 1903 bis 1906 im Auftrag der Kolonialabteilung des Auswärtigen Amtes als Ansiedlungskommissar in Deutsch-Südwestafrika tätig. Bis dahin nur wenig mit kolonialen Themen vertraut, trat er nun durch Analysen zu kolonialwirtschaftlichen Fragen in Erscheinung. Er befasste sich eingehend mit der Rolle der Siedler, vor allem im Zuge einer Neuordnung von Verwaltung und Herrschaftsverhältnissen nach dem Ausbruch des Herero- und Nama-Krieges, der in seine Amtszeit fiel.[50] Nach einem anschließenden Aufenthalt in Kamerun und Togo und der Rückkehr nach Deutschland begann er eine rege Publikations- und Vortragstätigkeit, durch die er sich „zum wichtigsten informellen Sprecher der deutschen Siedler in Südwestafrika" entwickelte.[51]

Zwischen 1887 und 1898 hatte Rohrbach Geschichte und Theologie in Dorpat und Berlin studiert. Zunächst förderte ihn der Historiker Hans Delbrück, Herausgeber der „Preußischen Jahrbücher", durch das Angebot einer bezahlten Mitarbeit an der einflussreichen Zeitschrift. Dann verlagerte sich sein Interessenschwerpunkt unter dem Eindruck Adolf Harnacks von der Geschichte zur Theologie.[52] Da jedoch seinen theologischen Schriften mitunter der „Vorwurf dilettantischer Halbwisserei" gemacht wurde und schließlich auch mit seinem akademischen Förderer Harnack unüberbrückbare wissenschaftliche Differenzen auftraten, waren seine Aussichten auf eine Universitätskarriere als Theologe gering.[53] Rohrbachs Kirchennähe veränderte sich zudem durch eine zunehmende Zusammenarbeit mit Vertretern des liberalen Protestantismus, insbesondere mit Friedrich Naumann. Sie bestand vor allem in der Mitarbeit an den von Naumann als Organe des „Nationalsozialen Vereins" herausgegebenen Zeitschriften „Hilfe" und „Zeit" ab dem Sommer 1901. Als Rohrbach wenig später aus dem „Evangelisch-sozialen Kongress", dessen Generalsekretär

---

50 Walter Mogk, Paul Rohrbach und das „Größere Deutschland". Ethischer Imperialismus im Wilhelminischen Zeitalter. Ein Beitrag zur Geschichte des Kulturprotestantismus, München 1972, 137. Zur Tätigkeit Rohrbachs in Deutsch-Südwestafrika vgl. auch Beitrag #22 von Hanns Lessing.
51 Boris Barth, Die Grenzen der Zivilisierungsmission. Rassenvorstellungen in den europäischen Siedlungskolonien Virginia, den Burenrepubliken und Deutsch-Südwestafrika, in: Ders., Jürgen Osterhammel (Hgg.), Zivilisierungsmissionen. Imperiale Weltverbesserung seit dem 18. Jahrhundert (Historische Kulturwissenschaft, Bd. 6), Konstanz 2005, 226.
52 Mogk, Paul Rohrbach, 22-47.
53 Ibid., 45; Kuassi Amétowoyona Akakpo, Missionspraxis im Lichte der Kritik: Kontroverse Debatten über Paul Rohrbachs Thesen zur Missionsarbeit in Afrika, in: Ulrich van der Heyden, Holger Stoecker (Hgg.), Mission und Macht im Wandel politischer Orientierungen (Missionsgeschichtliches Archiv, Bd. 10), Stuttgart 2005, 78f.

er seit 1898 gewesen war, austrat, war seine vollständige Hinwendung zur politischen Publizistik vollzogen.[54]

Kurz vor Rohrbachs Abreise nach Deutsch-Südwestafrika erschien im Buchverlag von Naumanns „Hilfe" die erste Auflage seines Buches „Deutschland unter den Weltvölkern". Es handelte sich um eine Auseinandersetzung mit der Außenpolitik der europäischen Großmächte, des Osmanischen Reiches und der USA. In der zweiten Auflage von 1908 schrieb Rohrbach, Deutschland sei „weltwirtschaftlich und weltpolitisch nicht saturiert"; seine gewaltige „Volksvermehrung" generiere ein „Ausdehnungsbedürfnis", das in Europa nicht zu befriedigen sei.[55] Diesen Ansatz vertrat er auch in weiteren Schriften, in denen er sich in erster Linie auf die deutschen Kolonien in Afrika und Fragen der Auswanderung konzentrierte. Die Tropen kämen aufgrund der klimatischen Verhältnisse nur für befristete Aufenthalte von Beamten, Offizieren, Kaufleuten und leitenden Angestellten in Frage.[56] Auch Südwestafrika sei aufgrund seiner naturräumlichen Beschaffenheit und der notwendigen Beschränkung auf große Farmbetriebe kein Zielland für eine massenhafte Aufnahme deutscher Auswanderer. Hier empfahl Rohrbach, die Landgesellschaften sollten bei der Konzessionierung zurückhaltend berücksichtigt werden, das Land für die Siedler solle großzügig bemessen werden, der Staat solle „Ansiedlungsbeihilfen" zahlen und die „Schulverhältnisse" sollten entwickelt werden, um auch „gebildeten und kapitalkräftigen Familien die Seßhaftmachung zu erleichtern." Zudem gehörte „wachsender Spielraum" für die „Selbstverwaltung der Ansiedler" für ihn zu den Bedingungen einer wirtschaftlichen Entwicklung der Kolonie.[57] Kein Wort jedoch über Kirchenorganisation oder Mission – in seinem ökonomischen Fokus auf eine kleine Siedlerbevölkerung waren diese Aspekte offenbar zu vernachlässigen.

Rohrbach sprach die Hauptverantwortung für eine erfolgreiche Inwertsetzung Südwestafrikas den Siedlern zu und übernahm damit faktisch ihre publizistische Vertretung. Indes war das Verhältnis der Siedlerschaft zur Kolonialpolitik getrübt. Aus Sicht der Siedler hatte die Metropole nur einen abstrakten ökonomischen Wert, nämlich den Absatzmarkt, im Fokus, nicht jedoch die eigenständige wirtschaftliche Entwicklung der Siedler. Rohrbach wertete nun die Auslandsdeutschen auf, indem er die südwestafrikanische „Kulturmission" als Vorbild einer „Weltmission" darstellte.[58] Die Selbstwahrnehmung der Siedler deckte sich insofern mit Rohrbachs kolonialwirtschaftlichem Konzept, als beiden eine Mischung aus Abgrenzung und Initiative zugrunde lag. Um einen möglichst großen Handlungsspielraum zu bekommen, bemühten sich die Siedler darum, den Einfluss der Mission, namentlich der Rheinischen Missionsgesellschaft, zurückzudrängen. Die Argumentation gipfelte in der Gegenüberstellung von biblischem Missionsauftrag und kolonialwirtschaftlichem Entwicklungsstreben: „Dazu hat Deutschland seine Kolonien doch sicher nicht erworben, um

---

54 Ibid., 88.
55 Paul Rohrbach, Deutschland unter den Weltvölkern. Materialien zur auswärtigen Politik, 2. Aufl., Berlin 1908, 7, 22-25.
56 Paul Rohrbach, Wie machen wir unsere Kolonien rentabel? Grundzüge eines Wirtschaftsprogramms für Deutschlands afrikanischen Kolonialbesitz, Halle a.S. 1907, 93-95.
57 Ibid., 221f.; ausführlicher formulierte Rohrbach seine kolonialwirtschaftlichen Überlegungen außerdem in: ders., Deutsche Kolonialwirtschaft. 1. Band: Südwest-Afrika, Berlin 1907.
58 Helmut Bley, Kolonialherrschaft und Sozialstruktur in Deutsch-Südwestafrika 1894-1914 (Hamburger Beiträge zur Zeitgeschichte, Bd. 5), Hamburg 1968, 240, 242.

in erster Linie die heidnischen Eingeborenen dem Christentum zuzuführen."[59] Dass die Mission 1906 die „Eingeborenenverordnungen" anerkannte, trug schließlich der Forderung der Siedler nach einer Unterordnung der Mission unter die übrigen Interessen in der Kolonie Rechnung.[60]

In einer weiteren Veröffentlichung von 1909 problematisierte Rohrbach zunächst erneut die Kapazitäten der afrikanischen Kolonien für deutsche Auswanderer und deren wirtschaftliche Möglichkeiten. Jenseits der bloßen „Rentabilitätsfrage" schrieb Rohrbach:

> „Es ist doch nicht so, daß wir bloß deshalb, weil wir nun einmal Kolonien haben, auch zusehen müssen, wie wir sie halbwegs rentabel gestalten, sondern über dieses rein kommerzielle Beurteilungsprinzip hinaus müssen wir unsere Kolonialpolitik und Kolonialwirtschaft als eine eminent nationale und nicht weniger unter nationalpolitischen als unter kommerziellen Gesichtspunkten zu beurteilende Angelegenheit betrachten!"[61]

Die Siedler in den Kolonien seien bedeutsam für Deutschlands Stellung in der Welt, da sie „die materielle und ideelle Festankerung unseres Volkstums in solchen überseeischen Gebieten" gewährleisteten. „Ein Weltvolk sind wir erst, wenn ein in der Scholle wurzelndes, reiches und wehrhaftes deutsches Volkstum diesseits und jenseits des Meeres wohnt und in dem deutschen Kaiser seinen Führer ehrt." Rohrbach forderte die kompromisslose Unterordnung afrikanischer Interessen; es sei unvermeidlich, dass „das minderwertigere eingeborene Volkstum aus Herrschaft und Besitz zu weichen" habe. In dieser Schrift äußerte Rohrbach wohl am deutlichsten die rassistischen Grundannahmen seines Kolonialprogramms. Jegliches Konzept einer Annäherung von Kolonisatoren und Kolonisierten war für ihn indiskutabel. Im kolonialen Diskurs lagen damit seine Position und die der Missionen denkbar weit auseinander.[62]

Zwar hatte auch in diesem radikalen Kolonialprogramm die Mission neben Verwaltung und Wirtschaft ihren Platz. Explizit wies Rohrbach den Gedanken zurück, auf die Verbreitung des Christentums in den Kolonien könne grundsätzlich verzichtet werden.[63] Doch in der praktischen Ausübung der Missionstätigkeit erblickte Rohrbach einen kritischen Punkt: Die Mission überfordere ihre afrikanischen Schützlinge, wenn sie an dem Ziel festhalte, „eine so hoch entwickelte, so vollständig auf dem Prinzip des religiösen Individualismus beruhende Religionsform, wie es die neutestamentlich-evangelische ist" zu lehren.[64] Er plädierte vielmehr dafür, diese Lehre inhaltlich „in einer Weise zu reduzieren [...], wie sie der Aufnahme- und Bewährungsfähigkeit der niederen Rasse entspricht." Damit forderte er einen bestimmenden Eingriff in die Grundlagen der Missionsarbeit. Ziel der Missionierung

---

59 Vortrag des Farmervertreters Erdmann über die Stellung der Mission in Südwestafrika, zit. nach: ibid., 246.
60 Ibid., 247.
61 Paul Rohrbach, Deutsche Kolonialwirtschaft. Kulturpolitische Grundsätze für die Rassen- und Missionsfragen, Berlin 1909, 28-31, dort auch die folgenden Zitate.
62 Vgl. Johannes Lucas de Vries, Namibia. Mission und Politik (1880-1918). Der Einfluß des deutschen Kolonialismus auf die Missionsarbeit der Rheinischen Missionsgesellschaft im früheren Deutsch-Südwestafrika, Neukirchen-Vluyn 1980, 52f.
63 Rohrbach, Kulturpolitische Grundsätze, 78f.
64 Dieses und das folgende Zitat ibid., 81f.

solle nicht die religiöse Erziehung an sich sein, sondern ihre Anpassung an die Prämissen einer rassischen Privilegiengesellschaft, in der eine erzieherische mit der politisch-ökonomischen Unterordnung der Afrikaner korrespondieren sollte. Jürgen Zimmerer fasst dies als „binäre Codierung des gesamten Lebensbereiches" zusammen.[65] Die Ziele einer missionarischen „Arbeit am Neger" sollten „Disziplin, Autorität, Subordination" sein. Zu diesem Konzept gebe es keine Alternative, daher würden die evangelischen Missionsgesellschaften

> „sich zunächst dazu entschließen müssen, auf jenes von ihnen bisher noch festgehaltene Ideal, die Neger zu einem inneren Verständnis des evangelisch-christlichen Prinzips zu bringen, in dem Sinne, daß fortan auch bei ihnen ein selbständiges Weiterwachstum vollwertigen Christentums erfolgen könnte, [...] zu verzichten."[66]

Mit seiner klaren Positionierung gegen einen maßgeblichen Einfluss der Mission auf die Entwicklung der Kolonien zählte Paul Rohrbach zu den kontroversesten Stimmen in der Diskussion um eine Kolonialreform vor dem Ersten Weltkrieg. Bereits seit etwa 1900, verstärkt jedoch vor dem Hintergrund der beiden verheerenden Kriege in Deutsch-Südwest- und Deutsch-Ostafrika debattierte die kolonial interessierte Politik und Öffentlichkeit des Kaiserreichs bisweilen erbittert über Bedeutung und Wert des Kolonialbesitzes. Die deutsche Kolonialpolitik befand sich in der Krise.[67] In diesem Kontext etablierten sich die Deutschen Kolonialkongresse von 1902, 1905 und 1910 als Plattform kolonialpolitischer, kolonialwirtschaftlicher und kolonialwissenschaftlicher Auseinandersetzungen.[68] Zahlreiche Vereine, Verbände und Institutionen organisierten die gut besuchten Kongresse; Geographen, Ethnologen, Mediziner, Juristen, Missionare, Nationalökonomen und andere Sachverständige referierten und diskutierten zu den kolonialen Aspekten ihrer Disziplinen und verabschiedeten Resolutionen. An dem Kolonialkongress von 1910 nahm Rohrbach mit einem Vortrag über „Die Besiedelung in den deutschen Kolonien" teil. Seine Ausführungen konzentrierten sich auf die Zusammenhänge von Besiedelung und Bewirtschaftung. Er thematisierte die Ausbeutung afrikanischer Arbeitskraft unter dem Aspekt der „Vollausnutzung der Produktionsfähigkeit unseres Kolonialbesitzes". Seine Pläne waren frei von humanitären oder religiösen Motiven, wie sie von den Missionsvertretern auf dem Kongress

---

65 Jürgen Zimmerer, Von Windhuk nach Warschau. Die rassische Privilegiengesellschaft in Deutsch-Südwestafrika, ein Modell mit Zukunft?, in: Frank Becker (Hg.), Rassenmischehen – Mischlinge – Rassentrennung. Zur Politik der Rasse im deutschen Kolonialreich (Beiträge zur Europäischen Überseegeschichte, Bd. 90), Stuttgart 2004, 98.
66 Rohrbach, Kulturpolitische Grundsätze, 81, 93.
67 Franz-Josef Schulte-Althoff, Koloniale Krise und Reformprojekte. Zur Diskussion über eine Kurskorrektur in der deutschen Kolonialpolitik nach der Jahrhundertwende, in: Heinz Dollinger, Horst Gründer, Alwin Hanschmidt (Hgg.), Weltpolitik, Europagedanke, Regionalismus. Festschrift für Heinz Gollwitzer zum 65. Geburtstag am 30. Januar 1982, 407f.
68 Pascal Grosse, Die Deutschen Kolonialkongresse in Berlin 1902, 1905 und 1910, in: Ulrich van der Heyden, Joachim Zeller (Hgg.), „... Macht und Anteil an der Weltherrschaft" Berlin und der deutsche Kolonialismus, Münster 2005, 95-100; Stephan Besser, Die Organisation des kolonialen Wissens. 10. Oktober 1902: In Berlin tagt der erste Deutsche Kolonialkongreß, in: Alexander Honold, Klaus R. Scherpe (Hgg.), Mit Deutschland um die Welt. Eine Kulturgeschichte des Fremden in der Kolonialzeit, Stuttgart, Weimar 2004, 271-278. Gründer erkennt in den Kongressen außerdem den interessenübergreifenden Versuch der Kolonialbewegung, gegen eine drohende „Kolonialmüdigkeit" in Politik und Öffentlichkeit effektvoll um Aufmerksamkeit zu kämpfen. Vgl. Gründer, Christliche Mission, 102.

betont wurden. Die Mission selbst fand in der von Rohrbach eingenommenen Sicht der Siedler kaum Erwähnung: Wie bereits an anderer Stelle ausgebreitet, dürfe es kein „Recht der Eingeborenen" geben, durch welches das „nationale Ziel" der „Vermehrung der ideellen und materiellen Kraftfülle und Lebensbetätigung der Nation" eingeschränkt werde – allein „diese Idee ist absurd".[69]

Fazit

Der Überblick über die zentralen Aussagen der Kolonialpropaganda von Fabri, Fabarius und Rohrbach hat deutlich gemacht, dass die Reduktion der Missionsarbeit auf die Mithilfe zur politisch-ökonomischen Inwertsetzung der „Schutzgebiete" der realen Kolonialprogrammatik entsprach. Von den Anfängen der organisierten Kolonialbewegung über die vermehrten Maßnahmen zur Konsolidierung der kolonialen Erschließung bis zur Krisenreaktion im Anschluss an Kolonialkriege und -skandale finden sich entsprechende Beiträge zum Kolonialdiskurs. Die dauerhafte Einbindung der Mission in die Kolonialpolitik verifiziert damit die These von Andreas Feldtkeller zur Missionsgeschichte, dass es „keine Missionsgeschichte ohne Verbindung zur politischen Geschichte" gibt. Hiernach vermag es das politische Interesse, „den auf Gemeinschaft mit Menschen jenseits der Grenzen zielenden religiösen Impuls für seine eigenen Zwecke zu instrumentalisieren und ihn zu missbrauchen als ein Argument, mit dem politisch-militärische Expansion gerechtfertigt wird."[70]

Allerdings versteht sich Feldtkellers These aus Sicht der Missionsgeschichte. Sie behauptet eine scharfe Asymmetrie zwischen den weltlichen Interessen der Kolonialpolitik und dem Missionsauftrag. Demgegenüber wird andernorts die weitgehend einvernehmliche Kooperation und das Superioritätsdenken von Kolonialstaat und Mission betont.[71] Damit stellt sich die Frage, inwiefern die untersuchten Kolonialpropagandisten tatsächlich – abgesehen von ihrem familiären und akademischen Hintergrund – als kirchennah bezeichnet werden können. Fabri brachte sich in die programmatische Diskussion im Kern durch die Verknüpfung von sozialer Frage und Auswanderung ein. Praktisches Engagement entwickelte er einerseits in der Mitarbeit in Vereinen, die sich mit diesen Themen befassten; andererseits betätigte er sich hier wie unter dem Dach der Rheinischen Missionsgesellschaft zusätzlich durch die Gründung rein kolonialwirtschaftlich ausgerichteter Unternehmungen. Die Nähe des Missionsinspektors zu den eigentlichen Zielen seiner eigenen Organisation nahm im Laufe seiner kolonialpolitischen Aktivitäten konsequent ab und führte schließlich zu seinem Rücktritt. Ebenso wie Fabri war auch Fabarius an der Schnittstelle von Kolonialismus und Mission tätig, ebenso wie der Missionsfunktionär betrieb der Divisionspfarrer ein konkretes Projekt zur Förderung des „Deutschtums" in Übersee. Den institutionellen Hintergrund der Deutschen Kolonialschule in Witzenhausen bildete der – weniger von religiösen als von ökonomischen Interessen geleitete – Rheinische Verband des evangelischen Afrika-Vereins, den ideellen der Gedanke einer zivilisatorischen Kulturmission deutscher Prägung. Fabarius' Konzept war von evangelischem Denken gekennzeichnet, doch

---

[69] Paul Rohrbach, Die Besiedelung in den deutschen Kolonien, in: Verhandlungen des Deutschen Kolonialkongresses 1910 zu Berlin am 6., 7. und 8. Oktober 1910, Berlin 1910, 972-983.
[70] Andreas Feldtkeller, Sieben Thesen zur Missionsgeschichte (Berliner Beiträge zur Missionsgeschichte, Heft 1), Berlin 2000, 14f.
[71] Gerhard Besier, Kirche, Politik und Gesellschaft im 19. Jahrhundert (EDG, Bd. 48), München 1998, 48.

die Ausbildung deutscher „Kulturpioniere" kann als Beitrag zur politisch-ökonomischen Diskussion gesehen werden. Rohrbachs Beteiligung an ihr war zweifellos am wenigsten religiös initiiert und nahm eine sozialdarwinistisch-technokratische Perspektive ein. Seine Programmatik orientierte sich an den Interessen der Siedler als „men on the spot". Für ihn hatte die Entwicklung der kolonialen Wirtschaft von einer auslandsdeutschen „Diaspora" auszugehen, deren administrative Handlungsfreiheit nicht im Widerspruch zu ihrer engen kulturellen Anbindung an das Reich stehen durfte. Der Mission kam dabei die Funktion einer marginalisierten „Erziehungsgehilfin" zu.

Fabri, Fabarius und Rohrbach sind hier von ihrer Kolonialpropaganda ausgehend betrachtet worden. Diese kann zwar in ihrer Zielsetzung insgesamt nicht einseitig als antimissionarisch charakterisiert werden, weil keines der Konzepte die Mission prinzipiell ablehnt, doch konnte sie in diesem Spektrum sowohl die Aufgabe der Sinnstiftung als auch der Erfüllungsgehilfin einnehmen. Gemeinsam war allen drei Programmen, dass sie der Mission lediglich eine allgemeine Bedeutung im Kontext des Kolonialismus zuwiesen. Aus kolonialpolitischer Perspektive konnte sie nur im nationalen Rahmen einer Entfaltung deutscher Weltgeltung und einer Stärkung des „Deutschtums" in den Kolonien gesehen werden. Das genuine Interesse der Missionsgesellschaften, nämlich die Verbreitung des Christentums in Übersee, war nur mittelbar von Belang.

„Festhalten an der Nationalität und am Glauben der Väter"

Kolonie und „Deutschtum" in der deutschen theologischen Diskussion bis 1922

Jürgen Kampmann

Zur Terminologie

Was soll hier unter „der deutschen theologischen Diskussion" begriffen werden? Bei einer (zu) weiten Auslegung dieses Terminus im Sinne des Priestertums aller Glaubenden könnte man darunter letztlich jedwede Äußerung eines jeden Gliedes einer christlichen Kirche in Deutschland (oder darüber hinaus im deutschsprachigen Raum) zum Verhältnis von „Kolonie" und „Deutschtum" überhaupt begreifen. Bei einer (zu) engen Interpretation würde man auf Äußerungen zu dieser Thematik allein im wissenschaftlich-theologischen, universitären Diskurs abheben. Da der vorrangige Zweck des Studienprozesses nicht darin besteht, (im Detail gewiss nicht selten aufschlussreiche) Spezialissima in den Blick zu bekommen, sondern vornehmlich die Phänomene zu erfassen sucht, von denen eine gewisse Breitenwirkung ausgegangen ist, sollen für die folgende Darstellung vorrangig solche zeitgenössischen Quellen berücksichtigt werden, die nicht nur in einem speziell theologisch gebildeten oder an Fragen der Mission interessierten, erweckten Umfeld wahrgenommen, sondern in einem größeren Bereich der Öffentlichkeit rezipiert worden sind. Von vornherein sei vermerkt, dass weiterer Forschungsbedarf besteht mit Blick auf die Diskussionen über Mission, Kolonialismus, „Rasse" und „Deutschtum" etwa in der „Christlichen Welt" und der „Allgemeinen Evangelisch-Lutherischen Kirchenzeitung", nicht zuletzt auch im Blick auf einschlägige Äußerungen Adolf von Harnacks und Ernst Troeltschs.

Das Thema in der theologischen Überblicksliteratur

Sichtet man zeitgenössisch im protestantischen Umfeld erschienene Lexika wie die diversen Auflagen der „Realenzyklopädie für die protestantische Theologie" (RE³) und „Die Religion in Geschichte und Gegenwart" (RGG), so sucht man beide Lemmata – „Kolonie" wie auch „Deutschtum" – vergeblich; zum Begriff der „Kolonisation" wird jeweils lediglich allgemein für alle Vorgänge von Kolonisation Gültiges vermerkt. Dabei wird allerdings mit Blick auf deutsche Kolonisation insbesondere auf die Expansion deutscher Siedlung im ostmitteleuropäischen Raum in der mittelalterlichen Zeit abgehoben. Speziell theologische Aspekte kommen aber auch dabei nicht in den Blick.[1] Auch in zeitgenössisch und hernach

---

[1] In der RE³ werden manche Aspekte in den Artikeln „Diaspora, evangelische" und „Gustav-Adolf-Stiftung" angeschnitten.

bis zur Zeit nach dem Zweiten Weltkrieg erschienenen kirchen- und theologiegeschichtlichen Darstellungen finden diese Fragen so gut wie keine Berücksichtigung.[2]

Einzig im einschlägigen Band der 2. Auflage der „Religion in Geschichte und Gegenwart" – der allerdings erst 1929 und damit nach dem Ende der deutschen Kolonialherrschaft erschienen ist – wird das Schlagwort „Kolonialpolitik und Mission" geboten; dazu wird dort festgehalten:

> „Da in dem Eingeborenenproblem zahlreiche Fragen kolonialpolitischer und missionspädagogischer Art zusammenlaufen, sind die Unterschiede zwischen kolonialen und missionarischen Interessen in allen Perioden der Kolonialgeschichte durch die verschiedene Stellungnahme zu diesem Problem hervorgetreten. Die europäischen Kolonialvölker haben langsam und schrittweise den Weg zu einer richtigen Schätzung fremder Rassen gefunden, während die M[ission] ihnen grundsätzlich schon früher gerecht geworden war."[3]

Eine nähere (auch theologische) Begründung dafür fehlt aber auch hier – lapidar verbleibt es schließlich bei der Feststellung:

> „Eine das Thema ‚K[olonialpolitik] und M[ission]' zusammenfassende Untersuchung fehlt; die missionswissenschaftliche Literatur bietet das Material unter missionarischem Gesichtspunkt, die ausgedehnte Kolonialliteratur unter dem Sehwinkel der K[olonialpolitik]."[4]

Diese retrospektive Analyse findet ihre Bestätigung in der zeitgenössischen Wahrnehmung vor dem Ausbruch des Ersten Weltkrieges.[5] Hinsichtlich der Fragen, die sich theologisch und kirchlich angesichts der seinerzeit wachsenden Aufmerksamkeit für die in den deutschen „Schutzgebieten" siedelnden Deutschen stellten, blieb noch 1911 nur die Feststellung, dass sich hier eine neue, indes noch ungelöste Aufgabe stelle:

> „Eine neue Disziplin klopft an die Pforten der theologischen Fakultät. Wie vor etwa 20 Jahren die Heidenmission von der Wissenschaft ihren rechtmäßigen Platz in dem Gefüge der praktischen Theologie beanspruchte, [...] so erhebt heut[!], herausgeboren aus der riesenhaften Entwicklung des Deutschtums in der neueren

---

2 S. zum Beispiel Gustav Fischer, Leitsätze für den kirchengeschichtlichen Unterricht in Fortbildungsschulen. Waiblingen 1901, 44-47, 75-83; Karl Heussi, Kompendium der Kirchengeschichte, 4., verbesserte Aufl., Tübingen 1919, 613f; Walther von Loewenich, Die Geschichte der Kirche. Von den Anfängen bis zur Gegenwart, Witten 1938, 430-459. Vgl. Ernst Buddeberg, Durch zwei Jahrtausende. Ein Gang durch die Kirchengeschichte für unsre Zeit, Lahr-Dinglingen 1939, 139-147; Theodor Brandt, Die Kirche im Wandel der Zeit. 3. neu bearb. Aufl. Bad Salzuflen 1947, 384-401; Karl Heussi, Abriss der Kirchengeschichte. Weimar 1956, 180.197. – Lediglich in speziell der Missionsgeschichte gewidmeten Standardwerken (etwa von Gustav Warneck und Julius Richter) wird auf die Fragen von Kolonie und „Deutschtum" eingegangen.

3 C[arl] Mirbt, Kolonialpolitik und Mission, in: RGG², 3, 1147f.; Zitat 1148.

4 Ibid.

5 Größere gesamtkirchliche und öffentliche Aufmerksamkeit erfuhr die Frage der Fürsorge für die Auslandsdiaspora erst, als sich die Preußische Generalsynode der Thematik angenommen hatte und der Deutsche Evangelische Kirchenausschuss (DEKA) 1905 seine Arbeit aufnahm. Zur Arbeit des DEKA vgl. auch die Beiträge #1 und #2.

Zeit, die ‚*Diasporakunde*' die gleiche Forderung, wie jene bei den neueren theologischen Disziplinen."[6]

Begründet wurde dieses Verlangen damit, dass es sich dabei „um nichts Geringeres als um eine gleicherweise evangelische wie nationale Sache, um die Erhaltung und Stärkung des protestantischen Bekenntnisses und des nationalen Bewußtseins unter den Gliedern unseres Volkes und unserer Kirche" handele, die „durch Handel, Verkehr, Auswanderung, Kolonisation in die Fremde zerstreut" in Gefahr stünden, „beides zu verlieren: der Väter Volkstum und der Väter Glauben."[7]

Jahrzehnte später – 1992 – hat dann Gerhard Besier zum Verhältnis von „Mission und Kolonialismus im Preußen der Wilhelminischen Ära"[8] wesentliche Gesichtspunkte in einem Überblick zusammengefasst; diesem hat er die grundlegende Einsicht vorangestellt, dass es

„[z]ur angemessenen Einordnung der Verquickung von Mission und Kolonialismus" nötig sei zu erkennen, dass es „auch während der nur dreißig Jahre dauernden deutschen Kolonialgeschichte beide Phänomene unabhängig voneinander gab und die christliche Missionsarbeit im Bedingungsgefüge der kolonialen Situation eine Besonderheit darstellte."[9]

Besier hat dies dahin zugespitzt, dass von daher christliche Mission „nur segmentiell unter Kolonialismusgesichtspunkten" zu betrachten sei.[10]

Protagonisten und Kritiker einer kulturell und national deutsch geprägten Orientierung des christlichen Engagements in den deutschen Kolonien

Die Idee einer national deutsch orientierten Ausrichtung der von Deutschen geleisteten Missionsarbeit war zunächst von Friedrich Fabri[11] nachdrücklich favorisiert worden.[12] Sie stieß aber zeitgenössisch bald auch auf massive Kritik – etwa von Seiten des ersten Inhabers eines Lehrstuhls für Missionswissenschaft, des in Halle (Saale) lehrenden Professors

---

6 So Deutsch-evangelische Diaspora im Auslande, in: Daheim-Kalender für das Deutsche Reich. Auf das Jahr 1911, Bielefeld/Leipzig o.J. [1910], 78-81; Zitat 78.
7 Ibid. – S. dazu näher in diesem Sammelband Beitrag #5 von Hanns Lessing, Evangelische Diasporafürsorge im „größeren Deutschland".
8 Gerhard Besier, Mission und Kolonialismus im Preußen der Wilhelminischen Ära, KZG 5, 1992, 239-253.
9 Ibid, 240.
10 Ibid.
11 Zu Werdegang und Wirken s. die zeitgenössische Darstellung von Schreiber, Fabri, in: ADB 48, 1904, 473-476.
12 S. dazu Klaus J[ürgen] Bade, Friedrich Fabri und der Imperialismus der Bismarckzeit. Revolution – Depression – Expansion, Freiburg (Breisgau) 1975, Internet-Ausgabe www.imis.uni-osnabrueck.de/BadeFabri.pdf mit einem neuen Vorwort, Osnabrück 2005, besonders 161-166. – Zur den theologischen Hintergründen der Argumentation Fabris s. Theo Sundermeier, Mission, Bekenntnis und Kirche. Missionstheologische Probleme des 19. Jahrhunderts bei C. H. Hahn, Wuppertal 1962, besonders 58-61. – In diesem Sammelband s. insbesondere auch Beitrag #6 von Jens Ruppenthal, „Kirchennahe" Kolonialpropaganda im Kaiserreich. Zum Stellenwert von Auswanderung und Mission bei Friedrich Fabri, Ernst Fabarius und Paul Rohrbach.

Gustav Warneck.¹³ Dieser betrachtete es zwar auch als „nationale Ehrenpflicht", die Mission in den deutschen Kolonialgebieten zu fördern, plädierte aber zugleich auch für die Bewahrung der international seit langem bestehenden Verknüpfungen in der Missionsarbeit über nationale Grenzen hinaus.¹⁴

Einen eigenen Ansatz entwickelte an der Wende zum 20. Jahrhundert dann der Theologe und als Publizist große Breitenwirkung entfaltende Paul Rohrbach.¹⁵ Dessen Vorstellung von einem „größeren Deutschland" zielte vordergründig auf eine missionarische Expansion deutschen Einflusses in der Welt.¹⁶ Diese sollte sich ethisch und sozial legitimieren; leitend war für Rohrbach dabei die Vorstellung von einem „Gottesreich auf Erden",¹⁷ das nach Jesu Vorstellung von Menschen nach dem Sinne Gottes – sprich: christlich-sozialer Prägung – mitzubauen sei. In (theologisch abenteuerlicher) Übertragung sah er in der weltweiten Expansion des Zweiten Deutschen Kaiserreiches eine „Reichsgründung", bei der dieser Grundsatz Jesu zu realisieren sei.¹⁸ Daher bestehe (so Rohrbach) keine sachliche Differenz zwischen dem Einsatz für Vaterland und Himmel, wenn dieser nur getragen sei von dem Glauben, „daß wir Gottes Reich bauen helfen und für die Vollendung der Welt

---

13 Zu Werdegang und Wirken Warnecks s. Werner Raupp, Warneck, Gustav, in: BBKL 13, 1998, 359-371.

14 So Warneck im November 1891 bei der 2. Sitzung der preußischen Generalsynode; s. Verhandlungen der dritten ordentlichen Generalsynode der evangelischen Landeskirche Preußens, Berlin 1892, 37-41, 319-325. Warnecks Position hat sich später verändert; 1903 hat er die Unterstellung der Missionsgemeinden in den Kolonialgebieten unter die Aufsicht der Siedlerkirchen für erstrebenswert erachtet; s. Gustav Warneck, Evangelische Missionslehre, Abt. 3, Der Betrieb der Sendung, 3. Das Missionsziel, Gotha 1903, 33f.

15 Zu dessen Werdegang und Wirken s. Josef Anker, Rohrbach, Paul Carl Albert, in: BBKL 8, 1994, 592-608. Näheres zudem bei Ruppenthal, Beitrag #6.

16 S. dazu ausführliche Überlegungen bei Paul Rohrbach, Der deutsche Gedanke in der Welt, Düsseldorf/Leipzig 1912, 133-160. Rohrbachs Grundhaltung wird exemplarisch in folgenden Überlegungen deutlich: „Weder unter den Völkern noch unter den Einzelwesen gilt als Recht, daß Existenzen, die keine Werte schaffen, einen Anspruch auf Dasein haben. Keine falsche Philanthropie oder Rassentheorie ist imstande, für vernünftige Menschen zu beweisen, daß die Erhaltung irgendwelcher viehzüchtender südafrikanischer Kaffern oder ihrer Hackbau treibenden Vettern am Kiwu- und Viktoriasee, bei irgendeinem Maß von Selbständigkeit, Eigenwirtschaft und Unkultur für die Zukunft der Menschheit wichtiger sei, als die Ausbreitung der großen europäischen Nationen und der weißen Rasse überhaupt. Soll das deutsche Volk darauf verzichten, größer und tüchtiger zu werden, für seine Söhne und Töchter freieren Lebensspielraum in der Welt zu suchen, weil vor 50 oder 300 Jahren irgendein Negerstamm seine Vorgänger erschlagen, verjagt oder versklavt hat und kraft solchen Rechts auf der Scholle, wo zehntausend deutsche Familien ein blühendes Dasein haben und Saft und Kraft unseres Volkstums mehren könnten, sein barbarisches Naturdasein führt? Erst dadurch, daß der Eingeborene im Dienst der höheren Rasse, d[as] h[eißt] im Dienste ihres und seines eigenen Fortschritts, Werte schaffen lernt, gewinnt er ein sittliches Anrecht auf Selbstbehauptung." (Ibid., 143).

17 S. Paul Rohrbach, Im Lande Jahwehs und Jesu. Wanderungen und Wandlungen vom Hermon bis zur Wüste Juda, Tübingen [u.a.] 1901. 2. Aufl. Berlin-Schöneberg 1911.

18 S. dazu detailliert Walter Mogk, Paul Rohrbach und das „Größere Deutschland". Ethischer Imperialismus im Wilhelminischen Zeitalter. Ein Beitrag zur Geschichte des Kulturprotestantismus. Mit zwei Karten der ehemaligen deutschen Kolonien in Afrika, München 1972, 80f. Zu Rohrbachs Reichsgotteslehre s. ibid., 55f. Rohrbach (Land, 307) hatte formuliert: „Er [Jesus] hat nicht an ein Reich im Himmel gedacht; sein Königreich war von dieser Welt. Er rief die Menschen nicht dazu auf, sich aus der Welt in den Himmel zu retten [...], sondern wenn er vom Himmelreich sprach, so meinte er damit nichts Anderes, als ein wirkliches Reich auf Erden, in dem die Kräfte des Himmels herrschen."

arbeiten, wenn wir es unternehmen, soviel von der Welt deutsch zu machen, wie wir können."[19]

Rohrbach bewegte sich damit im Fahrwasser von Überlegungen, die der evangelische Theologe und Orientalist Paul de Lagarde[20] in den 1870er Jahren (damals noch ohne spezifischen Blick auf das Kolonialwesen) entfaltet hatte – dahingehend, „daß ‚Religion das Bewußtsein von der plan- und zielmäßigen Erziehung der einzelnen Menschen, der Völker und des einzelnen Geschlechtes ist'. Wer diesen *göttlichen Erziehungsplan* in sich erkennt, wer sich darum bemüht, ist ein frommer Mensch."[21]

Als ein deutliches Indiz dafür, dass mindestens bis zum Beginn des 20. Jahrhunderts in der protestantischen Theologie dennoch ein deutliches Bewusstsein bestand, kulturell und national Deutsches nicht dem universalen Auftrag der Mission überwerfen zu dürfen, können Bemerkungen des Berliner Universitätsprofessors Reinhold Seeberg[22] am Schluss der beiden voluminösen Prachtbände „Der Protestantismus in seiner Gesamtgeschichte bis zur Gegenwart in Wort und Bild" gelten:

> „Je mächtiger der Drang der großen christlichen Völker [...] sich auf alle Erdteile richtet und je deutlicher die innere Notwendigkeit der Entwicklung auf die Bahn der Kolonisation weist, desto mehr versteht man auch in weiteren Kreisen die Bedeutung der Missionsarbeit. Einst war die Mission Sache kleiner stiller Kreise, ‚Reichgottesarbeit' im engsten Sinne; das Verständnis ihrer kirchlichen, ja nationalen Bedeutung wächst heute täglich. Freilich birgt das auch schwere Gefahren in sich. Die Mission verlöre sich selbst, wenn sie anderen Zwecken als der Predigt des Evangeliums und der Ausbreitung der Herrschaft Jesu Christi dienen wollte. Gewiß kann dieses Ziel nie erreicht werden ohne die Anwendung der mannigfachen Mittel der Kulturarbeit, nur daß sie der Herrschaft Christi unterworfen sein müssen im Sinn und Streben der Missionsarbeit."[23]

Und auf eben dieses Resultat laufen – bei ganz anderem Ansatz – auch die Überlegungen des Marburger Missionswissenschaftlers Carl Mirbt[24] hinaus, der zur Jahrhundertwende unterstrich, dass das Christentum seine „Befähigung erbracht hat, alle Völker und Rassen, niedrigstehende wie die oceanischen und hochstehende wie die ostasiatischen in sich aufzunehmen und mit seinem Geist zu erfüllen, kurz *Weltreligion zu werden*."[25] Es

---

19 Mitteilungen des Evangelisch-sozialen Kongresses Mai/Juni 1900, 9. Folge, Nr. 4/5, 32; abgedruckt bei Mogk, Rohrbach, 82. – Zur Diskussion auf dem Kongress vgl. auch Beitrag #5.
20 Zu Werdegang und Wirken Lagardes s. Michael Welte, Lagarde, Paul Anton de, in: BBKL 4, 1992, 984.
21 So Georg Dost, Paul de Lagardes nationale Religion, Jena 1915, (Tat-Flugschriften 4), 9. Vgl. dazu auch [Karl] Bornhausen, Troeltsch, Ernst, in: RGG², 5, 1931, 1284-1287, dort 1287.
22 S. zu Werdegang und Wirken Seebergs Traugott Jähnichen, Seeberg, Reinhold, in: BBKL 9, 1995, 1307-1310.
23 Reinhold Seeberg, Der Protestantismus unter Kaiser Wilhelm II. Die Kräfte der Gegenwart und die Aufgaben der Zukunft, in: Carl Werckshagen (Hg.), Der Protestantismus am Ende des XIX. Jahrhunderts, Berlin 1902, 1193-1206, Zitat 1195.
24 Zu dessen Werdegang und Wirken s. Barbara Wolf-Dahm, Mirbt, Carl, in: BBKL 5, 1993, 1569-1573.
25 Carl Mirbt, Die evangelische Mission unter den nichtchristlichen Völkern am Ende des XIX. Jahrhunderts, in: C[arl] Werkshagen (Hg.), Der Protestantismus in seiner Gesamtgeschichte bis zur Gegenwart in Wort und Bild, II. Band, Auswahl der Illustrationen von Julius Kurth, Buchschmuck von Hans

stehe fest, dass das Christentum „durch seine Schätzung der einzelnen Persönlichkeit einen veredelnden und humanisierenden Einfluß" ausübe[26] und dass es „den Völkern, die sich seiner Erziehung unterworfen haben, nicht nur eine neue Erkenntnis von Gott gebracht, sondern sie zugleich sittlich und sozial gehoben" habe – so dass Mirbt im Christentum nicht nur „die Universalreligion, der die Zukunft gehören wird", sah, sondern auch überzeugt war, dass „der Protestantismus die Bahn der Weltkirche betreten hat."[27] Für Mirbt war aber klar, dass das Ziel der missionarischen Arbeit darin bestehen müsse, die Gründung indigener Nationalkirchen vorzubereiten: „Die Lösung des Problems wird großenteils dadurch bedingt sein, ob das zum Christentum übergetretene Volk bei seiner Konversion seine nationale Eigenheit bewahrt hat oder aber durch Europäisierung und Amerikanisierung entnationalisiert worden ist. Nur in dem ersteren Fall wird es auch möglich werden, den unerläßlichen gesamten gesellschaftlichen Neuaufbau auf christlich-nationaler Grundlage zu vollziehen, ohne den das Christentum immer die ‚fremde' Religion bleiben wird."[28]

Die beiden genannten Stimmen zeigen an, dass in der deutschen protestantischen Theologie an der Wende zum 20. Jahrhundert der „Export" des Christentums nach Übersee und insbesondere in die Kolonialgebiete jedenfalls durchaus nicht einlinig und zwingend als mit dem „Export" von „Deutschtum" verknüpft verstanden worden ist.[29] Dies steht in deutlichem Gegensatz zu einem sonst für das ausgehende 19. Jahrhundert beschriebenen, angeblich „ausufernden rassischen Diskurs";[30] es widerstreitet auch den beschriebenen massiv von ökonomischen Gesichtspunkten bestimmten politischen Interessen der Siedler gegenüber der indigenen Bevölkerung Südwestafrikas in der Zeit bis zum Ersten Weltkrieg.[31] Und es steht in ebenso deutlichem Gegensatz zu der bereits erwähnten, von Friedrich Fabri entwickelten und vertretenen Konzeption einer umfassenden deutschen Expansion in die Kolonialgebiete.[32] Diese hatte breite Resonanz in der Öffentlichkeit gefunden; aus der rück-

---

Schulze, 2. verbesserte Aufl., Cassel/Reutlingen o. J. [1902], 509-552, Zitat 542.
26 Ibid.
27 Ibid., 543.
28 Ibid., 545. – Mirbt ging ibid. bis dahin, dass er prognostizierte, dass auch die christianisierten Völker „zu einem selbständigen Durchdenken der christlichen Glaubenslehre fortschreiten werden" und dass dann auch der Zeitpunkt komme, an dem die bis dahin aus der Mission hervorgegangenen Kirchen „vielleicht anderen Organisationen Platz machen werden."
29 Dies belegen auch diverse Darstellungen zur Aufgabe der Mission in ganz unterschiedlichen Sparten der theologischen Literatur; s. zum Beispiel: K[arl] H[einrich] Chr[istian] Plath, Evangelistik, in: Otto Zöckler (Hg.), Handbuch der theologischen Wissenschaften in encyklopädischer Darstellung mit besonderer Rücksicht auf die Entwicklungsgeschichte der einzelnen Disziplinen. 3., sorgfältig durchgesehene, teilweise neu bearbeitete Aufl., Bd. IV. Praktische Theologie, München 1890, 39-103, dort 85-92, 98f; Heinrich Runkel, Quellenbuch zur Kirchengeschichte für den Unterricht an Lehrer-Bildungsanstalten, I. Teil für Präparandenanstalten zusammengestellt, Ausgabe A, 2. Aufl., Leipzig 1910, 178f; A[lbert] Hechtenberg, Bilder aus der Kirchengeschichte, 7. Aufl., Gütersloh 1914, 73-75.
30 So Martin Eberhard, Zwischen Nationalsozialismus und Apartheid. Die deutsche Bevölkerungsgruppe Südwestafrikas 1915–1965, Berlin 2007, (Periplus Studien 10) siehe auch oben, 37, unter Verweis auf Michael Schubert, Der schwarze Fremde. Das Bild des Schwarzafrikaners in der parlamentarischen und publizistischen Kolonialdiskussion in Deutschland zwischen den 1870er bis in die 1930er Jahre, Stuttgart 2003.
31 S. dazu ausführlich Eberhard, Nationalsozialismus, 40-43.
32 S. dazu Karl Hammer, Weltmission und Kolonialismus. Sendungsideen des 19. Jahrhunderts im Kon-

schauenden Wahrnehmung zu Beginn des zweiten Jahrzehnts des 20. Jahrhunderts stellte sich diese so dar:

> „Der Deutsche im Ausland [lebte] vor siebzig [1870] meist in dem Gefühl der Vereinsamung und Vereinzelung, des Losgelöst- und Preisgegebenseins, nach siebzig [1870] Bürger eines großen Reiches auch in der Fremde, Angehöriger eines mächtigen Vaterlandes, in deren[!] Schutz er sicher auch in der Zerstreuung wohnen konnte, dessen Kanonenrohre ihm Achtung verschafften und dessen Konsulate und Gesandtschaften für seine Interessen eintraten, seine Rechte wahrten, seinem Erwerb Ruhe und Sicherheit gaben."[33]

Bei dem dann bis zum Beginn des Ersten Weltkrieges stetig wachsenden staatlichen Engagement für die Kolonien konnten sich Allianzen zwischen dem staatlichen Interesse an der dauerhaften Verankerung des „Deutschtums" in den Kolonien und kirchlichen Interessen an der Mission einstellen.[34] Der Staat erwartete „die Förderung der Ausbreitung ‚deutscher Zivilisation'", und das korrespondierte über weite Strecken mit dem kirchlich-missionarischen Interesse der Erziehung[35] und Prägung im christlichen Sinne.[36] Es gab diesbezüglich auch zwischen Protestantismus und Katholizismus nicht unbedingt einen grundlegenden Unterschied,[37] wenngleich einerseits die pietistisch-erwecklichen Wurzeln der Mission durchaus institutionenkritisch waren und andererseits dies zeitgenössisch pointiert anders wahrgenommen und vermittelt worden ist, da der Protestantismus „eine Erscheinungsform des Christentums [sei], welche die nationale Eigenart fördert, und nicht, wie das katholische Christentum, vorwiegend international veranlagt ist."[38]

In dieser Wahrnehmung manifestiert sich aber vornehmlich der durch die Jahre des Kulturkampfs aufgebrochene außerordentlich tiefe Graben zwischen Katholizismus und Protestantismus. Man scheute sich im ersten Jahrzehnt des 20. Jahrhunderts im Protestan-

---

flikt, München 1978, 251f.
33 Deutsch-evangelische Diaspora, 80.
34 Mit Horst Gründer, Koloniale Mission und kirchenpolitische Entwicklung im Deutschen Reich, in: Horst Gründer, Christliche Heilsbotschaft und weltliche Macht. Studien zum Verhältnis von Mission und Kolonialismus. Gesammelte Aufsätze. Hg.v. Franz-Joseph Post, Thomas Küster, Clemens Sorgenfrey, Münster 2004 (Europa – Übersee. Historische Studien 14), 209-226, dort 216-219.
35 Zum immer wieder genannten Aspekt der Erziehung der indigenen Bevölkerung in den „Schutzgebieten" s. Horst Gründer, „Neger, Kanaken und Christen zu nützlichen Menschen erziehen" – Ideologie und Praxis des deutschen Kolonialismus, in: Horst Gründer, Christliche Heilsbotschaft und weltliche Macht. Studien zum Verhältnis von Mission und Kolonialismus. Gesammelte Aufsätze. Hg.v. Franz-Joseph Post, Thomas Küster u. Clemens Sorgenfrey, Münster 2004 (Europa – Übersee. Historische Studien 14), 227-245, dort insbesondere 232.
36 Gründer, Mission, 219, 221f.
37 Ibid., 222: „Für die Protestanten fügten sich dabei Christentum und Deutschtum nahtlos zur ‚deutsch-christlichen Kulturmacht' zusammen, wohingegen die Katholiken nicht weniger eifrig versicherten, daß die ‚deutschen Tugenden […] natürlich auch echt christliche Tugenden" seien.
38 So A[mand] Suin de Boutemard, Die Auslands-Diaspora. Ein neues Arbeitsfeld der Deutschen Evangelischen Kirche. Mit Geleitwort von Carl Mirbt, Potsdam o. J. [1909], 194f. Vgl. in diesem Sinne auch Deutsch-evangelische Diaspora, 80: „Von höherem Wert für das Deutschtum an sich sind ohne Zweifel nach dem allgemeinen Urteil der zuständigen Kreise im Ausland die protestantischen Gemeinden, da sie ihre Nationalität viel zäher festhalten und sorgsamer pflegen als der Katholizismus bei seiner Internationalität kann und will."

tismus denn auch nicht, sich selbst zu attestieren, dass „die *deutsche evangelische Ausprägung [...] eine besondere*, gottgewollte *Erscheinungsform des Christentums*" sei, weil „die deutsche Nationalart" das Christentum „ihrer innerlichen, gegen sich selbst wahren Veranlagung nach" als eine das ganze Leben umfassende Macht erfasse; daraus wurde dann kurzerhand der Schluss gezogen: „Für deutsches Wesen und Erhaltung des spezifisch Deutsch-Nationalen einzutreten, ist also durchaus *eine Aufgabe der evangelischen Kirche in Deutschland*."[39] Diese Verbindung von „Kolonie" und „Deutschtum" wurde – mangels einer theologischen Evidenz – in das Gewand gemachter Erfahrung und evidenter Frömmigkeit gekleidet: „so wollen wir Evangelische uns doch nur freuen, wenn es in der Welt noch deutschen Glauben, deutsche Religion und deutsche Gottesdienste gibt. *Innerlichkeit und Innigkeit des Glaubenslebens ist eben: deutsch! Ist sie denn aber nicht auch urevangelisch?*"[40] Und man wünschte, dass insbesondere durch die Auslandsgemeinden „das deutsche Christentum [...] ein immer kräftiger wirkendes Salz für alle Völker werde [!]! Und: die deutsche evangelische Auffassung der Religion hat noch ihre Zukunft!"[41]

Dahinter stand die Überzeugung:

> „Das *evangelische*, und speziell das deutsche evangelische Christentum aber will die ihm von Gott für diese Welt gegebene Aufgabe lösen, das Christentum in möglichster Uebereinstimmung mit seiner Anfangsgestalt und ursprünglichen Einfachheit und Reinheit im fortschreitenden modernen Volks- und Kulturleben zu verwirklichen."[42]

In das derartige Sendungsbewusstsein fügt sich dann auch bruchlos das Diktum „Kolonisieren ist Missionieren"[43] des seit Dezember 1911 an der Spitze des Reichskolonialamtes stehenden Staatssekretärs Wilhelm Solf vor dem Deutschen Reichstag am 6. März 1913 ein.[44]

Dass man es diesbezüglich über weite Strecken indes nicht mehr als zu Idealen und Träumen gebracht hatte, wurde immerhin auch vor der breiten Öffentlichkeit eingeräumt:

> „Das alles ist ja noch im Werden, ist zum großen Teil noch Wunsch und Zukunftsbild, aber was in der Idee bereits vorhanden ist, wird, ja muss sich eines Tages auch in der Wirklichkeit erfüllen."[45]

Deutsche Kolonialisierung und Christianisierung – Nähe und Distanz

Nach dem Verhältnis der deutschen Bemühung um Kolonialisierung der Schutzgebiete zu der von Deutschen geleisteten, kulturellen, missionarischen und kirchlichen Arbeit war auch schon zuvor gefragt worden. So hatte etwa die „Gesellschaft für evangelisch-lutheri-

---

39 Boutemard, Auslands-Diaspora, 195.
40 Ibid., 195f.
41 Ibid., 196.
42 Ibid., 202.
43 Zitiert bei Klaus J[ürgen] Bade, Einführung. Imperialismus und Kolonialmission. Das kaiserliche Deutschland und sein koloniales Imperium, in: Klaus J[ürgen] Bade, Imperialismus und Kolonialmission. Kaiserliches Deutschland und koloniales Imperium mit Beiträgen von Klaus J[ürgen] Bade [u.a.], 2. Aufl., Stuttgart 1984, (Beiträge zur Kolonial- und Überseegeschichte 22), 1-29, Zitat 15.
44 Zu Solfs Zielsetzungen s. Gründer, Neger, 233.
45 Deutsch-evangelische Diaspora, 81.

sche Mission in Ostafrika" dafür plädiert, die zum christlichen Glauben Bekehrten auch zu pflichtbewussten deutschen Untertanen zu erziehen[46] – und auf diese Weise in einem umfassenden Sinne deutsche „Kulturarbeit" zu leisten.

Doch gab es in der Vielzahl der evangelischen Missionsgesellschaften hinsichtlich ihrer jeweiligen Ausrichtung der Tätigkeit mit Blick auf die jeweils wahrgenommene Rolle gegenüber der einheimischen Bevölkerung in den deutschen „Schutzgebieten" einerseits und dem Bemühen um die Wahrnehmung nationaler deutscher Interessen an den Kolonien (besonders ökonomischer Art) durchaus Differenzen, die auch danach fragen ließen, wie dem Eindruck gewehrt werden konnte, dass man christliche Mission nicht nur als Vorhut für die europäische Zivilisation, sondern um des Reiches Gottes willen betrieb. War man im Konfliktfall zur Vermittlung zwischen Interessen der indigenen Bevölkerung und der Kolonialherren berufen – oder aber zur Parteinahme? In welchem Verhältnis zueinander sollten geistliche Autorität und Schutz durch die Kolonialmacht, ja (indirekte) Teilhabe an der weltlichen Macht erscheinen?[47]

Im Laufe der Zeit entwickelte sich indes weithin ein Arbeiten „Hand in Hand", das von der unverhohlen geäußerten Überzeugung einer großen kulturellen Überlegenheit der Kolonialherren gegenüber den indigenen Völkern getragen war; im Vorfeld der Kolonialmissionstage in Dresden 1911 konnte man daher formulieren:

„Auf ein dauerndes Gedeihen unserer Kolonien und ihr engeres Verwachsen mit dem Mutterlande ist [...] nur dann zu rechnen, wenn mit der kolonisatorischen Tätigkeit die Christianisierung unsrer neuen Gebiete Hand in Hand geht."[48]

Dabei fällt auf, dass (zumindest partiell) schon vor dem Ausbruch des Ersten Weltkriegs erkannt war und auch öffentlich ausgesprochen wurde, dass sich das Ideal eines Verwachsens der Kolonialgebiete mit dem Deutschen Reich nicht werde erreichen lassen, wenn es nicht gelingen würde, bei den in den Kolonien lebenden Einheimischen einen Willen zur Integration zu wecken.

So kritisierte etwa der hamburgische Oberstabsarzt Otto Dempwolff vor der Hanseatisch-Oldenburgischen Missions-Konferenz 1913 die Auffassung scharf, dass die Missionen „die Erziehung der Farbigen zu Arbeitern, Handwerkern und willigen Untertanen betreiben" sollten:[49] „ihr gegenüber muß man immer wieder betonen, daß die *Missionen niemals* sich darauf *einlassen* werden, ihren *Zweck hintanzustellen*".[50] Denn „die *religiöse Bekehrung* des Eingeborenen und nicht nur die Abrichtung in einzelnen Schulfächern" sei der Weg, „auf dem niedere Rassen sicher und dauernd *zur Kultur* emporgeleitet werden" könnten – insbesondere deshalb, weil „*der gering geschätzte Farbige* auf seine Art tief *religiös*" sei.[51] Die Religiosität sei den Farbigen ein Herzensbedürfnis, sie sei „die Grund-

---

46 S. Horst Gründer, Christliche Mission und deutscher Imperialismus. Eine politische Geschichte ihrer Beziehungen während der deutschen Kolonialzeit (1814-1919) unter besonderer Berücksichtigung Afrikas und Chinas, Paderborn 1982, 33-36; s. besonders 34f.
47 Mit Besier, Mission, 245.
48 Einladung zu den Kolonialmissionstagen in Dresden, 25.-28.6.1911; EZA Berlin 7/3650.
49 Otto Dempwolff, Notwendigkeit der christlichen Mission für die Kolonisation, Bremen 1914, (Flugschriften der Hanseatisch-Oldenburgischen Missions-Konferenz 18), 1.
50 Ibid., 1f.
51 Ibid., 2. – Zur grundsätzlichen kulturprotestantischen Diskussion über den „unendlichen Wert der

lage ihrer sozialen Gruppierung, ihres Rechtslebens und ihrer Heilkunst, sie bildet das Gerüst ihrer Ethik und ihrer Ideale."[52] Das von Individualismus und Freiheit zur Betätigung der Kräfte der Vernunft geprägte Christentum aber sei als einzige Religion in der Lage, den einzelnen Eingeborenen „aus der kommunistischen Gebundenheit der Sippe" zu lösen, ihn „von den Greueln des Kannibalismus, des Kindermordes, der barbarischen Blutrache", von „Zauberei und Gespensterfurcht" zu befreien – und ihn so dann auch zugänglich zu machen für „europäische Heilkunst und Gesundheitspflege" und ihn „das natürliche Weltgeschehen" „vernünftig begreifen" zu lassen:[53]

> „Erst wenn dem religiösen Verlangen gegeben wird, was ihm gebührt, Gewißheit über das Seelenheil, kann der Verstand sich mit voller Kraft der irdischen Lebensarbeit widmen, kann in Schulen dem europäischen Unterricht folgen und für eigenen Erwerb, für persönliches Vorwärtskommen den klaren Blick gewinnen."[54]

So spätaufklärerisch-optimistisch das hier skizzierte Bild von Mensch und Religion auch erscheint, so zweifelsfrei wird aber doch auch aus ihm ersichtlich, dass jedenfalls nicht dem deutschen (oder irgendeinem anderen nationalen) Volkstum ein heilswirkender oder auch nur -vermittelnder Charakter zugeschrieben wird; deshalb war es auch nicht um seiner selbst willen auszubreiten. Der christliche Glaube wird vielmehr als eine entscheidende Erschließungshilfe verstanden, um in einem möglichst umfassenden Sinne an der deutschen, seit langem vom Christentum geprägten Kultur partizipieren zu können:

> „Dieses allein kann den Eingeborenen neue Ideale an Stelle der durch uns Weiße unbewußt zerstörten bringen, und sie auch den Sinn des Lebens lehren, so daß sie begreifen, was uns ‚Kultur' heißt: Herr über die Natur zu werden, weil man sich als Kind Gottes fühlen darf."[55]

Symptomatisch scheint zu sein, dass dieser theologische Gedankengang gerade nicht einem wissenschaftlich-theologischen Diskurs entsprang, sondern aus der Perspektive (und aus der Erkenntnis) eines evangelischen Laien formuliert wurde.

Kriegsbedingte Perspektiven

Der Ausbruch des Ersten Weltkriegs hat dann die Frage nach dem Verhältnis von „Deutschtum" und Kolonialwesen unter neuen – nämlich kriegsbedingten – Perspektiven aufbrechen lassen. Nachdem der Kontakt aus Deutschland zu den und die Kontrolle über die deutschen Kolonien fast überall bereits kurz nach Kriegsausbruch aufgrund des Eingreifens britischer und französischer Truppen verloren war[56] und damit die in kirchlichem Auf-

---

Menschenseele", aber auch die unbedingte Verpflichtung zur Mission s. in diesem Sammelband Beitrag #8 von Kathrin Roller, Die Seelen der ‚Anderen'. Theologische und außertheologische Debatten um Ethik und Humanität in der deutschen Kolonialzeit um 1907/08.
52 Dempwolff, Notwendigkeit, 6.
53 Ibid., 13.
54 Ibid.
55 Ibid.
56 S. dazu zum Beispiel die knappe Übersicht bei Winfried Speitkamp, Deutsche Kolonialgeschichte, Stuttgart 2005, 155f.

trag dort tätigen Deutschen in vielen Fällen in große Bedrängnis gerieten,[57] reflektierte man das Geschehen in Deutschland einerseits im Kontext von Kriegspropaganda (was indes kaum zu überraschen vermag), verknüpfte dies aber mit Gedanken über das Verhältnis von Christentum und Volkstum – nun allerdings nicht nur in den Kolonien, sondern auch in Europa; hier mit besonderem Fokus auf England und Deutschland.

Hatte der als evangelischer Theologe in Heidelberg und danach als Philosoph in Berlin lehrende Ernst Troeltsch[58] im Jahrzehnt zuvor durchaus Kritik am deutschen Machtdenken geübt und sich für die Schaffung eines Sozialstaates ausgesprochen,[59] so entwickelte er unter den – als aufgezwungenen „Kulturkrieg" interpretierten[60] – Kriegsbedingungen dann aber die in der Öffentlichkeit stark beachtete[61] Vorstellung von einer gottgewollten kulturellen „Weltaufgabe" Deutschlands, da der Gottesgedanke im „Deutschtum" verkörpert sei.[62] Dabei bezog Troeltsch dies allerdings nicht singulär auf das Deutschtum, sondern sah „nationale Menschwerdungen Gottes" auch in anderen Völkern als gegeben an.[63]

Der Berliner Pfarrer und Philosoph Georg Lasson[64] ging in einer im Kontext des 400jährigen Reformationsjubiläums 1917 entstandenen, 1918 unter dem Titel „Die Missionspflicht der deutschen Christenheit gegen unsere Kolonien" veröffentlichten Schrift deutlich weiter:[65] Alle Missionsarbeit trage „irgendwie nationales Gepräge", insofern jedem

---

57 S. dazu die Zusammenstellung von Beispiele und Schilderungen in I[mmanuel] Kammerer, Die deutsche Mission im Weltkrieg, Um die Heimat 6, Stuttgart 1916, besonders 39-49, 69-90.
58 Zu Werdegang und Wirken s. Klaus-Gunther Wesseling, Troeltsch, Ernst, in: BBKL 12, 1997, 497-562.
59 S. Ernst Troeltsch, Politische Ethik und Christentum, 2. Tausend, Göttingen, 1904, 21f. – S. dazu auch Peter Hoeres, Krieg der Philosophen. Die deutsche und die britische Philosophie im Ersten Weltkrieg, Paderborn [u.a.] 2004, 263.
60 S. dazu Christian Nottmeier, Adolf von Harnack und die deutsche Politik 1890-1930. Eine biographische Studie zum Verhältnis von Protestantismus, Wissenschaft und Politik, Tübingen 2004, (Beiträge zur historischen Theologie 124), 389-392.
61 So Hoeres, Krieg, 262.
62 Ibid., 266.
63 Ibid., 266. – Dieser Fragenkomplex wird bei Trutz Rendtorff, Troeltsch, Ernst, in: TRE 34, 2002, 130-143, übergangen. – S. dazu Beitrag #8 von Roller, die erläutert, dass Troeltschs Überlegung von einer „Partikularität des Heils" auch zur Konsequenz hatte, Individuen und Völker als „nichterwählt" zu verstehen, wenn es ihnen an der erforderlichen „Kulturfähigkeit" fehle – wiederum mit der Folge, die Mission solcher Völker als nicht sinnvoll anzusehen. – Zu den politischen Aktivitäten Troeltschs vor und während des Ersten Weltkrieges s. Friedrich Wilhelm Graf, Troeltsch, Ernst Peter Wilhelm, in: RGG^4, 8, 2005, 628-632, dort 630.
64 Zu Werdegang und Wirken Lassons s. Erika Bosl, Lasson, Georg, in: BBKL 4, 1992, 1212f.
65 S. Georg Lasson, Die Missionspflicht der deutschen Christenheit gegen unsere Kolonien. Ein Beitrag zur Verständigung über das Verhältnis von Christentum und Volkstum, Berlin 1918. – Zum Bezug auf das Reformationsjubiläum s. ibid., 3. – Lasson machte in diesem Zusammenhang (ibid., 5) geltend, dass das deutsche Volk zwar nicht als das auserwählte Volk Gottes ausgegeben werden könne, es wohl aber als ein auserwähltes Volk anzusehen sei: „Das Volk, dem der göttliche Ratschluß das Werk der Reformation übertragen hat, das Volk, das seitdem der Welt als ein Beispiel dafür gedient hat, was gewissenhafte Arbeit im Dienste des göttlichen Berufs und in treuer Nutzung der von Gott verliehenen Gaben bedeutet, hat einen Weltberuf für die Menschheit. Es darf sich jenes Herrenwort aneignen: dieser ist mir ein auserwähltes Rüstzeug, dass er meinen Namen trage vor den Heiden und vor den Königen und vor den Kindern von Israel." Immerhin setzte Lasson diesem Anspruch ibid. auch entgegen: „Nur sollen wir dann nicht vergessen, dass wir uns dann auch unter das Wort zu beugen haben: ich will ihm zeigen, wie viel er leiden muß um meines Namens willen. [...] wem viel gegeben ist, von dem wird auch viel gefordert."

Missionar die christlichen Prägungen, die er aus seiner Heimat mitbringe, vor der Seele stünden und ihm die Richtung wiesen, „in der er die primitivere Lebensform der Neubekehrten zur Entfaltung zu bringen" bemüht sein werde: „Jedenfalls aber wird die Anleitung zu christlicher Sitte bestimmt sein durch Form und Brauch des christlichen Lebens in der Heimat des Missionars."[66] So hätten auch die deutschen Missionen „die christliche Gesinnung in ihrer deutschnationalen Ausprägung vertreten und die Heiden nicht nur abstrakt zu Christen so im allgemeinen, sondern zu Christen gemacht, die in das Erbe der deutschen Kulturarbeit aufgenommen werden sollten. Deutsche Arbeit, deutsches Wissen, deutsche Zucht haben sie den Heiden gebracht, indem sie als deutsche Christen zu ihnen kamen."[67] Das Verfahren der Engländer, Nationales und Christliches miteinander zu verquicken, müsse allerdings eine Warnung sein – denn wenn die Engländer die deutschen Missionare verfolgten, dann geschehe das in der Überzeugung, „diese seien Agenten für Deutschland oder mindestens für das Deutschtum."[68] Und das belege im Umkehrschluss, dass sie [die Engländer] auch gewöhnt seien, englische Missionare als Agenten für England einzusetzen.[69] So aber werde das Missionsmotiv dem Motiv der weltlichen Herrschaft untergeordnet, indem sich vor den Befehl Jesu, alle Völker zu Jüngern zu machen, die Weisung schiebe, alle Völker zu folgsamen Untertanen Englands zu machen.[70] In Deutschland habe dieses Missverständnis aber nie Platz greifen können, da es Missionsgesellschaften schon lange vor der Kolonialzeit gegeben habe; um dieses geschichtlichen Werdegangs willen sei der Grund gelegt gewesen „zu einer inneren Unabhängigkeit der deutschen Mission von den Tendenzen weltlicher Politik".[71]

Da Lassons Beitrag zu einem Zeitpunkt verfasst wurde, als man in Deutschland (aufgrund der günstigen militärischen Lage an der Ostfront) noch mit einem Sieg der Mittelmächte rechnete, entwickelte Lasson auch noch eine Perspektive für die künftige Gestalt der von Deutschland aus (nach dem Ende des Weltkriegs) weiter zu betreibenden missionarischen Arbeit – mindestens in den bisherigen, vermutlich aber (so Lassons Erwartung) in erheblich territorial erweiterten deutschen Kolonialgebieten. Für diese kommende Zeit habe man davon auszugehen, dass (in Anbetracht der im Krieg gemachten Erfahrungen) „unsere koloniale Mission als die sichere Zuflucht der gesamten Missionsarbeit" anzusehen sei, weil auch nach einem Friedensschluss deutsche Missionare im verbleibenden englischen Machtbereich kaum noch geduldet werden dürften; zudem hätten „anerkannte Führer der englischen Mission" schon „die völlige Austreibung der deutschen Missionare aus allen englischen Hoheitsgebieten gefordert"; selbst wenn es im Zuge von Friedensverhandlungen gelinge, Sicherheiten für die deutschen Missionsstation zu erlangen, „würden wir dort beargwöhnte, gehaßte, gefesselte Gäste sein".[72] Diese (nicht unrealistische) Einschätzung verband Lasson jedoch – propagandistisch nicht ungeschickt – mit einer illusorisch positiven Perspektive auf die Ziele der deutschen Arbeit und deren moralische Qualität:

---

66 Ibid., 7.
67 Ibid., 8.
68 Ibid., 11.
69 Ibid.
70 Ibid.
71 Ibid., 12.
72 Ibid., 15.

„Die Stellung Deutschlands zu den Völkern der Erde ist im Vergleich zu der Englands die sittlich höhere. Deutschlands Ziel ist nicht die Unterwerfung fremder Völker. Es sondert sich nicht hochmütig ab und denkt nicht daran, die anderen für sich arbeiten zu lassen, während es seine Bildung für sich allein behält. [...] Wir müssen bleiben, wozu uns die jahrhundertelange Arbeit an uns selbst befähigt hat, die Lehrer der Menschheit: dann werden unsere Wege Gott wohl gefallen, und er wird auch unsere Feinde mit uns zufrieden machen. Darum aber ist das Wichtigste, daß wir unser höchstes nationales Gut, das evangelische Christentum, hinaustragen in alle Welt und vor allem dahin, wo uns die Türen geöffnet sind. Aus unseren Kolonien erschallt der Ruf an uns: kommt herüber und helft uns. Wir sind verpflichtet zu beweisen, daß deutsche Kolonialpolitik etwas anderes ist als Eroberungsdrang und Gewinnsucht. Für die Länder, die der Oberhoheit des Deutschen Reiches zugefallen sind, haben wir die Verantwortung zu tragen; es ist unsere Sache, dafür zu sorgen, daß sie nicht verelenden, sondern aufblühen, daß die Eingeborenen nicht an Zahl und Wohlstand zurückgehen, sondern kräftig gedeihen. Als ihre Schirmherren haben wir ihnen vorwärts zu helfen auf der Bahn der Gesittung, durch die allein ein Volk emporkommen und erstarken kann. Die Grundlage aber für solche Gesittung liegt nirgends anders als im Christentum; am wenigsten können bei Völkern die auf niedriger Kulturstufe stehen, irgendwelche anderen Antriebe die sittliche Kraft ersetzen, die dem Menschen durch den weltüberwindenden Glauben an die Gnade seines himmlischen Vaters in Christo Jesu zuteil wird."[73]

Angesichts der wie selbstverständlich aufgewendeten „fabelhaften Riesensummen" für die Kriegführung sei ein massiv verstärktes finanzielles Engagement für die Aufgaben der Mission „eine heilige Pflicht für unser Volk": das sei unter anderem eine *„Dankespflicht* [...] gegen den Gott, der Deutschland unter der Völkern groß gemacht" habe.[74]

Lasson beschrieb damit wieder eine Linie, die – unter anderen politischen Vorzeichen – auch schon zuvor, zur Jahrhundertwende, skizziert worden war, etwa von dem Schriftführer der Sächsischen Missionskonferenz, Carl Paul[75]:

„Als unsere Kolonialpolitik vor fünfzehn Jahren [also 1885] ihre Sturm- und Drangperiode durchzumachen hatte, gingen die Politiker darauf aus, die Mission ihren Zwecken dienstbar zu machen. Sie hätten am liebsten die Missionsunternehmungen unter die Oberleitung der Kolonialverwaltung gestellt. In den durch die Mission gewonnenen Eingebornen hofften sie dann gefügige Werkzeuge für ihre selbstsüchtigen Pläne zu gewinnen."[76]

Von den Stimmführern der Mission sei hingegen deutlich gemacht worden, *„daß sie von einer Vermengung der politischen und der Missionsinteressen* nichts wissen" wollten;

---

73 Ibid., 18.
74 Ibid., 19f.
75 Zu Werdegang und Wirken Pauls s. Thomas Markert, Paul, Carl, in: Sächsische Biografie, hrsg. vom Institut für Sächsische Geschichte und Volkskunde e.V., bearb. von Martina Schattkowsky, Online-Ausgabe: http://www.isgv.de/saebi/ (21.2.2011).
76 Carl Paul, Die Mission in unsern Kolonien, 2. Heft: Deutsch-Ostafrika, Leipzig 1900, (Neue Folge der Dietelschen Missionsstunden), 54.

beide, Politik und Mission, müssten hingegen darauf bedacht sein, sich gegenseitig zu fördern.[77] Vermieden werden müsse, dass die Eingeborenen keinen Unterschied zwischen den Machthabern und den Missionaren erkennen könnten.[78] Paul räumte damals – anders als Lasson in der Kriegssituation 1917 – auch ein, dass es auch ein feindseliges Verhalten deutscher Kolonialpolitiker gegenüber Missionaren englischer Nationalität gegeben habe.[79] Außerdem gebe es eine Menge Deutscher in den Kolonialgebieten, die sich durchaus nicht einer für die indigene Bevölkerung vorbildlichen praxis pietatis befleißigten.[80] Paul scheute sich nicht, das auch zugespitzt zu formulieren: „Man möchte einem jeden aus der Bergpredigt das Wort mit auf den Weg geben: ‚Ihr seid das Salz der Erde. Wo nun das Salz dumm wird, womit soll man salzen?'"[81]

Jedenfalls ging auch unter den Bedingungen des Ersten Weltkrieges (als sich zu Anfang des Krieges abzeichnete, dass sich die deutschen Kolonien militärisch nicht würden halten lassen, das missionarisch-deutsche Sendungsbewusstsein nicht einfach verloren: „Es ist hocherfreulich, zu sehen, wie sich unsern Missionaren in des Königs Rock nun tausendfache Gelegenheit bietet, ihren Kameraden und Vorgesetzten täglich von der Mission zu sagen, von ihren hohen, weltumspannenden Aufgaben, ihren herrlichen Idealen, ihren Lebenskräften, ihren Segensspuren in der Völkerwelt, ihren hohen Kulturaufgaben und ihrer großartigen Weltaufgeschlossenheit."[82]

Andere Stimmen nahmen die eingetretene Entwicklung nüchterner wahr. Der Leipziger Professor Albert Hauck formulierte unumwunden: „Heute ist man fast versucht zu sagen: ‚Evangelische Mission und deutsches Christentum' paßten als Inschrift auf manchen Leichenstein."[83] Und er zog auch eine theologisch klare Grenzlinie zu der bis dahin in der Praxis so häufig begegnenden Verquickung von nationalem Impetus und christlichem, missionarischem Auftrag:

---

77 Ibid.
78 Ibid., 55.
79 Ibid., 57.
80 Ibid., 62: „Die Berliner Missionare in Usambara mußten sich einmal von den Eingebornen, die sie zum Besuch ihrer Predigt aufforderten, die Antwort gefallen lassen, daß ja die Deutschen in Tanga auch nicht zum Gottesdienst kämen."
81 Ibid., 63.
82 So Kammerer, Mission, 125. Kammerer sah (ibid., 128) aufgrund der deutsch-türkischen Waffenbrüderschaft sogar eine „neue Missionsaufgabe": „Das wird in der Zukunft auch der deutschen Mission zugute kommen. Fromme Mohammedaner bekennen ihre Hochachtung vor dem Glauben und der Frömmigkeit des deutschen Kaisers. Nun sagt ein arabischer Spruch: ‚Die Völker stehen auf dem Glauben ihrer Könige.' Darum ist auch das Vertrauen der mohammedanischen Welt zum deutschen Kaiser mächtig gewachsen. Sollte das nicht ein Wink sein, daß nun Deutschland nach Gottes Willen dazu bestimmt ist, in Zukunft einen hervorragenden Anteil an der Mohammedanermission zu nehmen? […] In dem Maße, in dem die deutsche evangelische Christenheit sich dieser Aufgabe bewußt wird, kann auch der Weltkrieg dazu beitragen, die Türen zu öffnen für den Siegesgang des Evangeliums in die Welt des Islam." – Auch Albert Hauck, Evangelische Mission und deutsches Christentum, Gütersloh 1916, (Flugschriften der Deutschen Evangelischen Missions-Hilfe 4), 23, wähnte, dass sich in Zukunft für die deutsche evangelische Mission in Vorderasien eine Hauptaufgabe stelle.
83 Hauck formulierte (ibid., 3f) realistisch: „In den deutschen Kolonien […] ist die Missionstätigkeit stillgelegt, ist das ganze Werk mindestens bis auf das äußerste bedroht. […] Am wenigsten ist jetzt bereits entschieden, was in Zukunft aus den deutschen Schutzgebieten werden wird."

„Es [das Christentum] ist keine Volksreligion. Alle Volksreligionen sind Projektionen dessen, was die Völker sind, die Götter sind die persönlich gedachten Eigenschaften der Völker. Das Christentum ist dagegen die Projektion Gottes in diese Welt. […] Deshalb ist das Christentum entweder Weltreligion[,] oder es ist überhaupt nicht."[84]

Den Auftrag der deutschen Nation vermochte er nur noch relativ dahingehend zu formulieren, dass diejenige Nation an der Spitze der Welt stehe, die der Menschheit am besten diene.[85]

Die Vorstellung, die Beziehungen zwischen den im Ausland lebenden Deutschen und der Heimat weiterhin pflegen zu wollen, blieb bis in das letzte Kriegsjahr hinein lebendig[86] – denn „[e]in Volk, das einmal auf die große Straße der Menschheit hinausgetreten ist und von der Weltmacht gekostet hat, läßt sich, solange ihm Kraft innewohnt, nicht wieder in die Enge seiner alten Grenzpfähle zurückdrängen."[87] Und es wurde die Perspektive entwickelt, dass es darum gehen müsse, „unseren *guten deutschen Namen*", der „in der Welt befleckt" sei durch schändliche Verleumdung, „*wieder zu Ehren [zu] bringen*" mittels einer „*Weltmission der deutschen Frömmigkeit*".[88]

Neuorientierung nach dem Ende des Krieges?

Nachdem die Waffen Ende 1918 endlich schwiegen, trat – trotz der endgültigen Abtrennung der überseeischen Schutzgebiete vom Deutschen Reich – nicht etwa sofort eine grundlegende Neubestimmung ein. Siegfried Knak, der 1921 zum Direktor der Berliner Mission berufen wurde,[89] betonte 1920 , dass eine deutsche Aufgabe zur Völkermission trotz des verlorenen Krieges fortbestehe.[90] Er trat dezidiert dafür ein, „*bewußt die deutsche Eigenart unseres Christentums zu bringen*".[91] Dabei hob Knak ein deutsches von einem englischen und amerikanischen Spezifikum der Mission ab: „Kennzeichnet sich die englische Mission, aufs Ganze gesehen, dadurch, daß für sie christianisieren und in irgend einer Weise anglisieren zusammenfällt, fühlt sich die amerikanische Mission berufen, Träger des demokratischen Gedankens in der weiten Welt zu sein, so muß man unserer ganzen Arbeit immer deutlicher die Herkunft von der deutschen Reformation anmerken."[92] Die Zielsetzung sah Knak dabei darin, „eine Vermählung der eigenen natürlichen Gaben der Eingeborenen mit den Grundgedanken der deutschen Reformation über Gott und Welt[,] Staat und Kirche, Bibel und Glauben" zu bewirken.[93] – Im weiteren Verlauf der 1920er und 1930er

---

84 Ibid., 8.
85 Ibid., 24.
86 S. dazu Carl Paul, Mission und Auslandsdeutschtum, (Flugschriften der Deutschen Evangelischen Missions-Hilfe 9), Gütersloh 1918, dort 8.
87 Ibid., 19.
88 Ibid., 23.
89 Zu Werdegang und Wirken Knaks s. Karl Rennstich, Knak, Siegfried, in: BBKL 4, 1992, 1092-1097.
90 Siegfried Knak, Völkermission und Volksmission, (Flugschriften der Deutschen Evangelischen Missions-Hilfe 11), Gütersloh 1920, 8.
91 Ibid., 11.
92 Ibid.
93 Ibid., 12.

Jahre wurden dann in die Völkermissionstheologie des 19. Jahrhunderts insbesondere „völkische" und „rassische" Elemente aufgenommen.⁹⁴

Kolonie und Deutschtum – theologisch gescheitert

Von mehr als einem unsicheren, vagen Tasten auf schwankend verlegten Bohlen über sumpfigem Grund kann bei all den dargestellten theologischen Ansätzen, das Engagement zur Etablierung und Pflege des „Deutschtums" in den Kolonien mit dem Bemühen auf dem Feld der Mission und der Auslandsdiasporaarbeit in einen theologischen Zusammenhang zu bringen, nicht die Rede sein. Für eine theologisch gelingende, nicht nur oberflächlich-kulturprotestantische Verquickung der drei Aspekte fehlte offenkundig die – für den Protestantismus entscheidende – tragfähige biblische Begründung. Aus gleichem Grunde konnte auch der Versuch, die „deutsche" Reformation zum legitimierenden Movens solcher Gedanken zu machen, nicht wirklich greifen, da das reformatorische Gedankengut im 16. Jahrhundert sofort und ohne weiteres auch jenseits der Grenzen des deutschen Sprach- und Kulturraums Aufnahme gefunden hatte: es war eben theologischen, aber durchaus nicht (deutsch)nationalen oder (deutsch-)„völkischen" Gehalts.

So bleibt das Fazit zu ziehen, dass eine fundierte theologische Reflexion über die genannten Fragen nicht wirklich gelang.⁹⁵ Die dargestellten Überlegungen und Verknüpfungen sind nicht mehr als situationsbedingte, aus den jeweiligen Umständen entsprungene Deutungsversuche, deren Reflexionstiefe recht begrenzt war, so dass sich nicht einmal der Versuch eines konzentrierten Rückgriffs auf die für den Protestantismus normativen Elemente, das Zeugnis der Heiligen Schrift und – nachgeordnet – der Bekenntnisschriften, erkennen lässt. Gelegentlich herangezogene biblische Worte stellen nicht mehr dar als en passant genutzte dicta probantia zu einer im Kern gerade nicht theologisch, sondern ethnisch-national überlagerten missionarischen Argumentation. Der begegnet man indes allenthalben, in schlichter Form zum Beispiel schon vor der Jahrhundertwende zum 20. Jahrhundert im Lehrmaterial für den Religionsunterricht an Volksschulen:

> „Vor allem aber erkannte der Kaiser [...] die Wichtigkeit der Kolonien. [...] Dieselben bieten dem auswärtigen Handel und der Schiffahrt die nötigen Stützpunkte; [...] auswanderungslustige Landsleute finden dort Raum zur Niederlassung und bleiben doch unter deutschem Schutz;⁹⁶ endlich sind die Kolonien günstige Ausgangspunkte

---

94 Hinzuweisen ist hier vor allem auf Bruno Gutmann, Gemeindeaufbau aus dem Evangelium. Grundsätzliches für Mission und Heimatkirche, Leipzig 1925; sowie ders., Christusleib und Nächstenschaft, Feuchtwangen 1931. Im südlichen Afrika wurden diese Überlegungen dann von den Vordenkern der Apartheid breit rezipiert.

95 Das ist insbesondere auch gegenüber den von Roller in Beitrag #8 detailliert nachgezeichneten einschlägigen theologischen Linien im Kulturprotestantismus und der religionsgeschichtlichen Schule geltend zu machen. Deren Kulturbegriff (mit der Folge eines klaren politischen Profils eines weltweiten deutschen Geltungs- und Gestaltungsanspruches aufgrund des kulturellen Ranges der deutschen Wissenschaft, Kunst und Religion) zeitigte (wirkungsgeschichtlich betrachtet) im weiteren Verlauf des 20. Jahrhunderts nicht nur gravierendste negative Folgen, sondern fußte von vornherein auch theologisch auf der Schieflage, dass die Geschichtlichkeit der geschehenen (ohnmächtigen) Offenbarung Gottes interpretiert wurde im Sinne einer sich im Laufe der Geschichte kulturell schon realisiert habenden und in Gegenwart und Zukunft weiter zu realisierenden Geschichtsmächtigkeit des Christentums.

96 Zum Aspekt des „leeren", zu füllenden Raumes in den Kolonien s. Alexander Honold, Raum ohne

für das Werk der Mission, um Christentum, Bildung und Gesittung unter heidnischen Völkern zu verbreiten."[97]

Später brachte man es auf die knappe Formel, dass beides „untrennbar miteinander verbunden, durcheinander bedingt sei: das Festhalten an der Nationalität und am Glauben der Väter."[98] Aber auch das war keine theologische Argumentation, sondern nur eine in theologisches Gewand gehüllte axiomatische Setzung.

Volk. Geographie und Kolonialismus, in: Christof Hamann, Afrika – Kultur und Gewalt. Hintergründe uns Aktualität des Kolonialkriegs in Deutsch-Südwestafrika. Seine Rezeption in Literatur, Wissenschaft und Populärkultur (1904-2004), Iserlohn 2005, 39-56, dort 41f.

97 P[aul] Wischmeyer/Fr[iedrich] Stork, Geschichtsbilder für evangelische Volksschulen. Mit besonderer Berücksichtigung der Kulturgeschichte und der kaiserl. und minister. Erlasse betreffend den Geschichtsunterricht. Mit Titelbild und Karte, 3. verbesserte Aufl. (5.-6. Tausend), Gütersloh 1897, 100.

98 Deutsch-evangelische Diaspora, 81.

Die Seelen der ‚Anderen'

Theologische und außer-theologische Debatten um Ethik und Humanität in der deutschen Kolonialzeit um 1907/08

Kathrin Roller

Deutscher Reichstag – im März 1908. Während einer Debatte über den Kolonialhaushalt fällt ein folgenschwerer Satz. Der Abgeordnete der katholischen Zentrumspartei, Matthias Erzberger (1875-1921), wendet sich gegen eine ausschließlich ökonomische Sicht auf die Afrikaner. „Der Eingeborene ist vielmehr auch ein Mensch, ausgestattet mit einer unsterblichen Seele und zu derselben ewigen Bestimmung berufen wie auch wir."[1] Das Protokoll vermerkt im Anschluss an diesen Satz: „Heiterkeit, Unruhe und Zurufe von der Journalistentribüne. – Lebhafte Entrüstungsrufe aus der Mitte. – Glocke des Präsidenten." Es gab also keineswegs einen Konsens über diesen Satz, sondern einen Tumult. Die Unruhe über Erzbergers Gleichsetzung führte am Ende zu einem mehrtägigen Journalistenstreik, der nur durch Einschreiten des Reichskanzlers beendet werden konnte.[2] Erzberger machte hier eine theologische Aussage über die ‚Anderen', in deren Zentrum der Begriff der Seele stand. Sein Biograph Klaus Epstein urteilte über ihn, seine religiösen Überzeugungen hätten ihn immun gemacht gegenüber jeglichem Rassenchauvinismus.[3] Der Begriff der Seele erwies sich für mich als guter Schlüssel für die Frage, warum sich dieser Zusammenhang so nicht verallgemeinern lässt.

Der vorliegende Beitrag ist eine Momentaufnahme aus der Spätzeit des deutschen Kolonialismus.[4] Mich beschäftigte die Frage, mit welchem geistigen Gepäck deutsche Pfarrer

---

[1] Matthias Erzberger am 19. März 1908, in: SBRT, Bd. 231, 126. Sitzung, 4098.
[2] Zentrumsführer Adolf Gröber (1854-1919) hatte sich über das Gelächter empört und die Journalisten als „Saubengel" beschimpft, woraufhin diese eine Entschuldigung verlangten und etwa 120 Journalisten in einen mehrtägigen Streik traten. Erst nach Intervention des Reichskanzlers persönlich gab Gröber am 24. März die geforderte Entschuldigung ab. Von seiner Entrüstung über das Gelächter, das er als „Verhöhnung" des Inhalts von Erzbergers Ausführungen empfunden habe, distanzierte er sich aber nicht. Vgl. dazu Klaus Epstein, Erzberger and the German Colonial Scandals, 1905-1910, in: The English Historical Review 74, Oxford 1959, 637-663, hier 647; Michael S. Cullen, Der Reichstag. Parlament, Denkmal, Symbol, Berlin 1995, 199-202; Jürgen Schmädeke, Der Deutsche Reichstag. Das Gebäude in Geschichte und Gegenwart, 3. Aufl., Berlin 1981, 55 f. Zu Erzbergers Kolonialkritik allgemein vgl. Christian Leitzbach, Matthias Erzberger. Ein kritischer Beobachter des Wilhelminischen Reiches 1895-1914, Frankfurt a.M. u.a. 1998, 293-398.
[3] Klaus Epstein, Matthias Erzberger und das Dilemma der deutschen Demokratie, Berlin/Frankfurt a.M. 1962, 71; Vgl. auch ders., Erzberger and the German Colonial Scandals, 646.
[4] Ich danke Hanns Lessing für viele inspirierende, interdisziplinäre Gespräche zur Thematik dieses Beitrags.

in die evangelische Auslandsarbeit ins südliche Afrika entsandt wurden. Wie kam es, dass Missionare und Pfarrer teilweise so gegensätzliche Positionen vertraten?[5] Während die meisten Missionare ihre Ausbildung an den Missionsseminaren erhalten hatten und stark vom Pietismus geprägt waren, hatten die Pfarrer, die in die deutschen Siedlergemeinden entsandt wurden, Theologie an einer Universität studiert. Die Akteure der von mir untersuchten Debatten sind Theologen, Missionsvertreter[6] und Nichttheologen. Zusammengehalten wird die Analyse von dem Begriff, der erstaunlicherweise an sehr verschiedenen Orten immer wieder an zentraler Stelle auftaucht: dem Begriff der Seele, sowie von einem Befund, der sich durchgängig wiederfindet, nämlich einem grundlegenden Konflikt zwischen Universalismus und Kulturrelativismus.

In den Jahren um 1907/08 fanden mehrere Debatten statt, bei denen der Begriff der Seele – der Seele der ‚Anderen' – eine Rolle spielte. In den entsprechenden Aussagen wurde der Begriff nicht nur theologisch, sondern auch psychologisch oder anthropologisch gefasst. Sicherlich unterschied sich ein zeitgenössischer sozial- oder „rassenpsychologischer" Begriff der Seele von einem theologischen oder einem philosophischen. Eine Definition kann und soll hier angesichts der Vielfältigkeit der Begriffsgeschichte gar nicht erst gewagt werden.[7] Immer jedoch zielte der Begriff ins Zentrum des jeweils zugrunde liegenden Menschenbildes. Immer war die Seele ein Ort, an dem sich das Mensch-Sein diskursiv realisierte, das „Persönlichkeitszentrum des Menschen."[8] Entsprechend haben Diskussionen darüber, ob jemand eine Seele besitze oder nicht und wie diese beschaffen sei, immer wieder die Konstruktionen der jeweils ‚Anderen' geprägt und die Begegnungen mit ihnen begleitet, seien es die Indianer zu Zeiten des Dominikanerpriesters und Bischofs Bartolomé de Las Casas (1484–1566), der für ihre Rechte als Menschen eintrat, oder sei es die Frau in bestimmten theologischen Debatten über die Taufe.[9]

Die sogenannte „Negerseelendebatte"

In der erwähnten und in anderen Reichstagsdebatten war erstaunlich oft von der Seele, vom „Kampf um die Negerseele"[10] die Rede. Im Jahr zuvor nämlich hatte eine heftige öffentliche Diskussion über die „Negerseele" stattgefunden, ausgelöst durch die Publikation *Die*

---

5 Zur Mischehendebatte, einer Schlüsseldebatte des deutschen Kolonialismus, als einem Beispiel für unterschiedliche Haltungen von Pfarrern und Missionaren vgl. Nils Ole Oermann, Mission, Church and State Relations in South West Africa under German Rule (1884-1915), (Missionsgeschichtliches Archiv 5) Stuttgart 1999, 190-201. Auch die Missionare traten allerdings nicht immer als homogene Gruppe auf. So gab es durchaus auch Differenzen in der Mischehenfrage unter den im Missionsfeld tätigen Missionskollegen bzw. zwischen Heimatleitung und manchen Missionaren vor Ort.
6 Die im Folgenden angeführten Vertreter der Mission waren im Deutschen Reich tätige Männer (in den Heimatleitungen, an der Universität oder als Pfarrer). Ihre Haltung wurde nicht immer von allen Missionaren vor Ort geteilt. Diese Differenzierung muss hier jedoch außer Acht bleiben, da hier dargestellt werden soll, wie die Debatten im Deutschen Reich geführt wurden.
7 Vgl. dazu Peter Nickl, Georgios Terizakis (Hgg.), Die Seele: Metapher oder Wirklichkeit? Philosophische Ergründungen, Bielefeld 2010; Karl Hoheisel u.a., Seele, in: RGG[4] 7, 1090-1107.
8 Ibid., 1101.
9 Ich danke den Teilnehmern der diesem Band vorausgegangenen Workshops für vielfältige Hinweise auf solche Seelen-Diskurse zwischen Ein- und Ausgrenzung, die hier nicht weiter vertieft werden können.
10 Vgl. u.a. Matthias Erzberger am 19. März 1908, in: SBRT, Bd. 231, 126. Sitzung, 4095, 4100. Der Begriff „Neger" hatte schon zu Beginn des 20. Jahrhunderts einen abschätzigen Beiklang.

Neger-Seele und die Deutschen in Afrika (1907) des Arztes und früheren Leiters des Gesundheitsdienstes beim Bau der Bahnstrecke zwischen Daressalam und Morogoro in Deutsch-Ostafrika Dr. Karl Oetker.[11] Darauf bezog man sich nun im Reichstag. Kurz hintereinander waren mehrere Reaktionen auf Oetker erschienen, auch in Zeitungsartikeln wurde die Debatte aufgegriffen.[12] Oetker hatte sich lang und breit über eine „psychische Minderwertigkeit"[13] der Afrikaner ausgelassen und war, so fasste ein Parteikollege Erzbergers im Reichstag mit Empörung zusammen, zu dem Schluss gekommen, „daß sich die Seele des Schwarzen graduell in wesentlichen Punkten von der Seele des Mitteleuropäers unterscheide", so dass man es bei ihr mit einem „wesensungleichen Organismus"[14] zu tun habe. Die Afrikaner seien nicht etwa, so ein vor allem von Seiten der Mission häufig gebrauchtes Bild, wie „Kinder", die man durch geeignete Maßnahmen zum „Mann" erziehen könne, sondern ihre Entwicklung habe eine ganz „andere" Richtung genommen.[15] Andere Stimmen übertrafen Oetker noch an menschenverachtender Schärfe. So formulierte der deutsch-südwestafrikanische Siedler Woldemar Schütze 1908, „der Neger" sei „streng genommen [...] kein Mensch" im Sinne des Homo sapiens. „Wahre Humanität" bestehe demnach darin, den „Neger" in seiner „natürlichen", sprich: kultureigenen Entwicklung zu fördern.[16] Entschiedener Widerspruch gegen solch rassistische, sozialdarwinistische Thesen kam vom Missionsinspektor der Norddeutschen Mission, August Wilhelm Schreiber jun.,[17]

---

11 Karl Oetker, Die Neger-Seele und die Deutschen in Afrika. Ein Kampf gegen Missionen, Sittlichkeits-Fanatismus und Bürokratie vom Standpunkt moderner Psychologie, München 1907. Zu Oetkers Tätigkeit 1905/06 als Arzt im Auftrag der Firma Ph. Holzmann & Co. beim Bahnbau in Deutsch-Ostafrika vgl. Wolfgang U. Eckart, Medizin und Kolonialimperialismus. Deutschland 1884-1945, Paderborn u.a. 1997, 350f. und 68.

12 Vgl. dazu auch Thorsten Altena, „Ein Häuflein Christen mitten in der Heidenwelt des dunklen Erdteils". Zum Selbst- und Fremdverständnis protestantischer Missionare im kolonialen Afrika 1884-1918, Münster/New York 2003, 114; Michael Schubert, Der schwarze Fremde. Das Bild des Schwarzafrikaners in der parlamentarischen und publizistischen Kolonialdiskussion in Deutschland von den 1870er bis in die 1930er Jahre, Stuttgart 2003, 300f.

13 Oetker, Die Neger-Seele, 12.

14 Zit. nach Dr. Peter Spahn (Zentrum) am 17. März 1908, in: SBRT, Bd. 231, 124. Sitzung, 4048.

15 Oetker, Die Neger-Seele, 40. Ein Element in Oetkers menschenverachtendem, rassistischem Menschenbild war das angeblich instinktgeleitete Handeln der Afrikaner, wodurch er sie eher mit Tieren vergleichen zu können glaubte (vgl. ibid., 14).

16 Woldemar Schütze, Schwarz gegen Weiß. Die Eingeborenenfrage als Kernpunkt unserer Kolonialpolitik in Afrika, Berlin 1908, zit. nach: Schubert, Der schwarze Fremde, 300. Auch im Reichstag gab es Abgeordnete, die diese Position vertraten, am schärfsten General Eduard von Liebert (1850-1934), ehemaliger Gouverneur von Deutsch-Ostafrika und Abgeordneter der Freikonservativen (vgl. Matthias Erzberger, Die Wahrheit über die deutschen Kolonien, Berlin 1908, 13). Vgl. allgemein dazu auch Henning Melber, „Es sind doch auch Menschen!" Die Kolonisierten aus der Sicht deutscher Reichstagsabgeordneter, in: Nangolo Mbumba, Helgard Patemann, Uazuvara Katjivena (Hgg.), Ein Land, eine Zukunft. Namibia auf dem Weg in die Unabhängigkeit, Wuppertal 1988, 119-131.

17 August Wilhelm Schreiber, Die Negerseele und ihr Gott. Vortrag auf der sechsten Konferenz des Eisenacher Bundes zu Potsdam am 29. Mai 1907 (Flugschriften der Hanseatisch-Oldenburgischen Missions-Konferenz 8), Bremen 1907. August Wilhelm Schreiber jun. (1867-1945): Pfarrer, 1900-1914 Missionsinspektor (ab 1908 'Missionsdirektor') der Norddeutschen Mission, 1903 Mitbegründer und Schriftführer der Hanseatisch-Oldenburgischen Missionskonferenz, später (1925-1933) unter anderem Oberkonsistorialrat des Kirchlichen Bundesamtes (vgl. Altena, „Ein Häuflein Christen", CD-Rom 56f.).

und vom Direktor der Herrnhuter Mission, Paul Otto Hennig.[18] Mit ausführlichen Belegen betonten sie immer wieder die „Entwicklungsfähigkeit" und „Bildungsfähigkeit" der Afrikaner. Zwar gebe es noch eine große Rückständigkeit, aber keinesfalls eine prinzipielle „Wesensungleichheit". Ähnlich argumentierte auch der Stabsarzt Dr. Alexander Lion gegen Oetkers Annahme biologisch nachweisbarer „psychischer Minderwertigkeit". Er war ebenfalls überzeugt von der „Kulturfähigkeit" der Afrikaner und betonte eher die Gemeinsamkeiten im „Seelenleben der Völker".[19]

Die Auseinandersetzung um die Seele der kolonialisierten Afrikaner kochte noch einmal hoch anlässlich des dritten Deutschen Kolonialkongresses 1910 in Berlin. Hier war es Pfarrer Julius Richter, der die Seelen der Afrikaner zu kennen glaubte und ihnen bei geeigneter Erziehung Entwicklungsfähigkeit attestierte. „Das ist Fleisch von unserem Fleische."[20] Diese Schlussfolgerung Richters war für manche eine Provokation. In der anschließenden Diskussion reichten die Stimmen von rassenbiologischen Einwänden gegen Richters Ausführungen bis hin zu einer klaren Ablehnung der Rede von einem „Problem der Negerseele": Vom christlichen Standpunkt aus, so der Diskutant, sei jede menschliche Seele immer ein Ebenbild Gottes, daher gebe es überhaupt keine Rassenunterschiede.[21] In *Kolonie und Heimat*, der Zeitschrift des Frauenbundes der Deutschen Kolonialgesellschaft, machte man sich in einem Bericht über den Kongress lustig über den Beitrag von Richter:

„Bezeichnend war für die veränderten und gereiften Anschauungen über koloniale Dinge das mehr vergnügliche Interesse, das man den ernsthaften Erörterungen über die ‚Negerseele' allgemein entgegenbrachte. Niemand wollte sie sich entgehen lassen, und sichtlich wenige nahmen sie ernst. Damit soll dem betreffenden Referenten keineswegs zu nahe getreten werden, denn das wissenschaftliche Material, das er beibrachte, war ohne Zweifel interessant, wenn auch teilweise nicht ganz objektiv. Aber solche Erörterungen sind eben unnötig, denn ganz von selbst bildet sich allmählich aus dem kolonialen Leben die Stellung für den Schwarzen heraus, die ihm

---

18 Paul Otto Hennig, Zum Kampf um die Negerseele. Eine Antwort auf Dr. med. Oetkers „Die Negerseele und die Deutschen in Afrika" (Flugschriften der Hanseatisch-Oldenburgischen Missions-Konferenz 7), Bremen 1907; vgl. auch ders., Deutschlands Anteil an der Erziehung Afrikas, Leipzig 1907. Paul Otto Hennig (1857-1928): 1891-1903 Herrnhuter Missionar in Südafrika, ab 1899 Superintendent der Unitätsprovinz Südafrika-West sowie deren Bischof, 1903 Rückkehr nach Herrnhut und Mitglied der Missionsdirektion, seit 1906 Vorsitzender (Direktor) der Missionsdirektion, 1910 Teilnahme an der Weltmissionskonferenz in Edinburgh sowie am Deutschen Kolonialkongress in Berlin (vgl. Altena, „Ein Häuflein Christen", CD-Rom 33).

19 Vgl. Alexander Lion, Die Kulturfähigkeit des Negers und die Erziehungsaufgaben der Kulturnationen (Koloniale Abhandlungen 15), Berlin 1908, u.a. 1, 4, 5, 11. Dr. Alexander Lion (1870-1962): Stabsarzt und Begründer der Pfadfinderbewegung in Deutschland. 1904-1906 hatte er während des Kolonialkrieges in Deutsch-Südwestafrika gedient. Seine Auffassungen hinderten ihn allerdings nicht daran, von einem notwendigen „Rassebewußtsein" zu sprechen, das den „geringste[n] Weiße[n] noch über dem höchstkultiviertesten Neger" weiß (ibid., 26).

20 Julius Richter, Das Problem der Negerseele und die sich daraus für die Emporentwickelung des Negers ergebenden Folgerungen [einschließlich der anschließenden Diskussionsbeiträge], in: Verhandlungen des Deutschen Kolonialkongresses 1910, Berlin 1910, 609-628, hier 612. Julius Richter (1862-1940): 1887-1912 Pfarrer u.a. in Rheinsberg, 1913-1930 Professor für Missionswissenschaft an der Berliner Theologischen Fakultät.

21 Rechtsanwalt Stieve aus Zabern in der Diskussion zu Richters Vortrag, in: ibid., 628.

in der Zukunft eine menschenwürdige, seinen Fähigkeiten entsprechende Existenz gewährleistet, soweit er es versteht, sich unsrer Kolonialarbeit als nützliches Mitglied einzufügen."[22]

Dass sich diese Debatten über die Seelen der ‚Anderen' gerade in den Jahren 1907/08 verdichtet hatten, war kein Zufall. Eben erst waren die Kolonialkriege in Deutsch-Südwestafrika und Deutsch-Ostafrika zu Ende gegangen und hatten mit der Auflösung des Reichstages und den sogenannten Hottentottenwahlen vom 25. Januar 1907 auch konkrete Folgen für die innenpolitischen Machtverhältnisse im Deutschen Reich gehabt.[23] Nach diesem Desaster der Kriege nun hatte Bernhard Dernburg, seit 1906 Leiter der Kolonialabteilung und Staatssekretär im 1907 neu etablierten Reichskolonialamt, ein neues Kolonialprogramm entworfen. Das Dernburg'sche Reformprogramm stand für eine Wende in der deutschen Kolonialpolitik und für einen anderen Umgang mit den Bewohnern der Kolonien. An die Stelle brutaler Ausrottungspolitik sollte eine neue „Eingeborenenpolitik" treten, die auf die Erhaltung der Arbeitskraft der Kolonisierten zielte.[24] Dieses Umdenken, das jedoch ausschließlich auf dem Interesse basierte, die Macht zu erhalten und eine bessere ökonomische Bilanz zu erzielen, löste ein intensives Debattieren über „die Eingeborenen und ihren Charakter, ihre Seele aus. Die auf Vertrauen zielenden Reformen erforderten, so Dernburg, „ein tiefes Eindringen in die Psychologie des Negers".[25] Denn, so schrieb auch Oetker, schließlich habe der „Mangel an Kenntnis der Negerseele"[26] in den Kolonien durch die Kriege sehr viel Menschenleben und Geld gekostet. Die Widerständigkeit der Afrikanerinnen und Afrikaner und der Schock bei den Deutschen infolge des Krieges hatten also dazu geführt, dass man sich nun im Reichstag und anderswo den Kopf über sie und ihre Seele

---

22 Der Deutsche Kolonialkongress, in: Kolonie und Heimat in Wort und Bild. Organ des Frauenbundes der Deutschen Kolonialgesellschaft 4, Nr. 5, 1910/11, 7.
23 Vgl. Wolfgang Reinhard, „Sozialimperialismus" oder „Entkolonisierung der Historie"? Kolonialkrise und „Hottentottenwahlen" 1904-1907, in: Historisches Jahrbuch 97/98, 1978, 384-417.
24 Die Ideen des Dernburg'schen Reformprogramms sind allerdings zumeist Vorstellung geblieben. Kern der tatsächlichen Neuordnung der Eingeborenenpolitik nach dem Krieg in Deutsch-Südwestafrika waren die drei 1907 erlassenen, von Dernburg genehmigten, teils sogar verschärften und von den Missionaren tolerierten „Eingeborenenverordnungen". Sie enthielten zwar auch gewisse, wenngleich in der Praxis kaum einklagbare Mindestrechte für afrikanische Arbeiter, zielten insgesamt jedoch auf eine direkte Unterwerfung, lückenlose Kontrolle, Aufhebung der Bewegungsfreiheit, Arbeitszwang und soziale Disziplinierung der Afrikaner, nachdem die Herero und Nama zuvor schon durch die Enteignung von Land und Vieh 1906/07 ihre politische und soziale Organisation verloren hatten. Eine Dernburg'sche Wende in der Eingeborenenpolitik könne, so Zimmerer für Südwestafrika, nicht bestätigt werden (vgl. Jürgen Zimmerer, Deutsche Herrschaft über Afrikaner. Staatlicher Machtanspruch und Wirklichkeit im kolonialen Namibia, 2. Aufl., Hamburg 2002, 56-84, hier v.a. 76).
25 Bernhard Dernburg am 19. März 1908, in: SBRT, Bd. 231, 126. Sitzung, 4107. Zur Psychologie als neuer Sozialtechnologie in der Ära Dernburg vgl. Pascal Grosse, Psychologische Menschenführung und die deutsche Kolonialpolitik 1900-1940, in: Paul Mecheril, Thomas Teo (Hgg.), Psychologie und Rassismus, Reinbek 1997, 19-41, hier 25-28.
26 Oetker, Die Neger-Seele, 9. Die „Rassenpsychologie" (ibid., 5) diente Oetker einzig als Mittel zur Aufrechterhaltung der Weltherrschaft der „Weißen", denn die „Neger" seien neben den Mongolen noch „die einzigen, mit denen wegen ihrer Anzahl und wegen ihrer Eigenschaften die Weissen in dem Wettbewerb um Besitz und Macht auf dieser Erde zu rechnen haben" (ibid., 7). Bei manchen afrikanischen Volksgruppen komme man aber auch mit Psychologie nicht weiter, hier helfe nur, sie „mit Stumpf und Stiel auszurotten" (ibid., 15).

zerbrach.[27] Dabei bewegten sich die Positionen immer im Spannungsfeld zwischen Sozialdarwinismus und „Kulturmission", zwischen absoluter, unüberwindbarer Differenz einerseits und Betonung prinzipieller Gemeinsamkeiten andererseits.[28]

Theologen jenseits der Mission mischten sich nicht direkt in diese Debatte ein. Genau zur selben Zeit aber fanden in der Theologie Auseinandersetzungen statt, die bei genauerem Hinsehen durchaus innere Verbindungen mit den zuvor erwähnten Diskussionen aufwiesen und bei denen der Begriff der menschlichen Seele, auch der Seele der ‚Anderen', ebenfalls eine aufschlussreiche Rolle spielte.[29] Adolf Harnack und Ernst Troeltsch, denen sich die folgenden Ausführungen widmen, waren beide liberale Theologen und führende Vertreter des Kulturprotestantismus.[30] Dieser Überbegriff umfasste durchaus unterschiedliche theologische Richtungen und mehrdeutige, zunehmend inhomogene politische Gruppierungen im deutschen liberal-protestantischen Bildungsbürgertum des Kaiserreichs. Auf einen Nenner gebracht, strebte man eine Versöhnung von Religion und Kultur, eine Synthese aus protestantischer Tradition und moderner, aufgeklärter Kultur, aus überliefertem Heilswissen und wissenschaftlichem Bildungswissen an.[31] Aussagekräftig ist auch das jeweilige Verhältnis zwischen den beiden Theologen und der Mission. Zwischen liberalen Kulturprotestanten und konservativen Orthodoxen, zu denen man die Missionare zählte, klaffte gemeinhin ein „Milieugraben".[32] Die deutschen kulturprotestantischen Bildungsbürger

---

27 Dass die traumatische Erfahrung der Kolonialkriege den Hintergrund für viele dieser Betrachtungen abgab, zeigen viele Beispiele (vgl. Lion, Die Kulturfähigkeit des Negers, 12, 14 f., 20, 22). Oetker nannte aber auch die „schnell fortschreitende Berührung und Mischung der Völker" als Grund für die Notwendigkeit, sich mit dem Seelenleben der Afrikaner zu befassen (vgl. Oetker, Die Neger-Seele, 8). Der Begriff der Seele hat unter verschiedenen historischen Vorzeichen immer wieder zur Konstruktion kollektiver, ethnisch-kultureller Homogenität gedient, sei es als „Volksseele" (Herder), in der Völkerpsychologie (Wundt) oder als „Kulturseele" (Frobenius); zum Begriff der „Rassenseele" im sozialdarwinistischen Diskurs vgl. Schubert, Der schwarze Fremde, 62-64.

28 Zum Bild des Afrikaners in den Kolonialdebatten seit 1907, der Ära Dernburg, zwischen „Kulturmission" im Rahmen einer „rationalistischen Eingeborenenpolitik" einerseits und Sozialdarwinismus andererseits vgl. auch Schubert, Der schwarze Fremde, 261-306. Zu den Motiven und Argumentationsstrategien von „Zivilisierungsmissionen" vgl. Jürgen Osterhammel, „The Great Work of Uplifting Mankind". Zivilisierungsmission und Moderne, in: Boris Barth, Jürgen Osterhammel (Hgg.), Zivilisierungsmissionen. Imperiale Weltverbesserung seit dem 18. Jahrhundert, Konstanz 2005, 363-425. Gerade in Siedlungskolonien wie Deutsch-Südwestafrika fanden zivilisierungsmissionarische Argumentationen ihre Grenze im sozialdarwinistischen Rassismus, wie er besonders stark von den Siedlern vertreten wurde. Ausgangspunkt dafür war die in Siedlungskolonien sich verschärft stellende Frage der Mischlinge und Mischehen (vgl. Boris Barth, Die Grenzen der Zivilisierungsmission. Rassenvorstellungen in den europäischen Siedlungskolonien Virginia, den Burenrepubliken und Deutsch-Südwestafrika, in: ders., Osterhammel (Hgg.), Zivilisierungsmissionen, 201-228, hier 217-228).

29 Ernst Troeltsch sah für die Gegenwart in der Seele gar die „Zentralfrage des Lebens" (Ernst Troeltsch, Glaubenslehre. Nach Heidelberger Vorlesungen aus den Jahren 1911 und 1912, München/Leipzig 1925, 298).

30 Zu ihren Gemeinsamkeiten und Differenzen vgl. Gangolf Hübinger, Harnack, Rade und Troeltsch. Wissenschaft und politische Ethik, in: Kurt Nowak, Otto Gerhard Oexle (Hgg.), Adolf von Harnack. Theologe, Historiker, Wissenschaftspolitiker, Göttingen 2001, 85-102.

31 Vgl. Friedrich Wilhelm Graf, Kulturprotestantismus, in: Theologische Realenzyklopädie 20, Berlin/New York 1990, 230-243.

32 Vgl. dazu Gangolf Hübinger, Kulturprotestantismus und Politik. Zum Verhältnis von Liberalismus und Protestantismus im wilhelminischen Deutschland, Tübingen 1994, 15f.

hegten, so Troeltsch, generell eher eine Abneigung gegen die Mission, „gegen jeden Versuch, die deutsch gefärbte und aus deutschem Geistesleben erwachsene Religiosität in die Welt zu tragen". Man überlasse Kirche und Mission oftmals den Pietisten und Orthodoxen und empöre sich gerne über den „Humanitätsdusel" der Missionare.[33]

Harnack und der „unendliche Wert der Menschenseele"

Zu Beginn des 20. Jahrhunderts war das populäre Buch von Adolf Harnack (1851–1930)[34] *Das Wesen des Christentums* (1. Auflage 1900) ein in Deutschland viel gelesenes und diskutiertes Werk. Es basierte auf den berühmten Vorlesungen des Berliner Theologen und erlebte viele Neuauflagen. Im Vorwort zur Auflage von 1903 schrieb Harnack: „Jetzt, wo die Erde ein Schauplatz geworden ist", sei es notwendig, „das Wesen", den „Kern" des Christentums herauszuarbeiten, um jenseits aller Individualisierung und Pluralisierung des Glaubens in der Moderne „zur Einheit in der Religion" zu gelangen.[35] Die Notwendigkeit einer solchen Rückbesinnung auf das Wesen des Christentums, auf die eigene Identität also, sah er explizit vor dem Hintergrund zunehmender Globalisierung und einer damit letztlich einhergehenden Relativierung des Christentums. Dem stellte Harnack seinen zentralen Gedanken von der Absolutheit des Christentums gegenüber. In einem Vortrag über die *Grundsätze der evangelisch-protestantischen Mission* in Hamburg im Jahr 1900 hielt er seine Überzeugung fest: Das Christentum sei „nicht eine Religion neben anderen, sondern [...] die Religion selbst". Erst „in ihr und durch sie" gelange die Menschheit zu ihrer eigentlichen Bestimmung.[36] Die These von einer „epochentranszendenten"[37], überhistorischen Größe der christlichen Religion leitete er kirchengeschichtlich aus seiner Untersuchung des antiken Christentums her.[38] Die weltgeschichtliche Bedeutung des Christentums liege darin begründet, dass es zur Religion des Weltstaates des römischen Reiches werden konnte, dass es also „eine globalisierte Religion für eine globalisierte Zivilisation" war und nach Ansicht Harnacks auch weiterhin bleiben würde.[39]

Harnacks Haltung zur Mission und mithin auch seine implizite Haltung zu den ‚Anderen' resultierte aus diesem christlichen Universalismus. Auf dessen Grundlage for-

---

33 Ernst Troeltsch, Die Mission in der modernen Welt, in: Die Christliche Welt 20, 1906, 8-12, 26-28, 56-59, hier 9f.
34 Adolf Harnack war Professor für Kirchengeschichte an der Friedrich-Wilhelms-Universität Berlin (1888–1924). Daneben war er unter anderem Generaldirektor der heutigen Staatsbibliothek (1905-1921) sowie einige Jahre später Initiator und erster Präsident der Kaiser-Wilhelm-Gesellschaft, der heutigen Max-Planck-Gesellschaft (1911 bis 1930). Nach dem Ersten Weltkrieg zählte er zu den entschiedenen Befürwortern der Demokratie. Den Namenszusatz „von" erhielt Harnack erst 1914.
35 Adolf Harnack, Das Wesen des Christentums. Sechzehn Vorlesungen vor Studierenden aller Facultäten im Wintersemester 1899/1900 an der Universität Berlin gehalten, durch Anmerkungen verm. Ausg., Leipzig 1908 [1. Aufl. 1900], V.
36 Adolf Harnack, Grundsätze der evangelisch-protestantischen Mission. Vortrag auf der Generalversammlung des Allgem. evang.-prot. Missionsvereins am 26. September 1900 in Hamburg, 2. Aufl., Berlin 1900, 3.
37 Christoph Markschies, Adolf von Harnack, Das Wesen des Christentums (1900), in: Wolfgang Hardtwig, Philipp Müller (Hgg.), Die Vergangenheit der Weltgeschichte. Universalhistorisches Denken in Berlin 1800-1933, Göttingen 2010, 241-249, hier 246.
38 Adolf Harnack, Die Mission und Ausbreitung des Christentums in den ersten drei Jahrhunderten, Leipzig 1902.
39 Markschies, Adolf von Harnack, Das Wesen des Christentums, 243.

mulierte er seine ungebrochene und „unerschütterliche Überzeugung" einer Pflicht zur Mission.[40] Harnacks Thesen riefen ein breites Echo hervor. Für seine Wesensbestimmung und seinen Gedanken von der Absolutheit des Christentums erntete Harnack sowohl Zustimmung als auch Kritik von verschiedenen Seiten.[41] Einer der Vorwürfe seiner Kritiker lautete, sein Ansatz sei unhistorisch.[42] Die Missionstheologie aber hat den Gedanken von der Absolutheit des Christentums stets vehement als eine ihrer Arbeitsgrundlagen verteidigt.[43]

Aus dem universalen religiösen Wahrheitsanspruch von Harnacks Theologie ergibt sich eine grundlegende Spannung. Harnack ging es nicht nur um die Einheit der christlichen Religion, sondern letztlich um die Einheit der Menschheit. Sie stand für ihn auf dem Spiel angesichts der Pluralisierung in der globalen Welt. Die Einheit der Menschheit war für ihn aber wiederum nur denkbar als Einheit der Religion. Nur eine Zivilisation, die europäische, nur eine Religion, die christliche, konnte die Einheit der Menschheit begründen. Die Problematik, die aus einem solch übergreifenden Anspruch erwächst, gibt das folgende Zitat deutlich wieder:

> Der „Einwurf gilt nicht, daß mit halb- oder anders civilisierten Völkern anders zu verfahren sei [...]. Nun, von dem Ansprüche des Christentums, die universale Religion zu sein, ganz abgesehen – es giebt nur e i n e Civilisation, auf deren Grunde sich die Menschheit zu einer Einheit verbinden kann, das ist die hier in Europa in unserer Religion und unserer Geschichte erwachsene. Wir ehren jede andere Gesittung, wo sie den Menschen über die Naturstufe erhoben hat, aber auf die Dauer bestehen lassen können wir sie nicht; denn sie ist minderwertig und die Verbindung der Völker auf der immer kleiner werdenden Erde wird zu eng, als daß Ungefüg[t]es neben einander bestehen könnte."[44]

Hier wurde ein kulturhegemonialer Ton angeschlagen, dem jede andere Gesittung als minderwertig und daher zu überwinden galt. Es war eine zugespitzte Version der Verbindung von Christianisierung mit „Kulturmission", die die protestantische Mission seit jeher als ihre Aufgabe betrachtet hatte.[45]

Harnacks Universalismus spiegelte sich aber auch – und hier kommt die Seele ins Spiel – in der Rede vom „unendlichen Wert der Menschenseele"[46] wider. Dieser Gedanke bildete

---

40 Harnack, Grundsätze, 3.
41 Vgl. die Zusammenfassung der Kritiken in Ernst Troeltsch, Was heißt „Wesen des Christentums"?, in: Die Christliche Welt 17, 1903, 443-446, 483-488, 532-536, 578-584, 650-654, 678-683, hier 443-446.
42 Vgl. Harnack, Wesen des Christentums, VI (Vorwort zur Auflage von 1903). Er schreibt hier von einem „Kampf gegen das Buch".
43 Vgl. H. von Walter, Die Absolutheit des Christentums und die Mission (Flugschriften der Hanseatisch-Oldenburgischen Missions-Konferenz), Leipzig 1906. Vgl. auch Heinrich Balz, Missionswissenschaft und Missionskritik an der Berliner Theologischen Fakultät. Über J. Richter und A. v. Harnack, in: Theologische Literaturzeitung 121, 1996, 119-132.
44 Harnack, Grundsätze, 6.
45 Zum Verständnis von Weltpolitik als europäisch-christliche Kulturmission bei Harnack vgl. Christian Nottmeier, Adolf von Harnack und die deutsche Politik 1890-1930. Eine biographische Studie zum Verhältnis von Protestantismus, Wissenschaft und Politik, Tübingen 2004, 363-366.
46 Harnack, Wesen des Christentums, 40 ff. Kritisch zu einem auf den Menschen bezogenen Begriff des Wertes vgl. Friedrich Wilhelm Graf, Missbrauchte Götter. Zum Menschenbilderstreit in der Moderne,

das Zentrum des christlichen Glaubens bei Harnack. „Jesus Christus ruft jeder armen Seele, Er ruft Allen, die Menschenantlitz tragen, zu: Ihr seid Kinder des lebendigen Gottes und […] wertvoller als die ganze Welt."[47] Durch Jesus sei „der Wert jeder einzelnen Menschenseele in die Erscheinung getreten", und das könne niemand mehr ungeschehen machen. „Man mag zu ihm [Jesus] selbst stehen, wie man will, die Anerkennung, daß er in der Geschichte die Menschheit auf diese Höhe gestellt hat, kann ihm Niemand versagen."[48] „Menschenleben, wir selbst sind einer dem andern teurer geworden. Wirkliche Ehrfurcht vor dem Menschlichen ist, ob sie's weiß oder nicht, die praktische Anerkennung Gottes als des Vaters."[49] Durch diese Anerkennung habe der Mensch selbst einen Wert, der höher sei „als das Gefüge der Welt".[50] Der „unendliche Wert der Menschenseele" war für Harnack ein absoluter Wert, unabhängig davon, wie jede und jeder Einzelne sich zum christlichen Glauben stelle. Er galt im Prinzip für alle Menschen.

So lag für Harnack das Wesen des Christentums, das er in seiner „Schlichtheit" freilegen wollte, in der Botschaft vom Liebesgebot sowie im Gedanken, dass Gott der Vater aller Menschen sei, im Gedanken der „Gotteskindschaft".[51] Diese unerschütterte Frömmigkeit führt der Kirchenhistoriker Christoph Markschies auf Harnacks Prägung durch den baltischen Pietismus zurück. Erkenntnistheoretische Zweifel an Begriffen wie Wahrheit oder Absolutheit seien ihm fremd, andere Religionen für ihn keine inneren Infragestellungen gewesen.[52] Insofern näherte Harnack sich, obwohl ansonsten dem Kulturprotestantismus zugehörig, hier der pietistischen Missionsideologie.[53] Auch für sie hatte jede „einzelne Seele vor Gott einen unendlichen Wert".[54] Der biblische Gedanke der Gotteskindschaft (Matth. 5, 43-45) hat Versuchen, Ideen von Menschenwürde und Menschenrechten aus dem Christentum herzuleiten, – gerade auch in der Missionstheologie – stets als Grundlage gedient. Eine ähnliche Funktion hat der Bezug auf die biblische Vorstellung der Gottebenbildlichkeit des Menschen (Gen. 1, 27).[55] Darauf baute die christliche Tradition auf, nach der die „Bildhaftigkeit des Menschen" in Bezug auf Gott „im Wesentlichen der Tatsache verdankt [ist], dass der Mensch eine Seele besitzt".[56]

München 2009, 100.
47 Harnack, Wesen des Christentums, 43.
48 Ibid., 44.
49 Ibid., 45.
50 Ibid., 43.
51 Vgl. ibid., 41 ff. Vgl. auch Ernst Troeltsch, Adolf v. Harnack und Ferd. Christ. v. Baur, in: Karl Holl (Hg.), Festgabe von Fachgenossen und Freunden A. von Harnack zum siebzigsten Geburtstag dargebracht, Tübingen 1921, 282-291, hier 288; Markschies, Adolf von Harnack, Das Wesen des Christentums, 245.
52 Vgl. Christoph Markschies, Adolf von Harnack – ein Kirchenhistoriker als Wissenschaftsorganisator. Vortrag zum hundertjährigen Geburtstag der Max-Planck-Gesellschaft, Urania, Berlin, 6. Januar 2011.
53 Harnack hatte in seinem Hamburger Vortrag von 1900 eine explizite Missionstheologie formuliert (vgl. Harnack, Grundsätze).
54 Vgl. Gustav Warneck, Missionsmotiv und Missionsaufgabe nach der modernen religionsgeschichtlichen Schule, in: Allgemeine Missions-Zeitschrift 34, 1907, 3-15, 49-61, 105-122, hier 111.
55 Zur Gottebenbildlichkeit als dem zentralen anthropologischen Topos in der Geschichte der christlichen Theologie, der immer wieder zur Begründung von Menschenwürde in Anspruch genommen wurde, vgl. Graf, Missbrauchte Götter, 83-102.
56 Thomas Leinkauf, Die Seele als Selbstverhältnis. Der Begriff „Seele" und seine Bedeutung zu Beginn der Frühen Neuzeit, in: Nickl, Terizakis (Hgg.), Die Seele, 145-167, hier 146. Zum zentralen Begriff der

Troeltsch und die „Partikularität des Heils"

Eine ganz andere theologische Position vertrat der Theologe und Kulturphilosoph Ernst Troeltsch (1865–1923).[57] Während Harnack letztlich ein doch eher konservativer Exeget war, war Troeltsch ein führender Denker des Historismus und einer der Protagonisten der Religionsgeschichtlichen Schule der modernen Theologie, die sich vor allem durch ihre methodologische Reflexion hervorhob. Er widersprach Harnack und seiner These von einer Absolutheit des Christentums.[58] Auch lasse sich kein unveränderliches „Wesen des Christentums" konstruieren.[59] Historismus meint nach Troeltsch „die Historisierung unseres ganzen Wissens und Empfindens".[60] Diese in Deutschland sehr einflussreiche Geschichtsphilosophie war eng mit dem Namen des Historikers Leopold Ranke (1795–1886) verbunden. „Jede Epoche ist unmittelbar zu Gott", so lautete einer der von Ranke geprägten methodischen Kernsätze des Historismus, mit dem er den Fortschrittsgedanken der Aufklärung ablehnte.[61] Dieser Idee von historischer Gerechtigkeit inhärent war ein gewisser Werterelativismus. Betont wurde die Geschichtlichkeit sowie die Individualität, Verschiedenartigkeit und Einzigartigkeit aller Epochen, Generationen, Ereignisse und Kulturen. Troeltsch galt als der führende Übersetzer des Historismus in die Theologie.[62] Die Überzeugung von der zeitlichen Bedingtheit des eigenen Standpunktes erschüttere „alle ewigen Wahrheiten", auch diejenigen „kirchlich-supranaturaler" Art.[63] Die damit verbundene Ablehnung einer wertenden Hierarchisierung von Epochen und Kulturen, Werten und Normen unterhöhlte, da es keine universalen Gültigkeiten geben konnte, die Selbstgewissheit Europas und des Westens.

Auch aus dieser Position ergab sich eine eigentümliche, in ihrem Kulturrelativismus begründete Spannung. Die historisch-kritische Methode war eine Denkrevolution in der Theologie. Sie basierte auf kritischer Quellenanalyse und machte aus dem Christentum eine historische Erscheinung neben anderen.[64] Troeltsch stellte diese Methode, die „alle Erschei-

---

Seele im theologischen Anthropologiediskurs seit der Aufklärung vgl. Graf, Missbrauchte Götter, 99.
57 Ernst Troeltsch war zum Zeitpunkt der hier behandelten Debatten (seit 1894) Professor für systematische Theologie an der Universität Heidelberg. 1914 wurde er nach Berlin an die philosophische Fakultät berufen, wo er seit 1915 lehrte. Nach dem Ersten Weltkrieg bejahte er als Mitglied der linksliberalen Deutschen Demokratischen Partei (DDP) unter Pfarrer Friedrich Naumann Demokratie und Parlamentarismus. Der DDP gehörte im Gegensatz zur rechtskonservativen Deutschnationalen Volkspartei (DNVP) nur eine Minderheit protestantischer Theologen an. Als Unterstaatssekretär im Preußischen Ministerium für Wissenschaft, Kunst und Volksbildung (1919-1920) war Troeltsch für die Neugliederung des Staatskirchenverhältnisses verantwortlich (vgl. Klaus-Gunther Wesseling, Ernst Troeltsch, in: BBKL 12, 1997, 497-562). Zu den kolonialen Implikationen der Theologie Troeltschs vgl. auch Beitrag #22 von Hanns Lessing.
58 Vgl. Ernst Troeltsch, Die Absolutheit des Christentums und die Religionsgeschichte. Vortrag, gehalten auf der Versammlung der Freunde der Christlichen Welt zu Mühlacker am 3. Oktober 1901, Tübingen/Leipzig 1902, 22-23.
59 Troeltsch, Was heißt „Wesen des Christentums"?, 445.
60 Troeltsch, zit. nach: Otto Gerhard Oexle, Troeltschs Dilemma, in: Friedrich Wilhelm Graf (Hg.), Ernst Troeltschs „Historismus", Gütersloh 2000, 23-64, hier 26.
61 Leopold von Ranke, Weltgeschichte, 9 Teile, Teil 9, Abt. 2: Über die Epochen der neueren Geschichte. Vorträge dem Könige Maximilian II. von Bayern gehalten, hg. von Alfred Dove, Leipzig 1888, 4-6.
62 Vgl. Warneck, Missionsmotiv und Missionsaufgabe, 8.
63 Troeltsch, zit. nach: Oexle, Troeltschs Dilemma, 27.
64 Vgl. Troeltsch, Die Absolutheit des Christentums, 49.

nungen zunächst an ihrem eigenen Maße misst"[65], einer Geschichtsauffassung gegenüber, die er als apologetisch, naiv, teleologisch und ahistorisch bezeichnete. Aus dieser Überzeugung heraus lehnte er den von Theologen wie Harnack postulierten universalen Absolutheitsanspruch des Christentums und ein damit verbundenes evolutionistisches Stufenmodell ab.[66] Demzufolge gebe es auch keinen a priori aus Religion oder reiner Vernunft abzuleitenden Wertmaßstab, sondern nur eine „im freien Kampfe der Ideen"[67] und der Religionen zu erzeugende subjektive Bewertung.

Verfolgt man Troeltschs Ansatz weiter entlang der Frage, was dies in Bezug auf die Seelen der ‚Anderen' bedeutet, dann zeigt sich eine Problematik, die diesem Relativismus entspringt. In Troeltschs *Glaubenslehre*, der posthumen Veröffentlichung seiner Heidelberger Vorlesungen aus den Jahren 1911 und 1912, führt die Kritik an universalen Gültigkeiten dazu, dass er – im expliziten Unterschied zur lutherischen und katholischen „Lehre von einem Universalismus der Gnade" – von der „Partikularität des Heils"[68] spricht. „Was mit denjenigen geschieht, die dieses Ziel nicht erringen sollen oder nicht erringen wollen, ist nicht zu sagen."[69] Man wisse nicht, was Gott mit den „Nichterwählten" vorhabe.[70] Wer diese Nichterwählten sein könnten, erschließt sich aus dem, was er über die Mission und damit über die ‚Anderen' schreibt: Mission setze den Glauben an eine christliche Wahrheit und einen christlichen Universalismus voraus. Der Sinn des Missionsgedankens sei die Herstellung der religiösen Einheit der Menschheit. Da er die Möglichkeit einer solchen Einheit und die Voraussetzung einer absoluten Wahrheit als Vertreter des Historismus in Zweifel zog, stellte er auch den Sinn von Mission, zumindest in ihrer bisherigen Form, in Frage. Seine Bedenken bestanden nicht zuletzt darin, dass „die Aufnahme des christlichen Gedankens an eine gewisse hohe intellektuelle, moralische und formale Kultur gebunden" sei. Es gebe aber immer Individuen und Völker, die dazu nicht fähig seien.[71] Das Christentum an kulturelle und intellektuelle Vorbedingungen zu knüpfen, hing mit der spezifisch kulturprotestantischen Gemengelage der Konzepte von Persönlichkeit, Bildung, Kultur und Christentum zusammen.[72] Dies war Troeltschs Version, bestimmten Individuen und Völkern ihre erforderliche „Kulturfähigkeit" abzusprechen. In der Konsequenz waren das die Nichterwählten, die demnach aus dem Heil ausgeschlossen waren. Der „unendliche Wert der Seele" war nach Troeltsch nicht etwas a priori Vorhandenes, sondern müsse erst er-

---

[65] Ibid., 3.
[66] Vgl. ibid., 6ff., 31ff. Allerdings spricht er selbst doch auch immer wieder von unterschiedlichen „Kulturstufen".
[67] Ibid., 60.
[68] Troeltsch, Glaubenslehre, 383.
[69] Ibid., 384. Troeltsch hat sich ähnlich an anderer Stelle die Frage gestellt, ob „die Anteilnahme" an den „höchsten Lebenswerten [...] allen Individuen bestimmt" sei oder „nur einer Auswahl". Er sah die Antwort darin, dass diese Anteilnahme aller erst nach dem Tod geschehe (vgl. Ernst Troeltsch, Missionsmotiv, Missionsaufgabe und neuzeitliches Humanitätschristentum, in: Zeitschrift für Missionskunde und Religionswissenschaft 22, 1907, 129-139, 161-166, hier 165f.).
[70] Troeltsch, Glaubenslehre, 383.
[71] Ibid., 375-377. Vgl. ähnlich auch Troeltsch, Missionsmotiv, 137f. Zu Troeltschs Missionskritik vgl. auch ders., Mission in der modernen Welt.
[72] S. dazu weiter unten.

schaffen werden durch die Tat der Hingebung. Erst diese Tat als Ausdruck von Freiheit und Persönlichkeit gebe der Seele ihren unendlichen Wert.[73]

Den Unterschied zwischen seiner und Harnacks Theologie hat Troeltsch später noch einmal prägnant beschrieben: Obwohl auch Harnacks Arbeiten der historischen Denkweise verpflichtet waren[74], sei ihm nicht der Glaube an einen absoluten „natürlichen" Kerngedanken des Christentums geraubt worden. Das habe ihn vor dem „tragische[n] Lebensgefühl" der Skepsis, das für viele andere aus dem Historismus folgte, bewahrt und ihn „so gereizt gemacht gegen die religionsgeschichtliche Methode". Das schlichte Evangelium Jesu – „Gottvertrauen und Bruderliebe" – sei für ihn „unter Abzug alles bloß Zeitgeschichtlichen" die „Vollendung aller echten Humanität überhaupt". Von daher sei er immer „ein Bekämpfer der Ethik des Kampfes ums Dasein" gewesen. Vielmehr habe er sich damit „den edelsten Ideen der Aufklärung in moderner Form" angenähert.[75] Troeltsch meinte damit „eine an Kant, Herder und Goethe anklingende ethische Humanitätsidee", verbunden mit Luthers Rechtfertigungsidee. Er selbst stellte dagegen in Frage, ob es richtig sei,

> „in diesem sehr partikulären europäischen Entwicklungsergebnis wirklich das Letzte und Allgemeine, allen Menschen und Völkern Einleuchtende zu sehen und ob es möglich ist, sich trotz aller historischen Kritik so naiv und unmittelbar zu dem Lebensbilde Jesu zu verhalten."

Er seinerseits könne die beiden Fragen nicht bejahen. „Der dabei vorausgesetzte Begriff des Ethischen und der Bruderliebe als einer eindeutigen [...] Sache [...] ist es vor allem, was für mich unmöglich ist."[76]

An der „Religionsgeschichtlichen Schule" und insbesondere an Troeltsch gab es heftige Kritik von Seiten der Mission. Ebenfalls um 1907 entbrannte eine Kontroverse, die im Kern die allseits als Krise empfundene Situation des Christentums in der Moderne berührte.[77] Troeltsch, der die Vorstellung von der Bibel als dem geoffenbarten – absolut gültigen – Wort Gottes ablehnte und durch eine historisch-kritische, methodisch fundierte Sichtweise ersetzte, versuchte den Missionsgedanken zwar irgendwie zu bewahren, modifizierte ihn aber und passte ihn seiner modernen theologischen Auffassung an. Für ihn war Mission, bedingt durch die unterschiedlichen „Kulturhöhen", nicht überall gleichermaßen möglich und nötig, am besten gelinge sie jedoch dort, wo der europäische Kolonialismus bereits den

---

73 Troeltsch, Glaubenslehre, 294 f. Letztlich war dieser Gedanke aber ebenso wie die Lehre von der Gottebenbildlichkeit für Troeltsch nur als ein auf das Jenseits gerichtetes Ziel denkbar (vgl. ibid., 299).
74 Vgl. zu Harnack, Troeltsch und dem Historismus u.a. Hübinger, Kulturprotestantismus, 173-176.
75 Alle Zitate Troeltsch, Adolf v. Harnack, 288-289.
76 Beide Zitate ibid., 290.
77 Auslöser der Debatte war der Aufsatz von Troeltsch, Die Mission in der modernen Welt. Es folgten: Warneck, Missionsmotiv und Missionsaufgabe; Troeltsch, Missionsmotiv, Missionsaufgabe und neuzeitliches Humanitätschristentum; Gustav Warneck, Noch einmal: Missionsmotiv und Missionsaufgabe nach der modernen religionsgeschichtlichen Schule, in: Allgemeine Missions-Zeitschrift 35, 1908, 49-61, 109-126; ders., Die Mission und die sogenannte religionsgeschichtliche Schule, in: Allgemeine Missions-Zeitschrift 35, 1908, 361-373. Aber auch etliche andere Theologen wie Martin Rade trugen Stellungnahmen dazu bei. Vgl. auch Ulrich Berner, Religionsgeschichte und Mission. Zur Kontroverse zwischen Ernst Troeltsch und Gustav Warneck, in: Volker Drehsen, Walter Sparn (Hgg.), Vom Weltbildwandel zur Weltanschauungsanalyse. Krisenwahrnehmung und Krisenbewältigung um 1900, Berlin 1996, 103-116.

Boden bereitet habe und das gewisse, für das Christentum notwendige Maß an Zivilisation und Bildung vorhanden sei.[78] Gewisse andere Religionen wollte er aber durchaus „gewähren lassen". Der Missionstheologe Gustav Warneck hingegen sah mit den beiden Grundthesen der historischen Denkrichtung – der Relativität aller Religionen, die auch das Christentum nur zu einer Religion neben anderen mache, und dem Gedanken, dass sich das Christentum im Austausch mit anderen Religionen im Prinzip noch weiterentwickeln könne – die Berechtigung der Mission grundlegend in Frage gestellt.[79] Er bestand auf der Absolutheit des Christentums, auf der „Offenbarung" als der „Sicherheitsgewähr für die objektive Wahrheit"[80] und auf der Herstellung einer Einheit der gesamten Menschheit als Ziel der christlichen Mission.

Troeltsch hat später, in seiner Berliner Zeit, von einer „Krisis des Historismus" gesprochen, insbesondere im Hinblick auf die Religion und die Konsequenzen des Relativismus, „da im Zuge der historischen Relativierung auch den eigenen erkenntnistheoretischen und moralischen Orientierungswerten der Anspruch auf Universalität entzogen würde."[81] Das betraf nicht zuletzt den Begriff von Humanität. Diese spätere Entwicklung seines Denkens soll hier jedoch nicht mehr Gegenstand der Betrachtung sein.

Querverbindungen und Schlussgedanken

Die universale Humanitätsidee, wie sie von Harnack ähnlich wie von der Mission vertreten wurde, war belastet durch die kulturhegemoniale Form dieses christlichen Universalismus in Gestalt eines absoluten kulturellen und religiösen Überlegenheitsanspruchs und einer unauflösbaren Gebundenheit an europäische Zivilisation. Sie war im Kern jedoch unabdingbar für den Gedanken von einer Einheit der Menschheit, gerade, wenn man sie vor dem Hintergrund des zeitgleichen Völkermords in Südwestafrika sieht. Der Historismus auf der anderen Seite, so wie er von Troeltsch vertreten wurde, hat jeglichen Absolutheitsansprüchen eine Absage erteilt und der Pluralität zum Recht verholfen. Aber, so kritisierten Historiker in jüngerer Zeit, er habe auch als eine gegen das humanistische Erbe der Aufklärung gerichtete Haltung zu einem Werterelativismus, einem „Kult des Partikularen" und zu Deutschlands langer Enthaltsamkeit gegenüber universalen Werten geführt.[82]

Ein gutes Beispiel für die Konsequenzen des Partikularismus ist – und hier schließt sich interessanterweise der Kreis zu der zu Beginn genannten Debatte – die Schrift von Karl

---

78 Troeltsch, nach: Warneck, Missionsmotiv und Missionsaufgabe, 105-107.
79 Vgl. ibid., 6. Gustav Warneck (1834-1910): Evangelischer Theologe, Begründer der protestantischen Missionswissenschaft sowie der Allgemeinen Missions-Zeitschrift; zunächst u.a. als Pfarrer tätig, 1871-1874 Missionslehrer und Reiseprediger der Rheinischen Mission, 1896-1908 Professor in Halle als Inhaber des ersten missionswissenschaftlichen Lehrstuhls in Deutschland.
80 Vgl. ibid., 52.
81 Wolfgang Hardtwig, Philipp Müller, Einleitung. Universalgeschichtliches Denken am Wissenschaftsstandort Berlin 1800-1933, in: dies. (Hgg.), Die Vergangenheit der Weltgeschichte, Göttingen 2010, 9-27, hier 15; vgl. Ernst Troeltsch, Die Krisis des Historismus, in: Die Neue Rundschau 33, 1922, 572-590; ders., Der Historismus und seine Probleme, Tübingen 1922; aber auch schon ders., Die Absolutheit des Christentums, 49 ff., wo er sich mit den Implikationen des Relativismus auseinandersetzte. Vgl. dazu auch Oexle, Troeltschs Dilemma.
82 Vgl. Zeev Sternhell, Von der Aufklärung zum Faschismus und Nazismus. Reflexionen über das Schicksal der Ideen im 20. Jahrhundert, in: Jour Fixe Initiative Berlin (Hg.), Geschichte nach Auschwitz, Münster 2002, 61-94.

Oetker. Eine erste Parallele ergibt sich zunächst aus dem Begriff der Persönlichkeit. Oetker hatte geschrieben, Afrikaner würden gar nicht die Voraussetzungen mitbringen, um an europäischen Maßstäben gemessen zu werden. „Dazu ist er [der Afrikaner] nicht genügend Person oder Persönlichkeit in unserem Sinne."[83] Auch Julius Richter konstatierte später, es sei in der Debatte um die „Negerseele" um die Frage gegangen, ob die Afrikaner überhaupt imstande seien, die „Persönlichkeitsreligion" des Christentums aufzunehmen.[84]

Zusammen mit dem Konzept der Bildung gehörte der Persönlichkeitsbegriff zu den Pfeilern des Kulturprotestantismus. „Das Fundament kulturprotestantischer Gesellschaftsbilder", so Gangolf Hübinger, bilde „der ethische Personalismus, das Ideal der autonomen Persönlichkeit". Dieses Ideal konstituiere sich über die „Normen bürgerlicher Lebensführung und ihre christliche Rückbindung".[85] Damit hing ein spezifisches Bildungsideal zusammen, das Bildung zum obersten liberalen Kulturwert und zur Voraussetzung für die autonome Persönlichkeit machte. Auch ein bestimmtes Arbeitsethos war damit verknüpft.[86] All das schwang mit, wenn Afrikanern die Fähigkeit zu Persönlichkeit abgesprochen wurde. Troeltsch hatte dies ja ebenfalls für manche Völker in Abrede gestellt, bei denen demzufolge Mission nicht sinnvoll sei.[87]

Die innere Verbindung zwischen beiden Debatten stellte sich aber auch dadurch her, dass auch Oetker sich in seinem Pamphlet über die „Negerseele" auf den Historismus bezog, indem er sich auf den Historiker Leopold Ranke berief. Er zitierte Ranke (1897) mit den Worten: „Man würde dem Indianer unrecht tun, wollte man sein Leben an den uns geläufigen ethischen Forderungen messen". Oetker fuhr fort: „Was dort von dem Indianer gesagt wurde, gilt ohne jede Einschränkung auch für den Neger." Wir hätten zwar die Pflicht, ihn zu erforschen, „nicht aber dürfen wir von ihm verlangen, dass er nun in seinem Denken, Fühlen und Handeln sich ohne weiteres nach dem richten soll, was w i r für richtig halten."[88] Das klingt nach einer liberalen Kritik eurozentrisch-hegemonialer Wahrheitsansprüche. Aber die Schlussfolgerung aus einem solchen Relativismus liegt nahe: Weil „der Afrikaner" so „anders" ist, nämlich ohne „ethische Seelenkomponenten"[89], die Oetker ihm zuvor rundweg abgesprochen hatte, müssen die Europäer auch ihr Verhalten ihm gegenüber nicht an denselben ethischen Maßstäben ausrichten wie sie es untereinander tun. Demzufolge behauptete er auch, Afrikaner könnten das Christentum allenfalls äußerlich nachahmen, mit der „vornehmen Ethik" des „wahren", sprich: europäischen Christentums[90] habe das nicht das Geringste zu tun. Die entgegengesetzte Position wurde neben den

---

83 Oetker, Die Neger-Seele, 17.
84 Vgl. Julius Richter, Geschichte der evangelischen Mission in Afrika (Allgemeine Evangelische Missionsgeschichte Bd. 3), Gütersloh 1922, 43-44. Missionsdirektor Hennig hatte dagegen geschrieben: „Gib seinem [des Afrikaners] Leben Inhalt und Ziel, und der Naturmensch wird darüber zu einer Persönlichkeit" (Hennig, Zum Kampf um die Negerseele, 15).
85 Hübinger, Kulturprotestantismus, 15.
86 Zum Ideal der Bildung als „religiös motivierte, aber säkularisiert umgedeutete, bürgerliche Aneignung der modernen Welt" vgl. ibid., 170f.
87 Vgl. Troeltsch, Missionsmotiv, 138, 161 und 165.
88 Oetker, Die Neger-Seele, 16.
89 Ibid. Zu diesen angeblich nicht vorhandenen „ethischen Seelenkomponenten" rechnete Oetker Zuneigung, Dankbarkeit, Mitleid, Ehrfurcht, Reue, Uneigennützigkeit und Treue. Gerade diese Behauptung hatte den empörtesten Widerspruch der Missionsvertreter hervorgerufen.
90 Ibid., 25.

Vertretern der Mission auch von Alexander Lion vertreten, einem der Kritiker Oetkers. Er schrieb, „wenn auch harte Zeiten harte Mittel erfordern", so müsse doch betont werden, „daß es für den Kulturmenschen nur e i n e Moral geben kann, die gleich ist am Nordpol wie am Äquator" oder „der Kalahari".[91]

Auch in den Kolonialdebatten des Reichstags konnte man die Auswirkungen dieses Diskurses nachverfolgen. In einer Diskussion um die Rechte der Afrikaner plädierte ein Gegenspieler Erzbergers, Dr. Wilhelm Arning (1865-1943) von den Nationalliberalen, für die Erhaltung des dualen, nach Hautfarbe getrennten Rechtssystems in den deutschen Kolonien. Man könne die „Eingeborenen" ja „selbstverständlich" nicht nach „unserem Recht" beurteilen.[92]

*

In allen drei skizzierten Debatten ging es letztlich um Fragen der Ethik, der Moral. Gerade die Analyse der Verwendung des Begriffs der Seele machte dies deutlich. Der Konflikt zwischen universalistischen und relativistischen oder partikularistischen Positionen offenbare, so konstatierte Friedrich Wilhelm Graf in Bezug auf Troeltsch, eine erstaunliche Nähe zu aktuellen Diskussionen um den „Kampf der Kulturen". In der theologischen Auseinandersetzung um die Absolutheit des Christentums und den Historismus seien Fragen angesprochen, die zentrale erkenntnistheoretische, politische und ethische Problemlagen des 20. Jahrhunderts beschreiben.[93] So hat jüngst Raphael Gross ein extremes Beispiel einer partikularen, exklusiven Sondermoral, die NS-Moral, untersucht, für die Moral und Verbrechen keinen Widerspruch darstellte.[94]

Die Diskurse um die Seelen der ‚Anderen' berührten die Frage dessen, was spätestens seit Humanismus und Aufklärung unter dem Begriff der Menschenwürde verhandelt wurde. Gerade im südlichen Afrika gab es eine lange Tradition auf Seiten der Siedler, Afrikanern abzusprechen, eine Seele zu besitzen. Der methodistische Missionar Barnabas Shaw beschrieb beispielsweise eine Konfrontation mit einem holländischen Farmer im Südafrika des frühen 19. Jahrhunderts, der die Namaquas „wild dogs without souls" nannte.[95] Indem man bestimmten Gruppen eine unsterbliche Seele, ja das Menschsein zu- oder absprach[96], wurde – so ließe sich hier mit Giorgio Agamben weiterdenken – die Schwelle festgelegt, „jenseits deren das Leben keinen rechtlichen Wert mehr besitzt".[97] Man kann den Begriff der Seele mit Agamben interpretieren als eine historische Möglichkeit, Transzendenz zu denken, etwas, wodurch „dem menschlichen Sein Raum"[98] gegeben wird, etwas, das das Individuum unterscheidet vom „rechtlich entkleideten, nackten Leben", das ohne Würde,

---

91 Lion, Die Kulturfähigkeit des Negers, 24.
92 Dr. Wilhelm Arning (Nationalliberale Partei) am 17. März 1908, in: SBRT, Bd. 231, 124. Sitzung, 4044.
93 Friedrich Wilhelm Graf, Vorwort, in: ders. (Hg.), Ernst Troeltschs „Historismus", Gütersloh 2000, 7f.
94 Anständigkeit galt zum Beispiel als eine der höchsten Tugenden, nicht aber als Widerspruch zum Judenmord, da die NS-Tugenden nur innerhalb der eigenen Gruppe galten (vgl. Raphael Gross, Anständig geblieben. Nationalsozialistische Moral, Frankfurt a.M. 2010).
95 Barnabas Shaw, Memorials in South Africa, Cape Town 1970 [1. Ausg. 1828], 82.
96 Lion führt mehrere zeitgenössische Texte an, in denen die ganze Bandbreite damaliger Positionen zum Menschsein der 'Anderen' vertreten wurde (vgl. Lion, Die Kulturfähigkeit des Negers, 10, 19).
97 Giorgio Agamben, Homo sacer. Die souveräne Macht und das nackte Leben, Frankfurt a.M. 2002, 148.
98 Ibid., 162.

Rechte und ohne Schutz ist. Im Zeitalter der Moderne, das Agamben charakterisiert als Versuch der Durchsetzung des biopolitischen Modells vom „nackten Leben", wäre das ein entscheidender Gedanke.

Die Metapher des Raums greift auch ein ganz anderes Seelen-Buch auf, das abschließend nicht unerwähnt bleiben kann. *The Souls of Black Folk*, so hieß das Werk eines der wichtigsten Intellektuellen der afroamerikanischen Geschichte, das 1903 erschienen war. Es hätte die deutschen Diskussionen zweifellos bereichert und vielleicht befeuert, wenn es zur damals zwar geplanten, aber nicht realisierten deutschen Übersetzung gekommen wäre. Der Philosoph, Historiker und Bürgerrechtler William Edward Burghardt Du Bois hatte von 1892 bis 1894 in Berlin studiert.[99] Seit damals pflegte er engen Kontakt zu Max Weber, der zur selben Zeit in Berlin gelehrt hatte und später übrigens wiederum mit Ernst Troeltsch freundschaftlich eng verbunden war.[100] Du Bois wurde im Zusammenhang der deutschen „Negerseelendebatte" mehrfach als Gewährsmann für die Bildungsfähigkeit der „Schwarzen" angeführt, der sich zu einem „wirklichen Kulturträger"[101] emporgearbeitet habe. Der zentrale Gedanke seines Buches blieb jedoch unübersetzt, das Gefühl der „Schwarzen", „sich selbst immer nur durch die Augen anderer wahrzunehmen". Du Bois sprach von einem „doppelten Bewusstsein" der „Schwarzen", von den „zwei Seelen" zwischen Anpassung und Separatismus. Dem Problem, „der eigenen Seele den Maßstab einer Welt anzulegen, die nur Spott und Mitleid für einen übrig hat"[102], setzte er die Sehnsucht nach „Freiraum" für die „Entfaltung" der Seele, die sich und die Welt selber erkennen wolle[103], nach einem „selbstbewusste[n] Menschsein"[104] entgegen. Erst hundert Jahre später wurde das Buch übersetzt.

Die beschriebenen Diskussionen werfen ein Licht auf die intellektuellen Spannungen und Positionen zu Beginn des 20. Jahrhunderts, die im geistigen Gepäck der ins Südliche Afrika entsandten evangelischen Pastoren mitgereist sind. Zum Beispiel hat Pfarrer Paul Heyse, der seit 1908 in Windhoek und dann in Karibib tätig war, genau in diesen Jahren in

---

99 William Edward Burghardt Du Bois (1868-1963): Studium an der Fisk University in Nashville, in Harvard und in Berlin, als erster Afroamerikaner Promotion in Harvard, Professor für Geschichte und Wirtschaft an der Atlanta University (1897-1910), führender Bürgerrechtler und Leitfigur des Panafrikanismus, nach politischen Schwierigkeiten in den USA 1962 Übersiedlung nach Ghana, wo er im Jahr darauf verstarb (vgl. Marianne Bechhaus-Gerst, W.E.B. Du Bois in Berlin, in: Ulrich van der Heyden, Joachim Zeller (Hgg.), „...Macht und Anteil an der Weltherrschaft". Berlin und der deutsche Kolonialismus, Münster 2005, 231-235, hier 231f.).

100 Gemeinsam reisten Weber und Troeltsch 1904 zu einem Kongress in die USA. Dort traf Weber auch wieder mit Du Bois zusammen. Die intellektuellen Netzwerke waren also dieselben. Weber war es auch, der erste Schritte zu einer Übersetzung des Buches unternommen hatte (vgl. Henry Louis Gates Jr., Vorwort, in: W.E.B. Du Bois, Die Seelen der Schwarzen, Freiburg 2003 [orig.: The Souls of Black Folk, Chicago 1903], 7-28, hier 8; Wesseling, Ernst Troeltsch).

101 Richter, Geschichte der evangelischen Mission in Afrika, 46. Auch Du Bois' Aufsatz zur „Negerfrage in den Vereinigten Staaten" im Archiv für Sozialwissenschaft und Sozialpolitik (red. Max Weber et al.) von 1906 wurde in der Diskussion um die „Negerseele" rezipiert (vgl. Lion, Die Kulturfähigkeit des Negers, 6).

102 Du Bois, Die Seelen der Schwarzen, 35.

103 Ibid., 129.

104 Ibid., 35. Zu Du Bois' Begriff der Seele, der psychologische Konzepte seiner Zeit aufnahm, vgl. Gates Jr., Vorwort, in: Du Bois, Die Seelen der Schwarzen, 21.

Berlin Theologie studiert.[105] Es muss an dieser Stelle offen und weiterer Forschung vorbehalten bleiben, welche theologischen Prägungen tatsächlich nachweisbar im Denken und Handeln der ausgesandten Pfarrer wirksam geworden sind. Gerade die kulturrelativistische Position jedoch, die das Denken eines Karl Oetker prägte, die durch den Historismus aber auch in Teilen des deutschen Kulturprotestantismus vertreten wurde, eignete sich zur theologischen Legitimation von Trennung – getrennter Rechtssprechung auf der Basis zweierlei Rechts, getrennter, „kultureigener" Entwicklung und somit auch getrennter seelsorgerlicher Betreuung durch Missionare und Pastoren.

---

105 Vgl. zu Paul Heyse die Beiträge von Lothar Engel und Rudolf Hinz in diesem Band.

Die deutsche Siedlergemeinschaft in Namibia[1]

Martin Eberhardt

Das Deutsche Reich erwarb im Vergleich zu anderen europäischen Großmächten erst spät Kolonien und nur wenige Deutsche konnten sich für ein Leben im 1884 erworbenen und als Siedlungskolonie ausersehenen Südwestafrika begeistern. Die nicht einmal 5000 europäischen Siedler, davon rund 3000 Deutsche,[2] die sich schon vor dem Beginn des Kolonialkrieges 1904 in Deutsch-Südwestafrika eine Existenz aufbauen wollten,[3] kamen in ein Land, das noch lange nicht Land des „weißen Mannes" war. Die Frage der vollständigen Durchsetzung „weißer" Herrschaft führte alsbald zu Konflikten der Siedler mit dem deutschen Gouvernement in Windhoek und der Anspruch der Siedler, in Eingeborenenfragen mitreden zu dürfen, wurde zu einem Kampf für eine Selbstverwaltung der Kolonie. Nicht zu übersehen ist dabei aber, dass es bei der Selbstverwaltung primär um Einflussnahme auf die „Eingeborenenpolitik" ging und nur sekundär um das Erkämpfen demokratischer Teilhaberechte.

Siedlerschaft und „System Leutwein"

Theodor Leutwein, seit 1894 Gouverneur der Kolonie, hatte nach seinem Amtsantritt ein System indirekter Herrschaft errichtet, um die Macht des Reiches mit den wenigen ihm zur Verfügung stehenden Mitteln in der Kolonie durchzusetzen. Er arbeitete eng mit ausgewählten Stammesoberhäuptern zusammen, band sie auf diese Weise an sich und übte damit Herrschaft über die afrikanische Bevölkerung aus. Das „System Leutwein" schonte die geringen vorhandenen personellen und materiellen Ressourcen der deutschen Kolonialverwaltung und einzelne „Stämme" und „Häuptlinge", die sich der deutschen Herrschaft widersetzten, konnten schnell isoliert und gebrochen werden. Andererseits stärkte Leutwein mit seinem *divide et impera* die Macht jener „Stämme", die wie die Herero Samuel Mahareros mit ihm kooperierten, anstatt sie auf Dauer auszuschalten. Die afrikanische Bevölkerung konnte so ein gewisses Machtpotenzial bewahren, denn jeder Versuch, eine direkte Herrschaft der Deutschen durchzusetzen, hätte in einen Krieg gemündet, dessen materielle und vor allem finanzielle Belastungen in Berlin niemand tragen wollte.[4]

---

[1] Der Artikel beruht teilweise auf meiner 2007 erschienenen Studie „Zwischen Nationalsozialismus und Apartheid. Die deutsche Bevölkerungsgruppe Südwestafrikas 1915–1965", der zentrale Thesen entnommen wurden.
[2] Udo Kaulich, Die Geschichte der ehemaligen Kolonie Deutsch-Südwestafrika (1884-1914). Eine Gesamtdarstellung, Frankfurt/M. u.a. 2001, 353, Tabelle B1.
[3] Zu den Motiven für eine Auswanderung nach Deutsch-Südwest vgl. Birthe Kundrus, Moderne Imperialisten. Das Kaiserreich im Spiegel seiner Kolonien, Köln, Weimar, Wien 2003, 120-129.
[4] Kaulich, Deutsch-Südwestafrika, 236-238.

Aus den Reihen der Siedlerschaft wurde jedoch auf eine Klärung der Machtverhältnisse, d.h. auf die Ausschaltung der afrikanischen „Stämme" als Machtfaktoren, gedrängt. Zu Beginn des Jahres 1896 forderte eine Versammlung in Windhoek die Vergrößerung der Schutztruppe und diskutierte ernsthaft die Frage eines Krieges gegen die Herero. Zwar sprach sich die Mehrheit der Anwesenden für die Fortsetzung der Politik des Gouverneurs aus, ein Teil der in der Abstimmung unterlegenen Siedler veröffentlichte anderntags jedoch eine Resolution, in der es hieß, in der Versammlung sei die wahre Ansicht der Siedlerschaft in der Frage eines Krieges nicht entsprechend zum Ausdruck gekommen, und forderte daher erneut die Unterwerfung der afrikanischen „Stämme".[5]

Der Vorfall belegt die Radikalität eines Teils der deutschen Siedler gegenüber der afrikanischen Bevölkerung, der gegenüber klare Verhältnisse geschaffen werden sollten, sowie die Absicht, vor allem in der „Eingeborenenpolitik" ein Mitspracherecht zu erhalten. Dabei offenbarte sich allerdings auch, dass zwar der Wunsch nach politischer Beteiligung vorhanden war, jedoch fehlte es elementar an einer Voraussetzung demokratischer Teilhabe, nämlich der Bereitschaft, Mehrheitsentscheidungen hinzunehmen, auch wenn sie einem nicht gefielen. Stattdessen nahm die in der Abstimmung unterlegene Gruppe für sich in Anspruch, im Besitz der Wahrheit zu sein, und setzte die Auseinandersetzung in einer an sich bereits geklärten Streitfrage einfach fort.

Wie mächtig die Siedler waren, zeigen die Auseinandersetzungen um die von Gouverneur Leutwein nach der Rinderpest 1897 entworfene Kreditverordnung. Leutwein wollte verhindern, dass Herero bei europäischen Händlern Waren auf Kredit einkauften und ihre Schulden dann mit Land tilgten, womit sie sich langfristig um ihre Existenzgrundlage brachten. Sein Vorstoß scheiterte zunächst am Einfluss der Siedler in Berlin, und als die Verordnung schließlich 1903 in Kraft trat, sorgte sie nur für eine beschleunigte Verarmung der Afrikaner, da sie nun bestimmte, dass bestehende Forderungen „weißer" Händler gegenüber Afrikanern nach einem Jahr verfielen, was die Händler veranlasste, ihre Außenstände mit Nachdruck einzutreiben.[6]

„Abhängige Herren"

Der Kolonialkrieg 1904 bis 1907 und die Reaktion der Kolonialverwaltung erfüllten nicht nur auf gewisse Weise die Forderungen der radikalen Siedlerschaft, es wurde insbesondere einem wesentlichen Merkmal einer afrikanischen Siedlungskolonie Rechnung getragen, der Abhängigkeit der Siedler von einheimischer Arbeit.[7] Dass Deutsch-Südwestafrika in dieser Typologie keine Ausnahme bildete, wird durch die Erinnerungen des ehemaligen Farmers Otto Reiner deutlich. Er berichtete freimütig, dass einmal seine eigentliche Arbeit liegen blieb, weil er sein Vieh selbst hüten musste, nachdem ein Farmarbeiter mit Familie regelrecht geflohen war.[8]

Auch in Deutsch-Südwestafrika wurde daher nach dem Kolonialkrieg „Eingeborenenpolitik" als Erschließung des Arbeitskräftepotentials definiert. Das Land der Herero und

---
5 Helmut Bley, Kolonialherrschaft und Sozialstruktur in Deutsch-Südwestafrika 1894-1914, Hamburg 1968, 110-114.
6 Ibid., 178-181.
7 Jürgen Osterhammel, Kolonialismus. Geschichte, Formen, Folgen, 3. Aufl., München 2001, 17f.
8 Otto Reiner, Achtzehn Jahre Farmer in Afrika, Leipzig [1924], 61f.

Nama wurde mit einigen Ausnahmen enteignet, was die afrikanische Bevölkerung ihrer traditionellen Existenzgrundlage beraubte. Abgerundet wurde die Landenteignung mit den 1907 vom neuen Gouverneur Friedrich v. Lindequist erlassenen „Eingeborenenverordnungen". Sie verboten Afrikanern die Großviehhaltung und den Landerwerb, wodurch ein indirekter Arbeitszwang ausgeübt wurde, denn um ihren Lebensunterhalt noch bestreiten zu können, mussten „Schwarze" nun zwangsläufig Lohnarbeit bei „Weißen" aufnehmen. Geregelt wurden diese Arbeitsverhältnisse mit Dienstbüchern. Wer kein Dienstbuch besaß, galt als Landstreicher und konnte streng bestraft werden. Der Kontrolle und Identifizierung der Afrikaner diente die Passmarke, die jedem „Weißen" vorzuzeigen war, und zudem durfte ein Afrikaner seinen Heimatdistrikt nur mit Einwilligung des „weißen" Arbeitgebers verlassen, was wiederum den Interessen des letzteren nützte.[9]

Landenteignung und „Eingeborenenverordnungen" machten die „weißen" Siedler auf den ersten Blick zu mächtigen Herren. Sie erhielten das Land der Besiegten und ihre ökonomischen Interessen wurden nun auf Kosten der afrikanischen Bevölkerung durchgesetzt. Indem allen „Weißen" das Recht eingeräumt wurde, die Passmarke eines Afrikaners zu überprüfen, wurden ihnen zudem polizeiliche Befugnisse überantwortet, also teilweise das staatliche Gewaltmonopol aufgegeben. Die faktische Anerkennung der Abhängigkeit der Siedler von afrikanischer Arbeit aber, die die Einführung der Arbeitspflicht für Afrikaner war, relativierte die Machtposition der Siedler in gewisser Hinsicht und schuf einen eigenartigen Zwiespalt von formaler Dominanz und wirtschaftlicher Abhängigkeit, der das Zusammenleben von „Schwarzen" und „Weißen" entscheidend prägte.

Die Existenz der europäischen Ansiedler in afrikanischen Siedlungskolonien war durch Umwelt und afrikanische Bevölkerung, die die „weiße" Fremdherrschaft nicht so ohne weiteres hinnehmen wollte, latent bedroht. Südwestafrika ist eines der trockensten Länder der Welt, rund ein Drittel seiner Fläche wird von Wüsten und Halbwüsten eingenommen, ganzjährig fließende Flüsse gibt es nur an den Grenzen im Norden und Süden, weite Teile des Landes sind landwirtschaftlich nur zur Weidewirtschaft geeignet.[10] Die ersten Jahre einer Existenz als Farmer waren schwierig. Das Farmhaus entsprach anfangs kaum dem aus Europa gewohnten Lebensstandard.[11] Bis mit der Viehzucht begonnen werden konnte, mussten Tausende Mark, oftmals geborgt, investiert werden. Der schnelle Erfolg war für die Farmer überlebenswichtig, ihr Leben und ihre Arbeit spielten sich stets im Schatten des wirtschaftlichen Scheiterns ab.[12]

Entscheidender war jedoch, dass die „Weißen" im Verhältnis zur afrikanischen Bevölkerung eine verschwindend kleine und latent gefährdete Minderheit bildeten. Die nicht einmal 15000 „Weißen" des Jahres 1913 verschwanden geradezu zwischen den rund 200 000 Afrikanern.[13] Der Kolonialkrieg hatte die Gefahr neuerlicher Erhebungen der Kolonisierten keineswegs beseitigt. Schon vor 1914 gab es immer wieder Gerüchte über neue Aufstände,[14] die den Deutschen ihre eigene Bedrohung vor Augen führten und die

---
9 Kaulich, Deutsch-Südwestafrika, 267-272.
10 Martin Eberhardt, Zwischen Nationalsozialismus und Apartheid. Die deutsche Bevölkerungsgruppe Südwestafrikas 1915-1965, Berlin 2007, 96.
11 Reiner, Jahre, 58f.
12 Bley, Kolonialherrschaft, 231.
13 Kundrus, Imperialisten, 129f.
14 Jürgen Zimmerer, Deutsche Herrschaft über Afrikaner. Staatlicher Machtanspruch und Wirklichkeit im

sich mit der Erhebung der Rehobother Baster 1915[15] und dem Aufstand der Bondelswarts 1922 erfüllen sollten.[16]

Zudem mussten die Deutschen erkennen, dass die Kolonisierten sich keineswegs in ein aus allen traditionellen Bindungen herausgelöstes Proletariat verwandeln ließen. Herero begannen, ihre sozialen Bindungen wiederherzustellen und neue Viehherden aufzubauen, wozu sie auch die schwache finanzielle Lage ihrer „weißen Herren" nutzten, die den Arbeitslohn oftmals in Form von Kleinvieh beglichen. Die Landenteignung erkannten die Herero nicht an. Sie zogen auf das Land ihrer Ahnen und nur hier siedelnde Farmer erlebten einen Zustrom an Arbeitern, klagten aber auch, von deren Verwandten überschwemmt zu werden. Die Abhängigkeit der Siedler von ihrer Arbeitskraft ermöglichte Afrikanern die Einflussnahme auf Lebens- und Arbeitsverhältnisse. Farmer, die halbwegs ordentliche Lebensumstände schufen, mussten nicht damit rechnen, dass ihre Arbeiter flohen und in der Weite des Landes untertauchten.[17] So waren die Siedler gerade von der Arbeitskraft der „Schwarzen" abhängig, denen sie nicht trauten. Angst führte zu Härte, Sorge erzeugte Arroganz, Argwohn produzierte Geringschätzung wie Dane Kennedy für die britischen Siedler in Rhodesien und Kenia resümierte.[18]

Die Sorge um die eigene Existenz, die Angst um das eigene Leben, der Argwohn gegenüber den „Eingeborenen", denen bei scheinbarer absoluter Machtfülle etwas gegeben werden musste, brachten jene Brutalität hervor, die in mehreren Prozessen gegen Deutsche zum Vorschein kam. Verhandelt wurden dabei ausschließlich Fälle der Misshandlung von afrikanischen Farmarbeitern mit Todesfolge, da nur diese letztlich justiziabel waren. Die Angeklagten bestritten die Tat zumeist gar nicht, führten jedoch ein Recht auf Notwehr bis hin zur offenen Forderung nach Selbstjustiz ins Feld, um ihr Handeln zu rechtfertigen. Denn die Angeklagten betrachteten es als völlig normal, Vermögensschäden mit allen Mitteln abzuwenden. Zum Totschlag war es meistens dann gekommen, wenn „schwarze" Hirten Vieh verloren hatten und ein Farmer den Verdacht hegte, es sei in Wahrheit gestohlen worden, und nun ein Geständnis erlangen wollte. Noch gefährlicher wurde es, wenn der Verdacht entstanden war, Vieh sei vergiftet worden. Dann konnte es regelrecht zur Panik kommen. Die Angst vor dem unsichtbaren Tod öffnete dem Misstrauen der „Weißen" Tür und Tor, was wiederum die Verhältnisse auf den Farmen illustrierte.[19] Dass Afrikanern mitunter das Menschsein abgesprochen wurde,[20] dürfte die Bereitschaft zum kräftigen Zuschlagen gefördert haben.

---

kolonialen Namibia, Hamburg 2001, 161-167.
15 Eberhardt, Nationalsozialismus, 55f.
16 Ibid., 82-85.
17 Gesine Krüger, Koloniale Gewalt, Alltagserfahrungen und Überlebensstrategien, in: Michael Bollig, Larissa Förster, Dag Henrichsen (Hgg.), Namibia – Deutschland. Eine geteilte Geschichte. Widerstand – Gewalt – Erinnerung, Köln 2004, 98-102.
18 Dane Kennedy, Islands of White. Settler Society and Culture in Kenya and Southern Rhodesia, 1890-1939, Durham 1987, 187.
19 Bley, Kolonialherrschaft, 295-297.
20 Reiner, Jahre, 76.

Siedlerselbstverwaltung und Demokratisierung

In den Verfahren zeigte sich deutlich der Graben, der zwischen der Siedlerschaft, repräsentiert durch die Angeklagten, ihre Strafverteidiger, der farmernahen Presse und der veröffentlichten Meinung einerseits und dem Staat andererseits, vertreten durch Richter, Staatsanwälte, Beamte, Polizei und Amtsärzten, verlief. Die Siedlerschaft beharrte gegenüber dem Staat nicht nur auf dem aus Europa bekannten väterlichen Züchtigungsrecht und machte diesem damit sein Gewaltmonopol streitig, sie bezichtigte die Justiz zudem der Laschheit und forderte mehr Orientierung an ihren Bedürfnissen und der „weißen" Machtbehauptung. Die rechtlichen Verhältnisse hätten sich nach den ökonomischen zu richten. Gegen die vorhandenen Gefahren von Flucht afrikanischer Arbeiter und der Viehdiebstähle dürften die Farmer auch mit den härtesten Mitteln einschreiten.[21]

In den Angriffen auf Justiz und Verwaltung der Kolonie und der Forderung nach einer Privatisierung der „Eingeborenenjustiz" offenbarte sich zudem das Bestreben von Siedlern, Südwestafrika als Form eines vormodernen und vorindustriellen Gemeinwesens zu sehen, befreit von Regeln und Einschränkungen Europas. Sich selbst sahen die Siedler dabei als freie Individuen, die tatkräftig das Schicksal des Landes und seiner Bewohner in die Hand genommen und auch im Griff hatten. Zu einer solchen Sicht des Lebens in einer Siedlungskolonie gehörte dabei auch, dass das Rechtswesen des Mutterlandes nicht ohne Einschränkungen auf die Peripherie übertragen werden konnte.[22] Reibereien mit der Kolonialverwaltung und der Justiz waren somit vorprogrammiert, wenn letztere doch versuchte, dem Rechtsverständnis des Mutterlandes Geltung zu verschaffen.

Die Konflikte der Siedlerschaft mit Justiz und Verwaltung über Fragen der „Eingeborenenbehandlung", das Beharren von Siedlern auf eine Privatisierung der Justiz und die Selbststilisierung zu von staatlicher Bevormundung befreiten Individuen stand indessen in deutlichem Widerspruch dazu, dass die Siedlerschaft auf finanziellem Gebiet keineswegs frei und unabhängig war, insbesondere nicht nach dem Kolonialkrieg. Die Siedler argumentierten, gewissermaßen für die verfehlte Politik Leutweins geradestehen zu müssen, dass das Reich aber Sicherheit und Eigentum zu garantieren habe und pochten deshalb auf reichlich finanzielle Entschädigung. Der Reichstag erkannte deren Notwendigkeit durchaus an, band sie aber an die Bedürftigkeit von Betroffenen und lehnte einen Rechtsanspruch der Siedler rundheraus ab. Der Versuch der Ansiedlerschaft, Kaiser Wilhelm II. gegen den Reichstag in Stellung zu bringen, erbrachte keinen Erfolg. Im Gegenteil verärgerte der harsche Ton der Siedler das Gouvernement in Windhoek und die Kolonialabteilung des Auswärtigen Amts. Dass schließlich doch noch über zehn Millionen Mark Entschädigungen bewilligt wurden, lag an v. Lindequists eher zurückhaltender Tätigkeit hinter den Kulissen.[23]

Die Forderung nach staatlicher Wiedergutmachung und die Anerkennung des staatlichen Gewaltmonopols, das ansonsten bestritten wurde, lässt sich jedoch nicht alleine mit den wirtschaftlichen Folgen des Kolonialkrieges 1904-1907 begründen. Schon die an einer Auswanderung in die Kolonien Interessierten interpretierten die Kolonien als staatliches Projekt, weshalb die öffentliche Hand auch für alle entstehenden Kosten, angefangen von

---

21 Bley, Kolonialherrschaft, 294, 298f.
22 Ibid., 242-245.
23 Ibid., 221f.

der freien Überfahrt bis hin zu subventioniertem oder gar gratis verteiltem Siedlungsland, aufkommen müsse.[24] Ganz in diesem Sinne beklagte auch Gouverneur v. Schuckmann die Subventionsmentalität deutscher Siedler, wobei gerade die Zahl der gewährten Beihilfen dazu führte, dass auch Deutsche sich ansiedeln konnten, die streng genommen nicht über das nötige Kapital verfügten.[25] Auf diese Weise entstand zumindest teilweise die Situation, dass der auf ihnen lastende ökonomische Druck von den Siedlern an die in der kolonialen Sozialhierarchie ganz unten stehenden afrikanischen Arbeiter weitergegeben wurde, was wiederum die Arbeitsbeziehungen verschärfte.

Die deutsche Siedlergemeinschaft in Südwestafrika definierte die Funktion des kolonialen Staats somit über ihre Interessen. Wo Vorteile – wie die Gewährung von Subventionen und staatlicher Schutz – erwartet werden konnten, setzten Siedler auf den Staat, forderten ihn sogar, wo er ihnen – wie bei der Ausübung der Herrschaft über die Kolonisierten – im Wege stand, bestritten sie sein Existenzrecht und forderten seine Zurückhaltung. Interessengeleitetes Handeln beeinflusste auch die Auseinandersetzungen um die schließlich 1909/10 eingeführte Selbstverwaltung der Kolonie, jedoch in der Form, dass aus dem Gegensatz von Siedlergemeinschaft und Verwaltung Interessengegensätze unterschiedlicher sozioökonomischer Gruppen wurden.

Der 1910 erstmals zusammenkommende Landesrat bestand aus 30 Mitgliedern, die je zur Hälfte durch die ein Jahr zuvor geschaffenen Bezirksräte gewählt und vom Gouverneur ernannt wurden. Neben der undemokratischen Einschränkung der Ernennung von Abgeordneten war das eingeführte Zensuswahlrecht, das nur wirtschaftlich selbständigen Männern über 25 Jahren die Partizipation bei der Wahl der Bezirksräte ermöglichte, das zweite undemokratische Element der deutsch-südwestafrikanischen Selbstverwaltung. Es beschränkte das Wahlrecht auf rund zehn Prozent der „weißen" Bevölkerung. Im ersten Landesrat waren die Farmer, die nicht einmal zehn Prozent der „weißen" Bevölkerung ausmachten, mit 15 Abgeordneten überrepräsentiert, obwohl durch die Wahl der Bezirksräte nur neun Farmer in den Landesrat gelangt waren, während Handwerker und Arbeiter keinen Vertreter bekommen hatten.[26]

Dieses Ungleichgewicht entsprach indes der Weltsicht der Farmer, die während der Verhandlungen um die Reichsentschädigungen erstmals die Einheit der Siedlergemeinschaft aufgebrochen und begonnen hatten, eine Sonderrolle zu beanspruchen.[27] Im Streit um die weitere Ausgestaltung der Selbstverwaltung machten die Farmerschaft und ihre Repräsentanten nun geltend, der eigentlich Werte schaffende Bevölkerungsteil zu sein, während Händler und Kaufleute nur von den Werten lebten, die andere geschaffen hätten. Lediglich Handwerkern gestanden die Repräsentanten der Farmer einen annähernd gleichrangigen Status zu, der Beamtenschaft des Gouvernements bestritten sie dagegen gänzlich, überhaupt zur Bevölkerung zu zählen.[28]

Der Reichsregierung in Berlin konnte der Anspruch der Farmer nur recht sein, da damit eine Demokratisierung der Kolonie verhindert werden konnte. Zu einer Zeit, in der die

---

24 Kundrus, Imperialisten, 120-129.
25 Bley, Kolonialherrschaft, 230f.
26 Kaulich, Deutsch-Südwestafrika, 112-118.
27 Bley, Kolonialherrschaft, 225.
28 Ibid., 234-236.

Sozialdemokratie in Deutschland geschwächt wurde und der liberal-konservative „Bülow-Block" regierte, war eine Parlamentarisierung der einzigen Siedlungskolonie nicht akzeptabel für die koloniale Metropole.[29] Ansätzen zur Einführung eines vollen parlamentarischen Systems einschließlich des Haushaltsrechts begegneten die Gouverneure deshalb mit dem Argument, dass die Farmer als Minderheit der Siedlerschaft dann die von ihnen beanspruchte herausgehobene Position nicht länger würden verteidigen können. Ein vom letzten Gouverneur Theodor Seitz entsprechend vorgebrachter Hinweis führte dazu, dass ein von einem Farmer eingebrachter Antrag auf Beschluss- und Etatrecht des Landesrates zurückgezogen wurde. Belohnt wurde die Anerkennung der Machtposition der Beamtenschaft durch die Farmer bzw. der Verzicht auf die Parlamentarisierung damit, dass dem Landesrat bald die Kompetenz für die Dienst- und Arbeitsverhältnisse der Afrikaner übertragen wurde.[30]

Die deutsche Siedlergemeinschaft war sich ihren (unterschiedlichen) Interessen vor Beginn des Ersten Weltkriegs wohl bewusst, blieb aber auch in der Durchsetzung ihrer Interessen gefangen. An einer Parlamentarisierung waren die Farmer nicht interessiert, nachdem eine ihrer wesentlichen Forderungen, Mitsprache in der „Eingeborenenpolitik", verwirklicht werden sollte, da diese auch anderen Interessengruppen verbesserte Möglichkeiten zur Durchsetzung ihrer Anliegen verschafft hätte. Es fehlte nicht nur an Bewusstsein für die Legitimität aller gesellschaftlichen Interessen, gemeinsame Migration und Erfahrung an der Frontier[31] reichten nicht aus, ein gemeinsames politisches Ziel gegenüber der Metropole zu definieren. Dies entstand erst mit der Niederlage Deutschlands 1918 und dem Verlust aller Kolonien.

Besiegte Herren

Die Südafrikanische Union dezimierte die deutsche Siedlergemeinschaft nach der Vergabe des Völkerbundmandats über die ehemalige deutsche Kolonie 1919/20 erst einmal. Fast 6500 Deutsche – zumeist Angehörige der deutschen Verwaltung und des Militärs – mussten Südwestafrika verlassen oder reisten freiwillig aus.[32] Die erste Volkszählung unter südafrikanischer Verwaltung ermittelte 1921 knapp 8000 Deutsche bei einer „weißen" Gesamtbevölkerung von rund 19500 Personen.[33] Das Leben der Deutschen stand nun in dem Spannungsverhältnis, einerseits den neuen südafrikanischen Herren untergeordnet zu sein, gegenüber den „Schwarzen" aber andererseits immer noch zur „weißen" Herrenschicht zu gehören. So kämpften die Deutschen in den ersten Nachkriegsjahren gegen südafrikanische Assimilierungsbestrebungen, für politische Gleichstellung, gegen eine als verfehlt geltende südafrikanische „Eingeborenenpolitik" und um das wirtschaftliche Überleben.

---

29 Solveig Reichelt, „Wer regierte Deutsch-Südwest?" Der Aufbau des Verwaltungs- und Rechtssystems in der ehemaligen Kolonie Deutsch-Südwestafrika (1884-1914). Entwicklungen und Probleme, unveröffentlichte Doktorarbeit, Bremen 2002, 202f.
30 Bley, Kolonialherrschaft, 233f.
31 Zu Ursprung, Bedeutung und Debatte vgl. Jürgen Osterhammel, Die Verwandlung der Welt. Eine Geschichte des 19. Jahrhunderts, 3. Aufl., München 2009, 465-540.
32 Union of South Africa, Report of the Administrator for the Year 1919 (U.G. 40-1920), 4.
33 Union of South Africa, Report of the Administrator for the Year 1921 (U.G. 32-'22), 5.

Noch während des Ersten Weltkriegs hatte die südafrikanische Besatzungsverwaltung einige Teile der deutschen „Eingeborenenverordnungen" außer Kraft gesetzt. Afrikaner konnten sich von der Arbeitspflicht befreien lassen, wenn sie eine bestimmte Zahl an eigenem Vieh nachweisen konnten, das in deutscher Zeit ausdrücklich bestätigte Züchtigungsrecht[34] wurde abgeschafft, die Passpflicht auf 14 Jahre angehoben. Mit diesen Maßnahmen sollten die Afrikaner insgesamt zufriedener gemacht werden, die Aufnahme von Lohnarbeit sollte durch das Recht auf Viehbesitz lukrativer werden. All dies folgte primär der Vorgabe, die „weiße" Herrschaft in Südwestafrika effizienter zu machen und die kolonialen Herrschaftsmethoden Südafrikas vor der Welt als geeigneter erscheinen zu lassen als diejenigen der Deutschen.[35]

Die Deutschen, aus deren Reihen heraus bereits der Krieg „Weiße gegen Weiße" vor den Augen der „Eingeborenen" für nicht wiedergutzumachen gehalten wurde,[36] betrachteten die Teilliberalisierungen für Afrikaner als Fehler. Der Arbeitskräftemangel, der schon vor dem Ersten Weltkrieg deutlich spürbar gewesen war, wurde durch den Krieg noch weiter vergrößert. Wollten Farmer aber vermeiden, dass sich ihre Arbeiter einfach einen neuen Arbeitgeber suchten, mussten sie deren Viehhaltung hinnehmen, was wiederum zu Klagen über Überweidung führte. Vergehen afrikanischer Arbeiter mussten nun bei der Polizei angezeigt werden, was weite Wege bedeutete, und im Fall einer Verurteilung saß ein eigentlich dringend benötigter Arbeiter vielleicht erst einmal im Gefängnis, denn mancher Afrikaner ließ sich lieber inhaftieren, als eine Geldstrafe zu bezahlen.[37]

Der Krieg und die Maßnahmen der südafrikanischen Verwaltung machten die Abhängigkeit der „weißen" Farmer von afrikanischer Arbeit überdeutlich. Die südafrikanische Mandatsmacht forderte außerdem die Vorstellungen der Siedler vom kolonialen Staat heraus. Sie nahm ihnen nicht nur ihren Status als selbstbestimmte Herren, die nach eigenem Gutdünken Gewalt exekutierten, wieder, sie machte auch deutlich, dass eine so zentrale Angelegenheit wie die „Eingeboren-" d.h. Arbeitspolitik Sache des Staates war und dass dieser sich nicht nur an den unmittelbaren Interessen der Siedlerschaft zu orientieren gedachte. Die Mandatsmacht entzog den Siedlern und insbesondere den Farmern zumindest teilweise die Befugnisse, die sie zur Sicherung ihrer Existenzen als unbedingt erforderlich betrachteten.

Deutsche realisierten zudem, dass die Lockerungen für Afrikaner die Lebensumstände von „Weißen" und „Schwarzen" anglichen und betrachteten dies als Gefahr für die Rassentrennung, auf der die „weiße" Herrschaft maßgeblich basierte. So wurde beklagt, dass die Arbeitsbelastung von Farmerfrauen so sehr angestiegen sei, dass „their mode of living is beneath the dignity of a European in this country", weil Herero-Frauen es ablehnten, die Kühe zu melken.[38] Und auch die Farmer selbst sahen sich auf das Niveau der „Eingeborenen" herabgesunken, weil sie wegen nachlässigen und ungehorsamen afrikanischen Arbeitern „nur mehr Viehhalter statt Viehzüchter" seien und ihre Produkte nicht mehr den An-

---

34 Bley, Kolonialherrschaft, 299f.
35 Eberhardt, Nationalsozialismus, 56f.
36 Heinrich Vedder, Kurze Geschichten aus einem langen Leben, Wuppertal-Barmen 1953, 199.
37 Eberhardt, Nationalsozialismus, 56-58.
38 Petition an Premierminister Smuts, 25.08.1920, in: National Archives of Namibia, SWAA A.196/3(annexure1), SWA Constitution, 1920.

forderungen des Weltmarktes entsprechend verbessern könnten.³⁹ Mussten also die „weißen" Frauen härter arbeiten als die „schwarzen", war ihr Status als Angehörige der Herrenschicht in Gefahr; war der „weiße" Farmer nur noch Viehhalter, wie mancher Afrikaner auch, stand er nicht mehr über ihnen.

Die Wirtschaftskrise, die das Mandatsgebiet in den frühen 1920er Jahren erfasste, verschärfte das Problem noch. Sie treffe die Farmer so hart, dass ihre Lebenshaltung kaum noch den Ansprüchen eines Europäers genüge, klagte ein Sprecher der deutschen Farmer,⁴⁰ die wiederum die „Eingeborenenfrage" als eine der zentralen Ursachen der Krise ins Spiel brachten und zur Bekämpfung eine drastische Verschärfung der Arbeitsverhältnisse forderten.⁴¹ Dass die Krise in den Jahren nach 1919 durchaus andere Ursachen hatte, wie z.B. den Abzug der südafrikanischen Besatzungstruppen nach Kriegsende, was die Nachfrage nach Agrarerzeugnissen schrumpfen ließ,⁴² das Ausbleiben von finanzieller Unterstützung aus Deutschland⁴³ und eine seit der deutschen Herrschaft entstandene Überbewertung der Farmwirtschaft, die nun ihr Ende fand,⁴⁴ interessierte deutsche Farmer dabei wenig. Ihre Antwort auf die Krise war es, den auf ihnen lastenden wirtschaftlichen Druck wie vor dem Ersten Weltkrieg an die afrikanische Bevölkerung weiterzugeben.

Durch wirtschaftliche Krisen ausgelöster sozialer Abstieg von „Weißen" war eine der größten Gefahren für die soziale Hierarchie einer afrikanischen Siedlungskolonie, da dieser den Überlegenheitsanspruch der „Weißen" deutlich sichtbar in Frage stellte.⁴⁵ Die Weltwirtschaftskrise zu Beginn der 1930er Jahre enthüllte dies mit aller Deutlichkeit. Hunderte arbeitslose Siedler arbeiteten bei „Notstandsarbeiten" im Straßen- oder Dammbau, um finanziell über die Runden zu kommen. Sie schufteten bei brütender Hitze mit Schaufel und Pickel, manchmal unter „nichtweißen" Vorarbeitern und wurden ab und zu auch noch von „schwarzen" Kraftfahrern verspottet.⁴⁶

Das schrittweise Wiederverschärfen der „Eingeborenenpolitik"⁴⁷ gab den deutschen Siedlern bis dahin erst einmal den Schutz zurück, den sie vorübergehend verloren hatten, und ermöglichte ihnen, sich mit den ins Land strömenden südafrikanischen Siedlern sowie der Mandatsadministration gegen die afrikanische Bevölkerung zu verbünden. Befördert wurde das Bündnis zwischen Siedlern beider Nationen durch den Bondelswarts-Aufstand 1922, der von der südafrikanischen Mandatsmacht mit allen zur Verfügung stehenden militärischen Mitteln niedergeschlagen worden war. Kritik südafrikanischer Parlamentarier

---

39 Schreiben Voigts, Barth an Richardson, 22.11.1922, in: National Archives of Namibia, SWAA A.264/1, Financial Depression, General, 1922-1928.
40 Denkschrift Matthiessen, 30.11.1921, in: National Archives of Namibia, A.312/10/33, Financial Depression, 1921-1922.
41 Eberhardt, Nationalsozialismus, 91f.
42 Tony Emmett, Popular Resistance in Namibia, 1920-5, in: Brian Wood (Hg.), 1884-1984. Readings on Namibia's History and Society, London 1988, 232f.
43 Union of South Africa, Report of the Administrator for the Year 1919, (U.G. 40-1920), 4.
44 Bericht über die wirtschaftliche Lage Südwestafrikas von R.R. Richardson, Dezember 1922, in: National Archives of Namibia, SWAA A.264, Financial Depression, General, 1921-1923.
45 Eberhardt, Nationalsozialismus, 88f.
46 Senta Dinglreiter, Wann kommen die Deutschen endlich wieder? Eine Reise durch unsere Kolonien in Afrika, Leipzig 1934, 121-125.
47 Wolfgang Werner, Struggles in the Namibian Countryside, 1915-1950: Some Preliminary Notes, in: Brian Wood (Hg.), 1884-1984. Readings on Namibia's History and Society, London 1988, 271-273.

daran wiesen deutsche und südafrikanische Siedler gemeinsam zurück.[48] Den endgültigen Schulterschluss markierte dann der Besuch des neuen Premierministers Hertzog in Windhoek, der die Deutschen für ihre kolonisatorischen Leistungen lobte und unter Beifall seiner deutschen Zuhörer eine strenge Herrschaft über die Afrikaner in Aussicht stellte.[49]

Selbstverwaltung und Eigenständigkeit

Das Bündnis in „Eingeborenenfragen" blieb die einzige Kooperation zwischen Deutschen und Südafrikanern. Ähnlich wie von den Afrikanern grenzten sich die Deutschen auch von den südafrikanischen Siedlern, insbesondere den burischen, ab. Aus Sicht der Deutschen hatten die Buren Südwestafrika den Deutschen geraubt und das obwohl sie in ihren Augen als Ansiedler völlig ungeeignet waren. In unzähligen Leserbriefen und Artikeln deutscher Zeitungen wurde den burischen Siedlern die Fähigkeit abgesprochen, die schwierigen (land-)wirtschaftlichen Bedingungen der Kolonie meistern zu können und im Gegenzug die Überlegenheit der deutschen Siedler hervorgehoben. Damit wurde der Machtspruch der Südafrikaner bestritten und der eigene Herrschaftsanspruch bekräftigt.[50]

Die Dünkelhaftigkeit der deutschen Siedlergemeinschaft gegenüber den burischen Siedlern, die die Mehrheit der Südafrikaner in der ehemaligen deutschen Kolonie ausmachten, resultierte auch aus der politischen Situation des Mandatsgebiets. Das Völkerbundsmandat über die ehemalige deutsche Kolonie ermöglichte vordergründig deren Rückkehr unter deutsche Herrschaft. Die deutsche Siedlergemeinschaft – in dieser Frage war sie eine echte Gemeinschaft – wollte daher unbedingt ihre kulturelle Eigenständigkeit bewahren und sich auf keinen Fall assimilieren, um die politische Zukunft der Kolonie nicht zugunsten Südafrikas zu beeinflussen. Die südafrikanische Regierung und ihre Administration in Windhoek strebten dagegen gerade die Assimilierung der Deutschen an, die nicht ausgewiesen worden waren, nachdem sie zur Stabilisierung der Wirtschaft und zur Sicherung der „weißen" Herrschaft benötigt wurden.[51]

Anerkennung der deutschen Sprache als dritter Amtssprache des Mandatsgebiets und Beteiligung an der Selbstverwaltung ohne vorherige Annahme der britischen Staatsbürgerschaft wurden neben dem Erhalt eines deutschen Schulwesens die zentralen Streitpunkte zwischen der deutschen Siedlergemeinschaft und der südafrikanischen Administration. Der südafrikanische Premierminister Jan Smuts, der im September 1920 in Windhoek das Mandat über Südwestafrika als faktische Annexion bezeichnete und die Deutschen aufrief, Südafrikaner zu werden, wies ihre wesentlichen Zukunftsvorstellungen ohne Umschweife zurück. Den Gedanken, es könne eine Selbstverwaltung für alle „weißen" Siedler geben, an der die Deutschen teilnehmen könnten, ohne sich einbürgern zu lassen, lehnte er ebenso ab wie die Anerkennung von Deutsch als Amtssprache. Lediglich in der Schulfrage zeigte sich Smuts konzessionsbereit.[52]

---

48 Eberhardt, Nationalsozialismus, 82-85.
49 Ibid., 94.
50 Ibid., 191-201.
51 Ibid., 61f.
52 Rede von Premierminister Smuts in Windhoek, 16.09.1920, in: National Archives of Namibia, A.312/9/24, General Smuts' Speech, Windhoek, 16th September, 1920.

Smuts verdeutlichte seine Bereitschaft, den Deutschen in Schulfragen entgegenzukommen, mit der Ablösung des bisherigen Administrators, der sich den Deutschen als wenig wohlgesonnen erwiesen hatte. Mit dem neuen Administrator G.R. Hofmeyr kam Bewegung in die Schulfrage und nach langwierigen Verhandlungen und Auseinandersetzungen, die vom unbedingten Willen der deutschen Siedler bestimmt wurden, ihre kulturelle Autonomie zu bewahren und die das Schulwesen als Eckpfeiler dieses Bemühens begriffen, wurde 1921 ein Kompromiss zwischen dem deutschen Landesverband der Schulvereine und der Administration erzielt.[53] Die Administration anerkannte die Existenz des deutschen Privatschulwesens, insbesondere der weiterführenden Schulen, und sicherte zu, dass deutsche Kinder an staatlichen Schulen bis zum achten Schuljahr in Deutsch unterrichtet wurden.[54] Für die deutsche Siedlergemeinschaft war dies ein Sieg, auch wenn einige bis dahin privat geführten Schulen ihrer Verstaatlichung zustimmen mussten, denn selbst zum Erreichen der Hochschulreife war kein Besuch einer südafrikanischen Schule nötig, so dass die Gefahr gebannt war, deutsche Kinder könnten sich von Nation und Kultur entfremden.

Der Kompromiss in der Schulfrage war von der deutschen Siedlergemeinschaft selbst errungen worden. Dennoch blieb sie in Schulangelegenheiten vom Deutschen Reich abhängig, da das Budget der deutschen Privatschulen zu annähernd neunzig Prozent vom deutschen Staat getragen wurde.[55] So legte der Schulkompromiss von 1921 zwar das Fundament für ein separates deutsches Schulwesen und damit für die langfristige Eigenständigkeit einer deutschen Bevölkerungsgruppe, ohne aktive Mithilfe des Mutterlandes hätte auf das Fundament jedoch niemals ein solides Haus gebaut werden können. Noch deutlicher trat die Abhängigkeit der deutschen Siedlergemeinschaft von Deutschland bei der Frage der Naturalisation, der kollektiven Einbürgerung zu Tage, die von Südafrika zur Grundvoraussetzung der Teilhabe an der neuen Selbstverwaltung gemacht wurde.

1921 empfahl die „De-Wet-Kommission" die Einrichtung einer „weißen" Selbstverwaltung im Mandatsgebiet und machte – wie Premier Jan Smuts – den Besitz der britisch-südafrikanischen Staatsbürgerschaft zur Teilnahmevoraussetzung daran. Um den deutschen Siedlern den Schritt, eine fremde Staatsangehörigkeit anzunehmen, zu erleichtern, schlug die Kommission vor, ihnen letztere auf dem Wege einer kollektiven Verleihung zu verschaffen, so dass sie sie nicht formell beantragen müssten.[56] Der Gedanke, eine fremde Staatsbürgerschaft annehmen zu müssen, um das Wahlrecht zu erlangen, führte in der deutschen Siedlergemeinschaft zu heftigen Konflikten bis hin zur Spaltung der in der Schulfrage noch fest zusammenstehenden Gemeinschaft. Dass gerade das von der De-Wet-Kommission vorgeschlagene Verfahren für sie den Vorteil hatte, dass sie gemäß deutschem Recht ihre deutsche Staatsangehörigkeit nicht verlieren würden, trat dabei oftmals völlig in den Hintergrund. Die Gegner der Einbürgerung fürchteten, eine Annahme könnte früher oder später zur Aufhebung des Mandatsstatus führen, weil alle Einwohner britische Bürger seien, führten die nationale Ehre ins Feld und bezichtigten die zur Annahme bereiten Landsleute des Verrats. Letztere waren von dem Schritt zwar auch nicht begeistert, sahen

---

53 Eberhardt, Nationalsozialismus, 69-72.
54 Union of South Africa, Report of the Administrator for the Year 1921 (U.G. 32-'22), 14f.
55 Eberhardt, Nationalsozialismus, 127.
56 Union of South Africa, Interim and Final Reports of the Commission appointed to enquire into the Question of the Future Form of Government in the South-West Africa Protectorate (U.G. 24-1921), 3-5.

ihn jedoch als unvermeidlich an, wenn die Deutschen die politische Zukunft des Mandatsgebiets mitgestalten und einen Anschluss an Südafrika bekämpfen wollten. Die Formulierung einer eindeutigen Position der deutschen Siedlergemeinschaft zur Einbürgerung, die von allen mitgetragen worden wäre, gelang ihr nicht.[57]

Erst als die südafrikanische Regierung mit der Berliner Reichsregierung direkt zu verhandeln begann, kam Bewegung in die festgefahrene Frage, und im Oktober 1923 schlossen beide Seiten das „Londoner Abkommen". Berlin sagte zu, den deutschen Siedlern zur Annahme der „automatischen Naturalisation" zu raten. Südafrika verpflichtete sich im Gegenzug im Wesentlichen dazu, die Deutschen mit den vollen Bürgerrechten auszustatten, den Gebrauch der deutschen Sprache im Umgang mit Behörden zuzulassen, die Einwanderung Deutscher zu gestatten, Deutschstämmige für dreißig Jahre nicht zum Wehrdienst heranzuziehen und auch die Arbeit der deutschen Kirchen und Missionsgesellschaften zu fördern.[58]

Den deutschen Siedlern wurde das Abkommen erst Monate später bekanntgegeben, was den Streitigkeiten untereinander neue Nahrung gab. Zwar wurde nun auch die Reichsregierung in Berlin zur Zielscheibe der Gegner der automatischen Naturalisation, weil die angeblich kein Mandat für ein Abkommen gehabt habe und die deutsche Sprache nicht als Amtssprache anerkannt worden war; da sich die Deutschen aber entscheiden mussten, ob sie die Einbürgerung annehmen oder ausschlagen wollten, fand der Konflikt weiterhin vor allem untereinander statt. Insbesondere Farmer lehnten die Einbürgerung ab, Befürworter der Annahme stammten dagegen eher aus den Reihen der Kaufleute und lebten in den städtischen Ansiedlungen.[59] Die bereits vor 1914 vorhandenen Differenzen bestanden also unter veränderten Vorzeichen fort. Die Farmer sahen sich als Verlierer des Ersten Weltkrieges und des anschließenden Austauschs der Kolonialmacht. Sie hatten ihre privilegierte Position weitgehend verloren, für die sie während der deutschen Herrschaft so vehement gekämpft hatten, und sie konkurrierten nun mit südafrikanischen Farmern, die auf den dortigen Märkten Wettbewerbsvorteile hatten.[60] Es überrascht also nicht, dass deutsche Farmer die Rückkehr zur alten Metropole wünschten und sie nichts tun wollten, was dieses Ziel hätte gefährden können. Kaufleute und Angehörige anderer Berufe, die weniger auf wirtschaftliche Intervention, die die Regelung des Arbeitsmarktes für Afrikaner zweifellos darstellte, angewiesen waren, konnten sich daher leichter mit den politischen Gegebenheiten abfinden.

Nichtsdestotrotz nahmen schließlich über neunzig Prozent der Betroffenen die automatische Naturalisation an und sicherten sich damit die Möglichkeit, die Zukunft des Landes mitzubestimmen.[61] Dies war eine Anerkennung der Realität, verdeutlicht aber erneut die Abhängigkeit vom Mutterland. Denn erst nachdem Berlin sich der Frage angenommen hatte, konnte der Konflikt mit der Mandatsmacht Südafrika beigelegt werden. Alleine war

---

57 Eberhardt, Nationalsozialismus, 99-103.
58 Londoner Abkommen vom 23. Oktober 1923 und der dazugehörende Briefwechsel, in: League of Nations Treaty Series 28 (1924), 419-423; League of Nations Treaty Series 39 (1925/26), 192-195.
59 Eberhardt, Nationalsozialismus, 108-114.
60 Zu letzterem Punkt vgl. Herbert Halenke, Das Ringen um die Märkte. Fleischwirtschaft und -industrie, in: Klaus Becker (Hg.), 1884-1984. Vom Schutzgebiet bis Namibia, Windhoek 1985, 233f.
61 Eberhardt, Nationalsozialismus, 114f.

die deutsche Siedlergemeinschaft nicht in der Lage gewesen, einen gemeinsamen Standpunkt einzunehmen.

Resümee

Die Kontinuität der Abhängigkeiten der deutschen Siedlergemeinschaft selbst über den Bruch des Ersten Weltkriegs ist ihr hervorstechendstes Merkmal. Die deutschen Siedler blieben immer abhängige Herren und die doppelte Abhängigkeit aus der Zeit vor 1914 wurde nach dem Ende der deutschen Kolonialherrschaft sogar zu einer dreifachen Abhängigkeit. Zur Abhängigkeit von afrikanischer Arbeit, die ihre Macht begrenzte und andererseits zu Gewalt führte, und von der kolonialen Metropole, die Schutz und wirtschaftliche Sicherheit gewährte, kam nach 1919 die Abhängigkeit vom Deutschen Reich, das jetzt Existenz und Überleben einer abgegrenzten deutschen Siedlergemeinschaft sicherte.

Zweitens ist eine kontinuierliche Radikalität der deutschen Siedler gegenüber der afrikanischen Bevölkerung festzustellen. Das Streben der Deutschen vor dem Ersten Weltkrieg, Einfluss auf die „Eingeborenenpolitik" zu erlangen, um die angebliche Zurückhaltung des kolonialen Staates gewissermaßen auszugleichen, zeigen dies ebenso wie die Kritik an den wenigen Lockerungen für die afrikanische Bevölkerung, die die südafrikanische Verwaltung vorübergehend durchsetzte. Die Siedler sicherten ihr eigenes Überleben regelmäßig auf Kosten der afrikanischen Bevölkerung, von der sie sich aber ebenso konsequent abgrenzten. Vom kolonialen Staat forderten die deutschen Siedler bei der Durchsetzung ihrer Vorstellungen von kolonialer Herrschaft Zurückhaltung ein, zögerten aber auch kein bisschen, staatliche Intervention zu fordern, wenn ihr Überleben in Gefahr war wie nach dem Kolonialkrieg, als der Staat massenhaft Entschädigung gewähren sollte.

Schließlich ist drittens festzuhalten, dass die deutsche Siedlergemeinschaft vor allem eine geglaubte Gemeinschaft war. Gemeinsame Migrations- und Frontiererfahrung reichten niemals aus, die Interessengegensätze in der deutschen Siedlergemeinschaft gänzlich zu überlagern. Erst der Verlust der Kolonie führte die deutsche Siedlergemeinschaft zur Formulierung eines gemeinsamen politischen Ziels. Bewahrung der kulturellen Identität, strikte Abgrenzung gegenüber anderen „Weißen" und Afrikanern sowie die Forderung nach politischer Partizipation verband alle deutschen Siedler. Bei der Frage, wie diese Ziele erreicht werden sollten, herrschte jedoch bereits wieder Konflikt, der sich bemerkenswerterweise an den schon vor 1914 vorhandenen Gegensätzen ausrichtete.

„... und dass wir Pfarrer ausgesprochene Träger des Deutschtums sind"

Zur Geschichte der deutschsprachigen evangelischen Gemeinden in Namibia

Lothar Engel

Im Folgenden sollen einige Aspekte dargestellt werden, die die Entstehung der deutschsprachigen evangelischen Gemeinden und ihre Entwicklung bis in die 20er Jahre des 20. Jahrhunderts geprägt haben. Der Bogen umspannt die Vorgeschichte in der ersten Hälfte des 19. Jahrhunderts, den Aufbau der Gemeinden seit 1896, den Abbruch nach 1915 und den mühevollen Wiederaufbau während der ersten Jahre unter südafrikanischem Mandat bis zur Gründung der deutschen evangelischen Synode 1926. Eine zentrale Rolle spielt dabei, wie die kirchliche Versorgung der Siedler durch evangelische Pfarrer und Missionare mit der Pflege des „Deutschtums" verknüpft war. Heute sind die deutschsprachigen evangelischen Gemeinden, zusammengeschlossen in der Evangelisch-Lutherischen Kirche in Namibia (DELK)[1], Teil einer sprachlichen Minderheit, die wirtschaftlich einflussreich ist. Die Zahl der Gemeindemitglieder sinkt. Das verbindet die DELK mit ihrer Partnerkirche in Deutschland, der EKD, die sich ebenfalls in Richtung einer – wenn auch statistisch gesehen komfortabler ausgestatteten – Minderheitensituation bewegt. Der historische Rückblick beginnt mit der Mission. Die Gegenwart stellt die beiden Partnerkirchen vor neue missionarische Herausforderungen.

Am Anfang – Pioniere und Andere

„Die Anfänge des Christentums im heutigen Namibia reichen bis in das frühe 19. Jh. zurück, als LMS-Missionare – unter ihnen der deutsche Missionar [...] Schmelen – mit der Pionierarbeit unter den Nama und ihren benachbarten Ethnien begannen."[2], heißt es in den 2005 erschienenen Einzeldarstellungen zur Kirchengeschichte *Das Christentum in Afrika und dem Nahen Osten*. Johann Hinrich Schmelen[3] war von der London Missionary Society

---

[1] Englisch: Evang. Lutheran Church in Namibia/GELC; URL: www.elcin-gelc.org [1.12.2010]
[2] Klaus Hock, Das Christentum in Afrika und dem Nahen Osten. Kirchengeschichte in Einzeldarstellungen, Bd. IV/7, Leipzig 2005, 99. – Zum Verhältnis von Erweckung, Mission und kulturellem Wandel vgl. Thoma Fuchs, Antiaufklärerischer Kulturtransfer als „Umformung christlicher Praxis", in: A. Beutel/V. Leppin, Religion und Aufklärung, Leipzig 2004, 43-56; Rebekka Habermas, Mission im 19. Jahrhundert – Globale Netze des Religiösen, in: Historische Zeitschrift, Bd. 287, München 2008, 629-678; Sebastian Conrad/Rebekka Habermas (Hgg.), Mission und kulturelle Globalisierung, Geschichte und Gesellschaft, Zeitschrift für Historische Sozialwissenschaft, 36. Jg., Heft 2, Göttingen 2010.
[3] Manchmal geschrieben: Johannes Hinrich Schmelen. Geb. in Bremen 1776, verstorben 1848 im Namaqualand.

ausgesandt worden. 1814 war er mit einer Gruppe von etwa 150 Einheimischen, die zu den Oorlams[4] zählten, an einen Ort nördlich des Oranje gezogen, wo Mensch und Vieh genug Wasser fanden. Bis heute trägt der Ort den Namen Bethanien. Vor Schmelen und seiner Gruppe waren schon andere kleine Nama-Gemeinschaften in den südlichen Landesteil Namibias gezogen. Darunter befanden sich auch Christen. Heinrich Vedder hat in seiner historischen Darstellung von 1934 über das „alte Südwestafrika" zu den Oorlam-Gruppen ausgeführt:

> „Sie sprachen z. T. die kapholländische Sprache, manche trugen europäische Kleidung, auch gab es einige Christen unter ihnen [...] Er (Schmelen; L.E.) war den dort bereits wohnenden Namastamm weder unbekannt noch unwillkommen. Schon 1812 war dessen Häuptling nach dem Kap gekommen und hatte um einen Missionar für sein Volk gebeten."[5]

Vor Schmelen hatten bereits drei andere Missionare, ebenfalls ausgesandt über die Londoner Gesellschaft, den Oranje Richtung Norden überquert. Das waren die Brüder Abraham und Christian Albrecht und Johannes Seidenfaden. Sie gründeten 1806 die Stationen Warmbad bzw. Heirachabis und zählten 1808 etwa 700 und Ende 1809 etwa 1200 Kirchenmitglieder.[6] Alle drei kehrten aber bald in die Kapprovinz zurück. Nur Christian Albrecht, inzwischen verheiratet, kam 1810 wieder ins Groß-Namaqualand[7]. Begleitet wurde er von Jan Magerman, „a South African of mixed blood, who came as catechist and assistant teacher [...] The work of Namibian catechists and evangelists did not feature prominently in ‚mission histories'."[8] 1811 wurde die Station Warmbad durch den damals bedeutendsten Oorlam-Chief Jager Afrikaner und seine Leute zerstört. Albrecht und seine Frau mussten fliehen, aber Magerman blieb bei dem Stamm der Bondelswarts „as catechist [...] He con-

---

4 Die Herkunft des Begriffs Oorlam (oder Orlam) ist unklar. Er wurde von Nama-Gruppen benutzt, die sich von den eher traditionell lebenden Nama abgrenzten. Durch ihre verwandtschaftliche Beziehung zu europäischen Einwanderern waren die Oorlam mit deren Lebensweise vertraut. – Zum sozialen Wandel unter der Bevölkerung südlich des Oranje vgl. Tilman Dedering, Missionare und KhoiKhoi in Namibia 1806-1840: Sozialer Wandel in einer afrikanischen Nomadengesellschaft, in: Wilfried Wagner (Hg.), Kolonien und Missionen. Referate des 3. Internationalen Kolonialgeschichtlichen Symposiums 1993 in Bremen, Münster/Hamburg 1994, 222-241; ders., Hate the Old and Follow the New. Khoekhoe and Missionaries in Early Nineteenth-Century Namibia (Missionsgeschichtliches Archiv Band 2), Stuttgart 1997. – Zur Oorlam-Migration vgl. Harri Siiskonen, The Seven Year War (1863-1870) in Namibian Historiography; in: Ulrich van der Heyden/Jürgen Becker, Mission und Gewalt, Stuttgart 2000, 343-355.
5 Heinrich Vedder, Das alte Südwestafrika, Berlin 1934, 175. – Brigitte Lau hat zu Vedders Werk in ihrem Aufsatz von 1981 „Vedder and Namibian Historiography" angemerkt, dass es wissenschaftlich ungenau und aus der Siedlerperspektive verfasst worden ist. „Rather it should be seen as a piece of work which is, in essence, apologetic of colonial settlers rule, and more specifically, German settlers rule." (Brigitte Lau, ‚Thank God the Germans came': Vedder and Namibian Historiography, in: Gottschalk, K. u. Saunders C. (Hgg.), Africa Seminar Collected Papers. Centre for African Studies, University of Cape Town. Cape Town 1981).
6 Einschließlich der Mitglieder von Swartmodder, dem späteren Keetmanshoop; nach Gerhard L. Buys/Shekutaamba V. V. Nambala, History of the Church in Namibia 1805-1990. An Introduction, Windhoek 2003, 9ff.
7 So der später gebräuchliche Name für den südlichen Teil Namibias.
8 Buys/Nambala, History of the Church in Namibia 1805-1990, 11.

tinued with Christian ministry for seven years until the arrival of missionary Ebner in 1818. [...] Magerman can therefore be seen as the first indigenous preacher in Namibia."[9]

In der traditionellen historischen Betrachtung wird der Beitrag der einheimischen Katechisten und Prediger beim Aufbau der ersten christlichen Gemeinden nur unzureichend erwähnt und bewertet. Auch die Mitarbeit der Ehefrauen wird selten gewürdigt. Dabei hat zum Beispiel Zarah Hendrichs ihren Mann, Missionar Schmelen, sieben Jahre lang dabei unterstützt, neutestamentliche Texte ins Nama zu übersetzen. Zarah Hendrichs war eine Nama-Christin. Als sie 1831 plötzlich starb, führte Schmelen die Arbeit nicht fort. Eine Tochter der beiden – Hanna – war später mit dem Missionar Franz Heinrich Kleinschmidt verheiratet. Vermutlich mit ihrer Hilfe gab Kleinschmidt im Juni 1855 Luthers Kleinen Katechismus auf Nama heraus. Auch dass er zehn Jahre vorher nach Rehoboth zum Stamm der Swartboois übersiedelte, geschah auf Initiative einer Frau hin: „Annatjie, the wife of Chief Willem Swartbooi, was already baptised by missionary Schmelen, and was the driving force behind the mission."[10]

Wenn im Folgenden von Missionaren und evangelischen Pfarrern[11] die Rede ist, werden Angaben über Frauen in den Leitungsgremien fehlen, weil sie, jedenfalls bis zum Ende der 20er Jahre des 20. Jahrhunderts, weder von der Missionsleitung noch vom Evangelischen Oberkirchenrat für diese Funktion in Namibia vorgesehen waren.

Um die Menschen mit ihren Predigten besser erreichen zu können, lernten die Missionare die verschiedenen einheimischen Sprachen. Die später ins Land kommenden Pfarrer für die „weißen" Gemeinden sahen dazu keinen Anlass. Die Missionare waren bestrebt, kleine ortsgebundene Gemeinden unter den halbnomadischen Bewohnern des Südens und später unter den viehzüchtenden Herero zu gründen.[12] Aber auch Mitte der 90er Jahre des 19. Jahrhunderts, als man anfing, separate evangelische Gemeinden unter den deutschsprachigen Siedlern zu gründen und Missionare sich auch um die kirchliche Versorgung der

---

9 Ibid.
10 Ibid., 19. Über die Nachkommen Schmelens und seiner Frau vgl. die beiden Artikel von Kathrin Roller, Zwischen Rassismus und Frömmigkeit, in: F. Becker, Rassenmischehen – Mischlinge – Rassentrennung, 2004, 220-253; und: Mission und ‚Mischehen', Erinnerung und Körper – geteiltes Gedächtnis an eine afrikanische Vorfahrin. Über die Familie Schmelen-Kleinschmidt-Hegner, in: Larissa Förster u. a. (Hgg.), Namibia – Deutschland: Eine Geschichte. Widerstand – Gewalt – Erinnerung. Ausstellungskatalog. Köln/Wolfratshausen 2004, 194-211; vgl. auch: Lora Wildenthal, German Women for Empire, Duke Univ. Press, 2001, 86f. und Ursula Trüper, Sprach-Gewalt. Zara Schmelen und die Verschriftlichung der Nama-Sprache, in: Ulrich van der Heyden/Jürgen Becker, Mission und Gewalt, Stuttgart 2000, 357-370.
11 Im Folgenden wird sowohl von „Pfarrern" als auch von „Pastoren" gesprochen, wenn die ordinierten Theologen gemeint sind. Uneinheitlich war der Sprachgebrauch bereits in der ersten Ausgabe der Kirchenzeitung für Deutsch-Südwestafrika, „Evangelisches Gemeindeblatt" 1, Swakopmund 1911 (S. 1: Pfarrer Hasenkamp, S. 6: Pastor Coerper). Mitarbeiter der Rheinischen Mission, die pastorale Aufgaben in einer Siedlergemeinde übernahmen, blieben jedoch per Titel und rechtlich weiterhin „Missionare". Andere Konfessionen, die in Namibia ebenfalls missionarisch aktiv waren, kannten diese Unterscheidung nicht (vgl. Buys/Nambala, History of the Church in Namibia 1805-1990, 73 ff).
12 In seinem Roman „Morenga" hat Uwe Timm das Auftreten der ersten Rheinischen Missionare, die den Oranje nach Norden überquerten, mit sympathischem Blick beschrieben, besonders Missionar von Gorth und Missionar Knudsen, einem Norweger – und einen britischen Missionar südlich des Oranje, der früher zur See gefahren war und den die Einheimischen „Rumbuddel" genannt haben sollen (Timm, Uwe, Morenga. Roman, 4. Aufl., München 2003, 117ff).

Siedler kümmerten, existierte noch keine einheimische afrikanische Kirche in Namibia[13]. Erst nach dem Zweiten Weltkrieg wurde der erste Afrikaner zum Pastor ordiniert.[14]

Während der südafrikanischen Mandatszeit regte sich unter den „Missionsobjekten" sehr bald Widerstand gegen die Mission. Federführend waren oft die von den Missionaren ausgebildeten Katecheten und Lehrer. Sie standen in der Gefahr, dem „Bolschewismus" in die Arme zu fallen, wie es in den Berichten der Missionare aus den 20er Jahren des 20. Jahrhunderts heißt. Dieses Urteil wurde besonders in der Zeit gepflegt, als Gesandte der amerikanischen Markus-Garvey-Bewegung im Land Unterstützungsprogramme für Witwen und Waisen einzurichten begannen.[15] So wird im Blick auf „Kirchengeschichte" in Namibia auch zu beachten sein, welche Rolle jene Landesbewohner spielten, die von den etablierten Missions- und Kirchenleuten als Ketzer, Propheten, Rebellen oder als politische Widerständler, und was die „weißen" Gemeinden in späteren Jahren betrifft: als Kommunisten und Verräter an der deutschen Kultur eingestuft wurden. Die Vielfalt von Christentümern und von „Kirchengeschichten" im Land wird zudem deutlich, wenn man die Wirkung anderer Denominationen einbezieht: Methodisten, Anglikaner, Reformierte, die Finnischen Missionare im Norden und die Römisch-Katholische Kirche – die ein besonderes Ärgernis für die evangelischen Missionare und Pfarrer vor 1915 war – und die Gruppen unter den Herero, Nama und Rehobother Baster, die sich in späteren Jahren von der Mission getrennt haben.

Missionare im „Doppelamt": „instruments of change"?

Bei den Gemeinden deutschsprachiger Siedler in Namibia hat es sich stets um zahlenmäßig kleine Gemeinschaften gehandelt. Der Anstoß zu ihrer Gründung kam nicht aus der Mitte der Siedler selbst. Anders als die Pilgerväter etwa haben die Siedler nicht aus christlicher

---

13 Gründungsdatum der „Evangelical Lutheran Church in South West Africa (Rhenish Mission Church)", heute: „Evangelical Lutheran Church in the Republic of Namibia"/ELCRN, ist der 4. Okt. 1957 (URL: www.elcrnam.org). Die ELCRN zählt heute etwa. 350.000 Mitglieder/Anteil an der Gesamtbevölkerung knapp 16%, 6 Kirchenkreise und 54 Einzelgemeinden. Die zahlenmäßig größte Kirche mit knapp 678.000 Mitgliedern ist die „Evangelical Lutheran Church in Namibia", hervorgegangen aus der Evangelical Lutheran Owambokavango Church/ELOC (URL: www.elcrin.org.na [1.12.2010]).

14 Die ersten einheimischen Pastoren in der ELCRN wurden 1949, in der ELCIN 1925 ordiniert. – Der Katechet Johannes Hendrik Bam, der im August 1842 zusammen mit Missionar Kleinschmidt zur Missionsstation Bethanien zog und später auf der Station Scheppmannsdorf wie ein Missionar tätig war, wurde 1856 ordiniert, allerdings auf Grund einer einschränkenden Erlaubnis der Missionsleitung in Deutschland nur für diesen kleinen Ort; vgl. Gustav Menzel, Die Rheinische Mission, Wuppertal 1978, 57 und 168ff. – Im Ovamboland, wo die Finnische Mission (neben der Anglikanischen und Katholischen Kirche) wirkte, wurden die ersten (sieben) Pastoren bereits 1925 ordiniert (vgl. Buys/Nambala, History of the Church in Namibia 1805-1990, 169). Dass mit der Ordination auch theologische Arbeit und Selbstkritik verbunden sein sollte, macht eine kurze Anmerkung des lutherischen Theologen Nambala im Blick auf die heutige Situation zumindest seiner Kirche, der ELCIN deutlich. Er stellt mangelnde theologische Auseinandersetzung mit aktuellen Herausforderungen, u. a. mit dem weit verbreiteten „revivalism" in Namibia fest, ibid., 211. – Weitere Studien über die verschiedenen Kirchen in Namibia müssten der Frage nachgehen, welche Bedeutung dieser „revivalism"-Trend für die ökumenischen Beziehungen und für die Entwicklung der Kirchen im heutigen Namibia hat.

15 Zum Einfluss des Garveyismus vgl. Wolfgang Werner, „No One Will Become Rich". Economy and Society in the Herero Reserves in Namibia, 1915-1946, Basel Namibia Studies Series 2, Basel 1998, 123-137.

Überzeugung eine Kolonie gründen wollen. Sie kamen in erster Linie aus wirtschaftlichem Interesse ins Land, heraus aus den Zwängen des Kaiserreichs, oder blieben dort, wenn sie ihren Dienst in der Verwaltung oder beim Militär beendet hatten. Sie erwarben vor 1915 von den verschiedenen Landgesellschaften große Landesteile, auf denen bisher die ursprünglichen Bewohner ihre Herden hatten. Einen Seelsorger oder eine Gemeinde als spirituelle Heimat benötigten sie nicht. Jedenfalls gilt dies für die ersten Siedler. Für die leitenden Kolonialbeamten gilt das weniger.

Für traditionelle Gemeindearbeit boten die in der Weite des Landes verstreuten Farmen auch keine strukturellen Voraussetzungen. In den sich bildenden Ortschaften war das eher der Fall. Den neu Angekommenen musste kirchliche Tradition erst wieder näher gebracht, die christlichen Wertmaßstäbe mussten revitalisiert werden. „Unter Ausbreitung der Zivilisation im Zeichen des Christentums verstanden viele Missionare auch die Rettung einer Kultur, die in Europa gerade unter ihren Füßen an der Industrialisierung zerbrach."[16] Pastorale Arbeit unter den evangelischen deutschen Bewohnern bedeutete für Missionare und Pfarrer, ständig und mühsam gegen das meist säkular geprägte Weltbild der Siedler zu kämpfen, das diese aus der alten Heimat mitgebracht hatten. Pflege des „Deutschtums" galt als Mittel, die Gemeinschaft zusammenzubinden, besonders in den Jahren unter südafrikanischem Mandat. Wenn es um die kulturelle und politische Zukunft ging, prägten jedoch erhebliche Differenzen die Diskussion unter den deutschsprachigen Siedlern nach 1920. Die im Streit mit der Mandatsverwaltung erhobene Behauptung von der Einheit unter den Deutschsprachigen stellte eine Fiktion mit Langzeitwirkung dar.[17]

Die ersten Seelsorger der Siedler, die von pietistischer Frömmigkeit geprägten Missionare der Rheinischen Mission, sahen es als erforderlich an – sowohl im Blick auf das Wohl der Kolonie als auch im Blick auf das Heil des Einzelnen – ihren Landsleuten das Evangelium zu verkünden, Gottesdienste und Abendmahl mit ihnen zu feiern, Amtshandlungen bei Geburten, Hochzeiten und Todesfällen durchzuführen. Aber sie sahen dies nicht als ihre zentrale Aufgabe an. Sie übernahmen eine Verpflichtung, die eine zweifache Loyalität zum Inhalt hatte: gegenüber ihren „Missionsobjekten", unter denen ihre Gesellschaft seit mehr als 50 Jahren Mission getrieben hatte, und gegenüber den erst kürzlich ins Land gekommenen „weißen" Landesleuten. Sprachlich fand dies Niederschlag im Begriff des „Doppelamtes". Erst nach dem Zweiten Weltkrieg erkannte die Missionsleitung in Deutschland, dass es sich um eine problematische, spannungsreiche Loyalität handelte. Bis dahin war es unhinterfragt, dass ein Missionar und seine Familie Mitglieder der „weißen" Gemeinden waren. Erst jetzt entschlossen sich einige Missionare gegen den Widerstand ihrer Kollegen zu einem Wechsel. Sie wurden nun mit ihren Familien Mitglieder der „schwarzen" Kirche und ließen ihre Kinder auch hier taufen.

Über die Verbindung von Mission und Kirche stellt die Homepage der heutigen „Evangelisch-Lutherischen Kirche in Namibia (DELK)" bzw. „Evangelical-Lutheran Church in Namibia (GELC)" fest:

---

16 Franz Ansprenger, Geschichte Afrikas, München 2007, 86.
17 Vgl. Martin Eberhardt, Zwischen Nationalsozialismus und Apartheid. Die deutsche Bevölkerungsgruppe Südwestafrikas 1915-1965, Berlin 2007.

"Etwa bis Mitte der 1960er Jahre wurden die meisten deutschsprechenden Gemeinden von Missionaren der Rheinischen Mission betreut. Diese waren im so genannten ‚Doppelamt' zuständig für die Missionsgemeinden und die muttersprachlich deutschsprechenden Gemeinden. Nur in größeren Ortschaften wie Windhoek, Swakopmund und Tsumeb gab es zeitweise oder auch permanent Pastoren ausschließlich für die deutschsprechenden Gemeinden. Zu allen Zeiten gehörte die geistliche Versorgung der Menschen in den Farmgebieten zu den pastoralen Aufgaben. Mit dem Ende des Ersten Weltkrieges kam eine Zeit der Unsicherheit für die deutschen Gemeinden. Viele Mitglieder der Gemeinden wurden auf Veranlassung der südafrikanischen Behörden deportiert und inhaftiert. Der Fortbestand einiger Gemeinden war gefährdet [...]"[18]

Aus der Perspektive des Befreiungskampfes in Namibia sind Bemerkungen zur Rolle der Kirchen aufschlussreich.[19] Die Verfasser schreiben: „Throughout the spread of German and, later, South African rule in Namibia, the churches played an integral role as part of the colonial process." Positiv wird der Beitrag der Kirchen und Missionen insofern eingestuft, als sie Schulen und Krankenhäuser errichteten, „but they did not oppose colonisation and its bitter consequences for the Namibian people." Nachdem sie die große Mehrheit der namibischen Bevölkerung bekehrt hatten, begannen sie „to be converted themselves by their black membership and thereby to be transformed from a colonising agent to an instrument of change".[20] Aus der Analyse geht nicht hervor, ob die Verfasser an dieser Stelle auch an „weiße" Siedlergemeinden gedacht haben.

Erfahrungen der ersten Windhoeker Pfarrer

Da immer mehr Deutsche ins Land kamen, entstand bereits vor dem Krieg gegen Herero und Nama von 1903-1907 besonders für Windhoek Bedarf nach einem Pfarrer.[21] Jedenfalls sah es der damalige Landeshauptmann Leutwein so. 1894 ersuchte er die Rheinische Mission, einen voll ausgebildeten Theologen für die „Weißen" auszusenden. 1895 sandte sie den 1863 im Kreis Minden-Lübbecke geborenen Heinrich Siebe aus. In Windhoek wurde Siebe neben seinen missionarischen Aufgaben vor allem mit der kirchlichen Versorgung der evangelischen „Weißen" betraut. „On the first Sunday of Advent 1895 he celebrated the

---

18 2008 zählte die DELK etwa 5200 Mitglieder (entspricht etwa 0,25 Prozent der Gesamtbevölkerung), in 14 Einzelgemeinden, darunter einige, die zu Gemeindeverbänden zusammengeschlossen sind, bei sieben Pfarrstellen; Angaben in URL www.elcin-gelc.org [1.12.2010]. Die EKD (URL: www.ekd.de/international/auslandsgemeinden/index.html [1.12.2010]) nennt unter „deutschsprachige evangelische Gemeinden im Ausland" aktuell sechs Gemeinden bzw. Gemeindeverbände in Namibia (in Südafrika: 41 Gemeinden).
19 P. Katjavivi/P. Frostin/E. K. Mbuende, Church and Liberation in Namibia, London 1989. Mbuende, heute Vertreter Namibias bei der UNO, hatte nach seiner Flucht aus Namibia über Angola und Sambia in den 70er Jahren in Tansania an der dortigen Theologischen Hochschule Makumira studiert, an der Frostin und der Autor dieses Artikels unterrichteten. Weitere Studien führten ihn später nach Schweden, wo er dann promovierte.
20 Ibid., 5.
21 Zur Zahl der Deutschen in DSWA: 1894: 1343; 1896: 2.025; 1898: 2400; 1900: 3383; in Windhoek lebten 1896 180 Zivilpersonen und 600 Soldaten. – Die Woermannlinie schickte ab 1899 statt alle zwei Monate nun jeden Monat einen Dampfer nach Swakopmund. Nach K. Dierks, Chronologie der Namibischen Geschichte, Windhoek 2002, 52.

first German open-air service in the colony."[22] Eine Versammlung evangelischer Bewohner von Windhoek beschloss am 20. Januar 1896 die Gemeindegründung. Bis zur Gemeindegründung in Swakopmund im Jahr 1906 blieb sie die einzige. Das Gouvernement schenkte der Gemeinde für den Bau eines Pfarrhauses und eines Kirchsaals ein Grundstück.[23] 1901 schloss sich Windhoek dem Evangelischen Oberkirchenrat/EOK in Berlin an. Bereits im November 1899 hatte Pastor Siebe seine Stelle bei der Mission gekündigt und nahm eine Berufung als Pfarrer in der Gemeinde Wynberg im Kapland an. Der Grund war einmal die Belastung durch das Doppelamt, aber auch seine Enttäuschung über die Gemeinde:

> „Pastor Siebe [...] became desillussioned by the lack of interest among the settlers [...] The experiment of an RMS member and pastor in the double function of a pastor for the white settlers and missionary for the African population at Windhoek had failed."[24]

Der erste durch den EOK direkt ausgesandte Pfarrer, Wilhelm Anz, wurde im Jahr 1900 der Nachfolger von Siebe. Das Gehalt von Anz von 6000 Mark jährlich wurde zu gleichen Teilen vom EOK, von der Gemeinde und aus dem Etat des Schutzgebietes gezahlt. Zu den Aufgaben des neuen Pfarrers zählte auch ein regelmäßiger Deutschunterricht für einheimische Diener von Deutschen, jeweils abends eine Stunde. 1901 erreichte es Anz, dass in Windhoek ein evangelischer Kindergarten errichtet wurde, um die „weißen" Kinder „dem in intellektueller und moralischer Hinsicht ungünstigen Einflusse der Eingeborenen zu entziehen".[25] Um der Trunksucht und den sexuellen Ausschweifungen unter dem Militär zu begegnen, richtete Anz Soldatenabende ein, auf denen er unter anderem Vorträge über folgende Themen hielt: „Über den Umgang mit Eingeborenen"; „Wider den Alkohol"; „Wider die Verhunzung unserer Muttersprache durch holländische und andere Afrikanerworte". Den Nama-Missionar von Windhoek, Karl Friedrich Wandres, lud Anz zu Gemeindeabenden ein, oder er trug selbst aus missionsgeschichtlicher Literatur vor, unter anderem auch mit dem Ziel, dem damals herrschenden negativen Urteil über die evangelische Mission entgegenzutreten.[26] Anz war sehr bemüht, das „Südwesterdeutsch" von

---

22 Nils O. Oermann, Mission, Church and State Relations in South West Africa under German Rule, Stuttgart 1999, 121.
23 In Afrikanischer Heimatkalender, Windhoek 1961, 47ff. berichtet Siebe über die Gründung der Gemeinde Windhoek. Er spricht ein Problem mit seiner Missionsleitung an (S. 49: „Leider kam ich sofort in den Gegensatz zu meiner Missionsgesellschaft [...]"). Das in der Stadt Windhoek neu zu errichtende, teure Pfarrhaus und der Kirchsaal sollten nach Ansicht der Missionsleitung in deren Besitz, nicht aber in den der Gemeinde übergehen.
24 Nils O. Oermann, Mission, Church and State Relations, 121. Zu Siebe, der als akademisch gebildeter Theologe Pastor und zugleich Missionar und damit eine Ausnahme unter den seminaristisch ausgebildeten Mitarbeitern der Rheinischen Mission war, vgl. Thorsten Altena, „Ein Häuflein Christen mitten in der Heidenwelt des dunklen Erdteils", Münster/New York 2003, 293. – Zur Entwicklung in Windhoek vgl. Beitrag #17 von Rudolf Hinz in diesem Band und dessen Artikel aus Anlass des 100jährigen Jubiläums der Christuskirche in „Perspektiven 2010", Windhoek (früher „Afrikanischer Heimatkalender"). Zum Widerwillen der Siedler, eine Missionskirche der Afrikaner zu benutzen vgl. Beitrag #16 über Swakopmund.
25 Mitteilungen des EOK Nr. 48 über die kirchliche Versorgung der deutschredenden Evangelischen in den Schutzgebieten, 5. ordtl. Generalsynode in Berlin vom 14.08.1903; Evangelisches Zentralarchiv der Ev. Kirche in Deutschland/EZAB, Berlin, EZA 5/3016.
26 Nach dem Jahresbericht von Anz über 1905 vom 18.01.1906; EZAB, Berlin, EZA 5/3016.

sprachlichen Verunreinigungen zu säubern. So gründete er gleich zu Anfang seiner Tätigkeit im Oktober 1901 einen Zweigverein des Deutschen Sprachvereins und hielt auf der Gründungsversammlung eine programmatische Rede über die „Deutschverderber in Deutsch-Südwestafrika". „Von jetzt an zwischen Deutschen und von dem Deutschen zu seinem eingeborenen Diener kein anderes als deutsches Wort mehr!" Man solle Deutscher sein und bleiben und „eine Pflanzstätte selbstständigen, der neuen Heimat angepassten, aber doch immer urechten Deutschtums" bilden.[27]

Bis zum Jahr 1904 soll die Gemeinde von Anz auf 778 Mitglieder angewachsen sein.[28] 1907 hatte er sein Ziel erreicht: Alle Gemeindemitglieder und viele Gäste kamen in Windhoek zusammen

> „[...] und legten fröhlich am 11. August 1907 den Grundstein der Kirche. Es war meine letzte Amtshandlung auf freier Bergeshöhe unter den im Winde flatternden deutschen Fahnen und umringt von einer riesigen Menschenmenge, Weißen und Schwarzen, wie sie Windhuk wohl noch nie vorher so groß beisammen gesehen hatte."[29]

Folgen der Vernichtungspolitik – Weg in die getrennte Entwicklung

Am 31. März 1907 wurden die militärischen Aktionen gegen die seit Januar beziehungsweise Oktober 1904 aufständischen Herero und Nama offiziell für beendet erklärt.[30] Namibia befand sich in den Jahren bis zum Ersten Weltkrieg in einer wirtschaftlich interessanten, also für potentielle „weiße" Siedler attraktiven Nachkriegssituation.[31] Die Aufstände waren

---

27 Birthe Kundrus, Moderne Imperialisten, Das Kaiserreich im Spiegel seiner Kolonien, Köln, Weimar, Wien 2003, 198; vgl. auch das Kapitel „Lüderitzland oder Neu-Bayern. Nomen est Omen", ibid. 183ff. – 1903 wurde statt des ursprünglichen Windhoek als offizielle Bezeichnung Windhuk eingeführt.

28 Klaus Dierks, Chronologie der Namibischen Geschichte, Windhoek 2002, 52.

29 Nach einem Artikel im Heimatkalender, Windhoek, 1961. – Der „weiße" Bevölkerungsteil stieg nach 1904 rapide an. Befanden sich 1901 erst etwa 3640 „Weiße" insgesamt im Land, so waren es 1913 14.830 Personen (Verhältnis männlicher/weiblicher Anteil 1901: 100 zu 19; 1911: 100 zu 27). Betrug der deutsche Anteil an der „weißen" Bevölkerung 1901 erst 61 Prozent, so veränderte er sich bis 1912 zugunsten der Deutschen auf 82 Prozent. Die geschätzten Angaben über die konfessionelle Zugehörigkeit sahen nach einer Statistik von Januar 1908 wie folgt aus: danach gab es 5338 „weiße" Evangelische (d. h. Deutsche), 1637 Katholiken und 888 Reformierte (Evangelische burischer Tradition). Nach amtlichen Angaben von 1910/11 befanden sich unter den 13.962 „Weißen" 11.176 Evangelische und 2405 Katholiken, von den 1913 gezählten ca. 14.830 „Weißen" sollen ca. 11.810 evangelisch gewesen sein. Der katholische Anteil unter der „weißen" Bevölkerung war demnach mit knapp 20 Prozent stabil.

30 Zur Diskussion über den unmittelbaren Anlass und die weiteren Gründe für den Hereroaufstand vgl. Jan-Bart Gewald, Herero Heroes. A Socio-Political History of the Herero of Namibia 1890-1923. Oxford/Cape Town/Athens 1999; Tilman Dedering, 'A Certain Rigorous Treatment of All Parts of the Nation': The Annihilation of the Herero in German South West Africa, 1904; in: Mark Levene, Penny Roberts (Hgg.), The Massacre in History. New York, Oxford 1999, 205-222. – Aus missionstheologischer Sicht hat Theo Sundermeier die religiösen Faktoren in der traditionellen Kultur der Herero bedacht, was in anderen Studien zu wenig berücksichtigt wurde. Vgl. Die Mbanderu, Studien zur Geschichte und Kultur, St. Augustin 1977, Kap. 11: Die Ursachen des Hereroaufstandes, 89ff.

31 Kaufleute wie Gustav Voigts und sein Bruder, die seit 1892 im Land Handel getrieben hatten, verzeichneten vor dem Aufstand durch die Kreditvergabe an Hereros und durch Eintreiben der Schulden enormen Zugewinn an Farmland, erlitten jedoch durch den Aufstand Verluste an Vieh, ihrem „Kapital". Hans Grimm lässt Voigts über diese Krisenzeit offen und erleichtert feststellen: „Uns brachten Kriegs-

niedergeschlagen, die Kolonialherren konnten ohne Konflikte mit den nun entrechteten Einheimischen über das Land verfügen. Von den Gefangenen überstanden viele die Zwangsarbeit und das ungewohnte Küstenklima in den Lagern von Swakopmund und Lüderitzbucht nicht.[32] Etwa ein Viertel der Überlebenden wurden von ihren angestammten Wohngebieten in fremde Landesteile deportiert. Durch die Bestimmung über die Einbeziehung des Stammesvermögens vom Dezember 1905 wurden alle Stämme ihres Landes und Besitzes beraubt. Durch drei weitere Verordnungen Gouverneur von Lindequists vom August 1907 wurden die Einheimischen verpflichtet, einen Arbeitsvertrag mit „Weißen" abzuschließen und einen Pass zu führen. Weiterhin wurde ihre Viehhaltung beschränkt und der Erwerb von Grundbesitz nur noch mit Genehmigung des Gouverneurs zugelassen. Die alten Stammesorganisationen waren aufgelöst und Kontrolle über jeden Einheimischen war nun möglich.

Das Land bekam die Folgen der Vernichtungspolitik zu spüren. Einheimische Arbeitskräfte wurden benötigt, die meisten auf den Farmen, in den Haushalten, beim Militär, bei der Bahn, bei staatlichen Stellen, im Handel, ab 1910 auch in den Diamantenminen. Es mangelte aber an Arbeitskräften. Die Diamantengesellschaften warben aus Südafrika zumeist so genannte „Coloureds" an. Vom Ovamboland aus wurde der Transport von Arbeitern nach Lüderitzbucht ab 1911 über zwei Anwerbungszentralen organisiert. Man dachte an den Import von Personen aus anderen deutschen Kolonien, von chinesischen Arbeitskräften[33], wollte sogar den geflohenen „Häuptling" der Herero aus dem Betschuanaland wieder ins Land holen – aber wegen des befürchteten Widerstandes der Siedler wurde dieser Plan nicht verwirklicht.

Für die Rheinische Mission bedeutete der Aufstand und die radikale Veränderung der Lebensverhältnisse unter der afrikanischen Bevölkerung den Bruch mit ihrer Tradition der Gründung von christlichen Gemeinden auf Missionsstationen. Wie vor 1904 sahen sie sich verantwortlich für die kirchliche Versorgung unter den „Weißen", nun aber auf einer wachsenden Zahl von Farmen und unter einer wachsenden Zahl „weißer" Bewohner in den Ortschaften. Die eigentliche Missionsarbeit fand, was die afrikanischen Arbeitskräfte und ihre Familien auf den Farmen betrifft, nun außerhalb der Arbeitszeit, zumeist abends, statt. In seiner Untersuchung von 1968 stellte Helmut Bley fest, dass etwa 50 Prozent der Farmen des mittleren Hererolandes eine Belegschaft von 30 bis 120 Afrikanern zählte (Arbeiter mit ihren Familienangehörigen) und bei der anderen Hälfte etwa 20 Personen aus der afrikanischen Bevölkerung angestellt waren.[34] Die Missionare beurteilten eine Bestimmung der Verwaltung für ihre Arbeit als besonders einschneidend: dass auf einem Grundstück „wei-

---

zeiten mehrmals geschäftliche Erholung, auch half allen, dass nach dem Herero- und Hottentottenkrieg die viel und sinnlos geschmähten jungen Farmer mit Geld aus Deutschland herüberkamen [...]" Hans Grimm, Gustav Voigts, Gütersloh 1942, 62.

32 Zur Rolle der RMG bei der Errichtung der Lager vgl. die Beiträge #16 und #22 von Engel und Lessing.

33 Jan Henning Böttger hat in einem Beitrag über die verhinderte „Einfuhr" eines chinesischen Arbeiters nach Deutsch-Südwestafrika die kolonialdiskursiven Bedingungen rassenpolitischen Handelns beschrieben. (Jan Henning Böttger, Kolonialdiskursive Bedingungen rassenpolitischen Handelns am Beispiel der verhinderten ‚Einfuhr' eines Chinesen nach Deutsch-Südwestafrika, in Frank Becker, Rassenmischehen – Mischlinge – Rassentrennung, Stuttgart 2004, 124ff.)

34 Helmut Bley, Kolonialherrschaft und Sozialstruktur in Deutsch-Südwestafrika 1894-1914, Hamburg 1968, 287.

ßer" Farmer nicht mehr als 10 „Eingeborenenfamilien" wohnen durften,[35] räumlich getrennt vom „weißen" Farmhaus.[36] In den Ortschaften wurden die afrikanischen Arbeitskräfte an ihrem Rande, auf so genannten Werften, separat untergebracht.

Bald aber registrierten die Missionare einen überraschenden Wandel unter der afrikanischen Bevölkerung. Es drängte die afrikanischen Menschen zur Taufe, nach dem Zusammenbruch ihrer sozialen Strukturen und dem Verlust der traditionellen religiösen Symbole. Die Mission blühte unter den veränderten Verhältnissen wieder auf.[37] Unter den „Weißen" war ebenfalls eine zunehmend positive Würdigung der Funktion der evangelischen Mission festzustellen. Vor diesem Hintergrund zeichnete sich bereits vor 1914 im evangelischen Bereich ab, dass sich zwei getrennte, nebeneinander her existierende kirchliche Welten entwickeln würden. Eine Zusammenführung dieser Parallelwelten war kirchlich nicht beabsichtigt, weder von der Mission, noch von den deutschen Pfarrern, die Mission nicht als Teil ihrer kirchlichen Berufung ansahen. Diese Trennung erleichterte es Südafrika später, die Mehrheit der Deutschen in Namibia von der Notwendigkeit der Apartheidpolitik zu überzeugen.

Differenzen unter den Geistlichen im Urteil über den Hererokrieg

Pfarrer Anz war ein Beispiel dafür, dass die aus Deutschland ausgesandten Pfarrer ihren Auftrag staatsnäher verstanden als mancher Missionar. Das zeigte sich in den Monaten nach Januar 1904, als noch Krieg gegen die Herero geführt wurde und die Mission sowohl von den Siedlern als auch von der konservativen und kolonialen Presse im Kaiserreich angegriffen wurde. Die Rheinischen Missionare August Kuhlmann und Johann Jakob Irle beklagten nicht nur, dass die „weißen" Siedler jahrelang die Praxis der Herero, Schulden zu machen, schamlos ausgenutzt hatten, sondern sie kritisierten auch, dass ihre eigene Missionsleitung von ihren Mitarbeitern erwartete, sich auf die Seite ihrer Landsleute zu stellen. Als Missionar Irle im Juli 1904 in einem Zeitungsartikel nur noch in Anführungszeichen von den Siedlern als Kulturträgern sprechen konnte, deren offene Unmoral geißelte und die brutalen Landkonfiskationen als eine entscheidende Ursache für den Aufstand nannte, wehrte sich Anz gegen die nach seiner Meinung pauschale Verurteilung der Siedler und Händler.[38] Für ihn stand die rhetorisch gestellte politische Frage im Vordergrund: „Wer ist Herr im Hereroland?" Dagegen hatte eventuelles Fehlverhalten deutscher Siedler weit geringere Bedeutung. Anz vertrat eine Linie, die Gouverneur Leutwein einmal klassisch klar über das Ziel jeder Kolonisation zum Ausdruck gebracht hatte: Das Endziel sei doch nur

---

35 Nach Berichten der Rheinischen Mission aus den Jahren 1907 und 1908.
36 „[…] mit einem von Fachleuten wie Schlettwein empfohlenen hygienischen Sicherheitsabstand von optimal 1 km vom Farmhaus"; Helmut Bley, Kolonialherrschaft, 287.
37 Zur Rekonstruktion der Hererogesellschaft vgl. Gesine Krüger, Kriegsbewältigung und Geschichtsbewusstsein. Realität, Deutung und Verarbeitung des deutschen Kolonialkriegs in Namibia 1904-1907. Kritische Studien zur Geschichtswissenschaft Bd. 133, Göttingen 1999, und Jan-Bart Gewald, Herero Heroes.
38 Vgl. Karen Smidt, „Germania führt die deutsche Frau nach Südwest", Auswanderung, Leben, soziale Konflikte deutscher Frauen in der ehemaligen Kolonie in Deutsch-Südwestafrika 1884-1920, Berlin 1997, 142f.; Dag Henrichsen, „Ehi rOvaherero". Mündliche Überlieferung von Herero zu ihrer Geschichte im vorkolonialen Namibia, in: Werkstatt Geschichte 9, Hamburg 1994, 15; Wilhelm Anz, Gerechtigkeit für die Deutschen in Südwestafrika! In: Die christliche Welt, 18 Jg., Nr. 28, Marburg 1904, 657.

das Geschäft, wenn man die Kolonisation von allem idealen und humanen Beiwerk entkleide.

> „Die kolonisierende Rasse will der Urbevölkerung des zu kolonisierenden Landes nicht das von dieser vielleicht erwartete Glück bringen, sie sucht vielmehr in erster Linie ihren eigenen Vorteil. Ein solches Streben entspricht nur dem menschlichen Egoismus und ist daher naturgemäß."[39]

Anz vertrat auch in einer konfessionellen Auseinandersetzung eine wenig offene „ökumenische" Linie, da er einen scharfen Trennstrich zwischen der katholischen Mission und den Evangelischen im Land zog. So setzte er sich für getrennte konfessionelle Schulen für die „weißen" Kinder und gegen eine Vertretung der katholischen Seite im Vorstand der sich konstituierenden Windhoeker Regierungsschule ein. Nach einer Mitteilung in den „Hamburger Nachrichten" von 1906 hat Anz die Bezeichnung „Simultanschule […] für die Windhoeker Verhältnisse ein Unding" genannt; eine solche Gemeinschaftsschule würde „unhaltbare Zustände schaffen, und es läge im beiderseitigen Interesse, wenn schon frühzeitig eine Trennung der Konfessionen in der Schule vorgenommen würde".[40]

Anz hat sich 1908 nach seinem Weggang aus der Kolonie in einem etwa 50 Seiten umfassenden Artikel eingehend über das aus seiner Sicht kränkelnde nationale Selbstbewusstsein der Deutschen in der Kolonie geäußert: Es sollten

> „in Südwestafrika wie in der ganzen Welt die Deutschen sich zu m e h r n a t i o n a l e m S e l b s t b e w u ß t s e i n aufraffen, nicht im Sinne prahlerischer Betonens einzelner Sondereigentümlichkeiten, wohl gar Schattenseiten des deutschen Volkscharakters, wie z. B. des Biertrinkens, und erst recht nicht im Sinne hochmütiger Verständnislosigkeit für andere Sitten und Anschauungen, aber in dem Sinne ruhiger Sicherheit, dass sie an der deutschen Sprache, an der deutschen Sitte, an dem deutschen Glauben ein Gut haben, um das andere Völker sie beneiden können, das man hochschätzen und reinhalten […] darf".[41]

Einen abweichenden Akzent setzte Inspektor Gottlob Haußleiter von der Rheinischen Mission, der 1906 den christlichen Auftrag in der Kolonie primär nicht in der Pflege des „Deutschtums" unter den missionskritischen Siedlern, sondern in einer weltanschaulichen Gegenmission sah:

> „Dann wird sich hoffentlich noch bei manchem alten Pionier die Erkenntnis durchsetzen, dass nach der Überwindung des Aufstandes der zukünftige Kampf in der Kolonie nicht gegen die Eingeborenen, sondern gegen die materialistische Weltan-

---

39 Theodor Leutwein, Elf Jahre Gouverneur in Deutsch-Südwestafrika, Berlin 1908, 541. – Zur „Ambivalenz des missionarischen Unternehmens" vgl. Hanns Lessing, Doppelte Loyalität: Politik und theologische Reflexion der Rheinischen Missionsgesellschaft zu Beginn des Kolonialkrieges in Namibia, in: Monatshefte für Evangelische Kirchengeschichte des Rheinlandes, 54 Jg., Bonn 2005, 82.
40 Die Schulgemeinde Windhuk. Hamburger Nachrichten, Nr. 282 vom 23. April 1906, 3.
41 W. Anz-Zehlendorf, Deutschlands Pflichten in Südwestafrika, in: Zeitfragen des christlichen Volkslebens, 1908, 10f.; Kundrus, Moderne Imperialisten, 7.

schauung und Lebensweise zu führen ist, in der eine sehr große Zahl der heutigen Kulturträger gefangen ist."[42]

Die politische Haltung der evangelischen Pfarrer vor 1914 beschreibt Nils O. Oermann in einem Aufsatz 2004 wie folgt: Es falle

„[…] beim Quellenstudium der Windhuker Kirchenakten auf, dass politische Themen von den Pastoren nur punktuell angerissen wurden, um dann in den meisten Fällen staatskonform diskutiert zu werden […] Wenn sie Kritik äußerten, dann vor allem an den anti-religiösen Tendenzen vieler Siedler, die ihrerseits die Kirche und die Missionare als gemeinsam agierende Kollaborateure der Afrikaner beim Hererokrieg verdächtigten […] auch in alltäglichen Situationen waren sich die Pastoren der Erwartungen der Siedler und Soldaten durchaus bewusst und boten entsprechende Gemeindeabende an, die eher das Leben und Werk Friedrich des Großen darstellten als das heikle Thema ‚Eingeborenenangelegenheiten' zu thematisieren."[43]

Mehr Pfarrer für die Kolonie – auch wegen der katholischen Konkurrenz
Nach Ansicht der Rheinischen Missionsleitung zeigte das Beispiel Missionar Vedders in Swakopmund, der dort Pfarrer im Nebenamt war und vom EOK eine Bestätigung erhalten hatte, wie nötig ein Engagement von kirchlicher Seite in Deutschland war, besonders im Blick auf katholische Aktivitäten. Nach Ansicht der Missionsleitung befanden sich ihre Missionare nach dem Hererokrieg in einem scharfen Wettbewerb mit der katholischen Mission. Inspektor Johannes Spiecker stellte nach seinem Besuch im Land in seinem veröffentlichten Visitationsbericht von 1907 fest, dass leider die kirchliche Versorgung der Ansiedler, die zumeist evangelisch sind, sehr viel zu wünschen übrig lasse. Dagegen sorge sich die katholische Kirche „sehr eifrig für die katholischen weißen Bewohner […] und diese zeigen zum Teil auch mehr Anhänglichkeit an ihre Kirche […] Für die zahlreichen evangelischen Bewohner des Schutzgebietes ist bisher nur ein einziger Pfarrer in Windhuk stationiert."[44] Neben Missionar Vedder würden auch alle anderen Missionare der RMG regelmäßig Gottesdienste für ihre „weißen" Landsleute abhalten, was in den Augen der Mission nur eine Übergangslösung darstellte. „Es erscheint mir deshalb als Pflicht unserer evangelischen Kirche Deutschlands, dafür ernstlich Sorge zu tragen, daß ihre weißen Landsleute und Glaubensgenossen in Südwestafrika kirchlich besser versorgt werden." Nicht nur den „Eingeborenen", sondern

---

42 Zur Eingeborenen-Frage in Deutsch-Südwest-Afrika, in: Allgemeine Missionszeitschrift, 1906, 71. – Pastor P. Heyse hat einmal über eine kurze Begegnung mit einem afrikanischen Farmarbeiter, der ausgezeichnet Deutsch sprach, berichtet, um die „wenig günstigen Einflüsse" zu schildern, „die von Weißen ausgehen […] Ein Eingeborener hatte mich einmal von einer Eisenbahnstation auf eine Farm zu befördern […] Der Eingeborene wusste, wer ich war. Plötzlich und unvermittelt fragte er mich: ‚Gott – was ist Gott? Gibt's denn einen Gott?' […] Ich sagte ihm, was ich zu antworten hatte. Da fuhr der Eingeborene fort: ‚Die weißen Misters sagen immer: Glaubt doch nicht so was Dummes. Die Missionare erzählen euch Unsinn. In Deutschland glaubt kein Mensch mehr an Gott'." (Weiß und Schwarz in Deutsch-Südwest, in: Tägliche Rundschau, Berlin Nov. 1911).
43 Nils Ole Oermann, „Hochverehrter Herr Gouverneur", in: Artur Bogner u. a. (Hgg.), Weltmission und religiöse Organisation, Würzburg 2004, 598f.
44 Johanne Spiecker, Die Rheinische Mission im Hereroland, Barmen 1907, 137f.

> „vor allem auch unsern deutschen Landsleuten (müsse) das Evangelium, das userm deutschen Vaterlande zu so großem Segen geworden ist, ja dem wir seine Größe verdanken, eine Macht werden. Gelingt dieses, dann dürfen wir hoffen, daß dieses von der Natur so stiefmütterlich behandelte Gebiet, das uns schon so unendlich viel Geld und Menschenleben gekostet hat, einer guten Zukunft entgegengeht."[45]

Die katholischen Missionare waren hauptamtliche Seelsorger der „Weißen" und Missionare, während die evangelischen Missionare ihre pfarramtlichen Aufgaben stets im Nebenamt erfüllten. Erstere kamen als Vertreter einer Weltkirche nach Namibia, während die evangelischen Missionare keine offizielle Anerkennung ihrer Kirche vorweisen konnten, nur eine theologische Schmalspurausbildung genossen hatten[46] und zudem als weltfremd angesehen wurden.[47]

Zwischen Mai 1907 und Juni 1908 führte Missionsinspektor Spiecker Verhandlungen im EOK in Berlin. Bereits im April 1907 nach seiner Besuchsreise in der Kolonie hatte er an den Präsidenten des EOK, Gustav Voigts, geschrieben, dass er es am liebsten sehen würde, wenn aus den evangelischen Landeskirchen in Deutschland sich sechs bis sieben Pfarrer finden ließen: vier für Swakopmund und Windhoek (je zwei für die Außenbezirke), einen fünften für Omaruru und den Nordbezirk (Outjo, Otavi, Grootfontein, Tsumeb) und zwei weitere für Lüderitzbucht und Keetmanshoop (mit Warmbad, Gibeon und Berseba).[48]
Im Monat darauf widmete sich der Deutsche Evangelische Kirchenausschuss/DEKA dem Thema und sah die

> „möglichst schleunige durchgreifende Verbesserung der kirchlichen Versorgung der evangelischen Deutschen in Deutsch-Südwestafrika unter Bereitstellung der Mittel seitens des Kirchenausschusses als unabweislich und zwar als so dringlich an, daß

---

45 Ibid.
46 Zum Verhältnis der „Volltheologen", die oft Abkömmlinge alteingesessener Pfarrerdynastien oder Akademikerkinder waren, und den seminaristisch ausgebildeten Missionaren, die größtenteils aus minderbemittelten sozialen Schichten kamen, vgl. Altena, Ein Häuflein Christen, 289 u. 292f.
47 Die gesellschaftliche Reputation, die die katholischen Patres unter der Siedlergesellschaft genossen, stand auch im Zusammenhang mit ihrer Rolle als Militärseelsorger bis 1915; vgl. die kurze Darstellung in Buys/Nambala, History of the Church in Namibia 1805-1990, 79-82, 349. Es handelte sich um Missionare der Ordensgemeinschaft der Hünfelder Oblaten/OMI (Sitz der deutschen Ordensprovinz ist Mainz). Daneben waren in Namibia Missionare des Ordens der „Oblaten des Heiligen Franz von Sales"/OSFS tätig (Zentrum der Deutschsprachigen Provinz, die Niederlassungen in Bayern, Nordrhein-Westfalen, in Österreich und der Schweiz umfasst, ist Eichstätt). – Zum „Streit mit der katholischen Mission" vor 1914 aus der Sicht der RMG vgl. Lothar Engel, Kolonialismus und Nationalismus im deutschen Protestantismus in Namibia 1907-1945, Frankfurt am Main/Bern 1976, 55-62. – In der vom Apostolischen Vikariat in Windhoek 1946 herausgegebenen „Geschichte der Katholischen Mission in Südwestafrika 1896-1946" wird an vielen Stellen deutlich, wie die „Römischen" ihre Erfahrungen mit dem Anspruch der Rheinischen Mission während der deutschen Kolonialherrschaft beurteilten: die „deutschen lutherischen Missionare" hätten mit „Verleumdungen" gearbeitet und unter den Afrikanern, z. B. durch ihre Publikationen, den „Geist des Hasses" gegen die katholische Kirche gesät (Apostolisches Vikariat in Windhoek (Hg.), Geschichte der Katholischen Mission in Südwestafrika 1896-1946, Windhoek 1946, 5). – Das gespannte Verhältnis zwischen katholischer und evangelischer Kirche und Mission in der Kolonie und die veränderten Beziehungen in späteren Jahren müssten in einem gesonderten Beitrag näher untersucht werden.
48 Schreiben vom 18.04.1907; EZAB, Berlin, EZA 5/2916.

der Vorsitzende (Voigts; L.E.) ersucht und ermächtigt wurde, unverzüglich das Erforderliche, auch wegen der Aussendung von Geistlichen, in die Wege zu leiten".[49]

Die Kirchenleitungen erklärten sich zu Sonderkollekten für diese Arbeit bereit und erbaten Material für Ausschreibungen an die Gemeinden, um deren Interesse zu wecken. Im Oktober 1907 übermittelte Spiecker weiteres Informationsmaterial nach Berlin. Auch in öffentlichen Veranstaltungen setzte er sich für ein verstärktes Engagement der evangelischen Kirchen in der Kolonie ein. In einem Vortrag vor der Bergischen Gruppe des Evangelischen Bundes über die Frage: „Welche Pflichten hat das evangelische Deutschland in Südwestafrika?" schilderte er sehr optimistisch die Lebensbedingungen und klimatischen Verhältnisse im Blick auf eine Besiedlung des Landes. Zugleich stellte er die früheren erfolglosen Versuche der katholischen Mission dar, in der Kolonie Fuß zu fassen.

> „Es ist aber nötig, dass unsere evangelische Bevölkerung als solche mehr und mehr von dem Bewußtsein durchdrungen wird, daß viele unserer zahlreichen Landsleute in Südwestafrika in der Gefahr völliger Entkirchlichung stehen. Die katholische Kirche ist eifrig auf dem Plan [...]"[50]

Im Februar 1908 schrieb Spiecker noch einmal an Gustav Voigts, den Vorsitzenden des Kirchenausschusses, um die Dringlichkeit der Aufgaben, „die unsere evangelische Kirche dort zu erfüllen hat", zu unterstreichen und um vor den „großen Schädigungen, wenn diese Aufgaben nicht bald in Angriff genommen werden", zu warnen.[51] Sechs Tage später wandte sich Spiecker an Konsistorialrat Duske in Berlin mit einem Verweis auf seinen Vortrag vor dem Evangelischen Bund vom Oktober. Er legte ihm einen konkreten Stellenplan vor, der dem nahe kommt, was später verwirklicht wurde: die Besetzung von Pfarrstellen in Karibib, Omaruru, Grootfontein, Lüderitzbucht und Keetmanshoop. Er dachte darüber hinaus an Pfarrstellen in Gobabis, Okahandja, Warmbad und auch an eine Besetzung von Gibeon, doch trug er Bedenken wegen der möglichen Konflikte mit den dort zahlreich siedelnden Buren: „Wenn er (der neue Pfarrer in Gibeon; L.E.) aber mit innerlich warmem Herzen die Buren kirchlich versorgt, dann kann eine geringe und teilweise Germanisierung der Buren [...] in etwa die Frucht seiner Arbeit sein."[52]

Im Juni 1908 kam es zum entscheidenden Gespräch im Berliner EOK zwischen Oberkonsistorialrat Hermann Kapler, Konsistorialrat Dr. Duske, dem früheren Windhoeker Pfarrer Anz und Inspektor Spiecker über die „Organisation der kirchlichen Versorgung der evangelischen Deutschen in Südwestafrika". Spiecker wies wiederum auf die Gefahr des wachsenden katholischen Einflusses hin, weshalb in keiner anderen deutschen Kolonie die Verstärkung der kirchlichen Versorgung der Evangelischen so dringlich sei wie hier. Durch das „schematisch geübte Paritätsprinzip" der Behörden und durch die Tatsache, dass „[...] die evangelischen Missionare vielfach nicht als voll angesehen werden und eine Abneigung dagegen besteht, sich von ihnen kirchlich bedienen zu lassen", müssten sie nun unbedingt

---

49 Sitzung vom 30./31. Mai 2007, EZAB, Berlin, ibid.
50 Vortrag am 23.10.1907, abgedruckt als Heft des Rheinischen Hauptvereins des Evangelischen Bundes; EZAB, Berlin, EZA 5/2985.
51 Ibid.
52 Ibid.

durch Pfarrer abgelöst werden.⁵³ Die Weltabgewandtheit manches Rheinischen Missionars, die gesellschaftliche Kontaktfreudigkeit der katholischen Konkurrenz und die fehlende kirchliche Legitimation der evangelischen Missionare käme den Katholiken zugute:

> „Weiter nötige gerade jetzt die starke Vermehrung der weißen Bevölkerung infolge der jüngsten Kriegswirren und der anhaltend starke Zuzug von Auswanderern – Farmern und Bergarbeitern – dazu, von evangelischer Seite systematisch vorzugehen."⁵⁴

Wieder legte Spiecker einen detaillierten Besetzungsplan vor, dem Anz bis auf den Vorschlag einer Besetzung von Warmbad zustimmte. Um die Gemeinden finanziell zu entlasten, wusste Spiecker auch Rat: Für die Finanzierung eines Pastors im Norden sei die Otavi-Minen-Gesellschaft, der die Bahnlinie in den Norden gehörte, bereit, Beihilfe zu zahlen und den Pastoren freie Fahrt auf ihrer Strecke zu gewähren. In einem Informationsschreiben, das die Missionsleitung vier Monate später an alle Missionare richtete, werden sie gebeten, bei der Gründung von evangelischen Gemeinden aktiv zu werden:

> „Es ist von der allergrößten Wichtigkeit für das große Schutzgebiet und auch bedeutsam für unsere Missionsarbeit, vor allem dem Vordringen den Römischen gegenüber, daß möglichst viele tüchtige und warmherzige Pfarrer ausgesandt werden. In der Regel kann dies nur geschehen, wenn zuvor draußen Gemeinden gegründet sind [...] Auch Ihr könnt nun in dieser Sache behilflich sein und dahin wirken, dass an allen größeren Plätzen sich evangelische Gemeinden konstituieren und ein Gemeindekirchenrat gewählt wird [...] Ebenso bitte ich für den Deutschen Evangelischen Kirchenausschuß um Mitteilung, wieviel evangelische Christen an dem Orte, da Ihr wohnt, leben [...]"⁵⁵

Die Mischehenfrage: Unterschiedliche Positionen bei Pfarrern und Missionaren

Missionare und Pfarrer sahen ein besonderes Problem darin, dass es nur wenige „weiße" Männer verheiratet waren und viele mit afrikanischen Frauen zusammenlebten. Anfang 1911 befanden sich unter den registrierten knapp 14.000 „Weißen" im Land nur 1749 verheiratete männliche Personen. Um auf die Beziehungen zwischen „weißen" Siedlern und afrikanischen Frauen zu reagieren, setzten die Geistlichen ethische und kirchenpolitische Ziele. Um den von ihnen konstatierte Sittenverfall zu bekämpfen sollten „weiße" Gemeinden gegründet werden. Sie hofften, auf diese Weise christlichen Wertmaßstäben Geltung zu verschaffen und auch das Image der Mission zu verbessern, das in den Augen der Siedler durch die Aufstände beträchtlichen Schaden genommen hatte.

Uneinigkeit bestand zwischen den Pfarrern und Missionaren, wie sie das staatliche Verbot der so genannten „Rassenmischehen" beurteilen sollten. Gouverneur von Lindequist hatte eine „Verordnungen zum Schutz der weißen Rasse" für das Schutzgebiet erlassen.⁵⁶

---

53 Aktennotiz über Verhandlung vom 2 Juni 1908: EZAB, Berlin, EZA 5/2916.
54 Ibid.
55 Schreiben Spieckers vom 26.10.1908; Archiv- und Museumsstiftung Wuppertal, RMG 988.
56 Nils O. Oermann nennt als Begründung für die Entscheidung des Gouverneurs vom September 1905 „biological aspects of race and purity of culture", hebt jedoch ein gravierenderes Motiv hervor: von Lindequist sei in erster Linie besorgt gewesen, dass durch eine zunehmende Zahl von Mischehen Afri-

Der Gemeindekirchenrat von Windhoek beschloss 1906, dass kein Kind aus gemischtrassischer Ehe in den Kindergarten aufgenommen werden durfte. Der Rheinische Missionspräses Wandres überreichte 1912 dem neuen Staatssekretär im Reichskolonialamt, Wilhelm H. Solf, während dessen Besuch (Juni/Juli 1912) einen Aufsatz zum Thema, in dem er die Position der Mission darstellte: Der in allen Kolonien bestehende Rassenunterschied werde „unumwunden" anerkannt, weshalb Mischehen „unter allen Umständen nicht erwünscht erscheinen". Aber die Mission sähe sich „doch genötigt, auf das entschiedenste hervorzuheben, dass ein gesetzliches Verbot einer legitimen Ehe zwischen einem weißen Mann und einer farbigen Frau nach unserer Überzeugung mit der christlichen Schätzung der Ehe schwer vereinbar ist […]"[57] Pastor Hans Hasenkamp in Swakopmund sprach sich als Vertreter der evangelischen Kirche für eine radikalere Position aus. Das Verbot sei unter anderem deshalb legitim, weil es der Wohlfahrt der Kolonie diene. „Es verbietet die Rassenmischehe, weil die Rücksicht auf das äußere und innere Gedeihen der Kolonie es ihm zu fordern scheint."[58] Mit Missionar Wandres stimmt Hasenkamp in der Beurteilung ihrer Erfahrung überein, dass „also die Ehe zwischen Weißen und Eingeborenen oder Farbigen als sittlich minderwertig bezeichnet werden (muss)."[59]

Hasenkamp hielt 1913 auf der 4. Pastorenkonferenz von Karibib, die der Jurist des EOK, Hermann Kapler anlässlich seines Besuchs einberufen hatte,[60] einen Vortrag zum Thema, in dem er sich noch einmal für ein totales Verbot von Mischehen aussprach. Er wiederholte, dass die „illegitimen" Kinder eine Gefahr für Volkstum, Rassen- und Herrenstolz darstellten. Vier Jahre vorher hatte er in einem Artikel in der „Deutsch-Südwestafrikanischen Zeitung" allerdings ein „beherztes Wort" gefunden, das die Situation differenzierter beschreibt:

„Das Gerechtigkeitsgefühl lehnt sich dagegen auf, dass die Gesellschaft die in einer dauernden ehelichen Verbindung mit eingeborenen Frauen stehenden Mitglieder, die ihre Kinder pflichtgemäß erziehen, zu Bürgern zweiten Ranges degradiert, gleich-

---

kaner in die Lage versetzt würden, „to claim their rights as German citizens […] In fact, the worst nightmare of government officials and local settlers who supported the prohibition of mixed marriages lay close at hand in a case that had occurred in northern Germany. The children of a white man and an African woman had passed their grammar school examens in Kiel and Hamburg and were completing their military service in the German colonial army. For the majority of German farmers, it would have been intolerable that those junior officers could serve as officers in South-West-Africa." (Nils O. Oermann, The Law and the Colonial State, in: Geoff Eley/James Retallack (Hgg.), Wilhelminism and Its Legacies, New York/Oxford 2003, 176f).

57 Hasenkamp, Johannes, Rassenmischehe und Kirche, in: Koloniale Monatsblätter. Zeitschrift für Kolonialpolitik, Kolonialrecht und Kolonialwirtschaft 16, hg. von der Deutschen Kolonialgesellschaft, Berlin 1914, 21-28, 22.
58 Ibid., 24.
59 Ibid., 23. – 1912 wurde im deutschen Reichstag eine Resolution zugunsten eines Reichsgesetzes über die Gültigkeit von kolonialen Mischehen mit großer Mehrheit angenommen.– Zum Thema vgl. Kundrus, Moderne Imperialisten, besonders 219-279: Hinausrechteln und Hinabmendeln: Die Diskussion um Mischehen und ihre Verbote; Nils O. Oermann, Mission, Church and State Relations, 185-201; F. Becker, Rassenmischehen – Mischlinge – Rassentrennung, Stuttgart 2004; vgl. auch die beiden Aufsätze von Kathrin Roller (vgl. Anm. 10). – Zur Sorge der Mission um die Mischlingskinder vgl. die kritische Auseinandersetzung von Gesine Krüger, Kriegsbewältigung und Geschichtsbewusstsein, 163ff.
60 Zur Kaplerreise vgl. auch Beitrag #2 von Jürgen Kampmann.

zeitig aber diejenigen Mitbürger, die in ungeregeltem Geschlechtsverkehr Mischlingskinder erzeugt haben und sich um ihre Erziehung überhaupt nicht kümmern, völlig ungeschoren lässt."[61]

Die Rheinischen Missionare widersprachen der rigorosen Ablehnung von Mischehen auch im historischen Rückblick auf ihre eigenen Vorväter in der Mission, die Ehen mit Einheimischen eingegangen waren. Ungeachtet dessen stellte der spätere Missionspräses Vedder 1935 in einem Aufsatz fest, dass die Mission „dem Bestreben zur Verhinderung geschlechtlicher Rassenmischung ihre volle Zustimmung und tatkräftige Unterstützung" geben könne. Denn die aktuelle Rassenforschung im Dritten Reich habe der Lebenspraxis dadurch einen Dienst erwiesen, „dass sie unwiederbringlich den Beweis dafür geliefert hat, dass Rassenmischung gegen die Lebensgesetze der Natur und daher zu bekämpfen ist."[62]

Zehn Gemeinden, acht ordinierte Pfarrer: Aufschwung bis 1914
Der Impuls zur Einrichtung evangelischer Siedlergemeinden zeigte bald Erfolg. 1908 erhielt der Windhoeker Pastor Unterstützung durch Pastor Paul Heyse. Missionar Vedder wurde durch Pastor Hasenkamp abgelöst. Die Gemeinde in Lüderitzbucht konstituierte sich 1909, wohin Pastor Metzner kam. Pastor Heyse ging 1910 von Windhoek nach Karibib, von wo aus er auch Omaruru und Usakos kirchlich versorgte. An seine Stelle in der Hauptstadt trat Pastor Coerper. 1911 wurde der Theologe Wetschky als Pastor für den Nordbezirk (Tsumeb, Grootfontein) eingesetzt. Pastor Siebold trat im gleichen Jahr die Nachfolge des 1910 verstorbenen Missionars Fenchel an, der in Keetmanshoop die Gemeindegründung angestoßen hatte. Da immer einer der Pfarrer ohne eigene Gemeinde sein sollte, um für Urlaubsvertretungen zur Verfügung zu stehen, kam schließlich noch Pastor Beyer nach Windhoek. Bis zum Ausbruch des Ersten Weltkriegs hatten sich zehn Gemeinden in Namibia gebildet, die von acht Pfarrern betreut wurden – eine Zahl, die bis zum Zweiten Weltkrieg nicht mehr erreicht wurde.

Zwischen den Pfarr- und Missionarshäusern bestanden oft enge familiäre Verbindungen. Pastor Heyse, Pastor Wetschky und Missionar Kuhlmann hatten Töchter von Missionar Dannert geheiratet, sie waren also alle drei mit einander verschwägert. Pastor Coerper war ein Vetter von Pastor Wetschky, und beide waren Neffen des Rheinischen Missionsdirektors Johannes Spiecker. Wetschky war vor seiner Aussendung Lehrer am Wuppertaler Missionsseminar gewesen.[63]

Das Bemühen des DEKA, möglichst aus mehreren deutschen Landeskirchen jüngere Pfarrer für den kirchlichen Dienst in der Kolonie zur Verfügung gestellt zu bekommen, hatte nur begrenzten Erfolg. Aus dem Protokoll der 30. Deutschen Evangelischen Kirchenkonferenz, gehalten vom 25. Mai bis 1. Juni 1910, geht hervor, dass von den im Jahr 1910 ausgesandten fünf Pfarrern allein vier aus Preußen stammten und einer – Metzner – aus Sachsen-Weimar. Auf ein Anschreiben des DEKA an alle Kirchenregierungen, beschlossen am 25./26. März 1909, mit der Bitte, in Frage kommende Geistliche zu nennen, antworteten 18 Kirchenämter, davon nur eins – das Königliche Landeskonsistorium Hannover – positiv.

---
61 Krüger, Kriegsbewältigung und Geschichtsbewusstsein, 182.
62 Heinrich Vedder, Rasse, Religion und Mission, Wuppertal 1935, 19f.
63 Vgl. Engel, Kolonialismus, 72.

Alle anderen gaben an, unter eigenem Pfarrermangel zu leiden oder sahen sich nicht in der Lage, die Altersversorgungen zu übernehmen.[64]

Infos im Groß-Format: das Gemeindeblatt für evangelische Leser

Einen Eindruck von der Entwicklung der evangelischen Gemeinden in Namibia kurz vor dem Ersten Weltkrieg vermitteln die Nachrichten, die sich im *Evangelischen Gemeindeblatt für Deutsch-Südwestafrika* finden, das von Januar 1911 bis Juli 1914 monatlich erschien und in Swakopmund herausgegeben wurde. Mit einer Beilage umfasste es zehn eng bedruckte, zweispaltige Seiten, bei einer Seitengröße, die etwas über das heutige DIN-A4-Format hinausging.[65] Erster Schriftleiter war Pastor Hasenkamp, der während Urlaubszeiten von Pastor Heyse vertreten wurde. Es finden sich neben den einleitenden biblischen Besinnungen und abgedruckten Predigten Kurznachrichten aus den Gemeinden, Angaben über die Zahl der Amtshandlungen, Kindertaufen und Eheschließungen, über Schulen und den Windhoeker Kindergarten, über die verschiedenen Vereine, über besondere Gemeindeveranstaltungen (Chor- und Musikabende z. B.), über Besucher aus Deutschland. Über Pfarr- und Missionarskonferenzen wurde ausführlich berichtet und kontroverse Themen wurden behandelt, so etwa die Mischehenfrage. Die Schriftleitung konnte sich auch kritisch gegenüber Entwicklungen in der Kolonie äußern, so etwa über das Todesurteil gegen einen afrikanischen Jugendlichen (sog. „Omaruruer Fall"). Historische Beiträge füllten öfter die Spalten, wenn zum Beispiel an die Völkerschlacht von Leipzig vom Oktober 1813 erinnert wurde oder an Ernst Moritz Arndt. Der Kaiser wurde öfter gewürdigt. Die Missionare veröffentlichten historische Beiträge oder beschrieben die Mission unter den verschiedenen afrikanischen Ethnien. Offen wurde aus Deutschland über die zahlreichen Kirchenaustritte berichtet oder das mangelnde kirchliche Interesse der Gemeindeglieder in der Kolonie angesprochen. So schilderte Pastor Hasenkamp gleich in der ersten Ausgabe, wie es in der Kolonie zu den ersten Gemeindegründungen gekommen und dass dies von den Südwestern jedoch sehr wenig unterstützt worden war.

> „Das ist zu beklagen, aber auch zu verstehen. Auch in der Heimat befindet sich ja das kirchliche Leben in einer Krise. Millionen teilen die Überzeugung, die Emanuel von Geibel schon vor 50 Jahren in dem Seufzer kundgab: ‚Dieser Kirche Formen fassen dein Geheimnis, Herr, nicht mehr'."[66]

Die Auflage des Blattes stieg von etwa 1300 auf 1850 Exemplare im Jahr 1913 und auf 2050 im Juli 1914. Es wurde anfangs aus Mangel an Finanzmitteln nur an Verheiratete verschickt. Finanziert wurde das Blatt durch Anzeigen und freiwillige Gaben.[67] Die Pfarrkonferenz bat 1911 die Bezieher dringend darum, das Blatt möglichst vielen zugänglich zu machen, die es nicht erhielten, vor allem den Unverheirateten. „Sollte das Blatt

---

64 EZAB, Berlin, EZA 5/538.
65 Vergleichbare Größe: „zeitzeichen", „junge.kirche"; allerdings fiel die Papierqualität damals schlichter aus. – Ab 1928 wieder herausgegeben unter dem Titel „Heimat" (vgl. Anm. 93 u. 98).
66 Die evangelische Kirche in Deutsch-Südwestafrika, Evangelisches Gemeindeblatt Nr. 1, Swakopmund 1911, 2-4
67 In der September-Ausgabe 1913 lag zum ersten Mal eine Postanweisung mit der Bitte bei, Spenden zu überweisen.

versehentlich Nichtevangelischen zugeteilt werden, so bitten wir die Empfänger, es bei der Geschäftsstelle abbestellen zu wollen."[68]

Kirchenrechtliche Anbindung der evangelischen Siedlergemeinden

Im Kaiserreich war strittig, wer in einer zukünftigen Kolonialkirche das leitende „Kirchenregiment" innehaben sollte.[69] Einige vertraten die Position, dass das Reich in den Schutzgebieten alle Staatsaufgaben zu erfüllen habe und dass folgerichtig auch die innere Regelung des Kirchenwesens als eine Staatsangelegenheit anzusehen sei. Andere meinten, dass bei Zusammenschluss der Einzelgemeinden zu einem Kirchenbund keine eigenständige Kirche entstünde, sondern am Ende doch eine zentrale Einrichtung im Kaiserreich, nämlich der Evangelische Oberkirchenrat in Berlin, zuständig sein würde. Der 1850 durch königlichen Erlass als oberste Kirchenbehörde der preußischen Landeskirche eingerichtete EOK übte seine Fürsorge für die deutsche evangelische Diaspora im Ausland in der Weise aus, dass er den angeschlossenen Gemeinden Geistliche sandte und dass er Geistliche auch nicht angeschlossener Gemeinden „unter Schutz und Aufsicht" nahm. Nach einem Kirchengesetz vom Mai 1900 konnten sich Gemeinden im Ausland auf eigenen Wunsch dem EOK anschließen.

Diese Regelung bildete die Grundlage der Beziehung der Gemeinden in Namibia zu kirchlichen Stellen in Deutschland auch nach dem Ersten Weltkrieg. Erst nach dem Zweiten Weltkrieg entstand aus dem Verbund der Einzelgemeinden und der Pfarrkonferenzen eine landesweite kirchliche Körperschaft. Sie stand am Anfang unter der Führung eines Landespropstes, der die südafrikanische Politik der getrennten Entwicklung befürwortete. Damals hätte die Rheinische Mission, die sich in Deutschland theologisch und missionspolitisch neu orientiert hatte und die Rassentrennung verurteilte, beanspruchen können, dass die von ihren Missionaren jahrelang kirchlich betreuten „weißen" Einzelgemeinden auch einen anderen Weg hätten gehen können. Es wäre sicherlich schwierig gewesen, „weiße" Gemeinden unter dem Dach der Mission mit afrikanischen Gemeinden enger zu verknüpfen. Und es hätte dazu auch unter der Mitarbeiterschaft der Mission in Namibia selbst einen Paradigmenwechsel geben müssen.

Über diese Jahre wird an anderer Stelle zu berichten sein. Hier soll auf zwei Berichte im „Evangelischen Gemeindeblatt" zum Thema Bezug genommen werden. Pastor Heyse hatte sich bereits im März 1911 zur „Rechtslage unserer Gemeinden" geäußert[70] und festgestellt, dass das seit der Reformation gültige Landeskirchentum bis dato zur Folge hatte, dass der Landesfürst die Gemeinden zu Einrichtungen des öffentlichen Rechts machte, sie einer zentralen Behörde unterstellte und sich selbst zur Spitze der ganzen Verfassung machte, wodurch er also oberster Bischof gewesen sei. „Dessen ausführendes Organ ist heute in Preußen der Evangelische Oberkirchenrat." Die in der Kolonie sich entwickelnde Gesetzgebung habe bisher die kirchlichen Gemeindebildungen nicht berücksichtigt, „die in der Heimat in den Umkreis der Landesregierung, nicht der Reichsregierung gehören." Folglich

---

68 Beilage zur Nummer 1 vom Januar 1911.
69 Vgl. Johannes Lucas de Vries, Namibia – Mission und Politik (1880-1918), Der Einfluß des deutschen Kolonialismus auf die Missionsarbeit der Rheinischen Missionsgesellschaft im früheren Deutsch-Südwestafrika Neukirchen-Vluyn, 1980, 114ff. Zu den Problemen des Kolonialkirchenrechts vgl. die Beiträge #1 und #2 von Wellnitz und Kampmann.
70 Evangelisches Gemeindeblatt Nr. 3, Swakopmund 1911, 22f.

kennen weder das „hiesige Gouvernement" noch „die heimische Kolonialregierung" die evangelischen Gemeinden als Rechtsgrößen, „wie denn auch die Pfarrer nicht von der Regierung angestellt noch ihr unterstellt sind." Dieser Zustand sollte aber die Gemeinden nicht verunsichern, „sind doch in der Kirchengeschichte Zeiten der Rechtsunsicherheit, ja der Verfolgung von rechts wegen Zeiten der Vertiefung, der um so unerschrockeneren Entwicklung gewesen." Es sei erforderlich, dass die Gemeinden nun rechtsfähig würden. Ihr Anschluss an den Berliner EOK habe Veränderung zum Beispiel bei der finanziellen Unterstützung, aber noch keine Lösung gebracht. Heyse unterstreicht abschließend, dass nicht die juristischen Fragen, sondern die innere Entwicklung der Gemeinden zentrales Anliegen sein sollte, nämlich „wirklich zu werden, was sie sein sollen, Gemeinschaften des Glaubens und der Liebe."[71]

Gut zwei Jahre später wurde in der Ausgabe des Gemeindeblattes vom August 1913 ausführlich über die Reise von Geheimrat Dr. Hermann Kapler berichtet, dem späteren Präsidenten des Deutschen Evangelischen Kirchenbundes, der als erster Vertreter des Berliner EOK das Schutzgebiet besuchte.[72] Die Frage des institutionellen Charakters der evangelischen Gemeinden spielte in seinen Gesprächen ebenfalls eine zentrale Rolle. Kapler berief zum 18.-20. Juni 1913 eine Pfarrkonferenz nach Karibib ein, zu der alle Pfarrer erschienen. „Während die früheren Zusammenkünfte private Veranstaltungen waren," schrieb Pastor Hasenkamp „trug diese Konferenz einen amtlichen Charakter". In den Tagen davor besuchte Kapler mehrere Gemeinden, wo er dann auch die jeweiligen Missionare kennenlernte. Am Sonntag, dem 15. Juni fand ein Festgottesdienst in der Christuskirche in Windhoek statt, wo Kapler der Gemeinde 5000 Mark zur Anschaffung des Gestühls übergab. „So werden denn endlich die Kasernenschemel aus der Kirche verschwinden und das schöne Gotteshaus wird auch im Innern einen würdigen Eindruck machen."[73] Am Montag darauf besuchte er Okahandja, wo er abends an der offiziellen Feier anlässlich des Regierungsjubiläums des deutschen Kaisers teilnahm. Am Tag danach regte er die regelmäßige „kirchliche Bedienung" der Ortschaften Okahandja und Osona von Windhoek aus an.

Auf der vierten Pfarrkonferenz in Karibib sei das Augenmerk zunächst auf „den äußeren Aufbau unserer Landeskirche" gerichtet worden, berichtete Hasenkamp weiter. Es wurde der Plan eines Reisepredigers, die Einrichtung von Pfarrstellen im Nordwesten, Osten und im äußersten Süden der Kolonie behandelt. Als vorrangig wurde jedoch angesehen, die vorhandenen Gemeinden „mit den notwendigen Bauten" auszustatten. Dem Gefühl der „weißen" Gemeinden widerstrebe es, „bei den Gottesdiensten dauernd die Gäste von Eingeborenen-Gemeinden zu bleiben".[74]

Im Blick auf die anstehenden Rechts- und Organisationsfragen war die Versammlung dankbar, dass die oberste Kirchenbehörde einen leitenden Juristen geschickt hatte. Wie

---

71 Ibid., 23.
72 Johannes Hasenkamp, Die vierte Konferenz der evangelischen Pfarrer in Deutsch-Südwestafrika, Evangelisches Gemeindeblatt Nr. 8, Swakopmund 1913, 73ff.
73 Die Gemeinde schloss einen Vertrag mit einem Windhoeker Tischlermeister, die nötige Menge Eichenholz wurde in Deutschland bestellt. Das erhoffte Gestühl konnte jedoch nicht hergestellt werden, da nach Ende des Krieges sich herausstellte, dass das Holz von den Okkupationstruppen als Brennholz requiriert worden war. Vgl. Afrikanischer Heimatkalender, Windhoek 1961, 68ff.: Andreas Wackwitz, Zwischen den beiden Weltkriegen.
74 Evangelisches Gemeindeblatt Nr. 8, 74.

konnten die Kirchengemeinden rechtsfähig werden? Fünf Jahre lang habe man sich erfolglos bemüht. Kapler erläuterte, dass der EOK wünsche,

> „dass die Kirchengemeinden in den Kolonien, die durch königlichen Erlaß an die preußische Landeskirche angeschlossen sind, auch auf der Grundlage ö f f e n t l i c h e n Rechtes die Rechtsfähigkeit gewinnen möchten. Durch eine kaiserliche Verordnung oder auch durch ein Reichsgesetz könnte ihnen dies Recht verliehen werden."

Das zuständige Reichskolonialamt habe bisher dem Reichstag aber nur eine Novelle zum Schutzgebietsgesetz vorgelegt, in der bestimmt würde, dass wie andere Vereine auch die Kirchengemeinden Rechtspersonen privaten Rechts werden können. Den größten Nachteil dieser Rechtsordnung sah Kapler darin, dass den Gemeinden ihr Grund- und Gebäudebesitz „nicht genügend sichergestellt wird. Geheimrat Kapler hat deshalb vorgeschlagen, dass die Gemeinden ihren Besitz im Grundbuch auf den Namen des Deutschen Evangelischen Kirchen-Ausschusses eintragen lassen möchten." Dies begrüßten die Anwesenden einmütig, weil den Gemeinden das Recht zur unentgeltlichen Nutznießung zugesagt wurde, wenn sie auch für die Kosten des Unterhalts selbst aufkommen mussten.[75]

Beim zweiten zentralen Diskussionspunkt, der Bildung eines Gemeindeverbandes, verwies Kapler auf die ermutigende Entwicklung zum Beispiel in Chile und Südbrasilien. Der Zug zur Vereinigung von Einzelvereinen sei in allen gesellschaftlichen Bereichen zu beobachten (Krieger-, Turn-, Schützen-, Missionsvereine und Fußballklubs). Zu bedenken seien die finanziellen Folgekosten, die die Vereinsmitglieder selbst aufzubringen hätten, wenn sie Projekte planten. Kapler unterstrich grundsätzlich die Notwendigkeit der engeren Verbindung. „Die M i s s i o n sowohl der evangelischen wie der katholischen Kirche besitzt im Land schon eine straffe Organisation. Jetzt muß die evangelische K i r c h e der Kolonie auch beginnen, sich als K i r c h e darzustellen."[76]

An weiteren Themen wurden behandelt: Farmseelsorge, Religions- und Konfirmandenunterricht, einheitlicher Gebrauch eines Gesangbuchs (festgelegt wurde: das der Provinz Brandenburg), Gemeindeabende, diakonische Aktivitäten, das Gemeindeblatt und schließlich die Mischehenfrage. Hier nahm die Versammlung den Standpunkt von Hasenkamp ein, der von dem der Mission abwich. Die nächste Pfarrkonferenz wurde abschließend auf August 1914 festgesetzt. Die 1913 angestrebte engere Verbindung unter den Gemeinden konnte bis zum Verlust der Kolonie 1915 nicht mehr umgesetzt werden.

In seinem Bericht, den Hermann Kapler über seine Dienstreise 1913 unter dem Titel *Unsere Aufgaben gegenüber den evangelischen Deutschen in den Kolonien unter besonderer Berücksichtigung von Deutsch-Südwestafrika* geschrieben hatte, stellte er abschließend fest (Unterstreichung von ihm):

> „Aber das eine dürfen wir nicht vergessen: wenn wir wollen, daß der Protestantismus, wie er aus der deutschen Reformation geboren ist, auch in der Zukunft seinen treuen und starken Hort und Helfer in unserem deutschen Vaterlande, beim evangelischen Deutschland finden soll, dann müssen wir an erster Stelle dafür sorgen, daß

---

75 Ibid.
76 Ibid.

unsere Glaubensgenossen auf <u>deutschem</u> Boden der evangelischen Kirche erhalten bleiben. Und deutscher Boden, ein überseeisches Deutschland sind unsere Schutzgebiete; an erster Stelle aber unter den Schutzgebieten steht für die kirchlichen Aufgaben Deutsch-Südwestafrika, wo der weiße Mann nicht kommen und gehen, sondern so Gott will, eine unabsehbare Kette von Geschlechtern erwachsen, ein großes deutsches Volk werden soll!"[77]

Kriegseuphorie – Reformationsjubiläum – verwaiste Gemeinden
Der kirchliche Vorkriegsoptimismus hatte seine Gründe. Innerhalb weniger Jahre waren drei Kirchen in Namibia mit Unterstützung aus Deutschland gebaut und innerhalb von sechs Jahren waren acht Pfarrer ausgesandt worden. Der evangelische Charakter der aufblühenden deutschen Kolonie sollte gesichert werden. Zunächst wurde auch der Kriegsausbruch gefeiert, man war überzeugt, dass der Krieg mit einem schnellen Sieg Deutschlands enden würde. Als Beispiel für die herrschende Grundstimmung mag eine Äußerung des ehemaligen Pfarrers von Keetmanshoop, Siebold, dienen. 1916 berichtete er in Deutschland, wie er am 2. August 1914 im Ort Maltahöhe einen Gottesdienst feierte, als ihn und die Gemeindeglieder die Nachricht von der deutschen Kriegserklärung gegen Russland erreichte: „Es traf sich gut, daß wir beieinander waren; so konnten die Wogen der patriotischen Begeisterung zusammenschlagen und in das richtige Bett des Gelöbnisses der Treue für Kaiser und Reich geleitet werden".[78]

In allen Gemeinden nahm in den Kriegsjahren die Zahl der Gottesdienstbesucher ab. Nach Kriegsschluss brachten die Zwangsausweisungen erneute Einbußen an Mitgliedern. Zuerst wurden die Schutztruppenangehörigen und der Gouverneur, dann alle Beamte und die Landespolizei nach Hause geschickt und zusätzlich etwa 1000 Personen repatriiert. Über den Abmarsch der im östlich von Lüderitzbucht gelegenen Ort Aus internierten Schutztruppe 1917 schrieb Pastor Coerper:

> „Als der Tag kam, [...] feierten wir noch einen ganz besonders erhebenden Gottesdienst auf dem Friedhof in Aus. Zum letzten Mal trat die Schutztruppe unter Gewehr [...] an [...] Wir nahmen Abschied von den hier ruhenden Kameraden, Abschied voneinander, und die Truppe Abschied von dem Lande, das sie als ein neues Deutschland lieb gewonnen hatte [...]"[79]

Während des Krieges füllten sich die Kirchen nur anlässlich nationaler Dank- oder Bittgottesdienste. Das Gemeindeblatt durfte nicht erscheinen. Gegen die aus Anlass von des Kaisers Geburtstag in den Kirchen weiterhin abgehaltenen Feiern hatte die Militärverwaltung nichts einzuwenden. Höhepunkt bildeten 1917 die Reformationsfeste. Die 400-Jahrfeiern waren überall „erhebende" Volksfeste des „Deutschtums", berichtet 1919 Pastor Hasenkamp im 26. Heft des *Vereins für Deutsch-evangelisches Leben in den Schutzgebieten und im Ausland*. In Windhoek und Lüderitzbucht wurden originale Trachten aus Luthers Zeit vorgeführt; die alten Chöre setzten sich wieder zusammen, und in Windhoek gestattete die Militärverwaltung die Aufführung eines Lutherspiels. Eine 48-seitige Festschrift durfte

---
77 EZAB, Berlin, EZA 5/2911.
78 In Südwestafrika unter englischer Herrschaft, Broschüre, Potsdam 1916, 6; EZAB, Berlin, EZA 5/2916.
79 25 Jahre deutsche evangelische Kirche Lüderitzbucht, 1937, 48; EZAB, Berlin, EZA 5/631.

veröffentlicht werden. Gegen Teile ihres Inhalts erhob nur der katholische Präfekt Beschwerde.[80]

Von den drei Rheinischen Missionaren, die des Landes verwiesen wurden, konnten zwei (J. Olpp und H. Vedder) mit Hilfe der reformierten Kirche in Südafrika 1921 wieder zurückkehren. Die deutschen evangelischen Gemeinden verloren den größten Teil ihrer Pfarrer. Pfarrer Hasenkamp von Swakopmund wurde von der Verwaltung repatriiert, weil Briefe von ihm (datiert 19. und 26. Mai 1919) mit unfreundlichem Inhalt gegen die Kriegssieger in ihre Hände gefallen waren. Am 26. Mai schrieb er unter anderem:

> „When wicked lust for revenge and ruthless craving for money combine against us in order to make slaves of us, fettered with mammon's chains and lashed with the scourge of hunger, then we have the human and divine right on our side. The last word of the history of the world is not spoken in gallic Babel even if they constitute themselves there as judges of the world [...] A feeling of terror seizes me sometimes when I imagine our beautiful church having to be sold to the Dutch Reformed Church or any other for want of countrymen [...]"[81]

Nach Hasenkamps Ausweisung waren nur noch Pastor Heyse (Karibib-Omaruru), Coerper (Lüderitzbucht), Wilke (Grootfontein) und Beyer (Windhoek) tätig. Pastor Beyer hatte sich vor Kriegsausbruch auf einer Besuchsreise im Land befunden und nahm die Stelle in Windhoek an, um überhaupt seinen Lebensunterhalt aufbringen zu können. Wegen der wirtschaftlichen Notlage zu Anfang der zwanziger Jahre konnten immer weniger Gemeinden den Gehaltsanteil für ihre Pfarrer aufbringen und auch die deutsche Kirche musste ihre Hilfe einstellen, so dass schließlich auch Coerper, Beyer und Wilke nach Deutschland zurückkehrten. Neben den Missionaren war dann nur noch Pastor Heyse im Land. In Windhoek wurde für zwei Jahre ein ehemaliger Marinepfarrer, Otto Kaschke, angestellt.

In allen verwaisten Gemeinden sprangen die Missionare ein, unter ihnen Missionar Hermann Tönjes, der für einige Jahre als Eingeborenen-Kommissar von der deutschen Regierung angestellt worden war, nach April 1915 Arbeit suchte und Aushilfspfarrer in Swakopmund wurde. Tönjes wurde von 1919 bis 1922 als Pfarrer von der dortigen Gemeinde angestellt. Danach ging er nach Deutschland zurück, wo er in Witzenhausen die Leitung des Evangelischen Hauptvereins für deutsche Ansiedler und Auswanderer übernahm. Der Versuch, während des Kriegs für Lüderitzbucht und Windhoek aus südafrikanischen deutschen Gemeinden (Worcester und Bloemfontein) Pfarrer zu erhalten, scheiterte. Im Fall von Windhoek leistete die dortige deutsche Gemeinde Widerstand mit dem Argument, man sei ja durch die beiden Missionare ausreichend versorgt.

Zusammen mit denen, die aus freiem Entschluss nach Deutschland zurückkehrten, verließen von den rund 13.000 Vorkriegsdeutschen etwa 50 Prozent das Land. Der Süden (zum

---
80 National Archives of Namibia/NAN, Windhoek, Akte: ADM, Archives of the Secretary for the Protectorate 1915-1921, Nr. 1963/7: „Public Entertainments. German Protestant Congregation. Permission to stage portions of Play Luther. 1917"; es wurde festgestellt: „no objections". – Mit Bedauern stellt das NAN heute fest, dass ein größerer Teil dieser Akte, einschließlich der genannten Nr., die der Autor 1972 eingesehen hatte, vor einigen Jahren leider vernichtet worden ist (Mitteilung an den Autor vom 05.11.2010).
81 NAN, Akte: ADM, Storage Unit 260, unregistered file Nr. 40, Repatriation of German missionaries, 1919-1920.

Beispiel Keetmanshoop) war bald burisch geprägt, nur in Städten wie Swakopmund und Lüderitzbucht[82] blieb der deutsche Anteil der Bewohner in der Mehrheit.[83]

„Deutschtumspflege" nach 1919 – Identität durch Abgrenzung

Bevor auf Aspekte der Entwicklung der evangelischen Siedlergemeinden nach dem Ersten Weltkrieg eingegangen wird, soll ein Blick in zwei Studien der inzwischen beträchtlich angewachsenen Fachliteratur zu Namibia und den dortigen deutschen Bewohnern geworfen werden. In seiner 1993 erschienenen Studie hat Klaus H. Rüdiger die „so genannten Emigrationsgesellschaften"[84] untersucht, die eigene Nationalismen entwickeln können. Dies lasse sich auch von den Deutschen in Namibia, gerade in den 20er und 30er Jahren, feststellen, weshalb Rüdiger pointiert von ihrem „Südwester Nationalismus" sprach[85]. Der sei charakterisiert durch eine „ausgeprägte Exklusivität". Man grenze sich gegenüber den Deutschen „drüben" und gegenüber den Siedlern anderer ethnischer Herkunft in Namibia ab. Durch Schule, Kirche, Vereinsvielfalt, durch die Pflege des Volkstums und durch die Erfindung neuer Traditionen wurde und wird diese Gemeinschaft zusammengehalten, die man andererseits auch als eine „Gemeinschaft von Individualisten" bezeichnen könnte.

Die Deutschen im Mandatsgebiet hätten sich gerne auf ihre Sprache als zentrales Element der eigenen nationalen Identität berufen, sagt Rüdiger. Dies sei jedoch problematisch, da sich das Südwester Deutsch nach dem Verlust der Kolonialherrschaft eher zu einer Mischsprache entwickelt habe, da es sich in diesen Jahren durch eine „hemmungslose Entlehnungsfreudigkeit" aus dem Afrikaans, dem Englischen und den Bantu/Khoisan-Sprachen auszeichnete. Der Autor weist zudem darauf hin, dass das Südwester „Deutschtum" seine Identität auch hätte verlieren können:

> „Die konsequente Bereitschaft, die materiellen und ideellen Werte, die man sich in der neuen Heimat buchstäblich erobert hatte, gegen die neuen, die südafrikanischen Herren zu verteidigen, schuf ein eigenständiges nationales Bewusstsein. Man kann über retrospektive Spekulationen denken, was man will, aber die Vermutung liegt doch sehr nahe: Wenn die burische Besatzungspolitik in den zwanziger Jahren nicht auf den Versuch einer zwangsweisen Verschmelzung hinausgelaufen wäre, hätte das

---

82 Pfarrer Ebers beschrieb Lüderitzbucht einmal als „urbs germanissima": Schreiben vom 21.05.1928 an den DEKA; EZAB, Berlin, EZA 5/2985. – Zur Nachkriegsentwicklung ab 1919 vgl. Tony Emmet, Popular Resistance and the Roots of Nationalism in Namibia, 1915-1966, Basel 1999.
83 Daten über die Zusammensetzung der Bevölkerung: Nach dem Report of South West Africa Commission, Union of South Africa, Pretoria 1936, §§ 15 und 22 gab es 1914 13.011 Deutsche. Nach SWA-Report 1939, § 58 befanden sich nach der Volkszählung vom Mai 1921 unter den insgesamt 10.673 „Weißen" nur noch 7.855 Deutsche. Die Relation verschlechterte sich ständig zuungunsten der Deutschen, was sich vor allem bei den Wahlen zeigte. – Ibid. § 104: nach der Volkszählung von 1936 befanden sich ca. 30.000 „Weiße" im Land; knapp ein Drittel davon deutscher Herkunft (davon wiederum 3.300 nicht-naturalisierte Reichsdeutsche). – Im „Afrikanischen Heimatkalender", Windhoek 2007, 38 werden diese Angaben bestätigt. Durch die Repatriierung nach dem Ersten Weltkrieg habe eine Verschiebung der Bevölkerungsanteile stattgefunden. Nach der Volkszählung von 1936 habe es damals 330.000 „schwarze", 18.128 afrikaans-, 9632 deutsch- und 2395 englisch-sprachige „weiße" Einwohner gegeben. Zweidrittel der Deutschsprachigen besaßen damals den Pass der Südafrikanischen Union.
84 Klaus H. Rüdiger, Die Namibia-Deutschen. Geschichte einer Nationalität im Werden. Beiträge zur Kolonial- und Überseegeschichte Bd. 56, Stuttgart 1993, 3.
85 Ibid., 37.

Südwester Deutschtum kaum diese ihm eigene ideologische Ausprägung erfahren; anders ausgedrückt: hätte Pretoria die deutschsprachigen Siedler gegenüber den afrikaanssprachigen politisch und gesellschaftlich gleichberechtigt behandelt, wäre eventuell das Südwester Deutschtum früher oder später relativ reibungslos mit dem Burentum verschmolzen."[86]

Was die Zahlen betrifft, so habe es sich bei den Deutschsprachigen stets um eine kleine Volksgruppe gehandelt. 1915 habe der Anteil der deutschen Bevölkerung 80 bis 90 Prozent, 1936 knapp 30 Prozent, 1946 noch 24 Prozent und 1993 nur noch ein bis zwei Prozent betragen (18.000 Deutsche, davon 14.000 Mitglieder der DELK).

In einer weiteren, bereits oben erwähnten Monographie setzt sich Martin Eberhardt unter anderem mit den Thesen von Rüdiger auseinander[87]. Er beschreibt, was die verbliebenen Deutschen von der neuen Administration nach dem Versailler Vertrag gefordert haben: nämlich im Interesse der ehemaligen Landesherren Fragen bezüglich der Schule, Deutsch als Amtssprache und der Bürgerrechte für Deutsche zu regeln. Eberhardt nimmt die Untersuchungen von Brigitta Schmidt-Lauber auf und bestätigt die These, dass sich die Deutschen erst in den Jahren nach dem Ersten Weltkrieg, als sie unter der südafrikanischen Herrschaft immer mehr zu einer Minderheit wurden, ihres Deutschseins bewusst wurden. „Ethnizität war im Fall der Deutschen das, worauf Max Weber hingewiesen hatte: eine geglaubte Gemeinsamkeit."[88] Auch er hält es für erstaunlich, „dass es Jahrzehnte nach dem Ende der deutschen Kolonialherrschaft überhaupt noch eine deutschsprachige Bevölkerungsgruppe gab", weshalb ihre Geschichte in Namibia auch Aufmerksamkeit verdiene.[89]

Ausgewiesene Pfarrer melden sich zu Wort – die Kolonie im Herzen

Nach dem Krieg entwickelte sich unter den im Land verbliebenen Deutschen gegenüber den nun einwandernden und von der Mandatsverwaltung bevorzugten Neu-Siedlern eine polemische anti-burische und anti-englische Stimmung. Gerade in kirchlichen Äußerungen ließ sich ein Pathos derer feststellen, die sich zu Unrecht benachteiligt und, was die Versailler Verträge betraf, politisch verurteilt fühlten. Dabei wurden die Siedler von Deutschland aus unterstützt, besonders vom Breslauer Verein, und in ihrer Vorstellung bestärkt, dass „Deutsch-Südwest" weiterhin bestehen und bald wieder an Deutschland zurückfallen würde. Bezeichnenderweise änderte der Verein 1925 seinen Namen in „Evangelische Kolonialhilfe" um. 1920 heißt es in den Mitteilungen des Vereins:

> „Nachdem man mit den Ausweisungen wohl oder übel aufhören mußte, richtete sich das eifrige Bemühen der englisch Gesinnten darauf, die verbleibenden Hunnen zu entdeutschen [...] Was willst du nun tun, unser Verein [...] Du leidest [...] schwer unter dem Verlust, [...] daß die koloniale Aufgabe Deutschlands vernichtet worden

---

86 Ibid., 45.
87 Eberhardt, Zwischen Nationalsozialismus und Apartheid, 19; vgl. auch Beitrag #9 in diesem Sammelband.
88 Ibid., 25. – Er bezieht sich auf Brigitta Schmidt-Lauber, Die verkehrte Hautfarbe. Ethnizität deutscher Namibier als Alltagspraxis, Lebensformen Bd. 10, Berlin/Hamburg 1998.
89 Ibid., 15.

sei. Aber siehe, gerade das Land, dem du deine erste Liebe zugewandt hattest, ist deutsches Land geblieben [...] es ist und bleibt deutsche Scholle."[90]

Der ehemalige Swakopmunder Pfarrer Hasenkamp sprach in seinen Beiträgen in den „Mitteilungen" von 1921 öfter von der kleinen „Südwester Landeskirche", wie er es bereits 1913 im Gemeindeblatt der evangelischen Deutschen getan hatte. Der Rheinischen Mission dankte er ausdrücklich, da es ohne sie keine kirchliche Arbeit unter den deutschstämmigen Bewohnern gegeben hätte. „Wer unseren Stammesbrüdern und Glaubensgenossen dort dienen will, muß daher Kirche und Mission mit gleicher Liebe unterstützen."[91]

Die „Mitteilungen" des Vereins wurden zwischen 1921 und 1925 von dem ehemaligen Windhoeker Pfarrer Hammer herausgegeben, der wiederum Artikel seines ehemaligen Swakopmunder Kollegen Hasenkamp, inzwischen Pfarrer in Duisburg, abdruckte. Als der Verein 1925 seinen Namen änderte, um seine Verpflichtung gegenüber der kolonialen Idee im deutschen Protestantismus präziser zu artikulieren, wurde dies auch von kirchlichen Stellen positiv vermerkt. Der Verein helfe nicht nur, die evangelischen Gemeinden in den ehemaligen Kolonien am Leben zu erhalten, sondern wolle „zugleich dem deutschen Volk die innere Verbindung mit seinen Schutzgebieten wahren". Nach dem Selbstverständnis des Vorstandes sei es eine Lebensfrage für Deutschland, „daß es die ihm widerrechtlich geraubten Kolonien wiedererhält", und deshalb sei entschiedenere Unterstützung evangelischen Lebens in Übersee vonnöten. Oder, wie es das neue Vorstandsmitglied Schian in einem Artikel mit dem Titel „Auf zum Werk!" ausdrückte: Der Verein will

„deutsch-evangelisches Leben, zumal in den deutschen Schutzgebieten, pflegen [...] Unsere Feinde haben sie uns schändlich geraubt. Wir lassen freilich nicht von der Hoffnung, daß wir nicht in allzu ferner Zeit wieder neue Kolonien unser eigen nennen können. Das Unrecht von Versailles muß wieder gut gemacht werden! [...] Man hat uns die Kolonien mit Gewalt genommen; aus unseren Herzen hat man sie nicht reißen können."[92]

Zwei Pfarrer in Namibia – ihre Sicht der Veränderungen in Deutschland nach 1919

Die Veränderungen in Deutschland seit dem Ende des Ersten Weltkrieges wurden in der ehemaligen Kolonie mit großer Aufmerksamkeit verfolgt. Als Anfang 1923 die Franzosen Gebiete an Rhein und Ruhr besetzten und damit ein Teil der altpreußischen Landeskirche abgetrennt war, protestierten die betroffene Kirchenleitung und die schwedischen protestantischen Bischöfe. Im Februar 1923 bat D. Moeller, Präsident des Berliner Kirchenausschusses, alle evangelischen Kirchen im Ausland, wie die schwedischen Geistlichen gegen die Besetzung zu protestieren. Das Verhalten der Besatzer widerspräche den Geboten Gottes und dem elementarsten menschlichen Empfinden. Die Kirche könne auch deshalb nicht schweigen, weil „die schwere sittliche Schuld, die das Unglücksdokument von Versailles uns zuschiebt, nie existiert hat, daß vielmehr das Sinnen und Trachten des deutschen Vol-

---

90 Mitteilungen der „Evangelischen Kolonialhilfe", Nr. 27, Breslau 1920, 557 u. 559; EZAB, Berlin, EZA 5/2993.
91 Mitteilungen Nr. 28, 1921, 577.
92 Mitteilungen der Evangelischen Kolonialhilfe, Heft 30, 1925, 590.

kes nie auf etwas anderes gerichtet war als darauf, im ruhigen Besitz schwer erkämpfter Einheit und Freiheit friedlicher Kulturarbeit nachzugehen."[93]

Pastor Heyse versandte den Text dieser Kundgebung an die Gemeindeleiter und bat um schriftliche Protesterklärungen, die er an die Heimatkirche weitersenden wollte. Aus Swakopmund lag bald ein „Einspruch gegen die widerrechtliche, unmenschliche und unchristliche Besetzung und dauernde Vergewaltigung des Ruhrgebiets durch die Franzosen" vor. Den Text hatte Heyse während seines Aufenthalts in Swakopmund mitverfasst. Er endete wie folgt: „Dem Feinde legt sie (die evangelische Christenheit; L.E.) seine Tat auf das Gewissen. Vor der Welt bezeugt sie, ob auch ihr Wort ohnmächtig jetzt verhallt: es wird eine Zeit kommen, da man sagen wird: ;Herrlich auferstanden bist du, Deutsches Reich!'"[94]

Einige Jahre später wurden die Entwicklungen in der Weimarer Republik mit Bestürzung wahrgenommen. Pastor Winfried Ebers beschrieb seine Eindrücke in einem Jahresrückblick wie folgt: In Deutschland sei eine gewaltige Gärung zu verzeichnen, die die größten politischen, aber auch kirchlichen Erschütterungen für die Zukunft vermuten lasse. In Deutschland sei es bald ganz mit dem Christentum vorbei. Skandalgeschichten, Depression, Arbeitslosigkeit erschütterten die Heimat. Der Gedanke der Volksgemeinschaft verblasse, die Heimat gehe ihrer Zerstörung entgegen. Ganz anders sei es in Südwestafrika, wo ein Kampf um den Aufbau „weißer" und „schwarzer" Gemeinden geführt werde und die Kirche sich um die Stärkung des „Deutschtums" bemühe. In seiner Klage klingt noch der Stolz auf die welthistorische Bedeutung Deutschlands mit: „Das größte Thema der Weltgeschichte, der Kampf zwischen Glauben und Unglauben, wird sich vollziehen auf deutschem Boden."[95]

Kirche als „geistige Mutter" – die Deutsche Evangelische Synode von Südwestafrika

Winfried Ebers war 1924 als neuer Pastor nach Windhoek ausgesandt worden. Er war Vertrauensmann des EOK beziehungsweise des Deutschen Evangelischen Kirchenbundes (DEKB), der ab Mitte der zwanziger Jahre für die Versorgung der deutschsprachigen Gemeinden mit Pfarrern und Geldmitteln verantwortlich zeichnete. Ebers bemühte sich, die im Land verstreuten Gemeinden enger zusammenzuschließen. Als ersten Schritt erreichte er 1925, dass sich alle neun Gemeinden im Mandatsgebiet dem neuen Kirchenbund in Deutschland anschlossen.

Die Idee, einen Verband aller deutschsprachigen Gemeinden zu gründen, wurde erst 1926 realisiert. Bereits auf der vierten Pfarrkonferenz 1913 war sie zum ersten Mal durchgesprochen worden. 1915 sollte eine Tagung mit Delegierten aus allen Gemeinden abgehalten werden, um die Idee endlich konkrete Gestalt annehmen zu lassen. Auf der siebten Pfarrkonferenz 1921 wurde der Plan zum Zusammenschluss nun unter dem besonderen Aspekt des Erhalts von Kirche und „Deutschtum" als unabdingbar angesehen. Auf Vorschlag des EOK in Berlin gingen die damals noch aktiven Pfarrer die Satzung der „Deutsch

---

93 Archiv der Evangelisch-Lutherischen Kirche in Namibia/DELK, Nr. II 2.3. Protokolle & Beschlüsse der Pfarrkonferenzen.
94 Ibid.
95 Jahresrückblick 1930, in: Heimat – unsere Kirche, Vierteljährliche Beilage, Allgemeine Zeitung, Windhoek, 1931, 3.

evangelischen Gemeinden an der unteren Donau" durch, verfassten auf dieser Grundlage eine eigene Satzung und legten sie den Gemeindekirchenräten zur Beschlussfassung vor.

Ebers musste erst das Vertrauen der Gemeinden zurückgewinnen, als es um die Wiederbesetzung von Pfarrstellen und um den geplanten Gemeindeverband ging. Denn von den Gemeinden wurden die Missionare bevorzugt. Sie besaßen die Landeskenntnis und waren lang genug im Land gewesen. Außerdem mussten die Gemeinden weniger finanzielle Aufwendungen leisten, wenn sie einen Missionar im Doppelamt in Anspruch nahmen. Ebers konnte schließlich die Bedenken gegen einen Gemeindeverband ausräumen. Vom 1. bis 4. Oktober 1926 fand die erste Synode mit je zwei bis drei Delegierten der inzwischen elf Gemeinden statt. Neun davon hatten sich bereits konstituiert: Windhoek, Swakopmund, Lüderitzbucht, Tsumeb, Keetmanshoop, Grootfontein, Omaruru, Karibib, Usakos. Zwei weitere standen vor der Gründung: Gibeon und Okahandja.

Die Synode wurde als Demonstration des „Deutschtums" gewürdigt. Als die Versammlung eröffnet wurde, konnten folgende Gäste begrüßt werden: Administrator Werth als Vertreter der Mandatsverwaltung; Vertreter des Landesrats, der Stadt Windhoek und der Deutsche Dr. Frey vom Education-Department; Dr. Haug, deutscher Generalkonsul in Pretoria als Vertreter des Deutschen Reichs; Dr. Franz als des Vertreter des Deutschen Reichs; Präses Olpp als Vertreter der Rheinischen Mission; Repräsentanten der drei deutschen evangelischen Synoden in Südafrika (Kap, Transvaal, Natal) und Gäste verschiedener deutscher Vereine. Nicht erschien der Vertreter des deutschen Landesschulverbandes, Dr. Brenner. Er spielte als Gegner der Kirche in den 30er Jahren bei der Nazifizierung deutscher Einrichtungen im Mandatsgebiet eine zentrale Rolle.

Pastor Ebers beschrieb in seinem Bericht an den DEKB die Bedeutung der Synode so: Sie sei eine „wirkungsvolle Kundgebung des Deutschen Protestantismus" gewesen, und die evangelische Kirche habe dadurch „eine starke Festigung im ganzen Schutzgebiet erhalten". Auch auf der Synode selbst erhielt die „Deutschtumsfrage" ein besonderes Gewicht. Missionar Wandres referierte über das Thema „Was können unsere Kirchengemeinden in Südwestafrika zur Erhaltung des Deutschtums tun?" Darin betonte er die Reinerhaltung der deutschen Sprache, die Bedeutung der Ehe, der deutschen Schulen, der Arbeit in deutschen Vereinen, und plädierte dafür, wichtige öffentliche Stellen mit Deutschen zu besetzen. Angesichts ständig zunehmender Besiedlung durch Buren müssten die Deutschen darauf bedacht sein, „die geistige Überlegenheit des Deutschtums nach Kräften weiter zu entwickeln." Diesen für die verbliebenen deutschen Siedler nur schwer zu verkraftenden Sachverhalt hatte Pastor Heyse bereits 1923 deutlich zum Ausdruck gebracht, als er die Funktion der evangelischen Pfarrer angesichts der ins Land kommenden burisch geprägten neuen Siedler ansprach: Die Buren würden deutlich registrieren, dass „wir uns bewusst ‚Deutsch-evangelisch' nennen, und dass wir Pfarrer ausgesprochene Träger des Deutschtums sind, das sie am liebsten schwinden und in ein allgemeines Südafrikatum aufgehen sehen wollen."[96]

---

96 Brief vom 31.07.1923 an den EOK, EZAB, Berlin, EZA 5/2916. – Zur „Burenfrage" vor 1915 vgl. Kundrus, Moderne Imperialisten, 96: Der andere Weiße; für die Zeit nach 1915: Eberhardt, Zwischen Nationalsozialismus und Apartheid, 191ff.: Deutsche und Buren. Die feindseligen Vettern.

Der Name, den sich der neue Verband gab, lautete pointiert „Deutsche Evangelische Synode von Südwest-Afrika". Der Begriff „lutherisch" kam weder hier noch in den Namen der Einzelgemeinden vor. Zu den in der Satzung festgehaltenen Zielen zählte:

1. die gegenseitige Förderung aller kirchlichen Angelegenheiten der einzelnen Gemeinden,
2. die Weckung eines evangelischen Bewusstseins und der brüderlichen Einheit,
3. gegenseitige Hilfe von innerer und äußerer Mission,
4. die Pflege des deutschen Kulturgutes im Rahmen der deutschsprachigen Gemeinden,
5. die Außenvertretung zum Deutschen Evangelischen Kirchenbund und zum Kirchenbund von Süd- und Südwestafrika.

Letzterer war im selben Jahr durch Zusammenschluss der drei Synoden (Südwest-, Kap- und Transvaal-Synode) geschaffen worden, dessen erster Vorsitzender Ebers wurde und bis zu seinem Weggang 1932 blieb. Auf Beschluss der Südwester Synode 1926 wurde Ebers der Titel Landespropst „beigelegt".[97] An alle Gemeinden wurde ein Grußwort der Synode verschickt und in der Windhoeker Allgemeinen Zeitung veröffentlicht, in dem es hieß: „Unseren Gemeinden in Südwestafrika entbieten wir nach vollendeter Tagung treudeutschen und evangelischen Gruß". Im Text wurde das Erbe der deutschen Reformation herausgestellt und für die deutschsprachigen Siedler der Glaube an Christus und treues Festhalten an deutscher Sprache und Art für verbindlich erklärt. Den deutschen evangelischen Landsleuten böte sich die Kirche als „geistige Mutter" an.[98]

Eine Entscheidung, die die Synodalen 1926 trafen, wirft Licht auf ein Problem in der „weißen" Gesellschaft, die das Verhältnis zu afrikanischen Frauen betraf. Die Synodalen wollten besonders die neu ankommenden deutschen Siedler ansprechen. Da zu dieser Zeit wieder mehr jüngere Auswanderer aus Deutschland ankamen, beschlossen die Delegierten ein Flugblatt, das die Neuangekommenen vom Verkehr mit „schwarzen" Frauen zurückhalten sollte. Es wurde von Missionar Rust unter Mithilfe eines Delegierten aus der Gemeinde Lüderitzbucht verfasst und sollte unter den Neuankömmlingen verteilt werden:

„Deutscher Landsmann! [...] Du willst als Deutscher als Vertreter der weißen Rasse, als Träger auch des christlichen Namens in Südwestafrika dich niederlassen. Jung, voll Lebensmut [...] kommst du hierher [...] der uns helfen will, deutsche Art und Sitte zu bewahren. Ein hartes Land ist es, in das du kommst; in harter, zäher Arbeit haben der deutsche Missionar, der deutsche Soldat, der deutsche Farmer und Bürger es erschlossen [...] Viel edles deutsches Blut ist hier im Lande verdorben und untergegangen in Rassenschande. Der junge deutsche Mann warf sich an das Eingeborenenweib [...] Landsmann, um Deiner Ehre und Deiner Gesundheit willen, um Dei-

---
97 So A. Wackwitz in: Afrikanischer Heimatkalender, Windhoek 1961, 70.
98 In der Kirchengeschichte Namibias von Buys/Nambala wird Ebers gewürdigt: er habe sichergestellt, dass der Verband „became the proper ‚home' for all Protestant Christian Germans of Namibia for many years, having a unique blend of Lutheranism and German patriotism" (Buys/Nambala, History of the Church in Namibia 1805-1990, 205).

nes deutschen und christlichen Namens willen [...] Berühre nicht das Eingeborenenweib! Du hast germanisches Blut in Deinen Adern, Du hast eine deutsche Mutter [...] Wir haben in Deutschland die schwarze Schande am Rhein mit brennenden Herzen erlebt [...] Und siehe Dir die armen Geschöpfe an, die Mischlingskinder [...] womöglich noch mit hohem deutschen Namen prunkend [...] Gedenke, daß Du ein Christ bist! Gedenke, daß Du ein Weißer bist! Gedenke, daß Du ein Deutscher bist! Deutsche Evangelische Synode von Südwestafrika."[99]

Über die weitere organisatorische Entfaltung der Evangelischen Synode muss an anderer Stelle ausführlicher berichtet werden. Vorausblickend und zusammenfassend kann hier festgestellt werden, dass sich in Ergänzung zu den elf Gemeinden zwei weitere konstituierten: in Walvisbay und in Gobabis. Die Gemeinden in Keetmanshoop und Tsumeb erhielten Kirchengebäude. Windhoek stellte wegen der erhöhten Anforderung durch den Religionsunterricht an drei Schulen einen jüngeren Hilfsprediger an. 1925 wurde ein Deutscher Pfadfinderbund gegründet, der später von der NSDAP gleichgeschaltet und von der Mandatsverwaltung verboten wurde. Bald wurde wieder ein kirchliches Informationsblatt herausgegeben – nun unter dem bezeichnenden Titel „Heimat".[100] Es wurden Reisen nach Angola durchgeführt, um zu den dort ansässigen Deutschen evangelischen Glaubens Verbindung aufzunehmen.[101] Um die vielen deutschen evangelischen Farmer zu erreichen, die nicht im Einflussbereich einer Kirchengemeinde lebten, dachte Ebers an die Einrichtung eines speziellen Reisepredigeramtes und an den Kauf von Autos für vier Pfarrer. Schließlich gab es Streit um die Einführung der neuen evangelischen Kirchenfahne.

Abschließend eine Notiz über das Gemeindeleben in Windhoek aus der Zeit um die Jahrhundertwende:

„An average attendance of 10 to 15 people in Anz's Sunday service in a parish of 300 speaks a clear language. This phenomenon ironically correlates with the motives for building a large church. A Protestant church was regarded more as a cultural institution than a house of God. A church had always been the centre of a village even if there was little interest in actual religious teaching or preaching, an expression of a certain level of culture, civilisation and status."[102]

Kirche als kulturelles Zentrum für „Weiße", Kirche als Hort des „Deutschtums", Kirche als Heimat nur für eine Ethnie – diese Paradigmen, die die Entwicklung der evangelischen Gemeinden unter den Deutschsprachigen in Namibia prägten, haben ihre Bedeutung eingebüßt.

---

99 EZAB, Berlin, Nr. EZA 5/2993.
100 Nachfolger des von 1911 bis 1914 erschienen evangelischen Gemeindeblattes für Deutsch-Südwestafrika.
101 Über eine Angolareise berichtet auch Pastor Thude, Swakopmund in seinen persönlichen Aufzeichnungen.
102 Nils Ole Oermann, Mission, Church and State Relations, 121. – Vgl. die Berichte in der Allgemeinen Zeitung, Windhoek anlässlich der Jubiläumsfeier „100 Jahre Christuskirche Windhoek" vom 17.10.2010, URL: www.az.com.na/100-jahre-christuskirche-windhoek.115391.php [1.12.2010].

Deutschsprachige Siedlergemeinschaften in Südafrika

Reino Ottermann

Die ländlichen deutschen Siedlungen in Südafrika sind fast alle entstanden mit einer evangelischen Gemeinde lutherischer Prägung als Kern und Zentrum.[1] Um dieses Zentrum herum hat sich deutsches Gemeinschaftsleben entfaltet und wurden deutsche Schulen gegründet. Selbst in den Städten waren und sind solche Kirchengemeinden ein Angelpunkt für deutsches Kulturleben. In den Kirchengemeinden entstanden Sänger- und Posaunenchöre, daneben entstanden Liedertafeln, Männerchöre und Gemischte Chöre, deutsche Debattier-, Sport-, Turn-, Kegel- und Schwimmvereine sowie Vereine und Klubs zur Pflege deutschen gesellschaftlichen Beisammenseins. Auch deutschsprachige Katholiken nahmen oft an diesem gesellschaftlichen Leben teil. Viele dieser Vereine sind in politisch ungünstigen Zeiten untergegangen, andere haben sich bis heute gehalten.

In diesem Beitrag wird zuerst von den deutschen Siedlergemeinschaften in der niederländischen Zeit (1652 bis 1803/1806) die Rede sein. Anschließend wird exemplarisch die Geschichte einiger solcher Siedlergemeinschaften im ländlichen Bereich aufgezeigt, denn hier konnten sich die Siedler ohne die vielfältigen kulturellen Einflüsse einer städtischen Bevölkerung klarer profilieren. Schließlich sollen anhand einzelner Beispiele städtische Siedlergemeinschaften zur Darstellung kommen.[2]

Die niederländische Zeit

Die Geschichte der Deutschen in Südafrika reicht zurück bis zur ersten europäischen Besiedlung am Kap der Guten Hoffnung durch Beamte der (Niederländischen) *Vereenigde Oostindische Compagnie* (Vereinigte Ostindische Kompanie) (VOC) im Jahre 1652 unter Leitung von Jan van Riebeeck. Unter seinen Mitarbeitern befanden sich bereits Deutsche, unter anderem Wilhelm Müller aus Frankfurt[3] und Paulus Petkauw aus Danzig[4], die Mitglieder des *Politieke Raad* (der "Regierung" vor Ort) wurden. Van Riebeecks Nachfolger als zweiter *Kommandeur* der Niederlassung (1662 bis 1666) war der in Dresden-Neu-

---

1 Vgl. hierzu die Beiträge #13 und #1 von Georg Scriba und Britta Wellnitz in diesem Band. Als Ausnahme können die deutschen Baptistengemeinden im Osten der Kapkolonie erwähnt werden, die ab 1861 in der „Kaffraria" entstanden sind. Sie haben sich 1955 der Baptist Union angeschlossen und existieren heute nicht mehr als deutsche Gemeinden, vgl. Fritz Hugo Haus, Carl Hugo Gutsche (1843-1926). The significance of his life and ministry for the Baptist Churches and Missions in Southern Africa, unveröffentlichte Doktorarbeit, Universität Stellenbosch, 1999.
2 Eine zusammenfassende Gesamtschau gibt Hildemarie Grünewald, Die Geschichte der Deutschen in Südafrika, vierte erweiterte Auflage, Kapstadt 1998.
3 John Hoge, Personalia of the Germans at the Cape 1652-1806, Archives Yearbook for South African History 9, Kapstadt 1946, 288.
4 Hoge, Personalia, 312.

stadt geborene Zacharias Wagenaer (Wagner).[5] Wagenaer hatte schon eine erfolgreiche Beamtenlaufbahn in der West- und Ostindischen Kompanie hinter sich. Auf seine Bitte hin wurde der erste permanente (reformierte) Pastor Joan van Arckel 1665 aus Amsterdam nach Kapstadt entsandt. Zu den frühesten so genannten „Freibürgern"[6] gehörte der 1673 aus Hamburg angekommene und besonders erfolgreiche Farmer Henning Hüsing.[7] John Hoge zitiert mehrere Berichte über die Anzahl der Deutschen am Kap, unter anderem von einem schwedischen Reisenden, der 1770 behauptet, dass die Hälfte der europäischen Bevölkerung Deutsche waren.[8] Deutsche wurden nach dem Ort ihrer Herkunft als solche identifiziert.

Aus verschiedenen Gründen konnte sich die deutsche Sprache in dieser ersten Phase der deutschen Siedlergemeinschaft nur schwer behaupten.[9] Erstens kam ein Großteil der Deutschen aus Norddeutschland, mit Plattdeutsch als Muttersprache. Außerdem waren die meisten Deutschen Lutheraner, deren Konfession nach der Regel der Utrechter Union von 1579, die den Grundsatz des Augsburger Religionsfriedens von 1555 *Cuius regio, eius religio* übernommen hatte, auf dem reformierten Boden der VOC nicht erlaubt war. Schließlich konnten die Männer am Kap in der Regel nur niederländische Frauen heiraten, deren Zahl aber gering war, oder eine zu diesem Zweck freigekaufte Sklavin, meist aus Südostasien.[10] In der Periode 1700 bis 1795 waren es in der überwiegend niederländisch geprägten „weißen" Bevölkerung vor allem deutsche Einwanderer, die freigekaufte Sklavinnen heirateten.[11]

Manche deutsche Lutheraner schlossen sich der reformierten Kirche an. 1740 bekannten sich aber noch 509 Einwohner als Lutheraner.[12] Sie hatten sich also nicht der reformierten Kirche angeschlossen. Mancher verbaute sich als bekennender Lutheraner damit den Weg zum Aufstieg in die führenden Ränge der VOC. Einige der Lutheraner wurden gelegentlich von reformierter Seite bewusst zur reformierten Abendmahlsfeier zugelassen. Dennoch kamen sie gern, wenn durchreisende skandinavische Schiffsgeistliche einen lutherischen Tauf- und Abendmahlsgottesdienst hielten. Diese Gottesdienste waren allerdings nur von Nutzen, wenn der betreffende Geistliche die deutsche Sprache beherrschte.

Ein Gesuch von Lutheranern an den Gouverneur und *Politieke Raad* vom 19. Juni 1742 um Erlaubnis, sich zu einer Gemeinde mit eigenem Geistlichen zusammenschließen zu dürfen, unterschrieben 64 Lutheraner, von denen 57 aus Deutschland kamen. Als die Herren Siebzehn, das zentrale Verwaltungsgremium der VOC in Amsterdam, schließlich am

---

5 Anna Jacoba Böeseken, Wagenaer, Zacharias, in: Dictionary of SA Biography (DSAB) II, 825.
6 Freibürger ("Vrije luijden" [freie Leute], "Vryburgers") waren europäische Einwohner am Kap, die nicht Beamte der VOC waren und denen Land zur Verfügung gestellt wurde, auf dem sie für eigene Rechnung Weizen, Gemüse und Fleisch produzieren konnten, da die VOC-Beamten nicht genügend Produkte lieferten. Daneben gab es auch Freibürger in anderen Berufen.
7 Anna Jacoba Böeseken, Hüsing, Henning, in DSAB IV, 248.
8 John Hoge, Von den Deutschen im Kapland in der holländischen Zeit, in: Afrikanischer Heimatkalender 1950, 75.
9 Gunther Pakendorf berichtet in Beitrag #14 über die Entwicklungen der deutschen Sprache in den Siedlergemeinschaften.
10 Hans Friedrich Heese, Groep sonder grense. Die rol en status van die gemengde bevolking aan die Kaap 1652-1795, Pretoria 2005.
11 Heese, Groep sonder grense, 27.
12 Hoge, Lutheraner und Reformierte im alten Kapland, in: Afrikanischer Heimatkalender 1949, 59.

18. Oktober 1779 nach langem Hinhalten den Lutheranern am Kap ihre Genehmigung gaben, zählte die Gemeinde 442 Personen, von denen etwa 375 aus Deutschland kamen waren, darunter 27 Frauen.[13] So klammerte sich ein Großteil der deutschen Einwanderer trotz der ungünstigen Umstände, die eigene Konfession frei zu praktizieren, doch an sein lutherisches Erbe. Daher kann schon im 18. Jahrhundert von einer deutschen Siedlergemeinschaft innerhalb der „weißen" Bevölkerung am Kap gesprochen werden. Ein beredtes Zeugnis davon sind die verschiedenen deutschen Gesangbücher aus den ersten Jahrzehnten des 18. Jahrhunderts in der Sammlung von Joachim Nikolaus von Dessin in der Nationalbibliothek in Kapstadt: Hannover 1712, Hanau 1713, Darmstadt 1718, Freylinghausen 1718, Kursachsen (Dresden) 1720, Braunschweig-Lüneburg 1722, Schleswig 1725, Riga 1726, Greifswald 1727 und Rostock 1728.[14]

Einwanderer deutscher Herkunft gab es seither durchgehend in Südafrika. Aus dem 18. Jahrhundert seien noch zwei der zahlreichen Bürger deutscher Herkunft genannt, die eine bedeutende Rolle am Kap gespielt haben: Erstens der schon erwähnte Joachim Nikolaus von Dessin[15] aus Rostock, der 1727 in Kapstadt ankam und die letzten Jahre seines Lebens Sekretär der Waisenkammer war. Er hat eine bedeutende kulturprägende Rolle gespielt. Seine Bibliothek von 4.500 Bänden vererbte er der reformierten Kirche, denn eine lutherische Gemeinde gab es ja noch nicht. Diese Bibliothek bildete später den Grundstock der South African Public Library, heute der Kapstädter Zweig der Nationalbibliothek. Zweitens ist Johann Heinrich Wilhelm von Manger[16] aus Detmold zu erwähnen, der 1792 das Kap erreichte und ein bedeutender Prediger der reformierten Kirche war.

Hoge schreibt, dass, soweit sich aus archivalischen Quellen feststellen lässt, unter der niederländischen Herrschaft etwa 15.000 deutsche Einwanderer nach Südafrika gekommen sind, von denen man annehmen darf, dass die meisten dort geblieben sind. Die Mehrzahl dieser Einwanderer kam aus den Kreisen der Handwerker und Bauern. Eine kleinere Anzahl stammte aus Familien von Beamten, Juristen, Ärzten und Geistlichen, ein paar aus Adelskreisen, wie der schon erwähnte Joachim Nikolaus von Dessin.[17] Die für die Behörden in den Niederlanden erstellten jährlichen Listen von VOC-Beamten und Freibürgern am Kap, *Monsterrollen*[18] genannt, die von 1657 bis 1789 erhalten sind, weisen 10.000 Deutsche auf, von deren Leben meist nichts überliefert worden ist. Eine bekannte Ausnahme ist Wolrath Woltemath aus Hessen-Schaumburg (meistens Wolraad Woltemade genannt), der 1773 durch seine heldenhafte Rettung von 14 Schiffbrüchigen des in der Ta-

---

13 Hoge, Lutheraner und Reformierte, 61.
14 Reino Ottermann, Lutherische Gesangbücher am Kap, in: Afrikanischer Heimatkalender, Windhoek 1972, 55; vgl. hierzu auch Ders., The Centenary of the Synod 1895-1995. Evangelical Lutheran Church in Southern Africa (Cape Church), Kapstadt 1995, 125-128.
15 William Tyrrell-Glynn, Von Dessin, Joachim Nikolaus, in: DSAB I, 851. Siehe auch John Hoge, Joachim Nikolaus von Dessin, in: Afrikanischer Heimatkalender 1951, 97-105.
16 Henry Charles Hopkins, Von Manger, Johann Heinrich Wilhelm, in: DSAB II, 820.
17 Vgl. Hoge, Von den Deutschen, 75. Hoge berichtet an dieser Stelle über den kulturellen Beitrag der Deutschen in der holländischen Zeit.
18 „Monsterrollen" (Niederl.) ist ein von der Schifffahrtssprache übernommener Terminus (Deutsch „Musterrollen"), der dort ein Verzeichnis der angemusterten Schiffsmannschaft bedeutet.

felbucht gestrandeten Schiffes *De jonge Thomas* in Erinnerung geblieben ist.[19] Er selber und sein Pferd ertranken bei weiteren Rettungsversuchen.

In der zweiten Hälfte des 18. Jahrhunderts hatte sich das religiöse Klima zu Gunsten der Lutheraner verändert. 1779 wurden ihnen die Gründung einer eigenen Kirchengemeinde und die Berufung eines Pastors erlaubt. Inzwischen war die Kapkolonie zuerst von 1795 bis 1803 und dann ab 1806 endgültig eine britische Kolonie geworden. Wie sehr die Gemeindeglieder deutscher Herkunft waren, zeigt eine vollständige Liste der Gemeindeglieder vom Jahre 1827, die sich im Archiv der Hannoverschen Landeskirche befand und 1910 in Kapstadt veröffentlicht wurde.[20]

Infolge der Personalunion zwischen dem Königreich Hannover und dem britischen Königshaus lag es auf der Hand, dass bald auf Bitten der deutschsprachigen Lutheraner am Kap hannoversche Pastoren ans Kap entsandt würden, die allerdings in den ersten Jahren die Gottesdienste nach der Ordnung der Gemeinde weithin in niederländischer Sprache zu halten hatten. Die Entsendung von hannoverschen Pastoren führte mit der Zeit zu einer engeren Verbindung mit der Hannoverschen Landeskirche.[21]

Auch in der ersten „weißen" Siedlung außerhalb Kapstadts in Stellenbosch spielten deutschsprachige Siedler eine zum Teil bedeutende Rolle. Stellenbosch wurde 1679 von Gouverneur Simon van der Stel gegründet[22], unter anderem als Sitz eines *Landdrost,* der mit einer festgesetzten Anzahl von *Heemraden* für kommunale Verwaltung und die niedere Gerichtsbarkeit zuständig war: Als erster sei der bereits oben erwähnte Henning Hüsing genannt, der 1677 die Zustimmung bekam, sein Vieh auf der von Kapstadt aus gesehen gegenüberliegenden Seite des Eersterivier weiden zu lassen. 1680 wurde ihm die Farm Welmoed zuerkannt und 1693 auch die heute noch berühmte Farm Meerlust. Hüsing wurde 1683 *Heemraad* von Stellenbosch. Zweitens ist Martin Melck[23] zu erwähnen, der in der Geschichte der Lutheraner am Kap eine so bedeutende Rolle gespielt hat. Er kam 1746 aus Memel am Kap an, besaß ab 1750 mehrere Farmen, unter anderem die bekannte Farm Elsenburg bei Stellenbosch, und wurde später *Heemraad.* Obwohl seine Frau reformiert war und die Kinder auch in der reformierten Kirche in Stellenbosch getauft wurden, blieb er Zeit seines Lebens Lutheraner. Am 23. Februar 1781 starb er in Stellenbosch. So hat er die spätere Religionsfreiheit kaum mehr genießen können. Johann Frederick Starrenburg[24] aus Lübeck wurde 1707 *Landdrost* und Heinrich Ludwig Blettermann[25] aus Sondershausen 1741 ebenfalls. Sebastian Schröder[26] aus Schledenhausen wurde Sekretär der Stellenboscher Mühle und baute 1709 das älteste noch bestehende Wohnhaus in Stellenbosch. Nachdem Martin Melcks Sohn Marthinus bereits 1783 zwei seiner Sklavinnen und 1786 auch einen Sklaven nach erhaltenem kirchlichen Unterricht hatte taufen lassen[27],

---

19 Hoge, Von den Deutschen, 76.
20 Philipp Meyer, Die Mitglieder der ev.-luth. Gemeinde zu Kapstadt im Jahre 1827, in: Südafrikanisches Gemeindeblatt, 20.9.1910, 143-144.
21 Vgl. im Einzelnen dazu Beitrag #18 von Christian Hohmann.
22 Frans Smuts (Hg.), Stellenbosch Three Centuries. Stellenbosch 1979, 51-66.
23 Georg Paul Johannes Trümpelmann, Melck, Martin, in: DSAB III, 596; Smuts, Stellenbosch, 188.
24 Anna Jacoba Böeseken, Starrenburg, Johann Frederick, in: DSAB IV, 605.
25 Smuts, Stellenbosch, 208, 210, 280, 417, 430.
26 Ibid., 153, 409, 411f.
27 Ibid., 273.

wurde Johann Michael Morel[28], ein Lutheraner, der 1817 aus Sachsen ans Kap gekommen war, der erste Laien-Missionar unter den Sklaven. Paul Daniel Lückhoff[29] wurde schließlich 1830 der erste einer Reihe von Rheinischen Missionaren, die mit viel Erfolg in Stellenbosch gewirkt haben.

Im Jahre 1852 wurde eine Filialgemeinde der Strandstraßen-Gemeinde in Kapstadt in Stellenbosch gegründet.[30] Sie hatte jedoch aus verschiedenen Gründen eine sehr wechselvolle Geschichte und wurde später 1936 wieder aufgelöst.[31] Ein Mitglied dieser Gemeinde war der Architekt Carl Otto Hager[32], der abgesehen von dem zierlichen Kirchlein dieser Gemeinde (heute Kunstmuseum der Universität von Stellenbosch), auch die große reformierte *Moederkerk* in Stellenbosch und eine Reihe von Kirchen weiter im Land gebaut hat. Schließlich sei auch der reformierte Pastor Meent Borcherds[33] aus Jemgum in Ostfriesland erwähnt, der 1786 bis 1830 eine prägende Rolle in Stellenbosch gespielt hat. Auch an den seit Mitte des 19. Jahrhunderts gegründeten höheren Lehranstalten und der Universität waren deutschstämmige Lehrkräfte tätig. Jedenfalls war Stellenbosch, wenn auch erst ab 1952 mit einer selbständigen deutschsprachigen evangelisch-lutherischen Gemeinde[34], schon immer auch eine deutsche Siedlergemeinschaft besonderer Prägung.[35]

Siedlergemeinschaften in ländlichen Gebieten

Das veränderte religiöse Klima am Kap gegen Ende des 18. Jahrhunderts, verstärkt durch die endgültige Übernahme der Kolonie durch Großbritannien, ermöglichte es anderen protestantischen Konfessionen sowie der römisch-katholischen Kirche in Südafrika Fuß zu fassen. Von deutscher Seite sind besonders die verschiedenen evangelischen Missionsgesellschaften zu nennen, nämlich die Herrnhuter, die Rheinische, die Berliner, die Hermannsburger und die Bleckmarer Mission. Dazu kamen lutherische Missionare aus Norwegen, Schweden und Amerika.[36] Zudem ist zu beachten, dass abgesehen von den deutschsprachigen Gemeinden in der Kapkolonie, für die die Hannoversche Landeskirche „Sorge und Aufsicht" übernommen hatte, und einigen Gemeinden im Landesinneren, für die der Preußische Oberkirchenrat Pastoren entsandt hatte, die meisten anderen Siedlergemeinden zeitweise von Missionaren betreut beziehungsweise von deren Missionsgesellschaften mitgetragen wurden.[37] Damit ist das Luthertum in Südafrika zu einem Spiegelbild des fragmentierten Landeskirchentums und der verschiedenen lutherischen Missionsgesell-

---

28 Ibid., 257, 273, 275f, 284.
29 Marcus Arkin, Lückhoff, Paul Daniel, in: DSAB II, 414.
30 Allan Heydorn, Die ersten Jahre der alten lutherischen Kirche in Stellenbosch, in: Afrikanischer Heimatkalender 1971, 75-80.
31 Ottermann, The Centenary, 99.
32 André Malan Hugo, Hager, Carl Otto, in: DSAB II, 283.
33 Willem Barthelomeus [sic] van der Vyver, Borcherds, Meent, in: DSAB I, 96.
34 Ottermann, The Centenary, 100.
35 Über die deutschen Siedler im 19. Jahrhundert auf der Vlakte bei Kapstadt berichtet Lizette Rabe in ihrem Beitrag.
36 Vgl. hierzu Beitrag #13 von Georg Scriba.
37 Vgl. Wilhelm Heinrich Christoph Hellberg, Deutsche Missionare und deutsche Kirchengemeinden des Kaplandes, in: Afrikanischer Heimatkalender 1956, 58-79; Bernhard Schiele, Die Bedeutung der Berliner Mission in Südafrika für die deutschen evangelischen Gemeinden, in: Afrikanischer Heimatkalender 1952, 77-79.

schaften in Deutschland, Skandinavien und Amerika geworden, ein Erbe aus der „alten Welt", unter dem heute noch die Lutheraner in allen Bevölkerungsgruppen Südafrikas zu leiden haben.

Inzwischen waren „weiße" Siedler von Durban aus in das Nataler Hinterland vorgerückt und die Voortrekker[38] und die ihnen folgenden Siedler hatten sich im nördlichen Inland angesiedelt. Auch dort siedelten sich ab Mitte des 19. Jahrhunderts deutsche Einwanderer verschiedenster Berufe an. Im März 1848 landete die erste Gruppe Deutscher aus Oldenburg, die sich zum Anbau von Baumwolle hatten anwerben lassen, in Durban. Das Unternehmen war am Ende recht erfolglos. Die Siedler mussten sich schließlich vor allem durch den Anbau von Gemüse, den sie auf dem wachsenden Markt in Durban verkaufen konnten, ernähren. Der Berliner Missionar Wilhelm Posselt kümmerte sich um sie und gründete schließlich mit ihnen die Kirchengemeinde Neu-Deutschland, die älteste Siedlergemeinde in Natal.[39]

Im August 1854 kam eine Gruppe von Hermannsburger Missionaren und Kolonisten auf dem Missionsschiff *Candaze* in Durban an. Der schon erwähnte Berliner Missionar Wilhelm Posselt gab ihnen den Rat, sich nach Norden zu begeben, die Farm Perseverance in der Nähe des heutigen Greytown zu erwerben und sich dort anzusiedeln. Diese Siedlung, die sie (Neu-)Hermannsburg nannten und von wo aus Jahrzehnte lang die Missionare nach Natal, Transvaal und bis ins heutige Botswana, ausgesandt wurden, ist mit ihrer Jahrzehnte langen Ausstrahlung auf das ganze Hermannsburger Missionsgebiet und, durch die Schule, auf andere deutschsprachige Siedlergemeinschaften, wohl eine der merkwürdigsten und bedeutendsten Siedlergemeinschaften deutschen Ursprungs in Südafrika.[40] Kirchengemeinde und Schule, zuerst vor allem für Kinder der Kolonisten und Missionare, wurden bald für die deutschstämmigen Siedlergemeinden in der weiteren Umgegend prägend, und die Schule ist bis heute eine hoch angesehene Schule geblieben.[41] Nach Hermannsburg erstand 1858 in Natal die Kirchengemeinde Neu-Hannover.[42]

Die Ostgrenze der Kapkolonie hatte sich auf Betreiben der britischen Kolonialpolitik inzwischen bis in die heutige Ostkapprovinz (damals *British Kaffraria* genannt) verschoben. Der Große Keifluss wurde die Grenze. Auch dort wurden deutsche Einwanderer als Bollwerk zwischen der britischen Kapkolonie und den „schwarzen" Völkern jenseits der Grenze in zwei Schüben angesiedelt. Zuerst kam Anfang 1857 die *British German Legion*, die zum Einsatz im Krimkrieg angeworben, aber nie eingesetzt worden war.[43] Es handelte sich um 59 Offiziere, 42 *gentlemen cadets* (Soldaten mit deutschem Offiziersrang, für die

---

38 Emigranten, die in den 1830er und 1840er Jahren die Kapkolonie verließen und sich im nördlichen Inland ansiedelten.
39 Trümpelmann, Neu-Deutschland 1848-1948. Geschichte Neu-Deutschlands. Zum 100-jährigen Bestehen der ältesten Deutschen Siedlung in Natal. Sondernummer 1949, Die Eiche; Margarete Neynaber, Abelungu aus dem Osnabrücker Land. Die ersten deutschen Kolonisten in Natal. Osnabrück 1991.
40 Festschrift zum 150-jährigen Bestehen der Evangelisch-Lutherischen Peter-Pauls-Gemeinde Hermannsburg in Kwazulu-Natal, Südafrika am 26. September 2004.
41 Deutsche Schule zu Hermannsburg. 125 Jahre Schularbeit. Festschrift zum 125-jährigen Jubiläum 3.-4. Oktober 1981, Hermannsburg (Natal) 1981.
42 Hans Georg Hillermann, Die Geschichte Neu-Hannovers zum 125-jährigen Gemeindejubiläum, 1858-15. Mai 1983.
43 Handschriftliche Liste der Legionäre im Archiv der ev.-luth. St. Johanniskirche in King William's Town.

jedoch keine Offiziersposten in der Legion zur Verfügung standen)[44] und 2.261 Soldaten. Hinzu kamen 331 Frauen und 155 Kinder.[45] Die meisten Männer waren Lutheraner. Es waren jedoch auch 805 Katholiken und acht Menschen jüdischen Glaubens dabei. Die Legionäre wurden an verschiedenen Orten stationiert, denen Namen wie Berlin, Potsdam, Hannover, Frankfurt und Braunschweig gegeben wurden. Befehlshaber der Legion war Baron Richard von Stutterheim.[46] Nur zwei lutherische Militärgeistliche begleiteten die Legionäre, nämlich die Pastoren Heinrich Christian Heinrich Septimus Oppermann[47] aus Bayern für das erste Regiment und Otto Johann Georg Wilmans[48] aus Hannover für das zweite. Der Berliner Missionar Albert Kropf, der auf der Missionsstation Bethel tätig war, wurde als *chaplain*[49] für das dritte Regiment angestellt.[50] Für die Katholiken und Juden waren keine Militärgeistlichen vorgesehen.[51] Das kulturelle Leben der Legionäre weist Militärkapellen, Theatervereine[52] und selbst eine Wochenzeitung[53] auf. Die Legion wurde ab 1858 schrittweise aufgelöst, bis die Legionäre 1860 endgültig ihrem Schicksal überlassen wurden. Kropf hielt seinen letzten Regimentsgottesdienst im März 1860.[54] Deshalb nahmen am Karfreitag 1860 70 und am Ostersonntag 140 deutschsprachige Lutheraner am Gottesdienst in der Missionskirche in Bethel nördlich von Stutterheim teil. Von Kropf und den „schwarzen" Gemeindegliedern wurden sie gastfreundlich empfangen.[55] Die meisten Siedler konnten sich auf dem wenigen Land, das ihnen von den britischen Kolonialbehörden zugeteilt wurde, nicht halten.[56] 1.030 Legionäre waren inzwischen von der britischen Behörde für militärischen Einsatz in Indien angeworben worden.[57] Nur wenige der anderen schafften es, sich zu einem einigermaßen erträglichen Lebensstandard hochzuarbeiten,

---

44 Johannes Spanuth, Geschichte Kaffrarias, in: Deutscher Evangelischer Volksbote, 1911, 57.
45 Etgardt Louis Gustav Schnell, For men must work, An account of German immigration to the Cape with special reference to the German Military Settlers of 1857 and the German Immigrants of 1858, Kapstadt, 1954, 72. Andere Quellen geben etwas abweichende Zahlen an (zum Beispiel G.R. Hennings, Die Kaffraria-Deutschen in Südafrika, in: Afrikanischer Heimatkalender 1936, 78-80; Benjamin Ernst Pape und Johannes Friedrich Schwär, Deutsche in Kaffraria 1858-1958, King William's Town 1958, 17; Werner Schmidt-Pretoria, Deutsche Wanderung nach Südafrika im 19. Jahrhundert, Berlin 1955, 82).
46 Maria Hugo, Von Stutterheim, Baron Richard, in: DSAB III, 826.
47 Archiv der Evangelisch-Lutherischen Kirche in Bayern (Email vom 24.2.2011).
48 Archiv der Evangelisch-Lutherischen Landeskirche Hannovers (Email vom 16.2.2011).
49 D.h. als Militärgeistlicher.
50 Johann Ehler Fritz Fehsenfeld, Zur Geschichte der englisch-deutschen Legion in Südafrika, besonders im Distrikte Stutterheim, 1857-1860 in: Südafrikanisches Gemeindeblatt, 22.3.1910, 48.
51 Pape und Schwär, Deutsche in Kaffraria, 21.
52 Schmidt-Pretoria, Deutsche Wanderung, 48.
53 Es handelt sich um die Zeitung „Concordia", herausgegeben von dem Legionär Josef Hundertmark in King William's Town. Ihr Titel und Erscheinungsrhythmus änderten sich mehrmals. In Josef Hundertmarks Buchhandlung konnten unter anderem auch die „Leipziger Illustrierte Zeitung", „Kladderadatsch" und „Gartenlaube" gelesen werden, vgl. Reino Ottermann, Josef Hundertmark, 'n negentiendeeeuse Duitse drukker op King William's Town, in: Suid-Afrikaanse Tydskrif vir Kultuurgeskiedenis 12/2, 1998, 71-84.
54 Fehsenfeld, Zur Geschichte der englisch-deutschen Legion, 64.
55 Johannes Friedrich Schwär, Dr. Kropf und die Deutschen, in: Die Brücke, Dezember 1972, 16.
56 Vgl. Haus, Carl Hugo Gutsche, 92ff. Er bringt aus bisher kaum erschlossenen Quellen viele neue Informationen über das Leben der Legionäre.
57 Hennings, Die Kaffraria-Deutschen in Südafrika, 78-80.

einige wenige sogar in die höheren Ränge der Verwaltung.[58] Den verbliebenen Legionären und ihren Familien halfen die Berliner Missionare, neben ihrer Tätigkeit in den „schwarzen" lutherischen Missionsgemeinden im damaligen „Kaffraria", deutschsprachige lutherische Kirchengemeinden zu gründen und versorgten diese so gut wie möglich.[59]

Inzwischen war in den Jahren 1858 und 1859 eine Welle von deutschen Einwanderern angekommen, zumeist aus Pommern und der Uckermark[60], die zur Verstärkung des Bollwerks zwischen der Kapkolonie und den „schwarzen" Völkern jenseits der Grenze angeworben worden waren und mit mehreren Schiffen im heutigen East London landeten.[61] Diese hatten zum Teil ihre Familien mitgebracht und mussten sich unter härtesten Bedingungen (zu wenig Land, Ackerwerkzeuge, Saatgut, Tiere, hartes Klima und so weiter) ein neues Leben schaffen. Sprachlich war auch hier, wie im Westen der Kapkolonie, das Plattdeutsche üblich. Ferner sprachen die Siedler aus deutschen Ostgebieten Sorbisch. Die hochdeutsche Sprache war für diese Menschen also schon eine zweite Sprache. Hinzu kamen dann noch die englische Amtssprache und die Xhosa-Sprache der „schwarzen" Bevölkerung. Pastor Heinrich Anders von der Gemeinde Braunschweig berichtet über die kulturelle Abgeschiedenheit und Armut der Einwanderer: „Das [Pommersche] Bollhagen'sche und [das Berliner] Porst'sche Gesangbuch war[en] nebst der Bibel oft die einzige Erbauung."[62] Die Berliner Missionare kümmerten sich auch sofort in aufopfernder Weise um diese Einwanderer und gründeten mit ihnen und den verbliebenen Legionären weitere Kirchengemeinden.[63] Superintendent Kropf wurde als „geistiger Vater der lutherischen Gemeinden im Kafferlande"[64] verehrt. Auch Wilhelm Hellberg berichtet über die geistliche Betreuung der deutschen Einwanderer in „Kaffraria" durch Albert Kropf, Ludwig Liefeldt und andere Missionare.[65] Mit Hilfe einiger dieser Missionare gelang es, für die Gemeinde in King William's Town 1864 einen Hannoverschen Pastor aus Kapstadt zu gewinnen. Damit begann auch für Gemeinden im Osten der Kapkolonie die Verbindung mit der Hannoverschen Landeskirche.[66]

Ländliche deutschsprachige Siedlergemeinschaften mit lutherischer Gemeinde als Zentrum wurden auch in Natal und Transvaal gegründet, zum Beispiel Lüneburg in Nord-Natal, Harburg und Wartburg im Hinterland von Durban, Bethanien in Süd-Natal und Augsburg

---

58 Pape und Schwär, Deutsche in Kaffraria, 23.
59 Ottermann, The Centenary, 13.
60 Hennings, Die Kaffraria-Deutschen in Südafrika, 78-80.
61 Allgemeine Übersicht in Johannes Spanuth, Festschrift zum fünfzigjährigen Jubiläum der Deutschen in Kaffraria, Berlin, Kapkolonie 1908, 5.
62 Archiv des Berliner Missionswerkes, Berlin, Akte: Abt. IV, No. 2: Deutsche Gemeinden in Südafrika, 5: Bericht von Pastor Heinrich Anders, Braunschweig, Südafrika, vom 2. Juni 1884 betr. deutsche Einwanderer 1858/59.
63 Vgl. dazu Schiele, Die Bedeutung der Berliner Mission, 77-79. Über das kulturelle Leben in den Gemeinden und die Geschichte ihrer Schulen berichtet das Südafrikanische Gemeindeblatt, das vom 6.1.1899 bis 22.9.1914 zweiwöchentlich in Kapstadt erschien, ab Januar 1911 mit dem Titel Deutscher Evangelischer Volksbote.
64 Fehsenfeld in einem Nachruf auf den am 10.12.1910 im Alter von 88 Jahren verstorbenen Kropf in: Deutscher Evangelischer Volksbote, 7.2.1911, 26.
65 Hellberg, Deutsche Missionare und deutsche Kirchengemeinden, 58-79.
66 Vgl. dazu Beitrag #18 von Christian Hohmann. Siehe auch Johannes Spanuth, Unsere deutsch-lutherischen Gemeinden in Südafrika, Hannover [1913].

und Koburg in Ost-Transvaal. Die Gemeindeglieder waren anfangs vor allem Nachkommen von Hermannsburger Missionaren und Missionskolonisten. In den Gemeinden entstanden Schulen, Posaunen- und Sängerchöre und andere kulturelle Vereine. Kirchlich betreut wurden sie von Hermannsburger Missionaren auf nahe gelegenen Missionsstationen.[67] Nach einer unglückseligen Separation[68] unter den Trägergemeinden der Hermannsburger Mission in Deutschland fanden auch in Ost-Transvaal und Natal Spaltungen statt, die stellenweise die Siedlergemeinschaften in zwei Gruppierungen aufteilten, die sich nun getrennt voneinander weiter entwickelten.[69]

Im Westen der Transvaal-Republik, wo Hermannsburger Missionare auf zahlreichen Missionsstationen tätig waren, wurde 1876 auf der Farm Morgensonne, etwa eine „Wegstunde" von der Missionsstation Saron entfernt[70], für ihre Kinder eine zentrale Schule gegründet. Später siedelten sich ihre Nachkommen und zum Teil auch pensionierte Missionare in Siedlergemeinschaften wie Kroondal[71] und Gerdau[72] an sowie in einigen kleineren Siedlungen, die auf die Dauer nicht lebensfähig waren. Gerdau und Kroondal entwickelten sich zu lebenskräftigen Siedlergemeinschaften, mit ihrer Kirchengemeinde als Zentrum.[73] Das geistige Erbe der Schule auf der Farm Morgensonne ging nach den Verheerungen des Südafrikanischen Krieges (1899 bis 1902) auf Kroondal über, wo es seit 1892 eine kleine deutsche Schule gab, die noch heute existiert.[74]

Siedlergemeinschaften in städtischen Gebieten

Die Entdeckung von Diamanten in Kimberley 1870 und Gold auf dem Witwatersrand 1886 lockte viele deutschstämmige Geschäftsleute, Unternehmer und Abenteurer nach Südafrika. Für die deutschen Einwohner von Kimberley war die nächste (Berliner) Missionsstation

---

67 Georg Haccius, Die mit der Hermannsburger Mission verbundenen deutschen lutherischen Gemeinden in Süd-Afrika, in: Südafrikanisches Gemeindeblatt 7.7.1899, 6-7; ders., Unsere deutschen lutherischen Gemeinden in Südafrika, Hermannsburg 1925.
68 Missionsdirektor (und Pastor der Peter-Pauls-Gemeinde in Hermannsburg) Theodor Harms wurde wegen seines Widerspruchs gegen die Zivilehe 1877 von der Hannoverschen Landeskirche seines Amtes als Pastor enthoben und gründete mit einem Teil seiner Gemeinde 1878 die separierte Große Kreuzkirchengemeinde. Einige Gemeinden in Hannover folgten diesem Beispiel. Nachdem die Mission später eine formal geordnete Verbindung zur Hannoverschen Landeskirche aufgenommen hatte und die Große Kreuzkirchengemeinde nach wie vor die Hermannsburger Mission zu unterstützen beschlossen hatte, trennten sich einige Gemeinden aus Bekenntnisgründen von der Mission und gründeten 1892 die Bleckmarer Mission. Eine Reihe von Missionaren und Pastoren in Südafrika folgten diesem Beispiel, was Spaltungen in dortigen Gemeinden zur Folge hatte.
69 Johannes Schnackenberg, Geschichte der Freien ev.-luth. Synode in Südafrika 1892-1932, Celle 1933.
70 Hinrich Pape, Die deutsche Schule „Morgensonne" 1876-1976. Ein geschichtlicher Beitrag zur Heimatkunde Kroondals. Der Titel ist insofern irreführend, als die Schule auf der Farm „Morgensonne" den Südafrikanischen Krieg (1899-1902) nicht überlebt hat.
71 Hugo und Irene Behrens, Die Siedlung Kroondal – 100 Jahre. Festschrift zur Jubiläumsfeier am 4. November 1989; Hugo Behrens u.a., 100 Jahre Deutsche Ev.-Lutherische Gemeinde Kroondal 1896 bis 1996.
72 Festschrift zum hundertjährigen Bestehen der Evangelisch-Lutherischen Concordia-Gemeinde Gerdau am 28. Mai 2005.
73 Vgl. hierzu Beitrag #21 von Marcus Melck.
74 Tobias Wenhold u. a., Jubiläumsschrift 75 Jahre Deutscher Schulverein Kroondal 1904-1979, 18. Juni 1979; Fritz Scriba u. a., Die Kroondaler Schule, Anfangsjahre. Jubiläumsschrift 100 Jahre Kroondaler Schule 1892-1992.

Pniel, wo Carl Meyer junior ab 1874 als Missionar tätig war. Er hielt den ersten deutschsprachigen Gottesdienst in Kimberley 1874 in einem Zelt. 1875 wurde die St. Martini-Kirche gebaut, ein Gebäude aus Wellblech, das heute noch auf dem Museumsgelände in Kimberley zu sehen ist. Meyer zog 1879 von Pniel nach Kimberley, wo er einerseits die „schwarze" lutherische Gemeinde und andererseits die „weiße" lutherische Gemeinde durch seine pastorale Arbeit gefördert hat.[75] Er berichtet 1899 bewegend über die ersten Anfänge in Kimberley.[76] Über die ungewöhnliche Siedlergemeinschaft von Diamantengräbern und den sie begleitenden Händlern und Abenteurern berichtet die Jubiläumsschrift zum 100jährigen Jubiläum der Gemeinde 1975, die auch im Afrikanischen Heimatkalender erschienen ist.[77] In Beaconsfield, nahe Kimberley, sammelten sich ebenfalls deutsche Einwanderer und gründeten am 8. November 1885 eine Gemeinde, die auch von Berliner Missionaren betreut wurde.[78] Den ersten deutschsprachigen Gottesdienst hielt am 2. Advent 1885 der Berliner Missionar Johannes Arndt. Eine eigene kleine Kirche mit dem Namen „Jerusalem-Kirche" wurde hier am 12. Februar 1888 eingeweiht. Auch Arndt wirkte als Missionar sowohl in der „schwarzen" Missionsgemeinde als auch in der „weißen" Siedlergemeinde.[79] Diese Gemeinde besteht heute nicht mehr.

Nach der Entdeckung des Goldes am Witwatersrand 1886 strömten auch in das junge Johannesburg viele Abenteurer, Händler und andere Einwanderer aus Deutschland. Der junge Berliner Missionar Hermann Kuschke bekam 1887 den Auftrag, nach Johannesburg zu ziehen um dort eine Missionsstation zu gründen.[80] Er traf am 12. Oktober 1887 ein und kümmerte sich gleich auch um die vielen deutschstämmigen am Ort. Am 30. März 1888 fand der erste deutschsprachige Gottesdienst statt.[81] Kuschke hat sich auch um die Anfänge der deutschen Schule in Johannesburg verdient gemacht. Über die wechselvolle Geschichte der Gemeinde als Zentrum des deutschsprachigen Kulturlebens berichtet ausführlich die Festschrift zum 100jährigen Jubliäum.[82]

Auch in anderen Städten wie zum Beispiel Bloemfontein[83] und Pretoria[84] haben sich Missionare aus Deutschland um die deutschen Einwanderer gekümmert, sie geistlich betreut und ihnen geholfen, evangelische Kirchengemeinden lutherischer Prägung und Schu-

---

75 Schiele, Die Bedeutung der Berliner Mission, 78; Ottermann, The Centenary, 114. Meyer war schon bei seiner Entsendung in Berlin von Direktor Wangemann die Weisung gegeben worden, etwas für die Deutschen auf dem südafrikanischen Diamantenfeld zu tun, vgl. Südafrikanisches Gemeindeblatt, 23.11.1900, 4.
76 Südafrikanisches Gemeindeblatt, 23.11.1899.
77 Emil Tappenbeck, Deutsche Evangelisch-Lutherische Gemeinde Kimberley – Hundert Jahre Gottesdienst in deutscher Sprache, in: Afrikanischer Heimatkalender 1975, 157-172.
78 Ottermann, The Centenary, 114.
79 Johannes August Heese und Linda Zöllner, Die Berlynse sendelinge in Suid-Afrika, Pretoria 1984, 25.
80 Ibid., 227.
81 Schiele, Die Bedeutung der Berliner Mission, 78.
82 Wolfgang Diekmann und Carl Müller, Hundert Jahre Deutsche Evangelisch-Lutherische Gemeinde Johannesburg 1888-1988.
83 Hundert Jahre Deutsche Evangelisch-Lutherische Gemeinde Bloemfontein (Oranje Freistaat) 1875-1975, in: Afrikanischer Heimatkalender 1976, 143-170.
84 Deutsche Evangelisch-Lutherische Kirche zu Pretoria. Festschrift zum 100-jährigen Bestehen 1889-1989; Edgar Sievers, Die deutsche Schule zu Pretoria. Ein Beitrag zu ihrer Geschichte der ersten vierzig Jahre, Pretoria 1971.

len zu gründen. Mit diesen Kirchengemeinden und Schulen als Zentrum konnten sich die Siedlergemeinschaften in besonderer Weise profilieren und entwickeln.

Römisch-katholische Einwanderer hat es weder in der holländischen Zeit noch in den ersten Jahren der britischen Herrschaft in größeren Zahlen gegeben. Später sind die katholischen Einwanderer aus Deutschland aufgrund der bischöflichen Struktur der römisch-katholischen Kirche überall in den jeweils vorhandenen Ortsgemeinden aufgenommen worden und haben daher keine eigenen selbständigen Gemeinden gegründet. Auch katholische Missionare aus Deutschland haben in verschiedenen Gebieten Südafrikas gewirkt. Hier sei nur die Arbeit der deutschen Trappisten ab 1882 in Mariannhill in der Nähe von Durban in Natal erwähnt, wo der Trappisten-Abt Franz Pfanner (Wendelin Pfanner aus Langen im Vorarlberg, 1825 bis 1909) das Kloster Mariannhill als Tochterkloster der Abtei Mariawald in der Eifel gegründet hat. Es war eine deutschsprachige Siedlergemeinschaft besonderer Prägung. Seit 1909 ist Mariannhill eine selbständige Gemeinschaft (Kongregation der Missionare von Mariannhill), seit 1921 ein Bistum mit einer beachtlichen Zahl von Tochterklöstern oder *Convents* in KwaZulu-Natal. Der Orden hat sich auch über Südafrika hinaus ausgebreitet.[85]

Die Frage nach der Rolle der Deutschsprachigen jüdischen Glaubens im Blick auf die Siedlergemeinschaften müsste in einem eigenen Beitrag näher untersucht werden.[86]

Schlussbetrachtung

Nachdem die Hannoversche Landeskirche „Sorge und Aufsicht" für die lutherischen Gemeinden in der Kapkolonie übernommen hatte und andere Gemeinden durch die Preußische Landeskirche Pastoren erhielten, waren die Berliner Mission und die Hermannsburger Mission durch ihre Missionare die wichtigsten Partner für die deutschsprachigen Siedlergemeinden.

Von diesem Erbe der Missionare zehren die meisten Gemeinden auch heute. Die damit verbundene Doppelrolle als Missionare und Pastoren, die die Missionare Jahre und zum Teil Jahrzehnte lang zu spielen hatten, war für jene nicht einfach. Dabei fällt auf, dass in den Jubiläumsschriften der Siedlergemeinden die benachbarten „schwarzen" lutherischen Gemeinden kaum eine Erwähnung finden. Das hat sicher damit zu tun, dass die Siedlergemeinschaften, die ländlichen wie die städtischen, von Anfang an Teil des „weißen", privilegierten Bevölkerungsteils waren. Somit waren sie auch im Laufe der Zeit mit ihren unterschiedlichen Berufen, Interessen und Qualifikationen Teilhaber, Mitwirkende und Gestalter einer „rassisch" geteilten Gesellschaft. Dies kann nur im Kontext der langen, tragischen Geschichte der Rassentrennung (schon in der niederländischen Zeit, dann zunehmend in der britischen Zeit, seit Gründung der Union 1910 immer stärker ausgeprägt und schließlich ab

---

85 Helen Gamble, Mariannhill. A century of prayer and work. Pinetown 1980; Die Mariannhiller Mission 1882-1922. Bilder aus dem afrikanischen Missionsleben. Im Auftrage seiner Obern gesammelt von einem Marianhiller Missionspriester. Zweite, bedeutend vermehrte Auflage, Würzburg 1923; Rudolf Kneipp u.a., Mariannhill and its Apostolate. Origin and growth of the Congregation of the Mariannhill Missionaries, Reimlingen 1964.
86 Hingewiesen sei an dieser Stelle auf folgende Literatur: Louis Hermann, A History of the Jews in South Africa, Johannesburg 1935 und Adam Yamey, Out of Africa, The Migration of German Jews to South Africa, in: S.A.SIG, Southern African Jewish Genealogy Special Interest Group Newsletter, 6/3, 2006.

1948 als *Apartheid* in immer mehr Lebensbereiche eingreifend) verstanden werden.[87] In den deutschsprachigen Siedlergemeinschaften waren jedoch zuerst nicht nur, oder gar nicht einmal in erster Linie, die „Rasse" das Trennende, sondern viel mehr die Sprache und im weitesten Sinn die kulturellen Unterschiede. Außerdem mussten zum Teil große Opfer gebracht werden für die Erhaltung und Pflege des kirchlichen und kulturellen Erbes in einer fremden Umgebung. Das konnte aber in Bezug auf die südafrikanische Öffentlichkeit zu einer Art politischer Abstinenz führen. Diese ist vielleicht auch damit zu erklären, dass deutsche Einwanderer in Südafrika nie Kolonialherren oder Vertreter einer Kolonialherrschaft waren. Von den Deutschstämmigen, die später sehr wohl auf politischem Gebiet tätig geworden sind, seien zwei als Beispiel genannt: Erstens der Berliner Missionarssohn, Akademiker und Regierungsbeamte Werner Eiselen[88], der als einer der Architekten des Apartheidsystems gilt, und zweitens der Hermannsburger Missionarssohn, Theologe und Pfarrer Wolfram Kistner, ein vehementer Gegner des Systems.[89]

Deutschsprachige haben jedoch von Anfang an auf allen Gebieten der Wissenschaft, Kunst und Musik, der Universitäten, der Wirtschaft und des Bergbaus an zum Teil führender Stelle mitgearbeitet. Die Entdeckung der Diamanten in Kimberley 1870 und des Goldes auf dem Witwatersrand 1886 haben dann auch noch viele deutschstämmige Geschäftsleute, Unternehmer und Abenteurer nach Südafrika gelockt.

Das Schicksal der deutschen Einwanderer im Südafrikanischen Krieg[90] und im Ersten Weltkrieg[91] und die Folgen, die diese Ereignisse auch für ihre Kirchengemeinden und Schulen hatten, können hier nicht weiter ausgeführt werden. Nachdem die deutschen Kirchengemeinden mit dem allmählichen Rückgang der deutschen Sprache seit Anfang des 20. Jahrhunderts und stellenweise auch unter politischem Druck während des Ersten Weltkrieges viele Mitglieder verloren hatten, kam es nach dem Ersten Weltkrieg wieder zu einer größeren Einwanderung deutscher Immigranten nach Südafrika. Nach wie vor gibt es also auch heute noch in Südafrika lebenskräftige deutsche Siedlergemeinschaften, von lutheri-

---

87 Über die sozio-ökonomischen Aspekte dieser „rassisch" geteilten Gesellschaft berichtet Fritz Hasselhorn in Beitrag #23.
88 Von seinen vielen Schriften seien genannt: Die Naturelle-vraagstuk [Die Eingeborenenfrage], Kapstadt 1929; Is Separation Practicable, in: Journal of Racial Affairs 1/2, 1950, 18 und Deutsche Missionsarbeit in Südafrika und der Volkscharakter der Bantu, Vortrag vor der Afrikaans-Deutschen Kulturgemeinschaft, Pretoria, am 27. August 1956.
89 Vgl. Wolfram Kistner, Die Wahrheit wird Euch frei machen. Grußwort an die Synode der Evangelischen Kirche in Deutschland in Trier, 6. November 1985, in: Wolfram Kistner, Hoffnung in der Krise. Dokumente einer christlichen Existenz in Südafrika, zum 65. Geburtstag herausgegeben von Lothar Engel, Rudolf Hinz und Jürgen Schroer, Wuppertal 1988, 12-14; ders., Grußwort zum 150jährigen Jubiläum der Hermannsburger Schule in Natal, in: Ders., Gerechtigkeit und Versöhnung. Theologie und Kirche im Transformationsprozess des neuen Südafrika, Sammelband mit Beiträgen aus den Jahren 1985 bis 2006, hg. von Rudolf Hinz, Christian Hohmann, Hanns Lessing, Hannover 2008, 45-48; Ders., Grußwort zum 150jährigen Jubiläum der Hermannsburger Schule in Natal, Beitrag #31 in diesem Sammelband.
90 Als Beispiel sei Kroondal erwähnt, dessen Kriegserlebnisse anschaulich geschildert werden von Tobias Wenhold, Die Geschichte Kroondals, in: Afrikanischer Heimatkalender 1970, 85-111. Zu den Entwicklungen in Kroondal vgl. auch Beitrag #21 von Marcus Melck.
91 Zur Situation der deutschsprachigen Minderheit während ds Ersten Weltkrigs vgl. Beitrag #12 von Tilman Dedering.

schen Kirchengemeinden geprägt, deren Geschichte in manchen Fällen schon mehr als 150 Jahren zurückreicht.

Die deutsche Minderheit in Südafrika während des Ersten Weltkrieges

Tilman Dedering

Einleitung

Als die schwelende europäische Krise zu einem bewaffneten Konflikt eskalierte, war den meisten Beobachtern in Südafrika klar, dass das Land als Dominion des britischen Empire verpflichtet war, die britischen Kriegsmaßnahmen zu unterstützen. Die genaue Art dieser Beteiligung entwickelte sich jedoch zur Streitfrage. Wie Hermann Giliomee aufgezeigt hat, „war die Union für die meisten „Weißen" ein greifbares Symbol für Südafrikas Fortschritt auf dem Weg zu Modernität und Entwicklung".[1] Dennoch spalteten viele Konflikte das Land. Die Südafrikanische Union bestand erst seit vier Jahren. Die koloniale Vergangenheit des Landes hatte einen Keil zwischen die „Weißen" und die „Schwarzen" getrieben. Das komplexe Rechtssystem der Apartheid, das die Vormachtstellung der „Weißen" mittels einer systematischen „Rassentrennung" festigen sollte, entstand zwar erst später. Aber Passgesetze, Arbeitsbestimmungen und besondere Gesetze für „Eingeborene" bestimmten bereits das Leben der meisten Einwohner der Union. Der Land Act von 1913 hatte zur weiteren Marginalisierung vieler Afrikaner beigetragen, indem er den uneingeschränkten Zugang zu Land nahezu unmöglich machte. Zudem hatte der Südafrikanische Krieg (1899-1902), der die Unabhängigkeit der beiden Buren-Republiken beendet hatte, zu Verwüstungen geführt, die viele „weiße" Südafrikaner, die Leidtragenden dieses erbitterten Kampfes, nicht vergessen hatten. Abgesehen von den politischen und kulturellen Spaltungen, die Südafrika im frühen 20. Jahrhundert kennzeichneten, polarisierten auch Klassengegensätze und regionale Ungleichheiten die verschiedenen – städtischen und ländlichen – Teile der Gesellschaft.

Premierminister Louis Botha und sein Verteidigungsminister Jan Smuts hatten im Südafrikanischen Krieg zwar gegen die Briten gekämpft, waren aber davon überzeugt, dass Südafrika nur gedeihen konnte, wenn es seine enge Verbindung mit dem britischen Empire bewahrte. Im Zuge ihrer Überlegungen, was der Kriegsausbruch für Südafrika bedeuten würde, begriffen die Führer der South African Party (SAP) schnell, welche Chancen sich hier für die Union auftaten. Die Beteiligung am Krieg bot die Aussicht, die verschiedenen Elemente der fragmentierten „weißen" Gesellschaft Südafrikas zusammenzuführen. Dies bedeutete, dass Südafrika bereit sein musste, seine Streitkräfte für den Einsatz in Europa und auf dem afrikanischen Kontinent mobil zu machen.

Daher wurde natürlich auch die Einnahme Südwestafrikas, das in der Hand des Feindes lag, ein Ziel. Der Einfall in die benachbarte deutsche Kolonie und ins weiter entfernte Deutsch-Ostafrika versprach nicht nur die Bande zwischen der Union und Großbritannien

---

1 Hermann Giliomee, The Afrikaners. Biography of a People, Kapstadt 2003, 357.

zu stärken. Die Union hatte vielmehr auch eigene imperiale Ambitionen. Botha und Smuts waren sehr daran interessiert, den südafrikanischen Machtbereich über die Grenzen Südafrikas hinaus auszuweiten. Abgesehen von kurzfristigen, strategischen Zielen, die der Krieg diktierte, war die schwache Wirtschaft Südafrikas der wichtigste Grund für das Interesse der Union am deutschen Territorium. In einem Land, in dem die überwältigende Mehrheit aus „Schwarzen" bestand, bedeutete die Armut vieler „Weißer" ein Problem für die Stärkung des „weißen" Prestiges. Streikwillige „weiße" Arbeiter bewiesen während der Arbeiterunruhen 1913-14 ihr Störpotenzial. Die deutsche Kolonie schien Raum für arme „Weiße" zu bieten, von denen sonst nur eine Verschärfung der Arbeiterunruhen und der vielen wirtschaftlichen Probleme zu erwarten war, mit denen die von Dürren geplagte Union zu kämpfen hatte. Nördlich des Flusses Oranje lockte der Zugang zu landwirtschaftlichen Nutzflächen und Diamanten in der Namib-Wüste.

Smuts hatte bereits 1911 erklärt, es sei sein Wunsch, die Union zur vorherrschenden Macht in der Region zu machen. Auch Louis Botha hatte 1911 auf der Imperial Conference verkündet, er beabsichtige, Südwestafrika zu annektieren, falls ein Krieg zwischen Deutschland und Großbritannien ausbreche.[2] Der Kampf an der Seite des britischen Empire könne die Bestrebungen der Union, nicht nur Südwestafrika, sondern auch die Gebiete Betschuanaland, Rhodesien, Basutoland, Nyasaland und Swasiland in ein „Groß-Südafrika" einzugliedern, politisch unterstützen. Smuts hatte sich auch vorgestellt, dass es nach der Eroberung von Deutsch-Ostafrika durch Südafrika zu einem komplizierten Austausch von Territorien käme. Der nördliche und der südliche Teil der deutschen Kolonie sollten den Briten beziehungsweise den Portugiesen überlassen werden. Dafür gäben die Portugiesen dann den südlichen Teil ihrer Kolonie Mosambik, auf deren Häfen burische Politiker seit geraumer Zeit ein Auge geworfen hatten, an die Südafrikanische Union ab.[3]

Patriotismus und Loyalitätskonflikt

„Schwarze" und farbige Südafrikaner blieben nicht unberührt von der plötzlichen Bekundung von Gefolgschaftstreue gegenüber Großbritannien, die der Ausbruch des bewaffneten Konflikts in Europa ausgelöst hatte. Der South African Native National Congress, der Vorläufer des African National Congress (ANC), zeigte sich trotz des Land Act von 1913 solidarisch mit dem britischen Empire. Genauso verkündeten farbige Organisationen wie die African Peoples' Organisation (APO), dass sie die britischen Kriegsziele unterstützen würden, und starteten eine Rekrutierungskampagne unter farbigen Männern, mit der ungefähr 10.000 Freiwillige gewonnen werden konnten.[4] Einige Sprecher der „schwarzen" und der farbigen Gruppen nutzten die Gelegenheit, sich selbst als wahre Patrioten zu präsentieren. Sie stellten ihrer erklärten Treue zur Union und zum Empire die unzuverlässige Haltung der Buren gegenüber, die ihren Groll gegen die Sieger des Südafrikanischen Krieges noch nicht überwunden hätten. Man warf den Buren auch vor, sie hätten enge und verdächtige Beziehungen zu Deutsch-Südwestafrika. Bei diesen Loyalitätsbekundungen indigener

---
2 Martin Eberhardt, Zwischen Nationalsozialismus und Apartheid. Die deutsche Bevölkerungsgruppe Südwestafrikas 1915-1965, Berlin 2007, 45-46.
3 Hew Strachan, The First World War in Africa, Oxford 2004, 132-133.
4 Bill Nasson, Springboks on the Somme. South Africa in the Great War, 1914-1918, Johannesburg 2007, 9-19.

Bevölkerungsgruppen handelte es sich wohl kaum um den Ausdruck reiner Kriegsbegeisterung, sondern um unzureichend getarnte Versuche, politisch bei den Regierenden eines Staates zu punkten, in dem die „Rassentrennung" praktiziert und den farbigen und „schwarzen" Bürgern die Gleichberechtigung verweigert wurde. In dieser Zeit erbrachten jene Bevölkerungsgruppen gewissermaßen Vorleistungen für Verfassungsänderungen, die sie sich von der „weißen" Führungsschicht als Antwort auf ihre freiwilligen Unterstützungsangebote erhofften.

Angesichts der deutschen Militärmacht, die in andere europäische Länder einmarschierte, propagierte ein Chor unterschiedlicher Stimmen immer lautstärker und aufsässiger die Idee einer „weißen" südafrikanischen Identität. Clubs, Organisationen und Einzelpersonen aus Wirtschaft, Kirchen und Bürgervereinigungen wurden von einem heftigen patriotischen Taumel erfasst. Eine Art treibende Kraft dieser Kundgebungen war der Schock, mitansehen zu müssen, wie Europa in alarmierend kurzer Zeit von diplomatischen Auseinandersetzungen in einen offenen Krieg schlitterte. Anfänglich hofften viele Beobachter, dass Europa dank der Errungenschaften der modernen Diplomatie und seiner Kultur gegen die primitiven Leidenschaften eines blutigen Krieges gefeit wäre. Doch das Vertrauen in die Werte moderner Zivilisation wich bald der Erkenntnis, dass die europäische Ordnung, die vor Juli 1914 von mehreren schweren internationalen Krisen erschüttert worden war, durch die Mobilmachung unvorstellbar großer Armeen unwiderruflich zerstört wurde.

In Südafrika machten sich Ängste und Befürchtungen breit, die Ausdruck der problematischen Beziehungen sowohl zwischen „Schwarzen" und „Weißen" als auch zwischen den beiden großen „weißen" Bevölkerungsgruppen waren. Englische Schulen und Colleges wurden zu Schauplätzen eines neuen aggressiven Patriotismus, der auf den fernen Schlachtfeldern Europas seine Feuertaufe erhalten und dort aus englischsprachigen Jungen südafrikanische Männer machen sollte.[5] Das Land wurde von einer Welle deutschfeindlicher Ressentiments überflutet, die viele englischsprachige Südafrikaner in einem Augenblick kriegslüsterner Begeisterung zu einigen schien.[6]

Obwohl sich zahlreiche Männer freiwillig zum Kriegsdienst meldeten, dabei ihr Leben riskierten und verloren, waren viele Südafrikaner nicht übermäßig begeistert von der Aussicht, sich an der Massenschlächterei zu beteiligen, die bald das sozio-ökonomische Gefüge Europas entstellen sollte. Nicht alle „weißen" Südafrikaner waren davon überzeugt, dass der deutsche Militarismus der Erzfeind der Zivilisation war. Der Ausbruch patriotischer Begeisterung beunruhigte viele Buren, deren Einstellung zum britischen Empire von der Erinnerung an den Südafrikanischen Krieg getrübt war. In vielen burischen Kreisen wurde die Entscheidung der Regierung zur Kriegsteilnahme offen abgelehnt, insbesondere von den Mitgliedern der 1914 gegründeten National Party (NP) von General J.B.M. Hertzog. Wie seine politischen Gegner in der SAP war Hertzog ein Veteran des Südafrikanischen Krieges. Er war nicht prinzipiell gegen ein Bündnis von englisch- und niederländischsprachigen „Weißen", aber er legte Wert darauf, dass die sozioökonomischen Rechte und

---

5 Nasson, Springboks, 20; John Lambert, „Munition Factories ... Turning Out a Constant Supply of Living Material": White South African Elite Boys' Schools and the First World War, in: South African Historical Journal 51, 2004, 67-86.
6 Nasson, Springboks, 29.

die kulturelle Identität der Buren angesichts des mächtigen britischen Empire besonders zu schützen seien.

Gegen die anfängliche Welle enthusiastischer Treuebekundungen zum Empire hatte die kleine, dezentral organisierte pazifistische Opposition kaum eine Chance, ernst genommen zu werden. Angesichts des leidenschaftlichen Patriotismus, den englisch-dominierte Wirtschaftskreise und englischsprachige Zeitungen unerbittlich verbreiteten, verstummte der englischsprachige und erklärtermaßen internationalistische Antimilitarismus verschiedener Organisationen und Kirchen schnell. Auch christliche Pfarrer waren von der allgemeinen Kriegsbegeisterung ergriffen, wie sich den Äußerungen eines südafrikanischen Pastors entnehmen lässt, der seiner Gemeinde verkündete: „Brüder, als Diener Jesu Christi, des Friedensfürsten, zögere ich nicht zu sagen, dass die Männer, die solches sagen [Pazifisten], Verräter ihres Landes und, was noch schlimmer ist, Verräter der Menschheit sind."[7] Die „weiße" Labour Party, Arbeitervereinigungen unterschiedlicher Couleur und auch die „weißen" Gewerkschaften stimmten in die lauten Loyalitätsbekundungen gegenüber Großbritannien ein und erinnerten ihre Mitglieder daran, dass das demokratische Empire gegen die unzivilisierten „Hunnen" die volle Unterstützung freier Bürger benötige.[8]

Für die Beurteilung der Situation der deutschsprachigen Einwohner in Südafrika ist es wichtig, die komplexe Geschichte des Dreiecksverhältnisses zwischen deutsch-, afrikaans- und englischsprachigen Südafrikanern zu verstehen. Der Südafrikanische Krieg hatte zu einer gewaltigen Welle der Burenbegeisterung in Deutschland geführt. Abgesehen davon, dass deutsche Freiwillige einige Burenkommandos verstärkten, hatte die deutsche Regierung aber widersprüchliche Signale an die beiden Burenrepubliken gesendet, anstatt sie uneingeschränkt zu unterstützen. Kaiser Wilhelms unbedachte Bemerkungen über die anfänglichen militärischen Niederlagen Großbritanniens, aus denen zu entnehmen war, er wisse besser, wie man mit den Streitkräften der Buren fertig werde, stieß deutsche Sympathisanten der Buren, burische Politiker und britische Führer gleichermaßen vor den Kopf. Seine Weigerung, den Präsidenten der belagerten Südafrikanischen Republik, Paul Kruger, in Berlin zu empfangen, deutete auch darauf hin, dass das Deutsche Reich zwischen Sympathie für die „deutschen Vettern" in Südafrika einerseits und den Erfordernissen der Weltpolitik andererseits hin- und hergerissen war. Wie einige Beobachter damals feststellten, schien sich zudem die „Burenbegeisterung" in eine ziemlich herablassende Haltung gegenüber „primitiven" Bauern zu verwandeln – als nämlich die Deutschen in Südwestafrika in unmittelbarer Nähe zu burischen Siedlern leben mussten und diese sich weigerten, sich in die schulischen und kirchlichen Strukturen der Deutschen zu integrieren.[9]

Während sich in Europa der Sturm noch zusammenbraute, wuchs bei den „Weißen" in Südafrika die Sorge, dass sich ein europäischer Konflikt negativ auf ihre wirtschaftliche Situation auswirken könnte. Die Presse versuchte, diese Befürchtungen zu zerstreuen, indem sie ihren Lesern versicherte, Südafrikas Versorgung sei gesichert; es sei nicht zu erwarten, dass afrikanische Arbeiter von den Ereignissen in Europa aufgestachelt würden,

---

7 The Star, 15. September 1914.
8 Nasson, Springboks, 25.
9 Steffen Bender, Der Burenkrieg und die deutschsprachige Presse. Wahrnehmung und Deutung zwischen Bureneuphorie und Anglophobie 1899-1902, Paderborn und München, 2009, 181-184.

und man könne sich darauf verlassen, dass sie weiterhin Nahrungsmittel produzierten.[10] Es gab jedoch Anzeichen dafür, dass eben nicht alles seinen normalen Gang ging. Die britischen Truppen am Kap wurden mobilisiert. Deutsche Kriegsschiffe, die vorher immer in den Docks von Kapstadt überholt worden waren, verließen überstürzt den Hafen.[11] Während englischsprachige „Weiße" ihre Loyalität zum Empire demonstrierten, indem sie in Wirtshäusern und Revuetheatern lauthals patriotische Lieder anstimmten, erregte eine Gruppe von hundert Männern Aufsehen, weil sie trotzig in den Straßen von Bloemfontein paradierten, bevor sie an Bord eines Schiffs gingen, um ins deutsche Heer einzutreten.[12] Diese Demonstrationen deutschen Patriotismus missfielen vielen Südafrikanern. Ab August 1914 begann die Presse zu berichten, dass es beim Einmarsch der Deutschen in das neutrale Belgien zu Gräueltaten an der Zivilbevölkerung gekommen war. In der Folge nahm die Feindseligkeit gegen Deutschland rasch zu.

Vor dem Hintergrund der engen, wenn auch ambivalenten Beziehungen zwischen Deutschen und Buren in Südafrika waren die Kriegsanstrengungen der Union auf Seiten des britischen Empire aber mit gewissen Risiken verbunden. Die Beteiligung der Union am Krieg gegen Deutschland verlangte von Botha und Smuts einen politischen Balanceakt. Einerseits waren sie darauf bedacht, die deutschfeindliche Hysterie einzudämmen, wobei sie jene Buren im Blick hatten, die sich von der deutschen Präsenz in Südafrika nicht bedroht fühlten und nicht zwangsläufig auf einen militärischen Sieg der Briten hofften. Das Anheizen der nationalistischen Begeisterung war auch mit dem Risiko verbunden, den unnötigen Widerstand der deutschstämmigen Einwohner hervorzurufen. Sowohl der Premierminister als auch sein einflussreicher Kabinettskollege machten gelegentlich Bemerkungen, die zeigen sollten, dass ihre Kriegsbereitschaft nicht einem blinden Hass auf alles Deutsche entsprang. Zu Beginn des Krieges erinnerte Botha seine Zuhörer im Parlament daran, dass zumindest die naturalisierten Deutschen „immer zum Wohl und Gedeihen dieses Landes mitgewirkt hätten. Tatsächlich seien sie wahre und treue Gehilfen Südafrikas gewesen."[13] Smuts schlug dieselbe Tonart an und hob hervor, „dass niemand in diesem Land eine feindselige Haltung gegen die deutschen Bürger in Südafrika einnehmen werde."[14] Die Deutschen hier seien eingebürgert worden und viele mehr würden noch eingebürgert werden, wenn sich die Gelegenheit böte.

Andererseits jedoch hoben Botha und Smuts die Gefahr hervor, die die deutsche Präsenz in Südwestafrika darstellte. So suchten sie die Öffentlichkeit davon zu überzeugen, dass die Union gezwungen war, militärisch zu intervenieren. Je mehr der innere Widerstand gegen den geplanten Feldzug in Südwestafrika in Buren-Kreisen zunahm, desto mehr schilderten die beiden Generäle in grellen Farben die unmittelbare Bedrohung durch die Deutschen. Neutralität sei der „größte Unsinn", versicherte Botha seinen Zuhörern in einer Rede in Durban. Geschickt griff er ein in der deutschen Kolonialpropaganda beliebtes Thema auf und behauptete, dass Deutschland verzweifelt versuche, neuen Lebensraum für seinen Bevölkerungsüberschuss zu finden. Die endlosen Weiten Südafrikas seien vom Reich als Ab-

---

10 The Star, 29. Juli 1914.
11 The Star, 31. Juli 1914.
12 The Star, 4. und 5 August 1914.
13 The Star, 10. September 1914.
14 Ibid.

ladeplatz für seine unerwünschte Bevölkerung vorgesehen. In den Augen der Deutschen sei das Land „wie ein fettes Lamm, das darauf wartet, geschlachtet zu werden". Botha gab zu verstehen, dass er im Besitz von Informationen über aggressive Pläne sei, die Deutschland ausgeheckt habe. Er sei nicht befugt, diese zu enthüllen, aber „sie würden den Leuten die Haare zu Berge stehen lassen".[15] Smuts hob auch hervor, dass die deutsche Kriegsmarine eine Gefahr für das britische Empire sei. In Verbindung mit der deutschen Präsenz in Südwestafrika bedeute dies, dass das Reich eine reale Bedrohung für Südafrika darstelle.[16] Mit Blick auf das Murren der unzufriedenen Buren behauptete er, dass all das Gerede über ihre Sympathien für Deutschland auf Gerüchten beruhe, die deutsche Spione in die Welt gesetzt hätten. Diese würden „Südafrika einen Dolch ans Herz setzen".[17]

Smuts kritisierte im Parlament auch den Führer der National Party, Hertzog, scharf und stellte ihn als einen Verräter hin, weil dieser gewarnt hatte, Südafrikas Militär sei noch nicht bereit, in die benachbarte deutsche Kolonie einzumarschieren. „Wollte Hertzog dem Feinde Militärgeheimnisse verraten?", wetterte Smuts im Unterhaus. Dem Argument der Nationalisten, die Deutschen seien keine Feinde der Buren, hielt Smuts entgegen, das Reich sei den populären burenfreundlichen Parolen nicht gerecht geworden, die während des Südafrikanischen Krieges in pangermanischen Kreisen en vogue gewesen seien. Smuts beschwor seine Zuhörer, sich lieber auf ihre historischen Verbindungen mit flämisch- und französischsprachigen Europäern zu besinnen, die – wie die Briten – nun in einen ungewollten Krieg gezwungen würden.[18]

Die deutsche Besetzung Belgiens sollte den Kampf der Union gegen die Deutschen rechtfertigen. Auf einige Buren machte dies jedoch keinen großen Eindruck. Sie waren erzürnt bei der Vorstellung, ihr Blut für die Briten vergießen zu müssen, an die sie erst vor Kurzem ihre nationale Unabhängigkeit verloren hatten. In seinem Rücktrittsschreiben legte General C.F. Beyers der Regierung die Gründe für seine Weigerung dar, in Südwestafrika einzumarschieren, und vertrat die Ansicht, dass die Briten den Buren während des Südafrikanischen Krieges das angetan hatten, was die Deutschen jetzt den Belgiern antaten: „Mit wenigen Ausnahmen geschah auf allen Farmen – ganz zu schweigen von den vielen Städten – genau das, was in Löwen geschehen ist, von dem wir jetzt so viel hören."[19]

Trotz der öffentlichen Appelle von Botha und Smuts war Südwestafrika sowohl für Großbritannien als auch für Südafrika strategisch relativ unwichtig. Die dort stationierten deutschen Truppen stellten für die Union kaum eine ernsthafte militärische Bedrohung dar. Es gab allerdings Befürchtungen, dass die Deutschen eine afrikanische Front eröffnen könnten, um die britischen Streitkräfte auf einen Nebenschauplatz des europäischen Konfliktes umzuleiten. Britische und südafrikanische Kriegspläne konzentrierten sich auf die Einnahme der Häfen und der Funkstationen der deutschen Kolonie. Die Entscheidung der Regierung, das Territorium einzunehmen, verursachte zunächst eine Kabinettskrise und dann eine offene Rebellion unter den Buren. Hertzogs NP verurteilte den Feldzug auf ihrem ersten Kongress am 26. August 1914. Giliomee vertritt die Ansicht, Botha und Smuts hät-

---

15 The Star, 29. September 1914.
16 The Star, 11. September 1914.
17 Ibid.
18 Ibid.
19 The Star, 21. September 1914.

ten einen strategischen Fehler gemacht, der dazu beigetragen habe, dass Smuts die Wahl 1924 verlor. Bis dahin hätten sich die Nationalisten genügend Unterstützung sichern können, um eine Koalitionsregierung zu bilden.[20]

Im Gegensatz zu dem, was viele deutsche Beobachter während des Krieges und danach annahmen, handelten die Rebellen nicht nur aus Sympathie mit den Deutschen. Die Widerständler teilten eine tiefsitzende Abneigung gegen die Vorstellung, dass sie den Briten in einem Kampf helfen sollten, der ihrer Meinung nach nichts mit ihnen zu tun hatte. Außerdem glaubten nicht nur die Führer der Rebellion, General Beyers, C. de Wet und J.C.G. Kemp, dass Deutschland den Krieg gewinnen würde. Auch Buren in den ländlichen Gebieten setzten fortwährend Gerüchte in Umlauf, dass die Deutschen den Krieg bereits gewonnen hätten oder zumindest kurz vor dem Sieg stünden. Diesen Gerüchten zufolge verbreitete die englische Presse Fehlinformationen und „waren die Deutschen in Paris, war die britische Kriegsmarine vom Meer vertrieben und tatsächlich die Armeen der Alliierten von den siegreichen Deutschen zertrampelt worden."[21]

Die darauffolgende Rebellion der Buren erfasste sieben Distrikte im Freistaat sowie mehrere Distrikte im nordwestlichen Transvaal. Sie wirkte sich auch auf einige Gebiete am nördlichen Kap aus. Die Unionsregierung war so geschickt, Freiwillige anzuwerben, die die Rebellion niederschlagen sollten. Dadurch sollten weitere Unruhen unter jenen Soldaten vermieden werden, deren Treue zur Union zweifelhaft war. Deutsche Männer waren von der Einberufung ebenfalls ausgenommen.[22] Zwar erhielten die Rebellen Unterstützung von deutschen Truppen in Südwestafrika, aber dies konnte den militärischen Sieg der Unionsstreitkräfte nicht mehr abwenden. Im Januar 1915 war die Rebellion vorbei.[23] Wenige Monate später besiegten die Truppen der Union endgültig die Schutztruppe in Südwestafrika. Von 11.472 Buren-Rebellen wurden 190 getötet und von den Männern, die für die Unionsregierung kämpften, starben 132.[24] Mit wenigen Ausnahmen behandelte die Regierung die Aufständischen mit Nachsicht. Nach Ende des Ersten Weltkrieges wurde Südwestafrika als Mandatsgebiet des Völkerbundes der Union unterstellt. Hertzog war so klug, sich der Rebellion der Buren nicht anzuschließen, aber seine Kritik am Einmarsch der Union in Südwestafrika wurde in Deutschland mit Dankbarkeit zur Kenntnis genommen. Nach Ende des Ersten Weltkrieges setzten Kolonialrevisionisten ihre Hoffnungen auf Hertzog, der angeblich geneigt war, das Territorium an Deutschland zurückzugeben.[25]

Deutsche Beobachter in Südafrika und in Deutschland selbst waren beunruhigt wegen der sozialen und politischen Folgen, die die Feldzüge der Union in Südwestafrika und Deutsch-Ostafrika voraussichtlich haben würden. Insbesondere in kirchlichen und Missionskreisen gab es Stimmen, die vor den schädlichen Auswirkungen des Krieges auf die kolonialen Beziehungen zwischen „Weißen" und ihren afrikanischen Untergebenen warnten. In ihrer Missbilligung der Beteiligung von afrikanischen und indischen Hilfstruppen

---

20 Giliomee, The Afrikaners, 380.
21 The Star, 29. September 1914.
22 Hermannsburger Missionsblatt 4, April 1915, 105.
23 Strachan, The First World War in Africa, 66-74.
24 Giliomee, The Afrikaners, 383.
25 Oskar Hintrager, Deutsch-Südwestafrika und die südafrikanische Union beim Friedensschluss, 1.10.1918, Bundesarchiv Berlin- Lichterfelde, Reichskolonialamt, R 703/147, Stellvertreter des Reichskanzlers, (Friedrich von Payer), 21.9.1917-4.10.1918.

auf Seiten der Briten ging es deutschen Kritikern weniger um das Wohl der indigenen Soldaten. Eine häufig geäußerte Kritik lautete vielmehr, dass die Beteiligung afrikanischer Truppen gegen die Bestimmungen der Berliner Konferenz von 1884-85 verstoße, in deren Rahmen der Kontinent unter den räuberischen europäischen Kolonialmächten aufgeteilt worden war. Beispielsweise verurteilten die Verfasser der *Allgemeinen Missions-Zeitschrift* die Briten, weil ihr Einsatz „nichtweißer" Soldaten einschließlich japanischer Alliierter „die Solidarität der weißen Rasse in der Aufrechterhaltung der ihr von der göttlichen Vorsehung zugewiesenen Herrenstellung in der Menschheit [...] schwer verletzt".[26] Johannes Warneck beklagte den Verlust von Deutsch-Südwestafrika und schilderte die Zukunft des europäischen Kolonialprojekts in düsteren Farben, da die „charakterlose" eingeborene Bevölkerung nun in den Genuss des Schauspiels einer in sich zerstrittenen „weißen Rasse" komme. Er kritisierte den „Verräter", Louis Botha, scharf und behauptete, die Südafrikaner würden planen, die Deutschen durch eine Umbenennung Südwestafrikas in „Bothaland" zu demütigen.[27]

Die Klage über die negativen Folgen der Einbeziehung „unverdorbener Eingeborener" in einen Krieg des „weißen Mannes" wurde in der deutschen Diskussion zu einem beliebten Thema, obwohl Botha und Smuts dafür sorgten, dass nur „weiße" Soldaten am Feldzug in Südwestafrika teilnahmen. Entsprechende Befürchtungen wurden auch von britischen Siedlern geäußert. Das verhinderte aber nicht, dass über zwei Millionen Afrikaner als Soldaten, Lastenträger und Arbeiter in Europa und auf afrikanischem Boden auf Seiten der Alliierten am Ersten Weltkrieg teilnahmen.[28] Zudem waren die Deutschen selbst immer wieder beschuldigt worden, ihre eigene „eingeborene" Bevölkerung zu militarisieren. So hatten zum Beispiel afrikanische Kämpfer an den brutalen Feldzügen teilgenommen, die die Schutztruppe Ende des 19. und Anfang des 20. Jahrhunderts gegen die indigene Bevölkerung in Südafrika geführt hatte. Ironischerweise war es allerdings hauptsächlich dem entschlossenen Einsatz afrikanischer Hilfskräfte, sogenannter Askaris, in Deutsch-Ostafrika zu verdanken, dass der Kommandant der dortigen Schutztruppe, Paul von Lettow-Vorbeck, den deutschen Widerstand gegen südafrikanische und europäische Truppen bis zum Kriegsende aufrechterhalten konnte.

Kurz nach Ausbruch der offenen Feindseligkeiten in Europa begann die Unionsregierung Deutsche zu verhaften, die zum Militärdienst in Deutschland verpflichtet waren. In den ländlichen Gebieten und in verschiedenen kleinen und großen Städten wurden Deutsche und Österreicher im Alter von 18 bis 56 Jahren verhaftet und später in Lager gebracht. Genaue Zahlen lassen sich aus den Quellen nur schwer ermitteln, da die Angaben schwanken, aber Ende 1914 waren offenbar insgesamt 3.000 Deutsche in Pretoria, Pietermaritzburg und anderen Orten interniert.[29] Zu diesen Gefangenen, die unter Beobachtung einer immer aggressiver werdenden und streng zensierten englischsprachigen Presse sowie einer nervösen Öffentlichkeit standen, zählten Ladenbesitzer, Geschäftsleute, Hoteldiener, Missionare und Pastoren. Bürgerversammlungen verabschiedeten unzählige Resolutionen, in

---
26 Beiblatt zur Allgemeinen Missions-Zeitschrift 5, September 1914, 500.; siehe auch Hermannsburger Missionsblatt 1, Januar 1915, 9-10.
27 Allgemeine Missions-Zeitschrift 42, 1915, 453.
28 Strachan, The First World War in Africa, 3.
29 Hermannsburger Missionsblatt 2, Februar 1915, 37.

denen immer schärfere Maßnahmen gegen deutsche Einwohner gefordert wurden. Die rechtlichen Grenzen zwischen Eingebürgerten deutscher Abstammung, von denen manche seit Jahrzehnten in Südafrika gelebt hatten, und Personen, die ihre deutsche Staatsbürgerschaft behielten, wurden dabei zunehmend verwischt. Hinter der pauschalen Verdammung der Deutschen als einer „barbarischen Rasse" standen in manchen Fällen wirtschaftlicher Neid und Nationalismus. Einigen der selbsternannten Hüter des Empire war die unliebsame Konkurrenz in Wirtschaftsbereichen wie dem Spirituosenhandel, der Gerüchten zufolge in deutscher Hand war, anscheinend ein Dorn im Auge.[30] So ließ sich Patriotismus mühelos mit Geschäftssinn verbinden. Etliche Interessengruppen warfen der Unionsregierung Nachlässigkeit gegenüber den deutschen Einwohnern vor und forderten während des ganzen Krieges lautstark die Beseitigung dieser „Spione" und „Verräter", denen es unerklärlicherweise gestattet werde, ihre geschäftlichen Aktivitäten fortzusetzen.

Unbedachte oder offen sympathisierende Bemerkungen einzelner Personen konnten schwerwiegende Konsequenzen für die Betreffenden haben. Der Public Welfare and Moratorium Act sah vor, dass „Personen, die sich in Hörweite von sechs anderen Personen einer Sprache bedienen, die die feindlichen Streitkräfte unterstützen oder die Hoffnung oder Erwartung eines Erfolges solcher Streitkräfte oder die Hoffnung oder Erwartung des Untergangs der Streitkräfte Seiner Majestät vermitteln soll", bestraft wurden.[31] Insbesondere, wenn sich beim Alkoholgenuss im Wirtshaus die Gemüter erhitzt hatten, konnte es vorkommen, dass deutschstämmige Einwanderer vor einen Richter geschleppt wurden, der wenig Verständnis für unpatriotische Äußerungen zeigte. Ein Beispiel dafür war der Fall von Karl Gurnes, der auf dem Höhepunkt der Burenrebellion seinen Zuhörern versichert hatte, die Aufständischen würden bald in Pretoria einmarschieren und die deutschen Gefangenen befreien.[32] Theodor August Hehling wurde zu £30 oder drei Monaten Haft verurteilt, weil er in einem Restaurant behauptet hatte, dass sich der britische General John French in Kriegsgefangenschaft in Berlin befinde und dass Großbritanniens indische Hilfstruppen nicht nach Frankreich gelangt seien, da ihre Schiffe versenkt worden seien. Der Richter dieses Verfahrens sagte angeblich: „Ihr Deutschen müsst lernen, eure Meinung für euch zu behalten."[33]

Die meisten der in Südafrika ansässigen deutschen Einwanderer schienen dies verstanden zu haben. Viele deutsche Clubs schlossen in der Anfangsphase des Krieges, weil ihre Veranstaltungen häufig als geheime Aktivitäten für dunkle Zwecke angesehen wurden. Manche von ihnen, wie die Liedertafel in Port Elizabeth, brannten völlig aus, als es im Mai 1915 im ganzen Land zu deutschfeindlichen Unruhen kam.[34] Die südafrikanische Polizei erhielt Berichte über deutsche Farmer, die sich in Erwartung von Angriffen aufgebrachter Bürgerwehren bewaffneten.[35] Einige Deutsche, beispielsweise deutsche Siedler in der Provinz Natal, die dort seit langem ansässig waren, versuchten anfänglich, dem Misstrauen

---

30 National Archives, Pretoria (NAP), Department of Justice series (JUS), box 402, folder 1/137/15, Anti-German Riots, Chief Magistrate, Durban, to Secretary for Justice, Kapstadt, 9. Dezember 1915.
31 The Star, 28. September 1914.
32 The Star, 16. Oktober 1914.
33 The Star, 13. Oktober 1914.
34 The Star, 14. Mai 1915.
35 NAP, South African Police series (SAP), box 27, folder 6/245/14/349, Constable Alfred Edward Ling, Linden Police Post, to Inspector-in-charge, SAP, Western Area, 30.5.1915.

entgegenzuwirken, indem sie in öffentlichen Versammlungen ihre Loyalität zur Union verkündeten.[36] Angesichts der zunehmend deutschfeindlichen Stimmung und deutschfeindlicher Aktivitäten vermied es anscheinend die meisten deutschen Einwanderer in Südafrika jedoch, in der Öffentlichkeit in Erscheinung zu treten. Sie hielten es für die beste Strategie, sich zurückzuhalten, statt Aufmerksamkeit auf sich zu lenken. Sorgen über die Gefährdung der in Südafrika ansässigen Deutschen vertrauten sie Tagebüchern an – manchmal gelangten sie allerdings auch in deutsche Publikationen. So wurde zum Beispiel ein rheinischer Missionar von der *Allgemeinen Missions-Zeitschrift* wie folgt zitiert:

> „Wenn wir [die südafrikanische Presse] lesen, dann will es uns manchmal vorkommen, als ob der Herr nicht mehr bei unserem deutschen Vaterland ist. Unsere Gegner haben nur zu vollkommen die Presse in ihren Händen. Überall werden wir geschmäht und verachtet. Der moralische Schaden, der unserem deutsche Vaterlande auf diese Weise zugefügt wird, ist einfach furchtbar und scheinbar nie wieder gutzumachen."[37]

Ganz vereinzelt erhielt die englischsprachige Presse zu Kriegsbeginn Leserbriefe, in denen die Rechte der deutschen Einwohner verteidigt wurden. Beispielsweise forderte ein „treuer Afrikander" Toleranz für die in Südafrika ansässigen deutschen Einwanderer und verurteilte den Boykott deutscher Waren und Firmen, der nur deshalb verhängt werde, „weil sie zufälligerweise in Deutschland geboren sind".[38] Einige englischsprachige und regierungstreue Personen kritisierten die nationalistische Presse der Buren jedoch dafür, dass sie zu sehr mit Deutschland sympathisiere. Das Organ von Hertzogs National Party, *De Burger*, erlebte Boykotte und sogar gelegentliche Überfälle durch Angreifer, die antideutsche Parolen schrien. Abgesehen von einzelnen Appellen, deutsche Einwohner gerecht zu behandeln, mussten die nationalistischen Buren mit öffentlichen Bekundungen ihrer Unterstützung Deutschlands sehr vorsichtig sein, weil das die unerwünschte Aufmerksamkeit der Behörden auf sich gezogen hätte.[39] Trotz der andauernden Demonstrationen eines ungestümen Nationalismus versuchten einige englische Südafrikaner anfänglich wohl noch, ihre Verurteilungen der „teutonischen Barbarei" dadurch auszugleichen, dass sie erklärten, nicht „die Gefühle der vielen deutschen Einwohner von Johannesburg verletzen" zu wollen.[40] Viele einfache „weiße" Südafrikaner, vor allem aus der englischsprachigen Bevölkerung, waren aber nicht bereit, sich mit den Feinheiten der nationalen und kulturellen Identität und der Staatsbürgerschaft zu befassen. Die meisten Versuche, die südafrikanische Öffentlichkeit daran zu erinnern, dass eine deutsche Herkunft nicht automatisch die politische Loyalität bestimmte, trafen auf taube Ohren. Durch den Krieg waren deutschstämmige Südafrikaner in den Augen vieler englischsprachiger „Weißer" zu Feinden geworden. Häufiger waren Stimmen wie diese zu hören: „Das ist jetzt nicht die Zeit für irgendwelche dummen Sentimentalitäten. Krieg ist Krieg. Die Deutschen sind unsere grausamen und

---

36 The Star, 8. September 1914.
37 Allgemeine Missions-Zeitschrift 42, 1915, 216.
38 The Star, 22. September 1914.
39 Siehe C.F.J. Muller, Sonop in die Suide. Geboorte en Groei van die Nasionale Pers, 1915-1948, Kapstadt 1990, 225-243.
40 The Star, 6. August 1914.

erbitterten Feinde. Wir sind ihre Feinde."[41] Manche Unternehmen beeilten sich, in Zeitungsanzeigen mit großen Lettern zu erklären, dass sie nicht von Deutschen geleitet würden.[42] Ein in Rumänien geborener Mann erklärte, er habe seinen ursprünglich deutschen Namen durch Umkehrung der Schreibweise in Rellum geändert.[43] Da die Deutschen ihre Missionsarbeit und ihre kolonialen Bestrebungen gerne mit ihrer „überlegenen" Kultur rechtfertigten, ließen sich Kritiker die Gelegenheit nicht entgehen, die deutsche Kultur als allgemein überschätzt zu verhöhnen. Im Leitartikel einer Zeitung hieß es, dass „Deutschlands ‚kulturelle' Beiträge, abgesehen von den Naturwissenschaften" ohnehin „nicht der Rede wert seien" und Deutschland seit Goethe, Beethoven, Schumann und Wagner angeblich nichts Bedeutendes mehr hervorgebracht habe.[44]

Von der europäischen Front kam eine ganze Flut von Briefen britischer Soldaten, die die negative Wahrnehmung der deutschen „Barbarei" beeinflusste. Einer dieser Briefe, der in der Presse zitiert wurde, berichtete, dass „die Deutschen mehr verrückten Zulus als normalen Menschen glichen". Abgesehen davon, dass hier die rassistische Vorstellung zum Ausdruck kommt, Afrikaner seien keine vollwertigen Menschen, erregte diese Äußerung sicherlich die Aufmerksamkeit jener Leser, denen die Kolonialkriege und die Aufstände der indigenen Bevölkerung im 19. und frühen 20. Jahrhundert noch sehr präsent waren.[45]

Die Stimmung war zunehmend von Intoleranz geprägt. Die Versenkung des britischen Ozeandampfers Lusitania durch ein deutsches U-Boot im Mai 1915, bei der fast 1.200 Zivilisten starben, hatte lang anhaltende Unruhen in mehreren südafrikanischen Städten zur Folge. Zeitungen kommentierten diese Krawalle voller Pathos – wie beispielsweise die *Cape Times*, die diese Ausbrüche auf die „vielen Niederträchtigkeiten der teutonischen Hunnen" zurückführte.[46] Bei dieser Welle von Ausschreitungen kam es zu hohen Sachschäden, es gab jedoch keine Toten. Es war eine patriotische, durch Alkohol angeheizte Raserei, die schließlich zu Plünderungen, eingeschlagenen Fenstern und weiteren Zerstörungen führte. Da die Krawallmacher oft nicht in der Lage oder bereit waren, die deutsche Identität ihrer Opfer korrekt zu ermitteln, führte die Raserei randalierender Soldaten und Mittelklassebürger zum willkürlichen Niederbrennen von Häusern und Läden. Russische Juden; Leute, die man irgendwie verdächtigte, sie würden mit dem Feind sympathisieren, oder die „fremde" Namen trugen; Einwohner, die in Südafrika geboren und aufgewachsen waren und ihren deutschen Nachnamen von ihren Eltern geerbt hatten – viele Menschen standen vor den rauchenden Trümmern ihrer Existenz und verstanden nicht, warum man sie als Anhänger des Kaisers hingestellt hatte. Nicht einmal die konsularischen Vertretungen befreundeter oder neutraler Mächte wie die niederländische und die amerikanische Botschaft wurden von den Ausschreitungen verschont.[47]

Dieses Klima trug in der deutschsprachigen Bevölkerung kaum zur kritischen Selbstprüfung bei. Öffentliche Demonstrationen der Loyalität gegenüber Deutschland

---

41 The Star, 15. Oktober 1914.
42 The Star, 19. September 1914.
43 The Star, 23. Oktober 1914.
44 The Star, 15. Oktober 1914.
45 The Star, 29. August 1914.
46 Cape Times, 14. Mai 1915.
47 NAP, Prime Minister series (PM), Box 1/1/38, folder 4/26/1915, Acting Secretary to the Prime Minister to the American Consul, Johannesburg, 2. Juni 1915.

wurden im Laufe des Krieges unvorstellbar, aber es gab, wie nicht anders zu erwarten, ein weit verbreitetes Misstrauen gegenüber Medienberichten über das Verhalten der Deutschen auf dem europäischen Kriegsschauplatz. Nach seiner Entlassung aus der Haft im Februar 1915 kehrte der Superintendent der Hermannsburger Mission, Behrens, zu seiner Missionsstation Ebenezer zurück und beschwerte sich bitterlich über die „Diffamierungen" in südafrikanischen Zeitungen. Er äußerte sich auch geringschätzig über eine Gruppe von Belgiern, die durch Südafrika reisten und Vorträge über deutsche Kriegsverbrechen in Belgien hielten, und ließ keinen Zweifel daran, dass er dies nur als feindliche Propaganda betrachten konnte.[48] Falls es in deutschen Kreisen Kritik an der deutschen Politik gab, so war sie sehr verhalten und ging praktisch unter, obwohl einige Stimmen aus der Mission zum Ausdruck brachten, dass sie aus religiösen Gründen nicht glücklich über das Bündnis zwischen dem Deutschen und dem Osmanischen Reich seien.[49] Einige Beispiele zeigen, dass sich deutschstämmige Familien über der Frage der Loyalität zur Union völlig entzweien konnten. So berichtete ein eingebürgerter Deutscher in Natal, der nach der Zerstörung seines Geschäfts die Behörden um Schutz ersucht hatte, dass sich einer seiner Söhne freiwillig zum Militärdienst in Südwestafrika gemeldet habe, während sich der andere Sohn der Buren-Rebellion angeschlossen habe.[50]

Viele, wenn nicht sogar die meisten Missionare wurden nach einer relativ kurzen Haft wieder auf freien Fuß gesetzt und durften auf ihre Stationen zurückkehren, aber die anhaltenden Spannungen innerhalb der „weißen" südafrikanischen Gesellschaft ließen sie nicht zur Ruhe kommen. Gemeindeversammlungen überall in der Union forderten weiterhin strengste Maßnahmen gegen alle Deutschen, unabhängig davon, ob diese 20 oder 30 Jahre zuvor eingebürgert worden waren. Die Vorschläge reichten von der Beschlagnahmung allen deutschen Eigentums bis zur Massendeportation aller deutschstämmigen Bürger. Anonyme Briefe an die Behörden der Union spiegelten eine zunehmende Angst vor Spionage wieder und forderten eine erneute und dauerhafte Internierung aller Deutschen. Verstärkt wurden die Ängste der Deutschen noch dadurch, dass Missionsstationen manchmal in Rechtsstreitigkeiten um Landbesitz verwickelt waren. Diese Auseinandersetzen konnten nicht nur zu Spannungen zwischen den Missionaren und ihren afrikanischen Anhängern beitragen, sondern wurden auch gelegentlich zum Gegenstand denunzierender Briefe. Ein anderer Missionar beklagte sich über die Presse: Sie veröffentliche Anzeigen von patriotischen Interessengruppen, die forderten, dass kein Deutscher irgendeine Form der Autorität gegenüber einem britischen Staatsbürger haben dürfe. Eine solche Verordnung hätte selbstverständlich das Ende der Machtposition eines deutschen Missionars auf seiner Station bedeutet.[51] Im Laufe des Krieges klagten Missionare oft darüber, dass ihre afrikanischen Anhänger immer häufiger mehr Unabhängigkeit und sogar die Loslösung von der Missionskirche forderten.[52] Bezeichnenderweise jedoch war die Unionsregierung nicht bereit, unter der afrikanischen Bevölkerung auf den Missionsstationen ein Machtvakuum entstehen zu lassen, und sub-

---

48 Allgemeine Missions-Zeitschrift 42, 1915, 216.
49 „Der Islam ist ein schlimmerer Feind des Christentums als das Heidentum", meinte das Hermannsburger Missionsblatt 12, Dezember 1914, 357.
50 NAP, JUS, box 223, folder 4/225/15, J.C. Baumann, Pietermaritzburg, to Minister of Justice, Pretoria, 1. Juni 1915.
51 Allgemeine Missions-Zeitschrift 42, 1915, 410-411.
52 Ibid.

ventionierte weiterhin Missionsschulen. Allerdings reagierte die Regierung auf die anhaltend deutschfeindliche Stimmung, indem sie 1917 Missionseigentum konfiszierte und einem Custodian of Enemy Property übergab.[53]

Premierminister Botha befand sich in einer Zwickmühle. Zahlreiche deutsche Kommentatoren betrachteten ihn wegen seiner Eroberung Südwestafrikas als Verräter, während viele englischsprachige Südafrikaner ihm vorwarfen, er sei zu „nachsichtig" mit den deutschen Einwohnern der Union, da er sich sträubte, sich der nationalistischen antideutschen Propaganda anzuschließen. Bei Ausbruch der Unruhen infolge der Versenkung der Lusitania hatte Premierminister Botha die Südafrikaner bereits öffentlich dazu aufgerufen, sich an die Gesetze zu halten. Er kritisierte die Krawallmacher, weil sie durch ihr ungesetzliches Verhalten die südafrikanischen Truppen an der Front enttäuschen würden, denn „in vielen Fällen sind die Opfer Männer, deren Söhne treu ergeben unter mir an der Front kämpfen".[54] In einem vertraulichen Schreiben rügte Botha zwei Bürgermeister und Verwaltungsbeamte, dass sie nur unzureichend für die öffentliche Sicherheit gesorgt hätten, was zur Schikanierung vieler Deutscher geführt habe.[55]

Auf deutschen Missionsstationen im Hinterland und in deutschen Siedlungen in ländlichen Regionen war die Lage im Großen und Ganzen offenbar relativ ruhig. In städtischen Gebieten jedoch wirkte sich der Krieg unmittelbarer auf die sozialen und wirtschaftlichen Verhältnisse aus. Wie auch überall sonst auf der Welt sorgte die Anwesenheit von Soldaten für eine Belebung des städtischen Lebens – zur Zufriedenheit der Spirituosen- und Unterhaltungsindustrie und zum Missfallen der Behörden und jener, die über die Sitten und Moral der Gesellschaft wachten. Zuvor anerkannte Regeln des sozialen Verhaltens lockerten sich. Das machte die Situation für die Deutschen schwieriger, die weiterhin in der Angst lebten, eine neue militärische Katastrophe oder ein weiteres kriegsbedingtes menschliches Desaster könnte wieder unliebsame Aufmerksamkeit auf sie lenken. Deutsche Missionare, die in urbanen Zentren wie Johannesburg und anderen Bergbaustädten am Witwatersrand arbeiteten, beklagten sich bitterlich über die Schwierigkeiten, mit denen sie bei der Leitung ihrer „aufsässigen schwarzen" Gemeinden zu kämpfen hatten. Kirchen wurden zu Treffpunkten für junge „Schwarze", für die weniger der geistliche Trost als vielmehr das für sie neue Großstadtleben mit seinen sozialen Kontakten und Zerstreuungen Anziehungskraft besaß.[56] Die Missionare schilderten häufig in düsteren Farben eine neue Generation von Afrikanern, die sich der Kontrolle der Missionsgemeinde und der Missionskirche entzog. Es kann jedoch bezweifelt werden, dass die Spannungen zwischen den Missionaren und ihren indigenen Gefolgsleuten eine direkte Folge der antideutschen Propaganda waren, obwohl einige Missionare die Ansicht vertraten, es sei die allgemeine, gegen alle Deutschen gerichtete Feindseligkeit, die ihre Autorität untergrabe. Es waren vielmehr die Umwälzungen des Krieges, die zu neuen Entwicklungen in der Urbanisierung und Modernisierung beitrugen und manche Afrikaner in ländlichen Gebieten dem Einfluss der Missionare

---

53 Andrea Schultze, „In Gottes Namen Hütten bauen." Kirchlicher Landbesitz in Südafrika: Die Berliner Mission und die Evangelisch-Lutherische Kirche Südafrikas zwischen 1834 und 2005, Stuttgart, 2005, 150.
54 Cape Times, 15. Mai 1915.
55 NAP, PM, Box 1/1/151, folder 51/60/1915, Botha, to Mayors of Pietermaritzburg and Durban, 10. Juni 1916.
56 Hermannsburger Missionsblatt 6, Juni 1917, 93.

immer mehr entzogen. Insgesamt jedoch berichteten viele deutsche Missionare bis zum Kriegsende, dass sie von der Unionsregierung weitgehend unbehelligt ihrer Arbeit nachgehen konnten.[57] Als Grund dafür wurde häufig die deutschfreundliche Einstellung der Buren angeführt, mit denen die Deutschen in den ländlichen Gebieten offenbar engen Kontakt hatten.

Es gab also während des Krieges Unterschiede im Umgang von Regierung und Öffentlichkeit mit den deutschstämmigen Einwohnern. Als Lord Horatio Kitchener, der im Südafrikanischen Krieg eine wichtige Rolle gespielt hatte, ertrank, nachdem sein Schiff im Juni 1916 auf eine deutsche Mine aufgelaufen war, kam es in der Union zu einer neuen Welle von Unruhen. Ungefähr zur gleichen Zeit hatten die südafrikanischen Truppen in der Schlacht an der Somme unzählige Tote zu verzeichnen und die Verbände wurden auf 20 Prozent ihrer ursprünglichen Stärke reduziert. Diese katastrophalen Verluste konnten sich auf die allgemein verbreitete Vorstellung vom „Feind in unserer Mitte" nur negative auswirken. Deutsche berichteten, dass sie jedes Mal, wenn Südafrika von einer neuen Welle der Angst vor der „deutschen Gefahr" erfasst wurde, neue Restriktionen oder sogar erneute Inhaftierungen befürchteten. So berichten im Juli 1917 Quellen aus Missionskreisen, einige Deutsche müssten wieder mit einer Internierung rechnen. Die Unionsregierung habe nämlich vor, alle Deutschen aus den Küstengebieten ins Landesinnere zu bringen, um sie daran zu hindern, Kontakt mit deutschen Schiffen und U-Booten aufzunehmen.[58]

Fazit

Mit dem Ende des Ersten Weltkrieges verlor Deutschland seine Stellung als Kolonialmacht. Aber Träume von imperialer Macht und Größe lebten in den Köpfen vieler Deutscher fort, die den Verlust der Kolonien als nationale Demütigung betrachteten.[59] In den 1920er Jahren wurde der Schriftsteller Hans Grimm mit einem Roman berühmt, der das Schicksal deutscher Einwanderer im südlichen Afrika schilderte. Sein Titel *Volk ohne Raum* wurde später zu einem Slogan der Nationalsozialisten, die ihre expansionistischen Ziele nach Osteuropa verlagerten. Als Grimm die Situation der Deutschen im südlichen Afrika wenige Monate vor dem Ende des Ersten Weltkrieges bewertete, betrachtete er die Ereignisse, die zum Ende der deutschen Macht in der Region geführt hatten, aus einem ziemlich ungewöhnlichen Blickwinkel.

Im Gegensatz zur Mehrzahl der deutschen Kommentatoren, die Louis Botha verurteilten, weil er die Idee einer deutschen Solidarität im südlichen Afrika verraten habe, vertrat er die Ansicht, der südafrikanische Premierminister sei in Südwestafrika einmarschiert, um einer britischen Intervention vorzubeugen. Grimm zufolge hatte Botha verhindern wollen, dass zu einer Zeit, in der die Buren begannen, die Macht an sich zu reißen, eine weitere britische Kronkolonie in unmittelbarer Nachbarschaft zur Union gegründet wurde. Er behauptete auch, dass Smuts, der nach Bothas Tod 1919 Premierminister geworden war, nicht bereit sei, die Kolonie an Deutschland zurückzugeben, weil er eine sozialistische Macht-

---

57 Siehe auch D. Julius Richter, Die deutsche evangelische Mission im Weltkrieg, in: Koloniale Rundschau 2/3, Februar/März 1916, 107-123.
58 Hermannsburger Missionsblatt 7, Juli 1917, 106.
59 Siehe Birthe Kundrus (Hg.), Phantasiereiche. Zur Kulturgeschichte des deutschen Kolonialismus, Frankfurt am Main und New York, 2003.

übernahme in Deutschland fürchte. Ein sozialistisches Deutschland wäre im südlichen Afrika kein verlässlicher Nachbar gewesen; es würde Rassenunruhen schüren, die über Südwestafrika hinausgehen würden, was von der Union nicht geduldet werden könnte.[60]

Es ist allerdings unwahrscheinlich, dass die Unionsregierung die Rückkehr der Deutschen in die Region, in welcher Form auch immer, mit Wohlwollen betrachtet hätte. Das heißt jedoch nicht, dass die Führer der Union nicht bereit waren, deutsche Einwohner sowohl in Südwestafrika als auch in Südafrika aufzunehmen. Nach dem Ende des Ersten Weltkrieges wurde die Klage über Deutschlands Niederlage und den Verlust seines Kolonialbesitzes zum vorherrschenden Thema in vielen deutschen politischen Kreisen. Aus südafrikanischer Perspektive jedoch scheint es, dass die deutschen Einwohner mehr daran interessiert waren, zu einem gewissen Maß an Normalität zurückzukehren. Dass sie den Status als feindliche Ausländer loswurden, dürfte viele mit dem Untergang der früheren Kolonialmacht des Reiches versöhnt haben. Paradoxerweise erwies sich der verhasste Smuts 1919 am Verhandlungstisch in Paris als einer der entschiedensten Verteidiger deutscher Rechte in Europa. Der Architekt des Mandatssystems war zwar nicht bereit, das neu erworbene Territorium Südwestafrika wieder abzugeben, und stellte sich weiterhin einen Expansionskurs in Richtung auf ein „Groß-Südafrika" vor. Aber es war ihm daran gelegen, dass in Deutschland, das wirtschaftlich unter Druck stand und durch die Sieger politisch isoliert war, keine Rachegelüste aufkamen. Zudem war die Unionsregierung daran interessiert, ihren Status als Mandatsmacht in Südwestafrika zu festigen. Nachdem sie zunächst die ehemalige deutsche Kolonialverwaltung und die deutschen Siedler wegen ihrer brutalen Behandlung der Afrikaner angeprangert hatte, gelangte die Unionsregierung zu der Erkenntnis, dass sie es sich nicht leisten konnte, die deutschen Siedler in dem Territorium gegen sich aufzubringen, weil sie einen wichtigen Beitrag zur Wirtschaft des Landes leisteten. In den langwierigen Verhandlungen mit den deutschen Siedlern über ihre Rechte im Mandatsgebiet erwiesen sich Smuts und sein Nachfolger Hertzog als geduldig, trotz der revisionistischen Bestrebungen vieler Siedler, die die Hoffnung nicht aufgegeben hatten, das Gebiet für Deutschland zurückzugewinnen.[61]

In mancher Hinsicht nahm die komplexe Geschichte der Beziehungen zwischen Deutschen, Buren und englischen Südafrikanern während des Ersten Weltkrieges die Spannungen vorweg, die in der südafrikanischen Gesellschaft nach Beginn des Zeiten Weltkrieges 1939 wieder auftauchen sollten. Wieder war Smuts Premierminister und drängte das Land in eine enge Allianz mit dem britischen Empire. Wieder brachen im Land politische Kämpfe aus, in denen sich diejenigen, die bereit waren, gegen die Deutschen zu kämpfen, und denjenigen, die sich weigerten, sich auf Seiten der Briten an einem Weltkrieg zu beteiligen, scharf voneinander abgrenzten. Ein bemerkenswerter Unterschied bestand jedoch darin, dass dieses Mal die Internierungslager nicht nur für „feindliche Ausländer" und Kriegsgefangene, sondern auch für rechtsgerichtete Buren bestimmt waren, deren Sympathien für Nazi-Deutschland als eine Gefahr für die Südafrikanische Union betrachtet wurden.

---

60 Hans Grimm, Deutsch-Südwestafrika, in: Vossische Zeitung, 25. Februar 1919.
61 Siehe Eberhardt, Zwischen Nationalsozialismus und Apartheid, 99-110.

Chronologie der lutherischen Kirchengeschichte Südafrikas (1652-1928)

Georg Scriba

Einführung

Diese Chronologie kann in ihrer Kürze nur einige Stichdaten mit weiterführender Literatur zum Verständnis und Überblick des Themas angeben.[1] Für die lutherische Kirchengeschichte in Südafrika gibt es ein umfangreiches Quellenmaterial, das aber nur zum Teil in südafrikanischen Archiven zugänglich ist. Das Archivmaterial der einzelnen deutschen Missionsgesellschaften ist größtenteils nach Deutschland zurückgeführt worden und kann oft nur in Deutsch gelesen werden: So findet man fast nur in den Missionsarchiven in Berlin (Berliner Missionswerk), Hermannsburg (Evangelisch-Lutherisches Missionswerk in Niedersachsen) und in Wuppertal (frühere Rheinische Mission, heutige Vereinte Evangelische Mission), sowie in Norwegen und Schweden Quellen und Dokumente für die Missionsgeschichte Südafrikas, besonders hinsichtlich der Entwicklungen im 18. und 19. Jahrhundert. In Südafrika sind in manchen Universitätsbibliotheken (wie in der UNISA oder in der Killy Campbell Bibliothek bei Westville) wertvolle Quellen zu finden (zum Beispiel der Nachlass von Pfarrer Christian Heinrich Friedrich Hesse, dem ersten aus Hannover entsandten Pfarrer in Kapstadt, in UNISA). Im Hermannsburger Schularchiv in KwaZulu-Natal, im ELCSA-SED-Archiv in Umphumulo, sowie in dem Archiv der Western Diocese der ELCSA in Thlabane sind zahlreiche Stationsberichte und Statistiken archiviert. In der Gemeinde King William's Town sind auf Mikrofilmen Informationen über die deutschstämmigen Familien im Ostkap gesammelt worden. In den Archiven der Kirchenleitungen der ELKIN-DELK, ELKSA (Natal-Transvaal) und der ELKSA (Kapkirche), sowie im Archiv der St. Martini Gemeinde Kapstadt, findet man ergiebiges Material zur Geschichte der deutschsprachigen Kirchen. Dabei fehlen viele der Protokolle der Deutschen Evangelisch-Lutherischen Synode Transvaals.

Durch die Zusammenlegung der Bibliotheken der lutherischen Ausbildungsseminare in Hermannsburg, Marang, Umphumulo und im Lutheran House of Studies (2001-2003) sind jetzt in der Bibliothek des Lutheran Theological Institute (LTI) in Pietermaritzburg eine Anzahl von wertvollen Materialen vorhanden. Zum Teil können sie digital über die Universitätsbibliothek aufgesucht werden, müssen allerdings noch vervollständigt werden. Die

---

1 Die Chronologie zum Verständnis der deutschen Einwanderung und Entwicklung im südlichen Afrika und die sich anschließenden Bemerkungen zur lutherischen Kirchengeschichte basieren über die genannten Quellen- und Literaturhinweise hinaus auf eigenen Beobachtungen und Wahrnehmungen des Verfassers (vgl. dazu die entsprechenden Einträge im Literaturverzeichnis).
Die Periodisierung folgt weitgehend den Ausführungen von Wolfram Kistner, The Inter-Relation between Religious and Political Thinking with regard to the South African Racial Problem (1652-1967) in: G. Lislerud (Hg.), Lutheran Teaching on the Two Kingdoms, Umpumulo LTC, 1968, 146-222.

Dokumentensammlung von Wolfram und Adelheid Kistner über die Zeit des Kirchenkampfes in der Apartheidzeit ist ein wichtiger Bestandteil dieses Archivs, sowie die Sammlungen von Reino Ottermann von lutherischen Gesangbüchern und liturgischem Material in verschiedenen Sprachen, ebenso die von ihm gesammelten Akten zum „Deutschtum" in Südafrika. Die im LTI enthaltenen Missionsblätter der Hermannsburger Mission mit den von Rudolf Gurland zwischen 1941 und 1944 erarbeiteten vier Registerbänden sind von unschätzbarem Wert für diejenigen, die die Geschichte deutschstämmiger Siedlerfamilien erforschen. Viele deutschsprachige Familien haben über ihre Vorfahren, die zumeist in der Missionsarbeit tätig waren, geschrieben. Eine ertragreiche Quelle von südafrikanischen Materialien der deutschsprachigen Gemeinden, ihrer Jubiläen, der Missionen, Missionare, sowie von deutschen Kirchenblättern und Gemeindebriefen, aber auch von Dokumenten über Familien und Einwanderer mit vielen Familienstammregistern sind in der LTI-Bibliothek und in den Sammlungen von Eckhard von Fintel, der sowohl im Deutschen Kulturrat wie bei der Genealogical Society of South Africa und im Natal Inland Family History Society mitarbeitet, enthalten.

Die geschichtlichen Anfänge der lutherischen[2] Missionsarbeit in Südafrika (1650 bis 1800)

1652   Die Holländisch-Ostindische Kompanie (Vereenigde Oostindische Compagnie, VOC) gründete unter der Leitung ihres Kommandeurs *Jan van Riebeeck* am Kap der Guten Hoffnung eine Niederlassung. Auch deutsche Einwanderer kamen mit dieser und weiteren Entsendungen der Kompanie zum Kap.[3] Im Laufe der nächsten hundert Jahre haben sich viele dieser Einwanderer als „Afrika(a)ner" bezeichnet.[4] Die erste missionarische Tätigkeit geschah durch so genannte „Krankentröster", die von der reformierten Classis in Amsterdam ans Kap entsandt wurden.

---

2   Der Begriff „Lutheran = lutherisch" wird in den offiziellen südafrikanischen staatlichen Statistiken in einem umfassenden Sinn gebraucht und schließt die Kirchen und Christen ein, die aus der Arbeit der Herrnhuter, Hermannsburger, Bleckmarer, der Berliner und der skandinavischen lutherischen Missionen entstanden sind, auch die der Rheinischen Mission, soweit deren Gemeinden in der westlichen Kapregion nicht an die Reformierte Kirche übergeben wurden.
3   Die Gründe zur deutschen Einwanderung nach Südafrika sind vielfältig: die Lust auf Abenteuer, wie sie unter Jägern und Schatzsuchenden zu beobachten war, die Faszination des Fremden, die Erforschung der üppigen Fauna und Flora, die Erkundung der anthropologischen und ethnischen Besonderheiten dieses Landes, die Suche nach wertvoller Metallen und Rohstoffen, die Gewinnung anderer natürlicher Ressourcen; weitere Gründen bestanden z.B. darin, eine neue Heimat für aus dem Dienst entlassene Soldaten und Matrosen zu finden, eine Niederlassung für Landwirte, Handwerker und Händler, die in Südafrika neue Möglichkeiten ihrer Arbeit sahen. Manche sind auch aus schwierigen wirtschaftlichen Familienverhältnissen ausgebrochen und haben versucht, in Südafrika einen neuen Anfang zu machen.
4   Nach Angaben aus dem Jahr 1867 setzte sich die Herkunft dieser Sprach- und Kulturgruppe folgendermaßen zusammen: Holländer (34,8 %), Deutsche (33,7 %), Franzosen (13,2 %), Briten (5,2 %), „Farbige" (6,9 %) und andere nicht bekannte Gruppen (6,2 %), vgl. Cornelis Pama, Die Groot Afrikaanse Familienaamboek, Kapstadt 1983, 17f.

1655   Der erste reformierte Pfarrer, *Joan van Arckel*[5], wurde von den Niederlanden aus in die Niederlassung der VOC geschickt. Er gründete die erste reformierte Gemeinde an der Tafelbucht. Obwohl einige einheimische Afrikaner schon in diesen Jahren die Taufe empfingen und somit in die reformierte Gemeinde aufgenommen wurden, wie van Riebeecks Haushaltshilfe und Dolmetscherin Krotoa, die den christlichen Namen Eva bekam, war dies eher die Ausnahme.[6]

1658   Die ersten Sklaven wurden in die Kapkolonie eingeführt.[7] Mit der Taufe und Aufnahme in die Gemeinde erwarben die Getauften, zumindest nach den Verordnungen der Kompanie, die gleichen Rechte wie die europäischen Christen. Da dies bei den Sklaven deren Freilassung zur Konsequenz hatte, bestand bei den Siedlern kaum die Absicht, Sklaven oder Sklavinnen die Aufnahme in die christliche Gemeinde zu ermöglichen.

1665   Bereits zu diesem Zeitpunkt wurden die zumeist deutschsprachigen Lutheraner am Kap zum Gottesdienst und Abendmahl der Reformierten zugelassen. Nach dem Grundsatz „*cuius regio eius religio*" duldeten die Vertreter der Kompanie erst viel später eine Gemeindegründung einer anderen Konfession als der reformierten.[8] Aber vorbeireisende Missionare, wie die dänisch-halleschen Missionare Bartholomäus Ziegenbalg und Heinrich Plütschau, wurden auf ihrer Ausreise nach Tranquebar im Jahre 1703, als sie in Kapstadt Station machten, von der Kompanie gebeten, für die Lutheraner in Kapstadt einen deutschsprachigen Gottesdienst in einem Saal zu halten.

1774   Die lutherische Gemeinde hielt ihre Gottesdienste vorerst ohne offizielle Genehmigung der Behörden in einem geschenkten Warenhaus, das der lutherische Händler Martin Melck auf eigene Kosten zu einer lutherischen Kirche in der Strandstraße umgebaut hatte. Melck sorgte sich in besonderer Weise um die Sklaven, wie es ähnlich auch in der Reformierten Kirche in Rahmen einer Erweckung unter ihrem Seelsorger Helperus van Lier geschah.[9] In der Strandstraßengemeinde kam es zu weiteren Evangelisationsversuchen, wie etwa die der *Machtelt Schmidt*, die sich in besonderer Weise für die Belange der Einheimischen engagierte.[10]

---

5 Vgl. zu seiner Person: Jonathan Neil Gerstner, The Thousand Generation Covenant. Dutch Reformed Covenant Theology and Group Identity in Colonial South Africa, 1652-1814, (Studies in the History of Christian Thought, 44), Leiden, New York, København, Köln 1991, 84-86.
6 Bald hat die VOC alle ihre Sklaven getauft, wie die aktuelle Forschung zu den Sklaven und der Sklaverei in Südafrika zeigt, vgl. Robert Shell, The Children of Bondage. A Social History of the Slave Society at the Cape of Good Hope, 1652-1838, Hannover und London 1994.
7 1708 gab es 1.147 Sklaven. Bis 1.795 war die Zahl auf 18.000 gestiegen, vgl. Kistner, The Inter-Relation, 150.
8 Zur Auflistung der Namen deutscher Einwanderer am Kap, vgl. John Hoge, Personalia of the Germans at the Cape, 1652 -1806. Archives Year Book for South African History, edited by C. Beyers, P. Venter, J. Franken. H. Thom, C. Botha, Ninth Year, Cape Town, 1946.
9 Kistner, The Inter-relation, 162f.
10 Sie wird 1749 in Kapstadt als Enkelin eines deutschen Söldners und einer ehemaligen Sklavin geboren. Später heiratet sie einen lutherischen Söldner aus Magdeburg. Als ihr Mann stirbt, vermählt sie sich mit

1778   Die Direktion der VOC erlaubte den Lutheranern die Freiheit der Religionsausübung, allerdings mit der Auflage im Gotteshaus keinen Altar aufzustellen. Das offizielle Gründungsdatum der Strandstraßengemeinde ist der 7. Juni 1780.11 Ein Jahr später bekam die Gemeinde ihren ersten Seelsorger, den vom Lutherischen Konsistorium in Amsterdam entsandten Pastor Andreas Lutgerus Kolver. Die Gottesdienste wurden in Holländisch gehalten, nur die Kirchenlieder durften in deutscher Sprache gesungen werden. Bei Eheschließungen zwischen Lutheranern und Reformierten galt die Vereinbarung, dass die Söhne in der Kirche des Vaters, die Töchter in der Kirche der Mutter aufwachsen sollten. Um diese Zeit waren von den insgesamt 1.660 Bürgern in und um Kapstadt 441 Menschen Mitglieder der lutherischen Gemeinde, darunter jedoch nur 27 Frauen.12

1737   Aufgrund eines Appells der dänisch-halleschen Missionare in Indien, Bartholomäus Ziegenbalg und Heinrich Plütschau,13 sich insbesondere der Khoikhoi anzunehmen, sandte die Herrnhuter Brüdergemeine auf Bitten der Reformierten Kirche von Amsterdam Georg Schmidt nach Kapstadt. Am 9. Juli 1737 erreichte er Kapstadt und siedelte sich zuerst am Zonder-End-Fluss an. Nach sieben Monaten zog er weiter nach Baviaanskloof, um außerhalb des eigentlichen Hoheitsgebiets der VOC in der Nähe der Siedlungsplätze der Khoikhoi zu leben und von dort seine Missionstätigkeit aufnehmen zu können. Die Station, die Schmidt unter den Khoikhoi anlegt hatte, wurde seit 1806 ‚Genadendal' genannt[14].

Johann Caspar Schmidt aus Grünberg in Hessen, der sich als einer der Gründungsmitglieder der lutherischen Strandstraßengemeinde eintragen lässt. Obwohl einige ihrer Kinder in der Strandstraßenkirche getauft werden, bleibt Machtelt Schmidt Mitglied der reformierten Groote Kerk. Durch ihre beiden verstorbenen Männer hat sie Beziehungen zu den deutschen Siedlern. Nachdem ihr zweiter Ehemann und ihre zehn Kinder sterben, setzt sie sich bis ins hohe Alter, teils unter dem Einfluss pietistischer Schriften aus Deutschland und den Niederlanden, mit großer Liebe und trotz der ablehnenden Haltung vieler europäischer Siedler für die Missionierung der einheimischen Bevölkerung und der Sklaven ein. Sie bekommt den Ehrennamen „Moeder Machtelt, Mathilde" und wird in ihrer Arbeit unterstützt von den ebenfalls vom Pietismus beeinflussten jungen reformierten Pfarrern H.R. van Lier und M.C. Vos (vgl. Karel Schoeman, Dogter van Sion – Machtelt Schmidt en die 18de-eeuse samelewing aan die Kaap, 1749-1799, Pretoria 1997).

11 John Hoge, Die Geschichte der ältesten evangelisch-lutherischen Gemeinde in Kapstadt. Ein Beitrag zur Geschichte des Deutschtums in Südafrika, mit 6 Kunstdrucktafeln, München 1939, 10-12; Reino Ottermann, The Centenary of the Synod 1895-1995, ELCSA (Cape Church), Kapstadt 1995, 14.

12 Hoge, Die Geschichte, 52. Nach Hermann Giliomee waren von den freien männlichen „Burghers" am Kap nach den ersten 50 Jahren etwa 32,3 Prozent Deutsche, 40,4 Prozent Holländer, 8,5 Prozent Franzosen und 6,9 Prozent in der Kapkolonie geboren. Bei den Deutschen handelte es sich zumeist um unverheiratete Männer, die verschiedene Dialekte sprachen und zumeist holländische oder französische Frauen, oft aber auch einheimische oder „farbige" Frauen heirateten. Ihre Kinder sprachen in der Regel ein verstümmeltes Afrikaans-Holländisch (vgl. Hermann Giliomee, The Afrikaners – Biography of a People, Cape Town 2003, 11).

13 Christian Hohmann, Auf getrennten Wegen. Lutherische Missions- und Siedlergemeinden in Südafrika im Spannungsfeld der Rassentrennung (1652-1910), Wiesbaden 2011, 80.

14 Georg Scriba, Artikel „Genadendal", RGG[4]. Band 3 656f.

1744   Georg Schmidt musste auf Druck der reformierten Geistlichen der Reformierten Kirche am Kap, die seine Ordination und damit die von ihm unter den Khoikhoi durchgeführten Taufen nicht anerkannten[15], nach Deutschland zurückkehren. Erst etwa 50 Jahre später konnte die Herrnhuter Brüdergemeine die von Schmidt begonnene Missionstätigkeit mit der Entsendung der Missionare *Hendrik Marsveld, Daniel Schwinn* und *Johann Christian Kühnel* fortsetzen. Diese begegneten der 80jährigen und von Schmidt getauften *Vehettge Magdalena Tikhuie* in Baviaanskloof. Sie besaß noch ein holländisches Neues Testament von Schmidt, aus dem ihr täglich vorgelesen wurde.[16] Ferner fanden die drei Missionare den noch von Schmidt gepflanzten, bald wieder blühenden Birnbaum vor. Dieser wurde der Herrnhuter Mission in Südafrika zum Symbol dafür, dass das verloren geglaubte Wort Gottes aus eigenen Kräften weiter wächst. Das Bild des blühenden Birnbaum findet sich als historisches Symbol auf vielen Einbänden der Geschichtsbücher über die Entstehung und Entwicklung der Brüderunität in Südafrika.[17]

Die Hauptepoche der missionarischen Tätigkeit in Südafrika (von 1795 bis 1902)

1795   Die Briten besetzen zum ersten Mal die Kapkolonie. War bis Anfang des 19. Jahrhunderts die Reformierte Kirche[18] die Staatskirche am Kap, so wurden von 1806 bis 1875 sowohl die Reformierte Kirche als auch die Anglikanische Kirche von der Regierung finanziell unterstützt. Mit dem "Voluntary Bill" von 1875 endete die staatliche Unterstützung beider Kirchen. Seither gibt es offiziell keine Staatskirche mehr in Südafrika.[19]
Seit Ende des 18. Jahrhunderts erlangten britische Missionsgesellschaften eine zunehmend führende Rolle in der Missionierung Südafrikas. 1795 wird in England zum Beispiel die überkonfessionelle *London Missionary Society* (LMS) gegründet.

1799   Die LMS entsandte als ihren ersten Missionar den holländischen Arzt *Johannes Theodor van der Kemp* nach Südafrika. Bald nach seiner Ankunft, am 22.4.1799, gründete er mit Rev. M.C. Vos die erste Südafrikanische Missionsgesellschaft, „Het Zuid Afrikaanse Genootschap ter bevordering van de Uitbereiding van Christus Koningrijk".[20] Ihr folgten weitere Missionsgesellschaften, wie die der

---

15 Vgl. Johannes du Plessis, A History of Christian Missions in South Africa, London 1911, Facsimile Reprint, Cape Town, 1965, 56f.
16 Vgl. J. A. Millard, Malihambe – Let the Word spread, 2nd edition, Pretoria 2002, 69-72.
17 Vgl. zum Beispiel Bernhard Krüger, „The Pear Tree Blossoms". A History of the Moravian Stations in South Africa, 1737-1869, Genadendal 1966. Bei einem Besuch in Genadendal 1996 wurde mir dort berichtet, aus dem abgeschlagenen Birnbaum wüchsen noch heute einige Triebe.
18 Der Name „Nederduitse Gereformeerde Kerk" wurde erst 1842 offiziell für die Gemeinden in der Kapkolonie verwandt, die bis zu ihrer ersten Synode (1824) noch formal der niederländischen Gereformeerde Kerk unterstellt waren, nach Hinweisen von Hans-Dieter Büttner vom 18.2.2011.
19 Georg Scriba, Die Zeichen der Zeit - Lutherische Kirche im Spannungsfeld Südafrikas, in: Heinrich Bammann (Hg.), Wege über Grenzen hinaus. Lutherische Mission im Südlichen Afrika, Hermannsburg 1990, 287.
20 Vgl. Du Plessis, A History of Christian Missions, 93 und insgesamt dazu 91-128.

Wesleyaner, der Schottischen, Pariser und Amerikanischen Missionen, der Anglikaner, sowie die Missionsarbeit der zurückgekehrten Herrnhuter Brüdergemeine und der Missionsgesellschaft aus der Schweiz, *La Suisse Romande*.[21]

1829 Seit dieser Zeit kamen Missionare verschiedener lutherischer Missionsgesellschaften aus Deutschland und Skandinavien nach Südafrika in folgender zeitlichen Reihenfolge: Die Rheinische Mission Gesellschaft (RMG), die Berliner Mission (BMW), die Norwegische Mission (NM), die Hermannsburger Mission (HM) und die Schwedische Kirchenmission (SKM). Durch Spaltungen in der Norwegischen und der Hermannsburger Mission entstanden zwei weitere Missionsgesellschaften: die der Norwegischen Kirchenmission (NKM) und der Hannoverschen Freikirchlichen Mission (später Bleckmarer Mission – HFM).

1835 Einige Burenfamilien begannen aus Protest gegen die Abschaffung der Sklaverei durch die britische Kolonialverwaltung aus dem Ostkap mit ihren Viehherden in das Landesinnere nach Nordosten zu ziehen.[22] Dieser so genannte *Große Trek*, den die betreffenden Buren mit dem israelischen Exodus aus der Sklaverei in Ägypten assoziierten, wurde jedoch nicht von der 1824 gegründeten Reformierten Kirche am Kap unterstützt. Deshalb waren die Trek-Buren anfangs auf die geistliche Begleitung durch andere Geistliche angewiesen, zum Beispiel durch den amerikanischen Missionar *Daniel Lindley*, später den holländischen Missionar *Erasmus Smit* und schließlich den Berliner Missionar *Ludwig Jakob Döhne*. Der Trek führte schließlich zur Gründung von Burenrepubliken in Natal, im Oranje-Freistaat und in Transvaal. Dies veranlasste wiederum die Briten zur Annexion Natals.

1867 Nach dem Fund von Diamanten und Gold im Oranje-Freistaat und in Transvaal (ab 1867) nahmen die Spannungen zwischen Briten und Buren deutlich zu. Es entstand ein Machtkampf um die politische und ökonomische Führungsrolle in Südafrika.[23]

Ein kurzer Überblick über die Geschichte der lutherischen Missionen in Südafrika (1829-1892)

Missionstheologisch wurden die meisten deutschen lutherischen Missionen, etwa im Gegensatz zu den englischen, vom Gedanken der „Völkerchristianisierung" beeinflusst: Das Ziel bestand darin, möglichst ganze Völker oder Stämme zu bekehren und den Einzelnen als Christen nicht aus seinem natürlichen Zusammenhang der Familie, des Stammes oder Volkes herauszulösen.[24]

---

21 Du Plessis, A History of Christian Missions, 165ff, 182ff, 189ff, 219ff, 233ff, 243ff, 330ff.
22 Vgl Giliomee, The Afrikaners, 161ff.
23 Siehe dazu Johannes S. du Plessis, The South African Republic, in: C.P.J. Muller (Hg.), Five Hundred Years – A History of South Africa, UNISA Academica, Pretoria und Kapstadt 1977[2], 252-292 und besonders 279.
24 Vgl. Peter Beyerhaus, Die Selbständigkeit der jungen Kirchen als missionarisches Problem, Barmen, 1959; und Georg Scriba, Kirche als Ziel der Mission – Volkskirche oder Weltkirche? Dargelegt am Beispiel der Hermannsburger Mission in Südafrika, Magisterschrift Erlangen 1974 (hektographiert), 91-99.

1828   Am 3. September entstand die **Rheinische Missionsgesellschaft (RMG)** als Vereinigung der Missionsgesellschaften in Elberfeld, Barmen und Köln. Sie umfasste reformierte, lutherische und unierte Mitglieder und war eine vom niederrheinischen Pietismus[25] beeinflusste Laienbewegung. Ihr Hauptsitz befand sich in Barmen im heutigen Wuppertal.

1829   Die RMG entsandte auf Bitte von Dr. John Philip von der Londoner Missionsgesellschaft die Missionare *Theobald von Wurmb, Johann Gottlieb Leipoldt, Gustav Zahn* und *Paulus Daniel Lückhoff* nach Südafrika, die am 7. Oktober in Kapstadt eintrafen. Sie sollten Missionssiedlungen nach dem Vorbild der Herrnhuter Brüdergemeine gründen, die sich selbst unterhalten und von der Heimat unabhängig sein würden. Die Missionare Lückhoff und Zahn übernahmen später bereits bestehende Missionsinitiativen unter den so genannten „Farbigen" und Sklaven in Stellenbosch und Tulbagh und gründeten hier die beiden ersten Missionsstationen der RM. Von Wurmb und Leipoldt zogen von Kapstadt nach Norden und gründeten Stationen unter den „Farbigen" und Nama (Khoikhoi): So wurden in dieser Region die Stationen Wuppert(h)al in den Zedenbergen und Ebenezer in der Nähe der Mündung des Olifantsriviers gegründet. Weitere Stationen entstanden bald im abgelegenen Nordkap (Namaqualand und Buschmannland), unter anderem Concordia, Steintal, Komaggas und Amandelboom (heute Williston), während die Arbeit im Südwestkap um die Stationen Sarepta (bei Kuilsrivier), Saron (bei Porterville), Worcester und De Doorns erweitert wurde. Nach 1878 erhielten diese Stationen keine finanzielle Unterstützung mehr von der RMG in Deutschland. Jede Gemeinde musste sich selbst unterhalten und auch für das Gehalt der Missionare, die weiterhin von der Missionsleitung der RMG in Deutschland entsandt wurden, aufkommen. Dies erschwerte eine weitere Ausdehnung der Arbeit.

1840   Die RMG setzte einen neuen Arbeitsschwerpunkt nördlich des Oranjeflusses unter den Nama, Herero, Damara und Rehobother, im heutigen Namibia. Im Zuge der deutschen Kolonialherrschaft seit 1884 begannen die Rheinischen Missionare auch deutsche Siedler in eigenen Siedlergemeinden im damaligen Deutsch-Südwestafrika zu betreuen.

1824   **Die Berliner Mission (BM)** entstand am 29. Februar durch einen Aufruf des Kirchenhistorikers August Neander. Sie wurde von preußischen Beamten, Adeligen, Professoren sowie von Kreisen und Gemeinden der Erweckungsbewegung in den östlichen Provinzen Preußens unterstützt. Die BM verstand sich als ein lutherisches Missionswerk innerhalb der Kirche der Union.

---

25 Wilhelm Oehler, Geschichte der Deutschen Evangelischen Mission. Bd. 1: Frühzeit und Blüte der deutschen evangelischen Mission 1706-1885, Baden-Baden 1949, 183.

1834 Am 17. April erreichten die ersten BM-Missionare *August Gebel, Gustav Kraut, August Ferdinand Lange, Reinhold Gregorowski* und *Johann Schmidt* Kapstadt. Sie begannen ihre Arbeit im Süden des heutigen Freistaats unter den Koranna (einer Khoikhoi-Gruppe) im Gebiet der Griqua am 24. September. Der „Häuptling" der Griqua, Adam Kok, schenkte den BM-Missionaren Land für die Gründung ihrer ersten Station, die sie Bethanien nannten.[26]
Wegen wachsender Konflikte unter den BM-Missionaren, aber auch zwischen ihnen und der Missionsleitung, schieden sie schließlich aus dem Missionsdienst aus.

1835 Im Rahmen einer zweiten Aussendung sollte die Arbeit in Bethanien fortgeführt werden, von Missionaren, die als die eigentlichen Gründungsväter der BM-Mission in Südafrika gelten[27]: die Missionare *Carl Wuras* und *Johann August Zerwick* unter den Tswana, *Jakob Ludwig Döhne, Wilhelm Posselt* und *Friedrich Wilhelm Güldenpfennig* unter den Xhosa.

1847 Posselt und Güldenpfennig legten unter den Zulu die Station Emmaus am Fuße der nördlichen Drakensberge an.

1860 *Alexander Merensky* und *Friedrich Wilhelm Grützner* begannen mit der Missionsarbeit in Transvaal. Ihr Ausgangsort war das von Buren bewohnte Dorf Lydenburg. Unter den Basuto gründeten sie Gerlachshoop als erste Station.

1865 Merensky gründete mit christlichen Bapedi und Bakopa bei Middelburg in Südtransvaal die spätere Hauptstation Botshabelo („*Ort der Zuflucht*") mit Schule, Laden, Mühle und Buchdruckerei. Weitere Stationen entstanden im Gebiet der Bapedi und unter den Nord-Basuto, sowie im Norden unter den Bawenda.[28]

1848 Mit der Gründung der Gemeinde Neu-Deutschland in der Nähe Port Natals, der weitere Gemeindegründungen in Johannesburg und Pretoria folgten (1888 und 1889), begann die Arbeit unter deutschsprachigen Einwanderern und Nachkommen der Berliner Missionare.

1842 In Stavanger wurde die **Norwegische Missionsgesellschaft (NM)**[29] unter der Leitung von Jon Haugvaldstad als Vereinigung 65 verschiedener Missionsvereine gegründet. Diese waren besonders durch die Arbeit der Herrnhuter Brüdergemeinde, der Erweckungsbewegung des dänischen Pastors und Dichters *Nikolai Frederik*

---

26 Oehler, Geschichte, Bd. 1, 263 und Hellmut Lehmann, 150 Jahre Berliner Mission, mit einem Geleitwort von Bischof D. Scharf, Erlangen 1974, 28.
27 Zu den aus der Berliner Mission stammenden „Siedler"-Familien, siehe: Linda Zöllner, J. Heese, The Berlin Missionaries in South Africa and their Descendants, Pretoria, 1984.
28 Oehler, Geschichte, Bd. 1, 278-280.
29 Vgl. Frederick Hale, Norwegian Missionaries in Natal and Zululand – Selected Correspondence, 1844-1900, 2nd Series No.27, Cape Town 1997.

Severin Grundtvig (1783-1872) und der erwecklichen Laienbewegung des Händlers und Bauern *Hans Nielsen Hauge* entstanden.

1844 Die NM nahm ihre Missionstätigkeit in Südafrika mit der Entsendung des Missionars *Hans Palludan Smith Schreuder* unter den Zulu auf.

1850 Nach einem Zwischenaufenthalt in China kann Schreuder seine Missionsarbeit in Südafrika mit der Gründung der Station Umpumulo fortsetzen. Später gründete er auch im eigentlichen Zululand die Missionsstationen Empangeni und Entumeni.

1866 Schreuder wurde zum Missionsbischof ordiniert.

1873 Zwischen Schreuder und der Missionsleitung in Norwegen kam es zum Streit, weil er sich durch einzelne Anordnungen der Missionsleitung in seiner Arbeit behindert fühlte. Schreuder verließ daher 1873 die NM und gründete ein eigenes Missionswerk, die Schreuder-Mission[30], die später wegen seines Spitznamens (im Sinne: „der von oben durch die Nase spricht"), „Mankankana"-Mission beziehungsweise -Synode hieß.

1849 Pastor Ludwig Harms (1808-1856) gründete in Hermannsburg, Lüneburger Heide die **Hermannsburger Mission (HM)**. In Opposition zum Rationalismus und der Aufklärung betonte Harms in seinen erwecklichen Predigten unter der ländlichen Bevölkerung in der Lüneburger Heide das Erbe des lutherischen Bekenntnisses. Seine Hermannsburger Gemeinde wurde Trägerin der Missionsarbeit, die zunächst unter den ‚Galla' beziehungsweise Oromo im heutigen Äthiopien beginnen sollte. Dieses Ziel ließ sich auch im Rahmen eines zweiten Anlaufs nicht verwirklichen, so dass die Missionare nach Südafrika umkehrten.

1854 Am 2. August erreichten die acht Missionare und acht Missionskolonisten der HM mit ihrem Missionsschiff *Kandaze* (nach Apg. 8 benannt) Durban[31]. Mit der Hilfe des Berliner Missionars Posselt konnten sie die Farm *Perseverance* erwerben. Dort gründeten sie die Missionsstation Neu-Hermannsburg. Erst zwei Jahre später wurden als weitere Stationen Ehlanzeni, Etembeni und Müden unter den in Natal lebenden Zulugruppen errichtet.

1859 Die Missionare *Friedrich Johann Meyer* und *O. Chr. (Thomas) Prydtz* erhielten von *König Mpande* die Erlaubnis, im Zululand selbst als Missionare tätig zu werden. Mit Hilfe des norwegischen Missionars Oftebro konnten sie die Station Emlalazi aufbauen.

---

30 Vgl. Ernst Berlin, Die Norwegische Missionsgesellschaft, in: Allgemeine Missions-Zeitschrift 28, 1901, 63-70; II. Die Missionsgebiete. 1. Das Sululand und Natal, 123-128.
31 Vgl. Heinrich Voges, Die Arbeit im Südlichen Afrika, in: Ernst-August Lüdemann, Vision: Gemeinde weltweit – 150 Jahre Hermannsburger Mission und Ev.-luth. Missionswerk in Niedersachsen, Hermannsburg 2000, 233-353.

1857   Auf Bitten des burischen Präsidenten Pretorius der Suid-Afrikaanschen Republiek begannen HM-Missionare erstmals unter den Tswana in dem von LMS-Missionar David Livingstone gegründeten Liteyane zu arbeiten. Bei den benachbarten Hurutse konnte bald darauf die Station Linokana (oder Dinokana) gegründet werden. Unter den Tswana war es möglich, nicht nur einzelne Personen für den christlichen Glauben zu gewinnen, sondern ganze Dörfer. Weitere Missionsstationen entstanden um Dinokana und wurden im Marikokreis, andere im Magaliesbergkreis zusammengefasst.
So arbeiteten die Hermannsburger bald in drei Sprachbereichen: unter den Zulu, den Batswana und nach der Entstehung deutschsprachiger Gemeinden auch unter den deutschsprachigen Südafrikanern.

1878   Als in Deutschland vier Pastoren, darunter Missionsdirektor *Theodor Harms*, wegen ihres Widerstandes gegen die Unionsbestrebungen innerhalb der Hannoverschen Landeskirche ihres Amtes enthoben wurden, gründeten sie mit einem Teil ihrer Bekenntnisgemeinden am 30. April die **Hannoversche Evangelisch-Lutherische Freikirche.**

1890   Auch die Hermannsburger Mission wurde in die Auseinandersetzungen hineingezogen, als es zu einer weitgehenden Einigung zwischen der HM und der Hannoverschen Landeskirche kam. Diese hatte zur Voraussetzung, dass die HM die Hannoversche Landeskirche als „lutherische" Kirche anerkannte und damit den Vorwurf des unierten Einflusses in der Hannoverschen Landeskirche zurücknahm.

1892   Weil in Südafrika vier Pastoren der deutschsprachigen Gemeinden und zwei Missionare durch diese Entscheidung der HM das bislang in der HM geltende Neutralitätsprinzip verletzt sahen, trennten sie sich von der Hermannsburger Mission und schlossen sich der *Hannoverschen Evangelisch-Lutherischen Freikirche* mit ihrer eigenen Mission, der *Bleckmarer Mission*, an[32]. Am 12. und 13. September gründeten sie die **Freie Evangelisch-Lutherische Synode in Südafrika (FELSISA)**[33].

---

32 Christian Hohmann, Lutherische Identität als Konflikt – Zur Entstehung der Lutherischen Kirchenmission Bleckmar (1892), in: Patrik Mähling (Hg.), Orientierung für das Leben. Kirchliche Bildung und Politik in Spätmittelalter, Reformation und Neuzeit, Festschrift für Manfred Schulze zum 65. Geburtstag, (Arbeiten zur Historischen und Systematischen Theologie, Bd. 13), Berlin 2010, 234-244.

33 Es waren die deutsche Gemeinden betreuenden Pastoren Johann David Oltmann (1891, jedoch ohne die von ihm betreute Gemeinde Neu-Hannover), Heinrich Christoph Johannes (1892 – späterer Präses – mit der Gemeinde Bergen), Heinrich Gevers (1892 mit einem Teil der Gemeinde Lüneburg) und Gustav-Adolph Stielau (1892 mit der Gemeinde Kirchdorf), sowie der Zulumissionar Heinrich Prigge (1893, er wurde auf Goede-Hoop Missionssuperintendent der freikirchlichen Mission) und der Tswanamissionar Heinrich Cassier (1895 mit einem Teil der Gemeinde Bethel) (Hinrich Pape, Hermannsburger Missionare in Südafrika – 221 Lebens- und Arbeitsberichte mit Bildern – Ein Beitrag zur Südafrikanischen Missionsgeschichte, Pretoria 1986 – im Blick auf die zuvor genannten Pastoren in der Reihenfolge 135f, 87f, 61, 189, 146 und 27f).

1874 Unter der Obhut des lutherischen Erzbischofs von Schweden entstand die **Schwedische Kirchenmission.**

1876 Als erste Missionare wurden *Otto Witt* und *Carl Ludwig Flygare* nach Südafrika zu den Zulu gesandt. Nachdem sie die Zulusprache bei dem norwegischen Missionar Schreuder erlernt hatten, legten sie die Station *Oscarsberg* 1878 bei Rorkes Drift in Natal an. Diese Station wurde im Zulukrieg (1879) von britischen Soldaten belegt, größtenteils zerstört und erst nach 1880 wieder aufgebaut[34].

1891 In Dundee wurde eine Missionsstation gegründet, zu der auch ein Hospital und eine Missionsdruckerei gehörten.

1902 Erst nach der Jahrhundertwende erhielt Missionar *Johan Erik Norenius* seitens der Militärbehörde die Erlaubnis, einen pastoralen Dienst unter Minenarbeitern in Johannesburg aufzubauen.[35]

Die Gründung von deutschsprachigen Gemeinden

1861 In **Kapstadt** entstand im April infolge von Spaltungen in der niederländischsprachigen lutherischen Strandstraßengemeinde die Deutsche Evangelisch-Lutherische St. Martinigemeinde. Als Filialgemeinden von St. Martini wurden weitere Siedlergemeinden in der **westlichen Kapregion** gegründet. Bis 1895 sind es die Gemeinden (chronologisch geordnet): Paarl (1876), Wynberg (1883), Philippi-Vlakte (1885) und Neu-Eisleben (1896).[36] In Worcester (1877) gründete der Rheinische Missionar Louis Esselen ebenfalls eine Gemeinde für deutsche Siedler, die sich zunächst unabhängig entwickelte.
In der **östlichen Kapregion** gab es, hauptsächlich in den Jahren 1857 bis 1858, von der britischen Kolonialverwaltung initiierte Einwanderungen, meist von Siedlern mit bäuerlicher Herkunft aus Norddeutschland.

1857 Neben anderen Siedlern sind es besonders auch Offiziere und Mannschaften der Britisch-Deutschen Krimlegion, die im so genannten „Kaffraria" angesiedelt wurden. Diese Siedler gründeten 1857 die erste deutschsprachige lutherische Gemeinde, die sie „Berlin" nannten. Folgende Gemeinden wurden in der östlichen Kapregion vor allem mit Unterstützung Berliner Missionare gegründet: King William's Town (1864), Stutterheim (1864), Braunschweig (1864), Emngesha (1883),

---

34 Siehe die neuste ausführliche Beschreibung des „Zulukrieges" in: Ian Knight, Zulu Rising – The Epic Story of Isandlwana and Rorke's Drift, London 2010, 83 und 94 (mit dem Hinweis auf die Stellung der Missionare zum aufkommenden nationalen Stolz der Zulu) und z.B. 194 und 490 (mit dem Hinweis auf Otto Witt).
35 Vgl. Ernst Berlin, Die 50jährige Arbeit der Schwedischen Kirchenmission, in: Neue Allgemeine Missionszeitschrift, Gütersloh 1924, 325ff.
36 Vgl. Reino Ottermann, Aus der Geschichte der lutherischen Kirche am Kap. Afrikanischer Heimatkalender 1968, 64-67.

Potsdam (1865), East London (1872), Keiskamahoek (1878), Frankfort (1879), Macleantown (1883), später auch Port Elizabeth (1901) und Kwelegha (1906).[37]

1875 Im **Oranje Freistaat** entstanden die lange von Berliner Missionaren betreute Gemeinde Bloemfontein und im Nordkap die Gemeinde Kimberley.

1848 In **Natal** wurde die Gemeinde Neu-Deutschland gegründet, als der Unternehmer *Jonas Bergtheil* Bauern aus Deutschland – aus der Gegend um Bramsche – als Baumwollpflanzer anwarb.[38] Doch dieser Siedlungsversuch scheiterte nach nur wenigen Jahren. Diejenigen, die in der Region blieben, baten den Berliner Missionar Posselt, ihnen als Seelsorger zu dienen. Neu-Deutschland, wie auch die von hier aus gegründeten Gemeinden Cato Ridge, Pietermaritzburg, Bergville und Newcastle waren mit der Berliner Mission in Natal verbunden.

1854 Als acht Missionare und acht so genannte Missionskolonisten[39] die Farm Perseverance zur Gründung der ersten Missionsstation der HM kauften, nannten sie diese nach ihrem Heimatort „Neu-Hermannsburg". Von Hermannsburg aus wurden neben den genannten Missionsstationen auch weitere deutschsprachige Gemeinden gegründet, die oft von Hermannsburger Missionaren im Doppelamt pastoral versorgt wurden, aber auch wiederum die Mission unterstützen konnten. Bis zur Bildung der Hermannsburger Synode 1911 entstanden folgende Gemeinden in Natal: Neu-Hannover (1858), Lüneburg – später Braunschweig (1869), Neuenkirchen, Harburg (beide 1886), Bethanien (1888), Verden (1880), Wartburg (1892: unter dem Namen „Kirchdorf" bestand diese Gemeinde schon seit 1882; sie wurde auch „Noodsberg Road" genannt), Müden (1897), Lilienthal (1897), Glückstadt (1890) und Empangweni (1907).

1861 Sieben Jahre nach der Gründung der Missionsstation Neu-Hermannsburg lebten dort 62 Deutschsprachige. 1864 wurde hier eine deutschsprachige Schule erbaut.[40]

---

37 Ibid.
38 1845 wird als erster deutscher Einwanderer nach Natal Eduard Redinger aus Hamburg mit seiner späteren Frau Henriette aufgezählt, sodann 1848 die Namen von 72 Einwanderer aus Bramsche. Von 1845 bis 1936 werden insgesamt 787 deutsche Einwanderer, davon 432 Männer, 274 Farmer, 143 Missionare und 15 Missionskolonisten aufgelistet (Wilhelm Bodenstein, 25 Jahre Arbeit der Hermannsburger deutsch-evangelisch-lutherischen Synode in Süd-Afrika – Ein Jubiläumsbuch, Hermannsburg 1937). Die Einwanderungsliste umfasst nur die späteren Angehörigen der Hermannsburger deutschen ev.-luth. Synode Südafrikas (ibid., 100-135).
39 Die acht Missionare waren: Heinrich Hohls, Karl Hohls (späterer Missionssuperintendent), Wilhelm Kohrs, Friedrich Meyer, Heinrich Müller, Heinrich Schröder, Wilhelm Struve und Heinrich Schütze, und die acht „Kolonisten": Johann Benecke, C. Beeger, Heinrich Freyer, Johann Gathmann, Joh. Heinrich Herbst, Christian Schütte, H. Schröder und J. Stolte (vgl. Bodenstein, 25 Jahre Arbeit, 102f; Georg Haccius, Hannoversche Missionsgeschichte. Zweiter Teil: Insbesondere die Geschichte der Hermannsburger Mission von 1849 bis zu Louis Harms' Tode, 2., verb. und vermehrte Aufl., Hermannsburg 1910, 622).
40 Johannes Kistner, Die deutsche Schule in Hermannsburg. Das deutsche Kind in seiner südafrikanischen Heimat, in: Winfried Wickert, Und die Vögel des Himmels wohnen unter seinen Zweigen. Hundert

1869   Durch den Austritt einiger Missions-„kolonisten" aus dem Dienst der Hermannsburger Mission besonders im Bereich Nordnatals und durch Zuzug anderer deutschsprachiger Siedler entstand die Gemeinde Lüneburg.[41]

1907   Der Sitz der Leitung der Hermannsburger Mission in Südafrika wird wegen der günstigeren Bahnverbindungen von Neu-Hermannsburg nach Empangweni, Moorleigh verlegt.

1888   In **Transvaal** wurde die Gründung der Gemeinde Johannesburg angeregt im Zusammenhang mit der Trauerfeier des im März verstorbenen Kaiser Wilhelm I. Der Berliner Missionar Hermann Kuschke aus Heidelberg (Transvaal) wurde gebeten, in Johannesburg regelmäßige Gottesdienste zu halten. Im Jahr 1890 konnte die Friedenskirche eingeweiht werden. Mit Pastor J. Grassmann bekam die Gemeinde 1897 ihren eigenen Seelsorger. 1912 wurde die neue Friedenskirche erbaut. Missionar Friedrich Grünberger, der ab 1870 die Missionsstation in Pretoria leitete, begann zwei Jahre später, auch deutschsprachige Lutheraner zu sammeln. Aber zur Gemeindegründung kam es erst 1889, als er sein Amt als Missionar niederlegte und sich dem seelsorgerlichen Dienst an eingewanderten Deutschen zuwandte. Zu Pfingsten 1890 konnte die St. Peterskirche in Pretoria eingeweiht werden. 1891 wurde F. Grünberger zum Pastor dieser Gemeinde berufen.[42]
Weitere Gemeindegründungen bis zur Entstehung der Transvaal-Synode 1926 sind: Kimberley (1875), Luckau (1890), Pietersburg (1896), Heidelberg (1897), Ermelo (1903), Bochum (1910), Nylstroom (1910), Middelburg (1910), Medingen (1922) und Lydenburg (1926).[43]

1896   Schon 1876 wurde in der Nähe Rustenburgs von Hermannsburger Missionaren und Siedlern die Schule *Morgensonne* mit Internat erbaut, die allerdings nicht nur deutsch- sondern auch englisch- und afrikaanssprachige Kinder aufnahm.[44] Im Südafrikanischen Krieg wurde sie völlig zerstört. Ihr geistiges Erbe wurde von der schon vorher errichteten deutschen Schule im nahe gelegenen Kroondal übernommen. 1886 kam es in Kroondal zur Gründung der deutschsprachigen Gemeinde

---

Jahre Bauernmission in Südafrika, (Eine Denkschrift zur Hundertjahrfeier der Missionsanstalt zu Hermannsburg), hg. in Verbindung mit zahlreichen Mitarbeitern von Winfried Wickert, Hermannsburg 1949, 374-389.

[41] Stellvertretend für viele Familienbücher deutscher Hermannsburger Missionsnachkommen sei das folgende genannt: Ralph Hinze, Die Hinzes in Südafrika – Ihr Leben in ihrer Umgebung, 1858 – 2008, Piet Retief 2008.

42 Siehe die Jubiläumshefte zum 100 jährigen Bestehen der Gemeinde Friedenskirche (1990) und Skinnerstraße Pretoria (1989).

43 Georg Scriba, A Short History of the Lutheran Church in Southern Africa. A Branch that bears Fruit, unveröffentlichte Nachschrift der Geschichtsvorlesungen an der School of Theology, Universität KwaZulu-Natal, Pietermaritzburg 2000, 9. Vgl. zu den genannten Gemeinden: Afrikanischer Heimatkalender, Windhoek 1990 (Anhang).

44 Bodenstein, 25 Jahre Arbeit, 64-68.

und später zur Gründung weiterer Gemeinden in Hakboslaagte (Gerdau) und Rieckertsdam.[45]

Die Entstehung deutschsprachiger lutherischer Synoden und lutherischer Missionssynoden

1.7.1895 In der Kapkolonie wurde die **Deutsche Evangelisch-Lutherische Synode Südafrikas** gegründet, allgemein als „Kapsynode" bekannt. Die *Heimat* beschreibt in einem Artikel aus dem Jahr 1927 die Arbeitsweise der Synode: Die Synode „stellt den Zusammenschluss von Gemeinden dar, die sich nach dem Grundsatz der Freiwilligkeit zusammengeschlossen haben. Alle drei Jahre pflegt die Synode ihre Tagungen abzuhalten, in der Regel abwechselnd in Kapstadt und in East London. Der Synodalausschuss besteht z.Z. aus neun Mitgliedern, unter denen mindestens vier Geistliche und vier Laien sein sollen, je zwei und zwei aus der östlichen und der westlichen Hälfte […] Die Entscheidungen des Ausschusses unterliegen der Bestätigung durch das Landeskirchenamt in Hannover, dem ja […] die Synode unterstellt ist […] Das Ziel […] bei all dieser Fürsorge ist doch die Bildung einer in jeder Hinsicht selbständigen lutherischen Kirche Südafrikas."[46]

1899-1902 Im Verlauf des Südafrikanischen Krieges und in der Nachkriegszeit war der Wunsch nach einer stärkeren Zusammenarbeit der Missionen und einer größeren Selbständigkeit der aus der Mission erwachsenden Kirchen deutlicher zu hören und wurde durch die Ergebnisse der Edinburgher Weltmissionskonferenz von 1910 weiter verstärkt.

1882-1893 Allerdings wurden im Tswanabereich der Hermannsburger Mission schon vorher unter den dortigen Gemeinden vier Synoden in den Jahren 1882 (Emmaus-HM), 1885 (Kana), 1889 (Saron) und 1893 (Rustenburg) gehalten.

30./31.5.1911 Unter den mit der Hermannsburger Mission verbundenen elf deutschsprachigen Gemeinden wurde 1910 die Vorlage einer Synodalordnung beschlossen. Im Mai 1911 nahmen in Neuenkirchen (Harburg-Natal) die Pastoren und Gemeindevertreter dieser elf Gemeinden die Synodalordnung an und konstituierten die **Hermannsburger Deutsch-Evangelisch-Lutherische Synode**. Die Synodalversammlungen fanden im drei jährigem Turnus statt, bei denen auch Schulleiter der deutschen Gemeindeschulen vertreten waren.[47] Die wichtigsten Gedanken zur Bil-

---

45 Siehe das Kroondaler Jubiläumsheft zum 100jährigen Jubiläum von 1996, sowie Theo Wenhold, Ein deutsches Dorf am Olifantsbecken. Geschichte und Gemeindebau, in: Winfried Wickert, Und die Vögel des Himmels wohnen unter seinen Zweigen. Hundert Jahre Bauernmission in Südafrika, (Eine Denkschrift zur Hundertjahrfeier der Missionsanstalt zu Hermannsburg), hg. in Verbindung mit zahlreichen Mitarbeitern von Winfried Wickert, Hermannsburg 1949, 357-374; vgl. auch die Fallstudie zu Kroondal von Marcus Melck, Beitrag #21.
46 Heimat, Deutsches Evangelisches Heimatblatt für Afrika. Windhoek 1927, Nr. 6, 3.
47 Georg Scriba, Auf dem Wege zur Synode – Die Entstehung der Hermannsburger Deutsch-Evangelisch-Lutherischen Synode 1911, unveröffentlichter Bericht, Kroondal, Juni 1989. Es handelt sich um eine

dung einer Hermannsburger Synode gehen hervor aus einem Brief des Missionsdirektors Egmont Harms an Superintendent Heinrich Röttcher vom 12.10.1903: „Dann möchte ich die Frage aufwerfen, ob es nicht besser ist, wenn die d[eutschen] Gemeinden sich mehr zusammenschliessen und ihre eigenen Angelegenheiten selbst besorgen. Ein Zusammenhang mit der Mission könnte ja dadurch gewährt werden, dass es freisteht, einen officiellen Vertreter der Mission, wenn man will, als Präses zu wählen, zum Beispiel den Superintendenten der Zulu-Mission. Die deutschsprachigen Gemeinden haben vielfach andere Interessen als die Mission [...] Wenn man will, könnte die Synode ja die jetzige Missionsarbeit innerhalb der Gemeinden selbst übernehmen und dieselbe ganz als eigene Mission ansehen [...] Selbstverständlich wird unsere Mission sich nach wie vor der einzelnen deutschen Lutheraner annehmen und sie in Gemeinden zu sammeln suchen. Aber wenn die Gemeinden weit genug sind, dass sie auf eigenen Füssen stehen können, dann müssen sie auch für sich selbst sorgen. Es ist nicht die Aufgabe unserer Mission, für die deutschen Gemeinden zu sorgen; aber wo wir Hülfe leisten können, wollen wir es gern thun, wenn es nicht auf Kosten unserer eigentlichen Arbeit geschieht."[48]

1911 Obwohl innerhalb der Berliner Mission schon am 29. August die Missionsgemeinden in den folgenden Synoden zusammengefasst wurden: Nord-Transvaal, Süd-Transvaal, Zulu-Xhosa-Swazi, Oranje und Kapland, konstituierten sich die deutschsprachigen Gemeinden erst am 18. März 1926[49] als **Deutsche Evangelisch-Lutherischen Synode Transvaals**. Der Anstoß zur Synodenbildung kam vom **Deutschen Kirchenbund Süd- und Südwestafrikas**[50], an dessen Verhandlungen im Januar 1926 Vertreter der Transvaaler Gemeinden teilgenommen hatten. „Die Synode will [den Gemeinden] [...] durch Pflege deutsch-evangelischen Lebens dienen [...] Die bestehenden Beziehungen der einzelnen Gemeinden zur deutschen Heimat bleiben unberührt [...] Sie will Männer und Frauen erziehen, die sich mit Stolz zu den Grundlagen unseres Wesens bekennen: zu deutscher Art und lutherischem Glauben."[51] Die deutschsprachigen Gemeinden der

---

Zusammenfassung und Bearbeitung der Synodalprotokolle der Hermannsburger Deutschen evangelisch-lutherische Synode Südafrikas, aus dem Archiv der ELKSA(N-T) in Bonaero Park von 1911-1962. Das Amt des Präses hatten inne: 1911-1914 Missionsdirektor Egmont Harms, 1914-1919 Pastor Johann Drögemöller, 1919-1922 Heinrich Schulenburg, 1922-1946 Wilhelm Bodenstein und 1946-1963 (bis zur Kirchwerdung) Hermann Hahne.

48 Missionsarchiv des Evangelisch Lutherischen Missionswerkes, Hermannsburg, SA acc. 76.1.
49 Vgl. J. Hermann, Der Deutsch-Afrikaner, 1. April 1926, 1; nach anderen Angaben wird irrtümlich das Jahr 1925 angegeben.
50 Dieser Kirchenbund wurde am 8.1.1926 in Windhoek von den deutschen Synoden aus der Kapregion, aus Transvaal und aus Südwestafrika gegründet (nicht jedoch der Hermannsburger Mission oder der Freien Evangelisch-Lutherischen Synode in Südafrika). Zugleich wurde dieser Kirchenbund Herausgeber des Blattes Heimat (1927) und des Afrikanischen Heimatkalenders (1930).(Georg Scriba, Historischer Rückblick der Vereinigten Evangelisch-lutherischen Kirche im Südlichen Afrika. Kirche und Kultur - Eine Materialsammlung, Hekt., Kapstadt 1989 (als Vortrag zum 25. Jubiläum vor der Generalversammlung im Dezember 1989 in Kapstadt gehalten, 5-6).
51 J. Hermann in Heimat, Deutsches Evangelisches Heimatblatt für Afrika. Windhoek 1927, Februar, 3.

Berliner Mission in Natal haben sich erst später der Synode Transvaals angeschlossen.

Der Blick auf die Konstituierung von Kirchen

1889   Das Ziel einer Synoden- und Kirchenbildung wird im Visitationsbericht der Hermannsburger Mission von *Egmont Harms* und *Georg Haccius* angesprochen.[52] Nur zögernd begannen die Verhandlungen zwischen den lutherischen Missionen mit dem Ziel der Eigenständigkeit der einheimischen Kirchen. Dabei scheinen die deutschsprachigen Gemeinden nicht eindeutig in dieses Ziel der gemeinsamen lutherischen Kirche „unter den Eingebornen Süd-Afrikas" mit eingeschlossen zu sein. Sie wurden gesondert gesehen und doch in den Statistiken der Hermannsburger Mission mit aufgezählt.[53]
Seit 1889 gab es in Natal unter den lutherischen Missionen eine lose Zusammenarbeit in der **Allgemeinen Lutherischen Konferenz**, die sich erst 1964 auflöste.

1912   In Natal entstand die **Co-operating Lutheran Mission (CLM)**, in der zunächst die Berliner Mission, die Norwegische und Schwedische Mission zusammenarbeiteten.

1928   Beitritt der Amerikanischen Mission zur CLM.

1938   Beitritt der Hermannsburger Mission zur CLM. Es ging in der CLM um die Koordinierung der Ausbildung von Pastoren, Evangelisten und Lehrern, um die Herausgabe *einer* Zulubibel, *eines* für alle Missionen gemeinsamen Gesangbuches sowie um die Missionsarbeit im Allgemeinen.

Einige Beobachtungen zur Situation in den deutschsprachigen Gemeinden während ihrer Gründungsphase

Die Lutheraner in Südafrika haben sich auf einer freiwilligen Basis zusammengetan, Gemeinden gegründet und Pastoren von den jeweiligen Missionsgesellschaften, vom Konsistorium in Hannover (im Fall der Kapkirche) oder von anderen kirchlichen Stellen in Deutschland erbeten. Ein großer Teil der Initiative und Verantwortung lag bei den Gemeindegliedern selbst – im Gegensatz zu den Missionsgemeinden, die oft von den Gemeindekollekten der Heimatmission mitfinanziert wurden. Kirche und Pfarrhaus wurden auf dem Grundstück der Gemeinde oder auf dem von einem Gemeindeglied geschenkten Grundstück, meist ohne finanzielle Hilfe der Mission, erbaut, und die Gemeindeglieder mussten selbst dafür sorgen, dass die Gebäude instand gehalten und das Pfarrgehalt aufgebracht

---

52 „Vor allem aber, däucht uns, wäre ein größerer Zusammenschluß der lutherischen Missionen wünschenswert, wozu wir auch die Anregung zu geben versucht haben. Es ist doch das Ziel, eine gemeinsame lutherische Kirche unter den Eingebornen Süd-Afrikas zu errichten; und das müssen sämtliche Missionen stets im Auge haben", so Georg Haccius, Denkschrift über die von 1887-1889 abgehaltene General-Visitation der Hermannsburger Mission in Südafrika, Hermannsburg 1890, 20-21.
53 Ibid., 18-19.

wurden. Damit waren sie eine Freiwilligkeitskirche. Doch blieb oft die enge Verbindung zu den jeweiligen Missionen aus der Heimat bestehen: Die Pastoren nahmen an den Missionarskonferenzen teil, die Gemeinden hielten Missionsfeste und sammelten Missionskollekten. Von daher zeigen diese Gemeinden eine kongregationale Kirchenstruktur, mit einem großen Maß an Selbständigkeit der Gemeinden, aber auch verbunden mit manchem Eigenwillen.

Während des **Südafrikanischen Krieges (1899-1902)** hatten deutschsprachige Siedler auf Seiten der beiden Kriegsparteien, manchmal sogar Bruder gegen Bruder, gekämpft und den Verlust von Familiengliedern, Farmen und Häusern zu erleiden. Die Beziehungen der deutschen Missionen und ihrer Angehörigen zu den Burenregierungen und der Kolonialmacht England waren zugleich freundlich und gespannt, denn man fühlte sich zur Loyalität gegenüber beiden staatlichen Mächten verpflichtet. In der Zeit des **Ersten Weltkrieges** wurden viele Deutsche interniert und deportiert, andere hatten darunter zu leiden, als Feinde des Staates angesehen zu werden.[54] Jedoch konnten die mit der Hermannsburger Mission verbundenen deutschen Gemeinden auch die Arbeit der Hermannsburger Mission im Land finanziell mit tragen.

In deutschen Gemeinden wurde die Macht des Gesanges und der Musik, zuerst mit dem Harmonium, dann mit der Orgel, oft auch mit einem Posaunenchor begleitet, gefördert. Chöre traten in den Gottesdiensten auf und die Jugend führte Laienspiele auf. In den Häusern hielt man Andachten und las erbauliche Bücher (zum Beispiel Johann Arndts *Auslegungen des ganzen Psalters in 451 Predigten* und Christian Scrivers *Seelenschatz*). In manchen Häusern wurden die afrikanischen Arbeitskräfte (Farmarbeiter und Hausangestellte) zu Andachten eingeladen. Da die Beichte oft am Samstag stattfand, gab es Sonntagshäuser, in denen Gemeindeglieder, die einen weiten und beschwerlichen Weg zum Kirchplatz hatten, übernachten konnten. Der Sonntag mit dem Hauptgottesdienst – meist um 10 Uhr – und dem anschließenden zweiten Gottesdienst mit Kinderlehre bildete den Höhepunkt der Woche für die Farmer, ihre Familien sowie ihre afrikanischen Farmarbeiter und Hausangestellten, die in der Woche schwer arbeiten mussten. Taufen, Konfirmationen und Trauungen, aber auch die hohen Festtage, die zwei bis drei Tage dauern konnten, waren ebenfalls wichtige Ereignisse, ebenso die Beerdigungen, zu denen berittene Eilboten einluden.

Durch die Auseinandersetzung um die Kirchenunion in Deutschland und die daraus resultierende Separation in Hermannsburg, Niedersachsen, bekam die Frage nach der Bedeutung des lutherischen Bekenntnisses und der Schriftauslegung eine überbetonte Stellung, die den Willen zur kirchlichen Zusammenarbeit und Einheit auch mit anderen Konfessionen für viele Jahre überschattet hat. Mit dem seit 1885 erfolgten Aufstieg Deutschlands zur Kolonial- und Weltmacht erstarkten der Nationalismus und die Bedeutung der deutschen Sprache, so dass das „Deutschtum" ein stärkeres Gewicht bekam. Dieses wurde

---

54 So etwa das Erlebnis der Kriegsgefangenschaft in Ramotswa von Pastor Johannes Kistner, der bis ans Ende des Krieges in Fort Napier in Gefangenschaft blieb (Winfried Wickert, Männer und Zeiten. 50 Jahre Hermannsburger Missionsgeschichte – Ein Rückblick (Quellen und Beiträge zur Geschichte der Hermannsburger Mission, Bd. 2), Hermannsburg 1987, 93-94). Zu den Auswirkungen des Ersten Weltkriegs auf die deutschsprachige Minderheit vgl. auch Beitrag #12 von Tilman Dedering.

nicht nur als Trägerin der Kultur, sondern auch des Glaubens verstanden. **„Deutschtum" und Luthertum** wurde daher manchmal fast synonym angesehen.[55]

Das Wesen des deutschen Erbes in Südafrika wird an den einzelnen Wappen der deutschen Schulen erkennbar. Diese Wappen tragen die Kinder in den verschiedenen deutschen (Privat-) Schulen auf ihren Jacken.[56] In ihren Aufschriften verweisen sie auf die Werte der Ordnung, Treue, Freiheit, Arbeitsfreude, der Wahrheit, des Gehorsams und des Fleißes.

Neben deutschen Privatschulen waren oft die evangelischen Gemeinden gleichzeitig **Kulturträger des deutschen Erbes**, obwohl die verschiedenen Gegenden ihr jeweils eigenes Sprachkolorit entwickelten, sei es, dass manche Familien noch Plattdeutsch sprachen, oder ein starker englischer beziehungsweise afrikaanser Einfluss zu hören war. Es hat mancherorts bis Mitte des zwanzigsten Jahrhunderts gedauert, bis Gottesdienste auch in den Landessprachen, besonders in Englisch oder Afrikaans, und nicht mehr nur in Deutsch gehalten wurden.

Die Entwicklung der deutschen Gemeinden führte auch zur Abgrenzung von sprachlich anderen Kirchen und Gemeinden. Obwohl viele Kinder auf den Farmen und in den Missionarshäusern Zulu oder eine der anderen afrikanischen Sprachen schon seit früher Kindheit lernten und manchmal auf dem Rücken der singenden afrikanische Küchengehilfin mit aufwuchsen, kam es durch die zunehmende Trennung von Kirchengebäuden für „schwarze" und für „weiße" Christen auch zu einem Auseinanderleben dieser beiden Bevölkerungsgruppen.

Einige Hinweise zur Ausbildung erster einheimischer Kräfte im Bereich der lutherischen Missionen

Mancher Missionarssohn aus Südafrika hat in Deutschland seine theologische Ausbildung gemacht, um dann wieder in Südafrika, oft auf der Station des Vaters, als Missionar tätig zu werden.[57] Die deutschsprachigen Gemeinden selbst hatten jedoch wegen ihrer Konzentration auf die deutsche Sprache und ihre damit einhergehende zurückgezogene Lebensweise weniger evangelistischen Einfluss auf ihre Umgebung als die englischen und afrikaansen Gemeinden und Kirchen. Sie sammelten im Allgemeinen eher die Landsleute aus der eigenen deutschen Heimat als Menschen aus anderen Sprachgruppen.

Besonders wichtig waren daher die **Ausbildung einheimischer Helfer, Evangelisten und ordinierter Pastoren**, die aus der Arbeit der Missionen hervorgingen. Jede der luthe-

---

55 „Der mächtigste Faktor im Volksleben der Deutschen in Natal ist die lutherische Kirche. Sie steht im Vordergrund, bestimmt und formt im wesentlichen das Gesicht des Volkstums. Sie durchdringt als religiöse Lebensenergie den ganzen Volkskörper und umfaßt, mit wenigen Ausnahmen, die Gesamtheit der hiesigen Deutschen. [...] Jede Generation weiß, [...] daß nur innerhalb der lutherischen Kirche hier in dieser Kolonie deutsche Art und deutsche Sprache ihren sicheren Bestand haben" (Wilhelm Bodenstein, 25 Jahre Arbeit, 41).

56 Nach Angaben der verschiedenen Schulen lauten diese: „treu und fest" (Hermannsburg), „treu und wahr" (Neu-Hannover), „dennoch fest und frei" (Wartburg), „Freude durch Arbeit" (Harburg). Schulkinder (mich eingeschlossen) wuchsen in Hermannsburg auf unter dem Leitspruch an der Wand im Essraum „Pflegt die deutsche Sprache, wahrt das deutsche Wort, denn der Geist der Väter lebt in ihnen fort".

57 Vgl. Heinrich Bammann, Inkulturation des Evangeliums unter den Batswana in Transvaal, Südafrika. Am Beispiel der Arbeit von Vätern und Söhnen der Hermannsburger Mission, edition afem, mission academics 17, Hamburg 2004.

rischen Missionen hatte ihre eigene Ausbildungsstätte: die Berliner Mission in Emmaus in Natal und in Botshabelo in Transvaal, die Norwegische Missionsgesellschaft in Umpumulo und die Schwedische Kirchenmission in Oscarsberg. Die Hermannsburger Mission[58] begann in Transvaal 1873 ein erstes Seminar in Bethanien einzurichten. Später kamen die Seminare in Berseba und Bethel hinzu.[59] Die Hermannsburger Zulumission bildete seit 1876 Lehrer- und Evangelisten in Ehlanzeni aus. Dieses Seminar wurde später nach Hermannsburg verlegt.

In der neueren südafrikanischen Geschichtsschreibung geht es darum, die ungeschriebenen Erinnerungen von Menschen in Südafrika schriftlich zu fixieren: dazu gehören auch die mündlichen Erzählungen (*oral history*) über die Entstehung erster Gemeinden und über die Verdienste der ersten einheimischen Mitarbeiter im Bereich der lutherischen Missionen.[60] Unter anderen sind etwa südafrikanische kirchliche Mitarbeiter der Norwegischen Mission [61] und der Schwedischen Kirchenmission als einflussreich „entdeckt" worden.[62] Für die Berliner und Hermannsburger Missionen sind stellvertretend für andere die folgenden vier Personen zu erwähnen, die einen wichtigen Einfluss auf die Entwicklung lutherischer Gemeinden in Südafrika hatten:

Niklaas Koen wurde 1852 auf der Berliner Missionsstation Anhalt-Schmitt (jetzt: Haarlem) bei Uniondale in der Kapkolonie als Sohn eines Kirchenvorstehers und einer ehemaligen Sklavin geboren. Schulisch von Missionar Friedrich Prietsch gefördert, kam er 1868 nach Berlin zur weiteren Ausbildung und wurde im Berliner Missionsseminar aufgenom-

---

58 Heinrich Voges, Die Arbeit im Südlichen Afrika, 309-314.
59 Das Seminar Bethel wurde Mitte des 20. Jahrhunderts nach Marang für Mitarbeiter der Batswana verlegt.
60 Vgl. Jonathan Draper (Hg.), Orality, Literacy, and Colonialism in Southern Africa, Pietermaritzburg 2003 und Philippe Denis, Radikobo Ntsimane (Hg.), Oral History in a Wounded Country. Interactive Interviewing in South Africa, 2008.
61 Bischof Schreuder von der NM hat schon 1867-1869 den Zulumitarbeiter Ukibokjane Moses zur theologischen Ausbildung nach Stavanger gesandt. Ein Foto des Jahres 1869 zeigt ihn dort inmitten seiner Mitstudenten. Er gilt als der erste afrikanische lutherische Theologiestudent aus dem südlichen Afrika, obwohl er nach seiner Rückkehr, angeblich auf Druck des Zulukönigs, nicht in den kirchlichen Dienst trat. Simon Ndlela wurde als erster Zulu der norwegischen Missionsgesellschaft 1893 in Empangeni ordiniert. Bekannt geworden ist auch Petros kaLutoloni Lamula, etwa 1880 in Qudeni geboren: Nach seiner Ordination 1915 wurde er Pastor der Milne Street Gemeinde in Durban. Dort kümmerte er sich um die sozial benachteiligten Arbeiter im Durbaner Hafen. Er schrieb Artikel in der Zulu Zeitung „Ilanga laseNatal" und ein Geschichtsbuch der Zulu mit dem Titel „uZuluka Malandela". Wegen seiner radikalen Stellung zur Politik und seines Einsatzes in den Gewerkschaften verließ er die Norwegische Mission und arbeitete selbständig im Zululand.
Aus der Arbeit der Norwegischen Mission sind weitere christliche Zeugen zu nennen, u.a. Maqhamusela Khanyile, der in Epondweni bei Kwa Mondi am 6. März 1877 als Zeuge für den christlichen Glauben hingerichtet wurde (N.K. Hoimyr, (Hg.), Building together – Church and Society in KwaZulu-Natal. Exhibition supported by the Norwegian Embassy in Pretoria in connection with the Norwegian Centennial Anniversary, NMS Archives Stavanger, 2005; Margarete Nürnberger, A Zulu Martyr? What are the factors that led to the sparse and irregular public commemoration of Maqhamusela Khanyile in the Lutheran Church to which he belonged, MTh Rhodes University, 2000).
62 Joseph Zulu, ein Flüchtling aus dem Königshaus der Zulu, war der erste Mitarbeiter der Schwedischen Kirchenmission, der in Schweden theologisch ausgebildet wurde. Nach seiner Ausbildung wirkte er in Natal als Evangelist und Lehrer. Während seines zweiten Besuches in Schweden wurde er dort 1901 ordiniert (Bert Schroeder, Joseph Zulu, Pietermaritzburg 1991).

men. Nach erfolgreichem Abschluss wurde er als Hilfsmissionar nach Transvaal geschickt, erlernte die Vendasprache bei Missionar Erdmann Schwellnus, wurde ordiniert und 1877 beauftragt, die Station Georgenholtz im Vendaland zu gründen. Seine Braut, eine Lehrerstochter aus Pommern, folgte ihm ein Jahr später. Zusammen bauten sie die neue Missionsstation auf. 1879 wurden die ersten fünf Täuflinge getauft. Trotz seiner Erkrankung an Malaria setzte Koen seine dortige Arbeit fort bis zu seinem Tod am 10. Februar 1883.[63]

Nachdem *David Mokgatle Modibane* um 1839 von Methodisten bei Thaba Nchu zum Christentum bekehrt worden war, wirkte er als Evangelist zunächst in Zusammenarbeit mit verschiedenen englischen und reformierten Missionsgesellschaften, schließlich aber im Dienst der Hermannsburger Mission, als er mit Missionar August Behrens die später wichtig gewordene Missionsstation Bethanien nahe Pretoria gründete.[64]

Paulina Nomguqo Dlamini (1858-1942) ist bekannt geworden als „*Apostel des nördlichen Zululand*". Als junge Frau diente sie am Königshof des Zulukönigs Cetshwayo. Nach ihrer Flucht wurde sie später auf der Farm des Buren van Rooyen zweimal in Träumen von einer Erscheinung in weißen Kleidern besucht, die sie als ihren Heiland erkannte. Er forderte sie auf, seine Leute im Osten des Landes zu lehren, die Alten wie die Jungen. Mit verschiedenen Missionaren und afrikanischen Evangelisten der Hermannsburger Mission zusammen gründete sie eine Reihe von Gemeinden in Nordzululand.[65]

Timotheus Sello und *Martinus Sewushan* waren die beiden ersten Afrikaner, die von der Berliner Missionsgesellschaft bereits im Jahr 1885 als Pastoren ordiniert wurden. Sewushan erlebte als Pfarrer von Lobethal die Missionsleitung und manche seiner Kollegen als paternalistisch, bevormundend, autoritär und übermäßig streng. Er trennte sich 1890 zusammen mit Missionar *Johannes Winter*, einem Schwiegersohn des Berliner Missionsdirektors Hermann Wangemann, von der Berliner Mission, und gründete die Bapedi Lutherische Kirche mit der Unterstützung des „Pedihäuptlings" Cholokwe.[66] Nicht nur innerhalb der Berliner Mission war man von der Entstehung dieser ersten selbständigen lutherischen Kirche mehr als überrascht worden und hielt von daher die Ordination afrikanischer Pastoren für voreilig. Dies hatte zur Folge, dass weitere Ordinationen einheimischer Mitarbeiter um eine ganze Generation aufgeschoben wurden.

Schlussbemerkung

Es hat in Südafrika, etwa im Gegensatz zu Südwestafrika, Namibia, keinen deutschen Kolonialismus gegeben. Aber deutsche Einwanderer, Missionare und Siedler in Südafrika waren in der Zeit der Kolonialverwaltung der Holländisch-Ostindischen Kompanie am Kap der Guten Hoffnung, während der kolonialen Herrschaft des britischen Imperiums in Südaf-

---

63 Vgl. Daniel Werner van der Merwe, „Die Geskiedenis van die Berlynse Sendinggenootskap in Transvaal, 1860-1900", Argiefjaarboek vir Suid-Afrikaanse Geskiedenis 46, Pretoria 1983, 56-57; Zöllner/, The Berlin Missionaries in South Africa, 198-199.
64 Millard, Malihambe, 45f.
65 Heinrich Filter, S. Bourqion (Hgg.) Paulina Dlamini – Servant of Two Kings, Pietermaritzburg 1986 (Deutsch: Heinrich Filter, Ich diente zwei Herren. Paulina Dlamini erzählt ihr Leben, Hermannsburg 2002).
66 Vgl. Ulrich van der Heyden, Martinus Sewushan, Nationalhelfer, Missionar und Widersacher der Berliner Missionsgesellschaft im Süden Afrikas (Missionswissenschaftliche Forschungen Bd. 19), Neuendettelsau 2004.

rika und auch nach der Entstehung der Union von Südafrika nicht nur passive Bürger des Landes. Als Europäer waren sie eingebunden und verflochten in die Herrschaftsstrukturen des Landes, ob an der Macht partizipierend oder in Opposition, ob als Freunde oder Feinde der Kolonialmächte. Diese Verflechtung der deutschen Einwanderer in die frühen südafrikanischen Herrschaftsstrukturen und die sich immer weiter vertiefende Trennung der kirchlichen Strukturen parallel zur Rassentrennung in der Gesellschaft sollte sich für die Zukunft als verhängnisvoll erweisen. Bis heute leiden die lutherischen Kirchen in Südafrika daran, dass der immer wieder versuchte Zusammenschluss der verschiedenen lutherischen Kirchen bisher nicht erfolgreich war.

Die deutsche Sprache als konstituierendes Element deutscher Siedlergemeinschaften

Gunther Pakendorf

Historischer Überblick

Deutsche Siedlergemeinschaften im kolonialen Südafrika unterscheiden sich kaum von vergleichbaren Einwandererkolonien in anderen Teilen der Welt. Wo man sich in größeren Gruppen in einem fremden Land niederlässt, befindet man sich im Spannungsfeld zweier entgegengesetzter Kräfte. Auf der einen Seite steht die Notwendigkeit, sich so schnell wie möglich den neuen Umständen anzupassen, auf der anderen will man die Lebensgewohnheiten aus der alten Heimat weitgehend beibehalten. In diesem Kampf zwischen dem Wunsch nach möglichst reibungsloser Einbürgerung und dem Bedürfnis nach Kontinuität muss konsequent die Identität der Migranten neu überlegt, in den meisten Fällen neu definiert werden. Im Brennpunkt dieses Prozesses stehen selbstredend die Sprache, die hergebrachte und die fremde.

Ein auffallendes Merkmal der frühen Siedlungsgeschichte der Deutschen in Südafrika ist, dass in den knapp 150 Jahren der so genannten „holländischen Zeit" (das ist von 1652-1795, beziehungsweise 1652-1806) die deutsche Sprache und Kultur, Sitten und Gebräuche so gut wie keine Spuren hinterlassen haben – und das, obwohl der Anteil der deutschen Einwanderer an der europäischen Bevölkerung damals sehr hoch war. Im 17. und 18. Jahrhundert war die Holländische Ostindische Kompanie (Verenigde Oostindische Compagnie, V.O.C.) für ihre Soldaten und Matrosen größtenteils auf Deutsche angewiesen; nach den Angaben des Historikers und Schriftstellers Karel Schoeman waren in den rund 200 Jahren ihres Bestehens zwischen 1602 und 1799 bis zu 60 Prozent der Soldaten und 40 Prozent der Matrosen der V.O.C. Deutsche.[1] Man hat den Anteil der Deutschen als „Stammväter" der sich im Laufe der Zeit herausbildenden kapholländischen oder burischen Gemeinschaft auf 35 Prozent geschätzt. Viele Namen von Familien, die sich heute der afrikaansen oder burischen Bevölkerung zurechnen, sind denn auch ohne weiteres als ursprünglich deutsch erkennbar: Kruger, Breytenbach, Engelbrecht, Scholtz, Herzog, während etliche andere dem Holländischen oder Afrikaansen angepasst wurden: aus Kluthe wurde Cloete, aus Schumann wurde Schoeman.

Die Erklärung für dieses scheinbar rätselhafte Verschwinden des Deutschen liegt indessen recht klar auf der Hand: Vor 1795 kamen die Deutschen als Einzelgänger, und zwar in der Regel als junge, ledige, oft wenig gebildete Männer ans Kap. So waren nach Colenbranders Rechnung in der Zeit 1652 bis 1806 insgesamt 936 Deutsche ans Kap ein-

---

[1] Karel Schoeman, 'n Duitser aan die Kaap, 1724-1765. Die lewe en loopbaan van Hendrik Schoeman, Pretoria 2004, 42.

gewandert, von denen 841 männlichen und nur 95 weiblichen Geschlechts waren.[2] Diese Einwanderer nahmen sich ihre Ehefrauen aus der Siedlung am Kap, und das waren, ob europäischer, ostindischer oder „gemischter" Herkunft, fast ausnahmslos Holländischsprachige. Der typische deutsche Söldner oder Seemann dieser Zeit wird sich wenig um Sprache und Kultur seines Heimatlandes gekümmert haben, zumal das Niederländische den meisten dieser Deutschen ohnedies so fremd nicht gewesen sein wird. Außerdem hat die V.O.C. sich recht verbissen an die holländische Sprache und die reformierte Kirche geklammert. Den Lutheranern gelang es erst 1780, also fast 130 Jahre nach der Gründung der europäischen Siedlung am Kap, eine selbstständige Gemeinde mit eigener Kirche zu gründen – in der aber nur ein in den Niederlanden geborener Geistlicher als Gemeindepfarrer zugelassen wurde, so dass die Sprache der Gemeinde für alle praktischen, wohl auch liturgischen Zwecke, Niederländisch war.[3]

Der Machtwechsel, durch den das Kap der Guten Hoffnung 1795 bis 1803 vorübergehend und ab 1806 permanent unter britische Herrschaft kam, brachte in vieler Hinsicht einen tiefen Einschnitt in das Leben in der Kolonie mit sich. Das mächtige britische Empire löste die Handelskompanie ab, die den riesengroßen, unterentwickelten Landstrich zunehmend locker verwaltet hatte und gegen Ende ihrer Existenz von Korruption und Misswirtschaft geplagt war. Somit wurde das Kap aus dem ostindischen Nexus herausgelöst und dem britischen Kolonialreich einverleibt. Entscheidender ist aber, dass sich dieser Wechsel vor dem Hintergrund des Übergangs vom agrarischen und vorrevolutionären Europa zu der Epoche der frühen Moderne, des beginnenden Industriezeitalters und der Gründung des modernen Rechtsstaats abgespielt hat. Hier sind auch die Anfänge des neuzeitlichen Nationalismus angesiedelt.

In den frühen Jahrzehnten des 19. Jahrhunderts kommen noch vereinzelt Deutsche ins Land, nun aber vornehmlich als Wissenschaftler, Entdeckungsreisende oder Missionare. Die britischen Machthaber wollten mit ihrer Politik primär die britische Herrschaft festigen und eine möglichst gesunde Wirtschaft aufbauen. Wo sie überhaupt Besiedlungspolitik betrieben, hatte das pragmatische Gründe, und hier spielen die Deutschen dann interessanterweise doch eine Rolle.

Das Frontiergebiet am Ostkap stellte die „weiße" Herrschaft am Kap seit den Siebzigerjahren des 18. Jahrhunderts bekanntlich vor enorme und scheinbar unlösbare Herausforderungen. Die Grenze verschob sich ständig nord- und ostwärts. Die Konflikte zwischen den „weißen" Siedlern diesseits Grenze der britischen Kapkolonie und den Ethnien im damals unabhängigen Xhosaland jenseits des „Limes" versuchten die Kolonialbehörden abzuschwächen, indem sie größere Gruppen von Kolonisten – erst 1820 aus Großbritannien, dann 1857 bis 1859 aus Deutschland – ansiedelten. Die Deutschen kamen in der Zeit nach dem achten „Grenzkrieg" (*frontier war*) (1850 bis 1853), der verheerendsten und blutigsten Auseinandersetzung zwischen „Schwarz" und „Weiß" in der Geschichte des

---

2   E.L.G. Schnell, For Men Must Work. An account of German immigration to the Cape with special reference to the German Military Settlers of 1857 and the German Immigrants of 1858, Kapstadt 1954, 15.

3   John Hoge, Die Geschichte der ältesten evangelisch-lutherischen Gemeinde in Kapstadt. Ein Beitrag zur Geschichte des Deutschtums in Südafrika, München 1939, 53. Zur Geschichte der deutschsprachigen lutherischen Gemeinde vgl. auch die Beiträge #11 und #18 von Reino Ottermann und Christian Hohmann.

Ostkap. Die Niederlage verbitterte und erboste die Xhosa, weil ihr angestammtes Land zwischen Fisch- und Keifluss erst zu einem britischen Schutzgebiet – mit dem Namen „Britisch Kaffraria" – erklärt und dann 1866 der Kapkolonie einverleibt wurde.

In dieses Gebiet voll Unruhe und Kriegsgeschrei wurden die so genannten Kaffriadeutschen durch das Bemühen des Kap-Gouverneurs Sir George Grey Ende der Fünfzigerjahre angesiedelt, offenbar um die Einheimischen abzuschrecken und die Herrschaft der „Weißen" zu sichern und zu festigen. Ob und inwiefern die Ankunft der deutschen Migranten in irgendeiner Weise mit der bis heute nicht ganz geklärten großen Viehschlachtung (*Great Cattle-Killing*) der Xhosa diesseits des Kei-Flusses Anfang 1857 zusammenhing, muss hier dahingestellt bleiben.[4] Tatsächlich scheint aber in diesen Jahren der Wille der Xhosa zum bewaffneten Widerstand gegen die „weiße" Herrschaft gebrochen zu sein, und einen weiteren Aufstand, der als neunter und letzter Grenzkrieg in die Geschichtsbücher eingegangen ist, gab es erst wieder 1877.

Die deutschen Siedler kamen in drei Schüben ans Ostkap.[5] Zunächst wurden 1857 über 2.300 Soldaten, Mitglieder der so genannten Britisch-Deutschen Legion, aus militärstrategischen Gründen hierher gebracht, wobei es sich gleichzeitig auch um eine Verlegenheitslösung handelte, da diese Männer ursprünglich als Söldner für die britischen Streitkräfte im Krimkrieg angeworben worden waren. Aber der Krieg war beendet, ehe sie in irgendeiner militärischen Aktion verwendet werden konnten. Deshalb beschloss man kurzerhand, sie als Landarbeiter, die aber auch gegebenenfalls als Soldaten eingesetzt werden konnten, an das unruhige südöstliche Grenzgebiet der Kapkolonie zu schicken. Diese deutschen Söldner waren denkbar ungeeignet, diese von „Weißen" so gut wie nicht besiedelte und der europäischen Landwirtschaft noch nicht erschlossenen Gegend zu kolonisieren. Es war daher ein seltener Glücksfall, dass in dieser Zeit die große Meuterei in Indien ausbrach und die britischen Behörden dringend Nachschub für ihre dortige Armee brauchten. Als die Aufforderung, sich den britischen Truppen in Indien anzuschließen, auch an die Britisch-Deutsche Legion erging, meldeten sich viele Legionäre freiwillig. Im September und Oktober 1858 gingen 1.058 Legionäre in East London an Bord. Von ihnen kehrten etwa 386 schließlich nach Südafrika zurück. Im März 1861 wurde die Legion aufgelöst. Ihre Hinterlassenschaft beschränkte sich hauptsächlich auf die Gründung verschiedener Ortschaften, deren Namen die deutsche Herkunft verraten: Stutterheim, Ohlsen, Potsdam, Berlin, Hamburg, Braunschweig, Frankfort [sic], Wiesbaden, Hannover.

Vor ihrer Abfahrt sahen die Legionäre noch die Erstankömmlinge der etwa 3.300 Kolonisten aus Pommern und der Uckermark, die die kaum begonnene Kolonisationsarbeit in Britisch Kaffraria fortsetzen sollten. Diese zweite Welle deutscher Kolonisten wurde vor allem deshalb ins Land bestellt, weil Sir George Grey den größtenteils unverheirateten Legionären die Möglichkeit verschaffen wollte, geeignete Ehefrauen zu finden. In seiner

---

4 Die deutschen Einwanderer und ihre Rolle in der Geschichte des Ostkap werden in der südafrikanischen Geschichtsschreibung auch jüngeren Datums als peripher und unbedeutend betrachtet, sofern sie überhaupt Erwähnung finden. In Noel Mosterts über 1300 Seiten umfassendem Monumentalwerk zu diesem Abschnitt der Geschichte werden die deutschen Siedler und Missionare nicht einmal genannt (Noel Mostert, Frontiers. The Epic of South Africa's Creation and the Tragedy of the Xhosa People, London 1992).

5 Bei der folgenden Information zu den Einwanderern ans Ostkap richte ich mich hauptsächlich nach Schnell, For Men Must Work.

Begründung an seine Vorgesetzten in London meinte er unter anderem, es wäre ratsam, eine Anzahl deutscher Landarbeiter in den und um die militärischen Siedlungen anzusiedeln, da sie zusammen mit den Soldaten – wegen der gemeinsamen deutschen Herkunft – eine harmonische Gemeinschaft zum allgemeinen Wohl in jener unruhigen Region bilden würden.[6] Bei ihrer Ankunft befanden sich jedoch die meisten ihrer Landsleute, wie oben gezeigt, schon auf dem Weg nach Indien. Das weitere Leben dieser Einwanderer fasst Heinz von Delft knapp zusammen:

> „Sie zogen in die von den Legionären gegründeten Orte und das benachbarte Farmland ein, kultivierten unter schwierigsten Umständen, buchstäblich im Schweiße ihres Angesichts, die Wildnis und sind mit ihren Familien – das war wohl entscheidend für die Besiedlung – geblieben. [...] die seßhaft gewordenen haben für Schulen gesorgt, Gemeinden gegründet und Kirchen gebaut, auch Widerständen und Anfechtungen zum Trotz lange Zeit versucht, an ihrer Muttersprache festzuhalten."[7]

Der dritten Gruppe deutscher Kolonisten – es handelte sich um etwa 700 Personen, die 1877/78 ans Ostkap kamen[8] – ging es im Grunde nicht anders. Zu dieser Gruppe gehörten zunächst weitere etwa 1.000 Emigranten, die wegen der Kriegsgefahr – es war gerade der neunte „Grenzkrieg" ausgebrochen – nicht nach Xhosaland kamen, sondern vornehmlich im westlichen Kapland angesiedelt wurden.[9] Hier, in der so genannten „Vlakte" (Flachland oder Moor) in der Nähe Kapstadts sollten sie die unwirtliche und bis dahin unbearbeitete sandige Heide urbar machen und Gemüse anbauen, was ihnen auch trotz vieler Entbehrungen größtenteils glückte.[10] Als geschlossene Gemeinschaft gelang es ihnen, ihren deutschen und lutherischen Charakter bis in die Fünfzigerjahre des 20. Jahrhunderts hinein zu erhalten[11]; inzwischen ist die Gemeinschaft historisch geworden.

Zwei weitere Gruppen von deutschen Einwanderern, die im 19. Jahrhundert nach Südafrika kamen, verdienen hier Erwähnung. Zum einen betrifft dies die so genannten „Bergtheil-Siedler", etwa 115 Personen vorwiegend aus der Osnabrücker Gegend, die man 1847/1848 in das damals gerade von der „weißen" Herrschaft beanspruchte Natal in der Landwirtschaft – hauptsächlich für den Anbau von Baumwolle – einsetzen wollte.[12] Dieses landwirtschaftliche Unternehmen wurde jedoch ein Misserfolg: die Gemeinschaft löste sich bald auf und zerstreute sich im kolonialen Südafrika. Geblieben ist der Name „New Germany" (Neudeutschland). Zum anderen sind hier die Angehörigen der Hermannsburger Missionsgesellschaft zu nennen: Die verschiedenen Niederlassungen und Dorfgemeinschaften der Hermannsburger, 1854/1855 und später in weiten Gebieten Natals, ab 1857 im heutigen Botswana und im Westen des damaligen Transvaal, standen von Anfang an unter schärferer Kontrolle der Hermannsburger Mission. Diese hatte im Zuge ihrer Kolonisten,

---

6 Ibid., 169.
7 Heinz von Delft, Der Anteil von Kirche und Mission an der deutschen Einwanderung, in: Lantern Februar 1992, 31.
8 Schnell, For Men Must Work, 217.
9 Ibid., 222-226.
10 Vgl. hierzu auch Beitrag #19 von Lizette Rabe.
11 Siehe dazu Wilhelm J.L. Blumer (Hg.), Fünfundsiebzig Jahre Pflanzgarten im Dünensand, Wynberg 1959.
12 Siehe dazu Anneliese Peters, The Bergtheil Settlers, in: Lantern Februar 1992, 118-121.

beziehungsweise Siedlungsmission zur Emigration deutscher Auswanderer mit beigetragen. Die Hermannsburger Kolonisten und Siedler orientierten sich an den Leitvorstellungen ihres Missionsgründers Louis Harms, die auf der Idee einer pietistisch geprägten Volkskirche beruhten. Mit dieser Auffassung war gleichzeitig der Gedanke von der Wahrung des „Volkstums" aufs Engste verbunden. Im Gegensatz zu anderen deutschen Missionsgesellschaften schickten die Hermannsburger nicht nur einzelne Missionare hinaus; sie wurden vielmehr stets von einer verhältnismäßig größeren Anzahl von Handwerkern, Kolonisten und Lehrern samt Familien begleitet. Wo sich Hermannsburger in größerer Zahl niederließen, wurden daher stets deutsche Schulen errichtet – 1856 bereits in Hermannsburg in Natal und 1876 in Westtransvaal –, in denen neben dem lutherischen Erbe die Pflege der eigenen deutschen Sprache und Kultur im Mittelpunkt stand.[13] Im Laufe des 19. Jahrhunderts kamen auch mehrere deutsche Einwanderer auf eigene Faust ins Land, die in der Fremde ihr Glück suchten, zumal nach der Entdeckung von Diamanten und Gold in den Siebziger- und Achtzigerjahren.

In fast jeder größeren südafrikanischen Stadt existierten schon vor dem Ende des Jahrhunderts deutsche Vereine und deutsche Kirchen. Die Gemeinden waren oft Mittelpunkt des deutschen Gemeinschaftslebens, und in den großen Städten wie Kapstadt, Johannesburg, Pretoria und anderen entstanden in dieser Zeit auch deutsche Schulen. Mit der Geschichte der deutschen Gemeinschaft in Paarl, einer Stadt in der Nähe Kapstadts – heutige Einwohnerzahl etwa 100.000 – hat sich Rolf Annas beschäftigt.[14] Diese Geschichte soll hier kurz referiert werden, da sie durchaus repräsentativen Stellenwert für die meisten solcher Gruppen hat: Die deutsche evangelisch-lutherische Gemeinde in Paarl wurde 1876 gegründet, vier Jahre nach dem Zustandekommen einer deutschsprachigen lutherischen Gemeinde in Kapstadt und zu einer Zeit, als in Paarl erst 168 Deutsche, davon 95 Lutheraner, wohnhaft waren.[15] In der Zeit bis zum Ersten Weltkrieg kann man gleichwohl von einer veritablen Blüte im Kulturleben der Deutschen am Kap reden, die sich auch in Paarl bemerkbar macht, wo die Zahl der Gemeindemitglieder zwischen 1897 und 1914 etwa 250 Personen beträgt. Das rege Gemeinschafts- und Kulturleben lässt sich auch am Aufblühen des deutschen Vereinsgeistes ablesen: In diesen Jahren schließen sich die Deutschen in Paarl zu einem Volksliederverein, Jünglingsverein, Posaunenchor, Gesangchor wie auch einem Nähverein zusammen.[16]

Wichtiger ist dabei die Rolle von Schule und Kirche. Schon ab 1879 unterhielt die Paarler Gemeinde eine kleine Privatschule, was zwar eine finanzielle Belastung bedeutete, zu der man sich aber wegen der Aufrechterhaltung der Sprache wie des Zusammenhalts der Gemeinde gerne bereit fand, denn, wie Annas es formuliert, „teaching children German and

---

13 Siehe hierzu Arthur Leuschke, The Hermannsburg Mission Society in Natal and Zululand, Lantern Februar 1992, 56-58; und Hinrich Pape, Hermannsburger Missionsarbeit in Transvaal, Lantern Februar 1992, 60-63.
14 Rolf Annas, Language and Identity. The German-Speaking People of Paarl, in: Mathias Schulze, James M. Skidmore, David G. John u.a. (Hgg.), German Diasporic Experiences. Identity, Migration and Loss Waterloo 2008, 61-72. Zum Missionsverständnis von Louis Harms und zur Arbeit der Hermannsburger Mission vgl. Beitrag #25 von Christian Hohmann.
15 Vgl. ibid., 64.
16 Vgl. ibid.

teaching them in German was regarded ast necessity for the survival of the congregation".[17]
Im Großraum wurden in dieser Zeit ebenfalls Schulen gegründet, die unter der Ägide der evangelischen Gemeinden standen, und zwar 1882 in Philippi[18], 1883 St. Martini (Kapstadt), 1895 in Wynberg.[19] Interessant ist hier, dass die Synode der evangelisch-lutherischen Kirche am Kap 1900 den Beschluss fasste, ihre Schulen von der örtlichen Erziehungsbehörde loszulösen, was allerdings ohne finanzielle Unterstützung von Seiten des Deutschen Reiches nicht durchführbar gewesen wäre.[20] Seitdem war und ist der deutsche Staat maßgeblich an der Finanzierung der meisten deutschen (Privat-)Schulen in Südafrika beteiligt.[21] Hier werden zwei Problembereiche sichtbar, die das Selbstverständnis deutscher Schulen in Südafrika bis in die jüngste Vergangenheit – oder besser bis heute – prägen und im Kleinen die Situation der Auslandsdeutschen widerspiegeln: Zum einen ist da die Abhängigkeit vom „Mutterland" – für die Schulen (und Kirchen) bedeutet das konkret: Subvention durch den deutschen Staat (beziehungsweise die Evangelische Kirche in Deutschland) – zum anderen besteht eine Beziehung zu Sprache, Kultur und Erziehungswesen vor Ort.

Vorschlag: In der Schulsatzung der Deutschen Schule in Pretoria aus dem Jahr 1899 ist formuliert, was als pädagogische Aufgabe aller von der deutschen Kirche und dem deutschen Staat unterstützten deutschen Schulen galt: Das Hauptgewicht des Unterrichts, heißt es dort, liege stets darauf, „Kindern von deutscher Abkunft einen gründlichen Unterricht zu erteilen, durch den ihnen deutsche Sprache und deutsche Gesinnung erhalten wird."[22] Durchweg galt neben der Schule auch die Kirche unangefochten als Hort der deutschen Kultur. Dass diese Bemühung um die Sprache von Anfang an auch durchaus pragmatische Ursachen hatte, die die Existenz der lutherischen Gemeinden direkt betraf, macht der Kolonialschriftsteller Hans Grimm in seiner ausführlichen Darstellung der ersten 50 Jahre der „Kaffrariadeutschen" deutlich:

> „[Die ersten Jahre der Siedlung in den deutschen Ortschaften am Ostkap] waren Jahre, in denen die Zukunft der deutschen Sprache in Kaffraria schwer gefährdet schien und verloren gewesen wäre, hätte es sich dabei nicht zugleich um ein anderes Lebensinteresse gehandelt, nämlich die Fortexistenz der Kirchengemeinden. Die Pfarrer, die Voraussicht hatten, erkannten, daß ihrer Sache und ihrem Brote früher oder später das Ende drohe, und es gelang ihnen, in den Geistiglebendigen unter den Gemeindemitgliedern die gleiche Furcht und die nötige Opferfreudigkeit zu erregen. Als Ergebnis entstanden überall die kleinen deutschen Gemeindeschulen, fast rich-

---

17 Ibid., 65.
18 Richtiger ist wohl 1884. Siehe Blumer, Fünfundsiebzig Jahre Pflanzgarten, 23.
19 Ibid.
20 Vgl. Annas, Language and Identity, 65.
21 Siehe dazu die Angaben zur Situation in den Siebziger- und Achtzigerjahren des vorigen Jahrhunderts in Harro Schweizer, „im geiste unserer väter". woher kommt das geld für die schulen der deutschen in Südafrika und Namibia?, in: Berliner Lehrerzeitung 11, 1982, 33-36; und Harro Schweizer, „lieber schweine als schwarze". über die bundesrepublikanische unterstützung der schulen der deutschen in Südafrika und Namibia. (2. Teil), in: Berliner Lehrerzeitung 12, 36-38.
22 Zitiert nach Harro Schweizer, Deutsche Sprache unter der Apartheid. Ein Reisebericht über die Situation der deutschen Sprache in Südafrika und Namibia, in: Zeitschrift für Sprachwissenschaft 1, Göttingen 1982, 206.

tige Kirchenschulen, denn im engsten Anschluß an die Kirche schossen sie auf, und die Pastoren waren Lenker und Lehrer zugleich. [...] man war einzig und allein bedacht, der Gemeinde den Nachwuchs zu erhalten."[23]

Wie stark die evangelisch-lutherische Kirche in Südafrika an der Aufrechterhaltung und Pflege der deutschen Sprache und Kultur, oder, im Wortlaut der damaligen Zeit des „Deutschtums", interessiert und beteiligt war, erhellt indessen der Vergleich mit jenen Konfessionen, die sich nicht an die deutsche Sprache gebunden fühlten: In „Kaffraria" waren es an erster Stelle die Baptisten, die am Ostkap recht erfolgreich unter den deutschen Migranten tätig waren.[24] Vom Anfang an haben diese Gemeinden, deren Konfession ja nicht ausschließlich deutsch ist, das heißt weder mit Deutschland in geopolitischer Hinsicht als geistigem „Mutterland" noch mit der deutschen Sprache als alleinigem Ausdrucksmittel im Gemeindeleben verquickt ist, Anschluss an und Mitarbeit mit der *Baptist Union of South Africa* gesucht und sich im Laufe der Zeit anscheinend problemlos den veränderten Umständen und sprachlichen Präferenzen ihrer Gemeindemitglieder angepasst und, wie Schnell feststellt, ohne viel Aufhebens Englisch als Sprache der Gottesdienste und der allgemeinen Gemeindearbeit eingeführt: „Their standpoint is that faithfulness to God and Church is of greater importance than loyalty to a language, and consequently, without undue difficulty, they are changing the medium of their services."[25]

So sehr die deutsche Gemeinschaft sich für finanzielle, moralische und kulturelle Unterstützung nach der alten Heimat umsah, so sehr stand man in der Versuchung oder unter dem Zwang, sich den Umständen im neuen Land anzupassen. So wird schon um die Jahrhundertwende in Paarl entschieden, „die Schule solle nicht deutsche, sondern coloniale Erziehung geben".[26] Eine ähnliche Ansicht vertraten auch die Eltern deutscher Kinder in Kaffraria, die Hans Grimm folgendermaßen wiedergibt:

> „[...] wo es sich aber um das Fortkommen ihrer Kinder in einer englisch-holländischen Kolonie handelte, konnten die Eltern sehr wohl verlangen, haben es verlangt und verlangen es, daß die deutsche Schule dieselben Ziele erreicht, dieselben Werkzeuge für das koloniale Leben in die Hand liefert, wie die englischen Schulen bei gleichem Schulgeld."[27]

Wenn es so etwas wie eine Blütezeit der deutschen Gemeinschaft in Südafrika gab, so werden es die Jahre bis zum Ersten Weltkrieg gewesen sein. Nach Kriegsausbruch standen Deutsche in Ländern unter britischer Hoheit unter großem Druck, ihre Loyalität der neuen Heimat gegenüber zu demonstrieren und womöglich die Waffen gegen das Feindesland Deutschland aufzunehmen.[28] Damit wurde der Prozess der Assimilierung der deutschen

---

23 Hans Grimm, Kaffraria. Ein 50jähriges deutsches Volksjubiläum in Südafrika, in: ders., Südafrika. Ein Stück deutscher Geschichte. Berichte aus den Jahren 1908-1922, Lippoldsberg 1978, 51f.
24 Siehe dazu Schnell, For Men Must Work, 250f.
25 Ibid., 251. Auch Grimm spricht davon, „daß die Verbindung zwischen den lutherischen Kolonisten und der deutschen Heimat zu aller Zeit reger [als bei den Baptisten] war." (Grimm, Kaffraria, 51)
26 Zitiert nach Annas, Language and Identity, 65.
27 Grimm, Kaffraria, 52.
28 Zu den Auswirkungen des Ersten Weltkriegs auf die deutschsprachige Minderheit vgl. Beitrag #12 von Tilman Dedering.

Migranten, des allmählichen Rückgangs der deutschen Sprache sowie die Auflockerung der deutschen Siedlergemeinschaft als bis dahin noch einigermaßen geschlossener Gruppe beschleunigt. Wenn Hans Grimm beispielsweise schon 1909 argwöhnt, der Zeitpunkt sei nicht mehr fern, wo die Deutschen nicht weiter „als dritte weiße Rasse in Südafrika fortbestehen", sondern „im Engländertum oder Holländertum aufgehen würden"[29], da nur *eine* „unabhängige Pflegestätte des deutschen Wortes in Kaffraria", nämlich die deutsche Schule in East London, übrig geblieben sei,[30] bestätigt er vorwegnehmend Heinz von Delfts oben zitierte spätere negative Bilanz.[31]

Die Gründe für dieses von Hans Grimm als „entsetzlichen Niedergang"[32] empfundene Schrumpfen der selbstständigen deutschen Gemeinschaft in Südafrika, insbesondere am Ostkap, sind aber an erster Stelle demografischer Art. Der deutsche Bevölkerungsanteil in Südafrika war seit jeher verhältnismäßig klein. Schnell hat berechnet, dass zwischen 1856 und 1883 insgesamt 7.878 deutsche Einwanderer als Teil der organisierten Gruppen nach Südafrika kamen[33], während im Jahre 1926 laut offizieller Statistik 42.694 in der Südafrikanischen Union lebende Personen deutschstämmig waren (*of German parentage*) und 1936 nur 17.810 Personen Deutsch als Haussprache angaben.[34] Sogar in der Siedlerkolonie Deutsch-Südwestafrika kam im Jahre 1913, also am Vorabend ihres Endes als deutsches „Schutzgebiet", die deutsche Bevölkerung auf nur 12.292 Personen.[35] Im Vergleich dazu betrug die Zahl der Auswanderung aus Deutschland in den knapp fünfzig Jahren zwischen 1861 und 1913 rund 3,6 Millionen Personen[36], von denen bis zu 90 Prozent in die USA abwanderten.

Sprache und Sprachförderung in „imaginierten Gemeinschaften"
Bei fast allen Überlegungen zu dem Thema des vorliegenden Beitrags wird mit Kernbegriffen wie *die Deutschen, deutsche Sprache, Muttersprache, deutsche Identität* und ähnlichen Begriffen umgegangen, als ob es sich dabei um Konstanten handle. Besonders in dem hier besprochenen Zeitraum, etwa zwischen 1848 und 1914, waren dies aber Elemente in jenem umkämpften und ständig schwankenden semantischen wie ideologischen Feld von Volk, Nation, Nationalität, das Benedict Anderson als „kulturelles Artefakt einer besonderen Art" (*cultural artefact of a particular kind*[37]) bezeichnet. Schon der Name, das Wort und der Begriff *Deutschland* wird in diesem Zeitraum wechselhaft gebraucht und ist ständigen Schwankungen unterworfen – ein Zustand, der übrigens bis in die Zeit der so genannten Wende nach 1989/90 reicht – wie Geoff Eley feststellt:

---
29 Ibid., 50.
30 Ibid., 66.
31 Von Delft, Kirche und Mission, 31.
32 Grimm, Kaffraria, 66.
33 Schnell, For Men Must Work, 278.
34 Ibid. Man vergleiche dazu die Angabe von Rolf Annas, dass 2008 etwa 60 000 Einwohner Südafrikas Deutsch als Muttersprache haben. (Annas, Language and Identity, 62).
35 Daniel Joseph Walther, Creating Germans Abroad. Cultural Policies and National Identity in Namibia, Athens 2002, 26.
36 Wilhelm Treue, Gesellschaft, Wirtschaft und Technik Deutschlands im 19. Jahrhundert, München 1975, 13.
37 Benedict Anderson, Imagined Communities. Reflections on the Origin and Spread of Nationalism, überarb. Ausgabe, London 2003, 4.

„Its official borders have been frequently and drastically redrawn; within the claims to nationhood the gaps between territorial integrity and cultural formation have been both variable and extreme; its constitutional forms have run the gamut from centralism to federalism, dictatorship to democracy, monarchy to republic. 'Germany' has been an abstract, mobile, contingent, and highly contested political term. It has only ever approximated the postulated unity of territory, language, institutions, high-cultural traditions, and customary heritage which nationalist discourse – and the usages of common sense – would like to assume."[38]

Obwohl Benedict Anderson sich in seiner Studie hauptsächlich mit dem Phänomen „Nation" und „Nationalismus" in der Zeit seit dem 18. Jahrhundert beschäftigt, treffen seine Thesen genauso für Gruppen von Ausgewanderten zu wie für Völker, für deren Zusammenhalt und Freiheit laut Anderson der souveräne Nationalstaat das äußere Emblem darstellt.[39] Man könnte sogar behaupten, dass es sich bei deutschen Siedlergemeinschaften im außerdeutschen Raum, besonders im 19. Jahrhundert, geradezu um ein Paradebeispiel der „imaginierten Gemeinschaft" handelt. Denn wenn die nationale Identität eines Volkes schon ein immer wieder Abwandlungen und Schwankungen ausgesetztes Konstrukt ist, dann ist dies in weit höherem Maße für Migranten im Ausland der Fall.[40]

Die beiden zentralen Kategorien: deutsche Sprache und „Deutschtum" waren nämlich in den Anfängen dieser Gemeinschaften in Südafrika keineswegs selbstverständliche Komponenten ihres Selbstbildes. Auch im Verlauf der nächsten Generationen mussten diese Bereiche ständig gefördert („gepflegt"), geschützt und stabilisiert werden. Dafür sind der historische Augenblick und der gesellschaftliche Ort dieser Migranten von besonderer Bedeutung. Vorschlag: Die Auswanderer verließen ihre Heimat alle in der Zeit der großen Umschichtung der deutschen Gesellschaft, die mit den Begriffen Industrialisierung, Landflucht, Übervölkerung ganz allgemein beschrieben werden kann. Ob Textilarbeiter aus Osnabrück, Bauern aus den ostelbischen Provinzen Preußens oder Landarbeiter und Dorfbewohner aus der Lüneburger Heide – alle kamen sie aus wirtschaftlich zurückgebliebenen Regionen oder sozial in Not geratenen Schichten. Interessanterweise war es gerade die Bauernbefreiung in der ersten Hälfte des 19. Jahrhunderts[41], die ja die Bauern aus drückender Armut und jahrhundertelanger Untertanenschaft heraushob, ihnen aber dann als oft einzige Alternative den Weg in die Großstadt und somit in das soziale Elend des Industrieproletariats wies. Dadurch wurde Auswanderung als Flucht vor der neuen – und meistenteils illusorischen – „Freiheit" zu einer attraktiven Option; war die Bauernbefreiung doch, in den Worten Wil-

---

38 Geoff Eley, How and Where Is German History Centered?, in: Neil Gregor, Nils Roemer, Mark Roseman (Hgg.), German History from the Margins, Bloomington 2006, 268.
39 Anderson, Imagined Communities, 7.
40 Historiker beschäftigen sich neuerdings zunehmend mit dem Phänomen der Grenzregionen, bei denen neue Einsichten in die Konstruktion nationaler Identitäten gewonnen werden. Siehe dazu zum Beispiel Winson Chu: „In traditional nation-state narratives, regional distinctions are often considered backward anomalies that have managed to resist the national idea. Recent work indicates, however, that national and regional imaginings are not necessarily competitive, but are both modern creations that complement each other." (Winson Chu, „Volksgemeinschaften unter sich". German Minorities and Regionalism in Poland, 1918-1939, in: Neil Gregor, Nils Roemer, Mark Roseman (Hgg.), German History from the Margins, Bloomington 2006, 104)
41 Ich folge hier den Ausführungen von Treue, Gesellschaft, Wirtschaft und Technik, 22-37.

helm Treues, eine wesentliche, wenn auch sicher nicht beabsichtigte „Voraussetzung für die Entstehung des ‚freien' Industrie- (und Land-) Proletariats aus dem unfreien Agrarproletariat."[42] Die enorme Bevölkerungszunahme um die Mitte des 19. Jahrhunderts wurde gleichfalls weitgehend entweder durch die Industrialisierung aufgesogen[43] oder eben durch hohe Auswanderungswellen ausgeglichen. Auswanderung bedeutete für diese Menschen Befreiung und gab ihnen trotz aller Härte des Neuanfangs auch jenes Gefühl von Stolz und Würde, die die Selbstständigkeit mit sich bringt. So sieht es Hans Grimm: „Den Alten, die aus Jahrhunderten der Unterdrückung kamen, war doch in den fünfziger Jahren die Leibeigenschaft noch kaum vergessen, erschien das kleine Stück Eigen, das sie das Schicksal erwerben ließ, schon als eine gewaltige Erfüllung."[44]

Die Einwanderer nach Südafrika kamen vornehmlich aus den untersten Schichten der Gesellschaft: Bauern, Landarbeiter und Tagelöhner ohne eigenen Grund und Boden und mit wenig sonstigem Besitz[45]. Sie waren ungebildet und meistenteils wohl nicht mehr als funktionale Analphabeten. Ihre Sprachbeherrschung wird sich auf die Umgangssprache beschränkt haben, das heißt auf den in ihrer Region gesprochenen Dialekt, in den meisten Fällen eine Variante von Niederdeutsch oder Platt. Die Probleme, die die sprachliche Anpassung einfacher und ungebildeter Leute bei dem Wechsel aus einem gesellschaftlichen Milieu in ein anderes empfinden, beschreibt Claus Ahlzweig wie folgt:

„Arbeiterbiographien, die den Übergang vom ländlichen Plebejer zum städtischen Proletarier schildern, lassen den „Kulturschock", der mit der Binnenwanderung des 19. und 20. Jahrhunderts verbunden war, noch erkennen. Sprachlich hatte dieser Kulturschock zur Folge, daß Menschen, die ihre Interessen, die auf einen ländlich-dörflich und sozial eingeschränkten Lebensraum eingeengt waren, bisher in einer regional beschränkten Sprachpraxis organisiert hatten, abstrakten Anforderungen in allen Lebensbereichen ausgesetzt waren, von der Bewältigung der staatlichen Verwaltung bis zum Verstehen arbeitstechnischer Anweisungen – und diese Anforderungen traten ihnen in Gestalt der Standardsprache gegenüber."[46]

Freilich werden die in das Kolonialland Südafrika Ausgewanderten mit anderen Herausforderungen zu kämpfen gehabt haben als Industriearbeiter in Deutschland, aber ohne Zweifel wird der Übergang aus der engen und vertrauten Umwelt in ganz neue und anders organisierte Lebensumstände es auf vergleichbare Weise nötig gemacht haben, sich sprachlich und anderswie anzupassen, und er wird auch eine Art Kulturschock mit sich gebracht haben. Geht man von dem bekannten Ausspruch von Karl Marx aus, die „herrschenden Ideen einer Zeit" seien „stets nur die Ideen der herrschenden Klasse"[47], dann lässt sich mit

---

42 Ibid., 27.
43 Ibid., 31.
44 Grimm, Kaffraria, 47.
45 Auf Grund der Erzählungen von Einwanderern und ihren Kindern gibt E.L.G. Schnell ein anschauliches Bild der alltäglichen Not und Armut der Bauern aus der Uckermark und Pommern vor der Auswanderung. (Schnell, For Men Must Work, 177).
46 Claus Ahlzweig, Die deutsche Nation und ihre Muttersprache, in: Konrad Ehlich (Hg.), Sprache im Faschismus, Frankfurt 1989, 44f.
47 Karl Marx und Friedrich Engels, Manifest der Kommunistischen Partei, mit Holzschnitten von Frans Masereel, Berlin 1989, 46.

ziemlicher Sicherheit behaupten, dass die Mitglieder der ersten Siedlergeneration wenig Interesse an einer deutschnationalen Ideologie und deren Hervorhebung der „Muttersprache" als entscheidendem Bindungsmittel aller Deutschen hatten, da dies Sache des konservativen Bürgertums war, aus dem sie als Stand ja ausgeschlossen waren. Ahlzweig hat gezeigt, wie im Laufe des 19. Jahrhunderts der Großteil der deutschen Bevölkerung – im Zuge der Einführung der allgemeinen Schulpflicht und zum Zweck einer genaueren Kontrolle durch die zunehmend zentralisierten und bürokratisierten Staatsinstanzen und der Erfordernisse der Industrie – zur Übernahme der Standardsprache, und damit der ihr innewohnenden Wertvorstellungen geradezu gezwungen wurde.[48] In diesem Sinn sind die Umgangssprachen „vor allem Produkte von Aneignungsversuchen der Standardvarietät [...]"[49] und so mussten „die Sprecher von Regionalsprachen zu Sprechern deutscher Umgangssprache werden; Umgangssprachen, Dialekte und Soziolekte wurden zu Subsystemen der Deutschen Sprache, Sachsen, Bayern, Preußen und Schleswiger zu Deutschen."[50]

Ähnlich, aber doch auch wieder ganz anders, lief dieser Vorgang unter den deutschen Siedlern in Südafrika ab. Denn diese waren dem Prozess der Proletarisierung und Pauperisierung in Deutschland entgangen und befanden sich nun allmählich in der Situation des unabhängigen Landbesitzers – interessanterweise vorwiegend in Regionen und zu einem Zeitpunkt, als gerade die Unabhängigkeit der autochthonen Bevölkerung in Bezug auf Landbesitz, politische und gesellschaftliche Autonomie sowie kulturelle und sprachliche Eigenständigkeit gebrochen wurde oder bereits gebrochen war, und die einheimische Bevölkerung in Südafrika die Rolle des agrarischen – etwas später auch des industriellen – Proletariats zu übernehmen gezwungen wurde, die diese Ausgewanderten in Europa hinter sich gelassen hatten.

Auswanderung bedeutet hier also auch gesellschaftlichen Aufstieg, so bescheiden er anfänglich gewesen sein mag. Nach Hans Grimm haben die verbesserten Lebensumstände sich positiv auf die Gesundheit der Siedler ausgewirkt: „Ein im allgemeinen körperlich gesunder Schlag ist aus diesen Kleinsiedlungen herausgewachsen, darüber läßt sich nicht streiten"[51], so dass bei diesen Deutschen sich „die Rasse verfeinert" habe.[52] Das wäre dahin zu ergänzen, dass dieser ‚aufrechte Gang', zumindest im gleichen Maß dem neuen gesellschaftlichen Status, der Fähigkeit, in eigener Sache frei aufzutreten und zu entscheiden, zuzuschreiben ist. So könnte man das oben angeführte Zitat von Claus Ahlzweig abwandeln und sagen, aus Pommern, Uckermärkern, Niedersachsen seien hier in der zweiten Generation Auslandsdeutsche geworden mit einer Umgangssprache, die sich dem hochdeutschen Standard, und somit auch der Schriftsprache annähert. Zugleich steht man aber im kolonialen Umfeld – zeitgleich mit der allmählichen Verbürgerlichung – in einem anderen gesellschaftlichen Zusammenhang, in dem die herrschenden Sprachen in der „weißen" Bevölkerung – Englisch und Kapholländisch, beziehungsweise Afrikaans – mitsamt ihrer kolonialen Mentalität und einem eigenen Identitätsangebot ihrerseits eine zunehmend starke Anziehungskraft auf die deutschen Siedler ausüben. So kommt zu der sprachlichen Neuori-

---
48 Ibid., 45.
49 Ibid.
50 Ibid., 46.
51 Grimm, Kaffraria, 47.
52 Ibid., 48

entierung gleichzeitig eine ideologische Komponente hinzu, und diese ist von „Rassendenken" – und „Rassendünkel" – stark geprägt, was selbstverständlich nicht bedeuten soll, dass Reichs- und Volksdeutschen rassistische Ansichten fremd gewesen wären.

Im Laufe des 19. Jahrhunderts setzt sich in Deutschland das Ideenkonstrukt einer deutschen Identität immer stärker durch, das sich unter dem prägenden Einfluss Herderscher Gedanken durch die Romantik in breiten Kreisen der Gebildeten in deutschen Landen zur Zeit der französischen Besatzung, der so genannten Freiheitskriege und der Restauration nach 1819 verbreitet hat. Dieses Selbstbild der Deutschen setzt sich einerseits aus der Abwehr gegen das Feindbild *französisch* (oder *welsch*) zusammen und nimmt andererseits seine Vorbilder aus einer als gesamtdeutsch verstandenen Geschichte: Hermann der Cherusker, Wilhelm Tell, Albrecht Dürer, Martin Luther, Johann Sebastian Bach, Friedrich der Große, Friedrich Schiller. Der Begriff ist freilich dehnbar und variabel.

Die Abgrenzung gegen das, was *der Deutsche* nicht ist, ist leicht übertragbar auf andere Kategorien, unter denen bestimmte Bevölkerungsgruppen gefasst werden: *Arbeiter*, *Juden*, *„Neger"*, später wohl auch *Sozialisten*, während im Anlauf zu der ersehnten Vereinigung aller Deutschen nach der gescheiterten Revolution von 1848 das norddeutsche und protestantische Erbe immer stärker beschworen wird, bis hin zur Reichsgründung 1871, als sich auf nationaler Ebene dies Bild des deutschen Wesens durchsetzt, das sich zunehmend aus Elementen des später beschriebenen „protestantischen Arbeitsethos" mit militaristischem Zusatz nährt. Die evangelische Kirche verinnerlicht dieses Geschichtsbild und überregionale Selbstverständnis und verbündet sich ideologisch mit den wilhelminischen Machthabern zu jener Verflechtung von Thron und Altar, durch die sie zu „einer Staatskirche par excellence"[53] wurde, und die bekanntlich bis 1918 dauerte: „Kein Zweifel kann sein, daß nach 1871 relativ schnell der entschiedene Nationalismus in die Kirche einströmt, der ‚Pastorennationalismus', die Identifizierung von evangelischer und nationaler Gesinnung, von Kaiser, Reich und Protestantismus."[54]

Diese „Identifizierung des Göttlichen mit dem Schicksal der Nation und ihrer bestehenden Ordnung"[55] hat besonders nach der Reichsgründung zur Folge, dass sowohl der Staat als auch die Kirche sich mit immer größerem Ernst und Eifer als Hüter des so verstandenen Erbes wie des „Deutschtums" allgemein im In- und Ausland hervortut.[56] Noch 1950 kann der spätere Ordinarius für deutsche Sprache und Literatur an der Universität Stellenbosch, Johannes Trümpelmann, den Auftrag und die Verantwortung der Kirche in unverblümt „völkisch"-nationaler Sprache betonen:

„Die lutherische Kirche hat für das deutsche Volkstum eine wesentliche Bedeutung. Für sie ist echtes Volkstum nur möglich, wenn es seine Wurzeln in die heiligen Tie-

---

53 So Fritz Stern, Deutschland 1933 – fünfzig Jahre danach, in: ders., der Traum vom Frieden und die Versuchung der Macht. Deutsche Geschichte im 20. Jahrhundert, erweiterte Neuauflage, Berlin 1999, 160.
54 Thomas Nipperdey, Religion im Umbruch, zitiert nach Ulrich Ruh, Religion und Kirche in der Bundesrepublik Deutschland, München 1990, 11.
55 Stern, Deutschland 1933, 158.
56 Es ist wichtig festzuhalten, dass es sich hier um einen vielschichtigen Vorgang handelt, wie aus der jüngeren Literatur ersichtlich ist; siehe dazu vor allem Helmut Walser Smith, German Nationalism and Religious Conflict. Culture, Ideology, Politics, 1870-1914, Princeton 1995.

fen der Ehrfurcht vor dem Ewigen, Unbegreiflichen, unser Schicksal Durchwaltenden senkt. Ihr [sic] Aufgabe sieht sie darin, ihre Glieder auf dieser Grundlage zu christlichen Persönlichkeiten zu erziehen und eine Gemeinschaft Gleichgesinnter zu schaffen, die dem Reich Gottes zustrebt. Zum Wesen der Persönlichkeit gehört die Achtung vor der Sprache und Geschichte, Art und Sitte des angestammten Volkes."[57]

Wie stark dieser Impuls war, wird wohl nirgends deutlicher erkennbar als im Fall Deutsch-Südwestafrikas. In diesem einzigen als Siedlerkolonie bestimmten Gebiet im deutschen Überseereich hatte man die Gelegenheit, das Ideal des so verstandenen „Deutschtums" wie im Labor zu lenken und anzupassen. Hier gab es angeblich keine Sachsen, Bayern oder Preußen mehr, sondern nur noch Deutsche, die nicht nur fern der deutschen Heimat, sondern, wie Daniel Joseph Walther feststellt, auch jenseits der Anfechtungen und verderblichen Einflüsse der modernen Großstadtkultur, der Industriegesellschaft und mit ihr der Gefahren der Sozialdemokratie das romantische Ideal des ungetrübten Lebens verwirklichen können: „[...] colonies offered a locale, away from the homeland's cultural and social changes, to preserve a preindustrial, agrarian vision of German society."[58] Hier sah man eine Gelegenheit, das ‚Volk ohne Raum' in größerer Zahl anzusiedeln, wodurch dem „Deutschtum" ganz nach den herrschenden sozialdarwinistischen Vorstellungen[59] der Zeit die gesunden Kräfte seines Volksstammes nicht verloren gehen, sondern bewahrt und gestärkt werden würden.[60]

Auf die Einzelheiten der reichsdeutschen Besiedlungspolitik kann hier nicht eingegangen werden.[61] Entscheidend ist dabei jedoch zum einen, dass man eine bestimmte Kategorie von Einwanderern bevorzugte, die in dem auf Grund der frischen Luft und des vielen Sonnenscheins als gesund empfundenen Klima im harten, das heißt, wasserarmen und angeblich menschenleeren Land dem deutschen Erbe treu bleiben, es gegen Buren und Einheimische aufrechterhalten und ausbauen sollten. In einer Verordnung zur Einwanderung in das „Schutzgebiet" aus dem Jahr 1906 wird ausdrücklich betont, dass ‚unerwünschten' Elementen der Zugang verwehrt ist: „Nichtweißen" etwa oder Mittellosen, Unzucht Treibenden, Gemeingefährlichen oder Kriminellen.[62] Auch die Agitation, die schließlich zu dem Mischehenverbot von 1905 führte, hatte als Hauptaugenmerk, das „Deutschtum" gegen Entartung und Auflösung zu schützen. Und der ‚Import' deutscher Frauen in dieses von deutschen Männern unverhältnismäßig stark bevölkerte Land geschah nach strikter Aus-

---

57 G.P.J. [Johannes] Trümpelmann, Deutsches Schaffen im Oranje-Freistaat, in: Die Eiche Beilage 8, 1950, 1-32, 18.
58 Walther, Creating Germans Abroad, 10.
59 Einen guten Einblick in die Rolle sozialdarwinistischer Ideen für Herrschaftsideologie und Praxis des deutschen Kolonialismus bietet Horst Gründer (Hg.), „...da und dort ein junges Deutschland gründen". Rassismus, Kolonien und kolonialer Gedanke vom 16. bis zum 20. Jahrhundert, München 1999; insbesondere Kapitel V.
60 Wilhelm Treue zufolge gab es schon um die Jahrhundertmitte Bedenken „gegen diesen Verlust an Menschen, Volkskraft, Nationaleinkommen und –vermögen. Fortan blieb die starke Abwanderung, die Landflucht zur Stadt und nach Übersee, eine der Hauptsorgen des Staates." (Treue, Gesellschaft, Wirtschaft und Technik, 48).
61 Siehe dazu ausführlich Walther, Creating Germans Abroad.
62 Ibid., 36f.

wahl geeigneter Kandidatinnen. Die meisten der so angesiedelten Frauen waren laut Walther den an sie gerichteten Erwartungen entsprechend fleißig und anständig:

„These women contributed to establishing and maintaining Southwest Africa as a German colony in a manner reflecting the middle Stand [sic] ideal: a new Germany populated predominantly with loyal, hard-working, racially conscious Germans."[63]

Zum anderen unternahm die deutsche Reichsregierung aktive Schritte zur Aufrechterhaltung und Stärkung des deutschen Erbes; dies geschah an erster Stelle durch das Erziehungswesen. Schon 1894 wird die erste Regierungsschule für „weiße" Schüler in Windhoek errichtet, die 1898 wegen geringer Schülerzahlen[64] geschlossen und 1900 wieder eröffnet wird.[65] Bald darauf folgen Schulgründungen in Gibeon, Keetmanshoop, Swakopmund und Grootfontein, dann in fast allen Ortschaften in der Mitte und im Süden des „Schutzgebiets"; etwas später geht man zur Gründung von Sekundarschulen über und 1912 wird die allgemeine Schulpflicht eingeführt. Für das erforderliche einheitliche Schulsystem in Bezug auf Lehrkräfte und Lehrplan wird die preußische Schulordnung übernommen, was eine starke Betonung ideologischer Inhalte mit sich bringt, wie Daniel Joseph Walther feststellt: „As in Prussian schools, the SWA [sic] educational system placed great emphasis on teaching German language and history, as well as instilling a sense of ‚order, obedience, and discipline' in the pupils."[66] Walther scheint der Meinung zu sein, dass die Herausbildung einer eigenen „Deutsch-Südwester"-Identität auch über die Kolonialzeit hinaus, oder wie er es formuliert, „a firm sense of affinity for the ‚new' homeland among the region's German population"[67] als ein – wenn auch bescheidenes – Zeichen für den Erfolg des Schulsystems zu werten sei. Darüber ließe sich vielleicht streiten; dass sich aber bis heute ein starkes Zusammengehörigkeitsgefühl unter deutschen Namibiern und ein Stolz auf ihre angestammte Sprache erhalten hat, ist wohl kaum zu bezweifeln.[68]

Was sich in Deutsch-Südwestafrika unter reichsdeutscher Regie durchführen ließ, bildet sozusagen den Idealzustand, den man im kolonialen Südafrika in einem freilich recht verkleinerten Maßstab auch erreichen wollte. In Südafrika scheidet selbstredend der deutsche Staat als letzte Instanz aus, was die stärkere Teilnahme der evangelischen Kirche am deutschen Gemeinschafts- und Schulleben erklärt. Schon im Fall der so genannten Bergtheil-Siedler, dann bei der Britisch-Deutschen Legion und den Einwanderern von 1858/1859 waren es deutsche Missionare und Pfarrer vor Ort, die sich der geistigen und gemeinschaftlichen Interessen und Bedürfnisse der Siedler annahmen und häufig auch Teile des Schul-

---

63 Ibid., 63. Zu den Auswirkungen dieses kolonialen Frauenbildes vgl. Beitrag #15 von Kriel und Bodenstein.
64 Wegen der dünnen Besiedlung der Kolonie durch „Weiße" sind die Schülerzahlen während der ganzen Kolonialzeit auffallend niedrig. So befinden sich nach Walthers Angaben im Jahr 1913 insgesamt 775 Schüler an öffentlichen und privaten Schulen in Deutsch-Südwestafrika, von denen 657 evangelisch sind (ibid., 81).
65 Ibid., 67.
66 Ibid., 74.
67 Ibid., 85.
68 Siehe dazu etwa Herbert Weiland, Persistent Detachment from the State: German-Speaking Namibians' Identity and Patterns of Political Thought, in: Hergen Junge, Gerhard Tötemeyer, Marianne Zappen-Thomson (Hgg.), The Identity and Role of the German-Speaking Community in Namibia, Windhoek 1993, 18-29.

unterrichts, besonders das Fach Deutsch, übernahmen. Und wenn in der zweiten Hälfte des 19. Jahrhunderts in den größeren Ballungszentren des Landes immer mehr deutsche Kirchengemeinden gegründet werden, dann mag es wohl mit Entwicklungen hierzulande zusammenhängen, insbesondere mit der wirtschaftlichen Expansion im Zuge der wachsenden Bergbauindustrie. Gleichwohl fällt auf, dass diese Gemeindegründungen bis auf einige Ausnahmen in der Zeit des Aufstiegs Preußens als führender Macht in Deutschland und im Windschatten der Reichsgründung 1871 stattfinden. An vielen Orten in Südafrika, wo es die Kinderzahl in deutschen evangelischen Gemeinden erlaubte, wurden auch deutsche Schulen gegründet; von diesen Schulen existierten 1981 laut offizieller Statistik noch achtzehn mit einer Gesamtzahl von etwa 2.668 Schülern.[69]

Auch in ideologischer Hinsicht sind die deutschen Schulen in Südafrika in jenem preußisch-protestantischen Geist konzipiert worden wie seinerzeit in Namibia. So zitiert Harro Schweizer die ganz in diesem Sinn formulierten Zielvorstellungen einer nicht näher identifizierten deutschen Schule in Südafrika, deren höchste Werte dementsprechend aus deutscher Kultur und Sprache bestünden. Pflege der deutschen Sprache und ihre Reinerhaltung gegenüber der englischen und afrikaansen Sprache wird dabei als Fortsetzung der in das 19. Jahrhundert zurückreichenden Tradition begriffen: „es ist uns eine verpflichtung [...] aktiv zu sein im geiste unserer väter, deren werk wir mutig fortsetzen."[70]

Harro Schweizers an anderem Ort geäußerte Meinung verortet den Erfolg dieser Schulen unzweideutig im Rassismus der Kolonialzeit: „Allein der seit weit über hundert Jahren durchgesetzten weißen Kolonial- und Rassenpolitik ist es zu verdanken, daß sich die deutsche Sprache zum Teil in vierter und fünfter Generation als mündliches und schriftliches Kommunikationsmittel [sc. in Südafrika] erhalten konnte."[71] Dieses letzten Endes vielleicht sogar bescheidene Ergebnis hat aber auch andere Gründe, die nicht an erster Stelle auf den Kolonialismus oder die „Rassenpolitik" vor Ort zurückgehen, sondern eher mit der starken Beteiligung von Seiten der Evangelischen Kirche in Deutschland wie des deutschen Staates zusammenhängen.

Resümee

Zusammenfassend lässt sich sagen, dass, wo Deutsche sich in größerer Zahl in Südafrika niederließen, die Frage von Gruppenidentität und gemeinsamer Sprache im Wechselspiel zwischen hergebrachten Kulturwerten und der Notwendigkeit, sich neuen Umständen anzupassen, als problematisch empfunden wurde. Vor der Mitte des 19. Jahrhunderts gab es in Südafrika keine nennenswerte größere deutschsprachige Gemeinschaft; evangelisch-lutherische Gemeinden, die sich ausschließlich der deutschen Sprache bedienten, kamen erst allmählich in der zweiten Hälfte des Jahrhunderts zustande. Dabei scheint das Muster stets so gewesen zu sein, dass die Bildung einer deutschen Kirchengemeinde die Gründung einer deutschen Schule hervorrief. So wurde zum Beispiel in der deutschen Gemeinde in Kapstadt, die sich auf Bestreben deutschsprachiger Lutheraner 1861 als „Deutsche evangelisch-lutherische St. Martini-Gemeinde" konstituiert hatte[72], erst 1880 der niederländische

---
69 Zitiert nach Schweizer, „im geiste unserer väter", 33.
70 Ibid., 34.
71 Schweizer, Deutsche Sprache unter der Apartheid, 205.
72 Hoge, Die Geschichte der ältesten evangelisch-lutherischen Gemeinde in Kapstadt, 149.

Gottesdienst ganz aufgegeben.[73] Allerdings wurde in dieser Gemeinde recht früh die Notwendigkeit einer deutschen Schule empfunden, vor allem seitens des damaligen Pfarrers, „um das Deutschtum in Kapstadt lebendig zu erhalten", wie John Hoge es formuliert.[74] Dass dies dennoch keineswegs von allen Gemeindegliedern als Erfordernis betrachtet wurde, erkennt man daran, dass John Hoge zufolge allein der Eifer des Pfarrers, der dabei „die tatkräftige Unterstützung des deutschen Generalkonsuls v. Lindequist fand", die Schule um die Jahrhundertwende vor der völligen Auflösung rettete.[75] An diesem Einzelfall lässt sich die Rolle und Bedeutung der deutschen Sprache in deutschen Siedlergemeinschaften im kolonialen Südafrika in ihrer Janusgestalt exemplarisch ablesen: Einerseits wurde den Mitgliedern der Gemeinschaft die deutsche Sprache und Kultur zunehmend gleichgültig, andererseits förderten kirchliche und staatliche Instanzen das „Deutschtum".

---

73 Ibid., 151.
74 Ibid., 156. Die Schule wurde 1883 eröffnet.
75 Ibid.

Die Rolle der Frauen in deutschen Siedlergemeinschaften nach dem Ende des Kaiserreichs

„Zugeschriebene, abgelehnte und akzeptierte Identitäten"
erforscht anhand von Printmedien und Erinnerungen

Lize Kriel und Maren Bodenstein

„Bestellen Sie bitte den „DER DEUTSCH-AFRIKANER" IM REICHE DER FRAU"
(Aufruf auf der letzten Seite einer der ersten Ausgaben der Wochenzeitung
Der Deutsch-Afrikaner, 1 September 1921.)[1]

Einleitung

Über die geschlechtsspezifischen Dimensionen nationalistischen und kolonialen Denkens im 19. und 20. Jahrhundert gibt es eine ganze Flut von wissenschaftlichen Arbeiten. Dass „die Frau" als Ehefrau und Mutter beim Erhalt der „Nation" und der „Rasse" eine zentrale Rolle spielt, ist dadurch schnell zu einer allgemein vertretenen Ansicht geworden. Die wissenschaftliche Literatur über die täglichen Erfahrungen von Frauen in imperialen und kolonialen Kontexten nimmt unaufhörlich zu und setzt sich dabei unter anderem mit deutschen bzw. deutsch beeinflussten Gemeinden auseinander.[2]

Thema dieses Artikels sind die Betätigungen von Frauen im Rahmen der deutschen protestantischen Arbeit im heutigen Namibia und Südafrika. Bislang hat die Frauen-Forschung die Siedler-Gemeinden in diesen beiden Ländern trotz ihrer geographischen Nähe meist separat betrachtet, da man richtigerweise annahm, dass beide Regionen aufgrund ihrer unterschiedlichen makro-politischen Hintergründe ganz individuelle Eigenheiten aufweisen. Da Südafrika keine deutsche Kolonie gewesen ist, sind die deutschen Gemeinden, die dort existierten, im Rahmen von Forschungsprojekten über das deutsche Kaiserreich nie richtig untersucht worden. Auch in der historischen Gender-Forschung über die Häuslichkeit in deutschen Gemeinden in Übersee gibt es viel mehr Fallstudien aus Namibia als aus Südafrika.[3] Ob deutschsprachige Frauen in den verschiedenen Regionen des südli-

---

1 Im Reich der Frau war der Titel der Frauenseite in Der Deutsch-Afrikaner.
2 Für unsere Studie besonders aufschlussreich war das Buch von Nancy Reagin, Sweeping the German Nation. Domesticity and National Identity in Germany, 1870-1945, Cambridge 2007.
3 Siehe zum Beispiel: Krista O'Donnell, The Colonial Woman Question. Gender, National Identity, and Empire in the German Colonial Society Female Emigration Program, 1896-1914. Ph.D.-Dissertation, State University of New York at Binghampton 1996; Karen Smidt, „Germania führt die deutsche Frau nach Südwest". Deutsche Frauen in der ehemaligen Kolonie Deutsch-Südwest afrika (1884-1920), Münster 2000. Auch der Sammelband „Frauen in den deutschen Kolonien", herausgegeben von Marianne Bechhaus-Gerst und Mechthild Leutner (Berlin 2009) enthält mehrere Kapitel zu dem Thema.

chen Afrika tatsächlich die gleichen Anschauungen, Hoffnungen und Bräuche teilten, ist deshalb noch nicht erwiesen.

Dieser Studienprozess entstand unter anderem aus der Neugier der heutigen transnationalen Lutherischen Gemeinschaft heraus, die wissen wollte, inwieweit ihre jeweiligen Geschichten und Erlebnisse in der Vergangenheit miteinander in Verbindung standen. Entsprechend sollen hier die kollektiven und gesammelten Erinnerungen deutscher Frauen aus den Kolonien des südlichen Afrika und aus der Kolonialzeit erhaltene Textfragmente – wenn schon nicht in Übereinstimmung gebracht – so doch zumindest zueinander in Bezug gesetzt werden. Idealerweise sollten auch Kleidung, Haushaltsgeräte und ähnliche Utensilien von praktischem und ästhetischem Wert Gegenstand der Untersuchung sein; ebenso die Orte, an denen die Frauen ihren täglichen Beschäftigungen nachgingen. Kurz gesagt: Auch das, was über die „Sprache" der materiellen Kultur vermittelt wird, wäre von Interesse. Denn auf diese Weise wäre es möglich zu veranschaulichen, wie sinnliche Erfahrungen und intellektuelle Erklärungen miteinander verknüpft sind. Verglichen mit einem solchen Ziel muss der Ertrag unseres Artikels natürlich recht bescheiden bleiben.

Zunächst einmal haben wir die deutschsprachige Wochenzeitung *Der Deutsch-Afrikaner* näher untersucht, die erstmals im Jahr 1921 in Pretoria erschienen ist. Gegründet hatte die Zeitung der Deutsch-Afrikanische-Hilfs-Ausschuss, der nach dem Ende des Ersten Weltkriegs Hilfsmaßnahmen für südafrikanische Deutsche koordinierte. Diese hatten unter anderem gegen die drohende Deportation vieler Deutscher protestiert und dabei die Erfahrung gemacht, dass sich die Interessen der im ganzen Land verteilt lebenden Deutsch-Afrikaner[4] nur mittels einer Deutschen Zeitung erfolgreich würden vertreten lassen.[5] Die Zeitung sollte „[…] ein starkes Band zur Einigung der Deutschen in S.-A. und eine brauchbare Waffe zur Wahrung unserer Interessen" sein.

Mit den Vertretern der Deutschen Kirche im südlichen Afrika hatten die Leiter der Zeitung vereinbart, pro Ausgabe zwei bis drei Seiten kostenfrei für kirchliche Reportagen zur Verfügung zu stellen. Dies sollte der Zeitung die Unterstützung der schätzungsweise 500 bis 1.000 Abonnenten sichern, die ein Blatt mit einer primär religiösen Ausrichtung bevorzugt hätten, hätte es ein solches gegeben (noch vor dem Ersten Weltkrieg war dies der Fall). Dies stellte der Herausgeber in einem Brief an „eine große Zahl" von Lesern klar, die sich wegen der großen Prominenz kirchenbezogener Themen in *Der Deutsch-Afrikaner* beschwert hatten.[6]

Unter dem von Pretoria aus agierenden Herausgeber Lothar Kunze waren im ersten, aus sieben Mitgliedern bestehenden Zeitungs-Vorstand naheliegender Weise viele Deutsche aus Pretoria vertreten. Schon bei der ersten allgemeinen Mitglieder-Versammlung am 11. Oktober 1921 in Pretoria entschieden die Beteiligten jedoch, 13 weitere Vorstandsmitglieder zu ernennen, die aus anderen Teilen der Südafrikanischen Union stammen sollten.[7] Zu diesem Zeitpunkt hatten auch einige Deutsche aus Südwestafrika bereits ihr Interesse daran bekundet, in der neuen Zeitung gelegentlich Beiträge zu veröffentlichen. Wie in Kürze

---

4 Die Zeitung verwendete den Begriff „Deutsch-Afrikaner" synonym für „Deutsche in Südafrika".
5 „[…] dass ohne eine deutsche Zeitung eine wirksame Vertretung der Interessen der im Lande zerstreut wohnende Deutsch-Afrikaner nicht möglich sei." Der Deutsch-Afrikaner 15, 20. Oktober 1921, 19.
6 An unsere Leser, in: Der Deutsch-Afrikaner 28, 19. Januar 1922, 7.
7 Der Deutsch-Afrikaner 14, 13. Oktober 1921, 13; Der Deutsch-Afrikaner 15, 20. Oktober 1921, 17-19.

gezeigt wird, enthielt einer dieser Beiträge sehr deutliche Aussagen über die Rolle, die die Zeitung für deutsche Frauen in Südafrika vorgesehen hatte. Einen weiteren Beleg für die Brückenfunktion, die die neue Zeitung für Süd- und Südwestafrika inne hatte, stellen die wiederholten Bemühungen Kunzes dar, in Südafrika lebende Deutsche als Abonnenten der *Landeszeitung für Südwestafrika* (die eine Beilage für Frauen enthielt)[8] zu gewinnen.[9] Bereits gegen Ende des Jahres konnte sich der Herausgeber dann an „unsere zahlreichen Leser in Südwestafrika" wenden.[10]

Der Deutsch-Afrikaner vereinte nicht nur die Stimmen der Auslandsdeutschen, die zuvor von zwei verschiedenen Reichen regiert worden waren, in einer einzigen Publikation. Sondern er erlaubte es der beträchtlichen Vielfalt deutscher Gemeinden in einem größeren Umkreis auch, ihre unterschiedlichen Ansichten zur Nachkriegssituation (und damit auch ihre Erinnerung an die Zeit vor dem Krieg – teilweise waren einzelne Gruppen sogar intern gespalten) auf einer einzigen Plattform zu formulieren.[11] Und die Leser beteiligten sich rege am Diskurs des Blattes: als Reaktion auf einen besonders kontroversen Artikel gingen über 1.000 Leserbriefe in der Redaktion ein.[12] Auch die Adressenliste der ersten 25 Frauen, die dem *Frauenbund* beitraten – dieser war von „T.T." gegründet worden, einer Journalistin, die für die Frauenseiten der Zeitung verantwortlich war – bestätigt, dass *Der Deutsch-Afrikaner* nicht nur in Pretoria und Umgebung gelesen wurde.[13]

Frauen in einer Wochenzeitung für deutsche Südafrikaner aus der Zeit nach dem Ersten Weltkrieg

Eine eingehende Lektüre der Ausgaben des *Deutsch-Afrikaners* aus dem ersten Jahr seines Bestehens soll nun Aufschluss darüber geben, inwieweit deutsche Frauen in Südafrika und dem heutigen Namibia damals die Möglichkeit hatten, mit anderen Frauen und Männern in Kontakt zu treten – sowohl innerhalb ihrer Gemeinden als auch über kommunale, räumliche, Sprach-, „Rassen"- und andere Grenzen hinweg.[14] Der erste Jahrgang der Zeitung

---

8 Dreimal im Monat erhielten Abonnenten die kostenlose Beilage „Vobach's Frauen u. Moden-Zeitung", Anzeige in: Der Deutsch-Afrikaner 22, 8. Dezember 1921. Im März 1922 wurde sie in „Vobach's Prakt. Frauen- und Kinder-Moden" umbenannt und ab diesem Zeitpunkt zweimal monatlich veröffentlicht.
9 Der Deutsch-Afrikaner 14, 13. Oktober 1921, 13; Der Deutsch-Afrikaner 16, 27. Oktober 1921, 8; Der Deutsch-Afrikaner 20, 24. November 1921, 18.
10 Der Deutsch-Afrikaner 17, 3. November 1921, 19.
11 In der Ausgabe vom 24. November 1921 von Der Deutsch-Afrikaner 24, 5, schrieb der Herausgeber in einem Leitartikel mit dem Titel „Völkisch nur völkisch" das folgende: „Eine der größten deutschen Untugenden ist die des ewigen Streitens untereinander wegen der nichtigsten Dinge. Vor dem Kriege bestanden in Durban, in Pretoria und in so vielen anderen Plätzen zwei Deutsche Klubs, zwei bis drei Deutsche Vereine, und warum? Weil die einen sich einbildeten, Pretorianer und die anderen Aristokraten zu sein, anstatt sich darüber klar zu werden, dass wir alle Deutsche sind, und wir alle im Interesse des Deutschtums verpflichtet sind, sowohl von unseren aristokratischen wie auch proletarischen Manieren vieles abzustreifen, und uns auf der deutschen Mittellinie zu treffen."
12 „An die Leser", in: Der Deutsch-Afrikaner 8, 1. September 1921.
13 Auf der Liste waren alle vier Provinzen der südafrikanischen Union vertreten (auffällig ist allerdings, dass Frauen aus Südwestafrika fehlten). Die aufgelisteten Städte waren Pretoria, Johannesburg, Kroondal, Rustenburg, Pyramids, Piet Retief, Vryheid, Greytown, Hermannsburg, Newcastle, Bloemfontein, King William's Town und Worchester.
14 An diesem Punkt scheint eine generelle Anmerkung hinsichtlich der Zitate aus dem Deutsch-Afrikaner sinnvoll: In der Ausgabe vom 4. Mai 1922 reagierte der Herausgeber auf die Sorge eines Lesers bezüg-

bietet sich insofern besonders gut für eine eingehende Untersuchung an, als dass sowohl der Vorstand und die Herausgeber als auch die Autoren in dieser Zeit noch Wert darauf legten, über ihre Ansichten und Ziele zu schreiben.[15] Regelmäßig gab es Ausführungen darüber, was es hieß, *Auslandsdeutscher* in Südafrika zu sein: dass man über diese Identität mit anderen Siedler-Gemeinden und den örtlichen politischen Autoritäten verhandeln musste; wie es war, über eine immerwährende Verbindung zur Heimat – Deutschland – geschützt zu sein. All diese Ausführungen trugen viel dazu bei, die symbolische Rolle der Frau als Ernährerin zu verbreiten, und förderten das „Deutschtum".

Die kurze Periode, die wir für unsere Untersuchung ausgewählt haben, fällt in die Zeit, in der die imperialen Netzwerke der Deutschen von einem britischen Spinnennetz weltweiter Verbindungen abgelöst wurden, und fällt ferner mit der Gründung des Deutschen Evangelischen Kirchenbundes im Jahr 1922 zusammen. Auf diese Weise können wir den „kolonialen Alltag" zu dem Zeitpunkt rekonstruieren, der auch die zeitliche Grenze dieses Studienprozesses darstellt.

Die Zeitung berichtete über die Schaffung des Kirchenbundes in der Rubrik „Kirche, Schule und Mission".[16] In einem Diskussionsbeitrag mit dem Titel *Auf dem Wege zum deutschen Evangel. Kirchenbunde*[17] beschreibt der damalige Direktor der Berliner Missionsgesellschaft in Pietersburg (Polokwane), Johannes Wedepohl, den seiner Meinung nach positiven Einfluss des *Kirchenbunds* auf die deutschen Gemeinden in Südafrika. Angesichts der zahlreichen Herausforderungen, mit denen die deutschsprachigen Siedler in Südafrika konfrontiert seien, schreibt Wedepohl, sei die Botschaft, die von einem auf eine größere Einheit ausgerichteten Projekt ausgehe, für die unterschiedlichen deutschsprachigen Gemeinden in Südafrika besonders wichtig. Er benennt diese Herausforderungen zwar nicht einzeln, doch es ist klar, dass sie alle auf die unsichere Position der deutschsprachigen Siedler als „Unterlegene" einer von Neuem bestätigten britischen Vormachtstellung in der Region zurückzuführen sind.

Die wöchentliche Rubrik „Kirche, Schule und Mission" thematisierte regelmäßig Belange und Pflichten von Frauen. Auch in der etwas seltener erscheinenden Rubrik „Im Reiche der Frau" befassten sich sowohl männliche als auch weibliche Autoren mit Frauenthemen. Doch nicht nur in diesen beiden Rubriken waren eindeutige Aussagen darüber zu finden, wie Frauen sich selbst sahen beziehungsweise von anderen gesehen wurden. In

---

lich der Qualität der deutschen Sprache im Blatt. Wie er erklärte, waren die Setzer der Druckerei in Pretoria wieder dazu übergegangen, häufig „ae", „oe" und „ue" zu verwenden, da sie für ihre englische Maschine nur eine geringe Anzahl „ä" „ö" und „ü" hatten erwerben können. Da es sonst keinen Grund für diese Abweichung in der Zeitung gibt, haben wir in unserem Artikel überall dort, wo sie auch hätten stehen sollen, Umlaute verwendet. Dasselbe gilt für „ss" und „ß".

15 Am 3. November (Kleine Mitteilungen, in: Der Deutsch-Afrikaner 17, 19) veröffentlichte der Herausgeber die folgende Übersetzung der Art und Weise, in der die in London erscheinende Zeitung The World den Deutsch-Afrikaner wahrnahm: „Das neue Deutsche Wochenblatt, das in Pretoria, Süd-Afrika veröffentlicht wird, ist bedeutend größer als das Deutsche Blatt, das vor dem Kriege in Johannesburg herausgegeben wurde. Der Ton des neuen Blattes ist nicht gerade aggressief [sic: aggressiv], aber ausgesprochen zurückhaltend gegenüber Engländern und entschieden prahlerisch in Bezug auf alles Deutsche."

16 Der Deutsche Evangelische Kirchenbund – siehe auch die Artikel #1 und #2 von Britta Wellnitz und Jürgen Kampmann.

17 Johannes Wedepohl, Auf dem Wege zum Deutschen Evangel. Kirchenbunde, in: Der Deutsch-Afrikaner 15, 20. Oktober 1921, 11, 13.

Werbeanzeigen, Leserbriefen, Kurzgeschichten, den so genannten „Kleinen Mitteilungen" und vor allem in den Debatten über die weltweite Rassenpolitik der damaligen Zeit traten unmissverständliche Ansichten darüber, welche Rolle eine Frau zu spielen hatte, noch deutlicher zutage. Hier spiegelten sich die Nuancen der alltäglichen Erfahrungen einer Frau auf viel feinere Weise wieder.

Um etwas über die möglichen Bedeutungen dessen aussagen zu können, was im ersten Jahrgang des *Deutsch-Afrikaners* alles über Frauen geschrieben wurde, erschien es uns sinnvoll, die Mahnung von Joan W. Scott zu bedenken, der zufolge „Identitäten zugeschrieben, abgelehnt oder akzeptiert" sind und zwar mittels „komplexer und sich ändernder diskursiver Prozesse".[18] Diese Prozesse wollen wir nachvollziehen und dabei auf das zurückgreifen, was Asa Briggs im Fall der viktorianischen Gesellschaft als Erkenntnis eines Spannungsverhältnisses zwischen dem „Ist" und dem „Soll" einer Gesellschaft bezeichnet hat.[19]

Wir konzentrieren uns somit zunächst auf die Aussagen über das „Soll": Was wurde von deutschen Frauen im südlichen Afrika erwartet, welche Rollen schrieb man ihnen zu, welche Symbole wurden mit ihnen in Verbindung gebracht und von wem. Anschließend wollen wir uns dem annähern, worin das „Ist" bestanden haben könnte. Wir wollen feststellen, inwieweit die Frauen die ihnen zugeschriebene Identität eventuell akzeptiert haben, und überlegen, welche Möglichkeiten es gegeben hätte, diese abzulehnen. Dazu stellen wir in einem zweiten Absatz die Betätigungsfelder von Frauen zusammen: wir durchforsten die Zeitung – von Werbeanzeigen bis hin zu Listen von Spenden für Wohltätigkeitsbasare –, um herauszufinden, was deutsche Frauen taten, wie sie ihre Zeit verbrachten und mit was sie beschäftigt waren.

Dabei müssen wir natürlich bedenken, dass wir die Situation in den Jahren 1921 und 1922 nur in begrenztem Maße rekonstruieren können. Wir stellen die Schlussfolgerungen, die wir aus der Untersuchung des *Deutsch-Afrikaners* ziehen, darum den Erinnerungen deutscher Frauen gegenüber, die den kolonialen Alltag noch persönlich erlebt haben (die meisten dieser Erinnerungen wurden in den 1980er Jahren aufgezeichnet). Um eine deutsch-afrikanische Identität zu konstruieren, müssen wir ferner betrachten, wie deutsche Zeitschriften in Deutschland selbst damals imaginäre Gemeinschaften prägten.

Das „Soll" – Was wurde erwartet

Die unmissverständliche Botschaft an die weiblichen Leser, von denen *Der Deutsch-Afrikaner* ausging, könnte zusammengefasst wie folgt gelautet haben: Ihre Aufgabe war es, das „Deutschtum" ihrer Gemeinden zu bewahren und zwar als *Hausfrauen* und *Mütter*. Zu ihren häuslichen Pflichten gehörten es auch, die örtliche Kirche und die schulischen Einrichtungen zu unterstützen. Das „Deutschtum" sollten nicht nur erzeugt und gefördert, sondern auch ganz klar eingegrenzt werden. Ein deutliches „Rassenbewusstsein", das bei der

---

18 Joan W. Scott, Experience, in: Judith Butler and Joan W. Scott (Hgg.), Feminists Theorize the Political, London 1992, 33.
19 Maria Pallares-Burke, Interview mit Asa Briggs, in: Maria Pallares-Burke (Hg.): The New History. Confessions and Conversations, Cambridge 2002, 37: „Aber viele Viktorianer in England wollten auf die eine oder andere Art an der Idee festhalten, dass es im Leben sowohl ein „Soll" als auch ein „Ist" gebe. Nun, das ist nicht nur eine englische Idee. Sie ist auch im kontinentalen Europa und vielleicht sogar in Brasilien zu finden."

Beschreibung dieser Rolle zum Ausdruck kommt, belegt dies. Das Deutsche einer Heimstatt im Ausland war jedoch nur in Verbindung mit der *Heimat* Deutschland vorstellbar. Und in der Krisenzeit nach der deutschen Niederlage im Ersten Weltkrieg (1914-1918) gehörte es auch zu den Pflichten der Auslandsdeutschen, die Bedürftigen in der *Heimat* zu unterstützen und zu fördern. Außerdem galt es, die Abgrenzung der „Rassen", für ein „anständiges Leben" in den Kolonien vermeintlich unabdingbar, als ein Zeichen weltweiten „Deutschtums" zu verteidigen – ein eindringliches Beispiel dafür, wie „metropolitane" Kultur von der „Peripherie" verordnet wird. An der symbolischen Rolle, die den Frauen im Kreuzzug gegen die „Schwarze Pest" (gemeint sind hier die afro-französischen Besatzungstruppen) im Rheinland zugeschrieben wurde, wird dies besonders deutlich. In einer Zeit, in der die Deutschen das Gefühl hatten, die angeblich zivilisierteren, siegreichen Engländer und Franzosen blickten auf sie als „barbarische Hunnen" herab, ging es zudem darum, das „Deutschtum" als etwas Wertvolles, Wohltuendes und Zivilisiertes wieder zu stärken.

Einige Beispiel aus dem *Deutsch-Afrikaner* veranschaulichen diese Erwartungen: In der zweiten Ausgabe der neuen Wochenzeitung beginnt die Rubrik „Kirche, Schule und Mission" mit einer langen Rede, die Karl Friedrich Wandres, Präses der Namamission der Rheinischen Missionsgesellschaft (RMG) bei einer evangelischen Tagung in Lüderitzbucht im damaligen Südwestafrika gehalten hatte. Die Rede trug den Titel „Wie erhalten und vertiefen wir unser Deutschtum im Ausland?". Die Botschaft lautete: „Deutsch das Haus! Deutsch die Sprache! Deutsch die Schule! Deutsch die Kirche!" Unter der ein deutsches Haus fordernden Überschrift war zu lesen:

> „Wir haben in diesem dürren, heißen Lande uns Heime geschaffen, die sich sehen lassen können. Sagt der Engländer: „My home, my castle!" so sagen wir ebenso kühn: „Mein Haus, mein Heim!??["] Aber nicht dem Haus von Holz und Stein gilt das Lösungswort „Deutsch das Haus", sondern seinen Bewohnern."

> „Der Mann muss hinaus ins feindliche Leben
> Muss wirken und streben.
> Und drinnen waltet die züchtige Hausfrau,
> Die Mutter der Kinder,
> Und herrschet weise im häuslichen Kreise,
> Und lehret die Mädchen und wehret den Knaben,
> Und regt ohn Ende die fleissigen Hände"
> singt Schiller vom echten, rechten, deutschen Hause.

> Deutsch das Haus, besonders hier in Wildwest, in dem Lande, das man so oft „Affenland" genannt hat und in dem man so leicht „verkaffern" kann. Jedes Deutsche Haus sei eine Burg des Deutschtums, in der wir uns daheim fühlen, in welchem auch der Fremde etwas merken kann von der deutschen Gemütlichkeit. [...]

> Deutsch das Haus, deutsch die Hausfrau! Es ist doch wahr, die deutsche Hausfrau ist einzig auf der Welt."[20]

---

20 Herr [Karl Friedrich] Wandres, Wie erhalten und vertiefen wir unser Deutschtum im Ausland?, in: Der

In der Art und Weise, wie die Zeitung die Geburt von Mädchen annoncierte, stellte ihr Herausgeber Kunze sicher, dass diese Botschaft noch untermauert wurde: „Wir hoffen, dass die Kleinen einmal treue Hausfrauen und Mütter werden."[21] Sowohl Kunze als auch der rheinische Missionspräses bedienten sich hier der in der *Heimat* vorherrschenden Meinung über die Tugenden der deutschen Hausfrau. Wie das oben genannte Zitat jedoch verdeutlicht, behauptete der Präses, dass die Rolle der deutschen Frauen als Hausfrau und Mutter im Ausland sogar noch entscheidender war, da hier die Herausforderung, die deutsche Identität zu schützen und bewahren, sogar noch größer war.

Wenn deutsche Frauen im *Deutsch-Afrikaner* selbst über die Aufrechterhaltung des deutschen Hausfrauentums in Südafrika schrieben, zeigten sie sich interessanter Weise stärker über die Einflüsse der Engländer besorgt als darüber, dass ihre Standards aufgrund der Nähe zu Afrikanern herabgesetzt würden. Die bereits erwähnte T.T., die sich später als Frau T. Trümpelmann aus Pyramids in Transvaal[22] zu erkennen gab, führt in ihrem Beitrag zu „Im Reich der Frau" das Folgende aus:

> „Man kann hier zulande getrost einräumen, das Vergehen auf dem Gebiete der „Schwarzen Gefahr" in den meisten Fällen wissentlich begangen waren, denn uns allen ist der Abstand zwischen Weiss und Schwarz eine klare Selbstverständlichkeit!"[23]

Der englische Einfluss war hingegen subtiler und wurde daher als gefährlicher wahrgenommen. Zwei Beispiele: „Eine Deutsche Frau" schrieb aus Johannesburg an die Zeitung

---

Deutsch-Afrikaner 2, 21. Juli 1921.
21 Kleine Mitteilungen, in: Der Deutsch-Afrikaner 17, 3. November 1921, 19. Und wenn eine solche Karriere endete, gedachte man dem Leben der Frau in der Todesanzeige als „voll segensreicher Arbeit und Rührender Aufopferung". Siehe Der Deutsch-Afrikaner 20 [fälschlicher Weise als Nr. 24 geführt], 24. November 1921, 5.
In der Untersuchung von Nancy Reagin scheint sich ebenfalls zu bestätigen, dass das, was für Deutsche in Südafrika als Ideal galt, auch in Deutschland selbst einen Nachhall hatte. Darauf deutet zumindest die Zusammenfassung ihres Buches Sweeping the German Nation hin, in der sie beschreibt, was sie in ihrem Buch anstrebt: „Die Entwicklung geschlechtsspezifischer Rollen in der deutschen Gesellschaft des späten 19. Jahrhunderts brachten das Ideal der „deutschen" Hausfrau, des „deutschen" Haushalts und häuslicher Tätigkeiten hervor, das mit der nationalen Identität der Deutschen eng verknüpft war. Auch in Diskussionen über deutsche Kolonialhaushalte in Deutsch-Südwestafrika vor 1914 blieb dieses Ideal erhalten. Die großen Hausfrauen-Organisationen Deutschlands formulierten dieses Verständnis deutscher Häuslichkeit und Haushaltsführung weiter aus und förderten es. Nach dem Ersten Weltkrieg wurde es immer stärker auch Teil der öffentlichen Politik. Unter den Nationalsozialisten erhielt das häusliche Ideal nationaler Identität eine Rassenkomponente (dieser Prozess hatte bereits vor dem Ersten Weltkrieg begonnen) und wurde so Teil der Mischung aus Rassismus und Frauenfeindlichkeit, auf der die Familienpolitik der Nazis beruhte. Es lag auch den Haushalts- und Konsumgewohnheiten zugrunde, zu denen die Frauenorganisationen der Nazis deutsche Frauen anhielten (Reagin, Sweeping the German Nation, 5)."
22 Es könnte sich um Amanda Mathilde Therese Trümpelmann, die Nichte des Missionars Carl Beuster und Ehefrau des Missionars Friedrich Theodor Johannes Trümpelmann gehandelt haben.(Siehe Linda Zöllner & J.A. Heese, The Berlin Missionaries in South Africa and Their Descendants, Pretoria 1984, 452.)
23 T.T., Im Reiche der Frau. Frauenwirken, in: Der Deutsch-Afrikaner 2, 21. Juli 1921, noch keine Seitenangaben in dieser frühen Ausgabe.

und sprach davon, wie gefährlich es sei, wenn deutsche Haushalte englischen Modeerscheinungen folgten.[24]

Und in ihrer Weihnachts-Botschaft 1921 forderte T. Trümpelmann alle deutschen Frauen, die in eine englische Familie eingeheiratet hatten, nachdrücklich auf, deutsche Weihnachts-Bräuche zu bewahren:

„Um recht völkisch zu sein, muss auch das größte aller Feste rein deutsch gefeiert werden, dürfen wir nichts Fremdes zulassen an Heilig Abend und Weihnachten!

Heilig Abend! Wie viele deutsche Familien kennen ihn nicht mehr!

Zwei Beispiele sprechen deutlich davon: in einem Hause ist die Hausfrau deutsch, der Hausherr englisch.

Doch brennt am Abend vor Weihnachten kein Baum, es ruft kein Glockenklingeln die wartenden Kinder zur Bescherung, am ersten Festtage beim Mittagsmahle, findet ein jedes Überraschungspacket an seinem Tischplatze.

Warum das? Kann eine Deutsche Mutter, die doch die Seele des Hauses ist, selbst wenn sie mit einem Fremdländer verheiratet ist, nicht ihrer Familie das Gepräge deutscher Art geben und wenigstens soviel herüber retten aus ihrer Nation in die Welt ihrer Kinder, dass sie ihnen die Anmut und Schönheit einer Weihnachtsfeier gibt, gegen die alle Nüchternheit der andern Nationen weit im Schatten steht? – Ferner: ein Deutscher, mit einer Engländerin verheiratet, verlor, wie es leider oft der Fall ist, das Heft aus der Hand bei der Erziehung seiner Kinder."[25]

Es fällt auf, wie sehr der rheinische Missionspräses in seiner Predigt darauf hindeutet, dass das Heim der Hausfrau gerade im Ausland genau so bedeutsam wie Kirche und Schule ist, wenn es darum geht, das „Deutschtum" zu bewahren. T.T. schlug vor, in Südafrika einen *Frauenbund* zu gründen – einem damaligen Trend in Deutschland folgend. Die Unterstützung von Kirche und Schule sollten zu den Hauptaufgaben der zukünftigen Vereinigung zählen.[26]

Pastor E. Königk von der Lutherischen Gemeinde in Johannesburg ging sogar soweit, die Frauen in Johannesburg aufzufordern, dem Beispiel ihrer Schwestern am Ostkap zu folgen und die Schulden ihrer Kirche abzuarbeiten. „Die Frauen sind im Auslande die besten Stützen der Kirche", behauptete er und bürdete „der deutschen Frau" im Ausland damit noch zusätzliche moralische Verpflichtungen auf.[27]

Doch nicht jeder nahm dies so wahr. In einem langen Brief an die Zeitung beklagt „eine Deutsche Frau" aus Johannesburg, dass deutsche Südafrikaner die Bedeutung der Kirche nicht mehr anerkannten.

---

24 Eine Deutsche Frau, An die Deutschen in Johannesburg, in: Der Deutsch-Afrikaner 8, 1. September 1921, die Ausgabe enthält keine Seitenangaben.
25 T.T., Im Reiche der Frau. Der Sitte getreu!, in: Der Deutsch-Afrikaner 24, 22. Dezember 1921, 10.
26 T.T., Im Reiche der Frau. Ein dringender Aufruf!, in: Der Deutsch-Afrikaner 13, 6. Oktober 1921, 19.
27 Eingesandt, in: Der Deutsch-Afrikaner 16, 27. Oktober 1921, 12. In einer der folgenden Ausgaben der Zeitung war interessanterweise ein weiterer Brief von Königk veröffentlicht, in dem er zugibt, dass auch die deutschen Männer aus Ost-London fleißig dazu beigetragen hatten, Gelder zu sammeln. Briefkasten, in: Der Deutsch-Afrikaner 18, 10. Oktober 1921, 22.

„Ja das ist nun einmal so! Kirchengehen [sic.] ist keine Mode mehr. Gewiss, man glaubt an Gott, gibt auch hin und wieder etwas zur Kirche, aber da zu sitzen, die leeren Bänke anstarren und all' den altmodischen Texten lauschen? Ich fühle mich nicht berechtigt, meinen Landsleuten Moral zu predigen, sind doch unter ihnen viele, welche viel besser sind wie ich selbst – aber warum so abgeneigt gegen Kirchenbesuch?

Ja viele hörte ich sagen: „Ach ich habe keine Zeit", oder: [„]Das sind altmodische Sachen["] u.s.w.

Bedenk Ihr Deutschen denn nicht, dass wir treu zu unserer Kirche halten müssen, dem einzigen Ort, wo noch reines Deutsch gesprochen wird? Sollen wir unsern Kindern nicht mit gutem Beispiel vorangehen, in dem wir das Deutschtum hochhalten. Und jeder von uns hat gewiss durch den Krieg gelitten, jeder fühlt wie unser Vaterland gedemütigt wird. Darum kommt in's deutsche Gotteshaus, haltet zusammen im Gebet zu Gott, dass er unser Deutschland wieder aufrichte!"[28]

In den frühen 1920er Jahren motivierte *Der Deutsch-Afrikaner* seine Leser – männliche und weibliche – tatsächlich dazu, regen Anteil am Wiederaufbau Deutschlands nach dem Ersten Weltkrieg zu nehmen. Sie sammelten Lebensmittel- und Kleiderspenden, die sie nach Deutschland schickten. Über die Zeitung organisierten sie ferner einen Wohltätigkeitsbasar, um Geld für ihre notleidenden Landsleute in der Heimat zu sammeln.

Die Art und Weise, in der Frauen sich dieses Projekts annahmen, wird im folgenden Abschnitt erläutert, denn ihr Verhalten verrät viel davon, was deutsch-afrikanische Frauen tatsächlich taten – das „Ist" ihres Lebens.

Für unser Verständnis der idealisierten deutschen Identität, für die die Zeitung eintrat, ist an dieser Stelle aufschlussreich, wie Kunze und seine Mitarbeiter immer wieder leidenschaftlich die Herabwürdigung deutscher Frauen durch die afro-französischen Truppen im Rheinland beklagten.

Die symbolische Rolle der Frau, die für die Reinheit der „Rasse" stand, ist kaum klarer zu beschreiben als in einem veröffentlichten Brief (vom 12. Januar 1922), den die am 9. November 1921 in Wynberg zusammengekommen Pastoren der Regionalkonferenz in der Provinz Westkap an den südafrikanischen Premierminister sendeten:

> „Wir protestieren nachdrücklich gegen die Belagerung deutscher Territorien durch schwarze und farbige französische Truppen und deren bewiesene Vergehen an weißen Frauen und Kindern. Sie erkennen sicher besser als europäische Politiker, welch unvermeidbar schrecklichen Konsequenzen es für alle Europäer in Südafrika hat, wenn schwarze Wilde sich wie Eroberer von weißen, zivilisierten Menschen benehmen dürfen. Wir fordern Sie hiermit dringend auf, wenn nicht aus Ritterlichkeit gegenüber einer besiegten Nation, doch all Ihren diplomatischen und persönlichen Einfluss geltend zu machen, um einen schnellen Abzug der schwarzen und farbigen Truppen aus Europa zu erwirken."[29]

---

28 Eine Deutsche Frau, An die Deutschen in Johannesburg, in: Der Deutsch-Afrikaner 8, 1. September 1921.
29 Die Pastoren schrieben und veröffentlichten den Brief im „Deutsch-Afrikaner" in englischer Sprache.

Auch deutsche südafrikanische Frauen verliehen ihrer Empörung Ausdruck. Bereits am 21. Juli 1921 berichtete T. Trümpelmann über die Ehefrau eines amerikanischen Kongress-Abgeordneten, die sich darum bemühte, dass die afro-französischen Truppen von deutschem Boden abgezogen würden. Ebenso über einen Appell, den die „burischen Frauen unseres Landes" an den General Smuts telegrafiert hatten. Sie fügte hinzu:

> „Auch unter uns Deutschen ist eine Liste im Umlaufe, die Unterschriften und Mittel von Frauen und Mädchen sammelt, um den in London weilenden Ersten Minister in dieser ernsten Sache durch ein Kabel nahezutreten. Das ist Frauenwirken."[30]

T.T. ging sogar noch weiter und erläuterte, wie ihrer Ansicht nach deutsche Südafrikaner ihre Beziehungen zu Afrikanern sahen – insbesondere die Frauen:

> „Eine Tatsache wird beleuchtet, die der noch nicht lange im Lande weilende Deutsche kaum so klar erfassen kann, wie die Deutsch-Afrikaner! Es ist die auch hier draußen so Ernst gefürchtete „schwarze Gefahr!". Wenn diese schon in diesem Lande so schweres Unheil im Gefolge hat, wo man doch genau weiß, welche Stellung dem Eingeborenen einem Europäer gegenüber zukommt, wie viel größer muss dann diese Gefahr sein in einem Lande, wo man den Verkehr mit jener Rasse nicht gewöhnt ist und daher leicht einen falschen Maßstab an die Daseinsberechtigung der Farbigen legt!"[31]

Etwas später im selben Jahr veröffentlichte T.T. das Gedicht „Hilf, Deutsche Frau, hilf beten! (Denen am Rhein!)"[32]. Es hatte die gleiche Tonalität wie der bereits erwähnte Brief „einer Deutschen Frau", der im selben Jahr erschienen war. Die *Heimat* sollte mittels der Gebete der Auslandsdeutschen wiederbelebt werden. Laut T.T. sollten „Wir Glücklichen draußen" an die „drüben" denken, die in Gefahr waren, und für sie beten.

So glücklich sich die Deutschen außerhalb Deutschlands selbst auch schätzten (sie hatten die Mittel, die Deutschen in Deutschland materiell zu unterstützen, und wussten um die niedere Position der „dunkleren Rassen" in der Welt), mussten sie gegenüber anderen „weißen" Gemeinden in Südafrika dennoch ihren Platz geltend machen. Kunze warnte seine Leser vor der Stellung, die andere südafrikanische (afrikaans- und englischsprachige) Zeitungen zum Thema der „Schwarzen Pest" im Rheinland bezogen hatten. Gemäß seiner Botschaft an die Leser hatten nicht nur die Franzosen, sondern auch die *Pretoria News* die deutschen Frauen und Mädchen „in unerhörter Weise" beleidigt, indem sie afrikanischen Truppen unterstützt hatten:

> „Ebensowenig [sic.] wie wir der Afrikanisch-Holländischen Presse, den Burenfrauen aus beiden Parteien, dem Schriftleiter der „Volkstem," und hauptsächlich Dr. van Broekhuizen, die uns in dieser Sache bewiesene Freundlichkeit und tatkräftige Hülfe niemals vergessen werden, ebensowenig [sic.] werden wir uns durch die „Pretoria News" nicht davon abhalten lassen, die Schwarze Pest am Rhein als

---
30 T.T., Im Reiche der Frau. Frauenwirken, in: Der Deutsch-Afrikaner 2, 21. Juli 1921.
31 Ibid.
32 Der Deutsch-Afrikaner 21, 1. Dezember 1921, 13.

einen Schandflecke der vielgerühmten Französischen Civilisation [sic] zu brandmarken."[33]

Kunze machte seine Leser nicht nur auf die Debatte über die deutsche Identität in den lokalen (deutsch-, afrikaans- und englischsprachigen) „europäischen" Gemeinden aufmerksam. Er versuchte gleichzeitig, die deutschen südafrikanischen Leser darauf einzustimmen, eine kollektive Erinnerung an den vergangenen Krieg in Europa zu schaffen.

Die Versuche der Deutschen, mit dem ramponierten Image ihres Landes umzugehen, indem sie sich mit den siegreichen (und demnach scheinbar überlegenen) Franzosen und Engländern verglichen, sickerten auf verschiedenen Wegen zu den südafrikanischen Lesern durch. Und auch hier wurde „die deutsche Frau" benutzt, um die deutsche Rechtschaffenheit zu vermitteln: Im Roman *Irmgard* von Joseph Stolzing, der 1921 im *Deutsch-Afrikaner* abgedruckt wurde, erschießt die Heldin einen französischen Hauptmann, der versucht, sie zu vergewaltigen. Die „zivilisierten Franzosen" lassen sie daraufhin von einem Exekutionskommando hinrichten. Ihre letzten Worte sind „Wehe Frankreich!"[34] Mit diesem tragischen, dramatischen Ausruf muss der Roman enden, damit „die deutsche Frau" ein Symbol der zu Unrecht besiegten und auf Vergeltung wartenden Nation bleiben kann.

In ihren Zuschriften an die Zeitung bestätigten deutsche südafrikanische Frauen, dass auch sie mit der vermeintlichen moralischen Überlegenheit der Briten und Franzosen – die den Ersten Weltkrieg gewonnen hatten – zu kämpfen hatten. Indem sie sich damit auseinander setzten, inwieweit sie als *Auslandsdeutsche* hiervon betroffen waren, verstärkten sie das „Soll"-Image, dass eine deutsche Frau mit sich zu bringen hatte. Eine von ihnen sandte der Zeitung einen Brief zu, den eine Deutsche kurz nach dem Krieg an eine amerikanische Verwandte geschrieben hatte. Sie schrieb: „Ein Volk, dessen Frauen trotz Leid und Not stolz und zuversichtlich bleiben, kann keine Macht der Welt töten".[35] Eine weitere Frau kommentierte einen Artikel in der *Daily Mail* über einen Briten, der vor Gericht gestellt wurde, nachdem er eine Katze misshandelt hatte. Ihrer Meinung nach hätte der Straftäter noch härter bestraft werden sollen. Ihr Kommentar endet mit der Bemerkung:

„Übrigens, wer prägte doch die Worte ‚Hunnen' und ‚Barbaren'?"[36]

Die aufgeführten Beispiele haben bislang Folgendes verdeutlicht: die Rolle der deutschen Frau als Hüterin des deutschen Heims und der deutschen Nation mag zwar von Männern ganz bewusst öffentlich – von Kanzeln herab und aus Chefetagen der Zeitung heraus – propagiert worden sein. Doch mit dem, was die Frauen im *Deutsch-Afrikaner* lasen und schrieben, trugen sie selbst dazu bei, dieses Idealbild zu verstärken.

Das „Ist" – welche Tätigkeiten waren erlaubt

Betrachtet man jedoch die alltäglichen Tätigkeiten, denen die Frauen nachgingen, genauer, erhascht man einen Blick darauf, was sie tatsächlich taten, um ihr „Soll" zu verrichten: wie sie sich dem Nationalismus der geforderten deutsch-afrikanischen Identität demonstrativ andienten – oder ebenso davon Abstand nahmen –, um nach Statusbewusstsein, Selbstbe-

---
33 Die Schwarze Pest am Rhein (Fortsetzung und Schluss), in: Der Deutsch-Afrikaner 2, 21. Juli 1921.
34 Joseph Stolzing, Irmgard, in: Der Deutsch-Afrikaner 16, 27. Oktober 1921, 17.
35 Ein deutscher Frauenbrief nach Amerika, in: Der Deutsch-Afrikaner 18, 10. November 1921, 17.
36 Eine Leserin des Deutsch Afrikaners, Tierquälerei!, in: Der Deutsch-Afrikaner 13, 6 Oktober 1921, 19.

stätigung und Selbsterfüllung zu streben. Der vielleicht lohnendste Aspekt unserer eingehenden Lektüre des *Deutsch-Afrikaners* besteht nämlich in den zahlreichen Hinweisen darauf, dass das eigentliche Projekt der Zeitung auf ihren eigenen Seiten ins Gegenteil verkehrt, negiert und unterminiert wurde.

Die Texte von T. Trümpelmann und „eine Deutsche Frau" haben bisher beispielhaft gezeigt, wie deutsch-afrikanische Frauen hätten sein sollen. Indem sie die Leser aufforderten, ihr „undeutsches" Verhalten aufzugeben, verdeutlichen sie natürlich zugleich, inwieweit viele deutsche Südafrikaner sich den neuen Lebensbedingungen in der britischen Kolonie angepasst hatten – gut genug offenbar, um bei einigen Sorgen zu wecken. „Eine Deutsche Frau" beklagte:

> „Man spricht mit seinen Kindern englisch, und rümpft die Nase über deutsche Nachbarn, welche vielleicht kein schönes Haus haben, weder „Diningroom" noch „Kitchenboy" halten, sondern ihre deutsche Sitte beibehalten haben ihren Töchtern Küchenschürzen vorzubinden, statt sie zum Bookkeeping oder Tennis zu schicken."[37]

Eine ebenso entrüstete Frau Trümpelmann bemerkte:

> „Höchst nüchtern und prosaisch gingen die Kleinen kurz vorm Feste eines Tages mit ihrem von der Mutter zugeteiltem Gelde in die Läden und kauften sich selbst ihre Weihnachtsgeschenke, feilschten wohl gar wie ein Alter um den Preis!"[38]

Was die beiden Autorinnen des *Deutsch-Afrikaners* als Beleidigung für „unser ehemahliches Kaiserhaus" beklagen, kann man indes auch als Möglichkeit für Personen deutscher Abstammung verstehen, eine neue Form von Mischidentität zu entwickeln: die Frauen, von denen die Rede war, nahmen einfach jeweils diejenigen kulturellen Bräuche und Verfahren an, die ihnen am praktischsten, wirtschaftlichsten oder sozial am ehesten akzeptiert erschienen. (Es ist natürlich fraglich, ob solche Familien tatsächlich den *Deutsch-Afrikaner* abonniert hatten.)

Doch was war es also, das die Frauen, die bzw. deren Ehemänner den *Deutsch-Afrikaner* (nebst seiner Ideale) abonniert hatten, wirklich *taten*. Was taten Frauen, außer sich zu verloben, zu heiraten, Kinder zu bekommen und Hochzeitstage zu feiern (alles Ereignisse, über die die Zeitung ihre Leser immer auf dem neuesten Stand hielt)?[39] Welche Schlüsse lassen sich aus der Zeitung über die alltäglichen Beschäftigungen von Frauen ableiten?

Haushalt: von banal bis berichtenswert

In der Zeitung finden sich regelmäßig Hinweise darauf, dass deutsche südafrikanische Frauen tatsächlich putzten, kochten, backten, nähten und die Kinder erzogen, so wie es sich für eine gute Hausfrau gehörte: in der Rubrik „Im Reiche der Frau" stehen hin und wieder

---

37 Eine Deutsche Frau, An die Deutschen in Johannesburg, in: Der Deutsch-Afrikaner 8, 1. September 1921.
38 T.T., Im Reiche der Frau. Der Sitte getreu!, in :Der Deutsch-Afrikaner 24, 22. Dezember 1921, 10.
39 Eines der zahlreichen Beispiele: In der Ausgabe des Deutsch-Afrikaners 8 vom 1. September 1921 waren auf derselben Seite zwei Geburten, eine Verlobung und eine Silberhochzeit angezeigt.

Die Rolle der Frauen in deutschen Siedlergemeinschaften nach dem Ende des Kaiserreichs   335

Rezepte;[40] die Spalte „Für unsere Kinder" erklärt Kinderspiele;[41] es gibt Werbung für Babybetten und Nähmaschinen; Ankündigungen von Treffen der *Nähvereine*[42] sowie gelegentlich Kuriositäten, wie zum Beispiel eine Anleitung, wie man Borten an Unterwäsche häkelt.[43] Aber anders als Frauenzeitschriften, die in derselben Zeit in Deutschland erschienen, ist *Der Deutsch-Afrikaner* hinsichtlich der eigentlichen Hausarbeit nicht sehr ergiebig.[44] Im Gegenteil, die Anzeigen weisen uns eher auf die *Hilfe* hin, die Frauen bei der Haushaltsführung erhielten. So stand in Anzeigen, die Witwer aufgaben, um eine weibliche deutsche Haushälterin zu engagieren, dass afrikanische Arbeitskräfte für die „groben Arbeiten" zur Verfügung stehen.[45] Wie auch in der *Heimat*[46] engagierten viele Familien ältere deutsche Frauen als Kindermädchen.[47]

Viel lebendiger ist die Arbeit im Haushalt (und auf dem Hof!) in den überlieferten Lebensgeschichten der Frauen beschrieben – die Banalität dieser Arbeit, wenn man so will, wird hier viel deutlicher als im *Deutsch-Afrikaner*.[48] Doch auch in den persönlichen Geschichten der Frauen finden sich nicht so viele Anhaltspunkte wie wir gehofft hatten. Hedwig Penzhorn, geboren 1904 auf einer Missionsstation der Hermannsburger und ab 1928 mit Egmond Otterman aus Kroondal verheiratet, erinnert sich an ihre Erlebnisse in den frühen 1920er Jahren:

---

40 Siehe zum Beispiel: Im Reiche der Frau, Für die Küche. Ersatz bei Kartoffelmangel. II Kloss- und Nudelspeisen a) Klösse mit Backobst, in: Der Deutsch-Afrikaner, 3. November 1921, 7.
41 Einige Beispiele aus Der Deutsch-Afrikaner 8, 1. September 1921: Kleiner Mädchen, der Mutter Hilfe: Das Tischdecken; Tischgebete; Für unsere Kleinen: Morgengebet. Siehe auch: Für unsere Kinder: Hochzeitsgedicht, in: Der Deutsch-Afrikaner 19, 17. November 1921, 7.
42 Kleine Mitteilungen, in: Der Deutsch-Afrikaner 8, 1. September 1921.
43 Gehäkelte Umrandung für Unterwäsche!, in: Der Deutsch-Afrikaner 18, 10. November 1921, 7 (unter der Überschrift „Handarbeiten", direkt nach dem „Rätsel" für Kinder und einer „Scherzfrage").
44 Der Deutsch-Afrikaner war keine Hausfrauen-Zeitschrift, aus der Frauen zum Beispiel gelernt hätten, „gefälschte Lebensmittel zu erkennen, oder wie man die Farbe und Konsistenz von Kaffee oder Kakao beurteilt, also Produkten, die im „Kolonialwaren-Geschäft" verkauft wurden" (Siehe Reagin, Sweeping the German Nation, 27).
45 Der Deutsch-Afrikaner 20, 24. November 1921, 7; Der Deutsch-Afrikaner 23, 15 Dezember 1921, 5.
46 In Sweeping the German Nation argumentiert Reagin, dass dies in Deutschland oft gemacht wurde, damit die Hausfrauen mehr Zeit zum Putzen und Kochen hatten. (Reagin, Sweeping the German Nation, 41f).
47 In der Ausgabe von Der Deutsch-Afrikaner 22, vom 8. Dezember 1921, auf Seite 23 berichtet der Herausgeber, dass sie eine Menge Gesuche „sehr guter Familien" erhalten hätten, die junge Mädchen als Haushälterinnen und Kindermädchen einstellen wollten.
48 Hier scheint die Ähnlichkeit zwischen der Kolonialgesellschaft und der Heimat etwas aufzubrechen, denn in den Informationen der Leser, die Der Deutsch-Afrikaner abdruckte, finden sich keinerlei Hinweise darauf, ob sie mehrheitlich in der Stadt oder auf dem Land lebten. In Sweeping the German Nation behauptet Reagin, dass „die Gemeinschaft deutscher Hausfrauen implizit bürgerlich und städtisch war, obwohl sie formal alle deutschen Hausfrauen umfasste. Das Konzept von Häuslichkeit, für das diese Gruppe eintrat, galt zwar, mit einigen Abwandlungen, durchaus für mehrere Religionen. Es ließ sich jedoch nicht auf andere Klassen oder in bäuerliche Haushalte auf dem Land übertragen. Dieser Ansatz hatte seine Wurzeln in ganz bestimmten Schichten der deutschen Gesellschaft. Aber Autoren und Hausfrauen-Organisationen bemühten sich darum, diese Normen über regionale Grenzen hinweg im gesamten deutschen Bürgertum zu etablieren, um das Babel verschiedener Koch- und Haushaltsführungs-Stile mit einem einheitlichen Ansatz in Haushalts-Management zu ersetzen – zumindest innerhalb des Bürgertums in den Städten" (Reagin, Sweeping the German Nation, 35).

„Ich musste mit 15 Jahren aus der Schule. Dann starb unsere Großmutter und musste ich den Haushalt führen. Tante Marie Penzhorn gab mir manchen guten Rat. Sie wohnten damals neben uns."[49]

Doch leider folgt nichts darüber, was dieser gute Rat beinhaltete. Mehr Glück haben wir mit der Geschichte von Martha Wehrmann, die 1886 in Deutschland zur Welt kam und als Kind mit ihrer Familie nach Südafrika emigrierte. Auch sie wuchs in Kroondal auf:

„Ich möchte hier nur einfügen, dass wir als junge Mädchen öfter „ausgeliehen" wurden in kinderreichen Haushalten zu helfen, wo Not war musste eingesprungen werden, das war für uns ganz selbstverständlich. […]

Im Februar 1910 fing bei uns der Kindertrubel an und es gab viele Stunden der Freude, aber auch viel Sorg und Müh – in 10 Jahren 6 Kinderchen, Ernst, Marianne, Werner (starb mit 9 Monaten), Helene, Reinhard und Ida. Es waren schwere Zeiten, die wir durchmachen mussten – Hagel, Heuschrecken, Dürre und dann war mein Mann oft krank […] ich musste mich auch um Farmwirtschaft kümmern, habe sogar im Lande gestanden und bewässert, auch Apfelsinen verpackt und im Keller Tabak sortiert."[50]

Eine weitere Einwohnerin von Kroondal, Ida Behrens, geboren 1895 als Ida Wehrmann und ab 1919 verheiratet, erzählte ihren Kindern, dass sie zusätzlich zum „normalen Haushalt" noch „das viele Nähen" erledigen musste:

„Es wurde doch alles genäht, nicht nur Kleider sondern auch die Unterwäsche usw. Natürlich verlief es auch nicht immer so glatt. Dann fehlten mal die Dienstboten, oder das Feuerholz war nass, oder gar nicht da."[51]

Zwei Missionars-Töchter – Cousinen, deren Mütter in den Jahren 1916 und 1917 jeweils einen Missionar geheiratet hatten –, die wir zum Nähen befragt haben, erinnerten sich, dass ihre Mütter afrikanische Frauen in Vendaland und im Lydenburg-Distrikt in Handarbeit unterrichtet haben. Als Ehefrauen von Berliner Missionaren betrachteten sie dies damals als Teil ihrer Pflichten. Eine von beiden erinnerte sich auch, dass ihre Mutter afrikanischen Frauen oft bei der Entbindung half. Die Nachkommen bestehen zwar darauf, dass dies für Missionare die Regel war[52]. Dennoch muss man vermutlich davon ausgehen, dass die Einstellungen der Missionarsfrauen sehr unterschiedlich waren. Einige von ihnen gingen sogar noch weiter (man denke zum Beispiel an Helene Franz, die in der Nähe von Vivo in der heutigen Provinz Limpopo ein Krankenhaus gründete, das immer noch nach ihr benannt ist).

---

49 Hedwig Ottermann, née Penzhorn, Mein Lebenslauf, in: Johanna Heese (Hg.), Unsere Frauen erzählen 1980, 2. Auflage., Kroondal 1996, 23.
50 Martha Wehrmann, née Wicht, Klein und verwaist nach Südafrika, in: Heese (Hrsg.), Unsere Frauen erzählen, 2-3.
51 Ida Behrens, née Wehrmann, Zum 80. Geburtstag Unserer Mutti, 24. Januar 1975, in: Heese (Hg.), Unsere Frauen erzählen, 6.
52 Interview, Dienstag, 3. August 2010, Deutsches Altersheim, Pretoria.

Das kulinarische Erbe deutscher Frauen findet sich in Erinnerungen von Nachfahren der Oorlam-Gemeinden aus der Bethlehem-Location[53] in Rustenburg, das von der Hermannsburger Missionsgesellschaft missioniert wurde:

„Die Menschen aus Bethlehem mochten Schweinefleisch. Sie waren wegen der Kirche von Deutschen beeinflusst. Diese Leute können Schweinefleisch für dich kochen. Etwas anderes Gutes an diesen *Oorlam*, ich weiß das, ist, dass du ein Huhn niemals direkt vom Hof weg schlachten würdest. Das Huhn wird zehn Tage lang *op die hok sit*, wie sie in Afrikaans sagen. Das heißt, dass du das Huhn reinigst und es in dieser Zeit mit Grünzeug und Körner fütterst. Sogar die Schweine, ihre eigenen Schweine, haben sie zehn Tage lang so ernährt. Schweinefleisch war ein besonderes Sonntagsgericht – zumindest da, wo ich groß geworden bin, bei meinem Großvater und später bei meiner Tante Tokkies. Auf dem Tisch stand dann der Schweinebraten, ein Hammelbein und gekochtes Fleisch. Wir saßen alle am Tisch – heute machen wir das nicht mehr so -, der alte Mann sprach ein Gebet, nahm sich erst selbst ein Stück und dann schnitt er für jeden etwas ab. Wir haben *hoofkas* (Preßsack) gemacht. Nach alter *Oorlam*-Art hat man es gewürzt und Fleisch hinein getan. Meine Güte, was für ein Geschmack! Sie sollen wissen, diese Menschen waren in ihren Familien sorgfältig und sehr ordentlich. Das sieht man an der Art, wie sie ganz genau eine Mahlzeit zubereiteten und servierten. Sogar heute noch, während wir sprechen, wenn eine Beerdigung stattfindet und einer der *Oorlam* gestorben ist – wissen Sie, bei uns ist es doch so, dass man sich für sein Essen anstellt, nur der Pastor und die Würdenträger haben einen besonderen Tisch – und bei einer *Oorlam*-Beerdigung stürmen alle zu diesem Tisch, weil es dort das leckere Essen gibt! Die *Oorlam* – gute Köche! Und ich glaube, das war wegen des Einflusses der Afrikaner und Deutschen."[54]

Diese nostalgische Erinnerung steht in einem scharfen Kontrast zu dem Bild, das der Berliner Missionar Martin Jäckel von einer Missionarsfrau zeichnet. In einem Roman, der von Südafrika um die Wende des 19. Jahrhunderts handelt, schreibt Jäckel:

„Sie hatte es auch nicht nötig befunden eine der afrikanischen Umgangssprache zu lernen. Das Afrikaans, in dem sie sich Besuchern gegenüber ausdrückte, war ein Gemisch von Plattdeutsch mit einigen holländischen Vokabeln, und die Eingebornen, mit der merkwürdigen Sprachbegabung ihrer Rasse, verstanden glänzend das Kauderwelsch von Setschwana, Deutsch und Holländisch, in dem Jefrou Grünewald ihre Befehle erteilte. Mehr von dem Geist Afrikas hatte sie nicht begriffen. Vielleicht sind solche Mütter nötig, um deutsches Wesen fortzupflanzen."[55]

---

53 Der Begriff „Location" wurde bis weit ins 20. Jahrhundert hinein für Ansiedlungen von „Schwarzen" verwendet.
54 Interview geführt von A. Manson und B. Mbenga mit David Davids, Tlhabane, 1. August 2002, und mit David Davids, Auntie Drieke Motsepe und Auntie Baby, Tlhabane, 2. August 2002, zitiert in: Andy Manson and Bernard Mbenga, The Evolution and Destruction of Oorlam-Communities in the Rustenburg District of South Africa: The Cases of Welgeval and Bethlehem, 1850s-1980, in: African Historical Review 41, 2, 2009, 104-105.
55 Martin Jäckel, Der brennende Busch, Berlin 1935.

In Jäckels Romanen kommen auch viele deutsche Missionarsfrauen vor, die der fiktiven Frau Grünewald charakterlich überhaupt nicht ähneln. Doch gerade weil er sie als eine der zahlreichen Varianten von Missionarsfrauen beschreibt, erscheint es plausibel, dass es tatsächlich Frauen wie sie gab, die die gesamte Missionsarbeit mit allem, was dazu gehörte, ihren Männern überließen, während sie sich selbst ausschließlich ihrem (kolonialen) Haushalt widmeten.[56] Hiervon ausgehend erzielten einige große Fortschritte in der Frauenarbeit zugunsten der „weißen" deutschsprachigen Gemeinden.

Stark gefördert: Engagement in der Gemeinde
Deutsche Missionarsfamilien taten sich stark bei der Organisation von Frauenvereinen hervor. Auf der Liste der Gründungsmitglieder des *Frauenbunds* finden sich die Namen mehrerer Missionarsfrauen und -töchter. Die Arbeit zugunsten der eigenen, „deutsch-afrikanisch" angelegten Gemeinde schloss nicht unbedingt aus, dass die Frauen auch Beziehungen zu afrikanischen Gemeinden pflegten und sich dort engagierten. Dass beides jedoch strikt voneinander getrennt zu sein hatte, war offenbar weithin akzeptiert. In den Ausgaben des *Deutsch-Afrikaners*, die wir analysiert haben, finden sich nur selten Hinweise auf die Tätigkeiten deutscher Missionarsfrauen in den missionierten Gemeinden. An einer einzigen Stelle ist erwähnt, dass der Kinderchor der (afrikanischen) Missionsgemeinde auf der goldenen Hochzeit eines Missionarsehepaares gesungen hat.[57] Und an einer anderen Stelle findet sich die Ankündigung, dass Schwester Kropf, die Witwe des Missions-Direktors Dr. A. Kropf, nach zehn Jahren in Johannesburg nach Ost-London ziehen würde: „Ihre vielen Freunde unter den Weißen und Schwarzen werden sie sehr vermissen."[58]

Der Deutsch-Afrikaner sollte seine deutschen Leser dabei unterstützen, ihre Stellung unter den anderen „weißen" Einwohnern Südafrikas zu behaupten, die wie sie Verfechter der Vorherrschaft der „Weißen" waren. In Anbetracht dessen könnte man erwarten, dass die Zeitung primär darüber berichtete, wie sich deutsch-afrikanische Frauen für die Geschlossenheit ihrer eigenen Gemeinden einsetzten. Trotzdem gibt es in der Zeitung immer wieder Hinweise darauf, dass auch eine andere, grenzüberschreitende Identitätsbildung möglich war, wie bei Schwester Kropf der Fall. Das ist bemerkenswert.

Auch in der allgemeinen Tendenz weicht die Frauen-Berichterstattung des *Deutsch-Afrikaner*s erfreulicher Weise immer wieder vom von der Zeitung selbst-erklärten „Soll" ab, teilweise sogar radikal: so verwendet die Zeitung, die die Frauen sonst unbedingt in die häusliche Sphäre des kolonialen Südafrika verfrachten will, weit mehr Tinte darauf, diejenigen Frauen groß herauszustellen, die ihre haushälterischen Fähigkeiten und ihre mütterlichen Gefühle *außerhalb* ihres eigenen Heims einsetzten.

---

56 Weitere Erwähnungen von Missionarsfrauen und -töchtern jeglicher Neigung finden sich in auch in folgenden Romanen Jäckels: Die weiße Lilie von Mamphulo, Witten 1930, Vera, Frau Königin, Gießen 1951.
57 Goldene Hochzeit des Herrn Missionars und Frau B. Köhler, in: Der Deutsch-Afrikaner 16, 27. Oktober 1921, 9.
58 Der Deutsch-Afrikaner, 3. November 1921, 13. Schwester Kropf war aller Wahrscheinlichkeit nach die Ehefrau von Johann Heinrich Albert Kropf, Clementine Katharina Kuhne, die am 26. August 1929 in Stutterheim verstarb. (Siehe Zöllner/Heese, The Berlin missionaries in South Africa and their descendants, 219).

Die Zeitung informiert in erster Linie sehr umfangreich über Gemeinde-Aktivitäten von Frauen,[59] die oft mit Kindern zu tun hatten. Die Berliner Missionarstochter „Fräulein E. Trümpelmann" aus Middelburg, die in einer Sonntagsschule unterrichtete, war sicher nur eines von vielen Beispielen. Sie motivierte die Kinder dazu, Geld für eine neue Schreibmaschine für den *Deutsch-Afrikaner* und für notleidende Kinder in Deutschland zu sammeln. Stolz berichtete sie:

> „Otto und Martin Schwellnus haben ihre Kaninchen verkauft und den Erlös 9/6 für die Kinder in Deutschland bestimmt. Bitte verfügen Sie darüber."[60]

Auch an Kirchenkonzerten waren Frauen häufig stark beteiligt. Bei einem Gemeindekonzert in King William's Town, bei dem alles ausdrücklich „in unserer lieben deutschen Muttersprache" gesungen wurde, leitete ein Mann den Chor, während eine Frau Orgel spielte. Von den übrigen sechs Solisten war nur ein einziger männlich. Der Rest – abgesehen von der Frau des Pastors – bestand aus unverheirateten Frauen. Wie das folgende Beispiel verdeutlicht, hielten ihre Hausfrauenpflichten die Frauen häufig davon ab, solcher Art zusätzlicher Aktivitäten nachzugehen.[61]

Ella Rein und Agnes Witting, zwei unverheiratete Deutsche aus Pretoria, verdienten sich ihren Lebensunterhalt, indem sie Musikunterricht gaben. Die Anzeigen, die Witting im *Deutsch-Afrikaner* geschaltet hatte, sowie die folgende Bekanntmachung zeigen, wie wichtig den Deutschen in Pretoria eine musikalische Erziehung war:

> „Fräulein Ella Rein, sehr bekannt in Pretorias Musikkreisen (Hamilton-Strasse 148 Arkadia) teilt uns mit, dass sie eine Ferienreise nach East London unternommen hat, und dass sie bis zum 1. Februar d.J. abwesend sein wird. Eltern können ihre Kinder wieder nach dem 1. Februar anmelden und wird die Dame dazu jederzeit zu sprechen sein."[62]

Der Status einer Lehrerin verlieh Witting innerhalb der deutschsprachigen Gemeinde einigen Ruhm, nicht zuletzt auch darum, weil sie ihr Talent in den Dienst ihrer nationalistischen Ziele stellte:

> „Fräulein Agnes Witting, die bekannte, tüchtige und hochgeschätzte Gesanglehrerin in Pretoria wird am 21sten September ihr jährliches Schülerinnenkonzert im Saale des Rathauses halten. Der Reinerlös soll zum Besten der hungernden Kinder und in Not befindlicher mildtätiger Institute in der alten Heimat verwendet warden.
>
> Wir brauchen die Deutschen Pretoria's wohl nicht erst darauf aufmerksam zu machen, dass es hier eine Art von Ehrenpflicht zu erfüllen gilt, und dass das Erscheinen auch des letzten Deutschen erwartet wird.

---

59 Es konnte kein Hinweis darauf gefunden werden, dass Frauen liturgische Funktionen während der Andacht übernahmen, auch nicht darauf, dass sie das verlangt hätten.
60 Basarfonds, in: Der Deutsch-Afrikaner 13, 6. Oktober 1921, 20.
61 XII Tagung der Bezirkskonferenz des Ostens, in: Der Deutsch-Afrikaner 18, 10. November 1921, 11.
62 Der Deutsch-Afrikaner 26, 5. Januar 1922, 5.

Fräulein Witting verdient den Dank jedes Vaterlandsfreundes für ihr hochherziges Unternehmen und vor allem – die Unterstützung jedes Deutschen."⁶³

Musik diente somit der Stärkung eines „wahren Deutschtums" in Südafrika – für viele Frauen persönlich war sie indes wegen ihrer sinnlichen Reize in verschiedener Hinsicht mindestens genauso bedeutsam: „Gesang war immer meine Freude und mein Trost in vielem Leid"⁶⁴, erzählt Lucy Lass, die ihre Eltern sehr früh verlor und um 1910 in Stellenbosch Musik und Gesang studierte (das Seminar inserierte zehn Jahre später im *Deutsch-Afrikaner*). Eine solche Ausbildung hätte ihr sicher eine ähnliche Karriere wie Rein und Wittig in Pretoria ermöglicht. Im Jahr 1912 heiratete Lucy jedoch Ernst Müller aus Kroondal. „Mein Brautkleid habe ich mir selber genäht, sehr hübsch mit Spitze und hohem Hals." Der Gesang mag teilweise eine Alternative zur Rolle der Hausfrau und Mutter dargestellt haben, war aber andererseits auch damit vereinbar. Nachdem Lucy Ende 1931 Witwe geworden war und ihre Kinder sie nicht länger brauchten, eröffneten ihr ihre Fähigkeiten und Talente Möglichkeiten, die jenen von Rein und Witting ähnelten:

> „Umstände brachten es mit sich, dass ich mit 50 Jahren meine Heimat [Südafrika] verließ und 8 Jahre lang an verschiedenen Hochschulen Musik- und Gesangunterricht gab. Dies hat mir viel Freude gemacht."⁶⁵

Nicht alle deutschen Frauen in Südafrika hatten ein solches Talent oder diese Möglichkeiten. Wenn man sich aber einen Eindruck davon verschaffen möchte, was sie alles in Handarbeit herstellen konnten (sowohl in praktischer als auch in symbolischer Hinsicht nützliche Dinge), braucht man sich nur anzusehen, was sie Ende 1921 alles für den Wohltätigkeitsbasar in Pretoria zugunsten der notleidenden Bevölkerung in Deutschland spendeten.

Ein besonders herausragendes Beispiel ist das von Frau E. Gevers aus Krugersdorp, die 18 Dutzend Papierrosen herstellte, die sie eigenhändig nach Pretoria brachte.⁶⁶ Laut einer Geschenkeliste vom 27.10.1921 haben Männer vor allem Bücher und Bilder von Bismarck bekommen, während Frauen hauptsächlich Haushaltsgegenstände bekamen – ein Beleg für „das viele Nähen", von dem Ida Behrens gesprochen hat. Einige der am häufigsten von deutschen Frauen in Südafrika gespendeten Gegenstände waren: gehäkelte und geklöppelte Spitze, Decken, Spitzendeckchen, Nadelkissen, Puppen, Puppenkleider, Babymützen, Mädchenkleider, Beutel für Nachthemden, Tischdecken, Beutelchen für Taschentücher, Handtaschen und Handschuh-Schachteln – und alles verziert.⁶⁷

---

63 Kleine Mitteilungen, in: Der Deutsch-Afrikaner, 1. September 1921. Und in: Der Deutsch-Afrikaner 13, 6. Oktober 1921, 7, berichtet Fräulein Witting, dass sie mit ihrem Konzert 25 Pfund verdient habe. Ein Teil des Erlöses kam notleidenden Kindern im Erzgebirge zugute, ein anderer Teil einer Wohltätigkeitsorganisation in Bethel und die Hälfte (£12/10/) einem Kinderheim in ihrer Heimatstadt Dresden.
64 Lucy Müller, née Lass, Mein Leben, in: Heese (Hg.), Unsere Frauen erzählen, 83.
65 Der veränderte Heimatbegriff Lucy Müllers ist an dieser Stelle bemerkenswert (Südafrika ist jetzt ihre Heimat).
66 Basarfonds, in: Der Deutsch-Afrikaner 13, 6 Oktober 1921, 20.
67 Basar Fonds und Geschenke, in: Der Deutsch-Afrikaner 16, 27. Oktober 1921, 7, Basar Fonds und Geschenke für den Basar, in: Der Deutsch-Afrikaner 17, 3. November 1921, 9; Geschenke für den Basar, in: Der Deutsch-Afrikaner 18, 10. November 1921, 7.

Die Liste erweckt den Eindruck grenzenloser Großzügigkeit. Wie schafften es deutschsüdafrikanische Hausfrauen, so viel herzustellen? Auffallend viel spendeten sie Kinderkleidung. Davon war vermutlich viel Second Hand – Kinderkleider passen schließlich relativ schnell nicht mehr. Trotzdem passt der Eifer, mit dem die deutschen Frauen in Handarbeit Spenden für die notleidenden Kinder in der *Heimat* herstellten, durchaus zur Idee des „mütterlichen Heims" als Mittelpunkt eines sich ausdehnenden kulturellen Einflusses der Deutschen.

Einträgliche Häuslichkeit

Die gespendeten Handarbeiten deutscher Frauen ließen sich auf einem Wohltätigkeitsbasar gut verkaufen. Das bedeutete, dass sich die Fertigkeiten der Hausfrauen sowie deren Ergebnisse genauso gut auch auf dem freien Markt verkaufen lassen mussten, und zwar hier zugunsten der Herstellerinnen. Wie die Informationen aus der Zeitung und die Erinnerungen einzelner deutscher Frauen bestätigen, war dies gängige Praxis. Die Lebensgeschichte von Ida Behrens ist in dieser Hinsicht besonders informativ. Sie enthält außerdem einige Informationen über die lokale afrikanische Gemeinschaft, die über die sonst üblichen kurzen Erwähnungen der Bediensteten hinausgehen:

> „Da der Vater es sich nicht leisten konnte Ida weiterlernen zu lassen, mußte sie irgendwie mit verdienen. Sie zog von einer Familie zur anderen und half beim Nähen und Aussteuersticken. Bei Behrens in Bethanien ist sie des öfteren gewesen, bei Rodewalds in Beerseba und bei Tante Elizabeth Wenhold auf Kana. In der Hochzeitssaison hat sie auf den Missionsstationen viele Hochzeitskleider für die Schwarzen genäht. Die Heiratssaison der Schwarzen dauerte von Juli bis Oktober, die Zeit zwischen der Maisernte und der Pflanzzeit. Für das Nähen des Brautkleides bekam sie £1 und für das sogenannte **Donnerstagskleid** *10/-*.[68] Im ersten Jahr konnte sie £19 zur Seite legen. Hiermit kaufte sie sich eine Kuh, die ihr jedes Jahr ein Färsenkalb schenkte, so daß sie nach einigen Jahren mehrere Rinder besaß. Im zweiten Jahr kaufte sie sich von Onkel Mahnke, dessen Frau gestorben war, für £9 eine zweitehand „SINGER" Nähmaschine. An dieser Nähmaschine hat sie tausende Stunden ihres Lebens zugebracht. Zuerst um Geld zu verdienen und später um für die eigene Familie zu nähen. Erst in 1953 mußte die „SINGER" einer moderneren **„PFAFF"** Platz machen.

> Bei aller Arbeit im Heim fand Ida noch Zeit ihm zu helfen. Eine Bäckerei gab es nicht, somit fing sie an Brot für das Geschäft zu backen. Sie mußte es billig verkaufen, denn die Kunden, vor allem die Schwarzen, waren arm. Sie backte drei Größen, die für 3d, 6d und 1/- verkauft wurden. Ihr Brot wurde gern gekauft und sie konnte sehr bald nicht die Nachfrage stillen. Selbst als sie zwei große Öfen voll mit je 30 Pfannen backte, reichte es nicht aus und Schwester Marie mußte auch noch Brot backen. Soll ich mal beschreiben wie es zuging? – Abends vorher wurde alles vorbereitet. In einer großen, speziell von Mr. Mason angefertigten Wanne, wurde das nötige Mehl abgemessen und gesiebt, die 30 Pfannen wurden mit Schmalz ausgestri-

---

68 Die britischen Einheiten wurden in ganz Südafrika genutzt: 12 Pennies (d) waren ein Schilling und 20 Schilling (/-) waren ein Pfund (£).

chen, der Ofen wurde kontrolliert, ob der Schwarze auch genügend Holz eingelegt hatte. Dann wurde noch bis 11 Uhr genäht. Vor dem Schlafengehen wurden in den Herd Holzkohle, die beim Backofen gesammelt wurde, geschüttet und ein „*Kokok*" mit Wasser aufgesetzt. Die Kohle glühte die ganze Nacht, sodaß morgens um 4 Uhr, wenn das Backen begann, das Wasser gerade die richtige Temperatur hatte. Zuerst wurde der Backofen angezündet, dann wurde geknetet und der Teig mit Hilfe einer „SALTER" Federwaage in die Pfannen verteilt und alles schön mit einem Tuch und einer Decke zugedeckt. Etwa eine Stunde lang mußte das Brot gehen. Währenddessen konnte die Mutti das Frühstück zubereiten und sich um die Kinder kümmern. War die Stunde um, mußte der Ofen ausgekratzt werden und die Pfannen in den Ofen geschoben werden. Jetzt wurde von neuem für den zweiten Ofen vorbereitet. Waren die herrlichen braunen Brote aus den Pfannen gekippt, wurden diese von neuem mit Schmalz bestrichen und mit Teig gefüllt. Der Ofen wurde noch einmal nachgeheizt, ausgekratzt und zum zweiten Mal mit 30 Broten gefüllt. Nachmittags wurden die schönen hausgebackenen Brote in den „MODEL T FORD" geladen, zum Minenladen gebracht und dort für ein billiges Geld an die Minenarbeiter verkauft."[69]

Ida Behrens' Kinder stellen dieses Brotback-Unternehmen zwar als milde Geste an die (größtenteils) armen Afrikaner dar. Doch die bemerkenswert scharfsinnige und hart arbeitende Frau konnte eine solche Geschäftsgelegenheit auch nur deshalb ergreifen, weil ihr Ehemann einen Laden betrieb, dessen Kunden Bergarbeiter aus einem randstädtischen kolonialen Milieu waren.

Im *Deutsch-Afrikaner* finden wir sogar noch weitere Spuren unternehmerischer Aktivitäten von Frauen, auch wenn diese nicht ganz so spektakulär wie die Leistungen von Ida Behrens sind: Frau E. Schmid, wohnhaft 415 Shoeman Street in Pretoria, inserierte, dass sie eine Gallone (fast fünf Liter, a.d.Ü.) frischer, reiner Sahne pro Tag bräuchte[70] – die Masse an Butter, Backwaren oder Kaffee-Sahne, die man mit dieser Menge Sahne herstellen kann, übersteigt mit Sicherheit das, was man im persönlichen Hausgebrauch verzehren konnte. Ferner gab es Annoncen von Firmen oder Privatpersonen, die auf der Suche nach den haushälterischen Talenten einer deutschen Frau waren. Einige Beispiele:

„Haushälterin gesucht. Für Boardinghouse in Kapstadt wird eine tüchtige Haushälterin gesucht. Selbige muss perfekt in der Küche sein. Angebote mit Gehaltsansprüchen zu richten an E Wilczynski, 99 Kloof Str, Kapstadt."[71]

„Der Herr Friedenthal, der Besitzer des Hotels in Brits, (Postf. 23) sucht eine gute Deutsche oder Holländische Köchin. Anfangsgehalt £7/10/- im Monat und alles frei."[72]

---

69 Ida Behrens, née Wehrmann, Zum 80. Geburtstag Unserer Mutti, 24. Januar 1975, in: Heese (Hg.), Unsere Frauen erzählen, 5-6.
70 Der Deutsch-Afrikaner 16, 27. Oktober 1921, 5; siehe auch: Der Deutsch-Afrikaner 18, 10. November 1921, 10.
71 Der Deutsch-Afrikaner 16, 27. Oktober 1921, 18.
72 Ibid., 19.

Die Rolle der Frauen in deutschen Siedlergemeinschaften nach dem Ende des Kaiserreichs 343

> „GESUCHT. Tüchtige Köchin in einem erst-klassigen Privat Boardinghaus. Angenehmes Heim, Frau Grothaus, 22 Troye Street, Sunnyside, Pretoria."[73]

> „Haushälterin. Gesucht für alleinstehenden Herrn. Dienstboten werden gehalten. Anfragen mit Gehaltsansprüchen an Herrn H.W. Dittrich, Glengarry, P. B. Mispah."[74]

> „Welche alleinstehende Deutsche Frau oder Mädchen würde einem einsamen 50 jährigen Diamantdigger den Haushalt führen, gegen guten Gehalt oder Anteil am Geschäft. Briefe befördert die Schriftl. Dieses Bl."[75]

> „GESUCHT intelligente Frau mittleren Alters für einfache Küche und leichte Hausarbeit. Muss bei Heilbehandlung behilflich sein können. Zu erfragen 58 Plein-Str. Johannesburg."[76]

Auch Frauen unterschiedlicher Gesellschaftsschichten inserierten in der Zeitung, um ihre Dienste anzubieten. Hebammen, die ein Kurhaus für Mütter und Neugeborene in Natal leiteten;[77] Inhaberinnen von Pensionen waren von Kapstadt über Pretoria bis nach Ost-London zu finden.[78] Einige scheinen etwas verzweifelter gewesen zu sein, und Annoncen wie die folgende erschienen oft über mehrere Wochen hintereinander:

> „Deutsche Frau mittleren Alters, perfekt in Küche und Haus sucht Stellung eignet sich auch als Leiterin eines Geschäfts. Prima Referenzen. Angebote S.M., 35 Eleventh St, New Brixton, Johannesburg."[79]

> „Deutsche Frau sucht Beschäftigung von 9 bis 2 Uhr. Geschäft oder Privathaus Johannesburg. Angebote zu richten an die Schriftleitung, Postfach 926."[80]

Die meisten Frauen gingen einer Arbeit außerhalb des Haushalts in der Zeit zwischen der Schule/Ausbildung und ihrer Heirat nach, um ein eigenes Einkommen zu verdienen. Die Erinnerungen der Frauen aus Kroondal bestätigen dies. Danach absorbierte der eigene Haushalt die Arbeitskraft der Frauen, die somit unbezahlt blieb.

In fast all den überlieferten Lebensgeschichten von Frauen, die in den 1920er Jahren zwischen 20 und 30 Jahre alt waren, finden sich Hinweise darauf, dass eine Hochschulbildung für Frauen erstrebenswert war. Diejenigen, die sich nach der Schule nicht für die eine oder andere Ausbildung einschrieben, legen Wert darauf zu erklären, dass ihre Väter sich das nicht leisten konnten. Doch sogar ungelernte Arbeit brachte jungen Frauen manchmal

---

73 Der Deutsch-Afrikaner 18, 10. November 1921, 6 (nochmals geschaltet in: Der Deutsch-Afrikaner 19, 17. November 1921, 22).
74 Der Deutsch-Afrikaner 18, 10. November 1921, 6.
75 Der Deutsch-Afrikaner 19, 17. November 1921, 8.
76 Der Deutsch-Afrikaner 40, 20. April 1922, 4.
77 Der Deutsch-Afrikaner 21, 1. Dezember 1921, 2.
78 Der Deutsch-Afrikaner 15, 20. Oktober 1921, 8; Der Deutsch-Afrikaner 41, 27. April 1922, 24, Der Deutsch-Afrikaner 42, 4. Mai 1922, 6.
79 Der Deutsch-Afrikaner 14, 13. Oktober 1921, 16; Der Deutsch-Afrikaner 16, 27. Oktober 1921, 27; Der Deutsch-Afrikaner 17, 3. November 1921, 4; Der Deutsch-Afrikaner 20, 24. November 1921,14, Der Deutsch-Afrikaner 21, 1. Dezember 1921, 18.
80 Der Deutsch-Afrikaner 34, 2. März 1922, 18.

unvergessliche Erlebnisse ein. Martha Ottermann, geboren 1899 und unverheiratet geblieben, erinnerte sich:

> „Am 1. September 1921 durften unsere Eltern ihre Silberhochzeit erleben, im Kreise aller Kinder und zwei Enkelchen, Ernst Georg und Herta Muhl. Es war eine kleine, aber sehr gemütliche Feier.
>
> Zwischendurch waren Frieda und ich abwechselnd in andern Häusern tätig, so wie bei Frau Rösch, Köhlys, Dr. Keet in Pretoria und zuletzt ich in McGregors Marmeladenfabrik mit anderen Mädchen. Hier habe ich mich besonders mit Lieschen Wenhold angefreundet. Wir verlebten zusammen ein Wochenende in McGregors Berghütte, fast oben auf dem Magaliesberg. Am nächsten Morgen, ein Sonntag, kletterten wir ganz den Berg hinauf und wanderten fast bis zur Rustenburger Schlucht. *„Unvergesslich schön!"* Plötzlich sahen wir Gewitterwolken schnell hochkommen, eilten zurück, packten alles zusammen und stolperten den Berg herab. Wir waren aber auch nur eben im Haus, als es prasselte, Regen und Hagel!"[81]

Zwischen „Ist" und „Soll"

Die immer gegenwärtige Spannung zwischen dem „Ist" junger Frauen und dem „Soll" ihrer Großmütter blieb auch T.T. nicht verborgen. Und vielleicht besser als die männlichen Pastoren verstand sie das „Soll": Das, worauf es ankam, war das „Deutschtum", insbesondere für die Frauen, die nicht der äußerlichen Anforderung entsprachen, eine gute Mutter und Hausfrau zu sein (diejenigen, die nicht heirateten oder keine Kinder hatten, sowie die, deren wirtschaftliche Situation ein eigenes Einkommen erforderlich machte).

Ein deutsches Netzwerk, wie es *Der Deutsch-Afrikaner* ermöglichte, indem er Kirche und Handel miteinander verknüpfte, war wie ein Sicherheitsnetz: es unterstützte Frauen darin, ihren Lebensunterhalt zu sichern. Es überrascht daher nicht, dass T.T. – die offenbar vollkommen damit übereinstimmte, dass Frauen Hausfrauen und Mütter sein „sollten" – die Initiative ergriff, einen Frauenbund zu gründen. Dieser sollte es Frauen erleichtern, berufliche Fähigkeiten zu erwerben, die über das hinausgingen, was sie zu Hause gelernt hatten. Zugleich würde er sie in der deutschen Gemeinde halten.

Als im Januar 1922 die ersten 25 Frauen der Vereinigung beigetreten waren, stellte T.T. die Ziele des Frauenbunds auf. Sie machte klar, dass diese die Ziele bereits existierender, kirchlicher Frauenvereine in keiner Weise beeinträchtigen sollten. Nachfolgend eine verkürzte Zusammenfassung der Ziele:

1. *Einkaufshilfe* – zum Einkauf von städtischen Produkten (Medikamente und Nähzubehör) sowie ländlichen Produkten (Obst, Gemüse und Fleisch)

2. *Krankenhilfe* – Unterstützung bei der Behandlung von Patienten in ländlichen Gegenden

3. *Stellenvermittlung* – Unterstützung für Frauen und ihre Angehörigen bei der Stellensuche

---

81 Martha Ottermann, Erinnerungen und kleine Erlebnisse, in: Heese (Hg.), Unsere Frauen erzählen, 12.

4. *Ausbildung junger Mädchen* – Angebot der Unterstützung bei Sprach-, Näh- und Buchhaltungs-Kursen

5. *Dienstbotenfürsorge*

6. *Rechtsbeistand und ärztlicher Rat* – (Dies ist im Kontext der zunehmenden Anzahl von Anzeigen zu sehen, die Frauen auf der Suche nach Arbeit außerhalb des Hauses schalteten). Die Idee bestand darin, Frauen, die sich selbst um ihre Familie oder ein Geschäft kümmern mussten, einen Rechtsberater zur Seite zu stellen. Er sollte ihnen eingehenden rechtlichen Rat zur Verfügung stellen. In ähnlicher Weise hoffte die Vereinigung, medizinische Experten zu finden, die kranken Frauen Ratschlägen und Hilfe anbieten konnten.

7. *Heimathilfe*

8. *Jugendpflege*

9. *Innere Mission*[82]

Um ein paar signifikante Fortschritte hinsichtlich der Verhandlungsmacht von Frauen (siehe hierzu besonders Punkt 6) zu erwirken, ging T.T. in der Tat den sicheren Weg und unterstellte ihre Ziele den höheren nationalen Idealen. Aber es wird auch deutlich, dass T.T. überzeugt davon war, dass sich der Sache der Frauen niemand annehmen würde als sie selbst, und zwar, indem sie zusammenhielten:

„Der Frauenbund wird dazu beitragen, das Deutschtum im Auslande erstarken zu lassen und ein liebevolles Füreinanderleben unter uns zur Reife zu bringen. Es wird auch unser Selbstgefühl heben, denn wir sind dann in allen Lagen inmitten fremder Nationen „Uns selbst genug!""[83]

Während sich T.T. darum bemühte, das „Soll" zu erreichen, indem sie (analog zu dem, was zur selben Zeit in der *Heimat* stattfand) Häuslichkeit zu etwas Öffentlichem und Kollektiven machte, gab es andere deutsche Mütter und Hausfrauen – sowohl typische als auch eher untypische – , für die der Reiz des „Soll" gerade in seiner Unerreichbarkeit bestand. Das Netzwerk, das *Der Deutsch-Afrikaner* schuf und das nur dank des Strebens nach einem idealen „Deutschtum" existieren konnte, bot eine Gemeinschaft, die potentiell Beistand leisten konnte. Es bot einen Kreis gleichgesinnter Freunde und für Geschäftsleute einen Kundenstock, dessen Bedürfnisse (die in den performativen Prozessen zwischen „Ist" und „Soll" einfach geweckt werden mussten) sie ansprechen konnten.

Ein Artikel warb kostenlos für das schamlos unchristliche „Amateurwahrsagen und Kartenlegen" von Frau Margarete Schaddock, indem er sehr prominent ihre Adresse veröffentlichte (Pretoria, Ecke St. Andries und Strubenstrasse) und davon berichtete, wie sie auf einem Wohltätigkeitsbasar 20 Pfund für die notleidenden Kinder in Deutschland eingenommen hat.[84] Eine Schwester J. Evans, wohnhaft 41 African Arcade, Pretoria, schlug aus der Eitelkeit der Durchschnittsfrauen Kapital, indem sie für Mandelcrème und Haaren-

---

82 T.T., Im Reiche der Frau!, in: Der Deutsch-Afrikaner 30, 2. Februar 1922, 17.
83 Ibid.
84 Der Deutsch-Afrikaner 20, 24. November 1921, 7.

tferner warb.[85] Trotz der Predigten von T.T. war „English fashion" unwiderstehlich, was eine Werbung für „court Schuhe"[86] belegt. Im „Apollo Club" waren Frauen genauso willkommen wie Männer. Hier konnten sie teilhaben an einer „Modernen Körperkultur – Für JUNG oder ALT, ohne Unterschied des Geschlechts".[87] Männer, Frauen und Kinder wurden dazu verlockt, um ihrer Gesundheit willen ins „Seebad Swakopmund" zu kommen:

> „Seebäder im Molenbecken, Badestrand, Dünen, Konzerte, Theater, Kino, Strand- und Schwimmfeste.
>
> SPORT: Ruder, Motorboote, Rennbahn, Angelsport, Fußball, Tennis, Golf, Cricket-Spielplätze [sic.]. Regelmassige Autoausflüge. […]
>
> Volks- und Realschule, Schülerheim, Büchereien, Ärzte, Zahnärzte, Krankenhaus, Wöchnerinnenheim, Kostenloser Wohnungsnachweis und jede Auskunft durch Verkehrs-Komitee, Postfach 53."[88]

Aus demselben Grund sollten sie in Frau Gouvernes türkisches Bad kommen. Diese schaltete ihre Anzeigen noch weit über das erste Jahr des Bestehens des *Deutsch-Afrikaners* hinaus, was darauf hindeuten könnte, dass es sich für sie lohnte, Anzeigenkundin der Zeitung zu sein:

> „Das Türkische Bad von Frau Gouverne, Esselenstrasse 80, Pretoria, ist für Damen und Herren geöffnet, täglich 8 Uhr Morgens bis 7 Uhr Abends. Sonntags bis 12 Uhr Mittags. Dampfbad mit Massage […] 5 sh, Warmes Bad […] 2-6. Die Beste zur Verhütung aller Arten Krankheiten. Betten immer zur Verfügung. 2sh 6d per [sic.] Nacht."[89]

Eine gute Gesundheit war sicher ein würdiger Vorwand, sich den Sinnesfreuden eines türkischen Bades hinzugeben. Es scheint gängig gewesen zu sein, dass Männer und Frauen Freizeit und Erholung gemeinsam genossen. Auch die Tendenz, angenehme Betätigungen stets in Verbindung mit Gewinnspielen und unter dem Deckmantel der Pflichterfüllung anzubieten, scheint üblich gewesen zu sein:

> „Morgen Abend findet im Nationalen Klub zu Pretoria ein großer Maskenball statt, bei dem viele Preise ausgeteilt werden sollen. Wir erwarten, dass alle Mitglieder des Klubs mit Ihren Damen erscheinen werden."[90]

Schlussfolgerung

Der Deutsch-Afrikaner ist keine Zeitung, die das „Soll" einer vorbildlichen deutschen Hausfrau öffentlich infrage stellt. Für eine Zeitung, deren Ziel darin bestand, dieses „Soll" zu fördern, lässt er aber doch regelmäßig und hartnäckig durchscheinen, dass es daneben auch ein weniger striktes und pragmatischeres „Ist" gab. Alle Hinweise auf die Tätigkeiten

---

85 Der Deutsch-Afrikaner 39, 13. April 1922, 14; Der Deutsch-Afrikaner 40, 20. April 1922, 8, 12.
86 Der Deutsch-Afrikaner 16, 27. Oktober 1921, 18.
87 Der Deutsch-Afrikaner 8, 1. September 1921.
88 Der Deutsch-Afrikaner 16, 27. Oktober 1921, 10.
89 Der Deutsch-Afrikaner 13, 6. Oktober 1921. 6.
90 Basarfonds, in: Der Deutsch-Afrikaner 13, 6. Oktober 1921, 20.

von Frauen, die wir der Zeitung entnehmen können, durchzieht die Annahme, dass sich die „weiße" Gesellschaft Südafrikas entlang ethno-linguistischer Grenzen spaltete. Die imaginäre Gemeinschaft, von der die Zeitung ausging, wurde von ihren Landsleuten als deutsch betrachtet und musste sich auch selbst dafür halten. Die Rolle, die *Der Deutsch-Afrikaner* bei der geschlechtsspezifischen Ausbildung einer deutsch-afrikanischen Identität spielte, kann im Licht der zeitgleich stattfindenden Identitätsbildung durch die Zeitschriften-Presse in Deutschland selbst bewertet werden. Nancy Reagin fasst dies wie folgt zusammen:

> „In den Spalten, die Leserbriefen gewidmet waren, machten die Frauen-Magazine ihren Leserinnen Rezepte und Haushalts-Tipps von anderen Frauen zugänglich, von denen sie sonst nie gehört hätten. Solche Veröffentlichungen (wie später auch die Hausfrauen-Organisationen) förderten die kollektive Identität der Hausfrauen. Denn sie machten ihren Leserinnen bewusst, dass es ein ganzes Universum Tausender von Bürgerfrauen gab, die in ihren Familien eine ähnliche Rolle einnahmen wie sie selbst. Die Gemeinschaft der Hausfrauen war eine *imaginäre* (im Sinne der Definition von Benedict Anderson). Denn obwohl die meisten deutschen Hausfrauen einander nie trafen, empfanden sich viele von ihnen als einer gemeinsamen Gruppe zugehörig.
>
> Und diese imaginäre Gemeinschaft war implizit (sowie oft auch explizit) eine deutsche. Sie war voller kultureller Bezüge auf Rezepte, Ferien und Haushalts-Aspekte, die für den deutschsprachigen Raum typisch waren. Dies führte dazu, dass die speziell an Hausfrauen gerichteten Veröffentlichungen deren Gruppenidentität sowohl bestimmten als auch begrenzten."[91]

Indem er die Wissensbildungsprozesse einer zahlenmäßig begrenzten deutschen Leserschaft im südlichen Afrika (die größtenteils zumindest voneinander gehört hatte, wenn sie sich nicht sogar untereinander kannte) in einer einzigen Publikation abbildete, vereinte *Der Deutsch-Afrikaner* verschiedene Diskurse – beispielsweise den männlichen, weiblichen, häuslichen, landwirtschaftlichen, religiösen und politischen. Auf diese Weise konnten diese Diskurse sich näher kommen, als dies in Deutschland selbst jemals der Fall war. Eine größere Vielfalt an Veröffentlichungen machte es dort leichter, sich stärker an eine bestimmte Zielgruppe zu richten.

Die Lektüre der Zeitung offenbart zwar eine ganz eigene deutsch-südafrikanische Art. Die überall auftauchenden Beteuerungen, dass die Dinge „echt Deutsch" waren, könnten aber genauso gut ein Beleg dafür sein, dass eigentlich das Gegenteil der Fall war und die Tendenz in eine andere Richtung wies. Damit es neben den englischen und afrikanischen Gemeinschaften existieren konnte, wurde das „Deutschtum" stärker in Abgrenzung zu den Projektionen und Erwartungen dieser Gemeinschaften definiert als als originalgetreue Kopie der Vorlage aus Deutschland selbst. Indem sie den Unterschied zu den Engländern beteuerten und Gemeinsamkeiten und potentielle Partnerschaften mit den Afrikanern akzeptierten, standen die deutschen Südafrikaner der kolonialen Weltsicht einer „rassischen"

---

91 Reagin, Sweeping the German Nation, 28. Das Werk von Benedict Anderson, auf das Reagin sich bezieht, ist: Imagined communities. Reflections on the origins and spread of nationalism. New York 1991, 25-6, 37-44, 67-77.

Trennung und der Überlegenheit der „Weißen" eher zustimmend als ablehnend gegenüber. Die den Frauen zugewiesenen häusliche Rolle war Teil all dessen. Die Frauen machten sich diese Rolle zu eigen und führten sie aus. In ihren begrenzten Möglichkeiten trugen sie so mitunter dazu bei, die Bedeutung ihrer Rolle zu bestätigen und zu stärken – ebenso wie auf andere Weise auch abzuschwächen.

Die deutsch-südafrikanische Identität war vielschichtig und von Gelegenheiten geprägt. Zum Beispiel: So, wie sie im *Deutsch-Afrikaner* dargestellt wurde, war die Rolle der Missionarsfrauen stark auf ihre Aktivitäten in der deutschsprachigen, „weißen" Gemeinde ausgerichtet. In dieser Phase reihten sich Frauen, die eine vielleicht viel ausführlichere und engere Verbindung mit der indigenen Bevölkerung hatten, in die Reihen deutschsprachiger Frauen ein, deren Kontakt mit Afrikanern sich auf ihre Dienstboten beschränkte. Wenn man bedenkt, dass *Der Deutsch-Afrikaner* sich an seine Leserschaft als Zeitung für koloniale Siedler wendete, dürfte es nicht überraschen, dass die Erwähnung der „schwarzen Freunde" von Schwester Kropf eine ungewöhnliche Ausnahme bleibt.

Die Existenz der deutschen Hausfrauen und Mütter in einem kolonialen Milieu zielte darauf ab, Verschiedenheit zu schaffen: innerhalb der Gemeinschaft der „Weißen" waren der Wettstreit beziehungsweise die Allianzen mit burischen und englischen Frauen Teil der Beteuerung einer Ehrenhaftigkeit, die sie von der Klasse der Bediensteten unterschied. Koloniale Religiosität gehörte zu dieser angestrebten Ehrenhaftigkeit dazu. Wie Kirsten Rüther in ihrem Artikel über einen Pastor aus Pretoria beschreibt, der im späten 19. Jahrhundert die modischen Reifröcke seiner „schwarzen" Hausangestellten öffentlich verbrannte,[92] hatten Bedienstete ihren Platz zu kennen. Es war ihnen nicht erlaubt, ihren „Madams" nachzueifern – ganz besonders nicht in den Bereichen, in denen sich die deutschen Herrinnen vom sicherer verankerten „weißen" (englischen und afrikaansen) Establishment kritisch beobachtet fühlten. Die Angst, aufgrund einer zu engen Verbindung mit der indigenen Bevölkerung von oben herab betrachtet zu werden, bildete das koloniale Äquivalent zur Angst der Bürger, die untergebenen Klassen könnten ihre Postionen in der Hierarchie infrage stellen. Für die deutschen Frauen in Südafrika war es sicherer, sich für eine vorbildliche Teilnahme am Kreuzzug für „rassische" Trennung zu entscheiden, als im Verdacht zu stehen, in dieser Hinsicht auch nur einen Moment lang nachzulassen.

---

92 Kirsten Rüther, Heated Debates over Crinolines: European Clothing on Nineteenth-Century Lutheran Mission Stations in the Transvaal, in: Journal of Southern African Studies 28, 2, 2002, 359-378.

Gründung der deutschen evangelischen Gemeinde Swakopmund im Kontext des Elends der besiegten Herero und Nama

Lothar Engel

In seinem Roman *Herero* schildert Gerhard Seyfried, wie der Landvermesser Carl Ettman Ende Dezember 1903 nach Deutsch-Südwestafrika kommt und sich für einige Tage im bescheidenen Swakopmunder Hotel „Fürst Bismarck" einquartiert. Der Neuankömmling erlebt am 3. Januar 1904 seinen ersten Sonntag im Land:

> „Als Ettmann aus seinem Zimmer kommt, trifft er auf Herrn Faber, den Gastwirt, der mit Frau und Tochter gerade zum Strand aufbricht. Familie Faber hat sich herausgeputzt, der Vater im Frack, die Damen in Weiß, denn um neun Uhr ist Strandgottesdienst beim Leuchtturm, im Freien also, weil es in Swakopmund noch keine evangelische Kirche gibt, wie ihm Faber erklärt. Ettmann hat aber gestern schon den Zettel gesehen, der vor der Pension angeschlagen ist: Herr Missionar Böhm hält Sonntags-Gottesdienst, bei gutem Wetter am Flaggenmast, bei herrschendem Nebel im Saale des Bezirksgerichts. [...] Swakopmund hat sich mit schwarzweißroten Fahnen geschmückt, und vom Mast beim Leuchtturm wehen bunte Signalflaggen [...] Beinahe die gesamte protestantische Einwohnerschaft hat sich hier um den weißbärtigen Missionar versammelt, dabei sind auch drei Schutztruppenoffiziere in Grau und Silber [...] Die Honoratioren und die wenigen Damen sitzen auf Stühlen. Oben am Strandweg stehen gut fünfzig Schwarze und recken neugierig die Hälse [...]"[1]

Der Autor wird die Realität von damals und das Milieu derer, die sich unten am Strand von Swakopmund versammelten – beobachtet von Zaungästen „oben am Strandweg" – zutreffend wiedergegeben haben. Es gab damals noch keine evangelische Gemeinde im Ort. Der Rheinische Missionar Johann Albrecht Friedrich Böhm, von dem im Roman die Rede ist, war nicht in Swakopmund angesiedelt, sondern wirkte seit Jahrzehnten im südlich gelegenen Walvis Bay unter afrikanischen Bewohnern.[2] Swakopmund war damals noch klein

---

1 Gerhard Seyfried, Herero, Berlin 2004, 27f. - Zur Kritik des Romans von Seyfried und zu den „Stereotypen des Kolonialromans" vgl. Medardus Brehl, Vernichtung der Herero. Diskurse der Gewalt in der deutschen Kolonialliteratur, 2007, 141.
2 Die heutige Deutsche Evangelisch-Lutherische Gemeinde Swakopmund bildet zusammen mit Walvis Bay einen Gemeindeverband. Der Swakopmunder Pfarrer betreut neben Swakopmund und Walvis Bay auch Gemeinden in Usakos/Karibib und Lüderitz mit dem Farmbezirk Helmeringhausen (jeweils monatlich; vgl. URL www.elcin-gelc.org [1.12.2010]). Die Evangelical Lutheran Church in the Republic of Namibia, die aus der Arbeit der Rheinischen Mission hervorgegangen und eine der größten Kirchen Namibias mit ca. 350.000 Gemeindegliedern ist, zählt heute zwei Gemeinden in Swakopmund, die zum Kirchenkreis Usakos gehören (URL: www.elcrnam.org [1.12.2010]).

und muss auf neu ankommende Siedler und Soldaten einen ernüchternden Eindruck gemacht haben.[3] Eine gewisse wirtschaftliche Bedeutung hatte der Ort ab 1892 erlangt, als der damalige Hauptmann der noch kleinen Schutztruppe, Curt von François, eine Anlegestelle für Schiffe bauen ließ. Der Ort gewann weiter, als ab 1897 die Bahn von hier ins Landesinnere gebaut und 1902 die Verbindung nach Windhoek eröffnet wurde. Doch der eigentliche Boom trat mit dem Kolonialkrieg (1904-1908) ein, als über Swakopmund der Güterumschlag und der militärische Nachschub für die Schutztruppe abgewickelt wurden. 1903 gab es erst 380 Bewohner, 1905 wuchs die Zahl auf etwa 1500 Personen, hinzu kamen etwa 1000 Gefangene[4]. Als sich die Herero gegen ihre Kolonialherren mit Gewalt erheben[5], kommt den Swakopmundern das Kanonenboot S.M.S. Habicht zu Hilfe. Es traf am 18. Januar 1904 ein. Unter dem Eindruck, in den nächsten Tagen gegen die aufständischen Herero, gegen die „schwarzen Horden", „Raubgesindel" eingesetzt zu werden, beschrieb G. Auer, Obermatrose auf dem Kanonenboot, die Situation der Bevölkerung Swakopmunds so: „Die Bürger Swakopmunds erwarteten uns bereits sehnlichst, da sie sich mit so wenigen Mann Besatzung nicht stark genug fühlten, den Hereros Stand zu halten. Die Frauen der Europäer waren auf die zurzeit dort vor Anker liegenden zwei Woermanndampfer gebracht worden, wo man sie vor Überfällen der Hereros geschützt wußte. Die Männer hatten sich verbarrikadiert, um ihr Leben im Falle der Gefahr so teuer wie möglich zu verkaufen und den Schwarzen einen tüchtigen Denkzettel zu geben."[6]

Erste Seelsorger für die „Weißen": zwei Missionare

Man sage den Swakopmundern gerne nach, „sie wären ein besonderes Völkchen und kämen aus ihrer Oppositionsstellung nicht heraus"[7], berichtete Pastor Dr. Kurt Thude, der seit

---

3 Schutztruppenkommandeur Berthold von Deimling erinnerte sich an seine erste Ankunft 1904 später so: „Da endlich! Am 23 Juni heißt es: ‚Swakopmund in Sicht.' Alles stürzte an Deck und starrte mit den Ferngläsern vor gespannten Augen in die Weite. Allgemeine Enttäuschung! Statt einer grünen tropischen Landschaft, wie sie begeisterte Kolonialfreunde in der Heimat farbenprächtig zu malen pflegten, sahen wir nur eine endlose, rötliche Sandwüste ohne jeden Baumbewuchs. An der Küste geklemmt lagen die weißen Häuser aus Swakopmund wie ein Dorf an der Ostsee, das sich ehrgeizig zum Badeort entwickeln möchte." (Berthold von Deimling, Aus der alten in die neue Zeit. Lebenserinnerungen, Berlin 1930, 57).
4 In ihrer Darstellung von 1967: Das alte Swakopmund 1892-1919, Swakopmund zum 75. Geburtstag, nennt Hulda Rautenberg folgende Zahlen: für den Ort 1904/05 = 1538 Europäer und eine „stark wechselnde Zahl von Eingeborenen durch den Hererokrieg"; für den Bezirk 1691 „Europäer" und über 3000 „Eingeborene"; im Zeitraum 1905/06 sei die Zahl der Europäer im Ort auf 1819 Personen angestiegen. – 1907 soll Swakopmund nach Tsingtau die Stadt mit dem zweitgrößten Anteil „weißer" Bewohner in einer deutschen Kolonie gewesen sein. Heute zählt die Stadt etwas mehr als 34.000 Einwohner; etwa 10% sind deutscher Abstammung (Hulda Rautenberg, Das alte Swakopmund 1892-1919, Swakopmund zum 75. Geburtstag, Swakopmund 1967, 321).
5 Der Krieg begann nach dem zweiten Sonntag im Januar 1904.
6 M. Unterbeck (Bearb.), In Südwestafrika gegen die Hereros. Nach den Kriegs-Tagebüchern des Obermatrosen G. Auer, Berlin 1911, 30.
7 Kurt Thude, 25 Jahre Deutsche Evangelische Kirche Swakopmund, Festschrift. Swakopmund, 1938, 72. Im Geleitwort schreibt Bischof D. Heckel, Leiter des Kirchlichen Außenamtes, dass die Auslandsgemeinden „aus dem tiefsten Lebenszusammenhang mit dem Leib ihres Volkes und ihrer Kirche" leben. Diese „tiefste Lebensschicht" habe der Führer des neuen Reiches „wieder zum Fundament des Volkes gemacht" (ibid., 6). – Thude gab die Festschrift in einer Zeit heraus, in der es in Südwest wegen der NSDAP beträchtliche politische Spannungen mit der südafrikanischen Administration gab.

August 1930 als evangelischer Seelsorger in Swakopmund tätig war, im Rückblick, und auch der junge Missionar Heinrich Vedder berichtete 1905 sehr skeptisch aus Swakopmund, seinem ersten Arbeitsfeld, wo er die „Weißen" kirchlich mit versorgte:

> „Von einem geistlichen Bedürfnis kann man hier durchaus nicht sprechen. Etwa alle 6-8 Wochen ist früher Gottesdienst gehalten worden, der von 5-10 Leuten aus der Civilgemeinde besucht wurde. Man entschuldigte sich stets damit, nichts davon gewußt zu haben. Als ich dann den ersten Gottesdienst im Gerichtssaale halten wollte, ließ ich's in die von allen gelesene Zeitung einrücken, zudem ließ der Bezirksamtmann Dr. Fuchs ein Cirkular umhertragen. Dennoch erschien nur Dr. Fuchs mit Frau und Dienstmädchen, und als diese baten, wieder nach Hause gehen zu dürfen, habe ich mit meiner Predigt im Herzen dasselbe getan und war gar nicht abgeneigt, mit Paulus zu sagen: ‚Von nun an wende ich mich rein zu den Heiden'."[8]

In seinen *Kurzen Geschichten aus einem langen Leben* von 1953 beschreibt Vedder die damalige Lage so:

> „Wie aber sollte ich an die deutsche Bevölkerung herankommen? Sie war der Rheinischen Mission gram. Man nahm an, dass die Missionare um den Plan der Herero, alle Deutschen zu ermorden, gewusst hätten […] Ich beschloß, einen deutschen Gottesdienst anzukündigen."[9]

Anfangs hatte Missionar J. A. F. Böhm (geb. 1833 in Michelsbach), der schon 1864 nach Südwestafrika gekommen war und seit 1881 in Walvis Bay und in Rooibank wirkte, die Swakopmunder quasi nebenamtlich kirchlich mit versorgt.[10] Böhm hielt seit 1894 gut zehn Jahre lang etwa alle zwei Monate Gottesdienste in Swakopmund: vormittags in einem Saal einen für die Deutschen, der wenig besucht wurde, und nachmittags in einem Lagerhaus der Regierung den für die afrikanischen Arbeiter. Anfangs marschierte er durch die Dünen nach Swakopmund (etwa 10 Stunden). Später organisierte die Kommandantur seinen Transport mit Hilfe von Stationspferden. Er wohnte während seines Aufenthalts in einem bescheidenen Hotel (vermutlich dasselbe „Fürst Bismarck", das Gerhard Seyfried erwähnt[11]) oder privat bei Freunden. Im Juni 1900 hatte er bereits um einen Missionar nur für Swakopmund gebeten, aber die Rheinische Mission „glaubte immer noch, Walfischbai würde deutsch und dann würde doch Walfischbai der Hauptort für Deutsch-Südwestaf-

---

Swakopmund verzeichnete nach Windhoek die zweitgrößte Anzahl von NSDAP-Mitgliedern (vgl. Martin Eberhardt, Zwischen Nationalsozialismus und Apartheid, Berlin 2007, z.B. 356).
8 Brief Vedders vom 23.02.1905, Archiv- und Museumsstiftung der VEM, RMG 2.528a.
9 Heinrich Vedder, Kurze Geschichten aus einem langen Leben, Wuppertal 1953, 136. – Über die Gründe für diesen grundsätzlichen Konflikt zwischen Mission und Siedlern hat sich der Missionswissenschaftler C. Mirbt erst am Ende seiner Monographie von 1910 zu „Mission und Kolonialpolitik" geäußert und verweist auf die bereits in der Heimat wirksame Säkularisierung: „Der Mangel an Fühlung zwischen Mission und weißer Bevölkerung hat zum Teil wohl auch darin seinen Grund, dass die Eingewanderten vielfach ihrer Kirche entfremdet sind."(C. Mirbt, Mission und Kolonialpolitik in den deutschen Schutzgebieten, Tübingen 1910, 271).
10 Sein Sohn wurde später der erste von der anglikanischen Kirche ordinierte Pastor von Walvis Bay.
11 H. Vedder hat in seinen erwähnten Kurzen Geschichten von 1953 berichtet: „In Swakopmund fanden wir Unterkunft in dem höchst primitiven Holzgebäude, hochtrabend ‚Fürst Bismarck' genannt" (Vedder, Kurze Geschichten, 117).

rika."¹² Ab Juli 1904 wurde er durch den 1867 in Darmstadt geborenen Missionar Karl Hammann in Swakopmund vertreten, der durch den Aufstand sein eigentliches Arbeitsfeld im Gebiet der Herero verloren hatte.

Im Jahr 1905 nahm die Rheinische Missionsgesellschaft schließlich die Arbeit in Swakopmund direkt auf und sandte den 28jährigen Missionar Heinrich Vedder dorthin. Unterkunft fand er in einem einräumigen Bretterhäuschen. Vedder befand sich seit Ende Dezember 1903 – noch ohne Ehefrau – im Land. In Scheppmannsdorf, Karibib und Otjimbingue hatte er mit Hilfe der Missionare Nama und Herero gelernt. Jetzt erwartete ihn in dem sich rasch vergrößernden Ort eine umfangreiche Tätigkeit. Er hatte für vier Gemeinden Gottesdienste zu halten: für das Militär (vom Stadtkommandanten war er zum Militärpfarrer ernannt worden), für die evangelischen Deutschen (vom Evangelischen Oberkirchenrat (EOK) in Berlin war er als Auslandspfarrer bestätigt worden), für die gefangenen Herero und für die (nichtaufständischen) Damara. Er war in dieser Zeit faktisch drei Herren gegenüber rechenschaftspflichtig: dem Missionsinspektor in Wuppertal, dem Stadtkommandanten in Swakopmund und dem deutschen Kaiser in Berlin als Oberherrn der preußischen Landeskirche.

Der Kontext der Gründung: das Elend der Besiegten

Die gefangenen Herero vegetierten in Swakopmund als Zwangsarbeiter unter unmenschlichen Bedingungen. In der schlimmsten Zeit starben täglich 30 bis 50 Personen.¹³ Über den Völkermord in Namibia und über die Konzentrationslager ist 2004 zum Gedenken an die Ereignisse vor 100 Jahren in mehreren Untersuchungen berichtet worden.¹⁴ Für unseren kirchen- und missionsgeschichtlichen Rückblick ist die Schilderung von Vedder selbst und von anderen von Interesse.¹⁵ Diese gingen in der theologischen Beurteilung von einem

---

12 Zitat von Böhm ohne Fundort bei Hulda Rautenberg, Das alte Swakopmund, 225). Auch Vedder erwähnt diese Initiative. Böhm habe der Gemeindegründung „vorgearbeitet", u.a. durch die Sammlung für einen Kirchenfonds, der 1906 bereits „die Summe von M 10.000 überschritten habe." (Brief an die Missionsleitung vom 14. Febr. 1906, RMG 1.660, 82).
13 Die erste Zahl stamme von Vedder, die höhere vom Divisionspfarrer M. Schmidt (Jürgen Zimmerer/Joachim Zeller (Hgg.), Völkermord in Deutsch-Südwestafrika. Der Kolonialkrieg (1904-1908) in Namibia und seine Folgen, Berlin, 2. Aufl. 2003, 69).
14 Siehe die Veröffentlichungen von T. Dedering, J.-B. Gewald, R. Kößler, G. Krüger, H. Melber, J. Zeller, J. Zimmerer; den Überblick von S. Richter in den Tagungsprotokollen der Ev. Akademie Iserlohn (Steffen Richter, „oder lasse auf sie schießen", in: Christof Hamann, Afrika – Kultur und Gewalt. Hintergründe und Aktualität des Kolonialkriegs in Deutsch-Südwestafrika. Seine Rezeption in Literatur, Wissenschaft und Populärkultur (1904-2004).Tagung der Evangelischen Akademie Iserlohn im Institut für Kirche und Gesellschaft der EKvW, 9.-11. Juni 2004, Iserlohn 2005, 11-16); „Some Antecedents of the Holocaust Denial Literature", in: K. Jonassohn/K. S. Björnson, Genocide and Gross Human Rights Violations in Comparative Perspective, New Brunswick/New Jersey, 2. Aufl. 1999, Teil 6, 65-82. – Georg Steinmetz beschreibt in „The Devil's Handwriting" den Übergang vom „genocide" zum „ethnocide" und das Verhältnis zu den geschlagenen Herero in der Nachkriegssituation so: „[…] was an emphasis on actively reconstituting them as a deracinated, atomized proletariat. Postwar policies were assimilationist insofar as they sought to turn the colonized into something familiar enough to be easily manageable." (Georg Steinmetz, The Devil's Handwriting, Chicago/London 2007, 203).
15 Von Seiten der Missionsleitung hat sich Inspektor G. Haußleiter 1906 ausführlich in vier Beiträgen mit dem Aufstand und seinen Folgen beschäftigt: Zur Eingeborenen-Frage in Deutsch-Südwest-Afrika, in: Allgemeine Missions-Zeitschrift 33, Berlin 1906, 19ff.

Verständnis der Sünde der Herero aus, die im Aufstand ihren Niederschlag fand. Sie stuften das aus der Niederlage resultierende Elend der Besiegten als gerechte Strafe ein. Das schloss nicht aus, dass sich Missionare – wie es Vedder in Swakopmund tat – über die unmenschliche Behandlung der Aufseher beschwerten und sich für die Verbesserung der Lebensumstände der Gefangenen einsetzten.

Vedder hat mit seinem Einsatz vielen Gefangenen das Überleben gerettet. Er hat unter anderem Kleidung aus Deutschland beschafft, eine Krankenstation eingerichtet, die Ernährung und die Kommunikation mit den Gefangenen verbessert, Seelsorge ermöglicht und schließlich eine in Hamburg vorfabrizierten kleine Kirche für Afrikaner errichtet, die 1906 eingeweiht wurde. Noch 1905 wurde ein Haus für ihn und seine nachgereiste Braut gebaut.[16] Vedder hat Berichte über das Elend der Gefangenen an die Missionsleitung geschickt, in denen er in aller Offenheit die prekären Umstände schilderte: die geschwächten und erkrankten Gefangenen wurden unmittelbar nach ihrer Ankunft im Swakopmunder Lager zur Arbeit geschickt; sie wurden durch Aufseher misshandelt; es gab nur minimale, mangelnde oder falsche Ernährung; Kleidung fehlte; die Unterkünfte waren unzureichend; das Lager (Vedder spricht von der „Werft") war nicht nach Geschlechtern getrennt; die Kinder wurden allein im Lager gelassen, wenn die Eltern zur Arbeit abgeführt wurden; die Gefangenen hatten Angst davor, auf die Haifischinsel nach Lüderitzbucht verlegt zu werden, wo das Klima für die aus dem Inland kommenden Herero und Nama noch unerträglicher war als in Swakopmund.

Vedder hat in seiner Korrespondenz die ihn erschütternde Lage der Gefangenen[17] auch in Zahlen präsentiert. Am 27. Mai 1905 nennt er folgende Daten: 359 Verstorbene zwischen dem 29. Januar und dem 15. Mai 1905, unter ihnen 139 Kinder. Im Mai 1905 betrug die Gesamtzahl der Internierten 1100 Personen (367 Männer; 451 Frauen; 282 Kinder).[18] Einen Monat vorher betrug die Zahl der Gefangenen noch 1281 Personen, was bedeutet, dass in diesen vier kalten Winterwochen 181 Personen, also knapp 15 Prozent der Lagerinsassen starben. Am 24. Juli 1905 schreibt Vedder, die Gesamtzahl der Verstorbenen sei zwischen dem 29. Januar und dem 12. Juni auf 583 Personen angestiegen. Im diesem Brief fasst er seine Gefühlslage wie folgt zusammen:

---

16 Die Ziviltrauung erfolgte in Swakopmund; kirchlich wurde das Ehepaar am 1. Okt. 1905 in Karibib getraut und die Hochzeit wurde am selben Tag auf der Farm der Familie Hälbich gefeiert. (Vedder, Kurze Geschichten, 141).

17 Die Herero, die sich gestellt haben, seien „völlig verarmt, nackt, ausgehungert, geschwächt und zum großen Teil krank, wahre Jammergestalten. Die Sterblichkeitsziffer ist erschreckend. Die Hütten, in denen die Gefangenen wohnen, sind mehr als mangelhaft. Sie bestehen aus Pfählen, über die als Wand und Dach Sacktuch genagelt ist und in der Nacht keinen nennenswerten Schutz bieten. Die Versorgung mit Nahrung ist keineswegs hinreichend [...] Die Kranken sind ohne Pflege [...] Ich gehe täglich hin; helfe ein klein wenig mit Tee und Büchsenmilch aus, den Kindern lasse ich eine Mehlsuppe kochen [...] mir stehen gegenwärtig keinerlei Hilfsmittel zu Gebote." (Brief Vedders an Spiecker vom 3. März 1905, RMG 1.660, 51). – Vedder deutete in seinen Erinnerungen von 1953 an, dass Mangelernährung und die Unkenntnis über Vitamine auch den frühen Tod seines ersten Kindes, das nur drei Monate lebte, verursacht haben könnten (Vedder, Kurze Geschichten, 149). Über die Säuglingssterblichkeit in diesen Jahren hat der deutsche Pfarrer in Karibib, P. Heyse, 1911 einmal geschrieben: Sie sei in „früheren Jahren [...] erheblich" gewesen, „besonders in Swakopmund, wo auch heute noch die Küstenruhr so manches dahinrafft" (P. Heyse, Artikel in der Täglichen Rundschau 31: Schwarz und Weiß in Deutsch-Südwest).

18 Brief vom 27.05.1905, RMG 1.660, 61.

"Ich bin aber noch kein einziges Mal mit fröhlichem Herzen nach Hause gegangen, wenn ich die Gefangenen besucht hatte. Dieses Elend macht nach meiner Ansicht den, der es immer vor Augen hat, entweder hart und gefühllos, oder er leidet und fühlt sich selbst elend. Mein Trost ist, dass Gott der Herr dennoch Friedensgedanken mit dem armen, verblendeten und zertretenen Volke hat [...]"[19]

Die Mission wagte jedoch nicht, das Elend in seinem ganzen Ausmaß in die deutsche Öffentlichkeit zu bringen, wie Friedrich Huber 2005 in seinem kritischen Aufsatz feststellte.[20] Vedder schilderte in seinen 1953 veröffentlichten Lebenserinnerungen 17 Seiten lang seine Aktivitäten und Erlebnisse in Swakopmund in jener Zeit. Die Gründung der „weißen" Gemeinde stand dabei im Vordergrund, während die bedrückende Lage der Gefangenen von ihm im Vergleich dazu weniger umfangreich beschrieben wurde. Seine Formulierungen verschleiern die damalige Realität eher.[21] In einem weiteren, achtseitigen Beitrag zur Vorgeschichte der evangelischen Gemeinde Swakopmund – in der von Pastor Kurt Thude herausgegebenen 25-Jahres-Festschrift von 1938 – reduziert er das ganze Elend der Gefangenen auf einen nüchternen Satz: „Ein großer Gefangenenkraal umschloß nach einigen Monaten etwa 2000 Hererogefangene."[22] Deren Schicksal erscheint zu diesem Zeitpunkt bei Vedder in den Hintergrund gerückt und wird überlagert von der anderen Wirklichkeit, der Gründung der evangelischen Gemeinde der Deutschsprachigen. Es ist, als wenn beide Ereignisse zu unterschiedlichen Welten gehörten.

Marginalisierung der Erfahrungswelt der Anderen

Auch andere Autoren haben entscheidende Fakten ausgeblendet. So schrieb Hulda Rautenberg in ihrer Geschichte der Stadt Swakopmund:

„Der Kommandant ließ eine Bretterkirche am Lager erbauen, wo Vedder abends erwartungsvolle Zuhörer fand, die Vertrauen zu ihm fassten und in der christlichen Lehre Zuflucht suchten. Als von Lindequist im November 1905 ins Land kam, erbat Vedder von ihm für die Gefangenen einen freien Sonntag, bessere Behandlung und einen Lohn; bis dahin hatten sie nur für Beköstigung arbeiten müssen. Lindequist war einverstanden. Er hielt auch eine Ansprache an die Gefangenen, die Vedder übersetzte. Hiernach fassten sie wieder Mut."[23]

Bei der „besseren Behandlung" ging es um die Abschaffung der unmenschlichen Strafen im Lager. Von Lindequist genehmigte auch nur den arbeitsfreien Sonntagnachmittag. Der geringe Lohn sollte Hererofrauen in die Lage versetzen, sich Kleidung zu beschaffen.

---

19 Ibid., 65.
20 Friedrich Huber, Die Haltung der Rheinischen Missionsgesellschaft zum Herero- und Nama-Aufstand, in: Zeitschrift für Mission 3/05, Frankfurt/Basel, 2005, 213-226.
21 So beschreibt er den bedrückenden Kontext seiner damaligen missionarischen Arbeit wie folgt: „Viele Hererogefangene wurden nach Swakopmund gesandt. Mit Beginn des neuen Jahres müsse ich mit der Missionsarbeit dort beginnen, entschied der Vorstand." (Vedder, Kurze Geschichten, 132).
22 Heinrich Vedder, Zur Vorgeschichte der Evangelischen Gemeinde Swakopmund, in: Kurt Thude, 25 Jahre Deutsche Evangelische Kirche Swakopmund, Swakopmund 1938, 35.
23 Hulda Rautenberg, Das alte Swakopmund, 227.

In der 1983 erschienenen 81 Seiten umfassenden Sammlung historischer Daten über Swakopmund[24] werden an keiner Stelle die afrikanischen Bewohner der Stadt, geschweige denn das Elend der gefangenen Herero erwähnt. Auf 25 Seiten werden historische Details nach inhaltlichen Aspekten geordnet. So findet sich nur unter der Rubrik „Clubs, cultural activities, spezial events and sports" zum Jahr 1904 eine Notiz über Afrikaner: „12.1 – outbreak of Herero rebellion", abgedruckt im Anschluss an eine Information über 1902: „First school library established (65 books)" und vor der folgenden zu 1905: „9.1 – Founding of ‚Swakopmunder Bürgervereins' (Citizens' Club) and the Swakopmund Football Club (December)". Es scheinen nur die für Deutsche wichtigen Daten aufgeführt zu sein. Afrikanische Menschen, ihr Schicksal und ihre „places", die Teil der Geschichte dieser Stadt sind, sind gezielt ausgeblendet worden.

Das Leiden auf Seiten der einheimischen Bevölkerung nach deren Niederlage wird auch nur andeutungsweise im summarischen Beitrag berührt, den Julius Baumann in der von Wahrhold Drascher und Hans Joachim Rust herausgegebenen Festschrift von 1961 für Heinrich Vedder veröffentlicht hat. Er berichtet über die Zeit in Swakopmund und Vedders Rolle bei der Gemeindegründung:

> „Der Anfang in der Küstenstadt war nicht erhebend (bezieht sich auf die schlichte erste Unterkunft von Vedder; LE) […] Zahlreiche Hererogefangene wurden nach Swakopmund geschafft; die meisten befanden sich in erbärmlicher Konstitution (nicht erwähnt wird der Grund, dass sie wie Vieh behandelt wurden; LE) […] Vedder nahm sich ihrer nach Leib und Seele an […] Auch den Deutschen wollte er Seelsorger sein. Der Gouverneur Dr. von Lindequist ermunterte ihn dazu. Eine Gemeindeversammlung wurde einberufen: von Lindequist wies in seiner Rede auf die Gottesfurcht und darum auch auf Kirche und Mission hin. Es kam zur Gründung der Deutschen Evangelischen Gemeinde und der Oberkirchenrat in Berlin bestätigte Vedder als Pfarrer von Swakopmund."[25]

Nicht deutlich wird in dieser teils verharmlosenden Sichtweise, dass der Kontext die Missionare zwang, ihre Arbeitsweise unter der afrikanischen Bevölkerung zukünftig völlig zu ändern. Trotz der Niederlage der Herero und Nama hatten die „Weißen" weiter unterschwellig Angst vor der afrikanischen Bevölkerung. Ein Aufstand durfte sich nicht wiederholen.

Krieg und Elend der Besiegten konnten sogar als positive Impulse für eine blühende kirchliche Entwicklung unter „weißen" Siedlern interpretiert werden. So hat sich der ehemalige Windhoeker Pastor Wilhelm Anz 1908 nach seiner Rückkehr nach Deutschland auf etwa 50 Seiten ausführlich zu den kirchengeschichtlichen Folgen des Aufstandes geäußert. Darin vertrat er eine Ansicht, aus der man folgern kann, dass die Niederlage der Herero und Nama und das Elend der Besiegten naturgegebene Voraussetzungen der glücklicheren Geschichte der „Weißen" darstellen.

---

24 Ursula Massmann, Swakopmund. A chronicle of the town's people, places and progress, Swakopmund 1983. Es handelt sich um eine Übersetzung der ein Jahr zuvor erschienenen deutschen Ausgabe: Swakopmund. Eine kleine Chronik.
25 W. Drascher/H. J. Rust, Ein Leben für Südwestafrika. Festschrift für H. Vedder, Windhoek 1961, 14.

„Die ungeheure Erbitterung und Kraftanstrengung, mit der auf beiden Seiten gekämpft worden ist, die gewaltigen Verluste an Menschenleben und Volkskraft auf beiden Seiten, das ganze Elend eines 4 Jahre langen Krieges – das alles kann und darf nicht umsonst gewesen sein. Wir könnten als Christen jene 4 Jahre deutscher Kriegsgeschichte in Afrika nur bedauern, wenn nicht wenigstens aus der Tränensaat eine fröhliche Ernte, aus der schweren, opfer- und schuldreichen Vergangenheit eine neue, schöne, blühende Zukunft hervorwächst, wie sie nun eben doch ohne Krieg nicht hätte werden können."[26]

Gouverneur von Lindequists Rolle bei der Gemeindegründung
Missionar Vedder wollte eine Entlastung. Er sah für die Rheinische Mission und für sich keine andere Möglichkeit, als die Bewohner Swakopmunds zu bewegen, nach dem Vorbild von Windhoek eine evangelische Gemeinde zu gründen und beim Evangelischen Oberkirchenrat in Berlin einen Pfarrer zu beantragen. Bereits 1903 hatte der Windhoeker Pfarrer Wilhelm Anz sich an den EOK mit der Bitte um einen Pastor für Swakopmund gewandt. Der jedoch erkundete vorsichtshalber beim Auswärtigen Amt (Kolonialabteilung) und bei Gouverneur Leutwein die Aussichten für eine Gemeindegründung und erhielt von beiden Stellen negative Bescheide. Leutwein schrieb in einem Brief vom 22. September 1904, dass die „Weißen" die Kosten für einen Pfarrer nicht tragen könnten, außerdem sei die Rheinische Missionsgesellschaft ja bereits da! Die Kolonialabteilung riet in einem Schreiben vom 12. August1905, die Wiederherstellung friedlicher Verhältnisse abzuwarten. Erst dann könne beurteilt werden, ob der gegenwärtige Aufschwung des Ortes anhalten werde.

Der entscheidende Anstoß zu einer Gemeindegründung ging von dem am 22. November 1905 in Swakopmund eingetroffenen neuen Gouverneur Dr. Friedrich von Lindequist aus. Er kannte Südwest. Während seiner Anreise hatte er in Lüderitzbucht das Gefangenenlager auf der Haifischinsel und die Arbeit der Rheinischen Mission dort kennen gelernt.[27] Bereits am Nachmittag desselben Tages kam es zu einer ersten, kürzeren Begegnung. Von Lindequist hatte seinen Besuch bei Vedder ankündigen lassen, fuhr auch mit seinem Wagen vor, führte aber das Gespräch nicht in der bescheidenen Unterkunft von Vedder, sondern draußen, wo sie unter anderem über die Zukunft der afrikanischen Waisenkinder sprachen. Der Gouverneur lud Vedder zu einem offiziellen Besuch am nächsten Morgen ein. Während dieser Audienz am 23. November konnte Vedder die drei Zusagen vom neuen Gouverneur erhalten, die auch Julius Baumann in seiner Studie erwähnt hat und die die Lebensverhältnisse der Gefangenen verbesserten. Auf Bitten des Gouverneurs stellte sich Vedder als Dolmetscher zur Verfügung, als jener am selben Mittag vor den Herero eine Rede hielt.

---

26 Lic. W. Anz, Deutschlands Pflichten in Südwestafrika, in: Zeitfragen des christlichen Volkslebens, Stuttgart 1908, 3.
27 Marlies Spiecker-Salazar erwähnt in ihrem 1994 erschienenen Aufsatz, dass der „ultrakonservative" von Lindequist und der Rheinische Missionsinspektor J. Spiecker im Oktober 1905 auf ihrer Reise mit dem Schiff zusammentrafen. Spiecker stellte in seinem ca. 800-seitigen Tagebuch über die kurzen Gespräche mit dem neuen Gouverneur beunruhigt fest, „dass seine Politik nicht gerade Eingeborenenfreundlich sein wird" (Marlies Spiecker-Salazar, Mission und Kolonialherrschaft aus der Sicht eines Missionsinspektors: Das Tagebuch der Afrikareise von Pfarrer Johannes Spiecker, 1905-1907, in: Wilfried Wagner (Hg.), Kolonien und Missionen. Referate des 3. Internationalen Kolonialgeschichtlichen Symposiums 1993 in Bremen, Münster/Hamburg 1994, 431).

In dieser erklärte er den Gefangenen, dass sie an ihrem Elend selbst die Schuld tragen. Denjenigen, die sich nicht an den Morden an Farmern und Händlern beteiligt hätten, kündigt er baldige Freilassung an.

Während der Vormittagsaudienz hatte von Lindequist Vedder auch auf die Verhältnisse der „weißen" Gemeinde angesprochen. Vedder stellte fest, dass bisher „jegliche Organisierung" fehle, er aber plane, in einer der nächsten Wochen eine „Versammlung der evangelischen Bürgerschaft anzuberaumen". Eine solche könne aber auch während des Besuchs von Lindequists abgehalten werden. Der Gouverneur sagte sein Erscheinen zu und verlängerte seinen Aufenthalt um einen Tag. Die Versammlung, zu der Vedder und der Bezirksamtmann Dr. Viktor Fuchs zum 24. November nachmittags einluden, wurde in einem geräumigen Zelt abgehalten. Der Andrang war so groß, dass nicht alle Swakopmunder Platz fanden. Nach den einführenden Worten von Fuchs und Vedder hielt der Gouverneur „eine lange feurige Ansprache", in der er laut einem Brief Vedders an den Missionsinspektor unter anderem sagte:

> „Es tue ihm leid, dass in Swakopmund das kirchliche Interesse so gering sei, dass man sich noch nicht einmal zu einer Kirchengemeinschaft zusammengeschlossen habe. Er hoffe aber sehr [...] dass er bei seinem nächsten Besuch die Freude haben werde, einem deutschen Gottesdienst in einer deutschen Kapelle beiwohnen zu können und dass in einigen Jahren eine deutsche Kirche gebaut sei. Er geißelte mit scharfen und doch freundlichen Worten, dass man in Swakopmund wie in der ganzen Kolonie sehr in Gefahr stehe, dem Materialismus zu verfallen, und die von den Vätern ererbten heiligsten Güter der Religion preis zu geben."[28]

In einem Artikel seiner Kirchenzeitung schilderte Pastor Johannes Hasenkamp 1911 die Gemeindegründung von Swakopmund und erinnerte an die aktive Rolle von Lindequists:

> „Er reiste nicht eher von Swakopmund ab, als bis er die Bildung eines Kirchenausschusses durchgesetzt hatte."[29]

Von Lindequist hat in der Zeit des Nationalsozialismus seine Rolle bei der Swakopmunder Gemeindegründung heruntergespielt. Er schrieb in einem Beitrag in der erwähnten Festschrift zum 25jährigen Bestehen der Kirche Swakopmunds:

> „Soweit ich mich entsinne, habe ich damals allerdings meiner Bekümmernis darüber Ausdruck gegeben, daß diese (Gemeinde- und Kirchengebäude; LE) in dem Haupteingangshafen des Schutzgebietes fehlten, wo sich die Einwanderer häufig mehrere Tage vor der Abreise ins Land aufhielten und ebenso wie die Eingesessenen einen Anspruch darauf hatten, daß für die Befriedigung ihrer religiösen Bedürfnisse gesorgt würde. Nicht lange darauf ist dann unter führender Mitwirkung des [...] Dr. Vedder, und angeblich beschleunigt durch meine Ermahnung, eine Deutsch-Evangelische Kirchengemeinde gegründet worden."[30]

---

28 Brief Vedders an den Missionsinspektor vom 27.11.05, RMG 1660, 31f.
29 Die evangelische Kirche in Deutsch-Südwestafrika. Ein Rückblick, in: Evangelisches Gemeindeblatt für Deutsch-Südwestafrika, Nr. 1 Januar 1911, Swakopmund, 3.
30 Kolonialstaatssekretär a.D. Dr. von Lindequist, Jubiläumsgruß!, in: Thude, Festschrift 25 Jahre Deut-

Das Statut der Gemeinde

Als „äußeren" Erfolg bezeichnete Vedder die Wahl eines Komitees, das ein Statut beraten und eine Gründungsversammlung einberufen sollte. In dem genannten Brief nach Barmen vom 27. November 1905 zählte er auf, wer nach Beschluss der Versammlung vom 24. November 1905 Mitglied im Komitee sein sollte: ein Vertreter des Bezirksamtes, ein Vertreter des Etappenkommandos, sechs ansässige Bürger und Vedder selbst, der als „Ortsgeistlicher" den Vorsitz erhielt. Dieses Komitee sollte auf der geplanten Gemeindeversammlung durch einen zu wählenden Kirchenrat, bestehend aus zehn Personen, abgelöst werden. Wahlberechtigt waren Personen, die durch Unterschrift ihre Mitgliedschaft bestätigten. Vedder schrieb ein Protokoll dieser Versammlung, in dem er notierte: „Die versammelten Männer und Frauen Swakopmunds erklären, dass die Gründung einer evangelischen Gemeinde ein tiefempfundenes Bedürfnis ist".[31] Eine Mitteilung mit weiteren Details ging an die Presse. Vedder und Dr. Fuchs arbeiteten in den nächsten Wochen nach dem Vorbild der Windhoeker Gemeinde ein Statut aus.

Im Brief vom 21. Dezember 1905 berichtete Vedder an erster Stelle aus der „weißen Gemeinde" und gab hier das Protokoll der Sitzung des Komitees, nun Kommission genannt, vom 17. Dezember 1905 wieder, zu der sich acht Kommissionsmitglieder und ein Gast versammelten und bei der er wieder den Vorsitz hatte. Die Sitzung dauerte von 10.00 bis 12.15 Uhr. In diesem knappen zeitlichen Rahmen wurde das Statut beraten und beschlossen, dies in einer Versammlung aller Evangelischen am 2. Sonntag im neuen Jahr, am 14. Januar 1906 vorzulegen. Die Gemeinde sollte, wie im November vorgeschlagen, durch Unterschrift einzelner Mitglieder ins Leben gerufen werden.[32]

Die Gründungs-Versammlung fand schließlich am 7. Januar 1906 statt. Das auf dieser Versammlung beschlossene Statut umfasst folgende Abschnitte:

– Allgemeine Bestimmungen
– Von der Gemeindemitgliedschaft
– Bildung der Gemeindeorgane
– Vom Gemeindekirchenrat
– Von der Gemeindeversammlung
– Von der Kasse und dem Inventar
– Schlussbestimmungen.

Wie eine inhaltliche Klammer wird die Satzung von mehreren Verweisen auf den Evangelischen Oberkirchenrat in Berlin umgeben. Gleich zu Anfang unter Absatz A) Paragraph 1 wird festgesetzt:

---

sche Evangelische Kirche Swakopmund, 12f. – Von Lindequist war Favorit des rechten Flügels des Reichstages und wurde 1907 nach Berlin zunächst als Unterstaatssekretär im Reichskolonialamt berufen, war ab Juni 1910 Leiter des Amtes, verließ aber bereits 1911 den Staatsdienst. Von 1914-1933 war er stellvertretender Vorsitzender der Deutschen Kolonialgesellschaft und diente seit 1919 der Mission für ein Vierteljahrhundert als Vorsitzender der Deutschen Evangelischen Missionshilfe. (Vgl. J. Baumann, Mission und Ökumene in Südwestafrika, Leiden 1965, 25; Spiecker-Salazar, Mission und Kolonialherrschaft, 431).

31 Vedder, Brief an den Missionsinspektor vom 27.11.05, RMG 1.660.
32 Ibid. – In diesem Brief bedankt sich Vedder für den Erhalt einer Schreibmaschine, die er von jetzt an für seinen Schriftverkehr (bisher handschriftlich) einsetzte.

„1. Die evangelische Kirchengemeinde Swakopmunds schliesst sich der evangelischen Landeskirche der älteren Provinzen Preussens an. Sie umfasst den Verwaltungsbezirk Swakopmund.

2. Der Pfarrer wird von der Gemeindeversammlung gewählt. Die Wahl bedarf der Bestätigung durch den evangelischen Oberkirchenrat in Berlin. Die Entlassung des Pfarrers darf nicht ohne Genehmigung des evangelischen Oberkirchenrats erfolgen.

3. Die Gemeinde hat ihre Angelegenheiten innerhalb derselben gesetzlichen Grenzen, wie sie für die Gemeinden der evangelischen Landeskirche gelten, selbst zu verwalten […]

20. Änderungen oder Ergänzungen des vorstehenden Statutes können von der Gemeindeversammlung nur durch Zweidrittelmehrheit der an der Beschlussfassung teilnehmenden Mitglieder beschlossen werden und bedürfen der Genehmigung des evangelischen Oberkirchenrats."[33]

Missionar Heinrich Vedder: Pfarrer „im Nebenamt"

Vedder war nicht glücklich über die im Januar 1906 erfolgte Wahl. Er hoffte, dass ein zweiter, jüngerer Missionar über Barmen oder ein Theologe über Berlin zur Unterstützung ausgesandt würde, was aber nicht erfolgte. Seinen Brief an den Inspektor vom 3. April 1906 eröffnete er mit einem für ihn untypischen Ton der Klage: „Mit tiefem Bedauern" habe er gehört, „dass die geehrte Deputation von der Aussendung eines Theologen nach Swakopmund Abstand genommen habe." Vedders Argument, dass sich in Windhoek ein Theologe und zwei Missionare die Arbeit teilten, obwohl hier in Swakopmund die Arbeit besonders schwer sei – unter anderem wegen der katholischen Mission, die mehr Personal aufbieten könne – überzeugte die Missionsleitung noch nicht. Vedder setzte sich daran, nach der Herero- und Namasprache nun auch die Ovambo-Sprache zu erlernen. Er hatte sonntäglich drei Gottesdienste zu halten und zwei Stunden Taufunterricht, die in der Woche nicht stattfinden konnten. In der Woche lagen folgende Verpflichtungen an: Arbeit in der Bergdamaraschule, in der Hereroschule, Religionsunterricht in der Regierungsschule, Besuch des Militärlazaretts, im Civilkrankenhaus, bei einzelnen Personen, „[…] und was sich sonst alles zuträgt. Ich klage ja nicht […] ich halte es aber für meine Pflicht, dringend darum zu bitten, dass noch eine Arbeitskraft hier eintreten möge."[34]

Auf der anderen Seite wusste er und schrieb dies auch offen nach Barmen, dass die „weiße" Gemeinde zu schwach war, die sehr hohe Miete (ein Pfarrhaus war noch nicht vorhanden) und Teile des Gehalts für einen Theologen aus Deutschland aufzubringen. Deutliche Zeichen setzte der Gemeindekirchenrat, der „nach mehrmaliger offener Aussprache das bisherige Verhältnis zu uns zu wahren wünscht".[35] Aus seinem Brief vom 8. Juni 1906 geht hervor, dass die Missionsleitung in Barmen an die Vermittlung eines Berliner Afrikatheologen nach Swakopmund dachte. Als Vedder diesen Vorschlag mit dem Rat besprach und Annahme empfahl, blieb dieser bei seinem Wunsch, ihn als ihren Pfarrer zu

---

33 Das gesamte Statut findet sich im Bericht Vedders vom 14.02.1906, RMG 1.660, 82-85, Bericht für die Missionsleitung in Barmen.
34 Brief Vedders an den Inspektor vom 03.04.1906; ibid., 87.
35 Ibid.

behalten; die Mission möge einen zweiten Missionar als Ersatz aussenden. Einen entsprechenden Antrag wollte der Rat über sein Mitglied Lehrer Herlyn nach Barmen abschicken, was Vedder aber verhinderte, weil er es für aussichtslos hielt. So blieb er bis zu seinem Weggang Seelsorger der „weißen" Gemeinde „im Nebenamt"[36]. Der später verwendete Begriff „Doppelamt", der der pastoralen Arbeit unter den „Weißen" ein stärkeres Gewicht beimisst, tauchte bei ihm noch nicht auf. Er wollte in erster Linie Missionar sein.

Mit Schreiben vom 11. Februar 1907 bestätigte der EOK in Berlin den Anschluss der Gemeinde in kirchlichem Amtsdeutsch wie folgt:

> „Es gereicht uns zur Freude, dem Gemeindekirchenrat […] mitteilen zu können, dass seine Majestät, der Kaiser und König mittels des in beglaubigter Abschrift beigefügten Allerhöchsten Erlasses vom 29. Dec. 1906 unserm Antrage gemäß den Anschluss der deutschen evangelischen Gemeinde von Swakopmund an die Evangelische Landeskirche der älteren Provinzen der preussischen Monarchie zu genehmigen geruht haben." Im selben Schreiben wurde die Gemeindesatzung vom Januar 1906 genehmigt. „Ferner haben wir gemäß §2 der Satzungen und mit Bezug auf § 6 des K. G. vom 7. Mai 1900 dem in Swakopmund stationierten, von der dortigen Gemeinde bis auf Weiteres zu ihrem Pfarrer gewählten Missionar der Rheinischen Mission Heinrich Vedder in seinem Amte als Gemeindepfarrer unsere Bestätigung erteilt. gez. Voigts."[37]

Kulturpioniere gehen nicht in eine Kirche für „Eingeborene"

Im kolonialen Namibia hatten es die kirchlichen Verantwortungsträger mit einem besonders schwierigen Betätigungsfeld für ihre gemeindliche Arbeit zu tun. Ihre Hoffnung, dass auf dem harten Acker einmal lebendiges evangelisches Kirchenleben sprießen würde, war begrenzt. Pastor Johannes Hasenkamp, Nachfolger von Missionar Vedder, hat sehr früh die Kritik der Missionare an der Haltung der deutschsprachigen „weißen" Siedler geteilt:

> „Wie unkirchlich ist die deutsche Kultur der Gegenwart geworden!" Die Tatsache, dass die meisten deutschen Siedler unverheiratet waren, und der Sinn nach Erfolg und materiellem Gewinn würden mithelfen, „die aus der Heimat mitgebrachte Unkirchlichkeit noch zu verstärken."[38]

Allerdings war auch den Swakopmundern an der Errichtung eines symbolträchtigen Zeichens ihres „Deutschtums" gelegen, dem Bau eines monumentalen Kirchengebäudes. Den Wunsch nach einer eigenen Kirche für die Deutschen in Swakopmund hatte Gouverneur von Lindequist im November 1905 ja deutlich ausgesprochen. Bereits seit 1897 hatte Missionar Böhm angefangen, für den Bau einer Kirche Geld zu sammeln. Der Plan für einen Kirchbau hing auch mit der Abneigung der „Weißen" gegenüber der afrikanischen Bevölkerung zusammen. Pastor Paul Heyse kommentierte zum Beispiel in einem Referat

---

36 Brief Vedders an den Inspektor vom 08.06.1906, ibid. 89: Wenn er für die Gemeindearbeit unter den „Weißen" bestimmt werde, „so werde ich sie in Gottes Namen annehmen, lieber aber möchte ich dieselbe im Nebenamte behalten oder mich mit einem Kollegen darin teilen."
37 Vedder zitiert die Dokumente im Schreiben vom 17.04.1907 an Inspektor Spiecker, der sich auf seiner Dienstreise am Kap befand, RMG 1.660, 14f.
38 In: Deutsch-Evangelisch im Auslande, Nr. 9, Marburg 1910, Heft 4, 145f.

von 1912 ein besonderes Motiv für die Ablehnung der kirchlichen Versorgung durch die Mission: Die „Weißen" seien mangels eigener Kirchen gezwungen, in die „Kaffernkirche"[39] zu gehen. Es sei ihnen jedoch nicht zuzumuten, sich in einem Gebäude zu versammeln, in dem auch Afrikaner ihre Gottesdienste feiern. Heyse berichtete 1913 von seinem Gemeindebesuch in Omaruru, wo er im Hause des Missionars übernachtet hatte. Der Bezirksamtmann besuche den Gottesdienst nicht, weil er katholisch ist; der Bürgermeister nicht, weil er kirchenfeindlich eingestellt ist; und die übrigen Beamten nicht, weil sie nicht in eine Kirche für Eingeborene hineinwollen.[40] Für eine Veröffentlichung in Deutschland hatte er 1911 einen Bericht über Gottesdienste für die „weißen" Siedler zu Weihnachten 1909 verfasst und festgestellt:

> „Wie in allen Orten außer Windhuk und Swakopmund finden die deutschen evangelischen Gottesdienste in der Missionskirche statt. Hoffentlich kommen wir Weißen hier auch einmal dazu, kleine Kirchen unsere eigenen nennen zu können. Auf längere Zeit hinaus freilich werden wir auf die freundlich gewährleistete Gastlichkeit der Rheinischen Mission angewiesen sein [...]"[41]

Dass die „weißen" Siedler diese Gastlichkeit nicht besonders positiv würdigten, zeigt ein Schlagabtausch aus dem Jahr 1914. Damals waren die ersten kirchlichen Gebäude für die „weißen" Gemeinden bereits errichtet. Nun wurde in Deutschland kritisiert, in Südwestafrika sei „das religiöse Interesse der Deutschen so minimal, daß die kirchlichen Einrichtungen höchstens als Folie für das Deutschtum gelten" und die kirchlichen Gebäude würden eher als Turnhallen denn als Kirchen benützt. Darauf entgegnete der Windhoeker Pastor Johannes Hammer, die Benutzung der Missionskirchen sei immer nur als Notbehelf betrachtet worden:

> „[...] denn erstens ist der Geruch, den die Eingeborenen ausströmen, oft geradezu atemberaubend und die Andacht störend und haftet in den Kirchen trotz sorgfaltiger Lüftung! In manchen oder in den meisten Eingeborenenkirchen finden sonntags mehrere Gottesdienste statt; zwischen ihnen muß der Gottesdienst für Weiße gefeiert werden. Da ist im Sommer der Geruch oft unerträglich [...]. Deshalb wird der Gottesdienst für Weiße [...] v o r den Eingeborenengottesdiensten gefeiert, und das heißt die Rechte der Eingeborenen [...] schmälern [...]"[42]

In einem Bericht Pastor Heyses über seinen Besuch bei den Deutschen in Usakos, wo er wieder im Missionarshaus übernachtete, ist zu lesen: „Wohl wird das einfache Missionskirchlein gegen ganz geringes Entgelt für die Gottesdienste freundlich dargeboten, doch niederdrückend bleibt das Bewußtsein, daß die Eingeborenen eine Kirche besitzen, die

---

39 Protokoll der 3. Pfarrkonferenz Lüderitzbucht vom 5.-7. August 1912; Evangelisches Zentralarchiv Berlin/EZAB, EZA 5/2922.
40 Heyses Jahresbericht 1913 über Karibib, EZAB, EZA 5/2996.
41 Heyse in einem Bericht über Weihnachten in Südwest, in: Mitteilungen des Vereins zur Pflege des deutschen evangelischen Lebens im Auslande („Mitteilungen des Breslauer Vereins"), Verein zur Pflege des deutschen evangelischen Lebens im Auslande (Hg.), Breslau, Nr. 7, 1911, 71f.
42 Mitteilungen des Breslauer Vereins Nr. 18, 1914, 337f.

Weißen aber nicht, und daß man bei den Farbigen, die eben sonst dienstbare Stellung innehaben, zu Gaste gehen muß."[43]

Plan eines Kirchbaus für Swakopmund

Die Absicht der Swakopmunder, eine Kirche zu bauen, wurde von Missionar Vedder zurückhaltend beurteilt. Er hatte die schwache Beteiligung der Deutschen an den von ihm angebotenen kirchlichen Veranstaltungen vor Augen. Es fehle durchaus nicht an kirchlichem Interesse, „[…] doch richtet sich dieses mehr auf die Errichtung von Kirchenmauern, als auf die Pflege des inneren Lebens", schrieb er im September 1906.[44] Gleiche Beobachtungen machte Inspektor Spiecker 1906 während seines Visitationsbesuchs in der Stadt, wo er am 11. September an einer Sitzung des Kirchenvorstands teilnahm. Außer Vedder waren nur noch zwei weitere Mitglieder erschienen, um den Gast aus Deutschland zu empfangen. Es wurde über den Plan der Swakopmunder beraten, eine Kirche zu bauen, die mehreren hundert Personen Platz bieten sollte. Spiecker kommentierte dies in seinem Bericht: „Das liegt, wie mir scheint, den Herren besonders am Herzen, daß Swakopmund eine schöne, große Kirche bekommt." Einige Tage zuvor, am 26.08. hatte Spiecker an den verschiedenen Gottesdiensten, die Vedder in Swakopmund zu halten hatte, teilgenommen und dabei einen Eindruck erhalten, wie wenig lebendig das Leben in der „weißen" Gemeinde war.

„Ich bedauerte es sehr, daß die Zahl der Zuhörer so gering war. Im Ganzen mochten etwa 25 Personen beiderlei Geschlechts anwesend sein. Gar mancher Bewohner Swakopmunds und auch Angehörige des Militärs hätten aus der trefflichen, praktischen Predigt reiche Belehrung und Anregung schöpfen können."[45]

Spiecker war überhaupt nicht überzeugt, dass die „weiße" Gemeinde einen großartigen Kirchenbau benötigte. Ihm stand vor Augen, dass in Swakopmund zukünftig ja ein kirchlicher Raum zur Verfügung stehen würde. Denn an dem besagten Sonntag im August wurde ein anderes Kirchengebäude, nämlich das der afrikanischen Gemeinden eingeweiht, das die Rheinische Mission hatte erbauen lassen. Am Nachmittag fand darin die Feier der (freien) Damaragemeinde und am Abend die der Gemeinde aus den gefangenen Herero statt, beide jeweils von etwa 200 Personen besucht. In seinem Bericht erwähnte Spiecker ein aufschlussreiches Detail: Für die Herero handelte es sich insofern noch um einen besonderen Festtag, als sie zum ersten Mal seit ihrer Gefangennahme in Swakopmund einen öffentlichen Gottesdienst außerhalb ihres Lagers besuchen durften.

Auch ein Jahr später hatten sich die Verhältnisse unter der deutschsprachigen Bevölkerung nicht geändert. Missionar Vedder bedauerte weiterhin die mangelnde Beteiligung an kirchlichen Dingen, „die hier in Swakopmund genau so schlecht ist wie in Windhuk."[46] Trotzdem beschloss die Gemeindeversammlung zu Anfang 1907 den Bau einer eigenen Kirche, in der Hoffnung, dass sich dann der Kirchenbesuch verbessern würde. Die finanziellen Probleme schienen für die Gemeinde kein Hindernis gewesen zu sein, obwohl auch

---

43 Mitteilungen des Breslauer Vereins Nr. 16, 1913, 266.
44 Jahresbericht über die Missionsstation Swakopmund, Sept. 1906, RMG 2.528a.
45 Visitationsbericht Spieckers vom Aug./Sept. 1906, ibid.
46 Vedders erster Quartalsbericht über 1907, RMG 2.528.

sie von Anfang an über ihre Verhältnisse plante. Das Konkurrenzverhältnis zu Windhoek spielte für die Entscheidung in Swakopmund eine wichtige Rolle. Man hatte zu diesem Zeitpunkt 14.000 Mark zusammen. Das reichte bei Weitem nicht aus, das geplante Vorhaben zu finanzieren. Vedder schrieb:

> „Die Gemeindeversammlung sowie der Gemeindekirchenrat bittet darum die verehrte Deputation mir zu gestatten, daß ich bei heimischen Freunden und in einigen Zeitungen um Gaben für einen Kirchbau in Swakopmund bitten darf und hofft, daß ihr diese Bitte gewährt werde. Ein Baugrundstück hat die Kolonialgesellschaft geschenkt. Es ist ein Bau für etwa 30.000 Mark geplant. In Windhuk wird jetzt der Bau einer Kirche ausgeführt, die 180.000 Mark kosten soll [...]"[47]

Erster Geistlicher im Hauptamt: Pastor Johannes Hasenkamp

Die erhoffte Wende im Gemeindeleben stellte sich auch dann nicht ein, als Vedder 1908 durch Pastor Hasenkamp, der über die Berliner Kirchenbehörde vermittelt worden war, abgelöst wurde. Im Kirchenrat von Swakopmund habe die Beteiligung sogar abgenommen, „da nun die Geistlichen die Mehrheit bilden", berichtete Vedder. Seinem Nachfolger, der ein „bestimmtes, männliches Auftreten" an den Tag legte, traute Vedder zu, dass er bald die Swakopmunder für sich und für die Kirche gewinnen könne. Andererseits meinte er bedauernd im selben Bericht: „Ich fürchte nur, daß man von ihm mal sagen wird: Ein ausgezeichneter Mensch! Schade, daß er ein Pastor ist!"[48]

Der Kirchenbau in Windhoek war vom Gustav-Adolf-Verein unterstützt worden. Für Swakopmund trat stattdessen ein besonderer Freundeskreis auf. Dieser war 1908 durch die Initiative von drei Theologen (Prof. Dr. Arnold, Propst Decke, Pastor Guhr) in Breslau entstanden und warb primär im Ostteil Deutschlands um Spenden für den Swakopmunder Kirchbau. Der „Verein zur Pflege des deutschen evangelischen Lebens im Auslande", nach dem Sitz seiner Leitung kurz „Breslauer Verein" genannt, veröffentlichte in seinen Mitteilungen mehrere Artikel, die über den Fortschritt des Baus in Swakopmund, über das „Deutschtum" in der Kolonie Südwestafrika allgemein und speziell über die national-protestantische Gesinnung der Förderer in Deutschland informierten. Dass sich der Verein auf die Unterstützung des Swakopmunder Kirchbaus konzentrierte, resultierte aus einer Kritik des Gustav-Adolf-Vereins, der im Breslauer Verein Konkurrenz für seine eigene Auslandsarbeit sah. Beide einigten sich: Der Breslauer Verein durfte nur für das evangelische „Deutschtum" in den Schutzgebieten Deutschlands Propaganda betreiben. Der Swakopmunder Kirchbau diente den Breslauern als erstes willkommenes Unterstützungsobjekt.

1911, drei Jahre nach Beginn der Arbeiten am Kirchbau, veröffentlichte Hasenkamp einen ersten Bericht.

> „Der Bau dieses Gotteshauses ist nicht nur für die Kirchengemeinde, sondern auch für die Stadtgemeinde bedeutsam. Es gehört zu den völlig eindeutigen Lehren der Weltgeschichte, daß Frömmigkeit ein Volk erhöht [...] Die Kraft des Organismus eines Volkes hängt von der Gesundheit seiner Zellen, der Familien ab. Nur sittlich ge-

---
47 Ibid.
48 Vedders erster Quartalsbericht über 1908, ibid.

sunde Familien geben der [...] Volksgemeinschaft den unentbehrlich inneren Halt [...] Durch nichts wird aber die Seele so gesund gehalten [...] als durch den in ihrer Tiefe sprudelnden Quell lauterer christlicher Frömmigkeit."

Zu deren Stärkung bedürfe es Gemeinschaft, zu deren Erhalt Kirchengebäude.[49] Doch wie in Windhoek häufte sich auch in Swakopmund ein großer Schuldenberg an, wenn auch die Mehrkosten für den Kirchbau nicht die Dimension der Hauptstadt erreichten. Wie dort konnte die hiesige Gemeinde selbst nur den geringsten Teil der in die Höhe geschossenen Baukosten aufbringen. Nach Informationen in den Mitteilungen des Breslauer Vereins von 1911/12 hatte die Gemeinde damals nur ca. 800 bis 850 Mitglieder. Ihr Eigenkapital betrug im selben Jahr 43.000 Mark. Der Bau kostete zu diesem Zeitpunkt aber schon etwa 90.000 Mark. Weil jedoch ebenfalls ein Pfarrhaus gebaut wurde, Grundstücke finanziert wurden und die Inneneinrichtungen beider Häuser beschafft werden mussten, beliefen sich die Kosten aller Gemeindeprojekte auf insgesamt 170.000 Mark. Die Gemeinde selbst konnte, da sie keine juristisch selbständige Größe war, keine Darlehen aufnehmen. Durch Sammlungen, Bazare, Zuschüsse vom DEKA und Breslauer Verein kam schließlich soviel Geld zusammen, dass die Schulden nach dem Bauabschluss 1912 nur noch 21.500 Mark betrugen. Es war hauptsächlich Pastor Hasenkamp, seinen Artikeln in den Mitteilungen des Breslauer Vereins und dessen Werbetrommel zu verdanken, dass sich am Ende die Schulden, anders als in Windhoek, in begrenztem Rahmen hielten.

Hasenkamp rechnete mit einem gestiegenen Interesse der Heimat an der Kolonialfrage. Deutschland habe sich an Weltpolitik gewöhnt. Wirtschaftlich seien die Kolonien ein Vorteil, da billige Rohstoffe und billige Nahrungsmittel aus ihnen zu beziehen sind. Deutschland müsse nun seine geistigen Verpflichtungen durch Einrichtung von Schulen und Kirchen nachkommen. „Eine Kirche, die sich verpflichtet fühlt, unter den heidnischen Einwohnern der Kolonie Mission zu treiben, wird doch auch den Drang empfinden, ihren Glaubensgenossen und Landsleuten zu dienen." Da die Deutschen in Südwest zu herrschen berufen seien, bedürfe es einer Kraft, die es ihnen ermöglicht, dieser Berufung gerecht zu werden:

> „Nur ein Volk, das dem Zwang der sittlichen Pflicht willig gehorcht, das sich verantwortlich weiß vor Gott, kann sich dort auf die Dauer halten. Die Buren sind in Afrika gesund geblieben durch ihre Frömmigkeit, deren alttestamentliche Färbung unter den afrikanischen Verhältnissen vielleicht kein Mangel war. Auch wir deutschen Ansiedler werden uns nur dann behaupten können, wenn die treibende und bewahrende Kraft des Glaubens uns nicht verloren geht. Ihr Glaubensbrüder in der Heimat, leistet also eurem Volk nicht nur einen religiösen, sondern auch einen nationalen Dienst, wenn ihr evangelisch-kirchliches Leben in den Kolonien pflegen helft [...] Helft durch reiche Gaben, daß in dem Eingangshafen unserer Kolonie die Kirche bald vollendet rage, eine würdige Stätte evangelischen Glaubens und ein fester Hort des Deutschtums."[50]

---

49 Bericht über die Grundsteinlegung, in: Mitteilungen des Breslauer Vereins, Nr. 7, Januar 1911, 62f.
50 In: Mitteilungen des Breslauer Vereins Nr. 8, April 1911, 93ff.

Ausblick und Rückblick – Abbruch und Kontinuität

Als der Kirchbau endlich abgeschlossen und Kirche am 7. Januar 1912 eingeweiht war[51], schrieb die Deutsch-Südwestafrikanische Zeitung am 12. Januar 1912:

> „Wenn irgendwo und irgendwann den Mitlebenden die Überzeugung von der kulturellen Kraft der christlichen Kirche kommen mußte, von jener Macht, die alle kulturbedürftigen Elemente um sich schart, um neues geistiges und kulturelles Leben von sich auszustrahlen, dann geschah dies an dem Tage, der der neuen evangelischen Kirche zu Swakopmund im deutschen Südwestafrika die Weihe brachte."[52]

In seiner Festrede anlässlich der Einweihung der Kirche ging Hasenkamp noch einmal auf den Zusammenhang von christlicher Religion und deutschem „Volkstum" ein:

> „Warum mußten wir Deutschen uns bei der Verteilung der Erde mit den dürftigen Bissen begnügen, die glücklichere Völker verschmäht hatten? Ich glaube deshalb, weil Gott unserm Volk besonders viel zutraut; weil Gott von unserer Tatkraft erwartet, daß wir selbst ein armes Land uns untertan machen werden [...] Im vollsten Maße [...] können wir dieses Land nur dann uns dienstbar machen, wenn unsere Kraft durch Gottes Kraft geleitet, geläutert und gestarkt wird. Ein Volk, dessen König Gott ist, hat einen unversiegbaren Jungborn der Kraft."[53]

Aus tiefster religiöser Überzeugung drückte Hasenkamp seine nationalen Hoffnungen aus. Er glaubte an die Zukunft der Kolonie, in der der Protestantismus seine gestaltende Kraft entfalten würde. Auf der Grundlage der von Hasenkamp 1912 vorgetragenen Sichtweise war jedoch eine Kritik des kolonialen Systems nicht möglich. So zeigt auch das Beispiel Swakopmund, dass die Opfer dieses Herrschaftssystems weder als mögliche Partner für die weitere Entwicklung Namibias noch als Mitglieder einer alle ethnischen Gemeinschaften umfassenden evangelischen Kirche wahrgenommen wurden.

1915 wurden die kolonialen Hoffnungen zerschlagen. Im Rückblick stellte knapp 60 Jahre später einer der Nachfolger Hasenkamps, der oben bereits zitierte Pastor Dr. Thude, über die Situation in Swakopmund in den Jahren nach dem Verlust der Kolonie fest: „Zähe hatte man am Deutschtum festgehalten. Ein Engländer auf der Durchreise beklagte sich, dass man ihn nicht verstanden hätte." Die veränderte Lage in der Gemeinde zu Anfang der 30er Jahre beschrieb er so:

> „Die Gemeinde bestand aus Kaufleuten, Angestellten, Handwerkern, Gastwirten, unkirchlichen Lehrern und zwei Ärzten, die ab und zu mal die Kirche besuchten. Es war eine Freiwilligkeitsgemeinde, die Beiträge beruhten auf Selbsteinschätzung, es schloß sich kaum jemand aus. Den Hauptteil des Bedarfs schoß die Heimatkirche zu […] Der Kirchenbesuch war gut […]"

---

51 Dr. Kurt Thude, der Anfang der 30er Jahre als Pastor nach Swakopmund kam und dort neun Jahre tätig war, beschrieb dieses Gebäude wegen seiner weißen Wände einmal als „Weihnachtskirche"; Persönliche Notizen, Erinnerungen an Südwestafrika, 1972, 25, Privatbesitz, Swakopmund.
52 Deutsch-Südwestafrikanische Zeitung vom 12.01.1912, abgedruckt in: Mitteilungen des Breslauer Vereins Nr. 11, Februar 1912, EZAB, EZA 5/2993.
53 Ibid.

Im Blick auf die Gesamtlage der Deutschen in Namibia nach 1945 stellte er fest: „Die tiefen seelischen Erschütterungen und Verluste der beiden verlorenen Weltkriege haben bei unseren Südwester Deutschen das alte Nationalgefühl aus der Kaiserzeit unverändert gelassen."[54]

---

54 Zitiert nach den persönlichen Notizen Pastor Thudes von 1972, 25-27.

„An die Freunde der Colonie und des Reiches Gottes in der Heimath"

Missionsgemeinde für „Farbige" und Kirchengemeinde für „Weiße" –
von den Anfängen in Windhoek

Rudolf Hinz

Vorbemerkung

Wer als Besucher nach Windhoek kommt und nach Spuren der Anfänge der Arbeit der evangelischen Kirchen während der deutschen Kolonialzeit sucht, findet gleich zwei Kirchen vor. Auf der westlichen Anhöhe Windhoeks liegt die Friedenskirche, erbaut in den Jahren 1902 und 1903 von der Rheinischen Missionsgesellschaft mit erheblicher Unterstützung durch einheimische Gemeindeglieder. Auf der östlichen Anhöhe – nahe dem Regierungsviertel mit all den kolonialen Verwaltungsgebäuden – liegt die Christuskirche, in den Jahren 1907 bis 1910 erbaut von der deutschen evangelischen Gemeinde mit großer finanzieller Unterstützung evangelischer Christen aus allen Landeskirchen Deutschlands und durch die Reichsregierung. Beide Kirchen sind weithin sichtbare Zeichen engagierter missionarischer und kirchlicher Arbeit und stehen zugleich für die nach „Rassen" getrennte Entwicklung der evangelischen Kirchen im Lande, die aus der Arbeit evangelischer deutscher Missionare und Pfarrer entstanden sind.

Der vorliegende Beitrag will die Anfänge evangelischer Arbeit in Windhoek nachzeichnen und die Weichenstellungen für die Trennung der Kirchengemeinde für „Weiße" und die Missionsgemeinde für „Farbige" im Kontext der kolonialgeschichtlichen Entwicklung markieren.

Die Initiative zur Gründung der evangelischen Gemeinde in Windhoek

Als 1891 das Reichskommissariat des deutschen Schutzgebietes Südwestafrika von Otjimbingwe nach Windhoek verlegt wurde, gab Wilhelm Junker, der mit Major von François als Begleitmann der Schutztruppe ins Land gekommen war, den Anstoß zur Gründung einer evangelischen Gemeinde in Windhoek.[1] Er stand – wie auch der Kaufmann Schmerenbeck in Windhoek – in enger Verbindung zur ersten Niederlassung von Kaufleuten, Handwerkern und Landwirten der Rheinischen Mission („Missionskolonisten") in

---

[1] Heinrich Gathemann, Geheimrat Wilhelm Junker zum Gedächtnis, in: Heimat, Deutsches Evangelisches Heimatblatt für Afrika. Supplement der Allgemeinen Zeitung, Deutscher evangelisch-lutherischer Kirchenbund in Süd- und Südwestafrika, später: Evangelisch-Lutherische Kirche in Namibia (DELK) (Hg.), Jan./Febr. 1934.

Otjimbingwe, die dort eine deutschsprachige Gemeindegruppe gebildet hatten.[2] Zu dieser gehörten die Familien Redecker und Hälbich, die später auch an der Gründung der deutschen evangelischen Gemeinde in Karibib maßgeblich beteiligt waren.

Als Inspektor Dr. August Schreiber von der Rheinischen Mission auf seiner Inspektionsreise nach Südwestafrika im Jahre 1894 in Windhoek von Major Leutwein gebeten wurde, in Windhoek „wieder eine Missionsstation zu errichten und diese mit einem Pastor zu besetzen, der sich der weißen Bevölkerung annehmen und eine deutsche evangelische Kirchengemeinde gründen solle",[3] konnte Leutwein sich auf die Initiative der mit der Mission verbundenen Männer in Windhoek beziehen. Es entsprach durchaus den Zielen der Rheinischen Missionsgesellschaft, dass Schreiber diese Bitte sofort positiv aufnahm. Wo immer Deutsche sich in der Nähe von Stationen der Rheinischen Missionsgesellschaft angesiedelt hatten, wurden auch sie von den Missionaren seelsorgerlich betreut. Bei der Bitte Leutweins spielte aber sicher auch eine Rolle, dass beide Arbeitsbereiche als für die innere Konsolidierung der jungen Hauptstadt von hoher Bedeutung angesehen wurden. Eine Gemeindegründung in Verbindung mit der Wiederaufnahme der Mission unter den Einheimischen war also durchaus auch im kolonialen Interesse. Als Pfarrer und Missionar wurde Heinrich Siebe ausgesandt. Dass er 25 Jahre später im Rückblick Leutwein den Schwerpunkt seiner Anfrage an die Rheinische Missionsgesellschaft auf die Mission legen ließ, hatte sicher mit Siebes eigenen Schwerpunkten zu tun.[4] Sie sollten ihn schon in den ersten Wochen seines neuen Amtes in Windhoek in schwere Konflikte führen.

Pfarrer Heinrich Gottlieb Siebe

Heinrich Siebe war Missionsinspektor Dr. August Schreiber noch während seines Aufenthaltes in Südwestafrika als möglicher Kandidat für Windhoek empfohlen wurde. Er wurde am 2. November 1863 in Hedem, Kreis Lübbecke, geboren und war von Jugend auf mit der Mission vertraut und verbunden. Bereits in seiner Gymnasialzeit in Gütersloh begegnete er Dr. Schreiber als Referenten zum Thema Mission in der Aula seiner Schule. Seinem Ortspfarrer Möller „zeigte ich zuerst an, daß ich Missionar zu werden beabsichtige."[5] Sein Religionslehrer Pastor Braun, an den ihn sein Ortspfarrer verwies, riet ihm, sich in Barmen persönlich vorzustellen. Dort sprach er mit den Missionsinspektoren Friedrich Fabri und Dr. August Schreiber, die ihn nach einem recht kurzen Gespräch mit den Worten: „Die Angelegenheit ist so wichtig, dass Sie dieselbe reiflich überlegen und Gott anheimstellen

---

2 Friedrich von Lindequist, Zur 25-Jahrfeier der Einweihung der Christuskirche in Windhuk, in: Evangelischer Gemeindekirchenrat (Hg.), 25 Jahre Christuskirche Windhuk, Windhoek 1935, 33.
3 Heinrich Siebe, Aus der Gründungszeit der Deutschen Evangelischen Gemeinde Windhuk, in: Evangelischer Gemeindekirchenrat (Hg.), 25 Jahre Christuskirche in Windhuk, Windhoek 1935,11.
4 In seinem Abschlussbericht für die Gemeindeversammlung in Windhoek, den er am 16. Oktober 1899, kurz vor seinem Weggang nach Wynberg, hielt, setzte er den Akzent noch anders: „[…]wurde von dem hiesigen kaiserlichen Landeshauptmann die Bitte ausgesprochen, nach Windhoek einen Pastor als Missionar auszusenden" (Protokollbuch des Gemeindekirchenrats, Archiv ELKIN (DELK)). In seinem Reisebericht „Fünf Monate in Südafrika" vermerkte August Schreiber lediglich, dass Leutwein ihn gebeten hatte, „doch für die geistige Versorgung von Windhoek eine geeignete Persönlichkeit aussenden zu wollen." (August Schreiber, „Fünf Monate in Südafrika", Barmen 1894) Von einem Missionar für Windhoek war in seinem Bericht noch keine Rede.
5 Heinrich Siebe, Lebenslauf, geschrieben für seine Bewerbung bei der Rheinischen Missionsgesellschaft am 28. Januar 1895, RMG 1.637, 2.

müssen"⁶ verabschiedeten. Auch in seinem Theologiestudium verfolgte er sein Interesse an der Mission. Nach drei Semestern in Halle studierte er zwei Semester in Basel „aus Interesse an der Mission".⁷ Zwischen seinem 1. und dem 2. theologischen Examen war er als Hauslehrer tätig und wurde nach einer kurzen Vertretungszeit in Remagen am 1. Oktober 1890 mit der Verwaltung der Pfarrstelle in Dobrzyca im Bezirk Posen betraut und am 5. Oktober in Posen ordiniert. Am 28. März 1891 wurde er schließlich von der Gemeinde als Pfarrer bestimmt und vom Königlichen Konsistorium als solcher berufen. Am 28. Mai 1891 heiratete er Elisabeth Sapel, deren eine Schwester die Frau des Rheinischen Missionars Schaar in Okombahe in Südwestafrika war.⁸

Missionar Schaar war es, den Dr. Schreiber noch vor der Rückkehr von seiner Dienstreise nach Südwestafrika besuchte, um mit ihm die Bitte Major Leutweins zu besprechen. Er war es auch, der Dr. Schreiber auf Siebe aufmerksam gemacht hatte. Kurz nach Dr. Schreibers Rückkehr nach Deutschland erhielt Siebe die Anfrage aus Barmen, ob er bereit sei, seine Pfarrstelle in Dobrzyca aufzugeben und im Dienst der Rheinischen Missionsgesellschaft nach Windhoek zu gehen. Siebe und seine Frau Elisabeth nahmen den Ruf an. Pfingsten 1895 (2./3. Juni) hielt Siebe in Dobrzyca seine Abschiedspredigt, unmittelbar danach reisten beide nach Barmen zur Vorbereitung auf die Aussendung ab. In Barmen war er eine Ausnahme unter den jungen Männern, die sich im Missionsseminar auf ihr Amt vorbereiteten. Er war einer der wenigen akademisch ausgebildeten Theologen, die in den Dienst der Missionsgesellschaft traten. Seine nur viermonatige Vorbereitungszeit diente dem Ziel, „mich in das Missionsleben einzuleben und auf Missionsfesten im Rheinland und in Westfalen mit den heimatlichen Missionsgemeinden bekannt zu werden."⁹ Er bekam keinen Unterricht in den Sprachen, die er im Blick auf seine Missionarstätigkeit in Windhoek dringend gebraucht hätte (Nama, Herero und Kaphölländisch). Darüber sollte er sich in seinen Windhoeker Jahren bitter beklagen.

Am 30. September 1895 wurde das Ehepaar Siebe von der Deputation der Rheinischen Missionsgesellschaft nach Windhoek abgeordnet. Die „Instruction", die Siebe mitgegeben wurde, enthielt neben den allgemeinen für alle Missionare geltenden Regeln und Bestimmungen einen Schlussabsatz, der sich auf seine Tätigkeit als Pfarrer der „dortigen Weißen – Militär, Beamte und andere Europäer"¹⁰ bezog. Er solle diese Menschen „zu einer Gemeinde zusammenschließen und dann diese Gemeinde bedienen. Dabei werden Sie soviel als möglich alles in derselben Weise einzurichten versuchen, wie es die Leute hier in der Heimat gewohnt gewesen sind." Unterstrichen wurde aber auch, dass „unser Wunsch und Auftrag ist, daß Sie dort in Windhuk von vornherein Ihre Aufgabe als eine doppelte betrachten." Die Wiederaufnahme der Missionsarbeit in Windhoek, der neuen Hauptstadt des Schutzgebietes, war der Rheinischen Missionsgesellschaft ebenso wichtig wie die Gründung einer Gemeinde „der dortigen Weißen". Beide Aufgaben sollten in einer Hand liegen – und damit auch in der Hand der Rheinischen Missionsgesellschaft bleiben. Dr. Schreiber

---

6 Ibid., 3.
7 Ibid.
8 Elisabeth Sapel war auch Nichte des Rheinischen Missionars Johannes Krönlein. Heinrich Siebes Vetter Friedrich Rust war ebenfalls Rheinischer Missionar. Ibid., 5.
9 Siebe, Aus der Gründungszeit, 11.
10 Auch die folgenden Zitate stammen aus der „Instruction" für Pfarrer Heinrich Siebe, RMG 1.637.

hatte Siebe ausdrücklich aufgetragen, dass die gesamte Missionsstation Windhoek, die er errichten sollte, unter der Aufsicht der Rheinischen Missionsgesellschaft bleiben und alle zu errichtenden Gebäude – also auch das Pfarrhaus und die Gemeinderäume – ihr Eigentum werden sollten. Dafür stünde genug Geld zur Verfügung. Zudem gebe es ja noch das alte von der Kolonialbehörde beschlagnahmte Missionsgelände in Klein-Windhoek, für das die Behörde ihm einen gleichwertigen Bauplatz in Windhoek zur Verfügung stellen wolle.[11] Die dahinter stehende Konzeption der Rheinischen Missionsgesellschaft ist deutlich zu erkennen: Die geistliche Betreuung der „Weißen" sollte Teil der Arbeit der Rheinischen Missionsgesellschaft bleiben, auch wenn sich jetzt selbständige „weiße" Gemeinden bilden würden.

Die Ausreise
Die Reise nach Südwestafrika dauerte 72 Tage. Sie war für das Ehepaar Siebe eine Zeit innerer Vorbereitung und prägender Eindrücke. Von Barmen ging es am 3. Oktober 1895 zunächst nach Hoek van Holland und dann über den stürmischen Ärmelkanal nach Harwich, von wo sie den englischen Postdampfer „Roslin Castle" bestiegen, der sie nach Kapstadt brachte. Mit ihnen reisten weitere fünf Missionare der Rheinischen Missionsgesellschaft, unter denen sich auch Missionar Johannes Olpp[12] befand, dessen Ziel die Missionsstation Otjimbingwe war.

Auf der langen Schiffsreise gab es natürlich auch Gelegenheit zu Gesprächen mit anderen Mitreisenden. In einem seiner Berichte an die Rheinische Missionsgesellschaft schreibt Siebe, dass ihm von einem alten christlichen Siedler gesagt wurde: „Beide Aufgaben lassen sich miteinander nicht vereinigen."[13] Erste Zweifel an der Richtigkeit des Konzeptes des Doppelamtes waren in ihm geweckt worden.

Bevor die Reisegesellschaft die Reise auf einem anderen Schiff von Kapstadt aus nach Walfischbucht fortsetzen konnte, hatten die ausreisenden jungen Missionare noch Zeit, im Ruhestand lebende Missionare der Rheinischen Missionsgesellschaft in der Kapkolonie zu besuchen. In Stellenbosch besuchten sie die alten Herero-Missionare Johannes Rath und Peter Heinrich Brincker und in Paarl den Gründer der Herero-Mission, Dr. Hugo Hahn. Sie

> „lauschten den Erzählungen dieser Bahnbrecher und Vorkämpfer, wie sie unter den wilden Herero und Hottentotten gelebt und gelitten, gearbeitet und gehofft hatten, müde geworden waren und sich doch immer wieder aufgerafft hatten. Da spürten wir etwas von der Geduld der Heiligen, und wir wünschten uns ihren Geist für unsere Arbeit."[14]

Hugo Hahn starb einen Tag nach ihrer Abreise aus Kapstadt. Diese Begegnungen wurden für Siebe sicher zu einer prägenden Erfahrung.

Nach der Landung in Walfischbucht ging es dann mit Ochsenwagen auf eine lange beschwerliche Fahrt nach Otjimbingwe. Für Missionar Olpp war dort das Ziel seiner Reise

---
11 Siebe, Aus der Gründungszeit,15.
12 Olpp war es auch, der als Präses der Rheinischen Missionsgesellschaft in Südwestafrika die Festpredigt zur Einweihung der Christuskirche am 16. Oktober 1910 hielt.
13 Bericht über den Zeitraum April-Juni 1897 vom 21. Juni 1897, RMG, 1.637.
14 Ibid., 13.

erreicht. Die Siebes nahmen noch an der Einführung von Olpp durch den Präses der Rheinischen Missionsgesellschaft in Südwestafrika, Wilhelm Gottlieb Viehe, teil. Und dann „zogen wir allein weiter und kamen in der Frühe des 16. Dezember 1895 in Windhoek an."[15]

Die Anfänge in Windhoek
Der Empfang in Windhoek war enttäuschend. Es gab für das Ehepaar Siebe nur eine angemietete, leere Wohnung, vor der der Ochsenwagen mit ihrem Hab und Gut entladen wurde. „Wir waren einsam und allein."[16] Von einem vorübergehenden Feldwebel erbaten sie sich ein Kommissbrot, zu dem sie Wasser tranken. Erst am Nachmittag machten sie sich zu einem Besuch beim Regierungsassessor von Lindequist[17] im Bezirksamt Windhoeks auf, der sie sofort ins Kasino zum Essen einlud.

Den ersten Gottesdienst hielt Siebe am Sonntag nach seiner Ankunft, dem 4. Advent 1895. Diesen Gottesdienst hielt er – wie alle anderen bis zum Bau des Kirchsaals – im Freien, im Garten vor seiner Wohnung. Die Gemeinde saß auf leeren Mehlfässern und Stühlen unter einer Schatten spendenden großen Dornakazie. Der Pfarrer stand im Schatten einer wilden Bananenstaude. Als Altar dienten zusammengestellte Holzkisten, über die eine kaiserliche Reichsfahne gebreitet war. Die Militärkapelle der Schutztruppe begleitete die Choräle. Die am Gottesdienst teilnehmenden Soldaten waren zum Gottesdienst kommandiert worden.[18] Das Bild dieses ersten Gottesdienstes verdeutlichte die Erwartung an den Pfarrer von Windhoek: Seine Gemeinde war die Hauptstadt-Gemeinde des Kaiserlichen Schutzgebietes und seiner Autoritäten. Eine Einführung in sein Amt als Missionar gab es nicht.

Die ersten Wochen nach seiner Ankunft verbrachte Siebe vor allem mit Besuchen in Groß- und Klein-Windhoek. Am 20. Januar 1896 lud er die Besuchten zu einer Versammlung zur Beratung über die geplante Gemeindegründung ein, an der außer Siebe 30 Personen[19] teilnahmen. Am Tag dieser Versammlung, der als Gründungstag der deutschen evangelischen Kirchengemeinde in Windhoek gilt, wurde das Konzept der an der Gemeindegründung in Windhoek interessierten Evangelischen deutlich, und die Weichen wurden entsprechend gestellt: Es wurde einstimmig beschlossen, eine Gemeinde zu gründen, sie als Diasporagemeinde an die Evangelische Landeskirche der älteren Provinzen Preußens anzuschließen, ein Pfarrhaus mit angeschlossenem Kirchsaal als Eigentum der Kirchengemeinde zu bauen und einen Gemeindekirchenrat zu wählen – Letzteres geschah auf einer zweiten Versammlung am 3. Februar 1896.[20]

Damit hatte sich die Versammlung – offenbar wohl vorbereitet – gegen das Konzept der Rheinischen Missionsgesellschaft gestellt. Nach der Erinnerung von Heinrich Gathemann war damit „die Selbständigkeit einer Evangelischen Kirchengemeinde, nur für Weiße, beschlossen worden."[21] Zwischen Siebe und der zu gründenden Gemeinde sei es dadurch zu

---

15 Ibid., 14.
16 Ibid, 14.
17 Friedrich von Lindequist war später (1905-07) Gouverneur des Schutzgebiets.
18 Siebe übernahm auch die Seelsorge der Schutztruppe (Protokollbuch des Gemeindekirchenrats, Sitzung vom 25.7.1896, Archiv ELKIN (DELK)).
19 Siebe gab 1897 an, dass in Windhoek etwa 400 „Weiße" und 1400 „Farbige" lebten.
20 Protokollbuch des Gemeindekirchenrats, Archiv ELKIN (DELK).
21 Gathemann, Geheimrat Wilhelm Junker zum Gedächtnis, ibid.

erheblichen Spannungen gekommen, die nur durch die Vermittlung Wilhelm Junkers, des späteren langjährigen Vorsitzenden des Gemeindekirchenrats, überwunden werden konnten. Siebe selbst schreibt in seinem ersten Gemeindebericht an die Rheinische Missionsgesellschaft,[22] er sei ratlos gewesen, woher er denn das Geld für den Bau eines Pfarrhauses hätte nehmen sollen, nachdem die Erstattung für das beschlagnahmte ehemalige Missionshaus in Klein-Windhoek auf lediglich 2524,50 Mark festgesetzt worden war. Wenn die Frage der Finanzierung des Pfarrhausbaus von der Rheinischen Missionsgesellschaft vorher entschieden worden wäre, „hätte ich auf das Rufen der deutschen Gemeinde ‚Eigenes Pfarrhaus' nicht gehört." So habe er dem Beschluss der Versammlung, ein gemeindeeigenes Pfarrhaus zu bauen, schließlich zugestimmt, zumal schon 3000 Mark für den Bau aufgebracht worden waren. Siebe war durchaus klar, dass damit von Anfang an eine Trennung der Gemeinde der „Weißen" von der der „Eingeborenen" gewollt war, und er konnte ihr auch – wenn auch zögernd – zustimmen. Er berichtete, dass offen gesagt wurde: „Diese Trennung sei im Anfange leichter, als später" und fügte hinzu: „Ich musste die Gründe dafür als stichhaltig anerkennen und konnte nicht widersprechen, indem ich ferner glaube, dass hieraus der Mission kein Schade erstehen wird."[23] Folgerichtig kündigte er im selben Bericht an, dass er demnächst einen Antrag auf Entsendung eines jungen Missionars für die „Eingeborenen" in Windhoek stellen wolle.

Seine Eigenständigkeit demonstrierte der Gemeindekirchenrat auch mit einem bereits am 7. Februar 1896 verfassten Hilferuf – überschrieben mit „Bitte für Windhoek" – an die „werten Freunde unserer Colonie und des Reiches Gottes in der Heimath", der in Deutschland weite Verbreitung und ein großes Echo fand. In diesem Aufruf wurde auch erwähnt, dass die Gemeinde den Bau einer Kirche plane, der möglichst bald angefangen werden müsse.[24] Die Empfänger des Aufrufs wurden gebeten, ihre Spenden an die Exportfirma Köper, Docke & Co in Bremen zu schicken, die diese dann kostenlos nach Windhoek überweisen werde. Die Rheinische Missionsgesellschaft, die in diesem Spendenaufruf nicht erwähnt wurde, erfuhr von dieser Aktion erst, nachdem der Aufruf ergangen war.[25] Am 25. Juli 1896 schließlich beschloss der Gemeindekirchenrat, die Landeshauptmannschaft zu bitten, der deutschen evangelischen Kirchengemeinde zu Windhoek die Rechte einer juristischen Korporation zu gewähren.[26]

Damit waren alle Weichen für die Unabhängigkeit und die Trennung der deutschen evangelischen Gemeinde von der Rheinischen Missionsgesellschaft und der zu gründenden Missionsgemeinde in Windhoek gestellt. Nur in der Person des Missionars und Pfarrers Siebe bestand noch eine Verbindung, die für ihn zu einer bis zum Ende seiner Windhoeker Zeit andauernden, oft unerträglichen Spannung führen sollte.

---

22 Heinrich Siebe, Bericht an die Deputation der Rheinischen Missionsgesellschaft vom 1. Februar 1896, RMG 1.637.
23 Ibid.
24 EZA 5/2932.
25 Siebe betont in seinem Bericht vom 1. Februar, dass dieser Aufruf ohne seine Mithilfe vom Gemeindekirchenrat verfasst worden war, ibid.
26 Protokollbuch des Gemeindekirchenrats, Archiv ELKIN (DELK).

Ein erster schwerer Konflikt

Mit einer Rede zum Geburtstag des Kaisers am 27. Januar 1896 – wenige Tage nach der Gründungsversammlung – erregte Siebe große Unruhe, was ihm aber nach eigenem Bekunden erst sehr spät bewusst wurde.[27] Nur der Kaufmann Schmerenbeck, mit dem ihn eine vertrauensvolle Beziehung verband, „vermahnte mich, mit der Äußerung meiner Gesinnung vorsichtig zu sein." Offenbar wurde die Ablehnung, die ihm schließlich von vielen Windhoekern entgegenschlug, so unerträglich, dass er in seinem Bericht an die Rheinische Missionsgesellschaft vom 14. Oktober 1896 die Rede, die er am 27. Januar gehalten hatte, und den weiteren Ablauf des Festtages sehr genau rekapitulierte.

Als Bibeltext hatte er für seine Rede Psalm 116, 12 ausgewählt: „Wie soll ich dem Herrn vergelten alle Wohlthat, die er an mir thut." Unter der Überschrift „Dankbar rückwärts, mutig vorwärts" gliederte er die Rede in drei Abschnitte: „Im Hinblick auf: 1. unseren Kaiser, 2. auf unser Vaterland und 3. auf unsere Kolonie."

Von Schmerenbeck wusste er, dass es der dritte Abschnitt war, der ihm übel genommen wurde. Darum zitierte er ihn ausführlich. Zunächst bezog er sich auf Landeshauptmann Major Leutweins militärischen und diplomatischen Erfolg im Kampf gegen Hendrik Witbooi, den „Namafürsten", den er mit der Erstürmung der Naukluft zur Anerkennung der deutschen Herrschaft gezwungen hatte. Dafür sei dem Landeshauptmann zu danken, er habe denen gegenüber Recht behalten, die für ein noch schärferes militärisches Vorgehen gegen Witbooi votiert hatten. Und auch „der eine oder andere", der glaubte, ein Krieg „mit dem nördlichen Volke[28] sei unvermeidlich und vielleicht dem Frieden vorzuziehen", bekam von Siebe zu hören: „Wer das Schwert nimmt, der soll durch das Schwert umkommen."

Siebe wusste offenbar von Leutwein, dass er von seinen Offizieren und auch von Siedlern gedrängt wurde, gegen die Herero Krieg zu führen, dies aber nicht wollte.[29] Siebes öffentliche Unterstützung der Politik Leutweins musste daher großen Unmut unter dessen Gegnern auslösen.

Noch weiter gesteigert wurde der Unmut sicher durch Siebes Schlussbemerkung:

> „Wir hoffen, dass alle Deutschen im Lande nicht allein das Reichwerden zum Ziele des Strebens machen, sondern das Seligwerden; dass sie die Eingeborenen immer als Menschen behandeln und sie zu christlicher Gesittung emporziehen, nicht aber zu ihrer heidnischen Unsitte hinabsinken. Dann wird es eine Lust sein, hier zu leben, und zwar am meisten für mich."

Siebe hatte in dieser Schlussbemerkung gleich zwei schwere Probleme angesprochen: Die entwürdigende Behandlung und schwere körperliche Züchtigung der Einheimischen und den sexuellen Missbrauch einheimischer Frauen durch „Weiße".

Siebe wusste nur von Schmerenbeck, was viele Windhoeker so sehr gegen ihn aufgebracht hatte, deutlich gesagt hat es ihm offenbar sonst niemand. Die Mitglieder des Gemeindekirchenrats jedoch gehörten bis auf einen, Kaufmann Dietrich Boysen, nicht zu

---
27 Erst in seinem Bericht an die Deputation der Rheinischen Missionsgesellschaft vom 14. Oktober 1896 berichtet Siebe darüber sehr ausführlich. Daraus stammen die nachfolgenden Zitate, RMG 1.637.
28 Gemeint ist das Volk der Herero.
29 Siebe berichtet dies der Rheinischen Mission schon am 1.Februar 1896, RMG 1.637.

seinen Gegnern. Boysen trat von seinem Amt als Mitglied des Gemeindekirchenrats nach wenigen Monaten zurück und wurde durch Kaufmann Gustav Voigts ersetzt.

Landeshauptmann Leutwein, der ihn auf den Konflikt hin ansprach, riet ihm, nicht auf den Klatsch in Windhoek zu hören. Als Leutwein fragte:

> „[…] ob ich im Falle einer Trennung der deutschen Gemeinde von der Mission der ersteren oder der letzteren treu bleiben würde, antwortete ich mit aller Entschiedenheit: ‚Unter keinen Umständen werde ich Pastor der deutschen Gemeinde werden, sondern Missionar bleiben, auch wenn ich bei den Farbigen ebenso wenig Erfolg habe, als bei den Weißen!'."

Leutwein hatte offenbar erkannt, dass es den Gegnern Siebes in Windhoek im Wesentlichen um die Frage ging, ob Siebe den „Farbigen" oder den „Weißen" näher stand.

„Missionar zwischen Weißen und Eingeborenen"[30]

Siebe hat sein Missionarsamt in Windhoek von Anfang an ohne Sprachkenntnisse ausüben müssen. Seine Versuche, wenigstens eine der Sprachen, die von den Einheimischen gesprochen wurden, zu erlernen, blieben ohne nennenswerten Erfolg. Er blieb bis zu seinem Weggang auf die Hilfe von Übersetzern angewiesen. Es gelang ihm aber dennoch, schon bald eine gottesdienstliche Gemeinde unter den bereits getauften einheimischen Christen und an der Taufe Interessierten zu sammeln. Sonntäglich hielt er neben dem deutschsprachigen Gottesdienst, der um 9 Uhr begann, Gottesdienste für Nama, Bergdamara, Bastards und Herero um 11 Uhr und um 15:30 Uhr für die Zwartboois. Er erteilte den Taufbewerbern Unterricht und richtete eine Schule ein. All dies geschah im Freien unter einem Schatten spendenden Baum. Zu Weihnachten 1896 erlebten die Siebes mit großer Freude, dass 50 bis 60 Personen an der Weihnachtsfeier für einheimische Taufkandidaten und Schulkinder teilnahmen. Am Sonntag zuvor, dem 4. Advent 1896, hatten 21 Mitglieder seiner Missionsgemeinde am Abendmahl teilgenommen.

Als Pfarrer der deutschen Gemeinde widmete er sich intensiv deren Aufbau. Von Anfang an übernahm er auch die Aufgabe eines Militärseelsorgers für die in Windhoek stationierten Soldaten der Schutztruppe. Er besuchte sie im Lazarett und hielt einmal in der Woche einen Soldatenabend. Besondere Aufmerksamkeit galt den Bauplanungen der Gemeinde. Die Finanzierung des geplanten Pfarrhauses mit angeschlossenem Kirchsaal war nicht gesichert. Es war ausdrücklich darauf verzichtet worden, bei der Rheinischen Missionsgesellschaft einen Zuschuss zu beantragen. Selbst als der Bau im Oktober 1896 fertiggestellt war, blieb offen, wie die Gesamtkosten in Höhe von 20632,20 Mark gedeckt werden sollten. Hätte das Gouvernement der Gemeinde den Baugrund nicht geschenkweise überlassen, wären die Schulden noch höher gewesen.[31] Warum man auf einen Zuschuss von der Rheinischen Missionsgesellschaft verzichtet hatte, wurde nicht gesagt. Es liegt aber nahe,

---
30 Siebe schreibt in einem Bericht über den Zeitraum Januar bis März 1897: „Mir wäre der Gedanke, lebenslang hier in schwebender Pein als Pastor und Missionar zwischen Weißen und Eingeborenen hängen zu müssen, schrecklich", RMG 1.637.
31 Bis Ende Dezember 1896 waren Beiträge aus der Gemeinde in Höhe von 2012,52 Mark und 2349,00 Mark an Spenden aus Deutschland in Windhoek eingegangen (RMG 1.637). Erst im folgenden Jahr 1887 erhielt die Gemeinde namhafte Spenden aus Deutschland – anderen einen Betrag von 5000 Mark von Kaiser Wilhelm II –, mit denen die Baukosten im Wesentlichen gedeckt werden konnten.

dass man so sicherstellen wollte, dass das Pfarrhaus mit angebautem Kirchsaal exklusives Eigentum der Gemeinde wurde. Es sollte eben auf keinen Fall der Missionsgesellschaft gehören – mit all den möglichen Folgen, vor allem der möglichen Nutzung der Räumlichkeiten auch durch Einheimische.[32] Das war Dr. August Schreiber von der Rheinischen Missionsgesellschaft wohl klar, als er Siebe vor dessen Abreise aus Deutschland sagte, „das Haus in Windhoek darf nicht Eigentum der deutschen Gemeinde werden, sondern muß uns gehören."[33]

Bis zum Ende seiner Tätigkeit in Windhoek verfügte Siebe über keine Räume für seine Missionarstätigkeit. Den Kirchsaal für seine Missionsgemeinde zu nutzen wurde ihm nicht gestattet.[34] Er kommentierte diese Situation gegenüber seinen Missionarskollegen mit den Worten: „Ein Missionar darf nicht in einem Pfarrhaus wohnen. Denn der Bewohner des Pfarrhauses wird von den Weißen völlig in Anspruch genommen. Man kann es nicht leiden, daß er sich um Eingeborene kümmert."[35]

Für die deutsche Gemeinde hingegen eröffnete sich sogar ohne ihr Zutun die Möglichkeit, bald auch eine eigene Kirche bauen zu können. Bereits am 1. Januar 1897 richtete die Kolonialabteilung des Auswärtigen Amtes in Berlin einen Erlass an den Landeshauptmann des Schutzgebietes, mit dem ein Kostenvoranschlag für eine zu bauende Kirche in Windhoek angefordert wurde. Dies wurde dem Gemeindekirchenrat in Windhoek vom Landeshauptmann mitgeteilt. Nach eingehender Beratung wurde der Vorsitzende des Gemeindekirchenrats, Pfarrer Siebe, allerdings gebeten, in einer Eingabe auf diesen Erlass der Kolonialabteilung mitzuteilen, dass sich der Gemeindekirchenrat noch nicht in der Lage sehe, einen Kostenvoranschlag einzureichen.

Im darauf folgenden Jahr 1898 wurde auf Initiative des Kaisers zu einer Kollekte in allen evangelischen Landeskirchen Deutschlands zu Gunsten eines Fonds für den Kirchbau in den Kolonien aufgerufen. In diesem Aufruf wurde außer Daressalaam auch Windhoek erwähnt. Ob Siebe davon Kenntnis hatte, ließ sich nicht erheben. Ihn bewegten zu der Zeit ganz andere Fragen.

Siebe ließ kaum eine Gelegenheit aus, der Deputation der Rheinischen Missionsgesellschaft das Dilemma seines Doppelamtes zu schildern. Durch weitere Konflikte mit Gemeindegliedern, die seine Isolierung verschärften, aber auch aus Gründen der Arbeitsüberlastung kam er zu dem Schluss, dass „die jetzige Personalunion von Pastor und Missionar meiner Meinung nach immer erfolglos bleiben wird."[36] Schließlich stellte er die „geehrte Gesellschaft" vor die Alternative: Wenn die Rheinische Missionsgesellschaft ihn in ihrem Dienst behalten wolle, müsse sie ihm in Windhoek eine Missionarswohnung und eine Schule bauen. Wenn sie die Personalunion von Pastor und Missionar aufrecht erhalten wolle, sei er unter der Bedingung, dass für die Missionsgemeinde ein Evangelist angestellt

---

32 Siebe schreibt in seinem Bericht an die Konferenz der Rheinischen Missionare am 26. März 1898: „Als ich […] eine Liste um Beiträge unter den hiesigen Deutschen in Umlauf setzte, wurde mir von mehreren Seiten gesagt: Wir geben nur, wenn das Haus Eigentum der Deutschen und Pfarrhaus wird. Für ein Missionshaus zahlen wir nicht." (RMG 1.637).
33 Ibid.
34 Siebes Bericht über den Zeitraum Juli-Dezember 1897, RMG 1.637.
35 Siebes Bericht an die Konferenz der Rheinischen Missionare am 26. März 1898, RMG 1.637.
36 Siebes Bericht über den Zeitraum Juli-Dezember 1897, RMG 1.637.

wird, bereit, noch vier Jahre als Gemeindepfarrer in Windhoek zu bleiben. Nach seiner Einschätzung

> „wird die deutsche Gemeinde aller Wahrscheinlichkeit nach mit Hilfe Sr. Majestät, des Evangelischen Oberkirchenrats und des Evangelischen Afrika-Vereins[37] nach etwa 4 Jahren im Stande sein, einen eigenen Pfarrer anzustellen. Natürlich wird sie es dann auch thun, und die geehrte Gesellschaft wird es nicht hindern können."[38]

Enttäuscht darüber, dass die Rheinische Missionsgesellschaft auf die von ihm gestellten Bedingungen nicht einging, nahm Siebe 1899 einen Ruf auf die Pfarrstelle der deutschen evangelischen Gemeinde in Wynberg bei Kapstadt an.[39] Die Rheinische Missionsgesellschaft hatte ihm den Abschied nahegelegt. Am 29. Oktober 1899 hielt Siebe seine Abschiedspredigt, am 1. November 1899 reisten die Siebes nach Wynberg ab.

Nachdem Siebe seinen Weggang angekündigt hatte, schickte der Gemeindekirchenrat ein Telegramm direkt an den Evangelischen Oberkirchenrat (EOK) der Evangelischen Landeskirche der älteren preußischen Provinzen und bat einen Pfarrer zu senden – ohne die Rheinische Missionsgesellschaft zu konsultieren. Aber der EOK fragte doch in Barmen an, ob die Rheinische Missionsgesellschaft bereit sei, wieder einen Missionar als Pfarrer für die deutsche evangelische Gemeinde zu entsenden.[40] Mit seiner Antwort auf diese Anfrage beendete Dr. Schreiber den Versuch der Rheinischen Missionsgesellschaft, die missionarische Arbeit mit der Seelsorge an den deutschen Evangelischen auch institutionell zu verbinden. Er schrieb, die Rheinische Missionsgesellschaft werde in Zukunft nur einen Missionar zur Betreuung der „farbigen Gemeinde" in Windhoek entsenden. Auch der Gemeindekirchenrat wolle ja einen eigenen Pastor. Allenfalls sei für einen Übergang die Mitbetreuung der deutschen Gemeinde durch einen Missionar denkbar.[41] Die Trennung war nun endgültig vollzogen – von Seiten der Rheinischen Missionsgesellschaft mit dem Unterton der Resignation. Sie sollte die getrennte Entwicklung der beiden Gemeinden und späteren Kirchen bis in die Gegenwart hinein prägen.

Pfarrer lic. theol. Hermann Friedrich Wilhelm Anz

Außer auf das Telegramm, das der Gemeindekirchenrat direkt an den EOK in Berlin schickte, setzte die Gemeinde schon frühzeitig – noch bevor sie das oben genannte Telegramm schickte – auch auf andere Verbindungen, um einen vom EOK entsandten Auslandspfarrer zu bekommen. Sie wählte dabei wiederum den Weg über Gouverneur Leutwein. Sie bat ihn, den EOK durch Vermittlung des Auswärtigen Amtes (AA) „zur alsbaldigen Entsendung eines Pastors, der unabhängig von der Mission und ausschließlich für die hiesige evangelische Gemeinde bestimmt ist, zu bewegen."[42] Leutwein folgte der

---

37 Der Evangelische Afrika-Verein wurde 1893 in Berlin gegründet.
38 Ibid.
39 Die deutsche evangelische Gemeinde in Wynberg, zu der auch ehemalige Missionare der Rheinischen Mission gehörten, lernten die Siebes schon auf ihrer Reise nach Windhoek kennen. In einem Brief, den Siebe während des Zwischenaufenthaltes in der Kapkolonie an Dr. Schreiber in Barmen sandte, schrieb er: „Vielleicht haben wir hier die schönsten Tage unseres Lebens verlebt.", RMG 1.637.
40 Schreiben des EOK vom 14. Oktober 1899, EZA 5/2932.
41 Schreiben Dr. Schreibers vom 23. Oktober 1899, EZA 5/2932.
42 Schreiben des Gemeindekirchenrats an Gouverneur Leutwein vom 7. August 1899, EZA 5/2932.

Bitte gern und hatte dabei auch Erfolg. Das AA zeigte sich sogar ungefragt bereit, jährlich 2000 Mark zum Gehalt aus dem Etatposten „Unterstützung deutscher Schulen und Verbreitung deutscher Sprache im Schutzgebiet" beizusteuern. Dafür müsse der Pfarrer aber bereit sein, vertretungsweise an der deutschen Schule zu unterrichten und „Eingeborenenkindern" Unterricht in der deutschen Sprache zu erteilen.[43] Wenige Tage später antwortete der EOK der Kolonial-Abteilung des AA, er habe nun auch seinerseits einen jährlichen Zuschuss in Höhe von 2000 Mark „flüssig gemacht, so daß einschließlich der dortseitigen Mittel und eines Beitrages der Gemeinde von 2000 Mark jährlich das neben freier Dienstwohnung erforderliche Mindestgehalt zusammengekommen ist."[44] Die lokalen und die Berliner Kolonialbehörden hatten die Pfarrstellenbesetzung in die Hand genommen. Der EOK brachte zum Abschluss, was auf Bitten des Gemeindekirchenrats Windhoek durch die Kolonialbehörden angestoßen worden war.

Nun war der Weg zur Besetzung der Pfarrstelle Windhoek frei. Die achtmonatige Vakanz, in der nur zwei Gottesdienste von Missionaren gehalten worden waren, ging mit der Einführung von Pfarrer Wilhelm Anz am 15. Juli 1900 zu Ende.

Wilhelm Anz, geboren am 6. Dezember 1871 in Naumburg an der Saale, war nach seinem Theologiestudium zunächst Hilfsprediger in Ernsleben in der Provinz Sachsen und danach im Auftrag des EOK Pfarrer der deutschen evangelischen Gemeinde Messina-Palermo in Italien. Er hatte also schon Erfahrungen in der Auslandsarbeit des EOK gesammelt[45] und wusste die Möglichkeiten, die die Auslandsarbeit der evangelischen Landeskirche im Königreich Preußen bot, zu nutzen.

Nur wenige Tage nach seiner Einführung bemühte er sich – wiederum mit Gouverneur Leutweins energischer Unterstützung – beim EOK um die schon seit 1896 beantragte Aufnahme als Diasporagemeinde[46] in die preußische Landeskirche und brachte bei dieser Gelegenheit die Pläne zur Errichtung einer Kirche in Erinnerung. Er vergaß auch nicht, seinem Bericht an den EOK ein Gesuch um Erwirkung einer Unabkömmlichkeitserklärung für den Fall einer Mobilmachung beizufügen.[47] In Deutschland war er Reserveunteroffizier gewesen.

Am 19. Juni 1901 schließlich unterzeichnete Kaiser Wilhelm II. als König von Preußen und summus episcopus der preußischen Landeskirche den „Allerhöchsten Erlaß", in dem er „dem Anschluss der deutschen evangelischen Gemeinde in Windhoek an die evangelische Landeskirche der älteren Provinzen der Preußischen Monarchie" zustimmte.[48] Damit war auch eine wichtige Voraussetzung für die Zuweisung von Finanzmitteln aus Berlin für einen Kirchbau geschaffen worden. Anz stand damit in einem Treue- und Gehorsamsver-

---
43 Schreiben der Kolonial-Abteilung des AA an Gouverneur Leutwein vom 21.2.1900, EZA 5/2932.
44 Also 6000 Mark! Siehe Schreiben des EOK an die Kolonialabteilung des AA, EZA 5/2932.
45 Der EOK stand im Jahre 1900 schon mit 100 Kirchengemeinden im Ausland in Verbindung. Davon waren 76 der Evangelischen Landeskirche der älteren preußischen Provinzen förmlich angeschlossen. Quelle: Denkschrift des Deutschen Evangelischen Kirchenausschusses über die kirchliche Versorgung der Diaspora im Auslande, Berlin 1904, 13.
46 Zur Rolle und Funktion der Auslandsarbeit siehe die Beiträge #1, #2 und #5 von Britta Wellnitz, Jürgen Kampmann und Hanns Lessing in diesem Band.
47 Wilhelm Anz, Bericht über seine Einführung in Windhoek vom 23. Juli 1900, EZA 5/2932. Anz war offenbar klar, dass ein militärischer Konflikt mit den einheimischen Völkern durchaus möglich war.
48 „Allerhöchster Erlass" vom 19.Juni 1901, EZA 5/2932.

hältnis gegenüber dem preußischen König,[49] der als Kaiser auch die höchste Autorität im Schutzgebiet war.

Dieser besondere Status der evangelischen Gemeinde in Windhoek und ihrer Pfarrer hob sie noch weiter von der Missionsgemeinde und den Missionaren ab.

Missionsgemeinde und „weiße" Gemeinde

Schon auf seiner Ausreise begegnete Anz Missionar Carl Friedrich Wandres. Bis zu Anz' Weggang aus Windhoek 1907 verband beide eine freundschaftliche Beziehung. Wandres, schon seit 1885 im Lande tätig (auf der Missionsstation Warmbad im Süden des Landes) und der Sprache der Nama mächtig, machte Anz mit der Missionsarbeit bekannt und nahm ihn auf manchen Reisen durchs Land mit. Auch Wandres nahm seine Aufgaben in Windhoek im Jahre 1900 mit großem Elan auf. Schon bald entstand eine Missionsstation mit einer Schule und einer Kirche, der „Friedenskirche", die bereits 1903 eingeweiht wurde. Bis dahin durfte Wandres sogar den Kirchsaal der deutschen Gemeinde für die Abendmahlsfeiern mit seiner Missionsgemeinde nutzen.[50] An der Feier zur Grundsteinlegung der Friedenskirche am 2. März 1902 nahmen neben „500 Eingeborenen 60 Europäer" – Mitglieder der deutschen Gemeinde mit ihrem Pastor – teil. Anz hielt bei dieser Gelegenheit eine Ansprache, in der er seine Hoffnung zum Ausdruck brachte, „dass auch die deutsche Gemeinde bald eine gleiche Feier abhalten dürfe" und „seine Zuhörer zur Duldsamkeit den Eingeborenen gegenüber" ermahnte. An die Missionsgemeinde gewandt sagte er: „Euer Gott ist unser Gott, ob er in Nama, Herero oder auf Deutsch angerufen wird, er blickt auf die Herzen der Beter, nicht auf ihre Farbe."[51] Bei der Einweihung der Friedenskirche am 11. Mai 1903 war die „weiße Gemeinde mit ihrem Pastor" Teil des Festzuges, der in einer feierlichen Prozession den Weg zur Kirche empor zog.

Die Trennung zwischen Missionsgemeinde und deutscher Kirchengemeinde hatte offenbar zu einer entspannteren Situation geführt, in er es auch möglich war, die innere Zusammengehörigkeit beider Gemeinden im christlichen Glauben öffentlich zu bekunden. Daneben gab es allerdings weiterhin eine allgemeine, deutlich gezogene Trennungslinie gegenüber den Einheimischen, die auch von der deutschen evangelischen Gemeinde gezogen wurde. Schon in seinem ersten Jahresbericht schrieb Anz:

> „Um die Kinder bereits vor dem schulpflichtigen Alter dem in intellektueller wie in moralischer Hinsicht gleich verderblichen Einfluß der Eingeborenen zu entziehen, plant die Gemeinde die Errichtung einer Kleinkinderschule."

Als es 1906 schließlich um die Aufnahme beziehungsweise den Verbleib von Kindern aus standesamtlich geschlossenen Ehen zwischen „weißen" Männern und einheimischen Frauen im gemeindeeigenen Kindergarten ging, entschied eine Gemeindeversammlung am

---

49 Die Entsendungsurkunden der vom EOK entsandten Pfarrer enthielten neben den Verpflichtungen mit Bezug auf die Führung des geistlichen Amtes auch die Verpflichtung zu Gehorsam und Treue („[…] Seiner Königlichen Majestät von Preußen, unserm allergnädigsten Herrn, untertänig, treu, hold und gewärtig sein […]") gegenüber dem König von Preußen.
50 Beschluss des Gemeindekirchenrats vom 12. August 1900, Protokollbuch des Gemeindekrichenrats, Archiv ELKIN (DELK).
51 Peter Pauly, Die Baugeschichte der Friedenskirche nach der Chronik der Rheinischen Missionsgemeinde, Afrikanischer Heimatkalender 2001, Windhoek 2000.

17. Dezember 1906 gegen diese Kinder. „Halbweiße Kinder" von deutschen Vätern seien prinzipiell nicht mehr in den Kindergarten aufzunehmen. Die noch im Kindergarten befindlichen Kinder aus „gemischten Ehen" sollten so lange in ihm verbleiben, bis sich eine anderweitige Versorgungsmöglichkeit gefunden hätte. Anz und Wandres hatten sich zu Beginn der Versammlung deutlich für einen Verbleib dieser Kinder ausgesprochen. Außer Anz und Wandres, die sich der Stimme enthielten, stimmten alle Anwesenden diesem Beschluss zu. Anz und Wandres waren mit diesem Kompromiss offensichtlich stillschweigend einverstanden.

Die Krise der Kriege

Der Krieg der Herero gegen die Kolonialmacht Deutschland, der im Januar 1904 begann, bedeutete für die Kolonie das Ende der Illusion, man habe das Land dauerhaft befriedet. Die Aufbruchstimmung der „Weißen" wich tiefer Depression und wachsendem Hass auf die Einheimischen. Von dem Hass war auch die Mission betroffen, die beschuldigt wurde, den Aufstand mit verursacht zu haben. Anz, der kurz nach dem Ausbruch des Krieges – frisch vermählt mit Waltraut Fels – von einem langen Deutschlandaufenthalt nach Windhoek zurückkehrte, fand eine völlig veränderte Lage vor. Windhoek war überfüllt mit Familien, die sich vom unsicheren Lande in die sichere Stadt geflüchtet hatten. Die Zukunftsperspektiven waren düster. Viele Deutsche verließen die Kolonie, manche kehrten nie zurück.

Wandres hatte Anz während dessen langer Abwesenheit in der Gemeinde vertreten und genoss – anders als seine Kollegen in der Rheinischen Mission – das Vertrauen auch der deutschen Gemeindeglieder. Das änderte aber nichts an der tief sitzenden Abneigung gegen Mission und Missionare, die es auch vor dem Ausbruch des Krieges schon gab. Verstärkt wurde diese Abneigung durch die Veröffentlichung von Missionarsberichten in deutschen Zeitungen, in denen auf das menschenverachtende Verhalten vieler Deutscher gegenüber den Einheimischen als Hintergrund und eine der Ursachen des Krieges verwiesen wurde. Besondere Beachtung fand ein Leserbrief des ehemaligen Rheinischen Missionars Jakob Irle an den „Reichsboten", der in der Nr. 69 vom 22. März 1904 abgedruckt wurde. Darin nannte Irle als Ursachen des Aufstandes die Misshandlungen und die Missachtung der Rechte der Herero durch viele „Weiße":

> „Wollte man die Misshandlungen […] zusammenstellen, so wird man sich nicht wundern über den Haß der Eingeborenen gegen die Weißen." Und er fragte: „Ist denn das Hereroland ein Verschickungsland für ungeratene, unbequeme Söhne, deren Vorleben hier (i.e. in Deutschland) die Ursachen des dortigen Aufstandes nicht allein, sondern der ganzen Verrohung der Hereros sind?"

Auf diesen Leserbrief schrieb Anz auf Einladung des Herausgebers der Wochenzeitung „Die Christliche Welt", Martin Rade, eine Entgegnung mit dem Titel „Gerechtigkeit für die Deutschen in Südwestafrika", die in der Ausgabe Nr. 28 vom 7. Juli 1904 abgedruckt wurde. Darin bestätigte Anz zunächst ausdrücklich die Kritik am Verhalten vieler Deutscher im Lande, verwahrte sich aber gegen ein pauschales Urteil über alle Deutschen im Land. Allerdings ging Anz in seiner Analyse der Ursachen des Aufstandes weiter als Irle. Für ihn lagen die Ursachen des Aufstandes nicht so sehr im unmenschlichen Verhalten vieler „Weißer". Es gehe in diesem Aufstand vielmehr um die Frage der Macht im Land.

Dabei bezog er sich auf den anfeuernden Gesang der Frauen der Herero im Gefecht von Oviambo im April 1904 : „Wem gehört Hereroland – uns gehört Hereroland!" Die Herero wehrten sich nicht in erster Linie gegen Missstände in der Kolonie, sondern gegen die Kolonialherrschaft als solche.

> „Jetzt wird die große Frage ausgefochten: Wer ist der Herr im Hereroland? Die Deutschen sind ins Land gekommen als Freunde und Beschützer, während doch ihre Meinung immer nur sein konnte und auch gewesen ist, daß sie die Herren hier seien […] Schließlich läuft doch jede Kolonisierung auf eine Vergewaltigung der alteingesessenen Bewohner hinaus."

Anz schloss seinen Artikel mit der nüchternen Feststellung: „[…] der eigentliche Grund des Herero-Aufstandes, der liegt tiefer, in der Erwerbung der Kolonien selber." Bemerkenswert ist, dass sein Artikel in den Wochen zwischen der Ankunft General von Trothas am 11. Juni 1904 und der Vernichtungsschlacht gegen das Volk der Herero am Waterberg am 11./12. August 1904 geschrieben und gedruckt worden ist. Der Artikel weist Anz als Theologen und Zeitgenossen aus, der nicht nur im Horizont seiner Zeit dachte, sondern sich eine Distanz zu dem bewahrt hatte, was in seiner Zeit und Umgebung gedacht und gesagt wurde.[52]

Kirche für „Weiße"

Dass die evangelische Gemeinde nicht ausschließlich für Deutsche gedacht war, galt schon für die Zeit, als Heinrich Siebe Pfarrer der Gemeinde war. Seine „Instruction" nahm auf alle „Weißen" und ausdrücklich auch auf „andere Europäer" Bezug. Zu Letzteren gehörten vor allem burische Siedler, die aus der Kapkolonie ins Land gekommen waren. Sie hatten anfangs keine eigenen Pfarrer und nahmen für Amtshandlungen den deutschen Pfarrer in Anspruch. Das galt zu Siebes Zeit insbesondere für die burischen Siedler, die sich am Skaaprivier (Schaffluss) angesiedelt hatten. Im Kirchenjahr 1901/02 hielt Anz 16 der insgesamt 41 Taufen in Windhoek in holländischer Sprache. Anz verzeichnete für diesen Zeitraum auch vier Konfirmationen, eine Beerdigung, zwei Predigtgottesdienste und einen Abendmahlsgottesdienst für Buren. Seine Bemühungen, die in der Umgebung von Windhoek siedelnden Burenfamilien in die Gemeinde zu integrieren, wurden allerdings bald in Frage gestellt. Es waren zwei „Burenprädikanten" von der „Kapschen Synode" ausgesandt worden, die in Grootfontein und Gibeon Gemeinden gründeten. Anz beklagte, dass dadurch die „Einheit des evangelischen Bekenntnisses hier im Lande zerrissen sein wird." Er behielt aber die Hoffnung, dass sich die in der Nähe von Windhoek siedelnden Buren auch weiterhin zur evangelischen Gemeinde in Windhoek halten würden.[53] Zu seiner Enttäuschung schlossen sie sich 1904 aber doch der Burengemeinde in Gibeon an. Die beiden Prädikanten verließen allerdings ihre Gemeinden , als der Aufstand der Nama unter Hendrik Witbooi am 3. Oktober 1904 in Gibeon begann. Johannes Hammer, der Nachfolger

---

52 Bemerkenswert ist auch, dass der Kirchenälteste Wilhelm Junker auf einer Sitzung des Gemeindekirchenrats seine ausdrückliche Zustimmung zum Inhalt des Artikels Anz' zum Ausdruck brachte. Dies wurde im Protokoll festgehalten (Protokollbuch des Gemeindekirchenrats, Sitzung vom 31. Oktober 1904, Archiv ELKIN (DELK)).

53 Jahresbericht 1901/02 vom 3. Februar 1903 an den EOK, EZA 5/2932.

von Pfarrer Anz, berichtete am 17. März 1908 dem EOK, dass die Buren im Umland von Gibeon sich als Gemeinde dem EOK unterstellen wollten und fragte an, ob er mit den Buren diesbezügliche Verhandlungen anknüpfen solle. Sie seien finanziell autark, bräuchten aber einen eigenen Pfarrer: „Für sie käme allerdings nur ein holländisch- und deutschsprachiger reformierter Pfarrer in Betracht."[54] Der EOK stimmte in seiner Antwort prinzipiell zu, bat aber darum, „sich wegen dieser wichtigen Angelegenheit zunächst mit dem Gouverneur ins Benehmen zu setzen. Falls seitens des letzteren keine Bedenken erhoben werden, sind wir damit einverstanden."[55]

Dass es bei dieser Frage auch um die Integration der Buren in die deutsche Kolonie ging, wurde wenig später im EOK in Berlin von Oberkonsistorialrat Dr. Hermann Kapler und Konsistorialrat Dr. Johannes Duske mit dem Rheinischen Missionsinspektor Johannes Spiecker und dem inzwischen nach Deutschland zurückgekehrten Pfarrer Wilhelm Anz diskutiert. Im Zusammenhang mit der „Organisation der kirchlichen Versorgung der evangelischen Deutschen in Deutsch-Südwestafrika" und der Gründung weiterer Gemeinden wurde auch die Situation in Grootfontein diskutiert. Dort müsse sehr bald eine Gemeinde mit eigenem Pfarrer gegründet werden, weil es dort – wie in Gibeon – darum gehe, zu verhindern, dass die Buren „sich selbst kirchlich besonders organisieren." Dann wäre dort die Zahl der Deutschen unter den „Weißen" nämlich so gering, „daß die Bildung einer deutschen evangelischen Gemeinde schwerlich möglich sei." Es gehe nun darum, die Buren „innerlich und namentlich auch für das Deutschtum allmählich zu gewinnen." Aus diesem Grunde würde die Reichsregierung die Gründung einer deutschen Gemeinde sicher unterstützen.[56] Anz selbst erklärte sich sogar bereit, in nächster Zukunft nach Südwestafrika zurückzukehren und als Pfarrer nach Grootfontein zu gehen.[57]

Neben der klaren Abgrenzung gegenüber den evangelischen Missionsgemeinden stand also das Bemühen, die reformierten Buren in die kirchliche Struktur für die evangelischen Deutschen zu integrieren. Es zog sich über viele Jahre hin. Nur in diesem Zusammenhang wurde die Einheit und Zusammengehörigkeit der Christen evangelischer Konfession beschworen. Gegenüber den Missionsgemeinden derselben Konfession war dieses Anliegen nirgends erkennbar. Der eigentlich trennende Faktor war die Hautfarbe, viel stärker als die fremde Sprache und Kultur. Auch politisch gesehen erschien es wichtiger, dass alle „Weißen" im Lande in eine evangelische Kirche der Kolonie integriert werden. An eine Integration der Einheimischen dachte niemand. Sie waren ja die Unterworfenen – auch die, die Christen geworden waren.

Kirchbau für „Weiße"

Deutlich sichtbar wurde die als selbstverständlich geltende Trennung zwischen Missionsgemeinde und „weißer" Gemeinde in der Planung für den Bau der beiden evangelischen Kirchen in Windhoek, der Friedenskirche[58] und der Christuskirche.

---

54 Schreiben Hammers an den EOK vom 17. März 1908, EZA 5/2934.
55 Schreiben des EOK vom 21. Mai 1908.
56 Erst als die Synode der reformierten Kirche am Kap (NGK) 1910 den ersten Pfarrer nach Südwestafrika entsandte, bildete sich eine eigene Struktur, der sich alle burischen Gruppen im Land anschlossen (G.L. Buys/V.V. Nambala, History of the Church in Namibia, Windhoek 2003, 75).
57 Aktennotiz der Besprechung vom 2. Juni 1908, EZA 5/2996.
58 Der Name der Kirche bezog sich auf den Frieden, den die deutsche „Schutzmacht" dadurch hergestellt

Für die deutsche evangelische Gemeinde war die Errichtung der Friedenskirche natürlich ein großer Ansporn, nun auch ihren Bau in Angriff zu nehmen. Eine Mitbenutzung der Friedenskirche war nicht vorgesehen, sie erschien der Gemeinde nur als Übergangslösung möglich.

Anz war es mit einem deutlichen Hinweis auf das Interesse der Kolonialverwaltung in Berlin und Windhoek gelungen[59] auch den EOK, der zuvor eher zurückhaltend auf die Kirchbaupläne der Gemeinde reagiert hatte, zu einer sehr positiven Antwort zu bewegen.[60] Nun konnte der Gemeindekirchenrat viel intensiver für seinen eigenen Kirchbaufonds werben und konkrete Schritte mit der Aufstellung eines Kostenplans und der Erarbeitung eines ersten Entwurfes für den Bau einleiten. Mit letzterem wurde der Regierungs-Baumeister Gottlieb Redecker[61] beauftragt. Bis zum Ende des Jahres 1903 betrugen die Einzahlungen in den Kirchbaufonds der Gemeinde Windhoek 3000 Mark, weitere 18 000 Mark wurden von Mitgliedern der Gemeinde in einer Zeichnungsliste zugesagt.

Mit dem Ausbruch des Kolonialkrieges im Januar 1904 veränderte sich die Lage in der Hauptstadt grundlegend. Die Wirtschaft brach ein. Dadurch schienen sich auch die Pläne zum Bau einer eigenen Kirche zu zerschlagen. An ein Einziehen der zugesagten Beiträge für den Kirchbaufonds war nicht zu denken. Es gab im Gemeindekirchenrat sogar den Antrag, die noch vorhandenen Mittel zum Ausbau des Kirchsaales zu verwenden und auf einen Kirchbau ganz zu verzichten.[62] Auch Anz schlug nun vor, „für 30-40 000 Mark eine ganz schlichte Kirche zu bauen."[63] Es sollte eine „Gedächtniskirche für die Ermordeten und Gefallenen" werden, und der EOK solle die Gesamtkosten für diese Kirche „aus den für die Kolonien vorhandenen Kirchbaufonds übernehmen."[64]

Nach der Niederwerfung des Volkes der Herero in der Vernichtungsschlacht am Waterberg im August 1904 und dem Sieg über die Nama unter Hendrik Witbooi im Oktober 1905 schlug die Stimmung unter den Deutschen wieder um. Anz schrieb 1935 in einem Artikel zum 25. Jubiläum der Kirchweihe rückblickend:

> „[…] und langsam reifte der Gedanke, als ein Friedensdenkmal auf der weithin sichtbaren Höhe von Windhuk die erste deutsche evangelische Kirche des Landes zu bauen […] und sie sollte mit der steinernen Wucht ihres Baues die vielen bescheide-

---

hatte, dass sie alle einheimischen Bevölkerungsgruppen unter ihre Herrschaft gezwungen hatte.
59 „Endlich erscheint es den hiesigen Deutschen auch als eine Ehrensache, hier am Sitz der deutschen Regierung bald eine auch äußerlich als Kirche erkennbare Kirche zu haben." Schreiben Anz' an den EOK vom 30.8.1900 (einen Monat nach seiner Einführung in Windhoek), EZA 5/2932.
60 Der EOK schrieb, er werde „voraussichtlich ein namhaftes Kapital für den Kirchbau zuweisen können." Protokoll der Gemeindekirchenratssitzung vom 10. Januar 1901, Protokollbuch des Gemeindekirchenrats, Archiv ELKIN (DELK).
61 Gottlieb Redecker, Sohn des Rheinischen Missionskolonisten Johann Wilhelm Redecker in Otjimbingwe, wurde am 30. April 1871 in Otjimbingwe geboren. Als Kaiserlicher Regierungs-Baumeister entwarf und baute er viele Gebäude der Kolonialregierung, u.a. den „Tintenpalast". Außer der Christuskirche in Windhoek entwarf er auch die Christuskirche in Karibib für die Rheinische Missionsgemeinde, die auch von der deutschen evangelischen Gemeinde Karibib genutzt wurde.
62 Protokoll der Sitzung des Gemeindekirchenrats vom 31. Oktober 1904, Protokollbuch des Gemeindekirchenrats, Archiv ELKIN (DELK).
63 Jahresbericht über die Gemeinde Windhuk im Kirchenjahr 1903/1904, EZA 5/2933.
64 Schreiben Anz' an den EOK vom 22. Februar 1904, EZA 5/2932.

nen Backsteinkirchlein der Mission überdauern und **ein Wahrzeichen von der Würde des siegreichen deutschen Reiches** werden."[65]

Mit der Genehmigung des von Redecker mehrfach überarbeiteten Entwurfes und der Zusicherung eines Zuschusses von 150 000 Mark aus dem „Kirchbaufonds Daressalaam pp." konnte die Gemeinde am 11. August 1907, dem 3. Jahrestag des Beginns der Vernichtungsschlacht gegen das Volk der Herero am Waterberg, den Grundstein für die Kirche legen. Die anlässlich dieses Festtages gehaltenen Ansprachen und der Text der Urkunde, die in den Grundstein eingemauert wurde, lassen erkennen, in welchen zeitgeschichtlichen Kontext der Bau dieser Kirche gestellt wurde. Im Text der Urkunde heißt es:

„[…] legen wir den Grundstein zur ersten Kirche für Weiße, die in diesem Schutzgebiet erbaut wird. Sie soll den Namen Christus-Kirche[66] führen […] Möge ihre Lage auf freier Bergeshöhe alle, die sie sehen, immerfort erinnern an das Bibelwort: Ihr seid das Licht der Welt; es kann die Stadt, die auf dem Berge liegt, nicht verborgen werden."[67]

Der Unterstaatssekretär im Reichskolonialamt Berlin, Friedrich von Lindequist,[68] der für das Gouvernement sprach, wies in denkwürdiger Entsprechung zu diesem Bibelwort darauf hin,

„wie überall im Ausland die Kirche den Stützpunkt und die Grundlage des Deutschtums bilde, wie dasselbe ohne sie keinen festen Halt habe […] Nur wenn wir treu dem Glauben und Geiste unserer Väter bleiben, **werde die Kulturaufgabe, die unser Volk hier in diesem Lande sich gestellt habe, zu lösen sein.**"[69]

Unter Bezugnahme auf die kriegerischen Auseinandersetzungen zwischen einheimischen Völkern und auf den frühen Widerstand gegen die Kolonialmacht am Ende des 19. Jahrhunderts sagte Anz in seiner Ansprache: „[…] so soll hier nun in Zukunft das Evangelium der Liebe und des Friedens verkündigt werden."[70]

Auf die drei Jahre zuvor begonnene Vernichtungsschlacht am Waterberg und die in unmittelbarer Nähe gelegenen „Straflager" für Kriegsgefangene, in denen nach Angaben der Rheinischen Missionare Carl Wandres und Friedrich Meier noch bis Ende 1907 Tausende von Männern, Frauen und Kinder leben mussten und in großer Zahl an den Folgen von Mangelernährung und Krankheiten starben, nahmen die Redner – nach dem zitierten Bericht zu urteilen – nicht Bezug.[71] Es war unüberhörbar, wie an diesem Tag der Kirchbau zu einem Symbol der siegreichen Kolonialmacht wurde.

---

65 Evangelischer Gemeindekirchenrat zu Windhuk (Hg.),25 Jahre Christuskirche in Windhuk, Windhoek 1935. Hervorhebung vom Verfasser.
66 Diesen Namen bekamen auch die evangelischen Kirchen in den anderen deutschen Kolonien, in Daressalaam/Ostafrika, Lomé/Togo und Tsingtau/China.
67 Zitate aus einem Artikel der Windhuker Nachrichten vom 22.8.1907, EZA 200/1/7.131.
68 Von Lindequist war von November 1905 bis Mai 1907 Gouverneur in Windhoek.
69 Hervorhebung vom Verfasser.
70 Windhuker Nachrichten vom 22.8.1907, EZA 200/1/77.131.
71 Auch in den Briefen und Berichten an den EOK, die Anz in der Zeit der Kriege gegen die Herero und Nama geschrieben hat, findet sich kein Wort über das Leiden und Sterben der besiegten und nunmehr endgültig unterworfenen Völker.

Pfarrer Johannes Hammer

Die feierliche Grundsteinlegung war für Anz zugleich der Tag seines Abschieds von Windhoek und der Einführung seines Nachfolgers, Pfarrer Johannes Hammer. Dieser wurde am 19. November 1876 in Weißensee in Thüringen geboren und war – wie Anz – seit 1904 bereits im Auslandsdienst des EOK in Amora in Portugal tätig. Auch er konnte seine Erfahrung im Umgang mit der kirchlichen und staatlichen Obrigkeit in Berlin in sein Windhoeker Amt einbringen und nutzen. In seine Zeit fiel die Bauausführung mit all ihren Kräfte raubenden Schwierigkeiten, insbesondere mit denen der Finanzierung. Es sollte drei Jahre dauern, bis der Kirchbau endlich vollendet werden konnte. Die allgemeine Teuerung, die die Kriege im Land ausgelöst hatten, führte dazu, dass der Bau erheblich teurer wurde. Die zusätzlich benötigten Mittel mussten von Hammer mühsam und beharrlich eingeworben werden. Ohne hier auf Einzelheiten eingehen zu können,[72] sei auf Formulierungen hingewiesen, mit denen er und seine Fürsprecher in Berlin für zusätzliche Mittel geworben haben. Im April 1909, als die Bauarbeiten wegen mangelnder Finanzen für fast ein Jahr eingestellt werden mussten, rechtfertigte Hammer in einem Schreiben an den „Deutschen Evangelischen Kirchenausschuß –DEKA" im Namen des Gemeindekirchenrats die Mehrausgaben unter anderem mit dem Hinweis darauf, dass „unsere Kirche **als erste Kirche für Weiße im Schutzgebiet** und als Kirche in der Hauptstadt ein **Monumentalbau**[73] sein muß, und in seiner Einzigartigkeit ein unschätzbarer Gegenpol gegen die mit allen Mitteln arbeitende katholische Propaganda ist […]."[74] Bemerkenswert ist, dass Hammer die Kirche der evangelischen deutschen Gemeinde als „erste Kirche für Weiße" bezeichnete und der katholischen Kirche, deren Grundstein schon 1903 gelegt wurde[75] und eben nicht eine Kirche nur für „Weiße" war, als „unschätzbaren Gegenpol" gegenüberstellte. Die Christuskirche sollte **die** Kirche der Hauptstadt werden, die Kirche, die eben auch für die „weiße" Kolonialmacht stand und deren Legitimität religiös verankern sollte.

Der DEKA leitete diesen Brief unmittelbar an den Minister für geistliche Angelegenheiten weiter, der sich seinerseits daraufhin an das Reichskolonialamt und das Reichsschatzamt wandte und darauf hinwies, dass für die weitere Unterstützung des Baus seines

---

In seinem Baubericht vom 1. Januar 1908 schreibt Baumeister Redecker: „Es war damit gerechnet worden, einen großen Teil der Arbeiten durch Eingeborene mit wenig Kosten auszuführen. Dies war jedoch nicht möglich, da infolge des Krieges kaum die allernotwendigsten Leute zu bekommen waren. Die schließlich mit Hülfe des Gouvernements erhaltenen wenigen Männer waren infolge der Kriegsstrapazen körperlich noch sehr geschwächt und nur für leichtere Arbeiten brauchbar. Es mußte schon zur Annahme von weißen Arbeitern geschritten werden." (EZA 5/3017) Es liegt sich nahe, dass diese „mit Hülfe des Gouvernements" erhaltenen wenigen geschwächten Männer Kriegsgefangene aus den nahe gelegenen Lagern waren, die zu Zwangsarbeiten herangezogen wurden.

72 Der Verfasser hat sie in einem eigenen Beitrag zur Baugeschichte der Christuskirche für den „Afrikanischen Heimatkalender 2010", Windhoek 2009, 39-55 näher ausgeführt.

73 Hervorhebung vom Verfasser.

74 Schreiben Hammers an den „Deutschen Evangelischen Kirchenausschuß" (DEKA) über den EOK vom 19.April 1909, Archiv EZA 5/2934. Der DEKA wurde 1903 als Koordinierungsstelle aller evangelischen Landeskirchen Deutschlands für die kirchliche Auslandsarbeit eingerichtet. Bei ihm lag auch die Verwaltung des Kirchbaufonds für evangelische Kirchen in den Kolonien. Hervorhebung vom Verfasser.

75 Zur Baugeschichte der katholischen Kirche in Windhoek: Andreas Vogt, Nationale Denkmäler in Namibia, Windhoek 2006, 162f.

Dafürhaltens nur Reichsmittel in Frage kommen könnten. Es gehe bei diesem Bau nicht nur um kirchliche Interessen, sondern auch um die „Rücksicht auf das Ansehen der deutschen Reichsangehörigen." Es stehe „namentlich auch im Reichsinteresse [...] der evangelischen Kirche in der Hauptstadt eine ihrer Bedeutung entsprechende Größe und würdige Ausstattung zu geben."[76] Als im Oktober noch immer keine zusätzlichen Mittel bewilligt worden waren, schrieb der Vorsitzende des DEKA, Voigts, noch einmal einen dringlichen Brief an den Minister für geistliche Angelegenheiten und griff darin zu einem noch schwerwiegenderen Argument: Er nehme an, dass „auch das Ansehen des Reiches gegenüber dem Auslande wie gegenüber den Eingeborenen es dringend erwünscht sein läßt, der augenblicklichen Schwierigkeiten so bald als möglich Herr zu werden."[77] Die Botschaft war klar: Wenn der Kirchbau noch länger unfertig stehen bleibt, ist auch das Ansehen des Königs von Preußen als summus episcopus seiner evangelischen Landeskirche und des deutschen Kaisers – **auch gegenüber den Eingeborenen**[78] – in Gefahr.

Die zahlreichen Eingaben hatten Erfolg. Der Kaiser bewilligte aus seinem Dispositionsfonds weitere Mittel, mit denen der Kirchbau vollendet werden konnte.[79] Am 16. Oktober schließlich konnte Hammer die Christuskirche einweihen. Dieser Festtag der Gemeinde, die sich über ihre schöne Kirche zu Recht freute, war in seinem äußeren Rahmen auch davon geprägt, dass mit der Christuskirche ein die Stadt beherrschendes, weithin sichtbares Symbol der deutschen Kolonialherrschaft geschaffen worden war.[80]

Von der Gemeindegründung zur Gründung einer Kirche für „Weiße"
Im Zuge des allgemeinen Aufschwungs nach der Niederschlagung des Widerstandes gegen die Kolonialmacht kam nicht nur in die Planung des Kirchbaus Bewegung, sondern auch in den Aufbau eines Netzes von „weißen" Gemeinden in der Kolonie. Die Rheinische Mission hatte sich bereits an vielen Orten der geistlichen Versorgung deutscher und burischer Siedler angenommen. So entstanden Gemeindegruppen, die sich der Mission sehr verbunden fühlten, insbesondere in Otjimbingwe[81] und Karibib[82]. In Swakopmund konstituierte sich schon am 17. Januar 1906 auf Initiative des Rheinischen Missionars Heinrich Vedder eine

---

76 Schreiben vom 6. Mai 1909, EZA 5/2938.
77 Schreiben vom 9.Oktober 1909, EZA 5/2938.
78 Hervorhebung vom Verfasser.
79 Der ursprüngliche Kostenvoranschlag belief sich auf 180 000 Mark. Am Ende waren die Kosten für den Bau mehr als doppelt so hoch – die Inneneinrichtung noch nicht einmal mitgerechnet.
80 Ein zeitgenössischer ausführlicher Bericht findet sich in Auszügen in dem schon erwähnten Beitrag des Verfassers zur Baugeschichte der Christuskirche im Afrikanischen Heimatkalender 2010, 39ff.
81 Otjimbingwe war durch die Familien der ehemaligen Missionskolonisten (insbesondere die Familien Hälbich und Redecker) geprägt. Der Missionsinspektor Dr. August Schreiber beschreibt in seinem in Buchform herausgegebenen Bericht über seine Inspektionsreise nach Südwestafrika im Jahre 1894 einen Abendmahlsgottesdienst in Otjimbingwe, an dem Deutsche, Holländer, Bastards, Herero und Bergdamara gemeinsam teilnahmen. „Nacheinander wurde das Abendmahl in vier Sprachen ausgeteilt." „Eine Herde unter einem Hirten" lautete dazu sein Kommentar (August Schreiber, Fünf Monate in Südafrika, 106). Es liegt nahe, dass Schreiber dieses Bild vor Augen hatte, als er der Entsendung Siebes als Missionar und Pastor nach Windhoek zustimmte.
82 Auch in Karibib prägten die Familien Hälbich und Redecker die Gruppe der deutschen Evangelischen. Missionar August Elger war auch bei den Deutschen so beliebt, dass sie ihn – zusammen mit dem späteren Pfarrer Heyse aus Windhoek – zur Gründung einer eigenen Gemeinde geradezu drängen musste.

deutsche evangelische Gemeinde, die Vedder sogar zum ersten Pfarrer der Gemeinde wählte.[83] Aber es gab auch Orte, an denen die Missionare von Siedlern nicht als Pfarrer akzeptiert wurden. Insbesondere nach dem Ausbruch des Kolonialkrieges schlug den meisten Missionaren eine ausgesprochen feindselige Haltung entgegen. Sie standen im Verdacht, den Aufstand durch ihre Arbeit mit verursacht zu haben.

Auch in diesem Zusammenhang wurde Wilhelm Anz aktiv. Bereits 1903, lange bevor Vedder im Jahre 1905 seine Missionarstätigkeit in Swakopmund aufnahm,[84] hatte Anz den EOK gebeten, einen Pfarrer in diesen „aufstrebenden Ort" zu entsenden.[85] Schon bevor der Widerstand der Nama im Jahre 1905 endgültig zerschlagen war, entwickelte er seine Vorstellungen davon, wie man die Position des Windhoeker Pfarrers stärken und eine landesweite kirchliche Struktur für „Weiße" aufbauen könne. Er empfahl dem EOK in einem ausführlichen Schreiben drei Schritte: Die Ernennung des Windhoeker Pfarrers zum offiziellen Garnisonspfarrer,[86] die nebenamtliche Wahrnehmung des Schulreferates in der Kolonialverwaltung – zuständig für das gesamte Schulwesen in der Kolonie[87] – und die Entsendung eines zweiten Auslandspfarrers nach Swakopmund – als Entlastung für Vedder, der seine Aufgabe nach Anz' Kenntnis in erster Linie in der Mission sah. Dieser dritte Vorschlag wurde von Anz ausdrücklich als ein erster Schritt für die Gründung weiterer eigenständiger Gemeinden bezeichnet. Anz war sich sicher, dass ein solcher Schritt von den Missionaren positiv aufgenommen werden würde.[88] Festzuhalten ist, dass Anz diese Vorschläge im Zusammenhang eines Gesuchs mit der Bitte um Versetzung in einen anderen Auslandsdienst machte.[89] Es ging ihm also nicht um seine eigene Stellung, sondern um die seiner Nachfolger.

Als aus seiner Versetzung in einen anderen Auslandsdienst nichts wurde, stellte Anz ein Jahr später, am 7. März 1906, einen Antrag auf Rückversetzung nach Deutschland, bot aber an, so lange in Windhoek zu bleiben, bis ein Nachfolger eingearbeitet sei. In seinem Bericht über das Jahr 1906 plädierte Anz für die Entsendung eines Hilfsgeistlichen nach Windhoek, der den ersten Pfarrer entlasten sollte. Anz hatte erfahren, dass die Kolonialbehörden für 1907 die Entsendung zweier zusätzlicher Militärgeistlicher planten. Er argumentierte nun, dass man statt eines neuen Militärgeistlichen doch auch einen Hilfsgeistlichen für

---

83 Siehe auch den Beitrag #16 Lothar Engel in diesem Buch.
84 Vorher wurde Swakopmund von Missionar Johann Böhm in Walfischbay (er wirkte dort von 1863 bis 1905) mitversorgt.
85 Diese Bitte wurde zunächst nicht erfüllt.
86 Bereits Heinrich Siebe wurde auch mit der Wahrnehmung der Seelsorge an den in Windhoek stationierten Soldaten beauftragt. Anz führte diese Arbeit weiter, allerdings wurde sein Angebot, auch als Feldgeistlicher mit den Soldaten in den Krieg zu gehen, nicht angenommen. Eine offizielle Beauftragung, verbunden mit der Zahlung eines Gehaltsanteils von 2000 Mark, erfolgte erst 1906. Auch Hammer wurde mit der Militärseelsorge im Nebenamt beauftragt. Ein Teil des Pfarrgehaltes kam also aus dem Militärhaushalt des Deutschen Reiches.
87 Auch hierbei spielte die Frage eines staatlichen Zuschusses zum Pfarrgehalt eine Rolle.
88 „[…] sie sehen solche Versorgung der Weißen doch nur als ein notgedrungenes Liebeswerk an, das sie gewissermaßen stellvertretender Weise ausüben und gern abgeben […]" Gesuch Wilhelm Anz' an den EOK vom 8. März 1905, EZA 5/2933.
89 Anz wollte gern auf eine Auslandspfarrstelle im Nahen Osten wechseln, weil er sich in seinem Studium auch der Orientalistik gewidmet hatte. Er wollte aber so lange in Windhoek bleiben, bis eine solche Stelle frei würde.

Windhoek finanzieren könne. Der erste Pfarrer könne dann nebenamtlich die Aufgaben eines Militärgeistlichen mit wahrnehmen.[90] Eng verbunden mit dieser Argumentation war für Anz der Wunsch nach personeller Verstärkung, um eine landesweite Struktur deutscher Gemeinden schaffen zu können. Dabei sollte die Windhoeker Gemeinde Mittelpunkt werden. Die bisherigen informellen Gemeindegruppen sollten sich seiner Vorstellung nach – bei Wahrung ihrer Selbständigkeit – mit der Gemeinde in Windhoek zu einem Verbund zusammenschließen.[91] Anz führte kurz vor seinem Abschied aus Windhoek diesen Vorschlag weiter aus und nannte in einem Schreiben vom 21. Juni 1907 an den EOK nun auch konkret weitere Orte, in die Pfarrer entsandt werden sollten: Tsumeb, Okahandja, Maltahöhe oder Kub, Lüderitzbucht oder Keetmannshoop und Gobabis.[92] Anz' Nachfolger Hammer nahm dessen Vorstoß erfolgreich auf: 1908 entsandte der EOK Pfarrer Paul Heyse als Hilfsgeistlichen nach Windhoek, der sich allerdings – wie Hammer – mehr für die weit entfernt liegenden Gemeindegruppen interessierte und sich weniger als Entlastung Hammers in Windhoek verstand – was offenbar ganz im Sinne des EOK war. Heyse hatte wesentlichen Anteil daran, dass die Pläne, die in Berlin geschmiedet worden waren, verwirklicht wurden. Bereits 1910 wurde er zum ersten Pfarrer der von Missionar August Elger gegründeten deutschen evangelischen Gemeinde in Karibib ernannt.

Ein Jahr nach seiner Rückkehr nach Deutschland nahm Anz – inzwischen Pfarrer in Zehlendorf – zusammen mit Missionsinspektor Johannes Spiecker von der Rheinischen Missionsgesellschaft an einer Besprechung mit Oberkonsistorialrat Dr. Hermann Kapler und Konsistorialrat Dr. Johannes Duske im EOK Berlin teil. Dabei ging es um das Thema, das Anz schon seit 1903 bewegte, die „Organisation der kirchlichen Versorgung der evangelischen Deutschen in Deutsch-Südwestafrika."[93] In diesem Gespräch verständigten sich die Teilnehmer an der Runde auf eine Prioritätenliste der zusätzlich zu Windhoek und Swakopmund zu gründenden Gemeinden:

1. Karibib-Omaruru-Grootfontein
2. Lüderitzbucht-Aus-Keetmannshoop
3. Grootfontein (evtl. als eigene Gemeinde, vgl. Nr 1)
4. Gibeon
5. Warmbad (evtl. noch vor Gibeon)
6. Gobabis und
7. Okahandja

Das Zusammenspiel von Kirche, Mission und Staat
In dieses Planungsgespräch waren Initiativen eingeflossen, die jetzt in einen konkreten Plan einmündeten. Anz' Vorstöße und Hammers konkreter Antrag auf Entsendung eines Hilfsgeistlichen trafen in Berlin auf eine schon bestehende Offenheit:

---

90 Damit verband sich die Erwartung, dass ein Teil des Pfarrgehaltes aus dem Militärhaushalt gezahlt werden könnte, was erst bei seinem Nachfolger Hammer der Fall war.
91 Der Begriff Synode oder Kirche fällt in diesem Zusammenhang noch nicht. Jahresbericht 1906 vom 23.1.1907, EZA 5/2933.
92 Schreiben Anz' an den EOK vom 21. Juni 1907, EZA 5/2934.
93 Aktennotiz vom 13.6.1908 unterzeichnet von Dr. Duske, EZA 2996.

Der 1903 gegründete DEKA trat schon 1904 mit einer „Denkschrift über die kirchliche Versorgung der Diaspora im Auslande"[94] an die Öffentlichkeit, in der er für die Unterstützung von Gemeinden und gemeindlichen Zusammenschlüssen im europäischen und amerikanischen Ausland den Grundsatz „abwartender Zurückhaltung" unterstrich. Sie seien von der Heimatkirche in Deutschland unabhängig und wollten es auch sein.[95] Im Blick auf die deutschen Schutzgebiete wachse jedoch „die Notwendigkeit planmäßiger kirchlicher Versorgung seitens der deutschen Heimatkirche."[96]

In der Rheinischen Missionsgesellschaft hatte mit Johannes Spiecker seit dessen Inspektionsreise nach Südwestafrika im Jahre 1906, auf der er auch Anz in Windhoek begegnete, ebenfalls eine Phase des systematischen Planens hinsichtlich der geistlichen Versorgung der Weißen[97] in Südwestafrika begonnen. In seinem Visitationsbericht über die Reise, in dem er die geistliche Betreuung der „Weißen" durch die Missionare ausdrücklich würdigte, schrieb er:

> „Es erscheint mir deshalb als Pflicht unserer evangelischen Kirche Deutschlands, dafür ernstlich Sorge zu tragen, daß ihre Lands- und Glaubensgenossen in Südwestafrika kirchlich besser versorgt werden. [...] Hoffentlich sieht unsere evangelische Kirche bald mit klaren Augen die großen und ernsten Aufgaben, die in Südwestafrika ihr gestellt sind."[98]

Zurückgekehrt nach Deutschland wandte sich Spiecker mehrfach an den EOK[99] und schlug ihm eine Liste von Orten vor, in die Pfarrer entsandt werden sollten. Diese Liste entsprach im Wesentlichen der, die Anz wenige Wochen später von Windhoek aus nach Berlin geschickt hatte.[100]

---

94 Berlin 1904.
95 Denkschrift über die kirchliche Versorgung., 5.
96 Ibid., 7. Vgl. zu dieser Diskussion auch Beitrag #2 von Jürgen Kampmann.
97 Auch Spiecker ging es nicht nur um die deutschen Evangelischen, sondern auch um die Buren. Schreiben Spieckers an den Vorsitzenden des DEKA vom 22.Februar 1908, zitiert nach Lothar Engel, Kolonialismus und Nationalismus im deutschen Protestantismus in Namibia 1907-1945, Bern/Frankfurt 1976, 70.
98 Johannes Spiecker, Die Rheinische Mission im Hereroland, Barmen 1907, 137f. Lothar Engel nennt drei Motive, die Spiecker bei dieser Forderung leiteten: Die Angst, Südwestafrika an die katholische Kirche zu verlieren, die ihre Missionsarbeit in Südwestafrika mit der geistlichen Betreuung der „Weißen" begannen, die Hoffnung auf eine Erleichterung der Missionsarbeit durch kirchlich beeinflusste deutsche Siedlerschaft und schließlich die Unkirchlichkeit der Mehrheit der „weißen" evangelischen Siedler, deren Zahl in den letzten Jahren erheblich angewachsen war und der die Missionare nicht wirksam entgegentreten konnten (Engel, Kolonialismus und Nationalismus, 63). Das Interesse Spieckers an der Verstärkung der geistlichen Versorgung der deutschen Siedler war so stark, dass er dem EOK zwei seiner Neffen als zu entsendende Pfarrer empfahl, die dann tatsächlich vom EOK entsandt wurden: Paul Coerper (1910 als Hilfsprediger nach Windhoek entsandt) und Theodor Wetschky (1912 zunächst nach Windhoek entsandt) (Schreiben Spieckers an den EOK v. 29.3.1910, EZA 5/2934).
99 Lothar Engel berichtet auch von Gesprächen mit dem Präsidenten des EOK, Voigts, und mit von Lindequist und Voigts im Reichskolonialamt (Engel, Kolonialismus und Nationalismus, 69).
100 Spiecker nennt außer Windhoek und Swakopmund – wo es schon eine Gemeinde gab, die aber seiner Ansicht nach beide je zwei Pfarrer benötigten, um die Versorgung der Außenstellen zu gewährleisten – auch Omaruru für den Nordbezirk (Outjo, Otavi, Grootfontein, Tsumeb), Lüderitzbucht und Keetmannshoop (mit Warmbad, Gibeon und Berseba) (Schreiben Spieckers an den EOK vom April

Schließlich sei auch auf die Impulse der Kolonialbehörden in Windhoek und Berlin verwiesen. Die Unterstützung der Gemeinde durch die Gouverneure war für die Gründung der Gemeinde Windhoek, insbesondere für den Anschluss an die preußische Landeskirche und den Bau der Christuskirche außerordentlich wirksam. Friedrich von Lindequist war darüber hinaus auch an den Planungen zur Gründung und Versorgung weiterer Gemeinden maßgeblich beteiligt. Das galt schon für die Gründung der Gemeinde Swakopmund,[101] zeigte sich aber nach seiner Versetzung ins Reichskolonialamt in Berlin noch deutlicher. Er war es, der auch im Reichskolonialamt die Planung für die Erweiterung des Netzes deutscher Gemeinden unterstützte.

Durch dieses Zusammenspiel von Kirche, Mission und Staat wurde der Prozess der Gemeindegründungen spürbar beschleunigt. Schon 1910, unmittelbar nach der Kirchweihe der Christuskirche in Windhoek am 16. Oktober, konstituierte sich die „Pfarrkonferenz für Deutsch-Südwestafrika", an der unter Leitung des Windhoeker Pfarrers Hammer bereits fünf vom EOK nach Südwestafrika entsandte Pfarrer teilnahmen: zwei aus Windhoek und je einer aus Swakopmund, Karibib und Lüderitzbucht. Bis zum Ende der deutschen Kolonialherrschaft im Jahre 1915 entstanden in Südwestafrika insgesamt zehn Gemeinden, die von acht entsandten Pfarrern versorgt wurden. Das Fundament für die heutige „Evangelisch-Lutherische Kirche in Namibia – ELKIN", die frühere „Deutsche Evangelisch-Lutherische Kirche in Südwestafrika – DELK", war gelegt und die getrennte Entwicklung der lutherischen Kirchen im Land bis in die heutige Zeit hinein vorgezeichnet.

Zusammenfassung und Schluss

Wenn man auf die Anfänge der deutschen evangelischen Gemeinde in Windhoek während der Kolonialzeit zurückblickt, fällt zweierlei auf: Sie verdankt sich einerseits der Bereitschaft der Rheinischen Missionsgesellschaft, einen Pfarrer in die zu gründende deutsche evangelische Gemeinde zu entsenden, andererseits ist schon durch die vom damaligen Landeshauptmann Leutwein gegenüber dem Inspektor der Rheinischen Missionsgesellschaft ausgesprochene Bitte um Entsendung eines Pfarrers unverkennbar, wie sehr sich bei der Gründung der Gemeinde koloniales und kirchliches Interesse miteinander verbanden.

In Windhoek war es nicht anders als in Swakopmund und Karibib, den beiden nächsten Gemeindegründungen: Die ersten Seelsorger der Siedler in der jungen deutschen Kolonie waren Missionare, die diese Aufgabe neben ihrer Missionarstätigkeit sehr selbstverständlich wahrnahmen. In Windhoek ging die Initiative zur Gemeindegründung von Menschen aus, die als Nachkommen der Missionare und Missionskolonisten im Land lebten beziehungsweise ihnen nahe standen. Sie waren es, die den Landeshauptmann baten, die Rheinische Missionsgesellschaft um Entsendung eines Pfarrers zu bitten. Es gab in Windhoek offenbar von Anfang an den klar formulierten Plan, eine von der Mission konsequent getrennte Gemeinde zu gründen. Es wurde zwar ein „Pfarrer als Missionar" von der Rheinischen Missionsgesellschaft erbeten, aber als er ankam, wurde ihm von der Gemeinde sehr schnell klar gemacht, dass man mit der Missionsgesellschaft und der ebenfalls zu gründen-

---

1907, zitiert nach Engel, Kolonialismus und Nationalismus, 69). Am 22.Februar 1908 fügte er in einem weiteren Schreiben an den EOK noch Gobabis, Okahandja und Gibeon als zu besetzende Pfarrstellen hinzu (zitiert nach Engel, Kolonialismus und Nationalismus, 70).

101 Ibid., 65.

den Missionsgemeinde nichts zu tun haben wollte. Der Plan der Missionsgesellschaft, die Arbeit unter den Siedlern als Teil ihrer gesamten Mission zu leisten, wurde schroff zurückgewiesen und von der Missionsgesellschaft dann auch bald resigniert aufgegeben.

Im Hintergrund dieser für Pfarrer und Missionar Siebe überraschenden Haltung der Windhoeker Gemeinde stand offensichtlich der von Anfang an in Aussicht genommene Anschluss der Gemeinde an die Evangelische Landeskirche der älteren preußischen Provinzen. Mit diesem Anschluss gehörten die Mitglieder der Gemeinde zur preußischen Landeskirche, deren summus episcopus der König von Preußen und als Kaiser des Reiches zugleich höchste staatliche Autorität in der Kolonie war. Mit dem Oberkirchenrat der preußischen Landeskirche in Berlin stand eine schon seit langem weltweit operierende kirchliche Verwaltung bereit, die deutschen Auswanderern nach Nord- und Südamerika und Australien und Siedlern in den deutschen Kolonien bei ihren Gemeinde- und Kirchengründungen mit der Entsendung von Pfarrern und finanziellen Mitteln tatkräftig half. Die von dieser Kirchenbehörde entsandten Pfarrer standen in einem persönlichen Treue- und Gehorsamsverhältnis zum König von Preußen, dem Kaiser Deutschlands. Die neu gegründete deutsche evangelische Gemeinde in Windhoek war sozusagen „reichsunmittelbar". Sie war von Anfang an eben auch die Gemeinde der in der Kolonie Herrschenden und war schon durch diesen Umstand von den Gemeinden der unterworfenen Afrikaner getrennt. Hinzu kam, dass die Missionsgesellschaften ganz eigene, von den Landeskirchen in Deutschland klar getrennte Strukturen hatten. Bei allen üblichen gegenseitigen Absprachen und persönlich guten Beziehungen gab es eine klare Arbeitsteilung: Die Missionsgesellschaft sorgte für die Afrikaner, die Kirche sorgte mit ihrer Auslandsarbeit für die in der Kolonie sich ansiedelnden evangelischen Deutschen. Ein gemeinsames kirchliches Dach über diese beiden Arbeitszweige deutscher evangelischer Christen im Lande war nach dem Scheitern des ersten Versuches in der Zeit Pfarrer Siebes für die Zukunft ausgeschlossen worden.

In Südwestafrika kam allerdings eine andere Selbstverständlichkeit hinzu. Es gab auch in der evangelischen deutschen Gemeinde ein offenbar wenig hinterfragtes Bedürfnis nach möglichst strikter Abgrenzung gegenüber den Afrikanern. Dabei spielte nicht nur die Tatsache eine Rolle, dass die Mitglieder der deutschen Gemeinde als Bürger der Kolonialmacht auf die Seite derer gehörten, die den Afrikanern als die neuen Herren des Landes gegenübertraten, sondern auch ein tief sitzender Rassismus, ja eine tief gegründete Angst um die eigene, möglicherweise gefährdete Identität.

Dabei gab es gerade in Windhoek eine enge und freundschaftliche Beziehung und Zusammenarbeit zwischen den Missionaren und Pfarrern vor Ort, und bei einigen wenigen Gelegenheiten haben auch die Pfarrer zum Ausdruck gebracht, dass sie um die innere Verbindung der beiden Gemeinden wussten. In der Zeit des Krieges gegen die einheimischen Völker konnte der erste vom EOK entsandte Pfarrer die Kolonialpolitik des Deutschen Reiches grundsätzlich in Frage stellen. Aber besonders in der Zeit nach den niedergeschlagenen Aufständen der einheimischen Völker gegen die Kolonialmacht Deutschland wurde der landesweite Ausbau des Netzes deutscher evangelischer Gemeinden zu einer Landeskirche nach deutschem Vorbild zum alle Kräfte bindenden Hauptanliegen der deutschen Pfarrer, tatkräftig unterstützt von den Kolonialverwaltungen in Berlin und Windhoek, vom EOK in Berlin und auch von der Rheinischen Missionsgesellschaft in Barmen.

Es gehört zur Tragik dieser Entwicklung, dass in dieser letzten Phase der deutschen Kolonialzeit, in der sich endlich auch der wirtschaftliche Erfolg in der Kolonie einstellte und die landeskirchliche Aufbauarbeit beflügelte, das Schicksal der unterworfenen und völlig entrechteten einheimischen Völker des Landes fast völlig aus den Blick der deutschen evangelischen Gemeinden geriet. In den Jahresberichten der Pfarrer an den EOK in Berlin kommen sie nicht mehr vor.

Mit dem durch den Beginn des 1. Weltkriegs abrupt beendeten Traum von einem Neu-Deutschland in Südwestafrika ergab sich auch eine Unterbrechung des Traums von einer deutschen Landeskirche in Südwestafrika. In einer langen Übergangszeit waren es wieder Missionare, die die deutschen Gemeinden geistlich versorgten. Aber schließlich erwies sich die ganz am Anfang forcierte strukturelle Trennung von der Mission doch als stärker. Sie wirkt sich bis heute aus.

Die Beziehungen der deutschsprachigen lutherischen Gemeinden in der Kapregion zur Lutherischen Kirche in Hannover (1652 bis 1895)

Christian Hohmann

Vorbemerkung

Fragt man nach den Anfängen der Beziehungen zwischen der lutherischen Kirche im Fürstentum Hannover (seit 1814 Königreich Hannover) und den deutschsprachigen lutherischen Gemeinden in Kapstadt und in der Kapkolonie bis 1895[1], so sind vier Entwicklungen in den Blick zu nehmen: a) die erste Einwanderung deutscher Siedler und ihre Integration in die 1652 entstehende, niederländisch bestimmte europäische Siedlergemeinschaft, b) die Entstehung einer ersten lutherischen Gemeinde 1780, c) die Gründung einer ersten deutschsprachigen lutherischen Gemeinde 1861 und d) die Bildung der Deutschen Evangelisch-Lutherischen Synode Südafrikas 1895. Hinzu kommt die Frage, wie sich diese kirchenamtliche Verbindung auf die Bildung einer gemeinsamen lutherischen Kirche in Südafrika ausgewirkt hat, wie sie im Rahmen der unter d) genannten Synodenbildung Ende des 19. Jahrhunderts diskutiert wurde.

Die ersten deutschsprachigen Lutheraner in der Kapregion und ihre Integration in die niederländisch bestimmte „weiße" Siedlergemeinschaft

Als die Vereinigte Ostindische Handelskompanie (VOC) 1652 in der Tafelbucht eine Versorgungsstation für Handelsschiffe nach Indien anlegte, ließen sich auch einige deutsche Siedler am Kap nieder. Sie kamen aus Preußen, Hessen und Hannover[2] und waren überwiegend lutherischer Konfession.[3] Allerdings lässt sich nicht genau ermitteln, wie viele Menschen aus Deutschland bis zum Beginn des 19. Jahrhunderts nach Südafrika gekommen sind.[4]

---

1 Dieser Beitrag basiert auf der Dissertation des Verfassers zum Thema „Auf getrennten Wegen. Lutherische Missions- und Siedlergemeinden in Südafrika im Spannungsfeld der Rassentrennung (1652-1910)", die im Frühjahr 2011 im Harrassowitz-Verlag in Wiesbaden erscheinen wird. Einige Abschnitte daraus sind in gekürzter oder überarbeiteter Form in diesen Beitrag aufgenommen worden. Für diesen Beitrag verdanke ich einige wichtige historische Hinweise Hans-Dieter Büttner und seinen Recherchen im Archiv der Kapkirche sowie im Staatsarchiv Kapstadt.
2 Vgl. Theodor Wangemann, Südafrika und seine Bewohner nach den Beziehungen der Geschichte, Geographie, Ethnologie, Staaten- und Kirchenbildung, Mission und des Racenkampfes in Umrissen gezeichnet mit vielen Abbildungen versehen, Berlin 1881, 3.
3 Unter den ersten Siedlern wurden sie „Brüder der Augsburgischen Konfession" genannt (vgl. Klaus-Peter Edinger, Die Evangelisch-Lutherische Gemeinde, Port Elizabeth (Springfield) im Kontext des neuen Südafrika, in: Mitteilungen aus Ökumene und Auslandsarbeit, hg. vom Kirchenamt der Ev. Kirche in Deutschland, Hauptabteilung III (Kirchliches Außenamt), Ausgabe 1998, 212).
4 Nach Angaben der afrika-post gibt es zumindest „Stammrollen der Angestellten und Soldaten der

Die VOC erwartete damals von den deutschen Immigranten, dass sie sich relativ schnell in die neu entstehende und niederländisch dominierte Siedlergemeinschaft integrierten – vor allem, wenn sie beruflich nicht benachteiligt werden wollten.[5] Ebenso drängte die Kompaniebehörde darauf, dass alle Einwanderer Niederländisch sprachen. Die Deutschen, zumeist Handwerker und Seeleute, gründeten ihre Familien zunächst innerhalb der Siedlergemeinschaft und heirateten in der Regel Frauen, die Niederländisch sprachen[6]:

> „So war schon die nächste Generation bereits kapländisch und nicht mehr deutsch, zumal es an einem Schulunterricht oft auf den weiten einsamen Farmen so gut wie ganz fehlte, und das einzige Buch, mit deren Hilfe Kindern Lesen und Schreiben gelehrt wurde, die holländische Bibel war."[7]

In dieser Zeit dachte kaum jemand daran, eine *deutschsprachige* lutherische Gemeinde zu gründen. Stattdessen bekam ihre *konfessionelle* Prägung im Unterschied zu den Reformierten im Laufe der Zeit eine wachsende Bedeutung.[8] Das hatte zur Folge, dass sich viele Deutschstämmige, die sich selbst als Lutheraner bezeichneten, gegenüber Siedlern reformierten Glaubens als eine eigene konfessionelle Größe zu etablieren begannen – zusammen mit anderen lutherisch geprägten europäischen Einwanderern.[9]

Der VOC war vom niederländischen Staat nicht nur die politische Verantwortung für die Niederlassung am Kap und in Ostindien übertragen worden, sondern seit 1622 auch die Pflicht, als christliche Obrigkeit – gemäß des § 36 des Niederländischen Glaubensbekenntnisses – den reformierten Glauben zu bewahren und zu garantieren. Noch galt für die VOC das Prinzip des Augsburger Religionsfriedens: „Cuius regio eius religio", wonach die Konfessionszugehörigkeit des jeweiligen Landesfürsten den Konfessionsstand seines Herrschaftsgebietes bestimmte. Daher wurde im Bereich der VOC neben der reformierten Kir-

---

Holländisch-Ostindischen Kompagnie", die „fast vollzählig erhalten sind". Aus diesen geht hervor, dass die Anzahl der Deutschen unter den Kompanieangestellten, aber auch unter den Freibürgern und Soldaten im Zuge der sich im 18. Jahrhundert vollziehenden Immigration – gegenüber den anderen „weißen" Kapbewohnern verschiedener nationaler Herkunft – die Mehrheit bildeten. (afrika-post, EZA 7/3185, 7). „Man rechnet, dass während der ganzen Zeit der holländischen Herrschaft mindestens 14000 Deutsche nach dem Kap gekommen sind, wovon etwa 4000 für immer dort geblieben und zu den Stammvätern der Buren geworden sind" (ibid, 12f). K. F. Höflich spricht sogar von „etwa 15.000" deutschen Siedlern (K. F. Höflich, Deutsches Luthertum im Südlichen Afrika, in: Kurt Naumann (Hg.), Deutsche Evangelisch-Lutherische St. Martini-Kirche Kapstadt, Festschrift zum 100jährigen Jubiläum, Kapstadt 1961, 83).

5 Vgl. Reino Ottermann, The Centenary of the Synod: 1895-1995, Evangelical Lutheran Church in Southern Africa (Cape Church), Cape Town 1995, 11.
6 Darüber hinaus kam es häufig auch zu Eheschließungen mit „farbigen" Frauen, die immerhin 25 % aller Eheschließungen deutscher Immigranten ausmachten (vgl. Hildemarie Grünewald, Die Geschichte der Deutschen in Südafrika, 4., erweiterte Auflage, Kapstadt 1998, 14-15).
7 afrika-post, 13.
8 Hinsichtlich der ersten Siedler ist jedoch davon auszugehen, „dass die konfessionelle Bindung der meisten Siedler und VOC-Bediensteten in den Anfangsjahren eher gering war, wie auch ihr Bedürfnis an kirchlicher Versorgung überhaupt – ein Tatbestand der wiederholt von den reformierten Pfarrern beklagt wurde" (so Hans-Dieter Büttner in einem Schreiben vom 15.2.2010).
9 Vgl. Markus Braun, Entwurf: Deutsche Gemeinden und deutsche Mission im Südlichen Afrika, maschinenschriftliches und unveröffentlichtes Manuskript, Beitrag von 1973, 1. Die Anfangszeit bis Mitte des 19. Jahrhunderts, 14f.

Die Beziehungen der Gemeinden in der Kapregion zur Lutherischen Kirche in Hannover   395

che vorerst keine andere Konfession zugelassen.[10] Deshalb versuchte die niederländische Reformierte Kirche in der Kapkolonie, lutherische Siedler in ihre Gemeinden zu integrieren. In den nächsten Jahren und Jahrzehnten siedelten sich jedoch weitere Lutheraner aus Deutschland und Skandinavien in der Kapregion an. Der erste Pfarrer der niederländischen Reformierten Kirche, Johan van Arckel, der am 17. August 1665 sein Amt antrat,[11] musste feststellen, dass die Mehrzahl der am Kap ansässigen Europäer nicht reformiert, sondern lutherisch war. In der Hoffnung, die Lutheraner für die reformierte Konfession gewinnen zu können, gestattete ihnen van Arckel in einem Beschluss vom 23. Dezember 1665 die Teilnahme am reformierten Gottesdienst und die Zulassung zum Abendmahl.[12] Da die meisten Lutheraner mit Frauen aus der niederländischen Reformierten Kirche verheiratet waren, nahmen sie an reformierten Gottesdiensten teil und ließen auch ihre Kinder in der Reformierten Kirche taufen, konfirmieren und sich selbst von reformierten Pfarrern trauen und beerdigen. Manche traten zur Reformierten Kirche über.[13] Obwohl die Lutheraner in öffentlichen Gebäuden keine eigenen Gottesdienste feiern durften, blieben sie dennoch in großer Zahl ihrer lutherischen Tradition verbunden. Das zeigt sich unter anderem daran, dass, sobald Schiffe mit lutherischen Schiffsgeistlichen oder Missionaren anlegten – in der Regel nur einmal im Jahr – die Lutheraner diese Geistlichen baten, in ihren Privathäusern lutherische Gottesdienste abzuhalten, zu taufen und das Abendmahl nach lutherischer Agende mit ihnen zu feiern. Dennoch waren die Kapstädter Lutheraner zum damaligen Zeitpunkt ihrem Selbstverständnis nach noch völlig unabhängig von den lutherischen Kirchen in Deutschland oder in den Niederlanden und fühlten sich auch „nicht gebunden an irgendeine Richtung oder Sekte innerhalb des Luthertums."[14]

Abgesehen von den wenigen, die im ländlichen geprägten Umfeld Kapstadts lebten, zählten die meisten Lutheraner zur städtischen Bevölkerung.[15] Diejenigen von ihnen, die aus sozial niedrigen Schichten in Deutschland kamen, bildeten auch in Kapstadt wieder einen Teil der Unterschicht. Die übrigen gehörten als Handwerker oder Kompanie-Bedienstete zur Mittelschicht, vereinzelt auch zur Oberschicht. Aus ihren Reihen wurde später die Gründung der ersten lutherischen Gemeinde betrieben.[16] Als Europäer waren die

---

10 Vgl. Theodor Müller-Krüger, Der Protestantismus in Indonesien: Geschichte und Gestalt, Die Kirchen der Welt, Reihe B, Bd. V, Stuttgart 1968, 4; Bernd Moeller, 4. Kapitel: Das Zeitalter des Ausbaus und der Konsolidierung der Reformation 1525-1555, in: Ökumenische Kirchengeschichte, Bd. II: Mittelalter und Reformation, in Gemeinschaft mit Remigius Bäumer u.a. hg. von Raymund Kottje und Bernd Moeller, 3., durchgesehene und verbesserte Auflage, Mainz 1983, 362f. – Zudem war es in den Niederlanden – und das galt auch für die von der VOC beherrschten Kapkolonie – seit der Union von Utrecht (1579) nur der niederländischen Reformierten Kirche erlaubt, öffentliche Gottesdienste abzuhalten (vgl. Edinger, Die Evangelisch-Lutherische Gemeinde, 212).
11 Vgl. Büttner in einem Schreiben vom 15.2.2010.
12 Vgl. Ottermann, The Centenary, 11 und Wilhelm Heinrich Christoph Hellberg, Aus der Frühzeit des Luthertums, in: Festschrift zum 100jährigen Jubiläum der Deutschen Ev.-Luth. St. Martini Kirche, Kapstadt 1961, 7.
13 Vgl. John Hoge, Die Geschichte der ältesten evangelisch-lutherischen Gemeinde in Kapstadt. Ein Beitrag zur Geschichte des Deutschtums in Südafrika, mit 6 Kunstdrucktafeln, München 1939, 19.
14 Hoge, Die Geschichte der ältesten evangelisch-lutherischen Gemeinde, 121, vgl. dazu auch David J. Bosch, Transforming Mission. Paradigm Shifts in Theology of Mission (American Society of Missiology Series, No. 16), New York, 1991, 249.
15 Ibid., 99f.
16 Das belegen die Unterschriftslisten, die ihren beiden Gesuchen an den Politischen Rat (vom 19. Juni

Lutheraner Teil der damals recht homogenen „weißen" Bevölkerungsminderheit und genossen die damit verbundenen Privilegien, wie zum Beispiel das Recht, Sklaven zu halten.

Die Entstehung der ersten lutherischen Gemeinde in der Kapkolonie

Nachdem 1728 eine kontroverstheologische Streitschrift des dänischen Theologen Hector Godfried Masius in Amsterdam erschienen war, welche die Lutheraner auf ihr theologisches Proprium gegenüber den Reformierten hinweisen sollte,[17] richteten am 5. Juni 1742 auch einige Lutheraner in der Kapkolonie ein entsprechendes Gesuch an den Gouverneur und den Politischen Rat,[18] noch bevor in Batavien (heutiges West-Java) den Lutheranern auf ihr Ersuchen hin von der dortigen Niederlassung der VOC am 1. September 1744 Religionsfreiheit gewährt worden war.[19] Dieses erste Gesuch wiederholten die Lutheraner in der Kapkolonie am 19. Juni 1742 mit nunmehr 69 Unterschriften.[20] Darin baten sie, sich mit der Bitte um die Genehmigung einer eigenen Gottesdienststätte und um die Berufung eines für sie zuständigen Pfarrers an den Rat der Siebzehn[21] wenden zu dürfen[22]. Doch weder dieses Gesuch, noch mehrere nachfolgende Gesuche fanden beim Politischen Rat und beim damaligen Gouverneur Hendrik Swellengrebel Gehör, sondern wurden sogleich abgelehnt.[23]

Das weitere beharrliche Eintreten der Lutheraner für die Gründung einer eigenen Gottesdienststätte erwies sich nun als ein langwieriger Prozess, der noch fast fünfzig Jahre dauern sollte. Ohne diesen im Detail nachzuzeichnen, seien folgende Etappen kurz erwähnt:

1742 und vom 14. Februar 1743) beigefügt waren (vgl. Hoge, Die Geschichte der ältesten evangelisch-lutherischen Gemeinde, 23ff, 28).
17 Vgl. ausführlicher dazu die Angaben von Hoge (ibid., 20f).
18 Dessen zweite niederländische Originalfassung vom 19. Juni 1742 ist abgedruckt in Hoge (ibid., 158), ebenso die deutsche Fassung (ibid. 22ff). Zuvor hatte sich bereits der dänische König über seinen Botschafter bei der niederländischen Regierung für das Anliegen der Lutheraner am Kap eingesetzt (vgl. ebenso Ottermann, The Centenary, 11f).
19 Vgl. Hoge, Die Geschichte der ältesten evangelisch-lutherischen Gemeinde, 30.
20 Vgl. Hellberg, Aus der Frühzeit des Luthertums, 7.
21 Dieser Rat (auch die Herren Siebzehn genannt) war ein Ausschuss von 17 Mitgliedern, denen neben den Direktoren die zentrale Verwaltung der VOC oblag. Die Aufsicht über das religiöse Leben in den Niederlassungen der Kompanie führte hauptsächlich die kirchliche Behörde („Classis") von Amsterdam. Sie vertrat die gesamte Reformierte Kirche der Niederlande und war auch für die Angelegenheiten der reformierten Kirche in den überseeischen Kolonien zuständig. So fungierte sie als Bindeglied zwischen den reformierten Gemeinden am Kap und dem Rat der Siebzehn. Das betraf z.B. die Pfarrwahl, denn ein von der Classis berufener Pfarrer brauchte die Bestätigung des Rates der Siebzehn. Besoldet wurde er von der Kompanie, die ihn auch entlassen oder versetzen konnte.
22 Zu dieser Zeit gab es 509 Menschen, die sich als Lutheraner bezeichneten (vgl. Ottermann, The Centenary, 12).
23 Fragt man nach den Gründen, so stand im Hintergrund das wiederholt gespannte und ambivalente Verhältnis zwischen Reformierten und Lutheranern, das nicht nur durch theologische Differenzen (vor allem im Bereich der Prädestinationslehre sowie des Tauf- und Abendmahlsverständnisses) bestimmt war, sondern auch durch die Sorge des Kirchenrates der Reformierten Kirche, die bisherige politische und konfessionelle Vormachtstellung am Kap durch die deutschen Lutheraner verlieren zu können. Zudem hoffte man auf reformierter Seite, dass die Lutheraner langfristig zur niederländischen Reformierten Kirche konvertieren würden, was bei einzelnen durchaus vorkam (Hoge, Die Geschichte der ältesten evangelisch-lutherischen Gemeinde, 20f, 25f, 33f).

a. Martin Melck, einem reichen Viehzüchter und Weinbauer aus Stellenbosch, gelang es während der Regierungszeit des Gouverneurs Ryk Tulbagh (1751-1771), der für seine strikte Ablehnung des Luthertums bekannt war, den Lutheranern sein Grundstück in der Strandstraße zu vermachen und zwar mit dem Ziel, dort relativ bald eine lutherische Gemeinde zu gründen. Melck machte sich unverzüglich daran, die Ziel zu verwirklichen. Er umging geschickt das Kirchenverbot, indem er zunächst auf eigene Kosten ein „Lagerhaus" errichten ließ. Dieses trug unverkennbar die Züge eines Kirchenbaues. Entsprechend stattete er es mit Kirchenbänken und Gesangbüchern aus. Da sein Privathaus für eine „Versammlung" der Kapstädter Lutheraner viel zu klein war, ging Melck mit ihnen in das so genannte „Lagerhaus", um dort Gottesdienst zu feiern: Der Politische Rat besaß nämlich keine rechtliche Handhabe, das gemeinsame Singen und Gebet zu verbieten. Auf Seiten der niederländischen Reformierten Kirche, die Melcks Absichten schnell durchschaut hatte, rief diese Entwicklung Verärgerung und Widerstand hervor: Über den damals stellvertretenden Gouverneur Joachim van Plettenberg erreichten die Reformierten, dass die Lutheraner ihr Lesepult, das sie anstelle einer Kanzel verwendeten, wieder entfernen mussten.

b. Kurz nach dieser ersten gottesdienstlichen Versammlung starb Ryk Tulbagh, so dass jetzt neue Versuche unternommen werden konnten, ein lutherisches Gemeindeleben zu etablieren, zumal inzwischen die VOC nicht mehr unangefochten herrschte. Zunächst wurden die Gottesdienste mit den Schiffsgeistlichen ebenfalls ins „Lagerhaus" verlegt. Dennoch wünschten sich die inzwischen mehr als 1.000 Lutheraner einen eigenen Pfarrer. Deshalb wandten sie sich am 25. Mai 1776 – unter Umgehung des Gouverneurs und Politischen Rates – direkt an das lutherische Konsistorium in Amsterdam, dass es sich bei günstiger Gelegenheit gegenüber dem Rat der Siebzehn für die Lutheraner am Kap verwenden sollte. Am 1. April 1778 wurde ihrem Gesuch durch den Rat der Siebzehn endlich stattgegeben. Gleichzeitig erhielten die Lutheraner das Recht der freien Religionsausübung. Da selbst der Politische Rat keine Einwände vorbrachte, konnten sie unverzüglich damit beginnen, das nötige Kapital für den Unterhalt ihres künftigen Pfarrers zusammen zu bringen. Am 22. Dezember 1778 teilten die Lutheraner dem Politischen Rat mit, „dass sie jetzt finanziell in der Lage seien, eine Kirchengemeinde zu gründen und einen Geistlichen zu berufen. Sie bäten daher hiermit den Politischen Rat, dafür zu sorgen, dass die Behörde in Holland ihnen einen lutherischen Pastor schicke. Noch am selben Tag ging ein dahingehendes Schreiben an den Rat der Siebzehn ab. Allerdings stellte der Politische Rat die Bedingung, dass der zu berufende Geistliche in Holland geboren sein müsse."[24] Der Rat der Siebzehn sicherte daraufhin den Lutheranern am Kap in einer Resolution vom 23. Oktober 1779 die Religionsfreiheit[25] zu, erlaubte ihnen sowohl den Besitz einer eigenen Kirche, die sie allerdings selbst zu finanzieren hatten, als auch die Berufung eines Pfarrers und beauftragte das lutherische Konsistorium in den Niederlanden, einen entsprechenden niederländischen Pfarrer nach Kapstadt zu entsenden: So konnte am 7. Juni 1780 die *Evangelisch-Lutherische Kirche Strandstraße* als

---

24 Hellberg, Aus der Frühzeit des Luthertums, 10.
25 Vgl. G. Pakendorf, A short History of the Evangelical Church Strand Street, Cape Town (o.J.), 6.

erste *lutherische* Kirchengemeinde in Südafrika gegründet werden.[26] Von ihren 441 Gründungsmitgliedern, darunter nur 27 Frauen, stammten 400 aus Deutschland oder waren deutscher Abstammung, einer war Schweizer, die übrigen 41 kamen entweder aus Holland oder Skandinavien.[27]

c. Am 10. Dezember 1780 hielt als erster Pfarrer, Andreas Lutgerus Kolver, seine Antrittspredigt in Niederländisch. Die Behörden hatten verlangt, dass die Gottesdienstsprache – mit Ausnahme der erlaubten deutschsprachigen Liedtexte – Niederländisch sein musste[28], denn die Gemeinde bestand aus deutschen und niederländischen Lutheranern. Dies ist ein Hinweis darauf, dass die Lutheraner unter ihrem ersten Pfarrer den Reformierten während der nächsten 25 Jahre noch keineswegs gleichgestellt waren: So mussten sie zum Beispiel für den Unterhalt ihres Pfarrers selbst aufkommen, während die reformierten Geistlichen als Beamte der Kompanie von der VOC bezahlt wurden; Angestellte der Kompanie erhielten keine weiteren Beförderungen, wenn sie sich einer lutherischen Gemeinde anschlossen, weshalb manche Lutheraner zur niederländischen Reformierten Kirche konvertierten. Ferner durfte die Gemeinde keinen Altar aufstellen, um die Gefühle der Reformierten nicht zu verletzen.[29]

d. In der Folgezeit ging es zunächst darum, die Grundstruktur dieser ersten lutherischen Gemeinde zu schaffen, die später von den übrigen deutschsprachigen Gemeinden in Südafrika im Wesentlichen übernommen wurde: Als Leitungsorgan der Gemeinde wurde ein Kirchenrat eingesetzt, ferner der Gebrauch eines einheitlichen deutschen Gesangbuches für den Gottesdienst beschlossen. Die Verantwortung für den Religionsunterricht, der bisher in den Händen der Eltern gelegen hatte, übernahm jetzt die Gemeinde. Um die Kinder aber ganz im lutherischen Glauben erziehen zu können, wurde eine gemeindeeigene Schule eingerichtet.[30]

Diese wenigen Hinweise lassen bereits erkennen, dass die Gemeindebildung unter deutschen lutherischen Immigranten am Kap von Anfang an *presbyterial-synodale Strukturen* aufweist, anders als in den späteren „schwarzen" lutherischen Kirchen, die eine *bischöflich-synodale* Verfassung erhielten. Das hing vermutlich mit folgenden Faktoren zusammen: Zunächst mit dem unvermeidbaren Einfluss der niederländischen Reformierten Kirche, die den Lutheranern deutlich ihren Stempel aufgeprägt hatte. Hinzu kamen die jahrzehntelangen Erfahrungen, sich als Gemeinde ohne Pfarrer eigenverantwortlich und im Verborgenen organisieren zu müssen und schließlich die neuerliche Verpflichtung, den Unterhalt ihrer Pfarrer selbst aufzubringen[31].

---

26 Diese blieb längere Zeit die einzige lutherische Gemeinde in Südafrika, weil außerhalb Kapstadts keine lutherischen Gottesdienste eingerichtet werden konnten (Hoge, Die Geschichte der ältesten evangelisch-lutherischen Gemeinde, 104).
27 Ibid., 52.
28 Vgl. Ottermann, The Centenary, 12.
29 Vgl. Hoge, Die Geschichte der ältesten evangelisch-lutherischen Gemeinde, 10ff.
30 Hans-Dieter Büttner weist daraufhin, dass die Schulsprache von Anfang an zumeist Niederländisch war bzw. später auch Englisch (vgl. sein Schreiben vom 27.1.2010).
31 Vgl. Hoge, Die Geschichte der ältesten evangelisch-lutherischen Gemeinde, 58f, 68-104.

Die erste Pfarrstellenbesetzung durch die Lutherische Kirche in Hannover

1796 musste Andreas Lutgerus Kolver seinen Dienst aus gesundheitlichen Gründen beenden. Die Pfarrstelle blieb zunächst drei Jahre vakant.[32] Weil der lutherische Kirchenrat bei der Wiederbesetzung vom lutherischen Konsistorium in Amsterdam keine Unterstützung erhielt, wegen der herrschenden politischen und kirchlichen Auseinandersetzung in den Niederlanden, fragte der Kirchenrat den neuen englischen Gouverneur der Kapkolonie, Sir George Yonge, ob er behilflich sein könnte. Diese Bitte ging zunächst an den ehemaligen niederländischen Gesandten in London, Baron van Nagell. Doch van Nagell hatte keinen Erfolg. Deshalb bat Yonge den Botschafter des Fürstentums Hannover in London, Baron von Lenthe, die an ihn herangetragene Bitte um Entsendung eines lutherischen Pfarrers für Kapstadt an das Konsistorium der Lutherischen Kirche in Hannover[33] weiterzuleiten. Der entsprechende Pfarrer sollte, wie von Lenthe am 3. Mai 1799 an das Konsistorium schrieb, mehrere Voraussetzungen erfüllen:

> „Es wird von demselben besonders verlangt, dass er ein frommer, gelehrter und seinen Pflichten treuer Mann sei, der dem König ergeben und den Gesetzen Gehorsam zu leisten willig sei. Auch muss derselbe die holländische Sprache verstehen, keine Neigung zur Politik haben und vor allen Dingen kein Anhänger der Revolutionslehre und der neuen Grundsätze [der französischen Revolution von 1789] sein."[34]

Die Lutherische Kirche in Hannover[35] entsandte daraufhin Christian Heinrich Friedrich Hesse. Er erreichte am 7. September 1800 Kapstadt und blieb dort 17 Jahre, bevor er nach Hannover zurückkehrte.[36]

---

32 Vgl. zu den Gründen Hoge (ibid., 105-110). Vorübergehend übernahm Johannes Haas vom 11. Februar 1799 bis September 1800 die Vakanzvertretung, nachdem ihm der stellvertretende Gouverneur den Aufenthalt genehmigt hatte (Ottermann, The Centenary, 14). J. Haas war ein ehemaliger Feldprediger des Württembergischen Regiments, das sich von 1787 bis 1791 am Kap befand (als Söldner im Dienst der VOC) (Grünewald, Die Geschichte der Deutschen in Südafrika, 38-46).

33 Vgl. Ottermann, The Centenary, 15).

34 Brief vom 3. Mai 1799, zitiert nach Johannes Hasselhorn, Geleitwort, in: Heinz von Delft, Kirchbau am Kap. Als Hannoverscher Pastor 50 Jahre in Südafrika, Erlangen 1993, 7. – Dass Yonge in Hannover anfragte, hatte seinen Grund darin, dass enge historische Verbindungen zwischen dem Hannoverschen Fürstenhaus und englischen Königshaus bestanden. Auch das infolge des Wiener Kongresses 1814 neu geschaffene Königreich Hannover „blieb mit Großbritannien in Personalunion verbunden" (Helmut M. Müller, Schlaglichter der deutschen Geschichte, in Zusammenarbeit mit Karl-Friedrich Krieger und Hanna Vollrath sowie der Fachredaktion Geschichte des Bibliographischen Instituts, durchgesehener Nachdruck, Bonn 1987, 142).

35 Nach Henry Holze bestanden im Gebiet der heutigen Evangelisch-lutherischen Landeskirche Hannovers bis 1866 fünf selbständige Kirchen, „die nur durch den Summepiskopat des Königs zusammengehalten wurden" (Henry Holze, Die Hannoversche Landeskirche und die Mission in der ersten Hälfte des 19. Jahrhunderts, in: Georg Gremels (Hg.): Eschatologie und Gemeindeaufbau. Hermannsburger Missionsgeschichte im Umfeld lutherischer Erweckung, Beiträge aus Ludwig-Harms-Symposien, Quellen und Beiträge zur Geschichte der Hermannsburger Mission und des Ev.-Luth. Missionswerkes in Niedersachsen, Bd. XI, Hermannsburg 2004, 45). 1866 wurde ein Landeskonsistorium eingerichtet, wobei die Einführung des offiziellen Namens der Hannoverschen Landeskirche erst 1924 erfolgte (Ibid., 46).

36 Anders als Hellberg datiert Fritz Hasselhorn die Ankunft auf den 12.9.1800 und gibt 1815 als Rückkehrdatum an (Hellberg, Aus der Frühzeit des Luthertums, 11; Fritz Hasselhorn., Bauernmission in Südafrika. Die Hermannsburger Mission im Spannungsfeld der Kolonialpolitik 1890-1939, mit einem Vorwort von Wolfram Kistner (Erlanger Monographien aus Mission und Ökumene, Bd. 6), Erlangen 1988,

Mit dieser Entsendung wurde Emil Petri zufolge der Grundstein der Hannoverschen Landeskirche für ihre südafrikanische „Diaspora-Arbeit" gelegt, wobei die Initiative dazu von den Lutheranern am Kap ausgegangen war.[37]

Nach dem wirtschaftlichen Zusammenbruch der VOC 1794 hatten die Briten ein Jahr später, am 16. September 1795, das Kap der Guten Hoffnung besetzt. Im Zuge des Friedens von Amiens kam im Februar 1803 die Kapkolonie unter die Verwaltung der Batavischen Republik, bis sie 1806 endgültig an die Briten ging. Durch die am 25. Juli 1804 von Generalkommissar Jacob Abraham Uitenhage de Mist erlassene „Provisionele Kerken-Ordre voor de Bataafsche Volksplanting aan de Kaap de Goede Hoop"[38] erlangten die Lutheraner jetzt die volle Gleichberechtigung ihres Bekenntnisses: Alle am Kap vertretenen Konfessionen wurden in dieser Kirchenordnung rechtlich gleichgestellt (Art.1) und die öffentliche Religionsausübung gewährleistet (Art. 2). Da es nach Art. 3 keine exklusiven Vorrechte mehr aufgrund eines religiösen Bekenntnisses geben durfte, verloren die Reformierten ihre bisherigen Privilegien. Dem Gouverneur wurde jetzt die Oberaufsicht über die gesamte kirchliche Verwaltung übertragen (Art. 38), einschließlich der Pfarrwahl (Art. 10) und Bestätigung der Kirchenvorstände (Art. 24).[39] Diese neue Kirchenordnung rief nicht nur große Zustimmung unter den Lutheranern hervor, sondern fand ebenso die Billigung der führenden Theologen und Laien in den reformierten Gemeinden von Kapstadt und Stellenbosch. Damit war ein modus vivendi für das Verhältnis der Konfessionen zueinander geschaffen. Dieser blieb auch unter der neuen britischen Kolonialregierung erhalten und ließ sogar einen gelegentlichen Kanzeltausch zu.[40]

Zur Ausbreitung deutscher lutherischer Gemeinden als Folge von Immigration im Kontext britischer und burischer Kolonialpolitik (1806 bis 1910)

Seit Mitte des 19. Jahrhunderts haben gezielte Besiedlungsprogramme seitens der britischen Kolonialbehörden, daraus resultierende Einwanderungswellen sowie eine kontinuierliche Einwanderung vorwiegend aus den damaligen deutschen Ländern nicht nur in der westlichen und östlichen Kapkolonie, sondern auch in Natal, im späteren Oranje-Freistaat und in Transvaal zum Entstehen geschlossener deutscher Siedlungsgebiete geführt. In diesen haben sich nach und nach deutschsprachige lutherische Gemeinden gebildet. Innerhalb der deutschsprachigen lutherischen Gemeinden zeigten sich jedoch bald verschiedene interne Spannungen, die vor allem zwischen den bereits assimilierten Deutschen und deutschen Neueinwanderern in Kapstadt zutage traten, allerdings auch die Entsendung deutscher Pastoren durch die Hannoversche Landeskirche in die Kapkolonie betrafen. Diese Konflikte sollten zu weiteren Separationen führen. Hierbei ging es zunächst um die Frage der konfessionellen Ausrichtung und der jeweils im Gottesdienst hauptsächlich verwendeten Sprache. Hinzu kamen Spannungen, die einerseits mit den Charakteren der einzelnen Pfarrer, ande-

---

10). Bei seiner Berufung hatte Hesse von der Hannoverschen Kirche die Zusage erhalten, wenn er nach fünf bis sechs Jahren Dienst nach Deutschland zurückkehre, könne er eine Anstellung in der Hannoverschen Kirche erhalten (Hoge, Die Geschichte der ältesten evangelisch-lutherischen Gemeinde, 117).

37 Vgl. Emil Petri, Das Südafrikanische Visitationswerk [1897], maschinenschriftliches und unveröffentlichtes Manuskript, Archiv der Kapkirche in der St. Martini-Gemeinde, 2.

38 Vgl. Hellberg, Aus der Frühzeit des Luthertums, 10.

39 Vgl. Hoge, Die Geschichte der ältesten evangelisch-lutherischen Gemeinde, 113f.

40 Vgl. Johannes du Plessis, A history of Christian missions in South Africa, London 1911, 91-98.

rerseits mit ihrem jeweiligen gesellschaftspolitischen Handeln zu tun hatten. Dies galt besonders für die Konflikte während des pfarramtlichen Dienstes von Johann Melchior Kloek van Staveren und Johann Parisius, die in den folgenden Abschnitten weiter ausgeführt werden.

Zur ersten Spaltung in der Strandstraßengemeinde (Pastorat Stegmann)
Nachfolger des bis 1817 in der Strandstraßengemeinde tätigen Pfarrers Hesse wurde der aus Hannover stammende Friedrich Justus Rudolph Kaufmann, den das Konsistorium in Hannover nach Kapstadt entsandt hatte. Dieser hatte das Pfarramt bis 1827 inne. Ihm folgte Pastor Johann Melchior Kloek van Staveren[41] und damit erstmals wieder ein niederländischer Lutheraner.[42] Die Mehrheit der rund 400 Mitglieder umfassenden Gemeinde bildeten in dieser Zeit deutschstämmige, aber vorwiegend Niederländisch sprechende Lutheraner. Hinzu kamen deutsche Immigranten und einige wenige Skandinavier.[43] Daher wurden zwar aus dem Bremer Gesangbuch deutsche Lieder gesungen, dennoch erfolgte die Predigt in der Regel in Niederländisch. Im Verlauf des langjährigen Pfarrdienstes von van Staveren (1827-1862) hatte die Anzahl der Gemeindeglieder kontinuierlich zugenommen. Daher beschloss der Kirchenrat dieser Gemeinde während seines Pastorats, einen zweiten Pfarrer anzustellen. Berufen wurde Georg Wilhelm Stegmann, der erste Pfarrer, der gebürtig aus der Kapkolonie stammte und seinen Dienst Mitte Oktober 1836 antrat.

Stegmann vertrat während seines Pfarrdienstes strenge sittliche und religiöse Grundüberzeugungen und Maßstäbe, die sich nicht nur gegen Mitglieder des Kirchenrates richteten, sondern ebenso gegen seinen holländischen Kollegen van Staveren, zumal Stegmann dessen Rechtgläubigkeit in Zweifel zog. Zugleich legte Stegmann einen ausgeprägten missionarischen Eifer an den Tag, den er besonders in seiner Zuwendung zu den damals offiziell freigelassenen Sklaven erkennbar werden ließ: So feierte er mit ihnen am 1. Dezember 1838, dem Tag der endgültigen Sklavenbefreiung, einen Gottesdienst in der schottischen St. Andrews-Kirche.[44] Seitdem hielten er und der Pfarrer dieser schottischen Gemeinde, G. Adamson, in der St. Andrews-Kirche jeden Sonntag einen Gottesdienst für ehemalige Sklaven und so genannte „freie Schwarze".[45]

---

41 Vgl. Ottermann, The Centenary, 15.
42 Warum diesmal die Entsendung nicht wieder über das Konsistorium in Hannover erfolgte, bleibt unklar. Möglicherweise ging es, wie Büttner vermutet, darum, „wieder einen holländischen statt einen deutschen Pfarrer zu bekommen", da die „Mehrheit der Gemeinden inzwischen kaum mehr einer deutschen Predigt folgen konnte" (Büttner in einem Schreiben vom 27.1.2010).
43 Vgl. Werner Schmidt-Pretoria, Deutsche Wanderung nach Südafrika im 19. Jahrhundert, Berlin 1955, 177. – Wichtig ist in diesem Zusammenhang die Feststellung von Büttner (in einem Schreiben vom 27.1.2010): „Obwohl es am Kap eine kleine Minderheit Männer aus den skandinavischen Ländern gab, gibt es keine Hinweise dafür, dass sie je eine eigene Gemeinde, getrennt von einer Gemeinde der holländisch- und deutschsprachigen Lutheranern, angestrebt haben."
44 Hoge, Die Geschichte der ältesten evangelisch-lutherischen Gemeinde, 121f.
45 D.W. Krüger (Editor-in-chief until 1972) & C.J. Beyers (Editor-in-chief since 1972), Dictionary of South African Biography, Vol. III, published for the Human Sciences Research Council, Pretoria, by Tafelberg-Uitgewers, Cape Town 1977, 755. – Später hat sich aus dieser Gemeinde ehemaligen Sklaven eine eigene Gemeinde entwickelt, deren Entstehungsgeschichte von Hoge kurz skizziert wird: „Nach der Abdankung Adamsons trennten die Farbigen sich von der schottischen Kirche und hielten unter Leitung von Stegmann und Adamson ihre Gottesdienste in dem alten Theater in Kapstadt. Das Gebäude

Unter den Gemeindegliedern fand dieses pastorale Engagement und seine „Bereitschaft, sich gegen die herrschende Antipathie gegen die Missionierung der nichtweißen Menschen am Kap zu stellen"[46], zuerst keine nennenswerte Kritik. Immerhin erhielt er 1841 eine Verlängerung seiner Anstellung auf unbegrenzte Zeit, allerdings mit dem Hinweis, solange die finanziellen Mittel der Gemeinde für seinen Unterhalt ausreichten. Erst als der Gemeinde sechs Jahre später die Mittel für eine fortgesetzte Besoldung fehlten, erhob sich bei einem Teil der Gemeinde Protest gegen eine weitere Anstellung von Stegmann: Nun wurde ihm einerseits eine bereits früher vollzogene Veränderung der lutherischen Tauflitugie vorgehalten, andererseits seine pastorale Arbeit unter den ehemaligen Sklaven und anderen „Farbigen"[47] kritisiert, da sie sich negativ auf den Stil seiner Predigten auswirke und dem Niveau sowie den Erwartungen der Strandstraßengemeinde nicht länger entspräche. Im Zuge dieser Kontroverse formierten sich seine Gegner und Anhänger gleichermaßen, wobei sich der Kirchenrat nun seinen Gegnern anschloss. Da sich der Kirchenrat weigerte, zur Klärung der Gegensätze eine Gemeindeversammlung einzuberufen, verließen schließlich 139 Gemeindeglieder die Strandstraßengemeinde und baten Stegmann, solange ihr Pastor zu sein, bis eine Wiedervereinigung wieder möglich sei. Als entsprechende Bemühungen erfolglos blieben, gründeten sie mit ihm am 7. Dezember 1847 eine eigene Gemeinde. Zwei Jahre später konnten sie in der Longstreet ein entsprechendes Kirchengrundstück erwerben, auf dem sie die St. Martinskirche errichteten, die am 16. März 1853 von Stegmann eingeweiht werden konnte.[48]

Zur zweiten Spaltung in der Strandstraßengemeinde (Pastorat Parisius)
Da Georg Wilhelm Stegmann ausgeschieden war, hatte der Kirchenrat der lutherischen Strandstraßengemeinde zusammen mit van Staveren am 28. Juni 1850 in einem Schreiben an das Konsistorium in Hannover darum gebeten, einen Pfarrer zu entsenden. Dieser sollte sich auf die lutherischen Bekenntnisschriften verpflichtet haben, insbesondere auf eine dem Augsburger Bekenntnis (Confessio Augustana) Artikel VII gemäße Verkündigung und Sakramentenverwaltung, damit „die reine Lehre und christliche Einigkeit bewahrt [...] so-

---

 wurde später von Stegmann und Adamson für £ 3464 für die Gemeinde der Farbigen angekauft und in eine Kirche umgewandelt und als St. Stephans-Kirche [Die offizielle Schreibweise lautet „St. Stephen", so Büttner in einem Schreiben vom 15.2.2010] am 30.4.1843 eingeweiht. Adamson kehrte 1851 nach England zurück, und Stegmann setzte allein seine Arbeit fort." (Hoge, Die Geschichte der ältesten evangelisch-lutherischen Gemeinde, 122).
46 Büttner in einem Schreiben vom 15.2.2010.
47 „Diese Menschen waren überwiegend Nachkommen von weißen Männern und Sklavenfrauen oder Frauen aus einheimischen Gruppen, wie die Khoikhoi [...] und San [...] oder, in seltenen Fällen, Xhosa oder anderen Bantuvolksgruppen. Die meisten aus dieser Gruppe gehörten zur kolonialen Unterschicht", so Büttner in seinem Schreiben vom 15.2.2010.
48 Die Originalfassung der Stiftungsurkunde ist abgedruckt bei Hoge (Hoge, Die Geschichte der ältesten evangelisch-lutherischen Gemeinde, 159). Diese zweite lutherische Gemeinde in Kapstadt löste sich jedoch einige Jahre später auf, nachdem Stegmann, der weiterhin die „Farbigen" in St. Stephen betreut hatte, 1857 zur niederländischen Reformierten Kirche übergetreten war, um schließlich die Aufnahme der St. Stephen-Gemeinde in den reformierten Gemeindeverband zu ermöglichen. Dagegen datiert Hellberg Stegmanns Übertritt zur niederländischen Reformierten Kirche in das Jahr 1858 (Hellberg, Aus der Frühzeit des Luthertums, 13).

wie der unselige Sektengeist der Zeit aus der Gemeinde verbannt werden könne."[49] Da der Strandstraßengemeinde finanzielle Mittel fehlten, trat Stegmanns Nachfolger, Johann Ludolph (bzw. Ludwig)[50] Parisius, erst 1851 seinen Dienst an. Er bekam den Auftrag, sich um die wachsende Zahl deutscher Immigranten in der Gemeinde zu kümmern: Denn Hungersnöte und Massenarbeitslosigkeit hatten in Deutschland Emigrationswellen ausgelöst. Dadurch waren vor allem von 1846 an viele deutsche Auswanderer in die Kapkolonie gekommen.[51]

Obwohl Parisius relativ rasch Niederländisch gelernt hatte[52], sollte er fortan in der Hauptsache für die *deutschen Einwanderer* zuständig sein. Deshalb fanden seine Gottesdienste abwechselnd in deutscher und niederländischer Sprache statt. Das wird auch dadurch bestätigt, dass sich 66 Niederländisch sprechende Gemeindeglieder an den Kirchenrat wandten mit der Bitte, den bisherigen, in Südafrika geborenen, jungen „weißen" Hilfsgeistlichen C. A. Bamberger[53] zumindest für drei Jahre als dritten Pfarrer anzustellen, damit auch die niederländische Sprache neben der deutschen ausreichend vertreten sei. Aber nicht nur der Kirchenrat, sondern auch der Große Kirchenrat lehnte ihr Gesuch ab. Dadurch sahen sich jene Gemeindeglieder zu einer öffentlichen Protestnote veranlasst: Das ist ein Beleg dafür, dass sie sich inzwischen als *Südafrikaner* verstanden und mit Befremden auf den Dienst von Pfarrern reagierten, die aus Deutschland entsandt wurden:

> „Sollte denn für immer die Tür geschlossen sein und die Kanzel unzugänglich bleiben für einen südafrikanischen Geistlichen, für einen Sohn unseres Landes? Sollen Ausländer und Fremdlinge allein den Geist empfangen haben, um uns das reine Evangelium zu verkünden, unsere Kinder zu erziehen und zu konfirmieren in der unveränderten Augsburger Konfession?"[54]

Doch ihre Protestnote blieb ohne jeden Erfolg. Das Wirken von Johann Ludolph Parisius verursachte allerdings eine zweite und für die spätere Kapsynode (gebildet 1895) folgenschwere Spaltung in der Strandstrassengemeinde.[55] Sie führte am Ende zur Gründung der ersten *deutschsprachigen* lutherischen Gemeinde in Kapstadt. Wieder entzündete sich der Streit an der liturgischen Praxis, ohne dass es bei diesem Konfliktpunkt geblieben wäre: Am 5. November 1860 teilte Parisius dem Kirchenrat mit, dass er nach zehnjähriger Tätigkeit in der reformiert geprägten Strandstraßengemeinde in seine lutherische Heimatkirche nach Deutschland zurückkehren wolle[56]. Der Kirchenrat berief daraufhin eine Kommission, die Parisius zum Bleiben bewegen sollte. Hierbei stellte sich heraus, dass es nicht nur die

---

49 Schmidt-Pretoria, Deutsche Wanderung nach Südafrika, 178.
50 So bei J. Hasselhorn, Geleitwort, 7. Parisius kam aus der Hannoverschen Kirche und war mit der Schwester des Hermannsburger Missionssuperintendenten, Dr. August Hardeland, verheiratet.
51 Vgl. Müller, Schlaglichter der deutschen Geschichte, 156; ferner afrika-post, 21; Schmidt-Pretoria, Deutsche Wanderung nach Südafrika, 114f.
52 Braun, Entwurf: Deutsche Gemeinden, 15.
53 Vgl. Hoge, Die Geschichte der ältesten evangelisch-lutherischen Gemeinde, 132.
54 Ibid., 135.
55 Vgl. ausführlicher dazu: De gereformeerde Kerkbode, Jg. 1853, Nr. 10, 340ff; Hoge, Die Geschichte der ältesten evangelisch-lutherischen Gemeinde, 136-144.
56 Er begründete seinen Entschluss mit dem Hinweis auf seine hoch betagten Eltern, ließ aber ebenso erkennen, wie sehr er in der lutherischen Tradition seiner Heimatkirche verwurzelt war, die ihm in Kapstadt fehlte.

reformierte Praxis des Kanzelgottesdienstes, sondern auch deutliche Schwierigkeiten mit seinem Kollegen van Staveren waren, die ihn dazu bewogen hatten, sein Pfarramt niederzulegen. Zur gleichen Zeit forderten 82 deutschsprachige Mitglieder der Gemeinde – unabhängig von Parisius – den Kirchenrat auf, angesichts der Zunahme deutschsprachiger Mitglieder in Zukunft alle zwei Wochen und nicht nur einmal im Monat deutschsprachige Gottesdienste anzubieten und an Festtagen wenigstens einen deutschen Gottesdienst täglich stattfinden zu lassen. Ferner baten sie darum, das Abendmahl nach der lutherischen Tradition in Deutschland zu feiern und einen deutschsprachigen Vertreter in den Kirchenrat wählen zu können. Eine Kommission, die der Kirchenrat zur Begutachtung dieses Gesuches eingesetzt hatte, stellte jedoch unter anderem fest: Bislang betrage das Verhältnis der deutschsprachigen zu den niederländischsprachigen Gemeindegliedern nur 1:6, denn nicht alle Deutschen, die einen deutschsprachigen Pfarrer verlangten, seien auch Mitglieder der Gemeinde. Zudem besuchten überhaupt nur wenige deutsche Einwohner Kapstadts den lutherischen Gottesdienst[57]. Darüber hinaus lehnte die Kommission jegliche Änderung der liturgischen Form des Gottesdienstes ab.

Parisius hatte unterdessen acht Bedingungen für seinen weiteren Verbleib formuliert, darunter Veränderungen der liturgischen Praxis. Ferner machte er seine Entscheidung davon abhängig, wie über das Gesuch der deutschsprachigen Gemeindeglieder entschieden würde. Der Große Kirchenrat lehnte die Bedingungen, die eine Veränderung der liturgischen Praxis betrafen, entschieden ab. Deshalb beschloss Parisius, zum 31. März 1861 sein Pfarramt aufzugeben, was vom Kirchenrat am 1. Februar 1861 gebilligt wurde.

Als jetzt der deutschsprachige Teil der Gemeinde Parisius vorschlug, zu bleiben und mit ihm eine eigene *deutschsprachige* lutherische Gemeinde zu gründen, kam es zur Abspaltung von der niederländischsprachigen lutherischen Strandstraßengemeinde: Denn Parisius folgte diesem Vorschlag und hielt am 7. April 1861 den ersten deutschsprachigen Gottesdienst in der Kirche der St. Martini-Gemeinde, die sich zwei Jahre nachdem Stegmann 1857 zur reformierten Kirche übergetreten war, aufgelöst hatte. Tags darauf gründete Parisius mit 150 Lutheranern die *Deutsch-Lutherische Gemeinde in Kapstadt und Umgebung*[58] auf der Grundlage der lutherischen Bekenntnisschriften und der Calenberger Kirchenordnung.[59] Fortan nutzten sie die 1853 erbaute St. Martinskirche als ihren Gottesdienstraum.[60] Nun gab es in Kapstadt eine Niederländisch sprechende und eine Deutsch

---

57 Vgl. Hoge, Die Geschichte der ältesten evangelisch-lutherischen Gemeinde, 146.
58 So der offizielle Name der St. Martini-Gemeinde laut der handgeschriebenen „Kirchenordnung der deutsch lutherischen Gemeinde in der Kapstadt u. Umgebung" vom 14. Oktober 1801, 1.
59 Vgl. Brief des Kirchenrats der deutschen St. Martini-Gemeinde an das Königliche Konsistorium zu Hannover vom 18. April 1861 (abgedruckt in Hoge, Die Geschichte der ältesten evangelisch-lutherischen Gemeinde; 160f). Im Protokoll der „Versammlung der Gemeinde am 14[.] Oktober, in der St. Martinskirche" wird Bezug auf die Kirchenordnung der Gemeinde genommen. Es heißt dort: „1. Die Kirchenordnung wurde vorgelesen und angenommen; und ferner beschlossen sie drucken zu lassen, sobald die Beziehung zum hannöverschen Konsistorium definitiv geregelt ist; sie aber einstweilen der Gemeine von der Kanzel in beiden Sprachen vorlesen zu lassen" (Deutsche Evang. Lutherische Gemeinde [St. Martini-Gemeinde], Protokolle der Kirchlichen Versammlungen [1861-4.4.1864], 8). – Nach der Kirchenordnung gilt der 7. April 1861 als Stiftungsdatum der Gemeinde.
60 Vgl. Braun, Entwurf: Deutsche Gemeinden, 16. – Allerdings beschloss erst die „Monatliche Versammlung vom 11[.] Januar 1864" einstimmig, „die St. Martins Kirche für den Gebrauch der Deutsch Lutherischen Gemeinde anzukaufen, […]" (vgl. Deutsche Evang. Lutherische Gemeinde, Protokolle, 24). Die

sprechende lutherische Gemeinde. Die kirchenpolitische Brisanz dieser Entwicklung zeigt sich darin, dass nun „zum ersten Mal in der südafrikanischen Kirchengeschichte Deutschsprachigkeit oder Zugehörigkeit zum Deutschtum als Konstitutivum einer Gemeinde erklärt"[61] wurde. Allerdings galt dies mit einigen Einschränkungen, denn die Kirchenordnung der Gemeinde legte bestimmte Gottesdienste und Abendmahlsfeiern auch in niederländischer Sprache fest.[62]

Während in der Strandstraßengemeinde nach dem Ausscheiden von Parisius nur noch Niederländisch beziehungsweise zunehmend Afrikaans – später zusätzlich auch Englisch – gesprochen wurde, setzte sich in der St. Martini-Gemeinde immer mehr das Deutsche durch, so dass hier seit 1880 keine niederländischen Gottesdienste mehr stattfanden.[63]

Die St. Martini-Gemeinde bat das Konsistorium in Hannover, die kirchenamtliche Aufsicht der Gemeinde zu übernehmen,[64] weil man einerseits das Konsistorium im Blick auf Stellenbesetzungen um Hilfe bitten wollte und andererseits sich kirchlich nicht in der Weise isolieren wollte, wie es in der Strandstraßengemeinde schon lange der Fall war[65]: Hannover reagierte auf diese Bitte in einem Antwortschreiben vom 16. Januar 1862 grundsätzlich positiv, allerdings ohne zuviel zu versprechen: „Wir werden es uns angelegen sein lassen, die dortige Gemeinde in ihrem kirchlichen Leben soviel Wir können, zu unterstützen."[66] Hinsichtlich der Versorgung der St. Martini-Gemeinde mit einem Pfarrer „bei eintretenden Vakanzen" will man sich bemühen, „einen solchen zu finden, ohne in dieser Hinsicht ein Versprechen erteilen zu können, dass dieses in jedem Falle möglich sein wird."[67] Allerdings erklärt das Konsistorium seine Bereitschaft, beratend der Gemeinde beizustehen und entsprechende Entscheidungen zu treffen, „falls der dortige Pastor sich falscher Lehre oder anstößigen Lebenswandel zu Schulden kommen lassen sollte."[68] Konsequenterweise

---

Bedingungen für den Kauf werden anschließend im Einzelnen benannt.
61 Braun, Entwurf: Deutsche Gemeinden, 16.
62 Vgl. Deutsche Evang. Lutherische Gemeinde, Protokolle, 2f.
63 Vgl. Schmidt-Pretoria, Deutsche Wanderung nach Südafrika, 178; Hoge, Die Geschichte der ältesten evangelisch-lutherischen Gemeinde, 149f.
64 Auf dieses Anliegen wird in der Kirchenordnung mehrfach Bezug genommen. Gleich zu Anfang heißt es: „Wir, Pastor, Vorsteher und stimmberechtigte Glieder der deutsch lutherischen Gemeine in der Kapstadt und Umgebung […] erklären hiermit, dass es unser Wunsch und Streben ist mit den lutherischen Kirchen Deutschlands in Lehre und Ordnung verbunden, und als wie ein Glied an ihrem Leibe zu sein." (ibid., 1f) Die Kirchenordnung befindet sich im Archiv der St. Martini-Gemeinde.
65 Vgl. Brief des Kirchenrats (in: Hoge, Die Geschichte der ältesten evangelisch-lutherischen Gemeinde, 160f). Die Isolierung der afrikaanssprachigen Strandstraßengemeinde ist nach Gunther Wittenberg als Folge dieser innerlutherischen Trennung zu sehen, denn die Lutheraner, die kein Deutsch sprachen, blieben immer mehr unter sich oder schlossen sich anderen nichtlutherischen Gemeinden an; ein Zeichen dafür, dass die sprachliche Identität stärker wog als die konfessionelle Zugehörigkeit. Für Wittenberg ist dies eine tragische Entwicklung, da die deutschen Immigranten das Recht, Gottesdienste in ihrer Muttersprache zu hören, das sie in der Strandstraßengemeinde noch für sich eingefordert hatten, „ihren Nachkommen, die des Deutschen nicht mehr mächtig waren", verwehrten (Gunther Wittenberg, Zur Frage des Pfarrernachwuchses in der Vereinigten Evangelisch-Lutherischen Kirche im Südlichen Afrika, in: Kirchliches Außenamt (Hg.), Brückenschlag,. Berichte aus den Arbeitsgebieten des Kirchlichen Außenamtes der Evangelischen Kirche in Deutschland, Bd. III Afrika, Stuttgart 1970, 115).
66 Schreiben des Königlich-Hannoverschen Konsistoriums vom 16. Januar 1862: An den Herrn Pastor Parisius und die Vorsteher der deutsch-luth. Gemeinde in der Kapstadt.
67 Ibid.
68 Ibid.

übernimmt das Konsistorium die Dienstaufsicht über den jeweiligen Pastor und erwartet deshalb von diesem einen detaillierten jährlichen Bericht über seine „Amtsführung".[69] Damit war nun das besondere Verhältnis zwischen der lutherischen Kirche in Kapstadt und dem Konsistorium in Hannover ein weiteres Mal bestätigt worden.[70] Im April 1872 kehrte Parisius endgültig nach Hannover zurück. Da die Gemeinde für ihn keinen Nachfolger finden konnte, berief sie den ehemaligen Missionar der Rheinischen Mission, Carl Hugo Hahn, im September 1874 ins Pfarramt.[71] Dieser war ein Jahr zuvor aufgrund seiner lutherischen Überzeugung aus der Rheinischen Missionsgesellschaft ausgetreten.[72] Damals war es durchaus üblich, dass aktive oder ehemalige Missionare pastorale Dienste in „weißen" Siedlergemeinden übernahmen.

Seit Mitte des 19. Jahrhunderts und während der Zeit zwischen 1877 und 1884 immigrierten kontinuierlich Gruppen sowie zahlreiche Einzelpersonen aus Deutschland nach Südafrika: Viele waren von ihren Verwandten oder Freunden, die bereits in der Kapkolonie, in Natal sowie in Burenrepubliken lebten, motiviert worden, nach Südafrika auszuwandern. Hinzu kamen später weitere Immigranten,

> „die sich auf Grund der Meldungen über den Bodenreichtum des Landes zu der Reise entschlossen hatten oder angesichts des allgemein in den südafrikanischen Gebieten sich ausbreitenden Wohlstandes in möglichst kurzer Zeit im erlernten Beruf oder im angenommenen Beruf zu einer gut bezahlten Stellung zu gelangen hofften."[73]

Die meisten von ihnen blieben beim jeweiligen Ankunftshafen oder siedelten sich in der näheren Umgebung an.

Viele einzelne deutsche Immigranten oder Familien ließen sich in der Region von Kapstadt nieder, so dass allmählich in der westlichen Kapregion einzelne Filial-Gemeinden der Kapstädter St. Martini-Gemeinde entstanden, von denen alle bis auf Neu-Eisleben später selbständige Gemeinden[74] wurden: Wynberg (1883)[75], Worcester (1883)[76], Bellville

---

69 Ibid.
70 Darauf verweist eine Protokollnotiz der „Monatlichen Versammlung [des Predigers und der Vorsteher] vom 31. März 1862": „5. Vorgelesen wird ein Brief des hannöverschen Konsistoriums vom 16 Jan. 1862, empfangen mit der Märzpost, Antwort auf das am 19 August v. J. beschlossene Schreiben des Pastors und der Vorsteher, wodurch die Beziehung zum genannten Konsistorium definitiv festgestellt wird. – Beschlossen diesen Brief am nächsten Sonntage nach der Predigt der Gemeine vorzulesen, und mit der nächsten Post den Empfang desselben […] anzuerkennen" (Deutsche Evang. Lutherische Gemeinde, Protokolle, 12).
71 Vgl. J. Hasselhorn, Geleitwort, 8; ausführlicher dazu: Theo Sundermeier, Mission, Bekenntnis und Kirche. Missionstheologische Probleme des 19. Jahrhunderts bei C. H. Hahn, Wuppertal 1962, 142-144. – Sundermeier spricht nicht von einem Austritt Hahns aus der Rheinischen Missionsgesellschaft. Vielmehr war damals daran gedacht, dass „Carl Hugo Hahn […] in Personalunion Pfarrer an der deutsch-lutherischen Gemeinde werden und die neu zu errichtende Superintendentur für Groß-Nama- und Hereroland übernehmen [sollte]" (Sundermeier, Mission, Bekenntnis und Kirche, 143).
72 Vgl. Heinrich Drießler, Die Rheinische Mission in Südwestafrika, Bd. II der „Geschichte der Rheinischen Mission", Gütersloh 1932, 96.
73 Schmidt-Pretoria, Deutsche Wanderung nach Südafrika, 162.
74 Die nachfolgenden Daten der Selbständigwerdung der hier genannten Gemeinden beruhen auf Ottermann, The Centenary, 90-103.
75 Hoge datiert den ersten Gottesdienst in Wynberg auf den 1.8.1852 (Hoge, Die Geschichte der ältesten

(1890), Philippi-Vlakte (1896), Neu-Eisleben (1896, als Filiale von Wynberg) und Stellenbosch (erst 1952; seit 1852 Filialgemeinde der Strandstraßengemeinde und seit 1891 bereits Predigtplatz der St. Martini-Gemeinde).[77]

Erste deutschsprachige lutherische Gemeindegründungen in der östlichen Kapregion

Aber nicht nur in der westlichen, sondern auch in der östlichen Kapregion entstanden im Zuge der zuvor genannten Einwanderungswellen verschiedene deutsche Siedlungen, in denen später lutherische Gemeinden gegründet wurden. Manche dieser Siedler waren bewusst angeworben worden. Dazu gehörten die Angehörigen der britisch-deutschen Krimlegion, die der Gouverneur der Kapkolonie, Sir George Grey, ab 1857 hatte ins Land holen lassen. Sie sollten die nordöstliche Grenze der britischen Kapkolonie durch Grenzposten und Grenzsiedlungen militärisch absichern. Andere Auswanderergruppen kamen – organisiert von dem Hamburger Handelshaus J.C. Godeffroy & Sohn in Absprache mit den britischen Kolonialbehörden – zwischen 1858 und 1883. Infolge dieser verschiedenen Besiedlungswellen entstanden nach und nach einzelne lutherische Kirchengemeinden[78]: King William's Town (1862), Stutterheim (1864), Keiskamahoek (1878), einige Jahre später auch Macleantown und Emngesha (1883), Kwelegha (1885) und Port Elizabeth (1901)[79]. Unter diesen Siedlern wurden auch Berliner Missionare tätig und trugen zu einzelnen Gemeindegründungen bei. Nach und nach konnten mit Hilfe der Missionare regelmäßige Gottesdienste eingeführt und Schulen errichtet werden, an denen Religionsunterricht erteilt wurde. Seit dem 19. Oktober 1887 übernahm dann das Königliche Hannoversche Konsistorium[80] der Lutherischen Kirche in Hannover, auf Bestreben der Gemeinden aus der Umgebung King William's Towns, wie schon seit 1800 in der westlichen Kapregion, auch die Versorgung der Gemeinden im Ostkap mit Pastoren und Lehrern.[81]

---

evangelisch-lutherischen Gemeinde, 150f). Wie Wynberg wurde 1852 auch Stellenbosch als Filialgemeinde der Strandstraßengemeinde gegründet. Bis 1936 war es üblich, dass Pfarrer der Strandstraßengemeinde Gottesdienste in niederländischer Sprache in Stellenbosch hielten (Pakendorf, A short History, 10).

76 Schmidt-Pretoria zufolge hatte sich diese Gemeinde bereits 1852 als Filialgemeinde der Strandstraßengemeinde in Kapstadt unter der Leitung von Louis Franz Esselen, Missionar der Rheinischen Missionsgesellschaft, gegründet (Schmidt-Pretoria, Deutsche Wanderung nach Südafrika, 179f). Nachdem 1860/61 mehrere deutsche Familien in die Gemeinde gezogen waren, wurden jetzt auch deutschsprachige Gottesdienste abgehalten. 1877 wurde die Gemeinde von der St. Martini-Gemeinde übernommen (Pakendorf, A short History, 10). Die hier entstandene Gemeinde übernahm die Kirchen- und Gemeindeordnung von Kapstadt und Paarl „und unterstellte sich dem Kgl. Landeskonsistorium zu Hannover" (Schmidt-Pretoria, Deutsche Wanderung nach Südafrika, 180). Dieses übernahm 1884 die kirchenamtliche Aufsicht (Ottermann, The Centenary, 16).

77 Ibid., 99.

78 Die nachfolgenden Daten der jeweiligen Gemeindegründungen basieren auf Ottermann, 103-124.

79 Vgl. Edinger, Die Evangelisch-Lutherische Gemeinde, 213.

80 So die offizielle Bezeichnung bis zur Absetzung des Hannoverschen Königs durch Preußen 1866. Seither wurde es Königlich Preussisches Consistorium genannt, seit 1888 Königliches Landes-Consistorium (Ottermann, The Centenary, 13).

81 Das geht aus der folgenden „Abschrift aus den Akten Johannesburg I." eines in Berlin verfassten Briefes des Vorstandes des Pfarr-Witwen- und Waisenfonds J.Nr.678 W.F. vom 31. Dezember 1898 an den Evangelischen Oberkirchenrat hervor: „Dem Evangelischen Ober-Kirchenrat senden wir die gefällige Signatur vom 28. April d.Js. –E.O.2238– nebst Anlagen mit dem ergebensten Erwidern zurück, dass

1864 war es dem Berliner Missionar Albert Kropf über Pfarrer Parisius gelungen, den von Hannover an die Strandstraßengemeinde in Kapstadt entsandten Lehrer und Organisten Friedrich Clüver als Pastor nach King William's Town zu vermitteln, wo er im selben Jahr zum Pfarrer in der St. Johannisgemeinde gewählt wurde. Zuvor war er als Pastor in St. Martini ordiniert worden und zwar „von Pastor Parisius, assistiert von den Rheinischen Missionaren Esselen und Rath und im Einvernehmen mit dem Konsistorium in Hannover."[82] Das Königlich Hannoversche Konsistorium hatte – so Johannes Hasselhorn – diese Entscheidung „vorsichtig befürwortet und 1872 endgültig bestätigt."[83] Von jetzt an hatte Clüver die Funktion eines Ephorus für die Gemeinden im östlichen Kap. Damit hatte nun auch die Landeskirche in Hannover begonnen, sich um die pastorale Betreuung der Gemeinden in der Grenzregion des Ostkapgebietes zu kümmern. In den folgenden Jahren arbeiteten in den deutschsprachigen Gemeinden Pfarrer sowohl aus der Hannoverschen Landeskirche, als auch seitens der Hermannsburger und der Berliner Mission.[84] Clüver sorgte nicht nur für den Aufbau der deutschsprachigen lutherischen St. Johannis-Gemeinde, sondern kümmerte sich auch um die Errichtung weiterer Predigtplätze und Filialgemeinden in der Umgebung von King William's Town. Hier hatten zunächst Legionäre oder Lektoren Gottesdienste gehalten, in vielen Fällen auch Missionare zunächst in einfachen Grashütten. Clüver besuchte von King William's Town aus einige Gemeinden regelmäßig. Später wurden in diesen Gemeinden feste Kirchen errichtet. Es begann die Anstellung von Pfarrern, die meistens mehrere Gemeinden gleichzeitig betreuten. So entstanden die lutherischen Filialgemeinden in Bodiam (1871) mit der 1873 hinzukommenden Filialgemeinde Bell, Berlin (1864), Braunschweig und Frankfort (1864), East London (1872), Potsdam (Dawn) (1865), Queenstown(1897-98)[85]. Die meisten Filialgemeinden entwickelten sich später zu selbständigen Gemeinden, die sich ebenfalls der Oberaufsicht des Konsistoriums in Hannover anschlossen.

---

nach einer Mitteilung des Herrn Ministers der geistlichen Angelegenheiten vom 13. d. Mts. G.I.2604– folgende südafrikanischen Gemeinden der evangelisch-lutherischen Kirche der Provinz Hannover angeschlossen sind: Capstadt, Wynberg, Paarl, Worcester, King-Williams-Town, Berlin-Potsdam und Frankfurt, die letzten drei in British-Caffraria. Von diesen Gemeinden haben sich diejenigen in Capstadt im Jahre 1862, sowie diejenigen zu King-Williams-Town und in British-Caffraria im Jahre 1865 mit Genehmigung des damaligen Hannoverschen Kultusministeriums und diejenige zu Worcester im Jahre 1884 im Einverständnis mit dem Herrn Minister der geistlichen Angelegenheiten der gedachten Landeskirche angeschlossen und der Aufsicht des Königlichen Konsistoriums in Hannover unterstellt. Durch Allerhöchsten Erlass vom 19. Oktober 1887 ist dann genehmigt worden, dass die kirchliche Aufsicht und Leitung dieser Gemeinden von dem Königlichen Landeskonsistorium in Hannover wahrgenommen werde. In dem Allerhöchsten Erlasse sind zwar nicht alle Gemeinden namentlich genannt, dies beruht indes, wie der Herr Minister bemerkt, darauf, dass einzelne von ihnen noch nicht selbständige Gemeinde, sondern Filiale anderer Gemeinden waren. Wynberg wurde früher von Capstadt aus versorgt, Worcester war mit Paarl verbunden. Berlin-Potsdam und Frankfurt waren Filiale von King-Williams-Town. gez. Barkhausen. An den Evangelischen Ober-Kirchenrat." (EZA 5/3042).
82 Büttner in seinem Schreiben vom 27.1.2010.
83 J. Hasselhorn, Geleitwort, 8.
84 Nach Ottermann gab es zu diesem Zeitpunkt kaum konfessionell bedingte Konflikte zwischen Missionaren bzw. Pastoren seitens der Berliner und der Hermannsburger Mission. Dies erklärt Ottermann mit der Tatsache wechselseitig vollzogener Einführungen in die jeweiligen Gemeinden, von Ausnahmen abgesehen (Ottermann, The Centenary, 14f).
85 Ibid., 104-122.

Die Deutsche Evangelisch-Lutherische Synode Südafrikas 1895[86]

Zur Gründung dieser Synode im Zusammenhang der Preußischen Kirchenunion

Im Verlauf der zweiten Hälfte des 19. Jahrhunderts wurde die Frage nach einem synodalen Zusammenschluss der deutschsprachigen lutherischen Gemeinden im Bereich der westlichen und östlichen Kapregion in Angriff genommen.[87] Bei allen Vorüberlegungen zu den Zielen einer solchen Synodenbildung hatte man zunächst nur einen Zusammenschluss aller deutschsprachigen lutherischen Gemeinden im Blick. So hatten Johannes Hasselhorn zufolge die Pfarrer Georg Wilhelm Wagener und Johann Heinrich Müller von Anfang an das Ziel verfolgt,[88] dass sowohl die lutherischen Gemeinden der westlichen und östlichen Kapregion als auch die Hermannsburger Gemeinden in Natal und Transvaal zusammen eine Synode bilden und sich der Aufsicht des Landeskonsistoriums in Hannover unterstellen sollten.[89]

Während seiner zweiten Visitationsreise 1885 in die östliche Kapregion warf der Missionsinspektor der Berliner Mission, Theodor Wangemann, die Frage auf, ob nicht die deutschsprachigen Gemeinden, die mit Hilfe Berliner Missionare gegründet worden seien, eine Basis für die Arbeit der Berliner Mission unter den afrikanischen Völkern in den jeweiligen Gebieten bekommen könnten. Verbunden in einer Synode könnte sie den Kern für eine zukünftige deutsche lutherische Kirche in Südafrika bilden.[90] Für Wangemann war es damals unverständlich, warum aufgrund von Konflikten unter den Pastoren und Missionaren – auch seitens der Berliner Mission – nicht schon längst eine gemeinsame Synode der lutherischen Pfarrer und Missionare der Kapkolonie gebildet worden war.[91] Interessant ist an seinem Vorschlag die Tatsache, dass eine solche Synode konsequenterweise den Zusammenschluss der „weißen" und „schwarzen" lutherischen Gemeinden in dieser Region bedeutet hätte.

Nach Julius Richter hatten die Berliner Missionare während der Visitation von Wangemann ihr Verhältnis zu den lutherischen Siedlergemeinden zu klären versucht und folgende Überlegungen diskutiert:

> „Ließen sich die deutschen und die Kaffergemeinden zu einem Synodalverband zusammenschließen? Sollte man sich damit begnügen, die deutschen Pfarrer zu einer lutherischen Synodalkonferenz zu vereinigen? Sollten sich die deutschen Gemeinden zwar zu einer lutherischen Synode zusammenschließen, sich aber zugleich an die doch auch lutherische Berliner Mission am Orte anlehnen? Oder sollte die Kon-

---

86 Ottermann hat in seiner Darstellung den historischen Prozess, der zur Gründung dieser Synode geführt hat, detailliert rekonstruiert. Dabei beklagt er immer wieder das Fehlen von Quellen, die diesen Prozess im Einzelnen genau belegen könnten. Einige dieser Dokumente sind nach seinen Angaben verloren gegangen, beschädigt oder vernichtet worden. Wir können im Folgenden nur schwerpunktmäßig auf einzelne Phasen dieser Synodenbildung eingehen (ibid., 17ff).
87 Ibid., 14, 17; Schmidt-Pretoria, Deutsche Wanderung nach Südafrika, 185; J. Hasselhorn, Geleitwort, 9.
88 Ibid. – Georg Wilhelm Wagener war von der hannoverschen Kirche 1884 an die St. Martini-Gemeinde entsandt worden und dort bis zu seinem Tod 1920 tätig. Johann Heinrich Müller, ein Hermannsburger Missionar, war von Clüver für die Pfarrstelle in East London gewonnen worden.
89 Ibid.
90 Ottermann, The Centenary, 18.
91 Ibid.

ferenz der lutherischen Siedlergemeinden den Anschluss an die Hannoversche Landeskirche suchen? Alle diese Pläne wurden erörtert, aber vorläufig keine befriedigende Entscheidung getroffen. Peinlich war nur, dass sich über diesen Verhandlungen die Gemüter erhitzten."[92]

Für Markus Braun kommt diese Peinlichkeit, die Richter im Zusammenhang dieser Diskussionen deutlich empfunden hat, nicht überraschend, standen doch die deutschen lutherischen Gemeinden und Missionen mit diesen Fragen „an einem Scheideweg".[93] Schließlich ging es um die grundlegende Frage, „ob Weiße und Schwarze in einer Kirche am Ort oder wenigstens in einem Bezirk zusammengehören?"[94]

Schon bevor Wangemann seine zweite Visitationsreise in die östliche Kapregion antrat, hatte es im Verlauf der zweiten Hälfte des 19. Jahrhunderts mehrere Versuche gegeben, eine *Deutsche-Lutherische Synode in British Kaffraria* zu bilden, die allerdings alle gescheitert waren. Deshalb wurde Wangemann von den beiden Pfarrern Müller und Baumgarten gebeten, in East London eine Versammlung einzuberufen, welche die Bildung einer Synode vorbereiten sollte. Diese Versammlung fand schließlich unter Wangemanns Vorsitz am 20. Mai 1885 in Panmure statt.[95] Dass es in den nächsten Jahren dennoch zu keiner Synodenbildung kam, hatte eine wesentliche Ursache in den Spannungen, die seit der Einführung der preußischen Kirchenunion zwischen der unierten Preußischen Landeskirche und der lutherischen Landeskirche von Hannover bestanden – und daraus resultierend auch zwischen der Hermannsburger und Berliner Mission: Jedenfalls kritisierte die Hannoversche Landeskirche die Tatsache, dass sich Wangemann für eine Synodenbildung persönlich eingesetzt hatte; denn er habe es in einem Gebiet von Gemeinden getan, die historisch mit der Landeskirche von Hannover verbunden seien. In einem entsprechenden Schreiben des Konsistoriums vom 1. Februar 1887 wird Wangemann darauf hingewiesen, dass die nachfolgend genannten Gemeinden unter der Aufsicht des Konsistoriums in Hannover stünden: King William's Town mit seinen Filialgemeinden Queenstown und Cambridge (East London), Frankfurt, Braunschweig, St. Martini in Cape Town mit ihren Filialen in Wynberg, Paarl und Worcester, unter der Leitung der Pastoren Clüver, Böhmke, Wagener and C.H. Hahn Jnr.[96]

In einem weiteren Brief vom 21. Juli 1887 an Pastor Clüver, der zuvor in seinem Jahresbericht dem Konsistorium von der Versammlung in Panmure/East London berichtet hatte, sprach sich das Konsistorium gegen eine Synodenbildung unter der Führung von Wangemann aus. Ottermann führt diese Haltung auch auf die Tatsache zurück, dass das Königreich Hannover in Folge des Deutschen Krieges zwischen Preußen und Österreich 1886 unter preußische Vorherrschaft gekommen war. Daher wollte man seitens des Konsistoriums in Hannover keine weitere Vereinnahmung durch Preußen zulassen,[97] obwohl Preußen „auf die Einführung der Union"[98] in der Hannoverschen Landeskirche verzichtet

---

92 Julius Richter, Geschichte der Berliner Missionsgesellschaft 1824-1924, Berlin 1924, 303.
93 Braun, Entwurf: Deutsche Gemeinden, 31.
94 Ibid.
95 Ottermann, The Centenary, 19.
96 Ibid., 20.
97 Ibid.
98 Johannes Wallmann, Kirchengeschichte Deutschlands seit der Reformation, 3., durchgesehene Aufl., Tübingen 1988, 215.

hatte. Hinzu kamen die Auseinandersetzungen mit der sich nun bildenden neulutherischen Erneuerungsbewegung nicht nur im Bereich der Hannoverschen, sondern auch innerhalb der Preußischen Landeskirche: So hatte Wangemann bei seiner Visitation beklagt, dass die Hannoversche Landeskirche Pastor Clüver als Ephorus eingesetzt hatte und damit als eine der Preußischen Kirche gegenüber eher oppositionell eingestellte Landeskirche in der östlichen Kapregion „an additional role-player"[99] geworden sei. Wangemann wollte stattdessen, dass sich eine Deutsche Lutherische Synode in einer engen Zusammenarbeit mit der Berliner Mission bildet. Er sah die Hermannsburger Missionare im Sog der neulutherischen Erneuerungsbewegung, die er als „Schwärmerei" ablehnte.[100] Doch die Gemeinden der Hermannsburger Mission lehnten es ab, mit den Gemeinden in der Kapkolonie zusammenzugehen, weil diese die lutherische Lehre abweichend interpretierten[101] und auch Gemeinden, die von Berliner Missionaren betreut wurden, diesem Zusammenschluss angehören sollten. Diese Reaktionen zeigen, wie sehr damals innerdeutsche kirchenpolitische Konflikte in den Kontext Südafrikas getragen wurden: Das hat die Bildung *einer* Synode aller lutherischen Gemeinden in Südafrika erschwert und verzögert.[102]

Trotz dieser Ablehnung von Hermannsburger Seite brachte Georg Wilhelm Wagener, Pfarrer der St. Martini-Gemeinde, die Synodenbildung weiter voran[103]: Den entscheidenden nächsten Schritt zur Konstituierung der geplanten Synode stellte die Pastorenkonferenz dar, die vom 10. bis 11. Januar 1895 in King William's Town stattfand und deren Ergebnis der „Entwurf einer Synodal-Ordnung der Deutschen ev. luth. [sic] Gemeinden der Kapkolonie"[104] war. Diese wurde mit einem Begleitbrief von Wagener an das Konsistorium

---

99   Ottermann, The Centenary, 18.
100 Ibid., 19.
101 Vgl. Schmidt-Pretoria, Deutsche Wanderung nach Südafrika, 310.
102 Dieses Ziel wurde jedoch erst am 3. November 1964 mit der Gründung der VELKSA (= Vereinigte Evangelisch-Lutherische Kirche im Südlichen Afrika) in Pretoria realisiert (Britta Wellnitz, Deutsche evangelische Gemeinden im Ausland. Ihre Entstehungsgeschichte und die Entwicklung ihrer Rechtsbeziehungen zur Evangelischen Kirche in Deutschland, Jus Ecclesiasticum, Beiträge zum evangelischen Kirchenrecht und zum Staatskirchenrecht, Bd. 71, Tübingen 2003, 313f).
103 J. Hasselhorn, Geleitwort, 9; Ottermann, The Centenary, 21; Schmidt-Pretoria berichtet darüber hinaus, dass Wagener 1889 einen gedruckten Entwurf der künftigen Synodalverfassung an die einzelnen Gemeinden der Kapregion versandt habe. Ferner habe am 16. Februar 1890 Pfarrer Müller bei einer Versammlung berichtet, dass das Landeskonsistorium in Hannover den Entwurf der künftigen Synodalverfassung erhalten hätte und gegenwärtig prüfe. Erst zwei Jahre später sei das Ergebnis dieser Prüfung mitgeteilt worden: Danach habe das Landeskonsistorium den damaligen Zeitpunkt zur Bildung einer solchen Synode als verfrüht angesehen. (Schmidt-Pretoria, Deutsche Wanderung nach Südafrika, 186).
104 Ottermann, The Centenary, 22. Schmidt-Pretoria bestätigt diese Pastorenkonferenz in King William's Town. Er übersieht aber, dass es bereits im selben Jahr zur konstituierenden Synodalversammlung kommen sollte. Stattdessen nennt er als Termin für die Beschließung dieser Synodalverfassung den 18. und 19. Oktober 1897, als „in Kapstadt in Anwesenheit von zehn Geistlichen und dreizehn Gemeindevertretern eine Synodalordnung beschlossen [wurde], der zufolge die Vereinigung das Kgl. Landeskonsistorium zu Hannover als Aufsichtsbehörde und höchste Instanz in Berufungsangelegenheiten anerkannte" (Schmidt-Pretoria, Deutsche Wanderung nach Südafrika, 186): Dabei verwechselt er die konstituierende Synodalversammlung vom Juni 1895 mit einer späteren Synodalversammlung, bei der es um die Verabschiedung einer Synodal- und Geschäftsordnung ging (Ottermann, The Centenary, 22f, 26f).

der Hannoverschen Landeskirche geschickt. Die Synodalordnung sah vor, dass die Synode in Gemeinschaft mit der Hannoverschen Kirche stehen sollte,[105] mit der Konsequenz, dass sie sozusagen als oberste Dienstaufsichtsbehörde Verantwortung für die neue Synode zu übernehmen hatte. In dieser Synodalordnung klingt auch das zuvor genannte Ziel nach einem weitergehenden Zusammenschluss aller deutschsprachigen lutherischen Gemeinden in Südafrika deutlich an: So wird als einer der Gründe für die Synodalbildung „die Fortführung einer gedeihlichen und tunlichst einheitlichen Entwicklung der deutschen evang.-luth. Kirche in Südafrika überhaupt"[106] genannt, und im darauf folgenden § 2 heißt es:

> „Die Synode erklärt ferner: dass es ihr Wunsch und Streben ist, mit den anderen evang.-luth. Kirchengemeinschaften Südafrikas und der evang.-luth. Kirche Deutschlands und anderer Länder in Lehre und Ordnung verbunden zu sein."[107]

So fand schließlich vom 30. Juni bis 2. Juli 1895 die konstituierende Synodalversammlung zur Gründung der Deutschen Evangelisch-Lutherischen Synode Südafrikas als Zusammenschluss der Gemeinden aus beiden Kapregionen statt,[108] „an dessen Spitze der Synodalausschuss unter dem Vorsitz von Pastor Wagener in Kapstadt stand".[109] Entschieden wurden neben der Konstituierung die Namensgebung dieser Synode sowie ihre Bekenntnisgrundlagen. Die Konstituierung dieses ersten lutherischen Synodalverbandes in Südafrika stellte einerseits ohne Zweifel einen wichtigen Meilenstein zur Schaffung einer künftigen südafrikanischen lutherischen Kirchengemeinschaft dar.[110] Andererseits hatte diese Entscheidung zugleich fatale Konsequenzen, da diese Synodenkonstituierung nicht auf die Bildung einer einheitlichen südafrikanischen lutherischen Kirche in Südafrika zielte, sondern nur die kirchliche Einheit der deutschstämmigen Lutheraner in Südafrika im Blick hatte. Das hatte weitreichende Konsequenzen: Mit der Bildung der Deutschen Evangelisch-Lutherischen Synode Südafrikas war der Weg zu einem getrennten Nebeneinander von „weißen" und „schwarzen" lutherischen Kirchen vorentschieden.

Die Hannoversche Kirche übernimmt die kirchenamtliche Aufsicht über die Synode

Die „schwarzen" lutherischen Gemeinden blieben von dieser Synode ausgeschlossen, und bei der Konstituierung traten nur einige der Gemeinden in der Kapkolonie diesem Synodalverband bei.[111] Reino Ottermann zufolge hatte die Synode zunächst keine wesentliche Bedeutung für die Gemeinden selber.[112] Bereits zwei Jahre nach der Gründung dieser Sy-

---

105 Ibid., 22.
106 Synodal-Ordnung für die deutschen evangelisch-lutherischen Gemeinden Südafrikas § 1.c), 13, EZA 5/3041.
107 Synodal-Ordnung § 2.I, 14, ibid.
108 Vgl. Ottermann, The Centenary, 23; J. Hasselhorn, Geleitwort, 9f.
109 Petri, Das Südafrikanische Visitationswerk, 3.
110 Petri kritisiert jedoch in seinem Bericht, dass das in dieser Synodalordnung vorgesehene Leitungsorgan, der Synodalausschuss, nicht an ein „wirklich ausgestaltetes und wohlgeordnetes Kirchenregiment" heranreiche, zumal diesem „eine mit den nötigen Vollmachten ausgerüstete örtliche Kirchenbehörde" fehle (ibid., 8).
111 Nach Petri handelte es sich bei diesen Gemeinden und ihren Filialen um „Kapstadt, Wynberg, Paart [gemeint ist sicher Paarl] und Worcester im Westen, East-London, King-Williams-Town und Frankfurt (Berlin war vakant) im Osten der Kapkolonie […]" (ibid., 3).
112 Mehrere Male fand sich nun der Synodalausschuss zusammen, dem die Leitungsverantwortung für

node beauftragte das Konsistorium in Hannover Superintendent Emil Petri, eine Visitation unter allen Gemeinden durchzuführen, die jetzt unter der Aufsicht Hannovers standen. Die Hannoversche Kirche betrachtete die ihr im südlichen Afrika angeschlossenen Gemeinden als „Diasporagemeinden": das heißt als Gemeinden, die zwar zur Hannoverschen Kirche gehörten, sich aber nicht im Kernland der Kirche von Hannover befanden, sondern sowohl geographisch als auch hinsichtlich ihrer konfessionellen Minderheitensituation in der südafrikanischen Diaspora.[113] Petri stellte bei dieser Visitation fest, dass längst nicht alle Gemeinden, die geographisch im Bereich der Synode lagen, mit der Hannoverschen Landeskirche verbunden waren, sondern manche Beziehungen zur Berliner Mission oder zur Hermannsburger Mission pflegten.[114] Ferner bemerkte er, dass die Synodalverfassung keine Verordnung darüber enthielt, wie eine örtliche Kirchenleitung sinnvollerweise agieren sollte, vor allem angesichts der Konflikte zwischen Gemeinden und Pfarrern im Bereich der deutschsprachigen lutherischen Gemeinden: So sah Petri seine Aufgabe darin, „eine eigentliche Verfassung zu schaffen" und den Synodalausschuss mit den nötigen Kompetenzen einer „örtlichen Kirchenbehörde" auszustatten.[115] Deshalb bat er den Synodalausschuss, für den Herbst eine Synode einzuberufen, mit dem Ziel, den erst zwei Jahre alten Synodalverband neu zu organisieren und in seiner Funktionstüchtigkeit zu verbessern. Die Synode kam vom 18. bis 19. Oktober 1897 in Kapstadt zusammen.[116] Wichtigstes Ergebnis war die Verabschiedung einer Synodalordnung, die am 3. Februar 1899 vom Konsistorium in Hannover bestätigt wurde:[117] Diese Synodalordnung erkannte dem Königlichen Landeskonsistorium in Hannover die „Oberaufsicht" über den Synodalverband und Synodalausschuss zu. Damit stellte die Hannoversche Landeskirche der Kapsynode nicht nur Pastoren zur Verfügung, sondern zugleich war ihr „in allen Berufungssachen die letzte Entscheidung"[118]

---

die neue Synode oblag: Dabei wurde u.a. die Einführung je einer Bezirkssynode im Westkap und im Ostkap beschlossen, da die Gesamtsynode alle drei Jahre tagen sollte. Beide Bezirke hielten eine jährliche Bezirkskonferenz ab und alle drei Jahre die gemeinsame Synodalversammlung. Geleitet wurde die Synode vom Präses und dem Synodalausschuss. (Ottermann, The Centenary, 24).

113 Vgl. Petri, Das Südafrikanische Visitationswerk, 16, 22, 24. – Angesichts der gegenwärtigen Forschungsdiskussion um die Definition des Diaspora-Begriffes sei an dieser Stelle angemerkt, dass jener Begriff in diesem Beitrag zunächst als historische Erfahrung, aber auch geographische Bezeichnung verwendet wird und eine Gruppe bezeichnet, deren gemeinsamer Ursprung in ihrem Heimatland Deutschland liegt, die aber nun in der Residenzgesellschaft Südafrikas als Minderheit und eigene deutschstämmige oder -sprachige Bevölkerungsgruppe in verschiedenen, weit auseinander liegenden Siedlungsgebieten leben. Zugleich wird dieser Terminus als historischer Begriff zur Beschreibung der pastoralen Betreuung deutscher Siedler in Südafrika im Rahmen evangelischer Auslandsarbeit Ende des 19. und Anfang des 20. Jahrhunderts verwendet (Waltraut Kokot/Heike Dorsch, Westliche Wirtschaftsinteressen und globale Migration: Diasporen und Minderheiten in der außereuropäischen Welt, Kurseinheit 1: Diasporen in der außereuropäischen Welt – begriffliche Einordnung und inhaltliche Bestimmung, Fernuniversität in Hagen, Fakultät für Kultur- und Sozialwissenschaften 2006, 10, 14f). Der entsprechende Diskurs um den Diasporabegriff wird an anderer Stelle innerhalb dieses Sammelbandes weiter ausgeführt.
114 Ibid., 3f.
115 Ibid., 3, 10.
116 Vier weitere Synoden fanden im Zeitraum dieses Beitrages statt: 30.9.-3.10.1900 in East London, 27.-30.9.1903 in Kapstadt, 6.-9.1.1907 in East London und vom 24. bis 28.9.1909 in Port Elizabeth (Ottermann, The Centenary, 30-34).
117 Ibid., 27.
118 Synodal-Ordnung § 4.15, EZA 5/3041. – So heißt es in der Synodalordnung in § 11.4 ausdrücklich:

vorbehalten. Zu fragen ist allerdings, inwieweit die Verantwortlichen im Königlichen Konsistorium in Hannover, fernab von der Situation in den Gemeinden der lutherischen Synode, kompetent genug waren, über die Belange und Personalfragen in der lutherischen Synode in letzter Instanz zu entscheiden. Auch der Synodalausschuss stand unter der Dienstaufsicht des Königlichen Landeskonsistoriums:

> „Er hat der letztgenannten Behörde [Königl. Landeskonsistorium] bei ihrer Fürsorge für die ihr unterstellten Gemeinden in jeder Weise hilfreich zur Hand zu gehen und nicht nur auf Erfordern Bericht zu erstatten, Gutachten abzugeben, Vorschläge zur Förderung des kirchlichen Lebens und zur Beseitigung von Missständen zu machen usw., sondern auch unaufgefordert sie von allen wichtigeren, das kirchliche und sittliche Leben des Verbandes betreffenden Vorkommnissen und Erscheinungen in Kenntnis zu setzen und überhaupt als örtliches Organ den Dienst des Königl. Landeskonsistorium, soviel in seinen Kräften steht, zu erleichtern."[119]

Der Anschluss der lutherischen Gemeinden des Ostkaps an die Deutsche Evangelisch-Lutherische Synode Südafrikas führte innerhalb dieser Gemeinden zu einem schwelenden Konflikt,[120] der ihr Verhältnis zu dieser Synode beziehungsweise zur Landeskirche in Hannover einerseits und zur Berliner Mission andererseits betraf. Einige der Gemeinden im Ostkap schlossen sich der neuen Synode zunächst nicht an.[121] Mindestens zwei Gründe sind dafür zu nennen:

a. Theodor Wangemann, Direktor der Berliner Mission, hatte zehn Jahre zuvor versucht, in der östlichen Kapregion eine eigene Missionssynode unter Aufsicht der Berliner Mission zu bilden. Diese sollte sich von Hannover lösen. Wangemann hatte dieses Ziel aber nicht erreicht. Nach Petri hatte die Berliner Mission später dieses Ziel aufgegeben. Stattdessen wollte sie, dass sich ihre bisherigen Gemeinden in „Britisch-Kaffraria" (östliche Kapregion) „der Aufsicht des Hannoverschen Landeskonsistoriums unterstellen würden."[122]

„Gegen den Willen des Königl. Landeskonsistoriums zu Hannover kann innerhalb des Synodalverbandes kein Geistlicher angestellt werden. Wo das Landeskonsistorium das Gehalt des Pastors ganz oder zum größten Teil bestreitet, gebührt demselben das Recht der Ernennung, in allen übrigen Fällen das Recht der Bestätigung des Pastors" (Synodal-Ordnung § 4, 21, ibid.).
119 Synodal-Ordnung § 11.5, 21f, ibid.
120 Eine Entscheidung, die wohl auf Betreiben des Berliner Missionars Albert Kropf im Gegensatz zu der Position des damaligen Berliner Missionskomitees und des Berliner Missionsdirektors Wangemann zustande gekommen war (Richter, Geschichte der Berliner Missionsgesellschaft, 303). Richter nennt keinen genauen Zeitpunkt für diesen Anschluss, nur dass dieser Anschluss „wenige Monate" nach dem Tod Wangemanns erfolgt sei.
121 Vgl. Heinz von Delft, Kirchbau am Kap. Als Hannoverscher Pastor 50 Jahre in Südafrika, Erlangen 1993, 34. – Z.B. blieb die Gemeinde Stutterheim der Berliner Mission verbunden, auf deren Station in Bethel sie regelmäßig ihre Gottesdienste feierte, bis sie sich 1864 als St. Paulus-Gemeinde konstituierte. Erst nach dem Tod ihres ersten Pastors schloss sich die Paulus-Gemeinde 1907 der Kapsynode an. Neben der Gemeinde Stutterheim waren 1897 auch die Gemeinden Keiskamahoeck, Emngesha, Macleantown und Braunschweig noch nicht dem Synodalverband angeschlossen, zumal ihre Pfarrer BM-Missionare waren (Petri, Das Südafrikanische Visitationswerk, 24).
122 Ibid.

b. Während der vom 24. bis zum 28. September 1909 in Port Elizabeth tagenden 6. Synode wurde der Wunsch laut, deutschsprachige lutherische Gemeinden in anderen Regionen Südafrikas, vor allem im Oranje Freistaat, in Natal und Transvaal, in den Synodalverband aufzunehmen. Dieses Anliegen führte zu einem intensiven Briefwechsel zwischen dem Synodalausschuss und dem Königlichen Landeskonsistorium in Hannover einerseits und der Berliner Mission andererseits[123] mit folgendem Ergebnis: 1. Die Berliner Missionare, die im Bereich der Synode eine Pfarrstelle übernehmen, sollten sich von Berlin trennen und der Synode beitreten. 2. Missionare, die innerhalb der Synode eine Pfarrstelle übernehmen, müssen die Gemeindeordnung der Synode akzeptieren. Die Missionsgesellschaft kann Menschen außerhalb des Bereichs der Synode geistlich bedienen. Falls aus dieser Arbeit Gemeinden entstehen, sollten sie sich an die Berliner Mission anschließen.[124] Dass es trotz dieser Vereinbarung[125] zu Unstimmigkeiten und Konflikten kam, lag Ottermann zufolge zum einen daran, dass hier zwei Kirchenleitungsorgane die Aufsicht über die deutschsprachigen Gemeinden ausüben wollten – nämlich die Berliner Mission und das Königliche Landeskonsistorium. Und zum anderen entstanden Konflikte, weil die Vereinbarung nicht immer eingehalten wurden.[126]

Als ein weiterer Grund für die Konflikte muss das Autonomiebestreben der einzelnen Gemeinden benannt werden, die sich nicht vom Königlichen Landeskonsistorium in Hannover beziehungsweise der von diesem abhängigen Synodenleitung in ihre eigenen Belange hereinreden lassen wollten. Hinzu kamen lokale Konflikte zwischen einzelnen Pfarrern oder Gemeinden, so dass Außenstehende den Eindruck gewinnen mussten, die deutschen Gemeinden tendierten dazu, sich eher voneinander abzugrenzen und eigene Wege zu gehen, als sich aufgrund der gemeinsamen Diasporasituation enger zusammenzuschließen:[127] So traten die Gemeinden Bloemfontein und Stutterheim erst 1907 der neu gebildeten deutschen Synode bei.[128] Dieser Beitritt wurde innerhalb der Synode als ein wichtiger Schritt für den

---

123 Vgl. Ottermann, The Centenary, 33.
124 Ibid., 34. – Nach Darstellung von Heinz von Delft erkannte schließlich die Leitung der Berliner Mission den Beitritt der lutherischen Gemeinden im Ostkap zur Kapsynode an und war nun ihrerseits bereit, ihre Missionare, sofern sie Pfarrstellen innerhalb der Kapsynode übernahmen, „anzuweisen, aus dem Missionsverband auszuscheiden und sich der Kapsynode anzuschließen. Gleichwohl gab es in den Gemeinden weiterhin Stimmen, die sich von der Bedienung durch Missionare eine unabhängigere, vermutlich auch 'billigere' Versorgung versprachen als durch die Landeskirche. Sie pflegten bei Pfarrvakanzen oder Unstimmigkeiten mit der Synodalleitung oder dem Landeskirchenamt, laut zu werden" (von Delft, Kirchbau am Kap, 35).
125 Das Königliche Landeskonsistorium bestätigte darüber hinaus „die von der Synode vereinbarte Kirchen- und Gemeindeordnung" (Jahresbericht der Gemeinden der Deutschen Ev.-Luth. Synode Südafrikas, 1909, EZA 5/3041, 75f).
126 Vgl. Ottermann, The Centenary, 34.
127 Schmidt-Pretoria zufolge hatte in den siebziger Jahren ein Pfarrer in East London wegen eines Konfliktes mit einem Kollegen die Gemeinden Berlin, Panmure und Potsdam für unabhängig vom Landeskonsistorium in Hannover erklärt. Ferner zitiert er in diesem Zusammenhang die Bemerkung eines Besuchers nach seiner Rückkehr aus King William's Town in der Kölner Zeitung (vom 26.8.1893): „In Kingwilliamstown sind nicht weniger als drei deutsche evangelische Kirchen, und die Zänkereien zwischen den einzelnen Gemeinden nehmen kein Ende" (Schmidt-Pretoria, Deutsche Wanderung nach Südafrika, 309).
128 Vgl. Auszug aus der Zeitschrift Deutsch-Evangelische im Auslande, Mai 1908, EZA 5/3041, 343; vgl. ebenso Ottermann, The Centenary, 106 (Bloemfontein), 123 (Stutterheim).

weiteren Vereinigungsprozess der deutschsprachigen lutherischen Gemeinden in Südafrika gewertet, aber auch hinsichtlich der Bewahrung und Förderung der deutschen Sprache, Kultur und Tradition für notwendig erachtet. Allerdings schlossen sich einige Gemeinden der Synode auch weiterhin vorerst nicht an.[129]

Über die Anzahl der Gemeinden der Kapsynode gibt es unterschiedliche Angaben. Regional lassen sich die in dieser Synode vereinigten 23 bis 26 Gemeinden und die nach statistischen Angaben von 1908/1909 gezählten 7060 Gemeindeglieder auf folgende drei Gebiete verteilen:[130] Zur westlichen Kapregion zählten insgesamt sieben Gemeinden, davon befanden sich eine Gemeinde innerhalb Kapstadts, die übrigen sechs im Umkreis.[131] In der östlichen Kapregion lagen circa 14 Gemeinden: eine in Port Elizabeth, die anderen in und um East London.[132] Schließlich gab es auch im Oranje-Freistaat einige Predigtstätten und kleinere Filialgemeinden im Umfeld der Gemeinde Bloemfontein.[133]

Aus den fortlaufenden Jahresberichten der Gemeinden der Deutschen Evangelisch-Lutherischen Synode Südafrikas geht insgesamt hervor, dass die Gemeinden dieser Synode von der Hannoverschen Landeskirche nicht nur Zuschüsse für die Pfarrgehälter erhielten, sondern darüber hinaus auch Spenden und damit eine regelmäßige finanzielle Unterstützung.[134] Auf diese Hilfen aus der „Heimat" fühlten sich die Gemeinden der Kapsynode dringend angewiesen, zumal sie angesichts der vor allem in den Städten stagnierenden ökonomischen Entwicklung in den ersten Jahren des 20. Jahrhunderts ihre Arbeit im bisherigen Ausmaß nicht fortführen konnten.[135]

---

129 Zum Beispiel die Gemeinde Frankfurt (vgl. Auszug aus der Zeitschrift Deutsch-Evangelische im Auslande, Mai 1908, EZA 5/3041, 344; Südafrikanisches Gemeindeblatt, 8.2.1910, ibid., 266) – Nach Ottermann schloss sich die Gemeinde Frankfurt 1910 der Synode an (Ottermann, The Centenary, 111).

130 1910 erlebte die Kapsynode ihren höchsten Mitglieder- und Gemeindebestand mit 8320 Gemeindegliedern in 25 Gemeinden. Gegenwärtig bestehen 22 Gemeinden mit ungefähr 6000 Gemeindegliedern (J. Hasselhorn, Geleitwort, 9f).

131 Kapstadt, Bellville, Wynberg/Eerste River, Neu-Eisleben, Wynberg-Vlakte, Paarl und Worchester, so der Jahresbericht der Gemeinden der Deutschen Ev.-Luth. Synode Süd-Afrikas (1906-07), EZA 5/3041, 1-3. In der Kirchen- und Gemeindeordnung der deutschen evangelisch-lutherischen Gemeinden in Südafrika (Kapsynode) wird auch Stellenbosch genannt (EZA 5/3041, 22).

132 King William's Town, Queenstown, Braunschweig, Kwelegha, Braakfontein, Oberkwelegha/Butterworth, Bodiam, Bell, Berlin, Macleantown, Potsdam, Keiskamahoek, Emngesha und Stutterheim, nach den Angaben des Jahresberichts der Gemeinden der Deutschen Ev.-Luth. Synode Süd-Afrikas (1906-07), EZA 5/3041, 3-8. In der Kirchen- und Gemeindeordnung der deutschen evangelisch-lutherischen Gemeinden in Südafrika (Kapsynode) werden auch Cambridge und Amalinda genannt, EZA 5/3041, 22.

133 Nach den Angaben des Jahresberichts der Gemeinden der Deutschen Ev.-Luth. Synode Südafrikas (1906-07), EZA 5/3041, 8.

134 Die Hannoversche Landeskirche ließ ihren Pfarrern wiederum die Synodalberichte der Deutschen Kapsynode zukommen, damit sie ihre Gemeinden auf die landeskirchliche Diasporaarbeit aufmerksam machten (vgl. KABl. für den Bezirk des Königlichen Landeskonsistoriums in Hannover, 6.4.1909, EZA 5/3041). Belegt ist ferner in einem Schreiben des Deutschen Evangelischen Kirchenausschusses (K.=A.N.=° 2217) vom 18. Januar 1909, dass der Kirchenausschuss am 4. Dezember 1908 der Deutschen Ev.-Luth. Synode Südafrikas „eine einmalige Beihilfe von 200 M bewilligt hat" (zitiert nach EZA 5/3035).

135 Vgl. hierzu den Jahresbericht der Gemeinden der Deutschen Evang.-Luth. Synode Südafrikas, 1906-1907, EZA 5/3041, 33; Jahresbericht der Gemeinden der Deutschen Evang.-Luth. Synode Südafrikas,

Schluss

Wie sind nun abschließend die Beziehungen zwischen der Lutherischen Kirche in Hannover zu den deutschsprachigen Gemeinden innerhalb der Kapsynode in Südafrika zu bewerten?

1. Obwohl die meisten Gründungsmitglieder der ersten lutherischen Gemeinde in der Strandstraße deutscher Herkunft waren, musste ihr erster Pfarrer niederländischer Herkunft sein, denn noch herrschte die VOC über die Kapkolonie. Erst die Diskussion um die Nachfolge dieses ersten Pfarrers brachte die Hannoversche Landeskirche ins Spiel. Ausschlaggebend dafür waren zwei Gründe: a) die fehlende weitere Unterstützung seitens der lutherischen Kirche in den Niederlanden infolge der politischen und kirchlichen Spannungen in den Niederlanden in den Jahren der napoleonischen Kriege, b) die engen historischen Verbindungen zwischen dem Hannoverschen Fürstenhaus und dem englischen Königshaus, denn inzwischen stand die Kapkolonie unter britischer Kolonialverwaltung. Am 7. September 1800 entsandte die Hannoversche Landeskirche den ersten Pfarrer. Damit begann die Zuständigkeit seitens des Konsistoriums in Hannover, die sich aber zu der Zeit auf die Entsendung einzelner Pastoren beschränkte.

2. Als Mitte des 19. Jahrhunderts die Zahl der deutscher Einwanderer stieg, kam es in der ersten lutherischen Gemeinde zu einem Konflikt um die Gottesdienstsprache, denn die aus Hannover entsandten Pfarrer sprachen neben Niederländisch zunehmend auch Deutsch. Jetzt wurde erstmals Kritik an dieser Entsendungspraxis geäußert – und zwar von Niederländisch sprechenden lutherischen Gemeindegliedern. Zugleich forderten neu eingewanderte Lutheraner mehr „Deutschsprachigkeit" und ein deutlich „lutherischeres" Profil des immer noch an der reformierten Tradition angelehnten Gottesdienstes. Dieser Konflikt endete schließlich mit der Gründung der St. Martini-Gemeinde als einer deutschsprachigen lutherischen Gemeinde.

3. Während die Hannoversche Kirche bislang nur auf Anfrage Pastoren in die Strandstraßengemeinde entsandt hatte, bat nun die St. Martini-Gemeinde das Konsistorium in Hannover, die volle kirchenamtliche Aufsicht ihrer Gemeinde zu übernehmen. Diese Entscheidung führte dazu, dass sich auch die späteren Filialgemeinden der St. Martini-Gemeinde dem Konsistorium in Hannover unterstellten, wenn auch nicht immer von Anfang an.

4. Die Entstehungsgeschichte der Deutschen Evangelisch-Lutherischen Synode Südafrikas (1895) hat gezeigt, dass Ende des 19. Jahrhunderts recht unterschiedliche Akteure aus Deutschland behaupteten, für deutschsprachige Siedlergemeinden und für die Missionsgemeinden zuständig zu sein: Die Hannoversche Landeskirche, die Berliner Mission, die Hermannsburger Mission, schließlich auch die Preußische Landeskirche. Hinzu kamen die konfessionellen Kontroversen zwischen der Hannoverschen Kirche und der Preußischen Kirche im Zuge der Einführung der preußischen Kirchenunion sowie die daraus folgenden innerlutherischen Divergenzen.

5. Das ursprüngliche Ziel einer einheitlichen Synode aller deutschsprachigen Gemeinden in der Kapkolonie, in Natal und Transvaal unter der kirchenamtlichen Aufsicht der Hannover-

---

1909, ibid., 4.

schen Landeskirche wurde verfehlt; ebenso gelang es nur sehr mühsam, eine solche Synode für alle deutschen Gemeinden in der westlichen und östlichen Kapregion zu bilden. Vielmehr gerieten manche Gemeinden in einen Loyalitätskonflikt zwischen der Berliner Mission, mit deren Unterstützung manche dieser Gemeinden überhaupt erst hatten entstehen können, und der Hannoverschen Landeskirche, der die Synode unterstellt war.

6. Durch die kontinuierliche finanzielle Unterstützung seitens der Hannoverschen Landeskirche konnten sich die Gemeinden der Deutschen Evangelisch-Lutherischen Synode Südafrikas unabhängig von den „schwarzen" lutherischen Missionsgemeinden entwickeln und waren nicht auf eine Zusammenarbeit mit ihnen angewiesen. Entsprechendes gilt für die deutschsprachigen Gemeinden in Transvaal und im Oranje-Freistaat, die sich der Preußischen Kirche anschlossen und ebenfalls unter sich blieben.

7. Fragt man schließlich nach der Intention, die die Hannoversche Kirche mit der Betreuung der deutschsprachigen und niederländischsprachigen lutherischen Gemeinden in der westlichen und östlichen Kapkolonie verfolgte, so lässt das Antwortschreiben des Konsistoriums der Hannoverschen Landeskirche auf die entsprechende Bitte seitens der St. Martini-Gemeinde eine doppelte Zielsetzung erkennen: „die pfarramtliche und seelsorgerliche Versorgung der überwiegend deutschsprachigen lutherischen Diaspora am Kap und der Fortbestand der deutschen Sprache in einem anfangs holländischen und (ab 1806) zunehmend englischen Umfeld."[136] Das Denken in der Kategorie der Diasporafürsorge hatte einerseits zur Folge, dass nur die deutschsprachigen Gemeinden in den Blick kamen, die infolge ihrer Entstehungsgeschichte und durch ihre Eingliederung in die Hannoversche Landeskirche von ihrem Bekenntnisstand als „lutherische" Kirchen galten, selbst wenn es in diesen Gemeinden auch reformierte oder unierte Gemeindeglieder gab[137] und viele Deutsche wenig Interesse an einer kirchlichen Bindung zeigten. Ausgeblendet blieben dabei andererseits die von deutschen lutherisch geprägten Missionsgesellschaften gegründeten „schwarzen" Missionsgemeinden, zumal die kirchenamtliche Aufsicht der Missionsgemeinden nicht von deutschen Landeskirchen, sondern von den Missionsgesellschaften selbst übernommen wurde. Hinzu kam, dass „Heidenmission" und Diasporaarbeit als unterschiedliche pastorale Aufgaben definiert wurden.

Diese Punkte zeigen, dass bereits Ende des 19. Jahrhunderts – durch die Einflussnahme verschiedener kirchlicher Behörden und Missionswerke in Deutschland – kirchliche Strukturen im Bereich der lutherischen Kirchen in Südafrika geschaffen worden waren, die die Bildung einer gemeinsamen lutherischen Kirche in Südafrika zumindest bis 1920 verhindert haben.

---

136 So die zutreffende Zusammenfassung von Büttner in seinem Schreiben vom 27.1.2010.
137 Vgl. Petri, Das Südafrikanische Visitationswerk, 36f.

Die „Bauernmission", der britische Kolonialismus und das religiös-kulturelle Erbe der „Bauernsiedlung" Philippi

Lizette Rabe

Einleitung

Das landwirtschaftlich genutzte Gebiet von Philippi, ungefähr 30 Kilometer von Kapstadt entfernt, ist heute nur noch acht Quadratkilometer groß, für das Westkap jedoch ein wichtiger Lieferant von Gemüse. Dieser Gemüsebau sowie zwei lutherische Gemeinden sind die letzten Überbleibsel eines Gebietes, dessen landwirtschaftliche Nutzfläche einst dreimal so groß wie heute war. Es umfasste drei lutherische Gemeinden (St. Johannis in Wynberg, die Zionskirche in Philippi und Neu-Eisleben im Dünengebiet) sowie pro Gemeinde jeweils eine Schule.

Die deutsche Siedlergemeinschaft Philippi ging aus der Verbindung zweier Formen des Kolonialismus hervor: Dem deutschen Kolonialismus, wie er sich in seinen verschiedenen Missionsgesellschaften zeigte, und dem der britischen Kolonialmächte, der hier mit dem Deutschen zusammentraf.

Heute bilden die Nachfahren deutscher Einwanderer am Westkap – insbesondere in den Gebieten, die damals Claremont Flats, Wynberg Flats und die Dünen hießen – die Gemeinschaft in den Philippi Flats. Im größeren Gebiet der Cape Flats stellen die Philippi Flats den landwirtschaftlich genutzten Teil dar, in dem man sich auf den Anbau von Gemüse spezialisiert hat. Die Nachfahren der deutschen Einwanderer, noch immer Mitglieder der Evangelisch-Lutherischen Kirche, gehören größtenteils den beiden verbliebenen lutherischen Kirchen an, nämlich der Zionskirche in Philippi und der St. Johanniskirche in Wynberg.

Obwohl sich dieses Studienprojekt auf den deutschen Missionskolonialismus bis zum Ende des Ersten Weltkrieges konzentriert, werden hier auch jüngere Entwicklungen der Gemeinschaft in Philippi diskutiert.

Hintergrund

Die Mitglieder dieser Gemeinschaft sind zum größten Teil Nachfahren deutscher Siedler, die über einen Zeitraum von 25 Jahren (von 1858 bis 1883) in drei Schüben ans Westkap kamen. Diese Emigration aus Europa war Teil der großen „Völkerwanderung", die ein soziokulturelles Massenphänomen des 19. Jahrhunderts darstellt und in deren Verlauf zwischen 1820 und 1890 schätzungsweise fünf Millionen Deutsche aus verschiedenen Regionen Deutschlands in Länder der „Neuen Welt" auswanderten.[1]

Diejenigen, die während der ersten Welle (ab 1858) zur Südspitze von Afrika auswanderten und sich schließlich auf den Cape Flats niederließen, waren unter dem Namen „Godeffroy-Siedler" bekannt. Die Siedler der zweiten Welle von 1877/78 und der dritten

---
1 E.L.G. Schnell, For men must work, Kapstadt 1954, 159.

Welle von 1883 wurden meistens „Heidjer" – Bauern aus der Lüneburger Heide – genannt². Als treue lutherische Christen kamen sie unter dem Einfluss der Hermannsburger Missionsgesellschaft ans Kap.

Der vorliegende Artikel beleuchtet die Verbindung dieser Völkerwanderung – besonders der „Heidjer" als überzeugten Vertretern der Hermannsburger „Bauernmission" – zur britischen Kolonialregierung und deren Bestrebungen, auf dem Westkap mehr Landwirte aus Europa anzusiedeln.

Die Hermannsburger Missionsgesellschaft

Diese Missionsgesellschaft wurde auch als die „Bauernmission" oder die landwirtschaftliche Missionsgesellschaft bekannt, da ihr Gründer Bauernsöhne aus der Lüneburger Heide als zukünftige Missionare gewann. Weil diese Bauernsöhne zumeist ungebildet waren, erhielt die Missionsgesellschaft den etwas abfälligen Spitznamen „Bauernmission".³ Der Gründer der Missionsgesellschaft, Ludwig Harms (1808-1865), war Pfarrerssohn und wuchs als eines von zehn Kindern in der Lüneburger Heide auf.⁴ Als „Erweckungsprediger" gewann er eine große Anhängerschaft unter den „Heidjern". Harms interessierte sich zunächst überhaupt nicht für Theologie und studierte dieses Fach nur seinem Vater zuliebe. In einem Brief an seinen Bruder schrieb er, er habe beschlossen, „das ganze Gebiet des Wissens zu durchmessen", und er vertiefte sich in die Naturwissenschaften, in Biologie, Astronomie, Philosophie, Philologie, Theologie und Sprachen.⁵ Einer Quelle zufolge sprach er Latein wie seine Muttersprache. Er war so versiert im Griechischen und Hebräischen, dass er in der einen Sprache niederschreiben konnte, was in der anderen gesagt wurde. Er lernte Italienisch, um Dante im Original zu lesen; Spanisch, um Cervantes zu verstehen; Neugriechisch, um es mit dem Altgriechischen zu vergleichen; Sanskrit, um die alten Schriften Indiens verstehen zu können, und „Englisch und Französisch verstand er ohnehin". Aber: „Sein Herz blieb leer". Eines Nachts, so berichtet er, offenbarte sich ihm Gott – und das Gebiet der Lüneburger Heide erwies sich als fruchtbarer Boden für seine Botschaft.⁶

Dass sich unter den Einwanderern von Philippi Gefolgsleute von Harms befanden, wird unter anderem anhand einer gerahmten Radierung deutlich, die heute im Siedlermuseum von Philippi hängt.⁷ Ähnliche Radierungen waren auch in mehreren Häusern in Philippi zu finden ebenso wie von der Hermannsburger Missionsgesellschaft herausgegebene Gebetbücher.⁸ Die Autorin erinnert sich daran, dass in den Gesprächen der Erwachsenen zu Zeiten ihrer Kindheit in den 1960er Jahren immer wieder von Ludwig/Louis Harms die Rede war.

---

2 Lizette Rabe, 'n Kultuurhistoriese studie van die Duitse nedersetting Philippi op die Kaapse Vlakte (Eine kulturhistorische Studie der deutschen Siedlung Philippi auf den Cape Flats), unveröffentlichte Dissertation, University of Stellenbosch, Stellenbosch 1994, 17-77.
3 http://www.safrika.org/natal_de.html [26.05.2011]
4 F.W. Bautz, Art. Harms, Ludwig (Louis), in: BBKL 2, 545-553. – Zu Harms und der Missionsmethode der Hermannsburger Mission vgl. auch Beitrag #25 von Christian Hohmann.
5 Ibid.
6 Ibid.
7 Radierung von Ludwig Harms mit der Aufschrift: „5 Mai 1808-14 November 1865. Verlag des Missionshauses in Hermannsburg," Siedlermuseum Philippi.
8 Es gibt mehrere solcher Gebetbücher im Siedlermuseum Philippi.

Die Grundidee hinter Harms' spezieller Missionsgesellschaft bestand darin, dass neu bekehrte Afrikaner nicht nur Religion als „Nahrung für die Seele", sondern auch bestimmte landwirtschaftliche Praktiken und Fertigkeiten als „Nahrung für den Körper" brauchten. Die Hermannsburger Missionare und Missionsbauern sorgten für beides. Wie in einem Zeitungs-Artikel von 1973 zu lesen ist, erwartete Harms von seinen Anhängern, dass sie fromm *und* praktisch waren.[9]

Anfänglich wollte Harms die Missionare nach Ostafrika entsenden. Doch das Schiff, auf dem sie reisten, durfte dort nicht anlegen. Der Sultan ließ nicht zu, dass Christen über Sansibar einreisten. So ließen sie sich in Natal nieder und arbeiteten unter den Zulu. Im Laufe der Jahre wurden mehrere Missionsstationen gegründet, teilweise auch im Gebiet der Südafrikanischen Republik.[10]

Der historische Kontext

Die deutsche Siedlergemeinde Philippi bestand aus deutsch-lutherischen Einwanderern (Hermannsburger „Bauernmission"). Diese kamen zwar nicht als Missionare ans Kap und gründeten auch keine Missionsstationen. Doch sie gehörten zu Harms' überzeugten Anhängern und brachten – verbunden mit verschiedenen handwerklichen Fertigkeiten und Kenntnissen der Landwirtschaft – den besonderen hermannsburgisch-lutherischen Missionseifer mit.

Als das Hermannsburger Missionswerk in der zweiten Hälfte des 19. Jahrhunderts unter den frommen Bauernfamilien in der Lüneburger Heide entstand, warb die britische Kolonialregierung am Kap deutsche Einwanderer an, die das damals noch öde Gebiet der Cape Flats besiedeln sollten. Dafür gab es zwei Gründe: Die Regierung wünschte sich mehr europäische Siedler, die erstens die „weiße" Bevölkerung am Kap stärken und das Kap zweitens mit dringend benötigtem frischen Gemüse versorgen sollten.[11]

Wie bereits erläutert, ging es den armen Bauern aus der Lüneburger Heide einerseits darum, nach einer neuen Zukunft zu suchen. Zugleich wollten sie „dem dunklen Erdteil Licht bringen", wobei sie sich konfessionell an ein strenges Luthertum gebunden fühlten. Harms schrieb: „Wir Lutheraner haben das reinste und unverfälschte Bekenntnis"[12] – der Kontakt mit Katholiken oder Reformierten war nicht einmal geduldet. Die Anhänger der Bauernmission waren im Hinblick auf Afrika und die Verbreitung des Evangeliums von einem strikten Credo geprägt:

> „Wir wollen den Heiden die lutherische Kirche bringen; denn man kann nichts bringen, als was man hat. Da wir der lutherischen Kirche Glieder sind, so wollen und können wir den Heiden natürlich keine andere Kirche bringen als die lutherische, deren Glieder wir sind. Und das auch deshalb, weil wir in der lutherischen Kirche das

---

9 Friedrich Barenscheer, Der frühere Einzelhof Hörsten und seine Bewohner, in: Cellesche Zeitung, 1973 [15.09], 20.
10 Bautz, Harms, Ludwig, 545-553.
11 J. Heinrich Mahnke und Klaus Schröder, Die ersten Anfänge in der Vlakte, in: Wilhelm Blumer (Hg.), Pflanzgarten im Dünensand, Wynberg 1959, 12-13.
12 Bautz, Harms, Ludwig, 545-553.

Wort Gottes in reiner, unverfälschter Lehre haben und in unsere Kirche Taufe und Abendmahl rein und unverfälscht nach Jesu Einsetzung verwaltet werden."[13]

In diesem geistigen Klima traf die britische Kolonialregierung des Kaps auf potenzielle Siedler, die willig und bereit waren, nach Afrika auszuwandern.

Den Ausschlag für die Anwerbungskampagne der britischen Regierung gaben einige Deutsche, die anfänglich als Kontraktarbeiter – die „erste Welle" der Philippi-Einwanderer – vor allem ins sogenannte „Swartland" gekommen waren, einer Gegend, in der Getreide angebaut wurde. Nachdem ihre Verträge abgelaufen waren (ab den späten 1850er bis in die 1870er Jahre), stand es ihnen frei, sich neu anzusiedeln. Sie hatten genug Geld gespart und so war ihr Ziel ein Gebiet in der Nähe von Wynberg, wo bereits 1852 eine lutherische Gemeinde gegründet worden war.[14] Es lag an der Grenze zu den Cape Flats, und sie begannen, dort Gemüse anzubauen.[15]

Die deutschen Siedler am Ostkap spielten unwissentlich auch bei der Besiedlung des Westkaps eine Rolle. Denn ihr Erfolg veranlasste die Kolonialregierung, die Erschließung des Westkaps auf die gleiche Weise anzugehen und hier ebenfalls deutsche Einwanderer anzusiedeln. Ein Kolonialbeamter bemerkte, wenn Deutsche „eine Steinwüste [das Ostkap] in ein Paradies verwandeln" könnten, warum dann nicht auch eine „Sandwüste"?[16]

Insbesondere Kolonialminister John X. Merriman wollte das Westkap besiedeln und richtete dabei sein Augenmerk auf die Flats – das Gebiet, das sich „zwischen dem Tafelberg und den Bergen von Stellenbosch und Strand ausbreitet".[17] Merriman wollte diese Gegend zur Produktionsquelle des von Kapstadt dringend benötigten Gemüses machen. Es mutet wie eine Ironie der Geschichte an, dass Kapstadt selbst mehr als 200 Jahre zuvor als Frischwarenlieferant für die Niederländische Ostindienkompanie gegründet worden war, im 19. Jahrhundert dort jedoch noch immer kein nachhaltiger Obst- und Gemüseanbau existierte. Bestimmte Teile der Flats, die seit der Ankunft der ersten europäischen Siedler im Jahr 1652 nicht besiedelt worden waren, wurden daher vom obersten Landvermesser der Kolonialregierung mit dem Ziel vermessen, die deutschen Einwanderer dort anzusiedeln.[18] Ein Anwerbungsprojekt wurde in Deutschlands sandiger Lüneburger Heide gestartet, wo sozusagen „willige" Immigranten warteten, ohne dass die britische Kolonialregierung dies wusste.

Allerdings ahnten die Einwanderer nicht, dass das für ihre Ansiedlung vorgesehene Gebiet aus verschiedenen Gründen unbewohnbar war.[19] Eine Quelle schildert dies anschaulich:

„Weder Weg noch Steg fuhr durch dieses Gebiet. Man sah keinen Baum noch Strauch. Außer einer kümmerlichen Heideart wuchs nur noch ein kleines Gestrüpp.

---

13 Ibid.
14 W.H.C. Hellberg, Die Deutschen Evangelisch-Lutherischen Kirchengemeinden im Westen des Kaplands, unveröffentlichte Dissertation, University of Stellenbosch, Stellenbosch 1957, 150.
15 Rabe, 'n Kultuurhistoriese studie.
16 W.H.C. Hellberg, Duitse Immigrasie na Wes-Kaapland (Deutsche Einwanderung ans Westkap) in: Wilhelm Blumer (Hg.), Pflanzgarten im Dünensand, Wynberg 1959, 16.
17 Mahnke/Schröder, Die ersten Anfänge in der Vlakte, 13.
18 Ibid.
19 Rabe, 'n Kultuurhistoriese studie, 13f.

Im Januar und Februar, zur Zeit der Sommerhitze, war die ganze Vlakte eine Sand- und Staubwüste; im Juli und August dagegen, während der Winterregen, ein grosser See und Morast. Ungehindert konnte man aus der Vlakte bis nach Claremont und Wynberg hineinsehen. Der Boden war unbearbeitet und gänzlich unfruchtbar. Die im Sommer vorherrschenden Südostwinde trieben den losen Sand überall vor sich her." [20]

Schnell beschrieb die Gegend als „praktisch unbrauchbar",[21] obwohl diese „weiten, öden Sand- und Heideflächen" [22] im Frühling so schön waren, dass er zu folgendem Vergleich griff:

„[...] im Frühjahr [waren sie] übersät mit einem Teppich der schönsten und zartesten Blumen. Feierlich ruhig wie die Welt am Schöpfungstage, so lag sie da." [23]

Die Einwanderer überwanden verschiedenste Schwierigkeiten und Nöte und bildeten, wie es in den 1930er Jahren beschrieben wurde, „eine in sich geschlossene, einzigartige Siedlung".[24] Ein Hinweis auf die konservative Einstellung dieser Immigranten, die nach zwei Generationen immer noch die strikte Hermannsburger Version des Luthertums hochhielten, lässt sich in einer Schilderung von 1930 erkennen, in der es heißt, man finde an der Südspitze Afrikas eine Siedlung,

„die sich durch vier Generationen erhalten hat, getreu den Sitten und Bräuchen ihrer Vorfahren [...]"[25]

Der Artikel endet:

„Es ist erschütternd, an der Südspitze Afrikas diese alten, markanten Bauernköpfe zu sehen, wie aus Holz geschnitten – und flachsblonde Kinder, die ebensogut in Pommern, Holstein oder Hannover auf der Dorfstrasse spielen könnten."

Ab den 1950ern, also infolge des Zweiten Weltkrieges, entwickelte sich die Siedlergemeinde durch interkulturelle Ehen mit afrikaans- oder englischsprachigen Partnern zu einer mehrsprachigen Gemeinschaft. Auch nach all diesen Jahren dominierten jedoch noch immer deutsche, lutherische Traditionen, was davon zeugt, wie fest Harms und seine konservative Form des Luthertums dort verwurzelt waren.[26]

Der geopolitische Kontext

Philippi liegt im südwestlichen Teil eines größeren, unter dem Namen Cape Flats bekannten Gebietes. Der Name Cape Flats ist in den 1960er Jahren zu einem politischen Begriff

---

20 Mahnke/Schröder, Die ersten Anfänge in der Vlakte, 13.
21 Schnell, For men must work, 224.
22 H. Ludewig, Geschichte der Deutschen Evangelisch-Lutherischen St. Johannis-Gemeinde zu Wynberg bei Kapstadt, Braunschweig 1911, 28.
23 Ibid., 28.
24 Ilse Steinhoff, 700 Deutsche die niemals in Deutschland waren, in: Hamburger Illustrierte 6, 1938, 4.
25 Ibid.
26 Rabe, 'n Kultuurhistoriese studie.

geworden, und zwar infolge der Apartheidpolitik der nationalistischen Regierung, in deren Rahmen die Farmen der ursprünglich deutschen Einwanderer teilweise enteignet wurden.[27]

Dies ist die andere Seite der Zwangsumsiedlungen. Es ist unbestritten, dass nicht nur „schwarze" Südafrikaner unter dieser Ungerechtigkeit litten. Die Nachfahren der deutschen Einwanderer mögen zwar europäischer Abstammung gewesen sein, aber weder ihre Eigentumsrechte noch ihre gefühlsmäßige Bindung an das von ihren Vorvätern ererbte Land wurden von der nationalistischen Regierung geachtet.

Es entbehrt nicht einer gewissen tragischen Ironie, dass sich die Enteignung der deutschstämmigen Farmer als ein doppelter Schlag für die Gemeinschaft erwies. Bedeutete sie doch nicht nur, dass die Einwanderer in Philippi von ihrem Eigentum vertrieben wurden. Ihr enteigneter Besitz in dem Gebiet, das ursprünglich die Wynberg Flats hieß, wurde erschlossen, um die Einwohner von Kapstadts „District Six" aufzunehmen. Diese „Coloured"-Bevölkerung, die auf der Grundlage des berüchtigten *Group Areas Act* der nationalistischen Regierung aus dem Zentrum von Kapstadt vertrieben wurde, erwies sich als fruchtbarer Nährboden für das Bandenwesen, unter dessen Folgen, Kriminalität und Gewalt, auch die deutschstämmige Bevölkerung in der angrenzenden landwirtschaftlichen Zone litt. Heute ist Cape Flats eine belastete geopolitische Bezeichnung für ein Gebiet, das unter den Folgen des Erbes der Apartheidregierung leidet.

Eine gewisse Ironie liegt auch darin, dass die Deutschstämmigen zuerst dachten, ein neues „Gruppengebiet" („group area") namens Hanover Park sei nach der Hauptstadt ihres Herkunftslandes Hannover benannt worden. Tatsächlich war es aber nach der Hanover Street im District Six benannt.

Nach 1960 entwickelte sich ein anderer Teil des ursprünglichen Siedlungsgebietes der Einwanderer, die Dünen, zu der inoffiziellen „schwarzen" Siedlung Crossroads, aus der dann das Township Khayelitsha entstand. Auf die daraus resultierende letzte Ironie der Geschichte, sowohl für die Nachfahren der ursprünglichen Einwanderer als auch für die Neuankömmlinge, kommen wir später noch zurück.

Bis zur Ankunft der Immigranten am Westkap im 19. Jahrhundert war das Gebiet der Cape Flats jedoch größtenteils unbewohnt.[28] Wie geografische Studien ergeben haben, waren die Cape Flats einst eine Meerenge, und die Bergkette auf der Halbinsel war gänzlich vom Meer umgeben.[29]

Da die Geschichtsschreibung Südafrikas bestimmte Gegenden nur oberflächlich behandelt, bleibt unklar, ob die indigenen Khoikhoi in dieser Gegend gelebt haben. Sehr wahrscheinlich wurde das Gebiet von diesen Hirtennomaden jedoch nicht als Standort genutzt, da es an natürlichen Schutzmöglichkeiten und Bäumen sowie an ausreichendem Weideland für Vieh mangelte. Es ist allerdings davon auszugehen, dass sie über die Flats zogen, da bei Ausgrabungen zur Sandgewinnung Geräte der Khoikhoi, Meeresfossilien, Mahlsteine und auch menschliche Skelette gefunden wurden.[30]

---

27 Rabe, 'n Kultuurhistoriese studie, 599-602.
28 Ibid., 9.
29 H. Joubert, Die verstedeliking van die Kaapse Vlakte (Die Urbanisierung der Cape Flats), unveröffentlichte Dissertation, University of Stellenbosch, Stellenbosch 1956; M.S. Taljaard, A glimpse of South Africa, unveröffentlichte Dissertation, Stellenbosch 1949.
30 Ohne Verfasserangabe, Artikel in: Die Burger, 1950 [06.05].

Die Cape Flats wurden als „flaches, ebenes Sandgelände" beschrieben, das durch „vlei"-Gebiete (jahreszeitliche Seen) gekennzeichnet ist. In bestimmten Gegenden der Ebenen erhoben sich kleinere Sanddünen und an vielen Stellen dringt während der Regenzeit Grundwasser an die Oberfläche.[31]

Mehreren Quellen zufolge war das Gebiet unbewohnbar: der Boden war sandig und unfruchtbar, im Sommer gab es Sandstürme, im Winter entstanden Sumpfland und Seen. Aufgrund des wandernden Sands existierte keinerlei Infrastruktur wie zum Beispiel Straßen und im Sommer herrschte völliger Wassermangel.[32]

Aus heutiger Perspektive kann man zwar argumentieren, dass die Einwanderer – trotz aller Not und Entbehrungen – vom Kolonialismus trotz allem profitierten, indem sie als „Weiße" freiwillig an einem kolonialen Einwanderungsprojekt teilnahmen. Doch sollte man dann auf jeden Fall auch festhalten, dass sich die Immigranten als Bauern in ihrem Heimatland am unteren Ende des Klassensystems befanden und auch nach der Ankunft in der neuen Heimat im britischen und kolonialistischen Klassensystem noch schlecht behandelt wurden.

Die ersten Jahre

Die Einwanderer waren bei ihrer Ankunft bereits eine eingeschworene Gemeinschaft. Die starken Bande, die sie untereinander hatten, reichten teilweise mehrere Generationen zurück, denn viele der Immigranten waren sich schon in den norddeutschen Dörfern, in denen sie angeworben worden waren, familiär oder freundschaftlich verbunden. Zusätzlich gefestigt wurden diese Bande noch durch die extremen Entbehrungen, die die Einwanderer in den Cape Flats auf sich nehmen mussten, wo sie mit nichts als ihren „Händen und ihrer [lutherischen] Bibel" ankamen, wie es hieß. Aufgrund ihrer bäuerlichen Herkunft und insbesondere als Anhänger von Harms, der materiellen Besitz als unwichtig erachtete, hatten die Einwanderer kaum Hab und Gut und brachten auch nur wenig mit. Daher begannen sie buchstäblich mit nichts als einem Stück (unfruchtbaren) Land, das ihnen zugewiesen worden war und über einen Zeitraum von zehn Jahren abbezahlt werden musste, sowie einem Zelt als einziger Unterkunft.[33]

Einem Zeitungsbericht von 1883 zufolge „erhielten sie nicht wie andere Einwanderer Zugtiere und andere Hilfsmittel, mit denen sie ihre Arbeit verrichten konnten."[34] Dort, wo sich die Einwanderer ansiedelten, gab es keine Infrastruktur. Sie trafen vielmehr auf ein riesiges Sandgebiet – Wüste im Sommer, Sumpfland im Winter. In dem Zeitungsbericht heißt es:

> „Die deutschen Familien, die sich auf den Wynberg und Claremont Flats angesiedelt haben, zwischen Sandhügeln und ungefähr fünf Meilen von einem befestigten Weg und einem Bahnhof entfernt, verdienen das Mitgefühl und die Hilfe der Öffentlichkeit. Die meisten Einwanderer, die mit falschen Angaben hierher geholt worden sind, blieben nur wenige Tage auf ihren Parzellen. Als sie sahen, in welche Falle sie

---
31 Joubert, Die verstedeliking van die Kaapse Vlakte, 27.
32 Ibid., 41-42; A. Visser, Duinsand en Vlei (Dünensand und Vlei), unveröffentlichte Hörfunkreihe, Kapstadt, 1971, 17-18; Ludewig, Geschichte der St. Johannis-Gemeinde, 28-28.
33 Hellberg, Duitse Immigrasie na Wes-Kaapland, 16-20.
34 Ohne Verfasserangabe, Artikel in: The Cape Times, 1933 [27.02].

gegangen waren, packten sie ihr dürftiges Hab und Gut zusammen, kamen nach Wynberg und suchten und fanden Arbeit. Einigen Familien jedoch […] ist es gelungen, bis jetzt dort zu leben […] Es ist eine wahre Schande, ehrliche, fleißige Menschen so grausam zu behandeln, und die Regierung sollte in dieser Angelegenheit ernstlich zur Rede gestellt werden, wenn das Parlament tagt."[35]

Dies war das Land, das sie urbar machen und von dem sie leben mussten. Und nicht nur das: Es war das Land, das ihnen die „neue Zukunft", von der sie als Bauern beim Auszug aus ihrem eigenem Land geträumt hatten, bieten *und* das Westkap mit Gemüse versorgen sollte.

Auf diese Not und Mühsal geht ein unter den Einwanderern und ihren Nachkommen bekanntes Sprichwort zurück, dem zufolge „die erste Generation den Tod erntete, die zweite das Elend und erst die dritte Erfolg zu haben begann."[36]

Die einzige Vorbereitung, die die Kapregierung für die Ankunft der Siedler getroffen hatte, war die Vermessung der Grundstücke: „Die Landmesser hatten Grenzbaken in den Boden getrieben. Der bewegliche Sand hatte aber diese Grenzbaken verdeckt. Man musste graben, ehe man sie finden konnte." [37] Es waren weder Zugangsstraßen zu diesem Gebiet angelegt worden, noch waren Straßen innerhalb des Gebiets vorgesehen.[38] Die Kapholländer verspotteten die Deutschen:[39] „Im Winter werdet ihr im Wasser ersaufen und im Sommer werdet ihr verdursten."[40]

Es gab buchstäblich nichts, mit dem die deutschen Einwanderer ihr neues Dasein fristen konnten. Ein Historiker hielt fest: „Hier in der Vlakte standen sie vor einem völligen Nichts."[41] Die Bedingungen wurden wie folgt beschrieben:

„Ohne Geld, ohne Vieh, ohne die einfachsten landwirtschaftlichen Geräte, als einziges Kapital ein Paar derbe Fäuste und ein mutiges Herz […] Es war wohl niemand unter den Auswanderern, der sich von seiner unbekannten Zukunft so viel versprach, wie es ihre Anwerber taten. Sie [die Anwerber] wussten alle, dass es hier ein unbewohntes, vielleicht unfruchtbares Land zu bearbeiten, aufzubauen galt. Was die Bauern aber dort am Kap erwartet hat, muss alle Befürchtungen weit übertroffen haben."[42]

Die Einwanderer lebten in Zelten, bis sie bessere Unterkünfte (aus Binsen und Lehm, dem einzig verfügbaren Material) errichten konnten. Die Männer suchten Arbeit in der Stadt oder den südlichen Vorstädten, während die Frauen und Kinder versuchten, den Sand urbar zu machen. An den Wochenenden kehrten die Männer mit ihrem Verdienst von 2,6

---

35 Ohne Verfasserangabe, Artikel in: The Wynberg Times and South African Agriculturist, Simon's Town, Suburban and Western Province Advertiser, 1883; neu abgedruckt in den Wynberg und Plumstead News, 1988 [13.01].
36 Erfahrung der Verfasserin.
37 W.H.C. Hellberg, Von den deutschen Siedlern im Kapland, in: Afrikanischer Heimatkalender 1954, 93.
38 Rabe, 'n Kultuurhistoriese studie, 41.
39 Ludewig, Geschichte der St. Johannis-Gemeinde, 28.
40 Original: „In de winter zal jullie verzuipen in water, en in de zomer verrekken van dorst."
41 Mahnke/Schröder, Die ersten Anfänge in der Vlakte, 13.
42 Hermann Bruckschen, Aus der Heide in die Vlakte, in: Wilhelm Blumer (Hg.), Pflanzgarten im Dünensand, Wynberg 1959, 38.

bis 3 Schilling zurück und trugen ihren Teil dazu bei, die Anstrengungen „noch möglich vorwärts"[43] zu bringen. Schnell schrieb:

> „Am Anfang war die Arbeit schwierig und enttäuschend, ihre ersten Versuche scheiterten kläglich. All ihre Erfahrung aus Deutschland nützte ihnen nichts, hier mussten sie von Neuem lernen."[44]

Die Anfänge der Landwirtschaft

Man kann sich kaum vorstellen, wie die ersten Jahre gewesen sein müssen. Ohne Hilfe der Kolonialregierung, ohne finanzielle Mittel, ohne Kenntnisse des Klimas der südlichen Hemisphäre – die Einwanderer mussten auf sandigem, unfruchtbaren Boden mit rein gar nichts beginnen.

Es gibt viele Geschichten, die von den Nöten und dem Durchhaltevermögen handeln und in die kulturelle und spirituelle „Nahrung" der nachfolgenden Generationen eingingen. Aus ihnen erwuchs die legendäre Arbeitsmoral der Nachfahren der ursprünglichen Einwanderer.

Eine dieser Geschichten ist die eines Jagdclubs der Kolonialelite, dessen Mitglieder – gewohnt, die Cape Flats als „Tummelplatz" zu nutzen – die mühsam bestellten Felder der Immigranten zertrampelten. Als ein der Siedler protestierte, schlugen sie ihn mit der Peitsche und demütigten ihn auch noch, und als er zu Boden gefallen war. Als der Siedler den Vorfall vor Gericht brachte, stellte sich heraus, dass der Magistrat einer der an diesem Übergriff beteiligten Jäger war. Er wies die Klage ab.[45]

Eine andere Geschichte[46] erzählt von einem Einwanderer, der sich nach ein paar Ernten als nächste Errungenschaft einen kleinen Karren baute, um seine Erzeugnisse in die Stadt zu bringen. Als er dort ankam, wurde er verhaftet und sein Karren in Stücke zerhackt. Sein Vergehen? Er hatte keine behördliche Genehmigung. Er konnte weder den englischen Polizeibeamten noch das englische Gerichtsverfahren verstehen. Aus heutiger Sicht erscheint eine solche Unbarmherzigkeit der Polizei typisch für eine hegemoniale Gesellschaft. Diejenigen, die genug produziert hatten, um ihre kleine Ernte in der Stadt zu verkaufen, konnten sich die Genehmigung hierfür natürlich nicht leisten. Das machte das Elend noch größer.

> „In den ersten Jahren haben die Ansiedler viel Arbeit umsonst getan; ein teures Lehrgeld haben sie zahlen müssen [...] Man muss sie bewundern, dass sie nach vielen Misserfolgen immer noch einmal von Neuem zu Spaten und Hacke gegriffen haben."[47]

Merriman war davon überzeugt, dass man den – aufgrund des Windes – wandernden Sand durch Bäume und Sträucher in den Griff bekommen und den Boden so urbar machen könne. Daher schrieb er im Mai 1877 in der Government Gazette einen Wettbewerb für die

---
43 Ludewig, Geschichte der St. Johannis-Gemeinde, 29.
44 Schnell, For men must work, 225.
45 Hellberg, Duitse Immigrasie na Wes-Kaapland, 18.
46 Ibid.
47 Ludewig, Geschichte der St. Johannis-Gemeinde, 29.

beste Bepflanzung der ersten 50 Acre aus, oder – falls nicht machbar – für die besten 25 Acre, oder, falls auch das unmöglich sei, für die besten 12 Acre.[48]

Die Einwanderer, die um die landwirtschaftliche Untauglichkeit der Flats inzwischen wussten, ließen sich nicht abschrecken, obwohl sie von den Kapholländern verspottet wurden. Sie erlebten einen der größten Durchbrüche der ersten Jahre, als sie erkannten, dass unter der Bodenoberfläche sehr viel Wasser vorhanden war. Sie lernten, dies zu nutzen, indem sie Brunnen gruben. Auch wenn die Arbeit immer noch mühsam war, konnten sie ihre kleinen Felder nun doch wenigstens Eimer für Eimer mit Frischwasser bewässern.

Das Sprichwort von den drei Generationen traf zu: Erst in der dritten setzte der Wohlstand ein. Mit jeder Generation verbesserten die Einwanderer ihre Lebensverhältnisse. Und natürlich verbesserten sich auch die landwirtschaftlichen Praktiken, als der Wohlstand und mit ihm die technischen Möglichkeiten zunahmen.

Der Kommunismus, den Harms Anhänger in Philippi praktizierten, trug zu ihrem Erfolg bei. Durch ihren Zusammenhalt konnten sie wesentlich mehr erreichen als Einzelpersonen. Die Bauern in Philippi setzten solche Gemeinschaftswerte um, indem sie beispielsweise gemeinsam einen friesischen Bullen und hochwertige Saatkartoffeln importierten, um ihren Viehbestand aufzubessern und ihre Kartoffelernte zu steigern.

Ihre ungeheure Beharrlichkeit, die im Folgenden anschaulich geschildert wird, wurde unter ihren Nachkommen zur Legende (gleichzeitig empfanden die folgenden Generationen auch Feindseligkeit gegenüber den britischen Kolonialherren, die das Leiden der Einwanderer mitangesehen hatten, nachdem sie auf den öden Flats „abgeladen" worden waren):

> „Durch zähe, aufopfernde Arbeit gelang es nur mühsam, Schritt für Schritt Fuß zu fassen […] Das Stückchen zugeteilte Land wurde käuflich erworben, eine Hütte aus Flechtwerk zur Unterkunft gebaut, und dann ging man daran, durch Sammeln von wildwachsenden Beeren das Geld für einige Hühner oder für Vieh zusammenzusparen […] Als der öde Boden dann das erste Gemüse hergab, da musste man dieses […] durch den weglosen Sand nach Kapstadt tragen. Die unsäglichen Mühen und Entbehrungen dieser ersten Siedler, die sich als einziges eine Schule und Kirche für die Erhaltung ihres kulturellen und kirchlichen Erbes ausbedungen hatten [was nicht erfüllt wurde, denn die Einwanderer bauten ihre eigene Schule und später die beiden Kirchen in Philipp und den Dünen], haben die Vlakte zu einem Schatzkästlein werden lassen."[49]

Der Landwirtschaftliche Verein

Der Deutsche Landwirtschaftliche Verein wurde am 12. September 1885 von Fritz Hörstmann[50] gegründet, einem der Einwanderer der zweiten Welle. Laut den ersten offiziellen Aufzeichnungen über die Geschichte der Siedlergemeinschaft, die in *Pflanzgarten im Dünensand* enthalten sind – einem Buch, das heute Kultcharakter hat –, handelte es sich um den ersten landwirtschaftlichen Verein in Südafrika.[51]

---

48 Hellberg, Von den deutschen Siedlern im Kapland.
49 Bruckschen, Aus der Heide in die Vlakte, 38.
50 Wilhelm Blumer, Der Chronist berichtet, in: Wilhelm Blumer (Hg.), Pflanzgarten im Dünensand, Wynberg 1959, 23.
51 Ibid.

Inzwischen steht fest, dass es der zweite war. Der erste wurde am Ostkap gegründet, ebenfalls von deutschen Einwanderern, existiert heute jedoch nicht mehr, was den Verein von Philippi zum ältesten bestehenden landwirtschaftlichen Verein in Südafrika macht.

Ein Ziel des Deutschen Landwirtschaftlichen Vereins in Philippi bestand darin, als Interessenverband aufzutreten und die Kapregierung zu ersuchen, einige der Versprechen einzulösen, die sie bei der Anwerbung in Deutschland gegeben hatte.[52] Der Verein führte „überraschend schnell" zu Erfolgen der Bauern – ihr Zusammenhalt zeigte, dass Einheit Stärke bedeutete. Tatsächlich schrieb Hörstmann in der deutschen Zeitung am Kap *Das Capland*, dass alle Deutschen in Südafrika landwirtschaftliche Vereine gründen sollten, um Interessenverbände zu bilden.[53] Es wird außerdem deutlich, dass diese „Heidjer", auch wenn sie keine akademische Ausbildung hatten, doch gut informiert waren. Hörstmann schrieb:

> „Die in letzteren Zeit in Ihrem geschätzten Blatte erschienenen Artikel über Weinbau, Tabaksbau und andere landwirtschaftliche Fächer haben sicher jedem strebsamen Farmer Freude gemacht. Auch wird wohl niemand bezweifeln, daß durch Begründung landwirtschaftlicher Schulen, verbunden mit Versuchstationen, dem Lande in dieser Hinsicht ein grosser Vortheil erwächst."

Weitere Unterstützung bot der einmal jährlich erscheinende *Volkskalender*. Unter anderem sollte er den Einwandern helfen, sich ihrer neuen Umgebung anzupassen, da er auch Ratschläge dazu gab, wie man sich auf die Jahreszeiten der südlichen Hemisphäre einstellte.[54] In Verbindung mit dem Fleiß der ersten Generationen trug all dies dazu bei, dass die „Gemüsekammer" des Kaps entstand, wie diese Gegend später gemeinhin bezeichnet wurde.

Kirche und Schule

Alle Siedler waren zunächst Mitglieder der lutherischen St. Johanniskirche in Wynberg am Rande der Cape Flats. Die Schule der Gemeinde lag in Philippi auf den Wynberg Flats.[55] Für die frommen Lutheraner war es äußerst wichtig, dass ihre Kinder eine lutherische Schule besuchten. Sie waren Bauern, Tagelöhner und Handwerker, aber sie legten sehr großen Wert darauf, dass ihre Kinder eine Schulbildung erhielten. Obwohl alle Kinder morgens vor und nachmittags nach der Schule auf den Feldern arbeiten mussten, sollten sie auf keinen Fall als „Barbaren" aufwachsen.[56] Bildung wurde als fundamental wichtiges Mittel betrachtet, das Überleben der deutschen Sprache, Kultur, Traditionen sowie – was von besonderer Bedeutung war – der Religion zu sichern.

Die Schule war ein Mittel zum Zweck: Ein Kind sollte genügend Deutsch lernen, um in seiner Religion gefestigt zu werden.[57] Das war auch andernorts in Südafrika in ähnlichen

---

52 Hellberg, Die Deutschen Evangelisch-Lutherischen Kirchengemeinden, 150.
53 Ohne Verfasserangabe, Artikel in: Das Capland, 1885 [25.09].
54 G.W. Wagener, Volkskalender für Südafrika auf das Jahr 1888, Kapstadt 1888, 37.
55 Rabe, 'n Kultuurhistoriese studie.
56 Hellberg, Duitse Immigrasie na Wes-Kaapland, 20.
57 W.H.C. Hellberg, 'n Terugblik, in Wilhelm Blumer (Hg.), Pflanzgarten im Dünensand, Wynberg 1959, 34.

deutschen Einwanderergemeinschaften der Fall:[58] Eine „lutherische" Bildung war weitaus wichtiger als eine akademische.

Es ist interessant, dass der damalige Generalkonsul der Bundesrepublik Deutschland in Kapstadt, Otto Heipertz, sogar im Jahr 1959 noch davon sprach, wie wichtig die Bildung für die Nachfahren der Einwanderer sei. Ihre Kinder müssten in der Muttersprache unterrichtet werden, damit ihre „deutsche Art" bewahrt bliebe, so Heipertz.[59]

Ein Jahr nach Ankunft der letzten Siedlergruppe im Jahr 1883 gründeten die Einwanderer ihre eigene Schule, die zunächst in einem Schuppen untergebracht war. Das erste Schulgebäude wurde 1886 gebaut.[60] Das stieß auf den Widerstand der Kolonialregierung am Kap, die schließlich neben die deutsche eine weitere Schule baute. Mit dem Angebot eines kostenlosen Schulbesuchs wollte die Kolonialregierung der deutschen Schule die Kinder abwerben. Die deutsche Schule war eine kostenpflichtige Privatschule. Die sich ohnehin abplagenden ersten Einwanderer mussten sie mit ihrem mageren Einkommen finanziell unterstützen, was ihnen zusätzliche Opfer abverlangte.[61]

Hinzu kam noch, dass die Kapregierung 1905 ein neues Gesetz einführte, dem gemäß der Unterricht an der deutschen Schule auf Englisch stattzufinden hatte. Verschiedenen Quellen zufolge[62] war die deutsche Gemeinschaft am Ende ihrer Geduld: Sie klagte gegen die Regierung und gewann.

Kulturelle Aktivitäten

In einer Gemeinschaft, deren offizielles und inoffizielles Motto „Ora et labora" („Bete und arbeite") lautete – der lateinische Grundsatz ziert den Giebel des deutschen Schulgebäudes in Philippi, in dem heute das Museum untergebracht ist – standen die Kirche und andere religiös-kulturelle Aktivitäten erwartungsgemäß auch im Mittelpunkt der Freizeitbeschäftigungen. Daneben trafen sich die Siedler auch zu weniger formellen Anlässen, zum Beispiel zum Tanz am Samstagabend, wenn die Kirchenglocken um 18.00 Uhr den „Feierabend" einläuteten und das Ende der Arbeitswoche verkündeten.[63]

Eine Siedlerin, die im Jahr 1883 als kleines Mädchen mit ihrer Familie nach Südafrika kam, erinnerte sich 1955:

> „Oh, wir hatten Spaß. Samstagabends gingen wir durch den Sand oder wateten durch das Sumpfland zu einem der kleinen Häuser, wo wir bis in die frühen Morgenstunden zu den Melodien einer Mundharmonika oder einer Drehorgel auf dem Lehmboden tanzten. Und noch tagelang danach, wenn man eine Kuh melkte oder Butter stampfte, gingen einem diese Melodien durch den Kopf und machten einen glücklich!"[64]

---

58 Udo Küsel, Die kulturele bydrae van die Hermannsburgse sendelinge/setlaars in Suid-Afrika (Der kulturelle Beitrag der Hermannsburger Missionare/Siedler in Südafrika), Pretoria 1992, 55.
59 Otto Heipertz, Zum fünfundsiebzigjährigen Bestehen der Deutschen Schule Philippi-Vlakte am Kap in: Wilhelm Blumer (Hg.), Pflanzgarten im Dünensand, Wynberg 1959, 7.
60 Wilhelm Blumer (Hg.), Pflanzgarten im Dünensand, Wynberg 1959.
61 Blumer. Der Chronist berichtet, 29.
62 Ibid.; Bruckschen, Aus der Heide in die Vlakte, 40.
63 Persönliches Gespräch, Frieda (Fidi) Schultz, 1992.
64 Alba Bouwer, Hul spore in die sand hul grootste monument, in: Sarie, 1954 [04.05], 16.

Dieser Zeitzeugin zufolge lasen die deutschen Kinder auch sehr gern: Sie bekamen regelmäßig Bücher und Zeitschriften aus Deutschland und „vertrieben sich" nachts im Schein einer Kerze oder Öllampe „vergnügt die Zeit".

Auch andere Zeitzeugen erinnern sich daran, dass es – neben deutschen Liedern und deutschen Tänzen – „genug Unterhaltung, viel Spaß und auch genügend Bücher und deutsche Schriften zu lesen gab."[65]

Es handelte sich um überwiegend religiöse Lektüre, hauptsächlich von der Hermannsburger Mission, sowie um Bücher wie „Haus-Andachten", „Starck's Gebetbuch" und „Frisches Wasser". Außerdem sammelte die Gemeinde Geld, um eine eigene Bücherei eröffnen zu können. Die erste Sammlung im Jahr 1901 brachte elf Pfund und zehn Schilling ein – genug, um die ersten 160 Bücher für die Bücherei zu kaufen.[66]

Gemäß eines weiteren Artikels manifestierte sich das kulturelle Erbe aus Deutschland auch darin, dass in der Gemeinschaft verschiedene Organisationen gegründet wurden – wie beispielsweise eine große Jugendgruppe, eine Blaskapelle, ein Turn- und ein Gesangverein.[67]

Aufgrund der großen Entfernungen finanzierten und unterhielten die Nachkommen der deutschen Einwanderer gegen Ende des 19. Jahrhunderts letztlich drei Gemeinden und drei Schulen in den immer noch schwer zugänglichen Cape Flats. Diese befanden sich in Wynberg (die St. Johannisgemeinde), Philippi (die Zionsgemeinde) und Neu-Eisleben, das mitten im sogenannten Dünengebiet lag.

Die britische Kolonialregierung hatte explizit Deutsche angeworben, die als fleißig und beharrlich galten und die Flats „bändigen" und urbar machen sollten. Nach ihrer Ankunft in Südafrika wollte sie diese jedoch ganz bewusst „zu Engländern machen".[68] Die Deutschen mit ihrer bereits legendären Dickköpfigkeit brachte das natürlich erst recht dazu, ihre Kultur, Sprache, Religion und Tradition hochzuhalten – verstärkt noch durch den großen Einfluss, den Hermannsburg und Harms auf ihre Identität und ihre kulturellen Werte hatten. In Verbindung mit ihrem Fleiß, ihrer Beharrlichkeit, Ehrlichkeit und Sparsamkeit[69] war es jedoch gerade diese Sturheit, die die Kapregierung veranlasst hatte, an erster Stelle Deutsche anzuwerben. Sie sicherte ihnen auch das Überleben in den Flats.

Dass die Heidjer in einem Land, dessen Sprache sie nicht verstanden und wo sie schlecht behandelt und als zweitklassige Menschen betrachtet wurden, ganz bewusst Deutsche bleiben wollten, ist verständlich. Interessanterweise sind gesellschaftliche Gruppen, die im Ausland leben, dort generell hinsichtlich ihrer Kultur „homogener" als in ihrer Heimat. Die Deutschen Einwanderer jedenfalls, die nach einer neuen Zukunft suchten, in der sie selbst Grundbesitzer sein würden, statt für Grundbesitzer zu arbeiten, schufen in Südafrika ein kleines Deutschland, ein „lütje Deutschland", wie sie es in ihrem plattdeutschen Dialekt nannten.[70]

---

65 Ibid.
66 Hellberg, Die Deutschen Evangelisch-Lutherischen Kirchengemeinden, 206.
67 Steinhoff, 700 Deutsche die niemals in Deutschland waren, 4.
68 Blumer, Der Chronist berichtet, 23.
69 Mahnke/Schröder, Die ersten Anfänge in der Vlakte, 13.
70 Persönliches Gespräch, Ida (Idi). Bode, geb. Schultz, 1992.

Die „flachsblonden" deutschen Kinder, die eine Reporterin aus Deutschland in den 1930ern beschrieb und die ebenso gut auf deutschen Dorfstraßen hätten spielen können, waren selbst noch nie in Deutschland gewesen. Schon ihre Großeltern waren in Südafrika geboren.[71] Trotzdem hatten diese Kinder noch immer eine deutsche Identität und kannten sogar die germanische Mythologie.[72]

Verständlicherweise änderte sich nach dem Zweiten Weltkrieg Vieles für die Nachfahren der deutschen Einwanderer in Philippi. In den 1950er Jahren heiratete eine erste Generation, absichtlich oder unbewusst, nicht-lutherische, nichtdeutsche, afrikaans- oder englischsprachige Partner.[73] Daraus entstand die erste wirklich südafrikanische Generation, deren Kinder eine „gemischte" Identität hatten. In den meisten Fällen war Afrikaans die Muttersprache, aber über die Erziehung, Religionszugehörigkeit und Traditionen in Familie und Gemeinschaft blieb auch die deutsche Identität bewahrt. Diese Generation, der ebenfalls die Autorin angehört, wurde wegen ihrer „Grenzidentität" einmal als „zu afrikaans für Friedrich Schiller, aber auch zu deutsch für Jan Celliers [einen afrikaanssprachigen Dicher]" beschrieben.[74]

In den 1970er Jahren schilderte der Gemeindepastor von Philippi die Gemeinschaft als Menschen, deren Schicksal es war, „an der Grenze zu leben"; verständlicherweise könnten sie weder diejenigen zufriedenstellen, die eine bestimmte Identität von ihnen erwarteten [die Deutschen], noch entsprächen sie dem, was andere in ihnen sehen wollten [die Südafrikaner].[75]

Immigranten und Migranten

Die ausgeprägte deutsche Identität der nach Philippi eingewanderten Deutschen wirkte noch Jahrzehnte nach ihrer Ankunft nach. Die Kinder der Einwanderer wurden noch lang in der legendären Arbeitsethik ihrer Vorfahren erzogen – und mit der Geschichte, die erzählte, wie diese einst mit nichts als ihren „Händen und ihrer lutherischen Bibel" am Kap ankamen.

Eine Begebenheit im Jahr 1933 zeigte dies deutlich: Während einer Feier zum 50. Jahrestag der Ankunft der letzten Einwanderer im Jahr 1883 erinnerte ein Redner an die biblische Mahnung „Halte, was du hast, dass niemand deine Krone nehme". Mit der Krone meinte der Redner die Kultur der Gemeinschaft, ihre Sprache, ihre Kirche und ihre Schule. Er bekam lauten Beifall, anschließend sang man das Deutschlandlied.[76] Vor und während dieser Feierlichkeiten begrüßten sich vor allem die Männer mit einem festem Handschlag und den Worten: „50 Jahre harte Hände-Arbeit!" Erwidert wurde dieser Gruß mit: „Treu deutsch alle Wege!"[77] Nach den Jubiläumsfeiern interpretierte man das auch als Appell an die Nachkommen der Einwanderer.

---

71 Steinhoff, 700 Deutsche die niemals in Deutschland waren, 6.
72 Persönliches Gespräch, Frieda (Fidi) Schultz, 1992.
73 Blumer, Der Chronist berichtet, 48.
74 Hans Bodenstein, Unsere Schule einst und jetzt, in: Wilhelm Blumer (Hg.), Pflanzgarten im Dünensand, Wynberg 1959, 67.
75 Rabe, 'n Kultuurhistoriese studie, 579.
76 Ibid., 512.
77 Persönliche Gespräche, Ida (Idi) Bode, geb. Schultz, und Frieda (Fidi) Schultz, 1992.

Der Verfasser eines deutschen Zeitungsberichtes über die Jubiläumsfeiern im Jahr 1933 gibt in seinem Artikel der Hoffnung Ausdruck, dass der deutsche Geist niemals schwinden und die „deutschen Flats" ein „Denkmal für die deutsche Sparsamkeit, Gründlichkeit und den deutschen Erfolg" bleiben mögen."[78]

Wie lang die letzten Überlebenden der Einwanderer noch in der Lage sein werden, das „Denkmal" deutscher Sparsamkeit und Gründlichkeit auf der immer kleiner werdenden landwirtschaftlich genutzten Fläche zu erhalten, ist indes fraglich. Während Kapstadt vor mehr als 100 Jahren noch zu weit entfernt lag, gefährdet die Stadt mit ihrer voranschreitenden Urbanisierung heute den Fortbestand des Gebiets. Auch andere Faktoren wie beispielsweise die Kriminalität, zum Teil eine Erblast von Kolonialismus und Apartheid, tragen zur Gefährdung des Gebiets bei. Aber wie auch immer sich die Dinge entwickeln, werden doch einige, reale wie virtuelle „Denkmäler" erhalten bleiben.

Eins dieser „Denkmäler", die Kirche von Neu-Eisleben,[79] führt heute passender Weise „neues Leben" als Sozialzentrum. Das ist nicht unbedeutend, denn der letzte Missionar des Berliner Missionswerks, Pfarrer Otto Kohlstock, hat hier ein lebendiges Zentrum geschaffen, wo all diejenigen Unterstützung finden, die auf der Suche nach einem besseren Leben vom Ostkap ans Westkap gekommen sind. Passender Weise trifft hier also das Erbe der Bauernmission mit dem des deutschen missionarischen und dem des britischen Kolonialismus zusammen. Obgleich die Apartheidregierung den Zustrom ins Westkap kontrollierte und „Schwarze" eine Arbeitserlaubnis brauchten, siedelten sich hier ab den 1960er Jahren Migranten vom Ostkap an.

Auch wenn sich dieser Studienprozess auf den deutschen missionarischen Kolonialismus bis zum Ersten Weltkriegs konzentriert, sind diese Entwicklungen unter der Apartheidregierung der 1960er Jahre und ihre Folgen relevant und bilden daher einen passenden Abschluss dieses Kapitels. So kann man durchaus behaupten, dass das Kirchengebäude von Neu-Eisleben als Wahrzeichen des religiösen Eifers der deutschen Einwanderer heute wieder seiner ursprünglichen Bestimmung gerecht wird: es kommt Neuankömmlingen zugute. Die neu in die Provinz Westkap Zugewanderten, die überwiegend zur Volksgruppe der Xhosa gehören, sind jetzt die Nutznießer des Kirchengebäudes und der karitativen Arbeit auf dem Gelände der früheren Gemeinde Neu-Eisleben. Das Zentrum mit den Namen iThemba Labantu,[80] was auf isiXhosa „Hoffnung für die Menschen" bedeutet, ist ein lutherisches Sozialzentrum. Es ist in der Kirche und den umstehenden Gebäuden untergebracht und bietet verschiedene soziale Dienste an, zu denen auch eine Suppenküche, ein HIV/Aids-Krankenhaus sowie Arbeitsmöglichkeiten für HIV-positive und aidskranke Frauen gehören. Andere Projekte umfassen einen Kindergarten und Schulungen in Kfz-Mechanik.

Fazit

Das Erbe der deutschen „Bauernmission" und des Kolonialismus müssen noch viel eingehender untersucht werden, unter anderem auch unter der Fragestellung, inwieweit die euro-

---

78 Ohne Verfasserangabe, Artikel in: Der Deutsch-Afrikaner, 1933 [09.02].
79 Die Gemeinde in Neu-Eisleben, das nach Martin Luthers Geburtsort benannt ist, ist seit den 1980er Jahren keine eigenständige Gemeinde mehr, sondern Teil der Gemeinde Philippi.
80 iThemba Labantu Centre. URL: http://www.themba-labantu.co.za/ [22.05.2009].

päische – das heißt die deutsche und britische – hegemoniale Vormachtstellung dadurch aufrechterhalten wurde.

Viel mehr kritische Analyse und Reflexion ist nötig, um zu verstehen, auf welche Weise die „Bauernmission" und ihre kolonialen Aktivitäten – in Verbindung mit dem spezifischen Kolonialismus des britischen Empire am Kap der Guten Hoffnung – zur Entstehung neuer Gemeinschaften und Kulturen führten. Vielleicht ist es ganz passend, hier mit einem „Hausspruch"[81] zu schließen, der für den Glauben, aber auch die Hoffnung und die allgemeine Lebenseinstellung der „Heidjer" am Kap der Guten Hoffnung typisch ist. Er ist zugleich charakteristisch sowohl für das religiös-kulturelle Erbe jener ersten deutschen Siedler als auch die Arbeit, die heute in der Kirche von Neu-Eisleben, dem Zentrum iThemba Labantu, stattfindet. Er lautet:

> „Wo Glaube
> Da Liebe
> Wo Liebe
> Da Friede
> Wo Friede
> Da Segen
> Wo Segen
> Da Gott
> Wo Gott – keine Noth!"[82]

---

81 Ein wichtiger Bestandteil der Inneneinrichtung in den Häusern der deutschen Einwanderer in Philippi; einige Beispiele sind im Siedlermuseum von Philippi zu sehen.
82 Dieser „Haussegen", der im Museum der deutschen Siedler ausgestellt ist, war im Besitz der Familie Peek, die zur dritten Welle der Einwanderer – von 1883 – gehörte. Er wurde von Ilse Ellmann, geborene Freiboth, einer Enkelin des Ehepaares Peek, gestiftet.

Deutsche Lutheraner und englische Anglikaner im südlichen Afrika bis 1918

Eine gemeinsame und eine divergierende Geschichte[1]

Kevin Ward

Die Lutheraner sind nicht nur länger als die Anglikaner in Südafrika, sondern ihr Auftreten und Wirken unterscheidet sich auch wesentlich von dem der Anglikaner. Deutsche waren unter den ersten Siedlern der Vereenigde Oost-Indische Compagnie, der Niederländischen Ostindien-Kompanie (VOC) am Kap unter Jan von Riebeeck. Allerdings war es den Lutheranern erst gegen Ende des 18. Jahrhunderts möglich, sich als eigene Kirche zu organisieren, die unabhängig von der etablierten Niederländisch-Reformierten Kirche war. Im Jahr 1820 siedelte sich erstmals eine große Zahl von Engländern in Südafrika an. Die Herrnhuter begannen in den 1730er Jahren mit der Missionsarbeit unter der indigenen Bevölkerung Südafrikas. Die Anglikaner ließen sich mit der Missionierung Zeit – die ersten Vertreter der britischen Missionsarbeit waren Nonkonformisten wie die (überwiegend kongregationalistische) London Missionary Society und die Methodisten.[2] Diese ersten angelsächsischen, protestantischen Missionen gingen aus der evangelikalen, humanitären und abolitionistischen Bewegung zu Beginn des 19. Jahrhunderts hervor. Ihre ablehnende Haltung der Lebensweise der Buren gegenüber, insbesondere ihrer Kultur der Sklavenhaltung, prägte die christliche Missionstätigkeit auf dem afrikanischen Subkontinent entscheidend.[3] Die Anglikaner waren seltsamerweise nicht dabei. Die Church Missionary Society (CMS), die in den späten 1790er Jahren und im 19. Jahrhundert die evangelikale Bewegung in Westafrika angeführt hatte, kam erst in den 1830er Jahren nach Südafrika. Ein Vertreter der CMS hielt sich am Hof der Zulu-Könige Shaka und Dingane auf, aber die Missionsgesellschaft war nicht erfolgreich und die CMS spielte in Südafrikas anglikanischer Ge-

---

[1] Dieser Aufsatz stützt sich auf meine eigenen Forschungen zum Anglikanismus im südlichen Afrika, auf Quellen über das Luthertum in Südafrika und Namibia, die ich im Laufe vieler Besuche seit 1992 gesammelt habe, sowie auf Material, das in der Bibliothek der University of Leeds verfügbar ist. Der Verfasser freut sich auf die neuen wissenschaftlichen Untersuchungen, die im Zusammenhang mit dem gegenwärtigen Projekt der EKD durchgeführt werden.

[2] Für eine sehr gute allgemeine Darstellung des Christentums in Südafrika siehe Richard Elphick und Rodney Davenport, Christianity in South Africa: A Political, Social and Cultural History, Kapstadt 1997. Das große Werk des verstorbenen Bischofs Bengt Sundkler enthält auch Informationen über die lutherische Arbeit in Südafrika, wie man sie von einem Lutheraner erwarten kann, der dort seine Missionsarbeit begann (Bengt Sundkler, A History of the Church in Africa, Cambridge 2000).

[3] Vgl. Ido H. Enklaar, The Life and Work of Dr J. Th. Van Der Kemp 1747-1811: Missionary pioneer and protagonist of racial equality in South Africa, Kapstadt 1988; Andrew Ross, John Philip (1775-1855): missions, race and politics in South Africa, Aberdeen 1986.

schichte keine wesentliche Rolle mehr.[4] Erst nach 1848, nach der Ernennung von Robert Gray zum ersten Bischof von Kapstadt, begann die anglikanische Kirche die Notwendigkeit zu erkennen, eine effektive pastorale Arbeit unter englischen Siedlern aufzubauen oder gar eine Verantwortung für die Mission unter der indigenen Bevölkerung zu übernehmen. Diese Chronologie ist wichtig für das Verständnis der späteren Beziehungen zwischen den beiden christlichen Gemeinschaften (Lutheranern und Anglikanern) in Südafrika. In diesem Aufsatz bezeichne ich mit dem Begriff „Südafrika" ein ausgedehnteres Gebiet als das der gegenwärtigen Republik Südafrika, deren Grenzen erst 1910 endgültig festgelegt wurden. Das ganze 19. Jahrhundert hindurch dehnte das Kolonialreich seine Grenzen immer weiter aus, sowohl im Hinblick auf die Besiedlung durch „Weiße" als auch hinsichtlich der Missionierung. Es umfasste riesige Gebiete nördlich des Kaps, die 1884 zu Deutsch-Südwestafrika, dem heutigen Namibia, wurden. Eine Untersuchung der lutherischen und anglikanischen Aktivität in Südafrika muss dieses Gebiet geografisch mit einbeziehen, da dessen Geschichte untrennbar mit dem restlichen Subkontinent verflochten ist.[5]

Die ersten Lutheraner in Südafrika

Südafrikas Kolonialgeschichte beginnt 1652 mit der Einrichtung des Stützpunkts der der Niederländischen Ostindien-Kompanie (VOC). Einige der Angestellten der Kompanie waren in Norddeutschland angeworben worden. Als die niederländische Siedlung begann, sich über Kaapstad (Kapstadt) hinaus auszudehnen, siedelten sich hier Holländer, französische Hugenotten und norddeutsche Protestanten erstmals unabhängig von der Kompanie als Farmer an. Sie beanspruchten große Flächen als Weideland, für den Ackerbau und den Weinanbau und waren auf Sklavenarbeiter, vor allem aus Ostasien und Madagaskar, angewiesen. Die Hugenotten teilten mit den Niederländern das reformierte Bekenntnis, was zu ihrer allmählichen Integration in die niederländischsprachige Gesellschaft beitrug. Auch die norddeutschen Siedler kamen aus Gebieten (insbesondere am Niederrhein), die stark vom reformierten Glauben beeinflusst waren. Einige aber waren Lutheraner. So wie die Siedler allgemein dazu angehalten wurden, sich in die niederländische Mehrheit zu integrieren, wurden die Lutheraner aufgefordert, sich der Reformierten Kirche anzupassen; sie blieb die etablierte Religion der VOC und die offizielle Religion der Kapkolonie. Die Lutheraner hatten ein Recht auf volle Teilhabe an den Gottesdiensten und den Sakramenten der Reformierten Kirche und wurden dazu eingeladen, es wurde ihnen jedoch nicht ermöglicht, als eigenständige christliche Gemeinschaft zu leben. Viele deutsche Lutheraner hatten aber den Wunsch, von ihrer Religionsfreiheit Gebrauch zu machen, und die restriktive Politik der VOC schien ganz im Gegensatz zu der Toleranz zu stehen, die man in den Niederlanden selber praktizierte.[6] Erst 1774 konnten die Lutheraner eine eigene Kirche gründen – in der Strand Street in Kapstadt, wo sich noch heute eine lutherische Kirche befindet. Dennoch war für die deutschen Siedler in Südafrika die Integration in die sich herausbildende

---

4   Eugene Stock, A History of the Church Missionary Society, Band 1, London 1899.
5   Für eine allgemeine Darstellung des anglikanischen Wirkens im südlichen Afrika siehe Kapitel 8 in Kevin Ward, A History of Global Anglicanism, Cambridge 2006, 136-161.
6   Für einen kurzen Überblick über diese Zeit und eine umfassende Bibliographie siehe Georg Scriba mit Gunnar Lislerud, „Lutheran Missions and Churches in South Africa", in: Elphick/Davenport, Christianity in South Africa, 173-194.

Burengesellschaft attraktiver und auch unproblematischer als für die Engländer, die nach 1820 begannen, sich in Südafrika anzusiedeln. Das lag teilweise am gemeinsamen nordeuropäischen Erbe, aber auch daran, dass sie in Südafrika bereits sehr früh viel miteinander zu tun hatten. Das ist ein wichtiger Faktor für die Entwicklung der „weißen" lutherischen Gemeinschaft in Südafrika und auch für die lutherische Missionsarbeit. Eine Vielzahl von lutherischen Gemeinden verwendete im 19. Jahrhundert Afrikaans als Hauptsprache im Gottesdienst und auch heute ist das in vielen Gemeinden üblich. In der heutigen anglikanischen Kirche gibt es in der Provinz Westkap ebenfalls eine erhebliche Zahl von afrikaanssprachigen Gemeinden, aber ihre Mitglieder kommen überwiegend aus der Bevölkerungsgruppe der Farbigen (das war während der Zeit der Apartheid der juristische Begriff für diese Bevölkerungsgruppe unterschiedlicher ethnischer Herkunft, und auch heute noch wird diese Bezeichnung häufig für diese Gruppe verwendet, der man noch immer eine eigene Identität zuschreibt).

Die Anfänge der lutherischen Missionsarbeit gehen zurück auf das Jahr 1737 und die Gründung der Herrnhuter Siedlung in Baviaanskloof (1804 umbenannt in Genadendal). Zu der Zeit schien der Versuch der Missionierung der Einheimischen zum Scheitern verurteilt zu sein. Ihr Pionier Georg Schmidt wurde 1744 von der VOC des Landes verwiesen. Dennoch hielt sich eine christliche Gemeinschaft unter sehr schwierigen Bedingungen bis zur Rückkehr der Herrnhuter im Jahr 1792.[7] Die Idee hinter dem Herrnhuter Experiment, nämlich die eines Zufluchtsortes für Khoikhoi, ehemalige Sklaven und eine wachsende „gemischtrassige" Bevölkerung, blieb ein maßgebendes Ideal, das als Missionsstrategie für Johannes Van der Kemp und die London Missionary Society im frühen 19. Jahrhundert wichtig wurde.[8] Bischof Gray, der erste anglikanische Bischof in Südafrika, bewunderte Genadendal ebenfalls. Sein Ziel war die Gründung anglikanischer Missionsstationen mit „einem Missionar, einem Handwerker und einem Landwirt für jede Siedlung".[9] Faktisch aber gründeten die Anglikaner keine Zufluchtsorte nach dem Muster von Genadendal.

Gray drückte es so aus:

„Zu Anfang, als sie errichtet wurden, brauchten die Hottentotten den Schutz der Institute, und die Farbigen hängen an ihnen als Orten, wo sie Ruhe und Sicherheit gefunden haben; aber ich bin der Auffassung, jetzt, da das Land in die Zivilisation aufsteigt, sollte die alte Form des Instituts nicht aufrechterhalten werden."[10]

Gray formulierte hier eine von „weißen" südafrikanischen Siedlern häufig vorgebrachte Kritik, nämlich dass Missionsstationen Orte seien, an denen Afrikaner künstlich von der rauen Wirklichkeit abgeschirmt würden. Diese würde die indigene Bevölkerung ansonsten dazu antreiben, sich an wirtschaftlichen Aktivitäten zu beteiligen, die der europäische Bedarf auslöste. Im Fall von Gray wurde dieses Vorurteil dadurch abgeschwächt, dass ihm die Zukunftsfähigkeit lokaler Bevölkerungsgruppen am Herzen lag, denn diese standen in Ge-

---

7 Vgl. Bernhard Krueger, The Pear Tree Blossoms: The history of the Moravian Church in South Africa 1737-1869, Genadendal 1966.
8 Enklaar, The Life and work of J.Th van der Kemp.
9 Peter Hinchliff, The Anglican Church in South Africa, London 1963, 45.
10 Hinchliff, The Anglican Church , 47. Hinchliff zitiert C. Lewis und G.E. Edward, Historical Records of the Church of the Province of South Africa, SPCK, London 1934.

fahr, angesichts der globalen ökonomischen Gegebenheiten zu vorsintflutlichen Relikten zu werden. Gray trat für Pachtbesitz in verschiedenen Formen ein. Die Anglikaner neigten dazu, sich mehr auf diese globalen Kräfte einzustellen und sie positiver zu sehen, als es die Niederländisch-Reformierten Kirchen oder die evangelikalen Missionsgesellschaften taten.[11]

Die Anfänge der anglikanischen Kirche in Südafrika

Als Robert Gray 1848 zum ersten Bischof von Kapstadt ernannt wurde, gab es praktisch keine anglikanische Missionsarbeit in Südafrika. Auch die Arbeit der Anglikaner unter den britischen Siedlern war ziemlich unzureichend. Die Briten besetzten das Kap zwischen 1795 und 1803 und übernahmen 1806 dauerhaft die Herrschaft. Sie sicherten zu, dass die Niederländisch-Reformierte Kirche ihre etablierte Stellung in der Kolonie behalten würde. Die anglikanische Kirche, soweit sie als Institution existierte, war die Kirche des Gouverneurs, seiner Beamten und des Militärs.[12] Ihr Status ähnelte in mancherlei Hinsicht dem der katholischen Kirche in jenen deutschen protestantischen Fürstenstaaten, deren Herrscher zum Katholizismus konvertiert waren: sie war eine Religion des Hofes, aber nicht die Religion des Landes. Allmählich begann die anglikanische Kirche, ihre Aktivitäten über diese doch sehr begrenzten und besonderen sozialen Gruppen hinweg auszudehnen. Die Ankunft englischer Siedler im Jahr 1820 in der Umgebung von Port Elizabeth am Ostkap machte es erforderlich, dass anglikanische Gemeinden für die Siedler eingerichtet wurden. Die Society for the Propagation of the Gospel (SPG) empfahl die Gründung von Gemeinden am Kap und eine „feste Einsetzung orthodoxer Pfarrer mit festgelegten Wirkungsbereichen unter ordentlicher Aufsicht und Kontrolle."[13] Mit „orthodox" meinte die SPG die Church of England, im Gegensatz zur Niederländisch-Reformierten Kirche oder den englischen abweichlerischen „Sekten" (d.h. der London Missionary Society und den Methodisten), die bereits am Kap tätig waren. Der erste Geistliche der SPG hatte seinen Sitz in Grahamstown am Ostkap, einer Stadt mit einer wachsenden Zahl englischer Siedler, zugleich aber auch Garnisonsstadt an der Grenze zum Gebiet der Xhosa. 1819 hatte der Xhosa-Prophet Makana (Nxele) einen Angriff auf die Stadt geführt, war gefangen genommen und auf Robben Island interniert worden.[14]

---

11 Die umfassendste Biographie über Bischof Gray wurde von seinem Sohn vorgelegt: Charles Gray, The Life of Robert Gray (Zwei Bände), London, 1876. Für eine Erörterung seiner Ansichten über Landbesitz und Gemeinwesen vgl. J. Suggit und M. Goedhals (Hgg.), Change and Challenge: Essays commemorating the 150th anniversary of the arrival of Robert Gray as first bishop of Cape Town (20th February 1848). Marshalltown 1998.
12 Wenn auch in letzter Zeit viel über die Geschichte der Anglikaner in Südafrika im 20. Jahrhundert geschrieben wurde, ist Hinchliffs Werk immer noch die wichtigste Geschichtsdarstellung für das 19. Jahrhundert (siehe Fußnote 10).
13 Zur Geschichte der SPG vgl. C.F. Pascoe, Two hundred years of the S. P. G.. An historical account of the Society for the Propagation of the Gospel in foreign parts, 1701-1900, London 1901; H.P. Thompson, Into All Lands: The History of the Society for the Propagation of the Gospel in Foreign Parts 1701-1950, London 1951.
14 Vgl. J.B. Peires, The House of Phalo; a history of the Xhosa People in the days of their Independence, London 1981.

Zwar war die SPG erklärtermaßen an „der religiösen Unterweisung der Eingeborenen"[15] interessiert, aber in den ersten Jahren war ihr vordringlichstes Anliegen der Aufbau einer gut funktionierenden kirchlichen Struktur für die englischen Siedler. Das führte 1848 zur Errichtung eines Bistums, finanziert durch den Colonial Bishops' Fund, der 1841 auf Betreiben von Bischof Samuel Wilberforce eingerichtet worden war. Vor 1841 konnten Diözesen in Übersee (wie Kalkutta und Montreal) nur durch Parlamentsbeschluss errichtet werden, ein schwerfälliges, langsames und teures Verfahren, das die britische Regierung nur äußerst ungern zuließ, da es mit finanziellen Verpflichtungen verbunden war. Nach der Verabschiedung des Colonial Bishops' Act und der Einrichtung des Colonial Bishops' Fund konnte die Church of England aktiv werden und in den britischen Territorien weltweit kirchliche Strukturen schaffen, sowohl für die britischen Siedler als auch für die Missionsarbeit unter der indigenen Bevölkerung. Sie schuf – um es mit Rowan Strong zu sagen – „ein neues anglikanisches imperiales Paradigma".[16] Bischof Wilberforce war begeistert von dem missionarischen Potenzial dieser Entwicklungen. Er war beeinflusst von den hochkirchlichen Idealen eines „missionarischen Bischofs", dessen bloße Anwesenheit in „heidnischen" Landen die Kirche verkörperte. Das stand ganz im Gegensatz zu Henry Venn von der CMS, der einen Bischof als „die Krone der Kirche" verstand:[17] War eine Kirche bereit für einen Bischof, so hatte die Missionsaufgabe ihr Ende erreicht oder war zumindest nicht mehr auf „Heidenmission" ausgerichtet. Damit wurde offiziell besiegelt, dass es nun eine Gemeinschaft von Gläubigen gab, die unabhängig war, sich selbst weiterentwickeln und finanzieren konnte.[18]

Angela Burdett-Coutts, die Erbin einer reichen Bankiersfamilie, spendete £35,000 für die Stiftung einer Diözese in Kapstadt.[19] 1848 wurde Robert Gray, ein Anhänger der Hochkirche und ein Freund von Bischof Wilberforce, der erste Bischof. Er war es, der die verschiedenen Elemente des Anglikanismus am Kap zusammenbrachte und eine neue einheitliche Kirchenstruktur gestaltete. Nur vier Jahre nach seiner Ernennung erwirkte er die Errichtung von zwei weiteren Diözesen in Südafrika. Das versetzte ihn in die Lage, eine autonome „Kirchenprovinz"[20] schaffen zu können, die er Church of the Province of South Africa nannte – eine bewusst zurückhaltende Bezeichnung, die nicht den Ärger der Niederländisch-Reformierten Kirche erregen sollte (die etwas gegen den Namen The Church of South Africa gehabt haben würde).[21] Indem er jedoch dieses neue Gebilde nicht „the Church of England in South Africa" nannte (eine in anderen Siedlerkolonien häufig verwendete Bezeichnungsweise), vermied Gray, dass die Kirche mit den kolonialen Strukturen

---

15 Pascoe, Two Hundred Years, 269.
16 Rowan Strong, Anglicanism and the British Empire c 1700-1850, Oxford 2007 (insbesondere Kapitel 4: „A New Anglican Imperial Paradigm: The Colonial Bishoprics Fund, 1840-1", 198-221).
17 Vgl. Ward, A History of Global Anglicanism, 38. Für eine eingehende Erörterung der Ekklesiologie Venns siehe Wilbert R. Shenk, Henry Venn: Missionary Statesman, Maryknoll 1983.
18 Tim Yates, Venn and Victorian Bishops Abroad, London 1978; Peter Williams, The Idea of the Self-Governing Church: A study in Victorian Missionary Strategy, Leiden 1990.
19 Strong, Anglicanism and the British Empire, 219.
20 Für Erörterungen der konstitutionellen Fragen siehe W.M. Jacob, The Making of the Anglican Church Worldwide, London 1997.
21 Hinchliff, The Anglican Church, 29.

der britischen Herrschaft einfach gleichgesetzt wurde.[22] Gray war fest davon überzeugt, dass die Kirche kein erastianisches Produkt des Staates war, wenn sie auch einen wesentlichen Bestandteil der globalen Expansion des britischen Volkes bildete. Die beiden von Gray 1852 errichteten Diözesen waren Grahamstown (am Ostkap) und Natal (eine neu gegründete, von der Kapkolonie unabhängige Kolonie), deren Bischofssitz in Pietermaritzburg war. Gray stellte sich vor, dass die Church of the Province of South Africa nicht nur für die wachsende britische Bevölkerung (es gab schottische, irische, walisische und englische Kirchenmitglieder) da sein sollte, sondern nun auch ernsthaft Mission unter den „farbigen" Bevölkerungsgruppen (in Kapstadt), den Xhosa (um Grahamstown) und den Zulu (in Natal) treiben könnte. Schließlich wurden für den Dienst an den Xhosa und den Zulu die „Missionsdiözesen" St. John und Zululand errichtet. In diesen Diözesen hatte die Missionsarbeit unter Afrikanern Vorrang vor dem pastoralen Dienst unter ortsansässigen „Weißen".[23]

Unterschiedliche Erfahrungen von Lutheranern und Anglikanern

Die englischen Siedler waren mit dem britischen Imperialismus eng verbunden, was bei den deutschen Siedlern so nicht der Fall war. Obwohl Bischof Gray auf der Trennung von Kirche und Staat bestand, soweit es die geistliche Autonomie der Kirche betraf, war er sich genauestens dessen bewusst, dass die Existenz der anglikanischen Kirche in Südafrika wesentlich von ihrer Rolle als Staatskirche Englands – und demzufolge des britischen Empire – abhing. Was es bedeutete, dass das Vereinigte Königreich in England und Schottland zwei verschiedene Staatskirchen hatte, spielte in den Überlegungen der anglikanischen Kirchenführer keine große Rolle, auch wenn es britischen Kolonialverwaltungen zuweilen als Vorwand diente, sich von den Anglikanern zu distanzieren! Die Deutschen in Südafrika dagegen waren immer unabhängig von der Staatsmacht, ob es sich dabei um die VOC oder die britischen Kolonialbehörden handelte.

Englische Siedler (unabhängig davon, ob Anglikaner, Methodisten oder Nonkonformisten) empfanden sich stets als ein eigenes Volk, das sich von den Buren unterschied, die immer die Mehrheit der europäischstämmigen Siedler bildeten. Die Religion war natürlich ein wichtiges Kennzeichen dieses Unterschieds. Ein weiteres war die Sprache. Für deutsche Siedler machten sowohl die Religion (besonders das Luthertum) als auch die Sprache die Grundlagen einer unverwechselbar deutschen Identität aus. Es bestand jedoch immer die Notwendigkeit, gemeinsame Sache mit der einen oder anderen der dominierenden europäischen Gruppen zu machen und sich auf ihre Seite zu schlagen. Die Buren waren für den größten Teil des 19. Jahrhunderts die vorherrschende kulturelle Kraft. Deutsche Siedler hielten sich häufig an das Muster, das sich im 17. Jahrhundert herausgebildet hatte: Identifikation mit der – und in manchen Fällen auch Integration in die – Bevölkerungsgruppe der Buren. Ende des 19. Jahrhunderts bildete sich, insbesondere unter den Deutschen am Ostkap und in Natal, eine wichtige alternative Möglichkeit der Identifikation heraus, nämlich die mit der englischen Siedlerkultur. Das Luthertum behielt jedoch seine Bedeutung als

---

22 Sowohl Kanada als auch Australien verwendeten die Bezeichnung „The Church of England in […]" und behielten diese auch bei, nachdem sie den Status eines Dominions (Selbstverwaltung) erlangt hatten.
23 Zu diesen Entwicklungen siehe Hinchliff, The Anglican Church, insbesondere Kapitel 5, sowie Suggit/Goedhals, Change and Challenge.

Unterscheidungsmerkmal bei und verhinderte so eine völlige Integration in eine der dominierenden Gruppen. Die Missionsarbeit norwegischer, schwedischer und finnischer (und im 20. Jahrhundert auch amerikanischer) Lutheraner trug wesentlich zur Entstehung eines lutherischen Weltbürgertums bei. Im Gegensatz dazu war der Anglikanismus, institutionell gesehen, nahezu ausschließlich eine englische Angelegenheit, obwohl keineswegs alle englischen Siedler Anglikaner und nicht alle Anglikaner in Südafrika englischer Herkunft waren.[24]

Sämtliche Kirchen und Missionsgesellschaften in Südafrika waren davon überzeugt, dass das Evangelium allen Menschen galt. Die Besonderheit des Anglikanismus lag nach der Auffassung Grays in dem Bemühen, diese Universalität in einer Struktur zu verkörpern, die all die verschiedenen Ethnizitäten und Völker in einem einzigen Gebilde, der Church of the Province of South Africa, umfasste. Das rührte teilweise von seinem katholischem Kirchenverständnis her – einem Erbe anglikanischer hochkirchlicher Theologie, die in den 1830er Jahren durch die traktarianische Bewegung erneuert und verwandelt worden war. Teilweise jedoch war es eine ganz pragmatische Folge seiner Rolle als Oberhirte des ganzen anglikanischen Wirkens in Südafrika, eine Position, die kein Missionsdirektor oder Kirchenmann in England anfechten konnte.[25] Zudem war er Bischof geworden, als die Strukturen der Kirche an sich rudimentär waren – es war sein Auftrag, die Kirche aufzubauen und ihre Mission voranzutreiben. Die Kirche, in der er 1848 zum Bischof berufen wurde, war mit überwältigender Mehrheit „weiß". Seine Aufgabe war es, das geografische Einflussgebiet der Kirche auszuweiten und über ihre „rassische" Diversifizierung zu wachen (im viktorianischen Sprachgebrauch bezeichnete „Rasse" kulturelle und ethnische Unterschiede). Wahrscheinlich überwog zum Zeitpunkt seines Todes 1872 (er war noch im Amt) die Arbeit mit den „Eingeborenen" jene mit den Engländern bei weitem.[26]

Eines der besonderen Merkmale in der Geschichte der Anglikaner in Südafrika (im Gegensatz zur Geschichte des Anglikanismus in den meisten anderen Teilen Afrikas) ist das Versagen der Missionsgesellschaften. Die evangelikale CMS hatte, lange bevor Gray Bischof wurde, ihre Pionierarbeit aufgegeben. Die SPG, die Grays hochkirchliche anglokatholische Ekklesiologie teilte, wurde in Südafrika niemals als eigenständige Institution mit einem eigenen Erscheinungsbild tätig, das in irgendeiner Weise als Konkurrenz zu den kirchlichen Strukturen verstanden werden konnte. Vielmehr war es die Hauptaufgabe der SPG, sowohl für „weiße" Gemeinden als auch für die Missionsarbeit Geistliche bereitzustellen. Diese waren direkt dem Bischof verantwortlich. Die SPG-Missionare traten als Gemeinschaft vor allem durch ihre Teilnahme am synodalen Leben der Kirche auf Diözesan- und Provinzebene in Erscheinung. Unterstützung kam auch von mehreren anglikanischen Ordensgemeinschaften, den Cowley Fathers und der Community of the Resurrection, die seit Ende des 19. Jahrhunderts mit der Church of the Province of South Africa zusammenarbeitete. In diesem Fall wurde die eigene Identität einer Klostergemeinschaft beibe-

---

24 Das stimmt nämlich nicht völlig: Unter den SPG-Missionaren und den Geistlichen der CPSA waren Schotten, Iren und Waliser. Und auch einzelne Schotten, Waliser und Iren schlossen sich den Anglikanern in Südafrika mitunter an, besonders wenn es in den kleinen weißen Siedlungen keinen presbyterianischen Geistlichen gab.
25 Hinchliff, The Anglican Church, 111-143
26 Audrey Brooke, Robert Gray, Kapstadt 1947. – Es scheint keine neuere wissenschaftliche Biographie vorzuliegen. Siehe jedoch Suggit/Goedhals, Change and Challenge.

halten, aber ihre diakonische und evangelistische Arbeit stand dem Bischof zur Verfügung und geschah im Namen der ganzen Kirche.

Für die Lutheraner gab es keine vergleichbare alleinige Autorität. Die Missionsgesellschaften waren die treibende Kräfte hinter der Entstehung lutherischer Gemeinden. Drei deutsche Missionsgesellschaften spielten eine wichtige Rolle bei der Verbreitung des Evangeliums im südlichen Afrika: die Rheinische, die Berliner und die Hermannsburger Missionsgesellschaft. Zwischen der Rheinischen Mission und der London Missionary Society bestanden besonders enge Beziehungen. Schon vor der Ankunft lutherischer Missionare waren Deutsche als LMS-Missionare tätig. Die Rheinische Mission begann ihre Arbeit an einem Ort, der anschließend Wuppertal[27] genannt wurde. Allerdings hatte sich der Direktor der LMS, Dr. John Philip,[28] gegen das Projekt ausgesprochen, weil er der Ansicht war, dass das Gebiet bereits ausreichend von anderen Missionsstationen versorgt werde.[29] Später gründete die Rheinische Mission auch an anderen Orten in der Kapkolonie und in den Burenrepubliken Oranje-Freistaat und Transvaal Stationen. Viele der ersten Missionsstationen am Kap (Wupperthal[30] bildete eine bemerkenswerte Ausnahme) wurden später von der Niederländisch-Reformierten Kirche übernommen, was etwas über die Bedeutung des reformierten Elements in der Rheinischen Mission aussagt, die keine streng konfessionelle Missionsgesellschaft war und Protestanten aus unterschiedlichen kirchlichen Traditionen gewann. Diese Art praktischer Ökumene war charakteristisch für die Anfangszeit vieler Missionsaktivitäten. Lutheraner und Anglikaner kooperierten in anderen Teilen Afrikas. Die Beziehungen zwischen der Basler Mission und der Church Missionary Society waren im frühen 19. Jahrhundert sowohl in Ost- als auch in Westafrika besonders stark und stabil. Einen Großteil des 18. Jahrhunderts hatten die Lutheraner und die Anglican Society for the Propagation of Christian Knowledge (SPCK) unter den Tamilen in Südindien gearbeitet.[31] Die anglikanische Arbeit in Südafrika kam etwas zu spät, so dass diese Art der Kooperation sich nicht mehr entwickeln konnte oder erst gar nicht in Erwägung gezogen wurde. Teils war es der wachsende Nationalismus sowohl Großbritanniens als auch Deutschlands, teils der zunehmende Konfessionalismus bei Anglikanern und Lutheranern, die eine Zusammenarbeit verhinderten.[32] Der Plan der britischen und der preußischen Regierung, im Jahr 1841 ein gemeinsames Bistum in Jerusalem zu errichten, rief insbesondere den Zorn der Anhänger der Hochkirche hervor, die von den Traktarianern der Oxford-Bewegung beeinflusst waren – jenen Kreisen, in denen Bischof Gray sich bewegte.[33] Die Betonung der konfessio-

---

27 Laut verschiedenen Tourismus-Websites der südafrikanischen Kleinstadt Wupperthal ist dieser Name 100 Jahre älter als die in Deutschland verwendete Bezeichnung für die beiden Städte Barmen und Elberfeld. Viele dieser Websites führen die Gründung auf die „Herrnhuter" zurück. Zur genaueren Anfangsgeschichte und den Verbindungen zur Rheinischen Mission siehe Scriba/Lislerud, Lutheran Missions, 175.
28 Für eine neuere Biographie siehe Ross, John Philip (1775-1855).
29 Mark Charles Bilbe, Wupperthal. The Formation of a Community in South Africa 1830-1965, Köln 2009, 78.
30 Beide Schreibweisen, Wuppertal und Wupperthal, werden verwendet.
31 Ward, A History of Global Anglicanism, 218-221.
32 N. Railton, No North Sea: The Anglo-German Evangelical Network in the Middle of the Nineteenth Century, Leiden 2000.
33 Nach diesem Plan sollte der Bischof gemeinsam von Preußen und Großbritannien finanziert und von ihnen jeweils abwechselnd ernannt werden. Das Jerusalemer Bistum führte zu Auseinandersetzungen,

nellen Besonderheit spielte auch bei deutschen Missionsgesellschaften eine Rolle. Anders als in der Kapkolonie forderten einige Missionare der Rheinischen Mission im Gebiet des heutigen Namibia schon früh eine eindeutig lutherische Prägung der Missionsarbeit. Die Berliner Mission war ihrem Selbstverständnis nach – in konfessioneller Hinsicht – immer lutherisch, auch wenn sie von den Kirchen der Preußischen Union maßgebliche Unterstützung erhielt. Die Hermannsburger waren immer streng lutherisch. Das Wiederaufleben der konfessionellen Identität sowohl in den anglikanischen (der traktarianischen oder Oxford-Bewegung) als auch den lutherischen Kirchen machte eine organische Zusammenarbeit in der Mission weniger attraktiv (obwohl es natürlich freundschaftliche Beziehungen nicht verhinderte).

Die Missionsarbeit deutscher Lutheraner

Im Großen und Ganzen arbeiteten die deutschen Missionen in einem von Buren geprägten Umfeld – am Kap, in Namibia und in den Burenrepubliken. Im 19. Jahrhundert waren die Berliner und die Hermannsburger Mission die mit Abstand wichtigsten Missionsgesellschaften in der Südafrikanischen Republik (Transvaal). Die beiden Missionen arbeiteten – wie auch die Norweger – unter den Zulu. Das war in der Zeit vor 1879, dem Jahr, in dem Zululand der britischen Provinz Natal angegliedert wurde. Colensos Missionsarbeit dagegen richtete sich zwar an Zulu, dabei aber hauptsächlich an jene, die in der britischen Kolonie Natal ansässig waren – entweder auf ihrem eigenen Land oder als Arbeiter der „Weißen".[34] Die Berliner Mission hatte 1837 die Arbeit unter den Xhosa begonnen – bevor die Briten den größten Teil des Xhosa-Landes eingenommen hatten und irgendeine anglikanische Missionsgesellschaft dort aktiv geworden war.[35] In der Hauptsache richtete sich die lutherische Pionierarbeit auf Gebiete, die nicht unmittelbar unter britischer Herrschaft standen. Im Laufe des Jahrhunderts bedeutete die Ausdehnung der britischen Hegemonie, dass mehr und mehr Gebiete unter direkter britischer Verwaltung standen. Bis zum Ende des Zweiten Afrikanischen Krieges 1902 erfolgte jedoch der Großteil der lutherischen Arbeit in den Burenrepubliken oder in Deutsch-Südwestafrika. Die deutschen Lutheraner standen aufgrund ihres Selbstverständnisses sowohl in burischen als auch britischen Gebieten in einer gewissen Distanz zur Regierung und zu den dominierenden Siedlergruppen. Sie kooperierten mit beiden, achteten jedoch darauf, sich weder in die Siedler- noch in die Kolonialpolitik hineinziehen zu lassen. In den britischen Territorien wie auch in den Burenstaaten gab es deutsche Siedler, aber sie machten jeweils nur eine sehr kleine Minderheit aus. Deutsche Siedler stellten keine unabhängige politische Kraft dar wie die englischen Siedler oder die Buren; auch waren die lutherischen Missionen (bis in die 1870er) nicht direkt an der Politik in Südafrika beteiligt. Dann entwickelten sich die deutschen Kolonialinteressen in Südwestafrika/Namibia zu einem politischen Faktor. In den

---

da es in den Augen der entstehenden anglokatholischen Bewegung der Traktarianer unter Führung von Newman, Pusey und Keble den besonderen katholischen Charakter der Church of England aufs Spiel setzte. Zur Bedeutung und den Auswirkungen dieser Angelegenheit in England siehe Owen Chadwick, The Victorian Church, London, 1971; für eine neuere deutsche lutherische Sichtweise siehe K. Schmidt-Clausen, Vorweggenommene Einheit: Die Gründung des Bistums Jerusalem im Jahre 1841 (Arbeiten zur Geschichte und Theologie des Luthertums, 15), Berlin u. Hamburg 1965.

34 Jeff Guy, The Heretic, Pietermaritzburg 1984.
35 Scriba/Lislerud, Lutheran Missions, 176.

Burenrepubliken standen einzelne Missionare unter einem gewissen Druck, die jeweilige Staatsbürgerschaft anzunehmen. Jedoch bestand das Ideal für alle lutherischen Missionen darin, örtliche christliche Gemeinden aufzubauen, wo sowohl deutsche Missionare als auch einheimische Bekehrte ein möglichst unabhängiges christliches Leben führen konnten. Ludwig (Louis) Harms,[36] der Gründer der Hermannsburger Mission, hatte besonders idealistische und romantische Vorstellungen davon, wie solche Gemeinden aufzubauen seien, was viele Anglikaner, nicht zuletzt Bischof Gray, für unrealistisch hielten.[37]

Einstellung zum Kolonialismus und koloniales Bewusstsein

Die Lutheraner betrachteten die Expansionspolitik des britischen Empire im Allgemeinen mit Misstrauen. Die Anglikaner konnten ebenfalls kritisch sein und einige äußerten ihre Kritik klar und deutlich, nicht zuletzt Bischof Colenso.[38] Anglikanern war es jedoch nicht möglich, sich von der britischen Herrschaft in Südafrika abzukoppeln. Das Christentum und die globale kapitalistische Wirtschaft schienen Hand in Hand zu gehen – es war unmöglich, sich den Kräften des Wandels und des modernen Zeitalters zu entziehen. Darüber hinaus bestimmten die englischen Siedler das Leben der Church of the Province of South Africa bis weit ins 20. Jahrhundert hinein, und ihre Stimme hatte bei weitem mehr Gewicht als die von „Schwarzafrikanern" – auch lange nachdem diese zur großen Mehrheit geworden waren. Die CPSA brauchte wesentlich länger als beispielsweise die Anglikanischen Kirchen in Kenia, Uganda oder Sierra Leone, bis sie afrikanische Priester ordinierte. Mandy Goedhals Äußerung über Pfarrer Peter Masiza, einen Xhosa, der 1872 als erster Afrikaner zum Priester ordiniert wurde, ist traurig zu lesen:

> „Er nahm den Paternalismus in Kirche und Staat hin und war der lebende Beweis für das Christentum als Instrument der Unterdrückung, indem er seine eigene Persönlichkeit und seine eigenen Interessen auf der Suche nach einer für Europäer akzeptablen Identität völlig aufgab."[39]

Zweifellos kam missionarischer Paternalismus in dieser Zeit auch in lutherischen Gemeinden vor. Aber in Gemeinden, in denen die Missionare die einzigen Europäer waren und es keine Siedler gab, wurde die Orientierung an europäischen Werten anders beurteilt. Hier konnte leichter verwirklicht werden, worauf die Protestanten so großen Wert legten: nämlich der Aufbau einer Kirche, die von einheimischen kulturellen Wertvorstellungen geprägt war. Wie die Niederländisch-Reformierten Kirchen entwickelten auch die Lutheraner jeweils eigene kirchliche Strukturen für Afrikaner und Europäer und daher ließen sich lutherische Gemeinden unter den Zulu oder den Pedi (zum Beispiel) wesentlich einfacher als authentische christliche Ausdrucksformen indigener Kultur und gemeinschaftlicher Werte präsentieren. Im 19. Jahrhundert wurden die Anglikaner in Südafrika (anders als in Uganda) durch die zahlenmäßige Überlegenheit der Europäer in den Synoden und anderen

---

36 Für eine kurze biographische Skizze siehe Gerald Anderson (Hg.), Biographical Dictionary of Christian Missions, New York 1998, 280.
37 Siehe Fußnote 11.
38 Colensos Predigt über das Gemetzel, das die Briten in Isandlwana unter den Zulu anrichteten, ist ein Meisterstück (Ward, A History of Global Anglicanism, 140).
39 Mandy Goedhals, „Ungumpriste: A Study of the Life of Peter Masiza", in: Journal of Theology for Southern Africa 38 (März 1982), 28.

Strukturen der Kirche daran gehindert, wesentliche Fortschritte beim Aufbau eines Gefüges zu machen, das Bruno Gutmanns Vorstellung einer „Volkskirche" nahekam.[40] Allen Widrigkeiten zum Trotz entstanden bei den Anglikanern echte Xhosa- und Zulu-Gemeinden, aber es war schwierig, dieser Tatsache in den formalen Strukturen der Church of the Province of South Africa Rechnung zu tragen. In der Zeit der Apartheid wurde das Ideal der Katholizität zu einer der Stärken der Anglican Church in South Africa. Im 19. Jahrhundert war es wohl eine schwere Hypothek.

Die Anglikaner konnten die koloniale Dimension ihrer Arbeit nicht außer Acht lassen. Tatsächlich können sie als willige Mitarbeiter des imperialen Projekts betrachtet werden. Trotzdem bieten die Anglikaner ein vielschichtiges Bild, was Peter Lee eindringlich schildert:

> „Gray verkörperte genau die Zwiespältigkeit, die er verachtete: Er strebte danach, frei von einer erastianischen Church of England zu sein, die seine Art des Anglokatholizismus kritisch sah, und arbeitete auf die Errichtung einer der ersten wirklich autonomen anglikanischen Provinzen hin, nutzte jedoch die Maschinerie der britischen Präsenz, um die Unabhängigkeit von ihr zu begründen. Sein Protegé John William Colenso, von ihm in Natal zum Bischof ernannt, ging in der Widersprüchlichkeit noch einen Schritt weiter, als er die Zulu im Konflikt mit der britischen Herrschaft verteidigte und gegen das konservative theologische Establishment eine liberale Bibelwissenschaft vertrat, dann aber, als man ihn angriff, an das Privy Council in England appellierte, damit dieses seine Position als ‚Bischof der Königin' schütze."[41]

Die Lutheraner in Namibia[42]

Mit ihrem Anliegen, autarke, autonome christliche Gemeinden zu gründen und mit den lokalen „Stammesfürsten", den Buren und der britischen Regierung in Frieden zu leben, stießen die Lutheraner im dem Gebiet des südlichen Afrika, das heute Namibia ist, an ihre Grenzen. Der erste deutsche Missionar gründete 1814 eine Missionsstation in Bethanien im Süden Namibias. Es war Heinrich Schmelen aus der Nähe von Bremen, verheiratet mit einer Nama-Frau und Missionar der LMS. In den 1840er Jahren begründete die Rheinische Mission eine eigene dauerhafte Arbeit in Namibia, zunächst vor allem unter den Oorlam, „gemischtrassigen" Gruppen aus der Kapkolonie, die sich nördlich des Oranjeflusses ansiedelten und sich durch Heirat mit den Nama vermischten. Die Oorlam galten als Christen und ihre Sprache war Kapholländisch. Carl Hugo Hahn[43] wurde der wichtigste und

---
40 Bruno Gutmann (1876-1966) vom Leipziger Missionswerk entwickelte Anfang des 20. Jahrhunderts Theorien im Zusammenhang mit einer afrikanischen „Volkskirche" in Deutsch-Ostafrika/Britisch-Tanganjika, speziell unter dem Volk der Chagga, das rund um den Kilimandscharo lebt (Ernst Jaeschke, Bruno Gutmann: His Life, His Thoughts and His Work, Erlangen 1985; J.C. Winter, Bruno Gutmann: A German Approach to Social Anthropology, Oxford 1979).
41 Peter Lee, Compromise and Courage: Anglicans in Johannesburg 1864-1999: A Divided Church in Search of Integrity, Pietermaritzburg 2005, 4.
42 Mit dem Begriff Namibia beziehe ich mich hier – etwas anachronistisch – auf das Land, das 1884 zu Deutsch-Südwestafrika wurde, das der Völkerbund nach dem Ersten Weltkrieg unter südafrikanische Mandatsmacht stellte und das seit 1990 die Republik Namibia bildet.
43 Für eine kurze Biographie siehe Anderson, Biographical Dictionary, 273.

einflussreichste rheinische Missionar. Er wirkte von 1842 bis 1873 in Namibia und leistete Pionierarbeit unter den Herero. Im Gegensatz zu den rheinischen Missionaren am Kap wollte Hahn unbedingt eine konfessionelle lutherische Mission in Namibia etablieren. Er ermöglichte auch der lutherischen Finnischen Missionsgesellschaft, in den 1870er Jahren die Arbeit unter den Ovambo im Norden Namibias aufzunehmen. Hahns starke lutherische Ausrichtung, sein Internationalismus und sein Respekt vor der einheimischen Kultur brachten ihn in gewisse Konflikte mit dem Missionsverständnis der Leitung der Rheinischen Mission in Barmen. Dort entwickelte der leitende Inspektor, Friedrich Fabri, eine Strategie, bei der die Konfession keine große Rolle spielte, Mission aber so verstanden wurde, dass sie wesentlich zum deutschen Nationalismus und kulturellen Imperialismus beitrug.[44]

Die Arbeit in Namibia unter den Oorlam, Herero, Nama und Damara fand in Gebieten statt, die noch nicht unter direkter europäischer Herrschaft standen – ob nun unter britischer, burischer oder portugiesischer –, und an denen die Europäer bis zum späten 19. Jahrhundert auch keinerlei strategisches Interesse hatten. In dem diffusen politischen und sozialen Milieu, das in dieser Region im 19. Jahrhundert vorherrschte, betätigten sich die rheinischen Missionare in Bereichen, die weit außerhalb ihrer eigentlichen Missionsarbeit, nämlich der Verkündigung des Evangeliums und des Aufbaus autonomer christlichen Gemeinden, lagen. Sie wurden zu Diplomaten und Vermittlern in den Spannungen zwischen verschiedenen Gruppen, die um Land, Vieh und den Zugang zu sicheren Wasserquellen kämpften. In den 1870er Jahren betrachtete die Rheinische Mission eine koloniale Intervention der Deutschen als eine attraktive Option, die der Expansion der britischen Kolonialherrschaft in diesem Gebiet vorzuziehen war.[45] Das seit langem bestehende Interesse deutscher Missionare an diesem Gebiet wurde mitbestimmend bei den Ereignissen, die dazu führten, dass Bismarck 1884 Südwestafrika zu einer deutschen Kolonie erklärte, was auf der Berliner Konferenz 1884/1885 bestätigt, aber erst im Laufe der 1890er Jahre vollständig vor Ort vollzogen wurde.[46] Zu den Appellen von Missionaren an ihre Regierungen, doch zu intervenieren, gibt es Parallelen in der Geschichte der britischen Missionare (als zwei Beispiele seien hier nur Njassaland und Uganda genannt). In Südafrika jedoch verlief die Entwicklung ganz anders. Die Arbeit der Anglikaner etablierte sich erst nach der Machtübernahme der Briten im Jahr 1806. Die Ausdehnung der anglikanischen Kirche war daher im Wesentlichen eine *Folge* und kein *Vorläufer* des britischen Kolonialismus. In Namibia war das deutsche Missionsinteresse die Voraussetzung für das koloniale Interesse Deutschlands – es verstärkte deutsche Ansprüche auf dieses Gebiet erheblich. Nachdem Deutschland die Verwaltung übernommen hatte, befanden sich deutsche Missionare in einer Situation, die vielen britischen Missionaren in anderen Teil des Kontinents vertraut war – mit neuen Verpflichtungen, Zwängen und Dilemmata. Die rheinischen Missionare fungierten als Übersetzer zwischen der einheimischen Bevölkerung und den deutschen Kolonialbeamten. Sie versuchten, zu einer friedlichen Anerkennung der deutschen Kolonialherrschaft beizutragen, und einmal (als es 1889 so aussah, als könnten sich die Deutschen

---

44 Eine eingehende Erörterung dieser Themen findet sich in G.L. Buys und S.V.V. Nambala, History of the Church in Namibia, Windhoek 2003, 52-56, 58-62.
45 Ibid., 58-62.
46 Vgl. Gisela Graichen u. Horst Gründer, Deutsche Kolonien. Traum und Trauma, Berlin, 2007, 93f.

zurückziehen) schrieben sie an den Kaiser und forderten ein Eingreifen des Militärs, um sicherzustellen, dass die deutsche Herrschaft nicht aufs Spiel gesetzt wurde.[47] Dadurch gefährdeten sie eine Zeitlang ihre Glaubwürdigkeit bei den Herero.[48] Mit der deutschen Kolonialherrschaft verloren die Stationen der Rheinischen Mission wie Otjimbingwe ihre Bedeutung als wichtige Zentren von Handel und Politik. Die Mission verlor an Einfluss bei namibischen Führern wie Samuel Maharero, dem „Oberhäuptling" der Herero. Aber ihre Rolle als Vermittler zwischen den traditionellen Führern und der Kolonialmacht erhielt eine neue Bedeutung. Die Missionare hatten Grund zur Kritik an den etwas plumpen Versuchen von Kolonialbeamten, zu überwachen, was die Mission predigte und lehrte. Während des Aufstandes der Herero und Nama von 1904 bis 1908 versuchten die Missionare verzweifelt, der unbarmherzigen Behandlung der Herero durch die deutsche Kolonialarmee, die einer Vernichtung gleichkam, entgegenzuwirken. Die Missionare kümmerten sich um vertriebene Gruppen von Herero, Nama und Damara und um Kriegsgefangene.[49] In dieser Zeit der drohenden Vernichtung wurde das Christentum in seiner lutherischen Form für die Identität, ja tatsächlich für das Überleben der Herero äußerst bedeutsam.[50] Das Dilemma, vor dem Colenso 1879 gestanden hatte – von der britischen Kolonialherrschaft abhängig zu sein und zugleich verzweifelt zu versuchen, die Zulu vor der Vernichtung zu schützen –, wiederholte sich in Namibia ungefähr 30 Jahre später (obwohl die rheinischen Missionare sich niemals so unverblümt äußerten wie Colenso).[51]

„Schwarz" und „weiß"

Als anglikanische Bischöfe in Südafrika waren Gray und Colenso die geistlichen Leiter sowohl von „Weißen" als auch von Einheimischen. Vor der deutschen Okkupation gab es nur wenige deutsche lutherische Siedler, die längere Zeit in Namibia lebten. Nach dem Beginn der deutschen Kolonialherrschaft befand sich die Rheinische Mission das erste Mal in dieser Doppelrolle, in der sie einerseits die Kolonialmacht repräsentierte und andererseits für die einheimischen Bevölkerungsgruppen eintrat. Mit der Ankunft deutscher Siedler (in Landwirtschaft und Handel) nahmen die Widersprüchlichkeiten dieser Rolle nur noch zu. 1895 kam Heinrich Siebe als Pfarrer nach Windhoek, sowohl für die Nama-Gemeinde als auch für die deutschstämmige Gemeinde. Er war von der Rheinischen Missionsgesellschaft entsandt worden und es war klar, dass seine Hauptaufgabe darin bestand, sich auf die Bedürfnisse der deutschen protestantischen Gemeinde zu konzentrieren.[52] Seine Arbeit als Gemeindepfarrer ersetzte jedoch nicht die Arbeit der rheinischen Missionare, die weiterhin die deutschen evangelischen Gemeinden in Windhoek, Lüderitz, Swakopmund und in den anderen Städten und Regionen, in denen sich eine größere Zahl an Deutschen angesiedelt

---

47 Carl-J. Hellberg, Mission Colonialism and Liberation: The Lutheran Church in Namibia 1840-1966, Windhoek 1997, 89-93.
48 Jan-Bart Gewald, Herero Heroes, Kapstadt 1999, 31f.
49 Zu der Arbeit der RMG in den Lagern vgl. die Beiträge #16, #17 und #22 von Engel, Hinz und Lessing.
50 Gewald, Herero Heroes, 224f.
51 Für einen Aufsatz über die Kriegsgeschichtsschreibung von 1904-08 siehe Henning Melber, „The Genocide in 'South-West Africa' and the Politics of Commemoration", in Michael Perraudin und Jürgen Zimmerer mit Kate Heady (Hgg.), German Colonialism and National Identity, New York 2011, 251-263.
52 Vgl. dazu Beitrag #17 von Rudolf Hinz.

hatte, seelsorgerlich betreuen. In dieser Funktion spielte die Rheinische Mission eine ähnliche Rolle wie die anglikanische SPG in Südafrika, da sie ebenfalls sowohl für Siedlergemeinden und als auch Missionsgemeinden da war. Es war für einen einzelnen SPG-Missionar allerdings nicht die Regel, afrikanische und europäische Gemeinden in gleicher Weise zu betreuen. Für die SPG hatte die Arbeit unter den Siedlern eine wesentlich größere Bedeutung, als es für die Rheinische Mission je der Fall war.

In Okahandja wurde die Kirche der Rheinischen Mission offenbar sowohl von der Herero- als auch von der deutschen Gemeinde benutzt, bis die striktere Apartheidpolitik die deutsche Gemeinde veranlasste, ihre eigene Kirche zu bauen – die Friedenskirche direkt gegenüber der alten Missionskirche. Auf dem lutherischen Friedhof in Okahandja ist Nikodemus Kavekunua begraben, der 1896 wegen seines Widerstands gegen die deutsche Herrschaft von der Schutztruppe hingerichtet worden war, sowie mehrere deutsche Offiziere und Soldaten, die im selben Krieg gekämpft hatten.[53] Im 20. Jahrhundert sollte die Apartheidpolitik aus „rassischen" Gründen zunehmend auch die Toten trennen, so wie sie es mit den Lebenden längst tat.

Kirchenarchitektur

Am Kap entwarf die Gattin des Bischofs, Sophy Gray, mit Begeisterung anglikanische Kirchen, die Ausdruck der hochkirchlichen Ekklesiologie ihres Gatten waren. In den 1850er Jahren bedeutete dies eine abgewandelte Form viktorianischer Gotik, die sich stark von den klassischen oder kapholländischen Architekturstilen unterschied.[54] Die Gotik blieb allgemein bis weit ins 20. Jahrhundert hinein der vorherrschende Stil für europäische (nicht nur anglikanische) Kirchen in Südafrika. In Namibia wurden bis zum ersten Jahrzehnt des neuen Jahrhunderts wenige europäische Kirchen gebaut. Einige rheinische Missionsstationen hatten bereits früh versucht, mit ihren Bauten an die kirchliche Landschaft in Deutschland zu erinnern. Die 1859 in Bethanien – der ersten von Schmelen gegründeten Missionsstation – erbaute Kirche hatte zwei Kirchtürme und erinnerte an die Kirche in Unterbarmen. Erst im letzten Jahrzehnt der deutschen Kolonialherrschaft wurden größere Kirchen gebaut, die zur ausschließlichen Nutzung durch deutsche Gemeinden bestimmt waren. Gelegentlich wurde Baumaterial (Holz, Ziegel, etc.) importiert und es finden sich zahlreiche stilistische Anklänge an Deutschland: Die Felsenkirche in Lüderitz (1911), mit neuromantischen Zügen in Architektur und Lage (mit Blick auf den Hafen), hätte einem Gemälde von Caspar David Friedrich entstammen können.[55] Die Kirche in Swakopmund in einem dezenten Rokoko-Stil wurde von einem bayrischen Architekten entworfen; die bunten Glasfenster waren eine Stiftung der Stadt Bremen.[56] Ein Beispiel für eine ungezügelte architektonische Fantasie ist die Christuskirche in Windhoek. Den Grundstein für die von Regierungsbaumeister Gottlieb Redecker entworfene Kirche legte Gouverneur Friedrich von Lindequist. Es handelt sich um ein prächtiges neoromanisches Bauwerk mit – für 1910 – hochmodernen Jugendstilelementen. Das Dachgewölbe wurde von einer Hamburger Firma gebaut, Kaiser Wilhelm II. stiftete die bemalten Glasfenster und eine Kopie des Gemäldes „Die

---
53 Andreas Vogt, National Monuments in Namibia, Windhoek 2004, 139-141.
54 Robert Ross, Status and respectability in the Cape Colony 1750-1870, Cambridge 1999, 109.
55 Vogt, National Monuments, 146f.
56 Ibid., 147f.

Auferstehung des Lazarus" von Peter Paul Rubens war ein Geschenk der Ehefrau von Gouverneur Seitz, dem Nachfolger von Lindequists. 1923, nach dem Ende der deutschen Kolonialherrschaft, wurden mehrere riesige Tafeln errichtet, die den Innenraum der Kirche bestimmen und an all die deutschen Offiziere, Soldaten und Siedler erinnern, die zwischen den 1880er Jahren und 1918 in Deutsch-Südwestafrikas Kolonialkriegen starben. Die Kirche liegt in der Nähe der „Alten Feste", einem Symbol der militärischen Macht der Deutschen. Zwischen der Festung und der Kirche befindet sich das Reiterdenkmal, die eindrucksvolle Gestalt eines deutschen Soldaten zu Pferde, das an den Kolonialkrieg und andere Konflikte der Kolonialzeit erinnert:

> „Zum ehrenden Angedenken an die tapferen deutschen Krieger welche für Kaiser und Reich zur Errettung und Erhaltung dieses Landes während des Herero- und Hottentottenaufstandes 1903-1907 und während der Kalahari-Expedition 1908 ihr Leben ließen."

Es werden die Zahlen der gefallenen Soldaten, Marinesoldaten und Zivilisten (einschließlich vier Frauen) angegeben, insgesamt sind es 1750 Personen. Nicht erwähnt werden die zahlreichen Herero, Nama, Damara und San, die in den Kriegen umgekommen waren.[57]

Die Regierungen des unabhängigen Namibia und des unabhängigen Südafrika haben sich systematisch Versuchen widersetzt, solche Denkmäler der Kolonialvergangenheit zu entfernen. Die anglikanische Kathedrale in Grahamstown zeugt in ähnlicher Weise von einer militärischen Vergangenheit. Seit 1997 steht die Gemeindeleitung vor einem Dilemma. Es wäre unehrlich, diese militärische Verbindung gänzlich zu tilgen, so beschämend sie auch geworden ist. Zudem könnte dies die Nachkommen der Kolonialbeamten und Soldaten vor den Kopf stoßen, von denen einige immer noch den Gottesdienst in der Kirche besuchen oder sich mit Grahamstown verbunden fühlen. Die Gemeindeleitung hat sich für einen Kompromiss entschieden. Die vielen frei stehenden Statuen in der Kathedrale (die häufig Offiziere darstellen) wurden mit dem Gesicht zur Wand gedreht. Tafeln, auf denen der Toten gedacht wird, blieben erhalten, aber anstößige Erwähnungen von „Kaffern" und „Eingeborenen" wurden entfernt.[58]

Die Gemeinde der Christuskirche in Windhoek ist für das Reiterdenkmal nicht verantwortlich, da es ein öffentliches Denkmal ist. Im Kircheninneren jedoch beherrschen immer noch die Gedenktafeln für die in den Kolonialkriegen getöteten Deutschen den Raum. Die Gemeindeleitung hat noch keine Lösung für das Problem gefunden, dass diese Tafeln sich im postkolonialen Namibia an einer so zentralen Stelle in der Hauptkirche in Windhoek befinden. Die Christuskirche gehört immer noch der Deutschen Evangelisch-Lutherischen Kirche in Namibia an, die sich überwiegend um die geistliche Versorgung der Deutschsprachigen in Namibia kümmert. Obwohl seit langem über den Zusammenschluss der drei Zweige des Luthertums in Namibia – rheinisch [Nama, Damara, Herero], finnisch [Ovambo] und deutsch – verhandelt wird, ist dieser bisher noch nicht erreicht worden.[59]

---
57 Ibid., 144f. Zum Reiterdenkmal siehe 103f und zur „Alten Feste" 117-119.
58 Beobachtung bei Besuchen in der Kathedrale von Grahamstown seit dem Ende der Apartheid (zwischen 1992 und 2009).
59 Für Informationen über die Christuskirche siehe Vogt, National Monuments, 144f; Brenda Bravenboer,

Das Erbe der Strukturen aus dem 19. Jahrhundert

Heute hat die Church of the Province of Southern Africa, die Nachfolgerin der von Bischof Gray gegründeten Kirche, für alle Ethnien im südlichen Afrika eine einheitliche Struktur. Ihr Zuständigkeitsbereich erstreckt sich auf die unabhängigen Staaten Namibia, Lesotho, Swasiland und Mosambik. Im Gegensatz dazu ist die lutherische Arbeit viel stärker ein Patchwork von separaten Institutionen. In Namibia unterteilen sich die Lutheraner immer noch entsprechend den drei historisch gewachsenen Bereichen lutherischer Arbeit. Es gibt die Evangelisch-Lutherische Kirche in der Republik Namibia (ELCRN, die ehemaligen Gemeinden der Rheinischen Mission), die Evangelisch-Lutherische Kirche in Namibia (ELCIN, die von der finnischen Missionsgesellschaft gegründete Kirche im Ovamboland) und die Deutsche Evangelisch-Lutherische Kirche. In Südafrika ist die Zersplitterung noch größer, obwohl die größte lutherische Kirche, die Evangelisch-Lutherische Kirche im Südlichen Afrika (ELCSA), die Kirchen vereinigt, die aus der Arbeit der Berliner Missionsgesellschaft, der Hermannsburger Mission sowie norwegischer, schwedischer und amerikanischer Missionare hervorgegangen waren. Die deutschen Lutheraner schlossen sich in einer Parallelorganisation zusammen, der United Evangelical Lutheran Church of Southern Africa (UELCSA), deren Struktur dezentraler ist als die der ELCSA. Wie in Namibia gibt es Gremien, die bestrebt sind, die Arbeit dieser verschiedenen Gruppen zu koordinieren, und man hofft, dass eines Tages eine einzige lutherische Kirche daraus erwachsen wird.[60] Doch abgesehen von diesen konfessionellen Institutionen gibt es immer noch Gruppen, die auf die Spaltungen im 19. Jahrhundert zurückgehen, wie jene innerhalb der Hermannsburger Mission (und der mit ihr verbundenen Spaltung der deutschen Lutheraner in Südafrika) in den 1890er Jahren. Einige dieser Gruppen sind jetzt in der Freien Evangelisch-Lutherischen Synode in Südafrika zusammengeschlossen.

Wenn die anglikanische Kirche auch wesentlich einfacher und einheitlicher in ihren kirchlichen Strukturen zu sein scheint, so sind doch auch bei ihr Auswirkungen von Konflikten aus dem 19. Jahrhundert zu erkennen. Die wichtigste ist – indirekt – ein Erbe der bekannten Kontroverse zwischen Bischof Gray und Bischof Colenso. Empört über den seiner Meinung nach unannehmbaren theologischen Liberalismus Colensos klagte Gray ihn der Häresie an, befand ihn für schuldig und enthob ihn seines Amtes. Colenso weigerte sich, seine Absetzung anzunehmen, weil er nicht akzeptierte, dass es sich bei seinen Auffassungen um Ketzerei handelte, und weil er – was juristisch gesehen von größerer Bedeutung war – geltend machte, dass er von der Königin zum Bischof ernannt worden und Gray nicht für ihn zuständig sei. Schließlich gewann Colenso sein Berufungsverfahren beim Privy Council in London und blieb bis zu seinem Tod Bischof von Natal.[61] Gray jedoch

---

Windhoek, Windhoek 2004, 63-4, 366.

60 Die offizielle Website der UELCSA ist www.uelcsa.org.za [27.6.2011]. Es gibt verschiedene Websites, die sich auf die ELCSA beziehen, darunter auch die Website des ÖRK unter dem Menüpunkt „Member churches": www.oikoumene.org/gr/member-churches [27.6.2011]. Dort findet sich die Bemerkung: „Die Gespräche über eine Vereinigung zwischen der ELCSA und der United Evangelical Lutheran Church of South Africa [...] waren bisher ergebnislos" (eine Feststellung vom 01.01.2006).

61 Siehe Guys ausgezeichnete Biographie (Guy, The Heretic). Guy ist auch der Verfasser einer noch fesselnderen Biographie über Bischof Grays Tochter, Hariette, die sein Engagement für die Zulu-Monarchie fortführte: Jeff Guy, The View from the River: Harriette Colenso and the Zulu Struggle against Imperialism, Kapstadt 2001.

machte sich daran, dem Anglikanismus in Natal ein neues Gesicht zu geben, indem er die Diözese Pietermaritzburg errichtete, die voll in die Kirche der Provinz integriert wurde. Nach Colensos Tod war das Schisma in Natal mehr oder weniger überwunden. Allerdings war man in manchen „weißen" Gemeinden in ganz Südafrika (nicht nur in Natal) unzufrieden mit Grays anglo-katholischem Kirchenverständnis. Manche englischen Siedler empfanden die neue Betonung von Ritual und Zeremonien als etwas Fremdes, was nicht zu ihrer Identität als Engländer und Protestanten passte. Das führte dazu, dass eine Organisation entstand, die sich Church of England in South Africa (CESA) nannte. Diese Gemeinschaft nahm für sich eine größere Treue zur Church of England als Staatskirche in Anspruch – im Geist und in der Lehre sowie im Gebrauch des *Book of Common Prayer*. Aber trotz ihrer Absicht und ihres Wunsches, das Ethos und die Traditionen der Church of England in Südafrika aufrechtzuerhalten, wurde die CESA von den Anglikanern als schismatische Gemeinschaft betrachtet – allerdings wurde sie erst 1955 vom Erzbischof von Canterbury, Geoffrey Fisher, offiziell dazu erklärt. Daher ist die Church of England in South Africa **nicht** in Gemeinschaft mit der Church of England und gehört auch nicht zur Anglikanischen Gemeinschaft.[62] Die CESA legt Wert auf eine konservative evangelikale Theologie, die bei Colenso wenig Zustimmung gefunden hätte. Anglikaner aus dem Volk der Zulu, die Colenso verehren, nehmen dennoch engagiert am Leben der Church of the Province, d.h. der großen anglikanischen Kirche von Südafrika, teil. Die Church of England in South Africa war vor allem für „weiße" Südafrikaner englischer Abstammung attraktiv. Da in den Gemeinden der Church of the Province, vor allem in Innenstädten und Kathedralen, die Rassenintegration immer mehr zunahm (schon vor dem offiziellen Ende der Apartheid), wurde die CESA ein Zufluchtsort für „Weiße", die sich mit dem anderen Ethos, der Spiritualität und dem Gottesdienststil einer Gemeinde, die weitgehend „schwarz" ist und einen „schwarzen" Pastor hat, nicht wohl fühlen.[63] In den letzten Jahren hat sich die CESA bemüht, auch Menschen jenseits ihrer „weißen" Klientel anzusprechen. Die CESA legt besonderes Gewicht auf Katholizität in dem Sinn, dass sie offen für Menschen aller „Rassen" ist, so wie es auch die Niederländisch-Reformierte Kirche, in der früher Rassentrennung praktiziert wurde, seit dem Ende der Apartheid betont. Durch ihre konservative Haltung in ethischen Fragen hat die CESA auch eine gewisse Anziehungskraft für Anglikaner aller „Rassen", die der Ansicht sind, dass die liberale Einstellung der CPSA, nicht zuletzt zu gleichgeschlechtlichen Beziehungen, zu weit geht.[64]

Eine eigene Organisation *innerhalb* der CPSA ist der Order of Ethiopia, eine „schwarze" Bewegung, der hauptsächlich Xhosa angehören und die Ende des 19. Jahrhun-

---

62 Hinchliff, The Anglican Church, 221-225. – Ein informativer geschichtlicher Abriss von B.D. Cameron findet sich unter www.cesa.org.za/history.html [27.6.2011].
63 „Weißen" Afrikanern, mit denen ich über dieses Thema gesprochen habe, ist es wichtig zu betonen, dass sie nicht gegen Integration an sich seien; sie hätten vielmehr den Eindruck einer Geringschätzung ihrer Traditionen und dies missfalle ihnen. Jedoch ist eindeutig, dass das post-rassistische Südafrika der Post-Apartheid nur eingeschränkt bejaht wird.
64 Es werden freundschaftliche Beziehungen mit konservativen evangelikalen Hochburgen wie der Diözese Sydney in Australien unterhalten, die theologische Lehrer und einen Bischof stellte. Infolge der jüngsten Kontroversen über die Homosexualität, die die Anglikanische Gemeinschaft spalten, sind auch wieder Verbindungen mit einigen konservativen Evangelikalen in England selbst aufgenommen worden.

derts als Alternative zu einer unabhängigen afrikanischen Kirche „äthiopischer" Spielart entstand. [65] Diese *ecclesiola in ecclesia* lässt sich mit der Herrnhuter Brüdergemeine vergleichen, die in Südafrika weiterhin einen unverwechselbaren, aber dennoch eindeutig lutherischen Charakter besitzt.

Fazit

In der Rezension einer kürzlich in Übersetzung erschienenen Biographie Dietrich Bonhoeffers in der *Church Times* heißt es:

> „Die Church of England mit ihrer einheitlichen Diözesanstruktur wirkt geradezu totalitär verglichen mit dem Flickenteppich des deutschen Protestantismus." [66]

Dieser ziemlich alltägliche Vergleich scheint erst recht auf Südafrika zuzutreffen. Wie dieser Überblick zeigt, war in Südafrika im 19. Jahrhundert der spezifische europäische Kolonialbeitrag für die Entwicklung des Anglikanismus von wesentlich zentralerer Bedeutung als für die Entwicklung des Luthertums. Die lutherische Missionsarbeit war risikofreudiger und unabhängiger vom Wachstum der britischen Kolonialmacht. Ganz im Gegensatz zur anglikanischen Arbeit erwuchs der lutherische Dienst unter den deutschen Siedlern aus der Missionsarbeit und unterstützte diese. Für eine kurze Zeitspanne zwischen 1884 und 1916 schuf die Allianz zwischen deutschen Lutheranern und dem kolonialen Deutschland eine neue Situation in Namibia. Dennoch war die lutherische Missionsarbeit nach wie vor von wesentlich größerer Bedeutung als die pastorale Arbeit unter den deutschen Siedlern. Durch das Ende des deutschen Kolonialismus während des Ersten Weltkrieges reduzierte sich diese Bedeutung noch weiter. Ein direkter Vergleich mit der anglikanischen Arbeit während der Zeit des deutschen Kolonialismus in Namibia ist nicht möglich, weil es zu der Zeit keine anglikanische Arbeit gab. Nach dem Ende des Krieges unterstellte der neu gebildete Völkerbund die ehemalige deutsche Kolonie dem Mandat der Südafrikanischen Union (die seit 1910 selbstverwaltetes britisches Dominion war). Erst dann fasste die anglikanische Arbeit richtig Fuß. In Namibia bildeten die Anglikaner im Vergleich zu den Lutheranern immer eine sehr kleine Minderheit. Die anglikanische Missionsarbeit konzentrierte sich auf das Ovamboland im Norden – die Missionsstation und die Schule in Odibo waren wichtig, aber verglichen mit der Aktivität der finnischen Lutheraner war die Arbeit doch sehr begrenzt. Andernorts beschränkten sich die Anglikaner mehr oder weniger auf die seelsorgerliche Arbeit unter englischen Südafrikanern – in Windhoek und einigen anderen städtischen Zentren. Mit Pfarrer Theofilus Hamutumpangela, einem Priester aus Odibo, brachte die anglikanische Kirche von Namibia einen sehr bedeutenden Führer im Kampf gegen die Apartheid hervor. Seine Statue steht stolz zusammen mit denen anderer Freiheitskämpfer (darunter vieler Lutheraner) auf dem Parliament Square nicht weit entfernt vom Reiterdenkmal.[67]

Auf der anderen Seite des Subkontinents, in Zululand, schätzte Bischof Colenso die sprachliche und anthropologische Pionierarbeit des norwegischen lutherischen Missionars

---

65 T.D. Verryn, A History of the Order of Ethiopia, Cleveland, Transvaal: Mission Press, 1972.
66 John Arnold , Rezension von Ferdinand Schlingensiepen, Dietrich Bonhoeffer: Martyr, thinker, man of resistance, Edinburgh 2009, erschienen in der Church Times, 18. Juni 2010.
67 Buys/Nambala, History of the Church in Namibia, 201-203.

Hans Schreuder (der 1866 selbst Bischof wurde). Jedes Jahr am 9. März gedenkt die Church of the Province of Southern Africa des Zulu-Märtyrers Maqhamusela Khanyile, der 1877 auf Befehl von König Cetshwayo getötet wurde, weil er gegen die Militarisierung der jungen Zulu-Männer opponierte. Er war auf der norwegisch-lutherischen Missionsstation Eshowe Christ geworden. Dass dieser Lutheraner als Märtyrer gesehen wird, geht zu einem großen Teil auf die Initiative der anglikanischen Kirche in Zululand in der zweiten Hälfte des 20. Jahrhunderts zurück. Es wurde anerkannt, dass Maqhamusela ein Vorbild für alle Zulu-Christen sei. Zu diesem Zeitpunkt waren die Zulu-Könige, Cetshwayos Nachfolger, Anglikaner geworden. Maqhamusela Khanyiles Zeugnis erinnert daran, dass das Christentum nicht in erster Linie eine Frage konfessioneller Bindung ist. Es zeigt auch, dass die Treue zu Christus über die politische Loyalität hinausgeht.[68]

---

68 Margarete Nürnberger, die sich selbst als „weiße südafrikanische Lutheranerin" bezeichnet, hat den detailliertesten Bericht über Maqhamushela Kyanyiles Leben und Tod und über den Prozess vorgelegt, durch den er in der Anglikanischen und der Evangelisch-Lutherischen Kirche in Zululand als Märtyrer anerkannt wurde (Margarete Nürnberger, A Zulu martyr? What are the factors that led to the sparse and irregular public commemoration of Maqhamusela Khanyile in the Lutheran Church to which he belonged, unveröffentlichte Magisterarbeit, Rhodes Universität, Grahamstown 2000).

Kroondal im Kontext des Südafrikanischen Krieges

Die Beziehungen deutschsprachiger Siedler zu Buren und Afrikanern

Marcus Melck

Einleitung

Dieser Aufsatz untersucht die Beziehungen zwischen der deutschen Siedlergemeinschaft Kroondal und der lokalen burischen und afrikanischen Bevölkerung zur Zeit des Südafrikanischen Krieges (1899-1902). Der Krieg ist für die Untersuchung dieser Beziehungen deshalb von Bedeutung, weil er auf einzigartige Weise Stimmungen und Einstellungen beleuchtet, die andernfalls nicht dokumentiert worden wären. Für die deutschsprachige Gemeinschaft, die sich weitgehend aus Einwanderern der ersten und zweiten Generation zusammensetzte, erwies sich der Krieg als entscheidend bei der Entwicklung eines Zugehörigkeitsgefühls zur afrikanischen Region des westlichen Transvaal (der heutigen Provinz Nordwest). Der Südafrikanische Krieg stellt daher einen idealen Zeitpunkt dar, um Kroondal in den Kontext der südafrikanischen Gesellschaft an der Wende des vorigen Jahrhunderts einzuordnen.

Da über Kroondals Geschichte nur wenig veröffentlicht wurde, stützt sich diese Studie auf größtenteils unbekannte und unveröffentlichte Briefe und Erinnerungen von Kroondalern aus jener Zeit. Die Dokumente finden sich hauptsächlich in der Bibliothek der Gemeinde Kroondal, die in der alten lutherischen Kirche an der Straße nach Rustenburg untergebracht ist. Eine Reihe weiterer Dokumente, zumeist Originale, sind immer noch im Besitz der Nachfahren der Zeitzeugen des Krieges. Zwei bemerkenswerte Ausnahmen stellen *Rustenburg at War* von L. Wulfsohn[1] und das Tagebuch von Oskar Hintrager, herausgegeben von J.J. Oberholster als *Christiaan de Wet Annale 2*,[2] dar. Beide Bücher enthalten unabhängige Kommentare zu Kroondal als deutschsprachiger Siedlung sowie einige kurze, aber sehr wertvolle Bemerkungen über Kroondal zur Zeit des Krieges.

Obwohl sich diese Studie in erster Linie mit dem Dorf Kroondal beschäftigt, schließt sie auch die beiden Hermannsburger Missionsstationen Kana und Bethanie mit in die Analyse ein. Diese deutschen Siedlungen werden ebenfalls berücksichtigt, weil zwei ihrer Einwohner, A. Behrens und H. Wenhold, zur Kroondaler Gemeinschaft gehörten und uns wertvolle Einblicke in die Zeit der Kriegsjahre hinterlassen haben. Kana liegt ungefähr 15 Kilometer Luftlinie nördlich und Bethanie etwa 35 Kilometer nordöstlich von Kroondal entfernt.[3]

---

1 Lionel Wulfsohn, Rustenburg at War, Kapstadt 1987.
2 J.J. Oberholster (Hg.), Dagboek van Oskar Hintrager – saam met Christiaan de Wet, Mei tot September 1900, Christiaan de Wet-Annale, Bd. 2, Bloemfontein 1973.
3 Vincent Carruthers, The Magaliesberg, Pretoria 2000, 277, 390.

Die deutschsprachige Siedlergemeinschaft Kroondal

Das Dorf Kroondal wurde offiziell im Jahr 1889 gegründet, als einige deutsche Missionare und Bauern die Farm *Kronendal*, wenige Kilometer vom Stadtrand von Rustenburg entfernt, kauften. Sie beabsichtigten damit, das Wachstum der deutschsprachigen Siedlergemeinschaft in der Region zu fördern.[4]

Die Anfänge der deutschen Besiedlung dieses Gebiets lassen sich jedoch bereits auf das Jahr 1864 zurückführen, als Missionare der Hermannsburger Missionsgesellschaft in der Region eintrafen. Der Präsident der Südafrikanischen Republik, M. Pretorius, hatte sie darum gebeten, unter der lokalen Bevölkerung, den Batswana, zu arbeiten.[5]

Wie damals bei der Missionsgesellschaft üblich, wurden die Hermannsburger Missionare von deutschen Siedlern begleitet, deren Aufgabe es war, die Mission praktisch zu unterstützen sowie der örtlichen Bevölkerung die Grundprinzipien eines christlichen Lebensstils zu demonstrieren. Dieses System, wenn auch letztlich unpraktisch, führte zur Gründung mehrerer deutschsprachiger Siedlergemeinden – darunter auch Kroondal – in der damals britischen Kolonie Natal und der unabhängigen burischen Südafrikanischen Republik.[6]

Im Fall von Kroondal lässt sich der Einfluss der Hermannsburger Mission deutlich daran erkennen, dass die überwiegende Mehrheit der Einwohner eng mit der Mission verbunden war. Folglich kann man davon ausgehen, dass die Identität von Kroondal und seiner Einwohner über mehrere Generationen hinweg stark von der lutherischen Lehre geprägt war. In den ersten zehn Jahren nach ihrer Gründung und nach Ausbruch des Südafrikanischen Krieges konsolidierte sich die Siedlergemeinde Kroondal, indem sich Einwohner gegenseitig unterstützten. Neben leistungsfähigen Farmen hatte sie schon bald eine Schule, eine Mühle und eine malerische kleine Kirche vorzuweisen.[7]

Kroondal während des Krieges von 1899 bis 1902

Kroondal liegt nur acht Kilometer südlich der Stadt Rustenburg. Während des Krieges teilte die kleine Siedlung das Schicksal der größeren Nachbarstadt natürlich weitgehend – im Guten wie im Schlechten. Die wesentlich besser dokumentierte Rolle Rustenburgs im Krieg muss hier daher ebenfalls thematisiert werden. Zugleich muss man betrachten, in welchen Situationen es Kroondal anders erging als Rustenburg.

Nach der am 30. September 1899 ausgerufenen allgemeinen Mobilmachung der Südafrikanischen Republik folgten alle tauglichen Kroondaler dem Aufruf der Buren und meldeten sich zum Dienst im Kommando in Rustenburg. Wulfsohn erwähnt ausdrücklich die Namen Lange, Wenhold, Penzhorn, Müller, Ottermann, Backeberg, Behrens, Harms und Muhl.[8] Am 11. Oktober wurde der Krieg erklärt und der größte Teil des Kommandos

---
4 Hugo und Irene Behrens, Die Siedlung Kroondal – 100 Jahre 1889-1989. Festschrift zur Jubiläumsfeier am 4. November 1989, Kroondal 1989, 4.
5 Behrens, Die Siedlung Kroondal, 4; Carruthers, The Magaliesberg, 277.
6 Hermannsburg Colonists, URL: www.safrika.org/hmbcolo.html [20.05.2011]. – Siehe auch Beitrag #11 von Reino Ottermann in diesem Sammelband.
7 Reino Ottermann, Festschrift Ottermann, Stellenbosch 1993, 26; Ernst Penzhorn (Hg.), 100 Jahre. Deutsche Evangelisch-Lutherische Kirchengemeinde Kroondal, 1896 bis 1996, Kroondal 1996, 8.
8 B. Penzhorn, Penzhorn – 125 Jahre in SA, Kroondal 1987, 21; August Behrens, Der Farmer von Kroondal, Hermannsburg 1956, 60f.

Rustenburg an der Westgrenze des Transvaal stationiert. Hier waren die Kroondaler unter anderem an den Gefechten bei Derdepoort und Gaborone und der Belagerung und Erstürmung von Mafikeng beteiligt.[9]

Die Anfangsphase des Krieges, bevor die Belagerungen der Buren aufgehoben und Bloemfontein und Pretoria von den Briten eingenommen wurden, wirkte sich auf das Leben in Rustenburg und der umliegenden Region noch nicht direkt aus. Für die im Buschveld lebenden Menschen waren die Folgen mehrerer Naturkatastrophen und Seuchen, die sich in den Jahren zuvor ereignet hatten, im Jahr 1899 immer noch spürbar und stellten anfänglich eine wesentlich konkretere Bedrohung dar als der Krieg, der an den Grenzen der Burenrepubliken geführt wurde.[10] Tatsächlich waren Malaria und andere Krankheiten für das Rustenburg-Kommando, das zur Verteidigung der nördlichen Grenzen abgestellt worden war, eine ebenso große Gefahr wie Überfälle „marodierender" Afrikaner aus dem Protektorat Betschuanaland.[11]

In einem Auszug aus der *Chronik der Station Kana* von Missionar Hermann Wenhold, von dessen sechs Söhnen sich fünf dem Kommando während des Krieges angeschlossen hatten, heißt es:

> „Hatten wir nun auch direkt noch nicht von dem Krieg zu leiden, so gingen doch die Sorgen an für die lieben Kinder. Meine 3 Söhne waren in einem Lager, weit nördlich von Mafiking unten am Mariko im Buschfelde, eine arge Fiebergegend."[12]

Ein weiterer Brief (vom 12. August 1899), dieses Mal von Missionar Christian Müller aus Kroondal an seinen Schwager in Deutschland, schildert die allgemeine Situation:

> „Das böse Malariafieber hat uns dies Jahr wieder gehörig geschüttelt, und es sind demselben ziemlich viel erlegen [...] Eins unserer Großkinder ist am Fieber gestorben, ich hab auch über 8 Tage schwer krank am Fieber danieder gelegen […] Ach es sind die letzten beiden Jahre sehr schwere Jahre hier gewesen. Erst die Rinderpest und Fieber, und Dürre und Heuschrecken, und wieder Dürre, Heuschrecken und Fieber."[13]

Die Angst vor einem Überfall von Afrikanern spielte jedoch mit Sicherheit eine Rolle im Leben der Kroondaler, vor allem nach dem berüchtigten Angriff auf Derdepoort am 25. November 1899, bei dem eine (ungeklärte) Anzahl burischer Männer und Frauen getötet wurde.[14] Dass dieser Vorfall gravierende Auswirkungen auf die Bevölkerung von Kroondal hatte, wird sich in der Erörterung der Beziehungen zwischen den deutschen Siedlern und Afrikanern noch zeigen. Während der ersten Hälfte des Jahres 1900 forderte das Malariafieber unter den Kommandos an der nordwestlichen Grenze und unter der Zivilbevölkerung

---

9 Wulfsohn, Rustenburg at War, 136f.
10 Reino Ottermann (Hg.), Pastor Christian Müller (1836-1916) und Frau Luise Müller, geb. Ottermann (1844-1930) von Kroondal, Kroondal 1995, 23.
11 Hugo und Irene Behrens u.a., 100 Jahre Muhls in Südafrika – Festschrift, Kroondal 1983, 18.
12 Hermann Wenhold, Chronik der Station Kana, in: Unisa Archives, ADA 366595, 93f.
13 Ottermann, Pastor Christian Müller und Frau Luise Müller, 23.
14 Thomas Pakenham, The Boer War, London 1992, 472; Behrens, Der Farmer von Kroondal, 58; Owen Coetzer, Fire in the Sky – The Destruction of the Orange Free State 1899-1902, Weltevreden Park 2000, 78; Fransjohan Pretorius, Die Anglo-Boereoorlog 1899-1902, Kapstadt 1998, 76.

in der Region Rustenburg weitere Opfer.[15] In einem anderen Brief vom Mai 1900 berichtete Missionar Müller seinem Schwager von den schrecklichen Auswirkungen der Krankheit auf seine Familie und Freunde:

> „Daß es dir und deiner lieben Familie noch gut geht freut uns sehr. Uns geht es nicht so besonders gut, Krankheit und Todesfälle sind in letzter Zeit häufig bei uns und in unserer Verwandtschaft eingekehrt. Erst wurde unser Hermann auf dem Kommando krank, er hat 6 Wochen am Klimafieber gelegen […] Dann am ersten April starb unser Großkind Hermann Glatthaar am Fieber im Alter von 2 Jahren 19 Tagen […] Und nachmittags als ich wieder zur Kirche ging, erhielt ich ein Telegramm vom Missionar Jensen von Linokana: ‚Missionare Behrens auf Ramotsa (Harmshoop) und Frau tod, die Kinder sind hier, komm so bald als möglich sie zu holen.' Behrens war am 22 März gestorben, Christine am 29 März. Am 2 April beerdigten wir den kleinen Hermann Glatthaar in Rustenburg und des Nachmittags fuhr ich mit meiner ältesten Tochter Louise von Rustenburg weg nach Linokana. Freitag morgen kamen wir auf Linokana an, fuhren dann am Sonnabend morgen wieder von dort weg mit den 5 kranken Großkindern, von denen das jüngste 4 Monate alt war. Ach wie schwer ist mir die Reise geworden, manches mal habe ich mich satt geweint auf dem Wege. Die älteste Tochter war fast vom Fieber gelähmt ich mußte sie heben und tragen wie ein kleines Kind. Dienstag Nacht 1 Uhr kamen wir bei Johannes Glatthaar am Elandsrevier an, als die Sonne aufgegangen war trug ich [sie] in Decken gehüllt ins Haus, da munterte sie sich ordentlich auf als Glatthaars Kinder um sie herum spielten, doch gegen 9 Uhr wurde sie kränker und um ½10 Uhr Vormittags hatte sie ausgelitten."[16]

Missionar Müller kehrte am Donnerstagabend nach Kroondal zurück; am Samstag lag seine Gattin mit Fieber darnieder und am 24. Februar um zwei Uhr morgens verlor der bedauernswerte Missionar einen weiten Enkelsohn durch Malaria.[17]

Als der Sommer des Jahres 1900 verging und die Malariafälle zurückgingen, sahen sich die Städte des westlichen Transvaal einer neuen Bedrohung gegenüber, nämlich der Invasion und Belagerung durch die Briten. Für ein großes Kontingent des Rustenburg-Kommandos, das schon zu Beginn des Krieges für die Belagerung der Stadt Mafikeng an der Grenze zwischen der Kapkolonie und dem westlichen Transvaal eingesetzt worden war, zog sich der Krieg inzwischen schon lange hin. Für diese Männer reichte im Mai 1900 die Nachricht aus, dass eine starke britische Truppe zur Befreiung Mafikengs im Anmarsch war, um ihre bereits nachlassende Entschlossenheit vollends zu brechen. Die Mehrheit des Kommandos war bald desertiert und auf dem Weg nach Hause. Nachdem er der Belagerung von Mafikeng ein Ende gemacht hatte, übernahm der gefeierte Kommandant der Stadt und spätere Generalmajor Oberst Robert Baden-Powell das Kommando über die nördliche Flanke der britischen Invasion im Transvaal, die vom neuen Oberbefehlshaber Lord Roberts geführt wurde. Baden-Powells Truppe begann gänzlich ungehindert den Vormarsch

---

15 Behrens, Der Farmer von Kroondal, 60.
16 Ottermann, Pastor Christian Müller und Frau Luise Müller, 28-30.
17 Ibid., 29f.

auf Rustenburg, das er am 14. Juni 1900 einnahm und mit einer kleinen Garnison besetzte – nur eine Woche, nachdem Lord Roberts am 5. Juni Pretoria besetzt hatte.[18]

Für die Kroondaler wie auch für die meisten anderen Einwohner der Region schien der Krieg vorbei, der größte Teil des Rustenburg-Kommandos lieferte seine Waffen ab und leistete einen Neutralitätseid. Erst nachdem deutlich wurde, dass eine Mehrheit der burischen Anführer ihren Kampf als Guerillakrieg fortsetzen würde, ließen sich viele Rustenburger dazu bewegen, sich den Kommandos wieder anzuschließen.[19] Ob auch jene Kroondaler, die sich mit ihrem Kommando in der Nähe der Heimat befanden, kapitulierten, so wie es der Großteil des Rustenburg-Kommandos tat, ist eine interessante Frage. Es ist schwierig, diese Frage eindeutig zu beantworten, doch vieles weist darauf hin, dass einige Kroondaler tatsächlich nach Hause zurückkehrten. In seinen unter dem Titel *Der Farmer von Kroondal* veröffentlichten Erinnerungen äußert sich August Behrens kurz darüber, wie demoralisiert die Menschen in jener Zeit waren:

> „Zu Ende 1900 waren die Kommandos der Buren sehr auseinandergesprengt. Viele Bürger gingen nach Hause, auch mein Bruder (Georg) [...] die allgemeine Meinung war, daß der Krieg [...] zu Ende sei."[20]

August Behrens schreibt, dass er seine Waffen abgegeben und dafür einen „Residential-Pass" bekommen habe, der es ihm erlaubte, zu Hause zu bleiben.[21] Diese *Hendsoppers* (Kämpfer, die vor den Briten kapitulierten) haben bei burischen Kriegshistorikern eine traurige Berühmtheit erlangt, ganz zu schweigen von den Bevölkerungsgruppen, in deren kollektivem Gedächtnis der Krieg noch lebendig ist.[22] Auch der Autor Lionel Wulfsohn bezeichnete sie in seinem Buch als das „traurigste Phänomen des ganzen Südafrikanischen Krieges". Er zeigte jedoch Verständnis dafür, dass gewisse Umstände das Verhalten der desillusionierten Burgher und weiterer Gefolgsleute der Buren, einschließlich der deutschsprachigen Kroondaler, beeinflusst haben.[23]

Bei August Behrens, dem man zu Beginn des Krieges die Rolle des Zivilisten zugewiesen hatte, war die Abgabe seiner Waffen vollkommen gerechtfertigt, um einen Residential-Pass zu erhalten.[24] Es wäre sehr interessant zu wissen, was Augusts Bruder, Georg Behrens, gedacht hat, der während dieser Zeit aus dem Kommando nach Hause zurückkehrte, doch er hat uns leider keine Erinnerungen an seine Kriegserlebnisse hinterlassen. Wie es Georg Behrens erging, können wir möglicherweise dem historischen Roman *Wir reiten mit de la Rey* von Paul Skawran entnehmen. Das Buch enthält zwar fiktionale Elemente, basiert aber dennoch weitgehend auf den Erinnerungen von Kroondalern, die am Krieg teilnahmen. Skawran zufolge kehrte Georg Behrens mit seinem Kommando aus Derdepoort zurück,

---

18 L. S. Amery (Hg.), The Times History of the War in South Africa, 1899-1902, London 1906, 218, 221, 225f; Carruthers, The Magaliesberg, 298.
19 Wulfsohn, Rustenburg at War, 72-76.
20 Behrens, Der Farmer von Kroondal, 67.
21 Ibid., 61.
22 Threwhella Cameron und S. B. Spies (Hgg.), An Illustrated History of South Africa, Johannesburg 1988, 217.
23 Wulfsohn, Rustenburg at War, 72-73.
24 Behrens, Der Farmer von Kroondal, 61.

wurde unterwegs jedoch krank und kam in ein überfülltes Krankenhaus in Rustenburg.[25] Es ist sehr wahrscheinlich, dass er bald darauf in die Obhut seiner Familie entlassen wurde, wo er blieb, bis er wieder zum Kommando zurückkehrte.[26] Obwohl sich die Bewegungen der Kroondaler nicht mehr genau rekonstruieren lassen, scheint es doch genug Hinweise darauf zu geben, dass keiner von ihnen – oder zumindest nur sehr wenige – seine Einheit im Stich ließ und nach Hause zurückkehrte. Tatsächlich äußert sich Wulfsohn, der Kroondal etwas mehr als eine Seite widmet, nur lobend über die Männer der „kleinen deutschen Siedlung" und bringt damit eine positive Einschätzung des Verhaltens der Kroondaler in jener Zeit zum Ausdruck.[27]

Für die Bewohner von Kroondal zeichnete sich die erste Zeit nach der britischen Besetzung im Juni 1900 dadurch aus, dass die Gegend um die Magaliesberge in raschem Wechsel mal von burischen, mal von englischen Truppen gehalten wurde.[28] Hierfür gab es viele Gründe. Entscheidend war jedoch einerseits die Guerillataktik der Kommandos sowie andererseits die Unfähigkeit der imperialen Truppen, die weitläufige und häufig sehr schroffe Gegend zu besetzen, was vor allem an der geringen Truppenstärke lag. Erschwert wurde die Situation noch dadurch, dass das britische Oberkommando davon überzeugt war, dass der Krieg im Wesentlichen vorbei und nun nur noch ein schnelles „Säuberungsmanöver" nötig sei, um jene Buren zu „erledigen", die noch im Feld waren.[29]

Am 29. November 1900 ging das Kommando der britischen Truppen in Südafrika von Lord Roberts, der die Offensive auf Bloemfontein und Pretoria geleitet hatte, an Lord Kitchener über, der nun die Aufgabe hatte, die noch verbliebenen Kommandos zu bändigen.[30] Als Mann von Ehrgeiz und keinerlei Skrupeln hatte Kitchener wenig Geduld mit dem anhaltenden Widerstand der unbeugsamen Kommandos und wendete verschiedene Strategien an, um die Fähigkeit der Buren zur Kriegsführung einzuschränken.[31] In großem Maßstab betrieb er eine „Politik der verbrannten Erde", in deren Rahmen Farmen zerstört und die Bewohner ländlicher und kleiner städtischer Siedlungen in Konzentrationslagern interniert wurden. Die Kommandos wurden durch die Errichtung von Hochbunkern, den sogenannten Blockhäusern, und koordinierte „Infanterie-Vorstöße" im Veld in die Enge getrieben.[32]

Die Einwohner von Kroondal hatten das Unglück, dass sie von all diesen Taktiken mitbetroffen waren, und in dieser Hinsicht unterschied sich ihr Los in dieser Kriegsphase deutlich von dem der Rustenburger.[33] Entsprechend wurden die „weißen" Einwohner von Kroondal und anderen kleinen Siedlungen und Farmen aus der Gegend im Januar 1901

---

25 Paul Skawran, Wir Reiten mit de la Rey, Wien 1971, 63.
26 Behrens, Der Farmer von Kroondal, 67. – August Behrens zufolge schloss sich sein Bruder Georg de la Reys Kommando an und wurde schließlich Feldkornett. Kurz vor Kriegsende sei er dann gefangen genommen worden.
27 Wulfsohn, Rustenburg at War, 136f.
28 Behrens, Der Farmer von Kroondal, 62.
29 E. Lee, To the Bitter End. A Photographic History of the Boer War 1899-1902, Pretoria 2002, 118.
30 Cameron/Spies, An Illustrated History of South Africa, 212; Lee, To the Bitter End, 133.
31 Ibid., 136.
32 Fransjohan Pretorius, Life on Commando During the Anglo-Boer War 1899-1902, Cape Town 1999, 14; Carruthers, The Magaliesberg, 328.
33 Wulfsohn, Rustenburg at War, 137-140.

verhaftet und nach Pretoria oder in die Konzentrationslager in Irene oder Kroonstadt gebracht, wo sie auf das Kriegsende warten mussten.[34]

Kitcheners Entscheidung, Kroondal in seine Liste der zu „säubernden" Siedlungen aufzunehmen, lässt sich möglicherweise darauf zurückführen, dass die meisten Männer aus Kroondal immer noch im Kommando dienten. Zudem gingen die Briten damals wohl davon aus, dass die Internierung der Frauen und Kinder der „Burgher" die Buren veranlassen würde, die Waffen niederzulegen. Auf jeden Fall aber waren die offensichtlichen Sympathien der Kroondaler für die burische Republik für Kitchener nicht zu akzeptieren, und er versuchte verzweifelt, den Zugang der burischen Kommandos zu Versorgungsmaterial zu blockieren – Nachschub, mit dem die Kroondaler die Kommandos zweifellos weiterhin versorgt hätten. Von Januar 1901 bis zum Friedensschluss im Mai 1902 war Kroondal verlassen und verwüstet. In den wenigen bewohnbaren Gebäuden lebten afrikanische Familien und gelegentlich britische Soldaten.[35]

Die Beziehungen zwischen den Kroondaler Deutschen und Buren: Zugehörigkeit und Nichtzugehörigkeit

Um die Stellung und den Charakter von Kroondal als eigenständiger Gemeinschaft innerhalb der Südafrikanischen Republik zu verstehen, muss man die Beziehungen und die Stimmung zwischen den Deutschen aus Kroondal und den Buren aus der Umgebung des Transvaal insgesamt betrachten. Die Untersuchung der Beziehungen zwischen Kroondalern und Buren erfordert zunächst einmal ein genaues Verständnis dessen, inwieweit sich die deutschsprachigen Einwanderer Kroondals von anderen Deutschen unterschieden, die während des Krieges als *Uitlander* kämpften. (Dieser weitgefasste Begriff bezeichnete sowohl Ausländer als auch Briten.) Der wichtigste Unterschied bestand vermutlich darin, dass Kroondal eine ländliche Gemeinde und somit dem typisch burischen Lebensstil viel ähnlicher war, als dem der deutschen Einwanderer, die in kleineren und größeren Städten gelebt hatten oder aus Europa gekommen waren, um auf Seiten der Buren am Krieg teilzunehmen.[36] In der Folge schlossen sich die Kroondaler dem burischen Rustenburg-Kommando und nicht der „ausländischen Brigade" an, die für die internationalen Freiwilligen gebildet worden war.[37]

Diese Unterscheidung ist deshalb wichtig, weil die meisten ausländischen Freiwilligen von den Buren nicht ohne weiteres freundlich aufgenommen wurden. Wegen ihrer mangelnden kulturellen Anpassung und begrenzten Kampferfahrung betrachteten die Buren sie mit einer Mischung aus Unwillen und Misstrauen.[38]

Das bedeutet zwar nicht, dass die Buren den Kroondaler Deutschen als Ausländern nicht auch Vorbehalte entgegen gebracht hätten, obwohl sich diese an den südafrikanischen ländlichen Lebensstil einigermaßen angepasst hatten. Doch wahrscheinlich hielten sich die Vorbehalte der Buren gegenüber den Kroondalern dennoch in Grenzen.[39] Hierfür spricht

---

34 Behrens, Der Farmer von Kroondal, 61f.
35 Cameron/Spies, An Illustrated History of South Africa, 218; Ottermann, Festschrift Ottermann, 29.
36 Pretorius, Life on Commando, 247.
37 Lee, To the Bitter End, 49.
38 Pretorius, Life on Commando, 247.
39 Skawran, Wir reiten mit de la Rey, 32.

auch, dass der ehemalige Präsident Pretorius die Kroondaler Deutschen – anders als viele andere *Uitlanders* – Mitte des 19. Jahrhunderts eigens in die Republik eingeladen hatte.[40]

Ein Bürger der Südafrikanischen Republik, der der kleinen deutschsprachigen Siedlung positiv gegenüberstand, war kein anderer als Präsident Paul Kruger. Zumindest berichtet dies Luise Müller, die Gattin des Missionars Christian Müller, in einem Brief vom Palmsonntag des Jahres 1899:

> „Letzten Freitag kam der President Ohm Paul Kruger hier [in Kroondal] vorbei mit ein ziemlich großes Gefolge. Er fuhr in einen Wagen mit 8 Pfärde bespand, die jungen Leute haben auch tüchtig geschossen, nahe bei der Kirche und Schuhle wo H Lange wohnt da hat er ein par Stunden ausgespand und ist den nach Rüstenburg wo er heute communiziert, hier nahe bei Rüstenburg hat er früher als Bauer gelebt, seine Söhne wohnen noch auf seinem Platz. Es war eine große Ehre, daß er hier auf Kroondal so nahe bei Rüstenburg ausspante, aber seit den letzten Kriegen, wo die Deutschen von Kroondal, und auch unser Bruder Georg sich nicht zurück gehalten haben, sind die Deutschen sehr in seiner Achtung gestiegen."[41]

Obwohl sich keine weiteren Belege für die Aussage finden lassen, dass Kroondaler am Unabhängigkeitskrieg von Transvaal von 1880-1881 teilnahmen, ist es doch sehr wahrscheinlich, dass sie in diesem Krieg während der langen Belagerung von Rustenburg auf Seiten des Burenkommandos kämpften.[42]

Die Annahme oder Behauptung, die Gemeinde Kroondal sei gut in die burische Gesellschaft integriert und von dieser akzeptiert gewesen, trägt jedoch dem entscheidenden Umstand nicht Rechnung, dass die Kroondaler Deutschen lieber eine typisch „deutsche Siedlung" gegründet hatten als sich in die Gesamtgesellschaft zu integrieren.[43] Obwohl sie eine große Loyalität gegenüber ihrer Wahlheimat und den Buren bewiesen, indem sie am Krieg teilnahmen und in der ganzen Region zahlreiche Missionsstationen und Schulen einrichteten, hielten die Kroondaler doch treu an ihrem deutschen kulturellen Erbe fest.[44] So gesehen ist es vielleicht verständlich, dass einige Buren den Kroondalern weiterhin misstrauten – und wenn auch nur aus dem Grunde, dass die Deutschsprachigen lieber für sich blieben, was manche Buren möglicherweise als Abschottung oder Reserviertheit empfanden.

Eine der wenigen unabhängigen Quellen, die Kroondal erwähnen, bilden die Aufzeichnungen des deutschen Freiwilligen Oskar Hintrager, der vier Monate im Kommando von General C.R. de Wet kämpfte. Obwohl er selbst Deutscher war, sind Hintragers Beobachtungen insofern hilfreich, als dass sie – im Hinblick auf Kroondal – von einem „Außenseiter" stammen, der die kleine deutsche Siedlung das erste Mal erlebte.[45]

Die Ereignisse, die dazu führten, dass de Wets Kommando in die Magaliesberge gelangte und Hintrager die Gelegenheit bekam, Kroondal zu besuchen, zählen heute zu den Legenden des Südafrikanischen Krieges und sind in dem Buch *The Escape of the Boer*

---

40 Carruthers, The Magaliesberg, 277.
41 Ottermann, Pastor Christian Müller und Frau Luise Müller, 27.
42 Carruthers, The Magaliesberg, 286.
43 Penzhorn, 100 Jahre, 7.
44 Carruthers, The Magaliesberg, 277; Behrens, Die Siedlung Kroondal, 31f.
45 Oberholster, Dagboek van Oskar Hintrager, 112.

Pimpernel Christiaan de Wet von F. Pretorius gut dokumentiert. Im Wesentlichen vollbrachte de Wet eine Reihe wagemutiger Ausweichmanöver – er entfloh mehreren britischen Einheiten, indem er den Freistaat verließ und nach Norden ins westliche Transvaal zog. Dort überquerte er die Magaliesberge, um die relative Sicherheit des Buschvelds zu erreichen.[46] Hintrager hielt von dem Gebiet und seinem späteren Besuch in Kroondal folgende Eindrücke fest:

„15. August 1900 – Lager in Kroondal

Gestern verlegten wir unser Lager und zogen über den Pass und in dieses liebliche Tal, das auf allen Seiten von Bergen umgeben ist. [In Anbetracht der Tatsache, dass die Engländer von Süden her vorrücken und der Zugang zu den Magaliesbergen in diesem Gebiet nur über zwei Punkte möglich ist – Olifantsnek und Machadonek {Magato's Nek}] – sind wir durch eine natürliche Festung geschützt und können uns daher eine Weile ausruhen. Das Tal, in dem wir uns jetzt befinden, muss das schönste von Transvaal sein und wird ‚Garten der Republik' genannt […]

Ein Kroondaler, der uns Getreide gebracht und gestern Abend lange mit uns am Lagerfeuer gesessen hatte, hatte mich eingeladen, ihn heute zu besuchen. Es ist ein Deutscher namens Backeberg […] So ritt ich an diesem Vormittag nach Kroondal, ungefähr eine halbe Stunde von hier, dessen schöner Kirchturm uns winkt […] Der alte Backeberg und seine Frau zeigten und erzählten mir viel von Deutschland und mir war, als sei ich wieder zurück in Deutschland. Er hat einen langen Tisch (zehn Kinder), wo alles nach deutscher Sitte gemacht wird. Nach dem Mittagessen gingen wir in den gepflegten Garten vor dem Haus, wo seine schönen Töchter mir „vaderlandse"(Vaterland)-Blumen ins Knopfloch meines Hemdes steckten."[47]

Aus seinen Aufzeichnungen scheint eindeutig hervorzugehen, dass Oskar Hintrager Kroondal mit einem sehr positiven Eindruck verließ. Dies kann uns wiederum zu einigen sehr interessanten Einblicken in die Beziehungen zwischen den Buren und den Kroondaler Deutschen verhelfen, vorausgesetzt wir sind bei der Interpretation zu einem kleinen Exkurs bereit.

Hintragers Tagebuch ist für die Beziehungen zwischen Kroondalern und Buren sicherlich erhellend. Doch es ist vielleicht wichtig, auch kurz die Faktoren zu beleuchten, die seine Erfahrung in Kroondal positiv beeinflusst haben mögen. Ein solcher Faktor ist Hintragers Beteiligung an der waghalsigen, aber strapaziösen Flucht vor den britischen Truppen, die den Auftrag hatten, de Wets Kommando in die Enge zu treiben und zu überwältigen.[48] Diese Verfolgungsjagd lastete sicher noch schwer auf Hintrager und seinen müden Kameraden, als sie über die Magaliesberge zogen und ins subtropische Buschveld kamen. Im Kontrast zu den vergleichsweise öden Landstrichen des Freistaats und des Hochvelds, auf die sie bisher getroffen waren, stellte dies für sie eine angenehme Abwechslung dar.

---

46 Fransjohan Pretorius, The Great Escape of the Boer Pimpernel – Christiaan de Wet, Pietermaritzburg 2001, 206.
47 Oberholster, Dagboek van Oskar Hintrager, 112f.
48 Pretorius, The Great Escape of the Boer Pimpernel, 191.

Ein weiterer interessanter Faktor, der Hintragers Eindruck von Kroondal beeinflusst haben könnte, war die offensichtlich unfreundliche Haltung vieler Leute, die er auf seiner Reise in die Region getroffen hatte. In einem Tagebucheintrag, den er am 13. August 1900 in Olifantsnek zwei Tage vor seinem Besuch in Kroondal schrieb, bemerkt Hintrager:

„Es gibt viele schöne Farmen hier, aber die Farmer in Transvaal [Südafrikanische Republik] sind viel geiziger als die Freistaatler; das Gold hat die Leute verdorben. Im Freistaat haben wir oft Sachen umsonst oder zu niedrigen Preisen bekommen, mit den freundlichsten Worten. Hier wollte heute Morgen die Frau eines wohlhabenden Farmers zwei Schillinge von mir für ein Huhn. Als ich ihr sagte, dass die Farmersfrauen im Freistaat nicht mehr als einen Schilling verlangen würden, antwortete sie, die Engländer seien bereit, ihr zwei Schillinge zu zahlen."[49]

Der freundliche Herr Backeberg, der mit einer Wagenladung Futter gekommen war und den jungen Deutschen dann für den nächsten Tag zum Mittagessen eingeladen hatte, hat wahrscheinlich großen Eindruck auf Hintrager gemacht – insbesondere, da das unschöne Erlebnis mit der Farmersfrau gerade erst einen Tag zurücklag.

Als letzter wichtiger Faktoren sollte das Heimweh in Betracht gezogen werden, das Hintrager unter seinen Landsleuten verspürte, sowie die dadurch geweckten Erinnerungen an sein Heimatland. Auch die Zeit mit Herrn Backebergs schönen Töchtern wirkte sich wahrscheinlich nicht negativ auf Hintragers Stimmung aus!

Auch wenn Hintragers Schilderung von Kroondal die eines Außenstehenden war, kann man sich doch gut vorstellen, inwieweit seine persönlichen Umstände seinen Eindruck von den Menschen dort beeinflusst haben könnten. So ist es beispielsweise interessant, dass nur Hintrager zu den Backebergs eingeladen wurde. Das könnte ein deutlicher Hinweis darauf sein, dass der alte Herr Backeberg Hintrager gegenüber deshalb besonders freundlich war, weil er Deutscher war. Dennoch sollte man Hintrager nicht allzu schnell die Fähigkeit absprechen, die allgemeine Gastfreundschaft der Kroondaler zu beurteilen, nur weil er als Deutscher subjektiv gewesen sein könnte. Die Tatsache, dass Backeberg das Kommando mit Futter für die Tiere versorgt und sich mit Mitgliedern des Kommandos länger unterhalten hatte, lässt mit Sicherheit auf ein recht freundschaftliches Verhältnis zwischen den beiden Parteien schließen.

Ein weiteres, wenn auch kurzes Beispiel für die Gastfreundschaft der Kroondaler gegenüber den Buren findet sich bei August Behrens aus Bethanie, der in seinen Erinnerungen *Der Farmer von Kroondal* erwähnt, dass General Jan Kemp am Tag vor der Schlacht von Nooitgedacht im Dezember 1900 bei ihm gefrühstückt habe.[50]

Die Kroondaler, die mit den Buren im Kommando Dienst taten, taten dies, wie bereits oben erwähnt, ihrerseits offenbar besonders erfolgreich.[51] Man kann darüber streiten, ob dies als Beleg für die guten Beziehungen zwischen den Soldaten aus Kroondal und ihren burischen Landsleuten ausreicht. Aber angesichts des Mangels an gegenteiligen Beweisen können diese guten Beziehungen als wahrscheinlich angenommen werden.

---

49 Oberholster, Dagboek van Oskar Hintrager, 112f.
50 Behrens, Der Farmer von Kroondal, 67.
51 Wulfsohn, Rustenburg at War, 136f.

Die Zivilbevölkerung von Kroondal erlebte den Krieg ähnlich wie die der meisten anderen ländlichen Gemeinden im Freistaat und in der Südafrikanischen Republik.[52] Im Januar 1901 erhielten die Einwohner von Kroondal die kurzfristige Mitteilung, sie würden in ein Konzentrationslager umgesiedelt – entweder in Irene oder in Kroonstad. Hier sollten sie bis zur Einstellung der Kampfhandlungen leben. Die meisten Kroondaler durften diese Lager jedoch verlassen und sich für den Rest des Krieges in Pretoria niederlassen.

Zusammenfassend lässt sich sagen, dass Kroondals Stellung innerhalb der Südafrikanischen Republik gleichermaßen geprägt war von der Anpassung an deren typisch ländliche Lebensweise einerseits und andererseits dem Widerstand gegen den Verlust seines deutschen kulturellen Erbes. Allerdings zeugt Kroondals rückhaltlose und aktive Unterstützung für die Südafrikanische Republik während des ganzen Krieges davon, dass seine Einwohner ein ausgeprägtes Bewusstsein ihrer Zugehörigkeit zu – und sicher auch ihrer Verpflichtung gegenüber – ihrer Wahlheimat hatten.

Die Beziehungen zwischen den Kroondaler Deutschen und den Afrikanern: Kooperation und Boykott

Nur wenige der Kroondaler, die ihre Erinnerungen an den Südafrikanischen Krieg aufgezeichnet haben, erwähnen ihre Beziehungen zu den Afrikanern in dieser Zeit in besonderer Weise. Die wenigen Bemerkungen, die sich hierzu finden, geben dennoch Aufschluss darüber, wie es sich mit den Beziehungen im Allgemeinen verhielt und wie sich diese nach Kriegsende auf die Gemeinde auswirkten. Wie bereits in der Einleitung erwähnt, geht die Entstehung Kroondals auf Hermannsburger Missionare zurück, die von der damaligen Regierung der Südafrikanischen Republik eingeladen worden waren, unter den Batswana in der Region Rustenburg zu arbeiten. Die kleine Siedlung blieb deshalb eng mit der Arbeit der Missionare und darüber auch mit den verschiedenen von ihnen betreuten afrikanischen Gemeinden verbunden.[53]

Als 1899 der Krieg ausbrach, hatte die Hermannsburger Missionsgesellschaft ein umfassendes Netz von Stationen und Schulen unter den Batswana-Stämmen Bakwena Magopa und Bafokeng geschaffen, vor allem an der Nordseite der Magaliesberge.[54] Diese afrikanischen Bevölkerungsgruppen teilten in der Zeit vor dem Krieg und in den ersten Kriegsphasen zunächst viele der Sorgen und Probleme, mit denen auch Kroondal zu kämpfen hatte. In der Region herrschten Dürre und vor allem Malaria, und die Missionare berichteten von vielen Todesfällen in der „schwarzen" Bevölkerung der Umgebung.[55] Nachdem ein Trupp von Bakgatla-Kriegern am 25. November 1899 die kleine „weiße" Siedlung Derdepoort überfallen und zahlreiche Buren getötet hatte – darunter auch zwei Frauen – wurde das zuvor aus dem gemeinsamen Leid von „Schwarzen" und „Weißen" erwachsene Zusammengehörigkeitsgefühl jedoch weitgehend von Misstrauen und Angst überschattet.[56] Rustenburg und Kroondal wurden zwar von lokalen oder benachbarten

---

52 Pretorius, Die Anglo-Boereoorlog 1899-1902, 56f; Pretorius, Life on Commando, 300-306, 312; Wulfsohn, Rustenburg at War, 137f.
53 Penzhorn, 100 Jahre, 39.
54 Carruthers, The Magaliesberg, 277.
55 Ottermann, Pastor Christian Müller und Frau Luise Müller, 25.
56 Cameron/Spies (Hgg.), An Illustrated History of South Africa, 76; Pretorius, Die Anglo-Boereoorlog 1899-1902, 76; Wenhold, Chronik der Station Kana, 97.

afrikanischen Gruppen nicht überfallen. Aber die weit verbreitete Feindseligkeit in einigen recht nahe gelegenen Landstrichen des nördlichen und westlichen Transvaal löste bei den Kroondalern sicher die Befürchtung aus, Ähnliches könne sich auch in ihrer Region ereignen.[57]

Es ist interessant, dass die Kroondaler klar unterschieden zwischen jenen Afrikanern, denen sie vertrauten und die sie als „treu" oder „zuverlässig" bezeichneten, und der Mehrheit der afrikanischen Bevölkerung, die sie offenbar nicht als besonders loyal wahrnahmen. Ein Afrikaner, der die besondere Zuneigung von August Behrens gewann, war der „Häuptling" von Bethanie, Jakobus Morne Mamogale. Dieser hatte sein Möglichstes getan, um zu retten, was vom Hab und Gut der Familie Behrens übriggeblieben war, nachdem britische Soldaten sie am 6. Januar 1901 in Konzentrationslager gebracht hatten:

> „Der Kaffernhäuptling oder Kaptein von Bethanie, Jakobus Morne Mamogale, war ein tüchtiger und guter Mann und unser Freund. Obwohl er den Engländern gehorchen mußte, hat er uns und auch den Buren manchen Dienst erwiesen, ihm sei Dank dafür. Nachdem wir fortgenommen waren, hat er alles, was die Tommys übriggelassen hatten, gesammelt, auch meine Ladenbücher und Papiere, zu sich genommen und aufbewahrt und uns beim Nachhausekommen in schönster Ordnung abgeliefert."[58]

Ein anderer „treuer" Afrikaner wird im Zusammenhang mit Peter Muhl erwähnt, der im April 1900 an Malaria starb, nachdem er krank vom Dienst im Kommando an der Nordwestgrenze der Südafrikanischen Republik zurückgekehrt war. Aus Angst vor Überfällen der Bakgatla-Männer hatte Muhls Familie ihre Farm Driefontein in der Nähe der Missionsstation in Ramotsa verlassen, auf der der Missionar Wilhelm Behrens und seine Ehefrau weniger als einen Monat vor Peter Muhl an Malaria gestorben waren. Muhls Gattin, Dorothea Muhl, hatte einen getreuen (namenlosen) Diener angewiesen, mit einem Brief an Peter zurückzubleiben, damit dieser im Fall seiner Rückkehr von der Übersiedlung der Familie auf die Missionsstation Manuane erfahren würde. Der Diener übergab Peter pflichtgemäß den Brief und versuchte, sich um den schwerkranken Mann zu kümmern. Doch Peter, der offenbar spürte, dass es mit ihm zu Ende ging, sagte zu ihm: „Wenn ich gestorben bin, musst du schnell zu ‚Moruti' Wehrmann gehen und es den ‚Missies' sagen." Kurz darauf starb er und getreu seinem Versprechen rannte der Diener durch den Busch zu den Wehrmanns und überbrachte die Nachricht.[59] Dieses Beispiel deutet sicherlich sauf eine bemerkenswerte Treue des afrikanischen Dieners zur Familie Muhl hin. Doch ebenso könnte es ein Ausdruck der patriarchalen kolonialen Beziehungen sein, die auch zwischen den deutschsprachigen Siedlern und den afrikanischen Bevölkerungsgruppen bestanden.

Für die meisten Kroondaler sollte die Rückkehr in ihre Häuser nach Kriegsende nicht so glücklich verlaufen wie für August Behrens. Die Siedlung lag in Trümmern. Nur die neu gebaute Kirche und die strohgedeckten Häuser von Missionar Müller und Familie Backeberg waren noch relativ intakt. Und die afrikanische Bevölkerung, die sie erwartete,

---

57 Wenhold, Chronik der Station Kana, 25; Ottermann, Pastor Christian Müller und Frau Luise Müller, 34.
58 Behrens, Der Farmer von Kroondal, 76.
59 Behrens u.a., 100 Jahre Muhls, 18-19.

ärgerte sich über die Rückkehr ihrer früheren Herren.[60] Als die Familie von Ernst Muhl im August 1902 nach Hause zurückkehrte, fand sie das Haus ausgeräumt und leer vor. Alles Brauchbare und Wertvolle war geraubt worden, sowohl von britischen Soldaten als auch von den benachbarten Bafokeng. Da Ernst Muhl sich noch in Kriegsgefangenschaft in Ceylon befand, musste sich seine Frau selbst um den Wiederaufbau und die Möblierung des Hauses kümmern. Dies war eine schwierige Aufgabe, da sich praktisch alle Bafokeng und Bakwena Magopa in der Umgebung weigerten zu arbeiten und darauf beharrten, dass nun sie die neuen Eigentümer des Landes seien.[61]

Für die Kroondaler war dieses Verhalten ihrer ehemaligen Arbeiter aus der Vorkriegszeit äußerst ärgerlich, doch niemand bekam diese Wende deutlicher zu spüren als die Missionare, die bei ihrer Rückkehr nach Hause eine massive Ablehnung ihrer früheren Gemeinden erfuhren.[62] Einer von ihnen war Missionar Christian Müller, der seine Gefühle in einem Brief vom 7. Dezember 1902 schildert:

„Mein lieber Schwager!

Wir sind ja wieder in unsere frühere Behausung und Beschäftigung, aber es ist doch so ganz anders als vor dem Kriege, besonders unsere Missionsarbeit. Vor dem Kriege welch ein Regen und Leben in den Gemeinden, jetzt ist's als ob ein eisiger Reif auf das fröhliche Blühen und Gedeihen der Gemeinden gefallen ist. Der Krieg hat manches in unseren Gemeinden offenbar gemacht, was wir vorher kaum für möglich gehalten hätten.

Manche unserer Gemeindeglieder haben gewünscht, daß wir nie wieder zurückkehren möchten, ihres unchristlichen heidnischen Lebens wegen, während unserer Abwesenheit. Manche hassen ihre alten Lehrer, weil wir ihr heidnisches Leben und Thun aufdecken und strafen. Ich habe 25 Jahre an den Palanern auf Kroondal gearbeitet, viel Mühe und Arbeit an sie gewandt, meine letzte Zeit und Kraft ihnen geopfert. Als ich aber nach 18 monatlicher Abwesenheit zu ihnen zurückkehrte, da haben sie mich nicht empfangen als ihren alten Lehrer und Hirten, sie haben mich auf Kroondal garnicht empfangen, ich war ihnen der gleichgültigste Mensch auf der Welt. Mein Haus sah inwendig und auswendig aus wie ein Saustall, die Kaffern hatten 18 Monate darin gewohnt und obwohl ich sie von Pretoria aus mehrere Male hatte wissen lassen, sie möchten doch mein Haus innen reinigen und um's Haus herum reinschaufeln, so hatten sie nicht das geringste gethan zu zeigen, das meine Rückkehr ihnen Freude mache. Auf meine Frage: warum sie nicht das geringste gethan hatten mir Freude zu bereiten, lautete die Antwort: Wir haben nicht gedacht, daß ihr zurückkommen würdet. Und so wie mir's ergangen, ist es fast allen unsern Missionaren bei ihrer Rückkehr ergangen."[63]

Den Kummer der deutschsprachigen Kroondaler kann man zwar fraglos verstehen, doch die Motive der Bafokeng und Bakwena Magopa sind genauso nachvollziehbar. Sie sahen

---
60 Ottermann, Festschrift Ottermann, 29.
61 Behrens u.a., 100 Jahre Muhls, 24-25.
62 Ottermann, Pastor Christian Müller und Frau Luise Müller, 43.
63 Ibid., 44.

im Krieg ein Mittel, um sich aus der europäischen Vorherrschaft zu befreien, die sie seit einem halben Jahrhundert erduldet hatten.

Betrachtet man den Verlauf des Südafrikanischen Krieges, vom Einfall der Bakgatla in Derdepoort und vereinzelten Aufständen der Afrikaner über den Zusammenbruch der Republiken bis hin zur Zwangsumsiedlung „weißer" Bevölkerungsgruppen und zur Zerstörung ihrer Häuser, kann man verstehen, dass die afrikanische Bevölkerung diese Ereignisse als eine Wiederherstellung ihrer Unabhängigkeit durch die siegreichen britischen Truppen interpretierte. Daher ist es auch durchaus nachvollziehbar, dass die einheimische Bevölkerung bei der Heimkehr der Buren und Deutschen nach 18 Monaten Abwesenheit bestürzt war und sich gegen die Vorstellung sträubte, zu den Machtverhältnissen der Vorkriegszeit und der von ihnen verlangten Unterordnung unter die „weiße" – in diesem Fall deutsche – Herrschaft zurückzukehren.

Die Berichte aus der Gemeinde Kroondal unterscheiden sich in dieser Hinsicht wenig von denen aus anderen Gegenden im westlichen Transvaal, wo praktisch alle heimkehrenden „weißen" Farmer Ähnliches durchmachen mussten.[64] Ein Jahr später waren die Beziehungen zwischen Kroondalern und Afrikanern wieder auf den Vorkriegsstand zurückgekehrt.[65]

Fazit

Die Situation der Siedlung Kroondal im Südafrikanischen Krieg war keineswegs einzigartig; zweifellos erlitten viele andere Gemeinden in Transvaal und im Oranje-Freistaat während der knapp drei Kriegsjahre ein ähnliches Schicksal. Kroondal stellt indes deshalb eine Besonderheit dar, weil so viele seiner Einwohner ihre persönlichen Kriegserlebnisse schriftlich festgehalten und dadurch die Möglichkeit geschaffen haben, eine Art Sozialgeschichte für eine Siedlung zu schreiben, die ansonsten keinerlei politische Bedeutung hatte.

In diesem Sinne basiert die vorliegende Analyse weitgehend auf dem Inhalt des verfügbaren Quellenmaterials über die Beziehungen der Kroondaler zu den Buren und Afrikanern. Es sei jedoch darauf hingewiesen, dass nur wenig oder kein relevantes Material aus burischen oder afrikanischen Quellen vorliegt. Die Verfasser des Primärmaterials, das für diese Untersuchung herangezogen wurde, sind fast ausschließlich Kroondaler. Andere, davon abweichende Perspektiven aus der Sicht der übrigen Konfliktparteien wurden noch nicht ausfindig gemacht.

Um ein Fazit über die Rolle der Kroondaler im Südafrikanischen Krieg zu ziehen, könnte man ganz einfach sagen, dass die Gemeinde praktisch all das Elend durchlebte, das den ländlichen Siedlungen überall in den beiden Burenrepubliken widerfuhr. In einigen Fällen, wie beispielsweise der vorherigen Ankündigung der Zwangsumsiedlungen sowie der Internierung in Pretoria und nicht in einem Konzentrationslager, sind weitere Untersuchungen erforderlich um zu klären, ob dies tatsächlich eine besondere Politik der Briten gegenüber den deutschen Siedlern war.

Diese Einschränkungen schmälern jedoch nicht die Verdienste der Kroondaler und mindern auch die Schwierigkeiten und Nöte nicht, die sie ertrugen, indem sie sich in den Kampfhandlungen des Südafrikanischen Krieges auf die Seite der Buren stellten. Im Kon-

---

64 Peter Warwick, Black People and the South African War, 1899-1902, Cambridge 1983, 165.
65 Ottermann, Pastor Christian Müller und Frau Luise Müller, 45f.

text dieses Kapitels ist von noch größerer Bedeutung, dass der Krieg ein entscheidender Faktor für die Ausbildung einer deutsch-südafrikanischen Identität war, die im Laufe des 20. Jahrhunderts zu einem besonderen Merkmal von Kroondal wurde.

„In der Nähe dieser Wasserstellen sollen Konzentrationslager errichtet werden"

Eine theologische Rekonstruktion der Rolle der Rheinischen Missionsgesellschaft während des Kolonialkrieges in Namibia (1904-1908)

Hanns Lessing

Die Rheinische Missionsgesellschaft (RMG) ist mit der Geschichte des deutschen Kolonialismus vor allem durch ihr Engagement im Gebiet des heutigen Namibia tief verbunden. Als eine der ersten Missionsgesellschaften auf namibischen Boden spielte sie eine wichtige Rolle beim Abschluss der Schutzverträge und bei der Erwerbung der Kolonie Deutsch-Südwestafrika; durch ihre Präsenz in vielen Landesteilen und durch ihre Verankerung in der namibischen Bevölkerung war sie bis zum Kolonialkrieg von 1904 bis 1908 ein bedeutender politischer Faktor in der Kolonie.[1] Während der ersten Kriegsmonate war ihre Haltung zu den Kriegsparteien gespalten, Kommentatoren sehen die Mission in dieser Zeit durch eine *„doppelte Loyalität"* geprägt.[2] Nach dem Verlust fast aller ihrer Missionsstationen suchte die RMG im weiteren Verlauf des Krieges verstärkt die Nähe der deutschen Kolonialverwaltung und nahm an den Prozessen zur Konzeption und Durchsetzung der kolonialen Nachkriegsordnung aktiv teil. In diesen Verhandlungen forderten die Missionsvertreter mit Nachdruck die Einrichtung von Konzentrationslagern, um die durch den Vernichtungsfeldzug von Trothas im ganzen Land versprengte afrikanische Bevölkerung Namibias zu sammeln, und wirkten an ihrer Einrichtung mit.[3]

---

[1] Aus der breiten Literatur zur Rolle der RMG in der Kolonialisierung Namibias seien hier stellvertretend die folgenden Titel genannt: Klaus J. Bade, Friedrich Fabri und der Imperialismus der Bismarckzeit. Revolution – Depression – Expansion, Freiburg 1975; Helmut Bley, Kolonialherrschaft und Sozialstruktur in Deutsch-Südwestafrika 1894-1914, Hamburg 1968; Lothar Engel, Die Stellung der Rheinischen Missionsgesellschaft zu den politischen und gesellschaftlichen Verhältnissen Südwestafrikas und ihr Beitrag zur dortigen kirchlichen Entwicklung bis zum Nama-Herero-Aufstand 1904-1907, Hamburg 1972; Jan Bart Gewald, Herero Heroes: A Socio-Political History of the Herero of Namibia 1890-1923, Oxford 1999; Nicole Glocke, Zur Geschichte der Rheinischen Missionsgesellschaft in Deutsch-Südwestafrika unter besonderer Berücksichtigung des Kolonialkrieges von 1904 bis 1907, Bochum 1997; Johannes Lucas de Vries, Namibia. Mission und Politik 1880-1918, Neukirchen-Vluyn 1980.
[2] de Vries, Namibia, 197.
[3] Zur Geschichte der Konzentrationslager in Namibia vgl. die Darstellungen von Casper W. Erichsen, „The Angel of Death has Descended Violently among them". Concentration Camps and Prisoners-of-war Camps in Namibia, 1904-08, Leiden 2005; ders., Zwangsarbeit im Konzentrationslager auf der Haifischinsel, in: Joachim Zeller und Jürgen Zimmerer (Hgg.), Völkermord in Deutsch-Südwestafrika. Der Kolonialkrieg (1904-1908) in Namibia und seine Folgen, Berlin 2002, 80-85; und Nils Ole Oermann, Mission, Church and State Relations in South West Africa

Wenn es einen Ort gibt, an dem die Verstrickung der Rheinischen Missionsgesellschaft in das koloniale System der Entrechtung in besonderer Weise manifest geworden ist, dann ist es diese Mitwirkung am System der Konzentrationslager. Die Forderung der Einrichtung von Lagern wurde nicht allein aus der Not geboren, sondern steht in einer langen Tradition missionarischer Strategie und Praxis: Wo immer die Missionare der RMG auftraten, zielte ihre Arbeit auf die Einrichtung von Missionsstationen, in denen die bekehrten afrikanischen Christen unter der Leitung der Mission ein dem christlichen Glauben gemäßes Leben führen sollten. Bereits vor dem Krieg hatte die RMG deshalb gegenüber der Kolonialverwaltung immer wieder die Einrichtung von Reservaten gefordert.[4]

In der jüngeren Forschung wurde mit Nachdruck darauf hingewiesen, dass die Internierung in Lager nicht nur eine besondere Form der Grausamkeit darstellt, sondern dass man die Flüchtlings- und Straflager überall auf der Welt, wie etwa Giorgio Agamben es formuliert, auch als ein Paradigma dafür verstehen muss, wie in der Moderne Macht zur Geltung kommt. In den Lagern zeigt sich, wie schutzlos die Menschen der Gewalt ausgeliefert sind. Die Rechtsordnung kann die Menschen in vielen Fällen nicht vor Ausgrenzung schützen, sondern gewinnt an vielen Stellen erst dadurch an Geltung, dass sie den Menschen selbst immer wieder aus ihrem Schutzbereich ausschließt.[5] Es ist Ziel dieses Beitrags, den Ertrag dieser These für das Verständnis kolonialer Gesellschaften herauszuarbeiten. An diesem Punkt möchte ich vor allem auf zwei Gedanken hinweisen:

Agamben greift in *Homo sacer* Carl Schmitts Gedanken des „Nomos" auf und analysiert die Verbindung zwischen „Ordnung und Ortung".[6] Etwas vereinfachend könnte man diesen Zusammenhang mit Paul Gilroy folgendermaßen paraphrasieren: die Moderne konstituiert sich in Gestalt einer Raumstruktur mit deutlich demarkierten Grenzen. Der „geo-body" Europa setzt sich in diesem Prozess selbst als universal und begründet mit diesem Absolutheitsanspruch die epistemologische, kulturelle, politische und ökonomische Unterwerfung der Welt in ihrer Gesamtheit.[7]

Mit Blick auf die koloniale Unterwerfung interessiert sich Agamben besonders für die Randbereiche dieses „geo-body" und richtet seinen Blick auf die Kolonien, die von dem globalen Geltungsanspruch der Moderne erfasst werden, ohne deswegen jedoch dem „geo-body" Europas zugerechnet zu werden. Agamben analysiert diese paradoxe Überschneidung von „Innen" und „Außen". Hier zieht sich das Recht zurück. Menschen stehen zwar nach wie vor unter seinem Herrschaftsanspruch, werden aber nicht mehr geschützt und gelten als grundsätzlich ausbeutbar und im Extrem sogar als tötbar. In diesen Bereichen gilt das Recht, hat aber, wie Agamben formuliert, keine Bedeutung. Hier kann getötet werden, ohne dass ein Mord geschieht.[8]

---

under German Rule (1884-1915), Stuttgart 1999.
4 Zu den Einzelheiten vgl. den Artikel #27 zur Landpolitik der Rheinischen Missionsgesellschaft von André Saenger.
5 Giorgio Agamben, Homo sacer. Die souveräne Macht und das nackte Leben, Frankfurt (Main) 2002, 125.
6 Agamben, Homo sacer, 29 (vgl. Carl Schmitt, Der Nomos der Erde im Völkerrecht des Jus Publicum Europaeum, 4. Auflage Berlin 1997, 5, 48).
7 Paul Gilroy, Against Race. Imagining Political Culture beyond the Power Line. Cambridge, Massachusetts 2000, 56f, 71.
8 Agamben, Homo sacer, 91.

Diese Struktur bestimmt in Agambens Analyse die Logik von Kolonialkriegen.[9] Koloniale Machtsysteme schreiben sich in den Raum ein, indem sie bestimmte Menschengruppen aus dem Schutzbereich des Rechtes herauslösen und auf diese Weise Ausbeutung, Enteignung und in letzter Konsequenz Mord und Genozid legitimieren. Aus dieser Perspektive wäre die Kategorie der Ausnahme bestimmend für die Regel kolonialer Unterwerfung. Dies gilt besonders für die Struktur von Siedlerkolonien. Die koloniale Landnahme setzt die Welt außerhalb der Siedlungspunkte als ein „Außen", in der die universale Ordnung zwar gilt und die Unterwerfung legitimiert, für die betroffenen Menschen aber keine Bedeutung hat, die ihre Rechte schützen könnte. Das „Außen" ist damit als Zone der Ausbeutung definiert, die es den Unterworfenen verwehrt, eigene Rechtsansprüche geltend zu machen. Agamben analysiert die logische Struktur einer solchen Ausnahme als „einschließende Ausschließung".[10]

Agambens Kategorien sind ein wichtiges Hilfsmittel zum Verständnis der die koloniale Gesellschaft konstituierenden politischen Logik. Alle Institutionen, die die Ordnungssysteme in den Kolonialgebieten mitgestaltet haben, müssen sich der Frage stellen, ob und inwiefern ihre Initiativen trotz vielleicht positiver Intentionen dieser Logik der einschließenden Ausschließung folgten und an der Entwertung und Entrechtung der unterworfenen Gesellschaften beteiligt waren. Im Rahmen des Versuchs, die Verstrickung der Rheinischen Missionsgesellschaft in das System der Konzentrationslager zu verstehen, ist es deshalb wichtig zu untersuchen, wie der missionarische Diskurs die die koloniale Gesellschaft konstituierenden Grenzen bestimmte und wie er die Ethik der Beziehungen über diese Grenzen hinweg zu kodieren versuchte.

Der erste Teil dieser Untersuchung versucht, mit den Kategorien Agambens zu rekonstruieren, wie das missionstheologische Denken der damaligen Zeit das Verhältnis zwischen „Innen" und „Außen" konzipierte und welche Rückschlüsse daraus für die Gestaltung der kolonialen Geographie gezogen wurden. Die weiteren Abschnitte untersuchen, wie die politischen Initiativen der RMG zu Beginn des Kolonialkriegs durch missionstheologische Grundüberzeugungen bestimmt wurden bis zu dem Punkt, dass sie selbst die Einrichtung von Konzentrationslager forderte.

Missionarische Raumkonzeptionen

Afrika als Ausnahme: Die Kolonialtheologie Ernst Troeltschs[11]

Im Jahr 1906, fast zeitgleich mit der Enteignungsverordnung, mit der in Namibia die als aufständisch qualifizierten „Stämme" ihr Land und ihren Besitz endgültig verloren,[12] führten bedeutende Theologen in Deutschland eine Grundsatzdebatte über den Geist und Zweck

---

9 Ibid., 175.
10 Ibid., 17.
11 Für diesen Abschnitt danke ich Kathrin Roller für die intensiven Gespräche zu den kolonialpolitischen Konsequenzen der Theologie und verweise auf ihre Ausführung in Beitrag #8, Die Seele der ‚Anderen', in diesem Band.
12 Einen genauen Bericht über die Landenteignung gibt Jürgen Zimmerer, Deutsche Herrschaft über Afrikaner. Staatlicher Machtanspruch und Wirklichkeit im kolonialen Namibia, Hamburg 2001, 57-67.

von Mission im Kontext des imperialistischen Zeitalters.[13] Erstmals war das Interesse für Mission nicht auf die Missionsbewegung und die sie unterstützenden pietistischen und positiv-christlichen Bewegungen beschränkt, sondern erfasste auch weite Kreise des liberalen Bürgertums. Eröffnet wurde die Diskussion von Ernst Troeltsch, der in einem programmatischen Vortrag unter dem Titel *Die Mission in der modernen Welt* eben dieses liberale Bürgertum zu überzeugen versuchte, dass die für das eigene Selbstverständnis so zentralen Werte von Gewissensfreiheit, Individualismus und religiöser Toleranz entgegen einem landläufigen Missverständnis nicht eine Welt eines relativistischen Laissez-faire konstituieren, sondern, in der Struktur ihres eigenen Selbstverständnisses, eine universale Weltanschauung darstellen und aus diesem Grund auch eine „Missionspflicht" begründen.[14] Die Argumentation Troeltschs präsentiert sich als eine auf die Geschichte angewandte Wertphilosophie und rekonstruiert die kulturelle Entwicklung in der Form eines Dreischritts:

- Der Schritt von der Natur zur Kultur geschieht in Form eines Werturteils, durch das der Mensch sich aus der Bedingtheit des Naturkreislaufs befreit, indem er die Welt in ihrer Gesamtheit seinem Urteil zu unterwerfen versucht.[15] Dieses Werturteil definiert den Willen, der sich die Natur unterwirft, als zentralen Faktor des menschlichen Weltverhältnisses. Diese Unterscheidung trennt die Menschheit in zwei prinzipiell zu unterscheidende Gruppen: Kulturvölker sind in der Lage, aus der Bedingtheit des Naturkreislaufs herauszutreten, Naturvölker jedoch nicht.[16]

- Dieser Willensakt artikuliert sich zunächst in Form eines radikal exklusiven Universalismus, denn der im Werturteil über die ganze Welt erhobene Anspruch auf Wahrheit kann kein ihm widersprechendes Urteil neben sich gelten lassen.[17] Das

---

13 Zu den Hintergründen dieser Debatte vgl. die Beiträge von Heinrich Balz, Gewährenlassen, Eingreifen, Anknüpfen. Ernst Troeltsch und Gustav Warneck in der Auseinandersetzung über Religionen und Mission 1906-1908, in Berliner Theologische Zeitschrift 13, 1996, 159-183; ders., „Überwindung der Religionen" und das Ziel der Mission. Die Diskussion zwischen G. Warneck und E. Troeltsch 1906-1908, in: Dieter Becker und Andreas Feldtkeller (Hgg.), Es begann in Halle ..., Erlangen 1997, 106-116; Ulrich Berner, Religionsgeschichte und Mission. Zur Kontroverse zwischen Ernst Troeltsch und Gustav Warneck, in: Volker Drehsen, Walter Sparn (Hgg.), Vom Weltbildwandel zur Weltanschauungsanalyse. Krisenwahrnehmung und Krisenbewältigung um 1900, Berlin 1996, 103-116.
14 Den religiösen Relativismus des modernen Christentums hält Troeltsch für ein Missverständnis, denn jede feste Glaubensüberzeugung muss zu Kampf und Ausbreitung führen und deshalb notwendigerweise auch Mission betreiben (Ernst Troeltsch, „Die Mission in der modernen Welt", in: Die Christliche Welt. Evangelisches Gemeindeblatt für Gebildete aller Stände, 1906, 27).
15 Ernst Troeltsch, Die Absolutheit des Christentums und die Religionsgeschichte. 2. Auflage, Tübingen1912, 26.
16 Die Möglichkeit, durch Wertentscheidungen des Willens aus den Zwängen der Natur herauszutreten, ist für Troeltsch kein exklusives Kennzeichen des Christentums, sondern ereignet sich überall dort, wo mit den Grenzen und Bedingungen der Naturreligion gebrochen wird: Alle großen Universalreligionen „brechen mit der natürlichen Gebundenheit der Religion an Staat, Blut und Ort und mit der Verflechtung der Gottheit in Naturkräfte und Naturerscheinungen. Erst in ihnen tritt eine höhere, geistige, ewige Welt der Sinnenwelt geschlossen gegenüber und erwächst daher erst der Religion die volle, alles auf sich beziehende Kraft" (Troeltsch, Absolutheit, 83).
17 Alle Universalreligionen stehen deshalb grundsätzlich in einem antagonistischen Verhältnis

Werturteil entwertet alles, was dem eigenen Machtanspruch widerspricht und versucht, es unter seine Gewalt zu bringen. Dieser Universalismus begründet in Troeltschs Analyse die Weltanschauung des angelsächsischen Imperialismus. In seinen Augen ist dieser Imperialismus sowohl naiv als auch brutal. Das gleiche Urteil fällt er über die Missionswerke in Deutschland, die er für Abkömmlinge angloamerikanischer Religiosität hält.[18] Ohne diese radikal universalen Überzeugungen hätte es, wie Troeltsch durchaus mit einer gewissen Hochachtung anerkennt, die moderne Öffnung der Welt niemals geben können.[19] Im Aufeinandertreffen dieser radikalen Überzeugungen zeigt sich aber die Schwäche dieser Position: Sie kann wohl die Welt als Ganze in den Blick nehmen, stellt aber keine Ressourcen zur Verfügung, um mit den Überzeugungen Anderer friedlich umzugehen.[20]

– Im Gegensatz zu der von ihm beobachteten Aggressivität des angelsächsischen Imperialismus versucht Troeltsch, seinen auf die deutsche Tradition der Wertschätzung des Personbegriffs gestützten Missionsbegriff als eine Friedensstrategie zu konzipieren.[21] In seiner Analyse trägt der radikale Universalismus den Keim zu seiner eigenen Überwindung bereits in sich: Im Lauf der geschichtlichen Entwicklung relativiert sich der naive Absolutheitsanspruch, der nur das Eigene gelten lassen kann, weil die Urteilenden erkennen müssen, dass auch ihr eigener Standpunkt, genau wie die Wahrheitsansprüche aller anderen Menschen, Kulturen und Religionen, historisch bedingt ist. Auf die Epoche des naiven Universalismus folgt deshalb die Periode des historischen Bewusstseins.

Diese historische Relativierung inhaltlicher Überzeugungen begründet für Troeltsch aber keinen relativistischen Individualismus, sondern konstituiert eine höhere Form universaler Weltanschauung.[22] Die aus dem Bewusstsein der eigenen Historizität erwachsende Validierung der Selbstkritik eröffnet eine umfassende Perspektive auf die Welt, in der sich Menschen verständigen können, auch wenn sie in keinem einzigen Punkt inhaltlich übereinstimmen. Das historische Bewusstsein begründet nach Troeltschs Überzeugung deshalb die Idee einer allgemeinen Kulturmenschheit und besitzt das Potenzial, den Frieden zu sichern und „Rassenkämpfe unvorstellbaren Ausmaßes" zu verhindern.[23]

Mission, so Troeltschs Argument, dient dem Frieden in der Welt, weil sie hilft, diese Einheit der Kulturmenschheit herzustellen. Missionsarbeit leistet nach dieser Überzeugung einen wichtigen praktischen Beitrag zur Entstehung einer allgemeinen Kulturmenschheit. Diese Position hat Konsequenzen für das Missionsverständnis und für die Konstitution des kolonialen Raumes.

---

zueinander: Troeltsch betont, dass der „Kampf und die Ausbreitung [...] zu unserer eigenen inneren Entwicklung und Fortpflanzung nötig sind", und begründet dies mit der Behauptung: „Was nicht mehr wächst, stirbt ab" (Troeltsch, Mission, 27).
18 Troeltsch, Mission, 9f.
19 Troeltsch, Missionsmotiv, Missionsaufgabe und neuzeitliches Humanitätschristentum, in: Zeitschrift für Missionskunde und Religionswissenschaft. Organ des Allgemeinen evangelisch-protestantischen Missionsvereins 22, 1907, 135.
20 Troeltsch, Absolutheit, 110.
21 Troeltsch, Mission, 28.
22 Ibid., 27f.
23 Ibid., 28.

Mission unter dem Vorzeichen der Einheit der Kulturmenschheit kann nicht, wie die klassische pietistische Mission, die Rettung der Menschen zum Ziel haben, sondern muss sich die Entwicklung und kulturelle Hebung von Völkern zum Gegenstand machen.[24] Diese Zielsetzung setzt eine scharfe kulturell-religiöse Grenze. Kulturmission ist nach Troeltschs Überzeugung nur an Völkern möglich, die den ersten Schritt, die urteilende Durchbrechung des Naturkreislaufs, bereits bewältigt haben. Völker, die sich noch nicht aus der Naturverhaftung herausgelöst haben, besitzen keine Möglichkeit der Selbstkritik und können deshalb zur Einheit der Kulturmenschheit nichts beitragen. Auf Grund dieses Urteils verhält Troeltsch sich gegenüber der Mission in Afrika zurückhaltend bis ablehnend und kann sich überhaupt nur eine Missionsarbeit vorstellen, die der von ihm diagnostizierten niedrigen Entwicklungsstufe dieser Völker entspricht. Konkret denkt er dabei an patriarchale Leitung und vor allem an die Erziehung zur Arbeit.[25]

Wendet man die Kategorien Agambens auf diese Missionstheologie an, dann wird schnell deutlich, dass Troeltschs Bewertung der afrikanischen Wirklichkeit den Charakter einer einschließenden Ausschließung hat. Afrika ist für Troeltsch ein Raum jenseits des Bereiches der anvisierten kulturellen Menschheitseinheit. Das Afrika jenseits der Grenzen der Siedlergesellschaft ist in den Kategorien von Troeltschs kolonialer Weltanschauung ein Raum, in der das Recht gilt, ohne etwas zu bedeuten.[26]

Troeltsch hat die kolonialen Konsequenzen seines Denkens nur angedeutet. Paul Rohrbach, der vor seiner Anstellung als Siedlungskommissar in Namibia eine akademische Karriere als evangelischer Theologe angestrebt hatte,[27] übersetzt in seinem Buch zur *Kolonialwirtschaft* von 1909 die Troeltschschen Kategorien direkt in ein kolonialpolitisches Programm. Rohrbach stellt fest, dass ein Existenzrecht für die indigene Bevölkerung Namibias nur aus ihrer Funktion als Dienstboten für die „weißen" Siedler begründet werden kann. Eine Menschenwürde oder Menschenrechte für Afrikaner kommen für ihn aus dieser Perspektive heraus überhaupt nicht in den Blick:[28] „Die Notwendigkeit, ihr freiheitliches

---

24 Ibid., 56f.
25 Gegenüber den Völkern und Kulturen auf niedriger Wachstumsstufe, etwa in den afrikanischen Kolonien, rät Troeltsch zu autoritären Maßnahmen und propagiert ein System von „patriarchalischer Lenkung und Erziehung", weil „die Mission bei Wilden und Halbwilden andere Ziele hat als bei alten Kulturvölkern" (Troeltsch, Mission, 57).
26 In seiner 1912 als Vorlesung in Heidelberg gehaltenen Glaubenslehre stellt Troeltsch sogar die Humanität afrikanischer Menschen in Frage und schließt aus dem Fehlen des Willens, aus den Naturkreisläufen herauszutreten, die Unmöglichkeit der Erlösung. Erlösung ist deshalb ein Problem, „weil die menschliche Kreatur gegen die untermenschliche so schwer abzugrenzen ist, weil auch die Tier- und Pflanzengeister in diesen Prozeß mit einzubeziehen undenkbar ist, und weil damit die Willenstat der Hingebung an die Erlösung ihren Sinn verlöre" (Ernst Troeltsch, Glaubenslehre nach Heidelberger Vorlesungen aus den Jahren 1911 u. 1912, München und Leipzig 1925, 383).
27 Zur Biographie Rohrbachs vgl. Walter Mogk, Paul Rohrbach und das „Größere Deutschland". Ethischer Imperialismus im Wilhelminischen Zeitalter. Ein Beitrag zur Geschichte des Kulturprotestantismus, München 1972.
28 Es ist kein Anachronismus, die Frage nach den Menschenrechten an die kolonialen Texte heranzutragen. In den untersuchten Texten zur Mission wird die Frage nach den Menschenrechten von Afrikanern explizit gestellt. Der politisch äußerst zurückhaltend agierende Erste Inspektor der Rheinischen Missionsgesellschaft, Gottlob Haußleiter, forderte 1906 in einer Denkschrift zur Gestalt der kolonialen Nachkriegsordnung, dass der „Eingeborene als Persönlichkeit" respektiert und

nationales Barbarentum zu verlieren und zu einer Klasse von Dienstboten in Lohn und Brot der Weißen zu werden, schafft aber für die Eingeborenen überhaupt erst, weltgeschichtlich betrachtet, ein Existenzrecht."[29] Damit wird Rohrbach zu einem zentralen Repräsentanten einer besonders radikalen Form der Zivilisierungsmission, deren einziger humanitärer Maßstab die koloniale Verwertungslogik ist. Die Freiheit der „evangelische[n] Luft" begründet seiner Überzeugung nach wohl eine Missionspflicht des christlichen Glaubens, die sich aber, wie bei Troeltsch, vor allem in Programmen der Erziehung zur Arbeit erschöpft.[30] Einen Rechtsstatus der missionierten Christen kann sie nicht konstituieren.

Die Ek-zentrität der Missionsstation als Mittelpunkt einer universalen Raumordnung: Die Kolonialtheologien von Martin Kähler und Gustav Warneck

Soweit die Position wichtiger Vertreter der bürgerlichen liberalen Theologie am Höhepunkt des deutschen Kolonialismus. – Wie aber verhielten sich die die Vertreter der klassischen Missionstheologie zu dieser theologischen Legitimation kolonialer Ausgrenzung?

In der theologischen Auseinandersetzung von 1906 protestierten die Repräsentanten der traditionellen Mission leidenschaftlich gegen Troeltschs Versuch, das Missionsfeld einzuschränken, und bestanden auf der Universalität des christlichen Rettungswerkes, das keinen Menschen ausschließt. In seiner Replik auf Troeltschs Vortrag formulierte Gustav Warneck, ehemaliger Dozent im Missionsseminar in Barmen, das universale Selbstverständnis der Mission in aller Deutlichkeit:

> „Ja, wir gehen zu den unteren „Klassen" und schämen uns des ganz und gar nicht, denn wir wandeln dabei in der Nachfolge Jesu, der den Armen das Evangelium predigte […] ein doppeltes Evangelium: ein erstklassiges für die Weisen und ein zweitklassiges für die Unweisen haben wir nicht."[31]

Wie Warneck im ersten Band seiner Missionslehre betont, verbietet es die Gottesebenbildlichkeit aller Menschen,[32] bestimmte Menschengruppen aus dem Bereich des Heils auszuschließen. Auf den ersten Blick erscheint der Anspruch der Missionstheologie deshalb als ein Gegenentwurf zu Troeltschs Konzept einer einschließenden Ausschließung; die Universalität des Glaubens wendet sich nach dem Selbstverständnis der Missionstheologie

---

seine „Menschenrechte […] wenigstens überall grundsätzlich anerkannt werden" müssen (Gottlob Haußleiter, Zur Eingeborenen-Frage in Deutsch-Südwest-Afrika", in: Allgemeine Missions-Zeitschrift 33, 1906, 116).
Dieses Menschenrechtsbewusstsein gab der RMG die Möglichkeit, die koloniale Ausbeutung und die Vernichtungspolitik zu kritisieren. Diese Kritik war aber, wie die folgende Untersuchung belegt, immer dadurch eingeschränkt, dass die mit der Gottesebenbildlichkeit des Menschen begründeten Menschenrechte nach Missionsverständnis nur das nackte Leben beschützten. Die Freiheitsdie wirtschaftlichen und die kulturellen Rechte der Afrikaner wurden von diesem Menschenrechtsverständnis nicht erfasst.
29 Paul Rohrbach, Deutsche Kolonialwirtschaft. Kulturpolitische Grundsätze für die Rassen- und Missionsfragen, Berlin 1909, 20.
30 Rohrbach, Kolonialwirtschaft, 80.
31 Gustav Warneck, Missionsmotiv und Missionsaufgabe nach der religionsgeschichtlichen Schule, in: Allgemeine Missions-Zeitschrift, 34, 1907, 50f.
32 Gustav Warneck, Evangelische Missionslehre. Ein missionstheoretischer Versuch. Erste Abtheilung: Die Begründung der Sendung, Gotha 1892, 110, 137, 201.

gegen alle Versuche der Exklusion. Bei näherer Betrachtung werden aber auch hier problematische Strukturen deutlich, die sich der Ausgrenzung der indigenen Bevölkerung nicht nur nicht widersetzen, sondern zu ihrer Legitimation herangezogen werden können.

Die Missionstheologie der an der Debatte mit Troeltsch beteiligten Missionsvertreter begründet sich durch das „Gehet hin" des Missionsbefehls aus Matthäus 28, 19.[33] Die Autoren interpretieren diesen Vers als einen persönlichen Aufruf, aus den gesellschaftlichen Bezügen, die ein wirklich christliches Leben erschweren oder unmöglich machen, durch einen entschiedenen biographischen Schritt herauszutreten. Wer aus der sündhaften Fremdbestimmung des Lebens heraustritt, hat die Chance, an Gottes umfassender Wirklichkeit teilzuhaben, die alle irdischen Begrenzungen überschreitet. Die beiden Autoren drehen so das landläufige Verhältnis von „Innen" und „Außen" um und versuchen, ihren Begriff der Universalität nicht von einer universalen Ausweitung des Bereichs des „Innen", sondern aus der Perspektive eines Schrittes nach „Außen" zu konzipieren, durch den innerweltliche Grenzen obsolet werden.

Martin Kähler, der Theologe, der die Bedeutung einer auf diese Weise entgrenzten Missionstheologie für den politischen Diskurs am sorgfältigsten durchdacht hat, weist Troeltschs Missionstheologieverständnis als „Propaganda" ab.[34] Eine Haltung, die darauf zielt, das eigene Selbstverständnis – und sei es auch durch das historische Bewusstsein selbstkritisch durchbrochen – universal durchzusetzen, disqualifiziert sich in seinen Augen schon durch das diesem Bestreben inhärente Gewaltelement und kann mit dem Rettungswerk Gottes deshalb nichts zu tun haben.

Grundlage für Kählers Missionsverständnis ist eine fast strukturalistisch anmutende Kulturkritik. Dem Troeltschschen Freiheitspathos kann Kähler nur wenig abgewinnen, eine prinzipielle Unterscheidung zwischen Natur- und Kulturvölkern weist er zurück. Für ihn ist jede menschliche Tätigkeit grundsätzlich determiniert, die Hoffnung, sich durch kulturelle Aktivitäten aus den Bedingungsgefügen der Welt befreien zu können, hält er für eine Illusion. In der Tradition des Pietismus versucht Kähler Freiheit deshalb, nicht *in*, sondern – in Konsequenz eines biographisch zu vollziehenden Schrittes aus der Welt heraus – *neben* der Welt zu denken.[35] Um wirklich frei zu werden, muss der Mensch sich von der Bedingtheit durch seine Umwelt lösen. Die Mission ist für Kähler deshalb das zentrale Paradigma des christlichen Lebens, denn hier treten Menschen real und praktisch aus den kulturellen Be-

---

33 Für Kähler ist Universalität nur in der Form einer Kreuzestheologie denkbar und verlangt als ihren Ausgangspunkt den Bruch mit weltlichen Bindungen. Seine Auslegung des Missionsbefehls beginnt deshalb mit der Betonung des „Gehet hin!" (Martin Kähler, Der Menschensohn und seine Sendung an die Menschheit, in: ders., Schriften zu Christologie und Mission. Herausgegeben von Heinzgünter Frohnes, München 1971, 28).Nur durch den Akt des Heraustretens, durch den die Missionare durch einen bewussten Schritt den Umkreis der heimatlichen Gesittung verlassen, lässt sich für Kähler eine universale Perspektive und damit das Ziel, das Christentum „bis an das Ende der Erde" zu tragen, sachlich begründen.

34 Martin Kähler, Die Mission - ist sie ein unentbehrlicher Zug am Christentum?, in: ders., Schriften zu Christologie und Mission. Herausgegeben von Heinzgünter Frohnes, München 1971, 113f.

35 Martin Kähler, Die Wissenschaft der christlichen Lehre von dem evangelischen Grundartikel aus im Abrisse dargestellt. Unveränderter Nachdruck der Dritten (sorgfältig durchgesehenen und durch Anführungen aus der heiligen Schrift vermehrten) Auflage, Leipzig 1905, Neukirchen 1966, §138a.

dingungssystemen ihrer Umwelt heraus und versuchen, in dieser durch diesen Schritt gewonnen Freiheit zu leben.

Für Kähler ist dieser Raum *neben* der Welt ein Ort, von dem eine besondere Autorität ausgeht. Von hier aus hat der Mensch die Möglichkeit, die Welt in ihrer Universalität und Allgemeinheit in den Blick zu nehmen und Fehlentwicklungen anzusprechen.

Gustav Warneck hat aus ähnlichen Gedanken seine Theologie der Missionsstation entwickelt. Andrea Schultze hat diese Konzeption mit dem Begriff der „Erweckungstopographie"[36] beschrieben. Warneck konzipiert die Missionsstation als ein Zentrum, von dem der Transformationsprozess ausgeht, durch den das Evangelium in den Missionsgebieten eine ganze Gesellschaft verändert. Der Missionar agiert von diesem Ort aus wie ein „Sämann";[37] die von ihm ausgebrachte biblische Botschaft führt dazu, dass sich Menschen von „heidnischen" Strukturen durch einen biographischen Schritt distanzieren und sich zum Beispiel im Umfeld der Missionsstation niederlassen. Der Schritt aus den Bedingungsgefügen des Lebens heraus wird damit zum Paradigma eines christlichen Lebens. Wenn dieser Prozess an Dynamik gewinnt, führt er schließlich zur Transformation einer ganzen Kultur. Diesen Vorgang bezeichnet Warneck als „Durchsäuerung".[38]

Diese Privilegierung von Orten *neben* den traditionellen Ordnungen der Gesellschaft produziert in der Missionstheologie eine Topographie ganz eigener Art, deren politische Virulenz besonders im Kontext von Siedlerkolonien deutlich wird. Warnecks und Kählers Theologien unterscheiden drei Raumtypen und analysieren sie in ihrer jeweils unterschiedlichen theologischen Struktur:

– Die *Missionsstation* wird, wie vor allem Warneck mit großem Nachdruck betont, gerade durch ihre Differenz zu den geltenden Ordnungssystemen zum Mittelpunkt der kolonialen Geographie. Dieser Ort unterscheidet sich nach Warnecks Auffassung sowohl von der traditionellen Sphäre der indigenen Bevölkerung als auch von dem der Siedler und gewinnt gerade aus dieser doppelten Distanzierung seine besondere theologische Bedeutung und seine moralische Autorität.
  Von diesem Ort aus kommen die Lebenswelten der indigenen Gesellschaften und der Siedler in den Blick. Beide Seiten werden theologisch interpretiert. Dabei wird die indigene Seite betont unter dem Vorzeichen des Evangeliums wahrgenommen, während die

---

36 Andrea Schultze, In Gottes Namen Hütten bauen. Kirchlicher Landbesitz in Südafrika - die Berliner Mission und die Evangelisch-Lutherische Kirche Südafrikas zwischen 1834 und 2002, Stuttgart 2005, 131.

37 „Der Missionar gleicht dem einladenden Knechte, dem Pflanzer und Begießer; die Scheidung der Auserwählten von den Berufenen ist ebenso wenig in seine Hand gelegt wie das Gedeihen seiner Säemannsarbeit" (Gustav Warneck, Evangelische Missionslehre. Ein missionstheoretischer Versuch. Dritte Abteilung: Der Betrieb der Sendung. Erste Hälfte. Zweite Auflage, Gotha 1902, 225).

38 Nach Warnecks Überzeugung wird die christliche Botschaft in den von der Mission betreuten Völkern, „das nationale Leben von seiner heidnischen Durchsäuerung reinigen und die Greuel, unter denen die von einer unmenschlichen Regierung geplagte Bevölkerung seufzt, abschaffen" (Warneck, Betrieb der Sendung, 49).
Warneck besteht gegenüber Kähler deshalb auf dem Prinzip der Völkerchristianisierung, weil er Kultur als einen geschlossenen Sinnzusammenhang denkt und sich deshalb ein Leben außerhalb eines eindeutig definierten Kultur- und Sprachraums nicht vorstellen kann. Die Strategie der Einzelbekehrung, wie etwa Kähler sie in der Tradition Zinzendorfs propagiert, wird nach seiner Überzeugung der kulturellen Verfasstheit der Missionsgebiete nicht gerecht.

Welt der Siedler unter das Vorzeichen des Gesetzes tritt. Diese Unterscheidung hat nachhaltige Auswirkungen auf das Selbstverständnis und die durch dieses Selbstverständnis begründeten politischen Initiativen der Mission.

– Aus der ek-zentrischen Perspektive der Missionsstation wird die *indigene Welt* nicht in ihrer realen Beschaffenheit wahrgenommen, sondern kommt eschatologisch als Spiegel der Zukunft des Reiches Gottes in den Blick. Diese Wahrnehmung ist durch und durch imaginiert, die indigene Realität erscheint als Material einer zukünftigen Transformation und hat keinen eigenständigen Wert.[39] Warneck erkennt die weltlichen Ordnungen indigener Gesellschaften auf der Grundlage der christlichen Obrigkeitslehre zwar an, hält sie aber für ein vorübergehendes Phänomen und erwartet, dass sie im Prozess der Christianisierung an Bedeutung verlieren. Eine nachdrückliche Verteidigung indigener Rechte war aus dieser Grundhaltung heraus nur schwer möglich.

– Das Verhältnis zu Kolonialadministration und Siedlergemeinschaften sieht Warneck dagegen entsprechend der etablierten europäischen Vorstellungen zum Verhältnis von Staat und Kirche bestimmt. Anders als bei den indigenen Gesellschaften erwartet die Mission hier keine eine nachhaltige Transformation durch den Einfluss des Evangeliums und fordert die Siedler deshalb auch nicht zu einer Distanzierung von den geltenden Ordnungsstrukturen auf. Die bestehenden Institutionen, einschließlich des kolonialen Apparats, werden als legitim akzeptiert. Christlicher Einfluss muss sich unter diesen Umständen auf moralische Korrekturen beschränken. Die Mission interveniert in diesem Bereich vor allem dann, wenn die Kolonialbehörden oder die Siedlerschaft das christliche Leben der Missionsgemeinden gefährden.[40]

Diese unterschiedlichen Wahrnehmungen von Siedlergesellschaft und indigener Wirklichkeit prägten das politische Selbstverständnis vieler Missionswerke und ihrer Missionare vor Ort. Die Mission betrachtete es als ihre Aufgabe, die von ihr betreuten Missionsgemeinden vor schädlichen Einflüssen aus Europa und aus den Siedlergemeinschaften zu beschützen. In der kolonialen Geographie soll sich der Missionar nach Warnecks Vorgabe

---

39 „Allerdings steht der christlichen Mission zunächst nur das Wort zugebote; aber nicht bloß das Gesetzeswort […], sondern das Wort des Evangelii in seiner Gesamtheit, die ganze Botschaft von der rettenden und heiligenden Gnade in Christo Jesu, die aus dem zu einem Kinde Gottes gemachten Sünder eine neue Kreatur schafft. Dieses Wort ist eine Gotteskraft und hat die Verheißung dieses und des zukünftigen Lebens" (Warneck, Betrieb der Sendung, 75f).

40 Gegenüber den Kolonialbehörden muss die Mission nach Warnecks Überzeugung die Unabhängigkeit und die Integrität ihrer Gemeinden gegen den obrigkeitlichen Zugriff verteidigen: „erstens, wenn die Kolonialregierungen sich entweder unberechtigte Übergriffe in das Gebiet der Mission erlauben oder gegen offenbare christliche Grundsätze handeln; zweitens, wenn Fragen zur Erörterung stehen, die auf dem staatlich-kirchlichen Grenzgebiet liegen, und drittens, wenn die Vertreter der Mission zu Handlungen im kolonialpolitischen Interesse veranlasst werden" (Warneck, Betrieb der Sendung, 50). Warneck spricht in diesem Zusammenhang ausdrücklich von einer „Zeugnispflicht", nach der die Mission ihre Stimme zum „Schutze der Bedrückten" erheben muss angesichts einer „leider gar nicht seltenen ungerechten, harten, ja grausamen Behandlung der Eingeborenen" (Warneck, Betrieb der Sendung, 51f). Bei aller Ehrerbietung gegenüber der Obrigkeit hält Warneck der Mission in solchen Fällen ausdrücklich das Recht auf die „Berufung an die heimatliche öffentliche Meinung" offen (Warneck, Betrieb der Sendung, 52).

als Türhüter verstehen, der die Beziehungen zwischen Siedlern und indigener Bevölkerung nach den Vorgaben des Evangeliums zu regulieren versucht.[41]

Die Interpretation dieser missionarischen Weltanschauung mit den Kategorien Agambens ist komplizierter als die Einordnung der Theologie Troeltschs. Die Missionstheologen Kähler und Warneck wehren sich gegen Troeltschs Strategie der kulturellen Qualifizierung der Humanität des Menschen und betonen die Universalität des Evangeliums. Die theologische Aufteilung des Raumes zeigt aber bereits, dass sich auch die Missionstheologie in der Gestalt einer Ausnahme konstituiert. Auch wenn es das erklärte Ziel des missionarischen Selbstverständnisses war, das Evangelium als eine universale, an alle Menschen gerichtete Botschaft zu verkünden, legitimiert die theologische Positionierung der Missionsstation auf der Grenze zwischen den Siedlergebieten und der indigenen Wirklichkeit die koloniale Trennlinie zwischen Siedlern und indigenen Gesellschaften.

Die unterschiedliche Betonung von Gesetz und Evangelium führt dabei zu einer ganz eigenen Form der einschließenden Ausschließung: Indem die Mission ihre Gemeinden in den Kategorien des Reiches Gottes in einem Bereich jenseits der Grenzen von Institution und Recht zu konzipieren versuchte, unterstützte sie, wenn auch gegen den eigenen erklärten Willen, diejenige Kräften, die die Entrechtung der indigenen Bevölkerung betrieben. Die Missionstheologie bot keine Grundlage für eine Verteidigung der Menschenwürde, denn die Missionschristen sollten ihre geistliche Transformation ja gerade dadurch erweisen, dass sie ihrem Anspruch auf einen eigenen Rechtsstatus entsagten. In der Geographie einer Siedlerkolonie erscheinen die Gebiete der christianisierten indigenen Bevölkerung im Missionsdiskurs als eine Ausnahme, als ein Raum, der durch den Rückzug des Rechtes entsteht. Selbst die Einrichtung von Konzentrationslagern konnte vor diesem Hintergrund, wie die nachfolgende Analyse zeigt, als eine positive Entwicklung verstanden werden.

Missionstheologie auf dem Prüfstand: Die Interventionen der Rheinischen Missionsgesellschaft zu Beginn des Kolonialkrieges

Wie in Troeltschs Vision einer ethischen Menschheitseinheit zeigt sich auch in der Missionstheologie der damaligen Zeit, wie eine eigentlich auf Frieden und die Überwindung von Gewalt gerichtete Haltung die koloniale Aufspaltung des Raums mit neuen Argumenten legitimieren und durch eine missionarische Handlungstheorie auch politisch untermauern konnte. Die Mission predigte die grenzenlose Gnade Gottes, aber in der missionarischen Handlungstheorie begrenzte sich der Wirkungsbereich des Evangeliums auf das Umfeld von Missionsstationen. Die theologische Perspektive der Mission spiritualisierte die afrikanische Wirklichkeit und stand – wie auch die bürgerliche Werturteilstheologie Troeltschs – auf diese Weise der Formulierung eines Verständnisses von Menschenrechten im Weg, mit dem sich die Rechte der afrikanischen Bevölkerung während des Kolonialkrieges in Namibia hätten verteidigen lassen.

Diese theologische Perspektive zeigt sich deutlich in dem engagiertesten Verteidigungsversuch des Hererovolkes von deutscher Seite, mit dem der rheinische Missionar Jakob Irle am 22. März 1904 die Gräuelpropaganda gegen die Hereros zurückzuweisen versuchte, mit der die deutschen Medien die Öffentlichkeit auf den Vernichtungsfeldzug

---

41 Zu parallelen Entwicklungen im Bereich der Hermannsburger Mission in Südafrika vgl. Beitrag #23 von Fritz Hasselhorn.

vorbereiteten. Die in Berlin erscheinende Zeitung *Der Reichsbote* druckte Irles Leserbrief anonym ab. Der Autor war aber durch vielfältige Hinweise auf Geographie, Ereignisse und Verwandtschaft im Land leicht identifizierbar und wurde auch in der anschließenden heftigen Diskussion in der Presse namentlich angegriffen.

In Irles Beitrag wird die theologische Konstruktion der drei missionarischen Raumkonzepte, Missionsstation, afrikanisches Land und Siedlergebiet, deutlich sichtbar. Die Missionsstation erscheint als ein Ort des Friedens. Das Hererovolk wird, wie Irle mit Verweis auf die getauften Christen deutlich macht, als Repräsentant einer besseren Welt verstanden. Die Siedlerschaft erscheint dagegen als unmoralisch und verderbt. Der Krieg ist in den Augen Irles durch die Schuld der Siedler begründet, die durch ihre Gewalt und Sündhaftigkeit den berechtigten Hass der Herero auf sich gezogen hätten.

Irle kritisiert die deutsche Siedlerschaft sehr scharf. Er beschuldigt sie der Unzucht, des Raubhandels und der Gewalt und belegt diese Kritik mit einer Fülle von Beispielen, wobei er weder antikolonial argumentiert noch die Präsenz europäischer Siedler in Namibia in Frage stellt. Was er sich wünscht, ist eine Entwicklung, die es den Gliedern der Missionsgemeinden ermöglicht, ein gottgefälliges Leben zu führen. Deutsche Siedler sind für ihn im Land durchaus willkommen, solange sich ihr Verhalten an den Grundsätzen einer christlichen Moral orientiert. In seinem Artikel würdigt Irle diejenigen Herero, die sich dem Ruf ihres Volkes nach Rache entzogen hatten, indem sie „weiße" Siedler beschützten und sich für friedliche Beziehungen aussprachen. Solcher Friedenseinsatz ist für Irle ein Zeichen des Wirkens Gottes und von weit höherer Bedeutung als jede vermeintlich hochstehende Kultur, für die er am Beispiel der deutschen Siedler und ihren Grausamkeiten nur Verachtung übrig hat.

Irles Kritik führte in der Diskussion des Jahres 1904 nicht zu der intendierten moralischen Selbstbesinnung auf deutscher Seite, sondern heizte den Vernichtungsdiskurs noch an und wurde auf diese Weise zu einem eindrücklichen Beispiel für die politische Schwäche der Missionsposition. Statt auf die moralischen Anfragen einzugehen, wandte sich die deutsche Öffentlichkeit praktisch in ihrer gesamten Breite gegen Irle. Vielen Kommentatoren erschien es unerträglich, dass Irle Afrikaner als moralische Vorbilder darstellte. In den Augen der deutschen Bevölkerung hatte die Mission durch diese Haltung jede moralische Autorität verloren. Die von Irle aufgeworfenen rechtlichen und politischen Fragen wurden in der allgemeinen Erregung über die moralische Kränkung praktisch überhaupt nicht diskutiert. Dafür wurde die Haltung der Mission in Frage gestellt, die versucht, in der Kriegssituation von einem unabhängigen und moralisch hervorgehobenen Ort aus zu agieren.

Ein prominentes Beispiel für diese Kritik ist der folgende in den *Täglichen Nachrichten* vom 7. Juli 1904 abgedruckte Leserbrief von Wilhelm Anz, dem vom preußischen Evangelischen Oberkirchenrat in Berlin entsandten Pfarrer der deutschen Gemeinde in Windhoek.[42]

Anz wehrt sich entschieden gegen die pauschale Verurteilung der Siedler in Irles Artikel und betont, „wie viele Farmer nur in harter Arbeit ihr Brot verdient, wie viele Deutsche – auch Händler – [mit den Eingeborenen] im besten Einvernehmen gestanden haben" und weist in seinen Augen ungerechte Stereotypisierungen zurück:

---

42 Vgl. zur Debatte zwischen Irle und Anz auch Beitrag #17 von Rudolf Hinz.

„Ich kann nicht anders als sagen, die Art wie in jenen „Reichsboten"-Artikeln die Weißen ganz allgemein als weiße Teufel und die Eingeborenen ebenso allgemein als schwarze verführte Engel hingestellt werden, ist unverantwortlich." Anz, starke Verallgemeinerungen auch selbst nicht scheuend, fährt fort: „Es ist eine Eigentümlichkeit [...] unseres deutschen Volkes, dass es in ängstlicher Gewissenhaftigkeit bemüht ist, selbst den Feinden Gerechtigkeit widerfahren zu lassen [...] Den Hereros ist [...] überreichlich „Gerechtigkeit" erwiesen, es wird höchste Zeit, auch den Deutschen Gerechtigkeit widerfahren zu lassen."

Mit diesen Argumenten wollte Anz die Integrität der deutschen moralischen Ehre wiederherstellen, ohne sich mit den politischen Inhalten von Irles Kritik auseinanderzusetzen. Das gleiche Argumentationsmuster kennzeichnete auch die offiziellen politischen Reaktionen. In den offiziellen Stellungnahmen erscheint der koloniale Raum als strikt zweigeteilt: Siedler stehen gegen Aufständische. Die von der Mission vorgetragene Universalperspektive, die vom diskursiven Ort der Missionsstation aus ein friedliches Zusammenleben der Völker unter der Herrschaft des Wortes Gottes propagiert, erschien vor diesem Hintergrund als völlig widersinnig und wurde als Vaterlandsverrat kategorisch zurückgewiesen.

Das nachdrücklichste Beispiel für dieses Reaktionsmuster stammte von Reichskanzler von Bülow. In einer Rede vor dem Deutschen Reichstag vom 9. Mai 1904 wandte sich der Reichskanzler mit implizitem Verweis auf Irle an die Rheinische Mission und forderte sie auf, in der Stunde der Not auf der Seite ihrer Landsleute zu stehen. Damit stellte der Reichskanzlers den politischen Ort in Frage, von dem aus die Mission in dem Konflikt zu operieren versuchte: „Ich kann ihnen weder das Recht der Neutralität zwischen Deutschen und Hereros einräumen, noch das Amt eines Anklägers oder Richters zugestehen."[43]

Damit war der diskursive Ort diskreditiert, von dem aus die Mission bis dahin agiert hatte. Von Bülow versuchte, die Mission in das binäre Koordinatensystem des Kolonialismus hineinzuzwingen. Er bestritt ihr das Recht, von einem Ort aus zu intervenieren, der nicht durch die Aufteilung des Raums in die Sektoren der indigenen Bevölkerung und der Siedler bestimmt war.

Angesichts dieser grundsätzlichen Infragestellungen ihrer Arbeit, erscheint es bedeutsam, dass die RMG in diesem Konflikt ihre Grundpositionen weder öffentlich noch intern verteidigt hat. Das lag sicher auch darin begründet, dass die Mission durch den Krieg praktisch alle Stationen verloren hatte und zu einer unabhängigen Arbeit praktisch nicht mehr in der Lage war. Angesichts des politischen Drucks und des praktischen Zusammenbruchs ihrer Reich-Gottes-Vision sah sich die RMG gezwungen, für die deutsche Seite Partei zu ergreifen.

Allerdings kam in der nun folgenden internen Debatte auch eine grundsätzlichere Problematik zum Tragen. Auf der einen Seite kritisierten einige Missionare die Entscheidung, die Hereros nicht mehr öffentlich zu verteidigen, und brachten dies gegenüber der Missionsleitung auch zum Ausdruck.[44] Auf der anderen Seite fand die Forderung nach einer

---

43 Bernhard von Bülow, Rede am 9. Mai 1904, Stenographische Bericht des Reichtags (SBRT), Band 200, Sitzung 87., 2788.
44 In einem Brief vom 11.06.1904 an Inspektor Spiecker wies Missionar August Kuhlmann beispielsweise mit Nachdruck darauf hin, „dass unsere Regierung bis heute nur in einem Vertragsverhältnis zu den Hereros stand, also noch nicht eigentlich Obrigkeit war, wie dies dann die

Loyalitätserklärung für das Deutsche Reich in der Mission selbst breite Unterstützung. In der Stunde des Konfliktes gab es für die übergroße Mehrheit der Missionare nach den Grundsätzen der Unterscheidung von Evangelium und Gesetz – die das Missionsgebiet in eschatologischer Perspektive unter das Vorzeichen des Evangeliums stellte, für die Heimat aber für die Gegenwart die Bedeutung des Gesetzes akzeptierte – deshalb nur eine legitime Ordnung, der zu gehorchen war, und das war die des Deutschen Reiches. Die Deputation schrieb am 27. Mai 1904 an den Reichskanzler und versicherte ihm unter Verweis auf die Obrigkeitslehre in Römer 13 ihre absolute Loyalität.[45]

Schon Ende April hatte die Missionsleitung einen Hirtenbrief an das Hererovolk verabschiedet, in dem sie dieses aufforderte, sich dem Deutschen Reich als der von Gott gesetzten Obrigkeit zu ergeben:

> „Wir dürfen es Euch aber nicht verschweigen, daß Ihr uns in tiefe Traurigkeit versetzt und uns großen Schmerz bereitet habt. [...] Ihr habt das Schwert erhoben gegen die Euch von Gott gesetzte Obrigkeit, ohne zu bedenken, daß es heißt: ‚Wer das Schwert nimmt, der soll durchs Schwert umkommen.' Herzlich und dringend möchten wir Euch warnen, auf dem betretenen Weg weiter zu gehen [...] Ihr werdet uns antworten, gerechte Ursache zur Unzufriedenheit und zum Aufstand gehabt zu haben [...] Wir sind von Gott dem Herrn nicht zum Richter gesetzt und sind auch nicht imstande, derartige Dinge zu untersuchen. Das aber glauben wir doch sagen zu können, daß es nicht so weit gekommen wäre, wenn Ihr auf die warnende Stimme der Missionare gehört hättet. [...] Wenn Ihr Eurer Regierung und Obrigkeit den schuldigen Gehorsam und die gebührende Ehrerbietung entgegen gebracht hättet, dann würdet Ihr unter ihrem Schutz[46] ein ruhiges und stilles Leben haben führen können [...] Auch heute treibt uns nur die Liebe dazu, Euch diesen Brief zu schreiben und Euch dringend zu bitten, die Waffen niederzulegen und Frieden zu machen. Was dann wird, wissen wir nicht. Jedenfalls wird die Regierung die Schuldigen strenge bestrafen, und Ihr werdet alle an den Folgen dieses traurigen Aufstandes Euer Leben lang zu tragen haben. [...] Wenn Ihr Euch aber nicht raten und warnen lasst [...] dann sind wir wenigstens rein von Eurer aller Blut. Ihr geht dann mit offenen Augen in Euer Verderben."[47]

Regierung im großen ganzen oft stillschweigend anerkannt hat, indem sie vielfach die Erlaubnis zu diesen und jenen Unternehmungen bei der Eingeborenen-Regierung, die sie als Eigentümerin des Landes ansah, nachsuchte. Unsere deutsche Regierung konnte rechtlich in ihren Bestrebungen und Anordnungen nie weiter gehen, als es die Schutz- und Trutzverträge zuließen, weil sie nicht absolute Obrigkeit war, sie war nur Gast, nur geduldet. Die Hereros haben vor dem Aufstand nie Verträge gebrochen, wohl aber die deutsche Regierung. Und das gab den Herero das Recht zum Kriege" (RMG 1.644a).

45 Berichte der Rheinischen Missionsgesellschaft (BRMG) 1904, Barmen 1904, Beilage Nr. 7.
46 In 1. Tim 2, 2 ist von „Schutz" nicht die Rede, die Deputation legt die Lehre von der Obrigkeit mit Blick auf die koloniale Situation aus, die sich rechtlich durch Schutzverträge konstituiert hatte.
47 BRMG 1904, 349ff. Dieser Hirtenbrief ist in Namibia selbst nie verlesen worden, weil dies von Seiten der Regierung abgelehnt wurde (Engel, Stellung, 194). In Deutschland hat die RMG den Hirtenbrief erst in der Oktoberausgabe der Berichte veröffentlicht. Allerdings spielte das Dokument in der Kommunikation zwischen RMG und Kolonialverwaltung eine prominente Rolle. Missionar Eich spricht in einem Brief vom 16.11.04 von dem Hirtenbrief als einem offiziellen Ange-

Gottesebenbildlichkeit und die Universalität des Evangeliums begründen folglich für die Mission kein Verständnis von Menschenrechten, das die Hereros auch dann wirksam hätte schützen könnte, wenn sie den von der Mission an sie gerichteten Ansprüchen nicht gerecht werden.[48] In dieser Zurückweisung zeigt sich die dem missionarischen Selbstverständnis inhärente Tendenz, die Missionsgebiete in der Logik einer einschließenden Ausschließung zu konzipieren. Die theologische Perspektive auf die von ihr betreuten Völker löst diese aus dem Schutzbereich des Rechtes heraus. Im Augenblick der Gefahr stellte die Missionstheologie deshalb keine Ressourcen bereit, mit denen sich die Vernichtung hätte stoppen lassen.

Konzentrationslager

Während Generalleutnant von Trotha in Namibia seinen Vernichtungskrieg führte, gewannen in Deutschland diejenigen Kräfte an Einfluss, die den Krieg beenden wollten. Die Sicherheitslage im Lande verschlechterte sich so weit, dass sogar Graf von Schlieffen, Chef des deutschen Generalstabs, der von Trothas Vernichtungsstrategie im Prinzip unterstützte, auf eine Beendigung des Krieges drängte, weil er sah, dass die deutschen Kräfte zu einer völligen Vernichtung des Gegners nicht ausreichen würden.[49] Darüber hinaus verschlechterte sich die wirtschaftliche Situation der Kolonie.[50]

---

bot der Mission zu Vermittlungsdiensten zwischen Deutschen und Herero (RMG 1.644a). Reichskanzler von Bülow gratuliert Inspektor Haußleiter am 08.12.04 ausdrücklich zu der in dem Hirtenbrief gezeigten „patriotischen Gesinnung" (RMG 1.099a).

48 Nur wenige Missionare stehen auch öffentlich zu ihren verfolgten Gemeinden. Wenn sie auch politisch nur wenig ausrichten können, so versuchen sie doch wenigstens, durch genaue Beschreibung des Ausrottungskrieges menschliches Mitgefühl zu erzeugen und auf diese Weise wieder moralische Argumente in die öffentliche Diskussion einzubringen.
Der wichtigste Vertreter dieser Position war der Missionar August Kuhlmann. In einem 1911 auf der Grundlage früherer publizistischer Tätigkeit entstandenen Beitrag beschreibt er die Lage des Hererovolkes nach der Schlacht am Waterberg: „Ergreifend ist, was ich über das Elend im Durstfelde, wohin die Herero zum großen Teil getrieben wurden, erfahre. Nach der Schlacht am Waterberg wälzt sich die Masse der Herero, so bezeugen einstimmig die verschiedenen Berichte, mit den vielen Rinderherden dem Sandfelde zu und sucht in ratloser Flucht vor ihren Verfolgern einen weiten Vorsprung zu bekommen. Endlich gönnen sie sich Ruhe und nähern sich vorsichtig den vorhandenen Wasserstellen. Aber wohin sie auch kommen, überall pfeifen ihnen Kugeln entgegen. Sie fliehen weiter. Endlich treffen sie freies Wasser an. Menschen und Vieh stürmen, von den Qualen des Durstes getrieben, halb von Sinnen, heran und bald füllt ein Knäuel toter Menschen- und Tierkörper die Wasserstelle. Andere Haufen stürmen weiter zu einem anderen Feldbrunnen. Auch dort wiederholt sich dasselbe grausige Bild. Andere folgen, um in dem ihnen unbekannten Durstfelde zum Wasser zu gelangen, einer Elefantenspur, von der sie glauben, daß sie zum Wasser führt. Aber umsonst, scharenweise fallen Menschen und Vieh dem Durst zum Opfer und werden ein Fraß der Hyänen und Schakale. Die zurückkehrenden ausgehungerten Gestalten reden eine furchtbare Sprache von dem, was sie durchlebt haben" (August Kuhlmann, Auf Adlers Flügeln. Zweiter Teil, Barmen 1911, 79f).

49 Horst Drechsler, Let Us Die Fighting: The Struggle of the Herero and Nama against German Imperialism (1884-1915), Translation of: Südwestafrika unter deutscher Kolonialherrschaft (1966), London 1980, 163.

50 Conrad Rust, Krieg und Frieden im Hererolande. Aufzeichnungen aus dem Kriegsjahr 1904, Leipzig 1905.

In dieser Situation wurde von offizieller Seite nach Wegen gesucht, die es ermöglichen sollten, die Überlebenden des Völkermordes für die Wirtschaft der Kolonie nutzbar zu machen, ohne im Gegenzug ihre traditionellen Rechte wieder herzustellen oder ihnen gar deutsche Bürgerrechte zugestehen zu müssen. Der erste, der sich über diese Frage grundsätzliche Gedanken machte, war der Theologe und Ansiedlungskommissar Paul Rohrbach.

Der Vernichtungskrieg hatte alle Brücken zwischen den deutschen Kolonialstrukturen und den namibischen Völkern zerbrochen. Die Mission war die einzig verbliebene Kraft im Lande, die sich diesem Diktum nicht vollständig gebeugt hatte. Auf der Grundlage ihrer universalen Grundhaltung versuchten die Missionsvertreter, ihre Arbeit wieder aufzunehmen. Außerdem besaß die Mission noch immer ein gewisses Vertrauen bei den zentralnamibischen Völkern. Gleichzeitig war der Interessengegensatz zwischen Mission und Siedlerschaft jedoch nach wie vor profund: Die Missionsstrategie zielte auf die Schaffung von Räumen, die das Reich Gottes widerspiegeln sollten. Die von Siedlervertretern und der Kolonialadministration angestrebte Zerschlagung traditioneller Strukturen und die Ansiedlung der indigenen Bevölkerung an den Rändern der „weißen" Siedlungsgebiete widersprach dieser Zielsetzung fundamental.

Vertreter der Siedlerinteressen wie Paul Rohrbach wollten in dieser Situation die Mission dafür benutzen, die Kommunikation mit den indigenen Völkern wieder zu eröffnen. Gleichzeitig sollten diese Vermittlungsversuche nach ihrer Überzeugung aber nur ein Zwischenschritt auf dem Weg zu der von ihm angestrebten Neuordnung der Kolonie sein, in der die indigene Bevölkerung, wie Rohrbach es später formulieren sollte, nur wegen ihrer ökonomischen Nützlichkeit ein Existenzrecht besitzen sollte.

Die Strategie Rohrbachs, die Mission erst zu benutzen, um sich ihrer dann in einem zweiten Schritt wieder zu entledigen, hatte seine Wurzeln in einer im Kulturprotestantismus durchaus verbreiteten Einschätzung der pietistischen Missionsarbeit, die Troeltsch einige Jahre später in seinen Missionsschriften theoretisch ausarbeiten sollte:

– Der Universalismus der Mission, die sich den Menschen ohne Rücksicht auf ihre kulturelle Entwicklungsstufe zuwendet, erscheint den Siedlern am Ende des Vernichtungskriegs attraktiv, weil sie selber weder über ein Vertrauensverhältnis noch über praktische Ressourcen verfügen, um mit den Resten der indigenen Bevölkerung Kontakt aufzunehmen.

– Gleichzeitig wird diese Fähigkeit zur Grenzüberschreitung aber als eine Haltung der Naivität verachtet, die in der politischen Auseinandersetzung leicht zu neutralisieren ist. Wie Troeltsch und Rohrbach war auch die Mehrheit der Siedler davon überzeugt, dass mit Afrikanern kein gleichberechtigtes Zusammenleben möglich ist. Positionen, wie die der Mission, die sich an der Gottesebenbildlichkeit aller Menschen zu orientieren versuchten, waren aus dieser Perspektive nicht ernst zu nehmen.

In Anwendung dieser Strategie erscheint die Mission für die Siedler als der ideale Türöffner, der es ermöglicht, Kontakt zu den versprengten Herero und Nama aufzunehmen, während man gleichzeitig jeden Mitgestaltungsanspruch der Mission abwies. In einem Brief Rohrbachs an Missionspräses Diehl vom 19. September 1904 kommt diese Doppelstrategie deutlich zum Ausdruck. Rohrbach versuchte, die rheinischen Missionare bei ihrem universalen Selbstverständnis zu behaften, macht aber gleichzeitig unmissverständlich deutlich, dass dieses Engagement keine Sonderstellung der Mission in der kolonialen Nachkriegsordnung begründet. Wenn die Mission in der Zeit nach dem Krieg überhaupt eine Rolle spielen wolle, müsse sie sich den Interessen der Kolonie unterordnen:

„Es handelt sich nicht darum, daß an maßgebender Stelle die Überzeugung oder das Empfinden bestände, auf die Mission mit angewiesen zu sein, und daß die Mission deshalb in der Lage wäre, abzuwarten oder ihre Bedingungen zu stellen – vielmehr ist die gegenwärtige Situation die, daß die Mission, um ihrer eigenen moralischen Zukunft in diesem Lande willen *jetzt* dieses Mittel selbst ergreifen muß, das wie kein anderes geeignet ist, ihre sowohl der Regierung als auch namentlich der Bevölkerung des Landes gegenüber verlorene oder bestrittene, zum mindesten schwer geschmälerte Position, wie sie früher bestand, wieder zu gewinnen."[51]

Bei der RMG war man sich der Problematik dieses Vorstoßes bewusst.[52] Trotzdem versuchte man, die von verschiedenen Seiten vorgebrachten Anfragen zur Übernahme einer Vermittlungstätigkeit dazu zu nutzen, die eigenen Vorstellungen zur Gestaltung des kolonialen Raumes wieder ins Gespräch zu bringen. Während Rohrbachs Interventionen auf die Nutzbarmachung der eingeborenen Arbeitskraft für die Kolonialwirtschaft zielten, versuchte die RMG, das dreipolige koloniale Raummodell der Mission mit der Missionsstation als Zentrum auf die neuen Bedingungen zu übertragen.

Wenige Wochen nach der Irlekontroverse, in den ersten Tagen nach von Trothas Ankunft in Namibia am 11. Juni 1904 und der damit verbundenen Verschärfung des Vernichtungskrieges, wandte sich die Deputation am 13. Juni 1904 mit einem Brief an die Konferenz der Rheinischen Missionare im Hereroland und versucht, den theologischen Rahmen für den Neuanfang der Missionsarbeit abzustecken:

„Der traurige Aufstand […] hat zur Zeit Eure ganze Arbeit in Frage gestellt und läßt uns sehr dunkel in die Zukunft Eures Volkes und Eurer Mission blicken. […] Wir wissen ja, daß Gott der Herr die Zügel des Weltregimentes in seiner Hand hat, ohne dessen Wille kein Haar von unserem Haupte fallen soll, und dürfen getrost im Glauben festhalten, daß er sein Werk nicht fallen lassen wird, und daß dieses Trübsalsfeuer, das über Eure Arbeit geht, im letzten Grund sich doch als segensreich erweisen wird. Auch das schwere Unrecht und die große Schuld, mit dem die Herero sich durch den Aufstand belastet haben, wird zuletzt unter Gottes Leitung doch dazu dienen, daß dieses so stolze und eigenwillige Volk, dem das Evangelium so lange verkündigt worden ist, und das in vielen Gliedern bis zuletzt widerstrebt hat, sich demütigen muß, und es endlich lernt, mühselig und beladen unter dem Kreuz auf Golgatha das Heil zu suchen, das auch ihm als Volk und allen einzelnen Gliedern desselben allein Hülfe bringen kann, die ihm not tut, und den Frieden zu geben vermag, der auch die Herero allein zeitlich und ewig glücklich und selig machen kann."[53]

---
51 RMG 2.615.
52 Vgl. z. B. den sehr skeptischen Bericht von Präses Eich an Inspektor Spiecker vom 16.11.04 (RMG 1.644).
53 RMG 2.615.

Dieser Briefausschnitt argumentiert in den Kategorien der einschließenden Ausschließung und beschreibt die Zukunft des Hererovolkes theologisch ohne jeden Rückgriff auf die Strukturen und Institutionen des Rechts. Noch deutlicher als in der Vorkriegszeit verlangt die Mission von den von ihr missionierten Völkern, dass sich ein frommes Leben durch die Aufgabe von Rechtsansprüchen zu entfalten habe. Der Brief entwickelt diese Haltung unter Rückgriff auf den von Paulus etwa in 2. Korinther 1, 6 entwickelten Gedanken der Heilswirkung der „Trübsal", der hier direkt auf die Situation des Hererovolkes übertragen wird, und der die augenblickliche Rechtlosigkeit aus dieser Perspektiv paradigmatisch als den Einsatzpunkt von zukünftigem göttlichem Glück und Seligkeit interpretiert. Wie in der Zeit vor dem Krieg sieht die Mission für das Hererovolk keine rechtlich abgesicherte Zukunft, sondern erkennt gerade in der Erfahrung der Rechtlosigkeit das Zeichen einer besonderen Gottesnähe.

Die politischen Interventionen der Rheinischen Mission in der zweiten Hälfte des Jahres 1904 zielen auf der Grundlage dieser Theologie darauf, diesen durch die Trübsal bestimmten geistlichen Status des Hererovolkes in Strukturen zu übersetzen, die der Mission die Arbeit in der kolonialen Nachkriegsordnung ermöglichen sollen. Die von der Missionsleitung in Angriff genommenen Aktivitäten zielen vor diesem Hintergrund auf die Schaffung von geschlossenen Räumen, die der Missionar von der Missionsstation aus wie in der Vorkriegszeit verwalten, pflegen und beschützen soll. Immer wieder fordern die Missionsvertreter deshalb die Einrichtung von Eingeborenenreservaten.

Ihren prominentesten Ausdruck findet diese Strategie in einer Besprechung in Berlin am 18. September 1905 zwischen den Missionsinspektoren Haußleiter und Spiecker auf der einen Seite und der Leitung des Reichskolonialamtes mit Gouverneur von Lindequist auf der anderen.[54] Während dieser Besprechung vertreten die Missionsinspektoren die Forderung der RMG nach lebensfähigen Reservaten, die den namibischen Völkern eine gewisse Selbstverwaltung und kulturelle Identität lassen sollten. Zum Erstaunen der Vertreter des Reichskolonialamtes betonen die Inspektoren, dass es das Ziel der Missionsarbeit sei, „eine selbständige Eingeborenenkirche zu gründen".[55] In der Situation des Jahres 1904 war diese Vorstellung realitätsfern und wurde deshalb von offizieller Seite auch sofort zurückgewiesen. Es begann ein komplizierter Verhandlungsprozess, in dem die Missionsvertreter immer kleinere Reservatspläne vorschlugen.[56] Am Ende dieser Verhandlungen präsentierte die Mission den Vorschlag Konzentrationslager einzurichten.

---

54 Vgl. das Protokoll dieser Besprechung: RMG 1.099b.
55 Ibid.
56 Auf einem Treffen mit Gouverneur Leutwein vom 10. August 1904 gehen die Missionare noch davon aus, auf ihre Missionsstationen zurückkehren zu können (RMG 2.615). Am 18.09.04 kommt es dann zu dem Spitzengespräch in Berlin, auf dem die Missionsvertreter ganz ungeschützt ihre Vorstellungen darlegen. Am 19.09. schreibt Rohrbach an Präses Diehl und wirbt für die Beteiligung der Mission an der Vermittlung mit den Herero. Dieser Vorstoß wird zu diesem Zeitpunkt von der Mission abgelehnt. Im November treten Reichsregierung und Missionsleitung in immer intensiveren Kontakt. Inspektor Haußleiter verhandelt mit Max Berner, der im Kolonialrat für den Kontakt zu den evangelischen Missionsgesellschaften zuständig ist (vgl. den Nachlass Berner im Bundesarchiv: N2018/13: 152). Am Ende dieses Diskussionsprozesses steht dann der Brief Haußleiters an von Bülow, in dem er die Einrichtung von Konzentrationslagern vorschlägt.

In seinem Brief an den Reichskanzler vom 25.11.1904 legte Haußleiter einen konkreten Plan zur Beendigung des Krieges vor. Er konkretisierte die theologische Raumkonzeption der Mission, indem er vorschlug, Konzentrationslager einzurichten.[57] Er schrieb:

- Die Missionare auf den Missionsstationen nehmen die „Hilflosen unter den gefangenen Herero" (Alte, Kranke, Frauen und Waisen) auf und sorgen für sie.
- An einzelnen Wasserstellen sollen „Freistätten" eingerichtet werden, „an welchen diejenigen Herero, die sich zwar am Krieg, aber nicht am Meuchelmord beteiligt haben, unter Niederlegung ihrer Waffen Schonung des Lebens und Aufnahme finden."
- In der Nähe dieser Wasserstellen sollen „Konzentrationslager" errichtet werden, „welche späterhin auf Missionsstationen wie Okazewa, Otjihaëna, Otjosazu und Omburo verlegt werden könnten."
- Haußleiter schließt mit einer grundsätzlichen Bemerkung zur Nachkriegsordnung: „Die Errichtung solcher Zufluchtsstätten könnte vielleicht der Anfang für die späterhin zu schaffenden Reservate werden, welche zur Erhaltung der Volksreste schon im Interesse des Bevölkerungsstandes der Kolonie notwendig sind."[58]

Es ist offensichtlich, dass Haußleiter keine Vernichtungslager im Sinn hat, wenn er von „Konzentrationslagern" spricht. Ebenso deutlich ist aber auch, dass sein Vorschlag über die Bestimmungen zur Einrichtung von Kriegsgefangenenlagern im Sinne der 1899 verabschiedeten Haager Landkriegsordnung hinausgeht. Wie im Südafrikanischen Krieg (1899-1902) sollten in den Lagern nicht nur Kombattanten, sondern auch Frauen und Kinder interniert werden.[59] Die beiden letzten von Haußleiter angeführten Punkte belegen, dass die Einrichtung von Konzentrationslagern in seiner Konzeption keine humanitäre Ad-hoc Maßnahme ist, sondern den ersten Schritt für die Entwicklung einer nach den Grundsätzen der Mission konzipierten kolonialen Topographie markieren soll.

Am 8. Dezember 1904 antwortete der Reichskanzler auf Haußleiters Brief und bat die Mission, „die Eingeborenen zur Unterwerfung zu bestimmen, sie einer friedlichen Tätigkeit wieder zuzuführen und die nächste Unterbringung und Versorgung, namentlich auch der Frauen und Kinder zu übernehmen."[60] Am 11. Dezember telegraphierte von Bülow an von Trotha und wies ihn an, mit der Mission zusammenzuarbeiten und Konzentrationslager

---

57 In der historischen Situation des Jahres 1904 war der Begriff Konzentrationslager kein neutraler Begriff, denn wenige Jahre zuvor hatte das Wort im Südafrikanischen Krieg (1899-1902) traurige Berühmtheit erlangt. Im öffentlichen Bewusstsein in Deutschland war das Wort Konzentrationslager deshalb mit der Konnotation von Grausamkeit und der Vernichtung unschuldiger Menschen verknüpft. Wenn Inspektor Haußleiter in seinem Brief an den Reichskanzler die Einrichtung von Konzentrationslagern vorschlägt, knüpft er an diese Tradition an.
58 RMG 1.099b.
59 Es ist deshalb nicht korrekt, die Lager als Kriegsgefangenenlager („prisoner of war camps") zu bezeichnet, wie es Oermann, der den Begriff „Konzentrationslager" wegen seiner historischen Konnotationen ablehnt, vorschlägt (Oermann, Mission, 111). Das sieht auch Oermann selbst, wenn er darauf hinweist, dass durch das Lagersystem die versprengten Reste des Hererovolkes der Zwangsarbeit zugeführt werden sollten. Zur Situation in den Konzentrationslagern während des Südafrikanischen Krieges vgl. den Beitrag #21 von Melck in diesem Band.
60 RMG 1.099a.

einzurichten.⁶¹ Schon während der Weihnachtstage ritt Missionar Dannert mit einer Militärpatrouille in die Omatakoberge, Anfang Januar war Missionar Eich auf dem Weg nach Epukiro.⁶² Obwohl Dannert seine Reise als Misserfolg beschrieb, da sich kein einziger Herero stellte, kamen mehr und mehr Herero zu den von der Mission auf einigen Missionsstationen eingerichteten Auffangstellen und gaben ihre Waffen ab. Die kapitulierenden Herero wurden nach kurzem Aufenthalt in den Missionsstationen an die Schutztruppe überstellt und in die inzwischen eingerichteten Konzentrationslager befördert.⁶³

In allen größeren Siedlungen im Land wurden Lager eingerichtet, in denen die Menschen, die sich in den Sammelstellen selbst gestellt hatten und diejenigen, die von den Patrouillen der Schutztruppe gestellt worden waren, interniert wurden. Die Lager hatten unterschiedliche Funktionen, sie dienten der ‚Konzentrierung' der Herero und Nama, um deren Unterstützung für die Kämpfer zu unterbinden, gleichzeitig dienten sie aber auch als Arbeitslager, um private und staatliche Stellen mit Arbeitskräften zu versorgen.⁶⁴ Die Zustände in den Lagern waren verheerend. Nach einer Aufstellung der Schutztruppe starben zwischen Oktober 1904 und März 1907 insgesamt 7.682 Gefangene, das entsprach zwischen 30 und 50 Prozent der Inhaftierten.⁶⁵ Joachim Zeller vergleicht dieses Lagerregime in seinem Beitrag zu dem Band *Völkermord in Deutsch-Südwestafrika* mit Konzentrationslagern aus der Zeit des Dritten Reiches wie Dachau und Buchenwald,⁶⁶ Jürgen Zimmerer spricht von einer „bewussten Ermordung durch Vernachlässigung" und sieht „Anfänge einer bürokratischen Vernichtung im Lager", wie sie für den „Holocaust als kennzeichnend betrachtet wird."⁶⁷

Die RMG stellte das System der Konzentrationslager auch dann nicht in Frage, als deutlich wurde, dass die Lager weder Freistätten noch den Beginn zukünftiger Reservate darstellten, sondern im besten Fall Zwangsarbeitslager waren, in denen die Internierten zu Hunderten starben.⁶⁸ Die Missionare vor Ort wussten genau um die mörderischen Um-

---

61 Drechsler, Fighting, 165.
62 BRMG, 1905, 66.
63 BRMG 1905, 80.
64 Jürgen Zimmerer, Krieg, KZ und Völkermord in Südwestafrika, in: J. Zeller und J. Zimmerer (Hgg.), Völkermord in Deutsch-Südwestafrika. Der Kolonialkrieg (1904-1908) in Namibia und seine Folgen, Berlin 2002, 56.
65 Ibid., 58.
66 Joachim Zeller, „Ombepera i koza - Die Kälte tötet mich": Zur Geschichte des Konzentrationslagers in Swakopmund (1904-1908), in: J. Zeller und J. Zimmerer (Hgg.), Völkermord in Deutsch-Südwestafrika. Der Kolonialkrieg (1904-1908) in Namibia und seine Folgen, Berlin 2002, 76.
67 Zimmerer, Krieg, 63.
68 Allerdings forderte die RMG immer wieder humanitäre Verbesserungen und insistierte vor allem auf die Verlegung der Lagerinsassen von der Küste ins Landesinnere. Am prominentesten ist hier die Intervention während des Spitzengesprächs im Reichskolonialamt am 18.09.1905. Die Inspektoren Haußleiter und Spiecker sprechen die Vertreter des Kolonialamtes auf die Lage in Swakopmund an und schlagen vor, „die Herero möglichst von Swakopmund zu entfernen", um sie im Landesinneren unter besseren klimatischen Bedingungen unterzubringen (RMG 1.099b). Dieses Anliegen wird von den Vertretern des Kolonialamtes mit dem Argument zurückgewiesen, dass die Herero in Swakopmund „als Arbeiter nötig seien". Die Protokollnotiz der RMG schließt mit der Bemerkung: „Auch wir mußten erkennen, daß die Verhältnisse sehr schwieriger Natur seien und die richtige Fürsorge der Gefangenen sehr erschwere."
Auch die Missionare in Namibia setzten sich für die Verlegung der Gefangenen ein. Das humani-

„In der Nähe dieser Wasserstellen sollen Konzentrationslager errichtet werden"   491

stände Bescheid und versuchten, wie Missionar Vedder in Swakopmund[69] und die Missionare Laaf und Nyhof in Lüderitzbucht, die humanitäre Situation etwas zu verbessern. Noch im Januar 1907 berichtet Missionar Nyhof von dem Lager auf der Haifischinsel:

> „Die Sterblichkeit unter den Hottentotten ist entsetzlich. Im Durchschnitt sterben 8 pro Tag, es kommen aber Tage vor an welchen 18–20 sterben. Die Herero sind etwas widerstandsfähiger, sind auch wohl schon mehr acclimatisiert. Die allgemeine Todesursache ist Skorbut!"[70]

Trotz der mörderischen Grausamkeit des Lebens in den Lagern hörten Missionsvertreter aber während des Krieges nicht auf, das Instrument der Internierung positiv als Ausgangspunkt für eine nach den Grundsätzen der Mission gestalteten Nachkriegsordnung zu interpretieren. In den Berichten der Missionare vor Ort und ihrer Vorgesetzten aus Barmen wird die Wirklichkeit schrecklich verzeichnet. Das zeigt, wie sehr die Empfindungen der Missionare bis in Bereiche der allerelementarsten Wahrnehmung hinein durch theologischen Konstruktionen bestimmt waren. Die Vorstellungen der Mission werden nach wie vor von der Vorstellung einer dreipoligen Kolonialtopographie geleitet, mit der Mission im Zentrum und den nach den Kategorien Gesetz und Evangelium definierten Regionen der Siedler und der indigenen Völker. Zwei Dinge fallen dabei besonders ins Auge:

– Die große Zurückhaltung, die deutsche Verwaltung zu kritisieren – selbst bei erheblichen Grausamkeiten drücken die Missionare immer wieder ihren Glauben an die Gerechtigkeit von Justiz und Administration aus –,

– und die Tendenz, in jeder noch so kleinen Zusammengruppierung von Afrikanern eine Vorstufe zu einem großen Eingeborenenreservat zu sehen, in dem die Menschen unter Aufsicht der Mission ein frommes Leben führen können.

Obwohl viele Missionare mit dem Elend in den Lagern täglich zu tun haben und ihrer menschlichen Betroffenheit sehr offen Ausdruck geben, erlaubt es dieses Kategoriensystem nicht, das Lagersystem grundsätzlich zu kritisieren. Die Missionsvertreter betonen immer wieder, die deutschen Behörden seien grundsätzlich korrekt, und versuchen, offenkundiges praktisches und moralisches Versagen mit Verweis auf den positiven Einsatz einzelner Beamter aufzufangen. So fährt Missionar Nyhof nach seiner Beschreibung der Sterblichkeit in Lüderitz folgendermaßen fort:

---

täre Engagement der Mission ist an manchen Stellen auch durchaus erfolgreich. War während des Spitzengesprächs am 18.09.1905 der Vorschlag der Mission noch abgelehnt worden, kranke Gefangene von Swakopmund ins wärmere und gesündere Inland zu verlegen (RMG 1.099b), findet das Ansuchen Ende 1905 Zustimmung (BRMG, 1906, 10). Im Konzentrationslager Okahandja wird sogar ein „Missionskraal" eingerichtet, in dem „die vorläufig arbeitsunfähigen Leute […] auf Bitten der Missionare […] von der Regierung überwiesen wurden" (BRMG, 1906, 73). Die Konferenz der Hereromissionare nimmt im Oktober 1905 mit Freude zur Kenntnis, dass „sämtliche kranke Gefangenen von Swakopmund nach Okahandja gesandt werden" (RMG 2.615), und beschließt am 14. Oktober 1905 eine Eingabe an das deutsche Etappenkommando in Windhoek zur Verbesserung der Bedingungen im Lager Okahandja (RMG 1.099b).

69 Zur Arbeit Vedders vgl. Beitrag #16 von Lothar Engel.
70 Erichsen, Zwangsarbeit, 84.

> „Die deutsche Regierung thut, was sie kann. Ein Stabsarzt hat das Lazarett für Eingeborene unter sich und ein Sanitätsoffizier ist fast den ganzen Tag dort, um Medizin und geeignete Nahrung zu verabreichen; aber alles umsonst, die Leute sterben hin."[71]

Nach dem Amtsantritt von Gouverneur von Lindequist im Dezember 1905 wurde der Mission zugestanden, auf den Missionsstationen in Omburo, Otjihaëna, Otjozongombe und Okomitombe selbst Sammellager einzurichten, wie sie es seit September 1904 immer wieder gefordert hatte. Immer noch herrschte in der Mission die Hoffnung vor, dass sich aus diesen Lagern Reservate entwickeln würden, selbst wenn diese Lager Ende 1905 nur Durchgangslager in die Zwangsarbeit waren.[72] Seit November 1905 hatte Missionsinspektor Spiecker die Kolonie bereist[73] und versucht, die Missionsarbeit an den verschiedenen Orten im Land zu konsolidieren. Die in den *Berichten* abgedruckten Reiseeindrücke Spieckers haben einen fast euphorischen Grundton In einem Artikel über das Leben in dem Sammellager Omburo gebraucht Spiecker die traditionelle Ikonographie der Beschreibung von Missionsstationen und schreibt voller Begeisterung von Taufen und Gartenbau:

> „Mit großer Freudigkeit habe ich den Hunderten von Herero, die noch an dem Platz anwesend waren – während viele Hunderte schon weiter nach Omaruru gesandt waren – früh am Morgen Gottes Wort verkündigt und mich gefreut über die Aufmerksamkeit der Zuhörer, die meist noch Heiden waren. Nachher gab Br. Kuhlmann den Geförderten, die es wünschten, noch einen speziellen Taufunterricht, dem ich auch beiwohnte […] Für die vielen Kinder hält ein eingeborener Lehrer Schule, die ich auch mit Freuden besuchte. Aber auch zur Arbeit hält Br. Kuhlmann die Leute an. Ich war ganz erstaunt über die mit Mais bepflanzten großen Gärten und Felder am Flussufer, die in kurzer Zeit mit ungeübten Kräften angelegt waren. Die evangel. Missionen sind nicht so unpraktisch und träumerisch, wie viele ihre Tadler es gerne annehmen."[74]

Seine Berichte sind ein sprechendes Beispiel für die theologische Form der Wirklichkeitswahrnehmung durch die Mission. Gesehen wurden nicht die Grausamkeiten, die die Missionare vor Augen hatten. Wahrgenommen wurde das glückliche Bild blühender Missionsstation, in die sich die Lager durch die Gnade Gottes vielleicht entwickeln würden.

---

71 Ibid., 84.
72 BRMG, 1905, 141, 161f.
73 Zur Visitationsreise Spieckers vgl. Johannes Spiecker, Johannes, Die Rheinische Mission im Hereroland. Zugleich Visitationsbericht des Missionsinspektors Pastor Spiecker, Barmen 1907; und Marlies Spiecker-Salazar, Mission und Kolonialherrschaft aus der Sicht eines Missionsinspektors: Das Tagebuch der Afrikareise von Pfarrer Johannes Spiecker, 1905-1907, in: Wilfried Wagner (Hg.), Kolonien und Missionen. Referate des 3. Internationalen Kolonialgeschichtlichen Symposiums 1993 in Bremen, Münster, Hamburg 1994, 426-439.
74 BRMG 1906, 142.

Schluss

Wenn man versucht, die Kollaboration der Mission mit dem System der Konzentrationslager während des Kolonialkrieges in Namibia in den Jahren 1904-1908 zu bewerten, sind nach dem hier Dargelegten die folgenden Punkte festzuhalten:

1. Die Initiative zur Einrichtung von Konzentrationslagern ging von der Rheinischen Mission aus. Vor diesem Vorstoß hatte die Mission bereits mehrfach bei der Reichsregierung interveniert, um für ihren Vorschlag der Einrichtung von großen Eingeborenenreservaten zu werben, in denen die indigenen Völker in von durch Missionare geleiteten „selbständigen Eingeborenenkirchen" leben sollten. Historisch und inhaltlich ordnet sich der Vorstoß zur Einrichtung von Konzentrationslagern in die Reihe dieser Reservatsinitiativen ein.

2. Die Wahl des Begriffs „Konzentrationslager" belegt, dass sich die Missionsvertreter der möglichen Problematik ihres Vorschlags bewusst waren. In der RMG hatte man sich intensiv mit den Berichten über die Situation in den Konzentrationslagern im Südafrikanischen Krieg beschäftigt und wusste von den schrecklichen Bedingungen in diesen Lagern.[75] Dass die RMG trotzdem für die Einrichtung von Konzentrationslagern plädierte, war neben humanitären Motiven und der politischen Sorge um die Rolle der Mission im Nachkriegsnamibia vor allem durch eine Missionstheologie begründet, die in jeder geschlossenen Raumformation, in der das Wort Gottes verkündet wurde, einen Ausdruck des Reiches Gottes zu sehen versuchte. Die offensichtlichen Widersprüche zwischen dieser theologischen Wahrnehmung und der Realität wurden mit einer Eschatologie verarbeitet, die die „Trübsal" von Rechtlosigkeit und Elend als Zeichen der Nähe Gottes interpretierte, und die Mission auf diese Weise in die Lage versetzte, den Schrecken der Lager als Zeichen zukünftigen Segens zu verstehen.

3. Die Rheinische Mission beförderte die Aufteilung des Landes in „weiße" Siedlungsgebiete und „Reservate". In den theologischen Kategorien der Mission war es möglich, die Einrichtung von Reservaten und Homelands trotz des Unrechts und des Elends, das dort geschah, als eine positive Entwicklung wahrzunehmen. Die politische Geographie, die Namibia bis heute prägt, geht deshalb auch auf den gestaltenden und legitimierenden Einfluss der Mission zurück.

4. In den Debatten um die koloniale Nachkriegsordnung konnte sich diese Missionstheologie allerdings nicht durchsetzen. Hier setzten Kolonialbehörden und Siedlerinteressen nicht auf die Einrichtung von Reservaten, sondern auf die Zerschlagung aller indigenen Strukturen und die Schaffung eines „homogenen Proletariats."[76]

---

75 Vgl. die Akte mit Stellungnahmen und Korrespondenz der RMG zum Südafrikanischen Krieg (RMG 2.406) und den Beitrag von Ulrich van der Heyden, Der „Burenkrieg" von 1899 bis 1902 und die deutschen Missionsgesellschaften, in: Ulrich van der Heyden, Jürgen Becher, Holger Stoecker (Hgg.), Mission und Gewalt: Der Umgang christlicher Missionen mit Gewalt und die Ausbreitung des Christentums in Afrika und Asien in der Zeit von 1792 bis 1918/19, Stuttgart 2000, 207-224.
76 Gesine Krüger, Kriegsbewältigung und Geschichtsbewußtsein. Realität, Deutung und Verarbeitung des deutschen Kolonialkriegs in Namibia 1904 bis 1907, Göttingen 1999, 177.

5. Weder die Reservatstheologie der Mission noch die Arbeitslagertheologie Rohrbachs zielten auf die Vernichtung von Menschen. Gleichzeitig bereiten beide Positionen den ideologischen und politischen Grund, der das menschenverachtende Lagersystem während des Krieges motivierte, legitimierte und Kritik an ihm auf diese Weise unmöglich machte:

– Die bürgerlichen Theologien von Troeltschs und Rohrbachs interpretierten den kolonialen Raum in binären Kategorien, in denen afrikanischen Menschen keine eigenen Menschenrechte zugesprochen werden konnten, so dass ihre Ausbeutung deshalb nicht nur ökonomisch, sondern auch moralisch geboten ist.

– Die Missionstheologie predigte ein Evangelium der Demut und wollte der Geographie des kolonialen Raums auf diese Weise eine dritte Dimension hinzufügen, in dem sich die Missionsgemeinde nach ihrem Rückzug von allen Institutionen des Rechts unter Führung der Mission versammeln sollte. Auch wenn die Mission in der Kriegssituation den biopolitischen Zugriff der kolonialen Macht mit großem Einsatz verhindern wollte, war sie mit der Propagierung der ‚rechtsfreien Räume' von Missionsstationen an der moralischen und ideologischen Vorbereitung der Entrechtung der indigenen Bevölkerung beteiligt, die den tötenden Zugriff auf das „*nackte Leben*"[77] erst möglich machte.

Beiden Theologien gemeinsam ist die Struktur der einschließenden Ausschließung, mit der sie die indigene Bevölkerung ihrem universalen Anspruch unterwerfen und ihnen dabei gleichzeitig den Schutz durch das Recht verwehren.

Zum Schluss dieser Analyse stellt sich die Frage, ob der von Warneck, Kähler und vielen anderen in der Mission formulierte Universalanspruch des Christentums nicht die Grundlage für andere Formen der politischen Intervention hätte werden können oder sogar müssen. Die im Gedanken des Reservats und des Lagers vollzogene Identifizierung eines durch missionarische Arbeit demarkierten soziologischen Gebildes mit der neuen Gemeinschaft in Christus steht in Widerspruch zu einem entgrenzenden Missionsbegriff, der Mission primär als ein Werk Gottes versteht, das jede Begrenzung transzendiert und in Frage stellt. Diese grenzüberschreitende Wirkung des Wortes Gottes wurde damals etwa durch Martin Kähler als missionstheologischer Grundsatz formuliert, fand aber keine Berücksichtigung in den politischen Aktivitäten der RMG.

Dass das Christentum in Namibia bis heute lebendig ist und auch in seiner ganzen Geschichte mehr war als eine Funktion der kolonialen Entrechtung, dürfte mit diesem letzten Aspekt zusammenhängen. Durch die alle Grenzen sprengende Universalität des von der Mission verkündeten Evangeliums konnte das Christentum zu einer Ressource des Widerstandes werden und den Gedanken einer Gemeinschaft, die die Menschen nicht unter das Joch einer neuen Hegemonie zu zwingen versucht, bis in die nachkoloniale Zeit hinein lebendig erhalten. Der namibische Bischof Zephania Kameeta unterscheidet aus diesem Grund deutlich zwischen der Begrenztheit missionarischen Denkens und der grenzüberschreitenden Universalität des christlichen Glaubens und stellt fest: „Aus der Asche der

---

77 So der Untertitel von Agambens Homo sacer: Die souveräne Macht und das nackte Leben.

Zerstörung ist eine lebendige Kirche geboren worden, auf die Christinnen und Christen in Namibia stolz sein können."[78]

---

78 In: Gisela und Udo Kilimann, Waterberg. Kolonialkrieg und Völkermord in Namibia. Ein Film von Gisela und Udo Kilimann, Essen 2004; zu Zephania Kameetas Theologie der Versöhnung vgl. sein Vorwort und Abschnitt V in der Einleitung.

„Warum sollen wir nicht mehr in dem Gotteshause da oben feiern?"[1]

Die Trennung der Gemeinden in Hermannsburg (Natal)

Fritz Hasselhorn

Nach ihrer Landung in Natal 1854 kauften die ersten Hermannsburger Missionare die Farm Perseverance bei Greytown, wo sie ihre erste Missionsstation errichteten, der sie den Namen Hermannsburg gaben. Hermannsburg blieb fünfzig Jahre lang Mittelpunkt der *Hermannsburger* Mission in Südafrika. Dort wohnten neben der entstehenden Gemeinde aus afrikanischen Christen einige Missionare und Missionarswitwen sowie eine Reihe „weißer" Pächter, darunter der Schäfer für die missionseigene Schäferei.[2] Für die Kinder der weit verstreut eingesetzten Missionare wurde eine deutsche Schule mit angeschlossenem Internat eingerichtet. In den Anfangsjahren spielte die Hermannsburger Schmiede eine wichtige Rolle, weil sie auch Ochsenwagen herstellte, das unentbehrliche Verkehrsmittel und eine begehrte Handelsware.[3] In der 1862 erbauten Kirche fanden Gottesdienste auf Deutsch und auf Zulu statt. Hier verschanzten sich im Zulu-Krieg 1879 „schwarze" und „weiße" Christen, weil sie nach der britischen Niederlage bei Isandlwana einen Einmarsch der Zulu-Armee nach Natal fürchteten. Die Fenster der Kirche wurden zugemauert und mit Schießscharten versehen.[4] Auf dem Friedhof wurden „weiße" und „schwarze" Christen nebeneinander beerdigt. Ein gemeinsames Kirchenbuch verzeichnete bis 1920 alle Taufen, Konfirmationen, Eheschließungen und Beerdigungen.[5] Parallel zum Missionsfest in Hermannsburg (Deutschland) feierten Zulus und Deutsche ein gemeinsames Missionsfest.[6]

Neben den Missionsgemeinden entstanden aus Kolonisten und Nachfahren der Missionare deutsche Gemeinden, die nebenamtlich von Missionaren oder hauptamtlich von Pastoren versorgt wurden, die ebenfalls im Missionsseminar in Hermannsburg (Deutschland) ausgebildet worden waren. Die zunächst selbstständigen „weißen" Gemeinden schlossen sich 1910 zur Hermannsburger deutsch-evangelisch-lutherischen Synode in Süd-Afrika

---

1 So die schwarze Gemeinde in Hermannsburg nach Missionsarchiv Hermannsburg, SA acc. 76.23, Friedrich Brunkhorst an Heinrich Wiese, 29.3.1925.
2 SA acc. 76.131, Finanzen, Inventur über das Missionseigenthum der Station Hermannsburg, Natal, 1.10.1886.
3 Hermannsburger Missionsblatt 1878, 153 (Kauf von Bethanie); Kauf von Saron: SA acc. 76, 581.2, Penzhorn an Hohls, 9.12.1886; Hermannsburger Missionsblatt 1874, 255.
4 Hermannsburger Missionsblatt 1879, 34; CSO 686 R 834/1879, Captain Cerry an Colonel N.N., 1.2.1879.
5 SA acc. 76.18, Hans Pohle an Heinrich Wiese, 17.2.1920.
6 Hermannsburger Missionsblatt 1909, 289. Die Kollekte wurde 1908 allerdings getrennt eingesammelt.

zusammen. Zum ersten Präses der Synode wurde Missionsdirektor Egmont Harms gewählt, der Neffe Ludwig Harms, des Gründers der Mission. Die organisatorische Verbindung mit der Mission blieb bei der Gründung der Synode erhalten. Der Präses und ein von der Synode gewähltes Laienmitglied traten ins ‚Kollegium' ein, dem obersten Leitungsgremium der Mission in Südafrika.[7] Auch auf der Missionsstation Hermannsburg (Natal) wurde das Verhältnis zwischen der deutschen Gemeinde und der Missionsleitung vertraglich geregelt. Die Mission stellte dem Pastor freie Wohnung und Pfarrgrund und zahlte ein Viertel seines Gehaltes, die Gemeinde drei Viertel.[8] Zum 25-jährigen Dienstjubiläum von Direktor Egmont Harms stifteten Freunde in Deutschland Geld für eine neue Kirche in Empangweni an der Bahnlinie zwischen Durban und Johannesburg, dem neuen Sitz der südafrikanischen ‚Feldleitung' der Hermannsburger Mission. Die Gnadenkirche, nach dem Vorbild der Großen Kreuzkirche in Hermannsburg (Deutschland) gebaut, sollte nicht nur der dortigen Missions-Gemeinde dienen, sondern auch als Zentralkirche für die Hermannsburger Mission in Südafrika. Noch die Grundsteinurkunde enthielt diese Bestimmung. Nach ihrer Fertigstellung 1911 wurde die Kirche jedoch der deutschen Gemeinde Moorleigh übergeben, die dafür sorgte, dass ein weiteres schlichtes Kirchengebäude für die afrikanische Gemeinde am Ort errichtet wurde. Diese durfte die Gnadenkirche nicht einmal betreten.[9] Auf symbolische Weise wurde hier die Trennung zwischen „Schwarz" und „Weiß" vollzogen, die dann auch in Hermannsburg (Natal) umgesetzt werden sollte.

Nach dem Südafrikanischen Krieg 1889-1902 wurden der Mission als juristischer Körperschaft keine Entschädigungsansprüche für ihre im Krieg zerstörten Stationen in Transvaal zugesprochen.[10] Egmont Harms verstärkte deshalb seine Bemühungen, den Ertrag aus dem Grundbesitz der Mission zu vergrößern. Zusätzlich zum Kirchgeld wurde in Natal Landpacht von den afrikanischen Christen erhoben. In Hermannsburg traf u.a. die Einführung von Weidegeld für das Vieh auf Widerstand. Die Missions-Gemeinde wandte sich vergeblich mit der Bitte um Vermittlung an Nils Astrup, den Bischof der Church of Norway Mission.[11] Eingebettet war die Regelung der Pachtverhältnisse in die Ideologie der „Erziehung zur Arbeit". Direktor Harms berichtete 1908 auf dem Missionsfest in Hermannsburg (Deutschland): „Auch auf unserm Grundbesitz siedeln wir die Schwarzen, Christen wie auch Heiden, als Pächter an und suchen sie zu arbeitsliebenden, brauchbaren Menschen zu machen."[12] Das Dasein als Pächter, so führte Kondirektor Haccius diesen Gedanken 1913 fort, sei aber nur ein Zwischenstadium auf dem Weg zu dem eigentlichen Ziel, der Schaffung eines afrikanischen Kleinbauernstandes:

> „Das größte Gewicht ist […] auf die Erziehung des Volkes zur Landarbeit und zum Handwerk zu legen. Zu dem Zweck haben wir nach Grundbesitz getrachtet und ha-

---

7 Wilhelm Bodenstein, 25 Jahre Arbeit der Hermannsburger deutsch-evangelisch-lutherischen Synode in Süd-Afrika, Hermannsburg 1937, 2-4, 78; SA acc. 76.315; Synodal-Ordnung für die mit der Mission verbundenen deutschen ev.-luth. Gemeinden in Südafrika.
8 SA acc. 76.4, Gemeinde Hermannsburg an Missionskollegium, 23.2.1906.
9 Herman Hahne, Die weißen Gemeinden und ihre Synode. In: Winfried Wickert (Hg.): Und die Vögel des Himmels wohnen unter seinen Zweigen, Hermannsburg 1949, 342; Interview mit Isaac Mbongwe, 3.5.1985.
10 Jahresbericht der Hermannsburger Mission 1903, 3.
11 SA acc. 76.2, Nils Astrup an Egmont Harms, 20.2.1904; Wilhelm Ahrens an Egmont Harms, 22.2.1904.
12 Hermannsburger Missionsblatt 1908, 199.

ben die eingeborenen Christen zu Pächtern zu machen gesucht mit dem Ziel, dereinst kleine Bauern aus ihnen zu machen."[13]

In Hermannsburg wurde 1907 von dem Missionar Gustav Asmus eine Wattle-Compagnie gegründet, der etwa 20 afrikanische Christen beitraten. Sie bepflanzten 40 Hektar Land mit Black Wattle, einem schnellwachsenden Baum, dessen Rinde Gerbsäure lieferte. Asmus verband mit dieser Gründung die Hoffnung, durch Schaffung neuer Verdienstmöglichkeiten dem Drang zu den Goldfeldern begegnen zu können.[14]

Die Entwicklung in Südafrika stand dem Ziel der Herausbildung einer afrikanischen Bauernschaft jedoch diametral entgegen. Die neugegründete Südafrikanisch Union, ein Zusammenschluss der früheren Burenrepubliken mit den britischen Kolonien Natal und Kapland, nahm der afrikanischen Mehrheit mit dem *Natives Land Act* 1913 wichtige Rechte. Das Gesetz verbot den Verkauf von Land an Afrikaner außer in besonders abgegrenzten Gebieten sowie die Verpachtung von Land an Afrikaner außerhalb dieser Gebiete. Im „weißen" Südafrika sollte der Afrikaner nur noch als rechtloser Arbeiter geduldet werden. Für die Missionen stellte die Landpacht jedoch eine wichtige Einnahmequelle dar. Den Missionsgesellschaften wurde deshalb die Möglichkeit eingeräumt, für bereits bestehende Stationen die Befreiung von dieser Bestimmung zu beantragen und dort auch weiterhin Pacht zu erheben. Diese Ausnahmegenehmigungen wurden für jede Station einzeln erteilt und standen zudem unter dem Vorbehalt des Widerrufes durch das Parlament.[15] Bei Inkrafttreten des Gesetzes lebten 532 Afrikaner in Hermannsburg, die etwa 600 Acres (240 Hektar) bebauten. Die Mission und „weiße" Pächter bebauten 2200 Acres (890 Hektar). Die restlichen 3600 Acres (1460 Hektar) wurden von allen Bewohnern als freies Weideland genutzt. Nach dem neuen Pachtvertrag aus dem Jahr 1910 betrug die Pacht für Gemeindeglieder fünf Schilling pro Acre, für Nichtmitglieder acht Schilling. Das Weidegeld betrug für jedes Pferd fünf Schilling und für jedes Stück Großvieh über der Anzahl der gepachteten Acre vier Schilling. Schafe und Ziegen durften von afrikanischen Pächtern nicht gehalten werden. Bei Bedarf war für einen Schilling Tageslohn und Verpflegung Arbeit für die Mission zu leisten. Zu diesen Arbeiten zählte die Schafschur, der Bau von Zäunen, Unterhaltung von Dämmen, Wassergräben und Straßen, Pflügen, Pflanzen von Bäumen und das Säubern von Plantagen. Ebenso waren Jungen und Mädchen als Dienstboten für die Missionarshaushalte abzustellen. Die Annahme einer auswärtigen Beschäftigung war nur mit Genehmigung des „weißen" Verwalters[16] und des Gemeindepastors zulässig. Nach Beurteilung des zuständigen Magistrats[17] waren diese Bedingungen zwar nicht unzumutbar, aber keineswegs besser als auf privaten Farmen. Die Staffelung der Pacht nach Gemeindeglie-

---

13 Jahresbericht der Hermannsburger Mission 1913, 39.
14 Hermannsburger Missionsblatt 1908, 199.
15 Thomas R.H. Davenport, South Africa. A Modern History. Johannesburg 1977, 147-169; SA acc. 76.12, E. Harms, Zirkular, 1.2.1914.
16 Als Platzverwalter wurden in Hermannsburg (Natal). teilweise pensionierte Missionare eingesetzt, die ihren Ruhestand dort verbrachten. Auf den meisten Stationen war der Missionar allerdings in Personalunion Gemeindepastor und Platzverwalter. Später versuchte die Mission, hierfür ehrenamtlichen Farmer aus den deutschen Gemeinden zu gewinnen.
17 Der Magistrat war die unterste Ebene der staatlichen Verwaltung. Er ist am ehesten mit einem deutschen Landrat vergleichbar, wurde aber von der vorgesetzten Behörde ernannt. Neben Verwaltungsaufgaben beurkundete er auch Verträge.

dern und Nicht-Gemeindegliedern sollte einen wirtschaftlichen Druck ausüben, zum Christentum überzutreten.[18]

Während des Ersten Weltkrieges verlor die Hermannsburger Mission in Südafrika als Körperschaft aus einem Feindstaat das Recht, Forderungen vor südafrikanischen Gerichten einzuklagen. Dies änderte sich erst, nachdem die Verwaltung des Missionsvermögens dem *Custodian of Enemy Property*, also einer staatlich südafrikanischen Behörde übertragen wurde, die nun ihrerseits Forderungen eintreiben konnte.[19]

Um die Pachtrückstände in Hermannsburg zu verringern, setzte der Verwalter Wilhelm Kassier einen neuen Pachtvertrag auf. Vor dem Magistrat in Greytown lehnten die Pächter Mitte Februar 1920 die Unterzeichnung ab, wobei sie sich gegen die kürzere Zahlungsfrist und die Arbeitspflicht wandten: „Sie wollten sich und ihre Kinder nicht binden, auch noch zu arbeiten, wenn sie schon Pacht bezahlten." Auch die Drohung mit der Kündigung konnte sie nicht zum Nachgeben zwingen, keiner unterschrieb den neuen Vertrag. Der Verwalter forderte daraufhin ein energisches Vorgehen des Superintendenten, um nicht die Kontrolle zu verlieren: „Der Einfluss Johannesburgs, welchem die hiesigen Eingebornen leider sehr viel ausgesetzt sind, macht sich geltend (Bolchevism). Wie ich höre, haben sie die Absicht, sich eine Farm zu kaufen und dorthin zu ziehen."[20] Offiziell unterstützte Missions-Superintendent Wiese das Vorgehen des Platzverwalters. Der Pachtvertrag müsse unterzeichnet werden, dann könnten die ausgesprochenen Kündigungen zurückgenommen werden. Gegenüber Alten, Kranken und Hilflosen solle Nachsicht geübt werden. Privat schlug er allerdings vor, die Zahlungsfrist zu streichen und die Arbeitspflicht auf diejenigen Pächter zu beschränken, die mit ihren Zahlungen in Verzug geraten waren.[21] Die Missions-Gemeinde schickte Anfang März zwei Delegierte nach Empangweni. Bei ihrer Rückkehr berichteten die Gesandten, der Superintendent wolle nicht, dass die Gemeinde auseinandergejagt würde, er könne aber jetzt nichts mehr tun, da die staatlichen Behörden bereits eingeschaltet worden seien. Auch auf einer weiteren Versammlung am 7. April kam es zu keiner Einigung. Nur ein einziger Pächter war bereit zu unterschreiben.[22] Der Widerstand griff auch auf das nahegelegene Emtombeni über, wo die Gemeinde ebenfalls die Unterzeichnung eines neuen Pachtvertrages verweigerte. Sie wehrte sich gegen die Bemessung der Pacht nach der Größe der Felder und wollte am Einheitssatz von £2 jährlich festhalten. Beide Gemeinden begannen schließlich damit, als Reaktion auf die Kündigungen ihre Kinder aus der Schule zu nehmen. „Strike! hier, da und überall!", so stellte Missionar Heinrich Hohls aus Hermannsburg fest, der während der Vakanz auch Emtombeni betreute: „Einer fragte mich direkt, ob ich wisse, dass Gott ihr Blut von meinen Händen fordern würde, wenn sie gejagt würden?"[23] Die afrikanischen Christen bestanden auf ihrem hergebrachten

---

18 CNC 159 R 235/1914, Magistrate Umvoti an Chief Native Commissioner, 28.4.1914: „The rent charged is, in my opinion, reasonable as the land is fertile. Owing to the limited number of stock allowed I consider the grazing adequate. The conditions imposed on the Natives for residential rights are not unreasonable, as it tends to make them become Christians and thereby save the extra rent."
19 SA acc. 76.15, The Times and Natal Mercury, 31.10.1917.
20 SA acc. 76.18, Wilhelm Kassier an H. Wiese, 17.2.1920.
21 Ibid., H. Wiese an W. Kassier, 3.3.1920.
22 Ibid., Volksversammlung der Hermannsburger Eingeborenen, 8.3.1920; ibid., W. Kassier an H. Wiese, 12.4.1920.
23 Ibid., Heinrich Hohls an H. Wiese, 15.4.1920.

Recht und berufen sich dabei auf die Bibel. Wie Gott den Brudermörder Kain zu Rechenschaft gezogen habe, so müsse auch die Mission sich für ihr Tun verantworten, wenn sie ihre Gemeinden verjage. Die Gemeinde in Hermannsburg[24] bestand auf einem Kündigungsrecht auch für *domestic servants* und verweigerte ebenfalls die Unterzeichnung des revidierten Pachtvertrages. Erst nach 15 Monaten, im Mai 1921, brach der Streik zusammen, und ein neuer Pachtvertrag mit der beanstandeten Klausel wurde abgeschlossen.[25]

Auch nach Kriegsende blieb die Mission in Südafrika vor allem auf eigene Einnahmen angewiesen, die allerdings zeitweise durch Zuschüsse des National Lutheran Council of America ergänzt wurden. Die Inflation verhinderte den Transfer von Spendengeldern aus Deutschland nach Südafrika. Eine „Kommission für Baumanpflanzungen auf den Missionsstationen" schlug deshalb 1923 vor, auf verschiedenen Stationen Blackwattle, Baumwolle oder Gummibäume anzupflanzen. Oberste Priorität hatte die Aufforstung von Hermannsburg (Natal).[26] Langfristig zeichnete sich damit ein Konflikt zwischen den missionarischen und den wirtschaftlichen Interessen der Mission ab.

Zunehmende Konflikte gab es auch um die gemeinsame Nutzung der Kirche. So wurde der Heiligabendgottesdienst der „weißen" Gemeinde 1923 ohne vorherige Absprache auf einen so ungünstigen Zeitpunkt verlegt, dass die afrikanische Gemeinde ihren Christvespergottesdienst am 1. Weihnachtstag nachfeiern musste. Auch die Benutzung der Empore wurde den Afrikanern untersagt, selbst an Feiertagen, an denen die Kirche überfüllt war.[27] Offenbar sollten die Plätze auf der Empore nur „Weißen" vorbehalten sein. Die deutsche Gemeinde entschloss sich schließlich, eine „räumliche Trennung" anzustreben. Anlässlich der Feier des 75jährigen Bestehens der Hermannsburger Mission schloss sie am 30. Oktober 1924 eine Übereinkunft mit der südafrikanischen Missionsleitung, dass ihr die alte Kirche überlassen werden sollte, nachdem sie eine neue Kirche für die „schwarze" Gemeinde mit der gleichen Sitzplatzzahl gebaut habe.[28]

Die Feier des 75jährigen Bestehens markiert nicht nur wegen des Vertrages zwischen der Mission und der „weißen" Hermannsburger Gemeinde einen wichtigen Meilenstein in der Missionsgeschichte. Zur kirchlichen Trennung traten Forderungen nach sozialer und gesellschaftlicher Trennung. Auf der mit der Feier verbundenen Konferenz diskutierten die Missionare ausführlich über ihr Selbstverständnis. Zum Thema „Wie kann die Missionarsfrau ihrem Manne in seinem Berufe eine rechte Gehülfin sein?" wurden fünf Referate vorgelegt. Einer der Missionare führte aus, dass die wichtigste Aufgabe der Missionarsfrau darin bestehe, den Umgang ihrer Kinder mit den afrikanischen Kindern zu unterbinden oder doch einzuschränken. Nur dadurch könnten die Kinder vor dem „Abgleiten ins Heidentum"

---

24 Organe der Gemeinde waren damals der Kirchenvorstand sowie die Gemeindeversammlung. In vielen Fällen belegen die Quellen, dass die Kirchenvorsteher sich als Sprecher der Gemeinde verstanden, vgl. dazu auch die Beispiele in der weiteren Darstellung. Kirchenvorsteher in Hermannsburg waren im dargestellten Zeitraum u.a. Philemon Koza 1914-1947, Johannes Mazibuko 1917-1919, Elisa Mapumulo 1915 und Tobias Zondi 1915-1922 (SA acc. 76.92.6 Statistische Berichte Hermannsburg 1914-1958).
25 SA acc. 76.18, H. Hohls an H. Wiese, 15.9. und 6.10.1920; SA acc. 76.19, Contract and Agreement, 19.5.1921.
26 SA acc. 76.21, 6.7.1923
27 SA acc. 76.22, Friedrich Brunkhorst an H. Wiese, 19.1.1924.
28 SA acc. 76.22, Festordnung für die Feier des 75jährigen Bestehens der Hermannsburger Mission, 30.10.1924; SA acc. 76.23, Missionsrat an Deutsche Gemeinde Hermannsburg, 24.5.1925.

bewahrt werden: „Den Kindern muss das Bewusstsein beigebracht werden, dass sie Herrenkinder sind, dass sie sozial auf einer höheren Stufe stehen."²⁹ Das folgende Gespräch zeigte, dass er mit seinen Ansichten keineswegs allein stand. Die anderen vier Vorträge, die sich stärker auf die Rolle der Missionarsfrau in der Gemeinde konzentriert hatten, spielten in der Diskussion fast keine Rolle mehr:

> „In der anschließenden Debatte wurde von Missionar Köhler der Ausdruck „Herrenkinder" hervorgehoben. Ja, da ist es Aufgabe der Missionarsfrau, in die Herzen der Kinder das rechte Herrenbewusstsein zu pflanzen. Dazu ist es nötig, dass dieselben frühzeitig gewöhnt werden an Gehorsam und treue Pflichterfüllung. Seien es anfangs auch nur kleine Pflichten und Aufgaben, so wird das Kind dadurch geschult für größere und schwerere Pflichten, um somit später in rechter Weise Herr sein zu können. Die Gefahr der Gleichstellung zwischen Weiß und Schwarz rückt in bedenkliche Nähe, wie auch Missionar Gevers es betont durch die Skizzierung des Johannesburger Marktbildes. Ebenso mögen Sup. Rohwers Worte über die schwarze Abfärbung Afrikas in Erinnerung bleiben. [...] Sup. Behrens betonte noch einmal mit Entschiedenheit die Erziehung der Missionarskinder durch ihre Mutter, die Missionarsfrau, als eine wahrhaft große Hülfe, ihrem Manne geleistet. Möchten alle Missionsgeschwister die Gefahren sehen, die durch zwanglosen Umgang ihrer Kinder mit den Schwarzen ersteren drohen."

Offenbar hatte der Vortragende einem Problem Ausdruck verliehen, das viele Missionare beschäftigte. Dabei bestand ein weitgehender Konsens im Selbstverständnis. Das Herrenbewusstsein entstand nicht naturwüchsig aus der südafrikanischen Situation, sondern musste in einem bewussten Erziehungsprozess den heranwachsenden Kindern vermittelt werden. Die Erziehung der Kinder sollte diese befähigen, selbst wieder Herr zu werden und – angesichts der „Gefahr der Gleichstellung" – auch Herr zu bleiben, d.h. die Herrenstellung zu verteidigen. Der Afrikaner war in dieser Sichtweise eine Gefahr. Das Kind, das unbefangen seiner Umgebung begegnete, war dieser Gefahr nicht gewachsen, sondern nur der Mann, der in der Begegnung immer Herr blieb. Konsequenterweise forderten einige Sprecher auf der Konferenz deshalb auch, dass die Missionarsfrau Besuche in der Gemeinde nur in Begleitung ihres Mannes durchführen solle. Der Missionar befand sich in einer zwiespältigen Situation: einerseits fühlte er sich als Sendbote des Evangeliums zu den Afrikanern gesandt, andererseits glaubte er sich und seine Familie von diesen isolieren zu müssen, um sein Herr-Sein nicht zu verlieren. War das Herr-Sein des „Weißen" erst einmal als göttliche Schöpfungsordnung dargestellt, so ließ sich damit jede gewünschte Entrechtung des Afrikaners als christlich begründen. Die Rolle der Mission im Kolonialismus bestand dann darin, diesen zu rechtfertigen und zu überhöhen.

Das noch weitergehende Gesuch der „weißen" Gemeinde auf Kauf der Kirche musste dem Missionsausschuss in Deutschland zur Entscheidung vorgelegt werden. Direktor Haccius lehnte jedoch einen Verkauf „aus Gründen der Pietät gegen die Vergangenheit" ab, da er den „durchaus berechtigten Wunsch der Gemeinde auf einen ungestörten Gebrauch des Grundstücks" bereits durch die Vereinbarung mit dem Missionskollegium gewährleistet

---

29 SA acc. 76.419, Konferenz der Zulumission in Hermannsburg, 29.10.1924.

sah.³⁰ Die Verdrängung der afrikanischen Gemeinde aus der Missionskirche wurde also von der Heimatleitung ausdrücklich genehmigt. Zur Rechtfertigung dieser Maßnahme wurde in Hermannsburg die Behauptung aufgestellt, auch die „schwarze" Gemeinde wolle die Trennung: „und haben wir schon eine sehr geeignete Stelle gefunden für die Kirche, und auch für die Schule. Es ist unzweifelhaft das allerrichtigste hier die Kirche zu bauen, und wird es von den Weißen, wie von den Schwarzen sehr begrüßt."³¹ Tatsächlich stellte sie sich entschieden gegen die Neubaupläne, so dass Missionar Brunkhorst den Superintendenten vor einem möglichen Besuch einer Delegation warnte:

> „Die Schwarzen wollen Sie noch sehen, es ist nicht unmöglich, dass ein paar nach Georgenau kommen und Sie aufsuchen. Sie wollen wieder die alte Klage laut werden lassen: Warum sollen wir nicht mehr in dem Gotteshause da oben feiern? Mit welchem Rechte vertreiben uns die Weißen daraus?"³²

Von ihrem Missionar hatte die Gemeinde erwartet, so Brunkhorst selbst, dass er sich an ihre Spitze stellen und sich weigern sollte, aus der alten Kirche herauszugehen. Weil er im Gegenteil die Rassentrennung unterstützte, verlor er das Vertrauen seiner Gemeinde.³³ Die afrikanische Gemeinde beschränkte sich aber nicht nur auf Proteste, sondern ging zu passivem Widerstand über: die Feldsteine der alten Friedhofsmauer sollten auf den Bauplatz der neuen Missionskirche transportiert werden, um dort als Fundament zu dienen. Während die „Weißen" sich mit dem Transport abmühten, schaute die „schwarze" Gemeinde zu.³⁴

Zusammen mit dem Neubau der Kirche wurde auch das Missionarshaus in Hermannsburg verlegt. Brunkhorst verlangte, dass Johannes Mazibuko, dessen Haus in der Nähe seines neuen Missionarshauses lag, von dort wegziehen sollte „um ein ziemlich einheitliches Stück für den Missionar da oben zu bekommen."³⁵ Mazibuko gehörte zur Gruppe der wirtschaftlich erfolgreichen *Kolwa* (afrikanischen Christen). Er besaß eine Viehherde und einige Esel und hatte eine Wattle-Plantage auf der Station Hermannsburg gepachtet. Drei seiner Söhne arbeiteten in Johannesburg. Als Mazibuko sich standhaft weigerte, dem vorgeschlagenen Tausch zuzustimmen, schloss Brunkhorst ihn vom Abendmahl aus und verlangte seine Kündigung, da er einen „absolut feindseligen Standpunkt" einnehme.³⁶ Die „Feindseligkeit" Mazibukos bestand darin, dass er Gründe für den verlangten Umzug verlangte: Er berief sich auf das 9. Gebot: „Du sollst nicht begehren Deines Nächsten Haus", was den Missionar zusätzlich aufregte: „Ich sagte ihm, dass die Stelle doch gar nicht sein eigen wäre und er darum den *abafundisi* (Missionaren) gehorchen müsse aufgrund des 4. Gebots. Gehorchen hat dieser Schwarze, so alt er auch ist, noch nicht gelernt."³⁷ Auf den Gehorsam seiner Gemeinde konnte Brunkhorst freilich nicht mehr rechnen.

---

30 SA acc. 76.23, Georg Haccius an H. Wiese, 12.8.1925.
31 Ibid., Wilhelm Lilje an H. Wiese, 25.3.1925.
32 Ibid., F. Brunkhorst an H. Wiese, 29.3.1925.
33 SA acc. 76.24, H. Hohls an H. Wiese, 27.3.1926.
34 SA acc. 76.23, H. Hohls an H. Wiese, 6.2.1925. Den gleichen Vorgang hat Wolfram Kistner als Jugendlicher beobachtet und darüber berichtet.
35 Ibid., F. Brunkhorst an H. Wiese, 21.8.1925.
36 SA acc. 76.24, F. Brunkhorst an H. Wiese, 9.1.1926.
37 Ibid., F. Brunkhorst an H. Wiese, 15.2.1926.

Die vorgesehene „räumliche Trennung" der Gemeinden schloss nicht nur den Kirchbau ein, zu dem sich die „weiße" Gemeinde verpflichtet hatte. Die afrikanische Gemeinde sollte darüber hinaus neben der neuen Kirche eine neue Schule für ihre Kinder bauen. Sie weigerte sich aber, für diesen Neubau aufzukommen. Als Gesandte schickte sie Johannes Mazibuko und Z. Dhladhla zum Superintendenten Heinrich Wiese, um ihren Protest einzulegen. Angesichts der schlechten Ernte baten sie um eine Verschiebung des Schulbaus. Der Superintendent stritt – ebenso wie Brunkhorst seinerseits schon früher – Mazibuko gegenüber ab, dass dessen Umsiedlung von ihm ausgehe. Wiese riet Brunkhorst nach diesem Protest zur Zurückhaltung in der Baufrage und bat Louis Reibeling als Mitglied des Missionarsbeirates um einen Vermittlungsversuch in Hermannsburg, der aber ergebnislos verlief.

Auch in der Schulfrage verhärteten sich die Fronten zwischen Missionar und Gemeinde. Besonderen Anstoß erregte es, als Brunkhorst eine Wand der alten Missions-Schule einreißen ließ, um zwei Fenster und eine Tür für seinen Rondabel zu erhalten. Die Gemeinde sah darin einen Eingriff in ihr Eigentum. Für die Arbeiten am Neubau verlangte sie Lohn und Verpflegung. Durch die Kirchenvorsteher Philemon Koza und Elisa Mapumulo ließ sie offiziell Klage beim Superintendenten einlegen. Der Schulbau kam schließlich zum Stillstand. Brunkhorst schlug vor, den Gemeinden das Beschwerderecht beim Superintendenten zu entziehen, „da sie es missbrauchen und nicht zu handhaben wissen und Ihnen wie dem Missionar unnötige Arbeit und Aufregung bereiten."[38] Er behauptete, alle anderen Kirchenvorsteher stünden auf seiner Seite. Es komme darauf an, in der folgenden Untersuchung der Gemeinde Hermannsburg klarzumachen, dass sie keinerlei Rechte an irgendwelchen Gebäuden beanspruchen könne. Dabei war für ihn selbstverständlich, dass die afrikanische Gemeinde die Pflicht hatte, am Bau und an der Unterhaltung dieser Gebäude mitzuarbeiten. Nur konnte sie daraus – im Unterschied zur „weißen" Gemeinde – keine Rechte ableiten.

Am 28. Juli 1926 hielten die Missionare Louis Reibeling und Wilhelm Kaiser als Mitglieder des Beirates der Zulumission in Hermannsburg eine Gemeindeversammlung ihm Rahmen der Visitation ab, auf der die „schwarze" Gemeinde eine Vielzahl von Beschwerden über ihren Pastor vorbrachte. An der Spitze stand die Klage über sein Verhalten in der Kirchbaufrage: „Bei der Kirche habe er gesagt, wer da nicht heraus wolle, werde vom Platze gejagt werden – ohne dass er erst mit ihnen (den Kirchenvorstehern) darüber gesprochen hatte."[39] Brunkhorst sei auch ohne Rücksprache mit seiner Gemeinde Mitglied des Baukomitees geworden. Seine Gemeinde habe er erst darüber unterrichtet, als die Entscheidung für den Neubau schon gefallen sei. Überhaupt ziehe er seine Vorsteher nicht zu Rate. Als Sprecher der Gemeinde traten neben Philemon Khoza und Elisa Mapumulo auch die Kirchenvorsteher E. Sitole und Dan Hadebe auf, die die Vorwürfe bestätigten. Es war unübersehbar, dass Brunkhorst das Vertrauen seiner Gemeinde verloren hatte. In ihrem Bericht an den Superintendenten sahen die Visitatoren in einem direkten Eingreifen des Superintendenten die einzige Alternative zu einer Versetzung. Eine Versetzung lehnte Superintendent Wiese jedoch ab, ja er bestritt in seiner Antwort sogar der Gemeinde das Recht zu einer solchen Forderung. Ein solches Recht gestand die kirchliche Praxis nur „weißen" Gemeinden zu. Er ermahnte jedoch Brunkhorst eindringlich, „auch in äußeren Ordnungen"

---

38 Ibid., H. Hohls an H. Wiese, 27.3.1926; F. Brunkhorst an H. Wiese, 30.3.1926, 28.4.1926, 17.6.1926 (Zitat) und 27.6.1926; Louis Reibeling an H. Wiese, 12.5.1926.
39 SA acc. 76.25, Versammlung am 28.7.1926.

die Rechte der Gemeinde zu achten. In dem für die Gemeinde entscheidenden Punkt, in der Frage der getrennten Kirchenbauten, stellte sich die südafrikanische Feldleitung voll hinter den Missionar, weil sie diese Maßnahme von Anfang an mitgetragen hatte.[40] Der Widerstand gegen die Rassentrennung in Kirche und Schule wurde als durch bei „Schwarzen" und „Weißen" unterschiedliche kirchliche Sitten und Gebräuche hervorgerufen dargestellt. Damit sollte er seiner Sprengkraft beraubt werden.

Kurz vor der Einweihung der neuen Kirche im August 1927 drohte die „schwarze" Gemeinde, die Kirchweihe zu boykottieren, weil die Kirche nicht den Versprechungen entspreche. So war die Decke nicht gestrichen und zahlreiche Bänke hatten keine Lehne.[41] In seinem Jahresbericht für 1927 konnte Brunkhorst endlich die erfolgte Trennung der Gemeinden feststellen: „Damit ist unsere schwarze Gemeinde, was Kirche und Schule anbelangt, örtlich von der weißen Gemeinde getrennt. Das hat sein Gutes, und unsere Schwarzen geben das heute zu und sprechen es offen aus."[42] Angesicht der immer wieder dokumentierten Ablehnung der afrikanischen Gemeinde, die sich aus der alten Missionskirche vertrieben fühlte, klang dies fast zynisch.

Die Zeit des Ersten Weltkrieges und die Nachkriegsjahre waren durch eine große Selbständigkeit der südafrikanischen Mission gegenüber der Heimatleitung gekennzeichnet. Als Nachfolger für Georg Haccius, den am 4. Juni 1926 verstorbenen vierten Direktor der Hermannsburger Mission, versuchten sein Nachfolger Christoph Schomerus und der Kondirektor Winfried Wickert ihren Einfluss wieder stärker geltend zu machen. Von März 1928 bis Januar 1929 führte Schomerus die dritte Generalvisitation der Hermannsburger Mission in Südafrika durch. Neben einer Reihe inhaltlicher Initiativen war die bessere Nutzbarmachung des Missionslandes ein wichtiges Anliegen der Visitationsreise. Schomerus hielt eine stärkere Heranziehung von Fachleuten für unumgänglich. Deshalb wurden bereits 1928 ehrenamtliche Verwaltungsräte in Hermannsburg und einigen anderen Stationen eingesetzt. Sie rekrutierten sich aus lokalen Farmern deutscher Abstammung. Die Gemeinden der „weißen" lutherischen Synode, die durch ihre Vertreter im Missionskollegium bereits Einfluss auf die Verwaltung des Missionslandes besaßen, gewannen damit einen unmittelbaren Zugriff auf die benachbarten Stationen.[43]

Im Zentrum der Rationalisierungsmaßnahmen stand Hermannsburg, das 1928 ein Gebiet von 5850 Acre (2370 Hektar) umfasste. Davon war knapp ein Drittel als Wattle-Plantagen verpachtet, der weitaus größte Teil an Europäer. Ein Sechstel war als Hofplatz, Garten und Ackerland vermietet, auch hier der weitaus größte Teil an Europäer. Die restlichen Flächen dienten als Weide und Pfarracker für die in Hermannsburg stationierten Missionare.[44] Direktor Schomerus ließ ein Gutachten von einigen Farmern aus der deutschen Gemeinde einholen. Sie schlugen vor, die Station so weit wie möglich mit Wattle aufzuforsten. Auf alle Fälle sollten die bestehenden Plantagen nach abgelaufener Pachtzeit von der Mission in Eigenregie bewirtschaftet werden. Auch die Wattle-Büsche der Afrikaner

---
40 Ibid., Wilhelm Kaiser an H. Wiese, 29.7.1926, H. Wiese an F. Brunkhorst, 20.8.1926. Zur Versetzung auf Wunsch einer „weißen" Gemeinde siehe z.B. SA acc. 76.35, Wilhelm Völker an H. Wiese, 1.5.1932.
41 SA acc. 76.26, F. Brunkhorst an H. Wiese, 15.8.1927.
42 A:SA 41-20 c, F. Brunkhorst, Jahresbericht 1927.
43 SA acc. 76.35, Geschäftsordnung für die Verwaltungsräte, 1.10.1930.
44 SA acc. 76.27, H. Hohls, Pachtungen für Wattle, 15.5.1928.

sollten unter diese Maßnahme fallen, „denn diese Leute haben nicht die Mittel und nicht die Energie, um Plantagen gründlich und profitabel zu bearbeiten."[45] Der Kapitalmangel der afrikanischen Landwirtschaft, der hier konstatiert wurde, beruhte jedoch auf einer systematischen Diskriminierung durch die Gesetzgebung und die staatliche Landbank.

Auf seiner ersten Sitzung am 5. Oktober 1928 beschloss der Verwaltungsrat, die Wattle-Pflanzungen auf der Station in einem Stück zusammenzufassen und auf 2500 Acre (1000 Hektar) zu vergrößern. In der laufenden Saison sollten zunächst 250 Acres (100 Hektar) aufgeforstet werden. Die bisher von „Schwarzen" übernommenen Plantagen sollten nach Ablauf der Pachtkontrakte, d.h. innerhalb der nächsten acht Jahre an die Mission fallen. Ein sicherlich erwünschter Nebeneffekt dieser Beschlüsse war, dass die bereits teilweise durchgesetzte räumliche Trennung der Gemeinden durch die Umsiedlung von Afrikanern aus dem südlichen Teil der Farm noch verstärkt wurde.

In der „schwarzen" Gemeinde lösten die Aufforstungspläne große Unruhe aus. Sie wählte eine Delegation, um ihre Klagen bei der Missionsleitung vorzubringen. Am 15. Januar 1929 trugen Elisa Mapumulo und Johannes Mazibuko dem Direktor (vor seiner Abreise nach Deutschland) und dem Verwaltungsrat in drei Punkten die Forderungen der Gemeinde vor:

„1. Wir beklagen es, dass wir unsere alten Wohnplätze, die wir aufgebaut haben, verlassen sollen [...] 2. Wir beklagen es, dass uns, die wir hier wohnen, die Wattle-Plantagen genommen werden [...] 3. Wir erheben Klage, dass wir auf dem von uns gemieteten Platze nicht pflanzen und wirtschaften können wie wir wollen."[46]

Das Verbot eigenen Wattle-Anbaus betraf vor allem die wirtschaftlich fortschrittlicheren Bauern, die eigene Pachtungen unterhielten und daraus einen großen Teil ihrer Bareinnahmen erzielen konnten. Sie stellten sich deshalb an die Spitze des Protestes. Ihre Forderungen wurden jedoch in allen Punkten abgelehnt. Die Mission erklärte sich lediglich bereit, bei den geplanten Umsiedlungen nach Möglichkeit rücksichtsvoll zu verfahren. Eine Verlängerung der Pachtzeit für die Wattle-Plantagen lehnte sie ab. Die Anpflanzung von Wattle-Bäumen durch „Schwarze" wurde – mit Ausnahme des Hofgrundstückes – untersagt. Damit wurde den Pächtern der Anbau desjenigen Produktes verboten, dass nach dem gesammelten Fachverstand des Verwaltungsrates als das zukunftsträchtigste und für Hermannsburg geeignetste landwirtschaftliche Erzeugnis galt. Für einen afrikanischen Bauernstand, wie es der Heimatleitung in Deutschland noch vorschwebte, blieb in Hermannsburg (Natal) kein Platz.

Die „schwarze" Gemeinde in Hermannsburg geriet dadurch unter einen immer stärkeren wirtschaftlichen Druck. Immer mehr Männer mussten sich Arbeit in Johannesburg suchen. Dort wurden höhere Löhne gezahlt als von der Mission oder auf den umliegenden Farmen. Missionar Brunkhorst führte die mangelnde Bereitschaft zur Farmarbeit allerdings nicht auf die Lohnunterschiede, sondern auf eine angebliche Unwilligkeit der Afrikaner zur körperlichen Arbeit zurück. Die Mission wurde von den afrikanischen Christen jetzt zunehmend kritisch gesehen: „Die Missionare von heute tragen die Schuld an dem allen. Immer mehr Bürden legen sie uns auf. Immer höher und schärfer werden die Forderungen. Was sollen

---

45 A:SA 1.42, Gutachten über die Farm Perseverance, 23.4.1928.
46 SA acc. 76.28, H. Hohls an H. Wiese, 2.11.1928; PMC-AS Verwaltungsrat Hermannsburg, 15.1.1929.

wir nur tun? Wir haben ja gar keine Freiheit mehr."⁴⁷ Zunehmend verließen Mitglieder der lutherischen Missions-Gemeinde Hermannsburg und wurden durch neue Pächter ersetzt, die sich mit den neuen Bedingungen abfinden mussten: „Weil die Pachtungen neu vermessen und verteilt sind, haben sich 26 neue Pächter, – die allermeisten von außen – angefunden, von denen ein Teil noch Heiden sind."⁴⁸ Immerhin zahlte sich der neue Kurs für die Mission wirtschaftlich aus. Der visitierende Superintendent stellte 1936 fest: „Als Platzverwalter steht Brunkhorst einzigartig da. Seine Glanzleistung ist die Wiederaufforstung Hermannsburgs ohne Zuschuss von der Hauptkasse. Von 1938 ab kann abgeholzt werden."⁴⁹

Der *Native Trust and Land Act* von 1936 schränkte den Zugang zu Land für „Schwarze" in Südafrika weiter ein. In Anpassung an das neue Gesetz beschloss der Verwaltungsrat auf Hermannsburg eine völlige Umgestaltung der Pachtverhältnisse. Nur 15 Familienväter, die schon 1913 bei Inkrafttreten des damaligen *Native Land Act* Pächter in Hermannsburg waren, durften zu den alten Bedingungen wohnen bleiben. Ihr Viehbestand wurde jedoch auf höchstens 6 Kopf Großvieh beschränkt. Für alle anderen galt die Neuregelung:

> „Alle Arbeitsfähigen beiderlei Geschlechts müssen für die Mission arbeiten und dürfen in Zukunft nicht mehr auswärtig arbeiten. Sie können nur unter folgenden Bedingungen hier wohnen: Sie bekommen 1 Acker Land für Baustelle und Garten, 2 Kopf Vieh sind erlaubt. Dafür muss jeder Kraalherr 30 Arbeitstage (shifts) ohne Bezahlung arbeiten. Für alle weitere Arbeit bekommen sie vollen Lohn. Will ein Schwarzer mehr als 1 A(cre) Land haben, können ihm vorübergehend bis zu 3 A(cre) zugestanden werden, für jeden weiteren Acker muss er jedoch 1 Monat mehr umsonst arbeiten. Falls ein Schwarzer sein überzähliges Vieh nicht bis zum 31. Juli fortgeschafft hat, muss er monatlich pro Kopf 2/6 (2 Schilling/6 Pence) zahlen."⁵⁰

Mit diesem Beschluss sollte der zunehmende Arbeitskräftebedarf in den Wattle-Plantagen gesichert werden. Die wirtschaftliche Existenz der afrikanischen Bauern auf Hermannsburg wurde damit vernichtet. Statt fünf Acre Ackerland wurde nun ein Acre als Grundstock zugestanden. Statt sechs Kopf Vieh waren nur noch zwei Kopf frei. Die Zwangsarbeit, gegen die die Hermannsburger Missionschristen 1920 gestreikt hatten, wurde wieder eingeführt und durch das Verbot der Annahme auswärtiger Arbeit verschärft. Die Gemeinde wandte sich daraufhin an Senator Edgar Brookes, der als Vertreter der Afrikaner im Parlament saß, und bat ihn um Unterstützung. Aber Kondirektor Wickert, der die Feldleitung in Südafrika übernommen hatte, wies dessen Vermittlung als Einmischung zurück:

> „On the contrary: All who live on our places have a rather too comfortable life. We have kraals which maintain over 100 cattle. But we are going to stop this now. Owing to strong financial pressure we are compelled to have some reorganisation carried through. Especially our Station Hermannsburg is owing to its climate and situa-

---

47 A:SA 41-20c, F. Brunkhorst, Jahresbericht für 1929.
48 SA acc. 76.35, H. Hohls, Verwaltungsbericht für 1931, 9.1.1932. Dieser Bericht wurde von den Superintendenten nicht nach Deutschland weitergeleitet!
49 A:SA 41.20 c, Wilhelm von Fintel, Visitation auf Hermannsburg, 02.12.1936.
50 PMC-AS Verwaltungsrat Hermannsburg, 19.4.1938.

tion exceptionally fit for Wattle growing. It is true that we are asking our native tenants of the place to do the work in the plantations instead of being polled to introduce foreign workers. They have every opportunity to earn their lifelihood here, and we doom this better than going to the goldfields, at least from a missionary point of view."[51]

Die Unruhe sei nur von einer Handvoll von Agitatoren aus Johannesburg angestiftet. Intern äußerte er sich freilich zurückhaltender:

„Wie mir Bruder Brunkhorst und Kaiser mitteilten, haben die letzten Maßnahmen zu großen Unruhen in Hermannsburg geführt, so dass die Auflösung der Gemeinde zu befürchten ist. [...] Ich hätte auch nichts dagegen, wenn wir den ganzen Passus mit dem Vieh und der Ackerzahl zunächst unausgeführt lassen, damit wir nicht in guter Absicht für die Wirtschaft der Mission das Ziel der Mission, die Gemeinde zerstören. Wie ich höre, sind alle Bewohner Hermannsburgs Christen, die wir doch zu halten suchen müssen."[52]

In seiner Antwort machte Senator Brookes deutlich, dass die Verpflichtung zur Arbeit bei einem bestimmten Arbeitgeber zu Lohnsätzen, die dieser festsetze, an Zwangsarbeit grenze.[53]

Für viele „Schwarze" kam die Alternative, die die Mission ihnen aufzwingen wollte, nicht mehr in Betracht. Nach dem vergeblichen Versuch eines Kirch- und Schulboykotts verließen viele Familien Hermannsburg. Brunkhorst sprach in seinem Jahresbericht vom „Aufruhrjahr 1938". Angesichts des Landmangels konnte die Mission einen Teil der freigewordenen Stellen mit afrikanischen Nichtchristen jedoch schnell wieder besetzen.[54]

Die Trennung der Kirchengemeinden in Hermannsburg war Teil eines Prozesses, in dem die wirtschaftlichen Zwänge, denen sich die Missionare ausgesetzt sahen, eine zentrale Rolle spielten. Dabei waren sich die Missionare und die Missionsleitung der Verflechtung ihrer Arbeit einschließlich der Verkündigung mit den politischen und wirtschaftlichen Strukturen Südafrikas kaum bewusst.[55] Sie verstanden sich als unpolitisch, was in ihren Augen freilich eine Verteidigung der Apartheid nicht ausschloss:

„Denn auch wir haben unsre Kinder und Kindeskinder in diesem Lande, und wir können nur mit Bangem fragen, was werden wird, wenn hier einst ein großes Durcheinander der Rassen entstehen würde. Wir haben uns auch nie gescheut das drüben in der alten Heimat auszusprechen."[56]

---

51 SA acc. 76.44, Winfried Wickert an Edgar Brookes, 5.7.1938.
52 SA acc. 76.127, W. Wickert an Verwaltungsratsmitglied Heinrich Küsel, 18.5.1938.
53 SA acc. 76.44, E. Brookes an W. Wickert, 27.8.1938: „As the matter appears to me, you are forcing the Natives as a condition of living on your Mission land to work all the year round at rates to be fixed by yourselves. I would most respectfully point out that this represents almost conditions of forced labour and will re-act unfavourably on other Missions and on Missionaries generally."
54 A:SA 41-10 c, F. Brunkhorst, Jahresbericht 1938.
55 So Wolfram Kistner im Vorwort zu Fritz Hasselhorn, Bauernmission in Südafrika, Erlangen 1988, 11.
56 SA acc. 76.166, Kondirektor W. Wickert an Staatssekretär Werner W. Max Eiselen, Pretoria, 19.03.1957. Wickert wehrte sich in dem Brief gegen die These Eiselens, die Hermannsburger Mission habe ihre Stellung zur Rassentrennung geändert. Die Hermannsburger Mission hielte sich vielmehr sich

Die Rassentrennung in der Kirche wurde von ihnen – ganz im Unterschied zur „schwarzen" Gemeinde – auch nicht als Abkehr von der eigenen Tradition empfunden. Vielmehr wurde die eigene Denkweise auf Ludwig Harms als Gründer der Hermannsburger Mission zurückprojeziert:

> „4) war es die Absicht und Idee des sel(igen). L. Harms, dass die weißen Missionsarbeiter eine Gemeinde oder Gemeinden bilden sollten; (wenigstens verstehe ich es so, ich mag aber darin irren) und wäre deshalb ein solcher Zusammenschluss nicht gegen den Geist der Hermannsburger) Mission."[57]

Dagegen geriet Ludwig Harms Berufung auf Galater 3, 28 in Vergessenheit:

> „Einer von unsern Brüdern hat neulich einmal von einem Buren, mit dem er sprach, hören müssen, der liebe Gott hätte die Kaffern darum schwarz geschaffen, weil sie Sklaven sein sollten, wobei er sich denn auf die Stelle 1. Mose 9, 25 berufen hat. Im weitern Verlauf des Gesprächs hat er dann hinzugefügt: würden Sie einem Kaffern die Hand reichen oder ihn mit Ihnen essen lassen, oder ihn als einen weißen Menschen behandeln, so würden Sie alle Achtung bei den Weißen verlieren. Darauf hat ihm denn unser Bruder die Antwort gegeben: hier ist nicht Jude noch Grieche, hier ist nicht Mann noch Weib, hier ist nicht Knecht noch Freyer, sondern sie sind allzumal Einer in Christo Jesu."[58]

---

aus dem Streit zwischen Christian Council und der Regierung heraus.
57 SA acc. 76.8, Johan Rohwer an E. Harms, 18.10.1910, bezogen auf die Gründung der „weißen" Synode.
58 Hermannsburger Missionsblatt 1856, 3f.

„Gemeinsam, getrennt, hierarchisch"

Das Bildungs- und Erziehungskonzept der Rheinischen Missionsgesellschaft
im südlichen Afrika

Dorothee Rempfer

Trotz der großen Bedeutung von Erziehung und Bildung innerhalb des Missionsprozesses und dessen unbestrittener Rolle als Instrument der Moderne ist das Erziehungs- und Bildungskonzept der Rheinischen Missionsgesellschaft (RMG) bisher kaum erforscht. Selbst in missionseigenen Publikationen wurde der inhaltlichen Diskussion wenig Aufmerksamkeit zuteil. In der geschichtswissenschaftlichen Auseinandersetzung beschränkte sich das Interesse am missionarischen Bildungs- und Erziehungswesen auf den Kontext deutscher Kolonialherrschaft.[1] Dabei steht vor allem das Zusammenwirken von Kolonialpolitik und Missionsschule im Fokus der Untersuchungen, so auch bei Kurt Panzergrau.[2] Ein Forschungsdesiderat sind Studien, die sich auf Primärquellen stützen und Einzelfallstudien, die die Entwicklung des missionarischen Bildungswesens über den kolonialen Zeitraum hinaus untersuchen. Denn missionarische Bildungs- und Erziehungskonzepte waren keine feststehenden Gebilde. Abhängig von lokalen wirtschaftlichen, sozialen, gesellschaftlichen und politischen Rahmenbedingungen sowie von materiellen und personellen Ressourcen unterlag das Bildungswesen im südlichen Afrika einem ständigen Wandel und war geprägt durch regionale Vielfalt. Anpassung und Schwerpunktverlagerungen an die jeweils örtlichen Voraussetzungen, waren unvermeidlich. Bei Fragen zum Bildungs- und Erziehungskonzept wird meist stellvertretend auf die mehrbändige Evangelische Missionslehre des Missionstheoretikers Gustav Warneck verwiesen.[3] Diese entstand allerdings erst Ende des

---

1 Vgl. Horst Gründer, Christliche Mission und deutscher Imperialismus (1884-1914), Paderborn 1982, 364-369; Lothar Engel, Die Rheinische Missionsgesellschaft und die deutsche Kolonialherrschaft in Südwestafrika 1884-1915, in: Klaus J. Bade (Hg.), Imperialismus und Kolonialismus. Kaiserliches Deutschland und koloniales Imperium, Wiesbaden 1982, 142-164; Christel Adick, Wolfgang Mehnert (Hgg.), Deutsche Missions- und Kolonialpädagogik in Dokumenten. Eine kommentierte Quellensammlung aus den Afrikabeständen deutschsprachiger Archive 1884-1914, Frankfurt am Main, London 2001. Einen vergleichenden Ansatz mit überwiegend missionsapologetischer Wertung verfolgte Johanna Eggert in ihrer Untersuchung des deutschen Kolonialgebiets Ostafrikas (Johanna Eggert, Missionsschule und sozialer Wandel in Ostafrika, Bielefeld 1970. Zu den Auswirkungen auf das nachfolgende staatliche Bildungswesen vgl. Henning Melber, Schule und Kolonialismus. Das formale Erziehungswesen Namibias, Hamburg 1979; und John A. Marcum, Education, Race and Social Change in South Africa, Berkley, Los Angeles 1982.
2 Seine Untersuchung basiert ausschließlich auf sekundärer Literatur. Kurt Panzergrau, Die Bildung und Erziehung der Eingeborenen Südwestafrikas durch die Rheinische Missionsgesellschaft von 1842-1914. Ein Beitrag zur Beziehung von Pädagogik und Kolonialismus, München 1998.
3 Gustav Warneck, Evangelische Missionslehre. Ein missionstheoretischer Versuch. Bd. 1-3, Gotha 1892-

19. Jahrhunderts und ist eher eine allgemeine Theorie, die den speziellen Entwicklungen der einzelnen deutschen Missionsgesellschaften mit unterschiedlichen Schwerpunktsetzungen und der regionalen Vielfalt der Missionsschulen nicht gerecht werden kann. Im Mittelpunkt dieser Untersuchung sollen deshalb die Absichten stehen, die die RMG mit ihrem Erziehungs- und Bildungswesen im südlichen Afrika anstrebte, und die Frage, wie die Missionare diese unter den diversen Umständen umgesetzt haben. Zudem wird gefragt, welche Vorstellungen dem Erziehungskonzepts zugrunde lagen und welche Visionen die Missionare mit diesem hinsichtlich des Zusammenlebens der europäischen und afrikanischen Bevölkerung im kolonialen Kontext verfolgten.

Die Missionsschule als indirektes Missionsmittel

Wie die meisten Missionsgesellschaften verstand die RMG das Bildungswesen als Wegbereiter der Gemeindebildung.[4] Im Gegensatz zur Bekehrung über die Predigt – die sich vor allem an Erwachsene richtete – schien das Bildungswesen einen direkten und nachhaltigeren Zugang zu breiten Volksschichten zu bieten. Diesen Zusammenhang belegen vor allem die Missionsberichte, die als Indikator für den Erfolg der Missionsarbeit neben der Zahl der Gottesdienstbesucher die Anzahl ihrer Schüler anführen. Der Inhalt des Unterrichts wird dabei nicht näher aufgeführt. Mit der Einrichtung von Schulen stießen die Missionare in Afrika auf Interesse. Insbesondere die „Chiefs" erhofften sich Zugang zu europäischen Kulturtechniken und Handelsverbindungen.[5] Obwohl die Missionsleitung in Barmen die Schultätigkeit als festen Teil der Missionsarbeit vorsah, wurden die Missionare zunächst nicht explizit auf den Lehrberuf vorbereitet. Die Missionare selbst forderten, die Ausbildung stärker pädagogisch auszurichten. Erst 1907 wurde ein Lehrer, Kurt Nowack (1870-1945), in den Missionsdienst ins südliche Afrika geschickt. Dieser Schritt verweist auf die gewandelte Bedeutung der Schule: Sie war nicht länger nur eine Möglichkeit, christliche Glaubensvorstellungen unter der afrikanischen Bevölkerung zu verbreiten. Sie war auch ein Machtmonopol[6] im kolonialen System geworden, das die RMG nicht verlieren wollte.

Mancherorts konnten die Missionare der RMG an Bildungsbemühungen anderer Missionsgesellschaften anknüpfen.[7] An anderen Orten war die Kreativität der Missionare gefragt. Carl Hugo Hahn zum Beispiel lockte seine ersten Schüler mit getrockneten Fleischstücken (Biltong) an.[8] Allerdings richtete sich das Bildungswesen an Jungen und Mädchen aus allen

---

1903.
4 Eine andere Position nahm die Berliner Missionsgesellschaft ein, die das Schulwesen als Konsequenz der Gemeindebildung sah (vgl. für Deutsch-Ostafrika Eggert, Missionsschule und sozialer Wandel, 93-195, 104).
5 Ursula Trüper, The invisible women. Zara Schmelen: African mission assistant at the Cape, Basel 2006, 18.
6 Mit der Etablierung der deutschen Kolonialherrschaft in Südwestafrika wurde auch der Aufbau eines Schulsystems für Siedlerkinder forciert. Allerdings gründete die Kolonialregierung keine eigenen Schulen für die afrikanische Bevölkerung, sondern unterstützte Schulen der protestantischen, später auch der katholischen Mission.
7 Es arbeiteten schon die Londoner Missionsgesellschaft und die Wesleyanische Mission sowie die Pariser Missionsgesellschaft bei Ankunft der Rheinischen Missionare im südlichen Afrika unter dem Volk der Nama.
8 Vgl. Carl Hugo Hahn. Tagebücher 1837-1860. Diaries Part 1-4. A missionary in Nama- and Damaraland, herausgegeben von Brigitte Lau, Windhoek 1984, 340 (10.10.1846); über den Erfolg siehe

sozialen Schichten. Zudem war es nicht nur getauften Kindern vorbehalten. Vorgesehen war zunächst, auch die Missionarskinder in den Missionsschulen zu unterrichten.[9] Um die Schulen in der Gemeinschaft zu verwurzeln, suchten die Missionare die Unterstützung einflussreicher Familien und bemühten sich, deren Kinder für den Unterricht zu gewinnen. Dazu betonten sie durchaus auch politische und strategische Vorteile schriftlicher Kommunikation in machtpolitischen Konflikten.[10]

Grundsätzlich gilt, dass jedes Bildungssystem einem spezifischen Erziehungsideal untersteht, aus dem sich ein entsprechender Erziehungsauftrag mit Erziehungsabsichten ableitet. Da war auch die Missionsschule keine Ausnahme. Dem Erziehungskonzept der RMG zugrunde lag die pietistische Vorstellung vom sündenbelasteten Menschen.[11] Erziehungsabsicht war, mit Strenge und hohem moralischen Grundsatz zu Frömmigkeit, Disziplin und Freude an der Arbeit, Genügsamkeit und Zucht anzuhalten.[12] Die RMG erachtete nur zweckgebundene Bildung als sinnvoll und nützlich. Um einer befürchteten einseitigen geistigen Bildung vorzubeugen, legten die Missionare großen Wert auf die Unterrichtung in Handfertigkeiten.[13] Dies sollte zudem christliche Wert- und Lebensvorstellungen unter afrikanischen Völkern implementieren und das Überleben auf den Missionsstationen gewährleisten. Diese Absicht richtete sich gegen die als minderwertig erachtete traditionelle Einstellung zur Arbeit und war darauf ausgelegt, vorherrschende Arbeitsweisen durch europäische Arbeitsrhythmen zu ersetzen.[14] Auf diesem Wege sollten die als „faul"[15] wahrgenommenen Afrikaner zu idealen Protestanten – arbeitsam, pflichtbewusst und fromm –

  Dorothy Guedes (Hg.), The Letters of Emma Sarah Hahn. Pioneer Missionary among the Herero, Windhoek 1993, 109, 134.
9 Die Angst vor dem negativen Einfluss ungetaufter Schüler und der Wunsch nach höherer Bildung wurden gegen die gemeinsame Erziehung angeführt. Die RMG richtete schließlich Erziehungshäuser in Deutschland ein (vgl. Die Frage über die Erziehung unserer Missionarskinder, o.J. in: Archiv- und Museumsstiftung der VEM Wuppertal, RMG 93, Rundschreiben von der Missionsleitung an Missionsangehörige.
10 Vgl. Carl Gotthilf Büttner, Schulvisitation im Herero-Lande 1879, in: Monatsberichte der Rheinischen Missionsgesellschaft 10, 1879, 314.
11 Vgl.hierzu Frank-Michael Kuhlemann, Die „christliche Schule". Volksbildung und Erweckungsbewegung im östlichen Westfalen 1800-1854, in: Josef Moser u.a. (Hg.), Frommes Volk und Patrioten. Erweckungsbewegung und soziale Frage im östlichen Westfalen, Bielefeld 1989, 232-238.
12 Ähnliche Kampagnen zur Arbeitserziehung wurden auch von der Inneren Mission gegen die revolutionsverdächtige Unterschicht in Deutschland geführt.
13 Der Missionswissenschaftler Martin Schlunk resümiert, dass der Antrieb für diesen Unterricht weniger die Qualifikationsvermittlung, sondern vielmehr die Furch vor einer ausschließlichen intellektuellen Bildung war, die zu Bildungsdünkel und Abneigung gegen Feld- und Handarbeit führen könnte (Martin Schlunk, Das Schulwesen in den deutschen Schutzgebieten, Hamburg 1914, 347). – Vgl. u.a. Aus Gibeon. Was die Mädchen treiben und die Jungen lernen, in: Der kleine Missionsfreund 7, 1871, 99-112; Jakob Diehl, Die Schulkinder von Windhuk, in: Der kleine Missionsfreund 5, 1904, 75-79.
14 Dies gilt auch für andere Missionsgesellschaften. – Vgl. Samuel Broadbent, A narrative of the first Introduction of Christianity amongst the Barolong tribe of Bechuanas, South Africa. With a brief summary of the subsequent history of the Wesleyan Mission to the same people, London 1865, 182.
15 Vgl. Jahresberichte der Rheinischen Missionsgesellschaft 40, 1869, 10ff. – Auseinandersetzen mussten sich die Missionare auch mit der traditionellen Vorstellung, dass „ein Mann von einiger Bedeutung eben nicht mit seinen eigenen Händen arbeitet."

erzogen werden.[16] Das europäisch-christliche Rollenverständnis wurde dabei zum Modell für den Unterricht.

Mit Hilfe der Schulen strebte die RMG folglich nicht nur die allgemeine Bildung an, sondern insbesondere die sittlich-praktische Erziehung nach christlichen Wert- und Moralvorstellungen. Die besondere Notwendigkeit für eine Erziehung nach sittlich-moralischen Grundsätzen begründeten die Missionare zudem mit dem Fehlen jeglicher Art von Erziehung im afrikanischen Elternhaus. Afrikanische Erziehungstraditionen wurden von ihnen als ungenügend herabgewürdigt.[17] Die so genannte Tugendbildung umfasste unter anderem die Erziehung zur Sittlichkeit[18], Pünktlichkeit – später ergänzt um Sauberkeit und Reinlichkeit – und das Einhalten regelmäßiger Tagesabläufe. Elementare Schulkenntnisse sollten den Gemeindemitgliedern die selbständige Lektüre von Bibel, Katechismus und Gesangbuch ermöglichen und damit dazu beitragen, den Glauben zu festigen. Die Lesefähigkeit als Voraussetzung für die Taufe verweist dabei nicht nur auf Bildungsbestrebungen der Mission, sondern belegt vor allem den Erziehungscharakter der Schule.

Obwohl sie zeitweise den Söhnen einflussreicher Familien auch eine höhere Bildung anbot, strebte die RMG – im Gegensatz zu anderen Missionsgesellschaften[19] – nicht den Aufbau eines höheren Schulwesens im südlichen Afrika an. Johanna Eggert verweist in diesem Zusammenhang darauf, dass sich die Spender der meisten deutschen protestantischen Missionsgesellschaften vor allem aus bäuerlichen und handwerklichen Schichten rekrutierten, in deren Interesse nicht unbedingt gelegen habe, hochgreifende Bildungsbemühungen im Missionsfeld zu unterstützen.[20] Entscheidend war aber auch die meist nur elementare Schulbildung der Missionare selbst. Ende des 19. Jahrhunderts mischten sich vermehrt rassenideologische Argumente in diese Diskussion. Grundsätzlich ablehnend äußerten sich die Missionare über eine die Emanzipation der afrikanischen Völker fördernde Bildung.[21] Als Konkurrenz für ihre Schule sahen sie die nomadische Lebensweise, kriegerische Auseinandersetzungen und die vielen eigenen Verpflichtungen, vor allem aber die traditionelle Erziehung, die die Kinder in die wirtschaftliche Versorgung der Familie einband. Sie erkannten nicht, dass der unregelmäßige Schulbesuch damit zusammenhing, dass ein direkter Nutzen des vermittelten Wissens fehlte, sondern kritisierten die Gleichgültigkeit der Eltern. Das Interesse an missionarischen Bildungseinrichtungen wuchs, als

---

16 Arbeitserziehung im missionarischen Sinn deutet Altena auch als Instrument zur Förderung der Eigenständigkeit der Afrikaner im Hinblick auf ein wirtschaftliches autarkes Christentum (Thorsten Altena, „Ein Häuflein Christen mitten in der Heidenwelt des dunklen Erdteils." Zum Selbst- und Fremdverständnis protestantischer Missionare im kolonialen Afrika 1884-1918, Münster, New York 2003, 159).

17 In diesem Zusammenhang steht auch das gescheiterte Engagement der RMG in der Erziehung von Waisen und Mischlingskindern. Diese Kinder sollten im christlichen Umfeld als Bindeglieder zwischen europäischer und afrikanischer Bevölkerung ausgebildet werden (vgl. Spellmeyer, 1907, RMG 2.628, 226-229).

18 Unter dem Begriff Sittlichkeit wurden vor allem Keuschheit, christliche Ehe- und Familienverständnis, aber auch europäische Bekleidungsvorstellungen subsummiert.

19 Die katholische Kongregation der Weißen Väter strebte den Aufbau höhere Bildungsmöglichkeiten an (vgl. Christine Freitag, Schule und Bildungshilfe in den Konzeptionen katholischer Missionsgesellschaften, Köln, Weimar, Wien 1995, 82ff).

20 Vgl. Eggert, Missionsschule und sozialer Wandel, 76.

21 Vgl. Büttner, Schulvisitation im Herero-Lande, 308.

Fähigkeiten wie Lesen, Schreiben und Rechnen Voraussetzung zur Integration ins Wirtschafts- und Verwaltungssystem wurden und die traditionelle Bildung an Attraktivität verlor. Interessanterweise besuchten durchschnittlich mehr Mädchen die Schule. Sie verbesserten damit nicht nur ihren sozialen Status, sondern eröffneten sich neue Verdienstmöglichkeiten.[22] Unermüdlich kämpfte die Mission darum, den regelmäßigen Schulbesuch durchzusetzen. Sie belohnte oder drohte in Gemeinde- und Kirchenordnungen Strafe an. Trotzdem blieb dies eine unerfüllte Hoffnung.[23] An die Lebensumstände angepasst, umfasst der Unterricht oft nur wenige Stunden am Tag.[24]

Ungeachtet der Existenz afrikanischer Bildungstraditionen errichteten die Missionare der RMG im südlichen Afrika – wie das auch bei anderen Missionsgesellschaften üblich war – ein Bildungswesen nach europäischem Vorbild. Dass darin die Ursache der – von den Missionaren später so hartnäckig bekämpften – Entfremdung der Schüler von ihrem traditionellen Umfeld lag, blieb in Missionskreisen zunächst wenig reflektiert. Unterrichtsmaterial stellten die Bibel, der Katechismus, eine Lesefibel und das Gesangbuch dar.

Stundenplan der Missionsstation Berseba von 1871[25]

Montag	Dienstag	Mittwoch	Donnerstag	Freitag
A[ltes] T[estament]	AT	Rechnen und Singen	N[eues] T[estament]	NT
Nama Lesen und Schreiben	Holländisch Lesen und Schreiben		Nama Lesen und Schreiben	Holländisch Lesen und Schreiben

Stundenplan wie er in der Schulordnung von 1877 ausgearbeitet wurde[26]

Montag	Dienstag	Mittwoch	Donnerstag	Freitag
Bibl. Geschichte	Katechismus	Bibl. Geschichte	Katechismus	Bibl. Geschichte
Lesen und Schreiben	Lesen und Schreiben	Lesen und Schreiben	Lesen und Schreiben	Lesen und Schreiben
Rechnen	Singen	Rechnen	Singen	Rechnen
Englisch		Englisch		Englisch

---

22 Zunächst konnten sie durch ihre Nähkünste zusätzliches Geld verdienen. Später konnten Frauen im kolonialen Verwaltungsapparat verschiedene Stellen besetzen (vgl. Cynthia Cohen, The natives must first become good workmen. Formal educational provision in German South West and East Africa compared, in: Journal of Southern African Studies 1, 1993, 123).
23 Vgl. Friedrich Bernsmann, Was kann von unserer Seite geschehen um unsere Schulen zu heben?, 1899, RMG 2.620, Missionarskonferenzen im Hereroland: Referate, 1899-1910, 240f.
24 Wie groß die Unterschiede sein konnten, zeigt eine statistische Erhebung von 1911, die für Lüderitz einen täglichen Unterricht von sieben Stunden belegt (vgl. Schlunk, Schulwesen in den deutschen Schutzgebieten, 119).
25 Bericht über die Ergebnisse eines Schulexamens durch Missionar Olpp, Monatsberichte der Rheinischen Missionsgesellschaft 10, 1871, 308.
26 Vgl. Schulordnung für die Schulen im Bereich der sog. Herero Conferentie, 1877, RMG 2.611, Missionarskonferenzen im Hereroland: Protokolle, 1851-1877, 167-182.

Wie beide Stundenpläne exemplarisch zeigen, basierte der Unterricht regelrecht auf der christlichen Lehre. Neben Schreiben, Lesen und Rechnen[27] stand aber auch musikalische Erziehung auf dem Stundenplan. Im Gegensatz zu allgemeinen Überlegungen des Missionstheoretikers Gustav Warneck, der sich gegen Fremdsprachenunterricht in Missionsschulen aussprach,[28] vermittelten viele Schulen der RMG im südlichen Afrika Englisch und Holländisch. Beides waren die dort im 19. Jahrhundert vorherrschenden Handelssprachen, und so trug die Fremdsprachenkenntnis nicht nur dazu bei, den „Gesichtskreis von Jung und Alt"[29] zu erweitern, wie Missionar Johannes Olpp (1837-1920) 1871 argumentierte, sondern ermöglichte die Partizipation am Handel. Unter deutscher Kolonialherrschaft weigerte sich die RMG allerdings, Deutsch als Unterrichtssprache einzuführen.[30] Grundwissen in der Sprache zu vermitteln, hielt sie für ausreichend. Dabei erkannten die Missionare zwar, dass eine verbesserte Kommunikation zwischen afrikanischen und deutschen Bevölkerungsteilen für einen respektvolleren Umgang mit der südwestafrikanischen Bevölkerung von Vorteil wäre, doch in Abwägung mit den missionarischen Zielen wurde letzteren die höhere Priorität eingeräumt. Sie sahen die Sittlichkeit und das „Gemüht" der Afrikaner gefährdet durch Deutschkenntnisse und die sich damit eröffnenden Möglichkeiten, am öffentlichen Leben teilzunehmen. Und sie waren besorgt, dass die Volkssprache verloren gehen könnte und dadurch ihre Missionierungsabsicht gefährdet würde.

Generell vertrat die RMG – wie auch andere Missionsgesellschaften – den Grundsatz, dass nur in der Volkssprache unterrichtet werden sollte. Missionsziel war es, ein über gemeinsame Sprache, Brauchtum, Religion und Rechtsauffassung sowie gemeinsamen Siedlungsraum definiertes Volk zu evangelisieren. Der Sprache als bindendes Element sprachen sie dabei eine einende Funktion zu, deren Verlust den Zerfall der Volksgemeinschaft zur Folge hätte.[31] Hinzu kam die in der Mission verbreitete Vorstellung, dass nur durch die Muttersprache Herz und Seele erreicht werden könne.[32] Allerdings wurden die Missionare diesen Ansprüchen aufgrund mangelnder Sprachkenntnis, vor allem unter dem Volk der Nama, nicht immer gerecht.[33] Fehlende Lesekenntis in der Muttersprache würde die Missionierung in der jeweiligen Muttersprache erschweren und dies – so argumentierten die

---

27 Durch die Missionsschulen wurde in weiten Teilen des südlichen Afrikas das europäische Zahlensystem eingeführt.
28 Vgl. Gustav Warneck, Evangelische Missionslehre. Ein missionstheoretischer Versuch, 3. Abt. 2. Hälfte, Gotha 1900, 55ff, 146.
29 Vgl. Monatsbericht 10, 309.
30 Vgl. hierzu u.a. die Beiträge von Heinrich Vedder und Friedrich Bernsmann, In welcher Sprache ist der Schulunterricht zu erteilen, in der Muttersprache der Kinder oder in deutsch? 1907, RMG 2.620; Denkschrift des Ausschusses der deutschen evangelischen Missionsgesellschaften betreffend das Missionsschulwesen, insbesondere den Unterricht in fremden Sprachen in den Missionsschulen. An die Kolonialabteilung des Auswärtigen Amtes in Berlin, 1897, RMG 1.097; Karl Wandres, Welche Aufgaben stellt die Neuzeit an unsere Missionsarbeit, 1912, RMG 2.628.
31 Vgl. Warneck, Evangelische Missionslehre, 3. Abt., 2. Hälfte, 50.
32 Vgl. Apostelgeschichte 2, 1-47; zudem A. Schreiber, In welcher Sprache predigen unsere Missionare, in: Monatsberichte der Rheinischen Missionsgesellschaft 6, 1884, 164-169.
33 Bis Ende des 19. Jahrhunderts wurde an manchen Schulen mit Dolmetschern unterrichtet oder die Missionare wichen auf Holländisch bzw. Afrikaans aus (vgl. Johannes Spieker, Zu Schulen in SWA, in: Der kleine Missionsfreund 10, 1906, 149-160; August Schreiber, In welcher Sprache predigen unsere Missionare, in: Monatsberichte der Rheinischen Missionsgesellschaft, 1884, 164-170).

Missionare – stand im Gegensatz zur Missionsabsicht. Anders sah dies für Gemeinden ehemaliger Sklaven in Südafrika aus, bei denen Holländisch bzw. Afrikaans Predigt- und Unterrichtssprache war. Hier sollten über die Bekehrung des Einzelnen neue verbindende Gemeinschaften entstehen. Später, unter der südafrikanischen (Mandats-)Regierung unterrichtete die RMG in ihren Schulen – im Gegensatz zur katholischen Mission – Afrikaans. Sie sah in dieser Sprache eine mögliche Lingua Franca für das südliche Afrika. Allerdings führten Forderungen der afrikanischen Bevölkerung unter dem Druck der Konkurrenz zur katholischen Mission dazu, dass die RMG zumindest an ihrer Ausbildungsstätte zusätzlich Englischunterricht anbot.

Den Ausbau des Stundenplans machten praktische bzw. religiös motivierte Gründe notwendig. So waren die Kenntnis europäischer Maße, Gewichte und des Zahlensystems für die landwirtschaftliche, handwerkliche und ökonomische Ausbildung nach europäischem Standard notwendig. Kenntnisse der Weltgeschichte wurden unerlässlich, um biblische Geschichten verständlich zu machen. Der Natur- und Sachunterricht zielte darauf, traditionelle Glaubens- und Vorstellungswelten zu widerlegen und die Aufnahme der christlichen Ideologie vorzubereiten. Auch die jeweiligen Regierungen nahmen Einfluss auf das Bildungssystem im Allgemeinen und den Stundenplan im Speziellen. Die RMG kam diesen Forderungen nach, solange diese mit den eigenen Erziehungsabsichten nicht im Widerspruch standen. Sie tat dies, weil ihre finanzielle Lage prekär war, weil sie ihren Einfluss nicht an die katholische Konkurrenz verlieren wollte und weil sie bemüht war, „weiße" Siedler nicht gegen sich aufzubringen.

Verschiedene Ausbildungsmöglichkeiten

Ziel der Mission war, selbständige Missionskirchen aufzubauen. Dazu benötigte sie afrikanische Mitarbeiter, die irgendwann die Position des Missionars übernehmen sollten. Die Missionare waren deshalb von Beginn an bemüht, einige besonders talentierte Schüler zu „Gehülfen" auszubilden. Obwohl diese Ausbildung eigentlich exklusiv den männlichen Gemeindemitgliedern vorbehalten war, belegen Berichte der RMG, dass zahlreiche afrikanische Frauen und Mädchen in den Gemeinden als Übersetzerinnen und Lehrerinnen tätig waren. So wurde zum Beispiel Kambuaruma Kazahendike in Stellenbosch zur Lehrerin ausgebildet und leitete anschließend die Mädchenschule in Otjimbingue.[34] Eingeborene Christenfrauen gegen Bezahlung in den Gemeinden anzustellen, lehnte die Missionarskonferenz allerdings auch 1913 noch ab.[35]

Anders als der Begriff Gehilfe zunächst nahe legt, übten diese nicht nur Hilfstätigkeiten im Dienste des Missionars aus, sondern arbeiteten insbesondere in der Anfangszeit weitgehend selbständig. Sie waren wesentlich an Übersetzungsprojekten beteiligt und trugen einen beträchtlichen Teil der Aufbauarbeit mit, indem sie Nebenstationen errichteten und verwalteten. Daniel Cloete (1830-1894) etwa hielt die Arbeit in der Hereromission während

---

34 1899 war in Südafrika laut Missionsbericht der Großteil der afrikanischen Lehrkräfte weiblich (vgl. u.a. R. Wegner, Die Mitarbeit eingeborener Gehilfen in der rheinischen Mission, in: Monatsberichte der Rheinischen Missionsgesellschaft 2, 1899, 35-49, 38; Johannes Hahn, Schulbericht von Johannes Hahn, in: Monatsberichte der Rheinischen Missionsgesellschaft 2, 1871, 58; Trüper, The invisible women).
35 Protokoll der Missionskonferenz 1913, RMG 2.618, Missionarskonferenzen im Hereroland: Protokolle, 1913-1920.

Carl Hugo Hahns Abwesenheit 1860-63 aufrecht.[36] Eine umfassende Kontrolle der Gehilfen wäre den Missionaren aufgrund mangelnder Sprachkenntnis gar nicht möglich gewesen.

Obwohl die Gehilfen so wichtig waren, gab es für deren Ausbildung zunächst kein allgemein gültiges Konzept. Drei verschiedene Wege nutzte die RMG im Laufe der Zeit: In der Anfangsphase der Mission wurden ausgewählte Afrikaner zur Ausbildung nach Europa geschickt. Nicht nur eine gleichrangige Ausbildung wie den Missionaren, sondern weit höhere Bildungsmöglichkeiten standen ihnen dort offen. 1844 hielten sich einige Afrikaner zur Ausbildung in Barmen auf.

> „Für den Unterricht der afrikanischen Brüder mußte noch besonders gesorgt werden, denn vier derselben wollten, nachdem sie im Missionshause die nöthige Vorbereitung empfangen hatten, eine Universität beziehen, um als ordinirte Prediger in ihre Heimath zurückkehren zu können."[37]

In Einzelfällen haben die Missionare auch Ende des 19. Jahrhunderts solche Weiterbildung für ausgewählte Schüler diskutiert.[38] Als Grund für die Abkehr davon führte die RMG neben der hohen finanziellen Belastung vor allem an, die Schüler würden durch eine westliche Ausbildung von ihrem Volke zu entfremdet. Allerdings spielte auch die Furcht vor zu großer Selbständigkeit eine nicht unwesentliche Rolle. Für die Jahrhundertwende lässt sich ein deutlicher Anstieg paternalistischer Verhaltensweisen unter den Missionaren erkennen.

Weit mehr verbreitet war, dass die Schüler zur Ausbildung in den Missionarshaushalt aufgenommen wurden. Erst später wurden Ausbildungsstätten – 1842 in Steinkopf und 1866 das so genannte Augustineum in Otjimbingue – errichtet. Neben theologischer Bildung verfolgten die Missionare auch hier die sittlich-moralische Erziehung auf Grundlage des christlich-europäischen Verständnisses. Innere Werte stellten bei der Auswahl das Hauptkriterium dar. Dieses Ausbildungssystem richtete sich ausschließlich an afrikanische Jungen, aber es ist dokumentiert, dass Missionar Johann Friedrich Budler (1816-1873) die beiden Söhne der Missionare Johann Georg Schröder (RMG) und Michael Wimmer (Londoner Missionsgesellschaft) ausbildete.[39] Während andere Missionsgesellschaften bestrebt waren, nach christlichen Grundsätzen ausgebildete Afrikaner in verschiedenen Berufen und Verwaltungsebenen unterzubringen, um den christlichen Einfluss auf die Entwicklung des Landes zu gewährleisten, war die RMG bemüht, die von ihr ausgebildeten Schüler im Dienste der Mission und auf den Missionsstationen zu halten. Nachdem einige nach der

---

36 Freerk Meyer, Eine Charakteristik unserer Ovaherero-mission, oJ, RMG 2.613, Missionarskonferenzen im Hereroland: Protokolle, 1885-1892.

37 Jahresberichte der Rheinischen Missionsgesellschaft 18, 1847, 5; Vedder berichtet von einem späteren Schulgehilfen, der in England ausgebildet und unter den Wesleyanern getauft wurde (vgl. Heinrich Vedder, Das alte Südwestafrika, Berlin 1934, 325).

38 Der Schwager von Missionar Schmelen, Johannes Bam, erhielt im Seminar in Barmen eine missionarische Ausbildung und wurde 1874 in die Kapkolonie ausgesandt (vgl. Jahresberichte der Rheinischen Missionsgesellschaft 45, 1874; Gustav Menzel, Die Rheinische Mission, Wuppertal 1978, 168-170). Weitere Diskussion um die Weiterbildung einiger Schüler vgl. Konferenzprotokoll 1880, 36f, RMG 2.612, Missionarskonferenzen im Hereroland: Protokolle, 1878-1882.

39 Vgl. Johann Friedrich Budler, Das Katecheten=Seminar in KleinNamaqualand, in: Barmer Missionsblatt 6, 1851, 3, 5.

Ausbildung in missionsfremde Arbeitsverhältnisse wechselten, wurden die Gehilfen mit der Ausbildung zu mehrjährigem Missionsdienst verpflichtet.[40]

Dass die Qualität der Missionsschulen nicht die oberste Priorität bei der Ausbildung einnahm, belegt die Tatsache, dass jegliche pädagogischen Lehrinhalte fehlten. Vielmehr wurde die Lehrtätigkeit als Bewährungszeit gesehen. Die Möglichkeit, zum angesehen Prediger aufsteigen zu können, sollte den Gehilfen als Anreiz zu vorbildlichem Verhalten dienen. Ausgebildet nach den Grundsätzen der Mission sollten die Gehilfen als christliche Elite eine Vorbild- und Leitfunktion in den Gemeinden übernehmen. Diese Überlegungen folgten pietistischen Idealvorstellungen einer christlichen Dorfstruktur, in der neben Eltern Lehrer und Pfarrer die maßgeblichen Autoritäten darstellen. Die RMG bildete auf diese Weise die nach ihren Vorstellungen nötigen Stützen einer christlichen Gemeinschaft aus. Damit forderten die Missionare traditionelle Autoritätsvorstellungen heraus, schufen neue Wege des sozialen Aufstiegs und setzten neue Definitionskriterien für Autorität. So war es beispielsweise unter den Nama älteren Leuten vorbehalten, öffentlich zu sprechen. Das wurde für jüngere Gehilfen zum Problem. Traditionelle Machdefinitionen zu überwinden, war deshalb eine wichtige Aufgabe des Missionars, dessen Ziel es sein sollte, die „zukünftigen Gehilfen in der Gemeinde in Ansehen zu bringen."[41]

1855 wurde mit Johannes Bam (gest. 1856) der erste afrikanische Gehilfe im Missionsgebiet der RMG ordiniert.[42] Mit der Zeit verloren die Missionare allerdings ihr Ziel, eigenständige christliche Gemeinden anzustreben, aus dem Blick.[43] Anstatt die Eigenständigkeit der Gehilfen zu fördern, intensivierten sie ihre eigene Kontrollfunktion. Besprechungen mit den Gehilfen des Hererogebiets wurden beispielsweise erst 1892 zu einem festen Bestandteil der Missionarskonferenzen, wobei diese weit davon entfernt waren, gleich- oder stimmberechtigt an diesen Zusammenkünften mitzuwirken.[44] Konfrontiert mit den unvorhergesehenen Auswirkungen ihres Erziehungs- und Bildungskonzepts versuchten die Missionare gegenzusteuern. Sie bemühten sich darum, das Emanzipationsbedürfnis der als Kinder bezeichneten Afrikaner, soweit es nicht in ihrem Interesse stand, niedrig zu halten und Selbständigkeitsbewegungen in die – nach missionarischer Ansicht – „rechten Bahnen"[45] zu lenken. Dies betraf die Selbständigkeitsbestrebungen innerhalb christlicher Gemeinden wie auch jegliches politische Engagement, welches sie klar verurteilten. Im

---

40 Vgl. Instruction für die Lehrer bei Ihrer Entlassung aus dem Augustineum. Ca. 1877, RMG 2.611. – In der Ovambomission wurde zu Beginn des 20. Jahrhunderts der Gehalt der Lehrer erhöht, um sie davon abzuhalten in andere Arbeitsverhältnisse zu wechseln (vgl. Konferenzprotokoll 1907, 154, RMG 2.629, Missionskonferenzen im Ovamboland: Protokolle, 1897-1914; siehe hierzu auch Eggert, Missionsschule und sozialer Wandel, 163).
41 Christian Spellmeyer, Welche Methoden und welches Ziel muessen wir verfolgen bei der Erziehung unserer eingeborenen Gehilfen? Oder warum, wie und wozu ich mir eingeborene Gehilfen herangezogen habe, 1928, 58-67, RMG 2.628.
42 Er nahm an Konferenzen gleichberechtigt teil und konnte seine Kinder, wie andere Missionare, zur Ausbildung nach Deutschland schicken. Als erster südafrikanischer Evangelist wurde 1893 Johannes Friedrich Hein (1826-1902) ordiniert (vgl. Menzel, Die Rheinische Mission,168ff).
43 Erst 1935 wurde wieder ein afrikanischer Evangelist ordiniert.
44 Konferenzprotokoll 5.-13. Juni 1892, 58-66, RMG 2.613. – Ausnahmen waren u.a. Daniele Cloete und Johannes Bam, diese nahmen schon zuvor bei den Konferenzen teil.
45 Protokoll der Lehrerkonferenz, 1926, 4, RMG 2.644, Lehrerkonferenz für einheimische Lehrer d. Namalandes: Protokoll, 1926.

Sinne der lutherischen Zwei-Reiche-Lehre erwarteten sie die Akzeptanz der weltlichen Herrschaft. „Aber er [Gehilfe] liest nur, was ich ihm zusende oder empfehle. Er liest keine Zeitungen und interessiert sich nicht für Politik; das ist für seine Weiterentwicklung ausschlaggebend gewesen und hat ihn bewahrt vor geistiger Vergiftung."[46] Destruktiv wirkte sich die unter den Missionaren verbreitete Suche nach dem vollkommen Christen auf den Aufbau selbständiger Gemeinden im Missionsfeld des südlichen Afrikas aus. Negative Folgen für die Selbständigkeitswerdung der Gemeiden hatte auch, dass sich die Missionare aus Angst, dem eigenen Ansehen zu schaden, weigerten, Arbeitsfelder an afrikanische Mitarbeiter abzugeben.[47] Dabei spielte auch die ungewisse eigene Zukunft bei Selbständigwerdung der Missionsgemeinden eine Rolle. In den 1880er Jahren war angeführt worden, die Abhängigkeit von „Häuptlingen", Eltern und Verwandten oder gar der „Besitzehe" mache es schwierig, Freiwillige für das Amt des Evangelisten zu finden. Ab der Jahrhundertwende dagegen kritisierten die Missionare vor allem die Unzuverlässigkeit und fehlende Qualifikation der von ihnen selbst ausgebildeten und schlecht bezahlten Mitarbeitern.[48] Die Tatsache, dass die RMG im Gegensatz zur Finnischen und Berliner Mission Ende der 1920er Jahre keine ordinierten afrikanischen Pastoren vorweisen konnte, war nur eine Konsequenz dieser von Paternalismus und Superioritätsvorstellungen geprägten Haltung.[49]

Um eine landwirtschaftlich-handwerkliche Produktionsweise – die als ökonomische Basis der pietistischen Dorfutopie vorgesehen war – zu implementieren, waren die Missionare von Beginn an bemüht, entsprechendes Wissen zu vermitteln. Nicht zuletzt alltägliche – europäische – Bedürfnissen förderten handwerkliche und landwirtschaftliche Ausbildung.[50] Dass Feldarbeit nötig war, um die Nahrungsmittelversorgung auf den Missionsstationen zu gewährleisten, wurde schon erwähnt. Auch für den Kirchen- oder Schulbau brauchten die Missionare entsprechend ausgebildete Mitarbeiter. Mit wachsender Zahl „weißer" Siedler in Südwestafrika wurde eine allgemeine Ausbildung in verschiedenen Handfertigkeiten besonders betont, denn so konnten die Afrikaner zwar in verschiedenen handwerklichen Bereichen arbeiten, nicht aber zur Konkurrenz „weißer" Handwerker werden.[51] Einerseits ermöglichten die gelehrten Fertigkeiten den Afrikanern, aus traditionellen Lebensvorstellungen auszubrechen und am entstehenden Wirtschafts- und Industriesystem zu partizipieren. Andererseits boten sie deutschen Siedlern fähige Hilfskräfte und stützten damit das koloniale Wirtschaftssystem. Die Missionare vermittelten diese handwerklichen Fähigkeiten allerdings primär, um die Entstehung autonomer afrikanischer Gemeinden zu fördern,

---

46 Spellmeyer, Welche Methoden, 64, RMG 2.628.
47 Christian Kühhirt, Vor welchen Gefahren in seinem Berufs- und Privatleben hat sich der Missionar in deutsch Südwestafrika besonders zu hueten und wie kann er denselben vorbeugen? 1914, 14, RMG 2.628.
48 U.a. Jakob Irle, Die Evangelisten Arbeit; Konferenzprotokoll Juni 1888, 8, 10, RMG 2.613.
49 Kritik äußert hierzu der Missionsinspektor Drießler (Heinrich Drießler, Die Gehilfenschule in Südwest, in: Monatsberichte der Rheinischen Missionsgesellschaft 4, 1929, 109-114).
50 Vgl. Lau, Carl Hugo Hahn. Tagebücher, 962; Kurt Nowack, Aus dem Erziehungshaus für halbweiße Kinder (Augustineum) in Okahandja in Deutsch-Süd-west-Afrika, in: Monatsberichte der Rheinischen Missionsgesellschaft 11, 1911, 252f.
51 Mit dem Eigenbedarf der Mission begründete Karl Friedrich Wandres 1910 der Notwendigkeit der Eröffnung einer Schreinerei (RMG 2.617, 218).

nicht um die Afrikaner in das Wirtschaftssystem einzubinden. Ihre Farmen verstanden sie als Möglichkeit die afrikanische Bevölkerung vor unchristlichen europäischen Händlern und deren negativen Einflüssen und Gefahren – wie sexuellen Übergriffen – zu schützen.[52] Auch im südafrikanischen Missionsgebiet gründeten sie Missionsfarmen, so genannte Institute, als „Rettungs- und Besserungsanstalt[en]".[53] Das Bedürfnis nach solchen Farmen ergab sich dort zunächst durch das Ende der Sklaverei und aus der Absicht heraus, den Menschen neue Lebensperspektiven zu geben. Diese waren explizit unabhängig von „weißen" Siedlern konzipiert und boten Möglichkeiten zur Selbstversorgung für Afrikaner unter christlichen Vorzeichen.[54] Symbolisch für das gemeinsame und doch getrennte Leben zwischen Afrikanern und Europäern steht die Ausbildung der Kinder von Otjimbingue: Sie wurden alle von Missionar Friedrich Bernsmann (1845-1920), aber nach Herkunft getrennt unterrichtet.[55]

Auch wenn die Missionare mit ihrem Erziehungs- und Bildungskonzept zunächst kein gemeinsames öffentliches Leben anstrebten, vermittelten sie doch Fähigkeiten und Wissen, was der afrikanischen Bevölkerung half, auch außerhalb christlicher Gemeinden einen Platz in der kolonialen Gesellschaft zu finden. So fanden jene mit Kenntnissen im Lesen und Schreiben als Beamte, Regierungsdiener, als Übersetzer in der Armee, bei der Polizei oder in anderen Geschäftsnischen eine Arbeit.[56]

---

52 Siehe hierzu Wolfram Hartmann, Sexual encounters and their implications on an open and closing frontier. Unveröffentlichte Dissertation, New York 2002, 42ff, 132ff; sowie RMG 2.615, Bericht des Missionars Meyer 1904.
53 N.N, Südafrika-Mission, in: Monatsberichte 16, 1845, 51.
54 Vgl. Elfriede Strassberger, The Rhenish Mission Society in South Africa 1830-1950, Cape Town 1969, 45ff; Alfred Bonn, Die Rheinische Mission draußen. Eine Einführung in ihr Werden und Wirken, Barmen 1917, 56.
55 Vgl. Melber, Schule und Kolonialismus, 8.
56 Vgl. Cohen, The natives must first become good workmen, 123.

Zwischen Vision und Kompromiss

Die Arbeit der Herrnhuter und der Hermannsburger Mission
in Missions- und Siedlergemeinden im kolonialen Südafrika[1]

Christian Hohmann

Einleitung

Vision Mission, so lautet der Titel der Zeitschrift des Missionsseminars des Evangelisch-Lutherischen Missionswerks in Niedersachsen, Hermannsburg. Im folgenden Beitrag soll es darum gehen, die missionarisch-ekklesiologischen Visionen der Herrnhuter (HHM) und der Hermannsburger Mission (HM) in ihren Grundzügen aufzuzeigen, ihre Missionsarbeit im kolonialen Südafrika anhand von Beispielen in den Blick zu nehmen und schließlich die Gründung von Missions- und Siedlergemeinden unter Berücksichtigung kolonialer und gesellschaftspolitischer Rahmenbedingungen zu betrachten. In einem ersten Schritt werden hierzu die Missionsverständnisse beider Missionsgesellschaften in Grundzügen vorgestellt. In einem zweiten Schritt wird das Augenmerk auf die Missionspraxis vor Ort gelegt. Dabei steht das Verhältnis von Missions- und Siedlergemeinden im Vordergrund. In einem dritten Schritt folgt eine zusammenfassende Kritik.

Vision Mission: Zum missionarisch-theologischen Grundverständnis der Herrnhuter und der Hermannsburger Mission

Grundzüge des Missionskonzeptes der Herrnhuter Mission

Die Herrnhuter Brüdergemeinde[2] hat sich seit 1732 durch missionarische Arbeit in unterschiedlichen Teilen der Welt verbreitet. Hierzu gehören Regionen wie Grönland, Nord- und Südamerika, die Karibik sowie Ost- und Südafrika, in denen bis heute ihre Gemeinden bestehen.

Glauben über konfessionelle Grenzen hinaus war ein zentraler Ansatzpunkt des am 26. Mai 1700 in Dresden geborenen späteren Begründers von Herrnhut und der Herrnhuter Brüdergemeine, Nikolaus Ludwig Graf von Zinzendorf. Nach dem Tod seines Vaters und der Neuheirat seiner Mutter wuchs er weitestgehend bei seiner Großmutter auf. Ihren Einfluss beschreibt er als prägend für seine spätere ökumenische Offenheit und charakterisiert

---

[1] Dieser Beitrag basiert auf meiner Dissertation: Auf getrennten Wegen. Lutherische Missions- und Siedlergemeinden in Südafrika im Spannungsfeld der Rassentrennung (1652–1910), Studien zur Außereuropäischen Christentumsgeschichte 16, Wiesbaden 2011, aus der einige Abschnitte, teilweise in überarbeiteter Form, übernommen worden sind.

[2] Innerhalb der HHM ist heute der Begriff Gemeinde statt Gemeine der übliche Terminus.

durch eine „an keine Grenzen gebundene Welt des Geistes"[3] und durch eine „glückliche […] Verbindung Spenerscher Herzensfrömmigkeit mit einem gesunden Luthertum."[4]

Von Zinzendorfs Theologie ebenso wie sein Handeln zeigen eine große ökumenische Weite: angefangen von seinen Versuchen während der Studienzeit, Halleschen Pietismus und Wittenberger Orthodoxie als unterschiedliche Ausdrucksformen des einen Glaubens zu würdigen, über die Mediationen und Interventionen für die mährischen Glaubensflüchtlinge in der Siedlung Herrnhut bis hin zu seinen theologischen Werken und Impulsen. Dabei stellte für von Zinzendorf der Kreuzestod Christi für alle Christen das global verbindende und entgrenzende Element der Heilsgeschichte dar. Die gelebte Vielfalt konfessioneller und individueller Glaubensformen und -zugänge charakterisierten dabei die Brüdergemeinen von Anfang an[5], ebenso wie das Bemühen um ein Priestertum aller Gläubigen und partizipatorische Entscheidungsstrukturen in den Gemeinden. Brüdergemeinden etablierten sich in Europa und weltweit, vor allem durch das Engagement der Herrnhuter im Rahmen einer ersten weltweit angelegten protestantischen Missionsarbeit. Gleichzeitig gelten die Herrnhuter als erste Mission, die das Wohl von Sklavinnen und Sklaven im Blick hatte[6] und deren Missionare zunächst Laien waren.

Das der Missionsarbeit zugrunde liegende Kirchen- und Missionsverständnis[7] von Nikolaus Ludwig von Zinzendorf wurde unter anderem beeinflusst vom lutherischen Pietismus sowie der Theologie und Ekklesiologie Martin Luthers[8]. Das Ziel des Pietismus, nämlich eine „Reform der Kirche durch Erweckung des Einzelnen und Förderung der Gemeinschaft erweckter Gruppen"[9], spiegelt sich bei von Zinzendorf wieder, wenn er die Bekehrung Einzelner, im Unterschied zur so genannten „Völker-" oder „Kolonialmission", als Missionsziel formuliert.[10] Zinzendorf wollte in diesem Zusammenhang die

---

3 Siegfried Bayer, Nikolaus Ludwig Graf von Zinzendorf. Ein echter Ökumeniker im 18. Jahrhundert, in: Ökumenische Profile. Brückenbauer der einen Kirche, hg. von Günter Gloede und 30 Mitarbeitern, mit 34 Bildern und 6 Zeichnungen, Stuttgart 1961, 120.

4 Ibid.

5 „Die Brüdergemeine sollte eine interkonfessionelle Bewegung sein, in der sich Lutheraner, Reformierte, Anglikaner, aber auch der Kirche Entfremdete ohne Aufgabe ihrer konfessionellen Positionen um den Grund alles Glaubens, den gekreuzigten, auferstandenen und wiederkommenden Heiland der Welt, scharen würden", so Helmut Bintz (Helmut Bintz, Nikolaus Ludwig Graf von Zinzendorf. Dichter der christlichen Gemeinde, Stuttgart 1979, 35).

6 Allerdings standen sie der damaligen Sklavenbefreiung sehr kritisch bis ablehnend gegenüber (vgl. Karl Müller, 200 Jahre Brüdermission, 1. Band: Das erste Missionsjahrhundert, Herrnhut 1931, 334f).

7 Vgl. Nikolaus Ludwig von Zinzendorf: Texte zur Mission, mit einer Einführung in die Missionstheologie Zinzendorfs, hg. von Helmut Bintz, Hamburg 1979. – Nach Bintz hat von Zinzendorf keinen zusammenhängenden systematischen Entwurf seiner Missionstheologie vorgelegt, sondern in zumeist „spontan gehaltenen Ansprachen" (ibid., 5), in Briefen und entsprechenden Missionsinstruktionen sein missionstheologisches Anliegen entfaltet und weiterentwickelt im Rahmen seiner Theologie sowie „im Kontakt mit der Praxis der missionierenden Gemeinde" (ibid., 21).

8 Vgl. Bintz, Dichter der christlichen Gemeinde, 26. – Ausgehend von Luther hat von Zinzendorf seine Missionspraxis eigenständig weiter entwickelt (vgl. Gerhard Gloege, Zinzendorf und das Luthertum, in: Ders., Verkündigung und Verantwortung. Theologische Traktate, 2. Bd., Göttingen 1967, 62ff; Georg Haccius, Hannoversche Missionsgeschichte. Erster Teil: Von der Pflanzung der christlichen Kirche in Friesland und Sachsen bis zur Entstehung der Hermannsburger Mission, Hermannsburg 1905, 108).

9 Helmut Bintz, Triebkräfte und Ziele der Brüdermission bei Zinzendorf und ihre Bedeutung für uns, in: Unitas Fratrum 12/1982, 4.

10 Ibid., 8.

konfessionellen Trennungen Europas nicht auf die Missionsfelder transferieren, sondern eine überkonfessionelle Gemeinde aus bekehrten Einzelnen gründen.[11]

Hierbei verfolgte er die Vorstellung, aus den verschiedenen Völkern „Erstlinge" beziehungsweise „Seelen" zu gewinnen[12], die bereits durch das Wirken des Heiligen Geistes für den Glauben an Christus vordisponiert waren und nun der missionarischen Verkündigung bedurften, „um zum Glauben zu kommen"[13]. Dabei ist mit David J. Bosch festzuhalten:

> „Mission was, for him, not an activity of the church, but of Christ himself, through the Spirit [...]. It was not the church (*ecclesia*) that was bearer of mission, but the small, revived community inside the church, the *ecclesiola in ecclesiae*. [...] The church was not the bearer of mission; neither was it the goal."[14]

Kirche ist für von Zinzendorf die „Gemeinde Jesu", das heißt die Gemeinschaft aller, die an Jesus Christus als ihren gekreuzigten Heiland glauben und mit ihm sowie untereinander verbunden sind.[15] Diese Gemeinde, sozusagen als irdische Sozialgestalt Gottes, konstituiert sich nicht selbst, sondern wird durch das Wirken Jesu Christi begründet.[16] Deshalb sollten die Missionare den gekreuzigten Jesus verkündigen, ohne erzieherische, ethische oder moralische Absichten. Sie sollten keinen Bekehrungszwang ausüben, da es allein von Gottes Gnade abhinge, ob sich die Einzelnen bekehren ließen oder nicht.[17]

Die einzelnen neu gewonnenen Gläubigen sollten dann in kleinen Gemeinden in Form von geschlossenen Siedlungen zusammengefasst werden, um hier ohne bewusstes Hineinwirken in die südafrikanische Öffentlichkeit und ohne politisches Agieren sowie unter der Respektierung von Polizei und Obrigkeit im Stillen tätig zu sein.[18] Dabei spielte das Idealbild der urchristlichen Gemeinde, in dem die Grenzen von Ethnizität, sozialer Zugehörigkeit und materiellem Besitz zumindest ansatzweise nivelliert sind, für von Zinzendorf eine besondere Rolle. Die Gründung solcher Siedlungen, die als überkonfessionell intendiert waren, erfolgte entweder auf gekauftem Land oder auf Land, das den Herrnhuter Missionaren von der Kolonialregierung überlassen oder für ihre Arbeit reserviert worden war. Zin-

---

11 Vgl. Hans-W. Gensichen, Missionsgeschichte der neueren Zeit. Die Kirche in ihrer Geschichte, ein Handbuch, hg. von Kurt D. Schmid und Ernst Wolf, Bd. 4, Lieferung T, Göttingen 1961, 19.
12 Für von Zinzendorf hat dieser missionarische Sendungsauftrag eine globale Perspektive und darf nicht exklusiv missverstanden werden (vgl. seine Rede über Matthäus 13, 24-30, gehalten am 5. Sonntag nach Epiphanias, dem 18. Februar 1742, in der Lutherischen Kirche zu Philadelphia, abgedruckt in: Bintz, Zinzendorf: Texte zur Mission, 76).
13 Ibid., 19.
14 David J. Bosch, Transforming Mission. Paradigm Shifts in Theology of Mission, American Society of Missiology Series, No. 16, New York 1991, 253. Die Hervorhebungen im Zitat sind von D.J. Bosch.
15 Vgl. Wilhelm Oehler, Geschichte der Deutschen Evangelischen Mission, Bd. 1: Frühzeit und Blüte der deutschen evangelischen Mission 1706–1885, Baden-Baden 1949, 80f. Ausführlicher entfaltet Peter Vogt den Kirchenbegriff von Zinzendorfs in seinem Aufsatz: Kirche und kirchliche Einheit bei Zinzendorf, TMDK, Heft Nr. 23, Europa-Ausgabe, Mai 2001, 6-13.
16 Vgl. Gloege, Zinzendorf und das Luthertum, 58.
17 Vgl. Bintz, Triebkräfte und Ziele, 5f; und Dietrich Meyer, Zinzendorf und die Herrnhuter Brüdergemeine: 1700–2000, Göttingen 2000, 78.
18 Vgl. Martin Schüz, Die Funktion der Herrnhuter Mission im Vergleich mit anderen Missionen in Südafrika, in: Unitas Fratrum 31/1992, 49. Diese Grundhaltung bedeutete aber im Sinne von Zinzendorfs keine „falsche Rücksichtnahme auf staatliche Empfindlichkeiten" (Müller, 200 Jahre Brüdermission, 336).

zendorf ging es dabei weder darum, das Herrnhuter Modell auf das Missionsgebiet einfach zu übertragen,[19] noch die Herrnhuter Brüdergemeine auszuweiten, sondern „to build the Kingdom of God."[20]

Das Ziel der Einzelmission blieb für von Zinzendorf Zeit seines Lebens vorherrschend, auch wenn sich für ihn selbst immer offensichtlicher zeigte, dass in den verschiedenen Regionen, in denen die HHM tätig war, erheblich mehr Menschen in „Stammes"-Verbänden als nur als einzelne Personen für den Glauben gewonnen werden konnten. Aber die Völkerbekehrung in nationaler oder globaler Perspektive hatte für ihn einen eher endzeitlichen Charakter: „Bis dahin ist des Heilands zeitliche Methode die allerbeste."[21]

Grundzüge des Missionskonzeptes der Hermannsburger Mission
Mit dem Kauf eines Bauernhauses als Missionshaus[22], in dem sein Bruder, Theodor Harms, junge Männer auf den Missionsdienst vorbereiten sollte, begann am 12. Oktober 1849 Ludwig Harms[23] in dem kleinen niedersächsischen Ort Hermannsburg die Arbeit der Hermannsburger Missionsanstalt. Seine Missionspredigten ließen eine von Erweckungsbewegung und Pietismus geprägte Frömmigkeit *und* Theologie erkennen, verbunden mit einem klaren konfessionell-lutherischen Profil.[24]

Ein Jahr nach Gründung seiner Missionsanstalt versuchte Ludwig Harms, sein Missionsunternehmen mit der Landeskirche von Hannover organisch zu verbinden. Das Kirchenamt in Hannover betrachtete jedoch die missionarische Arbeit in Hermannsburg als das private Unternehmen von Harms.[25] Für Harms bedeutete diese Reaktion einen herben

---

19 Vgl. Sigurd Nielsen, The twin blossom of the pear tree bears fruit. The History of the Moravian Church Eastern Province in South Africa, Port Shepstone 1999, 24; Anders konstatiert Schüz: „Das Ziel war die Heranbildung und Formung einer idealen christlichen Gemeinde nach dem Vorbild Herrnhuts in der Oberlausitz" (Schüz, Die Funktion der Herrnhuter Mission, 50).
20 Nielsen, The twin blossom, 25.
21 Zinzendorf in seiner Rede vom Grund-Plane unserer Heidenmissionen, Himmelfahrtstag, 19. Mai 1746, in: Bintz, Zinzendorf: Texte zur Mission, 99. Hierzu erläuterte von Zinzendorf in derselbe Rede: „Wir sollen uns nicht mit Kirchenmachen übereilen unter den Heiden, mit Gemeinenstiften, sondern wir sollen in der Heidensache des Heilands Methode observieren, der hatte fünfhundert Brüder, die auf einmal zusammenkommen konnten, wenigstens ist er ihnen zugleich erschienen; [...] man hat ihn aber selten weiter gesehen als unter seinen siebenzig Jüngern" (ders., Rede vom Grund-Plane, ibid., 97f).
22 Vgl. dazu Georg Haccius, Hannoversche Missionsgeschichte, Zweiter Teil: Insbesondere die Geschichte der Hermannsburger Mission von 1849 bis zu Louis Harms' Tode, 2. verb. und vermehrte Aufl., Hermannsburg 1910, 24ff.
23 Ludwig Harms wurde geboren am 5. Mai 1808. Ausführlicher zu seinem biographischen Hintergrund und seinem Wirken als Missionar vgl. Bongani K. Zulu, From the Lüneburger Heide to Northern Zululand. A history of the encounter between the settlers, the Hermannsburg Missionaries, the Amakhosi and their people, with special reference to four mission stations in Northern Zululand (1860–1913), submitted in fulfilment of the requirements for the Degree of Master of Theology in the School of Theology, University of Natal, Pietermaritzburg, December 2002 (Mag.-Arbeit), 45-52; und die Publikation von H.O. Harms, Lebendiges Erbe. Ludwig Harms, Theodor Harms und die Hermannsburger Mission, gesammelte Beiträge, hg. von Wolfgang A. Bienert, Verkündigung und Verantwortung, Bd. 5, Hermannsburg 1980.
24 Vgl. Fritz Hasselhorn, Hermannsburger Mission in Südafrika im Spiegel des Missionsblattes, 1870–1910 (o.O. und o.J.), 5.
25 Vgl. Henry Holze, Die Hannoversche Landeskirche und die Mission in der ersten Hälfte des 19. Jahrhunderts, in: Georg Gremels (Hg.), Eschatologie und Gemeindeaufbau, Hermannsburger Missions-

Rückschlag, da es ihm ekklesiologisch wichtig war, die Sache der Mission in eine „unmittelbare Verbindung mit der Kirche"[26] zu stellen. Konzeptionell verstand er Mission gerade nicht als ein Privatunternehmen Einzelner oder eines Missionsvereins,[27] vielmehr als eine gesamtkirchliche Aufgabe und somit nicht begrenzt auf *eine* bestimmte lutherische Landeskirche als Institution,[28] sondern als eine Missionsbewegung nach innen und außen.

Nach einer dreijährigen Ausbildung wurden die ersten Missionare vom Konsistorium in Stade ordiniert, da sich Hannover aus den zuvor genannten Gründen geweigert hatte, sie zu ordinieren. Erst die Seminaristen des zweiten Jahrgangs, der 1853 begonnen hatte, erhielten ihre Ordination in der Christuskirche zu *Hannover*. Zu diesem Zeitpunkt ließ das Konsistorium seine Bereitschaft erkennen, von jetzt an die ausgebildeten Seminaristen zu prüfen und zu ordinieren.[29]

Das Missionskonzept von Ludwig Harms war in erster Linie ekklesiozentrisch orientiert.[30] Ihm zufolge sollte die christliche Kirche nicht nur in der ganzen Welt ausgebreitet werden,[31] sondern diese durchdringen, und zwar dadurch, dass die Missionare „dreierlei in die Heidenwelt hinaustragen [sollten]: ,die Herrlichkeit unseres Gottesdienstes, die reine Lehre und das reine Sakrament unserer Kirche und die Macht unseres Gesanges'."[32] Deshalb lehnte Harms das nicht nur von Zinzendorf vertretene Konzept der Einzelbekehrung ab:

„Das Christentum ist nicht nur für einzelne Seelen da; nein, die Christenheit ist der Leib Christi, und der einzelne Mensch ist nur ein Glied an diesem Leib. Deshalb ist es eine grundfalsche Lehre, die jetzt immer mehr auftaucht, als ob es dem Herrn darum zu tun sei, einzelne Menschen zu sammeln. Solch Christentum, welches es nur

---

geschichte im Umfeld lutherischer Erweckung, Beiträge aus Ludwig-Harms-Symposien, Quellen und Beiträge zur Geschichte der Hermannsburger Mission und des Ev.-Luth. Missionswerkes in Niedersachsen, Bd. XI, Hermannsburg 2004, 52f.

26 Haccius, Hannoversche Missionsgeschichte. Zweiter Teil, 103.
27 Vgl. Hartwig F. Harms, Die Bedeutung der Gemeinde für die Mission bei Wilhelm Löhe und Ludwig Harms, in: Gremels, Eschatologie und Gemeindeaufbau, 122f.
28 Darauf hingewiesen haben Grafe (Hugald Grafe, Lutherische Kirche und die Mission bei Ludwig Harms, in: Gremels, Eschatologie und Gemeindeaufbau, 93) und H.F. Harms (H.F. Harms, Die Bedeutung der Gemeinde, 124).
29 Vgl. von Lüpke, Die Hermannsburger Mission, Allgemeine Missionszeitung 4, 1877, 31-34.
30 Georg Scriba, Kirche als Ziel der Mission – Volkskirche oder Weltkirche? Dargelegt am Beispiel der Hermannsburger Mission in Südafrika, Erlangen 1974 (hektographiert), 28.
31 Wobei Hugald Grafe nachgewiesen hat, dass Ludwig Harms die Ausbreitung des Evangeliums unter allen Völkern sowohl als Voraussetzung als auch als Zeichen für den Anbruch des letztes Tages sieht und damit sein Missionsanliegen in einen deutlich eschatologischem Zusammenhang stellt (Hugald Grafe, Eschatologie und Mission bei Ludwig Harms, insbesondere aufgrund seiner Auslegung der Johannesoffenbarung, in: Gremels, Eschatologie und Gemeindeaufbau, 77ff).
32 Zitiert nach Haccius, Hannoversche Missionsgeschichte, Zweiter Teil, 217 und insgesamt dazu 215-237; zu L. Harms ekklesiologischem Missionsansatz siehe auch Wolfgang A. Bienert: Die Gemeinde als Trägerin der Mission. Lutherische Mission in Hermannsburg, in: Volker Stolle (Hg.), Kirchenmission nach lutherischem Verständnis, Vorträge zum 100jährigen Jubiläum der Lutherischen Kirchenmission (Bleckmarer Mission) (Beiträge zur Missionswissenschaft und Interkulturellen Theologie 5), Münster u. Hamburg 1993, 20-35. – Nach Grafe fehlt bislang eine grundlegende Forschungsarbeit über den Zusammenhang von Kirche, Mission und lutherischem Bekenntnis bei Ludwig Harms (Grafe, Lutherische Kirche, 91).

darauf anlegt, einzelne Seelen zu sammeln, ist samt und sonders verderbt und verfehlt das Ziel."[33]

Die Missionsarbeit der HM sollte daher von Anfang an das Ziel der Gründung von Kirchen unter den jeweiligen einheimischen Völkern verfolgen.[34]

Theologisch betont Ludwig Harms in diesem Zusammenhang die enge Verbindung von Ekklesiologie und Soteriologie. Für ihn besteht diese darin, dass Wort und Sakrament als Gnadengaben Gottes nur *in* der Kirche zu finden und ihr zur Weitergabe anvertraut sind: das heißt, die „Heiden" können nur unter der Bedingung einer vorhandenen Kirche Zugang zu den Heilsmitteln Gottes gewinnen.[35] Für Harms war dabei die lutherische Kirche gegenüber anderen christlichen Konfessionen besonders für die Missionsarbeit geeignet, weil „wir Lutheraner am reinsten und unverfälschesten die richtige Lehre und die wahren Sakramente [haben]."[36] Da Harms die „Heiden" in einem Zustand absoluter Sündenverfallenheit und Gottesferne sah[37] – eine damals nicht nur unter Missionaren verbreitete Vorstellung – war für ihn die Vermittlung der Heilsmittel durch die Kirche, deren Existenz im Wirken des Heiligen Geistes begründet liegt, unbedingt heilsnotwendig. Daher gehören für Harms Mission und Kirche wie zwei Pole einer Ellipse untrennbar zusammen.

Historisch orientierte sich Harms in der Zielsetzung seines Missionskonzepts an den mittelalterlichen Klostergründungen und der damit verbundenen Missions- und Kolonisationstätigkeit des angelsächsischen Mönchtums in Sachsen. Deshalb propagierte er das Ziel einer Kolonialmission beziehungsweise Kolonistenmission. Das entsprechende Konzept stellte er 1851 vor:

„Die ersten Zwölf sollen zusammen an einem und demselben Ort bleiben und sich ansiedeln, um durch gemeinsame Anstrengung stark genug zu sein, an den Heiden zu arbeiten und ihren Lebensunterhalt zu verdienen; da sie im Landbau und allen nötigen Handwerken geübt sind, und dazu mannsstark genug; etwa ähnlich wie es die angelsächsischen Missionare in Deutschland machten, die zugleich im Geistlichen und Leiblichen die Lehrer unserer Väter waren. Bildet sich dann um sie eine Heidengemeinde, so sollen etwa zwei oder drei bei der zurückbleiben, und die übrigen nicht hundert oder zehn, sondern 1, 2, 3 Meilen weiter ziehen und da ebenso anfangen. Und die von hier Nachrückenden haben dann gleich, wenn sie hinkommen,

---

33 Zitiert nach August Elfers, Bodenständige Volkskirche als Ziel der Heidenmission. Missionsgrundsätze bei Ludwig Harms und ihre Bedeutung für die Gegenwart, in: Erbe und Auftrag der Hermannsburger Mission. Zum 100. Todestag von Ludwig Harms, Beilage zum Hermannsburger Missionsblatt, 1965, 105. Jg., November, 19. – Demgegenüber vertritt Heinrich Voges die Ansicht, dass Harms sowohl den Aspekt der Einzelbekehrung als auch das Ziel der Kirchengründung wechselseitig aufeinander bezogen hat: „Zwar ist allen Völkern das Evangelium zu deren Heil zu verkündigen. Das geht aber über den einzelnen, der wiederum der Gemeinde, das heißt der Kirche, eingegliedert wird" (Heinrich Voges, Die Arbeit im Südlichen Afrika, in: Vision: Gemeinde weltweit. 150 Jahre Hermannsburger Mission und Ev.-luth. Missionswerk in Niedersachsen, hg. von Ernst-August Lüdemann zusammen mit einem Arbeitskreis im Ev.-luth. Missionswerk in Niedersachsen, Hermannsburg 2000, 256).
34 Nach Grafe ordnet Harms die missio ecclesia der missio Dei unter (Grafe, Lutherische Kirche, 95f).
35 Nach Bienert wurde Harms in seinem Missionskonzept von entsprechenden Einflüssen des Rostocker Theologen Johann von Hofmann bestimmt (Bienert, Die Gemeinde als Trägerin, 30).
36 L. Harms, Hermannsburger Missionsblätter (HMBl) 1857, 92.
37 Vgl. H.F. Harms, Die Bedeutung der Gemeinde, 122.

Beschäftigung und können um ihren Unterhalt arbeiten, bis sie die Sprache gelernt haben, und besetzen dann ihrerseits geeignete nahegelegene Stellen, so dass binnen kurzer Zeit ein ganzes Land mit einem Netz von Missionsstationen umzogen wird und Völker bekehrt und mit christlicher Bildung und Sitte gewappnet werden, so dass sie sich mit Erfolg des verderblichen europäischen Andranges erwehren können und nicht Opfer der Europäer werden, was bisher fast allenthalben der Fall gewesen ist. So steht es mir vor den Augen."[38]

Dieses Missionskonzept basierte auf folgenden Voraussetzungen:

1. Gemeinde (ver-)pflanzen, Christentum (er-)leben: In der Hermannsburger Gemeinde sah Ludwig Harms eine Form geschwisterlichen Zusammenlebens mit Modellcharakter. Sein Ziel war es daher, die bestehende Gemeinde in Hermannsburg mit Hilfe der Aussendung von Missionaren und Missionskolonisten in das Missionsgebiet zu verpflanzen, um dort eine neue Missionsgemeinde zu gründen, der sich die „Heidenchristen" anschließen konnten, denn nur dort, wo eine wirkliche Gemeinde existiere, könne anschaulich erfahrbar werden, was Christentum von seinem Wesen her sei.[39]

2. Kulturexport und Christianisierung: Harms ging von der Annahme aus, dass sich die einheimische Bevölkerung Afrikas in einem soziokulturellen Status befand, der dem der Vorfahren der niedersächsischen Bauern durchaus vergleichbar war: Wie vormals die „heidnischen" Sachsen erst durch ihre Berührung mit dem Christentum kultiviert worden seien, fehle den Afrikanern nicht nur der christliche Glaube, sondern auch eine entsprechende durch das Christentum vermittelte Kultur.[40] Dabei war es ihm wichtig, dass nur die von ihm als positiv befundenen Bestandteile abendländischen Kulturguts und keinesfalls dessen Säkularisierungstendenzen Eingang finden sollten in andere Kulturkreise.[41] Denn Harms sah die christliche Kultur in Europa „von der modernen Zivilisation überrollt" und wollte für diese „in Afrika eine neue Zufluchtsstätte finden"[42]. Um die christliche Kultur in

---

38 Haccius, Hannoversche Missionsgeschichte, Zweiter Teil, 222f.
39 Vgl. Fritz Hasselhorn, Bauernmission in Südafrika. Die Hermannsburger Mission im Spannungsfeld der Kolonialpolitik 1890–1939, mit einem Vorwort von Wolfram Kistner, Erlanger Monographien aus Mission und Ökumene, Bd. 6, Erlangen 1988, 31.
40 Vgl. Zulu, From the Lüneburger Heide, 55f; und Fritz Hasselhorn, Mission, Land Ownership and Settlers' Ideology, exemplified by the German Hermannsburg Mission in South Africa, S.A. Council of Churches 1987, published by: The South African Council of Churches, Johannesburg 2001, 29.
41 Vgl. Wolfgang Proske, Botswana und die Anfänge der Hermannsburger Mission. Voraussetzungen, Verlauf und Scheitern eines lutherischen Missionierungsversuches im Spannungsfeld divergierender politischer Interessen, Europäische Hochschulschriften, Reihe 3, Geschichte und ihre Hilfswissenschaften, Bd. 391, Frankfurt a.M., New York, Paris 1989, 119. – L. Harms war zudem davon überzeugt, „that only Christianity would give the African peoples a chance of succeeding in their resistance against the colonial powers, and lead to the creation of African states" (Hasselhorn, Mission, Land Ownership, 29f). Voges zufolge bestand allerdings unter den ersten Hermannsburger Missionaren in Südafrika wenig Interesse, die vorhandenen religiösen Vorstellungen der afrikanischen Bevölkerung kennen zu lernen. Bestimmt von ihrem geistlichen Auftrag, „Heiden" zum christlichen Glauben zu rufen, zögerten daher die Missionare, Harms Rat zu folgen, nämlich Elemente der afrikanischen Volkskultur, die mit dem Christentum zu vereinbaren waren, „aufzunehmen und zu entwickeln" (Voges, Die Arbeit im Südl. Afrika, 249).
42 Proske, Botswana, 119.

ihrer ursprünglichen Unversehrtheit zu erhalten, war es ihm zufolge jedoch notwendig, die „Heiden", die als „edle Wilde [...] in aller Unwissenheit eine hochstehende Ethik praktizierten",[43] „vor weltlichen europäischen Einflüssen abzuschotten."[44] Christliche Kultur könne somit in späteren Zeiten ihren Weg von Afrika zurück nach Europa finden.

3. Kolonisten und Kolonisation – antikolonial gedacht: Harms Missionskonzept basierte auf einer von Kolonisten getragenen Missionsarbeit. Kolonisation verstand Harms dabei nicht als eine der Missionierung *folgende Zivilisierung* der einheimischen Bevölkerung.[45] Denn für ihn war die Erfahrbarkeit gelebten Christentums die entscheidende Voraussetzung, um die einheimische Bevölkerung wirksam kolonisieren zu können. Diese Erfahrbarkeit ließ sich für Harms nur in der christlichen Gemeinde, bestehend aus Missionaren und Kolonisten, finden. Land, das ausgehend von Missionsstationen besiedelt und bearbeitet werden konnte, war dabei als Lebens-, Glaubens-, Arbeits- und Erziehungsraum eine zentrale Größe. Missionare und Kolonisten sollten sich hierzu am Vorbild der neutestamentlichen Urgemeinde orientieren, die Harms in der Hermannsburger Gemeinde verwirklicht sah. Deshalb forderte er von den Missionaren und Kolonisten, im Sinne von Apostelgeschichte 2 und 4, das Prinzip der Gütergemeinschaft zu praktizieren. „Harms benutzte zur Umschreibung dieser Lebensform den Ausdruck ‚quasi communia bonorum', woraus populär der Begriff ‚christlicher Kommunismus', manchmal auch; Hermannsburger Kommunismus', wurde."[46] Kolonisation, im obigen Sinne verstanden, war somit für Harms die „Voraussetzung für die Gründung einer stabilen, finanziell unabhängigen einheimischen Kirche."[47] Als „antikoloniales Unternehmen" sollte die Missionsarbeit der afrikanischen Bevölkerung gleichzeitig zu einer eigenen Staatsbildung verhelfen: So wie die Sachsen während der Bedrohung durch die Franken und Sklaven im 8. und 9. Jahrhunderts durch die Arbeit der Sachsenmissionare ein Jahrhundert später in der Lage waren, ein eigenes Königtum zu bilden, so sollten die afrikanischen Völker mit Hilfe der Missionare „sich mit Erfolg des verderblichen europäischen Andrangs erwehren können"[48] und ein eigenes Staatswesen bilden.

Die genannten Voraussetzungen hatten für Ludwig Harms die folgenden (praktisch-) theologischen Konsequenzen:

---

43 Hasselhorn, Bauernmission, 30.
44 Proske, Botswana, 119.
45 Eine Vorstellung, die zum Beispiel A. Elfers erkennen lässt, wenn er schreibt: „Durch Kolonisation müssen die Heiden aus ihrem rohen Naturzustande ins christliche, gebildete Leben eingeführt werden, soll anders das Christentum um sich greifen, das Volk ergreifen und bleibend werden" (Elfers, Bodenständige Volkskirche, 20).
46 Proske, Botswana, 119f.
47 Diese Selbständigkeit als Kirche wurde später von G. Haccius als „Selbst-Erhaltung", „Selbst-Ausbreitung" und „Selbst-Verwaltung" interpretiert (vgl. Hasselhorn, Hermannsburger Mission in Südafrika, 45).
48 Theodor Wangemann, Dritter Aufsatz: Die dritte Eroberung Südafrika's. Übersicht über die Arbeiten der sämtlichen in Südafrika arbeitenden 14 evangelischen Missionsgesellschaften, sowie über die durch diese Arbeiten erzielten Früchte, in: ders., Südafrika und seine Bewohner nach den Beziehungen der Geschichte, Geographie, Ethnologie, Staaten- und Kirchen-Bildung, Mission und des Racen-Kampfes in Umrissen gezeichnet und mit vielen Abb. versehen, Berlin 1881, 18.

1. Mission und Volkskirche: Die als Ziel der Missionsarbeit zu gründende Kirche definierte er von Anfang an als *Volkskirche*: Zwar vertrat er das globale Ziel der Weltmission. Dieses Ziel ließ sich für ihn aber nur in der konkreten Gestalt und Gründung von Kirchen unter den einzelnen Völkern realisieren, da er in der Existenz verschiedener Völker, Sprachen und Kulturen einen Ausdruck der *Schöpfungsordnungen Gottes* sah. Deshalb sollten die Missionare die jeweiligen Sprachen, Sitten, Ordnungs- und Rechtssysteme der einzelnen Völker respektieren, soweit diese christlichen Glaubensprinzipien nicht widersprachen, allerdings immer unter dem Primat deutscher Denkvorstellungen, Lebensprinzipien und eines entsprechenden Verhaltens- und Arbeitsethos.[49] Elfers zufolge verstand Harms den Begriff Volkskirche nicht als eine „Synthese von Kirche und Volk"; vielmehr sah er die Kirche bewusst „im Gegenüber von Volk, Volkstum und Kultur"[50], denn Kirche entsteht aus der Predigt des Evangeliums und nicht auf dem Boden von „Rasse" und Nation. Harms ordnet den Begriff *Volk* dem Begriff *Kirche* nach. Es geht ihm also nicht um irgendeine Form von Ethnizismus oder Nationalismus, sondern um die Gründung einheimischer Kirchen, die den kulturellen und sprachlichen Besonderheiten der jeweiligen Bevölkerungsgruppe – unter dem von Hermannsburg geprägten Paradigma – Rechnung tragen sollen.[51] Mit dem Konzept Volkskirche war im Bereich der HM gleichzeitig die Überzeugung verbunden, dass – ausgehend von der Situation in Hermannsburg selbst – „the true

---

49 So heißt es bei Elfers: „Der Missionar muss ihnen die Arbeit erst lehren [...]. Auch kann er sich, wenn sie die Arbeit gelernt haben, selten auf ihren Fleiß und ihre Tüchtigkeit verlassen. Er muss stets vorarbeiten und beaufsichtigen. [...]. Auf diese Weise lernten die Eingeborenen zum erstenmal, die Arbeit und ihren Wert schätzen. Kam nun die innere Umwandlung des Menschen durch das Wort Gottes hinzu, so konnte sich nach und nach ein neues Arbeitsethos bilden. Die Christen unterschieden sich bald von den Heiden durch ihren Fleiß, ihre Fürsorge für die Familie, ihr geordnetes Leben und ihre Zielstrebigkeit." (Elfers, Bodenständige Volkskirche, 21) Dieses Arbeitsethos kam den kolonisatorischen Interessen der Briten und Buren sehr entgegen, denn ihr Bedarf an arbeitswilligen und arbeitsfähigen afrikanischen Billiglohnarbeitern war groß (vgl. Harald E. Winkler, The divided Roots of Lutheranism in South Africa. A Critical Overview of the Social History of the German-speaking Lutheran Missions and the Churches Originating from their Work in South Africa, Masters Thesis University of Cape Town, Cape Town 1989, 11).

50 So Elfers in Reaktion auf die von Johannes C. Hoekendijk geäußerte Kritik, dass die deutsche Mission bei ihrem Konzept der Volkschristianisierung und Gründung von Volkskirchen, „einer unbiblischen Romantik" huldige und „der Gefahr einer Vergötzung von Volk und Volkstum erlegen" sei (Elfers, Bodenständige Volkskirche, 19). Für Elfers richtet sich diese Kritik J.C. Hoekendijks weniger gegen L. Harms selbst, sondern in erster Linie gegen entsprechende Missionskonzepte von Gustav Warneck, Bruno Gutmann und Siegfried Knak (vgl. dazu im Einzelnen Johannes Christian Hoekendijk, Kirche und Volk in der deutschen Missionswissenschaft, bearbeitet und hg. von Erich-Walter Pollmann, Theologische Büchereie. Neudrucke und Berichte aus dem 20. Jahrhundert, Bd. 35, Mission und Ökumene, München 1967, 87-177).

51 Für Elfers ist das zuvor beschriebene Konzept der HM als ein neuer und recht eigenständiger Ansatz im Vergleich zu den damals bestehenden Missionskonzepten zu sehen. Elfers zufolge hat dieser Ansatz die Schaffung „relativ geschlossener Arbeitsfelder in Südafrika", das heißt die Arbeit in ganzen Regionen wie zum Beispiel in Natal und Westtransvaal ermöglicht (Elfers, Bodenständige Volkskirche, 20). Jedoch ist zu fragen, warum es bei der HM trotz dieses Ansatzes, der die Ausbildung einheimischer Kirchen deutlich hätte erleichtern müssen, erst sehr viel später als bei den anderen deutschsprachigen lutherischen Missionen zur Gründung einheimischer Regionalkirchen gekommen ist. So fragt auch Hasselhorn, „welchen Raum es in einem solchen Missionskonzept für eine eigenständige afrikanische Entwicklung der neuen Volkskirche geben konnte." (Hasselhorn, Hermannsburger Mission in Südafrika, 8f).

‚Volkskirche' could only blossom fully in the rural areas."⁵² Dies führte zu einer Konzentration der Missionstätigkeit auf das ländliche Gebiet.

2. Lutherische Mission und die „Zwei-Reiche-Lehre": Um die Verbindung der ersten Missionare und Kolonisten zum Missionshaus in Hermannsburg und zu der für Hermannsburg zuständigen Hannoverschen Landeskirche zu garantieren, verpflichtete Harms jene auf die aus dem Jahr 1643 stammende Lüneburger Kirchenordnung. Zugleich erließ er eine Gemeindeordnung (constitution),⁵³ die den Rahmen für die Arbeit der Missionare und Kolonisten in Südafrika bilden sollte: Darin wurde von den Missionaren Gehorsam gegenüber künftigen Weisungen aus Hermannsburg erwartet,⁵⁴ wo sich die Gesamtleitung und das oberste Entscheidungsgremium der HM befanden. Die erste Gruppe von Missionaren und Kolonisten musste diese wie folgt formulierte Gemeindeordnung unterschreiben:

> „Wir verpflichten uns, treu und gewissenhaft vorstehender Ordnung nachzuleben, ehrlich und ritterlich *für unsere heilige lutherische Kirche* [Hervorhebung im Zitat] zu streiten, dem Glauben unsrer Väter unverbrüchlich anzuhangen und unsrem lieben Herrn und Heiland redlich zu dienen im Leben, Leiden und Sterben. Amen."⁵⁵

Diese Verpflichtung zeigt, wie entschieden das lutherische Bekenntnis von der HM in einer sehr traditionell-konfessionellen Ausrichtung vertreten wurde. Dieser lutherische Konfessionalismus sollte später die Haltung der HM-Missionare gegenüber den anderen deutschen Missionen in Südafrika bestimmen. Gleichzeitig schuf die genannte Gemeindeordnung, die deutliche Anklänge an Luthers Zwei-Regimenten-Lehre erkennen lässt,⁵⁶ den organisatorischen Rahmen für die Selbstverwaltung der Gemeinden in Afrika: So galt der Pastor zusammen mit dem Kirchenvorstand als Leitungsorgan der Kirchengemeinde,⁵⁷ während der politischen Gemeinde der Schultheiß vorstand.⁵⁸ Nicht in den Blick genommen wurden hier die seit langem etablierten afrikanischen Sozialstrukturen.⁵⁹

Missionsverständnisse sind modellhaft angelegt und lassen idealtypische Ziele erkennen, wie es beide Missionskonzepte bereits gezeigt haben. Der folgende Abschnitt wird die diesen Ansätzen folgenden Entwicklungen in der Missionsarbeit der Herrnhuter und Hermannsburger Mission im kolonialen Südafrika exemplarisch in den Blick nehmen. Dabei schuf der Erwerb deutscher Kolonien seit 1884 für die weitere Missionsarbeit neue Rahmenbedingungen: Die deutsche Missionsarbeit entwickelte sich jetzt vielfach zu einer „Kolonialmission". Daraus resultierte ein neu erwachendes Nationalbewusstsein, das zu-

---

52 Werner van der Merwe, Die Berlynse Sendinggenootskap en Kerksigting in Transvaal, 1904–1962, Pretoria 1987, zitiert nach Winkler, The divided roots, 10.
53 Vgl. Proske, Botswana, 123; der Text der Gemeindeordnung ist abgedruckt in: Haccius, Hannoversche Missionsgeschichte, Zweiter Teil, 224f.
54 Vgl. § 8 der Gemeindeordnung, zitiert nach Haccius, Hannoversche Missionsgeschichte, Zweiter Teil, 225.
55 Zitiert nach von Lüpke, Die Hermannsburger Mission, 27.
56 „Die geplante lutherische Gemeinde war bis ins kleinste, nach der kirchlichen wie nach der politischen Seite, durchorganisiert" (Scriba, Kirche als Ziel der Mission, 29).
57 Vgl. § 3 der Gemeindeordnung, zitiert nach Haccius, Hannoversche Missionsgeschichte, Zweiter Teil, 224.
58 Vgl. § 5 der Gemeindeordnung, ibid., 225.
59 Vgl. Scriba, Kirche als Ziel der Mission, 29.

nehmend auch die Haltung und das Selbstverständnis der lutherischen Missionare in Südafrika bestimmte. Allerdings kann diese Geschichte in einem solchen Kurzbeitrag weder in der nötigen Komplexität noch umfassend genug dargestellt werden.

Zwischen Vision und Kompromiss: Missionarisches Handeln im kolonialen Südafrika

Im Bereich der Herrnhuter Mission

Am 9. Juli 1737, fünf Jahre nach Beginn der Missionsarbeit der HHM in Westindien, erreichte der Herrnhuter Missionar Georg Schmidt (1709–1785) die Kapkolonie.[60] Schmidt war Laie und wurde als Einzelner ausgesandt. Da die Reformierte Kirche zum damaligen Zeitpunkt die einzige offiziell anerkannte Kirche am Kap war, musste Schmidt – zumal er nicht ordiniert war – direkt zu Anfang mit Pastoren der Reformierten Kirche vereinbaren, künftig bekehrte Khoikhoi von diesen Pastoren taufen zu lassen. Schmidt ließ sich zunächst für sieben Monate in der Nähe des Militärpostens Zoetemelksvlei am Zonder-End-Fluss nieder. In der Nähe eines Militärpostens Missionsarbeit zu betreiben, erwies sich längerfristig allerdings nicht als vorteilhaft. Deshalb beschloss er, außerhalb der direkten Einflusssphäre der Kompanie und näher bei den Khoikhoi zu wohnen und verlagerte seine Missionstätigkeit nach Baviaanskloof (Affental) in der westlichen Kapregion. Hier ließ er sich zusammen mit 18 Khoikhoi als Begleitern nieder. Baviaanskloof, das spätere Genadendal, sollte für die Brüdermission in Südafrika „Stammgemeine und Modellort" werden.[61]

Von Anfang an war es der HHM nicht primär darum gegangen, möglichst viele Missionsstationen zu gründen. Vielmehr konzentrierten sich die Missionare auf den Ausbau vorhandener Gründungen. Dadurch kam es im Laufe der Zeit zur Bildung größerer Einheiten von Missionsgemeinden sowie ihren jeweiligen Filialstationen und Predigtplätzen.

1869 beschloss die Generalsynode der HHM im Zusammenhang ihrer Überlegungen zur Selbständigwerdung ihrer Missionsprovinzen, die bisherige Südafrikanische Missionsprovinz der HHM auf zwei Missionsprovinzen, Südafrika-West (SAW), die ihren Sitz zumeist in Genadendal hatte, und Südafrika-Ost (SAO),[62] mit Sitz in Shiloh, aufzuteilen[63].

Seit Beginn des 19. Jahrhunderts folgte die Ausweitung der Herrnhuter Missionsarbeit in der westlichen Kapregion einerseits zunehmend politisch-strategischen und ökonomischen Interessen der englischen Kolonialregierung,[64] andererseits vereinzelt auch

---

60 Vgl. Gensichen, Missionsgeschichte, 18.
61 Vgl. Hartmut Beck, Brüder in vielen Völkern. 250 Jahre Mission der Brüdergemeinde, Erlangen 1981, 99-101.
62 SAO wurde direkt der Missionsabteilung der Unitäts-Ältesten-Konferenz unterstellt und war damit gegenüber der Helferkonferenz in Genadendal unabhängig (vgl. Nielsen, The twin blossom, 117, 122).
63 Vgl. Chris Wessels, Die Suche nach Einheit der Provinzen der Moravian Church in Südafrika, TMDK, Heft Nr. 23, Europa-Ausgabe, Mai 2001, 29.
64 Die britischen und später auch burischen Kolonialregierungen wurden von den HHM-Missionaren grundsätzlich jeweils als legitime Obrigkeit verstanden, der man als Christ Folge zu leisten hatte. Dahinter stand das von von Zinzendorf vertretene Verständnis von Luthers Zwei-Regimenten-Lehre: Zinzendorf war sich schon der unterschiedlichen historischen Gestalt der Obrigkeit im biblischen Zusammenhang bewusst, vertrat aber grundsätzlich die Überzeugung, und zwar in Übereinstimmung mit Artikel XVI der Confessio Augustana „Von der Obrigkeit" und den Aussagen in Römer 13, dass der Christ sich der Obrigkeit zu unterwerfen habe: Denn Artikel XVI der Confessio Augustana lehre, „dass die

vergleichbaren Interessen und Erwartungen einzelner „Chiefs". Zudem führte die Sklavenbefreiung und Aufhebung des Zwangsdienstes der Khoikhoi zur Notwendigkeit neuer Gemeindegründungen und zur Koexistenz von Sklaven und „Coloureds". Bei der Gründung weiterer Missionssiedlungen siedelten – nach Herrnhuter Prinzip – bewährte einzelne Gemeindeglieder der jeweils alten Station in die neue Siedlung, um dort eine kleine funktionsfähige Kerngemeinde zu bilden.[65] Nachdem die Phase der Pioniermission in Südafrika-West 1885 zum Abschluss gekommen war, gab es hier – im Unterschied zur östlichen Missionsprovinz – keine neuen Missionsgebiete mehr zu erschließen.[66] Fast die gesamte Missionsarbeit in SAW fand unter „Coloureds" statt.

In der östlichen Kapregion wurde die bisherige Arbeit im Laufe des 19. Jahrhunderts unter Hans Peter Hallbeck[67] weiter nach Nordosten ausgedehnt. Auch wenn der Schwerpunkt immer noch auf der Arbeit unter den „Coloureds" lag, begannen die HHM-Missionare nun im Gebiet der Xhosa und in den späteren Homelands Ciskei und Transkei (Tembuland und Hlubiland) bis an die Grenze von KwaZulu/Natal erstmals unter Afrikanern zu arbeiten.

Mit dieser Ausweitung der Missionsarbeit ging auch eine Modifizierung des bisher leitenden Zinzendorfschen Missionskonzeptes einher: Nicht mehr die Erstlings- oder Einzelmission, das heißt die Sammlung einzelner Gläubiger zu Gemeinden, sondern die Bildung selbständiger afrikanischer Gemeinden wurde zum neuen Paradigma für die Arbeit der HHM erklärt. Beck zufolge lag Hans Peter Hallbeck, von 1817 bis 1840 Missionssuperintendent und Leiter der Arbeit der HHM in Südafrika, besonders daran, einheimische Mitarbeiter auszubilden, zu fördern und die Missionstätigkeit im Stile einer Diaspora-Tätigkeit[68] über die bestehenden Missionsgemeinden hinaus auszuweiten. Daher sorgte er dafür, dass sowohl in der westlichen als auch in der östlichen Kapregion einheimische Mitarbeiter gewonnen wurden.[69] Offiziell wurde bei der Generalsynode 1848 die Ausrichtung der Missionsarbeit grundlegend geändert. Galt es bislang, einzelne zu bekehren und in Gemeinden zu sammeln,[70] so hieß es jetzt, dass

---

Christen solche Leute sind, die der Obrigkeit nie was in Weg legen werden" (zitiert nach Holger Bauer, Nikolaus Ludwig von Zinzendorf und das lutherische Bekenntnis. Zinzendorf und die Augsburger Konfession von 1530, Beiheft der Unitas Fratrum, Nr.12, hg. von Thilo Daniel, Gottfried Geiger u. a., Herrnhut 2004, 199).

65 Vgl. Scriba, Kirche als Ziel der Mission, 17; Schüz, Die Funktion der Herrnhuter Mission, 50; und Julius Richter, Geschichte der evangelischen Mission in Afrika, Allgemeine Evangelische Missionsgeschichte, Bd. III: Missionsgeschichte Afrikas, Gütersloh 1922, 268.

66 Vgl. Beck, Brüder in vielen Völkern, 229.

67 Vgl. Hermann G. Schneider, Die Sippe der Hallbecks und Einer aus ihr, Hefte zur Missionskunde, Nr. 1, hg. von der Missions-Konferenz der Brüdergemeine, Herrnhut 1907, 4.

68 So Karel Th. August, The Quest for Being Public Church. The South African challenge to the Moravian Church in context (1737–2004), printed in the Republic of South Africa (o.O.) 2005, 109.

69 Vgl. Beck, Brüder in vielen Völkern, 239-243; 1836 wurde Hallbeck auf einer Generalsynode in Deutschland zum Bischof geweiht, um in Südafrika einheimische Kräfte zu Pfarrern ordinieren zu können (ibid., 239).

70 Vgl. Martin Schüz, Die Herrnhuter Mission in Südafrika-West am Ende des 19. Jahrhunderts, Unitas Fratrum 5, 1979, 3f.

- die aus Deutschland stammenden Missionare verstärkt die Kooperation mit und die Unterstützung durch einheimische Kräfte, als ‚National-Gehülfen' bezeichnet, suchen sollten,
- die bestehenden Missionsgemeinden nicht länger in einem Status der Unmündigkeit verbleiben sollten, sondern in selbständige Gemeinden umzugestalten seien.

Künftig bestand die Aufgabe der Missionsgemeinden darin, sich selbstverantwortlich zu verwalten und zu finanzieren, um gegenüber der Heimatleitung der HHM unabhängig zu werden. Verbunden damit war das Ziel einer selbständigen Missionsprovinz.[71] Anhand der fünf Generalsynoden 1857, 1869, 1879, 1889 und 1899 zeigt Martin Schüz[72] auf, dass das bisherige Konzept der Erstlingsmission und Seelsorge an Einzelnen nun um das Ziel der kirchlichen Selbständigkeit der Missionsgemeinden erweitert wurde: So hatte die Generalsynode von 1869 zum ersten Mal in aller Klarheit erklärt, „that it was the aim of mission work to create autonomous churches, which could support themselves and were served by their own workers."[73]

30 Jahre später wurde bei der Generalsynode 1899 das Ziel der Selbständigkeit, Selbstverwaltung und Selbsterhaltung für alle Missionsgebiete der HHM zur Pflicht erklärt.[74] Unaufgebbares Ziel müsse „die Gründung einer sich selbst erhaltenden, von der Heimat unabhängigen Kirche" sein, „die auf jegliche Unterstützung aus fremden Quellen verzichtet hat."[75]

1909 wurde im Verlauf der Generalsynode der gesamten Moravian Church das genannte Ziel einer unabhängigen einheimischen Kirche durch die Erklärung verstärkt, alle Missionsprovinzen der Moravian Church befänden sich jetzt in einem Umwandlungsprozess hin zu unabhängigen „einheimischen" Kirchen: „The term ‚Native Church' was used indicating an entirely independent National Church which would be self-supporting, self-governing and self-propagating."[76] Nach Paul Otto Hennig war damit aber nicht in erster Linie die finanzielle Unabhängigkeit der Missionsgemeinden gemeint.[77] Vielmehr ging es um die „innere Organisation der Gemeinen, um hingebende missionarische Arbeit zur För-

---

71 Vgl. Paul Otto Hennig, Gedanken zur Verselbständigung unserer Missionsgebiete. Eine Studie im Blick auf die General-Synode der Brüderkirche 1909, Hefte zur Missionskunde, Nr. 2, hg. von der Missionskonferenz der Brüdergemeine, Herrnhut 1908, 3.
72 Vgl. Schüz, Die Herrnhuter Mission in Südafrika-West, 4-8. Nach Nielsen wurde dieses Ziel auch auf den Allgemeinen Missionskonferenzen in Südafrika-Ost 1901, 1903, 1905, 1908 und 1910 immer wieder reflektiert (Nielsen, The twin blossom, 223).
73 Bernhard Krüger/Paul W. Schaberg, The Pear Tree Bears Fruit, The History of the Moravian Church in South Africa-West (II) 1869–1960 with an Epilogue 1960–1980, Genadendal 1984, 2.
74 Vgl. Beschlüsse und Erklärungen der Generalsynode 1899, von Missionsgebiete, C. Afrika, Nr. 57, in: Verlass der General-Synode der Evangelischen Brüder-Unität, gehalten in Herrnhut, vom 16. Mai bis 30. Juni 1899, Gnadau 1899, 172.
75 Schüz, Die Herrnhuter Mission in Südafrika-West, 7; Dabei wurde für eine Übergangszeit von einer unterschiedlichen Besoldung ausländischer und einheimischer Mitarbeiter ausgegangen.
76 Nielsen, The twin blossom, 230.
77 „Wie könnte man wagen, große, mit unendlicher Mühe aufgespeicherte Kirchenfonds, deren Verwaltung schon dem Europäer den Kopf heiß macht, den Eingeborenen mit ihrer noch recht geringen geschäftlichen Schulung zu überlassen?", so die Warnung von Hennig vor einem falschen Verständnis von Selbständigkeit (Hennig, Gedanken zur Verselbständigung, 12).

derung der Eingeborenen, um missionarische Taten, deren größte diejenige ist, sich selbst entbehrlich zu machen."[78] Das heißt, die einheimische Missionskirche sollte sich nicht durch Geschäftseinnahmen,[79] sondern durch die Beiträge der Mitglieder in der Weise selbst tragen und organisieren, dass sie imstande sei, für das Gehalt ihres Predigers aufzukommen – und zwar in dem Umfang, wie es für einen einheimischen Pastor angemessen war. Hennig unterscheidet an dieser Stelle sehr bewusst zwischen den Aufwendungen für einen einheimischen Pastor und für einen fremden, vom Missionswerk entsandten Pastor.[80]

Eine zeitnahe Umsetzung fanden obige Synodenbeschlüsse nicht. Martin Schüz begründet dies wie folgt:[81]

1. Die damaligen Missionare hielten das Ziel der Selbständigkeit noch bis ins 20. Jahrhundert hinein für kaum erreichbar, da Einheimische primär als „Kinder" wahrgenommen wurden, die das Ideal eines nach europäischen Maßstäben definierten „Erwachsenenseins" nach Ansicht der Missionare nie ganz erreichen würden und daher weiterhin der Begleitung durch die Missionare bedurften.[82]

2. Hinzu kam die soziale Herkunft der meisten Missionare aus dem Arbeitermilieu. Sie hatten, indem sie Missionsstationen mit umfangreichem Landbesitz schufen, ihren sozialen Status erheblich verbessern können und sahen sich jetzt in der Rolle von Feudalherren.[83] Unterschiedliche Rollen der Missionare und Zielvorstellungen der Mission als Gesamtorganisation standen in einem längeren Diskursprozess. Zudem fehlten Vorbilder im Bereich kirchlicher Selbständigkeit, da die HHM die erste Missionsgesellschaft war, die den Weg zur Selbständigkeit ihrer Gemeinden zu beschreiten beabsichtigte.

Als Konsequenz zeigten sich gegen Ende des 19. Jahrhunderts vor allem unter afrikanischen Bewohnern verschiedener Missionsstationen Bestrebungen, sich von den Stationen der HHM zu lösen und den in dieser Zeit auftretenden unabhängigen afrikanischen Kirchenbewegungen anzuschließen. Im Blick auf die HHM wurden solche Sezessionsbestrebungen verursacht durch: a) ungeklärte Eigentumsverhältnisse hinsichtlich des Landbesitzes, b) das paternalistische Verhalten vieler Missionare und ihre koloniale Funktion als kommunale Verwalter, c) das Empfinden auf afrikanischer Seite, nicht nur von den Missionaren, sondern auch von der Heimatleitung der HHM im fernen Deutschland bevormundet zu werden und von den Entscheidungsprozessen ausgeschlossen zu sein, d) die burenfreundliche Haltung der Missionare und das Streben der einheimischen Bevölkerung

---

78 Ibid., 14.
79 Denn diese Einnahmen waren zur Finanzierung der HHM insgesamt bestimmt (ibid., 23).
80 Ibid., 15f.
81 Vgl. Schüz, Die Herrnhuter Mission in Südafrika-West, 9f, 18.
82 Vgl. Schüz, Die Funktion der Herrnhuter Mission, 51; Entsprechende Äußerungen finden wir zum Beispiel in einem Reisebericht von Charles Buchner aus dem Jahr 1903 (Buchner, Ein Besuch bei der Brüdermission in der Kapkolonie, 131).
83 Vgl. August, The Quest for Being Public Church, 168; Denn die Missionare der HHM hatten nach dem Beispiel des Zeltmachers Paulus (Apg. 18, 3) für ihre materielle Versorgung selber aufzukommen. Das hatte sie im Laufe der Zeit in die Doppelrolle des Seelsorgers und Missionars einerseits sowie des Grundherrn und Arbeitgebers andererseits gebracht. Diese Doppelfunktion sollte Ende des 19. Jahrhunderts, als es zwischen den Missionaren und Stationsbewohnern zu zahlreichen Konflikten um den Missionsbesitz kam, zu einer großen Belastungsprobe werden.

nach politischer Gleichberechtigung im Verlauf des Südafrikanischen Krieges um die Jahrhundertwende.

So gab es 1875 erst drei einheimische Assistenzpfarrer in Südafrika-West: Carl Jonas in Enon, Johannes Zwelibanzi in Wittekleibosch und Nicolaas Oppelt in Goedverwacht. Erst 1883 wurden die ersten afrikanischen Pfarrer ordiniert und für eine selbständige Gemeindearbeit eingesetzt: Johannes Nakin in Shiloh und Johannes Zwelibanzi in Wittekleibosch sowie Carl Jonas, der von Enon vermutlich zu Beginn 1884 nach Pella ging.

Anlässlich seiner Südafrika-Visitation 1892/93 forderte Missionsdirektor Charles Buchner die Missionare vor Ort nachdrücklich auf, stärker – als es bislang der Fall war – einheimische Kräfte an verantwortlicher Stelle in Kirche und Schule zu beteiligen. Für Buchner war der Prozess der Missionierung der Kapkolonie weithin abgeschlossen. Umso dringender stand für ihn die Bildung einer unabhängigen Kirche an.[84]

Auf strukturell-hierarchischer Ebene wurde allerdings dieses Ziel durch die 1894 verabschiedete neue Missionsordnung für Südafrika-West[85] erschwert: Sie führte dazu, dass in den Leitungsgremien der HHM auch weiterhin afrikanische Mitarbeitende kaum oder nur mit eingeschränkten Rechten vertreten waren:

– Diese Ordnung bestätigte, dass die *Leitung der Missionsprovinz* weiterhin durch die *Missionsdirektion* in Herrnhut[86] erfolgen sollte. Der Missionsdirektion gegenüber verantwortlich war in Südafrika die *Helferkonferenz*. Deren personelle Zusammensetzung wurde von der Missionsdirektion bestimmt. Der Helferkonferenz war als beratendes und begleitendes Gremium die *Allgemeine Missionskonferenz* zugeordnet. Diese bestand aus allen Missionaren, die in einer Missionsprovinz tätig waren.[87] Aufgrund der geographischen Distanzen und kostspieligen Reisen tagte diese nur selten. Einheimische Missionare und Missionshelfer hatten zunächst keinen Zutritt zur Allgemeinen Missionskonferenz.[88]

---

84 Vgl. Krüger/Schaberg, The Pear Tree Bears Fruit, 48f. – In diesem Zusammenhang weisen Krüger und Schaberg zu Recht darauf hin, dass vor allem im Bereich der englischsprachigen Kirchen (Kongregationalisten, Methodisten und Presbyterianer) zum damaligen Zeitpunkt schon längst einheimische Kräfte zu hauptamtlichen Pfarrern ordiniert worden waren (ibid., 15).
85 Vgl. Schüz, Die Herrnhuter Mission in Südafrika-West, 16f.
86 Vgl. Henning Schlimm, Bekennen in der Brüder-Unität, Teil 2, Unitas Fratrum 29/30, 1991, 265. – Schlimm sieht in der Tatsache, dass entgegen der Absicht der Generalsynoden, die Selbständigkeit der Missionsgemeinden voranzutreiben, am Ende des 19. Jahrhunderts erneut die zentrale Rolle Herrnhuts festgeschrieben wurde, einen unverhältnismäßig starken Zentralismus, der sich im Verlauf dieses Jahrhunderts innerhalb der HHM herausgebildet hatte.
87 Vgl. Krüger/Schaberg, The Pear Tree Bears Fruit, 45. – Die Helferkonferenz berief auch die jeweiligen Vorsteher der Missionskonferenzen.
88 Vgl. Schüz, Die Herrnhuter Mission in Südafrika-West, 16. – Nach Bernhard Krüger hatte Bischof P.O. Hennig während der Allgemeinen Missionskonferenz im August 1900 dafür gesorgt, dass die ordinierten einheimischen Prediger auch an der Allgemeinen Missionskonferenz teilnehmen konnten und Stimmrecht erhielten (Bernhard Krüger, Die Brüdermission in Südafrika-West während des Burenkrieges 1899-1902, Unitas Fratrum 5, 1979, 35). Aber selbst er hielt es nicht für angemessen, dass einheimische Missionskräfte eine Mitspracherechtmöglichkeit hatten, wenn es um die Angelegenheiten der deutschen Missionare ging (vgl. Hennig, Gedanken zur Verselbständigung, 19f.). Hinsichtlich der Tatsache, dass diese Allgemeinen Missionskonferenzen in deutscher Sprache abgehalten wurden, betonte Hennig die Notwendigkeit, dass im Blick auf die Angelegenheiten der Missionsgemeinden zusätzlich ein eigenes repräsentatives Gremium der Missionskirche geschaffen werden müsste (ibid.).

– Ein vergleichbares Hierarchiegefälle zwischen den deutschen und afrikanischen Missionaren zeigte sich in der Leitungsstruktur der örtlichen Missionsgemeinde.[89] Ihr Leitungsorgan war die Missionskonferenz. Zu ihr zählten alle Missionare, die in der jeweiligen Missionsgemeinde und den dazugehörenden Außenstationen tätig waren, sowie ihre Ehefrauen. Für die ordinierten afrikanischen Missionare galt, dass sie zwar der jeweiligen Missionskonferenz angehörten, jedoch nicht an allen Sitzungen teilnehmen durften.

– Der Missionskonferenz waren zwei weitere Gremien zugeordnet, nämlich „die Konferenz der Kirchendiener [= Kirchenälteste] für die geistlichen und die Konferenz der Aufseher für die kommunalen Angelegenheiten."[90] Die Kirchendiener wurden von den Missionaren berufen. Sie hatten die Aufgabe, in der Funktion von Kirchenältesten oder Presbytern für das innere und geistliche Leben der Stationsgemeinden Sorge zu tragen, sowie bei der pastoral-diakonischen Betreuung der einzelnen Gemeindeglieder bis hin zur Kirchenzucht mitzuwirken.[91] Die Aufseher wurden dagegen von der Gemeinde gewählt. Sie waren sozusagen in der Rolle von Sozialarbeitern für das äußere Leben der Missionsstationen zuständig.

Es bestanden also auf mehreren Leitungsebenen deutlich nach „rassischer" Zugehörigkeit strukturierte Dienstverhältnisse, in denen die einheimischen Kräfte überwiegend in untergeordneten Positionen, zum Beispiel als Kirchendiener und Aufseher, und weniger in Leitungsfunktionen zu finden waren.

Im Bereich der Missionsgemeinden der Hermannsburger Mission
Am 28. Oktober 1853 verließen die ersten acht Hermannsburger Missionare und acht Missionskolonisten mit dem eigens dafür erbauten Missionsschiff „Kandaze" Deutschland. Das Ziel der Missionare war das Oromo- beziehungsweise Galla-Volk in Süd-Äthiopien. Doch dieser Missionsversuch scheiterte, so dass die Missionare nach Natal zurückkehrten.[92] Dort kamen sie am 2. August 1854 an und wurden zunächst von den in Neu-Deutschland lebenden deutschen Siedlern aufgenommen.

Nach ihrer Ankunft in Natal konnten die HM-Missionare mit Hilfe des aus Hamburg stammenden Bankiers *Heinrich Eduard Carl Behrens* nach langen Verhandlungen, die jener mit den britischen Kolonialbehörden geführt hatte, die 6.000 Acre umfassende Farm Perseverance (östlich von Greytown gelegen) erwerben.[93] Dieser Farmbesitz war die entscheidende materielle Grundlage für die Missionare, einerseits um sich einen eigenen Lebensunterhalt zu schaffen, andererseits um die künftige Missionsarbeit ohne finanzielle Unterstützung aus dem heimatlichen Hermannsburg leisten zu können.[94] Auf der Farm

---

89 Vgl. zu den folgenden Angaben Schüz, Die Herrnhuter Mission in Südafrika-West, 17.
90 Schüz, Die Herrnhuter Mission in Südafrika-West, 17; vgl. auch Charles Buchner, Acht Monate in Südafrika. Schilderung der dortigen Mission der Brüdergemeine, mit einer Kartenskizze, Gütersloh 1894, 146f.
91 So zum Beispiel bei Verstößen gegen die Gemeindeordnung.
92 Zu den Hintergründen vgl. Proske, Botswana, 125-128; und Zulu, From the Lüneburger Heide, 66ff.
93 Vgl. Hildemarie Grünewald, Die Geschichte der Deutschen in Südafrika, 4., erweiterte Aufl., Kapstadt 1998, 68.
94 Vgl. Zulu, From the Lüneburger Heide, 162.

Peseverance gründeten sie am 19. September 1854 ihre erste Station, die sie *Neu-Hermannsburg* nannten. Sie sollte die Ausgangsstation ihrer Arbeit in Südafrika werden.[95]

Ausgehend von der Farm Perseverance wurden zunächst in Natal mehrere Missionsstationen errichtet. Einen zweiten Arbeitsschwerpunkt bildete die Tätigkeit der HM unter den verschiedenen Bevölkerungsgruppen der Tswana in Transvaal und im angrenzenden südöstlichen Teil des Betschuanenlandes,[96] dem Gebiet der seit dem 30. September 1966 unabhängigen Republik Botswana. Letztere Missionstätigkeit begann 1857. In der *Südafrikanischen Republik* in Transvaal wurden die dortigen lutherischen Missionen deutscher Herkunft nach anfänglicher Ablehnung und Skepsis schließlich als loyale und verlässliche Partner akzeptiert: Umso mehr, weil diese Missionen mit ihrem ethnisch orientierten Konzept der „Volksmission" in der Regel keine „liberalen" Gleichheitsvorstellungen vertraten und insofern der Rassenpolitik der Buren entgegen kamen. Dennoch legte die burische Regierung im 1858 verabschiedeten Grundgesetz (Grondwet)[97] der Republik Transvaal strenge Rahmenbedingungen für jedwede Missionsarbeit fest. Denn die Aufgabe der Missionare sollte darin bestehen, die afrikanische Bevölkerung mit Hilfe ihrer Erziehungsarbeit zu „befrieden", das heißt zur Akzeptanz der „weißen" Herrschaftsansprüche zu bringen.[98]

Die Haltung der HM-Missionare gegenüber den britischen Kolonialbehörden, den burischen Regierungen und den Repräsentanten der afrikanischen Völker war zunächst davon bestimmt, unter welchen politischen Rahmenbedingungen die Missionare ihren Dienst ausüben konnten. Sowohl in Natal und Zululand als auch in Transvaal konnten sie nur dort tätig werden, wo sie die ausdrückliche Zustimmung der britischen Kolonialbehörden, des Zulukönigs oder der Repräsentanten der Buren erhalten hatten beziehungsweise ihr Dienst als Missionare erwartet oder erbeten wurde. Somit befanden sich die Missionare von Anfang an in einer mehr oder weniger direkten Abhängigkeit von den jeweils politisch Verantwortlichen. Das verpflichtete die Missionare zur Loyalität diesen gegenüber, sofern sie deren Vertrauen und Unterstützung für die Ausübung ihres Dienstes gewinnen wollten.

In Natal wurden die Missionare von den britischen Kolonialbehörden nach anfänglicher Zurückhaltung als „Teil des kolonialen Herrschaftssystems"[99] wahrgenommen, weil man, wie es Werner Backeberg formuliert hat, „ein Zusammengehen der Deutschen mit den stammesverwandten Buren und damit eine Verstärkung des englisch-feindlichen Elements"[100] befürchtet hatte. Die Missionare mussten daher eine strategisch wichtige, aber zivilgesellschaftliche Rolle bei der Sicherung und Ausweitung der Kolonialgesellschaft spielen. Hatte Ludwig Harms noch die antikoloniale Rolle der Mission betont, akzeptierten die Missionare relativ bald die britische Kolonialregierung als legitime weltliche Obrigkeit, der gegenüber sie sich loyal zu verhalten hatten:[101] Daher stellten die Missionare weder die

---
95 Vgl. Scriba, Kirche als Ziel der Mission, 33.
96 Vgl. hierzu die Forschungsarbeit von Proske, Botswana.
97 Ibid., 77.
98 Vgl. Hohmann, Auf getrennten Wegen, 54-58.
99 Hasselhorn, Hermannsburger Mission in Südafrika, 27.
100 Werner Backeberg, Deutsche Siedler in Südafrika, in: Winfried Wickert, Und die Vögel des Himmels wohnen unter seinen Zweigen. Hundert Jahre Bauernmission in Südafrika, Eine Denkschrift zur Hundertjahrfeier der Missionsanstalt zu Hermannsburg, hg. in Verbindung mit zahlreichen Mitarbeitern von Winfried Wickert, Hermannsburg 1949, 321.
101 Vgl. Proske, Botswana, 137.

von der „weißen" Bevölkerung reklamierten Privilegien und Herrschaftsansprüche gegenüber der afrikanischen Bevölkerung, noch die in Natal bereits praktizierte Segregationspolitik und Rassentrennung grundsätzlich infrage. Deshalb erfuhren die Missionare seitens der britischen Kolonialregierung eine weithin positive Unterstützung ihres Arbeit,[102] vor allem durch die umfangreiche Vergabe von Land und die später von den Missionaren akzeptierte finanzielle Förderung der Missionsschulen.[103]

Die burischen Farmer in Natal aber auch im Transvaal standen der Missionsarbeit anfangs mit großem Unverständnis und oft ablehnend gegenüber.[104] Die Missionare fanden hingegen in den Präsidenten der Südafrikanischen Republik Unterstützung, um ihre Arbeit in Transvaal überhaupt etablieren zu können. Dennoch galten für die Tätigkeit der Missionare rechtlich und politisch eng abgesteckte Rahmenbedingungen. In der Anfangszeit verhielten sich die HM-Missionare kritisch und zurückhaltend gegenüber der burischen Regierung. Grund dafür war die ablehnende Haltung der Missionare gegenüber der Sklaverei und dem häufig brutalen Umgang vieler Buren mit der afrikanischen Bevölkerung, für die die Missionare zunächst Partei ergriffen. Hinzu kamen die von der Burenregierung in Transvaal erlassenen Rassengesetze, welche die vorherrschende Degradierung und Marginalisierung der afrikanischen Bevölkerung von burischer Seite manifestierten. Auch wenn die HM-Missionare von Harms die Weisung mitbekommen hatten, sich gemäß ihrer lutherischen Glaubensüberzeugung gegenüber der jeweils herrschenden politischen Obrigkeit und ihren Gesetzen loyal zu verhalten, reagierten sie in der Anfangsphase ihres Dienstes unter den Tswana mit deutlicher Kritik auf das menschenverachtende Vorgehen der burischen Regierungsbehörden und Militärs gegenüber der afrikanischen Bevölkerung[105] sowie auf die Einführung von Rassengesetzen.

Doch diese zunächst klare und kritische Haltung der Missionare gegenüber den Buren veränderte sich im Laufe der Zeit, je mehr die Missionare einen positiven Zugang zu einzelnen Buren, nicht nur zu den Verantwortlichen in der Regierung, fanden und zahlreiche burische Farmer je länger je weniger ablehnend auf die Arbeit der Missionare reagierten. Erleichtert wurde diese Annäherung durch die „sprachliche[] Verwandtschaft vom Niederdeutschen zum Holländischen",[106] so dass sich die Missionare relativ leicht mit benachbarten Buren verständigen konnten und sich deshalb bereit zeigten, Gottesdienste für Buren zu

---

102 So wurden die Missionare zum Beispiel durch Theophilus Shepstone besonders protegiert, unter anderem dadurch, dass sie keine Abgaben an die Kolonialregierung zahlen mussten, vgl. Backeberg, Deutsche Siedler in Südafrika, 321.
103 Vgl. Hasselhorn, Hermannsburger Mission in Südafrika, 26.
104 Dagegen vertritt Heinrich Bammann die Ansicht: „Die Buren [in Transvaal], selbst ein religiöses Volk, hatten die Missionierung nie aufgehalten oder gehindert." (Heinrich Bammann, Koinonia in Afrika. Koinonia bei Bruno Gutmann (Tanzania) und bei den Hermannsburger Missionaren im südlichen Afrika, Veröffentlichungen der Freien Hochschule für Mission der Arbeitsgemeinschaft Evangelikaler Missionen, hg. von Peter Beyerhaus u.a., Reihe C: Vorträge und Aufsätze, Bd. 6, Bad Liebenzell 1990, 115.
105 Das belegt folgende Äußerung von Ludwig Harms im Hermannsburger Missionsblatt (HMBl 1855, 30): „Übrigens sprechen es unsere Brüder frei heraus, dass die Knechtschaft, die das arme Kaffernvolk von den Buren zu tragen hat, außerordentlich groß ist. Die holländischen Buren behandeln ihre Kaffern, die bei ihnen dienen, zum Teil als Hunde."
106 Bammann, Koinonia, 115.

halten.¹⁰⁷ Die Haltung der HM gegenüber den burischen Regierungen war in erster Linie von dem Ziel bestimmt, den ungehinderten Fortgang ihrer Missionstätigkeit in Transvaal gewährleisten zu können, so dass sie in dieser Region schließlich eine Monopolstellung innehatte. Ein erkennbarer Widerstand gegen die burische Regierungspolitik in Transvaal ist nur dort zu erkennen, wo, wie im Falle des Plakkerwet,¹⁰⁸ der Fortbestand eigener Stationen, Filialen und Predigtplätze auf dem Spiele stand.

Die Bezeichnung ihrer ersten Missionsstation als „Neu-Hermannsburg"¹⁰⁹ verdeutlicht, dass die Missionare und Missionskolonisten der HM ebenso wie viele deutschsprachige Auswanderer von dem Wunsch beseelt waren, sich einen Raum zu schaffen, in dem sie ihre Verbundenheit mit der deutschen Heimat im südafrikanischen Kontext erleben konnten:

> „Da standen die Missionare auf der Anhöhe und schauten in das Tal des Hlimbitweflusses hinunter, in dem sie ihre erste Station mit dem Namen Hermannsburg anlegten und deutsche Eichen um das Wohnhaus pflanzten, um mitten in der fremden, feindlichen Welt noch ein Stück Heimat zu haben. Von hier sind sie nach Westen und Osten gezogen, sind in kühnem Angriff nach Norden in das wilde Zulureich eingedrungen und haben fern im Süden die herrlichen Stationen auf den Bergen am Indischen Ozean angelegt."¹¹⁰

Hier wird die erste Phase der Hermannsburger Missionsarbeit – rückblickend – in der Terminologie eines *militärischen Eroberungskrieges* beschrieben, obwohl Ludwig Harms von dem Ideal klösterlicher Siedlungen ausgegangen war:

> „Von der ersten Station Hermannsburg aus drangen die Boten in schnellem Vormarsch in Natal ein und legten einen Vorposten nach dem anderen an. Schon nach wenigen Jahren überschritten sie die wilde Tugela, den Grenzfluss des Zulureiches. Unter diesem stolzen kriegerischen Volk hat die Mission einen heißen Kampf Mann gegen Mann führen müssen, und noch heute wehrt sich das Heidentum mit seinen mächtigen Zauberern hartnäckig, dem König Christus zu weichen."¹¹¹

Das „Anlegen von Vorposten" zeigt jedoch, dass die HM ihren missionarischen und zugleich kolonisatorischen Eroberungszug im Gebiet von Natal nicht ohne die Unterstützung der britischen Kolonialregierung und einzelner afrikanischer „Chiefs" – entweder durch die gezielte Vergabe von Land als Grants oder durch direkte Land-Schenkungen – hätte durchführen können. Damit folgte die Kolonistenmission der HM in Natal zuallererst den Interessen der britischen Kolonialregierung. Dies hatte zur Folge, „that the missionaries directly

---

107 Das bestätigt auch die Afrika-Post, wenn es heißt: „Trotzdem gelang es den deutschen Missionaren, sich das Vertrauen und die Anerkennung dieser harten und glaubensstrengen Pioniere in solchem Maße zu erwerben, dass einige von ihnen sogar als Prediger in den Dienst von Burengemeinden traten, die keine Seelsorger besaßen" (EZA 7/3185, 16).
108 Nach diesem Gesetz „durften nicht mehr als fünf Familien auf einem Privatplatz wohnen und kein Eingeborener durfte eigenen Grundbesitz erwerben" (Georg Haccius, Hannoversche Missionsgeschichte. Dritter Teil, zweite Hälfte: Insbesondere die Geschichte der Hermannsburger Mission von 1865 bis zur Gegenwart, Hermannsburg 1920, 109).
109 Haccius, Hannoversche Missionsgeschichte, Zweiter Teil, 299.
110 August Elfers, Südafrikanisches Bilderbuch, Hermannsburg 1952, 3.
111 Elfers, Südafrikanisches Bilderbuch, 10.

and indirectly participated in the systematic justification of their role in dispossessing the black people."[112]

Durch den Erhalt oder Erwerb von Land waren die Missionare an dem Prozess der Kolonisierung des heutigen Südafrikas folglich direkt und indirekt beteiligt und gehörten in der Funktion als Grundherren zur privilegierten und Land besitzenden „weißen" Minderheit. Dabei standen die Missionare zunächst vor der Aufgabe, ihr eigenes Überleben zu sichern und sich eine neue Existenz aufzubauen. Empfanden die Missionare die Gegenden, in denen sie Missionsstationen zu gründen begannen, als „unwirtlich", war das erworbene oder „geschenkte" Land zunächst zu kultivieren.[113] Entsprechend mussten die ihnen als „wild" erscheinenden und der „Sünde verfallenen" Menschen zivilisiert werden, das bedeutete zur Ordentlichkeit, Sauberkeit und geregelten Arbeit erzogen werden und zwar als Vorbedingung für ihren Übertritt zum christlichen Glauben:

> „Unsere Hauptarbeit an den Taufschülern ist, sie dem Herrn Jesu zuzuführen. Daneben haben wir aber selbstverständlich auch die Aufgabe, unsere Schüler zu einem ordentlichen und ehrbaren Wandel in der Welt zu erziehen. Beide Aufgaben sind eng miteinander verbunden."[114]

Die Maßstäbe für ihre christliche Erziehungsarbeit hatten sie aus ihrer Heimat mitgebracht beziehungsweise im Missionsseminar gelernt, so dass sie „nicht die Anpassung an eine fremde Umgebung [suchten], sondern [...] die für sie bekannten Formen und Ordnungen in einem neuen Gemeindeleben verwirklichen [wollten]."[115]

Landbesitz sollte den Rahmen dafür schaffen, eine solche christliche Erziehung in einer lokalen Gemeinschaft zu verorten. Die Missionare benötigten deshalb für die Errichtung von Missionsstationen und für die Ansiedlung der künftigen Gemeinden in großem Umfang Land. Denn oft genug wurden die Missionsstationen Zufluchtsorte für Menschen, die den christlichen Glauben angenommen hatten und dadurch der Verfolgung durch ihre Angehörigen ausgesetzt waren. Hinzu kam, dass die Ansiedlung der ersten Konvertiten in den Augen der Missionare schon deshalb notwendig war, um eine langfristige Beheimatung dieser Menschen in der christlichen Glaubenstradition zu erzielen. Es sollte dadurch vermieden werden, dass sich jene Konvertiten wieder vom Christentum distanzierten, falls sie nach zu kurzer Zeit in ihre bisherigen Siedlungen zurückgehen sollten. Hinzu kam, dass man durch den umfangreichen Kauf von Land im Umfeld der Missionsstationen verhindern wollte, dass dieses Land in die Hände „weißer" Farmer fiel. Denn diese verboten in der Regel Afrikanern, auf „weißem" Land zu leben, es sei denn in der Funktion als Farmarbeiter und Farmarbeiterinnen.

---

112 Zulu, From the Lüneburger Heide, 188.
113 Das belegt zum Beispiel die folgende Äußerung von Elfers: „Hier hat der Mensch es noch nicht fertig gebracht, das Antlitz der Erde zu prägen und sie sich untertan zu machen, wie Gott ihm geboten hat. Der Boden trägt Dornen und Disteln, nur hier und da kratzt man ihn auf, um Mais und Mabelekorn in den ungepflegten Acker zu säen. Einen richtigen Ackerbau findet man selten, die Eingeborenen lernen es jetzt langsam von den Weißen." (Elfers, Südafrikanisches Bilderbuch, 5).
114 David Wolff, Unter den Sulu. Mancherlei Mitteilungen aus dem praktischen Missionsdienst, Hermannsburg 1914, 41.
115 Bammann, Koinonia, 104.

Relativ früh begannen die Missionare verschiedene Formen des Nebenerwerbs zu praktizieren. Für die Missionare, die mehrheitlich selber aus zumeist einfachen Bauernfamilien stammten, erschien es selbstverständlich, sich auch in Südafrika durch Farmarbeit eine Existenzgrundlage zu schaffen.[116]

1886 wurde in Hermannsburg (Niedersachsen) eine *neue Missionsordnung* beschlossen,[117] die bis 1906 gelten sollte. In ihr wurde nun hinsichtlich der Frage des Landbesitzes der Missionare festgelegt, „dass kein Missionar auf eigenem Grundbesitz wohnen durfte. Privater Besitz wurde von der Mission übernommen durch Kauf oder auch durch Schenkung"[118], das heißt persönliches Eigentum und Missionsbesitz sollten klar getrennt sein. Doch viele Missionare waren weiterhin in der „Doppelrolle als Seelsorger und Farmmanager"[119] tätig. Diese Doppelfunktion führte immer wieder zu Auseinandersetzungen zwischen den Missionaren und Stationsbewohnern (beziehungsweise Gemeindegliedern), vor allem, wenn es um das Eintreiben von Pachtzahlungen zur Verbesserung der finanziellen Situation der HM oder auch von Steuern für die Kolonialregierung ging. Dies änderte sich erst, als die Kirchenordnung von 1906[120] eingeführt wurde. Nun kam es innerhalb der HM zu einer Neuorganisation des Landbesitzes mit der Folge, dass die Verantwortung für den Landbesitz einem Generalverwalter übertragen wurde. Dieser war jetzt auch dafür zuständig, die Pachtzahlungen einzutreiben, eine Aufgabe, die bis dahin die Missionare wahrgenommen hatten.[121]

Die Missionsordnung von 1886 hatte ferner zur Folge, dass das südafrikanische Missionsgebiet in zwei autonome Bezirke – Zulumission und Tswanamission – eingeteilt wurde.[122] Auch die Notwendigkeit einer Gesamtleitung der HM in Südafrika kam jetzt in den Blick. 1896 beauftragte der Missionsausschuss in Hermannsburg (Niedersachsen) Egmont Harms mit dieser Aufgabe.[123]

---

116 Vgl. Zulu, From the Lüneburger Heide, 359.
117 Nachdem eine erste Fassung drei Jahre zuvor im Beisein der Missionare Jens Nikolai Hansen aus Natal und Christoph Penzhorn aus Transvaal beraten sowie überarbeitet worden war (vgl. Hasselhorn, Hermannsburger Mission in Südafrika, 47).
118 Voges, Die Arbeit im Südl. Afrika, 253.
119 Andrea Schultze, „In Gottes Namen Hütten bauen". Kirchlicher Landbesitz in Südafrika: die Berliner Mission und die Evangelisch-Lutherische Kirche Südafrikas zwischen 1834 und 2005, Missionsgeschichtliches Archiv. Studien der Berliner Gesellschaft für Missionsgeschichte, hg. im Auftrag des Vorstandes von Andreas Feldtkeller u.a., Bd. 9, Stuttgart 2005, 507.
120 Die Kirchenordnung ist abgedruckt in: HMBl 1906, 8. Oehler datiert die neue Kirchenordnung auf das Jahr 1908 (Oehler, Wilhelm, Geschichte der Deutschen Evangelischen Mission, Bd. 2: Reife und Bewährung der deutschen evangelischen Mission 1885-1950, Baden-Baden 1951, 135). Zu den Auswirkungen des Pachtsystems auf den Missionsfarmen vgl. auch Beitrag #23 von Fritz Hasselhorn.
121 Seit Mitte des 19. Jahrhunderts ist es der HM gelungen – auch mit Unterstützung der britischen Kolonialregierung – in einem erheblichen Umfang Land für die Errichtung ihrer Missionsstationen in Natal zu erwerben. Dadurch hat sie an der Landenteignung der dortigen afrikanischen Bevölkerung aktiv mitgewirkt (vgl. Zulu, From the Lüneburger Heide, 6). Nach Angaben von Hasselhorn stand die HM 1864 an zweiter Stelle, was den Umfang des ihr zugewiesenen Missionslandes von 16.539 Acres betraf (Hasselhorn, Mission, Land Ownership, 12).
122 Nach Scriba wurde der Bezirk des für die Tswanamission zuständigen Missionssuperintendenten zwei Jahre später in zwei weitere Superintendenturen unterteilt: Magaliesbergkreis und Marikokreis (Scriba, Kirche als Ziel der Mission, 39).
123 Vgl. Haccius, Hannoversche Missionsgeschichte. Dritter Teil, zweite Hälfte, 3-4.

Als wichtigstes Ergebnis der Tätigkeit von Egmont Harms sieht Heinrich Voges die gemeinsam von allen Missionaren erarbeitete und am 14. August 1906 vom Missionsausschuss in Hermannsburg in Kraft gesetzte „Kirchenordnung für die Hermannsburger Evangelisch-Lutherische Mission in Süd-Afrika."[124] In der neuen Kirchenordnung wurde der Missionsarbeit der HM in Südafrika eine sehr viel größere Selbständigkeit zugesprochen und zugleich die neue Leitungsstruktur des Missionsgebietes bestätigt. Ferner betonte auch die neue Kirchenordnung, dass das bleibende Ziel der HM die Gründung einer einheimischen Kirche sei.[125] Die Verabschiedung dieser Kirchenordnung, die damals übrigens nicht in Zulu und Tswana übersetzt wurde, und die 1910 beschlossene „Synodalordnung für die deutschsprachigen Gemeinden" hatten für die Tätigkeit der HM in Südafrika zur Folge, dass die HM nun parallel mit zwei verschiedenen Kirchenordnungen arbeitete:

- Die *deutschsprachigen Gemeinden* waren nach dem presbyterial-synodalen Prinzip organisiert, das zum Beispiel die freie Wahl der Pfarrer durch Gemeinden vorsah. Neben den Pfarrern wurden ebenso die Vertreter der Gemeinden für die Synode gewählt und in diese entsandt. Auch das Leitungsgremium der Synode „bestand aus dem gewählten Präses, dem Vizepräses und drei Laien."[126]

- In den *Missionsgemeinden* blieben dagegen die Mitsprachemöglichkeiten der Gemeindeglieder auch im Rahmen der neuen Kirchenordnung erheblich eingeschränkt. Die Gemeindeglieder konnten nur ihre Kirchenvorstände wählen, wobei eine Vorauswahl der Kandidaten schon durch den jeweiligen Missionar erfolgte.[127] Auch die Kirchenvorstandswahl musste durch den Missionar bestätigt werden, das heißt sie konnte von ihm auch abgelehnt werden. Die Missionare sollten die Leitung der HM in Südafrika auch weiterhin in der Hand behalten, da man seitens der HM der Überzeugung war, dass ihre afrikanischen Gemeinden „noch nicht ganz aus dem Stadium der Unmündigkeit herausgetreten sind"[128] beziehungsweise „noch nicht verwurzelt genug im Lutherischen Bekenntnis seien."[129] Daher blieb der afrikanischen Bevölkerung bis weit in die Mitte des 20. Jahrhundert die Möglichkeit verwehrt, im Rahmen von Synoden Beschlüsse zu fassen oder Wahlen durchzuführen. So wurde in den Missionsgemeinden ein hierarchisch strukturiertes Gemeindeprinzip verfolgt, welches das patriarchal bestimmte Verhältnis, das von Anfang an zwischen Harms und seinen Missionaren gegolten hatte, widerspiegelte.[130]

---

124 Kirchenordnung für die Hermannsburger evangelisch-lutherische Mission in Süd-Afrika, Archiv ELM, Hermannsburg 1906, 5.
125 So heißt es einleitend in Kapitel 13 der Kirchenordnung von 1906: „Die Hermannsburger Missionsgemeinde hat nach dem Befehl Christi Missionare zu den Heiden gesandt, um unter diesen die Kirche Christi aufzurichten" (Kirchenordnung 1906, 41).
126 Hasselhorn, Hermannsburger Mission in Südafrika, 54.
127 Vgl. Wolff, Unter den Sulu, 71.
128 Ibid.
129 Oehler, Geschichte, Bd. 2, 135.
130 Beiden Organen stand nach der neuen Kirchenordnung von 1906 ein Generalsuperintendent vor. Diese Funktion lag bereits in den Händen von Missionsdirektor Egmont Harms, der vom Missionsausschuss im heimatlichen Hermannsburg zur Gesamtleitung der HM in Südafrika beauftragt worden und 1896 nach Südafrika ausgereist war (Voges, Die Arbeit im Südl. Afrika, 256;

Auch die Struktur der Gesamtleitung der HM in Südafrika zeigte ungleiche Mitsprache- und Entscheidungsmöglichkeiten zwischen den Siedlergemeinden und den Missionsgemeinden: So gehörten dem Missionskollegium[131] als die von der HM ernannten Mitglieder der Generalsuperintendent, die drei Missionssuperintendenten[132] und ferner zwei gewählte Mitglieder seitens der deutschsprachigen Gemeinden an: nämlich der Präses der Hermannsburger Synode und ein weiteres Laienmitglied.[133] Während die deutschsprachigen Gemeindeglieder das Recht hatten, ihre Vertreter für das Missionskollegium über ihre Synode zu wählen, wurde den Missionsgemeinden eine solche Wahlmöglichkeit vorenthalten.

Zudem gab es ein regelmäßig tagendes Gremium, das ausschließlich aus den Missionaren und den Pastoren der deutschsprachigen Gemeinden bestand.[134] Insofern waren die afrikanischen Gemeinden in den Leitungsstrukturen der HM nur durch ihre Missionare vertreten, nicht aber durch eigene Gemeindevertreter. Auch die den genannten Leitungsgremien angehörenden Missionare hatten die Missionsgemeinden nicht gewählt, und eigene afrikanische Missionare oder Pastoren waren von der HM bislang für einen Leitungsdienst in den Missionsgemeinden nicht vorgesehen.

Ebenso wenig war noch Ende des 19. Jahrhunderts an die Ordination einheimischer Pastoren zu denken. Zwar hatten die HM-Missionare im Zuge ihrer Gemeindegründungen einheimische Kräfte als Mitarbeitende angestellt. Dennoch lehnten es die Missionare lange Zeit ab, „diese auch als einheimische Ordinierte in ihren Reihen aufzunehmen."[135]

Fragt man nach den Gründen für diese bis Anfang des 20. Jahrhunderts anhaltende Weigerung, einheimische Kräfte zu Pastoren zu ordinieren, so sind folgende Ursachen zu nennen:

a. *Schul- und Ausbildungspraxis*: Der Unterricht in den einfachen Missionsschulen lag in den Händen der Missionare, die jedoch nicht als Lehrer ausgebildet waren. Im Unterschied zu den englischen Missionen stand im Bereich der HM der Schulunterricht im Kontext des Taufunterrichtes. Die Evangeliumsverkündigung war oberste Priorität, so dass die gesamte pädagogische Arbeit und damit auch die Einrichtung von Schulen diesem Ziel untergeordnet wurden: „Die Lehrinhalte dieser Schulen waren […] stark von den Erfordernissen der Missionsarbeit geprägt."[136] Das Ausbildungsniveau der HM im Vergleich zu anderen, selbst auch deutschsprachigen lutherischen Missionen, wurde damals generell als niedrig angesehen Das Fehlen des Englischunterrichts in den ersten Jahrzehnten der Missionsarbeit erlebten die Mitglieder der HM-Missionsgemeinden als deutliches Manko. Missionare der HM sahen jedoch die Gefahr einer Instrumentalisie-

---

und Haccius, Hannoversche Missionsgeschichte, Dritter Teil, zweite Hälfte, 3).
131 Dieses war das oberste Leitungsgremium der HM in Südafrika.
132 Vgl. Hasselhorn, Hermannsburger Mission in Südafrika, 54.
133 Vgl. Winfried Wickert, Männer und Zeiten. 50 Jahre Hermannsburger Missionsgeschichte – Ein Rückblick (Quellen und Beiträge zur Geschichte der Hermannsburger Mission, Bd. 2), Hermannsburg 1987, 267.
134 Vgl. Hasselhorn, Hermannsburger Mission in Südafrika, 54.
135 Heinrich Bammann, Inkulturation des Evangeliums unter den Batswana in Transvaal/ Südafrika. Am Beispiel der Arbeit von Vätern und Söhnen der Hermannsburger Mission von 1857–1940, edition afem mission academics 17, Nürnberg 2004, 303.
136 Hasselhorn, Hermannsburger Mission in Südafrika, 41.

rung des (englischsprachigen) Unterrichts durch die afrikanische Bevölkerung: einerseits, um dem Ziel einer rechtlichen Gleichstellung näher zu kommen, andererseits, um durch eine bessere Ausbildung dazu befähigt zu sein, sich letztlich gegen die „weiße" Bevölkerungsminderheit zu erheben. Daher setzten die Missionare auf einen Unterricht, der die afrikanische Bevölkerung zu „tüchtige[n] Arbeiter[n], Landarbeiter[n] und Handwerker[n]"[137] ausbilden sollte. Nach Fritz Hasselhorn bestand das Ziel der Missionsschulen der HM darin, „die Verteidigung und Befestigung der ‚natürlichen Lebensordnung', die für den Afrikaner einen bescheidenen Platz als Land- und Minenarbeiter vorsah"[138], zu garantieren. Deshalb betrachtete der größere Teil der Missionare die Forderung nach Einführung des Englischunterrichtes als eine „Auflehnung", die sich letztlich gegen die staatliche und soziale Ordnung und damit ebenso gegen die Mission richtete. Demgegenüber galt es, Staat, gesellschaftliche Ordnung und Mission zu verteidigen und zwar in gemeinsamer Verantwortung der staatlichen Behörden und der Missionare.[139]

b. *Hierarchisch-paternalistische Gemeindestruktur*: Im Bereich der HM wurde das geistliche beziehungsweise kirchliche Amt in der Anfangsphase der missionarischen Tätigkeit in einer deutlich hierarchischen Form verstanden und entsprechend ausgeübt: An der Spitze stand das Amt des Missionars. Von diesem Amt leiteten sich alle anderen „Teilaufgaben" beziehungsweise „Hilfsämter"[140] ab: „[a]us den Helfern oder Gehilfen des Missionars rekrutieren sich im Lauf der Zeiten Kirchenälteste, Katecheten, Evangelisten, Sonntagsschulhelfer und Lehrer, aus denen wiederum die ersten Pastoren hervorgehen."[141]

Die Missionskirche sollte eine selbständige Kirche sein, das heißt in der „Selbst-Erhaltung", „Selbst-Ausbreitung" und „Selbst-Verwaltung" unabhängig von der Heimatleitung in Deutschland.[142] Was das Ziel der Selbst-Erhaltung anging, so waren nicht nur die Missionare aufgrund ihrer geringen Gehälter gezwungen, Selbstversorgung zu betreiben, sondern sie verlangten ebenso von ihren afrikanischen Stationsbewohnern, bei der Errichtung der ersten Kirchen und Schulen unter den Tswana selbst Hand anzulegen. In der zweiten Hälfte des 19. Jahrhunderts kam es zur Einführung von Kirch- und Schulgeld.[143] Das Ziel der Selbst-Ausbreitung wurde mehr und mehr von einheimischen Kräften wahrgenommen, von Lehrern, Kirchenvorstehern und Gemeindegliedern[144]; doch zugleich waren im Bereich der Selbst-Verwaltung elementare Defizite hinsichtlich einer Partizipation der

---

137 Jahresbericht [der Missionsleitung] 1909, 11, zitiert nach Hasselhorn, Hermannsburger Mission in Südafrika, 44.
138 Ibid.
139 Ibid.
140 Beide Begriffe werden von Georg Schulz verwendet, vgl. ders., Das geistliche Amt nach lutherischem Verständnis in der missionarischen Situation, in: Volker Stolle (Hg.) Kirchenmission nach lutherischem Verständnis. Vorträge zum 100jährigen Jubiläum der Lutherischen Kirchenmission (Bleckmarer Mission), Beiträge zur Missionswissenschaft und Interkulturellen Theologie, hg. von Theo Sundermeier und Dieter Becker, Bd. 5, Münster, Hamburg 1993, 168f.
141 Ibid., 169.
142 Vgl. Hasselhorn, Hermannsburger Mission in Südafrika, 45.
143 Ibid., 46.
144 Ibid., 47.

afrikanischen Missionsangehörigen festzustellen: Während diese sich an der Finanzierung der Stationen beteiligen sollten und zur Ausbreitung der HM-Missionsarbeit erheblich beigetragen hatten, verwehrte man ihnen eine entsprechende Partizipation in der Leitung beziehungsweise Verwaltung der Missionsstationen. Zwar wurde das Ziel der Selbst-Verwaltung immer wieder thematisiert und konzeptionalisiert. Dennoch fehlte unter den Missionaren die Bereitschaft, dieses Ziel schrittweise umzusetzen.

Eine erste entscheidende Voraussetzung zur Erreichung dieses Zieles bestand darin, eine gut ausgebildete Gruppe einheimischer Lehrer aufzubauen. Aus ihrer Mitte sollten, wie oben beschrieben, später geeignete Leiter der Missionsgemeinden rekrutiert werden.[145] Entsprechende Ausbildungsseminare für Lehrkräfte entstanden 1873 in Bethanie für die Tswana und 1876 in Ehlanzeni für die Zulu. Hier wurden nun Lehrer ausgebildet, jedoch nicht in englischer Unterrichtssprache, sondern in den lokalen Sprachen, wie zum Beispiel Tswana und Zulu. Nach ihrer Ausbildung hatten die afrikanischen Absolventen dieser Seminare zumeist eine Doppelfunktion zu erfüllen, nämlich einerseits als Lehrer an den Missionsschulen zu wirken und andererseits als örtliche Prediger tätig zu sein. Darüber hinaus arbeiteten sie auch als Missionare. Trotz dieser pastoralen Funktionen wurden sie nicht ordiniert. Dabei hatte Ludwig Harms in seinen Instruktionen an August Hardeland diesem das Recht, entsprechende Ordinationen durchzuführen, zugesprochen:[146] Die neue Kirchenordnung von 1906 sah vor, dass die Lehrer, die sich in den Augen der Missionare bewährt hatten und zugleich als Prädikanten Dienst taten, auch als Diakone eine Anstellung bei der HM erhalten sollten. Ebenso war in der Kirchenordnung die Ordination von ausgebildeten Theologen anvisiert. Diese sollten aber nicht als Pastoren den Missionaren gleichgestellt werden, sondern als Vikare unter der Aufsicht der Missionare stehen.[147] Doch obwohl es inzwischen ausgebildete Lehrer gab, war man seitens der meisten HM-Missionare noch zu Beginn des 20. Jahrhunderts nicht bereit, den weitergehenden Schritt, die Selbstverwaltung der Missionsgemeinden in die Verantwortung der Afrikaner zu übergeben, zu gehen. Begründet wurde diese Haltung mit dem Hinweis auf die oftmals fehlende menschliche Reife und die mangelnden Führungsqualitäten unter den bislang ausgebildeten Lehrkräften.

Anfang des 20. Jahrhunderts war jedoch die HM in Südafrika dringend auf einheimische Kräfte angewiesen. Dies führte nun dazu, dass sich die HM 1909 gewissermaßen aus der Not[148] heraus dazu entschloss, die ersten drei afrikanischen Lehrkräfte zu Vikaren zu ordinieren: Im Bereich der Tswana-Mission handelte es sich um den Diakon Jacob Lebele und den Lehrer Jacobus Khunou, in der Zulu-Mission um den Lehrer Joseph Gwamanda. Alle drei waren dazu von den Missionaren ausgebildet worden.[149] Denn noch immer lag der HM daran, die künftigen afrikanischen Pastoren auf ihren Missionsstationen auszubilden,

---

145 Vgl. Wolff, Unter den Sulu, 139.
146 Vgl. Voges, Die Arbeit im Südl. Afrika, 251.
147 So hatte es Missionar Wolff gefordert (Wolff, Unter den Sulu, 139).
148 Hasselhorn zitiert den damaligen Missionsdirektor Egmont Harms mit der Bemerkung: „Wir werden deshalb der Gründung eines eingeborenen Pastorats näher treten müssen, obgleich dies nur mit Zittern und Zagen geschieht. Aber der Anfang muss gemacht werden, die Not zwingt uns dazu" (HMBl 1907, 206, zitiert nach Hasselhorn, Hermannsburger Mission in Südafrika, 53).
149 Vgl. Voges, Die Arbeit im Südl. Afrika, 258.

anstatt ein Seminar einzurichten beziehungsweise dieses in Kooperation mit anderen lutherischen Kirchen zu betreiben.[150]

Im Bereich der Siedlergemeinden der Hermannsburger Mission
Gezielte Besiedlungsprogramme und eine kontinuierliche Immigration – vorwiegend aus den damaligen deutschen Ländern – haben seit Mitte des 19. Jahrhunderts nicht nur in der Kapkolonie, sondern auch in Natal, im späteren Oranje-Freistaat und in Transvaal zum Entstehen geschlossener deutscher Siedlungsgebiete geführt. In diesen bildeten sich nach und nach deutschsprachige lutherische Gemeinden.

So war die erste Hermannsburger Missionsgründung in Neu-Hermannsburg nicht nur der Ausgangspunkt für die Missionsarbeit der HM unter der afrikanischen Bevölkerung.[151] Sie stellte zugleich den Ort da, von dem aus auch die Gründungen der deutschsprachigen Siedlergemeinden im Bereich der HM ausgehen sollten. Im Verlauf der nächsten Jahrzehnte trug Neu-Hermannsburg entscheidend dazu bei, dass in Natal „das größte geschlossene deutsche Siedlungsgebiet in Südafrika"[152] entstanden ist. Verstärkt wurde dieser Prozess vor allem im Rahmen der Hermannsburger Mission durch die Bildung von Missionssiedlungen zunächst in Natal: In deren Folge wurden nicht nur deutschsprachige lutherische Missionare, sondern von Anfang an auch deutsche Kolonisten und Farmer aus dem Bereich der Lutherischen Landeskirche im Königreich Hannover nach Südafrika entsandt. Diese hatten zusammen mit den Missionaren den Auftrag, christliche Siedlungen zu gründen, in denen sich lutherische Missionsgemeinden, bestehend aus Missionaren, Siedlern und Einheimischen, bilden sollten. Später zogen sich jedoch immer mehr Kolonisten und Farmer aus diesem Vorhaben zurück. Stattdessen bildeten sie „weiße" Entitäten oder schlossen sich anderen deutschen Siedlern an und schufen so eigene „weiße" Siedlungen und deutschsprachige lutherische Gemeinden. Begründet wurde die Notwendigkeit zweier unabhängiger HM-Gemeinden – zum Beispiel in Empangweni – unter anderem mit dem ureigenen Missionsansatz der HM, den Einheimischen das Evangelium in ihrer Muttersprache zu verkündigen.[153]

Häufig wurden die deutschsprachigen lutherischen Gemeinden bevorzugt in der Nähe der vorhandenen Missionsstationen gegründet, denn hier fanden die deutschsprachigen Farmer in den Missionaren Landsleute, die sie in ihrer Muttersprache und vertraut mit dem Lebensumfeld und der Herkunft der Farmer pastoral versorgen konnten:

> „[...] eine Anzahl Farmer tat sich zusammen, dort, wo sie es konnten, und gaben sich einen Mittelpunkt in einer Kirche, welche sie immer gemeinsam bauten. Dann gingen sie zur Mission und erbaten sich einen Pastor. Und immer hat die Mission der Bitte entsprochen. So entstand neben der Kirche das Pfarrhaus, die Gemeinde wurde gegründet mit einer Gemeindeordnung. Sie erhielt einen Namen, der an die alte Heimat erinnerte, wie Verden, Marburg, Lilienthal, usw. [...] Wurde durch die An-

---

150 Ibid., 258f.
151 Werner Backeberg erwähnt die enge Verbindung der ersten Hermannsburger Kolonisten mit den aus Osnabrück ausgewanderten und den durch Jonas Bergtheil angeworbenen Deutschen (Backeberg, Deutsche Siedler in Südafrika, 319).
152 afrika-post 21, EZA 7/3185.
153 Vgl. Wickert, Männer und Zeiten, 31.

siedlung die Entfernung zur Kirche zu groß, taten sich wieder Farmer zusammen und gründeten eine neue Kirche mit Pfarrhaus und Schule. Und die Mission gab den Pastor."[154]

Missionare haben deshalb häufig in einem so genannten „Doppelamt" neben ihrer Missionstätigkeit gleichzeitig die pastorale Betreuung der deutschen Gemeinden übernommen oder übernehmen müssen – zumindest solange der Evangelische Oberkirchenrat in Berlin keine deutschen Auslandspfarrer nach Südafrika entsenden konnte oder wollte. So begannen sich deutschsprachige und einheimische lutherische Gemeinden getrennt voneinander zu entwickeln.

Da Mitte des 19. Jahrhunderts verstärkt deutschsprachige lutherische Missionen in Südafrika anwesend waren, bildeten sowohl deren Missionsstationen als auch die jetzt entstehenden deutschsprachigen lutherischen Siedlergemeinden die wichtigste Verbindung zwischen der deutschen Heimat und dem südafrikanischen Neuland. Im Unterschied zu den ersten deutschen Einwanderergruppen ordneten nun diejenigen, die sich als Lutheraner verstanden, zunehmend ihre konfessionelle Identität der nationalen unter, so dass jetzt Luthertum und deutsche Volkszugehörigkeit mehr und mehr miteinander identifiziert wurden und die konfessionelle Identität in den Hintergrund trat. Man konzentrierte sich überwiegend auf die eigene Sprache und Kultur. Das führte dazu, dass die deutschsprachigen Lutheraner in wachsendem Maße die Politik der „weißen" Vorherrschaft und die damit verbundene Rassenideologie unterstützt haben.[155] Wolfram Kistner betont hier rückblickend die nicht unerhebliche Rolle, die die HM in diesem Prozess gespielt hat:

„Auch in Kreisen der Hermannsburger Mission und ihrer engeren Mitarbeiter und Mitarbeiterinnen glaubten wir zu wissen, dass bei aller Achtung der Kultur und Sprache der einheimischen Afrikaner die ‚Getrennte Entwicklung' unter Führung der weißen Minderheit für sie die beste Lösung sei."[156]

Ein durchaus als natürlich zu bezeichnendes Gefühl von nationaler Zugehörigkeit und Identität im Bereich der deutschsprachigen Siedlergemeinden wurde so mehr und mehr von dem Empfinden „rassischer" Superiorität überlagert. Dies hatte in den „weißen" Siedlergemeinden zur Folge, dass sich ein Bewusstsein der gemeinsamen konfessionellen Identität mit den afrikanischen oder „farbigen" lutherischen Christen der Missionsgemeinden entweder nicht ausbilden konnte oder sogar bewusst ausgeblendet wurde.

---

154 Ibid., 320.
155 Vgl. Wolfram Kistner, 1. Grußwort zum 150jährigen Jubiläum der Hermannsburger Schule in Natal, in: Ders., Gerechtigkeit und Versöhnung. Theologie und Kirche im Transformationsprozess des neuen Südafrika, Sammelband mit Beiträgen aus den Jahren 1985 bis 2006, hg. von Rudolf Hinz, Christian Hohmann, Hanns Lessing, mit Audio-CD, Hannover 2008, 47.
156 Ibid. Vgl. hierzu auch Zulu, From the Lüneburger Heide, 195. – Zulu sieht drei entscheidende Faktoren, die die Entstehung getrennter Gemeinden mitverursacht haben: Erstens, dass Ludwig Harms die Gemeindeordnung, die er 1853 seinen Missionaren mitgegeben hatte, im Zuge der Beauftragung August Hardelands zum Missionssuperintendenten selbst verändert hat; zweitens die daraus resultierende enorme Machtfülle, mit der Harms Hardeland in seinem neuen Amt ausstattete und drittens die Gründung der deutschen Schule in Hermannsburg (ibid., 195f).

Fazit

a) Dass im Bereich der HM im Unterschied zur HHM neben den Missionsgemeinden eigene deutschsprachige Gemeinden entstanden sind, und zwar auch auf Betreiben der HM-Kolonisten und der HM-Missionare, lässt zunächst fragen, ob diese Entwicklung mit dem Hinweis auf unterschiedliche Missionskonzepte allein zu erklären ist. Vergleicht man die Missionskonzepte der HHM und HM miteinander, so zeigt sich bereits in der Entsendepraxis ihrer ersten Missionare nach Südafrika eine strukturelle Grunddifferenz:

– Während die HHM anfangs nur einen einzelnen Missionar nach Südafrika entsandt hatte, beauftragte die HM eine ganze Gruppe von Missionaren und Kolonisten, in Afrika missionarisch tätig zu werden. Dieser Unterschied führte zu wichtigen Weichenstellungen für die weitere Entwicklung ihrer jeweiligen Missionstätigkeit: Während Georg Schmidt als Einzelner nahezu ganz in die Khoikhoi-Gemeinschaft integriert wurde, begann die Gruppe der Missionare und Kolonisten der HM von Anfang an ein gewisses Eigenleben gegenüber den afrikanischen Missionsangehörigen zu entfalten. Als dessen Folge muss der spätere Wunsch nach Gründung einer eigenen deutschsprachigen Gemeinde gesehen werden. Anders als die HM-Missionare fanden die Missionare der HHM ihre Beheimatung im institutionellen Rahmen ihrer Missionsstationen beziehungsweise Missionsgemeinden. Innerhalb dieses sozialen Rahmens bildeten jedoch auch sie eigene deutschsprachige Kreise, in denen sie bewusst unter sich blieben.

b) Hinzu kommen drei weitere Faktoren, die bei der Implementierung des jeweiligen Missionskonzeptes relevant wurden, nämlich die Bedeutung der Gründungszeit, des Gründungsortes sowie –kontextes der einzelnen Missionsstationen oder Missionssiedlungen:

– Der Beginn der Missionsarbeit der HHM 1737 vollzog sich zu einem Zeitpunkt, als es noch wenige deutsche Siedlungsgebiete im Umfeld Kapstadts gab, von einzelnen Farmen abgesehen. Weder existierte eine deutschsprachige Siedlergemeinde, noch gab es Ansätze und Erfahrungen durch die Präsenz anderer (deutscher) Missionsgesellschaften, an denen sich Georg Schmidt hätte orientieren können.

– Im Unterschied dazu existierten bereits zahlreiche deutsche Siedlungen und einzelne von der Berliner Mission errichtete Missionsstationen, als die HM ihre erste Missionsstation 1854 in Natal begründete. Dadurch, dass Berliner Missionare beim Aufbau deutscher Siedlungen und Gemeinden aktiv mitgewirkt hatten, konnten die HM-Missionare bereits zu Beginn ihrer Missionstätigkeit in Natal auf die Praxis eines so genannten „Doppelamtes" zurückgreifen: Das bedeutete, dass zur pastoralen Aufgabe eines Missionars neben der Gründung von Missionsgemeinden auch die Betreuung von Siedlergemeinden gehören konnte.

– Ausschlaggebend für das Bedürfnis, eigene deutschsprachige Gemeinden zu gründen, wurde in der Regel bei den Kolonisten und Missionaren der HM die Frage nach der Schulausbildung ihrer Kinder: Eine Koedukation ihrer Kinder zusammen mit den schulpflichtigen afrikanischen Missionskindern hielten sie für nicht angemessen und richteten daher eigene „weiße" Schulen ein. Die Kinder der HHM-Missionare wurden schon von früh an zur Erziehung und Ausbildung nach Deutschland geschickt: zunächst „in die Kinderanstalt nach Herrnhut, in späterer Zeit meist nach Niesky. Von 1926 ab wurde es Sitte, die Kinder in die Anstalten nach Kleinwelka zu geben."[157]

c) Diese äußeren Bedingungsfaktoren müssen in einer Wechselbeziehung zu den jeweiligen konzeptionellen Zielvorstellungen der HHM und HM gesehen werden: Diese Zielvorstellungen haben das Handeln der Missionare inhaltlich nicht nur theologisch und ekklesiologisch bestimmt, sondern zugleich auch ihre gesellschaftspolitische Haltung und ihr Handeln gegenüber der afrikanischen Bevölkerung beeinflusst:

– Ausgehend von der im Pietismus geprägten Vorstellung einer Reform der Kirche durch die Erweckung beziehungsweise Berufung des Einzelnen vertrat von Zinzendorf das Konzept einer Erstlingsmission. Folgerichtig zielte sein Missionskonzept auf die Bildung erweckter Gruppen, die geschlossene christliche (Modell-) Siedlungen, das heißt Missionsinstitute, anlegen sollten. Von Zinzendorf verstand diese Siedlungen als überkonfessionelle Gemeinschaften, denn die konfessionellen Trennungen Europas wollte er nicht auf das Missionsfeld transferieren.[158] So schuf das Konzept der Erstlingsmission die Grundlage für die Bildung von Missionsgemeinden, bei denen nicht ethnische oder sprachliche Faktoren ausschlaggebend waren, sondern die individuelle Berufung zum Glauben. Vorrangig ging es von Zinzendorf um eine gemeinde- und nicht kirchenbezogene unmittelbare Reich-Gottes-Arbeit, ohne das Herrnhuter Modell direkt in den südafrikanischen Kontext zu übertragen.

– Im Gegensatz dazu verfolgte Ludwig Harms von Beginn an das Ziel, Volkskirchen unter den „Heidenvölkern" zu gründen und betonte im Unterschied zu von Zinzendorf die wechselseitige Bezogenheit von Kirche und Volk. Sein entsprechendes Konzept einer Völkermission begründete er soteriologisch: Allein die Kirche war für ihn der Ort, an dem Menschen Zugang zu den Heilsgaben Gottes gewinnen können. Diesen Zugang sollten auch die „Heiden" erhalten. In seinem methodischen Ansatz orientierte sich Harms am Vorbild frühmittelalterlichen Klostersiedlungen. Ihnen gleich sollten die Missionare zusammen mit Kolonisten christliche Dörfer errichten – dem Vorbild der Hermannsburger Gemeinde entsprechend –, orientiert am Ideal der Urgemeinde sowie am Prinzip eines urgemeindlichen „Kommunismus". Nur so konnte der einheimischen Bevölkerung eine wahre christliche Gemeinde erfahrbar gemacht werden. Dieses Ziel stand jedoch in einem gewissen Widerspruch zu der von Harms vertretenen Maxime, die ethnischen Eigenarten der jeweiligen Völker wie zum Beispiel Sprache und Kultur als Konkretisierungen der Schöpfungsordnung Gottes zu respektieren: Ein Widerspruch, der die Arbeit der HM in Südafrika seither begleitet hat.

d) In beiden Missionen (HHM und HM) haben wir im Verlauf des 19. Jahrhunderts eine mehr oder weniger stark vollzogene Modifizierung des ursprünglichen Missionsansatzes und die damit verbundene Anpassung ihrer Missionsarbeit an die südafrikanischen gesellschaftlichen Gegebenheiten beobachten können:

---

157 Müller, 200 Jahre Brüdermission, 287.
158 Zugleich verortete er seine Missionsarbeit in der lutherischen Tradition, ohne jedoch ein bewusst lutherisches Profil der HHM zu fordern.

– 1848 hatte die HHM im Verlauf ihrer Generalsynode begonnen, ihren bisherigen missionstheologischen Ansatz der Einzelbekehrung um zwei neue Zielsetzungen zu erweitern: um die sich als immer notwendiger erweisende Ausbildung einheimischer Kräfte – verbunden mit dem Ziel, dass die Missionsprovinz selbständig werden sollte. Dazu musste die Leitung der Missionsgemeinden in einheimische Hände übertragen werden. Die Umsetzung beider Anliegen hatte zum Ziel, den Missionaren den nötigen Freiraum zu schaffen, um sich neuen Missionsgebieten zuwenden und langfristig eine einheimische Missionskirche aufbauen zu können. Einen entsprechenden Paradigmenwechsel hat die HHM erst 1899 vollzogen, als das Konzept der Erstlingsmission zugunsten des Konzeptes der Völkermission offiziell aufgegeben wurde. Allerdings war die Arbeit in der Missionsprovinz SAO bereits seit 1863 faktisch dem Prinzip der Völkermission gefolgt.

– In einem sehr viel kürzeren zeitlichen Abstand zum ursprünglichen Missionsansatz hat die HM 1870 ihr anfangs praktiziertes Modell eines urgemeindlichen Kommunismus, in Verbindung mit dem Prinzip der Kolonistenmission, aufgegeben, jedoch nicht das von ihr vertretene Gesamtkonzept der Völkermission.

Vergleicht man beide Missionskonzepte im Blick auf ihre Realisierung in der alltäglichen Missionspraxis, so ergibt sich für unseren Zusammenhang folgendes Bild:

Beide Missionen verfolgten unabhängig voneinander das Ziel der Bildung autonomer, das heißt finanziell und personell sich unabhängig von der Heimatleitung tragender Gemeinden. Doch die Realisierung dieses Vorhabens sollte sich bei beiden Missionen unerwartet lange hinziehen. Trotz der Tatsache, dass die dafür ausschlaggebenden Faktoren divergieren, zeigen sich hinsichtlich der Realisierung dieses Zieles auffallend übereinstimmende Reaktionsmuster bei den Missionaren von HHM und HM:

1. Eine Ursache dafür liegt zunächst in der Tatsache begründet, dass die überwiegende Zahl der Missionare die afrikanische Bevölkerung über Jahrzehnte für noch nicht „reif" oder selbstverantwortlich genug hielt, um eine Missionsstation oder –gemeinde eigenverantwortlich organisieren und leiten zu können.

2. Ein weiterer Grund ist darin zu sehen, dass die Missionare von HHM und HM auf Lebenszeit nach Südafrika ausgesandt wurden und deshalb ihren oft „mühsam" errungenen sozialen und ökonomischen Aufstieg als Grundbesitzer weder gefährden noch ihre inzwischen weithin geachtete gesellschaftliche Stellung verlieren wollten.

3. Dass schließlich seit Anfang des 20. Jahrhunderts erste einheimische Missionare beziehungsweise Vikare ordiniert wurden, hatte mindestens zwei wesentliche Gründe: Im Bereich der HHM war es der nachhaltige Druck der HHM-Missionsleitung auf ihre Missionare, einheimischen Kräften die Verantwortung für die Missionsarbeit zu übertragen; im Bereich der HM führte der zunehmende Mangel an Missionaren dazu, gezwungenermaßen umzudenken und einzelne einheimische Kräfte mit einer größeren Eigenverantwortung für die inzwischen breit angelegte Missionsarbeit auszustatten.

4. Sicherlich hatten in der westlichen Kappprovinz die früheren Erfahrungen der „Coloureds" als Sklaven oder als abhängige Arbeiter der „Weißen" ihre Bereitschaft zur Eigenverantwortlichkeit spürbar gebremst. Diese Haltung wurde aber dadurch verstärkt,

dass die „Coloureds" in den HHM-Missionaren wiederum „weißen Herren" begegneten, die sie anleiteten oder ihnen vorgaben, was und wie sie etwas zu tun hatten.

Die afrikanischen Südafrikaner erlebten die meisten Missionare ihnen gegenüber in einer Haltung, die sich vom Verhalten der meisten anderen „Weißen" positiv unterschied. Einzelne Missionare haben die Entwürdigung der afrikanischen Bevölkerung durch „Weiße" immer wieder – auch öffentlich – beklagt und verurteilt. Dennoch musste die afrikanische Bevölkerung erkennen, dass sich die Mehrheit der Missionare gegen die vorherrschenden ungerechten gesellschaftlichen Rahmenbedingungen nicht zur Wehr setzte.[159]

Denn die Missionare benötigten die Unterstützung der jeweiligen politischen Autoritäten, um ihre Missionsarbeit überhaupt beginnen zu können. Zudem waren die Missionare bemüht, Konflikte mit den benachbarten burischen Farmern oder deutschen Siedlern vermeiden, da diesen eine wichtige Rolle für die Missionsarbeit zukam: einerseits als Konsumenten in den Missionsläden, andererseits als Arbeitgeber für ihre afrikanischen Missionsangehörigen. Darüber hinaus ließen sich viele Missionare von den jeweils vorherrschenden politischen Zielsetzungen im Zuge der Rassentrennung überzeugen oder sahen diese Zielsetzungen in einer mehr oder weniger großen Übereinstimmung mit den für sie jeweils geltenden Missionskonzepten und Missionsinstruktionen.

Trotz der Tatsache, dass die Missionskonzepte von Harms und von Zinzendorf für die Missionsarbeit weithin idealtypisch angelegt waren, haben sie dennoch kolonialkritische Ansatzpunkte erkennen lassen. Aber diese traten unter den Bedingungen der täglichen Missionspraxis und im Zuge der Ausweitung der Missionstätigkeit mehr und mehr in den Hintergrund. Ebensowenig wurde das Ziel einer selbständigen Missionskirche realisiert, denn die Missionare betrachteten dieses Ziel zunehmend als eine Infragestellung ihres Dienstes – vor allem gegen Ende des 19. Jahrhunderts. So wurde die Verwirklichung dieses eigentlichen – in beiden Missionskonzepten fest verankerten – Grundanliegens immer wieder herausgezögert und der afrikanischen Bevölkerung Südafrikas bis ins 20. Jahrhundert hinein vorenthalten.

---

159 Das zeigt besonders der Umgang der Missionare mit Fällen von schweren Menschenrechtsverletzungen: Einzelne Missionare haben in ihren Berichten immer wieder von der Brutalität auf Seiten der Buren im Umgang mit ihren afrikanischen Arbeitskräften berichtet. Selbst wenn von Seiten der Missionare diese Brutalität kritisiert wurde, waren jene dennoch davon überzeugt, dass Widerstand gegen dieses Unrecht durch die afrikanische Bevölkerung letztlich eine Auflehnung gegen Gottes vorgegebene Ordnungen bedeute. Daher hielten viele Missionare einen solchen Widerstand in den meisten Fällen für nicht gerechtfertigt.

Land und Mission im Süden Namibias

Reinhart Kößler

Die Rheinische Missionsgesellschaft (RMG) begann ihre Tätigkeit im Süden Namibias in den 1840er Jahren. Sie entsandte die ersten Missionare nach Bethanien und Warmbad. Darauf folgten Berseba, Rehoboth, Hoachanas, Gibeon, Gochas, Keetmanshoop und Lüderitz. Mit Ausnahme von Lüderitz waren alle diese Stationen zugleich Hauptorte von Nama- und Oorlam-Gruppen, die unterschiedlich lange in der Region ansässig waren. Die Etablierung der RMG als für lange Zeit einzige und über viele Jahrzehnte vorherrschende Missionsgesellschaft in der Region fiel mitten in einer Zeit dramatischer Wanderungsprozesse. Seit dem Ende des 18. Jahrhunderts kamen in mehreren Wellen Oorlam-Gruppen aus dem Nordkap und ließen sich in der Region nieder. Durch diese Prozesse wurden bis in die Zeit der Kolonialherrschaft hinein die politischen, aus heutiger Sicht ethnischen Verhältnisse in der Region verändert.[1] Von einem Ergebnis dieser Prozesse zu sprechen, würde verdecken, dass sie keineswegs abgeschlossen waren, als sich die koloniale Herrschaft etablierte. Das Bestreben, eine deutsche Siedlungskolonie zu schaffen, griff vielmehr in die laufenden Prozesse ein und veränderte ihre Richtung entscheidend. Auch das *ethnic engineering* des Odendaal-Planes, der 1964 eingeleiteten namibischen Version der Bantustan-Strategie, lässt sich noch in dieser Entwicklungslinie verorten.[2] Die Ankunft der Missionare war ebenfalls integraler Bestandteil dieses komplexen Prozesses, in dem sich die heute bestehenden, höchst widersprüchlichen und spannungsreichen gesellschaftlichen und politischen Verhältnisse in der Region herausbildeten. Die Vorgänge waren recht unterschiedlich und teilweise gegenläufig. Ein wesentliches Moment war die Ansiedlung „weißer" Farmer und bald auch das Entstehen von städtischen Siedlungen, die von Siedlern dominiert waren. Wo sich Missionare niederließen, schufen diese eine Infrastruktur für ihre Tätigkeit. Typischerweise war dies damit verbunden, dass man sofort anfing zu bauen – und damit waren unterschiedliche Formen des Grunderwerbs verbunden.

Im folgenden möchte ich diesen Aspekt in die weiter reichenden Prozesse der Kolonisierung und der deutschen Kolonialpolitik in Südnamibia, während des 19. Jahrhunderts als Groß-Namaqualand bezeichnet, einbetten. Vor allem möchte ich den Verschiebungen nachgehen, denen die Bedeutung scheinbar so pragmatischer Operationen unterlag, wie es der Bau und die Benutzung von Häusern oder auch Kirchen sowie der Erwerb von Grund und Boden sind. Für sie alle haben sich die gesellschaftlichen und politischen Rahmenbedingungen dramatisch verändert.

---

[1] Vgl. allgemein Brigitte Lau, Southern and Central Namibia in Jonker Afrikaner's Time, 2. Aufl., Windhoek 1994 sowie für die ersten Jahrzehnte des 19. Jahrhunderts Tilman Dedering, Hate the Old and Follow the New. Khoekhoe and Missionaries in the Early Nineteenth Century, Stuttgart 1997.

[2] Vgl. Reinhart Kößler, In search of survival and dignity: Two traditional communities in southern Namibia under South African rule, Windhoek 2005, 86-105.

Migrations- und Siedlungsprozesse im 19. Jahrhundert

Die Missionare trafen auf eine spezifische, durch die erwähnten Wanderungsprozesse bestimmte Konstellation. Schematisch stellt sich diese sukzessive Einwanderung wie folgt dar: Eine Reihe von Oorlam-Gruppen überschritt zu verschiedenen Zeiten den Oranje (!Gariep) und suchte in Groß-Namaqualand nach neuen Wohnstätten. Die Oorlam waren nachhaltig durch ihre Herkunft aus der Kapkolonie geprägt: Zumindest die Führungsgruppen beherrschten das Kapholländisch, sie waren schreib- und lesekundig und waren bereits mit der christlichen Mission in Berührung gekommen. Ihr Alltagsleben war wesentlich durch den Konsum der zeitgenössischen Massenkonsumgüter geprägt: Kaffee, Tee, Tabak, aber auch Alkohol. All dies ließ sich nur durch Handel mit dem Kap, eventuell vermittelt über Walvis Bay, beschaffen. Die für diese Gruppen charakteristische, an der expandierenden Grenze der Kapkolonie entwickelte Organisationsform, das Kommando, war ebenfalls abhängig von externen Ressourcen, zu denen vor allem Pferde, Feuerwaffen, Munition und Schießpulver zählten. Zugleich wurde Verwandtschaft als zentrales Zugehörigkeitskriterium durch Gefolgschaft verdrängt.[3] Die mit dem Kommando verbundene Innovation einer hoch mobilen, den eingesessenen Nama- oder San-Gruppen, bald auch den Herero, deutlich überlegenen Kriegführung erwies sich zugleich als das Mittel, diese Lebensweise aufrechtzuerhalten und effektiv zu machen. Entscheidend war die Anbindung an das auf Kapstadt zentrierte Handelssystem, das aus Groß-Namaqualand sowie den nördlich anschließenden Regionen vor allem Rinder, Elfenbein und Straußenfedern bezog. Diese Handelswaren waren sehr begehrt, und dies machte es möglich, die benötigten Konsum- und Ausrüstungsgüter einzutauschen. Die Beschaffung der Waren, die dann ins Kap geliefert wurden, war ihrerseits ein entscheidender Antrieb für die Kriege, die Raub- und Eroberungszüge, die die Geschichte des heutigen Süd- und Zentralnamibia im 19. Jahrhundert wesentlich bestimmten. Zugleich löste die Einwanderung der Oorlam gerade durch ihren gewaltsamen und kriegerischen Charakter weitreichende gesellschaftliche und politische Veränderungs- und Assimilationsprozesse unter den eingesessenen Nama aus. Diese Veränderungen sind insgesamt durchaus mit der Entstehung einer „Gewehrgesellschaft" im nördlich anschließenden Herero-Gebiet[4] zu vergleichen. Hierbei spielten die Missionare im Rahmen der auf Carl Hugo Hahn zurückgehenden Strategie, eine eigene Herrschaftsbasis bis hin zum „Missionsstaat" zu schaffen, eine wesentliche Rolle.

Weiter südlich waren die Verhältnisse jedoch uneinheitlicher als in Hereroland. Im Verlauf der ersten Hälfte des 19. Jahrhunderts hatte sich eine Reihe von Oorlam-Gruppen etabliert. Dabei bildeten sich zentrale, der jeweiligen Gruppe zugeschriebene Orte heraus, die Ausdruck einer gewissen Sesshaftigkeit waren. Die Verhältnisse der eingesessenen Nama veränderten sich in eine ähnliche Richtung. Das Gebiet war arid, also sehr trocken, und von zwei Wüsten – der Namib im Westen und der Kalahari im Osten – eingeschlossen. Neben den kriegerischen Unternehmungen sowie der Jagd und dem wichtigen Sammeln

---

3 Vgl. Martin Legassick, The Northern Frontier to c. 1840: The Rise and Decline of the Griqua People, in: Richard Elphick, Hermann Giliomee (Hgg.), The Shaping of South African Society. 1652-1820, Cape Town 1992, 361, 366.
4 Dag Henrichsen, Die Hegemonie der Herero in Zentralnamibia zu Beginn der deutschen Kolonialherrschaft, in: Larissa Förster, Dag Henrichsen, Michael Bollig (Hgg.), Namibia-Deutschland. Eine geteilte Geschichte. Widerstand – Gewalt – Erinnerung. Köln 2004, 50.

von *veldkos* war eine weiträumige, zwischen relativ festen Weidegebieten wechselnde Viehzucht die entscheidende Subsistenzgrundlage. Dies bedeutete zum einen, dass die territoriale Organisation relativ sesshafter Gruppen nicht nur den Hauptort, sondern eine ganze Reihe von Außenposten und Wasserstellen einschloss. Diese waren entweder dauerhaft besetzt und dann häufig Untergruppen zugeordnet, oder sie wurden periodisch im Rahmen einer umschichtigen Nutzung der Weide aufgesucht. Zum anderen waren Gebietsansprüche in der Gesamtregion nur ansatzweise abgegrenzt. Die damit gegebene relative Freizügigkeit bedeutete eine Absicherung gegen die Dürren, die ein wiederkehrendes Charakteristikum der ariden Ökologie von Groß-Namaqualand darstellen. Die Folgen der Dürre ließen sich in gewissem Maße ausgleichen, solange es möglich war, großräumig noch vorhandene Weideressourcen zu nutzen.[5]

Die Rolle der Missionare und die Kongruenz kirchlicher mit ethnisch-politischen Gemeinden

Die Ankunft der Missionare fügte sich klar in die so bedingten Interessenlagen ein, zumal soweit sie von den Führungsgruppen bestimmt wurden, die aus dem *Kaptein* (*gaob*) und seinen Großleuten[6] bestand. Zunächst einmal bedurfte die Ansiedlung eines Missionars einer Anforderung oder Bitte des *Kaptein*, der in der Regel in Abstimmung mit seinem Rat handelte. Darin kamen reale, für die künftige Arbeit und Stellung des Missionars entscheidende Machtverhältnisse, Verfügungsmöglichkeiten und Interessen zum Ausdruck.

Die Bitte einen Missionar zu entsenden hatte nicht allein und häufig auch nicht in erster Linie religiöse oder spirituelle Gründe. Es ging dabei vordringlich um den Anschluss an das Handelssystem am Kap beziehungsweise darum, diese Verbindung zu garantieren. Dies kam nicht nur in der auf den ersten Blick überraschenden Nähe der Missionare zum Handel zum Ausdruck – viele betrieben selbst Handel und manche konzentrierten sich am Ende gänzlich darauf.[7] Auch die Dimension des *leraar* (Lehrer) ordnet sich hier ein. Er war nicht nur Begründer einer Schule und Unterweiser in den damit assoziierten Grundfertigkeiten, die zunächst die Fähigkeit vermittelten, Bibel, Gesangbuch und Missionsbulletin zu lesen. Darüber hinaus ging es um Kenntnis der Welt, vor allem des Kap und darüber hinaus und um die Beziehungen zu ihr. Als wichtige Figuren erwiesen sich Missionare aber auch, wenn sie – was häufig der Fall war – diplomatische Funktionen übernahmen. Dabei übernahmen sie nicht allein die Rolle des Friedensvermittlers – wie dies etwa in der Aushandlung des Vertrags von Hoachanas 1858 deutlich zum Ausdruck kam –, sondern sie traten als Vertre-

---

5 Vgl. Jeremy Silvester, Black pastoralists, white farmers. The dynamics of land dispossession and labour recruitment in Southern Namibia 1915-1955, unveröffentlichte Doktorarbeit, School of Oriental and African Studies, London, 1993, ders., Beasts, boundaries and buildings: The survival of pastoral economies in southern Namibia, 1915-1935, in: Patricia Hayes, Jeremy Silvester, Marion Wallace, Wolfram Hartmann (Hgg.), Namibia under South African rule: Mobility and containment, Oxford u.a. 1998, 104f.

6 Auf die variantenreiche interne Organisation kann hier nicht eingegangen werden; vgl. bes. Kuno F.R.H. Budack, Die traditionelle politische Struktur der Khoe-Khoen in Südwestafrika (Stamm und Stammesregierung, auf historischer Grundlage), unveröffentlichte Dissertation, Universiteit van Pretoria 1972.

7 Für Beispiele vgl. etwa Christian Bochert, The Witboois and the Germans in South West Africa: A Study of their Interaction between 1863 and 1905, unveröff. M.A. Thesis, University of Natal, Dept. of History and Political Sciences 1980, 152.

ter „ihres" Stammes auf. Hier ist von entscheidender Bedeutung, dass allein schon durch die Art und Weise, in der der Missionar Zugang zu seinem Wirkungskreis erhielt, eine Kongruenz zwischen der ethnisch-politischen Gemeinschaft und der entstehenden Kirchengemeinde vorgeformt war. Dies traf auch dann zu, wenn der *Kaptein* selbst die eigene Taufe hinauszögerte und die Kirchenmitglieder noch in der Minderheit waren.

Als Ergebnis dieses hier nur grob skizzierten Prozesses ergab sich, dass die neu gegründeten Missionsstationen gleichzeitig Zentren ethnisch-politischer Gruppen waren: Warmbad (Bondelswarts/!Gami≠nun), Bethanien (!Aman), Berseba (/Hai//khauan), Rehoboth (Swartbooi/ //Khau-/goan), Hoachanas (Rote Nation/ Gai//khaun), Gobabis (Kai//khauan), Keetmanshoop (Tseibs „Stamm"), Gibeon (Witbooi//Khobesin), Gochas (Fransmanne/Simon Koper/!Khara-khoen).[8] Nicht jede dieser Stationen war ständig oder dauerhaft besetzt, und es kam zu teils dramatischen Veränderungen, wenn Stationen aufgrund politischer Ereignisse zumindest vorübergehend aufgegeben wurden, wie Gibeon nach Auseinandersetzungen um Führungspositionen unter den /Khobesin. Dies gilt insbesondere für den anhaltenden Widerstand, den der *Kaptein* der Roten Nation[9] als Repräsentant der Gruppe, die unter den eingesessenen Nama die höchste Seniorität beanspruchte, der Niederlassung der /Khobesin in Gibeon entgegensetzte.[10] Ein weiteres Beispiel sind die dramatischen Umstände, unter denen die Swartbooi aus Rehoboth vertrieben wurden. Hier siedelten sich am Ende die ebenfalls aus dem Kap stammenden, aber Kapholländisch/Afrikaans sprechenden Baster an. In diesen Fällen machten sich Missionare zu Vertretern und Fürsprechern der ethnisch-politischen Gemeinde. Zuweilen kam es dabei zu Konfrontationen innerhalb der Missionsgesellschaft und der eigenen Familie wie im Fall des Gibeoner Missionars Johannes Olpp[11] – oder gar zur gemeinsamen Flucht, auf der 1864 der in Rehoboth tätige Missionar Kleinschmidt umkam. Missionare agierten aber nach 1884, dem formalen Beginn der deutschen Kolonialherrschaft, auch als wichtige Türöffner bei der Aushandlung der Schutzverträge, die die damals nahezu machtlosen deutschen Kolonialbeamten benötigten, um im Sinne der Berliner Konferenz die „effektive Kontrolle" über das von ihnen im Auftrag des Reichs beanspruchte Gebiet nachweisen zu können.

Ausdruck dieser engen Verknüpfung und Kongruenz zwischen dem Missionar und seiner Gemeinde einerseits sowie dem ethnisch-politischen Gemeinwesen andererseits war die Zuweisung und Schenkung von Grund und Boden. Dabei handelte es sich zunächst um recht begrenzte Areale, auf denen die Missionsstation gebaut wurde, die in der Regel Kirche, Schule und das Haus des Missionars umfasste. Nach Lage innerhalb der zentralen Siedlung und kultureller wie gesellschaftlicher Bedeutung bildete die Missionsstation zu-

---

8 Die nama-sprachigen Ethnonyme werden neuerdings von führenden Vertreterinnen und Vertretern etwa der /Khobesin bevorzugt, weil sie die ethnische Identifikation jenseits der kapholländischen Familiennamen oder gar einzelner Personennamen (Gertze, Swartbooi, Witbooi, Simon Koper, Tseibs Stamm, usw.) klarer zum Ausdruck bringen.
9 Die Rote Nation oder Gai//Khaun mit dem Hauptort Hoachanas gilt als der älteste der eingesessenen Nama-Stämme, die genealogisch auf diese Gruppe zurückgeführt werden.
10 Vgl. Petrus A. Jod, Das Witbooi-Volk und die Gründung Gibeons, in: Journal of the SWA Scientific Society, Band XVI-1961/62, 81-98.
11 Vgl. Johannes Olpp, Chronik des /Kowesi-Stammes vom Jahre 1780-1880, in: Wilhelm J.G. Möhlig (Hg.), Die Witbooi in Südwestafrika während des 19. Jahrhunderts. Quellentexte von Johannes Olpp, Hendrik Witbooi jun. und Carl Berger, Köln 2007, bes. 58-109.

sammen mit dem Haus des *Kaptein* das symbolische Zentrum des Gemeinwesens. Diese Kongruenz zwischen kirchlicher und politischer Gemeinde blieb für Südnamibia trotz der katastrophenhaften Verwerfungen zwischen 1900 und 1915 noch lange Zeit prägend. Erst die Kirchenspaltung von 1946 führte hier zu einer grundlegenden Veränderung. Diese Tendenz hat sich in einem Ort wie Gibeon bis heute noch wesentlich verstärkt, wie an der großen Zahl kirchlicher Gemeinschaften zu sehen ist.[12]

Stamm, Gemeinschaft und Gefolgschaft

Um die Tragweite dieser Veränderungen zu verstehen, sollen hier in aller Kürze die im Lauf des 19. Jahrhunderts etablierten und transformierten Gemeinwesen charakterisiert werden. Auch wenn sie häufig als „Stämme" oder, seitdem dieser Begriff politisch weithin tabuisiert ist, auch als „Clans" bezeichnet werden,[13] handelte und handelt es sich bis heute höchstens in Teilen um Verwandtschaftsgruppen. Wo verwandtschaftliche Zusammenhänge bestehen, finden sich Koalitionen unterschiedlicher Familien, die – etwa in Berseba – zuweilen auch in klar umrissenen Teilen der zentralen Siedlung leben oder die – ebenfalls in Berseba aufgrund der dort spezifischen Spaltungstendenzen – vorzugsweise oder gänzlich je spezifische Teile des gemeinsamen Territoriums nutzen und besetzen. Dabei ist es naheliegend, dass als Strategie zur Konfliktbearbeitung die Meidung[14] eine wesentliche Rolle spielt. Andererseits lassen sich in historischer Perspektive starke integrative, inkludierende Momente beobachten. Sie werden nicht zuletzt durch eine entsprechende Lektüre des nach wie vor wohl wichtigsten autochthonen Quellenkorpus belegt, des sogenannten „Tagebuches" von Hendrik Witbooi.[15] Hier wird deutlich, dass der *Kaptein* vor allem während der Blütephase der Siedlung auf Hornkranz bis zum Überfall der Schutztruppe am 12. April 1893 viele Menschen an sich zog, die sicher nicht aufgrund von Verwandtschaftsbeziehungen kamen, sondern durch den Wunsch motiviert waren, an einem für sie sinnvollen und lohnenden Projekt teilzunehmen.

Es geht aus diesen Quellen nicht hervor, wie sich dabei die Erwartung auf Beute und Abenteuer mit dem Ziel verband und ausbalancierte, der sich immer deutlicher abzeichnenden Gefahr der kolonialen Unterwerfung entgegenzutreten – einer Gefahr, die !Nanseb in seiner diplomatischen Korrespondenz ja so nachhaltig beschwor. Entscheidend ist hier, dass Struktur und Rekrutierung der ihm loyalen /Khobesin in dieser Phase sehr viel eher einer

---

12 Die katholische Mission hatte die angesprochene Kongruenz vor allem im Gebiet der Bondelswarts bereits früher relativiert, was nicht ohne Folgen für den Verlauf des Nama-Deutschen Krieges blieb (vgl. G.L. Buys, S.V.V. Nambala, History of the Church in Namibia, Windhoek 2003, 85; Klaus Dierks, Chronologie der Namibischen Geschichte, Windhoek 2000, 73; Franz Wehrl, Mission am Oranje. Geschichte der Oblaten-Mission der Vikariate Keimoes und Keetmanshoop nach Briefen, Tagebüchern und Visitationsberichten, Eichstätt 1994, 205ff).

13 Diese terminologischen Hürden werden von Angehörigen der betroffenen Gruppen häufig ignoriert. Gemeinsam ist allen diesen terminologischen Setzungen die meist unreflektierte, dennoch unrealistische Unterstellung der bounded community (vgl. Eric Wolf, Closed Corporate Peasant Communities in Mesoamerica and Central Java, in: Southwestern Journal of Anthropology, Vol. 13, 1957, 1-18).

14 Vgl. Georg Elwert, Anthropologische Perspektiven auf Konflikt, in: Julia Eckert (Hg.), Anthropologie der Konflikte. Georg Elwerts konflikttheoretische Thesen in der Diskussion, Bielefeld 2004, 31; Erdmute Alber, Meidung als Modus des Umgangs mit Konflikten, in Eckert, Anthropologie, 169-185.

15 Vgl. zum folgenden Hendrik Witbooi, The Hendrik Witbooi Papers, 2. verb. und erw. Ausgabe, Windhoek 1995.

Gefolgschaft und in manchem geradezu einer Proto-Partei entsprachen als einer auf Verwandtschaftsbeziehungen beruhenden Einheit. Die damit verknüpften Möglichkeiten, zunächst Außenstehende oder Zugezogene einzubeziehen, kommen in den Listen der Amtsträger deutlich zum Ausdruck, und diese Praxis wird durch spätere Ereignisse bestätigt. So schloss sich Samuel Isaak, der während des Nama-Deutschen Krieges als *Onderkaptein* fungierte,[16] 1894/95 nach einem Nachfolgestreit in Berseba, in dem sich die Goliath-Partei hatte durchsetzen können, mit seinen Gefolgsleuten den /Khobesin an.[17] Auch der Versuch, die politischen Strukturen der /Khobesin zu rekonstruieren, der 1917 Gegenstand einer polizeilichen Untersuchung war, zeigte, dass Swartbooi oder Bethanier ungeachtet ihrer Herkunft und früheren Loyalität in diese Gruppe integriert waren.[18]

Gewiss markiert gerade Hendrik Witbooi ein besonders deutlich umrissenes und artikuliertes Projekt. Es verband zudem noch spirituelle Elemente bis hin zum Anspruch der göttlichen Sendung mit dem politischen Programm: nämlich mindestens Groß-Namaqualand unter seiner Herrschaft zu einen und auf dieser Grundlage dem kolonialen deutschen Herrschafts- und Kontrollanspruch Widerstand entgegenzusetzen. Zudem lässt sich wohl behaupten, dass er die zentrale Gestalt war, an der sich während der 30 Jahre der deutschen Kolonialzeit die mit dieser verknüpften Widersprüche am klarsten und geradezu dilemmatisch artikulierten. In diese Situation fanden sich auch die Missionare verstrickt, zumal sie die deutsche Kolonialherrschaft allermeist enthusiastisch begrüßten. Dass sie sich damit in ein im Grunde ausgloses Dilemma manövriert hatten, wurde spätestens in dem Augenblick deutlich, als die von den Missionaren gesammelten Gemeinden begannen, eben dieser Herrschaft entschiedenen Widerstand entgegenzusetzen. Dabei darf nicht vergessen werden, dass dieser Widerstand keineswegs schlagartig mit dem Jahr 1904 einsetzte, wie manche Darstellungen dies nahelegen. Vielmehr markieren der Herero-Deutsche und der Nama-Deutsche Krieg nur die Höhepunkte der vielen Auseinandersetzungen, die sich mit wechselnden Akteuren und Allianzen über mehr als ein Jahrzehnt hinzogen.[19] Die Missionare waren mit diesem Problem also fast dauernd konfrontiert. Christian Spellmeyer formulierte seine Aufgabe kurz nach dem auch für seine Arbeit in Gibeon gravierenden und katastrophalen Einschnitt der Jahre 1904/05 dahingehend, beizutragen, dass Südwestafrika „[...] evangelisch *bleibt* und deutsch *wird*."[20] Damit formulierte er nicht nur eine Devise, sondern – vermutlich ungewollt – zugleich ein Dilemma und seine Ansicht, auf welche Seite er sich letztlich zu schlagen habe.

Bodenrecht und Grunderwerb mit symbolischer Bedeutung

Dieses Dilemma lässt sich anhand der Problematik von Grundeigentum und -besitz genauer nachvollziehen. Wie schon erwähnt, wiesen die *Kapteins* den Missionaren herausgehobene und zentrale Flächen zum Bau ihrer Stationen an. In Berseba etwa umfasst das Gelände der

---

16 Vgl. Andreas Heinrich Bühler, Der Namaaufstand gegen die deutsche Kolonialherrschaft in Namibia von 1904-1913, Frankfurt am Main, London 2003, 265.
17 Vgl. Hermann Hegner an Deputation, 18.1.1894, 16.7.1894, an Inspektor, 17.7. 1894, 22.10.1894, Jahresbericht Berseba 22.1.1895, in: Archiv VEM, RMG 1.700.
18 Vgl. Kößler, In search, 190-195.
19 Vgl. z.B. Helmut Bley, Namibia under German Rule, Hamburg, Windhoek 1996, 32-70; Bochert, Witboois, 155-165.
20 Christian Spellmeyer, Quartalbericht Gibeon, 16.2.1907, Archiv VEM, RMG 2.500, Hv. i. O.

Station – heute das Pfarrhaus der ELCRN – mitsamt Kirche und „Krönlein-Turm" noch immer die Gruppe hochgewachsener Bäume und den Brunnen, die den sichtbaren symbolischen Kern der /Hai/khauan-Identität ausmachen. Das Beispiel unterstreicht, wie zentral wichtig die Stationsbauten auch heute noch sind. Es lohnt daher, sich die Eigentumskonstruktion zu vergegenwärtigen, durch die diese Bauten erst ermöglicht wurden.

Gerade im Fall der Oorlam-Gruppen war bei Ankunft der ersten Missionare noch keineswegs geklärt, wem die Gebiete gehörten, die diese Gruppen nun für sich beanspruchten und wenige Jahrzehnte später als ihr legitimes Erbe betrachteten. Berseba ist dafür ein aussagekräftiges Beispiel. Die Gründung des Ortes im Jahre 1850 wird mit der Besitzergreifung durch die /Hai/khauan gleichgesetzt. Fast gleichzeitig ließ sich auch der erste Missionar hier nieder. Es handelte sich bei der Ansiedlung der /Hai/khauan aber um einen prekären und labilen Vorgang. Denn unmittelbar, nachdem sich die Gruppe an der von zweien ihrer Mitglieder entdeckten Quelle – damals ein stattlicher, von Bäumen umgebener Teich – niedergelassen hatte, machte der *Kaptein* der Roten Nation //Oaseb Eigentumsrechte geltend, die er als Haupt der ältesten eingesessenen Nama-Gruppe für das gesamte Groß-Namaqualand beanspruchte, also ungefähr für das Gebiet der heutigen Regionen Hardap und Karas. //Oaseb unterstrich, er habe in letzter Instanz Anspruch auf den Platz. Da er ihn jedoch im Augenblick nicht benötige, erteilte er *Kaptein* Paul Goliath die Erlaubnis: „Du darfst vorerst bleiben."[21] Dies hinderte Paul Goliaths Nachfolger Jakobus Isaak dreieinhalb Jahrzehnte später nicht, als Eigentümer oder doch als Vertreter des sich als Eigentümer des Berseba-Gebietes verstehenden Gemeinwesens den Schutzvertrag mit dem Deutschen Reich zu schließen. Auch als vier Jahrzehnte später Kaptein Johannes Christiaan Goliath die aufgelaufenen Schulden der /Hai/khauan durch den Verkauf eines Drittels des Gebietes an die südafrikanische Kolonialverwaltung ablöste, tat er das mit dem Anspruch, den kollektiven Eigentümer, also den „Stamm" zu repräsentieren.

Es verdient festgehalten zu werden, dass diesen Vorgängen völlig unterschiedliche Rechtskonstruktionen zugrundelagen: //Oaseb versuchte zumindest verbal, eine Art Lehensverhältnis zum *Kaptein* der /Hai/khauan herzustellen. Diesem wurde stellvertretend für sein Gemeinwesen ein Nutzungsrecht zugestanden, das so formuliert war, dass man es nach bürgerlichem Recht vermutlich noch nicht einmal als Besitz ansprechen kann, sicher nicht als Volleigentum (ius utendi et abutendi/disponendi de re sua). Die zunächst engen Grenzen dieses formal schwachen und nur äußerst bedingten Rechtsanspruchs hinderten die /Hau/khauan nicht, im Verlauf der Kriege und Allianzbildungen von den 1850er bis zu den frühen 1880er Jahren mit dem Gebiet nach eigenem Gutdünken zu verfahren, es also ganz selbstverständlich als ihr legitimes Herrschaftsgebiet zu behandeln. Dies Verhalten lässt sich am ehesten mit dem Anspruch der Souveränität in Einklang bringen, der über ein privates, auch kollektives Eigentumsrecht deutlich hinausgeht. Eben dieser Anspruch wurde – entgegen späterer Lesart – auch in den Schutzverträgen beglaubigt, die Vertreter des Deutschen Reiches abschlossen, um gemäß den Prinzipien der Berliner Afrika-Konferenz den Nachweis führen zu können, die tatsächliche Kontrolle über die von ihnen beanspruchten Gebiete auch auszuüben. Indem sie die Schutzverträge aushandelten, erkannten sich die

---

21 Verbunden mit einer Tributzahlung; vgl. Bersebaer Bilder, Berichte der Rheinischen Missionsgesellschaft 8, 1854, 115; Kößler, In search, 20f.

Vertragspartner gegenseitig als souveräne Völkerrechtssubjekte an.[22] Es steht auf einem ganz anderen Blatt, dass es nie in der Absicht einer Kolonialmacht lag, eine derart faktisch zum Ausdruck gebrachte Anerkennung auch ernst zu nehmen. Vielmehr wurden die Rechte aller derjenigen Gruppen, die aktiv gegen die Kolonialherrschaft Widerstand leisteten, also „abfielen" beziehungsweise „aufständisch" wurden, als verwirkt betrachtet und die Schutzverträge als null und nichtig behandelt – auch wenn diese Rechte, insbesondere soweit sie sich auf Grund und Boden bezogen, keineswegs von der deutschen Kolonialmacht verliehen, sondern in den Schutzverträgen eigentlich anerkannt worden waren. Im Fall von Berseba hat *Kaptein* Johannes Christiaan Goliath alles Erdenkliche unternommen, das Gemeinwesen aus dem Nama-Deutschen Krieg herauszuhalten und so eine Enteignung vermieden.[23] Das Fortbestehen des Schutzvertrages begründete die Sonderstellung Bersebas auch während der ersten Jahrzehnte der südafrikanischen Mandatsherrschaft. Allerdings wurde nun die Kontrolle des durch den *Kaptein* vertretenen Gemeinwesens über das Territorium einerseits als unverrückbar behandelt, das heißt, sie konnte durch das südafrikanische Unionsparlament nicht aufgehoben werden wie im Fall der Reservate; andererseits kam in dem Landverkauf an die südafrikanischen Mandatsmacht von 1922/23 die quasi-privatrechtliche Dimension der Rechtskonstruktion zum Ausdruck. Das Gebiet wurde als Eigentum des *Kaptein* beziehungsweise des „Stammes" betrachtet. Damit war es auch veräußerbar. Zugleich übte der *Kaptein* bis in die 1930er Jahre hinein auf dem verbleibenden Gebiet, durch das immerhin die Straße von Windhoek nach Keetmanshoop verlief, Kontrollrechte aus, die zumindest als Nachhall eines Souveränitätsanspruchs verstanden werden können.

Es muss hier nicht geklärt werden, in welchem Maße die handelnden Personen sich dieser Zweideutigkeiten, der Flüssigkeit und Fragwürdigkeit ihrer eigenen Rechtspositionen bewusst waren. Hier kommt es darauf an, dass auf dieser letztlich schwankenden Grundlage auch der Grunderwerb der Missionsgesellschaft beziehungsweise die Zuweisung von Baugrundstücken an die Missionare erfolgte. Die Eigentumsrechte, die sie daraus ableitete, hat die RMG später gelegentlich recht nachdrücklich ausgeübt. Das Gelände und die Stationsgebäude einschließlich der Kirche in Gibeon etwa waren offenbar der Missionsgesellschaft zugewiesen worden, was freilich schlecht dokumentiert war. Dies verursachte nach dem Nama-Deutschen Krieg Probleme.[24] Doch unterstreicht eine Spende des *Kaptein* in Höhe von 10.000 Reichsmark „für die Instandsetzung der Missionsstation"[25] wenige Jahre vor dem Beginn des Krieges, dass dieser offenbar einen engen Zusammenhang zwischen den Aktivitäten der Mission und dem Anliegen seiner Gemeinschaft sah, ein sichtbares Zentrum zu haben und zu erhalten. Etwas anders lagen die Dinge bei der Farm Gawaams, die Johan-

---

22 Vgl. Malte Jaguttis, Wege zu einer völkerrechtlichen Verhandlung der Herero-Klage jenseits der Maßstäbe kolonialer Selbstbeschreibung?, in: Dierk Schmidt, Die Teilung der Erde, Tableaux zu rechtlichen Synopsen der Berliner Afrika-Konferenz, Köln 2010, 285-291; ähnlich Steffen Ercker, Der Deutsch-Herero-Krieg und das Völkerrecht, Frankfurt am Main u.a. 2009, bes. 139.
23 Vgl. Bühler, Namaaufstand, 208-212.
24 Inspektor Spieker, Bericht über die Visitation der Gemeinde Gibeon durch Präses Fenchel und Insp. Spieker, Gibeon, 26.-30. September 1906, in: Archiv VEM, RMG 2.500.
25 Christian Spellmeyer, Gibeon, 6. Mai 1903, in: Archiv VEM, RMG 1.647; der Bericht enthält einen deutlichen Hinweis darauf, dass dieses Geld schlecht verwendet wurde.

nes Christiaan Goliath der Missionsgesellschaft 1907 geschenkt hat[26] und die somit aus dem Gebietsbestand „Berseba" ausschied.

Diese größeren und kleineren Gebietsübertragungen standen in engem Zusammenhang mit der Kongruenz zwischen kirchlicher und politischer Gemeinde. Durch solche Schenkungen tat der *Kaptein* nicht einfach und vielleicht nicht in erster Linie ein frommes Werk, sondern zielte zugleich darauf, den sozialen Gesamtzusammenhang des „Stammes" zu festigen, den er repräsentierte und leitete. Die Kirche mit den dazugehörigen Gebäuden war das symbolische Zentrum der kirchlichen wie der politischen Gemeinde. In Gibeon kam dies auch dadurch zum Ausdruck, dass das Haus des *Kaptein* in unmittelbar Nähe der Kirche am Hochufer des Fischflusses lag. Auch wenn Hendrik Witbooi während der faktischen Gültigkeitsdauer des ihm abgepressten Schutzvertrages sich großenteils auf der Farm Rietmond aufhielt, verweisen solche räumlichen Zuordnungen doch physisch und sinnbildlich auf die enge Verbindung zwischen religiöser und weltlicher Organisation – wenn man diese Einteilung einmal als gültig unterstellen will.

Die Katastrophe von 1905/08 und die Bedeutungsverschiebung des Grundeigentums der Mission

In der Folge wurden die hier umrissenen Verhältnisse schwer erschüttert und schließlich tiefgreifend transformiert. Am einschneidensten war, dass mit der Eingeborenenverordnung von 1907 das Land sämtlicher ethnischer Gruppen Süd- und Zentralnamibias, die sich an den antikolonialen Widerstandskriegen beteiligt hatten, enteignet wurde.[27] Dadurch wurden die Strukturen geschaffen, die zumindest den ländlichen Raum in dieser Region bis heute prägen. Konkret betraf die Enteignung alle Nama-Gruppen. Ausgenommen war nur das Gebiet von Berseba, das nicht am Krieg teilgenommen hatte. Ferner hatten die Bondelswarts im Frieden von Ukamas (1907) einen Teil ihres Territoriums bewahren können. Hinzu kamen das kleine Reservat Soromas nahe Bethanien und die prekäre Wohnberechtigung einiger Angehöriger der Roten Nation in Hoachanas.[28] Der bei weitem größte Teil der Landfläche wurde in Süd- wie in Zentralnamibia nun als Bodenfonds für die Ansiedlung „weißer", vorwiegend deutscher Farmer behandelt.

Die Besiedlung durch „weiße" Farmer war bekanntlich längst im Gange. Ähnlich wie dies häufig für das Herero-Gebiet beschrieben wurde, war auch in Groß-Namaqualand die Verschuldung der Nama-Gruppen der wichtigste Faktor dieses Prozesses, zumal kein Unterschied zwischen individuellen und kollektiven Verbindlichkeiten der Autochthonen gemacht wurde. Sie alle wurden als Verpflichtungen des „Stammes" vom *Kaptein* meist mittels Erlösen aus Landverkäufen abgelöst. Dies hatte einen nachdrücklichen, wenn auch sicher nicht schlagartigen Erosionsprozess für das Landeigentum und den Zugang zum Land für die Autochthonen zur Folge. Im Falle der /Khobesin kam noch der Verlust von Hornkranz nach der Vertreibung durch den Überfall vom 12. April 1893 und dem erzwun-

---

26 Schenkungsurkunde vom 20.7.1907, in: Archiv VEM, RMG 2.545.
27 Vgl. Jürgen Zimmerer, Deutsche Herrschaft über Afrikaner. Staatlicher Machtanspruch und Wirklichkeit im kolonialen Namibia, Hamburg 2001, 57-68.
28 Laut den entsprechenden Verfügungen wurde das „Stammesvermögen der Witbooi- usw. Hottentotten sowie der Roten Nation und der Bondelszwarts einschl. der Swartmodder-Hottentotten" eingezogen (zit. Kößler, In search, 313) – Zwartmodder ist der alte Name für Keetmanshoop.

genen Vertragsschluss 1894 hinzu. Ebenfalls ab 1895 wurde das kurz nach dem Abzug Hendrik Witboois und den damit verbundenen schweren internen Konflikten verlassene Gibeon zur Bezirkshauptstadt gemacht. Das alte symbolische Zentrum der /Khobesin war damit zum – abgesehen von Keetmanshoop – wichtigsten Zentrum der kolonialen Herrschaft in Südnamibia geworden. Hinzu kam die Verwandlung Gibeons in ein koloniales Verwaltungs- und Militärzentrum einschließlich einer heute nicht mehr existierenden Zitadelle. Auch dies war ein Grund dafür, dass Hendrik Witbooi den Ort eher mied und Rietmond vorzog. Das Stammesgebiet der /Khobesin war also bereits durch den Schutzvertrag bereits empfindlich verkleinert und auf die Region um den Fischfluss nördlich und südlich von Gibeon sowie Rietmond (in der weiteren Umgebung von Stampriet) begrenzt worden.[29] Auch in dieser Region kam es zu großflächigen Landverkäufen.

Der Nama-Deutsche Krieg und die Niederlage der Autochthonen schufen die Gelegenheit, die eigentlichen, mit der Schaffung der Kolonie von Anfang an verbundenen Ziele beschleunigt zu verfolgen, nämlich „weiße", vorzugsweise deutsche Farmer anzusiedeln. Gerade das Gebiet um Gibeon wurde nach der Enteignung der /Khobesin von deutschen Farmern besiedelt, was auch dezidiert deutsche Farmnamen wie „Deutsche Erde", „Freistatt", „Falkenhorst" oder „Hoppegarten" (nach 1915 „Hobby Garden") belegen. Entsprechend verhielten sich diese Farmer feindlich, als sich mit der südafrikanischen Besatzung auch für die *Kapteins*-Familie die Möglichkeit der Rückkehr nach Gibeon und scheinbar auch der Neukonstituierung ihrer eigenen Institutionen bot. In diesem Zusammenhang war einzig E. Stumpfe, der Eigentümer der Farm Mariental, eine Ausnahme und verzichtete auf Ausfälle gegen die /Khobesin.[30] Im Krieg hatte die Schutztruppe vorgeblich aus „strategischen Gründen" die Kirche und das benachbarte Haus des *Kaptein* gesprengt[31] und so versucht, den symbolischen Anspruch der /Khobesin auf Gibeon auszulöschen. Die Kirche wurde noch vor Beginn des Ersten Weltkrieges aufgrund der Anstrengungen der Gemeinde wieder aufgebaut,[32] während das Grundstück, auf dem das Haus des Kaptein stand, bis heute eine leere Fläche ist. Die fortdauernde symbolische Bedeutung der Kirche, die über ihre unmittelbare Funktion deutlich hinausreicht, zeigt sich an den Auseinandersetzungen, die während der frühen 1920er Jahre um die Einrichtung eines Reservats geführt wurden, auf die führende Witbooi seit 1915 drängten.[33] Eines der wesentlichen Argumente für die Einrichtung des Reservats in unmittelbarer Nachbarschaft Gibeons, die dann schließlich auch erfolgte, war die Nähe zu der „alten Kirche und Schule".[34]

Das Bild des grundlegenden Umbruchs nach 1905/06 wird vervollständigt durch den faktischen Bevölkerungsaustausch. So beklagten die Missionare, dass sich die Zusammensetzung ihrer Gemeinde grundlegend gewandelt habe. Jetzt waren in Gibeon Otjiherero-Sprechende in der Mehrheit.[35] Die Kolonialmacht siedelte im Rahmen großflächig konzipierter Deportationen Nama in den Norden der Polizeizone um beziehungsweise in-

---

29 Zu den Versuchen, um Rietmond ein Reservat zu errichten, vgl. ausführlich Beitrag #27 von André Saenger in diesem Band.
30 Vgl. Kößler, In search, 182-188.
31 Vgl. Bühler, Namaaufstand, 219.
32 Spellmeyer, Konferenzbericht. Gibeon, 1.6.1914, RMG 2.500.
33 Vgl. im Einzelnen Kößler, In search, III.4.
34 Spellmeyer, [Bericht] Gibeon, 6.12.1924, RMG 2.500.
35 Vgl. im Einzelnen Kößler, In search, 181f, 313.

ternierte sie dort und brachte Herero in den Süden. Dies traf Überlebende der Konzentrationslager, während Nama noch Jahre nach deren Schließung nach Dschang im Grasland von Kamerun deportiert wurden. All dies forderte zahlreiche Todesopfer; im KZ auf der Haifischinsel starb sogar die erdrückende Mehrheit der Betroffenen. Freilich konnten sich einzelne /Khobesin nach einigen Jahren wieder in der Gegend von Gibeon niederlassen, bevor die Niederlage der deutschen Kolonialmacht 1915 generell eine Rückkehr ermöglichte, wenn auch unter deutlich subalternen, von der neuen Kolonialmacht diktierten Bedingungen. Im kollektiven Gedächtnis der /Khobesin, wie es in einer Serie von Petitionen 1919 niedergelegt wurde,[36] erscheinen diese Ereignisse als Abfolge des Betrugs und des erzwungenen ständigen Umherziehens, das den Wunsch nach einem festen Ort (*zitplek*) nur noch stärker werden ließ. Das damit verknüpfte territoriale Restitutionsprogramm konzentrierte sich auf das Gebiet um Gibeon am Fischfluss und auf die Farm Rietmond. Angesichts der Interessenlage der neuen südafrikanischen Kolonialmacht waren solche Hoffnungen und Eingaben natürlich illusionär.

Gerade in der Region um Gibeon und Mariental war der Zustrom „weißer" Farmer aber noch keineswegs abgeschlossen. Insbesondere das Kalk-Plateau, das vor der Perfektionierung der Bohrloch-Technik kein zugängliches offenes Wasser bot, wurde erst in südafrikanischer Zeit vorwiegend durch Farmer aus Südafrika besiedelt. Es waren weitgehend Kriegsveteranen und *poor whites*. Damit waren für die Autochthonen weitreichende Veränderungen verbunden. Der regionale Grundwasserspiegel sank, Quellen unterhalb des Plateaus versiegten, potentielle Ausweichmöglichkeiten bei Dürren gingen verloren. Die zurückgekehrten /Khobesin wurden auf die *lokasie* in Gibeon – wo sich heute noch das Haus des *Kaptein* und die Kirche der mit der Führungsgruppe besonders eng verbundenen African Methodist Episcopal Church (AMEC) befinden – und ab 1924 auf das im Norden und Westen an das Stadtgebiet (*townlands*) angrenzende, sehr knapp bemessene Reservat Krantzplatz beschränkt, in dem neben /Khobesin auch Damara und bis 1940 Herero Wohnrechte besaßen.

Bedenkt man nun vor diesem Hintergrund die Rechte und Ansprüche, insgesamt die Grundstückssituation der Mission, wie sie sich gegen Ende der deutschen Kolonialzeit konsolidiert hatte, so muss ins Auge fallen, dass sich die Eigentumsrechte an den Stationseinrichtungen von ihrer früheren Bindung an die Stammesgemeinschaft gelöst hatten. Waren diese Rechte und Ansprüche aus dem Zusammenwirken zwischen den Missionaren und den örtlichen politischen Instanzen – *Kaptein* und Ratsmitgliedern – entstanden, so trat nach deren Wegfall das privatrechtliche Verhältnis in den Vordergrund und damit der Anspruch der Missionsgesellschaft auf das alleinige Verfügungsrecht. Gibeon steht dabei exemplarisch für die Zentren der enteigneten Nama-Gruppen. Langfristig kam es zu einem vergleichbaren Ergebnis aber auch in Berseba, wo die räumliche Konfiguration sich deutlich von der in Gibeon unterschied – das Haus des letzten, 1938 abgesetzten und exilierten *Kaptein* Diederik Ruben Goliath lag deutlich von Kirche und Missionsstation entfernt. Diese aber markiert nach wie vor das symbolische Zentrum nicht nur der kirchlichen Gemeinde sondern auch der /Hai/khauan als ethnischer und politischer Einheit. In anderer

---

36 Vgl. Reinhart Kößler, From Hailing the ‚British Flag' to Asking for UN Control. Witbooi Petitions and Appeals under South African Rule, 1919-1956, in: Journal Namibia Scientific Society 47, 1999, bes. 47-52.

Form trat die Dominanz der privatrechtlichen Dimension des Grunderwerbs der Missionsgesellschaft hervor, als während des Zweiten Weltkrieges der kurz zuvor auf Berseba eingezogene Missionar Wilhelm Neumeister auf der Missions-Farm Gawaams interniert wurde, die 1907 Kaptein Johannes Christiaan Goliath der RMG geschenkt hatte. Neumeister zog ein rigoroses Grenzregime wie „jeder andere Farmer"[37] auf und geriet beständig in Streitigkeiten mit /Hai/khauan, die beschuldigt wurden, unberechtigter Weise ihre Tiere auf dem Gelände der Missionsfarm geweidet zu haben. Bei einer späteren Diskussion über einen möglichen Verkauf der Farm unterstrich der ehemalige Stationsmissionar Albat, dass dies bei den /Hai/khauan auf Widerstand stoßen werde, weil sie die Rheinische Mission nicht als Eigentümer des Bodens, sondern als „Treuhänder" sähen[38] – ein nachdrücklicher Verweis auf krass divergierende Rechtskonstruktionen.

Längerfristige Konsequenzen der Privatisierung des Grundeigentums der Mission

Wie diese Episode bereits unterstreicht, handelt es sich hier keineswegs um ein abstraktes Spiel mit Begriffen und auch nicht um rechtliche Konstruktionen im luftleeren Raum. Dies wurde deutlich an Konflikten, die sich freilich erst im Zusammenhang mit der Unabhängigkeits- und Befreiungsbewegung ergaben und zuspitzten. In Gibeon bedeutete die Kirchenspaltung von 1946, dass die zur AMEC übergegangene große Mehrheit der /Khobesin nun keinen Zugang mehr zu den Gebäuden, zumal der Kirche, hatte, die sie und ihre Vorfahren mit großem Engagement und Opfern errichtet hatten. Das symbolische Zentrum, dessen Bedeutung sich bereits durch die Zerstörung des Hauses des *Kaptein* und die Lage von Kirche wie Missionshaus in der „weißen" Stadt deutlich verschoben hatte, war so mit dem Ende der Kongruenz zwischen kirchlicher und ethnisch-politischer Gemeinde, die durch den Übertritt der Mehrheit der /Khobesin zur AMEC bewirkt wurde, verloren gegangen. Allerdings können die beiden nacheinander in der „Witbooi-*lokasie*" errichteten Kirchenbauten der AMEC als Ersatz für diesen Verlust verstanden werden. Anderseits wurde dies von führenden Witbooi durchaus als weitere Enteignung verstanden und spielte eine wesentliche Rolle in lokalen Konflikten während der 1980er Jahre. Zu dieser Zeit wurde *Kaptein* Hendrik Witbooi, Urenkel des gleichnamigen Nationalhelden, zur regionalen Führungsfigur der SWAPO und stand in schroffem Gegensatz zu dem der DTA zuneigenden lokalen Pfarrer der Rynse Sendingskerk.[39] Ein strukturell vergleichbarer Konflikt – freilich gewissermaßen mit umgekehrten politischen Vorzeichen – aktualisierte sich in Berseba, anlässlich des Versuchs zur Gründung der später erfolgreichen Community School, die zunächst auf dem Pfarrgelände angesiedelt werden sollte. Da die internen Verhältnisse der /Hai/khauan konfrontativ waren, kam es zu schweren, teils gewaltsamen Auseinandersetzungen zwischen den Fraktionen Goliath, zugleich Anhänger der SWAPO, und Isaak, die insgesamt die DTA unterstützten. Beide erhoben zumindest implizit Anspruch auf das symbolisch stark besetzte Gelände.[40] Diese Auseinandersetzungen riefen schwer bewaff-

---

37 Albert Albat, „Berseba und seine Probleme im Jahre 1959"; Archiv VEM, RMG 2.497.
38 Protokoll. Sitzung eines Ausschusses, der die Frage des Verkaufs der Farm Gawaams in Berseba berät, Windhoek, 19.10.1967, RMG 2.545.
39 Verschiedene Gespräche mit Hendrik Witbooi, Windhoek, März bis Juni 1995.
40 Zum folgenden Interview mit Rev. Susanna Koper, Berseba, 2.11.1995; mit Chief Stephanus Goliath, Windhoek, 14.11. 1995, The Namibian, 17.7.1987; Vgl. auch Santos Joas, Historical and political background research on five community schools in Namibia, o.O. [Windhoek] 1994, 22-25, 52f. Der sich

nete Polizeieinheiten auf den Plan, und hinterließen traumatische Erinnerungen. Als 1995 bekannt wurde, die ELCRN erwäge den Verkauf des mittlerweile ihr überschriebenen Pfarrgeländes, zeichneten sich sogleich neue Konflikte ab, auch wenn es dann nicht zur offenen Konfrontation gekommen ist.

Diese Hinweise mögen hier genügen, um deutlich zu machen: Der in unterschiedlichen Formen erfolgte Grunderwerb der Missionsgesellschaften in vorkolonialer Zeit ebenso wie während der deutschen Kolonialherrschaft hatte sehr viel längerfristige und andere Konsequenzen, als dies vermutlich für die damals Handelnden absehbar war – weil sich Form und Bedeutung der Eigentumsverhältnisse grundlegend verschoben. Dabei spielte vor allem der Umbruch eine Rolle, der durch den Ausgang der großen antikolonialen Widerstandskriege 1903-08 und die Vernichtungsstrategie der Kolonialmacht bewirkt worden war. Hierdurch wurden gerade die Verfügungsformen und -möglichkeiten über Land in fundamentaler Weise verändert. Hinzu kamen zumindest mittelfristig die Auswirkungen der Deportationen. Dadurch wurden die Rahmenbedingungen für weitere Entwicklungen unter südafrikanischer Herrschaft geschaffen. Diese betrafen wesentlich die Anstrengungen der unterschiedlichen Nama-Gruppen, vor dem Hintergrund des Völkermordes und seiner Folgen, aber auch der unter südafrikanischer Regie verstärkten Siedlungspolitik ihren Zusammenhang wiederherzustellen und dafür auch Ansprüche auf materielle Grundlagen, zumal auf Land durchzusetzen. Es kam zu einer Neukonfiguration des Raumes. Damit veränderten sich auch die Bedeutung und Konsequenzen des früheren Grunderwerbs der Rheinischen Missionsgesellschaft in einer Zeit, als nach dem Ersten Weltkrieg sich ihre Finanzsituation drastisch verschlechtert hatte und an so kostspielige Vorhaben wie Grunderwerb schon lange nicht mehr zu denken war. Letztlich profitierte die Missionsgesellschaft damit faktisch von den Konsequenzen der Errichtung der kolonialen Herrschaft und vor allem der Unterdrückung des autochthonen Widerstandes. Bevor es zu grundlegenden Richtungsänderungen etwa ab den späten 1950er Jahren kam, zögerte die RMG auch nicht, die mit diesen Eigentumstiteln verbundene Machtposition etwa im Kontext der Kirchenspaltungen einzusetzen.

über Jahrzehnte hinziehende Konflikt konnte 2010 mit der Wahl von Johannes Isaak zum von beiden Fraktionen anerkannten Kaptein beigelegt werden.

Die Landpolitik der Rheinischen Missionsgesellschaft in Deutsch-Südwestafrika von 1890 bis 1904

Die Auswirkungen des Falls Rietmond-Kalkfontein

André Saenger

Einleitung

Von allen deutschen Kolonien in Afrika war Deutsch-Südwest für eine Besiedlung durch Europäer am besten geeignet. Hier herrschte ein angenehm trockenes Höhenklima, und Tropenkrankheiten waren selten. Dieses Potenzial erkennend, forcierte Theodor Leutwein (Landeshauptmann und von 1894 bis 1904 Gouverneur) den Ausbau einer auf Viehexport basierenden Siedlerkolonie. Von Beginn an zielte seine Politik darauf, möglichst viel Land und Vieh den Afrikanern zu nehmen und den in das Land strömenden Siedlern zuzuweisen.[1] Bis 1904 reduzierte sich so das Land der Afrikaner auf zwei Fünftel der Gesamtfläche Deutsch-Südwestafrikas.[2] Diese Entwicklung blieb nicht ohne Kritik. Seit 1891 versuchten die Rheinische Missionsgesellschaft und ihre Missionare, Land für ihre Gemeinden zu reservieren.[3] Bis 1898 geschah dies unkoordiniert. Die Missionsleitung in Barmen gab den Missionaren keine klare Strategie vor. Ihr war bei dieser Frage vor allem wichtig, dass es zu keinem Konflikt mit der Kolonialverwaltung kommen würde. Also versuchte jeder Missionar, bei günstiger Gelegenheit das Beste herauszuholen. Manche motivierten die ihnen verbundenen afrikanischen Herrscher („chiefs"/Kapitäne) zu Landschenkungen, während andere gegenüber der Kolonialverwaltung auf alte Besitzrechte pochten. Dabei stießen die Missionare auf massiven Widerstand von Seiten der Kolonialverwaltung.

Erst nach dem Streit um die Anerkennung der Schenkung des Landbesitzes Rietmond, der daraus resultierenden Einrichtung des ersten Reservates Rietmond-Kalkfontein und der in diesem Zusammenhang erlassenen *Allerhöchste Verordnung, betr. die Schaffung von Eingeborenen-Reservaten in dem südwestafrikanischen Schutzgebiete* vom 10. April 1898 zeichnete sich eine Strategie in der Landpolitik der Rheinischen Mission ab.

---

1 Zum Viehzucht-Potenzial vgl. Theodor Leutwein, Elf Jahre Gouverneur in Deutsch-Südwestafrika, Berlin 1906, 349f.. Zum Ziel Siedlungskoloni vgl. Horst Drechsler, Südwestafrika unter deutscher Kolonialherrschaft. Der Kampf der Herero und Nama gegen den deutschen Imperialismus (1884-1915), Berlin/Ost 1966, 100, 139; Leutwein, Elf Jahre, 410; Walter Nuhn, Sturm über Südwest. Der Hereroaufstand von 1904 – Ein düsteres Kapitel der deutschen kolonialen Vergangenheit Namibias, Koblenz 1989, 33f.; Nils Ole Oermann, Mission, Church and State Relations in South West Africa under German Rule (1884-1915), Stuttgart 1999, 30.

2 Dazu: Horst Gründer, Geschichte der deutschen Kolonien, Paderborn 2004, 117.

3 Zu Geschichte und Auswirkungen des Landerwerbs durch die RMG vgl. auch Beitrag #26 von Reinhart Kößler.

Die Ausgangssituation

Nach seinem Friedensschluss mit den Deutschen im September 1894 sah Hendrik Witbooi einer ungewissen Zukunft entgegen. Die Witbooi hatten einen Großteil ihrer Lebensgrundlage verloren. Es stand eine deutsche Willkürherrschaft zu befürchten. In dieser Situation nach Rat suchend, bat der Kapitän die Rheinische Mission um einen Missionar für seinen Wohnort Gibeon. Statt seines Wunschkandidaten, dem Sohn seines ehemaligen Mentors Johannes Olpp, bekam er Friedrich Schröder. Das war ein junger Missionar, der voller Enthusiasmus zu seinem ersten Missionsauftrag aufbrach.[4] Von Beginn an machte Hendrik Witbooi auf Schröder großen Eindruck. Kurz nach Aufnahme seiner Tätigkeit schrieb er an die Barmer Missionsleitung: „Ohne Vorurteil im Herzen habe ich mit dem nicht so sehr gerühmten Manne, dem braven Nama, verkehrt u. kann nicht anders, als ihn von Herzen lieben."[5]

Aber in Gibeon wartete auf den Missionar keine leichte Aufgabe. Im August 1896 klagte er gegenüber Barmen: „Ich sehe, wie ein Wagen Getränke nach dem andern einführt, um in ein paar Tagen entleert zu sein. Ich sehe, wie mein Volk zwischen 5 großen Kaufhäusern sitzend, nach noch einem Jahre auf dem Platz selbst keinen Fuß breit Land mehr besitzen wird. Ich sehe, wie der Kapitän in seiner Hütte sein Volk auf seinen Namen Schulden machen lässt, die vermutlich in die tausende gehen. Was Wunder, wenn eine Farm der anderen folgt, um forthin Eigentum weißer Leute zu sein."[6]

Durch den Kauf auf Kredit, für dessen Tilgung schließlich Land verkauft wurde, waren bereits zwei Drittel des Platzes Gibeon in den Besitz von „Weißen" gelangt. Die von ihnen angelegten Brunnen waren die Ursache dafür, dass die eigentliche Quelle nicht mehr genügend Wasser führte. Ein Umstand, der sehr zu Lasten der Witbooi ging. Schröder sah akuten Handlungsbedarf, wenn die Mission den Verfall des „Stammes" noch aufhalten wollte.[7]

Der Landbesitz Rietmond

Noch im selben Monat machte sich Schröder auf den Weg zu einer Konferenz der Nama-Missionare in Hoachanas. Dabei führte ihn sein Weg über Rietmond. Dieser Landbesitz mit seinen drei Quellen und seinen üppigen Weidegründen erschien ihm zu kostbar, um durch den Kauf auf Kredit in die Hände von „Weißen" zu gelangen. Schröder fasste den Entschluss, Rietmond auf eigene Rechnung zu kaufen und anschließend den Witbooi zur Verfügung zu stellen. Auf seinem weiteren Weg zur Konferenz erfuhr er in einem Gespräch mit einem Händler namens Brandt, bei dem Hendrik Witbooi hoch verschuldet war, dass der Kapitän sich hartnäckig gegen einen Verkauf von Rietmond sträubte. Brandt hatte ihm 20.000 Mark für den Platz geboten, doch Witbooi lehnte ab. Er hatte Brandt erklärt, dass Rietmond sein Alterssitz werden sollte. Wie Schröder den Kauf des Platzes finanzieren wollte, teilte er der Missionsleitung nicht mit. Auch ließ er diesen Plan im weiteren Verlauf seiner Reise gegenüber den anderen Nama-Missionaren unerwähnt. Das Schröder den Platz

---

4 Die Anfrage findet sich in Berichte der Rheinischen Missionsgesellschaft (BRMG) 1895, 108f.; siehe auch Gustav Menzel, „Widerstand und Gottesfurcht". Hendrik Witbooi – eine Biographie in zeitgenössischen Quellen, Köln 2000, 164.
5 Schröder an Deputation, 17.01.1896, in: Archiv VEM, RMG 1.638.
6 Schröder an Deputation, 21.08.1896, ibid.
7 Zur Situation in Gibeon: Schröder an Deputation, 01.08.1896, 21.08.1896, ibid.

tatsächlich auf eigene Rechnung kaufen wollte, steht für mich fest. Der Missionar war ein Gesinnungsethiker par excellence.[8]

In Hoachanas angekommen, traf Schröder dann auf Hendrik Witbooi. Der Nama-Kapitän befand sich auf dem Rückweg aus dem Hereroland, wo er Landeshauptmann Leutwein bei einer Strafexpedition gegen die Herero Hilfe geleistet hatte. In Hoachanas hatte Schröder Gelegenheit, mit Hendrik Witbooi persönlich über Rietmond zu sprechen. Dieser war vom Mitgefühl des Missionars tief beeindruckt und legte ihm seine Sicht der Dinge dar. Er erklärte Schröder, dass er schon lange vorhatte, nach Rietmond überzusiedeln und dass jetzt, da durch die Teilnahme an der deutschen Strafexpedition viele Kühe als Kriegsbeute in den Besitz der Witbooi gekommen seien, der richtige Zeitpunkt dafür gekommen wäre. In Rietmond gab es keine von Siedlern gebohrten Brunnen, die die Ergiebigkeit der Quellen beeinträchtigen konnten. Hier war kein Branntwein, der einen schlechten Einfluss auf das sittliche Leben des Volkes ausübte. In Rietmond sah Hendrik Witbooi Wohlstand und Sittsamkeit. Auf Schröders Bitte, ihm Rietmond zu verkaufen, wollte der Kapitän jedoch nicht eingehen. Er war jedoch offen für den Vorschlag Schröders, mit der Mission einen Vertrag zu schließen, in dem festgelegt werden sollte, dass die Witbooi Rietmond weder als Ganzes noch in Teilen verkaufen und dass auf diesem Land kein Händler ohne Erlaubnis des jeweiligen Missionars handeln durfte. Schröder wandte sich mit diesem Vorschlag sogleich an die in Hoachanas tagende Missionarskonferenz, fand bei den anwesenden Missionaren jedoch „kein rechtes Verständnis"[9]. Mit dem „Nein" zu seinem Kaufangebot hatte sich dieser Plan für Schröder erledigt, so dass er ihn mit den Nama-Missionaren gar nicht erst besprach.

Divergierende Interessen

Da die Konferenz seinen Vorschlag abgelehnt hatte und da ein Kauf Rietmonds als Option ausschied, war Schröder gezwungen, seinen Plan zu ändern. Bei einem erneuten Treffen mit Hendrik Witbooi beschwor er den Kapitän, er solle Rietmond – 30.000 Hektar groß – der Rheinischen Mission zum Geschenk machen. Schröder argumentierte, dass nur die Mission in der Lage sei, die Witbooi vor den Umtrieben der „weißen" Händler zu schützen. Dieser Argumentation folgte Hendrik Witbooi. Er versprach dem Missionar, die Angelegenheit mit seinen Großleuten zu beraten. Kurz darauf gab der Kapitän Schröder die mündliche Zustimmung zur Schenkung. Der nahe Rietmond gelegene Landbesitz Kalkfontein sollte im Eigentum der Witbooi verbleiben. Die beim Händler Brandt aufgelaufenen Schulden sollten mit dem Verkauf des Landbesitzes Schwartmodder getilgt werden.[10]

Die Lösung des Kapitäns stieß jedoch bei dem Händler Brandt auf keine Gegenliebe. Gegenüber Schröder äußerte er, dass ihm an Schwartmodder nicht gelegen sei und dass er unbedingt Kalkfontein haben wolle. Was der Händler nicht wusste: Schröder hatte zu die-

---

8 Für eine gesinnungsethische Einstellung sprechen seine Briefe an die Deputation, seine Stellung zu von Burgsdorffs Hochzeit ebenso wie eine Vielzahl anderer Umstände, die auf den nächsten Seiten behandelt werden (zur Gesinnungsethik: Max Weber, Politik als Beruf, in: Dirk Kaesler (Hg.), Max Weber. Schriften 1894-1922, Stuttgart 2002, 505-560, 545f.). Zur theologischen Handlungstheorie der rheinischen Missionare vgl Beitrag #22 von Hanns Lessing.
9 Schröder an Deputation, 21.08.1896, RMG 1.638; hier finden sich auch Details zu den Ereignissen im Zusammenhang mit der Nama-Konferenz.
10 Zur Schenkung: Schröder an Deputation, 21.08.1896, 29.08.1896, ibid.

sem Zeitpunkt bereits den „Gewinn" Kalkfonteins für die Missionsgesellschaft ins Auge gefasst; in welcher Form dieser „Gewinn" erreicht werden sollte, ließ Schröder in seinen Briefen an die Missionsleitung unklar. Um Hendrik Witbooi vom Verkauf Kalkfonteins an Brandt abzuhalten, schrieb er dem Kapitän einen ermahnenden Brief. Zu diesem Zeitpunkt hatte sich Brandt offenbar schon damit abgefunden, dass Rietmond für ihn außer Reichweite lag.[11]

Für den verantwortlichen Bezirkshauptmann, Henning von Burgsdorff, war der Verkauf Kalkfonteins an Brandt beschlossene Sache. Brandt und von Burgsdorff hatten bereits einen Kaufvertrag aufgesetzt und versuchten nun die nötigen Unterschriften von Seiten der Witbooi zu erhalten. Sie luden die einflussreichsten Gibeoner Großleute zu einem Gedenken an den Krieg zwischen den Witbooi und der deutschen Schutztruppe ein. Dort versuchten sie die Männer betrunken zu machen und sich ihre Unterschriften zu erschleichen. Der Plan misslang.[12]

Am 28. August 1896 fand sich Schröder zu einer Besprechung bei von Burgsdorff ein. Dabei kam es zu einem heftigen Streit, in dem der Bezirksamtmann den Missionar für seine Einmischung im Fall Kalkfontein rügte. Dabei berief er sich auf den mahnenden Brief des Missionars an Hendrik Witbooi. Von Burgsdorff empfand Schröders Verhandlungen mit Witbooi als Eindringen in seinen Aufgabenbereich. In einem Brief an die Missionsleitung zitierte Schröder den Bezirkshauptmann: „Die Zeit ist vorbei, da ihr Missionare wie Könige im Lande herrschen konntet, jetzt sind wir Regierungsbeamten im Lande. […] Die Kirche hat sich in allen Dingen dem Staate unterzuordnen."[13]

Schröder hielt dagegen, es sei ihm darum gegangen, die Interessen seiner Gemeinde zu wahren. Auch bestritt der Missionar den Vorwurf, es gehe der Mission bei der Schenkung der Witbooi um ihren eigenen Vorteil. Sie verfolge damit einzig das Ziel, „arme Heidenmenschen zu Kindern des lebendigen Gottes zu machen durch die Predigt des Evangeliums."[14]

Anlässlich dieses Treffens stellte Schröder dann auch den Antrag auf Anerkennung der Schenkung durch die Kolonialbehörde. Dieses Gesuch lehnte von Burgsdorff ab. Der Bezirkshauptmann erklärte, dass er einer schriftlichen Bestätigung des Anspruches der Mis-

---

11 Zu den Ereignissen im Anschluss an die Nama-Konferenz: Schröder an Deputation, 21.08.1896, 29.08.1896, ibid.; Schröder argwöhnte, dass Brandt hier lediglich als Mittelsmann für Tobias Fenchel, Missionar auf Keetmanshoop, fungierte. An die Deputation schrieb er: „Bitte ebenfalls d. Br. Fenchel nichts zu sagen von Kalkfontein. Ich werde alles versuchen Kalkfontein für die V.G. zu bekommen." (Schröder an Deputation, 21.08.1896, ibid.) Schröder stellte sich ernsthaft die Frage: „Will Br. Fenchel nun Bauer werden??" (Sitzungsprotokoll der Deputation, 09.11.1896, RMG 14) Die Deputation nahm die Anschuldigungen gegen Fenchel sehr ernst, zumal sie nicht allein von Schröder kamen. „Bruder Fenchel ist von verschiedenen Seiten angeklagt mehr Bauer als Missionar gewesen zu sein und dadurch zu viel Geld erworben und den Namen der Mission geschädigt zu haben." (ibid.) Sie unternahm in dem Fall weitere Untersuchungen. Diese konnten leider im Rahmen der vorliegenden Arbeit keine Beachtung finden, so dass ich noch nicht mit letzter Gewissheit sagen kann, ob Brandt auf eigene Rechnung oder als Mittelsmann handelte.
12 Zur Intrige: Schröder an Deputation, 21.08.1896, 29.08.1896, RMG 1.638; Zur Beziehung zwischen Siedler- und Beamtenschaft: Helmut Bley, Kolonialherrschaft und Sozialstruktur in Deutsch-Südwestafrika 1894-1914, Hamburg 1968, 108.
13 Schröder an Deputation, 29.08.1896, RMG 1.638.
14 Schröder an Deputation, 29.09.1896, ibid.

sion auf den Platz Rietmond durch Hendrik Witbooi bedurfte. Damit wollte von Burgsdorff Zeit gewinnen, um Einfluss auf den Kapitän auszuüben. Anscheinend glaubte er fest daran, die Schenkung noch rückgängig machen zu können.[15]

Wie gewünscht forderte Schröder den Kapitän auf, ihn durch ein offizielles Gesuch zu unterstützen. Gleichzeitig setzte von Burgsdorff einen mit ihm verbündeten Ratsmann Witboois auf den Kapitän an. Dessen Einflüsterungen sollten Hendrik Witbooi zur „Vernunft" bringen. Ein solches Vorgehen war nicht untypisch für die Kolonialverwaltung. Von Burgsdorff griff hier auf eine schon geübte Praxis zurück. In Folge eines von Hendrik Witbooi Mitte 1895 an den britischen Diamond Fields Advertiser gerichteten und darin veröffentlichten Schreibens, in welchem dieser die kritische Berichterstattung der Zeitung über die deutsche Eroberung von Hornkranz[16] lobte, ließ Leutwein einen der Ratsleute Hendrik Witboois durch von Burgsdorff als Informanten anwerben. Es ist davon auszugehen, dass der Spion von 1895 als Ratsmann nicht nur Informationen sammelte, sondern auch Einfluss auf Witbooi ausüben sollte. So hoffte der Landeshauptmann, Hendrik Witbooi besser kontrollieren zu können. Ob es sich in beiden Fällen um dieselbe Person handelte, war anhand des für diese Untersuchung gesichteten Quellenmaterials leider nicht festzustellen.[17]

Suche nach einem Konsens

Alles Taktieren von Seiten des Bezirkshauptmanns half nicht. Hendrik Witbooi gab die geforderte Bestätigung der Schenkung. Daraufhin erklärte von Burgsdorff, dass er über die Anerkennung einer Schenkung von solchem Ausmaß nicht entscheiden könne und dass er deshalb die Sache an den Landeshauptmann weiterleiten werde. Schröder bat daraufhin am 12. Oktober 1896 die Missionsleitung in Barmen, bei Leutwein für sein Anliegen einzutreten und sich auch zum Kauf einiger Farmen für die Witbooi entschließen. Dabei schwebten Schröder 50.000 bis 60.000 Hektar vom Landbesitz Kalkfontein zu einer Mark pro Hektar vor. Die Deputation bestimmte, dass Missions-Präses Hegner in dieser Angelegenheit die letzte Entscheidung vor Ort treffen sollte. Sie selbst erklärte sich prinzipiell damit einverstanden, da der Landbesitz sonst an Witboois Schuldner gehen würde. Anscheinend unternahm der Präses aber diesbezüglich nichts beziehungsweise nicht genug. Im Februar 1897 empörte sich Schröder gegenüber Barmen, dass Hegner „zu ängstlich"[18] sei. Ein Vorwurf, der durchaus berechtigt erscheint. Jedenfalls gelangte die Frage des Kaufes von Kalkfontein kein zweites Mal auf die Tagesordnung der Missionsleitung in Barmen.[19]

---

15 Zum Antrag auf Schenkung: 28.08.1896, 29.08.1896, ibid.
16 Im Februar 1893 meldete Curt von François nach Berlin, dass es zwischen Samuel Maharero und Hendrik Witbooi zu Friedensverhandlungen gekommen war. Um diesem Trend entgegen zu steuern, ließ der Deutsche am Morgen des 12. April 1893 Hornkrans angreifen (Jan-Bart Gewald, Herero Heroes. A Socio-Political History of the Herero of Namibia 1890-1923, Oxford u.a. 1999, 53f.; Jan-Bart Gewald, Colonization, Genocide and Resurgence: The Herero of Namibia 1890-1933, in: Michael Bolling, Jan-Bart Gewald, (Hgg.): People, Cattle and Land. Transformations of a Pastoral Society in Southwestern Africa, Köln 2000, 187-226, hier 189-195; Uwe Ulrich Jäschke, Die polyzentrische Infrastruktur Namibias. Entstehung und Entwicklung in der deutschen Periode 1884 bis 1914/15, Dresden 2002, 71).
17 Zum deutschen Spion von 1895: Drechsler, Südwestafrika unter deutscher Kolonialherrschaft, 94-96; Zum Spion von 1896: Schröder an Deputation, 03.09.1896, RMG 1.638.
18 Schröder an Deputation, 09.02.1897, ibid.
19 Zum geplanten Kauf Kalkfonteins: Sitzung der Deputation, 14. 12.1896, RMG 14; Schröder an Deputa-

Schröder machte indes weiter Druck. Er sah die Lebensgrundlage der Witbooi mehr und mehr schwinden. Der Missionar bekam Zweifel, ob der Kapitän bei dem sich immer weiter auftürmenden Schuldenberg nicht gezwungen sein würde, doch weiteres Land zu veräußern.[20]

Im Februar 1897 verhandelten schließlich die Herren von Burgsdorff und Schröder darüber, ob nicht statt einer Schenkung die Errichtung eines Reservats angestrebt werden sollte. In diesem Fall, so von Burgsdorff, würden sowohl Rietmond als auch Kalkfontein „unveräußerliches Eigentum"[21] der Witbooi. Schröder hielt dagegen, dass die Schenkung nicht allein der Reservation von Land dienen sollte. Die Witbooi sollten unter den alleinigen „Einfluss" der Rheinischen Mission gestellt werden. Katholische Missionare, Händler und Siedler sollten von ihnen ferngehalten werden. Schröder gab weiter zu bedenken, dass die Gesellschaft dies bereits durch die Schenkung Rietmonds erreicht habe und dass sich die Deputation schwerlich mit weniger zufrieden geben werde. Daraufhin versicherte von Burgsdorff, dass die Einwände des Missionars in eine vertragliche Regelung aufgenommen werden könnten. Damit stünde der Einrichtung eines Reservates dann nichts entgegen.[22] Im März wurde schließlich zwischen der Bezirkshauptmannschaft Gibeon, der Rheinischen Missionsgesellschaft und Hendrik Witbooi ein vorläufiger Reservatsvertrag aufgesetzt. Darin wurden die Plätze Rietmond und Kalkfontein (insgesamt 50.000 Hektar) zum unveräußerlichen Besitz der Witbooi-Nama erklärt. „Weißen" wurde der ständige Aufenthalt in diesem Gebiet untersagt. Einzig die Vertreter der Rheinischen Missionsgesellschaft bildeten eine Ausnahme. Ihnen wurde nicht nur die Niederlassung erlaubt, sondern auch das Besitzrecht an allen von ihnen erbauten Einrichtungen und Anlagen zugestanden. Einzige Voraussetzung war, dass solche Einrichtungen und Anlagen „in seelsorgerischer und wirtschaftlicher Hinsicht dem Wohl des Volkes" dienen.[23] Der Händler Brandt hatte sich bereits zu einem früheren Zeitpunkt mit dem Landbesitz Schwartmodder zufrieden geben müssen.[24]

Der provisorische Charakter des Vertrages erklärt sich dadurch, dass die bei der Aushandlung aktiven Missionare, Hegner und Schröder, vorbehaltlich der Zustimmung der Missionsleitung in Barmen handelten. Das endgültige „Ja" erteilte die Missionsleitung erst nach längerer Diskussion am 10. Januar 1898. Offenbar lag Schröder mit seinen gegenüber von Burgsdorff geäußerten Bedenken richtig. Barmen stimmte dem ausgehandelten Vertrag nur zögernd zu. Die Missionsleitung hätte eine Anerkennung der Schenkung Witboois in jedem Fall der Errichtung eines Reservates vorgezogen.[25]

Eine endgültige Klärung erfuhr der Fall Rietmond-Kalkfontein durch die am 10. April 1898 erlassene *Allerhöchste Verordnung, betr. die Schaffung von Eingeborenen-Reservaten in dem südwestafrikanischen Schutzgebiete*. Am 25. Juli 1898 erklärte Leutwein auf dieser neuen Grundlage Rietmond-Kalkfontein zum Reservat des Witbooi-Stammes. Unter Be-

---

tion, 09.02.1897, RMG 1.638.
20 Schröder an Deputation, 12.10.1896, ibid.
21 Schröder an Deputation, 09.02.1897, ibid.
22 Zum Gespräch: Schröder an Deputation, 09.02.1897, ibid.
23 Vorläufiger Reservatsvertrag, 17.03.1897, RMG 2.565.
24 Schröder an Deputation, 29.08.1896, RMG 1.638.
25 Zur Anerkennung des vorläufigen Reservatsvertrages: Sitzung der Deputation, 12.07.1897, 10.01.1898, RMG 14.

zugnahme auf Paragraph drei der Verordnung erlaubte er den Angehörigen der Rheinischen Mission, sich dort niederzulassen. Letztere wurde verpflichtet, den An- und Verordnungen der Kolonialverwaltung unbedingt Folge zu leisten. Einen Monat später, am 24. August 1898, schloss Hendrik Witbooi mit der Rheinischen Missionsgesellschaft schließlich einen Vertrag über die 70jährige Nutznießung des Reservats.[26]

Schröders Abschied

Zu diesem Zeitpunkt hatte Schröder die Rheinische Missionsgesellschaft bereits verlassen. Die Missionsleitung hatte eigentlich beschlossen, Schröder zu versetzen und seine Stelle mit Missionar Friedrich Judt von der Station Hoachanas zu besetzen. Bei dieser Entscheidung spielten mehrere Faktoren eine Rolle. Im Fall Rietmond-Kalkfontein war Schröder sehr eigenmächtig vorgegangen. Er schuf vollendete Tatsachen – ohne vorher mit Barmen Rücksprache zu halten. Dadurch blieb der Missionsleitung oft nichts anderes übrig, als seiner im Nachhinein geäußerten Bitte um Zustimmung zu seinen Entscheidungen zu folgen. Bemerkungen wie: „Da der Wagen nun einmal angestoßen, warum sollte er nicht weiterrollen?", waren eher rhetorischer Natur und typisch für Schröder.[27] Ein weiteres Motiv für die Personalentscheidung Barmens war Schröders schroffer Umgang mit dem Bezirkshauptmann. Seine öffentliche Ablehnung der Eheschließung des Bezirkshauptmanns mit einer geschiedenen Frau sorgten für Verstimmung. Die absolute Verweigerung jeglichen gebotenen Respekts gegenüber der Kolonialverwaltung führte dazu, dass sie die Versetzung des Missionars forderte. Um die ansonsten guten Beziehungen zur Kolonialverwaltung nicht zu gefährden, willigte Barmen ein.[28] Der Missionar musste die „Bühne" verlassen. Er hatte die „Vorstellung" einmal zu oft gestört.[29] Schröder warf der Deputation vor, dass seine Versetzung „ein Leugnen der Wahrheit des Evangeliums"[30] bedeutete und entschied sich dazu, aus der Rheinischen Missionsgesellschaft auszutreten.

Analyse

Woher stammte nun die Idee zur Einrichtung von Reservaten? Für Leutwein galt es, bei der Landpolitik geschickt zu taktieren. Auf der einen Seite musste er sich die Sympathie der Mission bewahren. Die Missionare sorgten bei der afrikanischen Bevölkerung für die im Weberschen Sinne „inneren Garantien der Fügsamkeit"[31], den Glauben daran, dass die über

---

26 Zur Einrichtung des Reservates Rietmond-Kalkfontein: Abschrift der Verfügung des Gouverneurs betr. Einrichtung des Witbooi-Reservates, 25.07.1898, RMG 2.565; Abschrift der Verfügung des Gouverneurs betr. Schanklizenz, Erlaubnis zur Missionsarbeit und der rechtlichen Stellung der Missionare gegenüber der Regierung, 25.07.1898, ibid.; Jahresberichte der Rheinischen Missionsgesellschaft (JBRMG) 1898, 18; Abschrift des Vertrages zwischen Hendrik Witbooi und der Rheinischen Missionsgesellschaft, 24.08.1898, RMG 2.565; siehe auch Leutwein, Elf Jahre, 272.
27 Schröder an ersten Inspektor, 21.08.1896, RMG 1.638.
28 Zum Verhältnis zwischen von Burgsdorff und Schröder: Sitzung der Deputation, 09.11.1896, RMG 14; Schröder an Deputation, 29.08.1896, RMG 1.638; Zur Verstimmung der KolonialverwaltungDeputation an Schröder, 05.04.1898, ibid.
29 Zur Ensemblevorstellung: Goffman, Erving: Wir alle spielen Theater. Die Selbstdarstellung im Alltag, München 2003, 73-98.
30 Deputation an Schröder, 05.04.1898, RMG 1.638.
31 Johannes Winckelmann, Gesellschaft und Staat in der verstehenden Soziologie Max Webers, Berlin 1957, 31.

sie ausgeübte Fremdherrschaft rechtens sei.[32] Darüber hinaus waren die Ressourcen der Kolonialverwaltung knapp. Sie war auf die Unterstützung der Missionare angewiesen. Leutwein gestand letzteren die zentrale Rolle bei der Etablierung der deutschen Schutzherrschaft zu. Bei den Verhandlungen über die Schutzverträge beispielsweise fungierten die Missionare nicht bloß als Dolmetscher und Verbindungsleute. Ihre persönliche Einflussnahme auf die afrikanischen Herrscher war meist ausschlaggebend für die Unterzeichnung von Verträgen. Deshalb bezog Leutwein die Mission auch in die Planung der Reservats-Verordnung mit ein – zumindest der Form halber.[33]

Auf der anderen Seite stand das Ziel Viehzuchtexportnation, dem Leutwein ganz klar Priorität einräumte. Für den Landeshauptmann waren Kolonialpolitik und Humanität im Grunde unvereinbar: „Kolonialpolitik ist überhaupt eine inhumane Sache, denn sie kann schließlich doch nur auf eine Beeinträchtigung der Rechte der Ureinwohner zugunsten der Eindringlinge hinauslaufen. Wer dem nicht zustimmt, der muß überhaupt ein Gegner jeder Kolonialpolitik sein, ein Standpunkt, der wenigstens logisch ist."[34]

Auch hatte man bei der Kolonialverwaltung Angst davor, dass aus den Afrikanern „Hörige der Mission"[35] würden, die dann außerhalb ihrer Kontrolle stünden. Deutsche Beamte sollten sich nicht wie von Friedrich Schröder sagen lassen müssen: „Hier bin ich Herr im Hause! Hier hat Herr von Burgsdorff nichts zu sagen!"[36]

Die Schenkung Rietmonds wird zwar nicht ursächlich für die Entstehung der *Allerhöchsten Verordnung, betr. die Schaffung von Eingeborenen-Reservaten in dem südwestafrikanischen Schutzgebiete* gewesen sein, dennoch lässt sich mit Fug und Recht von einer beschleunigenden Wirkung sprechen. Mit der Anerkennung einer Schenkung von solcher

---

32 Zu den inneren Garantien der Fügsamkeit: Weber, Politik als Beruf, 514f.
33 Zur Mitarbeit der Mission bei der Entstehung der Allerhöchsten Verordnung: Sitzung der Deputation vom 09.05.1898, RMG 14. – In den 1870er und 1880er Jahren wurde die Arbeit der Rheinischen Mission in Südwestafrika durch den Konflikt zwischen Herero und Nama stark behindert. Im September 1870 wurde zunächst durch Vermittlung der Missionare der so genannte „Missionsfriede von Okahandja" geschlossen, in dem beide Gruppen ihre Interessensphären klar voneinander abgrenzten. Dieser Friede wurde aber bereits 1880 wieder gebrochen. In der Errichtung einer Schutzherrschaft erblickten die Missionare den einzig möglichen Weg zur Befriedung des Landes (Thorsten Altena, „Ein Häuflein Christen mitten in der Heidenwelt des dunklen Erdteils." Zum Selbst- und Fremdverständnis protestantischer Missionare im kolonialen Afrika 1884-1918, Münster u.a. 2003, 33-35; Heinrich Drießler, Die Rheinische Mission in Südwestafrika, Gütersloh 1932, 126, 140f.; Lothar Engel, Die Stellung der Rheinischen Missionsgesellschaft zu den politischen und gesellschaftlichen Verhältnissen Südwestafrikas und ihr Beitrag zur dortigen kirchlichen Entwicklung bis zum Nama-Herero-Aufstand 1904-1907, Hamburg 1972, 152-159; Lothar Engel, Die Rheinische Missionsgesellschaft und die deutsche Kolonialherrschaft in Südwestafrika 1884-1915, in: Klaus J. Bade (Hg.), Imperialismus und Kolonialmission. Kaiserliches Deutschland und koloniales Imperium, Wiesbaden 1982, 142-164, hier 142-145; Horst Gründer, Christliche Mission und deutscher Imperialismus: eine politische Geschichte ihrer Beziehungen während der deutschen Kolonialzeit (1884-1914) unter besonderer Berücksichtigung Afrikas und Chinas, Paderborn 1982, 117f.; Johannes Lucas de Vries, Mission und Politik (1880-1918). Der Einfluß des deutschen Kolonialismus auf die Missionsarbeit der Rheinischen Missionsgesellschaft im früheren Deutsch-Südwestafrika, Neukirchen-Vluyn 1980, 150-158).
34 Leutwein zitiert nach Drechsler, Südwestafrika unter deutscher Kolonialherrschaft, 113.
35 Von Lindequist zitiert nach ibid., 143.
36 Protokoll Nama-Konferenz, 1897, RMG 2.625; zur Position der Kolonialverwaltung gegenüber der Mission Drechsler, Südwestafrika unter deutscher Kolonialherrschaft, 143f.; Gründer, Christliche Mission und deutscher Imperialismus, 123.

Größe wäre ein Präzedenzfall geschaffen worden, auf den sich die Mission bei zukünftigen Streitigkeiten hätte berufen können. Dies wurde durch die Einrichtung eines Reservates vermieden. Ich vermute, dass es zwischen der Landeshauptmannschaft und der Rheinischen Mission zu einer informellen Absprache kam: Die Mission würde von nun an auf die Erlangung von Schenkungen verzichten, während die Kolonialverwaltung Verträge über die Verwaltung und wirtschaftliche Erschließung der Reservate genehmigen würde.[37] Mit den separat zwischen der Mission und den betroffenen Herrschern abgeschlossenen Verträgen gelangte erstere an einen rechtlichen Status, der dem eigentlichen Besitz relativ nahe kam.[38] In ihrem Antwortschreiben an die Konferenz der Nama-Missionare von 1899 sprach die Missionsleitung in Barmen sogar von „unserem Reservate"[39]. Das verwendete Possessivpronomen zeigt, dass die Reservate als Eigentum wahrnahm genommen wurden. Aufgrund dieser Wahrnehmung wurde die Reservatsidee akzeptiert. Es fragt sich natürlich, ob Leutwein durch die informelle Absprache den Zweck der Verordnung, die Macht der Mission einzugrenzen, aufhob. Die Antwort lautet: Nein. Sie gab Leutwein ein Mittel an die Hand, jederzeit eingreifen beziehungsweise Druck ausüben zu können, wenn es zu Machtanmaßungen der Missionare kam. In diesem Fall hätte der Reichskanzler, unter Berufung auf Paragraph sechs der Verordnung die Verträge zwischen Mission und afrikanischen Herrschern für nichtig erklären können.

Neben der Angst vor einem Präzedenzfall war die Tatsache, dass es sich bei den involvierten Afrikanern um die Witbooi handelte, von zentraler Bedeutung für das Geschehen um Rietmond-Kalkfontein. Hendrik Witbooi war für die Deutschen gleichzeitig gefürchteter Feind und wichtiger Verbündeter. Leutwein konnte die Anerkennung der Schenkung nicht ohne weiteres verweigern. Mit dem im November 1895 zwischen Witbooi und Deutschen geschlossenen Vertrag über die Leistung militärischer Unterstützung im Falle eines Angriffs auf die deutsche Herrschaft, gelang es Leutwein sich dieses Potenzial nutzbar zu machen. Hendrik Witbooi leistete der Schutztruppe bei zahlreichen Gelegenheiten Beistand – zuletzt im Herero-Aufstand von 1904. Außerdem sorgte das Bewusstsein, dass Hendrik Witbooi auf Seiten der Deutschen stand, dafür, dass potenzielle Aufstände von Seiten anderer Nama gar nicht erst ausbrachen. Ich vermute, dass sich der Landeshauptmann unter anderem zur Einrichtung des Witbooi-Reservats entschied, um Hendrik Witbooi schlagkräftig zu halten und ihn gleichzeitig in noch engere Umklammerung zu nehmen.[40] Dass Leutwein generell am Erhalt der Machtbasis der afrikanischen Herrscher gelegen war und er sich deshalb prinzipiell um die Einrichtung von Reservaten bemühte, ist zwar möglich aber schwer vorstellbar. Das widerlegt der Blick auf die weitere Umsetzung der Reservatspolitik.

---

37 Zur Einigung: Protokoll der Herero-Konferenz, 1903, RMG 2.615.
38 Zum rechtlichen Status: Abschrift der Verfügung des Gouverneurs betr. Einrichtung des Witbooi-Reservates, 25.07.1898, ibid.; Abschrift der Verfügung des Gouverneurs betr. Schanklizenz, Erlaubnis zur Missionsarbeit und der rechtlichen Stellung der Missionare gegenüber der Regierung, 25.07.1898, ibid.; Jahresberichte der Rheinischen Missionsgesellschaft (JBRMG) 1898, 18; Abschrift des Vertrages zwischen Hendrik Witbooi und der Rheinischen Missionsgesellschaft, 24.08.1898, RMG 2.565; siehe auch Leutwein, Elf Jahre, 272.
39 Antwort auf Nama-Konferenz, 1899, RMG 2.625.
40 Zur Abhängigkeit Leutweins von Hendrik Witbooi: Leutwein, Elf Jahre, 300; Drechsler, Südwestafrika unter deutscher Kolonialherrschaft, 93f.; Drießler, Die Rheinische Mission in Südwestafrika, 144.

Praktische Reservatspolitik

Sowohl Herero- als auch Nama-Missionare sahen sich in der Folge bei ihren Bemühungen um die Einrichtung weiterer Reservate mit einer generellen Ablehnung der Kolonialverwaltung konfrontiert. Dabei beriefen sich Leutwein und seine Untergebenen immer wieder auf den so genannten Genehmigungsvorbehalt. Am 1. Oktober 1888 wurde per Verordnung der Landverkauf von „Schwarzen" an „Weiße" von der Genehmigung des Gouverneurs abhängig gemacht. 1892 wurde diese Bedingung auf Pachtverträge ausgedehnt. Die Kaufgenehmigung war zu verweigern, sofern eine Übervorteilung des Verkäufers oder „eine Bedrohung allgemeiner öffentlicher Interessen"[41] stattgefunden hätte. In der Praxis machte die Kolonialverwaltung von ihrem Verweigerungsrecht aber so gut wie nie Gebrauch.[42] Anders als Jan-Bart Gewald und Nils Ole Oermann sehe ich in Leutwein nicht den Seiltänzer zwischen Missions- und Siedlerinteressen, der sich mit den konspirativen Machenschaften seiner Beamten konfrontiert sah und dessen auf Ausgleich gerichtete Landpolitik letzten Endes an diesen Machenschaften scheiterte.[43] Leutwein, seine Vorgesetzten und seine Untergebenen setzten dieselben Prioritäten. Die Besiedlung und wirtschaftliche Erschließung Deutsch-Südwestafrikas sollte in keiner Weise gestört werden. Gleichzeitig hieß es, der Mission gegenüber den Schein der Kooperationsbereitschaft zu wahren, was mit der Zeit immer schwieriger und mit Leutweins Auftritt auf der Herero-Konferenz 1903 wahrscheinlich unmöglich wurde. Bei dieser Gelegenheit verkündete er den versammelten Herero-Missionaren ganz unverblümt, dass die Priorität der Kolonialverwaltung bei den Wünschen der Kolonisten lag. Es sei daher in ihrem Interesse, „nicht zu große Gebiete in die tote Hand, wozu freilich die Eingeborenen-Reservate gehörten, gelangen zu lassen."[44] Dies galt insbesondere für Zentren wie Okahandja, Omaruru und Waterberg. Kleinere Reservate sollten erst dann eingerichtet werden, wenn „man deutlich sehen könne, welches Gebiet naturgemäß den Eingeborenen verbliebe. [...] Im Allgemeinen würden die Reservate in Gebieten zu suchen sein, die seitab vom Hauptverkehr liegen, wo die Eingeborenen ungestört bleiben könnten."[45]

In diesem Sinne wurden denn auch zunächst einmal vorläufige Reservate eingerichtet. Diese so genannten „papiernen Reservate"[46] konnten nach Bedarf zu vollständigen Reservaten erklärt werden. In ersteren sollten Landverkäufe der afrikanischen Herrscher nur dann genehmigt werden, „sofern die wirtschaftliche Entwicklung es gebietet."[47] Wie die Festlegung der „papiernen Reservate" durchgeführt wurde, zeigt Jan-Bart Gewald anhand der Orte Okahandja und Waterberg. In einer ersten Verhandlung mit den Großleuten

---

41 Leutwein, Elf Jahre, 266.
42 Zum Genehmigungsvorbehalt: Bley, Kolonialherrschaft und Sozialstruktur, 128-136; Jäschke, Die polyzentrische Infrastruktur, 117; Leutwein, Elf Jahre, 266.
43 Zur Verklärung Leutweins: Gewald, Herero Heroes, 142-147; Gewald, Colonization, Genocide and Resurgence, 201-205; Jan-Bart Gewald, Kolonisierung, Völkermord und Wiederkehr. Die Herero von Namibia 1890-1923, in: Joachim Zeller/Jürgen Zimmerer (Hgg.): Völkermord in Deutsch-Südwestafrika. Der Kolonialkrieg (1904-1908) in Namibia und seine Folgen, Berlin 2002, 105-120, hier 112-114; Oermann, Mission, Church and State Relations, 88.
44 Protokoll der Herero-Konferenz, 1903, RMG 2.615.
45 Ibid.
46 Vgl. Abschrift des Berliner Konferenz-Protokolls, 14.11.1902, RMG 1.099a.
47 Ibid.

von Okahandja, unter Führung von Assa Riarua, stellte der mit der Einrichtung betreute Leutnant Zürn den Herero seinen Grenzplan vor. Anders als Samuel Maharero, dem an einem möglichst kleinen Reservat gelegen war, damit er weiterhin Land verkaufen konnte, setzte sich Assa Riarua für die Schaffung eines möglichst großen Reservates ein. Er hoffte, möglichst viele Weiden und Wasserstellen im Reservat zu haben und damit die wirtschaftliche Unabhängigkeit seines „Stammes" gewährleistet zu wissen. Dementsprechend waren auch die anderen an der Beratung teilnehmenden Großleute eingestellt. Sie erachteten das von Zürn vorgeschlagene Reservat als zu klein, von zu geringer Qualität und sie kritisierten, dass es in einem den meisten von ihnen unbekannten Gebiet liege. Zürn hielt an den von ihm vorgeschlagenen Grenzen fest. Er erklärte den versammelten Großleuten bei einem zweiten Treffen, dass er ihre Unterschriften nicht brauche. Schließlich würde Samuel Maharero seine Unterschrift sicher nicht verweigern. Mit den Großleuten vom Waterberg verhandelte Zürn gar nicht erst. Er beschränkte sich darauf, ihre Unterschriften zu fälschen. Die von Zürn festgesetzten Grenzen wurden am 8. Dezember 1903 rechtskräftig.[48] Dieses Beispiel zeigt, dass Leutweins negative Grundhaltung von seinen Untergebenen geteilt wurde. Auf diese Weise potenzierte sich die Härte der betriebenen Landpolitik um ein Vielfaches.

Ausblick

Nach dem Herero-Nama-Aufstand, den sich daran anschließenden Enteignungen und den so genannten Eingeborenenverordnungen herrschte in Deutsch-Südwestafrika „die Ruhe des Friedhofs".[49] Bereits zu Beginn der deutschen Herrschaft hatte die Kolonialverwaltung das Ideal einer festgefügten Ständeordnung vor Augen. Darin gehe ich mit Jürgen Zimmerer konform. In dieser Idealvorstellung herrschten deutsche Beamte und Siedler über zu folgsamen Untertanen und Arbeitern erzogene Afrikaner. Dieses Ziel war 1907 erreicht.[50]

Die zu Beginn des Herero-Aufstandes in der deutschen Presse betriebene Hetzkampagne gegen die Rheinische Missionsgesellschaft wurde von der Reichsregierung geschickt genutzt, um sich die Gesellschaft für ihre Nachkriegspolitik gefügig zu machen. Gegenüber der repressiven Nachkriegsgesetzgebung blieb sie stumm. Berechtigte Kritik musste hinter dem Wunsch nach einem harmonischen Verhältnis zu Kolonialverwaltung und Regierung zurückstecken.[51] 1906 hatte die Mission dann auch eingesehen, dass die Kolonialverwal-

---

48 Zu den „papiernen Reservaten" von Okahandja und Waterberg: Drechsler, Südwestafrika unter deutscher Kolonialherrschaft, 145; Gewald, Herero Heroes, 145-147; Gewald, Colonization, Genocide and Resurgence, 201-205; Gewald, Kolonisierung, Völkermord und Wiederkehr, 113f.; Gerhard Pool, Samuel Maharero, Windhoek 1991, 185f.
49 Drechsler, Südwestafrika unter deutscher Kolonialherrschaft, 260.
50 Zum Ideal der Herrschaft: Jürgen Zimmerer: Der koloniale Musterstaat? Rassentrennung, Arbeitszwang und totale Kontrolle in Deutsch-Südwestafrika, in: Zeller/Zimmerer, Völkermord in Deutsch-Südwestafrika, 26-41, hier 31.
51 Die Tatsache, dass Samuel Maharero die Missionare verschonte, war Auslöser der Pressekampagne. Südwestafrikanische Siedler versorgten die Zeitungen im Reich konsequent mit neuem Material. Sie waren der Auffassung, dass die Missionare die Afrikaner aufgehetzt hatten und damit die eigentlich Verantwortlichen waren. Am 9. Mai 1904 griff dann Reichskanzler von Bülow die Rheinische Mission öffentlich an. Damit vermehrten sich die gesellschaftlichen Ressentiments weiter. Paradoxerweise wurden zur Zeit der Hetzkampagne die Berichte von Missionaren als zuverlässige Quellen in Regierungspublikationen verwendet. Ich vermute, dass von Bülow eine Schau inszeniert habe, um die Rheinische Mis-

tung nicht bereit war, weitere Reservate einzurichten. Auf der Suche nach Alternativen zu ihrer bisherigen Landpolitik entschied sich die Mission für den Aufbau von Missionsfarmen. Sie sollten primär als Einnahmequelle dienen. Darüber hinaus sollte dort auch eine Erziehung zur Arbeit stattfinden. Eine Steigerung ihrer Einkünfte hatte die Mission bitter nötig, wollte sie mit den aus den Eingeborenenverordnungen resultierenden Veränderungen im Schutzgebiet Schritt halten. Es war eine „Feierabendkirche"[52] entstanden. Der Aufwand für die Betreuung der in kleinen Gruppen auf den Farmen der Siedler lebenden Farmarbeiter – manchmal nur zwei oder drei Personen – muss enorm gewesen sein. Deshalb wurde auch die Ausbildung afrikanischer Hilfskräfte von der Mission verstärkt. So genannte Wanderevangelisten sollten durchs Land ziehend die religiöse Grundversorgung übernehmen. Auf einer Farm angekommen, stellten sie sich zunächst dem Besitzer vor, erklärten ihm ihren Auftrag und holten seine Genehmigung zur Missionstätigkeit ein. Der Evangelist hatte beim Farmer für Kost und Logis zu arbeiten. In den Mittagspausen und am Feierabend ging er seiner eigentlichen Tätigkeit nach. Daneben wurden „Vorsager"[53] ausgeschickt. Sie gaben Katechismus-Unterricht und erzählten biblische Geschichten. Ihre Methode war einfach. Sie bestand darin, die entsprechenden Texte immer wieder vorzulesen beziehungsweise zu erzählen. Der Missionar selbst zog mit seinem Ochsenwagen durch sein Stationsgebiet und besuchte jeden Tag eine andere Farm, wo er erst am Abend nach der Landarbeit mit den Farmarbeitern zusammenkommen konnte. Er hielt Gottesdienste, feierte das Abendmahl, vollzog Taufen und Trauungen und nahm an den Sitzungen der Ältestenräte teil. Diese Art der Versorgung war mit Qualitätseinbußen verbunden. Konnte der Missionar früher den Taufunterricht bis zu drei Jahre dauern lassen, so musste er sich nun beeilen, wollte er den Arbeiter taufen, ehe der womöglich anderswohin zog.[54]

---

sion für die Nachkriegspolitik kooperationsbereit zu machen (Drießler, Die Rheinische Mission in Südwestafrika, 200f.; Engel, Die Rheinische Missionsgesellschaft, 152; Gründer, Christliche Mission und deutscher Imperialismus, 127; Oermann, Mission, Church and State Relations, 100, 102-106; de Vries, Mission und Politik, 185).

52 Engel, Die Rheinische Missionsgesellschaft, 155.
53 Drießler, Die Rheinische Mission in Südwestafrika, 216.
54 Zur Betreuung der Farmarbeiter: JBRMG 1908, 19; Drießler, Die Rheinische Mission in Südwestafrika, 214-217; Engel, Die Rheinische Missionsgesellschaft, 155f.; Gewald, Herero Heroes, 223f.; Ingrid Grienig, „Ein äusserst schwer zu bedienendes Missionsobjekt": Farmarbeiter in Deutsch-Südwestafrika, in: Ulrich van der Heyden/Jürgen Becher, Mission und Gewalt. Der Umgang christlicher Missionen mit Gewalt und die Ausbreitung des Christentums in Afrika und Asien in der Zeit von 1792 bis 1918/19, Stuttgart 2000, 435-448, hier 436-444; Gründer, Christliche Mission und deutscher Imperialismus, 134; Heinrich Vedder, The Herero, in: Secretary of South West Africa (Hg.), The Native Tribes of South West Africa, Kapstadt 1928, 155-209, hier 201.

Die Rolle von Landbesitz

Deutsche protestantische Missionen und Landerwerb in Südafrika

Martin von Fintel

Im südafrikanischen Kontext spielte Land schon immer eine Rolle – als rechtliche Einheit, als Ort der Zuflucht, Identität und Zugehörigkeit, als spiritueller Ort und als ökonomisches Gut.[1] Um Land wurde und wird gestritten – insbesondere seit Beginn der Kolonialzeit im Jahr 1652.[2] Für das koloniale „Unternehmen" waren Fragen des Grundbesitzes sowie seiner Kommerzialisierung und Umwandlung wichtige Indikatoren für die zunehmende Ausdehnung der europäischen Kolonialmächte. Und fur die Missionsgesellschaften, die diesem Beispiel folgten, bildete Landbesitz häufig die Basis ihrer Christianisierungsbemühungen.

Dieser Beitrag beleuchtet kurz die Ziele deutscher protestantischer Missionen im Hinblick auf Landbesitz in Südafrika[3] und gibt dann eine Übersicht über die wichtigsten Möglichkeiten des Erwerbs von Grundbesitz und von Zugang zu Land. Dabei wird der Schwerpunkt auf der Zeit vor 1920 liegen.

---

[1] Siehe den Proposed Church Land Policy Framework von 1997, in dem südafrikanische Kirchenführer, NGOs, die sich für Landrechte einsetzen, und Personen, die auf kircheneigenem Land leben, Land definieren als „eine Quelle unseres Lebensunterhaltes, [...] den Ort unserer Identität, [...] einen Ort, an dem wir geboren werden, leben und sterben, [...] den Ort, wo wir unsere persönliche und unsere gemeinsame Geschichte leben, [...] den Ort, wo wir das Erbe und die Werte, die unsere Vorfahren uns gegeben haben, leben und weitergeben." (Proposed Church Land Policy Framework in: David S. Gillan (Hg), Church, Land and Poverty. Community struggles, land reform and the policy framework on church land, Johannesburg 1998, 175-180).

[2] Für detaillierte Hintergrundinformationen zu den verschiedenen und gegensätzlichen Vorstellungen von Landnutzung und Landbesitz siehe Andrea Schultze, In Gottes Namen Hütten bauen. Evangelisch-Lutherische Kirche Südafrikas zwischen 1834 und 2005, Stuttgart 2005, 83ff. –Schultze erklärt: „Bei der Einwanderung europäischer Siedler ins südliche Afrika trafen europäische und afrikanische Landrechtssysteme aufeinander. Es entstanden jahrhundertelange Konflikte, die einerseits in einen weitgehenden Assimilations- bzw. Transformationsprozess afrikanischer Landnutzungssysteme in europäische Rechtsauffassungen mündeten, andererseits zur Ausformung einer kolonialen Bodenrechtspolitik führten." (ibid., 83).

[3] Für eine neuere Diskussion um Landfragen im namibischen Kontext siehe Erika von Wietersheim, This Land is my Land. Motions and emotions around land reform in Namibia, Windhuk 2008. – Wietersheim zeigt auf, wie Politiker, Kirchenführer und Farmer Landnutzung und Zugang zu Land in Vergangenheit und Gegenwart beurteilen. Für Landfragen im Blick auf die Region Südafrika siehe Nachrichtenstelle Südliches Afrika (Hg.), Land und Macht. Die Landfrage im Südlichen Afrika, Basel 1996.

Ankunft auf dem „Missionsfeld": Die Bedeutung von Land im Zusammenhang mit Mission

Obwohl auch frühere Missionsaktivitäten in der Geschichte des Kaps belegt sind, fand die missionarische Erweckung größtenteils in der zweiten Hälfte des 19. Jahrhunderts statt. Die Missionsgesellschaften, die in diesem Gebiet aktiv waren, waren unter anderem die Herrnhuter (1737), die London Missionary Society (1799),[4] die Methodisten (1795),[5] die Rheinische Missionsgesellschaft (1829),[6] die Katholiken (1820),[7] die Berliner Mission (1834),[8] die American Board of Mission (1835),[9] die Norwegische Missionsgesellschaft (1844)[10] und die Hermannsburger Mission (1854).

Die Berliner Mission hatte zum Beispiel bis 1869 15 Farmen oder Missionsstationen in der Kapkolonie, dem Oranje-Freistaat und im Transvaal erworben, die Hermannsburger Mission 14 solcher Ländereien allein in Natal.[11] Ähnliche Entwicklungen lassen sich bei den Katholiken feststellen, die 1909 bereits 26 Missionsstationen mit einer Gesamtfläche von 47.000 Hektar in Natal und der Transkei besaßen. Auch die Methodisten, Anglikaner, Schweden, Norweger und andere verfügten zu der Zeit über beachtlichen Grundbesitz in mehreren Regionen des südlichen Afrika.

Was waren die Hauptziele dieser „missionarischen Kolonisierung", die im Hinblick auf den Landerwerb nur im südlichen Afrika stattfand und deren Evangelisierungskonzept für dieses Gebiet somit einzigartig ist?[12] Im Allgemeinen blieb die Missionsarbeit in Form der „Institutsmission" für die meisten Missionsgesellschaften ein Kontinuum. Der Grunderwerb bildete die Grundlage für ein umfassendes geistliches, sozial-ökonomisches und kulturelles Programm, das häufig zum wesentlichen Bestandteil eines Transformationsprozesses wurde. Hier

> „[wurde die] Missionsstation [...] zu einem ‚Institut', das darauf angelegt war, Menschen anzuziehen, ihnen Brot, Arbeit und Unterricht in allerlei Handfertigkeiten zu

---

4 Peter Hinchliff, The Church in South Africa, London 1968, 23.
5 Ibid., 29, 31.
6 Für einen eingehenden Überblick über die Arbeit und den Landerwerb der Rheinischen Missionsgesellschaft vgl. Gustav Menzel, Aus 150 Jahren Missionsgeschichte. Die Rheinische Mission, Wuppertal 1978, 52ff.
7 Johannes du Plessis, A History of Christian Missions in South Africa, London 1911, 367.
8 Hellmut Lehmann, 150 Jahre Berliner Mission, Erlangen 1974, 24, 28.
9 du Plessis, A History of Christian Missions, 219.
10 Hinchliff, The Church in South Africa, 73.
11 Für provinzspezifische Informationen zu Landfragen allgemein siehe für KwaZulu-Natal z.B. Anne Harley und Romy Fotheringham, AFRA: 20 years in the land rights struggle, 1979-1999, Pietermaritzburg 1999; zu Geschichte und Auswirkungen des Landerwerbs durch die Hermannsburger Mission vgl. auch die Beiträge #23 und #25 von Fritz Hasselhorn und Christian Hohmann.
12 Siehe auch Martin von Fintel, Church land and the Evangelical Lutheran Church in Southern Africa, in: David S. Gillan (Hg.), Church, Land and Poverty. Community struggles, land reform and the policy framework on church land, Johannesburg 1998, 83-86: „Missionsstationen sollten ein Umfeld schaffen, in dem die Bekehrten friedlich und einträchtig leben konnten, wo sie das Wort Gottes hören und in verschiedenen Fertigkeiten unterwiesen werden konnten. Das Land bildete daher einen wesentlichen Bestandteil der Missionierungsstrategie."

geben, um sie in einer neuen Umgebung zu erziehen und auch seßhaft zu machen. Das Institut gehörte also in die Reihe der Missionsmittel."[13]

In diesem Kontext wurde missionseigenes Land für die folgenden Zwecke erworben:

1. Missionsland als Raum der Erziehung und Unterweisung

Lehmann konstatiert in seinem Rückblick auf 150 Jahre Berliner Mission für den südafrikanischen Kontext:

> „Wenn die Mission hier Fuß fassen und Menschen zur Annahme des Christusglaubens gewinnen wollte, war das nur möglich, wenn man mit Unterricht, leiblicher Fürsorge und schließlich Seelsorge einsetzte und dann für die Getauften innerhalb des Stammesgebietes Freiräume mit der Anlage von Stationen schuf."[14]

Ähnliches stellte Hinchliff fest, laut dem folgendes Prinzip für die Missionsarbeit der Herrnhuter gegolten hat: „Wenn die Hottentotten unterwiesen werden sollen, müssen sie ihr Nomadendasein aufgeben."[15]

Auf diese Weise entwickelten sich Missionsstationen und Missionsland zu Stätten der geistlichen und weltlichen Unterweisung, „die Siedlungen wurden zu Dörfern, wo die Würde von Arbeit und handwerkliche Fertigkeiten, schulische Grundkenntnisse sowie Standards des zivilisierten Lebens zusammen mit dem Evangelium vermittelt wurden."[16]

2. Missionsland als Zuflucht für die Neubekehrten

Missionsland diente auch als Zufluchtsort für die Neubekehrten, die Lehmann zufolge

> „Platz zur Ansiedlung fand[en], denn in der eigenen Sippe, wo das Gesetz des Häuptlings galt, hatten solche, die nicht der alten Religion treu blieben, keine Lebensmöglichkeit mehr. So mußte eine Station mit eigenem Landbesitz umgeben sein, wo die Christen wohnen konnten und das Gesetz der Mission galt."[17]

3. Missionsland als Zone des Einflusses über die Bekehrten

Lehmann spricht vom Gesetz der Mission und den jeweiligen Vorschriften und Regeln einer Missionsgesellschaft. Das weist bereits darauf hin, dass Missionsland als ein Ort betrachtet wurde, wo Einfluss auf die Bekehrten ausgeübt und Regeln für ein christliches Leben festgelegt werden konnten – die sogenannte „Gemeinde- und Zuchtordnung". Das heißt, Verhaltenskodizes für die Gemeinde und das alltägliche Leben sowie Regeln, die von der Kleidung bis zum Arbeitsethos alles abdeckten, waren bei den Missionsstationen üblich.[18]

---

13 Menzel, Rheinische Mission, 37.
14 Lehmann, 150 Jahre Berliner Mission, 36.
15 Zur Arbeit der Herrnhuter Mission in Südafrika vgl. Beitrag #25 von Christian Hohmann.
16 Hinchliff, The Church in South Africa, 12.
17 Lehmann, Berliner Mission, 36f.
18 Im Hinblick auf die Gründung der Station Hermannsburg in Natal bemerkte Friedrich Speckmann: „Zur Anlage der Station hatten sie nun entweder Land zu kaufen, oder den Gouverneur zu bitten, ihnen zu erlauben, in den sogenannten Kafferlocationen eine Missionsstation anlegen zu duerfen. Bruder Posselt rieth entschieden, Land zu kaufen, schon aus dem Grunde, weil eine Station auf Grund und Boden der

4. Missionsland als Basis für eine vita communis

Missionsland war der Ort, an dem geistliches Leben, Gottesdienste und Arbeit stattfinden konnten. Auf den meisten Missionsstationen hielt man sich an den Grundsatz „Ora et labora", woran der Bericht *The Utilization of Rural Lands owned by the Catholic Church in Natal* erinnert:

> „Dass die katholische Kirche in Natal heute große Ländereien besitzt, ist im Wesentlichen das Ergebnis einer schnellen Entwicklung der landwirtschaftlichen und missionarischen Aktivitäten der […] Trappisten […] des 19. Jahrhunderts. […] es gab verstärkt Bemühungen, Trappisten aus Europa zu gewinnen, damit auf jeder Farm eine Gemeinde gegründet werden konnte, denn man glaubte, beispielhafte disziplinierte Arbeit und Kontemplation sei für die missionarischen Bemühungen unter der einheimischen Bevölkerung förderlich."

5. Missionsland als Abbild der Heimat

Die Gestaltung einer Missionsstation und missionseigenen Grundbesitzes war oft davon bestimmt, was die jeweiligen Missionare als ihre physische, kulturelle und geistliche Heimat betrachteten. So legt Hinchliff dar, dass die Herrnhuter

> „Mitte des 19. Jahrhunderts […] sieben funktionierende Stationen mit insgesamt 7.100 Mitgliedern besaßen, auf denen 28 Missionare und 13 einheimische Helfer tätig waren. Diese Expansion gehörte keineswegs zum ursprünglichen Plan der Herrnhuter. Sie hatten sich vorgestellt, geduldig und schrittweise mehr Bekehrte um sich zu versammeln, die gründlich vorbereitet, wirklich bekehrt und bereit waren, die Regeln eines gemeinsamen Lebens in einer christlichen Gemeinschaft zu akzeptieren. So wurden die Herrnhuter Missionsstationen Gemeinschaften nach Herrnhuter Vorbild [...]. Es entstanden geschlossene Siedlungen, und als es dazu gekommen war, war die Erinnerung an das Herrnhuter Vorbild so stark, dass es geradezu unmöglich wurde, ihm nicht zu entsprechen."[19]

6. Missionsland als Wirtschaftsgut und Produktionsstätte

Missionsland diente auch als wirtschaftliche Grundlage für die laufende Missionsarbeit. So verkauften Missionsstationen häufig ihre landwirtschaftlichen Produkte, um sich Einnahmen zu sichern, mit denen die missionarische Arbeit aufrechterhalten werden konnte, und um die laufenden Kosten, beispielsweise für die Beschäftigung kirchlicher Mitarbeiter, zu decken.[20]

Mission gelegen, menschlich gesprochen, eine gesichertere Zukunft habe, und dann koenne der Missionar dort unter den Kaffern bessere Zucht ueben, (als) wenn er seine Station auf der Regierung Grund und Boden haette." (Friedruch Speckmann, Die Hermannsburger Mission in Afrika, Hermannsburg 1876, 187).

19 Hinchliff, The Church in South Africa, 12.

20 Die von der Evangelical Lutheran Church in Southern Africa 1996 verabschiedete Erklärung ihrer Landpolitik bestätigt beispielsweise, dass „der Zweck des Kaufs oder der Zuteilung dieses Landes historisch darin bestand, sowohl als Siedlung für die Bekehrten als auch als Einkommensquelle für die Mitarbeiter der Kirche zu dienen und auf diese Weise die Mission der Kirche zu ermöglichen." (zitiert in von Fintel, Church land and the Evangelical Lutheran Church, 83-86).

(Christliche) Erziehung, Zuflucht, Herrschaft, *vita communis*, die Nachbildung der europäischen Heimat(-siedlungen) und die Sicherung einer wirtschaftlichen Lebensgrundlage zählten also zu den wichtigsten Zielen, die die verschiedenen Missionsgesellschaften mit dem Landerwerb anstrebten.

Landerwerb als ein ‚Mittel der Mission'

Der eigentliche Vorgang des „Erwerbs" von Land ist eine umstrittene Angelegenheit, denn dabei kommen gegensätzliche westliche und afrikanische Ansichten und Gefühle in Bezug auf das Land, dessen Besitz und Nutzung ins Spiel und theologische Deutungen rücken in den Vordergrund.[21] Willem Saayman, ein südafrikanischer Missionswissenschaftler, sagte einmal: „Wie in anderen Bereichen des Lebens besteht die missionarische Verantwortung der christlichen Gemeinschaft auch in der Debatte um Land angesichts der *missio Dei* darin, Zeichen der Herrschaft Gottes zu errichten."[22] Der Landerwerb der Missionsgesellschaften hatte grundsätzlich zum Ziel, Enklaven der Herrschaft Gottes zu errichten und auszuweiten. Trotzdem gingen eben diesem Landerwerb häufig Enteignungen und Exklusion voraus oder folgten ihr – das Reich Gottes wurde zerrissen. Jede einzelne der folgenden Formen des Landerwerbs müsste daher umfassend und kritisch betrachtet werden. Aus Platzgründen müssen hier jedoch kurze Hinweise auf kritische Diskussionen und Fragen genügen. Der regionale Schwerpunkt der Betrachtung von Formen des Landerwerbs liegt dabei in Natal und Transvaal.

Um Grundbesitzrechte zu erlangen, hatten Missionsgesellschaften die folgenden rechtlichen Möglichkeiten und nutzten diese im Allgemeinen auch:[23]

(i) Staatliche Zuteilungen von Pfarrland

Solche Landzuweisungen der Regierung erhielten anerkannte Missionsgesellschaften gemäß der Ordinance 5 von 1856 (Natal) zum dauerhaften Besitz, jedoch ohne das Recht zum Verkauf. Dieses Pfarrland war bis zu 200 Hektar groß und Teil des Kronlandes, das an die so genannten Lokationen[24] grenzte. Nicht zum Pfarrland zählten die Missionsreservate,[25]

---

21 So weist Molefe Tsele hin auf „die beschämende Tatsache, dass die Kirche Landbesitzer ist", und hinterfragt die zugrundeliegenden ekklesiologischen Axiome (Molefe Tsele, Land and Poverty, Towards an ecumenical agrarian reform strategy, in: David S. Gillan (Hg.), Church, Land and Poverty. Community struggles, land reform and the policy framework on church land, Johannesburg 1998, 137-144).

22 Willem Saayman, Ownership of land and Christian mission in South Africa: erecting signs of hope?, in: David S. Gillan (Hg.), Church, Land and Poverty. Community struggles, land reform and the policy framework on church land, Johannesburg 1998, 153-158, 157.

23 Auch die Frage von Eigentumsurkunden ist ein Streitpunkt. Wie David Mayson feststellt: „Gemeinschaften, die auf Kirchenland leben, bestehen häufig aus Nachkommen von Menschen, die auf dem Land lebten, bevor die Kirche dort Missionsstationen errichtete [...]. Die Eigentumsfrage ist ein komplexes Problem. Eigentumsrechte geben der Kirche die Macht, mit dem Land zu machen, was sie will. Diejenigen, die auf diesem Land wohnen, haben oft ein anderes Verständnis dessen, was Eigentum bedeutet." (David Mayson, Church land, people's rights and development in South Africa, in: David S. Gillan (Hg.), Church, Land and Poverty. Community struggles, land reform and the policy framework on church land. Johannesburg 1998, 61-70, 62f).

24 Gebiete, die den Einheimischen zugewiesen worden waren. (Anm. d. Übers.)

25 Für eine ausführlichere Erörterung der Missionsreservate im Kontext der Hermannsburger Mission siehe Fritz Hasselhorn, Bauernmission in Südafrika. Die Hermannsburger Mission im Spannungsfeld

die – trotz ihrer unmittelbaren Nachbarschaft zum Pfarrland – formell kein Eigentum darstellten.

(ii) Kauf von Grants (Landzuteilungen)

Dabei handelte es sich hauptsächlich um bestehende *Grants*, die bereits vermessen und einzelnen Farmern zugeteilt worden waren. Die meisten von ihnen grenzten an Pfarrland beziehungsweise die Lokationen. Die Missionare kauften diese *Grants* von den Farmern, denen sie zugeteilt worden waren. Etliche solcher Farmen waren jedoch von der Regierung noch niemandem zugewiesen worden, und es gelang den Missionen, der Regierung einige (zum Marktpreis) abzukaufen. Diese *Grants* stellten die problematischste Form des Landerwerbs dar, da das Land oftmals angeboten wurde, nachdem es „schwarzen" Gemeinschaften weggenommen worden war.[26]

(iii) Certificates of Occupation (Nutzungsscheine)

Grants, die irgendwann in Eigentum umgewandelt werden konnten, waren die bevorzugte Methode, das Land der Zulukönige zu erhalten. Anfängliche war diese Methode des Landerwerbs auch erfolgreich. Doch später hatten Verhandlungen um *Grants* im südlichen Zululand keinen Erfolg mehr und es zeichnete sich ab, dass Nutzungsrechte nur noch für einen unbestimmten, aber begrenzten Zeitraum vergeben würden. Die Idee, Landbesitz in Zululand gehe auf Geschenke oder *Grants* der Könige zurück, wird oft als „Mythos vom Land als Geschenk des Königs"[27] bezeichnet und stößt auf massive Kritik.[28]

(iv) Permissions to occupy (Nutzungsgenehmigungen)

Zu einem späteren Zeitpunkt, nachdem die Briten Zululand besetzt hatten, gab die zuständige Behörde *Certificates of Occupation* (Nutzungsscheine) aus, die später in *Permissions to Occupy* (PTOs, Nutzungsgenehmigungen) umgewandelt wurden. Für etablierte Missionsstationen konnte das zugeteilte Land bis zu 80 Hektar umfassen, für Außenstationen umfasste es in der Regel jedoch nicht mehr als 0,4 Hektar.

(v) Schenkungen

In einigen Landesteilen wurden Missionsstationen infolge von Landschenkungen lebender oder verstorbener Mitglieder der Missionen erweitert. Manchmal bekam eine Mission kleine Farmen unter der Bedingung geschenkt, dass sie dort ihre missionarischen und erzieherischen Aktivitäten fortsetzte. Allerdings gab es meistens die einschränkende Klausel, dass das Land den Schenkenden oder ihren Erben zurückgegeben werden musste, sobald es nicht mehr für die oben genannten Zwecke genutzt würde.

---

der Kolonialpolitik 1880-1939, Erlangen 1988, 78, 107ff.
26 Siehe Wolfram Kistner, The churches and the struggle for land in the old and the new South Africa, in: David S. Gillan (Hg.), Church, Land and Poverty. Community struggles, land reform and the policy framework on church land. Johannesburg 1998, 159-173, 164.
27 Tsele, Land and poverty, 138.
28 Ibid. und Schultze, Hütten bauen, 98f.

(vi) Treuhänderkauf[29] für einen „Häuptling"/„Stamm"[30]

Treuhänderkäufe für eine Gemeinde waren Landkäufe, bei denen die Missionsgemeinde den Kaufpreis oder zumindest den größten Teil davon aufbrachte, während der jeweilige Grund und Boden dann auf den Namen eines Missionars registriert wurde. Denn die südafrikanische Gesetzgebung, zum Beispiel in der Südafrikanischen Republik oder im Oranje-Freistaat, sah Landbesitz von Afrikanern in Form eingetragener Eigentumsurkunden nicht vor. Die Hermannsburger Mission kaufte zum Beispiel in den westlichen Teilen der Südafrikanischen Republik (Transvaal) viel Land über Treuhänderkäufe – zugunsten oder im Namen von einzelnen afrikanischen „Stämmen" oder Bevölkerungsgruppen. Obwohl den Aktivitäten der Missionare durch den Transvaal Mission Act gewisse Grenzen gesetzt waren, stellte dies für die afrikanischen Gemeinschaften die einzige Möglichkeit dar, wieder etwas von dem Land zurückzuerhalten, das ihnen die Buren weggenommen hatten. Und den Missionaren eröffneten sich dadurch willkommene Gelegenheiten, sich in diesen Gebieten zu etablieren.[31]

Die Komplexität und Unklarheiten im Verhältnis von Landbesitz und Missionsgesellschaften müssen hier noch einmal hervorgehoben werden. David Mayson stellt hierzu fest:

„Die Rolle der Missionare im Hinblick auf die Landfrage ist komplex und widersprüchlich. Einerseits konnten Einheimische, die Land an weiße Siedler verloren hatten, Missionsstationen als eine Form der Sicherheit betrachten, denn diese sorgten dafür, dass sie den Zugang zu Land nicht völlig verloren. […] Andererseits half die Gründung von Missionsstationen den Kolonialmächten, den Widerstand der einheimischen Bevölkerung zu überwinden, indem die Grenzen des europäischen Machtbereiches ausgeweitet wurden und mitunter auch ein ‚Reservoir von Arbeitskräften' bereitgestellt wurde, die unterhalb des Existenzminimums lebten."[32]

---

29 Schultze zeigt, dass das Konzept der Treuhänderschaft komplex ist. Denn häufig trugen bei diesen Käufen viele zum Kaufpreis bei. Außer der Gemeinde selbst investierten häufig auch der Missionar und/oder die Missionsgesellschaft Kapital (Schultze, Hütten bauen, 96).
30 Für nähere Informationen über Treuhänderkäufe ibid., 95ff.
31 Die Frage des Landbesitzes von „Schwarzen" war ein strittiges Thema in der Hermannsburger Mission. Fritz Hasselhorn geht ausführlicher auf diese Debatte ein (Fritz Hasselhorn, Mission, land ownership and settlers' ideology, exemplified by the German Hermannsburg Mission in South Africa. Published by The South African Council of Churches, Johannesburg 2001). Schultze hebt den eher pragmatischen als politischen Charakter der Treuhänderkäufe hervor: „Missionsleitung, Missionar und Gemeinde hatten aus unterschiedlichen Gründen Interesse an den Treuhänderkäufen. Der Missionsgesellschaft gaben sie die Möglichkeit, ohne großen finanziellen Einsatz zu expandieren. Sie stimmten solchen Käufen aus rein praktischen Erwägungen zu. Hinweise darauf, dass Treuhänderkäufe aus politischer Überzeugung getätigt wurden oder gar als indirekter Protest gegen den Ausschluss der afrikanischen Bevölkerung vom Grundstücksmarkt gemeint waren, gibt es, soweit ich feststellen konnte, nicht." (Schultze, Hütten bauen, 97) Eine ähnliche Kritik am Eigeninteresse der Kirche bringt Tsele vor, wenn er feststellt: „Wir wissen, dass die Kirche ihr Eigeninteresse voranstellte, und wir können sagen, dass sie die ‚Treuhänderschaft' missbrauchte, die ihr von jenen übertragen wurde, die schutzlos waren." (Tsele, Land and poverty, 139).
32 Mayson, Church land, people's rights and development, 61-70.

Landkäufe machten aus Missionsgesellschaften häufig vermögende Landbesitzer. Es folgt ein Überblick über die Einrichtungen der deutschen Missionen im Jahr 1907 und zusätzlich Informationen zur Hermannsburger Mission im Jahr 1913.

Statistische Informationen

1907[33]	Stationen	Außenstationen	Mitglieder[34]
Herrnhuter	23	139	21.595
Rheinische Missionsgesellschaft	35	28	35.106
Berliner Mission	55	249	48.360
Hermannsburger Mission	47	133	67.184
Gesamtzahl	**160**	**549**	**172.245**
1913[35]	Stationen	Außenstationen	Mitglieder
Hermannsburger Mission Natal	21	47	12.867
Hermannsburger Mission Transvaal	28	104	61.230
Gesamtzahl	**49**	**151**	**74.097**

Abgesehen von der Hermannsburger Mission, der Berlin Mission und der Herrnhuter Mission sind für das Jahr 1920 keine Verzeichnisse des Grundbesitzes vorhanden. Der Grundbesitz dieser drei Missionen umfasste ungefähr folgende Fläche (in Hektar):[36]

Mission	Kapkolonie	Freistaat	Natal	Transvaal	Gesamtzahl
Herrnhuter	55.100				55.100
Berliner Mission	32.770	19.936	6.820	12.995	72.521
Hermannsburger Mission			23.070	4.507	27.577
Gesamtzahl					**155.198**

Land, das früher beispielsweise im Besitz der Berliner oder der Hermannsburger Mission war, wurde auf die Property Management Company der Evangelical Lutheran Church in Southern Africa übertragen.[37] Die Property Management Company ist seit den 1990er Jahren an Verfahren der Rückerstattung von kircheneigenem Land an die Gemeinden beteiligt.

---

33 du Plessis, A History of Christian Missions in South Africa, 464.
34 Man kann davon ausgehen, dass sich die Missionsstationen alle auf Land befanden, das im Besitz der jeweiligen Mission war. Häufig handelte es sich dabei um kleine Farmen. Die meisten der Außenstationen lagen innerhalb sogenannter „Native Locations", für die Nutzungsscheine erteilt worden waren. Man kann ohne weiteres auch davon ausgehen, dass die Zahl der Mitglieder nicht nur diejenigen umfasste, die auf den Missionsstationen wohnten, sondern auch jene, die auf Nachbarfarmen und in den Reservaten der Einheimischen lebten.
35 Georg Haccius, Hannoversche Missionsgeschichte, Dritter Teil, 2. Hälfte, Hermannsburg 1920, 106, 246.
36 Property Inventory rescarch, vom Autor durchgeführt in den Archivakten der ELCSA Property Management Co.
37 Für nähere Einzelheiten siehe von Fintel, Church land and the Evangelical Lutheran Church, 83.

Abschließende Bemerkungen zu einer ungeklärten Frage

Landfragen, nicht nur im Zusammenhang mit der Kirche, nehmen in der Gesellschaft, der Gesetzgebung, der akademischen Debatte und der Lobbyarbeit in Südafrika noch immer viel Raum ein. Die Fragen des gerechten und gleichberechtigten Zugangs zu Grund und Boden,[38] der Rückgabe und Umverteilung des Landes sowie der Wiedergutmachung der Ungerechtigkeiten der Vergangenheit sind immer noch ungeklärt. Das gilt auch für die komplexe und mehrdeutige Rolle der Missionsgesellschaften zur Kolonialzeit und später zur Zeit der Apartheid.

> „In der Reihe der Protagonisten des Kolonialismus und der Landenteignung spielt die Kirche eine wichtige Rolle. Das koloniale Projekt fand in der Kirche zu verschiedenen Zeiten immer wieder einen willigen Mitspieler. Das Land, das die Kirche heute besitzt, erwarb sie zum Teil auch dank ihrer Beteiligung am kolonialen Prozess. Die Schwierigkeit besteht jedoch darin, dass die Kirche – anders als die Kolonialregime – durchaus widersprüchliche Rollen spielte. Sie war sowohl Kolonisator als auch Zuflucht für die Besiegten."[39]

Es wird eine Herausforderung für die *mission Dei* als Ganze sein, auf einen vereinten Leib Christi hinzuarbeiten, gegründet im Shalom und der Gerechtigkeit Gottes, von dem Psalm 24,1 sagt:

> „Dem Herrn gehört die Erde und was sie erfüllt, der Erdkreis und seine Bewohner."

---

38 In diesem Kontext sollten auch Genderfragen berücksichtigt werden: „Nicht nur Faktoren wie Rassen- und Klassenzugehörigkeit und Auswirkungen des Kolonialismus und der Apartheidpolitik haben zu der gegenwärtigen Situation beim Zugang zu Land und der Kontrolle über die Ressourcen geführt. Vielmehr fanden diese Prozesse auch innerhalb eines Systems von geschlechtsspezifischen Rollenzuschreibungen statt und interagierten mit den bestehenden Geschlechterverhältnissen. Daraus resultiert die gegenwärtige Situation der Ungleichheiten im Hinblick auf Rasse, Klasse und Geschlecht." (Shamin Meer, Introduction, in: Shamin Meer (Hg.), Women, land and authority. Perspectives from South Africa, Kapstadt 1997, 1-14, 6).

39 Andile Mngxitama und Zakes Nkosi, The Church land question. An introduction, in David S. Gillan (Hg.), Church, Land and Poverty. Community struggles, land reform and the policy framework on church land. Johannesburg 1998, 1-6, 1. Auf einen ähnlichen Konflikt weist Wolfram Kistner hin, der in der Einleitung zu einer Broschüre über die Landfrage und die Hermannsburger Mission erklärt: „In vielen Fällen war es den Menschen, die in der Missionsarbeit tätig waren, ein Anliegen, das reine Evangelium zu verkünden, ohne in politische und ökonomische Streitfragen und Kontroversen hineingezogen zu werden. Als eine Folge eben dieser Einstellung wurden sie oft, im Großen und Ganzen unwissentlich, Instrumente der Mächte der Unterdrückung, unter denen die Menschen litten, denen sie das Evangelium bringen wollten." (Wolfram Kistner, Einleitung, in: Hasselhorn, Mission, land ownership and settler's ideology, 4).

Kulturelle Dominanz und geistige Sklaverei

Die Rolle protestantischer deutscher und einheimischer Missionare im kolonialen Namibia

Paul John Isaak

> „Old pirates, yes, they rob I,
> Sold I to the merchant ships,
> Minutes after they took I
> From the bottomless pit.
> But my hand was made strong
> By the hand of the Almighty...
> Emancipate yourselves from mental slavery;
> None but ourselves can free our minds."
> Redemption Song von Bob Marley

Einleitung

Im Prozess der Mission und Evangelisierung sowie letztlich auch in dem der Gerechtigkeit und Erlösung wurde das Christentum häufig als Waffe des *Brechens* (als Instrument des Kolonialismus, der Tyrannei und Unterdrückung) oder des *Durchbrechens* (als Instrument der Befreiung, Verwandlung, Versöhnung und Heilung) verstanden und eingesetzt. In diesem Aufsatz werde ich darlegen, dass die Mehrheit der deutschen Missionare auf der einen und die einheimischen namibischen Missionare auf der anderen Seite jeweils eine spezifische Rolle spielten – bei den einen geht es um kulturelle Dominanz und geistige Sklaverei, bei den anderen um das Bewusstsein darum und die Weigerung, sich „domestizieren" und kolonialisieren zu lassen.

Zunächst möchte ich jedoch dort ansetzen, wo jede Missionstheologie anfängt: Der Begriff Mission ist Gottes „Tätigkeitsbeschreibung", die sowohl angibt, wer Gott *ist*, als auch, was Gott *tut*. Vielleicht wird mein Verständnis der *missio Dei* (Mission Gottes) am besten von einer ehemaligen afroamerikanischen Sklavin, Sojourner Truth, zum Ausdruck gebracht, die sagte: „O Gott, ich wusste nicht, dass du so groß bist."[1] Die welterschütternde Tatsache der Großherzigkeit Gottes ist Kern der Mission und des Dienstes Jesu, der Ethnizität, „Rasse", Klasse und Geschlecht überwunden hat, und liegt dem heutigen Missionsmodell zugrunde – nämlich, „zu verkündigen das Evangelium [...] zu predigen den Gefangenen, dass sie frei sein sollen, und den Blinden, dass sie sehen sollen, und den Zerschlagenen, dass sie frei und ledig sein sollen, zu verkündigen das Gnadenjahr des Herrn" (Jes 61 und Lk 4).

---

1 Roger Schroeder, What is the Mission of the Church? A Guide for Catholics, Maryknoll 2008, 13.

Seit Beginn der protestantischen Missionsarbeit waren Menschen jedoch der Auffassung, dass sie die Initiative ergreifen müssten, indem sie Missionare und zusammen mit ihnen Kolonialbeamte, Händler, Soldaten und Siedler schicken. Mission wurde dadurch reduziert auf Bekehrung, die Errichtung von Kirchen und die Sicherung „eines Platzes an der Sonne".[2] Diesem Denken lag eine westliche Weltanschauung zugrunde, eine Kombination aus Darwinismus und Paneuropäismus; das heißt die unkritische Annahme, dass der Volksbegriff den „Stärksten" und „am höchsten Entwickelten" vorbehalten sei, die „unterentwickelten" Menschen kolonialen Schutz[3] nötig hätten und daher geistig versklavt und kulturell dominiert werden dürften.

Vor diesem Hintergrund konzentriere ich mich in meinem Aufsatz auf die folgenden fünf Aspekte: Beginnen werde ich die Erörterungen aus der Perspektive der Kolonisierten, indem ich mich mit der afrikanischen Spiritualität und *Ubuntu* (Menschlichkeit) befasse. Anschließend werde ich darauf eingehen, in welchem Maß Gottes Mission durch den Kolonialismus verdunkelt wurde. Im dritten Teil wird es um kulturelle Dominanz, Rassismus und geistige Sklaverei gehen, und zwar aus Sicht sowohl der Kolonisatoren als auch der Kolonisierten. Viertens werde ich anhand des Beispiels von Kapitän Hendrik Witbooi Mission und Kolonialismus aus Sicht der Kolonisierten betrachten. Zum Schluss werde ich mich auf die tragische Geschichte des deutschen Kolonialismus in Namibia in dessen Endphase konzentrieren. Im Fazit des Aufsatzes wird es um den Diskurs der Kolonisierten gehen, der zur Unabhängigkeit Namibias führte.

Afrikanische Spiritualität und Ubuntu

In der Entwicklung der afrikanischen Missionstheologie war in jüngerer Zeit die Erkenntnis wichtig, dass die afrikanische Spiritualität, Anthropologie und Kultur reich an Werten ist, die Menschen helfen können, das Evangelium besser zu verstehen, anzuwenden und zu kontextualisieren.[4] Afrikanische Spiritualität, Anthropologie und Kultur müssen daher bewahrt und integriert werden – im Leben, in der Mission und im Dienst der Kirche. Für die Aufnahme des Evangeliums stellen sie tatsächlich Anknüpfungspunkte dar. Das ist nicht neu. Jede christliche Theologie stützt sich auf mehrere Berührungspunkte – wie beispielsweise Vernunft, Tradition und Erfahrung –, um Theologien zu entwickeln.

Die afrikanische Spiritualität mit ihrem Grundwert Ubuntu („Ich bin, weil wir sind" und „Weil ich bin, sind wir") ist eine zutiefst religiöse. In dieser Religiosität steht Gott im Mittelpunkt, die spirituelle Welt ist eng mit der physischen Welt verbunden und das Leben wird ganzheitlich betrachtet. Im Gegensatz zu manchen christlichen Philosophien, die Spiritualität von allem Irdischen trennen, bezieht die afrikanische Spiritualität die wahrnehmbare Welt vollkommen mit ein und betrachtet alles, was zu ihr gehört, mit leidenschaftlichem Interesse.

---

2 Für eine detailliertere Einteilung von Kirchen- und Missionsgeschichte in Perioden siehe David Bosch, Transforming Mission: Paradigm Shifts in Theology of Mission, New York 1991, 181-189, 262-345; sowie Stephen Bevans und Roger Schroeder, Constants in Context: A Theology of Mission for Today, Maryknoll 2004, 73-239.
3 Carl-J. Hellberg, Mission, Colonialism, and Liberation: The Lutheran Church in Namibia 1840-1966, Windhoek 1997, 80.
4 Vgl. Johannes Seoka, African Culture and Christian Spirituality, in: Mongezi Guma und Leslie Milton (Hgg.), An African Challenge to the Church in the 21st Century, Kapstadt 1997, 1-10.

In der Geschichte des Christentums hingegen ist das Wort „Spiritualität" ebenso problematisch, wenn nicht gar ebenso bedrohlich, wie der Begriff „sozialer Aktivismus". Beide Begriffe werden immer wieder missverstanden und missbraucht. Wenn wir von einem spirituellen Menschen sprechen, verstehen wir darunter im Allgemeinen jemanden, der „in höheren Sphären schwebt". Sprechen wir von einem Aktivisten, ist das manchmal als Warnung gemeint: Hier ist eine sehr engagierte Person, die mit Sicherheit Probleme verursachen wird. Solches Denken ist nicht angebracht.

Für mich besteht das Ziel dieses Studienprozesses darin, unsere Welt- und Gottesbilder in Einklang zu bringen; einer Welt und religiösen Traditionen, die Spiritualität und sozialen Aktivismus voneinander getrennt haben, Heilung zu bringen; den Kampf der Heiligen, die die Heilsgüter miteinander teilen (*communio sanctorum*), mit dem Kampf für soziale, politische und moralische Gerechtigkeit zusammenzubringen. Handelt es sich hierbei nicht um Werte, die mit einem Leben in Gemeinschaft, mit der Harmonie zwischen Mensch und Gott und der ganzen Schöpfung (dem ganzen Kosmos) verbunden sind?

Thomas Merton zeigt die enge Verbindung zwischen Spiritualität, Theologie und Ethik auf, die anerkannt und bejaht werden muss – zur gegenseitigen Bereicherung dieser drei Elemente. Kontemplation ist Merton zufolge keineswegs ein Gegensatz zur Theologie, sondern vielmehr ihre natürliche Vollendung. Wir dürfen das intellektuelle Studium der von Gott geoffenbarten Wahrheit und die kontemplative Erfahrung dieser Wahrheit nicht voneinander trennen – so als ob sie nichts miteinander zu tun hätten. Im Gegenteil, es sind einfach zwei verschiedene Aspekte derselben Sache. Und solange sie nicht vereinigt sind, ist die Theologie ohne Leidenschaft, ohne Leben und ohne spirituellen Wert; fehlt es dem kontemplativen Leben an Inhalt, Bedeutung und sicherer Orientierung.[5]

Die grundlegenden theologischen und anthropologischen Prinzipien hierfür lauten: Spiritualität hat mit einer konkreten Erfahrung Gottes (dem Hunger nach Gott) und einem daraus folgenden Leben des Gebets, der Anbetung *und* des Handelns zu tun. Wir können Spiritualität nicht von der *synergia* trennen (das heißt, davon, dass Gott sich dafür entschieden hat, in irdischen Dingen mit den Menschen zusammenzuwirken). Gleichzeitig ist Raum für das anthropologische Prinzip, nämlich das Prinzip *Ubuntu*. Daher bewirkt ein echtes Verständnis afrikanischer Spiritualität gesellschaftliche und strukturelle Veränderungen und trägt so zu Einheit in der Vielfalt, friedlicher Koexistenz sowie versöhnenden und heilenden Gemeinschaften bei.

Diese gemeinsame Erfahrung von Spiritualität steht in einem direkten Zusammenhang mit der als *Ubuntu* bekannten Anthropologie, nach der „ein Mensch durch andere Menschen zum Menschen wird". Dies ist nicht die Anthropologie des „Ich denke, also bin ich". Stattdessen heißt es hier: „Mein Menschsein ist mit deinem Menschsein verknüpft, ist unlösbar mit ihm verbunden". Ein Mensch mit *Ubuntu* ist für andere offen und zugänglich. Er erkennt andere an und sieht den anderen nicht als Feind, sondern als einen wesentlichen Teil der Mit-Menschlichkeit.[6] Harmonie, Freundlichkeit und Gemeinschaft werden als großes Gut betrachtet – das *summum bonum* nach der Rechtfertigung eines Menschen durch Gott.

---

5 Thomas Merton, Seeds of Contemplation, Wheathampstead, Herts 1972, 197-198.
6 Paul John Isaak (Hg.), The Influences of Missionary Work in Namibia, Windhoek 2007, 27.

Nach George Steinmetz konnten die protestantischen Missionsbemühungen des 19. Jahrhunderts keine positive Anschauung von afrikanischer Religion und Kultur entwickeln, weil sie weder „einen Anhaltspunkt, um eine distinkte ethnologische Charakteristik herauszuarbeiten," noch einen entwickelten theologisch-moralischen Diskurs feststellen konnten.[7] Die Mission konnte den afrikanischen Diskurs deshalb nicht anerkennen, weil die maßgeblichen Theologen und Kirchenführer den Kolonialdiskurs unterstützten.

Das möchte ich kurz ausführen. Nach Julius Richter, dem ersten ordentlichen Professor für Missionswissenschaft an der Berliner Universität, musste das Recht protestantischer Missionare, Andersgläubige zu retten, wesentlicher Bestandteil „der kulturellen Expansion euro-amerikanischer Völker sein".[8] Eine solche Vermischung von Mission und Kolonialismus wurde auch von Kirchenführern befürwortet. Wenn wir eine Person benennen müssten, die zum deutschen Kolonialgedanken beitrug, so wäre dies – nach allgemeiner Auffassung – Friedrich Fabri, der Direktor der Rheinischen Missionsgesellschaft (RMG). Fabri, der mit „gutem Grund der Vater der deutschen Kolonialbewegung genannt werden kann", widmete sein Leben „praktisch ausschließlich der kolonialen Sache".[9] Er forderte, dass die deutsche Identität „in den Kolonien bewahrt werden […] und sich ein neues Deutschland außerhalb des Vaterlandes etablieren müsse".[10] Daher waren David Bosch zufolge christliche Missionen, Handel und Kolonisierung – wie von David Livingstone initiiert – kein Zufall.[11]

Nach Auffassung des afrikanischen Theologen Fidelis Nkomazana dienten „Missionszentren" für Livingstone „nicht ausschließlich evangelistischen Zwecken, sondern umfassten das ganze Spektrum menschlicher Aktivität. Diese unterteilte er in drei „Cs": ‚commerce' (Handel), ‚christianity' (Christentum) und ‚civilization' (Zivilisation, womit eine gute Regierungsführung, Bildung, etc. gemeint waren)". Allerdings fügt Nkomazana hinzu:

> „David Livingstone wird häufig als bewusster Förderer der europäischen Kolonisierung Afrikas missverstanden. Er war vielmehr der Überzeugung, dass der Schlüssel zu Afrikas Zukunft die Anregung der indigenen Entwicklung und eine gute Regierungsführung seien. Eine solche Zivilisation ließ sich nur durch die Verbindung von Christentum und legitimem Handel erreichen, anstelle des Sklavenhandels, der seit Jahrhunderten Afrikas Entwicklung im Weg gestanden hatte."[12]

Aber der Preis für die Beendigung des Sklavenhandels im Austausch für die drei „Cs" war, wie Nkomazana zustimmt, „eine zivilisiertere Art und Weise, ein Volk auszubeuten, als die Vernichtung von starken Männern und Frauen oder ihr Transport über die Meere in die Sklaverei."[13]

---

7 George Steinmetz, The Devil's Handwriting: Precolonial Discourse, Ethnographic Acuity and Cross-Identification in German Colonialism, in: Society for Comparative Study of Society and History, Band 45, Ausgabe 01, Januar 2003, 85.
8 Bosch, Transforming Mission, 292.
9 Ibid., 308f.
10 Carl-J. Hellberg, A Voice of the Voiceless, Lund 1979, 20.
11 Bosch, Transforming Mission, 292.
12 Fidelis Nkomazana „Livingstone's ideas of Christianity, commerce and civilisation" in: Pula: Botswana Journal on African Studies, Bd. 12, Nr. 1 und 2, 1998, 44-57.
13 Ibid.

Ich teile diese Auffassung nicht, da sie sich mit Mission und Kolonisierung nicht aus der Perspektive der Kolonisierten und ihres Bewusstseins dieser Kolonisierung auseinandersetzt. Aus der Sicht der Kolonisierten waren Mission und Kolonialismus dominiert von Missionaren, Händlern, Soldaten und Siedlern, die Afrikanern eine bestimmte Seins- und Sichtweise aufzwangen. Mit anderen Worten, Menschen, die sich ihrer Kolonisierung bewusst sind, akzeptieren keine „zivilisiertere Art" der Ausbeutung. Im Gegensatz zu Nkomazana stellt Bosch, ein anderer afrikanischer Wissenschaftler, zutreffend fest, der Kolonialismus habe zum Ziel gehabt, „den ganzen Stamm englisch oder deutsch in der Sprache, zivilisiert in den Gewohnheiten und christlich in der Religion" zu machen.[14] Oder das Bewusstsein der Afrikaner mit den Axiomen und der Ästhetik einer fremden Kultur zu kolonisieren.

Nach Jean und John Comaroff „hatte und hat […] diese Kultur, die Kultur des europäischen Kapitalismus […] immer noch eine gewaltige historische Kraft, eine Kraft, die zugleich ideologisch und ökonomisch, semantisch und sozial ist."[15] Anders ausgedrückt: Das westliche Christentum war nicht nur für die Glorifizierung der europäischen Zivilisation verantwortlich, sondern auch für verschiedene Versuche, den afrikanischen Geist zu erobern.

Und daher möchte ich den drei „Cs" ein viertes „C" hinzufügen – nämlich *„conquest"* (Eroberung). Als Livingstones drei „Cs" nicht länger genügten, um Afrika zu kolonisieren, wurde ein neues Element eingeführt: *das Gewehr*. Das bedeutete die brutale Anwendung von Gewalt, ganz gleich, was es kostete. Lucas de Vries zufolge standen die Verkündigung des Evangeliums und seiner Friedensbotschaft nicht länger im Vordergrund. Stattdessen „fanden Gewalt und Mord die volle Zustimmung von Missionsarbeitern in Südwestafrika."[16] So wurde bei dem Versuch, die afrikanische Spiritualität und *Ubuntu* zu zerstören, die unheilige Allianz der vier „Cs" gebildet. Diese vier „Cs" beschworen den nächsten Schritt in der tragischen Geschichte Namibias herauf, nämlich Lothar von Trothas Vernichtungsbefehl, auf den wir jetzt zu sprechen kommen.

Die Verdunkelung von Gottes Mission durch den Kolonialismus

Obgleich die meisten Missionare der RMG ihre Rolle im Kolonialismus nicht hinterfragten – oder, wie Friedrich Huber[17] es ausdrückt, „Menschen ihrer Zeit" waren – soll nicht verschwiegen werden, dass ihre Arbeit auch positive Aspekte hatte. Auch wenn ihr Handeln und ihre Reaktionen auf die koloniale Situation häufig konservativ geprägt waren, so ermöglichten ihre Einrichtungen – wie beispielsweise die Schulen, die fast vollständig in ihrer Hand waren – für die Kolonisierten dennoch nicht nur eine soziale Mobilität, sondern weckten durch die Verbreitung der christlichen Lehre auch die Sehnsucht nach einer auf Religion und Naturgesetz gründenden Befreiung und Emanzipation. Diese Sehnsüchte förderten die Entstehung und Entwicklung von *Uhuru*-Bewegungen (Freiheitsbewegun-

---

14 Bosch, Transforming Mission, 292.
15 Jean und John Comaroff, Of Revelation and Revolution, in: Christianity, Colonialism, and Consciousness in South Africa, Band 1, Chicago 1991, 4.
16 Lucas De Vries, Mission and Colonialism in Namibia, Johannesburg 1978, 147.
17 Friedrich Huber, Die Haltung der Rheinischen Missionsgesellschaft und Rheinischer Missionare zum Herero-und Nama-Aufstand, in: Zeitschrift für Mission, 3/2005, 226.

gen), und so wurden die Missionsschulen letzten Endes zu Katalysatoren der nationalen Emanzipation und des sozialen Fortschritts.

Daher würdigte Nelson Mandela auf der Vollversammlung des Ökumenischen Rates der Kirchen 1998 in Harare das Schulsystem der Missionare. Mandela, einer der führenden südafrikanischen Anti-Apartheid-Kämpfer, erklärte der Versammlung:

> „Ihre Unterstützung veranschaulichte besonders konkret den Beitrag, den Religion zu unserer Befreiung geleistet hat, in jener Zeit, als religiöse Gruppen die Verantwortung für die Schulbildung der Unterdrückten übernahmen, weil sie uns von unseren Herrschern verweigert wurde, und uns so in unserem Befreiungskampf unterstützten."[18]

In diesem Zusammenhang stellte Gotthard Gurirab bei einigen der ersten RMG-Missionare die folgenden beiden positiven Aspekte fest: Erstens wurden viele Einheimische zu Missionsmitarbeitern ausgebildet. Nach Auffassung Gurirabs war die Schulung und Befähigung der örtlichen Bevölkerung ein wichtiger Meilenstein in der Geschichte der Missionsarbeit. Und zweitens war die Missionsarbeit auch mit der Entwicklung und dem Ausbau von Infrastruktur und Einrichtungen, unter anderem Krankenhäusern, verbunden.[19]

Außerdem sollte man die Freundschaft und die vertrauensvollen menschlichen Beziehungen anerkennen, die zwischen Namibiern und einigen deutschen Missionaren und Politikern bestanden. Die folgenden vier Beispiele führen uns diejenigen Missionare (und einen Politiker) vor Augen, die davon überzeugt waren, dass die Herrschaft Gottes alle Menschen einschließt, unabhängig von ihrer Kultur und ihrem ethnischen Hintergrund. Sie rangen mit der Frage, wie die zutiefst verwandelnde frohe Botschaft, dass Gott „in Christus die Welt mit sich versöhnt hat" (2. Korinther 5,19), verkündet werden konnte, einschließlich jenen „die fern, und jenen, die nah waren" (vgl. Epheser 2,17). Diese Menschen erinnern mich an die Worte, die Max Warren vor 50 Jahren schrieb und die heute noch so aktuell wie damals sind:

> „Wenn wir zu einem anderen Volk, einer anderen Kultur kommen, so ist es unsere erste Pflicht, unsere Schuhe auszuziehen, denn der Ort, an den wir kommen, ist heilig. Sonst kann es sein, dass wir die Träume von Menschen zertreten [...] Wir müssen uns bemühen, dort zu sitzen, wo sie sitzen, uns in das Leid, den Kummer und die Freuden ihrer Geschichte einzufühlen und zu sehen, wie dieses Leid, dieser Kummer und diese Freuden ihr Denken geprägt haben. Wir müssen – mit einem Wort – ‚bei' ihnen sein."[20]

Als erstes Beispiel sei Johann Hinrich Schmelen genannt, der 1812 als lediger Missionar nach Namibia kam. Als er 1814 eine Nama, Zara Hendricks, zur Frau nahm, warf ihm die London Missionary Society (LMS) eine „nicht ordnungsgemäße Heirat" vor und drohte ihm mit der Suspendierung vom Dienst. Und das, obwohl Zara „hohes Ansehen genoss"

---

18 http://www.wcc-coe.org/wcc/assembly/ejubilee/number9.htm [31. 08. 2010].
19 Gotthard Gurirab, A brief historical survey of the ELCRN, in: Paul John Isaak (Hg.), The Influences of Missionary Work in Namibia, Windhoek 2007, 21-22.
20 Max Warren, Vorwort zu Kenneth Cragg, Sandals at the Mosque, London 1959, 9.

und Schmelen weder „mit ihr noch einer anderen Frau in Afrika sündigte".[21] Die größte Leistung der Schmelens war zudem die Übersetzung der Bibel, der vier Evangelien, in eine der Nama-Sprachen, *Khoekhoegowab*. Ursula Trüper vertritt in ihrem Buch *Die Hottentottin* die Auffassung, in Wirklichkeit sei es Zara Schmelen gewesen, die mit der Hilfe ihres Ehemannes die vier Evangelien in die Khoikhoi-Sprache übersetzt habe.[22]

Dann sind August Kuhlmann und seine Familie zu nennen, die für die Dauer des Krieges von 1904-1907 bei den Nama blieben und sich weigerten, sich auf die Seite der Deutschen zu stellen.[23] Dabei war ihre Sicherheit durch den Befehl von „Häuptling" Samuel Maharero gewährleistet, „keine Frauen, Kinder, Missionare, [...]" zu töten.[24] Für mich zeigen sich in der Anweisung von „Häuptling" Maharero die afrikanische Spiritualität und *Ubuntu*.

Drittens ist hier die Rolle des Missionsinspektors der RMG, Gottlieb Haußleiter, zu erwähnen. Während Krieg und Völkermord andauerten, trat er 1906 „für christliche humanitäre Werte in Zeiten des Hasses ein" und bewies „ein deutliches Maß an Zivilcourage", als er darauf beharrte, die Devise „Afrika den Afrikanern und die Afrikaner uns" sei falsch, und forderte, dass die Menschenwürde der Afrikaner anerkannt werden müsse.[25] 1906 schrieb er eine Reihe von Artikeln in der *Allgemeinen Missions-Zeitschrift* und erklärte, dass die Namibier „keinerlei Freiheit mehr haben, ihr Stolz ist völlig gebrochen. Die Überlebenden sind größtenteils krank und kraftlos. Sie sind genug bestraft worden. Man sollte sich ihrer erbarmen."[26]

Viertens: Während es das erklärte Ziel der Kolonialmacht war, „die Eingeborenen allmählich an die neue Ordnung zu gewöhnen. Von ihrer früheren Unabhängigkeit würde ihnen nichts als Erinnerungen bleiben",[27] trat zumindest ein Mitglied der damaligen Sozialdemokratischen Partei Deutschlands, August Bebel, im Reichstag für humanitäre Prinzipien ein und enthielt sich 1904 der Stimme, als es um die Entsendung zusätzlicher Truppen ging, die Namibias Freiheitskampf beenden sollten.[28]

Allerdings frage ich mich, warum diese theologisch-moralischen und politischen Stimmen es nicht vermochten, der Brutalität des Kolonialismus ein Ende zu machen. Hatte George Steinmetz Recht, als er sagte, der Kolonialdiskurs trage „die Handschrift des Teufels"?[29]

Meines Erachtens wurden diese theologisch-moralischen und politischen Stimmen stets von der überwältigenden Propaganda übertönt, der europäische Rassentheorien und Sche-

---

21 Isaak, The Influences of Missionary Work in Namibia, 83-84.
22 Ursula Trüper, Die Hottentottin: Das kurze Leben der Zara Schmelen (ca. 1793-1831). Missionsgehilfin und Sprachpionierin in Südafrika, Köln 2000, 140-144. – Leider erklärt Trüper nicht, warum sie den Begriff „Hottentottin" im Titel benutzt. Das Wort „Hottentotte" ist abwertend und wurde von den niederländischen Siedlern in Südafrika benutzt, aber nie von den Afrikanern selbst. Sie bezeichnen sich als Khoekhoen (Menschen der Menschen). Siehe auch Trüper zur Bedeutung des Wortes „Hottentotte" (ibid, 31).
23 Huber, Die Haltung der Rheinischen Missionsgesellschaft, 217.
24 Ibid.
25 Hellberg, Mission, Colonialism, and Liberation, 124-126.
26 Ibid., 120-126.
27 Reinhart Kößler und Henning Melber, 1904 and its consequences, in: The Namibian, 6. Februar, 2004.
28 Thomas Pakenham, The Scramble for Africa 1876-1912, London 1991, 607-611.
29 Steinmetz, The Devil's Handwriting.

mata zugrunde lagen und die *Ubuntu* oder die afrikanische Humanität fast ausschließlich negativ bewerteten. Die Afrikaner wurden lange Zeit systematisch diffamiert und einzelne deutsche Kolonisten hatten nicht den Mut, dafür einzutreten, dass Afrikaner Menschen wie die Europäer waren, nicht mehr oder weniger, sondern in gleicher Weise! Stattdessen wurden die Kolonisierten behandelt, als seien sie nicht einfach nur anders, sondern von Natur aus weniger wert. Von diesem Diskurs war die Politik des Kolonialstaates durchdrungen. Er zeigte sich nicht nur im Alltag, sondern auch in einer systematischen Rechtsungleichheit.[30]

Die deutschen Missionsanstrengungen wurden de Vries zufolge dadurch belastet, dass „die Missionare die deutsche Flagge und [...] die deutsche christliche Kultur hochhielten. Keines von beiden hat in Wirklichkeit irgendetwas mit der Weltmission zu tun, wie sie das Evangelium vorsieht".[31]

Die Prinzipien des Missionsbefehls (Mt 28,18-20) und des wichtigsten Gebots (Mt 22,34-40) wurden durch den vorkolonialen „rassischen" oder ethnologischen Diskurs vergiftet – durch des „Teufels Handschrift". Die apostolische Regel – „Man muss Gott mehr gehorchen als den Menschen" (Apg 5,29)[32] – wurde in der Missionstheologie des frühen 20. Jahrhunderts nicht kontextuell angewandt und dadurch wurde die Tür zum vierten „C" geöffnet: der militärischen Eroberung (conquest), dem Krieg und dem ersten Völkermord des 20. Jahrhunderts.

Kulturelle Dominanz, Rassismus und geistige Sklaverei

Die Frage nach dem Verhältnis zwischen Evangelium und Kultur ist im Diskurs der christlichen Kirche nicht neu. Die erste Debatte zu diesem Thema fand zwischen einigen Judenchristen, die die Heilsnotwendigkeit der Beschneidung vertraten, und Paulus und Barnabas statt, die dem entgegentraten – und infolgedessen kam es zu einem „nicht geringen Streit" (Apg 15,2). Der Fall wurde nach Jerusalem gebracht und das Ergebnis war ein Schreiben der Apostel an die Heidenchristen, das den Beschluss enthielt, „euch weiter keine Last aufzuerlegen als nur diese notwendigen Dinge: dass ihr euch enthaltet vom Götzenopfer und vom Blut und vom Erstickten und von Unzucht" (Apg 15,28-29). Das Problem der Beschneidung war damit gelöst, nicht aber das des „Götzenopfers".

Als sich das Christentum von Jerusalem, Judäa und Samaria bis an das Ende der Erde (Apg 1,8) ausbreitete, trat die Frage der Beschneidung in den Hintergrund, die des „Götzenopfers" jedoch in den Vordergrund. Für Generationen von Christen stand dieser Ausdruck für Götzendienst – und Götzendienst stand für andere Religionen als das Christentum.[33] Vor diesem Hintergrund wiesen die RMG-Missionare die afrikanische Kultur zugunsten einer „christlichen" deutschen Kultur zurück.[34]

---

30 Ibid, 43.
31 De Vries, Mission and Colonialism in Namibia, 81.
32 Theodore Tappert (Übers. und Hg.), The Book of Concord, Philadelphia 1959, 37-38.
33 Choan-Seng Song, Culture, in: Nicholas Lossky et al, Dictionary of the Ecumenical Movement, 2nd edition, Geneva 2002, 285-288.
34 Es bleibt offen, ob einige der ersten lutherischen Missionare in Namibia wie Carl Hugo Hahn und Hans Heinrich Kleinschmidt Götzendienst wie Martin Luther definierten. Für Luther ist ein Götze ein „Ding", an das ich mein Herz hänge und auf das ich vertraue, und solch ein „Ding" ist eigentlich mein Gott. Kurz: Diese Definition trifft auf alle zu, Christen eingeschlossen. In den Vorstellungen von Christen

Unter Bezugnahme auf die 1951[35] veröffentlichte Analyse von H. Richard Niebuhr, *Christ and Culture*, möchte ich einen an dieser Stelle relevanten Aspekt beleuchten. Die Mehrheit der protestantischen deutschen Missionare betrachtete die afrikanische Kultur als eine Kultur gegen Christus. Man ging davon aus, dass Jesus Christus gegen die afrikanische Kultur sei, weil diese dem „Heidentum" Vorschub leiste. Die Missionare glaubten beispielsweise nicht, dass afrikanische Religion, Philosophie, Sprachen, Sprichwörter, Lieder, Gedichte und Geschichten wertvolle Erkenntnisse über Dinge wie Vergebung und das Geheimnis des Lebens enthalten und für die gesamte Kirche eine Bereicherung darstellen könnten – zu einem besseren Verständnis der Grundgeheimnisse des Glaubens. So tat John Moffats Verwendung des Begriffes *badimo* (das Sestwana-Wort für Ahnen) als Bezeichnung für Dämonen sowohl dem Christentum als auch der afrikanischen Religion Gewalt an. Afrikaner hätten dieses Wort niemals für Dämonen verwendet.[36]

Zu Beginn der zweiten Hälfte des 20. Jahrhunderts jedoch setzte sich die Inkulturation der Theologie durch und es wurde allen christlichen Kirchen klar, dass niemals eine Welt existieren wird, die ausschließlich von christlicher Religion und Kultur geprägt ist. Das Christentum musste sich mit anderen Kulturen und Religionen auseinandersetzen, die sich mit neuer Kraft behaupteten.

Einer der wichtigsten afrikanischen Theologen, der ausgezeichnete Forschungsarbeit zu Evangelium und Kultur geleistet hat, ist Lamin Sanneh. In seinem Buch *Translating the Message* beleuchtet er zwei Grundparadigmen von Mission. Er nennt sie „Mission durch *Verbreitung*" (oder Mission als kulturelle Dominanz) und „Mission durch *Übersetzung*" (oder Mission als Inkulturation).[37] Beim ersten Paradigma, Mission als kultureller Dominanz, ist die Missionskultur untrennbar verbunden mit dem Träger der Botschaft. Das zweite Paradigma, Mission durch Übersetzung, zeichnet sich dadurch aus, dass die Kultur des Empfängers der Ort der Verkündigung ist. Bei diesem Paradigma muss die Botschaft in die Sprache und den kulturellen Kontext derjenigen übersetzt werden, die die Botschaft aufnehmen. Folglich gibt es weder eine heilige Sprache noch eine von Gott erwählte kulturelle Tradition, die anderen Kulturen eingepflanzt werden muss. Nach Auffassung Sannehs ist dieses Prinzip der Übersetzbarkeit seit jeher das Charakteristikum des Christentums.[38] Kurz gesagt, Mission als Übersetzung meint den Prozess, durch den das Christentum asianisiert/afrikanisiert/europäisiert wird, und zwar durch die folgende Vier-Selbst-Formel: selbst unterhalten, selbst verwalten, selbst verbreiten und selbst Theologie entwickeln.

Die falsche Auslegung von Apg 15,28-29 („Götzenopfer") und ihre alleinige Anwendung auf andere Religionen hatte die kulturelle Dominanz des Westens zur Folge, insbesondere im globalen Süden. Die kulturelle Dominanz des Westens, die sich auf religiöse Annahmen stützte, verband sich schnell mit Ethnizität und Rassismus.

David Bosch erklärt es wie folgt: Vor dem Hintergrund und als Folge der kulturellen Dominanz

---

(insbesondere westlicher Prägung) jedoch wurde Götzendienst – sei es in religiöser oder kultureller Form– mit den religiösen Überzeugungen und kulturellen Praktiken anderer Religionen gleichgesetzt.
35 H. Richard Niebuhr, Christ and Culture, New York 1951.
36 Comaroff, Of Revelation and Revolution, 218.
37 Lamin Sanneh, Translating the Message: The Missionary Impact on Culture, Maryknoll 1989, 29.
38 Ibid., 29.

> „kam bei der Frage nach den Beziehungen zwischen Menschen ein grundlegend neues Element ins Spiel. Während in den ersten Jahrhunderten die *Religion* der entscheidende Faktor war, der die Menschen trennte, werden die Menschen heute nach dem Grad der *Zivilisation* (wie sie vom Westen definiert wird) klassifiziert."

Dies führte zum nächsten Kriterium der Trennung –

> „Ethnizität und Rasse – jetzt verstanden als Nährboden der Zivilisation (oder ihres Nicht-Vorhandenseins). Die ‚Zivilisierten' fühlten sich den ‚Unzivilisierten' jedoch nicht nur überlegen, sondern auch verantwortlich für sie […] Seit der Aufklärung bedeutet gut, zu wissen, was ‚gut' für andere ist, und es ihnen aufzuzwingen."[39]

An dieser Stelle möchte ich festhalten, dass Rassismus während des 19. und frühen 20. Jahrhunderts nicht nur die Domäne der Deutschen, sondern genauso die der Buren und Briten war, insbesondere derer, die nach Namibia und Südafrika kamen. Der Rassismus dieser Länder war typisch für den allgemeinen europäischen Rassismus. Dessen Kennzeichen waren Vorurteile aufgrund der Hautfarbe (vor allem „weiß" oder „schwarz"), Praktiken der Diskriminierung und Rassentrennung wie die Verweigerung von Rechten und die Leugnung der Menschenwürde sowie Gottesdienste in getrennten Kirchen. Rassismus wurde zu einer religiösen und politischen Ideologie, und Missionsgesellschaften in Namibia und Südafrika praktizierten diese rassistische Ideologie als Mittel, um die „weiße" Vorherrschaft über die indigene Bevölkerung zu sichern. Sie benutzten sie, um den Afrikanern ihren Willen aufzuzwingen und ihnen auf diese Weise eine effektive Mitbestimmung zu verwehren, um sie wirtschaftlich auszubeuten und ihnen das Land zu nehmen, auf das sie ein gottgegebenes Geburtsrecht hatten. „Weiße" Missionare waren zweifellos genauso rassistisch wie die „weißen" Siedler in Namibia und Südafrika. Kurz gesagt, Missionare „wurden in dem Bewusstsein der Überlegenheit der weißen Rasse erzogen […]", und da die Afrikaner die „Nachfahren des verfluchten Ham" waren, war ihre Gleichwertigkeit völlig ausgeschlossen.[40]

Um die Überlegenheit der Europäer durchzusetzen, wurden *alle* „schwarzen" Namibier und Südafrikaner in die Knechtschaft gezwungen. Eine der schwerwiegendsten Folgen dieses zur Knechtschaft führenden Rassismus war die geistige Sklaverei, die gemäß Definition der Konvention über die Verhütung und Bestrafung des Völkermordes aus dem Jahr 1948 als eine Form des Völkermordes bezeichnet werden kann.[41] In der Literatur, die die Europäer in Afrika einführten, war der Begriff „schwarz" immer negativ, „weiß" dagegen positiv konnotiert. In Situationen, in denen die Hautfarbe eine entscheidende Rolle spielte, wurde oft allein schon das „Schwarzsein" von Menschen spontan als Hinweis auf etwas Schmutziges, Schlechtes, Minderwertiges und Unanständiges verstanden. Ein Namibier sagte zu einem Deutschen: „Der Missionar sagt, dass wir Gottes Kinder sind wie unsere weißen Brüder […] aber schau uns doch an. Hunde, Sklaven, schlimmer als Paviane auf den Felsen […] so behandelt ihr uns."[42]

---

39 Bosch, Transforming Mission, 311-313.
40 Ibid., 310
41 Siehe Fußnote 4.
42 Pakenham, The Scramble for Africa, 602.

Vor diesem Hintergrund begannen die „schwarzen" Menschen, ihre „schwarzen" Seelen, ihre „schwarzen" Körper und ihre „schwarze" Hautfarbe zu hassen. So wurde der Mythos geschaffen, dass „Weißsein" die Norm dessen sei, was wahrhaft menschlich ist. Solche Mythen zielten darauf ab, psychologische Störungen und geistige Sklaverei herbeizuführen, sodass „schwarze" Menschen sich selbst verachteten und sich ihres gottgegebenen „schwarzen" Menschseins schämten. Kurz, in der geistigen Sklaverei wurden „schwarze" Menschen gezwungen, sich selbst als Unpersonen zu betrachten – die keine Vergangenheit und keine Kultur haben, die „Heiden" sind und letztlich Gott nicht kennen.

Leider gehörte es nicht zur Verkündigung der RMG, dass solche rassistischen Ideologien dem Willen Gottes widersprechen. Stattdessen unternahm die RMG einen verhängnisvollen Schritt auf dem Weg hin zur Apartheid. Sie gründete zwei nach „Rassen" getrennte Kirchen: die Evangelisch-Lutherische Kirche in der Republik Namibia (ELCRN) und die Evangelisch-Lutherische Kirche in Namibia–Deutsche Evangelische Lutherische Kirche (ELKIN-DELK) – und zwar durch das Doppelamt (einen zweifachen pastoralen Dienst).[43] Dabei wurden sowohl die ELCRN als auch die ELKIN-DELK von denselben Missionaren oder Pastoren betreut, jedoch getrennt voneinander. Nicht Einheit in Verschiedenheit, sondern Spaltung in Verschiedenheit war die Basis, auf der Kirchen gegründet wurden.

Aber nicht nur in Namibia wurden „schwarze" und „weiße" lutherische oder reformierte Kirchen gegründet. Betrachten wir zum Beispiel die Hermannsburger Mission in Südafrika. Der Gründer der Hermannsburger Mission, Ludwig Harms, glaubte, dass eine Missionsgemeinde ausgesendet und Neubekehrte darin aufgenommen werden müssten.[44] Harms war kein Rassist. Für ihn stand fest, dass es nur eine lutherische Kirche für Siedler und Afrikaner geben sollte. David Bosch zufolge ermahnte er seine Missionare, keine Rassisten zu sein und zu den Afrikanern nicht als „Gebieter und Herren, sondern nur […] als treue Lehrer" zu gehen „und ihnen ein großes menschliches Interesse entgegenzubringen".[45] Harms' Mission und seine Zukunftsvision, dass Deutsche und Afrikaner Gott in derselben lutherischen Kirche loben würden, scheiterten. Harms begriff die rassistische Mentalität der Europäer oder ihre rassistische Ideologie, die auf Vorstellungen von „zivilisierten Europäern" und „unzivilisierten Afrikanern" fußten, nicht in ihrem vollen Umfang. Diese rassistische Ideologie zeigte sich in einer „machtvollen Mischung aus göttlicher Vorsehung, Frömmigkeit, Politik und Patriotismus", die es der Mission erschwerten, das zu sein, wozu sie berufen war.[46]

An dieser Stelle sei eine der Folgen einer solchen getrennten Kirchenentwicklung im Fall Namibias erwähnt – die Ordination. Im Jahr 1937 weigerte sich Heinrich Vedder, der damalige Präses der RMG und spätere Führer der ELCRN, Namibier als Pastoren zu ordinieren. Er erklärte: „Wenn unsere schwarzen Brüder den Talar anzuziehen bekommen, dann ziehe ich ihn aus."[47] Und obwohl die RMG später begann, namibische Männer (keine

---

43 Lothar Engel, The Mission and Political Awakening of the Namibians after the First World War, in: Ulrich Duchrow (Hg.), Lutheran Churches: Salt or Mirror of Society? Genf 1977, 130.
44 Theo Sundermeier, Mission, Bekenntnis und Kirche: Missionstheologische Probleme des 19. Jahrhunderts bei C.H. Hahn, Wuppertal 1962, 103-107.
45 Bosch, Transforming Mission, 310.
46 Ibid., 313.
47 Theo Sundermeier, Wir aber suchten Gemeinschaft: Kirchenwerdung und Kirchentrennung in Südwestafrika, Erlangen 1973, 18.

Frauen) auszubilden, wurden sie nicht ordiniert, sondern dienten als Gehilfen und Evangelisten, denn die Missionare betrachteten die Afrikaner als ihnen Unterlegene. Als Evangelisten wurden sie behandelt wie Kinder. Der Missionar Christian Spellmeyer erklärte einmal: „Die Schüler und späteren Evangelisten müssen wissen, dass sie stets unter den ‚Vateraugen' leben. Strenge geht gepaart mit Liebe, Freizügigkeit mit Festigkeit."[48]

Des Weiteren wurde erst 1960 auf einer Missionarskonferenz darüber diskutiert, ob „Schwarze" in Missionarshäuser zum Essen eingeladen werden dürften. Präses Hans Karl Diehl meinte, dass „schwarze" Kollegen eingeladen werden könnten, sofern sie „im richtigen Benehmen bei Tisch" unterwiesen würden.[49] Diese Äußerung bildet ohne Frage den passenden Abschluss für diese Erörterung des Rassismus der RMG in Namibia.[50]

Einer der angesehensten Namibier, der die RMG beharrlich infrage stellte, war Petrus Jod. Er war der erste namibische Kirchenhistoriker und lebenslang ein gehorsamer Diener Gottes.[51] Doch obwohl er theologisch ausgebildet war und als hochqualifizierter und einflussreicher namibischer Theologe galt, wurde seine Ordination abgelehnt.[52] Daraufhin kam es zur Separation von den deutschen Missionaren: Petrus Jod und einige andere hatten den Wunsch, eine selbstverwaltete, sich selbst unterhaltende und selbst verbreitende Kirche zu gründen, was zum Anschluss an die African Methodist Episcopal Church (AMEC) führte. Auf Druck der AMEC im Jahr 1946 war die RMG gezwungen, die Pastoren der ELCRN 1949 zu ordinieren.

Zusammenfassend lässt sich sagen: Das Versagen einer solchen Missionstheologie bestand darin, dass sie den zentralen Gedanken des Christentums – alle Menschen sind nach dem Abbild Gottes geschaffen (Gen 1,26) – und den Schutz der Grundrechte und Grundfreiheiten nicht anerkannte und respektierte. Stattdessen wurden diese Grundprinzipien missachtet im bewussten oder unbewussten Glauben an die naturgegebene Überlegenheit aller Menschen europäischer Abstammung. Diese Überlegenheit berechtigte sie vorgeblich zu einer Position der Macht, Dominanz und Privilegien und rechtfertigte die systematische

---

48 Ibid., 19.
49 Hellberg, Mission, Colonialism, and Liberation, 262.
50 Als fünfjähriger Junge erlebte ich persönlich, wie ein Missionar, Pastor Fritz Mayer, unsere Gemeinde besuchte, in der mein Vater Pastor war. Pastor Mayer betrat das Pfarrhaus nicht, in dem wir wohnten. Er blieb draußen in seinem Auto sitzen und hatte Essen und Getränke mitgebracht. Wir wurden dazu angehalten, ihn nicht mit „Pastor", sondern mit „Meneer" (Herr) anzureden. Er sprach meine Eltern mit Vornamen an, erwartete aber von ihnen, dass sie ihn „Meneer" und seine Frau „Juffrou" (gnädige Frau) nannten. So etwas war bis in die frühen 1960er Jahre bei allen Missionaren in Namibia üblich. Und falls man in den Häusern der Missionare Essen oder Getränke bekam, dann wurden dazu besondere Teller und Tassen benutzt, die nur für „Schwarze" bestimmt waren.
51 Petrus Jod, Das Witbooi-Volk und die Gründung Gibeons, in: Süd West Afrika Wissenschaftliche Gesellschaft Journal, Band XVI-1961/62. Windhoek 1961, 81–87. – Er sagt Folgendes: „Ich habe mit dem Austreten aus der Rh. Mission von Gott und Herrn Jesus nicht abgefallen […] Ich hatte der Rh. Mission doch nicht angebetet. Aber von meinem Gott und meinem Heiland Jesus, dem ich in all meiner Schwachheit in allen Jahren angebetet und gedient habe." Bemerkenswert an diesem Dokument ist, dass es von Petrus Jod auf Deutsch verfasst wurde, in einem Stil, der in Deutschland um 1900 üblich war. (Siehe auch den Brief von Petrus Jod vom 29. September 1947 in: Archiv- und Museumsstiftung Wuppertal VEM, RMG 2.606, 32).
52 „Sy hele opvoeding wat hy in die jare 1910–1939 geniet het […] was Petrus sonder kwessie die bekwaamste en invloedrykste onder sy medegenote," (ibid., 40).

Unterwerfung und Ausbeutung der Afrikaner, die man als zur Knechtschaft bestimmt ansah, weil sie „Nachfahren des verfluchten Ham" seien.[53]

Doch wie brutal Kolonialismus, kulturelle Dominanz, Rassismus und geistige Sklaverei auch waren, die Kolonisatoren konnten der Seele der afrikanischen Spiritualität und dem *Ubuntu* nichts anhaben. Oder wie es der erste namibische lutherische Bischof Leonard Auala ausdrückte: „*Kalunga oko eli*" (Gott ist dennoch da).

Kapitän Hendrik Witbooi hatte ein Jahrhundert zuvor übrigens bereits etwas Ähnliches gesagt, als er erklärte, er sei „von einem christlichen Gott" zu seinem Freiheitskampf inspiriert worden.[54] Das prophetische Selbstverständnis von Kapitän Hendrik Witbooi kommt am besten in seinem Brief vom 3. Januar 1890 an Pastor Johannes Olpp von der RMG zum Ausdruck. Witbooi berichtet, er habe von Gott eine „gewaltige Aufgabe" erhalten, beziehungsweise eine Aufgabe, die „äußerst schwierig, drückend und gewichtig" sei, nämlich, Namibia vom deutschen Kolonialismus zu befreien. Die Stimme Gottes habe zu ihm gesagt: „Die Zeit ist erfüllt. Der Weg steht nun offen. Ich übertrage dir eine schwere Aufgabe."[55] Auf diese Worte geht Kapitän Witboois Mission des Widerstandes gegen den deutschen Kolonialismus zurück. Kurz gesagt, er brach die Beziehungen zur deutschen Regierung ab, „weil die Zeit erfüllt ist, dass Gott der Vater" die Namibier „erlösen wird".[56]

Die Stimme von Kapitän Hendrik Witbooi

Ich möchte mich nun eingehender mit einem der legendären Führer Namibias befassen, Hendrik Witbooi, auch bekannt unter seinem afrikanischen Namen !Nanseb /Gâbemab. Er war ein Mann, der nicht zuließ, dass ihn die Kolonialherren beschimpften. Zum Beispiel forderte er den deutschen Gouverneur, Theodor Leutwein, in mehreren Briefen auf, ihn nicht als Rebellen zu bezeichnen, denn „Gott vom Himmel hat nun den Vertrag gebrochen" und die Zeit für die Befreiung sei gekommen.[57] Kurz gesagt betrachtete er sich als Freiheitskämpfer und nicht als Rebell. Außerdem erklärte er dem District Commissioner von Keetmanshoop, Karl Schmidt, dieser solle aufhören, ihm „wie einem Schulkind" Vorträge über Frieden zu halten, denn der Frieden, von dem Schmidt spreche, diene nur der Vernichtung „schwarzer" Namibier.[58] Am 27. Juli 1905, drei Monate, bevor er von den Deutschen getötet wurde, stellte Witbooi in einem Brief an Schmidt prophetisch fest:

---

53 Bosch, Transforming Mission, 310.
54 Steinmetz, The Devil's Handwriting, 121
55 Hendrik Witbooi, The Hendrik Witbooi Papers. Zweite, erweiterte Auflage, übersetzt von Annemarie Heywood und Eben Maasdorp, kommentiert von Brigitte Lau, Windhoek 1995, 33.
56 Ibid., 157. Es ist darauf hinzuweisen und zu betonen, dass die von Kapitän Witbooi gebrauchte Formulierung, „Die Zeit ist gekommen", in biblischen und theologischen Äußerungen bei politischen Krisen eine zentrale Rolle spielt. Beispielsweise wurde diese Formulierung während der Zeit Hitlers und der Apartheid in Deutschland in der Barmer Theologischen Erklärung (1934) verwendet; in Namibia im Offenen Brief (1971) und im südafrikanischen Kairos-Dokument (1985). All diese Dokumente rufen die Christen zum Handeln gegen Staaten auf, die keine moralische Legitimität haben und zum Feind des Gemeinwohls geworden sind. Für die Kirche, die wirklich Kirche sein will, lautet die Maxime: die Herrschaft von Jesus Christus achten und Gott gehorchen, nicht den Menschen und ihren Strukturen.
57 Ibid, 157-159.
58 Ibid, 160.

„Frieden ist dasselbe wie mein Tod und der Tod meines Volkes […] alles, was ich in Eurem Frieden erkennen kann, ist die Vernichtung von uns allen und von unserem Volk."[59]

Um die Person und das Werk von Kapitän Hendrik Witbooi zu verstehen, muss man sich aber zunächst mit dem Kontext vertraut machen. George Steinmetz identifiziert in seinem Buch *The Devil's Handwriting* die Wurzeln kolonialen Verhaltens in – wie er es nennt – „vorkolonialen europäischen Ethnographien", in denen die Afrikaner als „grausam und unmenschlich" dargestellt, die Samoaner als „edle Wilde" idealisiert und die chinesische Kultur sehr unterschiedlich geschildert wurden.[60] Warum verhielt sich ein- und dieselbe Kolonialmacht so unterschiedlich?

Ich möchte hier die These vertreten, dass die von Steinmetz festgestellten Auswirkungen des vorkolonialen ethnographischen Diskurses auf die Entwicklung der Kolonialpolitik eine interessante Frage aufwerfen, die letztlich nicht beantwortet wird: Warum kam es, unter dem Aspekt der vorgelegten Analyse, in Namibia zum Völkermord und nicht in Samoa, wo die Menschen als „edle Wilde" idealisiert wurden, oder in China? Warum waren diese „grausamen und unmenschlichen" Afrikaner und ihre Führer wie Kapitän Hendrik Witbooi und „Häuptling" Samuel Maharero imstande, die perverse Logik des Kolonialdiskurses aufzudecken?

Um diese Frage zu beantworten, werde ich nun auf Kapitän Witboois Verständnis von Gott, *Ubuntu* und Politik eingehen. Für Witbooi ist Gott „der König der Könige, der Herr der Herren, vor dem sich alles, was unter dem Himmel ist, beugen muss und bei dem allein jeder Hilfe, Rat und Trost, Stärke und Schutz in allen Nöten dieses Lebens suchen kann".[61] Und „all die verschiedenen Völker haben ihre eigenen Führer; und jeder Führer hat sein eigenes Volk und Land, wo er allein befiehlt und regiert. Kein anderer Kapitän oder Führer hat das Recht, seinen Willen" anderen „aufzuzwingen".[62]

Bei der Auseinandersetzung mit Kapitän Witboois theologischer und politischer Philosophie ist auch darauf hinzuweisen, dass europäische Rassentheorien und -schemata die Völker Subsahara-Afrikas als so deutlich minderwertiger, „grausam und unmenschlich" beschrieben und so systematisch diffamierten, dass die Kolonialisten die Afrikaner wie Tiere behandeln konnten und sie mit Affen verglichen.[63]

---

59 Casper Erichsen, The Angel of Death has descended violently among them, unveröffentlichte Magisterarbeit zur Geschichte von Shark Island, Windhoek 2004, 153.
60 Steinmetz, The Devil's Handwriting, 121.
61 Witbooi, Papers, 46.
62 Ibid., 44.
63 Die folgenden beiden Fälle seien hier als Beispiele genannt. Erstens: Während des Krieges und des Völkermordes von 1904 bis 1907 wurden viele namibische Frauen „vor Wagen gespannt, die mit Eisenbahnschienen beladen waren, und mussten diese jeden Tag ziehen […] Es gab keine Pferde oder Ochsen." Im Gegensatz dazu wurde auf Seiten der Namibier der Krieg „ausschließlich gegen deutsche Männer" geführt. „Die Häuptlinge beschlossen, das Leben aller deutschen Frauen und Kinder zu schonen. Auch die Missionare sollten verschont werden […] Nur deutsche Männer wurden als unsere Feinde betrachtet." Zweitens: Als die Europäer begannen, die Theorie ihrer geistigen Überlegenheit über die Afrikaner zu entwickeln, war es üblich, das Gewicht von Gehirnen zu messen, um die Intelligenz zu vergleichen. Ein Beispiel dafür ist der berüchtigte Fall der 17 „Hottentotten-Köpfe". Vor dem Transport nach Deutschland wurden die Schädel geöffnet, um die Gehirne zu entfernen und zu konservieren. In vielen Fällen wurden afrikanische Frauen gezwungen, die abgetrennten Köpfe zu kochen und sie dann

In diesem vom Kolonialdiskurs geprägten Zeitalter der Kolonisation war es schwierig für die Kolonialisten zu akzeptieren, dass Afrikaner genauso intelligent wie Europäer sind und umgekehrt. Kapitän Hendrik Witbooi und seine Gefährten deckten auf, dass der Kolonialdiskurs im Irrtum war – dieser versuchte zu beweisen, dass Afrikaner nichts über Gott wissen und dass sie auch nicht verstehen, was Menschsein und Menschlichkeit oder *Ubuntu* bedeuteten, nämlich die *conditio sine qua non* des Menschseins.

Einige Gedanken von Kapitän Hendrik Witbooi sind in dem berühmten *Dagboek* (Tagebuch) 1884 bis 1894 festgehalten. Dass er und sein stellvertretender Kapitän und Sekretär, Samuel Isaak, diese Gedanken, Ansichten und Überzeugungen zu Papier brachten, ist bemerkenswert, vor allem angesichts des so erdrückend negativen Kolonialdiskurses. In dem *Dagboek* zeigt sich Kapitän Witboois Grundeinstellung zum Kolonialismus bzw. dem, was man euphemistisch als „Schutzverträge" bezeichnete. Der Kolonialismus war für ihn „wie die Sonne, die der Schakal auf seinem Rücken trug und die ihn beinah zu Tode verbrannte".[64] Weiterhin schrieb er am 30. Mai:

> „Dieses trockene Land [...] ist ein unabhängiges Reich [...] genauso, wie es man es von den Ländern des weißen Mannes sagt, von Deutschland und England und so weiter, wie auch immer diese Länder heißen. Diese Länder jenseits des Meeres sind unabhängige Reiche. Und all die verschiedenen Völker haben ihre eigenen Führer; und jeder Führer hat sein eigenes Volk und Land, wo er allein befiehlt und regiert. Kein anderer Kapitän oder Führer hat das Recht, seinen Willen aufzuzwingen; denn jeder Führer auf dieser Erde ist nur ein Haushalter für unseren gemeinsamen großen Gott und diesem großen Gott allein verantwortlich [...] Denn Er gibt allen reichlich, die Ihn im Gebet suchen."[65]

Sowohl Missionare als auch Siedler waren von solchen Äußerungen überrascht. Einige Missionare hielten die Theologie und Politik von Kapitän Witbooi, nach der Gott die Unterdrückten zum Kampf um die Freiheit anspørne, für einen „Rückfall ins Judentum, in Aberglauben, Illusion, Fanatismus und Träumerei"[66] oder für eine Art von verrücktem Chiliasmus. Das traf jedoch nicht zu. Kapitän Witbooi erkannte, dass die theologische Grundlage der RMG falsch war. Die RMG war eng mit dem deutschen Kolonialismus und der deutschen Herrschaft verbunden. Diese Verbindung war so stark, dass viele Missionsstationen den Deutschen als militärische Stützpunkte dienten.[67]

---

mit Glasscherben bis zum Knochen auszukratzen. Man schaudert bei dem Gedanken an den Schmerz der Frauen, die so etwas mit den sterblichen Überresten von Namibiern tun mussten, die sehr wohl die ihrer Ehemänner, Brüder, Freunde oder Cousins sein konnten. Im Anschluss wurden die Schädel an deutsche Universitäten verkauft, um von Professoren und ihren Studenten daraufhin untersucht zu werden, ob Afrikaner intelligent, normal menschlich oder eher Affen ähnlich waren. Tatsächlich besteht noch immer eine Forderung der Damara und Nama in Namibia an die deutsche Regierung, die Köpfe der „Häuptlinge" /Haihab //Guruseb und Cornelius Frederick zurückzugeben, der auf Shark Island enthauptet worden war (New Era, 19. Februar 2007).

64 Witbooi, Papers, 46.
65 Ibid., 44.
66 Steinmetz, The Devil's Handwriting, 120.
67 de Vries, Mission and Colonialism in Namibia, 155.

Um es zu wiederholen: Theologisch-anthropologische Aussagen von einem Kolonisierten wie Kapitän Witbooi zu hören, der behauptet hatte, Gott habe ihn zu seinem Kampf um Freiheit inspiriert,[68] entsprach nicht dem Bild, das die Europäer von den Afrikanern hatten. Die in Europa vorherrschende Vorstellung von den Afrikanern als Naturvolk hatte zur Folge, dass jede Veränderung als negativ und problematisch beurteilt wurde. Schließlich war man sogar der Meinung, die zuvor noch beschimpften San seien „den Khoikoi vorzuziehen, natürlicher und unverdorbener".[69] Weder die Missionare noch die Siedler konnten begreifen, dass Afrikaner imstande waren, Gott in seinem Sein *und* Handeln in der Geschichte als den Einen zu verstehen, der der Befreier der Kolonisierten ist. Kurz gesagt, die Missionare und Siedler waren unfähig, die prophetische Stimme von Kapitän Witbooi richtig zu deuten, die sagte: „Die Zeit ist erfüllt. Der Weg steht nun offen. Ich übertrage dir eine schwere Aufgabe."[70]

Anders ausgedrückt: Wie konnten Kapitän Witbooi und seine Gefährten wie „Häuptling" Samuel Maharero einen hermeneutischen Schlüssel zum Verständnis von Gottes Sein und Handeln in der Geschichte entwickeln? Wie konnte „Häuptling" Maharero erklären, dass schon vor 1904 Krieg und Gewalt von den Deutschen ausgegangen waren, sie auch unschuldige Menschen inhaftiert hatten und daher der Widerstand „von unten" als letztes Mittel gerechtfertigt war?[71] Oder wie es Kapitän Witbooi in einem Brief an Ludwig Holzapfel am 3. Oktober 1904 ausdrückte:

> „Ihr wisst selbst, welche Zeit es ist, die wir haben. Den Hauptpunkt, weshalb ich Euer Gewehr genommen habe, habt Ihr gesehen. Ich habe nun abgebrochen mit der deutschen Regierung; denn die Zeit ist voll, da Gott der Vater die Hottentotten erlösen soll. So gib mir alle Patronen und Pulver, alles, was Ihr habt."[72]

Noch einmal: Wie waren „Häuptling" Maharero und Kapitän Witbooi in der Lage, allein auf sich gestellt Augustins Lehre vom *bellum iustum* als letztem Mittel zu entwickeln, insbesondere aus der Perspektive der Kolonisierten heraus?

Für Kapitän Witbooi war die Herstellung von Frieden in Namibia mit dem Widerstand gegen den deutschen Kolonialismus verbunden. In seinem Brief an Kapitän Hermanus van Wyk schreibt er am 9. Juni 1889: „Das, mein lieber Kapitän, ist der Grund, warum es für mich schwer ist, Krieg zu machen und Frieden zu machen durch meinem eigenen Willen und meine Macht. Betet darum für mich und für die Menschen, dass Gott uns allen [„Schwarzen" und „Weißen", *Anm. d. Verf.*] eine neue, süße Zeit des Friedens geben möge."[73] Und in seinem Brief vom 27. Juni 1892 an Kapitän Josef Frederiks erklärt er:

> „Ich sehe die Deutschen ganz anders. Sie behaupten, dass sie Euch gegen andere mächtige Völker schützen wollen, aber mir scheint es, dass sie selbst das mächtige Volk seien, das danach strebt, Euer Land gewaltsam zu nehmen. Sie regieren uns be-

---

68 Steinmetz, The Devil's Handwriting, 121.
69 Ibid., 109.
70 Witbooi, Papers, 33.
71 Letter Samuel Maharero to Theodor Leitwein, Otjizonjati, 6.3.1904, in: Archiv der ELCRN, Letters of Maharero and others, ELCRN, VII/11.19.
72 Witbooi, Papers, 157.
73 Ibid., 24.

reits mit Gewalt und ächtenden Gesetzen [...] Ich sehe nichts Gutes im Kommen der Deutschen: Sie prahlen mit ihrer Macht, und sie benutzen sie."[74]

Es war für die Kolonialisten schwer zu akzeptieren, dass kolonisierte Menschen zu erklären imstande waren, was wahrer und gerechter Frieden bedeutet, und die Lehre vom *bellum iustum* kontextuell anzuwenden – auf den Krieg „von unten" als letztes Mittel. Daher kam es sowohl für die Missionare als auch für die Siedler überraschend, als „Häuptling" Maharero und Kapitän Witbooi den Befreiungskampf gegen den deutschen Kolonialismus von 1904 bis 1907 begannen.[75]

Das wahre Gesicht des Kolonialismus in Namibia: Krieg und Völkermord
Im westlichen Christentum war es üblich, eine Militärsprache zu verwenden. Bosch zufolge stand Mission

> „im Zeichen der Welteroberung. Missionare wurden als ‚Soldaten', als christliche ‚Truppen' bezeichnet. Man sprach von Missionsstrategien und taktischen Plänen. Es gab militärische Metaphern in Hülle und Fülle, wie beispielsweise ‚Armee', ‚Kreuzzug', ‚Kriegsrat', ‚Eroberung', ‚Vormarsch', und ‚Marschbefehle'."[76]

Außerdem waren Kirchenlieder wie *Onward Christian soldiers, marching as to war (Vorwärts Christi Streiter, frisch voraus im Krieg)* bei den Christen in jener Zeit und auch noch bei britischen und amerikanischen Soldaten im Zweiten Weltkrieg äußerst beliebt.[77]

Dieser militaristische Diskurs der Christen gemahnt wieder an die vier „Cs": „christianity" (Christentum), „commerce" (Handel), „civilization" (Zivilisation) und „conquest" (Eroberung). Carl-J. Hellberg unterstreicht dies, indem er bemerkt, dass die RMG aktiv am Kolonialisierungsprozess beteiligt war. So forderte Missionar Brincker, dass Deutschland eine Armee nach Namibia entsenden solle. In einem Brief vom 13. März 1889 vertrat Brincker die Ansicht, dass:

> „man mit der Sprache der Gewalt verteidigen muss, was richtig ist. Das Land [Namibia] scheint reich an Goldvorkommen zu sein [...] dazu gehört das Land im moralischen Sinne unserem Vaterland [Deutschland], da die Rheinische Mission dort bereits Tausende von Mark investiert hat; hier findet ihr auch die Gräber, die für eure eigenen gefallenen Missionare ausgehoben wurden. Wenn aus dieser Kolonie irgendetwas gewonnen werden soll, so muss eine europäische Macht mit einer militä-

---

74 Ibid., 80f.
75 Es gibt gut recherchierte Bücher und Dokumente zum Völkermord in Namibia von 1904 bis 1907. Siehe im Besonderen die folgenden Bücher und Artikel: H. Bley, South West Africa under German Rule, 1894–1914, London 1971; Jon M. Bridgman, The Revolt of the Hereros, Berkeley 1981; Horst Drechsler, Let us Die Fighting. London 1980; Paul John Isaak, The Influences of Missionary Work in Namibia, Windhoek 2007; Peter H. Katjavivi, A History of Resistance in Namibia, Paris 1988; Friedrich Freddy Omo Kustaa, Germany's Genocide in Namibia: The Case of the Herero and Nama People, 1904-1907, unveröffentlichter Artikel, 2004, http://groups.yahoo.com/group/ovaherero_mbanderu/files/; Gerhardus Pool, Samuel Maharero, Windhoek 1991; Jeremy Silvester und Jan-Bart Gewald, Words Cannot Be Found: German Colonial Rule in Namibia: An Annotated Reprint of the 1918 Blue Book, Leiden 2003.
76 Bosch, Transforming Mission, 338.
77 Ace Collins, Stories behind the Hymns that Inspire America. Grand Rapids 2003, 153f.

rischen Streitkraft in diesem Land sein [...] um die unmittelbare Vergeltung für jede nur denkbare Form von Anmaßung und Vermessenheit sicherzustellen."[78]

Mit anderen Worten: Der Kaiser wurde im Namen der RMG um eine militärische Intervention gebeten. In der Folge wurde eine Truppe unter dem Kommando von Hauptmann Curt von François nach Namibia geschickt, die dort am 24. Juni 1889 an Land ging.[79] Diese Geschichte der vier „Cs" erreichte ihren Höhepunkt, als Kaiser Wilhelm II. im Jahr 1904 den deutschen Befehlshaber General Lothar von Trotha nach Namibia entsandte, um dem dortigen Befreiungskampf ein Ende zu setzen – „mit allen Mitteln".[80] Am 2. Oktober 1904 erließ von Trotha den folgenden Vernichtungsbefehl, für den er bei seiner Rückkehr nach Deutschland 1905 den Verdienstorden für seinen Einsatz für das Vaterland erhielt. Der Vernichtungsbefehl lautet wie folgt:

„Ich, der große General der deutschen Soldaten, sende diesen Brief an das Volk der Herero. Die Hereros sind nicht mehr deutsche Untertanen. Sie haben gemordet und gestohlen, haben verwundeten Soldaten Ohren und Nasen und andere Körperteile abgeschnitten, und wollen jetzt aus Feigheit nicht mehr kämpfen [...] Das Volk der Herero muß jedoch das Land verlassen. Wenn das Volk dies nicht tut, so werde ich es mit dem Groot Rohr [Artillerie] dazu zwingen. Innerhalb der Deutschen Grenze wird jeder Herero mit und ohne Gewehr, mit oder ohne Vieh erschossen, ich nehme keine Weiber und Kinder mehr auf, treibe sie zu ihrem Volke zurück oder lasse auf sie schießen. Dies sind meine Worte an das Volk der Herero. Der große General des mächtigen deutschen Kaisers. Von Trotha."[81]

Der General hielt sein Wort und beging Massenmord. Die Herero wurden niedergeschossen und ihre Brunnen vergiftet. Sie wurden in die Wüste getrieben, um dort zu sterben; einige wenige, die nur noch „Haut und Knochen"[82] und kurz vor dem Verhungern waren, wurden ins Konzentrationslager Shark Island gebracht. Viele der otjiherero-sprachigen und khoikhoi-sprachigen Namibier wurden auf diese Insel in der Lüderitzbucht gebracht, wo Gräueltaten und Völkermord stattfanden.[83] Die deutsche Kolonialregierung und ihr militärisches Pendant bezeichneten diese Menschen als Kriegsgefangene. Solche Gefangenen wurden als Kriegsteilnehmer betrachtet, die eine militärische Gefahr darstellten, oder waren in einer Kriegssituation gefangen genommen worden. Es handelte sich bei diesen Kriegsgefangenen jedoch weitgehend um Frauen und Kinder, die offensichtlich nicht am Kampf beteiligt waren und deren Inhaftierung wohl kaum eine unerlässliche Sicherheitsmaßnahme darstellte. Das deutsche Kolonialregime aber brachte diese Kriegsgefangenen an den Rand des Hungertodes – sie waren so dünn, dass „man durch ihre Knochen hindurch sehen konnte".[84]

---

78 Hellberg, Mission, Colonialism, and Liberation, 92.
79 Ibid., 92f.
80 Pakenham, The Scramble for Africa, 609.
81 Hellberg, Mission, Colonialism, and Liberation, 113f.
82 Horst Drechsler, Let us die fighting: Namibia under the Germans, London 1980, 207.
83 Ibid., 210, 219.
84 Silvester/Gewald, Words Cannot be Found, 179.

Einer der Überlebenden, Samuel Kariko, schildert seine Erlebnisse eindrücklich:[85]

> „Ich wurde mit anderen auf eine Insel weit im Süden geschickt, in der Lüderitzbucht. Dort auf der Insel waren Tausende von Herero und Hottentotten gefangen. Wir mussten dort leben. Männer, Frauen und Kinder waren alle zusammengepfercht. Wir hatten keine ordentliche Kleidung, keine Decken, und nachts war die Luft über dem Meer bitterkalt. Die Nebelschwaden vom Meer her durchnässten uns, sodass wir mit den Zähnen klapperten. Die Menschen dort starben wie vergiftete Fliegen […] Zuerst starben die kleinen Kinder und dann die Frauen und schwächeren Männer […] Wir bettelten und beteten und flehten um die Erlaubnis, in unser eigenes Land zurückkehren zu dürfen, wo es wärmer ist, aber die Deutschen ließen es nicht zu."

Die RMG aber erkannte die Zeichen der Zeit nicht. Sie war weiterhin der Ansicht, die deutschen Kolonialtruppen würden den Frieden bringen, und schwieg zu den gewaltsamen und grausamen Maßnahmen der Truppe. Das Erschießen unschuldiger Kinder und Frauen betrachtete die RMG nicht als Gewalt, sondern war der Überzeugung, dass durch diese grausamen und sündhaften Taten „Recht und Ordnung" aufrechterhalten würden, sodass das Evangelium gepredigt und die Sakramente gespendet werden könnten.[86]

So kam es, dass die RMG, als die deutsche Militärmacht Namibia ihren Willen mit Waffengewalt aufzwang, den deutschen kolonialen Militarismus und Völkermord in einem Hirtenbrief rechtfertigte. Die namibischen Christen, so behauptete die RMG, hätten „das Schwert erhoben" gegen die deutsche Kolonialherrschaft, die „Gott über sie eingesetzt hat", und „wer das Schwert nimmt, kommt durch das Schwert um". In dem Brief hieß es, dass

> „die evangelischen Missionare sich der Obrigkeit und dem Heimatland gegenüber immer gemäß den klaren Anweisungen in der Heiligen Schrift verhielten, unter besonderem Verweis auf Römer 13,1-7".[87]

Und so setzte sich der Teufelskreis der vier „Cs" in Namibia fort.

Fazit

Nun möchte ich den Leser herausfordern. Mein Hauptmotiv war, die Geschichte der kulturellen Dominanz und geistigen Sklaverei aus der Perspektive der Kolonisierten zu erzählen. Im Mittelpunkt der vorherrschenden deutschen Missionstheologie stand die Rettung von „Seelen" oder „armen Heiden". Eine solche Theologie ging einher mit einem Überlegenheitsgefühl und der Herablassung gegenüber den „anderen", zu denen die Missionare gesandt worden waren. Aber die Kolonisierten waren sich ihrer Kolonisierung sowie vor allem der Tatsache bewusst, dass diese zur spirituellen und anthropologischen Armut von Afrikanern führte – der Versklavung und Vernichtung von Seele, Geist, Körper, von Feldern und Vieh, Ehepartnern und Kindern, Regierungen, Freunden und Nachbarn; sie führte dazu, dass ihnen ihr „tägliches Brot" – wie Martin Luther es im *Kleinen Katechismus* nennt – genommen wurde. Die Ironie besteht jedoch darin, dass die Missionare, die das Evange-

---

85 Ibid, 177.
86 Hellberg, A Voice of the Voiceless, 20f.
87 Hellberg, Mission, Colonialism, and Liberation, 118.

lium von der Rettung der Seelen verkündeten, die Seele und den Geist der afrikanischen Spiritualität und des *Ubuntu* nicht berühren konnten.

Als die Missionare und Kolonialisten kamen, gaben sie den Afrikanern die Bibel und nahmen ihnen das Land. Sie stützten sich auf die Strategie der vier „Cs" und glaubten, damit sei alles erreicht. Die Afrikaner aber waren sich der Kolonisationsstrategie bewusst und entwickelten ihren eigenen Diskurs, der auf der afrikanischen Spiritualität und den Prinzipien des *Ubuntu* basierte. Sie sangen laut, lobten Gott, schlossen ihre Augen im Gebet und hörten aufmerksam das Wort Gottes. Gleichzeitig waren ihre Ohren und Augen für die Kontextualisierung des Evangeliums weit geöffnet, während ihre Hände und Füße für Befreiungsaktionen bereit waren.[88] In der Person von Kapitän Hendrik Witbooi haben wir das Paradigma dieses Diskurses. Kapitän Witbooi sagte treffend, er sei für seinen Freiheitskampf von Gott „inspiriert" worden: „Die Zeit ist erfüllt. Der Weg steht nun offen. Ich übertrage dir eine schwere Aufgabe". Diese Theologie gründet sich auf Gottes Wirken für Befreiung und Verwandlung, das heißt darauf, dass Gott in der Geschichte *handelt*.

Diese beiden unterschiedlichen Missionstheologien wurden 1971 auf die Probe gestellt, als die Kirchenleitung der Evangelisch-Lutherischen Kirche in Namibia (ELCIN) und der ELCRN einen Hirtenbrief, den sogenannten Offenen Brief, herausgaben. Unmittelbar nach seiner Veröffentlichung wurde der Offene Brief weithin bekannt, weil er die Ungerechtigkeiten und die illegale Besetzung Namibias durch Südafrika anprangerte und eindringlich dazu aufrief, sich aktiv für die Unabhängigkeit Namibias einzusetzen. Der Offene Brief wurde in Geist und Buchstabe von anderen ökumenischen Kirchen in Namibia unterstützt, mit Ausnahme der beiden „weißen" Kirchen: der Niederländisch-Reformierten Kirche und der ELKIN-DELK. Für letztere galt immer noch das Paradigma der kolonialen Missionstheologie, wie in einer Erklärung deutlich wird, die die ELKIN-DELK am 23. Juli 1971 herausgab und in der sie sich von dem Offenen Brief und seinen politischen Implikationen distanzierte:[89]

> „Die Kirchenleitung der Deutschen Evangelisch-Lutherischen Kirche (DELK) in Südwestafrika informiert hiermit die Öffentlichkeit, dass sie sich verpflichtet fühlt, sich von dem ‚Offenen Brief' zu distanzieren. Die DELK ist von der nach ihrem Dafürhalten rein politischen Aktion überrascht, die ihres Erachtens in keiner Weise in Einklang mit früheren Äußerungen dieser beiden Kirchen zu bringen ist."

Die ELCIN und die ELCRN aber wiesen die Argumentation der ELKIN-DELK zurück und setzten ihren prophetischen Dienst im Geiste dieser Überzeugung fort: „[W]enn wir, als die Kirche, noch viel länger schweigen, werden wir für die Zukunft unseres Landes und seiner Menschen zur Verantwortung gezogen werden." Daher verpflichteten sich die beiden Kirchen, „dafür zu sorgen, dass die Menschenrechtscharta eingehalten wird, dass Südwest-

---

88 vgl. Paul John Isaak, Towards Black African theology, unveröffentlichte Masterarbeit, Graduate Theological Union, Berkeley 1978. – In dieser Arbeit habe ich dargelegt, dass das afrikanische Ubuntu ein wesentlicher Teil der afrikanischen Religiosität ist. So war die Vorstellung der Missionare, Religion habe nur mit „geistlichen" Dingen zu tun, der afrikanischen Weltanschauung fremd. Die Afrikaner waren sich darüber bewusst, dass die Missionare und Siedler ihnen das „tägliche Brot" nahmen. Sie weigerten sich, sich der kulturellen Dominanz und geistigen Sklaverei zu beugen, und hielten an der Botschaft ihrer afrikanischen Theologie fest – dem Engagement für Befreiung und Transformation.
89 K.H. Herz, Two kingdoms and one world, Minneapolis 1976, 265.

afrika ein autarker und abhängiger Staat werden kann".[90] Und am 21. März 1990 erlangte Namibia die Unabhängigkeit. An diesem historischen Tag wurden die Worte von Kapitän Witbooi wahr: „Die Zeit ist erfüllt. Der Weg steht nun offen".

---

90 Peter Katjavivi, Per Frostinr u. Kaire Mbuende, Church and Liberation in Namibia, London 1989, 136-138.

Predigt zu Johannes 8, 28-36 bei der Abschlusstagung des Studienprozesses zur Rolle der deutschen evangelischen Auslandsarbeit im kolonialen südlichen Afrika am 4. Juli 2010 in Wuppertal

Bischof Martin Schindehütte

Die Liebe Gottes, die Gnade unseres Herrn Jesus Christus und die Gemeinschaft des Heiligen Geistes sei mit uns allen.

„‚Die Wahrheit wird euch frei machen.' Die Wahrheit ist unser Herr selbst, der Mensch geworden ist, der in unsere Mitte getreten ist, und durch den wir bedingungslos als Gotteskinder angenommen worden sind. Wenn wir das wissen, dann müssen wir immer dessen gewahr sein, dass Menschen, die unterdrückt und verfolgt sind wie ein großer Teil der südafrikanischen Bevölkerung, Brüder [und Schwestern] Jesu Christi sind, und dass wir uns für sie einzusetzen haben. Wir müssen aber auch wissen, dass es keine Befreiung geben kann, wenn wir nicht auch die Befreiung des Gegners und Unterdrückers im Auge haben, der in seinen Ängsten gefangen ist und deswegen zur Gewalt greift. Wir müssen um ihn ringen."[1]

Manche von Ihnen werden dieses Zitat erkennen. Es stammt aus dem Grußwort von Wolfram Kistner, das er bei der Synode der Evangelischen Kirche in Deutschland 1985 in Trier gesprochen hat.

Heute, am Abschluss unserer Tagung zur Aufarbeitung der Kolonialgeschichte im südlichen Afrika daran zu erinnern, erscheint mir angemessen und riskant zugleich. Nein, wir haben nicht die Geschichte des Kampfes gegen die Apartheid bedacht in diesen Tagen. Die direkte Verknüpfung ist darum riskant. Aber wir haben eben doch wichtige geschichtliche Wurzeln und Voraussetzungen dessen bedacht, was in der Apartheidpolitik zu einer schmerzlichen Verdichtung und zu einer großen Schuldverstrickung geworden ist. Auch der Blick auf die Kolonialgeschichte hat viel Schmerzliches und Schuldhaftes in sich. Manches an Leid, Missachtung und Ignoranz gegenüber der Ursprungskultur wirkt nach. Dominanzansprüche und Minderwertigkeitsgefühle sind noch immer nicht überwunden. Vieles in der Kolonialgeschichte wird notwendigerweise auch von dem her bewertet, wohin es in der Apartheid geführt hat. Darum ist der Beginn mit dem Zitat von Wolfram Kistner – so glaube ich – angemessen.

Ja, unsere Geschichte hat immer große Bindungswirkung, im Schmerzlichen und Leidvollen oft mehr als in dem, was auch segensreich aus ihr hervorgegangen ist. Nur, was ausgesprochen und voreinander bekannt und miteinander bearbeitet werden kann, verliert

---

1 Wolfram Kistner, Die Wahrheit wird Euch frei machen. Grußwort an die Synode der Evangelischen Kirche in Deutschland in Trier, 6. November 1985, in: Wolfram Kistner, Hoffnung in der Krise. Dokumente einer christlichen Existenz in Südafrika. Zum 65. Geburtstag herausgegeben von Lothar Engel, Rudolf Hinz und Jürgen Schroer, Wuppertal 1988, 13f.

seinen dauerhaft negativen und belastenden Einfluss. Nur wenn ausgesprochen werden kann, was zwischen uns steht, wächst Vertrauen.

Aber nur wo Vertrauen wächst, kann ausgesprochen werden, was wir aneinander an Schuld auf uns geladen haben. Das ist ein Zirkelschluss. Wie kommen wir aus einem solchen Zirkel heraus: Ohne Vertrauen kein Eingeständnis von Schuld und Versagen. Ohne ein Eingeständnis von Schuld und Versagen kein Vertrauen?

Hier knüpfe ich an Wolfram Kistner an. Er zitierte das Johannesevangelium: „Die Wahrheit wird Euch frei machen." Dieser Satz kann uns aus dem circulus vitiosus heraus in die Freiheit einer Umkehr und eines Neuanfangs führen. Er schafft Vertrauen jenseits der gegenseitigen Bedingtheit. Warum? Weil es ein Satz ist, den wir uns nicht selber sagen können. Er wird uns gesagt. Er ist eine Zusage extra nos. Es ist ein Wort des Herrn, ein Wort Gottes an uns.

Ich lese den ganzen Abschnitt aus dem 8. Kapitel des Johannesevangeliums im Zusammenhang der Verse 28 bis 36:

> „Da sprach Jesus zu ihnen: Wenn ihr den Menschensohn erhöhen werdet, dann werdet ihr erkennen, dass ich es bin und nichts von mir selber tue, sondern, wie mich der Vater gelehrt hat, so rede ich. Und der mich gesandt hat, ist mit mir. Er lässt mich nicht allein; denn ich tue allezeit, was ihm gefällt. Als er das sagte, glaubten viele an ihn. Da sprach nun Jesus zu den Juden, die an ihn glaubten: Wenn ihr bleiben werdet an meinem Wort, so seid ihr wahrhaftig meine Jünger und werdet die Wahrheit erkennen, und die Wahrheit wird euch frei machen. Da antworteten sie ihm: Wir sind Abrahams Kinder und sind niemals jemandes Knecht gewesen. Wie sprichst du dann: Ihr sollt frei werden? Jesus antwortete ihnen und sprach: Wahrlich, wahrlich, ich sage euch: Wer Sünde tut, der ist der Sünde Knecht. Der Knecht bleibt nicht ewig im Haus; der Sohn bleibt ewig. Wenn euch nun der Sohn frei macht, so seid ihr wirklich frei." (Johannes 8, 28-36)

Die Wahrheit, von der hier die Rede ist, ist kein Streit um Tatsachen, kein Kampf um die Definitionsmacht. Sie ist keine Waffe, die den anderen in die Erkenntnis zwingt. Die Wahrheit ist Christus selbst, in dem sich Gott zu uns in Beziehung setzt. Er schenkt jenes Vertrauen und stiftet jene Versöhnung, die uns frei macht zum Bekennen unserer Schuld und zur Gestaltung unserer gemeinsamen Zukunft, die in der Erstreckung auf Gott hin liegt.

Schauen wir uns den Text des Johannesevangeliums ein wenig genauer an: Ein eigenartig harter Ton klingt in dem Gespräch zwischen Jesus und den Juden an. Die Juden, mit denen Jesus spricht, sind Juden, die an ihn glauben – Menschen also, die ihren bisherigen Glauben verlassen haben und bei Jesus vertrauensvoll ein neues Zuhause gesucht haben. In dem Gespräch geht es darum, wie diese Menschen „wahrhaftig" Jesu Jünger sind und die Wahrheit erkennen. Was ist damit gemeint? Welches Problem wird hier angesprochen. Gibt es verschiedene Weisen der Zugehörigkeit zu Jesus? Ist die Zugehörigkeit von Juden zu Christus anders zu verstehen als die von „Heiden"? Gibt es da Jünger und Stiefjünger? Bessere und schlechtere Christen, Christen erster und zweiter Klasse?

Was bedeutet in diesen Zusammenhang der Satz: „Die Wahrheit wird euch frei machen"? Was bedeutet dieser verheißungsvolle, Hoffnung weckende Satz? Frei sein, wer von uns möchte das nicht sein? Frei sein von den so genannten Sachzwängen, den äußeren Verpflichtungen und von all dem, was mich alltäglich abhängig, unfrei und gebunden hält.

Doch sofort beginnen hier die Missverständnisse, nicht nur bei Jesu Gesprächspartnern im Johannesevangelium, sondern vermutlich auch bei uns heute.

Wir haben die Freiheit, die du uns anbietest, nicht nötig, hört Jesus als Antwort. „Wir sind niemals jemandes Knecht gewesen", betonen die Juden stolz. Wir haben uns nie als Sklaven unterworfen, sagen sie. Dieser Einwand ist auf den ersten Blick nicht zu verstehen. Denn die Geschichte des jüdischen Volkes ist voll von Unterwerfungen und Eroberungen durch die Weltmächte: Die Ägypter und Philister, die Assyrer und Babylonier, die Perser und Alexander der Große und nicht zuletzt die verhassten Römer – sie alle haben Israel erobert und die Menschen dann ihrer Besatzungsmacht unterworfen. Äußere, politische Freiheit und Autonomie – die konnten die Menschen in Israel immer nur für kurze Zeit erleben.

„Wir sind niemals jemandes Knecht gewesen", damit betonen die Anhänger Jesu ihre innere Glaubenshaltung der Unabhängigkeit von den jeweiligen Machthabern, ihren Stolz und ihre Würde als Nachkommen des Stammvaters Abraham, ihr Gefühl, tief in ihrem Herzen frei zu sein. Wie gut kann ich diese Haltung verstehen. Der Mut und der ungebrochene Wille, die eigene Würde nicht zu verlieren, halten auch heute viele Völker und Volksgruppen trotz politischer und religiöser Unfreiheit am Leben. In den Zeiten der Unfreiheit, des ideologischen und religiösen Totalanspruchs treu zu sein, sich nicht verführen und korrumpieren zu lassen, das ist ein hohes Gut. Und oft genug ist ja das die Frage danach: Ob man sich hat biegen lassen, ob man falsche Kompromisse gemacht hat. Ob man es hätte besser wissen müssen. Nachher? Das ist ja auch die historische Frage, die uns in diesem Arbeits- und Forschungsprozess so sehr beschäftigt hat.

Doch Jesus will seine Gesprächspartner und auch uns offenbar noch auf etwas anderes hinlenken und über dieses Verständnis von Freiheit hinausführen. Er spricht von einer anderen Freiheit, von der Freiheit der Kinder Gottes. Er spricht von einer Freiheit, die nicht aus der eigenen Tradition und Glaubenstreue ableitbar ist. Abrahams Kinder zu sein, ist kein eigenes Recht, kein eigener Anspruch, hat keine eigene Qualität, die Gott gegenüber in Stellung zu bringen ist. Auch Abrahams Kinder zu sein, bleibt Gottes freie Erwählung und Zuwendung.

Wir sind dann wirklich frei, sagt Jesus, wenn wir seiner freien Zuwendung zu uns, seiner Liebe, in der er sich an uns bindet, antworten. Wenn wir uns von ihm in unserer freien Antwort an seine Liebe binden lassen, seinen Willen tun und frei werden von dem andauernden rechtfertigenden Fragen, ob man frei und gerecht gehandelt hat in den tiefen Dilemmata und Konflikten und von dem Kreisen und Sorgen um uns selbst.

Wie ein solches ständiges Kreisen um uns selbst aussehen kann, habe ich in einem Gedicht gelesen, das ein junger Mann in seiner Examensarbeit zitiert hat:

„Fühlen, was ich bin.
Denken, was ich fühle.
Schreiben, was ich denke.
Sagen, was ich schreibe.
Tun, was ich sage.
Sein, was ich werde."

Ein Mensch, der in diesen Worten zu Hause ist, scheint ganz und gar mit sich selbst zufrieden zu sein. Die höchste Stufe der Freiheit ist für ihn die Unabhängigkeit von allen fremden, äußeren Bindungen und Verpflichtungen und auch die Freiheit von Gott.

Jesus lädt dazu ein, in seinem Wort zu bleiben, und verheißt uns damit Freiheit. Dabei können wir lernen, was es wirklich heißt, „frei zu sein". Es ist keine Freiheit der Unabhängigkeit und Bindungslosigkeit von allem. Es ist nicht die Freiheit der Titanen, die sich – sich selbst genug – herablassen zum anderen. Es ist die Freiheit, in seinem Wort zu bleiben. Es ist die Freiheit jener, die sich mit ihrer Schuld, ihren Defiziten, mit dem, wo sie den anderen brauchen, in gleicher Weise an Gott und ihren Nächsten wenden. Nichts anderes sagt ja das Doppelgebot der Liebe, jenes oberste Gebot und das, das ihm gleich ist: Dass wir Gott über alle Dinge fürchten und lieben und unseren Nächsten lieben wie uns selbst. Das ist der Raum von Vertrauen und Versöhnung, den Gott uns eröffnet für die Gestaltung unserer Beziehungen untereinander: zuerst unter uns Christen und in gleicher Weise mit denen, an die wir gewiesen sind, weil sie ebenfalls – sogar als unsere Gegner oder gar Peiniger – Gottes Kinder sind. Frei sind wir, indem wir unserer Bestimmung gerecht werden, als freie Kinder und Partner Gottes zu leben.

„Die Wahrheit wird euch frei machen", sagt Jesus zu seinen Anhängern. Wahrheit und Freiheit gehören also für ihn unmittelbar zusammen. Die eine ist ohne die andere nicht zu bekommen. Mir fallen viele geschichtliche Situationen ein, in denen – bei ihrer Aufarbeitung – der Ruf nach der Wahrheit zum Kampfruf wird, zu einem Instrument der Macht, zu einem Instrument der Genugtuung, ja der Vergeltung und Rache. Da droht Freiheit völlig erstickt zu werden. Wo Menschen die Wahrheit beschwören, ohne in der Liebe zu Gott und zum Nächsten die Freiheit zu wollen, wird die Wahrheit zur Drohung, ja zur Bedrohung des anderen. Auf der anderen Seite ist aber auch der Ruf nach Freiheit, der nicht mehr nach der Wahrheit fragt, eine Lüge.

Ich hoffe sehr, dass unser Versuch, in unserem Geschichtsprojekt miteinander nachzuspüren, was uns in unserer Geschichte schmerzlich belastet hat, aber auch, was uns manchmal unter dem Widerspruch zueinander geführt hat, ein solcher Prozess sein möge, in dem Wahrheit und Freiheit in der Liebe so einander küssen wie es von Gerechtigkeit und Frieden beim Psalmisten (Psalm 84) besungen wird.

Und wenn das so ist, dann ist es vielleicht immer noch riskant, aber doch auch angemessen und verheißungsvoll, unser Geschichtsprojekt nach seinem Abschluss im nächsten Jahr mit einem nächsten Schritt fortzusetzen und miteinander zu bedenken, zu bearbeiten und zu bekennen, was wir in der Geschichte der Apartheid und des Kampfes gegen dieses tiefe Unrecht und diese Sünde einander an Schmerz zugefügt und an Gutem getan haben. Dann mag Wolfram Kistners Hoffnung und Vertrauen, das in jenem Grußwort vor der EKD-Synode formuliert worden ist, auch für uns zu einem Vermächtnis und zu einer Verheißung werden. Es kann doch sein, dass wir von Gottes Liebe getragen, das Wagnis eingehen. Es mag manches dagegen sprechen. Was dafür spricht, ist, dass wir als Gottes geliebte Kinder in seiner Wahrheit frei werden können.

> Es ist Unsinn
> sagt die Vernunft
> Es ist was es ist
> sagt die Liebe

Es ist Unglück
sagt die Berechnung
Es ist nichts als Schmerz
sagt die Angst
Es ist aussichtslos
sagt die Einsicht
Es ist was es ist
sagt die Liebe

Es ist lächerlich
sagt der Stolz
Es ist leichtsinnig
sagt die Vorsicht
Es ist unmöglich
sagt die Erfahrung
Es ist was es ist
sagt die Liebe

Erich Frieds Gedicht ist eine Ermutigung zu solchem Wagnis.

Es ist was es ist
sagt die Liebe:

Wenn euch nun der Sohn frei macht,
so seid ihr wirklich frei,
sagt Jesus.

Der Friede Gottes, der all unsere Vernunft und unser Vermögen übersteigt, wird mit uns sein in Christus Jesus. Amen.

Grußwort zum 150jährigen Jubiläum der Hermannsburger Schule in Natal (28.-30. April 2006)[1]

Wolfram Kistner (1923-2006)

Liebe Freunde der Hermannsburger Schule, zu der Gedenkfeier anlässlich des 150jährigen Bestehens der Hermannsburger Schule werden viele von Euch in Hermannsburg versammelt sein. Die Schulleitung hatte mich gebeten, einen Beitrag zu der Festschrift zu schreiben. Jedoch habe ich mich in Abstimmung mit ihr entschieden, ein Grußwort an Euch zu richten.

Einige von Euch, vielleicht auch viele, werden sich fragen: Was kann er, der sich so weit von uns entfernt hat, aus diesem Anlass Sinnvolles dazu schreiben?

Ich war einer von Euch. Mit Euch verbindet mich eine gemeinsame Vergangenheit. Diese gemeinsame Vergangenheit können weder ich noch Ihr auslöschen. Uns verbindet die Dankbarkeit für das, was uns die Hermannsburger Schule und die Menschen, die ihre Lebenskraft für sie eingesetzt haben, für unser Leben mitgegeben haben. Ebenso verbinden uns die Bande der Freundschaft und Gemeinschaft, die in entscheidenden Jahren unseres Lebens durch das gemeinsame Leben in Hermannsburg geknüpft worden sind. Bei vielen haben sie sich für das ganze Leben erhalten. Der Glaube, der vielen von uns Lebenskraft gab, ist in diesen Jahren entscheidend geprägt worden.

Für mich aber verbanden sich mit diesem Glauben im Laufe der Zeit und sich erweiternder Erfahrungen Fragen, die mich beunruhigten und die mir kaum jemand der von dieser Tradition Geprägten beantworten konnte. Gern würde ich von Euch wissen, ob es Euch auch so gegangen ist, und ob und welche Antworten Ihr gefunden habt.

Nach meiner Erinnerung sind nicht wenige von uns in Hermannsburg nicht zu ihrem Recht gekommen. Zwar wurde auf die Schulbildung vor allem von den Eltern großes Gewicht gelegt. Viele aber von denen, die sich frühzeitig vom Elternhaus trennen mussten, bekamen in dem gemeinsamen Leben außerhalb der Schulstunden nicht genügend Begleitung in einem Alter, das in der Regel mit Krisen verbunden ist. Ich weiß von solchen, die durch den Schmerz der Trennung, der oft gar nicht bewusst war, oder durch mangelnden Schutz im Gemeinschaftsleben Schaden gelitten haben. Zur Anstellung von genügend Erziehern fehlten die Mittel. Schwierig war es, aus dem Kreis, der die Schule trug, Mitarbeiterinnen zu finden, die bereit waren, diese Aufgabe zu übernehmen. Diejenigen, die die Schule aus Deutschland kommen ließ, haben es in vielen Fällen in Hermannsburg schwer

---

1 Ursprünglich abgedruckt in: Hermannsburg 1856-2006 [Festschrift zum 150-jährigen Bestehen der Hermannsburger Schule], 184-186; und in: Wolfram Kistner, Gerechtigkeit und Versöhnung. Theologie und Kirche im Transformationsprozess des neuen Südafrika, Sammelband mit Beiträgen aus den Jahren 1985 bis 2006. Herausgegeben von Rudolf Hinz, Christian Hohmann, Hanns Lessing, Hannover 2008, 45-48.

gehabt. Sie versuchten, neue pädagogische Einsichten einzubringen, stießen dabei aber oft auf Unverständnis und Widerstand und fanden nicht genügend Unterstützung.

Zu besonderem Dank sind wir den Lehrern verpflichtet, die die Lücke in der Begleitung der Schüler und Schülerinnen auch außerhalb des Schulunterrichts zu überbrücken versuchten durch Sport, Musik, Singen, Laienspiele, Blaschöre, Ausflüge und andere Formen der Gemeinschaftsbildung. Auch in anderer Hinsicht haben viele der Lehrer trotz der geringen Gehälter und mangelnder Vorsorge seitens der Schule für ihren Ruhestand Großes geleistet. Angesichts der Not wurden sie mitunter vom Schulleiter plötzlich gebeten, Fächer zu unterrichten, für die sie nicht vorgebildet waren. Dadurch haben sie besondere Gaben entwickelt. Auf sehr natürliche Weise entstand dadurch ein fächerübergreifender Unterricht, der für eine ganzheitliche Erziehung von großer Bedeutung ist.

Die Hermannsburger Schule ist ein Kind der Hermannsburger Mission, die um eines weltumfassenden Auftrages willen in unserem Lande Fuß gefasst hat. Im Lauf der Zeit nahm ich die Spannung zwischen dem weltumspannenden Auftrag der Mission und der in die Enge führenden Konzentration auf die deutsche Sprache immer schärfer wahr. Zwar bewirkte die Wertschätzung der deutschen Sprache eine Stärkung der eigenen Identität und half, das Fremdsein in einem neuen Land zu bewältigen. Sie hemmte aber auch das Sich-Öffnen für Menschen anderer Sprache und Kultur im allernächsten Umfeld. Die Engführung in der Betonung des lutherischen Bekenntnisses in seiner besonderen und bevorzugten Bedeutung für die deutsche Sprachgruppe hatte eine ähnlich hemmende Wirkung. Sie ließ außer Acht, dass dieses Bekenntnis auf die ganze Menschheit ausgerichtet ist und keine Sprach- und Kulturgruppe bevorzugt.

Von Anfang ihrer Geschichte in Deutschland und Südafrika an hat sich diese Spannung in der Arbeit der Hermannsburger Mission, der Hermannsburger Kirche, die sich später mit der lutherischen Transvaalkirche zur Evangelisch- lutherischen Kirche in Südafrika (Natal-Transvaal) vereinigte, und auch in der Hermannsburger Schule bemerkbar gemacht.

Wem galt eigentlich die Festigkeit und Treue, die in dem Wappen der Hermannsburger Schule mit dem Eichenzweig und der Inschrift „Treu und Fest" hervorgehoben wird? Ist der „Geist der Väter", der in dem Spruch im Speisesaal des Schülerheimes besonders betont wird, wirklich der höchste Wert, für den wir uns als Menschen und Christen einsetzen sollen? Dadurch, dass Ihr diesen Spruch täglich vor Augen hattet, wird er sich Euch eingeprägt haben. Das wird auch noch bei heutigen Schülern der Fall sein! „Pflegt die deutsche Sprache, wahrt das deutsche Wort, denn der Geist der Väter lebt in ihnen fort."

Erinnern sich die Älteren unter Euch noch daran, dass in der Zeit vor dem Zweiten Weltkrieg und bis in die Kriegsjahre hinein an der Längswand desselben Speisesaals ein persönlich von Adolf Hitler unterschriebenes Bild des „Führers" hing, das aller Wahrscheinlichkeit nach planvoll von Freunden der Schule gestohlen werden musste? In demselben Speisesaal fanden die Morgen- und Abendandachten des Schülerheimes statt. In jenen Jahren wurde in der religiösen Erziehung vor allem auf die Einübung der in den Gemeinden vorherrschenden Frömmigkeit Gewicht gelegt. Jugendliche bekamen nicht viel Ermutigung, Fragen zu stellen, wenn ihnen dabei auch Zweifel zu schaffen machten. Denn, wenn sie solche Fragen stellten, wurde das leicht als Auflehnung verstanden.

Auch in Kreisen der Hermannsburger Mission und ihrer engeren Mitarbeiter und Mitarbeiterinnen glaubten wir zu wissen, dass bei aller Achtung der Kultur und Sprache der einheimischen Afrikaner die „getrennte Entwicklung" unter Führung der „weißen" Minderheit für sie die beste Lösung sei. Die Mehrheit der Betroffenen selbst wurde nicht danach gefragt, ob sie es auch so sahen. Widerspruch dagegen galt als Auflehnung gegen die von Gott gesetzte Obrigkeit.

Ist nicht die Existenz zweier Hermannsburger Schulen, die beide aus der Tradition der Hermannsburger Mission hervorgegangen und beide auf Hermannsburger Missionsland gebaut worden sind, ein Bild der Trennung, die schon lange vor dem Apartheidsystem eingeführt wurde und offenbar fraglos mit unserem christlichen Glauben in Einklang zu sein schien? Wie reagieren wir heute darauf, dass die eine Schule arm ist und aus allen Nähten platzt, und die andere Schule wohl ausgestattet ist, aber ihre Kapazitäten gar nicht ausschöpfen kann?

Welch ein unübersehbares Zeichen für eine Umkehr wäre es gewesen, wenn die Hermannsburger Schule nicht erst, als die politische Wende in Sicht war, schwarzafrikanische Schüler und Schülerinnen aufgenommen hätte? Immerhin fand diese Entscheidung gegen manchen Widerstand vor 1994 statt und hatte zur Folge, dass aus bestimmten Gegenden Eltern ihre Kinder aus der Schule genommen haben.

Gefreut habe ich mich über das Thema, das die Schulleitung mir ursprünglich für einen Beitrag für ihre Festschrift zugedacht hatte. Es lautete „Evangelische Schule in einem neuen Südafrika". Darin kommt das Verlangen der Schulleitung zum Ausdruck, eine mit Versäumnissen und auch mit Schuld behaftete Vergangenheit aufzuarbeiten und eine neue Richtung für ihre Schul- und Erziehungsarbeit im neuen Südafrika zu finden. Diese erfreuliche selbst gewählte Aufgabe und der damit zusammenhängende Lernprozess muss aber von den gegenwärtig Verantwortlichen wahrgenommen bzw. eingeleitet werden. Sie kann nicht an mich als einen Ehemaligen delegiert und stellvertretend von mir für andere erfüllt werden.

Ich war beteiligt an der problematischen Entwicklung, die die schulische und erzieherische Arbeit an der Hermannsburger Schule genommen hat und spreche daher auch von eigenen Fehlern und eigener Schuld. Es fehlte mir, trotz sich anbahnender neuer Erkenntnisse, oft die Kraft und der Mut, mich durchzusetzen gegen den Widerstand aus den Reihen der Menschen, die mir lieb waren und deren Frömmigkeit ich hoch achtete. Unser Glaube kann uns gerade in seiner lutherischen Prägung gewiss machen, dass dem, der seine Schuld bekennt, ein Neuanfang aus der Vergebung geschenkt wird.

Ich wünsche Euch eine Gedenkfeier, die Anregungen aus der biblischen Tradition des Jobeljahres (Levitikus 25,10.13; Jesaja 61,1-3; Matthäus 6,10-12) aufnimmt. Dabei gewinnen diejenigen, die ihre Mitverantwortung für gemeinsame Schuld bekennen und sich auf Gottes Vergebung verlassen, Freude am Leben. Sie befähigt uns zu einem Neuanfang und dazu, entstandene Schäden im Zusammenleben von Menschen verschiedenster Herkunft soweit wie möglich zu beheben und zu lindern. Jeder Tag, den junge Menschen in solcher Freude miteinander erleben, ist ein Beitrag zu mehr Frieden und Gerechtigkeit in der Menschheit.

Der Hermannsburger Schule schlage ich für ihren Anteil an dieser Aufgabe, die wahrhaft Festigkeit und Treue braucht, ein neues Leitwort aus Psalm 85 vor:

> „Doch ist ja Gottes Hilfe nahe denen, die ihn fürchten, dass in unserem Lande Ehre wohne; dass Güte und Treue einander begegnen, Gerechtigkeit und Friede sich küs-

sen, dass Treue auf der Erde wachse und Gerechtigkeit vom Himmel schaue" (Psalm 85,10-12).

Verzeichnisse

Unveröffentlichte Quellen

Archiv der Evangelical Lutheran Church in the Republic of Namibia, Windhoek:
ELCRN VII/11.19, Letters of Maharero and others.

Archiv der Evangelisch-Lutherischen Kirche in Namibia (Deutsche Evangelisch-Lutherische Kirche), Windhoek:
Nr. II 2.3. Protokolle & Beschlüsse der Pfarrkonferenzen.
Protokollbuch des Gemeindekirchenrats Windhuk (1896-1913).

Archiv der ev.-luth. St. Johanniskirche in King William's Town:
ohne Datum, ohne Nummer, Handschriftliche Liste der Legionäre.

Archiv der Kapkirche in der St. Martini-Gemeinde, Kapstadt:
Kirchenordnung der deutsch lutherischen Gemeinde in der Kapstadt u. Umgebung vom 14. Oktober 1801.
Petri, Emil, Das Südafrikanische Visitationswerk (1897), maschinenschriftliches und unveröffentlichtes Manuskript.
Protokolle der Kirchlichen Versammlungen (1861-4.4.1864).
Schreiben des Königlich-Hannoverschen Konsistoriums vom 16. Januar 1862: An den Herrn Pastor Parisius und die Vorsteher der deutsch-luth. Gemeinde in der Kapstadt.

Archiv der Vereinigten Evangelisch-Lutherische Kirche im Südlichen Afrika, Bonaero Park:
Akten des Board of Trustees und der VELKSA 1958-1986.
Synodal-Ordnung für die deutschen evangelisch-lutherischen Gemeinden Südafrikas.
Synodalprotokolle der Generalsynoden der VELKSA (1965-1986).
Synodalprotokolle der Hermannsburger Deutschen evangelisch-lutherische Synode Südafrikas (1911-1962).

Archiv des Berliner Missionswerkes, Berlin:
Abt. IV, No. 2, Deutsche Gemeinden in Südafrika: Bericht von Pastor Heinrich Anders, Braunschweig, Südafrika, vom 2. Juni 1884 betr. deutsche Einwanderer 1858/59, 5.

Archiv- und Museumsstiftung der VEM, Wuppertal:
HB-AL-5204, Die Rheinische Mission in Südwestafrika, Diaserie Nr. 2 zu Südwestafrika samt Begleitheft.
HB-AL-5205, Reise ins Ovamboland, Diaserie 3 zu Südwestafrika, Kurzfassung mit Titelliste.
HB-GP-6002, Silindung, Angkola und die Steppe, Diaserie Sumatra I, 71 Bilder.
RMG 13, Protokolle der Deputationssitzungen 1884-1895.
RMG 14, Protokolle der Deputationssitzungen (und der Generalversammlungen) 1896-1905.
RMG 60, Protokolle der Inspektorenkonferenzen (1926-1928).
RMG 93, Rundschreiben der Missionsleitung an Missionsangehörige.
RMG 584, Missionarskonferenzen (1907-1921).
RMG 988, Deutscher Evangelischer Kirchenausschuss, 1904-1933.
RMG 1.097, Missionsschulwesen.
RMG 1.099a, Auswärtiges Amt Berlin, Kolonialabteilung, Band 1.
RMG 1.099b, Auswärtiges Amt Berlin, Kolonialabteilung, Band 2.
RMG 1.599, Olpp, Johannes sen., Personalakte.

RMG 1.637, Personalakte Heinrich Siebe.
RMG 1.638, Personalakte Schröder, Friedrich Wilhelm (1891-1910).
RMG 1.644a, Personalakte Kuhlmann, August Carl Heinrich, Briefe u. Berichte, Privatbriefe, Band 1, 1892-1907.
RMG 1.647, Personalakte Spellmeyer, Christian, 1870-1952) v1 (1892-1906).
RMG 1.660, a-g Personalakte Vedder, Heinrich (1894-1937 und 1947-1972).
RMG 1.700, Personalakte Hegner, Hermann, Bd. 1 (1840-1915); Bd. 2 (1896-1913).
RMG 1.997, Personalakte Emil Becker, Bd. 1 (1899-1938).
RMG 2.406, Stellungnahmen zum Burenkrieg (1901-1902).
RMG 2.497, Berseba, Bd. 2, (1952-1967).
RMG 2.528, Swakopmund (mit Walvis Bay).
RMG 2.500, Stationsakte Gibeon, Bd. 1 (1897-1944).
RMG 2.545, Farmen: Gawaams u. Choro-omtes, Bd. 1 (1894-1914), Bd. 2 (1937-1967).
RMG 2.565, Stationsakte Rietmond – Kalkfontein (1897-1914).
RMG 2.606, Bildung d. „AMEC" bei d. Nama u. Herero (1946-1958).
RMG 2.611, Missionarskonferenzen im Hereroland – Protokolle (1851-1877).
RMG 2.612, Missionarskonferenzen im Hereroland – Protokolle 1878-1882.
RMG 2.613, Missionarskonferenzen im Hereroland – Protokolle (1885-1892).
RMG 2.615, Missionarskonferenzen im Hereroland – Protokolle (1899-1905).
RMG 2.616, Missionarskonferenzen im Hereroland – Protokolle (1906-1909).
RMG 2.617, Missionarskonferenzen im Hereroland – Protokolle (1910-1912).
RMG 2.618, Missionarskonferenzen im Hereroland – Protokolle (1913-1920).
RMG 2.620, Missionarskonferenzen im Hereroland – Referate (1899-1910).
RMG 2.628, Missionarskonferenzen im Namaland – Referate (1886-1934).
RMG 2.629, Missionarskonferenzen im Ovamboland – Protokolle (1897-1914).
RMG 2.644, Protokoll der Lehrerkonferenz (1926).

Bundesarchiv Berlin-Lichterfelde:

Bestand – Reichskolonialamt:
R 703/147, Stellvertreter des Reichskanzlers, (Friedrich von Payer), 21.9.1917-4.10.1918.

Bestand – Nachlässe:
N2018/13, Nachlass Berner, Karl Heinrich (1855-1935), Verhandlungen Berners als Vertrauensmann zwischen Reichsregierung und deutschen evangelischen Missionen in deutschen Kolonien, 1903ff, 152.

Evangelische Kirche in Deutschland:
Hofgeismarer Erklärung vom 31.10.2007, AZ 5192/9, Band 1.
Ratsvorlage 21/22.4.2006 , AZ 0232/2, Band 1.

Evangelisches Zentralarchiv in Berlin:

Bestand – Vorgängereinrichtungen der EKD:
EZA 1/163, Acten der deutschen evangel. Kirchenkonferenz betr. die Verhandlungen und Beschlüsse der Commission für die deutschen evangelischen Gemeinden im Auslande I, 1893–1896.
EZA 1/91, Acta, die kirchliche Versorgung der ausgewanderten Deutschen betreffend. Deutsche evang. Kirchenkonferenz, 1869–1880.

Bestand-Kirchliches Außenamt der DEK:
EZA 5/538, Kirchliche Versorgung der Evangelischen in den deutschen Kolonien, 1905-1920.
EZA 5/631, Verein für deutsch-evangelisches Leben in den Schutzgebieten und im Ausland, 1909-1928.
EZA 5/2916, Namibia Bd. 1, 1896-1916.
EZA 5/2918, Namibia Bd. 4, 1922–1926.
EZA 5/2911, Bereisung der deutschen evangelischen Gemeinden in den deutschen Kolonien, 1909-1914.
EZA 5/2917 Acta betreffend die allgemeinen kirchlichen pp. Verhältnisse in Deutsch-Südwest-Afrika Bd. 3, 1916–1921.
EZA 5/2922, Pastoralkonferenzen in Namibia, 1910-1925.
EZA 5/2924, Acta betreffend den Synodalverband der deutschen evangelischen Gemeinden in Deutsch-Südwest-Afrika Bd. 1, 1910–1929.
EZA 5/2932, Gemeinde zu Windhuk 1896–1904.
EZA 5/2933, Gemeinde zu Windhuk 1904–07.
EZA 5/2934, Gemeinde in Windhuk 1907–11.
EZA 5/2938, Gemeinde in Windhuk, Kirchbau 1901-13.
EZA 5/2985, Namibia, 1907-1927.
EZA 5/2993, Synodalverband der deutschen evangelischen Gemeinden in Namibia, 1926-1936
EZA 5/2996, Gemeinde Windhuk 1908-13.
EZA 5/3016, Windhoek, Bd. 3, Juni 1905 – Juni 1908.
EZA 5/3017, Gemeinde Windhuk, Kirchbau 1908-14.
EZA 5/3033, Acta betreffend die allgemeinen kirchlichen pp. Verhältnisse in Südafrika Bd. 1, 1859–1937.
EZA 5/3034, Acta betreffend die Bereisung der deutschen evangelischen Gemeinden in Südafrika, 1913.
EZA 5/3035, Deutsche evangelische Synode in Südafrika, 1909-1937.
EZA 5/3041, Deutsche evangelische Synode in Südafrika, 1907-1932.
EZA 5/3042, Südafrika 1868-1898.
EZA 5/3049, Acta betreffend die kirchlichen Angelegenheiten der deutschen evangelischen Gemeinde zu Johannesburg in der südafrikanischen Republik Transvaal (Juni 1907-Dezember 1913).
EZA 5/3051, Acta betreffend die kirchlichen Angelegenheiten der deutschen evangelischen Gemeinde in Johannesburg (Januar 1914-Dezember 1930).

Bestand – Evangelischer Oberkirchenrat der Altpreußischen Union:
EZA 7/3185, Auslandsangelegenheit Südafrika, 1961-1963.
EZA 7/3650, Evangelische Missionsgesellschaft für Deutsch-Ostafrika/Bethel Mission, 1903-1928.

Bestand – Centralvorstand der Evangelischen Gustav-Adolf-Stiftung in Leipzig:
EZA 200/1/7.131, Gemeinde Windhuk.
EZA 200/1/77.131, Centralvorstand der Evangelischen Gustav-Adolf-Stiftung in Leipzig: Gemeinde Windhuk.

Forschungsbibliothek Gotha:
PGM 355, Fabri, Friedrich, Korrespondenz mit August Petermann.
PGM 502, Schriftwechsel zwischen Rheinischer Missionsgesellschaft Barmen und Petermanns Geographischen Mitteilungen.

Geheimes Staatsarchiv Preußischer Kulturbesitz, Berlin:

Bestand-Geheimes Zivilkabinett, jüngere Periode:
I. HA Rep. 89 Nr. 21846, Kirchen und Schulen in Afrika.

Missionsarchiv Hermannsburg:
AA VI 600, Deutsche Gemeinden in Südafrika.
A,SA 41-20 c, Stationsberichte Südliches Afrika: Hermannsburg/Natal 1922-1968.
A:SA 1.42, Grundbesitz – Verwaltungsräte.
SA acc. 76.1, Korrespondenz E[gmont] Harms – 1903.
SA acc. 76.2, Korrespondenz E[gmont] Harms – 1904.
SA acc. 76.4, Korrespondenz E[gmont] Harms – 1906.
SA acc. 76.8, Korrespondenz E[gmont] Harms; Korrespondenz H[einrich] W[ilhelm] Ahrens; Berichte über Rustenburg u. a. – 1910.
SA acc. 76.12, Korrespondenz E[gmont] Harms; Protokolle – 1914.
SA acc. 76.15, Korrespondenz H[einrich] Wiese – 1917.
SA acc. 76.18, Korrespondenz H[einrich] Wiese; Bericht über Kirchenweihung Ehlomohlomo [Edlomodlomo] – 1920.
SA acc. 76.19, Korrespondenz H[einrich] Wiese; Protokolle – 1921.
SA acc. 76.21, Korrespondenz H[einrich] Wiese – 1923.
SA acc. 76.22, Korrespondenz H[einrich] Wiese – 1924.
SA acc. 76.23, Korrespondenz H[einrich] Wiese – 1925.
SA acc. 76.24, (Teil 1) Korrespondenz H[einrich] Wiese – 1926.
SA acc. 76.25, (Teil 2) Korrespondenz H[einrich] Wiese – 1926.
SA acc. 76.26, Korrespondenz H[einrich] Wiese; Briefe von W[ilhelm] Behrens an F[erdinand] Jensen – 1927.
SA acc. 76.27, (Teil 1) Korrespondenz H[einrich] Wiese – 1928.
SA acc. 76.28, (Teil 2) Korrespondenz H[einrich] Wiese; Briefe von W[ilhelm] Behrens an Superintendent Jensen; Protokolle – 1928.
SA acc. 76.35, (Teil 1) Korrespondenz H[einrich] Wiese; Protokolle – 1932.
SA acc. 76.44, Korrespondenz W[infried] Wickert; Protokolle; Bericht über Bethanie – 1938.
SA acc. 76.92.6, Hermannsburg/Natal, Visitationsberichte, Jahresberichte, Statistische Berichte – 1914-1958.
SA acc. 76.127, Farmwirtschaft – Korrespondenz W[ilhelm] Eggers, H[einrich] F[riedrich] C[hristoph] Küsel, W[alter] Behr u. a. – 1937-1956.
SA acc. 76.131, Missionshauptkasse Hermannsburg/Natal – 1884-1897.
SA acc. 76.166, Deutsche Botschaft Pretoria; Deutsches Konsulat Durban; South African Railways; Südafrikanische Regierungsstellen – 1957-1966.
SA acc. 76.315,
Protokoll der Synodalversammlung der mit der Hermannsburger Mission verbundenen deutschen Gemeinden in Südafrika – 1914.
Protokoll der Konferenz der mit Hermannsburg verbundenen deutschen ev.-luth. Gemeinden Südafrikas – 1911.
Synodalordnung für die mit der Hermannsburger Mission verbundenen deutschen ev.-luth. Gemeinden Südafrikas.
Kirchenordnung für die Gemeinde der Hermannsburg Deutsch. Evang. Luth. Synode Südafrikas.
Kurze Chronik über Alt und Neu Müden/Natal – 1859-1893.
Rechnungsbuch Neu Müden – 1893-1912.
SA acc. 76.419, Hermannsburger Zulumission Konferenzprotokolle – 1923-1964.
SA acc. 76.581.2, Briefe an K[arl] Hohls – 68.

National Archives of Namibia, Windhoek:
A.312/10/33, Financial Depression, 1921-1922.
A.312/9/24, General Smuts' Speech, Windhoek, 16th September.
ADM Nr. 1963/7, Archives of the Secretary for the Protectorate 1915-1921 (verloren).
ADM, Storage Unit 260, unregistered file Nr. 40, Repatriation of German missionaries, 1919-1920.
SWAA A.196/3(annexure1), SWA Constitution, 1920.
SWAA A.264, Financial Depression, General, 1921-1923.
SWAA A.264/1, Financial Depression, General, 1922-1928.

South African National Archives, Pretoria:

Bestand – Department of Justice (JUS series):
Box 223, folder 4/225/15, Anti-German Riots.
Box 402, folder 1/137/15, Anti-German Riots.

Bestand – Prime Minister (PM series):
Box 1/1/38, folder 4/26/1915, Riots in the Union.
Box 1/1/151, folder 51/60/1915, Defence: Claims for losses sustained by anti-German Riots.

Bestand – South African Police (SAP series):
Box 27, folder 6/245/14/349, Anti-German Demonstrations.

Natal Archives, Pietermaritzburg:
CNC 159 R 235/1914, Chief Native Commissioner, 1914-1919.
CSO 686 R 834/1879, Colonial Secretary Office (CSO), 1877-1904.

Property Management Company, Pietermaritzburg:
PMC-AS, Verwaltungsrat Hermannsburg, 1929.
PMC-AS, Verwaltungsrat Hermannsburg, 1938.

UNISA Archives:
ADA 366595, Chronik der Station Kana.

Verzeichnisse

Veröffentlichte Quellen

Adick, Christel u. Mehnert, Wolfgang (Hgg.), Deutsche Missions- und Kolonialpädagogik in Dokumenten. Eine kommentierte Quellensammlung aus den Afrikabeständen deutschsprachiger Archive 1884-1914, Frankfurt am Main, London 2001.

Amery, Leopold S. (Hg.), The Times history of the war in South Africa, 1899-1902, London 1906.

Anz, [Wilhelm], Rundschau in den Schutzgebieten, in: Mitteilungen des Vereins für deutsch-evangelisches Leben in den Schutzgebieten und im Ausland e. V. 3, 1914, 359f.

— Deutschlands Pflichten in Südwestafrika. Zeitfragen des christlichen Volkslebens 33, Heft 6, Stuttgart 1908.

— Deutschverderber in Deutsch-Südwestafrika, in: Deutsch-Evangelisch. Zeitschrift für die Kenntnis und Förderung der deutschen evangelischen Diaspora im Auslande, 1903, 153-164.

— Gerechtigkeit für die Deutschen in Südwestafrika!, in: Die christliche Welt 18, Nr. 28, Marburg 1904.

Aufruf des evangelischen Oberkirchenrates in Berlin, in: Diasporabote 1899, Nr. 6, 139f.

Aus Südwestafrika, in: Die evangelische Diaspora 5, 1923, 84-88.

Barkhausen, Friedrich-Wilhelm, Das deutsche Kaiserpaar im Heiligen Land im Herbst 1898. Mit allerhöchster Ermächtigung Seiner Majestät des Kaisers und Königs bearbeitet nach authentischen Berichten und Akten, Berlin 1899.

Becker, Emil, Die Rheinische Mission in Sumatra, Abteilung I: Silindung, Angkola und Steppe, Barmen, o.J.

Berlin, Ernst, Die 50jährige Arbeit der Schwedischen Kirchenmission, in: AMZ, 1924, 325ff.

— Die Norwegische Missionsgesellschaft, in: AMZ 28, 1901, 63-70, 123-140, 187-196, 229-236.

Bersebaer Bilder, Berichte der Rheinischen Missionsgesellschaft 8, 1854, 113-126.

Beschlüsse und Erklärungen der Generalsynode 1899, in: Verlass der General-Synode der Evangelischen Brüder-Unität, gehalten in Herrnhut, vom 16. Mai bis 30. Juni 1899, Gnadau 1899, 172.

Blumenhagen, Hugo, Südwestafrika einst und jetzt. Koloniale Fragen im Dritten Reich. Schriftenreihe der Deutschen Kolonialgesellschaft, Hg. von der Wissenschaftlichen Kommission der DKG, Berlin 1934.

Böhmer, Rudolf, Deutsch-evangelisches Leben in Deutsch-Südwestafrika. Vortrag auf dem II. Deutschen Kolonial-Missionstage zu Cassel, in: Mitteilungen des Vereins für deutsch-evangelisches Leben in den Schutzgebieten und im Ausland e. V. 13, 1912, 185-193.

Bonn, Alfred, Die Rheinische Mission draußen. Eine Einführung in ihr Werden und Wirken, Barmen 1917.

— Ein Jahrhundert Rheinische Mission, Barmen 1929.

Bourne, Randolph, Trans-national America, in: Atlantic Monthly 118, July 1916, 86-97.

Broadbent, Samuel, A narrative of the first introduction of Christianity amongst the Barolong tribe of Bechuanas, South Africa. With a brief summary of the subsequent history of the Wesleyan Mission to the same people, London 1865.

Buchner, Charles, Acht Monate in Südafrika. Schilderung der dortigen Mission der Brüdergemeine, mit einer Kartenskizze, Gütersloh 1894.

— Ein Besuch bei der Brüdermission in der Kapkolonie, 1903.

Bülow, Bernhard von, Denkwürdigkeiten. Hrsg. von Franz von Stockhammern. Band 1. Vom Staatssekretariat bis zur Marokko-Krise, Berlin 1920.

— Rede am 9. Mai 1904, Stenographische Berichte des Reichtags (SBRT), Band 200, Sitzung 87, 2788.

Bussmann, E[rnst] W[ilhelm], Evangelische Diasporakunde. Handbuch für Pfarrer und Freunde deutscher Auslandsgemeinden, Marburg (Hessen) 1908.
— Über den Begriff der Diaspora, in: Deutsch-Evangelisch. Zeitschrift für die Kenntnis und Förderung der deutschen evangelischen Diaspora im Auslande, 1903, 65-72.
— Zur Einführung, in: Deutsch-Evangelisch. Zeitschrift für die Kenntnis und Förderung der deutschen evangelischen Diaspora im Auslande I, 1902, 1-11.

Chamberlain, Houston Stewart, Briefe 1882-1924 und Briefwechsel mit Kaiser Wilhelm II. Band 2, München 1928.
— Die Grundlagen des XIX. Jahrhunderts. 1. Hälfte, München 1899.
— Immanuel Kant. Die Persönlichkeit als Einführung in das Werk, München 1905.
Class, Heinrich, Rede auf dem Plauer Verbandstag 1903, in: Heinrich Class (Hg.), Zwanzig Jahre alldeutscher Arbeit und Kämpfe. Herausgegeben von der Hauptleitung des Alldeutschen Verbandes, Leipzig 1910, 177-182.

Deimling, Berthold von, Aus der alten in die neue Zeit. Lebenserinnerungen, Berlin 1930.
Dempwolff, Otto, Notwendigkeit der christlichen Mission für die Kolonisation (Flugschriften der Hanseatisch-Oldenburgischen Missions-Konferenz 18), Bremen 1914.
Denkschrift betreffend die mit der Preußischen Landeskirche in Verbindung stehenden deutschen evangelischen Gemeinden des Auslandes (General-Synodal-Ordnung 19). Gedruckt. O. O. [Berlin] 1879, 1149-1179.
Denkschrift des Deutschen Evangelischen Kirchenausschusses über die kirchliche Versorgung der Diaspora im Auslande. Berlin, im November 1904, Berlin o. J. [1904].
Der Deutsche Kolonialkongress, in: Kolonie und Heimat in Wort und Bild. Organ des Frauenbundes der Deutschen Kolonialgesellschaft 4, Nr. 5, 1910.
Deutsche Schule zu Pretoria 1899-1909. Festschrift, Pretoria 1909.
Deutscher Evangelischen Kirchenausschuß (DEKA), Bilder aus dem deutschen evangelischen Leben im Ausland. Entworfen im Auftrage des Deutschen Evangelischen Kirchenausschusses, Berlin 1908.
— Verhandlungen des 1. Deutschen Evangelischen Kirchentages 1919, hg. v. Deutschen Evangelischen Kirchenausschuß, Berlin-Steglitz 1919.
— Verhandlungen des 3. Deutschen Evangelischen Kirchentages 1930, hg. v. Deutschen Evangelischen Kirchenausschuß, Berlin-Steglitz 1930.
— Denkschrift über die kirchliche Versorgung der Diaspora im Auslande, in: Deutsch-Evangelisch. Zeitschrift für die Kenntnis und Förderung der deutschen evangelischen Diaspora im Auslande, 1905, 49-68.
— Deutsches Evangelisches Gesangbuch für die Schutzgebiete und das Ausland.
Deutsches Evangelischen Kirchenbundesamt (Hg.), Deutsche Evangelische Ausland-Diaspora und Deutscher Evangelischer Kirchenbund, Berlin, 1930.
Deutsch-evangelische Diaspora im Auslande, in: Daheim – Kalender für das Deutsche Reich. Auf das Jahr 1911, Bielefeld u. Leipzig o.J. [1910], 78-81.
Die Auslandsarbeit des Evangelischen Oberkirchenrats in der Kriegszeit, in: Daheim und Draußen. Mitteilungen der Frauenhülfe fürs Ausland 5, 1916, 20-24.
Die Preußische Generalsynode und die Auslandsdiaspora, in: Die evangelische Diaspora 2, 1920/21, 23-25.
Die Reise des Herrn Geheimrats Dr. Kapler, in: Evangelisches Gemeindeblatt für Deutsch-Südwestafrika, 3, 1913, 72f.
Die Rheinische Mission und der Herero-Aufstand. Erlebnisse und Beobachtungen rheinischer Missionare, Heft 1-4, Barmen 1904.
Die Schulgemeinde Windhuk. Hamburger Nachrichten Nr. 282 vom 23.04.1906, 3.

Dinglreiter, Senta, Wann kommen die Deutschen endlich wieder? Eine Reise durch unsere Kolonien in Afrika, Leipzig 1934.
Dost, Georg, Paul de Lagardes nationale Religion (Tat-Flugschriften 4), Jena 1915.
Drießler, Heinrich, Die Rheinische Mission in Südwestafrika, Bd. II der „Geschichte der Rheinischen Mission", Gütersloh 1932.
Du Bois, W.E.B., Die Seelen der Schwarzen. Mit einem Vorwort von Henry Louis Gates Jr., Freiburg 2003 (orig.: The Souls of Black Folk, Chicago 1903).
du Plessis, Johannes, A history of Christian missions in South Africa, London 1911.

Ebers, Winfried, Zum Geleit!, in: Afrikanischer Heimatkalender. Herausgegeben vom Kirchenbundesrat des deutschen Kirchenbundes Süd- und Südwestafrikas 1, 1930.
Eichbauer, […], Aus der Chronik der deutsch-luth. Gemeinde zu Durban. Schluss, in: Der Deutsch-Afrikaner 1, 1922, Nr. 47, 9f.
Eiselen, Werner, Deutsche Missionsarbeit in Südafrika und der Volkscharakter der Bantu. Vortrag vor der Afrikaans-Deutschen Kulturgemeinschaft, Pretoria, am 27. August 1956.
— Die Naturelle-vraagstuk [Die Eingeborenenfrage], Cape Town 1929.
— Is Separation Practicable, in: Journal of Racial Affairs 1/2, 1950, 18.
Erzberger, Matthias, Die Wahrheit über die deutschen Kolonien, Berlin 1908.
Evangelischer Gemeindekirchenrat (Hg.), 25 Jahre Christuskirche in Windhuk, Windhoek 1935.
Evangelischer Oberkirchenrath, Aktenstücke aus der Verwaltung, 1858.
— Kirchliches Gesetz- und Verordnungsblatt (KGVBL).
Evangelisch-sozialer Kongress, Die Verhandlungen des Evangelisch-sozialen Kongresses, abgehalten zu Karlsruhe am 7. und 8. Juni 1900. Nach den stenografischen Protokollen, Göttingen 1900.
— Mitteilungen des Evangelisch-sozialen Kongresses Juli/August 1900.

Fabri, Friedrich, Bedarf Deutschland der Colonien? Eine politisch-ökonomische Betrachtung, Gotha 1879.
— Die politische Lage und die Zukunft der evangelischen Kirche in Deutschland. Gedanken zur kirchlichen Verfassungsfrage, Gotha 1867.
— Fünf Jahre Deutscher Kolonialpolitik. Rück- und Ausblicke, Gotha 1889.
Fehsenfeld, Johann Ehler Fritz, Nachruf auf Dr. Kropf, in: Südafrikanisches Gemeindeblatt, 7.2.1911, 25-27.
— Zur Geschichte der englisch-deutschen Legion in Südafrika, besonders im Distrikte Stutterheim, 1857-1860, in: Südafrikanisches Gemeindeblatt, 22.2.1910, 31-32, 8.3.1910, 38-39, 22.3.1910, 47-49, 5.4.1910, 55-57, 19.4.1910, 63-64.
Finke, Aus unserer Lichtbilderei, in: Berichte der Rheinischen Missionsgesellschaft 1933, 213-218.
Fischer, Gustav, Leitsätze für den kirchengeschichtlichen Unterricht in Fortbildungsschulen, Waiblingen 1901.
Fitzner, Rudolf, Deutsches Kolonial-Handbuch. Nach amtlichen Quellen bearbeitet, Bd. 1, 2., erweiterte Aufl., Berlin 1901, Nachdruck Wolfenbüttel o. J. [2006], 121-204.
Frenssen, Gustav, Peter Moors Fahrt nach Südwest. Ein Feldzugsbericht, Berlin 1906.
Fries, Eduard, Dr. Hugo Hahn, in: AMZ 30, 1903, 37-69.

Geißler, Bruno, Neues und Altes aus Süd-Afrika, in: Die evangelische Diaspora 6, 1924, 19-25.
Goltz, Hermann von der, „Empfiehlt es sich und unter welchen Voraussetzungen, bez. in welcher Weise erscheint es ausführbar, die kirchliche Fürsorge für die evangelischen Deutschen im Auslande und in den deutschen Schutzgebieten in weiterem Umfang als bisher auf die Eisenacher Konferenz oder deren Organe zu übertragen?", in: Deutsch-Evangelisch II, 1903, 1-5.
Gray, Charles, The Life of Robert Gray, London 1876.

Grimm, Hans, Gustav Voigts. Ein Leben in Deutsch-Südwest. Kleine Feldpost-Reihe, Gütersloh 1942.
— Kaffraria. Ein 50jähriges deutsches Volksjubiläum in Südafrika, in: ders., Südafrika. Ein Stück deutscher Geschichte. Berichte aus den Jahren 1908-1922, Lippoldsberg 1978, 7-67.
Guedes, Dorothy (Hg.), The Letters of Emma Sarah Hahn. Pioneer Missionary among the Herero, Windhoek 1993.
Guhr, [...], Umschau in den Schutzgebieten, in: Mitteilungen des Vereins für deutsch-evangelisches Leben in den Schutzgebieten und im Ausland e. V., 21, 1915, 410-412.
Gutmann, Bruno, Christusleib und Nächstenschaft, Feuchtwangen 1931.
— Gemeindeaufbau aus dem Evangelium. Grundsätzliches für Mission und Heimatkirche, Leipzig 1925.

Haccius, Georg, Denkschrift über die von 1887-1889 abgehaltene General-Visitation der Hermannsburger Mission in Süd-Afrika, Hermannsburg 1980.
— Die mit der Hermannsburger Mission verbundenen deutschen lutherischen Gemeinden in Süd-Afrika, in: Südafrikanisches Gemeindeblatt 7.7.1899, 6-7.
— Hannoversche Missionsgeschichte. Dritter Teil, zweite Hälfte: Insbesondere die Geschichte der Hermannsburger Mission von 1865 bis zur Gegenwart, Hermannsburg 1920.
— Hannoversche Missionsgeschichte. Erster Teil: Von der Pflanzung der christlichen Kirche in Friesland und Sachsen bis zur Entstehung der Hermannsburger Mission, Hermannsburg 1905.
— Hannoversche Missionsgeschichte. Zweiter Teil: Insbesondere die Geschichte der Hermannsburger Mission von 1849 bis zu Louis Harms' Tode, 2. verbesserte und vermehrte Auflage, Hermannsburg 1910.
— Unsere deutschen lutherischen Gemeinden in Südafrika, Hermannsburg 1925.
Hale, Frederick, Norwegian Missionaries in Natal and Zululand. Selected correspondence, 1844-1900, 2nd Series No. 27, Cape Town 1997.
Harms, Ludwig, In treuer Liebe und Fürbitte. Gesammelte Briefe, 1830-1865, I: Einleitung und Briefe, 1830-1859, Herausgegeben von Hartwig F. Harms und Jobst Reller (Quellen und Beiträge zur Geschichte der Hermannsburger Mission, Band 12), Münster 2004.
Harnack, Adolf, Das Wesen des Christentums. Sechzehn Vorlesungen vor Studierenden aller Facultäten im Wintersemester 1899/1900 an der Universität Berlin gehalten, durch Anmerkungen verm. Ausg., Leipzig 1908 [1. Aufl. 1900].
— Die Mission und Ausbreitung des Christentums in den ersten drei Jahrhunderten, Leipzig 1902.
— Grundsätze der evangelisch-protestantischen Mission. Vortrag auf der Generalversammlung des Allgem. evang.-prot. Missionsvereins am 26. September 1900 in Hamburg, 2. Aufl., Berlin 1900.
Hasenkamp, Johannes, Die evangelischen Gemeinden in Deutsch-Südwestafrika während der Jahre 1914-1919, Düren (Rheinland), 8.11.1919.
— Rassenmischehe und Kirche, in: Koloniale Monatsblätter. Zeitschrift für Kolonialpolitik, Kolonialrecht und Kolonialwirtschaft 16, hg. von der Deutschen Kolonialgesellschaft, Berlin 1914, 21-28.
— Unsere deutsch-südwestafrikanische Landeskirche, in: Evangelisches Gemeindeblatt für Deutsch-Südwestafrika 2, 1913, 2f.
— Zum Besuch des Herrn Geheimrates Dr. Kapler, in: Evangelisches Gemeindeblatt für Deutsch-Südwestafrika, 3, 1913, 51f.
Hauck, Albert, Evangelische Mission und deutsches Christentum (Flugschriften der Deutschen Evangelischen Missions-Hilfe 4), Gütersloh 1916.
Haußleiter, Gottlob, Ansprache auf dem Missionsfest in Mörs, Allgemeiner Anzeiger für den Kreis Mörs und den Niederrhein, 8. Februar 1906.
— Zur Eingeborenen-Frage in Deutsch-Südwest-Afrika, AMZ 33, 1906, 19-30, 62-72, 108-117, 172-187.

Hechtenberg, A[...], Bilder aus der Kirchengeschichte, 7. Aufl., Gütersloh 1914.
Hennig, Paul Otto, Deutschlands Anteil an der Erziehung Afrikas, Leipzig 1907.
— Gedanken zur Verselbständigung unserer Missionsgebiete. Eine Studie im Blick auf die General-Synode der Brüderkirche 1909, Hefte zur Missionskunde, Nr. 2, hg. von der Missionskonferenz der Brüdergemeine, Herrnhut 1908.
— Zum Kampf um die Negerseele. Eine Antwort auf Dr. med. Oetkers „Die Negerseele und die Deutschen in Afrika" (Flugschriften der Hanseatisch-Oldenburgischen Missions-Konferenz 7), Bremen 1907.
Hermes, [Julius August Ottomar], Thesen des Referenten. Gedruckt, ohne Ort und Datum [31. Mai 1872]. Mit handschriftlichen Korrekturen durch Oberkonsistorialrat [Albrecht] Schmidt, Berlin, zwischen dem 4. und 23. Dezember 1880.
Heyse, [Paul], Pfarrkonferenz in Deutsch-Südwest, in: Mitteilungen des Vereins für deutsch-evangelisches Leben in den Schutzgebieten und im Ausland e. V. 16, 1913, 247f.
— Weiß und Schwarz in Deutsch-Südwest, in: Tägliche Rundschau, 31. Jahrgang, Unterhaltungsbeilage Nr. 266 vom 11. Nov. 1911.
Hoffmann, Hermann Edler von, Fragen des protestantischen Kolonialkirchenrechtes, in: Zeitschrift für Kolonialpolitik, Kolonialrecht und Kolonialwirtschaft 6, 1904, 492-497.
Hutton, Joseph Edmund, A History of the Moravian Church. Second Edition, Revised and Enlarged [1909]. Nachdruck, Christian Classics Ethereal Library, Grand Rapids, 2000, URL: http://www.ccel.org/ccel/hutton/moravian.pdf [16.06.2011].

Irle, Hedwig, Unsere Schwarzen Landsleute in Deutsch-Südwestafrika, Gütersloh 1911.
Irle, Johann Jakob, Die zivilisatorische Arbeit der Rheinischen Mission in Deutsch-Südwestafrika, in: AMZ 30, 1903, 122-131.

Jäckel, Martin, Der brennende Busch, Berlin 1935.
— Die weiße Lilie von Mamphulo, Witten 1930.
— Vera – Frau Königin, Gießen 1951.
Jahresbericht der Gemeinden der Deutschen Ev.-Luth. Synode Südafrikas.
Jahresbericht über die zur deutschen evang.-luth. Synode Südafrikas gehörenden Gemeinden. Kirchenjahr 1896-[18]97, Worcester 1897.

KABl. für den Bezirk des Königlichen Landeskonsistoriums in Hannover.
Kähler, Martin, Der Menschensohn und seine Sendung an die Menschheit, in: Schriften zu Christologie und Mission. Gesamtausgabe der Schriften zur Mission; mit einer Bibliographie, hg. von Heinzgünter Frohnes, München 1971, 3-43.
— Die Mission – ist sie ein unentbehrlicher Zug am Christentum?, in: Schriften zu Christologie und Mission. Gesamtausgabe der Schriften zur Mission; mit einer Bibliographie, hg. von Heinzgünter Frohnes, München 1971, 105-255.
— Die Wissenschaft von der christlichen Lehre von dem evangelischen Grundartikel aus im Abrisse dargestellt. Unveränderter Nachdruck der Dritten (sorgfältig durchgesehenen und durch Anführungen aus der heiligen Schrift vermehrten) Auflage, Leipzig 1905, Neunkirchen 1966.
Kammerer, I[mmanuel], Die deutsche Mission im Weltkrieg. Um die Heimat 6, Stuttgart 1916.
Kapler, [Hermann], Die deutschen Schutzgebiete als Arbeitsfeld für den Gustav Adolf-Verein. Vortrag, gehalten auf der 65. Hauptversammlung des Gustav Adolf-Vereins in Kiel 1913. Hg. vom Centralvorstand des Evangelischen Vereins der Gustav Adolf-Stiftung. Mit einer Kartenskizze der evangelischen kirchlichen Organisation in Deutsch-Südwestafrika, Leipzig 1913.
Karnatz, Bernhard, Der Anschluss auswärtiger Kirchengemeinden und Geistlicher an die altpreußische Landeskirche, in: Deutsch-Evangelisch im Auslande XI, 1912, 166-171, 203-219.
Keding, Paul, Deutsch-Südwest. Ein Schauspiel in vier Aufzügen, Leipzig 1935.

Kirchenordnung für die Hermannsburger evangelisch-lutherische Mission in Süd-Afrika, Hermannsburg 1906.
Kirchliche Lage in Südwestafrika, in: Der Deutsch-Afrikaner, 25. Juni 1925, 11.
Knak, Siegfried, Völkermission und Volksmission. Flugschriften der Deutschen Evangelischen Missions-Hilfe 11, Gütersloh 1920.
Königlich-Preußische Staaten, Gesetz-Sammlung, 1850.
Kriele, Eduard, Geschichte der Rheinischen Mission, Bd. 1: Die Rheinische Mission in der Heimat, Barmen 1928.
Kuhlmann, August, Auf Adlers Flügeln. Zweiter Teil, Barmen 1911.

Lasson, Georg, Die Missionspflicht der deutschen Christenheit gegen unsere Kolonien. Ein Beitrag zur Verständigung über das Verhältnis von Christentum und Volkstum, Berlin 1918.
Lepsius, Johannes, Armenien und Europa. Eine Anklageschrift wider die christlichen Großmächte und ein Aufruf an das christliche Deutschland, Berlin 1896.
Leutwein, Theodor, Elf Jahre Gouverneur in Deutsch-Südwestafrika, Berlin, 3. Aufl. 1908.
— Elf Jahre Gouverneur in Deutsch-Südwestafrika, Berlin 1906.
Lindequist, Friedrich von, Zur 25-Jahrfeier der Einweihung der Christuskirche in Windhuk, in: Evangelischer Gemeindekirchenrat (Hg.), 25 Jahre Christuskirche Windhuk, Windhoek 1935.
Lion, Alexander, Die Kulturfähigkeit des Negers und die Erziehungsaufgaben der Kulturnationen (Koloniale Abhandlungen 15), Berlin 1908.
Loewenich, Walther von, Die Geschichte der Kirche. Von den Anfängen bis zur Gegenwart, Witten 1938.
Londoner Abkommen vom 23. Oktober 1923 und der dazugehörende Briefwechsel, in: League of Nations Treaty Series 28 (1924), 419-423; League of Nations Treaty Series 39 (1925/26), 192-195.
Ludewig, H, Geschichte der Deutschen Evangelisch-Lutherischen St. Johannis-Gemeinde zu Wynberg bei Kapstadt, Braunschweig 1911.
Lührs, Fr[...], Die Deutsche Ev.-Luth. Synode Südafrikas im Jahre 1922, in: Der Deutsch-Afrikaner, 17. Mai 1923, 9.
Lüpke, [...] von, Die Hermannsburger Mission, AMZ 4, 1877, 31-34.

Mariannhiller Mission 1882-1922. Bilder aus dem afrikanischen Missionsleben, im Auftrage seiner Obern gesammelt von einem Marianhiller Missionspriester, 2., bedeutend vermehrte Auflage, Würzburg 1923.
Marx, Karl, Engels, Friedrich, Manifest der Kommunistischen Partei, mit Holzschnitten von Frans Masereel, Berlin 1989.
Meyer, Philipp, Die Mitglieder der evangelisch-lutherischen Gemeinde zu Kapstadt im Jahre 1827, in: Südafrikanisches Gemeindeblatt, 20.9.1910, 143-144.
Mirbt, C[arl], Art. Evangelischer Bund, in: RGG^2 2, 447-451.
— Art. Kolonialpolitik und Mission, in: RGG^2 3, 1147f.
— Die deutsch-evangelische Diaspora im Auslande. Vortrag in Chemnitz 1910 gehalten. Halle (Saale) 1910.
— Die Frau in der deutschen evangelischen Auslandsdiaspora und der deutschen Kolonialmission, Marburg 1912.
— Mission und Kolonialpolitik in den deutschen Schutzgebieten, Tübingen 1910.
— Das Interesse der Theologie an der Auslandsdiaspora, in: Deutsch-Evangelisch. Zeitschrift für die Kenntnis und Förderung der deutschen evangelischen Diaspora im Auslande, 1902, 12-21.
— Die evangelische Mission unter den nichtchristlichen Völkern am Ende des XIX. Jahrhunderts, in: Werkshagen, C[arl] (Hg.), Der Protestantismus in seiner Gesamtgeschichte bis zur Gegenwart in

Wort und Bild, II. Band, Auswahl der Illustrationen von Julius Kurth, Buchschmuck von Hans Schulze, 2. verbesserte Aufl., Cassel u. Reutlingen o. J. [1902], 509-552.
— Die Landeskirche des Königreichs Sachsen und die Auslandsdiaspora, in: Deutsch-Evangelisch im Auslande VII, 1908, 299-314.
— Die Preußische Landeskirche und die Auslandsdiaspora, in: Deutsch-Evangelisch im Auslande. Zeitschrift für die Kenntnis und Förderung der Auslandsgemeinden, 1907, 53-68, 101-123.
— Leistungen und Aufgaben der evangelischen Kirche Deutschlands in Deutsch-Südwest- und Deutsch-Ostafrika. Vortrag gehalten an unserem Jahresfest in Magdeburg am 15. Februar 1914, in: Mitteilungen des Vereins für deutsch-evangelisches Leben in den Schutzgebieten und im Ausland e. V. 19, 1914, 341-356.
Mitteilung des Evangelischen Ober-Kirchenrats [gez. Barkhausen] über die kirchliche Versorgung der deutschredenden Evangelischen in den deutschen Schutzgebieten, Berlin, 14. August 1903, in: Fünfte ordentliche Generalsynode 1903, Nr. 48, O. O. 1903, 3.
Mitteilung des Evangelischen Ober-Kirchenrats [gez. Voigts] über die kirchliche Versorgung der deutschredenden Evangelischen in den deutschen Schutzgebieten. Berlin, 5. Oktober 1909, in: Sechste ordentliche Generalsynode 1909, Nr. 43, O. O. 1909, 1.
Mitteilungen des Evangelisch-sozialen Kongresses, Mai/Juni 1900, 9. Folge, Nr. 4/5.
Mittheilung des Evangelischen Ober-Kirchenraths, betr. die mit der Preußischen Landeskirche in Verbindung stehenden deutschen evangelischen Gemeinden des Auslandes. Dritte ordentliche Generalsynode 1891. No. 5, Berlin, 28.9.1891, Berlin o. J. [1891], 3f.
Müller, Karl, 200 Jahre Brüdermission, 1. Band: Das erste Missionsjahrhundert, Herrnhut 1931.

Nachweisung der seit dem Jahre 1880 eingetretenen Veränderungen in den mit der Preußischen Landeskirche in Verbindung stehenden deutschen evangelischen Gemeinden des Auslandes. Zweite ordentliche Generalsynode 1885. No. 8, Berlin, im September 1885, Berlin o. J. [1885], 1-3
National Arbitration and Peace Congress, Proceedings of the National Arbitration and Peace Congress. New York, April 14th to 17th, 1907, New York 1907.
Naumann, Friedrich, Asia, Athen, Konstantinopel, Baalbek, Damaskus, Nazaret, Kairo, Neapel, 6. Auflage, Berlin 1907.
— Demokratie und Kaisertum. Ein Handbuch für innere Politik, 3. Auflage, Berlin 1904.
— Religion und Darwinismus, in: Apel, Max (Hg.), Darwin. Seine Bedeutung im Ringen um Weltanschauung und Lebenswert. 6 Aufsätze, Berlin 1909, 99-123.
Newman, Albert Henry, Der Protestantismus in Nord-Amerika, in: Werckshagen, Carl (Hg.), Der Protestantismus am Ende des XIX. Jahrhunderts, Berlin 1902, 1113-1148.
Niemöller, Heinrich, Hinauf gen Jerusalem. Gedenkbuch der offiziellen Festfahrt zur Einweihung der Erlöserkirche in Jerusalem, Berlin 1899.

Oetker, Karl, Die Neger-Seele und die Deutschen in Afrika. Ein Kampf gegen Missionen, Sittlichkeits-Fanatismus und Bürokratie vom Standpunkt moderner Psychologie, München 1907.
Olpp, Johannes, Chronik des /Kowesi-Stammes vom Jahre 1780-1880, in: Möhlig, Wilhelm J.G. (Hg.), Die Witbooi in Südwestafrika während des 19. Jahrhunderts. Quellentexte von Johannes Olpp, Hendrik Witbooi jun. und Carl Berger, Köln 2007, 45-109.
— Die Kulturbedeutung der evangel. Rh. Mission für Südwest, Rheinische Mission, Südwestafrika 1914.

Pascoe, Charles Frederick, Two hundred years of the S. P. G.. An historical account of the Society for the Propagation of the Gospel in foreign parts, 1701-1900, London 1901.
Paul, Carl, Die Mission in unsern Kolonien, 2. Heft: Deutsch-Ostafrika (Neue Folge der Dietelschen Missionsstunden), Leipzig 1900.

— Mission und Auslandsdeutschtum (Flugschriften der Deutschen Evangelischen Missions-Hilfe 9), Gütersloh 1918.
— Was tut das evangelische Deutschland für seine Diaspora in überseeischen Ländern, Leipzig 1903,
Plath, K[arl] H[einrich] Chr[istian], Evangelistik, in: Zöckler, Otto (Hg.), Handbuch der theologischen Wissenschaften in encyklopädischer Darstellung mit besonderer Rücksicht auf die Entwicklungsgeschichte der einzelnen Disziplinen. 3., sorgfältig durchgesehene, teilweise neu bearbeitete Aufl., Bd. IV. Praktische Theologie, München 1890, 39-103.
Priebe, Hermann, Kirchliches Handbuch für die evangelische Gemeinde unter besonderer Berücksichtigung der preußischen Landeskirche, 2., umgearbeitete und vermehrte Aufl., Berlin 1914.
Protokolle der Deutschen Evangelischen Kirchenkonferenz (AKED).

Ranke, Leopold von, Weltgeschichte, 9 Teile, Teil 9, Abt. 2: Über die Epochen der neueren Geschichte. Vorträge dem Könige Maximilian II. von Bayern gehalten, hg. von Alfred Dove, Leipzig 1888.
Reiner, Otto, Achtzehn Jahre Farmer in Afrika, Leipzig [1924].
Report of South West Africa Commission, Union of South Africa, Pretoria 1936.
— Union of South Africa, Pretoria 1939.
Reventlow, Ernst zu, Kaiser Wilhelm II. und die Byzantiner, 4. Auflage, München 1906.
Rheinischer Missions-Atlas, herausgegeben bei Gelegenheit des 50jährigen Jubiläums der Rheinischen Mission, Barmen 1878.
— zweite Ausgabe 1891, Barmen 1891.
Richter, Julius, Das Problem der Negerseele und die sich daraus für die Emporentwickelung des Negers ergebenden Folgerungen [einschließlich der anschließenden Diskussionsbeiträge], in: Verhandlungen des Deutschen Kolonialkongresses 1910, Berlin 1910, 609-628.
— Geschichte der Berliner Missionsgesellschaft 1824-1924, Berlin 1924.
— Geschichte der evangelischen Mission in Afrika. Allgemeine Evangelische Missionsgeschichte, Bd. III: Missionsgeschichte Afrikas, Gütersloh 1922.
Richter, P., Die deutsche Kolonialschule zu Witzenhausen, in: AMZ 32, 1905, 429.
Rohden, Ludwig von, Die Mission unter den Ovaherero. Nach Mittheilungen Rheinischer Missionare insonderheit des Miss. Brincker, in: AMZ 5, 1878, 293-304, 341-361, 389-415.
Rohrbach Paul, Deutsche Kolonialwirtschaft. 1. Band: Südwest-Afrika, Berlin 1907.
— Der deutsche Gedanke in der Welt, Düsseldorf u. Leipzig 1912.
— Deutsche Kolonialwirtschaft. Kulturpolitische Grundsätze für die Rassen- und Missionsfragen, Berlin 1909.
— Deutschland unter den Weltvölkern. Materialien zur auswärtigen Politik, 2. Aufl., Berlin 1908.
— Die Besiedelung in den deutschen Kolonien, in: Verhandlungen des Deutschen Kolonialkongresses 1910 zu Berlin am 6., 7. und 8. Oktober 1910, Berlin 1910, 972-983.
— Im Lande Jahwehs und Jesu. Wanderungen und Wandlungen vom Hermon bis zur Wüste Juda, Tübingen [u.a.] 1901.
— Im Lande Jahwehs und Jesu. Wanderungen und Wandlungen vom Hermon bis zur Wüste Juda, 2. Aufl., Berlin-Schöneberg 1911.
— Wie machen wir unsere Kolonien rentabel? Grundzüge eines Wirtschaftsprogramms für Deutschlands afrikanischen Kolonialbesitz, Halle a.S. 1907.
Runkel, Heinrich, Quellenbuch zur Kirchengeschichte für den Unterricht an Lehrer-Bildungsanstalten, I. Teil für Präparandenanstalten zusammengestellt, Ausgabe A, 2. Aufl., Leipzig 1910.
Rust, Conrad, Krieg und Frieden im Hererolande. Aufzeichnungen aus dem Kriegsjahr 1904, Leipzig 1905.

Schanz, Moritz, Die Deutsche Kolonialschule in Witzenhausen (Beiheft zum „Tropenpflanzer" XIV, Nr. 9, September 1910), Berlin 1910.

Schiele, Friedrich Michael, Kirchliche Einigung des Evangelischen Deutschland im 19. Jahrhundert, Tübingen 1908.

Schlunk, Martin. Das Schulwesen in den deutschen Schutzgebieten, Hamburg 1914.

Schneider, Hermann G., Die Sippe der Hallbecks und Einer aus ihr, Hefte zur Missionskunde, Nr. 1, hg. von der Missions-Konferenz der Brüdergemeine, Herrnhut 1907.

Schomerus, Chr., Art. Hermannsburger Mission, in: RGG² 2, 1921.

Schreiber, August Wilhelm, Die Negerseele und ihr Gott. Vortrag auf der sechsten Konferenz des Eisenacher Bundes zu Potsdam am 29. Mai 1907 (Flugschriften der Hanseatisch-Oldenburgischen Missions-Konferenz 8), Bremen 1907.

— Koloniales Kirchenrecht, in: Zeitschrift für Kolonialpolitik, Kolonialrecht und Kolonialwirtschaft 6, 1904, 871-884.

Schreiber, August, Fünf Monate in Südafrika, Barmen 1894.

Schubert, Ernst, Das evangelische Auslandsdeutschtum, in: Kirchliches Jahrbuch 47, 1920, 278-301.

Schütze, Woldemar, Schwarz gegen Weiß. Die Eingeborenenfrage als Kernpunkt unserer Kolonialpolitik in Afrika, Berlin 1908.

Schwabe, Major a. D. Kurd, Die „schwarze Gefahr" in den afrikanischen Gebieten unter besonderer Berücksichtigung Deutsch-Südwestafrikas, in: Koloniale Monatsblätter. Zeitschrift für Kolonialpolitik, Kolonialrecht und Kolonialwirtschaft 16, hg. von der Deutschen Kolonialgesellschaft, Berlin 1914, 201-218.

Seeberg, Reinhold, Der Protestantismus unter Kaiser Wilhelm II. Die Kräfte der Gegenwart und die Aufgaben der Zukunft, in: Werkshagen, C[arl] (Hg.), Der Protestantismus in seiner Gesamtgeschichte bis zur Gegenwart in Wort und Bild, II. Band, Auswahl der Illustrationen von Julius Kurth, Buchschmuck von Hans Schulze, 2. verbesserte Aufl., Cassel u. Reutlingen o. J. [1902], 1193-1206.

Shaw, Barnabas, Memorials in South Africa, Cape Town 1970 [1. Ausg. 1828].

Siebe, Heinrich, Aus der Gründungszeit der Deutschen Evangelischen Gemeinde Windhuk, in: Evangelischer Gemeindekirchenrat (Hg.), 25 Jahre Christuskirche in Windhuk, Windhoek 1935.

Siebold, Hans, In Südwest unter englischer Herrschaft, Potsdam 1916.

— Kurze Uebersicht über die deutsch-evangelische Gemeinde Keetmanshoop während des Raubzuges der Union gegen das deutsch-südwestafrikanische Schutzgebiet, in: Mitteilungen des Vereins für deutsch-evangelisches Leben in den Schutzgebieten und im Ausland e. V. 22, 1916, 437-444.

Silvester, Jeremy u. Gewald, Jan-Bart, Words cannot be found: German colonial rule in Namibia: An annotated reprint of the 1918 Blue Book, Leiden 2003.

Spanuth, Johannes, Die Hannoversche Landeskirche und die Deutsche evangelisch-lutherische Synode Südafrikas, in: Die evangelische Diaspora 15, 1933, 13-25.

— Festschrift zum fünfzigjährigen Jubiläum der Deutschen in Kaffraria, Berlin, Kapkolonie 1908.

— Geschichte Kaffrarias, in: Deutscher Evangelischer Volksbote, 1911, 57.

— Hannoversche Diasporaarbeit in Kaffraria, in: Die evangelische Diaspora 14, 1932, 20-32, 222-235.

— Unsere deutsch-lutherischen Gemeinden in Südafrika, Hannover [1913].

— Verhältnis der Diaspora zur Heidenmission, in: Deutsch-Evangelisch im Auslande X, 1911, 165-175, 207-216.

— Verhältnis der Diaspora zur Heidenmission. Kafferländisches zu „Bussmann, Diasporakunde § 25", in: Deutsch-Evangelisch im Auslande VIII, 1909, 255-264.

— Verhältnis der Diaspora zur Heidenmission. Kafferländisches zu „Bussmann, Diasporakunde §25", in: Deutsch-Evangelisch. Zeitschrift für die Kenntnis und Förderung der deutschen evangelischen Diaspora im Auslande, 1909, 255-264.

Speckmann, Friedrich, Die Hermannsburger Mission in Afrika, Hermannsburg 1876.

Spiecker, Johannes, Die Rheinische Mission im Hereroland. Zugleich Visitationsbericht des Missionsinspektors Pastor Spiecker, Barmen 1907.
Spieker, Friedrich Albert, Mission und Handel, Pioniere der Civilisation, in: AMZ 9, 1882, 365-384.
Stahl, Otto, Diaspora und Mission, in: Deutsch-Evangelisch im Auslande V, 1906, 189ff.
Stenographische Berichte über die Verhandlungen des Reichstags (SBRT), Bd. 200, Berlin 1904.
— Bd. 231, Berlin 1908.
Stock, Eugene, A History of the Church Missionary Society, London 1899.
Straehler, Art. Religionsfreiheit, in: Deutsches Koloniallexikon, Band 3, Leipzig 1920, 165f.
Südafrika, in: Die evangelische Diaspora 3, 1921/22, 63f.
Suin de Boutemard, A[mand], Die Auslands-Diaspora. Ein neues Arbeitsfeld der Deutschen Evangelischen Kirche. Mit Geleitswort von Carl Mirbt, Potsdam o. J. [1909].
Synodal-Ordnung der deutschen evangelisch-lutherischen Gemeinden Süd-Afrikas, O. O. o. J. [1894].

Thude, Kurt (Hg.), 25 Jahre Deutsche Evangelische Kirche Swakopmund, Festschrift hg. im Auftrag des Gemeindekirchenrats, Swakopmund 1938.
Troeltsch, Ernst, Adolf v. Harnack und Ferd. Christ. v. Baur, in: Holl, Karl (Hg.), Festgabe von Fachgenossen und Freunden A. von Harnack zum siebzigsten Geburtstag dargebracht, Tübingen 1921, 282-291.
— Der Historismus und seine Probleme, Tübingen 1922.
— Die Absolutheit des Christentums und die Religionsgeschichte. Vortrag, gehalten auf der Versammlung der Freunde der Christlichen Welt zu Mühlacker am 3. Oktober 1901, erw. u. mit einem Vorwort versehen, Tübingen u. Leipzig 1902.
— Die Absolutheit des Christentums und die Religionsgeschichte. Zweite Auflage, Tübingen 1912.
— Die Krisis des Historismus, in: Die Neue Rundschau 33, 1922, 572-590.
— Die Mission in der modernen Welt, in: ders., Gesammelte Schriften. Zweiter Band. Zur religiösen Lage, Religionsphilosophie und Ethik, Tübingen 1913, 779-804.
— Die Mission in der modernen Welt, in: Die Christliche Welt. Evangelisches Gemeindeblatt für Gebildete aller Stände 20, 1906, 8-12, 26-28, 56-59.
— Glaubenslehre. Nach Heidelberger Vorlesungen aus den Jahren 1911 und 1912, München u. Leipzig 1925.
— Missionsmotiv, Missionsaufgabe und neuzeitliches Humanitätschristentum, in: Zeitschrift für Missionskunde und Religionswissenschaft. Organ des Allgemeinen evangelisch-protestantischen Missionsvereins 22, 1907, 129-139, 161-166.
— Politische Ethik und Christentum, 2. Tausend, Göttingen, 1904.
— Was heißt „Wesen des Christentums"?, in: Die Christliche Welt 17, 1903, 443-446, 483-488, 532-536, 578-584, 650-654, 678-683.

Union of South Africa, Interim and Final Reports of the Commission appointed to enquire into the Question of the Future Form of Government in the South-West Africa Protectorate (U.G. 24-1921).
— Report of the Administrator for the Year 1919 (U.G. 40-1920).
— Report of the Administrator for the Year 1921 (U.G. 32-1922).
Unterbeck, M. (Bearb.), In Südwestafrika gegen die Hereros. Nach den Kriegs-Tagebüchern des Obermatrosen G. Auer, 2. Aufl, Berlin 1911.

Vedder, Heinrich, Die Buschmänner, in: AMZ 39, 1912, 403-416.
— Kurze Geschichten aus einem langen Leben, Wuppertal-Barmen 1953.
— Rasse, Religion und Mission. Sonderdruck aus „Unsere Erfahrung", Bethel 1935, 18-30.
— Das alte Südwestafrika. Die Geschichte Südwestafrikas bis zum Tode Mahareros 1890. 5. Auflage. (Erstausgabe 1934), Windhoek 1985.

— The Herero, in: Secretary of South West Africa (Hg.), The native tribes of South West Africa, Cape Town 1928, 155-209.
Verhandlungen der dritten ordentlichen Generalsynode der evangelischen Landeskirche Preußens, Berlin 1892.
Viehe, Gottlob, Die Lage der Rheinischen Mission in Hereroland seit dem Beginn der deutschen Schutzherrschaft, in: AMZ 17, 1890, 158-170.
Vietor, Johann Karl, Der Einfluß der Mission auf die Deutsche Kolonial-Politik, Bremen 1904.
VOBl. des Ev.-luth. Landeskonsistoriums für das Königreich Sachsen.

Wagener, G.W., Volkskalender für Südafrika auf das Jahr 1888, Cape Town 1888.
Walter, H[...] von, Die Absolutheit des Christentums und die Mission (Flugschriften der Hanseatisch-Oldenburgischen Missions-Konferenz), Leipzig 1906.
Wangemann, Theodor, Erster Aufsatz: Der Entscheidungskampf in Südafrika. Übersicht über die weiße und die farbige Bevölkerung von Südafrika, die Staatenbildung und die gegenseitige Machtstellung im Racenkampfe, nebst 35 feinen Holzschnitten, in: ders., Südafrika und seine Bewohner nach den Beziehungen der Geschichte, Geographie, Ethnologie, Staaten- und Kirchenbildung, Mission und des Racenkampfes in Umrissen gezeichnet mit vielen Abbildungen versehen, Berlin 1881, I-X, 1-35.
Südafrika und seine Bewohner nach den Beziehungen der Geschichte, Geographie, Ethnologie, Staaten- und Kirchen-Bildung, Mission und des Racenkampfes in Umrissen gezeichnet und mit vielen Abbildungen versehen, Berlin 1881.
Warneck, Gustav, Aufstand der Herero und die Angriffe auf die Mission, in: AMZ 31, 1904, 194-205.
— Die Mission und die sogenannte religionsgeschichtliche Schule, in: AMZ 35, 1908, 361-373.
— Dr. Karl Büttner, in: AMZ 21, 1894, 88-91.
— Evangelische Missionslehre, Abt. 3, Der Betrieb der Sendung, 3. Das Missionsziel, Gotha 1903.
— Evangelische Missionslehre. Ein missionstheoretischer Versuch. Erste Abtheilung: Die Begründung der Sendung, Gotha 1892.
— Evangelische Missionslehre. Ein missionstheoretischer Versuch. Dritte Abteilung: Der Betrieb der Sendung. Erste Hälfte. Zweite Auflage, Gotha 1902.
— Missionsmotiv und Missionsaufgabe nach der religionsgeschichtlichen Schule, in: AMZ, 34, 1907, 3-15, 49-61, 105-122.
— Noch einmal: Missionsmotiv und Missionsaufgabe nach der modernen religionsgeschichtlichen Schule, in: AMZ 35, 1908, 49-61, 109-126.
Weber, Marianne, Max Weber: ein Lebensbild, Tübingen 1926.
Weber, Max, Gesamtausgabe. Abteilung I: Schriften und Reden. Band 4. Landarbeiterfrage, Nationalstaat und Volkswirtschaftspolitik. Schriften und Reden 1892-1899. Hg von Wolfgang Mommsen in Zusammenarbeit mit Rita Aldenhoff, Tübingen 1993.
— Politik als Beruf, in: Kaesler, Dirk (Hg.): Max Weber. Schriften 1894-1922, Stuttgart 2002, 505-560.
Wichern, Johann Hinrich, Ausgewählte Schriften, hg. von Karl Janssen, Bd. 1: Schriften zur sozialen Frage, Gütersloh 1956.
— Die innere Mission der deutschen evangel. Kirche: Eine Denkschrift an die deutsche Nation, 2. Auflage, Hamburg 1849.
— Erklärung, Rede und Vortrag Wicherns auf dem Wittenberger Kirchentag (1848), in: Peter Meinhold (Hg.), Johann Hinrich Wichern. Sämtliche Werke 1, Berlin u. Hamburg 1962, 155-171.
Wilhelm II., Die Reden Kaiser Wilhelms II. ges. und hg. von Johannes Penzler. Bd. 1: 1888-1895, Leipzig 1897.
— Die Reden Kaiser Wilhelms II. ges. und hg. von Johannes Penzler. Bd. 2: 1896-1900, Leipzig 1904.

— Die Reden Kaiser Wilhelms II. ges. und hg. von Johannes Penzler. Bd. 3: 1901-1905, Leipzig 1907.
Wischmeyer, P[aul] u. Stork, Fr[iedrich], Geschichtsbilder für evangelische Volksschulen. Mit besonderer Berücksichtigung der Kulturgeschichte und der kaiserl. und minister. Erlasse betreffend den Geschichtsunterricht. Mit Titelbild und Karte, 3. verbesserte Aufl. (5.-6. Tausend), Gütersloh 1897.
Witbooi, Hendrik, The Hendrik Witbooi Papers. Second Enlarged Edition. Translated by Annemarie Heywood and Eben Maasdorp. Annotated by Brigitte Lau, Windhoek 1995.
Wolf, Edmund Jacob, The Lutherans in America. A story of struggle, progress, influence and marvelous growth, New York 1889.
Wolff, David, Unter den Sulu. Mancherlei Mitteilungen aus dem praktischen Missionsdienst, Hermannsburg 1914.

Zinzendorf, Nikolaus Ludwig von, Texte zur Mission, mit einer Einführung in die Missionstheologie Zinzendorfs, hg. von Helmut Bintz, Hamburg 1979.

Verzeichnisse

Zeitungen und Zeitschriften

Afrikanischer Heimatkalender, Bundeskirchenrat des Deutschen Kirchenbundes in Südafrika und Südwestafrika, nach 1960: Informationsausschuss der Evangelisch-Lutherischen Kirche in Namibia (DELK) (Hg.), Windhoek, seit 1930.
afrikapost. Unabhängige deutsch-südafrikanische Monatszeitschrift für Kultur, Politik und Wirtschaft, Deutsche Afrika-Stiftung (Hg.), Göttingen, seit 1954.
Allgemeine evangelisch-lutherische Kirchenzeitung. Organ der Allgemeinen Evangelisch-Lutherischen Konferenz, Leipzig, 1868-1941.
Allgemeine Missions-Zeitschrift. Monatshefte für geschichtliche und theoretische Missionskunde, Berlin, 1874-1923.
Allgemeiner Anzeiger für den Kreis Mörs und den Niederrhein. Mörser Zeitung, Duisburg und Moers, 1868-1919.
Anthropos. Internationale Zeitschrift für Völker- u. Sprachenkunde, Anthropos-Institut (Hg.), Fribourg, seit 1906.
Archiv für Anthropologie. Zeitschrift für Naturgeschichte und Urgeschichte des Menschen. Organ der Deutschen Gesellschaft für Anthropologie, Ethnologie und Urgeschichte, Braunschweig, 1866-1935.
Atlantic Monthly. A magazine of literature, art and politics, Boston, Mass., seit 1857.
Ausland und Heimat, Stuttgart, 1919-1920.
Barmer Missionsblatt, Barmer Missionsgesellschaft, später: Rheinische Missionsgesellschaft (Hg.), Barmen, 1828-1939.
Berichte der Rheinischen Missionsgesellschaft, Rheinische Missionsgesellschaft (Hg.), Barmen, 1848-1941.
Christliche Welt. Protestantische Halbmonatsschrift, Leipzig 1888-1941.
Concordia, Josef Hundertmark (Hg.), King William's Town.
Daheim und Draußen. Mitteilungen der Frauenhülfe fürs Ausland, Direktion der Diakonissenanstalt Düsseldorf-Kaiserswerth (Hg.), Kaiserswerth, 1912-1941.
Das Capland, Cape Town.
De gereformeerde Kerkbode.
Deutsch-Afrikaner, Johannesburg, wöchentlich von 1921-1922.
Deutsch-Afrikaner, Pretoria, 1921-1940
Deutsche Kolonialzeitung. Organ der Deutschen Kolonialgesellschaft, Deutsche Kolonialgesellschaft (Hg.), München, 1884-1935.
Deutscher Evangelischer Volksbote, Cape Town, zweiwöchentlich 1911 bis 1914.
Deutsches Kolonialblatt, Amtsblatt für d. Schutzgebiete in Afrika und der Südsee, Berlin, 1890-1921.
Deutsch-Evangelisch im Auslande. Zeitschrift für die Kenntnis und Förderung der Auslandsgemeinden, Marburg, 1905-1915.
Deutsch-Evangelisch. Zeitschrift für die Kenntnis und Förderung der deutschen evangelischen Diaspora im Auslande, Marburg, 1902-1906.
Deutschland im Ausland – Kolonie und Heimat, Berlin, 1926.
Diasporabote. Monatsschrift für Diasporapflege. Organ der Diasporakonferenz, Ballenstedt, 1899-1904.
Die Burger, Cape Town, seit 1915.
Dr. A. Petermann's Mitteilungen aus Justus Perthes' Geographischer Anstalt, A. Petermann (Hg.), Gotha, 1879-1937.
Evangelische Diaspora, Jahrbuch des Gustav-Adolf-Werkes, Leipzig, 1920-1941.
Evangelisches Gemeindeblatt für Deutsch-Südwestafrika, Swakopmund, 1911-1914.

Evangelische Kolonialhilfe. Mitteilungen des Vereins für deutsch-evangelisches Leben in den früheren Schutz-Gebieten und im Ausland, Breslau.

Flugschriften der Hanseatisch-Oldenburgischen Missions-Konferenz. Hanseatisch-Oldenburgische Missions-Konferenz (Hg.), Bremen, 1904-1914.

Gartenlaube. Illustriertes Familienblatt, Berlin, 1853-1937.

Globus, Illustrierte Zeitschrift für Länder- und Völkerkunde, Braunschweig, 1862-1910.

Hamburger Nachrichten, Hamburg, 1849-1939.

Hamburger Illustrierte, Hamburg, 1923-1945.

Heimat, Deutsches Evangelisches Heimatblatt für Afrika. Supplement der Allgemeinen Zeitung, Deutscher evangelisch-lutherischer Kirchenbund in Süd- und Südwestafrika, später: Evangelisch-Lutherische Kirche in Namibia (DELK) (Hg.), Windhoek, seit 1927.

Hermannsburger Missionsblatt, Missionsanstalt Hermannsburg (Hg.), Hermannsburg, 1854-1993.

Hilfe. Wochenschrift für Politik, Literatur und Kunst, Berlin, 1895-1939.

Ilanga laseNatal, Durban, 1903-1965.

Jahresbericht über die Hermannsburger Mission, Missionsanstalt Hermannsburg (Hg.), Hermannsburg, 1900-1939.

Jahresberichte der Rheinischen Missionsgesellschaft, Rheinische Missionsgesellschaft (Hg.), 1830-1939

Junge Kirche. Unterwegs für Gerechtigkeit, Frieden und Bewahrung der Schöpfung, Uelzen, seit 1933.

Kirchliches Jahrbuch für die evangelischen Landeskirchen Deutschlands, Gütersloh, 1910-1934.

Kladderadatsch, Berlin, 1848-1944.

Kleine Missionsfreund. Ein Missionsblatt für Kinder, Rheinische Missionsgesellschaft (Hg.), Barmen, 1855-1927.

Kollekten-Blätter für die Rheinische Mission, Rheinische Missionsgesellschaft (Hg.), Barmen, 1878-1922.

Koloniale Rundschau. Zeitschrift für koloniale Länder-, Völker- u. Staatenkunde. Zeitschrift für das gesamte Eingeborenenwesen, Deutsche Kolonialgesellschaft, später: Deutsche Forschungsgemeinschaft, Reichsforschungsrat, Kolonialwissenschaftliche Abteilung (Hg.), Leipzig, 1909-1943.

Kolonie und Heimat in Wort und Bild, Berlin, 1911-1919.

Kolonie und Heimat, Berlin, 1907-1911.

Kolonie und Heimat. Die koloniale Bilderzeitung, München, 1937-1943.

Lantern. Tydskrif vir kennis en kultuur / journal of knowledge and culture. Department van Onderwys, Kuns en Wetenshap deur die S. A. Vereniging vir die Bevordering van Kennis en Kultuur / Department of Education, Arts and Science by the S. A. Association the Advancement of Knowledge and Culture, Pretoria, 1994-1995.

Meisters Ruf. Aus der Frauenarbeit der Vereinigten Evangelischen Mission, Rheinische Missionsgesellschaft (Hg.), Barmen, 1909-1996.

Mitteilungen der Anthropologischen Gesellschaft zu Berlin.

Mitteilungen des Evangelisch-sozialen Kongresses, Aktionskomitee des Evangelisch-Sozialen Kongresses (Hg.), Berlin 1891-1903.

Mitteilungen des Seminars für Orientalische Sprachen an der Friedrich Wilhelms-Universität zu Berlin, Berlin, 1898-1935.

Mitteilungen des Vereins für deutsch-evangelisches Leben in den Schutzgebieten und im Ausland, Bornstedt, 1911-1921.

Mitteilungen des Vereins zur Pflege des deutschen evangelischen Lebens im Auslande („Mitteilungen des Breslauer Vereins"), Verein zur Pflege des deutschen evangelischen Lebens im Auslande (Hg.), Breslau, 1909-1911.

Monatsberichte der Rheinischen Missionsgesellschaft, Rheinische Missionsgesellschaft (Hg.), Barmen, 1844-1847.
Neue allgemeine Missionszeitschrift, Gütersloh, 1924-1939.
New Era. Newspaper for a new Namibia, Windhoek, seit 1992.
Reichsbote. Deutsche Wochenzeitung für Christentum und Volkstum, Berlin, 1873-1936.
Sarie, Cape Town seit 1949.
Südafrikanisches Gemeindeblatt, Cape Town, zweiwöchentlich 1899 bis 1911.
Tägliche Rundschau. Unabhängige Zeitung für nationale Politik, Berlin, 1881-1933.
The Cape Times, Cape Town, seit 1876.
The Namibian, Windhoek, seit 1985.
The Star, Johannesburg, seit 1889.
The Wynberg Times and South African Agriculturist, Simon's Town, Suburban and Western Province Advertiser, Wynberg, 1882-1908.
Vossische Zeitung. Berlinische Zeitung von Staats- und Gelehrten Sachen. Berlin, 1721-1934.
Zeit. Nationalsoziale Wochenschrift. Friedrich Naumann (Hg.), Berlin, 1901-1902.
Zeitfragen des christlichen Volkslebens, Frankfurt, 1876-1909.
Zeitschrift der Gesellschaft für Erdkunde zu Berlin. Zugl. Organ d. Deutschen Geographischen Gesellschaft, Gesellschaft für Erdkunde (Hg.), Berlin, 1866-1944.
Zeitschrift für Afrikanische Sprachen, Berlin, 1887-1890.
Zeitschrift für afrikanische, ozeanische und ostasiatische Sprachen mit besonderer Berücksichtigung der deutschen Kolonien, Berlin, 1895-903.
Zeitschrift für Kolonialpolitik, Kolonialrecht und Kolonialwirtschaft, Berlin, 1904-1912.
Zeitschrift für Kolonialsprachen, Berlin u. Hamburg, 1910-1919.
Zeitschrift für Missionskunde und Religionswissenschaft. Organ des Allgemeinen evangelisch-protestantischen Missionsvereins, Berlin, 1886-1939.
Zeitzeichen. Evangelische Kommentare zu Religion und Gesellschaft, Frankfurt (Main), seit 2000.

Verzeichnisse

Literatur

Agamben, Giorgio, Homo sacer. Die souveräne Macht und das nackte Leben, Frankfurt am Main 2002.
Ahlzweig, Claus, Die deutsche Nation und ihre Muttersprache, in: Konrad Ehlich (Hg.), Sprache im Faschismus, Frankfurt 1989, 35-57.
Akakpo, Kuassi Amétowoyona, Missionspraxis im Lichte der Kritik: Kontroverse Debatten über Paul Rohrbachs Thesen zur Missionsarbeit in Afrika, in: Ulrich van der Heyden u. Holger Stoecker (Hgg.), Mission und Macht im Wandel politischer Orientierungen. Europäische Missionsgesellschaften in politischen Spannungsfeldern in Afrika und Asien zwischen 1800 und 1945 (Missionsgeschichtliches Archiv 10), Stuttgart 2005, 71-80.
Alber, Erdmute, Meidung als Modus des Umgangs mit Konflikten, in Julia Eckert (Hg.), Anthropologie der Konflikte. Georg Elwerts konflikttheoretische Thesen in der Diskussion, Bielefeld 2004, 169-185.
Altena, Thorsten, „Ein Häuflein Christen mitten in der Heidenwelt des dunklen Erdteils." Zum Selbst- und Fremdverständnis protestantischer Missionare im kolonialen Afrika 1884-1918. Mit einer CD-Rom, Münster u. New York 2003.
Anderson, Benedict, Imagined communities. Reflections on the origin and spread of nationalism, New York 1991.
— Imagined communities. Reflections on the origin and spread of nationalism, überarb. Ausgabe, London 2003.
Anderson, Gerald (Hg.), Biographical Dictionary of Christian Missions, New York 1998.
Anker, Josef, Art. Rohrbach, Paul Carl Albert, in: BBKL 8, 1994, 592-608.
Annas, Rolf, Language and Identity. The German-speaking people of Paarl, in: Mathias Schulze, James M. Skidmore, David G. John u.a. (Hgg.), German diasporic experiences. Identity, migration and loss, Waterloo, Ontario 2008, 61-72.
Ansprenger, Franz, Geschichte Afrikas, 3. Aufl., München 2007.
Apelt, Wolfgang, Kurze Geschichte der Vereinten Evangelischen Mission. Mission und Gegenwart Bd. 3, Köln 2008.
Apostolisches Vikariat in Windhoek (Hg.), Geschichte der Katholischen Mission in Südwestafrika 1896-1946, Windhoek 1946.
Arkin, Marcus, Art. Lückhoff, Paul Daniel, in: DSAB 2, 414-415.
Arnold, Katherine C., The transformation of the Lutheran Church in Namibia: How the church evolved into a ‚voice for the voiceless', unveröffentlichte Bachelor-Arbeit, The College of William and Mary, Williamsburg (Virginia) 2009.
Assur, Mervyn (Hg.), Handbook of the Evangelical Lutheran Church in Southern Africa, Johannesburg 1984.
August, Karel Th., The Quest for Being Public Church. The South African challenge to the Moravian Church in context (1737-2004), printed in the Republic of South Africa (o.O.) 2005.

Backeberg, Werner, Deutsche Siedler in Südafrika, in: Winfried Wickert, Und die Vögel des Himmels wohnen unter seinen Zweigen. Hundert Jahre Bauernmission in Südafrika, Eine Denkschrift zur Hundertjahrfeier der Missionsanstalt zu Hermannsburg, hg. in Verbindung mit zahlreichen Mitarbeitern von Winfried Wickert, Hermannsburg 1949, 316-333.
Bade, Klaus J. (Hg.), Imperialismus und Kolonialmission. Kaiserliches Deutschland und koloniales Imperium (Beiträge zur Kolonial- und Überseegeschichte 22), Wiesbaden 1982.
— Einführung. Imperialismus und Kolonialmission. Das kaiserliche Deutschland und sein koloniales Imperium, in: Klaus J. Bade, Imperialismus und Kolonialmission. Kaiserliches Deutschland und

koloniales Imperium mit Beiträgen von Klaus J. Bade [u.a.]. Beiträge zur Kolonial- und Überseegeschichte 22, 2. Aufl., Stuttgart 1984.
— Friedrich Fabri und der Imperialismus der Bismarck-Zeit. Revolution – Depression – Expansion, Freiburg 1975.
— Friedrich Fabri und der Imperialismus in der Bismarckzeit. Revolution – Depression – Expansion. Internet-Ausgabe: www.imis.uni-osnabrueck.de/BadeFabri.pdf mit einem neuen Vorwort, Osnabrück 2005.
— Zwischen Mission und Kolonialbewegung, Kolonialwirtschaft und Kolonialpolitik in der Bismarckzeit: der Fall Friedrich Fabri, in: ders. (Hg.), Imperialismus und Kolonialmission. Kaiserliches Deutschland und koloniales Imperium (Beiträge zur Kolonial- und Überseegeschichte 22), Wiesbaden 1982, 103-141.
Bade, Klaus J., Emmer, Pieter C., Lucassen, Leo u. Oltmer, Jochen, Die Enzyklopädie: Idee – Konzept – Realisierung, in: dies. (Hgg.), Enzyklopädie Migration in Europa. Vom 17. Jahrhundert bis zur Gegenwart. 3. Auflage, Paderborn, München, Wien u.a. 2010, 19-27.
Baldus, Manfred, Reichskolonialkirchenrecht. Über die religionsrechtliche Lage in den Schutzgebieten des Deutschen Reiches 1884-1919, in: Liber amicorum. Professor Dr. Herbert Frost zum 65. Geburtstag, bearb. v. dems. u. Josef G. Stanzel, Köln 1986, 145-176.
Balz, Heinrich, „Gewährenlassen, Eingreifen, Anknüpfen. Ernst Troeltsch und Gustav Warneck in der Auseinandersetzung über Religionen und Mission 1906-1908", Berliner Theologische Zeitschrift 13, 1996, 159-183.
— „Überwindung der Religionen" und das Ziel der Mission. Die Diskussion zwischen G. Warneck und E. Troeltsch 1906-1908, in: Dieter Becker u. Andreas Feldtkeller (Hgg.), Es begann in Halle ..., Erlangen 1997, 106-116.
— Mission und Kolonialismus – Thesen, in: Zeitschrift für Mission, Frankfurt am Main u. Basel 1991, 175-181.
— Missionswissenschaft und Missionskritik an der Berliner Theologischen Fakultät. Über J. Richter und A. v. Harnack, in: Theologische Literaturzeitung 121, 1996, 119-132.
Bammann, Heinrich, Grenzerfahrungen des Bösen. Persönliche Erlebnisse und Deutungen mit Ausblick auf die beste Zusage des Lebens, edition afem, mission specials 3, Hamburg 2005.
— Inkulturation des Evangeliums unter den Batswana in Transvaal/Südafrika. Am Beispiel der Arbeit von Vätern und Söhnen der Hermannsburger Mission von 1857-1940, edition afem, mission academics 17, Nürnberg 2004.
Bammann, Heinrich, Koinonia in Afrika. Koinonia bei Bruno Gutmann (Tanzania) und bei den Hermannsburger Missionaren im südlichen Afrika, Veröffentlichungen der Freien Hochschule für Mission der Arbeitsgemeinschaft Evangelikaler Missionen, Reihe C: Vorträge und Aufsätze 6, Bad Liebenzell 1990.
Bang, Ortwin, Art. Gotteskasten, in: RGG^2 2, 1393-1394.
Barenscheer, Friedrich, Der frühere Einzelhof Hörsten und seine Bewohner, in: Cellesche Zeitung, 1973 [15.09].
Barkan, Elliot, Race, religion, and nationality in American society. A model of ethnicity from contact to assimilation, in: Journal of American Ethnic History 14, 1995, 38-75.
Barth, Boris, Die Grenzen der Zivilisierungsmission. Rassenvorstellungen in den europäischen Siedlungskolonien Virginia, den Burenrepubliken und Deutsch-Südwestafrika, in: ders. u. Jürgen Osterhammel (Hgg.), Zivilisierungsmissionen. Imperiale Weltverbesserung seit dem 18. Jahrhundert (Historische Kulturwissenschaft 6), Konstanz 2005, 201-228.
Barth, Hans Martin, Art. Hermann Heinrich Vedder, in: RGG^4 8, 919.
— Von draussen: Hermann Heinrich Vedder (1867-1972). Fragen und Anfragen zu einem geistlichen und weltlichen Leben, in: Ulrich van der Heyden u. Heike Liebau (Hgg.), Missionsgeschichte – Kirchengeschichte – Weltgeschichte, Christliche Missionen im Kontext nationaler

Entwicklungen in Afrika, Asien und Ozeanien (Missionsgeschichtliches Archiv 1), Stuttgart 1996, 405-424.
Bauer, Holger, Nikolaus Ludwig von Zinzendorf und das lutherische Bekenntnis. Zinzendorf und die Augsburger Konfession von 1530, Beiheft der Unitas Fratrum, Nr.12, hg. von Thilo Daniel, Gottfried Geiger u. a., Herrnhut 2004.
Baum, Eckhard, Daheim und überm Meer. Von der Deutschen Kolonialschule zum Deutschen Institut für Tropische und Subtropische Landwirtschaft in Witzenhausen (Der Tropenlandwirt, Beiheft 57), Witzenhausen 1997.
Baumann, Andreas, Johannes Lepsius' Missiologie, unveröffentlichte Doktorarbeit, University of South Africa, Pretoria 2005, URL: http://uir.unisa.ac.za/dspace/bitstream/10500/1795/1/thesis.pdf [16.06.2011]
Baumann, Julius, Mission und Ökumene in Südwestafrika, dargestellt am Lebenswerk von H. Vedder. Ökumenische Studien 7, Leiden 1965.
Bautz, Friedrich Wilhelm, Art. Fabri, Friedrich, in: BBKL 1, 1587-1588.
— Art. Harms, Ludwig (Louis), in: BBKL 2, 545-553.
Bayer, Siegfried, Nikolaus Ludwig Graf von Zinzendorf. Ein echter Ökumeniker im 18. Jahrhundert, in: Ökumenische Profile. Brückenbauer der einen Kirche, hg. von Günter Gloede und 30 Mitarbeitern, mit 34 Bildern und 6 Zeichnungen, Stuttgart 1961, 119-128.
Bechhaus-Gerst, Marianne u. Leutner, Mechthild (Hg.), Frauen in den deutschen Kolonien, Berlin 2009.
Bechhaus-Gerst, Marianne, W.E.B. Du Bois in Berlin, in: Ulrich van der Heyden u. Joachim Zeller (Hgg.), „....Macht und Anteil an der Weltherrschaft". Berlin und der deutsche Kolonialismus, Münster 2005, 231-235.
Beck, Hartmut, Brüder in vielen Völkern. 250 Jahre Mission der Brüdergemeinde, Erlangen 1981.
Becker, Frank (Hg.), Rassenmischehen – Mischlinge – Rassentrennung. Zur Politik der Rasse im deutschen Kolonialreich (Beiträge zur europäischen Überseegeschichte), Stuttgart 2004.
— Kolonialherrschaft, Rassentrennung und Mission in Deutsch-Südwestafrika, in: Frank Becker u.a.: Politische Gewalt in der Moderne. Festschrift für Hans-Ulrich Thamer, Münster 2003, 133ff.
— Protestantische Euphorien. 1870/71, 1914 und 1933, in: Manfred Gailus u. Hartmut Lehmann (Hgg.), Nationalprotestantische Mentalitäten. Konturen; Entwicklungslinien und Umbrüche eines Weltbildes. Veröffentlichungen des Max-Planck-Instituts für Geschichte 214, Göttingen 2005, 19-44.
Behrens, August, Der Farmer von Kroondal, Hermannsburg 1956.
Behrens, Hugo u. Behrens, Irene u.a., 100 Jahre Muhls in Südafrika – Festschrift, Kroondal 1983.
— Die Siedlung Kroondal – 100 Jahre 1889-1989. Festschrift zur Jubiläumsfeier am 4. November 1989, Kroondal 1989.
Behrens, Hugo u.a. (Hgg.), 100 Jahre Deutsche Ev.-Lutherische Gemeinde Kroondal 1896 bis 1996.
Bender, Steffen, Der Burenkrieg und die deutschsprachige Presse. Wahrnehmung und Deutung zwischen Bureneuphorie und Anglophobie 1899-1902, Paderborn u. München 2009.
Bengu, Sibusiso Mandlenkosi Emmanuel, Chasing gods not our own, Pietermaritzburg 1975.
Benner, Thomas Hartmut, Die Strahlen der Krone. Die religiöse Dimension des Christentums unter Wilhelm II. vor dem Hintergrund der Orientreise 1898, Marburg 2001.
Berglund, Axel-Ivar, Zulu thought-patterns and symbolism, Cape Town 1976.
Berner, Ulrich, Religionsgeschichte und Mission. Zur Kontroverse zwischen Ernst Troeltsch und Gustav Warneck, in: Volker Drehsen u. Walter Sparn (Hgg.), Vom Weltbildwandel zur Weltanschauungsanalyse. Krisenwahrnehmung und Krisenbewältigung um 1900, Berlin 1996, 103-116.
Besier, Gerhard, Die Auslandsarbeit des Evangelischen Oberkirchenrats, in: J. F. Gerhard Goeters u. Joachim Rogge (Hgg.), Die Geschichte der Evangelischen Kirche der Union. Ein Handbuch. Bd. 2: Die Verselbständigung der Kirche unter dem königlichen Summepiskopat (1850-1918), hg. v. Joachim Rogge u. Gerhard Ruhbach, 1. Aufl., Leipzig 1994, 457-480.

— Kirche, Politik und Gesellschaft im 19. Jahrhundert (EDG 48), München 1998.
— Mission und Kolonialismus im Preußen der Wilhelminischen Ära, KZG 5, 1992, 239-253.
Besser, Stephan, Die Organisation des kolonialen Wissens. 10. Oktober 1902: In Berlin tagt der erste Deutsche Kolonialkongreß, in: Alexander Honold u. Klaus R. Scherpe (Hgg.), Mit Deutschland um die Welt. Eine Kulturgeschichte des Fremden in der Kolonialzeit, Stuttgart, Weimar 2004, 271-178.
Besten, Julia, Erinnert Namibia! Mission, Kolonialismus und Freiheitskampf, in: Jochen Motte, Wolfgang Apelt u. Julia Besten (Hgg.), 100 Jahre Beginn des antikolonialen Befreiungskrieges in Namibia, o.O. [Wuppertal] 2004, 77-197.
Bevans, Stephen u. Schroeder, Roger, Constants in context: A theology of mission for today, Maryknoll 2004.
Beyerhaus, Peter, Die Selbständigkeit der jungen Kirchen als missionarisches Problem, Barmen 1959.
Bienert, Wolfgang A., Die Gemeinde als Trägerin der Mission. Lutherische Mission in Hermannsburg, in: Volker Stolle (Hg.), Kirchenmission nach lutherischem Verständnis, Vorträge zum 100jährigen Jubiläum der Lutherischen Kirchenmission (Bleckmarer Mission) (Beiträge zur Missionswissenschaft und Interkulturellen Theologie 5), Münster u. Hamburg 1993, 20-35.
Bilbe, Charles, Wupperthal. The formation of a community in South Africa 1830-1965, Köln 2009.
Bintz, Helmut, Nikolaus Ludwig Graf von Zinzendorf. Dichter der christlichen Gemeinde, Stuttgart 1979.
— Triebkräfte und Ziele der Brüdermission bei Zinzendorf und ihre Bedeutung für uns, in: Unitas Fratrum 12, 1982, 3-11.
Bley, Helmut, Kolonialherrschaft und Sozialstruktur in Deutsch-Südwestafrika 1894-1914 (Hamburger Beiträge zur Zeitgeschichte Band V), Hamburg 1968.
— Namibia under German Rule, Hamburg u. Windhoek 1996.
— South West Africa under German rule 1894-1914. Übersetzung von: Kolonialherrschaft und Sozialstruktur in Deutsch-Südwestafrika 1894-1914 (1968), London 1971.
Blumer, Wilhelm J. L. (Hg.), Fünfundsiebzig Jahre Pflanzgarten im Dünensand. Philippi-Vlakte am Kap, Wynberg 1959.
— Der Chronist berichtet, in: Wilhelm Blumer (Hg.), Pflanzgarten im Dünensand. Philippi-Vlakte am Kap, Wynberg 1959.
Bochert, Christian, The Witboois and the Germans in South West Africa: A study of their interaction between 1863 and 1905, unveröffentlichte Magisterarbeit, University of Natal, Pietermaritzburg 1980.
Bodenstein, Hans, Unsere Schule einst und jetzt (Our school then and now), in: Wilhelm Blumer (Hg.), Pflanzgarten im Dünensand. Philippi-Vlakte am Kap, Wynberg 1959.
Bodenstein, W. (Hg.), 25 Jahre Arbeit der Hermannsburger deutsch-evangelisch-lutherischen Synode in Süd-Afrika. Ein Jubiläumsbuch, Hermannsburg 1937.
Böeseken, Anna Jacoba, Art. Hüsing, Henning, in: DSAB 4, 248-249.
— Art. Starrenburg, Johann Frederick, in: DSAB 4, 605-606.
— Art. Wagenaer, Zacharias, in: DSAB 2, 825-827.
Bogner, Artur, Holtwick, Bernd u.Tyrell, Hartmann (Hgg.), Weltmission und religiöse Organisation. Protestantische Missionsgesellschaften im 19. und 20. Jahrhundert (Religion in der Gesellschaft 16), Würzburg 2004.
Böhlke, Jens, Zur Geschichte der Deutschen Kolonialschule in Witzenhausen. Aspekte ihres Entstehens und Wirkens (Schriften des Werratalvereins Witzenhausen, Heft 29), Witzenhausen 1995.
Bornhausen, [Karl], Art. Troeltsch, Ernst, in: RGG^2 5, 1931, 1284-1287.
Bosch, David J., Transforming missions. Paradigm shifts in theology of mission (American Society of Missiology Series 16), New York 1991.
— Witness to the world, The Christian mission in theological perspective, Pretoria 1980.
Bosl, Erika, Art. Lasson, Georg, in: BBKL 4, 1992, 1212f.

Böttger, Jan Henning, Kolonialdiskursive Bedingungen rassenpolitischen Handelns am Beispiel der verhinderten ‚Einfuhr' eines Chinesen nach Deutsch-Südwestafrika, in: Frank Becker (Hg.), Rassenmischehen – Mischlinge – Rassentrennung, Stuttgart 2004, 124ff.
Bouwer, Alba, Hul spore in die sand hul grootste monument (Their footprints in the sand their greatest monument), in: Sarie, 1954 [04.05].
Brandes, Detlef, Von den Zaren adoptiert. Die deutschen Kolonisten und die Balkansiedler in Neurußland und Bessarabien 1751-1914, München 1993.
Brandt, Theodor, Die Kirche im Wandel der Zeit, 3. neu bearb. Aufl, Bad Salzuflen 1947.
Braun, Markus, Entwurf: Deutsche Gemeinden und deutsche Mission im Südlichen Afrika, maschinenschriftliches und unveröffentlichtes Manuskript, Beitrag von 1973.
Bravenboer, Brenda, Windhoek, Windhoek 2004.
Brehl, Medardus, „Diese Schwarzen haben vor Gott und den Menschen den Tod verdient". Der Völkermord an den Herero 1904 und seine zeitgenössische Legitimation, in: Fritz Bauer Institut (Hg.), Völkermord und Kriegsverbrechen in der ersten Hälfte des 20. Jahrhunderts. Jahrbuch 2004 zur Geschichte und Wirkung des Holocaust, Frankfurt u. New York 2004, 77-97.
— Vernichtung der Herero. Diskurse der Gewalt in der deutschen Kolonialliteratur. Schriftenreihe „Genozid und Gedächtnis", Bochum 2007.
Bridgman, Jon M., The revolt of the Hereros, Berkeley 1981.
Brooke, Audrey, Robert Gray, Cape Town 1947.
Brubaker, Rogers, Citizenship and nationhood in France and Germany, Cambridge (Mass.) 1992.
Bruckschen, Hermann, Aus der Heide in die Vlakte, in: Wilhelm Blumer (Hg.), Pflanzgarten im Dünensand. Philippi-Vlakte am Kap, Wynberg 1959, 40.
Brunotte, Heinz, Die Evangelische Kirche in Deutschland. Geschichte, Organisation und Gestalt der EKD, Gütersloh 1964.
Budack, Kuno F.R.H., Die traditionelle politische Struktur der Khoe-Khoen in Südwestafrika (Stamm und Stammesregierung, auf historischer Grundlage), unveröffentlichte Doktorarbeit, University of Pretoria, Pretoria 1972.
Buddeberg, Ernst, Durch zwei Jahrtausende. Ein Gang durch die Kirchengeschichte für unsre Zeit, Lahr-Dinglingen 1939.
Bühler, Andreas Heinrich, Der Namaaufstand gegen die deutsche Kolonialherrschaft in Namibia von 1904-1913, Frankfurt am Main u. London 2003.
Burghart, Georg, Der Evangelische Oberkirchenrat in den Jahren 1900-1950, in: Oskar Söhngen (Hg.), Hundert Jahre Evangelischer Oberkirchenrat der altpreußischen Union 1850-1950, Berlin-Spandau 1950, 11-64.
Buys, Gerhard L., Nambala, Shekutaamba V. V., History of the church in Namibia 1805-1990. An introduction, Windhoek 2003.

Cameron, Threwhella u. Spies, S. B. (Hgg.), An illustrated history of South Africa, Johannesburg 1988.
Campenhausen, Axel Freiherr von, Staatskirchenrecht. Ein Studienbuch, 3. Aufl., München 1996.
Carmel, Alex, Der Kaiser reist ins Heilige Land – Legende und Wirklichkeit, in: Alex Carmel u. Ejal Jakob Eisler (Hgg.), Die Palästinareise Wilhelms II. 1898. Eine illustrierte Dokumentation, Stuttgart 1999, 51-184.
— Die Siedlungen der württembergischen Templer in Palästina 1868-1918, Stuttgart 2000.
Carruthers, Vincent, The Magaliesberg, Pretoria 2000.
Castro Varela, María do Mar u. Dhawan, Nikita (Hgg.), Edward Said – Der orientalisierte Orient, in: dies., Postkoloniale Theorie. Eine kritische Einführung, Bielefeld 2005, 29-54.
Chadwick, Owen, The Victorian Church, London 1971.

Chmel, Christian, Die beschleunigte Assimilation der deutsch-amerikanischen Minderheit als Folge des von Weltkriegen, Nationalsozialismus und Propaganda geprägten Deutschlandbildes in den USA (1914-1945), München u. Ravensburg 2008.

Chu, Winson, „Volksgemeinschaften unter sich". German Minorities and Regionalism in Poland, 1918-39, in: Neil Gregor, Nils Roemer u. Mark Roseman (Hgg.), German History from the Margins, Bloomington 2006, 104-126.

Clarke, Bob, Anglicans against apartheid 1936-1996, Pietermaritzburg 2008.

Cochrane, James, Servants of Power. The role of English-speaking churches 1903-1930, Johannesburg 1987.

Coetzer, Owen, Fire in the sky – The destruction of the Orange Free State 1899-1902, Weltevreden Park 2000.

Cohen, Cynthia, The natives must first become good workmen. Formal educational provision in German South West and East Africa compared, in: Journal of Southern African Studies 1, 1993, 115-134.

Cohen, Robin, Global diasporas. An introduction, 2nd edition, London u. New York 2008.

Collins, Ace, Stories behind the hymns that inspire America, Grand Rapids 2003.

Comaroff, Jean u. Comaroff, John, Of revelation and revolution. Volume 1. Christianity, colonialism, and consciousness in South Africa, Chicago 1991.

— Of revelation and revolution. Volume 2. The dialectics of modernity on a South African frontier, Chicago u. London 1997.

Conrad, Sebastian u. Habermas, Rebekka (Hgg.), Mission und kulturelle Globalisierung, Geschichte und Gesellschaft, Zeitschrift für Historische Sozialwissenschaft, 36. Jg., Heft 2, Göttingen 2010.

Conrad, Sebastian, Globalisierung und Nation im Deutschen Kaiserreich, München 2006.

Cullen, Michael S., Der Reichstag. Parlament, Denkmal, Symbol, Berlin 1995.

Davenport, Thomas R.H., South Africa. A modern history, Johannesburg 1977.

de Gruchy, John, The church struggle in South Africa, Cape Town 1979.

De Kadt, Elizabeth, German speakers in South Africa, in: Rajend Mesthrie (Hg.), Language in South Africa, Cambridge 2002, 148-160.

de Vries, Johannes Lucas, Mission and colonialism in Namibia, Johannesburg 1978.

— Namibia. Mission und Politik (1880-1918). Der Einfluß des deutschen Kolonialismus auf die Missionsarbeit der Rheinischen Missionsgesellschaft im früheren Deutsch-Südwestafrika, Neukirchen-Vluyn 1980.

Dedering, Tilman, ‚A Certain rigorous treatment of all parts of the nation'. The annihilation of the Herero in German South West Africa, 1904; in: Mark Levene u. Penny Roberts (Hgg.), The massacre in History, New York u. Oxford 1999, 205-222.

— Hate the Old and Follow the New. Khoekhoe and Missionaries in the Early Nineteenth Century (Missionsgeschichtliches Archiv Band 2), Stuttgart 1997.

— Missionare und KhoiKhoi in Namibia 1806-1840. Sozialer Wandel in einer afrikanischen Nomadengesellschaft, in: Wilfried Wagner (Hg.), Kolonien und Missionen. Referate des 3. Internationalen Kolonialgeschichtlichen Symposiums 1993 in Bremen, Münster u. Hamburg 1994, 222-241.

— The German-Herero war of 1904. Revisionism of genocide or imaginary historiography? in: Journal of Southern African Studies 19, Nr. 1, London, 1993, 80-88.

— The prophet's ‚war against whites'. Shepherd Stuurman in Namibia and South Africa, 1904-7, in: Journal of African History, 40, Cambridge 1999, 1-19.

Delft, Heinz von, Der Anteil von Kirche und Mission an der deutschen Einwanderung, in: Lantern Februar 1992, 30-33.

— Kirchbau am Kap. Als Hannoverscher Pastor 50 Jahre in Südafrika, Erlangen 1993.

Denis, Philippe u. Ntsimane, Radikobo (Hgg.), Oral history in a wounded country. Interactive interviewing in South Africa, Pietermaritzburg 2008.

Deutsche Evangelisch-Lutherische Kirche zu Pretoria. Festschrift zum 100-jährigen Bestehen 1889-1989.

Deutsche Schule zu Hermannsburg. 125 Jahre Schularbeit. Festschrift zum 125-jährigen Jubiläum 3.-4. Oktober 1981, Hermannsburg (Natal) 1981.

Deutscher Schulverein Kapstadt (Hg.), 100 Jahre Deutsche Schule Kapstadt, Cape Town 1983.

Dictionary of African Christian Biography (DACB), updated May 2003, http://www.dacb.org/ [06.07.20011].

Dictionary of South African Biography (DSAB), Krüger, D.W. (Editor-in-chief until 1972) u. Beyers, C.J. (Editor-in-chief since 1972), published for the Human Sciences Research Council, Pretoria, by Tafelberg-Uitgewers, Cape Town, 1977.

Diekmann, Wolfgang u. Müller, Carl, Hundert Jahre Deutsche Evangelisch-Lutherische Gemeinde Johannesburg 1888-1988, Johannesburg 1988.

Dierks, Klaus, Chronologie der Namibischen Geschichte, Windhoek 2000.

— Chronologie der Namibischen Geschichte. Von der Vorgeschichtlichen Zeit zum unabhängigen Namibia. 2. Aufl., Windhoek 2002.

Draper, Jonathan (Hg.), Orality, literacy and colonialism in Southern Africa, Pietermaritzburg 2003.

Drascher, Wahrhold u. Rust, Hans Joachim (Hgg.), Ein Leben für Südwestafrika. Festschrift Dr. h.c. Heinrich Vedder, Windhoek 1961.

Drechsler, Horst, Let us die fighting: The struggle of the Herero and Nama against German imperialism (1884-1915), Übersetzung von: Südwestafrika unter deutscher Kolonialherrschaft (1966), London 1980.

— Südwestafrika unter deutscher Kolonialherrschaft. Der Kampf der Herero und Nama gegen den deutschen Imperialismus (1884-1915), Berlin (Ost) 1966.

du Plessis, Johannes S., The South African Republic, in: C.P.J. Muller (Hg.), Five hundred years – A history of South Africa. 2nd edition, Pretoria u. Cape Town 1977, 252-292.

Dürrschmidt, Sebastian, Die Geschichte Namibias in Vedders ‚Das alte Südwestafrika'. Objektive wissenschaftliche Analyse oder subjektive historische Darstellung? (Hauptseminararbeit), GRIN-Verlag für akademische Texte, Nr. V52709, München u. Ravensburg 2005.

Eberhardt, Martin, Keine „Volksgemeinschaft" in Südwest. Die Deutschen in Südwestafrika und der Nationalsozialismus, in: Afrikanischer Heimatkalender 2008, Windhoek 2007, 59-66.

— Zwischen Nationalsozialismus und Apartheid. Die deutsche Bevölkerungsgruppe Südwestafrikas 1915-1965 (Periplus Studien 10), Berlin 2007.

Eckart, Wolfgang U., From questionnaires to microscopes: Founding and early years of the Hamburg Institute of Tropical Diseases, in: Benedikt Stuchtey (Hg.), Science across the European Empires, 1800-1950, Oxford 2005, 309-327.

— Medizin und Kolonialimperialismus. Deutschland 1884-1945, Paderborn u.a. 1997.

Eckert, Andreas u. Wirz, Albert, Wir nicht, die Anderen auch. Deutschland und der Kolonialismus, in: Sebastian Conrad u. Shalini Randeria (Hgg.), Jenseits des Eurozentrismus. Postkoloniale Perspektiven in den Geschichts- und Kulturwissenschaften, Frankfurt u. New York 2002, 372-388.

Eckl, Andreas, Ora et labora: katholische Missionsfotografien aus den afrikanischen Kolonien, in: Marianne Bechhaus-Gerst u. Sunna Giesecke (Hgg.), Koloniale und postkoloniale Konstruktionen von Afrika und Menschen afrikanischer Herkunft in der deutschen Alltagskultur, Frankfurt am Main 2006, 231-249.

Edinger, Klaus-Peter, Die Evangelisch-Lutherische Gemeinde, Port Elizabeth (Springfield) im Kontext des neuen Südafrika, in: Mitteilungen aus Ökumene und Auslandsarbeit, hg. vom Kirchenamt der Ev. Kirche in Deutschland, Hauptabteilung III, Kirchliches Außenamt, Ausgabe 1998, 211-221.

Eggers, C., Geschichte und Entwicklung unserer Synode von 1890 ab, aus Kopien zusammengestellt (Wartburg, unveröffentlicht, hekt.), 1951.

Eggert, Johanna, Missionsschule und Sozialer Wandel in Ostafrika, Bielefeld 1970.

Einheit im Rassen-Konflikt, epd dokumentation12, Bielefeld, Berlin 1974.

Eley, Geoff, How and where is German history centered?, in: Neil Gregor, Nils Roemer u. Mark Roseman (Hgg.) German history from the margins, Bloomington 2006, 268-286.

Elfers, August, Bodenständige Volkskirche als Ziel der Heidenmission. Missionsgrundsätze bei Ludwig Harms und ihre Bedeutung für die Gegenwart, in: Erbe und Auftrag der Hermannsburger Mission. Zum 100. Todestag von Ludwig Harms, Beilage zum Hermannsburger Missionsblatt, 1965, 105. Jg., November.

— Südafrikanisches Bilderbuch, Hermannsburg 1952.

Elphick, Richard u. Davenport, Rodney (Hgg.), Christianity in South Africa. A political, social and cultural history, Oxford, Cape Town 1997.

El-Tayeb, Fatima, Schwarze Deutsche. Der Diskurs um „Rasse" und nationale Identität 1890-1933, Frankfurt u. New York 2001.

Elwert, Georg, Anthropologische Perspektiven auf Konflikt, in: Julia Eckert (Hg.), Anthropologie der Konflikte. Georg Elwerts konflikttheoretische Thesen in der Diskussion, Bielefeld 2004, 26-38.

Emmet, Tony, Popular resistance and the roots of nationalism in Namibia, 1915-1966, Basel Namibia Studies Series 4, Basel 1999.

— Popular resistance in Namibia, 1920-5, in: Brian Wood (Hg.), 1884-1984. Readings on Namibia's history and society, London 1988, 224-258.

Engel, Lothar, Die Rheinische Missionsgesellschaft und die deutsche Kolonialherrschaft in Südwestafrika 1884-1915, in: Klaus J. Bade (Hg.), Imperialismus und Kolonialmission. Kaiserliches Deutschland und koloniales Imperium (Beiträge zur Kolonial- und Überseegeschichte 22), Wiesbaden 1982, 142-164.

— Die Stellung der Mission zum politischen Aufbruch der Namibianer nach dem Ersten Weltkrieg, in: Ulrich Duchrow (Hg.), Zwei Reiche und Regimente. Ideologie oder evangelische Orientierung. Studien zur evangelischen Ethik, Gütersloh 1977, 129-145.

— Die Stellung der Rheinischen Missionsgesellschaft zu den politischen und gesellschaftlichen Verhältnissen Südwestafrikas und ihr Beitrag zur dortigen kirchlichen Entwicklung bis zum Nama-Herero-Aufstand 1904-1907, Hamburg 1972.

— Kolonialismus und Nationalismus im deutschen Protestantismus in Namibia 1907 bis 1945 (Studien zur interkulturellen Geschichte des Christentums 7), Frankfurt u. Bern 1976.

— Rasse und Mission in Namibia. Die Diskussion über die sog. Rassenmischehe im ehemaligen Deutsch-Südwestafrika, in: Evangelische Missionszeitschrift 30, Frankfurt u. Basel 1973, 121-133.

— The mission and political awakening of the Namibians after the First World War, in: Ulrich Duchrow (Hg.), Lutheran Churches: Salt or mirror of Society?, Genf 1977.

Enklaar, Ido H., The life and work of Dr J. Th. van der Kemp 1747-1811. Missionary pioneer and protagonist of racial equality in South Africa, Cape Town 1988.

Enquist, Roy J., Namibia. Land of Tears, Land of Promise, London u. Toronto 1990.

Epstein, Klaus, Erzberger and the German colonial scandals, 1905-1910, in: The English Historical Review 74, 1959, 637-663.

— Matthias Erzberger und das Dilemma der deutschen Demokratie, Berlin u. Frankfurt am Main 1962

Ercker, Steffen, Der Deutsch-Herero-Krieg und das Völkerrecht. Die völkerrechtliche Haftung der Bundesrepublik Deutschland für das Vorgehen des Deutschen Reiches gegen die Herero in Deutsch-Südwestafrika im Jahre 1904 und ihre Durchsetzung vor einem internationalen Gericht, Frankfurt am Main u.a. 2009.

Erichsen, Casper W., „The angel of death has descended violently among them". Concentration camps and prisoners-of-war in Namibia, 1904-08, Leiden 2005.
— The Angel of Death has descended violently among them, unveröffentlichte Magisterarbeit, University of Namibia, Windhoek 2004.
— Zwangsarbeit im Konzentrationslager auf der Haifischinsel, in: Joachim Zeller u. Jürgen Zimmerer (Hgg.), Völkermord in Deutsch-Südwestafrika. Der Kolonialkrieg (1904-1908) in Namibia und seine Folgen, Berlin 2002, 80-85.
Ernest, Aunice, Nsibande, Historical development of the Evangelical Lutheran Church - South Eastern Region, unveröffentlichte Magisterarbeit, UNISA, Pretoria 1981.

Faulenbach, Barbara, Sicherung und Erschließung des Historischen Bildarchivs der Vereinten Evangelischen Mission in Wuppertal-Barmen, in: Landschaftsverband Rheinland (Hg.), Fotos und Sammlungen im Archiv, Köln 1997, 63-71.
Fehrenbach, Elisabeth, Wandlungen des deutschen Kaisergedankens, München u.a. 1969.
Feldtkeller, Andreas, Sieben Thesen zur Missionsgeschichte (Berliner Beiträge zur Missionsgeschichte, Heft 1), Berlin 2000.
Festschrift zum 150-jährigen Bestehen der Evangelisch-Lutherischen Peter-Pauls-Gemeinde Hermannsburg in Kwazulu-Natal, Südafrika am 26. September 2004.
Festschrift zum hundertjährigen Bestehen der Evangelisch-Lutherischen Concordia-Gemeinde Gerdau am 28. Mai 2005.
Filter, Heinrich u. Bourqion, S. (Hgg.), Paulina Dlamini. Servant of two kings, Pietermaritzburg 1986.
— Ich diente zwei Herren. Paulina Dlamini erzählt ihr Leben, Hermannsburg 2002.
Fintel, Martin von, Church land and the Evangelical Lutheran Church in Southern Africa, in: David S. Gillan (Hg.), Church, Land and Poverty. Community struggles, land reform and the policy framework on church land, Johannesburg 1998, 83-86.
Florin, Hans W., Lutherans in South Africa (Survey Report 1964-5), Benoni 1965.
— Lutherans in South Africa, revised report with a preface from Hamburg, 1967.
Förster, Larissa, Jenseits des juristischen Diskurses. Die Entschuldigung von Heidemarie Wieczorek-Zeul in Namibia, in: afrika süd. Zeitschrift zum südlichen Afrika. Heft Nr. 5, 2004.
Freitag, Christine, Schule und Bildungshilfe in den Konzeptionen katholischer Missionsgesellschaften, Köln, Weimar u. Wien 1995.
Friedrich, Norbert, Die Christlich-soziale Bewegung und Wilhelm II., in: Stefan Samerski (Hg.), Wilhelm II. und die Religion. Facetten einer Persönlichkeit und ihres Umfelds, Berlin 2001, 59-90.
Froise, Marjorie (Hg.), South African Christian Handbook 1999-2000, Welkom 2000.
Fuchs, Thomas, Antiaufklärerischer Kulturtransfer als „Umformung christlicher Praxis". Erweckung und Mission im späten 18. und frühen 19. Jahrhundert, in: Albrecht Beutel u. Volker Leppin (Hgg.), Religion und Aufklärung. Studien zur neuzeitlichen „Umformung des Christlichen" (Arbeiten zur Kirchen- und Theologiegeschichte), Leipzig 2005.

Gamble, Helen, Mariannhill. A century of prayer and work, Pinetown 1980.
Gensichen, Hans-W., Missionsgeschichte der neueren Zeit. Die Kirche in ihrer Geschichte, ein Handbuch, hg. von Kurt D. Schmid und Ernst Wolf, Bd. 4, Lieferung T, Göttingen 1961.
Gerstner, Jonathan Neil, The Thousand Generation Covenant. Dutch Reformed Covenant Theology and Group Identity in Colonial South Africa, 1652-1814, (Studies in the History of Christian Thought 44), Leiden u.a. 1991, 84-86.
Gewald, Jan-Bart, Herero Heroes. A Socio-Political History of the Herero of Namibia 1890-1923. Oxford, Cape Town u. Athens 1999.

— Colonization, Genocide and resurgence: The Herero of Namibia 1890-1933, in: Michael Bollig u. Jan-Bart Gewald (Hgg.): People, cattle and land. Transformations of a pastoral society in Southwestern Africa, Köln 2000, 187-226.

— Kolonisierung, Völkermord und Wiederkehr. Die Herero von Namibia 1890-1923, in: Joachim Zeller u. Jürgen Zimmerer (Hgg.): Völkermord in Deutsch-Südwestafrika. Der Kolonialkrieg (1904-1908) in Namibia und seine Folgen, Berlin 2002, 105-120.

Giliomee, Hermann, The Afrikaners. Biography of a people, Cape Town, 2003.

Gillan, David S. (Hg.), Church, land and poverty. Community struggles, land reform and the policy framework on church land, Johannesburg 1998.

Gilroy, Paul, Against race. Imagining political culture beyond the power line, Cambridge (Mass.) 2000.

— The black Atlantic: modernity and double consciousness, London 1993.

Glocke, Nicole, Zur Geschichte der Rheinischen Missionsgesellschaft in Deutsch-Südwestafrika unter besonderer Berücksichtigung des Kolonialkrieges von 1904 bis 1907, Bochum 1997.

Gloege, Gerhard, Zinzendorf und das Luthertum, in: ders., Verkündigung und Verantwortung. Theologische Traktate. 2. Bd., Göttingen 1967, 40-68.

Gockel, Klaus, Mission und Apartheid. Heinrich Vedder und Karl Heinz Diehl. Mission und Gegenwart Bd. 4, Köln 2010.

Göckenjan, Hermann, Art. Auslandsgemeinden deutscher Sprache. I. Evangelische Auslandsgemeinden, in: RGG[4] 1, 990-994.

Goedhals, Mandy, „Ungumpriste: A study of the life of Peter Masiza", in: Journal of Theology for Southern Africa 38, 1982, 28.

Goffman, Erving, Wir alle spielen Theater. Die Selbstdarstellung im Alltag, München 2003.

Gosewinkel, Dieter, Einbürgern und Ausschließen. Die Nationalisierung der Staatsangehörigkeit vom Deutschen Bund bis zur Bundesrepublik Deutschland, Göttingen 2001.

Graf, Friedrich Wilhelm, Art. Troeltsch, Ernst Peter Wilhelm, in: RGG[4] 8, 628-632.

— Kulturprotestantismus, in: Theologische Realenzyklopädie 20, Berlin u. New York 1990, 230-243.

— Missbrauchte Götter. Zum Menschenbilderstreit in der Moderne, München 2009.

— Vorwort, in: ders. (Hg.), Ernst Troeltschs „Historismus", Gütersloh 2000, 7-8.

Grafe, Hugald, Eschatologie und Mission bei Ludwig Harms, insbesondere aufgrund seiner Auslegung der Johannesoffenbarung, in: Georg Gremels (Hg.), Eschatologie und Gemeindeaufbau. Hermannsburger Missionsgeschichte im Umfeld lutherischer Erweckung. Beiträge aus Ludwig-Harms-Symposien (Quellen und Beiträge zur Geschichte der Hermannsburger Mission und des Ev.-Luth. Missionswerkes in Niedersachsen XI), Hermannsburg 2004, 75-83.

— Lutherische Kirche und die Mission bei Ludwig Harms, in: Georg Gremels (Hg.), Eschatologie und Gemeindeaufbau. Hermannsburger Missionsgeschichte im Umfeld lutherischer Erweckung. Beiträge aus Ludwig-Harms-Symposien (Quellen und Beiträge zur Geschichte der Hermannsburger Mission und des Ev.-Luth. Missionswerkes in Niedersachsen XI), Hermannsburg 2004, 91-97.

Graichen, Gisela, Gründer, Horst, Deutsche Kolonien. Traum und Trauma, Berlin 2007.

Gremels, Georg (Hg.), Eschatologie und Gemeindeaufbau. Hermannsburger Missionsgeschichte im Umfeld lutherischer Erweckung. Beiträge aus Ludwig-Harms-Symposien (Quellen und Beiträge zur Geschichte der Hermannsburger Mission und des Ev.-Luth. Missionswerkes in Niedersachsen XI), Hermannsburg 2004.

Grienig, Ingrid: „Ein äusserst schwer zu bedienendes Missionsobjekt": Farmarbeiter in Deutsch-Südwestafrika, in: Ulrich van der Heyden u. Jürgen Becher, Mission und Gewalt. Der Umgang christlicher Mission mit Gewalt und die Ausbreitung des Christentums in Afrika und Asien in der Zeit von 1792 bis 1918/1919 (Missionsgeschichtliches Archiv 6), Stuttgart 2000, 435-448.

Gross, Raphael, Anständig geblieben. Nationalsozialistische Moral, Frankfurt am Main 2010.

Grosse, Pascal, Die Deutschen Kolonialkongresse in Berlin 1902, 1905 und 1910, in: Ulrich van der Heyden u. Joachim Zeller (Hgg.), „... Macht und Anteil an der Weltherrschaft" Berlin und der deutsche Kolonialismus, Münster 2005, 95-100.
— Psychologische Menschenführung und die deutsche Kolonialpolitik 1900-1940, in: Paul Mecheril u. Thomas Teo (Hgg.), Psychologie und Rassismus, Reinbek 1997, 19-41.
Grotpeter, John J., Historical dictionary of Namibia, Metuchen u. London 1994.
Gründer, Horst (Hg.), „...da und dort ein junges Deutschland gründen". Rassismus, Kolonien und kolonialer Gedanke vom 16. bis zum 20. Jahrhundert, München 1999.
— „Neger, Kanaken und Chinesen zu nützlichen Menschen erziehen" – Herrschaftsideologie und koloniale Praxis, in: ders. (Hg.): „... da und dort ein junges Deutschland gründen". Rassismus, Kolonien und kolonialer Gedanke vom 16. bis zum 20. Jahrhundert, München 1999, 222-297.
— „Neger, Kanaken und Chinesen zu nützlichen Menschen erziehen" – Ideologie und Praxis des deutschen Kolonialismus, in: Horst Gründer, Christliche Heilsbotschaft und weltliche Macht. Studien zum Verhältnis von Mission und Kolonialismus. Gesammelte Aufsätze. Hg.v. Franz-Joseph Post, Thomas Küster u. Clemens Sorgenfrey (Europa – Übersee. Historische Studien 14), Münster 2004, 227-245.
— Christliche Mission und deutscher Imperialismus. Eine politische Geschichte ihrer Beziehungen während der deutschen Kolonialzeit (1814–1919) unter besonderer Berücksichtigung Afrikas und Chinas, Paderborn 1982.
— Geschichte der deutschen Kolonien, Paderborn 2004.
— Koloniale Mission und kirchenpolitische Entwicklung im Deutschen Reich, in: Horst Gründer, Christliche Heilsbotschaft und weltliche Macht. Studien zum Verhältnis von Mission und Kolonialismus. Gesammelte Aufsätze. Hg.v. Franz-Joseph Post, Thomas Küster u. Clemens Sorgenfrey (Europa – Übersee. Historische Studien 14), Münster 2004, 209-226.
— Mission und Kolonialismus – Historische Beziehungen und strukturelle Zusammenhänge, in: Wilfried Wagner (Hg.), Kolonien und Missionen. Referate des 3. Internationalen Kolonialgeschichtlichen Symposiums 1993 in Bremen, Münster u. Hamburg 1994, 24-37.
— Mission, Kolonialismus und Emanzipation in Schwarzafrika, in: Historisches Jahrbuch 109, München 1989, 371-386.
Grünewald, Hildemarie, Die Geschichte der Deutschen in Südafrika. Vierte erweiterte Auflage, Cape Town 1998.
Gurirab, Gotthard, A brief historical survey of the ELCRN, in: Paul John Isaak (Hg.), The Influences of Missionary Work in Namibia, Windhoek 2007.
Guy, Jeff, Remembering the Rebellion – The Zulu Uprising of 1906, Pietermaritzburg 2006.
— The destruction of the Zulu Kingdom. The civil war in Zululand, 1879-1884, London 1979.
— The heretic, Pietermaritzburg 1984.
— The Maphumulo uprising: War, law and ritual in the Zulu rebellion, Pietermaritzburg 2005.
— The View from the River: Harriette Colenso and the Zulu struggle against imperialism, Cape Town 2001.

Habermas, Rebekka, Mission im 19. Jahrhundert – Globale Netze des Religiösen, in: Historische Zeitschrift 287, 2008, 629-679.
Hahne, Hermann, Die weißen Gemeinden und ihre Synode, in: Winfried Wickert (Hg.), Und die Vögel des Himmels wohnen unter seinen Zweigen, Hermannsburg 1949, 333-356.
Halenke, Herbert, Das Ringen um die Märkte. Fleischwirtschaft und -industrie, in: Klaus Becker (Hg.), 1884-1984. Vom Schutzgebiet bis Namibia, Windhoek 1985, 233-246.
Hammer, Karl, Weltmission und Kolonialismus. Sendungsideen des 19. Jahrhunderts im Konflikt, München 1978.

Hardtwig, Wolfgang u. Müller, Philipp, Einleitung. Universalgeschichtliches Denken am Wissenschaftsstandort Berlin 1800-1933, in: dies. (Hgg.), Die Vergangenheit der Weltgeschichte. Universalhistorisches Denken in Berlin 1800-1933, Göttingen 2010, 9-27.
Harley, Anne u. Fotheringham, Romy, AFRA : 20 years in the land rights struggle, 1979-1999, Pietermaritzburg 1999.
Harms, H.O., Lebendiges Erbe. Ludwig Harms, Theodor Harms und die Hermannsburger Mission, gesammelte Beiträge, hg. von Wolfgang A. Bienert (Verkündigung und Verantwortung 5), Hermannsburg 1980.
Harms, Hartwig F., Concerned for the unreached. Life and work of Louis Harms, founder of the Hermannsburg Mission, Addis Ababa u. Hermannsburg 1999.
— Die Bedeutung der Gemeinde für die Mission bei Wilhelm Löhe und Ludwig Harms, in: Georg Gremels (Hg.), Eschatologie und Gemeindeaufbau. Hermannsburger Missionsgeschichte im Umfeld lutherischer Erweckung. Beiträge aus Ludwig-Harms-Symposien (Quellen und Beiträge zur Geschichte der Hermannsburger Mission und des Ev.-Luth. Missionswerkes in Niedersachsen XI), Hermannsburg 2004, 114-128.
Hartmann, Wolfram, Sexual encounters and their implications on an open and closing frontier, unveröffentlichte Doktorarbeit, Columbia University, New York 2002.
Hasselhorn, Fritz, Bauernmission in Südafrika. Die Hermannsburger Mission im Spannungsfeld der Kolonialpolitik 1890-1939, mit einem Vorwort von Wolfram Kistner (Erlanger Monographien aus Mission und Ökumene 6), Erlangen 1988.
— Hermannsburger Mission in Südafrika im Spiegel des Missionsblattes, 1870-1910 (o.O. und o.J.).
— Mission, land ownership and settlers' ideology, exemplified by the German Hermannsburg Mission in South Africa. Hg. v. The South African Council of Churches, Johannesburg 2001.
Hasselhorn, Johannes, Geleitwort, in: Heinz von Delft, Kirchbau am Kap. Als Hannoverscher Pastor 50 Jahre in Südafrika, Erlangen 1993, 7-12.
Hastings, Adrian, The clash of nationalism and universalism within twentieth-century missionary christianity, in: Brian Stanley u. Alaine M. Low (Hgg.), Missions, nationalism and the end of empire. Grand Rapids 2003, 15-33.
Haus, Fritz Hugo, Carl Hugo Gutsche (1843-1926). The significance of his life and ministry for the Baptist churches and missions in Southern Africa, unveröffentlichte Doktorarbeit, Universität von Stellenbosch, Stellenbosch 1999.
Heckel, Theodor, Kirche jenseits der Grenzen. Aus der deutschen evangelischen Auslanddiaspora, Göttingen 1949.
Heese, Hans Friedrich, Groep sonder grense. Die rol en status van die gemengde bevolking aan die Kaap 1652-1795, Pretoria 2005.
Heese, Johanna (Hg.), Unsere Frauen erzählen 1980, 2. Ausgabe, Kroondal 1996.
Heese, Johannes August u. Zöllner, Linda, Die Berlynse sendelinge in Suid-Afrika, Pretoria 1984.
Heipertz, Otto, Zum fünfundsiebzigjährigen Bestehen der Deutschen Schule Philippi-Vlakte am Kap in: Wilhelm Blumer (Hg.), Pflanzgarten im Dünensand. Philippi-Vlakte am Kap, Wynberg 1959.
Hellberg, Carl-J., A voice of the voiceless, Lund 1979.
— Mission, colonialism, and liberation: The Lutheran Church in Namibia 1840-1966, Windhoek 1997.
Hellberg, Wilhelm Heinrich Christoph, 'n Terugblik/Looking back, in: Wilhelm Blumer (Hg.), Pflanzgarten im Dünensand. Philippi-Vlakte am Kap, Wynberg 1959.
— Aus der Frühzeit des Luthertums, in: Festschrift zum 100jährigen Jubiläum der Deutschen Ev.-Luth. St. Martini Kirche, Cape Town 1961, 7-11.
— Die Deutschen Evangelisch-Lutherischen Kirchengemeinden im Westen des Kaplands, unveröffentlichte Doktorarbeit, Universität von Stellenbosch, Stellenbosch 1957.
— Duitse immigrasie na Wes-Kaapland/German immigration to the Western Cape, in: Wilhelm Blumer (Hg.), Pflanzgarten im Dünensand. Philippi-Vlakte am Kap, Wynberg 1959.

— Von den deutschen Siedlern im Kapland, Afrikanischer Heimatkalender 1954, Windhoek 1953.
— Deutsche Missionare und deutsche Kirchengemeinden des Kaplandes, in: Afrikanischer Heimatkalender 1956, Windhoek 1955, 58-79.
Hennings, G.R., Die Kaffraria-Deutschen in Südafrika, in: Afrikanischer Heimatkalender 1936, Windhoek 1935, 78-80.
Henrichsen, Dag, „Ehi rOvaherero". Mündliche Überlieferung von Herero zu ihrer Geschichte im vorkolonialen Namibia, in: Werkstatt Geschichte 9, Hamburg 1994, 15-24.
— Die Hegemonie der Herero in Zentralnamibia zu Beginn der deutschen Kolonialherrschaft, in: Larissa Förster, Dag Henrichsen u. Michael Bollig (Hgg.), Namibia – Deutschland. Eine geteilte Geschichte. Widerstand – Gewalt – Erinnerung, Köln 2004, 44-59.
Hermann, Gunther J., Apartheid als ökumenische Herausforderung. Die Rolle der Kirche im Südafrikakonflikt, Frankfurt am Main, 2006.
Hermann, Louis, A History of the Jews in South Africa, Johannesburg 1935.
Hermannsburg 1856-2006 [Festschrift zum 150-jährigen Bestehen der Hermannsburger Schule].
Hermes, Stefan, Looking back critically. Representations of the ‚Herero war' in novels of the GDR (Ferdinand May, Dietmar Beetz), Journal of Namibian Studies 5, Essen 2009, 73-98.
Herz, Karl H., Two kingdoms and one world, Minneapolis 1976.
Heuss, Theodor, Friedrich Naumann. Der Mann, das Werk, die Zeit. 3. Auflage, München u.a. 1968.
Heussi, Karl, Abriss der Kirchengeschichte, Weimar 1956.
— Kompendium der Kirchengeschichte, 4., verbesserte Aufl., Tübingen 1919.
Heydorn, Allan, Die ersten Jahre der alten lutherischen Kirche in Stellenbosch, in: Afrikanischer Heimatkalender 1971, Windhoek 1970, 75-80.
Hillermann, Hans Georg, Die Geschichte Neu-Hannovers zum 125-jährigen Gemeindejubiläum, 1858-1983.
Hinchliff, Peter, The Anglican Church in South Africa, London 1963.
— The Church in South Africa, London 1968.
Hinz, Rudolf, Erinnerung, Vergegenwärtigung. Hoffnung wecken. Die Christuskirche in Windhoek, in: Perspektiven 2010, Windhoek 2009.
Hinze, Ralph, Die Hinzes in Südafrika – Ihr Leben in ihrer Umgebung, 1858-2008, Piet Retief 2008.
Hock, Klaus, Das Christentum in Afrika und dem Nahen Osten. Kirchengeschichte in Einzeldarstellungen Bd. IV/7, Leipzig 2005.
Hoeflich, Karl F., Deutsches Luthertum in Südafrika, in: Die evangelische Diaspora 31, 1960, 93-98.
Hoekendijk, Johannes Christian, Kirche und Volk in der deutschen Missionswissenschaft, bearbeitet und hg. von Erich-Walter Pollmann (Theologische Bücherei. Neudrucke und Berichte aus dem 20. Jahrhundert 35: Mission und Ökumene), München 1967.
Hoeres, Peter, Krieg der Philosophen. Die deutsche und die britische Philosophie im Ersten Weltkrieg, Paderborn [u.a.] 2004.
Höflich, K. F., Deutsches Luthertum im Südlichen Afrika, in: Kurt Naumann (Hg.), Deutsche Evangelisch-Lutherische St. Martini-Kirche Kapstadt, Festschrift zum 100jährigen Jubiläum, Cape Town 1961, 83-89.
Hoge, John, Die Geschichte der ältesten evangelisch-lutherischen Gemeinde in Kapstadt. Ein Beitrag zur Geschichte des Deutschtums in Südafrika, München, 1939.
— Joachim Nikolaus von Dessin, in: Afrikanischer Heimatkalender 1951, Windhoek 1950, 97-105.
— Lutheraner und Reformierte im alten Kapland, in: Afrikanischer Heimatkalender 1949, Windhoek 1948, 58-73.
— Personalia of the Germans at the Cape, 1652-1806. Archives Year Book for South African History, hg. v. C. Beyers, P. Venter, J. Franken u.a., Cape Town 1946.
— Von den Deutschen im Kapland in der holländischen Zeit, in: Afrikanischer Heimatkalender 1950, Windhoek 1949, 75-79.
Hoheisel, Karl u.a., Art. Seele, in: RGG^4 7, 1090-1107.

Hohmann, Christian, Auf getrennten Wegen. Lutherische Missions- und Siedlergemeinden in Südafrika im Spannungsfeld der Rassentrennung (1652-1910) (Studien zur außereuropäischen Christentumsgeschichte 16), Wiesbaden 2011.
— Lutherische Identität als Konflikt. Zur Entstehung der Lutherischen Kirchenmission Bleckmar (1892), in: Patrik Mähling (Hg.), Kirchliche Bildung und Politik in Spätmittelalter, Reformation und Neuzeit, Festschrift für Manfred Schulze zum 65. Geburtstag, (Arbeiten zur Historischen und Systematischen Theologie 13), Berlin 2010, 234-244.
Hoimyr, N.K., (Hg.), Building together - Church and society in KwaZulu-Natal. Exhibition supported by the Norwegian Embassy in Pretoria in connection with the Norwegian Centennial Anniversary, NMS Archives Stavanger 2005.
Holze, Henry, Die Hannoversche Landeskirche und die Mission in der ersten Hälfte des 19. Jahrhunderts, in: Georg Gremels (Hg.): Eschatologie und Gemeindeaufbau. Hermannsburger Missionsgeschichte im Umfeld lutherischer Erweckung. Beiträge aus Ludwig-Harms-Symposien (Quellen und Beiträge zur Geschichte der Hermannsburger Mission und des Ev.-Luth. Missionswerkes in Niedersachsen XI), Hermannsburg 2004, 45-55.
Honold, Alexander, Raum ohne Volk. Geographie und Kolonialismus, in: Christof Hamann, Afrika – Kultur und Gewalt. Hintergründe uns Aktualität des Kolonialkriegs in Deutsch-Südwestafrika. Seine Rezeption in Literatur, Wissenschaft und Populärkultur (1904–2004), Iserlohn 2005, 39-56.
Hopkins, Henry Charles, Art. von Manger, Johann Heinrich Wilhelm, in: DSAB 2, 820-821.
Huber, Friedrich, Die Haltung der Rheinischen Missionsgesellschaft zum Herero- und Nama-Aufstand, in: Zeitschrift für Mission 3/05, Frankfurt am Main u. Basel 2005, 213-226.
Hübinger, Gangolf, Harnack, Rade und Troeltsch. Wissenschaft und politische Ethik, in: Kurt Nowak u. Otto Gerhard Oexle (Hgg.), Adolf von Harnack. Theologe, Historiker, Wissenschaftspolitiker, Göttingen 2001, 85-102.
— Kulturprotestantismus und Politik. Zum Verhältnis von Liberalismus und Protestantismus im wilhelminischen Deutschland, Tübingen 1994.
Hugo, André Malan, Art. Hager, Carl Otto, in: DSAB 2, 283-284.
Hugo, Maria, Art. Baron Richard von Stutterheim, in: DSAB 3, 826.
Hundert Jahre Deutsche Evangelisch-Lutherische Gemeinde Bloemfontein (Oranje Freistaat) 1875-1975, in: Afrikanischer Heimatkalender 1976, Windhoek 1975, 143-170.

Isaak, Paul John, The Evangelical Lutheran Church in the Republic of Namibia in the 21st century, Windhoek 2000.
— The influences of missionary work in Namibia, Windhoek 2007.
— Towards Black African theology, unveröffentlichte Magisterarbeit, Graduate Theological Union, Berkeley 1978.
Ithemba Labantu Centre. URL: http://www.themba-labantu.co.za/ [22.05.09].

Jacob, William M., The Making of the Anglican Church Worldwide, London 1997.
Jaeschke, Ernst, Bruno Gutmann: His Life, His Thoughts and His Work, Erlangen 1985.
Jaguttis, Malte, Wege zu einer völkerrechtlichen Verhandlung der Herero-Klage jenseits der Maßstäbe kolonialer Selbstbeschreibung?, in: Dierk Schmidt, Die Teilung der Erde, Tableaux zu rechtlichen Synopsen der Berliner Afrika-Konferenz, Köln 2010 (i.E.).
Jähnichen, Traugott, Art. Seeberg, Reinhold, in: BBKL 9, 1995, 1307-1310.
Janssen, Karl, Art. Wichern, in: RGG³ 6, 1678-1680.
Jäschke, Uwe Ulrich, Die polyzentrische Infrastruktur Namibias. Entstehung und Entwicklung in der deutschen Periode 1884 bis 1914/15, Dresden 2002.
Jenkins, Paul, Was ist eine Missionsgesellschaft?, in: Wilfried Wagner, Kolonien und Missionen, Münster u. Hamburg 1997, 441-454.

Joas, Santos, Historical and political background research on five community schools in Namibia, o.O. [Windhoek] 1994.
Joch, Markus, Der Katechismus zur Kolonialfrage. Februar 1879: Friedrich Fabri fragt: „Bedarf Deutschland der Colonien?", in: Alexander Honold u. Klaus R. Scherpe (Hgg.), Mit Deutschland um die Welt. Eine Kulturgeschichte des Fremden in der Kolonialzeit, Stuttgart u. Weimar 2004, 51-57.
Jod, Petrus, Das Witbooi-Volk und die Gründung Gibeons, in: Süd West Afrika Wissenschaftliche Gesellschaft Journal, Band XVI-1961/62, Windhoek 1961, 81-87.
Jonassohn, Kurt, Björnson, Karin Solveig, Genocide and gross human rights violations in comparative perspective. 2. Aufl., New Brunswick 1999.
Joubert, H., Die verstedeliking van die Kaapse Vlakte (The urbanisation of the Cape Flats), unveröffentlichte Doktorarbeit, Universität von Stellenbosch, Stellenbosch 1956.
Jubiläumsschrift. 100 Jahre Kroondaler Schule. 1892-1992, Kroondal 1992.
Junck, Andreas, Lichtbilder-Vorträge in der Arbeit der Basler Mission, unveröffentlichte Diplomarbeit, Bremen 1994.
Junge, Hergen, Tötemeyer, Gerhard u. Zappen-Thomson, Marianne (Hgg.), The identity and role of the German-Speaking Community in Namibia, Windhoek, 1993.
Jura, Guido, Deutsche Spuren in der Kirchen- und Gesellschaftsgeschichte Namibias. Eine Analyse unter besonderer Berücksichtigung des Emanzipationsprozesses einer ehemals kolonialen Missionskirche zu einer eigenständigen Partnerkirche im heutigen Namibia sowie der Interessenwahrnehmung der deutschsprachigen Minderheit innerhalb einer eigenen lutherischen Kirchengemeinschaft, unveröffentlichte Doktorarbeit, Ruhr-Universität Bochum, Bochum 2002.

Kameeta, Zephania, Entschuldigung angenommen – Dr. Zephania Kameeta begrüßt die Rede von Entwicklungsministerin Wieczorek-Zeul, in: Christian Hohmann u. Hanns Lessing (Hgg.), Versöhnungsarbeit im Schatten des Kolonialismus, epd Dokumentation Nr. 39/40 2004.
— Eröffnungsrede zur Ausstellung „Remembering the Past, Building the Future" am 15.10.2005 in Windhoek (unveröffentlicht).
— Predigt im Gedenkgottesdienst am 11. Januar 2004 in Windhoek (unveröffentlicht).
Kantorowicz, Ernst, The King's Two Bodies. A Study in Mediaeval Political Theology, Princeton 1957.
Karg, Theodor, Von der Eisenacher Konferenz zum Deutschen Evangelischen Kirchenbund, unveröffentlichte Doktorarbeit, Universität Freiburg, Freiburg i. Br. 1961.
Katjavivi, Peter H., A history of resistance in Namibia, Paris 1988.
Katjavivi, Peter, Frostin, Per u. Mbuende, Kaire, Church and liberation in Namibia, London 1989.
Kaulich, Udo, Die Geschichte der ehemaligen Kolonie Deutsch-Südwestafrika (1884-1914). Eine Gesamtdarstellung, Frankfurt am Main u.a. 2001.
Keding, Reinhard, Predigt im Gedenkgottesdienst am 11. Januar 2004 in Windhoek (unveröffentlicht).
Kennedy, Dane, Islands of white. Settler society and culture in Kenya and Southern Rhodesia, 1890-1939, Durham 1987.
Kilimann, Gisela u. Kilimann, Udo, Waterberg. Kolonialkrieg und Völkermord in Namibia. Ein Film von Gisela und Udo Kilimann, Essen 2004.
Kimmerle, Heinz, Prolegomena, in: Heinz Kimmerle (Hg.), Das Multiversum der Kulturen. Beiträge zu einer Vorlesung im Fach ‚Interkulturelle Philosophie' an der Erasmus Universität Rotterdam, Amsterdam 1996, 9-30.
Kirchliches Außenamt (Hg.), Brückenschlag. Berichte aus den Arbeitsgebieten des Kirchlichen Außenamtes der Evangelischen Kirche in Deutschland III Afrika, Stuttgart 1970.

Kistner, Johannes, Die deutsche Schule in Hermannsburg. Das deutsche Kind in seiner südafrikanischen Heimat, in: Winfried Wickert (Hg.), Und die Vögel des Himmels wohnen unter seinen Zweigen. 100 Jahre Bauernmission in Südafrika, Hermannsburg 1949, 374-389.
— Die Wahrheit wird Euch frei machen. Grußwort an die Synode der Evangelischen Kirche in Deutschland in Trier, 6. November 1985, in: Wolfram Kistner, Hoffnung in der Krise. Dokumente einer christlichen Existenz in Südafrika, zum 65. Geburtstag herausgegeben von Lothar Engel, Rudolf Hinz u. Jürgen Schroer, Wuppertal 1988, 12-14.
— Grußwort zum 150jährigen Jubiläum der Hermannsburger Schule in Natal, in: Ders., Gerechtigkeit und Versöhnung. Theologie und Kirche im Transformationsprozess des neuen Südafrika, Sammelband mit Beiträgen aus den Jahren 1985 bis 2006, hg. von Rudolf Hinz, Christian Hohmann, Hanns Lessing, Hannover 2008, 45-48.
— Introduction, in: Fritz Hasselhorn, Mission, land ownership and settler's ideology, exemplified by the German Hermannsburg Mission, 2. Auflage., Johannesburg 2001, 3f.
— The churches and the struggle for land in the old and the new South Africa, in: David. S. Gillan (Hg.), Church, land and poverty. Community struggles, land reform and the policy framework on church land, Johannesburg 1998, 159-173.
— The inter-relation between religious and political thinking with regard to the South African racial problem (1652-1967) in: G. Lislerud (Hg.), Lutheran teaching on the two kingdoms, Umpumulo 1968, 146-222.
— Vorwort, in: Gunther J. Hermann, Apartheid als ökumenische Herausforderung. Die Rolle der Kirchen im Südafrikakonflikt, Frankfurt 2006, 8-10.
— Zum 30jährigen Bestehen der Evangelical Lutheran Church in Southern Africa (ELCSA), in: Rudolf Hinz, Christian Hohmann, Hanns Lessing (Hgg.), Wolfram Kistner: Gerechtigkeit und Versöhnung. Theologie und Kirche im Transformationsprozess des neuen Südafrika, Sammelband mit Beiträgen aus den Jahren 1985 bis 2006, Hannover 2008, 49-59.
Kneipp, Rudolf u.a., Mariannhill and its apostolate. Origin and growth of the congregation of the Mariannhill Missionaries, Reimlingen 1964.
Knight, Ian, Zulu Rising – The epic story of Isandlwana and Rorke's Drift, London 2010.
Köberlin, Theodor, Die deutschen evangelischen Auslandgemeinden in der heimatkirchlichen Diasporagesetzgebung, unveröffentlichte Doktorarbeit, Erlangen 1931.
Kokot, Waltraut u. Dorsch, Heike, Westliche Wirtschaftsinteressen und globale Migration: Diasporen und Minderheiten in der außereuropäischen Welt, Kurseinheit 1: Diasporen in der außereuropäischen Welt – begriffliche Einordnung und inhaltliche Bestimmung, Hagen 2006.
Kößler, Reinhart u. Melber, Henning, 1904 and its consequences, in: The Namibian, February 6, 2004.
— Völkermord und Gedenken. Der Genozid an den Herero und Nama in Deutsch-Südwestafrika 1904-1908, in: Irmtrud Wojak u. Susanne Meinl (Hgg.), Völkermord und Kriegsverbrechen in der ersten Hälfte des 20. Jahrhunderts. Jahrbuch 2004 zur Geschichte und Wirkung des Holocaust, Frankfurt u. New York 2004, 37-75.
Kößler, Reinhart, Awakened from colonial amnesia? Germany after 2004, 2006, URL: http://www.freiburg-postkolonial.de/Seiten/koessler-colonial-amnesia.html [22.05.2011].
— From hailing the ;British flag' to asking for UN Control. Witbooi Petitions and Appeals under South African Rule, 1919-1956, in: Journal Namibia Scientific Society 47, 1999, 41-65.
— In search of survival and dignity: Two traditional communities in southern Namibia under South African rule, Windhoek 2005.
— Streben nach Heimat und Freiheit. Zur Territorialisierung von Ethnizität in Süd- und Zentralnamibia, in: Peripherie Nr. 108, 27 Jg., Münster 2007, 393-410.
Kremkau, Klaus (Hg.), EKD und Kirchen im südlichen Afrika. Das Problem der kirchlichen Einheit im Rassen-Konflikt. Dokumente und andere Texte. Zusammengestellt und eingeführt von Klaus Kremkau, in: epd Dokumentation Band 12, Bielefeld 1974.

Krieg, August, Evangelische Kirche der altpreußischen Union und Auslandsdiaspora, in: Oskar Söhngen, Hundert Jahre Evangelischer Oberkirchenrat der altpreußischen Union 1850-1950, Berlin-Spandau 1950, 114-155.

Krüger, Bernhard u. Schaberg, Paul W., The Pear Tree Bears Fruit, The History of the Moravian Church in South Africa-West (II) 1869–1960 with an Epilogue 1960-1980, Genadendal 1984.

Krüger, Bernhard, „The pear tree blossoms". A history of the Moravian stations in South Africa, 1737-1869, Genadendal 1966.

— Die Brüdermission in Südafrika-West während des Burenkrieges 1899-1902, Unitas Fratrum 5, 1979, 25-52.

Krüger, Gesine, Koloniale Gewalt, Alltagserfahrungen und Überlebensstrategien, in: Michael Bollig, Larissa Förster u. Dag Henrichsen (Hgg.), Namibia – Deutschland. Eine geteilte Geschichte. Widerstand – Gewalt – Erinnerung, Köln 2004, 92-105.

— Kriegsbewältigung und Geschichtsbewusstsein. Realität, Deutung und Verarbeitung des deutschen Kolonialkriegs in Namibia 1904-1907 (Kritische Studien zur Geschichtswissenschaft 133), Göttingen 1999.

Krüger, Jürgen, Wilhelms II. Sakralitätsverständnis im Spiegel seiner Kirchenbauten, in: Stefan Samerski (Hg.), Wilhelm II. und die Religion. Facetten einer Persönlichkeit und ihres Umfelds, Berlin 2001, 235-264.

Kuhlemann, Frank-Michael, Die „christliche Schule". Volksbildung und Erweckungsbewegung im östlichen Westfalen 1800-1854, in: Josef Moser u.a. (Hgg.), Frommes Volk und Patrioten. Erweckungsbewegung und soziale Frage im östlichen Westfalen, Bielefeld 1989, 232-238.

Kühner, Karl, Art. Gotteskasten, in: RGG^1 2, 1588–1590.

Kundrus, Birthe (Hg.), Phantasiereiche. Zur Kulturgeschichte des deutschen Kolonialismus, Frankfurt a.M. u. New York 2003.

— Moderne Imperialisten. Das Kaiserreich im Spiegel seiner Kolonien, Köln, Weimar u. Wien 2003.

Küsel, Udo, Die kulturele bydrae van die Hermannsburgse sendelinge/setlaars in Suid-Afrika (The cultural contribution of the Hermannsburg missionaries/settlers in South Africa), Pretoria 1992.

Kustaa, Friedrich Freddy Omo, Germany's genocide in Namibia: The case of the Herero and Nama people, 1904-1907. Unpublished article, 2004. http://groups.yahoo.com/group/ovaherero_mbanderu/files/[01.07.2010].

Lambert, John, „Munition factories ... Turning out a constant supply of living material": White South African elite boys' schools and the First World War, in: South African Historical Journal 51, 2004, 67-86.

Längin, Bernd G[...], Die deutschen Kolonien. Schauplätze und Schicksale 1884-1918. Bilddokumentation Michael Schindler, Hamburg u. Berlin, Bonn 2005.

Lau, Brigitte (Hg.), Carl Hugo Hahn. Tagebücher 1837-1860. Diaries Part 1-4. A missionary in Nama- and Damaraland, Windhoek 1984.

— Southern and Central Namibia in Jonker Afrikaner's Time, 2. Aufl., Windhoek 1994.

— Uncertain certainties: The Herero-German war of 1904, in: Migabus 2, Windhoek 1989, 4-8; auch in: Annemarie Heywood (Hg.), History and historiography – 4 Essays in reprint, Windhoek 1995, 39-52.

— ‚Thank God the Germans came': Vedder and Namibian Historiography, in: K. Gottschalk u. C. Saunders (Hgg.), Africa Seminar Collected Papers. Centre for African Studies, University of Cape Town, Cape Town 1981.

Leatt, J., Kneifel, Theo u. Nürnberger, Klaus, Contending ideologies in South Africa, Cape Town u. Johannesburg 1986.

Lee, E., To the Bitter End. A Photographic history of the Boer War 1899-1902, Pretoria 2002.

Lee, Peter, Compromise and courage: Anglicans in Johannesburg 1864-1999: A divided church in search of integrity, Pietermaritzburg 2005.

Legassick, Martin, The Northern frontier to c. 1840: The rise and decline of the Griqua people, in: Richard Elphick u. Hermann Giliomee (Hgg.), The shaping of South African society. 1652-1820, Cape Town 1992, 358-420.

Lehmann, Hartmut, Missionaries without empire: German protestant missionary efforts in the interwar period (1919-1939), in: Brian Stanley u. Alaine M. Low (Hgg.), Missions, nationalism, and the end of empire. Grand Rapids 2003, 34-53.

Lehmann, Hellmut, 150 Jahre Berliner Mission, Erlangen 1974.

Leinkauf, Thomas, Die Seele als Selbstverhältnis. Der Begriff „Seele" und seine Bedeutung zu Beginn der Frühen Neuzeit, in: Peter Nickl u. Georgios Terizakis (Hgg.), Die Seele: Metapher oder Wirklichkeit? Philosophische Ergründungen, Bielefeld 2010.

Leitzbach, Christian, Matthias Erzberger. Ein kritischer Beobachter des Wilhelminischen Reiches 1895-1914, Frankfurt am Main u.a. 1998.

Lerche, Otto, Verzeichnis der Mitglieder und wissenschaftlichen Mitarbeiter des Evangelischen Oberkirchenrats 1850-1950, in: Oskar Söhngen (Hg.), Hundert Jahre Evangelischer Oberkirchenrat der altpreußischen Union 1850-1950, Berlin-Spandau 1950, 171-194.

Lessing, Hanns, Doppelte Loyalität: Politik und theologische Reflexion der Rheinischen Missionsgesellschaft zu Beginn des Kolonialkrieges in Namibia, in: Monatshefte für Evangelische Kirchengeschichte des Rheinlandes, 54 Jg., Bonn 2005, 81-95.

Leuschke, A., The Hermannsburg Mission Society in Natal and Zululand, in: Lantern Februar 1992, 56-58.

Lewis, Cecil u. Edwards, G(ertrude) E(lizabeth), Historical Records of the Church of the province of South Africa, London 1934.

Link, Christoph, Art. Summepiskopat des Landesherren, in: RGG^4 7, 1866f.

Lucassen, Jan u. Lucassen, Leo, Niederlande, in: Klaus J. Bade, Pieter C. Emmer, Leo Lucassen u. Jochen Oltmer (Hgg.), Enzyklopädie Migration in Europa. Vom 17. Jahrhundert bis zur Gegenwart. 3. Auflage, Paderborn, München, Wien u.a. 2010, 95-101.

Mahnke, J. Heinrich, Schröder, Klaus, Die ersten Anfänge in der Vlakte, in: Wilhelm Blumer (Hg.), Pflanzgarten im Dünensand. Philippi-Vlakte am Kap, Wynberg 1959.

Mamozai, Martha, Herrenmenschen. Frauen im deutschen Kolonialismus, Hamburg 1982.

Mandela, Nelson, Address to the Assembly of the World Council of Churches, Harare 1998, URL: http://www.wcc-coe.org/wcc/assembly/ejubilee/number9.htm [31. 08. 2010]

Manson, Andy und Mbenga, Bernard, The evolution and destruction of Oorlam communities in the Rustenburg District of South Africa: the Cases of Welgeval and Bethlehem, 1850s-1980, in: African Historical Review 41, 2, 2009, 85–115.

Marcum, John A., Education, Race and Social Change in South Africa, Los Angeles 1982.

Markert, Thomas, Paul, Carl, in: Sächsische Biografie, hg. vom Institut für Sächsische Geschichte und Volkskunde e.V., bearb. von Martina Schattkowsky, Online-Ausgabe: http://www.isgv.de/saebi/ [21.2.2011].

Markschies, Christoph, Adolf von Harnack - ein Kirchenhistoriker als Wissenschaftsorganisator, Vortrag zum hundertjährigen Geburtstag der Max-Planck-Gesellschaft, Urania, Berlin, 6. Januar 2011.

— Adolf von Harnack, Das Wesen des Christentums (1900), in: Wolfgang Hardtwig u. Philipp Müller (Hgg.), Die Vergangenheit der Weltgeschichte. Universalhistorisches Denken in Berlin 1800-1933, Göttingen 2010, 241-249.

Marx, Christoph, Im Zeichen des Ochsenwagens: Der radikale Afrikaaner-Nationalismus in Südafrika und die Geschichte der Ossewabrandwag, Münster 1998.

Massmann, Ursula, Swakopmund. A chronicle of the town's people, places and progress, Swakopmund 1983 (Übersetzung der deutschen Ausgabe von 1982).

Mayer, Ruth, Diaspora. Eine kritische Begriffsbestimmung, Bielefeld 2005.

Mayson, David, Church land, people's rights and development in South Africa, in: David S. Gillan (Hg.), Church, Land and Poverty. Community struggles, land reform and the policy framework on church land, Johannesburg 1998, 61-70.

Meer, Shamin, Introduction, in: Shamin Meer (Hg.), Women, land and authority. Perspectives from South Africa, Cape Town 1997, 1-14.

Melber, Henning, „Es sind doch auch Menschen!" Die Kolonisierten aus der Sicht deutscher Reichstagsabgeordneter, in: Nangolo Mbumba, Helgard Patemann u. Uazuvara Katjivena (Hgg.), Ein Land, eine Zukunft. Namibia auf dem Weg in die Unabhängigkeit, Wuppertal 1988, 119-131.

— „The genocide in ‚South-West Africa' and the politics of commemoration", in: Michael Perraudin, Jürgen Zimmerer mit Kate Heady (Hgg.), German colonialism and national identity, New York 2011.

— Schule und Kolonialismus. Das formale Erziehungswesen Namibias, Hamburg 1979.

Menzel, Gustav, C. G. Büttner, Missionar, Sprachforscher und Politiker in der deutschen Kolonialbewegung, Wuppertal 1992.

— Die Rheinische Mission. Aus 150 Jahren Missionsgeschichte, Wuppertal 1978.

— „Widerstand und Gottesfurcht". Hendrik Witbooi – eine Biographie in zeitgenössischen Quellen, Köln 2000.

Merton, Thomas, Seeds of contemplation, Wheathampstead, Herts 1972.

Mettele, Gisela, Weltbürgertum oder Gottesreich. Die Herrnhuter Brüdergemeine als globale Gemeinschaft 1727-1857, Göttingen 2009.

Meyer, Dietrich, Zinzendorf und die Herrnhuter Brüdergemeine 1700-2000, Göttingen 2000.

Millard, J. A., Malihambe – Let the word spread. 2nd Ed., Pretoria 2002.

Mngxitama, Andile, u. Nkosi, Zakes, The church land question. An introduction, in: David S. Gillan (Hg.), Church, land and poverty. Community struggles, land reform and the policy framework on church land, Johannesburg 1998, 1-6.

Moeller, Bernd, Das Zeitalter des Ausbaus und der Konsolidierung der Reformation 1525-1555, in: Ökumenische Kirchengeschichte. Bd. II: Mittelalter und Reformation, in Gemeinschaft mit Remigius Bäumer u.a. hg. von Raymund Kottje u. Bernd Moeller, 3., durchgesehene und verbesserte Auflage, Mainz 1983, 343-367.

Mogk, Walter, Paul Rohrbach und das „Größere Deutschland". Ethischer Imperialismus im Wilhelminischen Zeitalter. Ein Beitrag zur Geschichte des Kulturprotestantismus. Mit zwei Karten der ehemaligen deutschen Kolonien in Afrika, München 1972.

Möhlig, Wilhelm J.G., Faulenbach, Barbara u. Henn, Petra (Hgg.), Die Witbooi in Südafrika während des 19. Jahrhunderts, Köln 2007.

Morran, E. u. Schlemmer, L., Faith for the fearful, An investigation into new churches in the greater Durban area, Durban 1984.

Mostert, Noël, Frontiers. The epic of South Africa's creation and the tragedy of the Xhosa people, London 1992.

Muller, C.F.J., Sonop in die Suide. Geboorte en groei van die nasionale pers, 1915-1948, Cape Town 1990.

Müller, Hartmut, Bremen und Westafrika. Wirtschafts- und Handelsbeziehungen im Zeitalter des Früh- und Hochkolonialismus 1841-1914, in: Jahrbuch der Wittheit zu Bremen 15, 1971, 45-83.

Müller, Helmut M., Schlaglichter der deutschen Geschichte, in Zusammenarbeit mit Karl-Friedrich Krieger und Hanna Vollrath sowie der Fachredaktion Geschichte des Bibliographischen Instituts, durchgesehener Nachdruck, Bonn 1987.

Müller-Krüger, Theodor, Der Protestantismus in Indonesien: Geschichte und Gestalt (Die Kirchen der Welt, Reihe B, Bd. V), Stuttgart 1968.

Nachrichtenstelle Südliches Afrika (Hg.), Land und Macht. Die Landfrage im Südlichen Afrika, Basel 1996.

Nasson, Bill, Springboks on the Somme. South Africa in the Great War 1914-1918, Johannesburg 2007.
Neynaber, Margarete, Abelungu aus dem Osnabrücker Land. Die ersten deutschen Kolonisten in Natal, Osnabrück 1991.
Nickl, Peter u. Georgios Terizakis (Hgg.), Die Seele: Metapher oder Wirklichkeit? Philosophische Ergründungen, Bielefeld 2010.
Nicolaisen, Carsten, Art. Kapler, Hermann, in: RGG^4 4, 802.
Niebuhr, H Richard, Christ and Culture, New York 1951.
Nielsen, Sigurd, The twin blossom of the pear tree bears fruit. The History of the Moravian Church Eastern Province in South Africa, Port Shepstone 1999.
Nkomazana, Fidelis, Livingstone's ideas of Christianity, commerce and civilisation, in: Pula: Botswana Journal on African Studies 12, 1998, 44-57.
Nottmeier, Christian, Adolf von Harnack und die deutsche Politik 1890–1930. Eine biographische Studie zum Verhältnis von Protestantismus, Wissenschaft und Politik (Beiträge zur historischen Theologie 124), Tübingen 2004.
Nuhn, Walter, Sturm über Südwest. Der Hereroaufstand von 1904 – Ein düsteres Kapitel der deutschen kolonialen Vergangenheit Namibias, Koblenz 1989.
Nürnberger, Margarete, A Zulu martyr? What are the factors that led to the sparse and irregular public commemoration of Maqhamusela Khanyile in the Lutheran Church to which he belonged, unveröffentlichte Magisterarbeit, Rhodes Universität, Grahamstown 2000.

O'Donnell, Krista, Bridenthal, Renate u. Reagin, Nancy, Introduction, in: dies. (Hgg.) The Heimat abroad. The boundaries of Germanness, Ann Arbor 2005, 1-14.
— The colonial woman question. Gender, national identity, and empire in the German colonial society female emigration program, 1896-1914, unveröffentlichte Doktorarbeit, State University of New York, Binghampton 1996.
Oberholster, J. J. (Hg.), Dagboek van Oskar Hintrager – saam met Christiaan de Wet, Mei tot September 1900, Christiaan de Wet-Annale, Vol. 2, Bloemfontein 1973.
Oehler, Wilhelm, Geschichte der Deutschen Evangelischen Mission, Bd. 1: Frühzeit und Blüte der deutschen evangelischen Mission 1706-1885, Baden-Baden 1949.
— Geschichte der Deutschen Evangelischen Mission, Bd. 2: Reife und Bewährung der deutschen evangelischen Mission 1885-1950, Baden-Baden 1951.
Oermann, Nils Ole, „Hochverehrter Herr Gouverneur" – Zum Verhältnis von Mission und deutschem Kolonialstaat im Zeitalter des Imperialismus. In: Artur Bogner, Bernd Holtwick u. Hartmann Tyrell (Hgg.), Weltmission und religiöse Organisation. Protestantische Missionsgesellschaften im 19. und 20. Jahrhundert (Religion in der Gesellschaft), Würzburg 2004, 589-611.
— Mission, church and state relations in South West Africa under German Rule (1884-1915) (Missionsgeschichtliches Archiv 5), Stuttgart 1999.
— The law and the colonial state: Legal codification versus practice in a German colony, in: Geoff Eley u. James Retallack (Hgg.), Wilhelminism and its legacies. Geman modernities, imperialism, and the meanings of reform, 1890-1930, New York u. Oxford 2003, 171-184.
Oexle, Otto Gerhard: Troeltschs Dilemma, in: Friedrich Wilhelm Graf (Hg.), Ernst Troeltschs „Historismus", Gütersloh 2000, 23-64.
Osterhammel, Jürgen, „The great work of uplifting mankind". Zivilisierungsmission und Moderne, in: Boris Barth u. Jürgen Osterhammel (Hgg.), Zivilisierungsmissionen. Imperiale Weltverbesserung seit dem 18. Jahrhundert, Konstanz 2005, 363-425.
— Die Verwandlung der Welt. Eine Geschichte des 19. Jahrhunderts, 3. Aufl., München 2009.
— Kolonialismus. Geschichte, Formen, Folgen, 3. Auflage, München 2001.
— Kolonialismus. Geschichte, Formen, Folgen, 4. Auflage, München 2003.

Ottermann, Reino (Hg.), Pastor Christian Müller (1836-1916) und Frau Luise Müller, geb. Ottermann (1844-1930) von Kroondal, Kroondal 1995.
— Aus der Geschichte der lutherischen Kirche am Kap. Afrikanischer Heimatkalender 1968, Windhoek 1967, 64-67.
— Festschrift Otterman, Stellenbosch 1993.
— Josef Hundertmark, 'n negentiende-eeuse Duitse drukker op King William's Town, in: Suid-Afrikaanse Tydskrif vir Kultuurgeskiedenis 12/2, 1998, 71-84.
— Lutherische Gesangbücher am Kap, in: Afrikanischer Heimatkalender 1973, Windhoek 1972, 55-58.
— The Centenary of the Synod 1895-1995, Evangelical Lutheran Church in Southern Africa (Cape Church), Cape Town 1995.

Pakendorf, Gunther, „For there is no power but of God". The Berlin Mission and the challenges of colonial South Africa, in: Missionalia 25 (3), 255-273.
— A short History of the Evangelical Church Strand Street, Cape Town (o.J.).
Pakenham, Thomas, The Boer War, London 1992.
— The scramble for Africa 1876-1912, London 1991.
Pallares-Burke, Maria, Interview with Asa Briggs, in: Maria Pallares-Burke (Hg.), The new history. Confessions and conversations, Cambridge 2002, 31-49.
Pama, C., Die Groot Afrikaanse Familienaamboek, Cape Town 1983.
Panzergrau, Kurt, Die Bildung und Erziehung der Eingeborenen Südwestafrikas durch die Rheinische Missionsgesellschaft von 1842-1914. Ein Beitrag zur Beziehung von Pädagogik und Kolonialismus, München 1998.
Pape, Benjamin Ernst u. Schwär, Johannes Friedrich, Deutsche in Kaffraria 1858-1958, King William's Town 1958.
Pape, Hinrich, Die deutsche Schule „Morgensonne" 1876-1976. Ein geschichtlicher Beitrag zur Heimatkunde Kroondals, Kroondal 1976.
— Hermannnsburger Missionare in Südafrika – 221 Lebens- und Arbeitsberichte mit Bildern – Ein Beitrag zur Südafrikanischen Missionsgeschichte, Pretoria 1986.
— Hermannsburger Missionsarbeit in Transvaal, in: Lantern Februar 1992, 60-63.
Park, Robert E., The race relations cycle, in: ders., Collected papers of Robert Ezra Park. Bd. 1: Race and culture, Glencoe 1950, 149-151.
Pauly, Peter, Die Baugeschichte der Friedenskirche nach der Chronik der Rheinischen Missionsgemeinde, in: Afrikanischer Heimatkalender 2001, Windhoek 2000.
Peires, Jeffrey B., The House of Phalo; a history of the Xhosa People in the days of their independence, London 1981.
Penner, Horst u. Gerlach, Horst, Weltweite Bruderschaft. Ein mennonitisches Geschichtsbuch. 5. Auflage, Weierhof 1995.
Penzhorn, B., Penzhorn – 125 Jahre in SA, Kroondal 1987.
Penzhorn, Ernst (Hg.), 100 Jahre. Deutsche Evangelisch-Lutherische Kirchengemeinde Kroondal. 1896 bis 1996, Kroondal 1996.
Peters, Anneliese, The Bergtheil Settlers, in: Lantern Februar 1992, 118-121.
Pierard, Richard, The Rhenish Mission and the colonial war in German Southwest Africa, in: Ulrich van der Heyden u. Holger Stoecker (Hgg.), Mission und Macht im Wandel politischer Orientierungen. Europäische Missionsgesellschaften in politischen Spannungsfeldern in Afrika und Asien zwischen 1800 und 1945 (Missionsgeschichtliches Archiv 10), Stuttgart 2005, 389-401.
Pillay, G.J. u. Hofmeyr, J.W. (Hgg.), Perspectives on church history. An introduction for South African readers, Pretoria 1991.
Pogge von Strandmann, Hartmut, Imperialismus vom Grünen Tisch. Deutsche Kolonialpolitik zwischen wirtschaftlicher Ausbeutung und „zivilisatorischen" Bemühungen, Berlin 2009.

Pool, Gerhard, Samuel Maharero, Windhoek 1991.
Preine, Thorsten, „Es ist ein Wunder vor unseren Augen". 100 Jahre Erlöserkirche in Jerusalem, in: Ökumene und Auslandsarbeit 1998, 194-199.
Pretorius, Fransjohan, Die Anglo-Boereoorlog 1899-1902, Cape Town 1998.
— Life on commando during the Anglo-Boer War 1899-1902, Cape Town 1999.
— The great escape of the Boer Pimpernel – Christiaan de Wet, Pietermaritzburg 2001.
Proske, Wolfgang, Botswana und die Anfänge der Hermannsburger Mission. Voraussetzungen, Verlauf und Scheitern eines lutherischen Missionierungsversuches im Spannungsfeld divergierender politischer Interessen (Europäische Hochschulschriften, Reihe 3, Geschichte und ihre Hilfswissenschaften 391), Frankfurt am Main, New York u. Paris 1989.
Pschichholz, Christin, ‚Diaspora'-Erfahrungen. Deutsche evangelische Gemeinden und ihre Pfarrer in der osmanischen Stadtgesellschaft, in Discussions 1, 2008 5, URL: http://www.perspectivia.net/content/publikationen/discussions/discussions-1-2008/pschichholz_diaspora [22.05.11].

Rabe, Lizette, 'n Kultuurhistoriese studie van die Duitse nedersetting Philippi op die Kaapse Vlakte (A Cultural Historical Study of the German settlement Philippi on the Cape Flats), unveröffentlichte Doktorarbeit, Universität von Stellenbosch, Stellenbosch 1994.
Railton, Nicholas., No North Sea: The Anglo-German evangelical network in the middle of the nineteenth century, Leiden 2000.
Raupp, Werner, Art. Warneck, Gustav, in: BBKL 13, 1998, 359-371.
Rautenberg, Hulda, Das alte Swakopmund 1892-1919. Swakopmund zum 75. Geburtstag, Swakopmund 1967.
Reagin, Nancy, Sweeping the German nation. Domesticity and national identity in Germany, 1870-1945, Cambridge 2007.
Reichelt, Solveig, „Wer regierte Deutsch-Südwest?" Der Aufbau des Verwaltungs- und Rechtssystems in der ehemaligen Kolonie Deutsch-Südwestafrika (1884-1914). Entwicklungen und Probleme, unveröffentlichte Doktorarbeit, Bremen 2002.
Reinhard, Wolfgang, „Sozialimperialismus" oder „Entkolonisierung der Historie"? Kolonialkrise und „Hottentottenwahlen" 1904-1907, in: Historisches Jahrbuch 97/98, 1978, 384-417.
— Christliche Mission und Dialektik des Kolonialismus, in: Historisches Jahrbuch 109, 1989, 353-370.
Rendtorff, Franz, Art. Diaspora II, RGG^2 1, 1916-1920.
Rendtorff, Trutz, Troeltsch, Ernst, in: TRE 34, 130-143.
Rennstich, Karl, Art. Knak, Siegfried, in: BBKL 4, 1992, 1092-1097.
Richter, Steffen, „oder lasse auf sie schießen", in: Christof Hamann, Afrika – Kultur und Gewalt. Hintergründe und Aktualität des Kolonialkriegs in Deutsch-Südwestafrika. Seine Rezeption in Literatur, Wissenschaft und Populärkultur (1904-2004).Tagung der Evangelischen Akademie Iserlohn im Institut für Kirche und Gesellschaft der EKvW, 9.-11. Juni 2004, Iserlohn 2005, 11-16.
Röhl, John C. G., Wilhelm II. Der Aufbau der persönlichen Monarchie 1888-1900, München 2001.
Röhrig, Hermann-Josef, Diaspora – Kirche in der Minderheit. Eine Untersuchung zum Wandel des Diasporaproblems in der evangelischen Theologie unter besonderer Berücksichtigung der Zeitschrift „Die evangelische Diaspora" (Erfurter theologische Studien 62), Leipzig 1991.
Roller, Kathrin, Mission und ‚Mischehen', Erinnerung und Körper – geteiltes Gedächtnis an eine afrikanische Vorfahrin. Über die Familie Schmelen-Kleinschmidt-Hegner, in: Larissa Förster u.a. (Hgg.), Namibia – Deutschland: Eine Geschichte. Widerstand – Gewalt – Erinnerung. Ausstellungskatalog, Köln u. Wolfratshausen 2004, 194-211.
— Zwischen Rassismus und Frömmigkeit, in: Frank Becker (Hg.), Rassenmischehen – Mischlinge – Rassentrennung (Beiträge zur europäischen Überseegeschichte 90), 2004, 220-253.
Ross, Andrew, John Philip (1775-1851): Missions, Race and Politics in South Africa, Aberdeen 1986.

Ross, Robert, Status and respectability in the Cape Colony 1750-1870. A Tragedy of Manners, Cambridge 1999.
Rüdiger, Klaus H., Die Namibia-Deutschen. Geschichte einer Nationalität im Werden. Beiträge zur Kolonial- und Überseegeschichte 56, Stuttgart 1993.
Ruh, Ulrich, Religion und Kirche in der Bundesrepublik Deutschland, München 1990.
Rupiah, Martin R., The history of the establishment of internment camps and refugee settlements in Southern Rhodesia, 1938-1952, in: Zambezia 22 (2), 1995, 137-152.
Rüther, Kirsten, Heated Debates over Crinolines: European Clothing on Nineteenth-century Lutheran Mission Stations in the Transvaal, in: Journal of Southern African Studies 28, 2, 2002, 359-378.

Saayman, Willem, Ownership of land and Christian mission in South Africa: erecting signs of hope? In: Gillan, David S. (Hg.), Church, land and poverty. Community struggles, land reform and the policy framework on church land, Johannesburg 1998, 153-158.
Safran, William, Diasporas in modern societies: myths of homelands and return, in: Diaspora 1, 1991, 83-84.
Samerski, Stefan, Wilhelm II. und die Religion. Facetten einer Persönlichkeit und ihres Umfelds, Berlin 2001.
Sanneh, Lamin, Translating the message: The missionary impact on culture, Maryknoll 1989.
Schaller, Dominik J., Kolonialkrieg, Völkermord und Zwangsarbeit in „Deutsch-Südwestafrika", in: Dominik J. Schaller u.a., Enteignet-Vertrieben-Ermordet. Beiträge zur Genozidforschung, Zürich 2004, 147-232.
Schiele, Bernhard, Die Bedeutung der Berliner Mission in Südafrika für die deutschen evangelischen Gemeinden, in: Afrikanischer Heimatkalender 1952, Windhoek 1951, 77-79.
Schlimm, Henning, Bekennen in der Brüder-Unität, Teil 2, Unitas Fratrum 29/30, 1991, 251-267.
Schmädeke, Jürgen, Der Deutsche Reichstag. Das Gebäude in Geschichte und Gegenwart, 3. Aufl., Berlin 1981.
Schmidt-Clausen, Kurt, Vorweggenommene Einheit: Die Gründung des Bistums Jerusalem im Jahre 1841 (Arbeiten zur Geschichte und Theologie des Luthertums, 15), Berlin u. Hamburg 1965.
Schmidt-Lauber, Brigitta, „Die verkehrte Hautfarbe". Ethnizität deutscher Namibier als Alltagspraxis. (Lebensformen 10), Berlin u. Hamburg 1998.
— Die abhängigen Herren: Deutsche Identität in Namibia. Interethnische Beziehungen und Kulturwandel (Ethnologische Beiträge zu soziokultureller Dynamik 9), Münster u. Hamburg 1993.
Schmidt-Pretoria, Werner, Deutsche Wanderung nach Südafrika im 19. Jahrhundert, Berlin 1955.
Schmitt, Carl, Der Nomos der Erde im Völkerrecht des Jus Publicum Europaeum, 4. Auflage, Berlin 1997.
Schmuhl, Hans-Walter, Friedrich Naumann und die Armenische Frage. Die deutsche Öffentlichkeit und die Verfolgung der Armenier vor 1915, URL: www.hist.net/kieser/aghet/Essays/EssaySchmuhl.html [30.07.2010].
Schnackenberg, Johannes, Geschichte der Freien ev.-luth. Synode in Südafrika 1892-1932, Celle 1933.
Schnell, Etgardt Louis Gustav, For men must work. An account of German immigration to the Cape with special reference to the German Military Settlers of 1857 and the German Immigrants of 1858, Cape Town 1954.
Schoeman, Karel, Dogter van Sion. Machtelt Schmidt en die 18de-eeuse samelewing aan die Kaap, 1749-1799, Pretoria 1997.
Schoeman, Karel, 'n Duitser aan die Kaap, 1724-1765. Die lewe en loopbaan van Hendrik Schoeman, Pretoria 2004.
Schreiber, […], Fabri, in: ADB 48, 1904, 473-476.
Schroeder, Bert, Joseph Zulu, Pietermaritzburg 1991.

Schroeder, Roger, What is the mission of the Church? A Guide for Catholics, Maryknoll 2008.

Schubert, Ernst, Die Fürsorge der Hohenzollern für die evangelische Auslanddiaspora, in: Auslanddeutschtum und evangelische Kirche 1935, 115-157.

Schubert, Michael, Der schwarze Fremde. Das Bild des Schwarzafrikaners in der parlamentarischen und publizistischen Kolonialdiskussion in Deutschland von den 1870er bis in die 1930er Jahre, Stuttgart 2003.

Schulte-Althoff, Franz-Josef, Koloniale Krise und Reformprojekte. Zur Diskussion über eine Kurskorrektur in der deutschen Kolonialpolitik nach der Jahrhundertwende, in: Heinz Dollinger, Horst Gründer u. Alwin Hanschmidt (Hgg.), Weltpolitik, Europagedanke, Regionalismus. Festschrift für Heinz Gollwitzer zum 65. Geburtstag am 30. Januar 1982, 407-426.

Schultze, Andrea, „In Gottes Namen Hütten bauen." Kirchlicher Landbesitz in Südafrika: die Berliner Mission und die Evangelisch-Lutherische Kirche Südafrikas zwischen 1834 und 2005, Stuttgart 2005.

Schulz, Georg, Das geistliche Amt nach lutherischem Verständnis in der missionarischen Situation, in: Volker Stolle (Hg.), Kirchenmission nach lutherischem Verständnis, Vorträge zum 100jährigen Jubiläum der Lutherischen Kirchenmission (Bleckmarer Mission) (Beiträge zur Missionswissenschaft und Interkulturellen Theologie 5), Münster u. Hamburg 1993, 168.

Schulze, Mathias u. James M. Skidmore, Diaspora experiences. German immigrants and their descendants, in: Mathias Schulze, James M. Skidmore, David G. John u.a. (Hgg.), German diasporic experiences. Identity, migration, and loss, Waterloo, Ontario 2008.

Schüz, Martin, Die Funktion der Herrnhuter Mission im Vergleich mit anderen Missionen in Südafrika, in: Unitas Fratrum 31, 1992, 49-57.

— Die Herrnhuter Mission in Südafrika-West am Ende des 19. Jahrhunderts, Unitas Fratrum 5, 1979, 3-24.

Schwär, Johannes Friedrich, Dr. Kropf und die Deutschen, in: Die Brücke, Dezember 1972, 16.

Schwarz, Thomas, Die Kultivierung des kolonialen Begehrens – ein deutscher Sonderweg? In: Alexander Honold u. Oliver Simons, Kolonialismus als Kultur. Literatur, Medien, Wissenschaft in der deutschen Gründerzeit des Fremden (Kultur – Herrschaft – Differenz 2), Tübingen u. Basel 2002, 85-103.

Schweizer, Harro, „im geiste unserer väter". woher kommt das geld für die schulen der deutschen in Südafrika und Namibia?, in: Berliner Lehrerzeitung 11, 1982, 33-36.

— „lieber schweine als schwarze". über die bundesrepublikanische unterstützung der schulen der deutschen in Südafrika und Namibia (2. Teil), in: Berliner Lehrerzeitung 12, 1982, 36-38.

— Deutsche Sprache unter der Apartheid. Ein Reisebericht über die Situation der deutschen Sprache in Südafrika und Namibia, in: Zeitschrift für Sprachwissenschaft. Organ der Deutschen Gesellschaft für Sprachwissenschaft 1, Göttingen 1982, 201-241.

Scott, Joan Wallach, Experience, in: Judith Butler und Joan W. Scott (Hgg.), Feminists theorize the political, London 1992, 21-40.

Scriba, Fritz u.a., Die Kroondaler Schule. Anfangsjahre, Jubiläumsschrift 100 Jahre Kroondaler Schule 1892-1992, Kroondal 1992.

Scriba, Georg zusammen mit Lislerud, Gunnar, Lutheran Mission and Churches in South Africa, in: Richard Elphick u. T. R. H. Davenport (Hgg.), Christianity in South Africa: A political, social, and cultural history, Cape Town 1997, 173-194.

— A short history of the Lutheran church in Southern Africa. A branch that bears fruit, unveröffentlichte Nachschrift der Geschichtsvorlesungen an der School of Theology, Universität KwaZulu-Natal, Pietermaritzburg 2000.

— Art. Genadendal, in: RGG^4 3, 656f.

— Auf dem Wege zur Synode. Die Entstehung der Hermannsburger Deutsch-Evangelisch-Lutherischen Synode 1911, unveröffentlichter Bericht, Kroondal 1989.

— Die Zeichen der Zeit – Lutherische Kirche im Spannungsfeld Südafrikas, in: Heinrich Bammann (Hg.), Wege über Grenzen hinaus. Lutherische Mission im Südlichen Afrika, Hermannsburg 1990, 119-148.
— Historischer Rückblick der Vereinigten Evangelisch-lutherischen Kirche im Südlichen Afrika. Kirche und Kultur – Eine Materialsammlung, Hekt., Cape Town 1989 (als Vortrag zum 25. Jubiläum vor der Generalversammlung im Dezember 1989 in Kapstadt gehalten).
— Kirche als Ziel der Mission – Volkskirche oder Weltkirche? Dargelegt am Beispiel der Hermannsburger Mission in Südafrika, Erlangen (hektographiert) 1974.
Seoka, Johannes, African culture and Christian spirituality, in: Mongezi Guma u. Leslie Milton (Hgg.), An African challenge to the Church in the 21st Century, Cape Town 1997.
Seubert, Michael, Der schwarze Fremde. Das Bild des Schwarzafrikaners in der parlamentarischen und publizistischen Kolonialdiskussion in Deutschland zwischen den 1870er bis in die 1930er Jahre, Stuttgart 2003.
Seyfried, Gerhard, Herero. Roman, Berlin 2004.
Shell, Robert, The children of bondage. A social history of the slave society at the Cape of Good Hope, 1652-1838, Hannover u. London 1994.
Shenk, Wilbert R., Henry Venn. Missionary statesman, Maryknoll 1983.
Sievers, Edgar, Die deutsche Schule zu Pretoria. Ein Beitrag zu ihrer Geschichte der ersten vierzig Jahre, Pretoria 1971.
Siiskonen, Harri, The Seven Year War (1863-1870) in Namibian Historiography; in: Ulrich van der Heyden u. Jürgen Becker, Mission und Gewalt, Stuttgart 2000, 343-355.
Silvester, Jeremy, Beasts, boundaries and buildings: The survival of pastoral economies in southern Namibia, 1915-1935, in: Patricia Hayes, Jeremy Silvester, Marion Wallace u. Wolfram Hartmann (Hgg.), Namibia under South African rule: Mobility and containment, Oxford u.a. 1998, 95-116.
— Black pastoralists, white farmers. The dynamics of land dispossession and labour recruitment in Southern Namibia 1915-1955, unveröffentlichte Doktorarbeit, School of Oriental and African Studies, London 1993.
Skawran, Paul, Wir reiten mit de la Rey, Wien 1971.
Smidt, Karen, „Germania führt die deutsche Frau nach Südwest", Auswanderung, Leben, soziale Konflikte deutscher Frauen in der ehemaligen Kolonie in Deutsch-Südwestafrika 1884-1920. Eine sozial- und frauengeschichtliche Studie, unveröffentlichte Doktorarbeit, Universität Magdeburg, Magdeburg 1995.
— „Germania führt die deutsche Frau nach Südwest". Deutsche Frauen in der ehemaligen Kolonie Deutsch Südwest Afrika (1884-1920), Münster 2000.
Smits, Jan, Petermann's Maps. Carto-bibliography of the maps in Petermanns Geographische Mitteilungen, 1845-1955, 't Goy-Houten 2004, 173.
Smuts, Frans, (Hg.), Stellenbosch three centuries, Stellenbosch 1979.
Song, Choan-Seng, Culture, in: Nicholas Lossky et al, Dictionary of the Ecumenical Movement, 2nd edition, Geneva 2002, 285-288.
Sösemann, Bernd, Die sog. Hunnenrede Wilhelms II. Textkritische und interpretatorische Bemerkungen zur Ansprache des Kaisers vom 27. Juli 1900 in Bremerhaven, in: Historische Zeitschrift, 1976, 342-358.
Speitkamp, Winfried, Deutsche Kolonialgeschichte, Stuttgart 2005.
Spidle, Jake W. Jr., The German colonial civil service: Organization, selection, and training, Stanford 1972.
Spiecker-Salazar, Marlies, Mission und Kolonialherrschaft aus der Sicht eines Missionsinspektors: Das Tagebuch der Afrikareise von Pfarrer Johannes Spiecker, 1905-1907, in: Wilfried Wagner (Hg.), Kolonien und Missionen. Referate des 3. Internationalen Kolonialgeschichtlichen Symposiums 1993 in Bremen, Münster u. Hamburg 1994, 426-439.

Spies, S.B., Methods of barbarism? Roberts and Kitchener and civilians in the Boer Republics, January 1900-May 1902, Johannesburg 2001.

Spliesgard, Roland, „Verbrasilianerung" und Akkulturation. Deutsche Protestanten im brasilianischen Kaiserreich am Beispiel der Gemeinden in Rio de Janeiro und Minas Gerais (1822-1889) (Studien zur außereuropäischen Christentumsgeschichte 12), Wiesbaden 2006.

Stache, Christa, Das Evangelische Zentralarchiv in Berlin und seine Bestände (Veröffentlichungen des Evangelischen Zentralarchivs in Berlin 5), Berlin 1992.

Steinhoff, Ilse, 700 Deutsche, die niemals in Deutschland waren, in: Hamburger Illustrierte 6, 1938.

Steinmetz, George, The devil's handwriting: Precolonial discourse, ethnographic acuity and cross-identification in German colonialism, in: Society for Comparative Study of Society and History 45, 2003, 4-95.

— The devil's handwriting. Precoloniality and the German colonial state in Qingdao, Samoa, and Southwest Africa. Chicago Studies in Practices of Meaning, Chicago u. London 2007.

Stern, Fritz, Der Traum vom Frieden und die Versuchung der Macht. Deutsche Geschichte im 20. Jahrhundert, erweiterte Neuauflage, Berlin 1999.

Sternhell, Zeev, Von der Aufklärung zum Faschismus und Nazismus. Reflexionen über das Schicksal der Ideen im 20. Jahrhundert, in: Jour Fixe Initiative Berlin (Hg.), Geschichte nach Auschwitz, Münster 2002, 61-94.

Stolle, Volker (Hg.), Kirchenmission nach lutherischem Verständnis, Vorträge zum 100jährigen Jubiläum der Lutherischen Kirchenmission (Bleckmarer Mission) (Beiträge zur Missionswissenschaft und Interkulturellen Theologie 5), Münster u. Hamburg 1993.

Strachan, Hew, The First World War in Africa, Oxford 2004.

Strassberger, Elfriede, Ecumenism in South Africa 1936-1960, Johannesburg 1974.

— The Rhenish Mission Society in South Africa 1830-1950, Cape Town 1969.

Strong, Rowan, Anglicanism and the British Empire c 1700-1850, Oxford 2007.

Suggitt, John, und Goedhals, Mandy (Hgg.), Change and challenge: essays commemorating the 150th anniversary of the arrival of Robert Gray as first Bishop of Cape Town, Marshalltown 1998.

Sundermeier, Theo, Die Mbanderu. Studien zur Geschichte und Kultur (Collectanea Instituti Anthropos 14), St. Augustin 1977, 7-183.

— Mission, Bekenntnis und Kirche. Missionstheologische Probleme des 19. Jahrhunderts bei C. H. Hahn, Wuppertal 1962.

— Wir aber suchten Gemeinschaft: Kirchenwerdung und Kirchentrennung in Südwestafrika, Erlangen 1973.

Sundkler, Bengt, A history of the Church in Africa, Cambridge 2000.

Symington, J. (Hg.), South African Christian handbook 2005-2006, Wellington 2005.

Tajnsek, Melanie, Sprach- und Schulpolitik als Instrument der Selbstbehauptung einer ethnischen Minderheit. Eine Fallstudie anhand der Deutschsprachigen in Namibia, unveröffentlichte Doktorarbeit, Ruhr-Universität Bochum 1999.

Taljaard, M.S., A glimpse of South Africa. Unveröffentlichte Doktorarbeit, Universität von Stellenbosch, Stellenbosch 1949.

Tappenbeck, Emil, Deutsche Evangelisch-Lutherische Gemeinde Kimberley – Hundert Jahre Gottesdienst in deutscher Sprache, in: Afrikanischer Heimatkalender 1975, Windhoek 1974, 157-172.

Tappert, Theodore, The Book of Concord edited and translated by Theodore Tappert, Philadelphia 1959.

Thompson, Henry Paget, Into all Lands: The history of the Society for the Propagation of the Gospel in Foreign Parts 1701-1950, London 1951.

Thran, Malte, Die Kategorie der Enteignung im Kontext der kolonialen Landnahme in Deutsch-Südwestafrika, in: Stichproben. Wiener Zeitschrift für kritische Afrikastudien Nr. 16/2009, 9. Jg., 87-106.

Timm, Uwe, Morenga. Roman, 4. Aufl., München 2003.
Töpperwien, Annemarie, „Sie hat ihrem Mann zur Seite stehen dürfen". Über die Bedeutung der Missionarsfrauen in den ersten hundert Jahren der Rheinischen Mission, in: Monatshefte für Evangelische Kirchengeschichte des Rheinlandes 54, Bonn 2005, 131-144.
Treue, Wilhelm, Gesellschaft, Wirtschaft und Technik Deutschlands im 19. Jahrhundert, München 1975.
Trümpelmann, Georg Paul Johannes, Deutsches Schaffen im Oranje-Freistaat, in: Die Eiche Beilage 8, 1950, 1-32.
— Art. Melck, Martin, in: DSAB 3, 596-598.
— Neu-Deutschland 1848-1948. Geschichte Neu-Deutschlands. Zum 100-jährigen Bestehen der ältesten Deutschen Siedlung in Natal. Sondernummer 1949, Die Eiche.
Trüper, Ursula, Die Hottentottin: Das kurze Leben der Zara Schmelen (ca. 1793-1831). Missionsgehilfin und Sprachpionierin in Südafrika, Köln 2000.
— Sprach-Gewalt. Zara Schmelen und die Verschriftlichung der Nama-Sprache, in: Ulrich van der Heyden u. Jürgen Becker, Mission und Gewalt, Stuttgart 2000, 357-370.
— The invisible women. Zara Schmelen: African mission assistant at the Cape, Basel 2006.
Tsele, Molefe, Land and Poverty, Towards an ecumenical agrarian reform strategy, in: David S. Gillan (Hg.), Church, Land and Poverty. Community struggles, land reform and the policy framework on church land, Johannesburg 1998, 137-144.
Tyrrell-Glynn, William, Art. Von Dessin, Joachim Nikolaus, in: DSAB 1, 851-853.

van der Heyden, Ulrich u. Becher, Jürgen (Hgg.), Mission und Gewalt. Der Umgang christlicher Mission mit Gewalt und die Ausbreitung des Christentums in Afrika und Asien in der Zeit von 1792 bis 1918/1919. (Missionsgeschichtliches Archiv 6), Stuttgart 2000.
van der Heyden, Ulrich u. Liebau, Heike (Hgg.), Missionsgeschichte – Kirchengeschichte – Weltgeschichte, Christliche Missionen im Kontext nationaler Entwicklungen in Afrika, Asien und Ozeanien (Missionsgeschichtliches Archiv 1), Stuttgart 1996.
van der Heyden, Ulrich u. Stoecker, Holger (Hgg.), Mission und Macht im Wandel politischer Orientierungen. Europäische Missionsgesellschaften in politischen Spannungsfeldern in Afrika und Asien zwischen 1800 und 1945 (Missionsgeschichtliches Archiv 10), Stuttgart 2005.
van der Heyden, Ulrich, Das Schrifttum der deutschen Missionsgesellschaften als Quelle für die Geschichtsschreibung Südafrikas, in: ders. u. Heike Liebau (Hgg.), Missionsgeschichte – Kirchengeschichte – Weltgeschichte, Christliche Missionen im Kontext nationaler Entwicklungen in Afrika, Asien und Ozeanien (Missionsgeschichtliches Archiv 1), Stuttgart 1996, 123-138.
— Der „Burenkrieg" von 1899 bis 1902 und die deutschen Missionsgesellschaften, in: ders., Jürgen Becher u. Holger Stoecker (Hgg.), Mission und Gewalt. Der Umgang christlicher Mission mit Gewalt und die Ausbreitung des Christentums in Afrika und Asien in der Zeit von 1792 bis 1918/1919. (Missionsgeschichtliches Archiv 6), Stuttgart 2000, 207-224.
— Martinus Sewushan. Nationalhelfer, Missionar und Widersacher der Berliner Missionsgesellschaft im Süden Afrikas (Missionswissenschaftliche Forschungen 19), Neuendettelsau 2004.
van der Merwe, Daniel Werner, Die Geskiedenis van die Berlynse Sendinggenootskap in Transvaal, 1860-1900, Argiefjaarboek vir Suid-Afrikaanse Geskiedenis 46, Pretoria 1983.
— Daniel Werner, Die Berlynse Sendinggenootskap en Kerksigting in Transvaal, 1904–1962, Pretoria 1987.
van der Vyver, Willem Bartholomeus [sic], Art. Borcherds, Meent, in: DSAB 1, 96-98.
van Laak, Dirk, Imperiale Infrastruktur. Deutsche Planungen für eine Erschließung Afrikas 1880 bis 1960, Paderborn 2004.
— Kolonien als „Laboratorien der Moderne"?, in: Sebastian Conrad u. Jürgen Osterhammel (Hgg.), Das Kaiserreich transnational. Deutschland in der Welt 1871-1914, Göttingen 2004, 257-279.

Verryn, Trevor David, A history of the Order of Ethiopia, Cleveland 1972.
Vicedom, Georg, Die Taufe unter den Heiden, München 1960.
Visser, A., Duinsand en Vlei (Dünensand und Vlei), unveröffentlichte Hörfunkreihe, Cape Town 1971.
Voges, Heinrich, Die Arbeit im Südlichen Afrika, in: Vision: Gemeinde weltweit. 150 Jahre Hermannsburger Mission und Ev.-luth. Missionswerk in Niedersachsen, hg. von Ernst-August Lüdemann zusammen mit einem Arbeitskreis im Ev.-luth. Missionswerk in Niedersachsen, Hermannsburg 2000, 233-355.
Vogt, Andreas, National Monuments in Namibia, Windhoek 2004.
— Nationale Denkmäler in Namibia, Windhoek 2006.
Vogt, Peter, Kirche und kirchliche Einheit bei Zinzendorf, TMDK, Heft Nr. 23, Europa-Ausgabe, Mai 2001, 6-13.

Wackwitz, Gustav, Andreas Wackwitz in seiner Zeit, in: Namibiana Nr. 12, Windhoek, 1993, 107-134.
Walf, Georg, Art. Bonifatiuswerk der deutschen Katholiken e. V., in: LThK^3 2, Freiburg i.Br. 1994, 582-583.
Wall, Heinrich de, Landesherrliches Kirchenregiment, in: Werner Heun u.a. (Hgg.), Evangelisches Staatslexikon. Neuausgabe, Stuttgart 2006, 1380-1386.
Wallmann, Johannes, Kirchengeschichte Deutschlands seit der Reformation, 3., durchgesehene Auflage, Tübingen 1988.
Walser Smith, Helmut, German Nationalism and Religious Conflict. Culture, Ideology, Politics, 1870-1914, Princeton 1995.
Walther, Daniel Joseph, Creating Germans Abroad. Cultural Policies and National Identity in Namibia, Athens (Ohio) 2002.
— Creating Germans abroad: white education in German Southwest Africa, 1894-1914, in: German Studies Review, 2, 2001, 325-351.
Ward, Kevin, A history of global Anglicanism, Cambridge 2006.
Warren, Max, Vorwort zu Kenneth Cragg, Sandals at the Mosque, London 1959.
Warwick, Peter, Black people and the South African War, 1899-1902, Cambridge 1983.
Wassink, Jörg, Auf den Spuren des Völkermordes in Südwestafrika. Der Herero-/Nama-Aufstand in der deutschen Kolonialliteratur. Eine literarhistorische Analyse, München 2004.
Wehrl, Franz, Mission am Oranje. Geschichte der Oblaten-Mission der Vikariate Keimoes und Keetmanshoop nach Briefen, Tagebüchern und Visitationsberichten, Eichstätt 1994.
Weiland, Herbert, Persistent detachment from the state: German-speaking Namibians' identity and patterns of political thought, in: Hergen Junge, Gerhard Tötemeyer u. Marianne Zappen-Thomson (Hgg.) The identity and role of the German-speaking community in Namibia, Windhoek 1993, 18-29.
Wellnitz, Britta, Deutsche evangelische Gemeinden im Ausland. Ihre Entstehungsgeschichte und die Entwicklung ihrer Rechtsbeziehungen zur Evangelischen Kirche in Deutschland (Jus Ecclesiasticum 71), Tübingen 2003.
Welte, Michael, Art. Lagarde, Paul Anton de, in: BBKL 4, 1992, 984.
Wenhold, Theo, Ein deutsches Dorf am Olifantsbecken. Geschichte und Gemeindeaufbau, in: Winfried Wickert (Hg.), Und die Vögel des Himmels wohnen unter seinen Zweigen. 100 Jahre Bauernmission in Südafrika, Hermannsburg 1949, 357-374.
Wenhold, Tobias u.a., Jubiläumsschrift 75 Jahre Deutscher Schulverein Kroondal 1904-18, Juni 1979.
Wenhold, Tobias, Die Geschichte Kroondals, in: Afrikanischer Heimatkalender 1970, Windhoek 1969, 85-111.
Werner, Wolfgang, ‚No one will become rich'. Economy and society in the Herero Reserves in Namibia, 1915-1946. Basel Namibia Studies Series 2, Basel 1998.

— Struggles in the Namibian countryside, 1915-1950. Some preliminary notes, in: Brian Wood (Hg.), 1884-1984. Readings on Namibia's history and society, London 1988, 268-280.
Wesseling, Klaus-Gunther, Art. Troeltsch, Ernst, in: BBKL 12, 1997, 497-562.
Wessels, Chris, Die Suche nach Einheit der Provinzen der Moravian Church in Südafrika, TMDK, Heft Nr. 23, Europa-Ausgabe, Mai 2001, 27-38.
Wickert, Winfried (Hg.), Und die Vögel des Himmels wohnen unter seinen Zweigen. 100 Jahre Bauernmission in Südafrika, Hermannsburg 1949.
— Männer und Zeiten. 50 Jahre Hermannsburger Missionsgeschichte. Ein Rückblick (Quellen und Beiträge zur Geschichte der Hermannsburger Mission 2), Hermannsburg 1987.
Wienecke, Werner A., Das Geschichtsverständnis der Herero, in: Zeitschrift für Mission 3/05, Frankfurt (Main) u. Basel 2005, 227-240.
— Der Befreiungskampf der Herero in ihrem Selbstverständnis und im Urteil der Missionare. Einige Persönliche Erfahrungen, in: Ulrich van der Heyden u. Holger Stoecker (Hgg.), Mission und Macht im Wandel politischer Orientierungen. Europäische Missionsgesellschaften in politischen Spannungsfeldern in Afrika und Asien zwischen 1800 und 1945 (Missionsgeschichtliches Archiv 10), Stuttgart 2005, 507-524.
— Lutherische Kirchen in Windhoek. Eine Studie zum interkonfessionellen Problem, in: Namibiana Nr. 12, Windhoek 1993, 135-165.
Wietersheim, Erika von, This land is my land. Motions and emotions around land reform in Namibia, Windhoek 2008.
Wildenthal, Lora, German Women for Empire, Durham 2001.
Williams, Peter, The idea of the self-governing church: A study in Victorian missionary strategy, Leiden 1990.
Wilson, M. u. Thompson, L., The Oxford history of South Africa, Vol. I up to 1870, Vol. II South Africa 1870-1966, Oxford 1969 und 1971.
Winckelmann, Johannes: Gesellschaft und Staat in der verstehenden Soziologie Max Webers, Berlin 1957.
Wink, Walter, Jesus' third way, the relevance of nonviolence in South Africa today, Philadelphia, Santa Cruz 1987.
Winkler, Harald E., The divided Roots of Lutheranism in South Africa. A Critical Overview of the Social History of the German-speaking Lutheran Missions and the Churches Originating from their Work in South Africa, unveröffentlichte Magisterarbeit, University of Cape Town, Cape Town 1989.
Winter, Jürgen Christoph, Bruno Gutmann: A German approach to social anthropology, Oxford 1979.
Winzen, Peter, Das Kaiserreich am Abgrund. Die Daily-Telegraph-Affäre und das Hale-Interview von 1908. Darstellung und Dokumentation, Stuttgart 2002.
Wittenberg, Gunther, Zur Frage des Pfarrernachwuchses in der Vereinigten Evangelisch-Lutherischen Kirche im Südlichen Afrika, in: Kirchliches Außenamt (Hg.), Brückenschlag. Berichte aus den Arbeitsgebieten des Kirchlichen Außenamtes der Evangelischen Kirche in Deutschland III Afrika, Stuttgart 1970, 110-120.
Wolf, Eric, Closed Corporate Peasant Communities in Mesoamerica and Central Java, in: Southwestern Journal of Anthropology, Vol. 13, 1957, 1-18.
Wolf-Dahm, Barbara, Art. Mirbt, Carl, in: BBKL 5, 1569-1573.
Wulfsohn, Lionel, Rustenburg at war, Cape Town 1987.

Yamey, Adam, Out of Africa. The migration of German Jews to South Africa, in: S.A.SIG, Southern African Jewish Genealogy Special Interest Group Newsletter, 6/3, 2006.
Yates, Tim, Venn and Victorian Bishops Abroad, London 1978.

Zeller, Joachim u. Zimmerer, Jürgen (Hgg.), Völkermord in Deutsch-Südwestafrika. Der Kolonialkrieg (1904-1908) in Namibia und seine Folgen, Berlin 2002.

Zeller, Joachim, „Ombepera i koza - Die Kälte tötet mich". Zur Geschichte des Konzentrationslagers in Swakopmund (1904-1908), in: Joachim Zeller u. Jürgen Zimmerer (Hgg.), Völkermord in Deutsch-Südwestafrika. Der Kolonialkrieg (1904-1908) in Namibia und seine Folgen, Berlin 2002, 64-79.

— „Wie Vieh wurden hunderte zu Tode getrieben und wie Vieh begraben." Fotodokumente aus dem deutschen Konzentrationslager in Swakopmund/Namibia 1904-1908, in: Zeitschrift für Geschichtswissenschaft 49, Berlin 2001, 226-243.

Zimmerer, Jürgen, Deutsche Herrschaft über Afrikaner. Staatlicher Machtanspruch und Wirklichkeit im kolonialen Namibia, Hamburg 2001.

— Holocaust und Kolonialismus. Beitrag zu einer Archäologie des genozidalen Gedankens, in: Zeitschrift für Geschichtswissenschaft, Heft 12, 51. Jg., Berlin 2003, 1098-1119.

— Krieg, KZ und Völkermord in Südwestafrika, in: Joachim Zeller u. Jürgen Zimmerer (Hgg.), Völkermord in Deutsch-Südwestafrika. Der Kolonialkrieg (1904-1908) in Namibia und seine Folgen, Berlin 2002, 45-64.

— Von Windhuk nach Warschau. Die rassische Privilegiengesellschaft in Deutsch-Südwestafrika, ein Modell mit Zukunft?, in: Frank Becker (Hg.), Rassenmischehen – Mischlinge – Rassentrennung. Zur Politik der Rasse im deutschen Kolonialreich (Beiträge zur Europäischen Überseegeschichte 90), Stuttgart 2004, 97-123.

— Der koloniale Musterstaat? Rassentrennung, Arbeitszwang und totale Kontrolle in Deutsch-Südwestafrika, in: Joachim Zeller u. Jürgen Zimmerer (Hgg.), Völkermord in Deutsch-Südwestafrika. Der Kolonialkrieg (1904-1908) in Namibia und seine Folgen, Berlin 2002, 26-41.

Zöllner, Linda u. Heese, Johannes August, The Berlin missionaries in South Africa and their descendants, Pretoria 1984.

Zulu, Prince Bongani Kashelemba, From the Lüneburger Heide to northern Zululand: a history of the encounter between the settlers, the Hermannsburg missionaries, the Amakhosi and their people, with special reference to four mission stations in northern Zululand (1860-1913), unveröffentlichte Magisterarbeit, University of KwaZulu-Natal, Pietermaritzburg 2002.

Register

Bibelstellen

Genesis 1, 26 – 602
Genesis 1, 27 – 201
Leviticus 25, 10.13 – 621
Deuteronomium 30, 4 – 152
Nehemia 1, 9 – 152
Psalm 24, 1 – 589
Psalm 85, 10-12 – 621-622
Psalm 146, 2 – 152
Jesaja 49, 6 – 152
Jesaja 61, 1-3 – 591
Jeremia 34, 17 – 152
Matthäus 5, 43-45 – 201
Matthäus 6, 10-12 – 621
Matthäus 13, 24-30 – 525
Matthäus 28, 19 – 478
Lukas 4 – 591
Johannes 8, 28-36 – 613-614
Apostelgeschichte 1, 8 – 598
Apostelgeschichte 2, 1-47 – 516
Apostelgeschichte 2 u. 4 – 530
Apostelgeschichte 8, 27 – 293
Apostelgeschichte 5, 29 – 598
Apostelgeschichte 15, 2 – 598
Apostelgeschichte 15, 28-29 – 598-599
Apostelgeschichte 18, 3 – 536
Römer 13, 1-7 – 125, 484, 533, 609
2 Korinther 1, 6 – 488
2 Korinther 5, 19 – 596
Galater 3, 28 – 509
Galater 6, 2 – 13
Epheser 2, 17 – 596
Hebräer 13, 13 – 13

Historische Personen

Namensvorsätze in Niederländisch und Afrikaans wie „van" oder „de" werden als Bestandteil des Namens behandelt.
Die Berufsbezeichnungen beziehen sich auf die Funktionen, auf die in den Beiträgen verwiesen wird.
Die Organisationsnamen bei Auslandspfarrern und Missionaren verweisen auf die entsendenden Institutionen.
Die Namen von Autorinnen und Autoren von Sekundärliteratur sind nur dann aufgenommen, wenn ihre Beiträge im Text diskutiert werden.

!Gomxab / Simon Koper, (Kapitän d. !Kharakhoen) 558
//Guruseb, /Haihab (namibischer Widerstandskämpfer) 605
//Oaseb, !Nakhomab Cornelius (Kapitän d. Roten Nation) 561
/Hôa/arab / Afrikaner, Jager (Kapitän d. Oorlam) 226

Adamson, G[..] (Auslandspfr. d. schottischen Kirche) 401-402
Afrikaner, Jager, vgl. /Hôa/arab
Agamben, Giorgio (Philosoph) 207-208, 472-473, 476, 481, 494
Albrecht, Abraham (Missionar LMS) 226
Albrecht, Christian (Missionar LMS) 226
Anders, Heinrich (Auslandspfr. HLK) 262
Anz, Wilhelm (Auslandspfr. EOK) 18, 101, 231-232, 234-235, 238-239, 254, 355-356, 376-384, 386-388, 482-483
Arndt, Ernst Moritz (Schriftsteller) 242
Arndt, Johann (Theologe) 301
Arndt, Johannes (Missionar BM) 264
Arning, Wilhelm (Mitglied d. Reichstags) 207

Arnold, [..] (Theologe, Freundeskreis Kirche Swakopmund) 363
Astrup, Nils (Bischof NM) 498
Auala, Leonhard (Bischof ELCIN) 603
Auer, G[..] (Obermatrose auf d. S.M.S Habicht) 350
Auguste Victoria, (Kaiserin, Ehefrau Wilhelms II.) 62-63, 125, 131

Bach, Johann Sebastian 318
Backeberg, [..] (Siedler i. Kroondal) 456, 463-464, 466, 539-540, 548
Bade, Klaus J. (Historiker u. Migrationsforscher) 15, 32, 34-35, 38, 40, 42, 53, 114, 160-164, 177, 182, 471, 511, 576
Baden-Powell, Robert (britischer Generalmajor) 458
Bam, Johannes Hendrik (Katechet, Missionar RMG) 228, 518-519
Bamberger, C. A. (Auslandspfr. HLK) 53, 403
Barkhausen, Friedrich-Wilhelm (Präsident EOK) 94, 130, 135, 408
Baumgarten, Johann Heinrich (Auslandspfr.) 410
Bebel, August (Vorsitzender d. SPD) 597
Becker, Emil (Missionar RMG) 110, 120,
Beeger, C. Heinrich (Missionskolonist HM) 296
Behrens, August (Missionar HM) 280, 304, 458-459,
Behrens, August (Siedler i. Kroondal) 455-461, 464, 466
Behrens, Georg (Siedler i. Kroondal) 459
Behrens, Heinrich (Missionssuperintendent HM) 502
Behrens, Ida (Schneiderin u. Bäckerin i. Kroondal) 336, 340-342
Behrens, Wilhelm (Missionar HM) 466
Benecke, Johann (Missionskolonist HM) 296
Bergtheil, Jonas (Unternehmer) 296, 548
Beste, Wilhelm Christoph Alexander (Missionar BM) 67
Beyer, [..] (Auslandspfr. EOK) 241, 247
Beyers, Christiaan Frederick (General d. ZAR) 274-275
Bismarck, Fürst Otto von (Reichskanzler) 125, 142, 340, 349, 351, 446
Blettermann, Heinrich Ludwig (Landdrost) 25, 258

Böhm, Johannes Albrecht Friedrich (Missionar RMG) 349, 351-352, 360, 386

Du Bois, William Edward Burghardt (Bürgerrechtler u. Philosoph) 208
Bonn, Alfred (mit d. RMG verbundener Pfarrer) 109-113, 521
Borcherds, Meent (ref. Pfarrer) 259
Bosch, David (Missionswissenschaftler) 395, 525, 592, 594-595, 599-601, 603, 607
Botha, Louis (Premierminister d. Südafrikanischen Union) 269-270, 273, 274, 276, 281-282
Bourne, Randolph (Journalist) 33-34
Boysen, Dietrich (Kaufmann i. Windhoek) 373-374
Brandt, [..] (Händler) 570-572, 574
Brenner, Fritz (Arzt, Landesschulverband Südwestafrika) 252
Brincker, Peter Heinrich (Missionar RMG) 109, 370, 607
Brunkhorst, Friedrich (Missionar HM) 497, 501, 503-508
Budler, Johann Friedrich (Missionar RMG) 518
Bülow, Bernhard von (Reichskanzler) 24, 122, 125, 127, 136, 483, 485, 488-489, 579
Büttner, Carl Gotthilf (Missionar RMG, Philologe) 54, 66, 109-110, 114, 289, 393-395, 398, 401-402, 408, 418, 513-514
Burdett-Coutts, Angela (Stifterin b. d. Gründung d. anglik. Diözese Kapstadt) 439
Burgsdorff, Henning von (deutscher Bezirkshauptmann, Maltahöhe) 571-576
Busse, Max (Geschäftsführer d. Antisklaverei-Komitees) 166
Bussmann, Ernst Wilhelm (Auslandspfr. EOK, Mitherausgeber d. Zeitschrift Deutsch-Evangelisch) 26-28, 38, 40, 46, 61, 67, 90, 94-95, 140, 149-157
Carnegie, Andrew (Industrieller, Pazifist) 126
Cassier, Heinrich (Missionar HM u. d. HFM) 294
Cetshwayo kaMpande (König d. amaZulu) 304, 453
Chamberlain, Houston Stewart (Schriftsteller) 27, 128-129, 142-143, 155
Cholokwe (Chief d. Bapedi) 304

Class, Heinrich (Vorsitzender d. Alldeutschen Verbands) 123
Cloete, Daniel (Gehilfe, Evangelist RMG) 307, 517, 519
Clüver, Friedrich (Auslandspfr. HLK) 67, 408-411
Coerper, Paul (Auslandspfr. EOK) 227, 241, 246-247, 388
Cohen, Robin (Migrationsforscher) 41-46
Colenso, John William (anglik. Bischof) 443-445, 447, 450-452
Comaroff, Jean (Ethnologin) 30, 595, 599
Comaroff, John (Ethnologe) 30, 595, 599

Dannert, Eduard Heinrich Gustav (Missionar RMG) 241, 490
Darwin, Charles (Biologe) 144
de Wet, Christiaan (General d. ZAR) 275, 455, 462-464
Decke, [..] (Propst, Freundeskreis Kirche Swakopmund) 363
Deimling, Berthold von (Schutztruppenkommandeur i. DSWA) 350
Delbrück, Hans (Historiker, Herausgeber d. Preußischen Jahrbücher) 168
Dempwolf, Otto (Arzt) 183-184
Dernburg, Bernhard (Staatssekretär im Reichskolonialamt) 197-198
Dessin, Joachim Nikolaus von (Sekretär d. Waisenkammer, Kapstadt) 257
Diehl, Philipp (Missionspräses RMG) 112, 116, 486, 488, 602
Dingane ka Senzangakhona (König d. amaZulu) 435
Dlamini, Paulina Nomguquo (Gemeindegründerin) 304
Döhne, Ludwig Jakob (Missionar BM) 290, 292
Drögemöller, Johann (Synodalpräses HM) 299
Dürer, Albrecht 318
Duske, Johannes (Konsistorialrat im EOK) 238, 381, 387

Ebers, Winfried (Landespropst) 46, 70, 248, 251-254
Ebner, Johann Leonhardt (Missionar LMS) 227
Eich, Wilhelm (Präses d. Hereromission d. RMG) 484, 487, 490

Eiselen, Werner (Ethnologe u. Verwaltungsbeamter) 266, 508
Elger, August (Missionar RMG) 385, 387
Erdmann, [..] (Farmer i. DSWA) 170, 304
Erzberger, Matthias (Mitglied d. Reichstags) 193-195, 207
Esselen, Louis Francois (Missionar RMG) 295, 407-408

Fabarius, Ernst (Divisionspfarrer, Direktor d. Kolonialschule Witzenhausen) 31, 159, 164-168, 172-173, 177
Fabri, Friedrich (Missionsinspektor RMG, Kolonialpropagandist) 24, 31, 38-39, 113-114, 159, 161-164, 168, 172-173, 177, 180, 368, 446, 471, 594
Fabri, Gotthart Karl Ernst (Kirchenrat) 24
Fels, Waltraut (Ehefrau v. Friedrich Wilhelm Anz) 379
Fenchel, Tobias (Missionar RMG) 241, 562, 572
Fintel, Wilhelm von (Missionar HM) 507
Fisher, Geoffrey (Erzbischof v. Canterbury) 451
Fliedner, Theodor (Pfarrer, Gründer d. Kaiserswerther Diakonie) 61
Flygare, Carl Ludwig (Missionar SKM) 295
François, Curt von (Hauptmann d. Schutztruppe i. DSWA) 350, 367, 573, 608
Franz, [..] (deutscher Konsul) 252
Franz, Helene (Gründerin d. Krankenhauses v. Vivo, Ehefrau v. Martin Jäckel) 336
Frederiks, Joseph (Kapitän d. !Aman) 606
French, John (britischer General) 277
Freyer, Heinrich (Missionskolonist HM) 296, 509
Fried, Erich (Dichter) 617
Friedrich I. von Hohenstaufen, gen. ‚Barbarossa' (Kaiser) 125
Friedrich II. (König v. Preußen) 236, 318
Friedrich II. von Hohenstaufen (Kaiser) 130
Friedrich Wilhelm III. (König v. Preußen) 63
Friedrich Wilhelm IV. (König v. Preußen) 62, 64, 91, 125, 130
Fuchs, Viktor (Bezirksamtmann) 225, 351, 357-358

Garvey, Markus (Publizist u. Vorkämpfer d. Pan-Afrikanismus) 228
Gathemann, Heinrich (Kaufmann, Windhoek) 367, 371

Gathmann, Johann (Missionskolonist HM) 296
Gebel, August (Missionar BM) 292
Geibel, Emanuel (Dichter) 156, 242
Gevers, E. (Siedlerin i. Krugersdorp) 340
Gevers, Heinrich (Missionar HM u. d. HFM) 294, 502
Gilroy, Paul (Literaturkritiker) 45, 47, 472
Goliath, Diederik Ruben (Kapitän d. /Hai-/khauan) 565
Goliath, Johannes Christian (Kapitän d. /Hai-/khauan) 561-563, 566
Goliath, Paul (Kapitän d. /Hai-/khauan) 561
Goltz, Hermann von d. (Vizepräsident d. Eisenacher Kirchenkonferenz) 73
Gorth, Matthäus (Missionar RMG) 227
Grassmann, J[…] (Auslandspfr. EOK) 18, 297
Gray, Robert (anglik. Bischof v. Kapstadt) 436-442, 444-445, 447, 450-451
Gray, Sophy (Architektin, Ehefrau v. Robert Gray) 448
Gregorowski, Reinhold (Missionar BM) 292
Grey, George (britischer Gouverneur i. Kapstadt) 67, 309, 407
Grimm, Hans (Schriftsteller) 232-233, 282-283, 312-314, 316-317
Gröber, Adolf (Mitglied d. Reichstags) 193
Großkopf, Johann Gottlob (Missionssuperintendent BM) 67
Grünberger, Friedrich (Missionar BM) 92, 297
Grützner, Friedrich Wilhelm (Missionar BM) 292
Grundtvig, Nikolai Frederik Severin (Pfarrer u. Schriftsteller) 293
Güldenpfennig, Friedrich Wilhelm (Missionar BM) 292
Guhr, [..] (Pfarrer, Mitbegründer d. Breslauer Vereins) 101, 363
Gurnes, Paul (Einwohner v. Pretoria) 277
Gutmann, Bruno (Missionar Leipziger Mission) 190, 445, 531, 540
Gwamanda, Joseph (Diakon HM) 547

Haas, Johannes (Auslandspfr. HLK) 399
Haccius, Georg (Missionsdirektor HM) 263, 296, 300, 498, 502-503, 505, 524, 526-527, 529-530, 532, 541, 543, 545, 588
Hadebe, Dan (Kirchenvorstand Hermannsburg/Natal) 504

Haeckel, Ernst (Zoologe) 144
Hälbich, Johann Karl Eduard (Missionskolonist RMG) 353, 368, 385
Hager, Carl Otto (Architekt) 259
Hahn, Carl Hugo (Missionar RMG) 110, 177, 370, 406, 410, 445-446, 512-513, 517-518, 520, 556, 598, 601
Hammer, Johannes (Auslandspfr. EOK) 180, 250, 361, 380-381, 384-387, 389
Hardeland, August (Missionssuperintendent HM) 403, 547, 549
Harms (Siedler i. Kroondal) 456
Harms, Egmont (Missionsdirektor HM) 299-300, 498-499, 509, 543-544, 547
Harms, Ludwig / Louis (Gründer d. Hermannsburger Mission) 25, 68, 293, 296, 311, 420-421, 423, 425, 428, 431,444, 498, 509, 526-532, 539-541, 544, 547, 549, 551, 553, 601
Harms, Theodor (Missionsdirektor HM) 263, 294, 526
Harnack, Adolf (Theologe) 168, 175, 185, 198-205
Hasenkamp, Johannes (Auslandspfr. EOK) 88, 99, 101, 227, 240-242, 244-247, 250, 360, 363-365
Hauck, Albert (Theologe) 188
Haug, Alfred (deutscher Generalkonsul) 252
Haußleiter, Gottlob (Missionsinspektor RMG) 29, 235, 352, 476-477, 485, 488-490, 597
Heckel, Theodor (Oberkonsistorialrat im Kirchenbundesamt i. Berlin) 92, 350
Hegner, Carl Ludwig (Missionspräses RMG) 227, 560, 573-574
Hehling, Theodor August 277
Hein, Frederik (Nationalgehilfe, Pfarrer RMG) 111, 519
Heinrich von Preußen (Großadmiral, Bruder Kaiser Wilhelms II.) 126
Hennig, Paul Otto (Missionsdirektor HHM) 196, 206, 535-537
Herbst, Johann Heinrich (Missionskolonist HM) 296
Herder, Johann Gottfried (Theologe u. Philosoph) 198, 204
Herlyn, [...] (Lehrer i. Swakopmund) 360
Hermann d. Cherusker 318
Hermes, Ottomar (Oberkonsistorialrat im EOK) 91

Hertzog, James Barry Munnick (Premierminister d. Südafrikanischen Union) 220, 271, 274-275, 278, 283
Herzl, Theodor (Präsident d. Zionistischen Weltorganisation) 135
Hesse, Christian Heinrich Friedrich (Auslandspfr. HLK) 16, 65, 285, 399-401
Heyse, Paul (Auslandspfr. EOK) 22, 98-100, 102, 105, 208-209, 236, 241-244, 247, 251-252, 353, 360-361, 385, 387
Hintrager, Oskar 275, 455, 462-464
Hörstman, Fritz (Gründer d. Deutschen Landwirtschaftlichen Vereins i. Philippi) 428-429
Hoffmann, Hermann Edler von (Kolonialkirchenrechtler) 76, 97
Hofmeyr, Gysbert Reitz (Administrator v. Südwestafrika) 221
Hohls, Heinrich (Missionar HM) 296, 500-501, 503-507
Hohls, Karl (Missionssuperintendent HM) 296, 497
Holzapfel, Ludwig (Missionar RMG) 606
Hüsing, Henning (Farmer b. Kapstadt) 256, 258

Irle, Johann Jakob (Missionar RMG) 109-110, 118, 234, 379, 481-483, 520
Isaak, Jacobus (Kapitän d. /Hai-/khauan) 561
Isaak, Samuel (Onderkapitän d. Nama) 560

Jäckel, Martin (Missionar BM) 337
Jahn, Adolf (Bildhauer) 130
Jensen, Hermann Lütjens (Missionar HM) 458
Jod, Petrus (Leiter d. AMEC) 602
Johann Albrecht (Herzog von Mecklenburg, Mitglied d. Kolonialrats) 166
Johannes, Heinrich Christoph (Missionar HM u. d. HFM) 294
Jonas, Carl (Assistenzpfarrer, Pfarrer d. HHM) 537
Judt, Friedrich (Missionar RMG) 575
Junker, Wilhelm (Schutztruppe) 367, 371-372, 380

Kähler, Martin (Theologe) 477-479, 481, 494
Kaiser, Wilhelm (Missionar HM) 504-505
Kameeta, Zephania (Bischof ELCRN) 10, 12, 48-50, 494-495
Kant, Immanuel 129, 204

Kapler, Hermann (Oberkirchenrat EOK) 65, 88-89, 96-97, 99, 101, 105, 238, 240, 244-245, 381, 387
Karl d. Große 125
Kaschke, Otto (Marinepfarrer) 247
Kassier, Wilhelm (Verwalter HM) 500
Kaufmann, Friedrich Justus Rudolph (Auslandspfr. HLK) 401
Kavekunua, Nikodemus (Chief d. Mbanderu) 448
Kazahendike, Kambauruma (Lehrerin RMG) 517
Keding, Reinhard (Bischof ELKIN [DELK]) 48-49
Kemp, Jan (Major, General d. ZAR) 275, 464
Khanyile, Maqhamusela (Märtyrer) 303, 453
Khunou, Jacobus (Diakon HM) 547
Kistner, Johannes (Missionar HM) 296, 301
Kistner, Wolfram (Theologe) 22-23, 28, 48, 266, 285, 399, 503, 508, 529, 549, 586, 589, 613-614, 616, 619-622
Kitchener, Horatio Herbert (britischer General) 282, 460-461
Kleinschmidt, Franz Heinrich (Missionar RMG) 277-228, 598
Kleinschmidt, Hanna geb. Schmelen (Ehefrau Franz Kleinschmidts) 227
Knak, Siegfried (Missionsdirektor BM) 189, 531
Knudsen, Hans-Christian (Missionar RMG) 227
Köhler, Wilhelm (Missionar HM) 502
Koen, Niklaas (Missionar BM) 303-304
Königk, E[..] (Auslandspfr. EOK) 25, 330
Kohrs, Wilhelm (Missionar HM) 296
Kok, Adam (Chief d. Griqua) 292
Kolver, Andreas Lutgerus (Auslandspfr. d. Lutherischen Konsistoriums Amsterdam) 288, 398-399
Konstantin (Kaiser) 137
Koza, Philemon (Kirchenvorstand Hermannsburg/Natal) 501, 504
Kraut, Gustav (Missionar BM) 292
Kriele, [..] (Auslandspfr. EOK) 101
Kriele, Eduard (Missionsinspektor RMG) 109-111
Krönlein, Johannes (Missionar RMG) 369
Kropf, [..] (Witwe v. Missionsdirektor A. Kropf) 338, 348
Kropf, Albert (Missionssuperintendent BM) 67, 261-262, 338, 408, 414

Krotoa, [..] (Dolmetscherin im Haushalt Jan van Riebeecks) 287
Kruger, Stephanus Johannes Paulus (Präsident d. ZAR) 272, 307, 462
Krupp, Friedrich Alfred (Industrieller) 124
Kühnel, Johann Christian (Missionar HHM) 289
Kuhlmann, August (Missionar RMG) 234, 241, 483, 485, 492, 597
Kunze, Lothar (Herausgeber d. Zeitung Deutsch-Afrikaner) 324, 329, 331-333
Kuschke, Hermann (Missionar BM) 264, 297

Lagarde, Paul de (Kulturphilosoph) 179
Lamula, Petros kaLutoloni (Pfarrer d. NM) 303
Lange, [..] (Siedler i. Kroondal) 456
Lange, August Ferdinand (Missionar BM) 292
Las Casas, Bartolomé de (katholischer Bischof v. Chiapas, Mexiko) 194
Lass, Lucy (Musikerin, Ehefrau v. Ernst Müller, Kroondal) 340
Lasson, Georg (Theologe) 185-188
Lebele, Jacob (Diakon HM) 547
Leipoldt, Johann Gottlieb (Missionar RMG) 291
Lenthe, Baron von (Botschafter d. Fürstentums Hannover) 65, 399
Leo XIII. (Papst) 135
Lepsius, Johannes (Theologe, Gründer d. Armenischen Hilfswerks) 16, 141-146, 152, 158
Lettow-Vorbeck, Paul von (deutscher General) 276
Leutwein, Theodor (deutscher Gouverneur i. DSWA) 35, 211-212, 215, 230, 234-235, 356, 368-369, 373-374, 376-377, 389, 488, 569, 571, 573-579, 603
Liebert, Eduard von (General, Mitglied d. Reichstags) 195
Liefeldt, Ludwig (Missionar BM) 262
Lindequist, Friedrich von (deutscher Gouverneur i. DSWA) 213, 215, 233, 239, 322, 354-360, 368, 371, 383, 388-389, 448-449, 488, 492, 576
Lindley, Daniel (Missionar) 290
Lion, Alexander (Arzt) 290
Livingstone, David (Missionar LMS) 294, 594-595

Löhe, Wilhelm (Pfarrer, Gründer einer Ausbildungsstätte für Missionare für deutsche Auswanderer i. Amerika, Neuendettelsau) 38, 527
Lückhoff, Paulus Daniel (Missionar RMG) 259, 291
Luther, Martin 142, 204, 227, 246-247, 318, 433, 524, 532-533, 598, 609

Magerman, Jan (Katechist d. LMS) 226-227
Maharero, Samuel (Paramount Chief d. Herero) 211, 447, 573, 579, 597, 604, 606-607
Makana Nxele (Prophet) 438
Mamogale, Jakobus Morne (Kapitän v. Bethanie [North West Province]) 466
Mandela, Nelson 596
Manger, Johann Heinrich Wilhelm von (ref. Pfarrer) 257
Mapumulo, Elisa (Kirchenvorstand Hermannsburg/Natal) 501, 504, 506
Marley, Bob 591
Marsveld, Hendrik (Missionar HHM) 289
Masius, Hector Godfried (Theologe) 396
Masiza, Peter (anglik. Pfarrer) 444
Mazibuko, Johannes (Kirchenvorstand Hermannsburg/Natal) 501, 503-504, 506
Melck, Martin (Winzer, Heemraad Stellenbosch) 287, 397
Merensky, Alexander (Missionar BM) 292
Merriman, John X (Politiker i. d. Kapkolonie) 422, 427
Meyer, Carl (Missionar BM) 264
Meyer, Freerk (Missionar RMG) 518
Meyer, Friedrich Johann (Missionar HM) 293, 296
Mirbt, Carl (Theologe, Mitherausgeber d. Zeitschrift Deutsch-Evangelisch) 20, 61-64, 66, 70-71, 90, 97-98, 100-101, 140, 150-153, 156, 176, 179-181, 351
Mist, Jacob Abraham Uitenhage (Generalkommissar d. Batavischen Republik) 400
Modibane, David Mokgatle (Evangelist HM) 304
Moffat, John Smith (Missionar LMS) 599
Morel, Johann Michael (Laienmissionar) 259
Mpande kaSenzangakhona (König d. amaZulu) 293
Müller, [..] (Siedler i. Kroondal) 456
Müller, Christian (Missionar HM) 457-462, 465-468

Müller, Ernst (Siedler i. Kroondal) 340
Müller, Johann Heinrich Christian (Missionar HM u. Auslandspfr.) 296, 409-411
Müller, Luise (Ehefrau v. Christian Müller) 456-462, 465-468
Müller, Wilhelm (Mitglied d. Politieke Raad d. VOC, Kapstadt) 255
Muhl, Dorothea (Siedlerin i. Kroondal) 466
Muhl, Ernst (Siedler i. Kroondal) 344, 456, 466-467
Muhl, Peter (Siedler i. Kroondal) 466

Naumann, Friedrich (Mitglied d. Reichstags) 16, 122-125, 141-146, 168-169, 202, 394
Ndlela, Simon (Pfarrer d. NM) 303
Neander, August (Theologe) 291
Neumeister, Wilhelm (Missionar RMG) 566
Niemöller, Heinrich (Pfarrer) 136
Norenius, Johan Erik (Missionar SKM) 295
Nowack, Kurt (Lehrer RMG) 512, 520

Oetker, Karl (Arzt) 195, 197-198, 206-207, 209
Olpp, Johann[es] Georg Heinrich (Missionar RMG) 515-516, 570, 603
Olpp, Johannes (Missionar RMG) 112-113, 116, 118-119, 247, 370-371
Oltmann, Johann David (Missionar HM u. HFM) 294
Oppelt, Nicolaas (Assistenzpfarrer HHM, Bankier) 537
Oppermann, Heinrich Christian Septimus (britischer Militärpfarrer) 261
Ottermann, Egmond (Siedler i. Kroondal) 456
Ottermann, Martha (Siedlerin i. Pretoria) 344

Pank, Oskar (Superintendent Leipzig) 136
Parisius, Johann Ludolph / Ludwig (Auslandspfr. HLK) 66-67, 401-406, 408
Park, Robert Ezra (Migrationsforscher) 33
Paul, Carl (Direktor d. Leipziger Mission) 90, 150, 178, 187-189
Penzhorn, […] (Siedler i. Kroondal) 456
Penzhorn, Christoph (Missionar HM) 497, 543
Penzhorn, Hedwig (Siedlerin i. Kroondal) 335-336
Petermann, August (Geograph) 110-111, 113
Petkauw, Paulus (Mitglied d. Politieke Raad, Kapstadt) 255
Pfanner, Franz (Trappisten-Abt) 265

Philip, John (Missionsdirektor LMS) 291, 435, 442
Plütschau, Heinrich (Missionar DHM) 287-288
Pohle, Hans (Missionar HM) 497
Posselt, Wilhelm (Missionar BM) 260, 292-293, 296, 583
Pretorius, Marthinus Wessel (Präsident d. ZAR) 294, 456-463, 465
Prietsch, Friedrich (Missionar BM) 303
Prigge, Heinrich (Missionar HM u. d. HFM) 294
Prydtz, O. Christian Thomas (Missionar HM) 293

Rade, Martin (Pfarrer, Herausgeber d. Christlichen Welt) 198, 204, 397
Ranke, Leopold von (Historiker) 142, 202, 206
Rath, Johannes (Missionar RMG) 370, 408
Rathgen, Karl (Nationalökonom) 145-148, 153, 155, 158
Redecker, Gottlieb (Architekt) 382-384, 448
Redecker, Johann Wilhelm (Missionskolonist RMG) 368, 382, 385
Redinger, Eduard (Bergtheil-Siedler) 296
Redinger, Henriette (Ehefrau v. Eduard Redinger) 296
Reibeling, Louis (Missionar HM) 504
Rein, Ella (Musiklehrerin i. Pretoria) 339-340
Reiner, Otto (Farmer) 212-214
Rey, Koos de la (General d. ZAR) 459-461
Reylander, [..] (Auslandspfr. EOK) 103
Riarua, Assa (Herero Großmann) 579
Richardson, R[..] 219
Richter, Julius (Missionswissenschaftler) 167, 176, 196, 200, 206, 208, 215, 282, 409-410, 414, 534, 534, 594
Röttcher, Heinrich (Missionssuperintendent HM) 299
Rohden, Ludwig von (Missionsinspektor RMG) 109
Rohrbach, Paul (Theologe, Ansiedlungskommissar, Kolonialpropagandist) 17, 31, 140, 145, 159, 168-173, 177-179, 476-477, 486-487, 488, 494
Rohwer, Johann (Missionar HM) 502, 509
Rust, Conrad (Farmer in DSWA) 485
Rust, Friedrich Hermann (Missionar RMG) 253, 369

Sanneh, Lamin (Missionswissenschaftler) 599
Schaar, Wilhelm (Missionar RMG) 369
Schian, Martin (Generalsuperintendent i. Breslau) 250
Schlieffen, Alfred Graf von (deutscher Generalfeldmarschall) 485
Schmelen, Johann[es] Hinrich (Missionar LMS) 225-227, 445, 448, 518, 596-597
Schmelen, Zarah, geb. Hendrichs (Bibelübersetzerin, Ehefrau v. Johann Hinrich Schmelen) 512, 597
Schmerenbeck, [..] (Kaufmann i. Windhoek) 367, 373
Schmidt, [..] (Pater) 135
Schmidt, Albrecht (Oberkonsitorialrat) 91-92
Schmidt, Georg (Missionar HHM) 288-289, 437, 533, 550
Schmidt, Johann (Missionar BM) 292
Schmidt, Johann Caspar (Ehemann v. Machtelt Schmidt) 288
Schmidt, Karl (deutscher Bezirkshauptmann) 603
Schmidt, Machtelt (Unterstützerin v. Sklaven i. Kapstadt) 287-288
Schmidt, Max (Divisionspfarrer) 352
Schmitt, Carl (Verfassungsrechtler) 303, 472
Schneider, [..] (Auslandspfr.) 103, 112
Schomerus, Christoph (Missionsdirektor HM) 68, 505
Schreiber, August (Missionsinspektor RMG) 108, 177, 368-369, 375-376, 385, 516
Schreiber, August Wilhelm (Kolonialkirchenrechtler) 76, 97
Schreiber, August Wilhelm jun. (Inspektor d. Norddeutschen Mission) 195
Schreuder, Hans Palludan Smith (Missionar NM u. Gründer d. Schreuder Mission) 293, 295, 303, 453
Schröder, Friedrich (Missionar RMG) 570-576
Schröder, H[..] (Missionskolonist HM) 296
Schröder, Heinrich (Missionar HM) 296
Schröder, Johann Georg jun. (Missionar u. Missionsfotograf RMG) 111, 518
Schröder, Sebastian (Mühlensekretär i. Stellenbosch) 258
Schuckmann, Bruno von (deutscher Gouverneur i. DSWA) 216
Schütte, Christian (Missionskolonist HM) 296
Schütze, Heinrich (Missionar HM) 296

Schütze, Woldemar (Siedler) 195
Schulenburg, Heinrich (Synodalpräses HM) 299
Schwellnus, Erdmann (Missionar BM) 304
Schwellnus, Martin (Siedler i. Middelburg) 339
Schwellnus, Otto (Siedler i. Middelburg) 339
Schwinn, Daniel (Missionar HHM) 289
Scrivers, Christian (Theologe u. Dichter) 301
Seeberg, Reinhold (Theologe) 130, 179
Seidenfaden, Johannes (Missionar LMS) 226
Seitz, Theodor (deutscher Gouverneur i. DSWA) 217, 449
Sello, Timotheus (Pfarrer d. BM) 304
Sewushan, Martinus (Pfarrer d. BM, Kirchengründer) 304
Seyfried, Gerhard (Schriftsteller) 349, 351
Shaka ka Senzangakhona (König d. amaZulu) 435
Shaw, Barnabas (Missionar MM) 207
Shepstone, Theophilus (britischer Gouverneur i. Natal) 526, 540
Siebe, Elisabeth geb. Sapel (Ehefrau v. Heinrich Siebe) 369
Siebe, Heinrich (Missionar RMG) 37, 230-231, 368-376, 380, 385-386, 390, 447
Siebold, Hans (Auslandspfr. EOK) 101, 241, 246
Simon Koper, vgl. !Gomxab) 558
Sitole, E[..] (Kirchenvorstand Hermannsburg/Natal) 504
Smit, Erasmus (Missionar) 290
Smuts, Jan Christiaan (südafrikanischer Politiker) 21, 218, 220-221, 269-270, 273-276, 282-283, 332
Solf, Wilhelm (Staatssekretär im Reichskolonialamt) 182, 240
Spahn, Peter (Mitglied d. Reichstags) 195
Spanuth, Johannes 65-68, 84, 261-262
Spellmeyer, Christian Wilhelm Friedrich (Missionar RMG) 514, 519-520, 560, 562, 564, 602
Spiecker, Johannes (Missionsinspektor RMG) 108-109, 236-239, 241, 353, 356, 360, 362, 381, 387-388, 483, 487-488, 490, 492
Starrenburg, Johann Frederick (Landdrost) 258
Stegmann, Georg Wilhelm (Auslandspfr. HLK) 401-404

Stielau, Gustav-Adolph (Missionar HM u. d. HFM) 294
Stieve, [..] (Rechtsanwalt) 196
Stolte, J[..] (Missionskolonist HM) 296
Stolzing, Joseph (Schriftsteller) 333
Struve, Wilhelm (Missionar HM) 296
Stumm-Halberg, Carl Ferdinand von (Industrieller) 124
Stumpfe, E. (Farmer i. Mariental) 564
Stutterheim, Richard von (General d. British-German-Legion) 60, 67-68, 89, 261, 295, 309, 338, 407, 414-416
Suin de Boutemard, Amand 90, 181
Swellengrebel, Hendrik (Gouverneur d. VOC i. Kapstadt) 396

Thude, Kurt (Auslandspfr. EOK) 254, 350, 354, 365-366
Tikhuie, Vehettge Magdalena (v. Georg Schmidt getaufte Khoikhoi) 289
Tirpitz, Alfred von (deutscher Admiral) 122
Tönjes, Hermann (Missionar RMG, Eingeborenenkommissar u. Pfarrer) 247
Tolstoi, Lew Nikolajewitsch (Schriftsteller) 144, 146
Trautvetter, Friedrich Wilhelm Gustav Arno (Generalsuperintendent) 72, 93
Troeltsch, Ernst (Theologe) 32, 47, 175, 179, 185, 198-208, 473-478, 481, 486, 494
Trotha, Lothar von (deutscher General) 380, 471, 485, 487, 489, 595, 608
Trümpelmann, [Amanda Mathilde] T[herese] (Redakteurin d. Beilage Im Reiche d. Frau im Deutsch-Afrikaner) 329-330, 332, 334
Trümpelmann, E. (Siedlerin i. Middelburg) 339
Trümpelmann, Friedrich Theodor Johannes (Missionar BM) 329
Tulbagh, Ryk (Gouverneur d. VOC i. Kapstadt) 394

Uechtritz, Rudolf von (Präsident EOK) 102
Ukibokjane Moses (Theologiestudent) 303
Urban M[..] (Pfarrer, Mitherausgeber d. Zeitschrift Deutsch-Evangelisch) 140, 151

van Arckel, Johan (ref. Pfarrer) 256, 287, 395
van der Kemp, Johannes Theodor (Missionar LMS) 275, 289, 435, 437, 464

van der Stel, Simon (Gouverneur d. VOC i. Kapstadt) 258
van Lier, Helperus (ref. Pfarrer) 287
van Plettenberg, Joachim (Gouverneur d. VOC, Kapstadt) 397
van Riebeek, Jan (Gründer d. Kapkolonie d. VOC) 66, 255, 286, 287, 435
van Staveren, Johann Melchior Kloek (Auslandspfr. d. Lutherischen Konsistoriums Amsterdam) 401-402, 404
van Wyk, Hermanus (Kapitän d. Rehobother Baster) 606
Vedder, Heinrich (Missionar RMG) 26, 109-110, 114, 218, 226, 236, 241, 247, 351-360, 362-363, 385-386, 491, 516, 518, 580, 601
Venn, Henry (Missionsdirektor CMS) 439
Victoria (Kaiserin, Ehefrau v. Kaiser Friedrich III.) 125
Victoria (Königin v. Großbritannien) 124
Viehe, Gottlob (Missionar RMG) 109-110, 371
Vietor, Fritz (Kaufmann) 163-164
Völker, Wilhelm (Missionar HM) 505
Voigts, Bodo (Oberhofprediger, Vizepräsident EOK) 95, 360, 385, 388
Voigts, Gustav (Kaufmann i. Windhoek) 219, 232-233, 237-238, 374
Vos, M[..] C. (ref. Pfarrer) 288-289

Wagener, Georg Wilhelm (Auslandspfr.) 68, 409-412, 429
Wagner, Adolph (Nationalökonom, Präsident d. ESK) 140, 145
Wandres, Karl / Carl Friedrich (Missionar RMG) 231, 240, 252, 328, 378-379, 383, 516, 520
Wangemann, Theodor (Missionsdirektor BM) 264, 304, 393, 409-411, 414, 530
Warneck, Gustav (Missionswissenschaftler) 47, 109-110, 176, 178, 201-202, 204-205, 474, 477, 479-481, 494, 511, 516, 531
Warneck, Johannes (Missionsdirektor RMG) 276
Weber, Marianne (Ehefrau u. Biografin v. Max Weber) 122
Weber, Max (Soziologe) 41, 122-123, 145, 208, 249, 571, 575-576
Wehrmann, Martha (Siedler i. Kroondal) 336
Wenhold, Elizabeth (Siedlerin i. Kana) 341
Wenhold, H[..] (Siedler i. Kroondal) 455

Wenhold, Hermann (Missionar HM) 456-466
Wenhold, Lieschen (Siedlerin i. Pretoria) 344
Werth, Albertus Johannes (Administrator v. Südwestafrika) 252
Wetschky, Theodor (Auslandspfr. EOK) 241, 388
Wichern, Johann Hinrich (Pfarrer, Gründer d. Central-Ausschusses für die Innere Mission) 38-39, 70, 151
Wickert, Winfried (Kondirektor HM) 296-298, 301, 498, 505, 507-508, 539, 545, 548
Wieczorek-Zeul, Heidemarie (Bundesministerin) 49-50
Wiese, Heinrich (Missionssuperintendent HM) 497, 500-501, 503-506
Wilberforce, Samuel (anglik. Bischof v. Oxford, Winchester) 439
Wilhelm I. (Deutscher Kaiser) 62, 297
Wilhelm II. (Deutscher Kaiser) 17, 20, 27, 62-63, 93, 121-136, 141-142, 145, 148-149, 153, 155, 179, 215, 377, 448, 608
Wilke, [..] (Auslandspfr. EOK) 247
Wilmans, Otto Johann Georg (Militärpfarrer HLK) 261
Wimmer, Michael (Missionar LMS) 518
Witbooi, Hendrik / !Nanseb /Gâbemab (Kapitän d. Witbooi) 109, 112-113, 115, 373, 380, 382, 558-560, 563-566, 570-575, 577, 592, 602-607, 610-611

Witbooi, Hendrik / !Nanseb /Gâbemab (Leiter d. AMEC) 565-566, 602
Witt, Otto (Missionar SKM) 295
Witting, Agnes (Musiklehrerin i. Pretoria) 339-340
Wolf, Edmund Jacob (Theologe) 16, 26
Woltemath, Wolrath 257
Wuras, Carl (Missionar BM) 292
Wurmb, Theobald von (Missionar RMG) 291

Yonge, George (britischer Gouverneur i. Kapstadt) 399

Zahn, Gustav Adolf (Missionar RMG) 291
Zerwick, Johann August (Missionar BM) 292
Ziegenbalg, Bartholomäus (Missionar DHM) 287-288
Zinzendorf, Nikolaus Graf von (Theologe) 23, 47-48, 60, 479, 523-527, 533-534, 551, 553
Zondi, Tobias (Kirchenvorstand Hermannsburg/Natal) 501
Zürn, [..] (Leutnant, deutscher Distriktchef) 579

Orte, Volksgruppen, Länder und Staaten

Ortsnamen werden zur besseren Orientierung durch die aktuellen Namen der Länder, in Südafrika durch die Namen der Provinzen ergänzt.
Die afrikanischen Ethnonyme sind vorangestellt, weil sie die ethnische Identifikation jenseits der kolonialen Bezeichnungen klarer zum Ausdruck bringen.

!Aman (Bethanien, Namibia) 558
!Gami≠nun (Warmbad, Namibia) 214, 219, 226, 558-559, 563
!Khara-khoen (Gochas, Namibia) 558
//Khau-/goan (Rehoboth, Namibia) 227, 374, 558, 560
//Khobesin (Gibeon, Namibia) 563-564, 566, 570-574, 577, 558
/Hai/khauan (Berseba, Namibia) 561, 565-566

Ägypten / Ägypter 290, 615
Äthiopien 293, 452, 538
Alexandria (Ägypten) 62
Alte Feste (Windhoek, Namibia) 449
Amakhosi (KwaZulu-Natal) 526, 674
Amandelboom (Nordkap) 291
amaXhosa 67, 262, 292, 299, 308-310, 402, 433, 438, 440, 443-445, 451, 534
amaZulu 292-295, 299, 302-304, 311, 421, 435, 440, 443-445, 447, 450- 453, 497, 526, 529, 538-539, 541-544, 547, 549, 586
Amora (Portugal) 384
Amsterdam (Niederlande) 154, 256, 286, 288, 396-397, 399
Angola 230, 254
Armenien / Armenier / armenisch 43, 141, 143
Athen (Griechenland) 59, 141, 232, 314
Augsburg (Mpumalanga) 262
Australien 15, 41, 59, 77, 390, 440, 451

Bafokeng (North West Province) 465, 467
Bakwena Magopa (North West Province) 465, 467
Bapedi (Limpopo) 292, 304, 444
Barmen (Deutschland) 24, 38, 109, 113, 161-162, 167, 291, 358-360, 368-370, 376, 390, 442, 446, 448, 477, 491, 512, 518, 521, 569-570, 573-575, 577, 603
Baster / Bastards (Rehoboth, Namibia) 115, 214, 228, 374, 385, 558
Basutoland (Lesotho) 270, 292, 450
Batak (Indonesien) 119
Batavische Republik 396, 400
Baviaanskloof / Genadental (Western Cape) 288-289, 437, 533, 535
Bayern 61, 202, 232, 237, 261, 317, 319, 448, 524
Beaconsfield (Nordkap) 264
Beirut (Libanon) 62
Belgien / Belgier 273, 274, 280
Bell (Eastern Cape) 67, 408, 416
Bellville 68, 406, 416
Bergville (KwaZulu-Natal) 296
Berlin (Deutschland) 18, 24-25, 38, 61, 64, 67, 69-70, 73, 78-80, 87-94, 97, 100-104, 109-110, 114, 118, 161, 165-166, 171-172, 179, 185, 196, 199-200, 202, 205, 208-209, 211-212, 216, 222, 231, 237-238, 243-244, 250-251, 261-262, 272, 276-277, 303, 309, 352, 355, 356, 358-360, 363, 375-377, 381-391, 407, 482, 488, 516, 549, 573, 594
Berlin (Eastern Cape) 67-68, 89, 295, 408, 412, 415-416
Berseba (Namibia) 112, 237, 303, 388, 515, 555, 558-563, 565-566
Bessarabien (Moldawien) 25
Bethanie (North West Province) 455, 464, 466, 497, 547
Bethanien (Namibia) 226, 228, 262, 292, 296, 303-304, 341, 445, 448, 555, 560, 563
Bethel (Eastern Cape) 67, 84, 111, 261, 294, 303, 340, 414
Bethlehem (Freestate) 337
Bethlehem (Palästina) 136-137
Betschuanaland (Botswana) 233, 270, 539
Bleckmar (Deutschland) 294
Bloemfontein (Freestate) 35, 67-68, 89, 103, 247, 264, 273, 296, 325, 415-416, 455, 460
Bochum (Limpopo) 297, 471
Bodiam (Eastern Cape) 67, 89, 408, 416
Bondelswarts, vgl. !Gami≠nun
Bonn (Deutschland) 165

Bonnland (Deutschland) 24, 161
Botshabelo (Mpumalanga) 292, 303
Bramsche (Deutschland) 296
Brasilien 15, 60-61, 85, 327
Braunschweig (Eastern Cape) 38, 67-68, 89, 261-262, 295, 309, 410, 414, 416
Braunschweig (KwaZulu-Natal) 296, 408
Bremen (Deutschland) 38, 108, 163-164, 183, 195-196, 217, 225-226, 356, 372, 445, 448, 492
Buenos Aires (Argentinien) 27, 59, 151
Buffalofluss (Western Cape) 67
Burenrepublik 168, 198, 272, 290, 406, 443, 442-444, 468, 499
Burentum / Buren / burisch 17, 52, 54, 124, 220, 238, 249, 252, 269-275, 278, 282-283, 290, 292, 304, 319, 364, 380-381, 388, 394, 435, 440, 443, 445, 455-466, 468, 509, 531, 539-540, 553, 587, 600
Buschmannland (Nordkap) 291

Cape Flats (Western Cape) 419-425, 427-429, 431, 433
Cato Ridge (KwaZulu-Natal) 296
Ceylon (Sri Lanka) 467
Chile 66, 245
China / Chinese / chinesisch 111, 126-127, 160, 183, 233, 293, 383, 576, 604
Christuskirche (Windhoek, Namibia) 10, 79, 117, 231, 244, 254, 367-368, 370, 381-385, 389, 448-449, 527
Claremont Flats (Western Cape) 419, 423, 425
Concordia (Nordkap) 35, 116, 261, 263, 291
Crossroads (Western Cape) 424

Dahana (Nias) 111
Damara / Bergdamara 119, 291, 352, 374, 385, 446-447, 449, 512, 565, 605
Daressalam / Daressalaam 59-60, 63, 78, 79, 82, 195, 375, 383
De Doorns (Western Cape) 291
Derdepoort (Limpopo) 459, 465, 468
Deutsch Neuguinea 59, 165
Deutsch Ostafrika (DOA) 59, 66, 82, 96-97, 165, 171, 183, 187, 195, 197, 269-270, 275-276, 383, 421, 445, 511-512
Deutsche Erde (Farm i. Namibia) 564
Deutsch-Samoa 59, 165, 604
District Six (Kapstadt) 424

Dobrzyca, Kreis Posen (Deutschland) 369
Dormitio-Abtei (Jerusalem) 135
Dorpat (Estland) 168
Duisburg (Deutschland) 250
Durban (KwaZulu-Natal) 68, 81, 84, 89, 103, 260, 262, 265, 273, 277, 281, 293, 303, 325, 498
East London / Ost Londen (Eastern Cape) 20, 67-68, 262, 89, 296, 298, 309, 314, 330, 339, 343, 408-410, 412-413, 415-416
Eastern Cape / Ostkap 66, 260, 285, 290, 308-310, 312-314, 330, 407-408, 413-415, 422, 429, 433, 438, 440
Ebenezer (Eastern Cape) 280
Ebenezer (Western Cape) 291
Edinburgh (Großbritannien) 196, 298, 452
Ehlanzeni (KwaZulu-Natal) 293, 303, 547
Eichstätt (Deutschland) 237, 559
Emlalazi (KwaZulu-Natal) 293
Emmaus (KwaZulu-Natal) 292, 298, 303
Emnquesha / Emngesha (Eastern Cape) 20, 67, 89, 295, 407, 414, 416
Empangeni (KwaZulu-Natal) 293, 303
Empangweni (KwaZulu-Natal) 296-297, 498, 500, 548
England / Engländer / englisch 9, 16, 26, 51, 54, 61, 65, 71, 83, 93, 101, 110, 124, 128, 130, 166, 185-188, 189, 193, 225, 246, 248-249, 261-262, 272-272, 275, 278, 283, 289-290, 297, 301-302, 304, 313, 317, 321, 326-331, 333-334, 346-348, 365, 370, 398-399, 402, 405, 417-418, 420, 427, 430-431, 435-441, 443-445, 447, 449, 451-453, 460, 463-464, 466, 515-516, 518, 533, 539, 545, 547, 595, 605
Enon (Western Cape) 537
Entumeni (KwaZulu-Natal) 293
Erfurt (Deutschland) 27, 61
Erlangen (Deutschland) 24
Erlöserkirche (Jerusalem) 27, 63, 130-132, 135-136, 151
Ermelo (Mpumalanga) 297

Falkenhorst (Farm, Namibia) 564
Frankfurt (Eastern Cape) 67, 89, 261, 408, 410, 412, 416
Frankreich / Franzose / französisch 28, 124, 132, 134, 161, 166, 184, 250-251, 277, 286, 288, 318, 328, 331-333, 399, 420, 436

Fransman-Nama / Fransmanne, vgl. !Kharakhoen
Freistatt (Farm i. Namibia) 564
Friedenskirche (Johannesburg, Gauteng) 81, 297
Friedenskirche (Windhoek, Namibia) 367, 378, 381-382

Gaborone (Botswana) 457
Gai//khaun (Hoachanas, Namibia) 561, 563
Galla, vgl. Oromo
Gawaams (Farm i. Namibia) 562, 566
Genf (Schweiz) 59, 601
Georgenau (KwaZulu-Natal) 503
Gerdau / Hakboslaagte (North West Province) 503
Gerlachshoop (Mpumalanga) 292
Gibeon (Namibia) 80-81, 88, 112, 237-238, 252, 320, 380-381, 387-389, 513, 555, 558-560, 562-566, 570, 572, 574, 602
Glückstadt (KwaZulu-Natal) 296
Gnadenkirche (Hermannsburg, Natal) 498
Gobabis (Namibia) 70, 80, 85, 88, 238, 254, 387, 389, 558
Gochas (Namibia) 555, 558
Goedverwacht (Western Cape) 537
Görlitz (Deutschland) 127-129, 132
Grabeskirche (Jerusalem) 130
Grahamstown (Eastern Cape) 438, 440, 449, 453
Greytown (KwaZulu-Natal) 260, 325, 497, 500, 538
Griqua 292, 556
Grönland 523
Grootfontein (Namibia) 60, 69, 75, 79-81, 85, 88, 237-238, 241, 247, 252, 320, 380-381, 387-388
Großbritannien 28, 62, 65, 124, 259, 269-270, 272, 274, 277, 308, 399, 442
Großer Keifluss (Western Cape) 260, 309
Groß-Namaqualand (Namibia) 116, 119, 225-226, 291, 555-561, 563

Halle a. d. Saale (Deutschland) 90, 165, 177, 205, 369
Hamburg (Deutschland) 38, 145, 164, 169, 183, 199, 201, 235, 240, 256, 296, 353, 407, 423, 448, 538
Hannover (Deutschland) 20, 61-62, 65-68, 71-73, 75, 81, 84-85, 93, 98, 103, 153, 241, 258-259, 261-263, 265, 285, 294, 298, 300, 393, 399-418, 423-424, 526-527, 532, 548
Hannover (Eastern Cape) 309
Harburg (KwaZulu-Natal) 262, 296, 298, 302
Hedem, Kreis Lübbecke (Deutschland) 368
Heidelberg (Deutschland) 145, 185, 198, 202, 476
Heidelberg (Gauteng) 297
Heirachabis (Namibia) 226
Herero, vgl. Ovaherero
Hermannsburg (Deutschland) 25, 36, 54, 68, 263, 285, 293, 301, 311, 431, 497-498, 523, 526, 529-532, 538, 543-544
Hermannsburg (KwaZulu-Natal) 104, 260, 285, 293, 296-297, 302, 311, 497-501, 503-508, 541, 544, 548, 551, 583, 619-620
Herrnhut (Deutschland) 24-25, 36, 47, 196, 259, 286, 288-292, 435, 437, 442, 452, 523-527, 529, 531-539, 541, 543, 545, 547, 549, 551, 553, 582-584, 588
Hlimbitwefluss (KwaZulu-Natal) 541
Hoachanas (Namibia) 555, 557-563, 570-571, 575
Holstein (Deutschland) 423
Hoppegarten / Hobby Garden (Farm i. Namibia) 564
Hornkranz / Hornkrans (Namibia) 559, 563, 573
„Hottentotten" 370, 437, 491, 563, 583, 597, 604, 606, 609
Hurutse (North West Province) 294

Italien 62, 122, 377, 420

Japan / Japaner / japanisch 83, 126, 145, 276
Jerusalem 14, 27, 44, 62-63, 130-132, 135-137, 141-142, 151, 264, 442-443, 598
Johannesburg (Gauteng) 18, 20, 25, 30-31, 60, 64, 68, 81, 84-85, 89, 94, 103, 264-265, 270, 278-279, 281, 292, 295, 297, 311, 325-326, 329-331, 334, 338, 343, 407, 445, 459, 498-500, 502-503, 506, 508, 529, 581-582, 585-587, 589, 595
Judentum / Juden / jüdisch 38, 41, 43-45, 131, 135, 152, 261, 265, 279, 318, 509, 605, 614-615
Kaffraria / British Caffraria 20, 66-67, 71, 255, 260-262, 295, 309, 312-314, 316-317, 408, 410, 414
Kaffrariadeutsche 309, 312

Kai//khauan (Gobabis, Namibia) 558
Kairo (Ägypten) 59, 141
Kaiserswerth (Deutschland) 61
Kalkfontein (Farm Namibia) 569, 571-575, 577
Kamerun 59, 96, 165, 168, 565
Kana (North West Province) 298, 341, 455, 465-466
Kanada 41, 440
Kapkolonie 28, 31, 65-68, 93, 119, 255, 258-260, 262, 265, 287-289, 298, 303, 308-309, 370, 376, 380, 393, 395-396, 399-401, 403, 406-407, 409, 411-412, 417-418, 436, 440, 442-443, 445, 518, 533, 536-537, 548, 556, 582, 588
Kapland 65-67, 70, 72, 93, 98, 231, 256, 299, 310, 426, 428-429, 499
Kapstadt (Western Cape) 15, 20, 35, 60, 65-68, 71-72, 75, 79, 84, 89, 103, 255-259, 261-262, 266, 269, 273, 277-278, 285-288, 290-292, 295, 298-299, 308, 310-312, 321-322, 342-343, 370, 376, 380, 393-395, 397-408, 411-413, 416, 419, 422-425, 428-430, 433, 435-436, 438-441, 447, 450, 455, 538, 550, 556, 580, 589, 592
Kapprovinz 226, 552
Karibib (Namibia) 69, 79-82, 85, 88, 99-102, 117, 208, 238, 240-241, 244, 247, 252, 349, 352-353, 361, 368, 382, 385, 387, 389
Karibik 523
Karlsruhe (Deutschland) 16, 140-142, 144-145
Keetmanshoop (Namibia) 60, 69, 80-81, 85, 88, 101, 226, 237-238, 241, 246, 248, 252, 254, 320, 387-388, 555, 558-559, 562-564, 572, 603
Keiskamahoek (Eastern Cape) 414
Khoikhoi 226
Kiautschou (China) 59, 83, 165
Kimberley (Nordkap) 68, 103, 263-264, 266, 296-297
King William's Town (Eastern Cape) 71, 408, 412, 415
Kirchdorf (KwaZulu-Natal) 68, 294, 296
Kiwusee (Zentralafrika) 178
Kleinwelka (Deutschland) 551
Klein-Windhoek (Namibia) 370-372
Koburg (Mpumalanga) 263
Komaggas (Nordkap) 291

Konstantinopel / Istanbul / Stambul 62, 130, 134, 141, 156
Kopenhagen (Dänemark) 59
Koranna, vgl. Griqua
Kroondal (North West Province) 34-35, 68, 263, 266, 297-298, 325, 335-336, 340, 343, 455-469
Kwelegha (Eastern Cape) 67-68, 89, 296, 407, 416

Leipzig (Deutschland) 61, 188, 242
Leudorf (DOA) 66
Lilienthal (KwaZulu-Natal) 296, 548
Linokana / Dinokana (North West Province) 294, 458
Lissabon (Portugal) 59
Liteyane (North West Province) 294
London (Großbritannien) 39, 59, 62, 65, 123, 222, 310, 326, 332, 399, 450
Luckau (Limpopo) 297
Lüderitz / Lüderitzbucht (Namibia) 69, 79-81, 85, 88, 100, 117, 232-233, 237-238, 241, 246-248, 252-253, 328, 349, 353, 356, 361, 387-389, 447-448, 491, 515, 555, 608-609
Lüneburg (KwaZulu-Natal) 68, 262, 294, 296-297
Lydenburg (Mpumalanga) 292, 297, 336
Lyon (Frankreich) 39

Macleantown (Eastern Cape) 67-68, 296, 407, 414, 416
Madagaskar 436
Mafikeng (North West Province) 457-458
Magaliesberge 294, 344, 455-456, 459-460, 462-463, 465, 543
Mainz (Deutschland) 237, 395
Maltahöhe / Kub (Namibia) 246, 387
Manuane (North West Province) 466
Marang (North West Province) 285, 303
Marburg (Deutschland) 145, 151, 153, 179
Marburg (KwaZulu-Natal) 548
Mariannhill (KwaZulu-Natal) 265
Mariawald, Abtei (Deutschland) 265
Mariko (North West Province) 294, 457, 543
Marseille (Frankreich) 39
Mecklenburg (Deutschland) 61, 67, 166
Medingen (Limpopo) 297
Melbourne (Australien) 59
Messina (Italien) 377
Middelburg (Eastern Cape) 292, 297, 339

Minas Gerais (Brasilien) 15
Minden-Lübbecke (Deutschland) 230
Moers / Mörs (Deutschland) 29
Moorleigh (KwaZulu-Natal) 297, 498
Morgensonne (Missionsschule HM b. Rustenburg) 263, 297
Müden (KwaZulu-Natal) 293, 296

Nama (Namibia) 88, 96, 108, 113, 119, 168, 197, 213, 225-228, 230-232, 291, 349, 352-355, 369, 374, 378, 380, 382-383, 386, 406, 445-447, 449, 485-486, 490, 512, 515-516, 519, 555-556, 558-565, 567, 569-572, 574, 576-579, 595-597, 605, 607
Namaqualand (Nordkap) 116, 119, 225, 291, 518
Namibia 1, 3, 5-7, 9-10, 12-13, 15-18, 20, 22, 34-35, 37, 48-50, 52, 69, 87-88, 90, 94, 96, 109, 114-115, 170, 195, 197, 211, 213-215, 217-223, 225-235, 237, 239, 241-243, 245-251, 253-254, 291, 304, 312, 314, 320-321, 323, 325, 349, 352, 360, 366-367, 381, 384, 388-389, 435-436, 443, 445-450, 452, 471, 473, 476, 481-482, 484-485, 487, 490, 493-494, 555-560, 563, 565-566, 573, 578, 581, 591-593, 595-598, 600-611
Namib-Wüste (Namibia) 270
Naumburg a. d. Saale (Deutschland) 377
Neu-Deutschland (KwaZulu-Natal) 68, 310, 391
Neu-Eisleben (Western Cape) 66, 68, 89, 295, 406-407, 416, 419, 431, 433-434
Neuendettelsau (Deutschland) 38, 304
Neuenkirchen (KwaZulu-Natal) 296, 298
Neu-Hannover (KwaZulu-Natal) 35, 68, 260, 294, 296, 302
Neurussland (Ukraine, Moldawien) 25
Newcastle (KwaZulu-Natal) 296, 325
Niederrhein (Deutschland) 29, 291, 436
Niesky (Deutschland) 551
Nyasaland / Njassaland (Malawi) 270, 446
Nylstroom (Mpumalanga) 297

Odibo (Namibia) 452
Ohamakari (Namibia) 48, 50
Ohlsen (Eastern Cape) 309
Okahandja (Namibia) 70, 85, 238, 244, 252, 387, 389, 448, 491, 520, 576, 578-579

Omaruru (Namibia) 69, 81, 85, 88, 237-238, 241, 247, 252, 361, 387-388, 492, 578
Omatakoberge (Namibia) 490
Omburo (Namibia) 489, 492
Oranje / Orange River / !Gariep 35, 226-227, 264, 270, 291, 299, 319, 445, 556, 559
Oranje-Freistaat (Freestate) 67, 290, 296, 299, 400, 415, 416, 418, 442, 468, 548, 582, 587
Oromo (Äthiopien) 293, 538
Oscarsberg (KwaZulu-Natal) 295, 303
Osmanisches Reich / osmanisch 39, 130, 134-135, 141, 143, 163, 169, 280
Osnabrücker Land (Deutschland) 39, 177, 260, 310, 315, 548
Ostafrika 59, 66, 82, 96-97, 165, 171, 183, 187, 195, 197, 269-270, 275-276, 383, 421, 445, 511-512
Ostasien 126, 179, 436
Osteuropa 40, 282
Otjihaena (Namibia) 489, 492
Otjimbingwe (Namibia) 69, 352, 367-368, 517-518, 370, 382, 385, 447, 521
Ovaherero (Namibia) 3, 5, 88, 96, 108-111, 113, 118-119, 168, 197, 211-212, 214, 218, 227-228, 230, 232-234, 236, 291, 349-356, 359, 362, 369-370, 373-374, 378-380, 382-383, 385, 388, 406, 446-449, 471, 481-492, 513-515, 517- 519, 556, 560, 562-563, 565, 569, 571, 573, 576-580, 595, 607-609
Ovamboland (Namibia) 111, 228, 233, 359, 380, 446, 449-450, 452, 519

Paarl (Western Cape) 66, 68, 72, 89, 295, 311, 313, 370, 407-408, 410, 412, 416
Palästina 25, 130, 135, 137
Palermo (Italien) 377
Panmure (Eastern Cape) 410, 415
Paris (Frankreich) 39, 65, 275, 283, 290, 512, 529, 607
Pedi, vgl. Bapedi
Pella (Nordkap) 537
Pennsylvania (Vereinigte Staaten von Amerika) 25
Perseverance (Farm i. KwaZulu-Natal) 260, 293, 296, 497, 506, 538-539
Peter-Pauls-Gemeinde (Hermannsburg / Natal) 263
Philippi (Western Cape) 295, 312, 407, 419-425, 427-434

Philippi Flats (Western Cape) 419
Piet Retief (Free State) 297, 325
Pietermaritzburg (KwaZulu-Natal) 68, 276, 280-281, 285, 296-297, 303-304, 440, 443, 445, 451, 463, 526, 582
Pietersburg / Polokwane (Limpopo) 68, 89, 297, 326
Pniel (Nordkap) 264
Port Elisabeth (Eastern Cape) 66, 68, 75, 84, 89, 277, 296, 407, 413, 415-416, 438,
Portugal / Portugiesen / portugiesisch 166, 270, 384, 446
Potsdam (Deutschland) 195
Potsdam (Eastern Cape) 67-68, 261, 296, 309, 408, 415-416
Pretoria (Gauteng) 37, 54, 64, 68, 84,-85, 89, 92, 103, 249, 264, 276-277, 292, 297, 304, 311-312, 324-326, 332, 339-340, 342-346, 348, 411, 459-461, 465, 467, 468
Preußen, Königreich 20, 59, 62-64, 78, 89, 93-94, 99, 102, 103, 112, 124-126, 130-133, 148, 152-153, 177, 241, 243, 291, 315, 317, 320-321, 371, 377-378, 385, 389-390, 393, 407, 410, 442

Queenstown (Eastern Cape) 89, 408, 410, 416

Ramotsa / Ramotswa (Botswana) 301, 466
Rehoboth (Namibia) 214, 227-228, 291, 555, 558
Remagen (Deutschland) 369
Rhodesien (Simbabwe) 214, 270
Rietmond (Farm i. Namibia) 563-565, 569-577
Rio de Janeiro (Brasilien) 15, 59, 64
Rivier-zonder-end / Zonder-End-Fluss (Western Cape) 288, 533
Robben Island (Western Cape) 438
Rom (Italien) 59, 62, 78, 130, 195-196
Rorke's Drift (KwaZulu-Natal) 295
Rote Nation, vgl. Gai//khaun
Rumänien 279
Russland 25, 61, 112, 124, 246, 279
Rustenburg (North West Province) 297-298, 325, 337, 344, 455-462, 464-465

Sachsen (Deutschland) 61-62, 65-66, 72, 259, 317, 319, 528-530
Sachsen-Weimar 241
Samoa / Deutsch-Samoa 59, 165, 604

San / Buschleute 110-110, 402, 449, 556, 606
Sankt Petersburg (Russland) 39
Sarepta (Western Cape) 291
Saron (North West Province) 263, 298
Saron (Western Cape) 291
Sarona (Palästina) 134-135, 156
Schaumburg-Lippe (Deutschland) 75, 257
Scheppmannsdorf (Namibia) 228, 352
Schwartmodder (Farm Namibia) 571, 574
Shiloh (Eastern Cape) 533, 537
Skandinavien 59, 256, 260, 286, 290, 395, 398, 401
Smyrna (Türkei) 59, 62
Somme (Frankreich) 270, 282
Sondershausen (Deutschland) 81, 258
Soromas (Reservat i. Namibia) 563
Speyer (Deutschland) 81
St. Martini (Kapstadt) 15, 66, 72, 89, 264, 285, 295, 312, 321, 394-395, 400, 402, 404-411, 417-418
Stade (Deutschland) 527
Stavanger (Norwegen) 292, 303
Steinkopf (Nordkap) 518
Steintal (Nordkap) 291
Stellenbosch (Western Cape) 114, 255, 258-259, 291, 318, 340, 370, 397, 400, 407, 416, 420, 422, 424, 456, 517
Stockholm (Schweden) 59
Strandstraßengemeinde (Kapstadt) 65-66, 259, 287-288, 295, 397, 401-405, 407-408, 417
Stutterheim (Eastern Cape) 60, 67, 89, 261, 295, 309, 338, 407, 414-416
Südafrikanische Republik, vgl. Zuid-Afrikaansche Republiek) 18, 31, 263, 272, 290, 421, 443, 456, 461-462, 464, 465, 540, 587
Südafrikanische Union 117, 217, 248, 269-270, 275, 283, 314, 324, 325, 452
Südamerika 60, 71, 91, 390, 523
Südindien 442
Sumatra (Indonesien) 111, 119-120
Swakopmund (Namibia) 26, 60, 69, 79-81, 85, 88, 100-102, 227, 230-231, 233, 236-237, 240, 242-244, 247-248, 250-252, 254, 320, 346, 349-365, 385-389, 447-448, 490-491
Swartbooi / Zwartbooi, vgl. //Khau-/goan
Swasiland 270, 299, 450

Tabgha (Israel) 135

Temuco (Chile) 66
Tlhabane (North West Province) 337
Togo 59, 96, 165, 168, 383
Tokio (Japan) 59, 145
Triest (Italien) 59
Tseibs „Stamm" (Keetmanshoop, Namibia) 558
Tsingtau (China) 350, 383
Tsumeb (Namibia) 69, 80-81, 85, 88, 230, 237, 241, 252, 254, 387-388
Tswana / baTswana 292, 294, 298, 302-303, 456, 465, 539-540, 544, 546-547
Tulbagh (Western Cape) 291, 397
Türkei / Türken / türkisch 131, 134, 136, 141, 188, 346

Uckermark (Deutschland) 67, 262, 309, 316-317
Umphumulo (KwaZulu-Natal) 285, 293, 303
Usakos (Namibia) 69, 81, 85, 88, 241, 252, 349, 361
Usambara Berge (Tansania) 164, 188

Valdivia (Chile) 66
Verden (KwaZulu-Natal) 296, 548
Vereinigte Staaten von Amerika (USA) 15-16, 26, 33-34, 38, 47, 49-50, 169, 208, 247, 314, 485, 607-608
Victoria (Chile) 66
Viktoriasee (Zentralafrika) 178
Vivo (Limpopo) 336
Vryheid (KwaZulu-Natal) 325

Walvis Bay / Walfischbucht /Walfischbai (Namibia) 70, 85, 254, 349, 351, 356, 386, 370
Warmbad (Namibia) 75, 80, 88, 226, 237-239, 378, 387-388, 555, 558
Wartburg (KwaZulu-Natal) 262, 296, 302
Waterberg (Namibia) 35, 48-50, 380, 382-383, 485, 494, 578-579

Wiesbaden (Eastern Cape) 309
Windhoek / Windhuk 10, 18, 22, 26, 37, 48-49, 60, 69-70, 79-82, 85, 88, 90, 94, 99, 101-102, 117, 171, 208, 211-212, 215, 220, 222, 226, 230-232, 235-238, 240-242, 244, 246-248, 250-254, 297-299, 320, 350-351, 355-356, 358-359, 361-364, 367-391, 446-450, 452, 482, 491, 512-513, 555, 559-560, 562, 566, 579, 581, 592-593, 596, 602-604, 607
Witbooi, vgl. //Khobesin
Witbooi-Reservat 575, 577
Wittekleibosch (Western Cape) 537
Wittenberg (Deutschland) 70, 84, 405
Witwatersrand (Gauteng) 263-264, 266, 281
Witzenhausen (Deutschland) 165, 167, 172, 247
Worcester (Western Cape) 20, 66, 68, 72, 89, 103, 116, 247, 291, 295, 325, 406, 408, 410, 412, 416
Württemberg (Deutschland) 25, 61, 72, 112, 135, 399
Würzburg (Deutschland) 24, 161, 236, 265
Wynberg (Western Cape) 66, 68, 72, 75, 89, 231, 295, 310, 312, 331, 368, 376, 406-408, 410, 412, 416, 419, 421-426, 428-432
Wynberg Flats / Wynberg-Vlakte (Western Cape) 66, 68, 75, 416, 419, 424, 429
Xhosa, vgl. amaXhosa

Zionskirche (Philippi, Western Cape) 419, 431
Zoetemelksvlei (Western Cape) 533
Zuid-Afrikaansche Republiek (ZAR)
Zulu, vgl. amaZulu

Sachen

Juristische, philosophische und theologische Begriffe werden durch einfache, heute anstößige Begrifflichkeiten durch doppelte Anführungszeichen gekennzeichnet.

Abendmahl 29, 229, 256, 287, 374, 378, 380, 385, 395-396, 404-405, 422, 503, 580
Absolutheitsanspruch / ‚Absolutheit des Christentums' 199-203, 205, 207, 472, 474-475
African National Congress (ANC) 270
African Peoples' Organisation (APO) 270
Afrikaverein deutscher Katholiken 166
Alkohol, Branntwein 36, 118, 231, 277, 279, 556, 571
Alldeutscher Verband 123, 126, 166
Allerhöchste Verordnung, betr. die Schaffung von Eingeborenen-Reservaten in dem südwestafrikanischen Schutzgebiete (1898) (Reservatsverordnung) 569, 574
Anglikaner 28-29, 34, 103, 228, 289-290, 351, 435-447, 449, 451-453, 524, 582
– Anglikanismus 435, 439, 441, 451-452
– Church of England 438-440, 443, 445, 451-452
– Church of England in South Africa (CESA) 439, 451
– Church of the Province of South Africa (CPSA) 437, 439-441, 444-445, 451
– Colonial Bishops' Act 439
– Colonial Bishops' Fund 439
– Diözese Grahamstown 440
– Diözese Kapstadt 439
– Diözese Pietermaritzburg 451
– Hochkirche / High Church 439, 441, 442, 448
Anschluss v. Kirchengemeinden 19-20, 52, 64, 67, 71, 81, 85, 91, 94, 103, 145, 148-149, 152-153, 172, 244, 313, 360, 377, 389-390, 410, 414, 572, 602
Anschlussgesetz (1900) 64, 66, 85
Antisklaverei-Komitee 165-166

Apartheid 12, 22-23, 34, 43, 48-49, 51, 54, 180, 190, 211, 213, 229, 249, 252, 266, 269-270, 283, 312, 321, 351, 433, 437, 445, 449, 451-452, 508, 589, 596, 601, 603, 613, 616
Apostolisches Vikariat 237
Arbeitspflicht, vgl. Eingeborenengesetzgebung
Armenisches Hilfswerk 141
Assimilation / assimilieren 15, 18, 21-22, 26, 33, 35-36, 40, 46, 42, 129, 134, 154, 217, 220, 352, 556, 581
Atlanten / Landkarten 110-111, 116-119
Aufsicht, kirchenamtliche 16, 19, 64-65, 68-69, 72, 93, 98, 178, 243, 259, 265, 370, 396, 405, 407-410, 412-415, 417-418, 438, 491, 547
Augsburger Religionsfrieden (1555) 256, 394
Augustineum (Okahandja) 518-520
Ausländer, feindliche / enemy aliens 20, 283
Auswanderung 24-25, 38, 41-44, 59, 74, 108, 112, 121, 139, 151, 159-161, 163-164, 167, 169, 172, 177, 190, 211, 215, 234, 314-317
Autonomie / Eigenständigkeit, kulturelle 15-16, 19, 31, 34, 47, 68, 84, 91, 100, 105, 139, 169, 220-221, 243, 300, 317, 372, 415, 433, 436, 440-441, 480, 514, 519, 524, 531

badimo / Ahnen 214, 599
Bapedi Lutherische Kirche 304
Baptisten 16, 255, 313
– Baptist Union of South Africa 255, 313
Basler Mission 108, 442
Bauernmission 68, 297-298, 399, 419-421, 433-434, 508, 529-530, 539, 585
Baumwolle 260, 296, 310, 501
Befreiung 12-14, 48, 316, 499, 591, 595-596, 603, 610, 613
– Bauernbefreiung 315
– Befreiungsbewegung 566
– Befreiungskampf 230, 596, 607-608
– Sklavenbefreiung, vgl. Sklaverei
Bekenntnis 84, 132-133
– Augsburger Bekenntnis 402, 533
– Bekenntnisschriften 190, 402, 404
– Bekenntnisstand 95, 418
– evangelisches 63, 380
– lutherisches 59, 93, 263, 293-294, 301, 400, 421, 527, 532, 534, 544, 620

- Niederländisches Glaubensbekenntnis 394
- protestantisches 177
- reformiertes 436
- Schuldbekenntnis 48

Bergtheil-Siedler 310, 320
Berliner Afrika Konferenz / Kongokonferenz (1884-1885) 561-562, 658
Berliner Mission (BM) 34, 36, 66-68, 84, 189, 259, 263, 265, 285-286, 290-292, 296, 299-300, 303-304, 326, 408-410, 413-415, 417-418, 433, 442-443, 450, 512, 520, 543, 550, 582-583, 588
Besatzung 218-219, 248, 250, 318, 328, 350, 564, 615
Bethanie, Ausbildungsseminar HM 547
Bevölkerungswachstum 59, 155, 273, 316
Bibel 26, 72, 77, 162, 189-190, 201, 204, 242, 262, 373, 383, 394, 425, 432, 479, 501, 514-515, 517, 533, 580, 597, 603, 610, 621
Bibliothek 90, 285-286, 431, 435, 455, 531
Bildung / Erziehung 38, 42, 143, 147, 149, 164-167, 173, 179-181, 183, 194, 196, 237, 241, 300, 302-303, 312-313, 320, 330, 339-340, 343, 345, 347, 429, 432, 469, 502, 511-531, 539, 542, 545-547, 550, 552, 580, 583
- Deutsche Schulen 35, 255, 260, 263-264, 296, 311, 313-314, 321, 340, 497
- Deutschunterricht 231
- Erziehung, religiöse 171, 514, 542, 585, 620
- Erziehung zur Arbeit 147, 164, 183, 476-477, 498, 513-514, 580
- Erziehungshaus 513
- Kolonialausbildung Kolonialschule 164-168, 172
- Lesefähigkeit 514
- Missionsschule 281, 512-513, 516, 519, 540, 545-547, 596
- Privatschulen 21, 221, 302, 311, 430
- Regierungsschule 235, 320, 359
- Schule 31, 131, 148-149, 221, 235, 248-249, 260, 263-264, 266, 292, 311-314, 321-322, 326, 328, 330, 336, 343, 346, 368, 374-375, 377-378, 398, 419, 428-430, 432, 452, 456, 492, 497, 500, 503-505, 512-515, 517, 537, 549, 557-564, 619-621
- Schulpflicht, allgemeine 317, 320, 378, 550
- Schulverein, deutscher 15, 35, 221, 252, 263
- Schulwesen, höheres 320, 514

Bistum Jerusalem (preußisch uniert u. anglik.) 130
Bleckmarer Mission / Hannoversche Freikirchliche Mission (HFM) 259, 263, 286, 290, 294, 527, 546
Bonifatius-Verein / Bonifatiuswerk 38
Branntwein, vgl. Alkohol
Britisch deutsche Legion / British German Legion 66-67, 71, 260-262, 295, 309-310, 320, 407-408
Bülow-Block 217
Bundesregierung 50

Central-Ausschuss für die Innere Mission 31, 70
‚Charisma' 124-125, 136
Chicago-Schule 33-40
Chöre / Posaunenchöre 242, 246, 255, 263, 271, 301, 311, 339, 431
Christlicher Verein Junger Männer (CVJM) 112
Church Missionary Society (CMS) 435-436, 439, 441-442
Church of England, vgl. Anglikaner
Curch of the Province of South Africa, vgl. Anglikaner
„Coloureds" / „Farbige" / „Mischlinge" / „Halbweiße" 171, 198, 227, 233, 240-241, 254, 379, 520, 534, 552-553
Comité für die protestantischen Deutschen in Südbrasilien 38
Committee for the First Commemoration of the Ovaherero Genocide (CC) 48
Community of the Resurrection 441
Co-operating Lutheran Mission (CLM) 300
Cowley Fathers 441

Dänisch-Hallesche Mission 57
Daily-Telegraph-Affäre (1908) 123
Darwinismus / Sozialdarwinismus 119-120, 144-145, 156, 163, 173, 195, 198, 319, 592
Demokratische Turnhallenallianz (DTA) 361
Denkschrift des Deutschen Evangelischen Kirchenausschusses über die kirchliche Versorgung der Diaspora im Ausland

(Diasporadenkschrift) (1904) 39, 76-78, 95, 105, 139, 388
Deportation 230, 233, 301, 324, 564-565, 567
Deutsch evangelische Gemeinden an der unteren Donau 252
Deutsch-Afrikanischer-Hilfs-Ausschuss 324
Deutsche Evangelische Kirchenkonferenz (Eisenacher Konferenz) 39, 62, 70, 72-75, 77-79, 81-84, 87, 92, 94, 195, 241
Deutsche Evangelische Synode von Südwestafrika 21, 251, 254
Deutsche evangelisch-lutherische Synode Südafrikas 21, 251, 254
Deutsche evangelisch-lutherische Synode Transvaals 21, 68, 285, 299-300
Deutsche Kolonial-Gesellschaft 102, 166, 196-197, 240, 358
Deutsche Kolonialschule Wilhelmshof, Witzenhausen 165, 167, 172, 247
Deutsche-Lutherische Synode in British Kaffraria 410
Deutscher Evangelischer Kirchenausschuss (DEKA) 9-10, 39, 60-61, 65-66, 70, 72-84, 87-89, 95, 105, 139, 150, 176, 237-239, 241, 248, 250, 364, 377, 384-385, 388, 416
Deutscher Evangelischer Kirchenbund (DEKB) 8, 39, 68-70, 84-85, 88, 104, 244, 251-252, 253, 326
„Deutscher Gott" 154
Deutscher Kirchenbund in Süd- und Südwestafrika 21, 46, 70, 85, 253, 299, 326, 367
Deutscher Kulturrat 286
Deutscher Landwirtschaftlicher Verein (Philippi) 428-429
Deutsche Schulen, vgl. Bildung
‚Deutsch-evangelisch' 18, 20-21, 27, 38, 40, 62, 64, 66-68, 73,80, 90, 97-98, 101, 139-140, 149-153, 156-165, 167, 177, 181-182, 191, 246, 250, 252, 296, 298-299, 360, 415-416, 497-498
Deutsch-Lutherische Gemeinde in Kapstadt und Umgebung 404
Deutsch-südwestafrikanische Landeskirche 99
„Deutschtum" 18-19, 21, 25-27, 46, 117, 122, 129-130, 133, 140, 143, 148-149, 154, 156, 160, 172-173, 175-177, 179-187, 189-191, 225, 229, 232, 235, 246, 248-249, 251-252, 254, 286, 288, 301-302, 308, 313, 315, 318-319, 322, 325-328, 330-331, 340, 344-345, 347, 360-361, 364-365, 383, 395, 405
Deutschunterricht, vgl. Bildung
De-Wet-Kommission (1921) 221
Diakone, vgl. Mitarbeiter, einheimische
Diamanten 96, 100, 233, 263-264, 266, 270, 290, 311, 343
Diaspora 18, 27, 38-46, 53, 61, 63, 65-68, 70-73, 77, 85, 90, 92-95, 98, 102-105, 139-140, 149-152, 155-160, 173, 175, 177, 181-182, 191, 243, 377, 388, 400, 413, 418, 534
Diasporagesetz 64-66, 84-85
Diasporakollekte 72, 92
Doppelamt 28, 69, 228-231, 252, 296, 360, 370, 375, 549-550, 601
Doppelgebot der Liebe, vgl. ‚Nächstenliebe'
Druckerei 326, 404, 482
Dürre 336, 465, 557

Ehe 240, 252, 514
Ehlanzeni, Ausbildungsseminar HM 293, 303, 547
Eingeborenengesetzgebung 37
– Arbeitspflicht 18, 197, 213, 218, 500, 579
– Eingeborenenjustiz 215
– Eingeborenenpolitik 37, 197-198, 211-212, 217, 219, 223
– Eingeborenenverordnung (1906) 17, 170, 197, 213, 218, 563, 579-580
– Enteignung 36, 197, 213-214, 424, 473, 543, 562-564, 566, 579, 585, 589
– Enteignungsverordnung 473
– Kredit / Kreditverordnung 212, 232, 570
– Passgesetze 269
– Passmarke 213
– Züchtigungsrecht 215, 218, 373
– Zwangsarbeit 233, 352, 384, 471, 489, 492, 507-508, 534
– Zwangsumsiedlung 424, 468
Eingeborenenkirche 361, 488, 493
‚Einheit der Menschheit' 200, 203, 205
Einwanderung, Einwanderer 15-18, 20-22, 25-26, 32-33, 40-41, 53, 59-60, 68, 96, 154, 156, 256-260, 262, 264-266, 277-278, 282, 286-287, 292, 296, 304-305, 307-311, 314, 316, 319-320, 394, 403, 417, 419-434, 455, 461, 549
Einzelbekehrung 36, 479, 527-528, 552
Emanzipation 514, 519, 595-596

Englischunterricht 517, 545-546
„Entartung" 151, 319
Enteignung / Enteignungsverordnung, vgl. Eingeborenengesetzgebung
Entschädigung / Reparationen / Wiedergutmachung 48-50, 215, 218, 223, 498, 589
Entschuldigung 49-50, 193
Entsendung v. Pfarrern 16, 61, 65, 103, 264, 286, 289, 293, 372, 376, 378, 385-387, 389-390, 397, 399-402, 417, 421, 549-550, 597, 607
Entwicklung, getrennte 232, 243, 367, 376, 389, 549, 620
Entzionisierung 44
Erster Weltkrieg 17-21, 24-25, 27, 30, 33, 46, 63, 69, 82, 84, 90, 100-101, 104-105, 117, 122, 159, 167, 171, 176, 180-181, 183-185, 188, 199, 202, 217-219, 222-223, 230, 232, 241-243, 248-250, 266, 269, 271, 273, 275-277, 279, 281-283, 301, 311, 313, 324-325, 328-329, 331, 333, 419, 433, 445, 452, 500, 505, 564, 567
Erstlingsmission / Einzelbekehrung 36, 479, 525, 527-528, 534-535, 551-552
Erweckung 139, 225, 287, 291-292, 399, 420, 513, 524, 526-527, 551, 582
Erweckungstopographie 36-37, 479
Erziehung, religiöse, vgl. Bildung
Erziehung zur Arbeit, vgl. Bildung
Ethik 140, 178, 184-185, 193, 198, 204, 206-207, 473, 530, 593
Evangelical Lutheran Church in Namibia (ELCIN) 1, 7, 228
Evangelical Lutheran Church in South West Africa (Rhenish Mission Church) 228
Evangelical Lutheran Church in Southern Africa – South Eastern Diocese (ELCSA-SED) 285
Evangelical Lutheran Church in Southern Africa – Western Diocese 285
Evangelical Lutheran Church in Southern Africa (ELCSA) 1, 7, 22, 285, 288, 450, 588
Evangelical Lutheran Church in the Republic of Namibia (ELCRN) 1, 7, 48, 228, 349, 450, 561, 567, 596, 601, -602, 606, 610
Evangelische Gesellschaft für die Unterstützung der Deutschen in Nordamerika 38
Evangelische Gesellschaft für die protestantischen Deutschen in Amerika 114

Evangelische Kirche im Rheinland (EKiR) 1, 5-7, 57
Evangelische Kirche in Deutschland (EKD) 1, 3-8, 10, 12, 88, 225, 230, 435, 616
Evangelische Kolonialhilfe 249
Evangelischer Afrika Verein 165-167, 172, 376
Evangelischer Bund 61, 112, 238
Evangelischer Hauptverein für deutsche Ansiedler und Auswanderer 167, 247
Evangelischer Oberkirchenrat (EOK) 7, 18-19, 25-26, 31, 64, 69-71, 73, 79-80, 85, 87-95, 97-105, 114, 155, 227, 231, 236-238, 240, 243-245, 251-252, 259, 352, 355-356, 358-359, 376-378, 380-384, 386-391, 407, 482, 549
Evangelischer Verein der Gustav-Adolf-Stiftung (Gustav-Adolf-Stiftung, Gustav-Adolf-Verein, Gustav-Adolf-Werk) 31, 38, 61-62, 79, 81, 84, 102, 112, 150, 175, 363
Evangelischer Verein für deutsche Protestanten in Nordamerika 38
Evangelisches Missionswerk in Deutschland (EMW) 1, 6, 57
Evangelisch-Lutherische Kirche im Südlichen Afrika (Kapkirche) (ELKSA Kapkirche) 1, 6, 16, 285, 300, 393, 400
Evangelisch-Lutherische Kirche im Südlichen Afrika (Natal-Transvaal) (ELKSA N-T) 1, 6, 285, 620
Evangelisch-Lutherische Kirche in Namibia (Deutsche Evangelisch-Lutherische Kirche) (ELKIN [DELK]) 1, 6, 10, 48, 225, 251, 367, 389, 449, 601,
Evangelisch-Lutherische Landeskirche Hannovers, vgl. Hannoversche Landeskirche
Evangelisch-lutherisches Missionswerk in Niedersachsen (ELM) (vgl. auch Hermannsburger Mission) 1, 6-7, 544
Evangelisch-Sozialer Kongress (ESK) 16, 139-140, 142-149, 157, 168, 179
Evangelisten, vgl. Mitarbeiter, einheimische

Feuerwaffe 556
Finnische Mission (FELM) 228, 441, 446, 450, 452, 520
Flottenbauprogramm 122, 148
Französische Revolution (1789) 399
Frauenbund der Deutschen Kolonialgesellschaft 196-197

Frauenbund (Südafrika) 325, 330, 338, 344-345
Freie Evangelisch-Lutherische Synode in Südafrika (FELSISA) 294
Frieden v. Amiens (1803) 400

Militärgeistliche / Garnisonspfarrer / Divisionspfarrer / Marinepfarrer 75, 165, 172, 237, 247, 261, 352, 374, 386
Gehilfen / Missionsgehilfen, vgl. Mitarbeiter, einheimische
Gemeindeversammlung 280, 355, 358, -359, 362, -363, 368, 378, 402, 501, 504
Gemeinsame Kirchenleitung der lutherischen Kirchen in Namibia (United Church Council) 10
Gemeinschaft der Gläubigen 23
Gemüseanbau 256, 260, 310, 344, 419, 421-422, 426, 428-429
Generalsynode 92, 94-95, 102-103, 176, 178, 231, 533-535, 537, 552
Gereformeerde Kerk (Niederlande) 289
Germane / Germanentum 129, 132, 238, 248, 254, 432
Gesangbuch 77, 245, 257, 262, 300, 398, 401, 514-515, 557
Gesellschaft der Missionare von Afrika / Weiße Väter 514
Gesellschaft für die deutsch-evangelische Mission in Amerika 38
Gesellschaft für evangelisch-lutherische Mission in Ostafrika 182-183
Gewaltmonopol 213, 215
Gewehrgesellschaft 556
Gleichheit / Gleichstellung 12, 36, 147, 217, 502, 539, 546
Godeffroy-Siedler 407, 419
Görlitzer Rede Kaiser Wilhelms II. (1902) 127-129, 132
Götzendienst / Götzendiener 598-599
Gold 263, 264, 266, 290, 311, 464, 499, 508, 607
‚Gottesebenbildlichkeit‘ / ‚Gotteskindschaft‘ 36, 196, 201, 204, 477, 485-486
‚Gottesgnadentum‘ 125
Grenzkriege / frontier wars 308-310
Grenzlanddeutschtum 83
Großer Trek 260, 290
„Größeres deutsches Reich" 27, 121-122, 148, 153
„Groß-Südafrika" 270, 283

Group Areas Act (1950) 424

Habicht, S.M.S 350
„Halbweiße", vgl. „Coloureds"
Hallescher Pietismus 524
Ham (Sohn Noahs, vgl. Genesis 9, 18-29) 600-603
Hamburgisches Kolonialinstitut 145
Hannover, Fürstentum / Königreich 68, 258, 393, 399, 410, 548
Hannoversche Evangelisch-Lutherische Freikirche 294
Hannoversche Landeskirche / Evangelisch-Lutherische Landeskirche Hannovers 1, 6, 16, 20, 62, 65-68, 72-73, 75,81, 84, -85, 93, 98, 103, 258, -259, 261-263, 265, 290, 294, 296, 399-400, 403-418, 532
Hanseatisch-Oldenburgische Missions-Konferenz 183, 195-196, 200
Hausfrau 327-330, 334-335, 339-341, 344-348
„Heidentum" / „Heide" / „heidnisch" 67-68, 107, 115-116, 118-120, 150, 170, 185-186, 191, 280, 293, 310, 315, 351, 364, 373, 420-422, 426, 428, 430, 439, 467, 479, 492, 498, 501, 507, 526, 528-531, 538, 541-544, 549, 551, 599, 601, 609, 614
‚Heijdjer‘ 420, 429, 431, 434
Heimat 19, 40, 42, 44-46, 53, 59, 61, 70, 72, 74-75, 80, 90-91, 104, 109-112, 117, 133-134, 147-148, 151, 155, 185-186, 189, 196-197, 229, 232, 242-243, 248, 251, 254, 286, 291, 296, 298-299, 301-302, 307, 313, 315, 319, 326, 328-329, 331-332, 335, 339-341, 345, 350-351, 360, 364, 367, 369, 372, 413, 416, 425, 431, 459, 464, 484, 508, 518, 535, 541-542, 548-549, 584-585, 609
Helfer, einheimische, vgl. Mitarbeiter, einheimische
Helferkonferenz 533, 537
Herero-Konferenz RMG 577-578
Hermannsburger Mission (HM) 61, 68, 84, 259, 263, 265, 280, 286, 290, 293, 294, 297-304, 310, 337, 408, 410-411, 413, 417, 420-421, 431, 442-444, 450, 456, 497-498, 500-501, 505, 508-509, 523, 526, 532, 538, 548-549, 582, 585, 587-589, 601, 620-621

Hermannsburger deutsch-evangelisch-lutherische Synode 21, 68, 296, 298-299, 545
Hermannsburger Schule (Hermannsburg/Natal) 35, 260, 262-263, 266, 296, 549, 619-621
„Herrenbewusstsein" 502
„Herrenkinder" 502
Herrnhuter Brüdergemeine / Moravian Church / Brüderunität 25, 47, 196, 288-291, 452, 523-526, 533-535, 537-538
Herrnhuter Mission 36, 196, 289, 523, 525-526, 533-538, 583-584, 588
Herrschaft, indirekte 211
Historismus 202-207, 209
Hofgeismarer Erklärung 8
Hottentotten-Wahlen 122, 197
Hünfelder Oblaten (OMI) 58, 237
Hugenotten 436
Humanismus 126, 205, 207
Humanität / Humanitätsidee 32, 147, 184, 193, 195, 203-205, 475-476, 481, 576, 598
„Hunnen" 127, 249, 272, 279, 328, 333
„Hunnenrede" Kaiser Wilhelms II. (1900) 127, 141

Identität 15, 17-18, 23, 33-34, 45-47, 53, 160, 167, 199, 223, 248, 271-272, 278-279, 294, 307, 314-315, 318, 320, 323, 326-327, 329, 331, 333, 338, 347-348, 390, 405, 431-432, 437, 440-441, 443-444, 447, 451, 456, 469, 488, 549, 561, 581, 594, 620
— Grenzidentität 432
— Misch-Identität 334
Imperial Conference (1911) 270
‚imperial diaspora' 412
Imperialismus 9, 19, 30
— angelsächsischer 143, 475
— amerikanischer 31
— britischer 17, 440
— deutscher 17, 21, 24, 30, 31, 38, 93, 121-123, 125-126, 137, 141, 143, 145-146, 148-149, 155, 157-158
— germanischer 132
— kultureller 446, 472
Industrialisierung 59, 108, 229, 315-316
informal Empire 30
Innere Mission 31, 70, 150-151, 345, 513

Innerlichkeit / Innenwelt 27, 128-129, 133, 142-143, 145, 149, 151, 154-155, 182, 238, 381
Institut für Schiffs- und Tropenkrankheiten (Hamburg) 164
Institutsmission 582
Integration, integrieren 26, 32, -33, 35, 40, 43, 89, 183, 272, 380-381, 393-395, 436, 440-441, 451, 462, 480, 515, 550, 559-560
Internierung, vgl. Lager
Islam / Islamische Welt 134-136, 141-142, 188, 280

Jerusalemverein 61

Kaiserswerther Diakonissen 61
Kaisertum 9, 121, 124-126, 130, 132-133, 135-137, 144
„Kampf ums Dasein" 142, 144-145, 156, 178, 204, 332
Kandaze / Candaze (Missionsschiff HM) 260, 293, 538
Kapitän / Kaptein / gaob 466, 557--567, 569, 570-574, 592, 603-607, 610-611
Kapsynode / Kapsche Synode 21, 65, 67-68, 298, 380, 403, 413-417
Katecheten, vgl. Mitarbeiter, einheimische
Katholische Kirche 28, 74-75, 100, 103, 116, 135, 142, 154, 156, 165-167, 181, 203, 228, 232, 236, 259, 265, 361, 384, 388, 438, 441, 584
Katholische Mission 98, 111, 235-239, 245, 247, 265, 359, 512, 514, 517, 559, 574
Kindergarten 94, 231, 240, 242, 340, 378-379, 433
Kirchenälteste / Kirchenvorstand 362, 380, 400, 501, 532, 538, 544, 546
Kirchbaufonds Daressalaam, vgl. Kollekten
Kirchenbau / Kirchengebäude 137, 254, 357, 360, 362-365, 375, 377, 381-385, 399, 414-415, 433, 498, 504
Kirchenordnung 23
— Calenberger (1569) 404
— der deutsch lutherischen Gemeinde in der Kapstadt u. Umgebung (1801) 404
— für die Hermannsburger Evangelisch-Lutherische Mission in Süd-Afrika (1906) 543-544, 547
— Lüneburger (1643) 532

- Provisionele Kerken-Ordre voor de Bataafsche Volksplanting aan de Kaap de Goede Hoop (1804) 400
- Rheinisch-Westfälische (1835) 99

Kirchenrecht 20, 52, 59, 76, 80, 93, 97, 152, 243, 411

Kirchenregiment, landesherrliches 19-20, 62-63, 69, 71, 76, 83, 98, 149-150, 153, 243, 412

Kirchentag 39, 65, 70, 84

Kirchenvorstand, vgl. Kirchenälteste

Kirchgeld 498

Körperschaft öffentlichen Rechts 80, 97

Kollekten 66, 238
- Diasporakollekten 71-73, 75, 77-78, 82, 92-94
- Kirchbaufonds Daressalaam 63, 382-384, 375
- Kollektenverein 71, 113
- Missionskollekte 109, 300-301, 497

Kolonialabteilung / Kolonialabteilung des Auswärtigen Amts 168, 197, 215, 356, 375, 377, 490, 516

Kolonialausstellung 118, 160

Kolonialkrieg in Deutsch Südwestafrika (1904-1908) 13, 17, 24, 35, 37, 48-49, 96, 109, 115, 118-120, 122, 191, 196, 211-213, 215, 223, 234-235, 350, 352, 382, 386, 449, 471, 473, 481, 490, 493-494, 578
- Herero Deutsche Krieg 560
- Nama Deutsche Krieg 559-560, 562, 564

Kolonialrat 114, 488

Kolonialschule, vgl. Bildung

Kolonialstaatskirchenrecht, vgl. Staatskirchenrecht

Kolonialwirtschaft 17, 97, 163, 165-166, 168-172, 240, 476-477, 487

Kolonialwissenschaften 164, 171

Kolonisation / Kolonisten 25, 53, 68, 103, 134, 147, 260, 263, 293, 296-297, 308-311, 313, 357, 380, 382, 385, 389, 419, 497, 529-530, 532, 538, 541-542, 548, 550-551, 555, 578-579, 582, 594-595, 598, 609

Kolonistenmission 528, 541, 552

Kommando 272, 462, 456-464, 466, 556, 608

Kommission der Deutschen Evangelischen Kirchenkonferenz für die Angelegenheiten der deutschen evangelischen Kirchen im Ausland (Diasporakommission) 72-73, 75, 77, 87

Kommunismus 39, 184, 228, 316, 428, 530, 551-552

Konfession, konfessionell 15, 21, 28, 31, 38, 40, 61-62, 70, 74, 76-77, 105, 132, 135, 150-151, 159, 166-167, 227, 232, 235, 256-257, 259, 287, 301, 313, 381, 393-396, 400, 403, 405, 413, 417, 442-443, 446, 450, 453, 523-525, 528, 532, 543, 549, 551

Konfessionalismus 442, 532

Kongoakte 20, 69

Kongokonferenz, vgl. Berliner Afrika Konferenz

Konsistorium 16, 64-65, 67, 75, 81, 91, 99, 104, 288, 300, 369, 397, 399, 401-402, 404-408, 410-411, 413-414, 417-418, 527

Konvention über die Verhütung und Bestrafung des Völkermordes (1948) 600

Konzentrationslager, vgl. Lager

Konzil 136-137

Kosmopolitismus / Weltbürgertum 23-25, 28, 36, 47-48, 153, 157, 441

Kredit / Kreditverordnung, vgl. Eingeborenengesetzgebung

Kreuzestheologie / Kreuzestod Jesu Christi 132-133, 142, 478, 524-525

Kreuzzug 130-131, 142-144, 328, 348, 607

Kriegsgefangene / Kriegsgefangenenlager, vgl. Lager

Krimkrieg 71, 260, 309

Kultur
- deutsche 15-18, 21-23, 26-30, 36, 40-44, 46-47, 51, 96-97, 104-105, 116, 118, 134, 153-155, 173, 177, 179, 185, 220-221, 223, 228, 234, 236, 253, 255, 257, 279, 286, 302, 307-308, 311-314, 317, 321-322, 341, 360, 365, 381, 429-432, 462, 465, 549
- Gegenkultur 45
- Kulturarbeit 146-148, 153, 156, 181, 186, 251
- Kulturmission / Kulturaufgabe / Zivilisierungsmission / kulturelle Hebung 107, 118, 146-148, 164, 169, 172, 195, 198, 200, 381, 476, 599
- Kulturgefälle kulturelle Hierarchie 36, 42, 47, 116, 119-121, 146-147, 149, 154, 183, 203, 205, 207, 279, 474-476, 482, 486, 591-592, 599

- Kulturkampf 135, 181, 183
- Kulturmenschheit 475, 476
- Kulturnation 154, 196
- Kulturpionier 165-167, 173, 360
- Kulturprotestantismus 32, 47, 140, 146-148, 153, 155, 158, 168, 178, 183, 190, 198, 201, 203, 206, 208-209, 476, 486
- Kulturrelativismus 194, 202, 209
- Kulturvölker 146, 146, 476, 478
- „niedrige" / „geringere" / „Halbkultur" / „Kulturlosigkeit" / „Barbaren" / „Wilde" 107-109, 112, 118-119, 146, 151, 161, 185, 187, 196, 198, 203, 207, 331, 370, 444, 446, 476, 529-530, 541, 549, 601, 604, vgl. auch „Heidentum"

Kultusfreiheit, vgl. Religionsfreiheit
Kyffhäusersage 125-126

Labour Party 272
Lager 13
- Internierungslager 283
- Konzentrationslager / KZ / Straflager / Zwangsarbeiterlager 233, 276, 352-354, 356, 383, 457, 460-461, 463, 465-466, 468, 471-473, 475, 477, 479, 481, 483, 485, 487-491, 493, 495, 565, 608
- Kriegsgefangenenlager / Kriegsgefangene 277, 283, 301, 383-384, 447, 467, 489, 608

Land Act (1913), vgl. Natives Land Act
Landeskonsistorium der Provinz Hannover, vgl. Hannoversche Landeskirche
Landespropst 70, 243, 253
Landesrat (Deutsch-Südwestafrika) 19, 216-217, 252
Landgesellschaft 169, 229
La-Plata-Synode 27, 151
Lazarett 167, 359, 374, 492
‚Lebensordnung, natürliche' 346
Lehrermissionsbund 113
‚Leib Christi' 350, 405, 527, 589
Leipziger Mission 140, 150, 445
Liberale Theologie 198, 445
‚Liebespflicht' der Kirche 70-71, 91
London Missionary Society (LMS) 225, 289, 291, 435, 437, 438, 442, 512, 582, 596
Londoner Abkommen (1923) 222
Loyalität / ‚Loyalität, doppelte' 115, 133, 229, 235, 270, 272, -273, 278, -280, 301, 313, 418, 453, 462, 471, 484, 539, 560
Lusitania, RMS 279, 281

Lutherischer Gotteskasten 31, 61, 150

Mainzer Arbeitskreis Südliches Afrika (MAKSA) 6
Malaria 304, 457-458, 465-466
Mandat / Mandatsgebiet / Mandatsherrschaft 96, 117, 217-222, 225, 228-229, 248-249, 251-252, 254, 275, 283, 445, 452, 517, 562
Marang, Ausbildungsseminar HM 285, 303
Meinung, öffentliche 31, 480
Mennoniten 25
Menschenrechte 261, 476-477, 481, 485, 494, 553, 610
Menschenwürde 201, 207, 476, 481, 597, 600
Messianismus, messianisch 93, 126, 131, 136
Methodisten / methodistisch 208, 304, 440
- African Methodist Episcopal Church (AMEC) 565-566, 602
- Methodist Mission (MM), Wesleyaner 207, 290, 435, 438, 512-513, 518, 537, 582

Ministerium der geistlichen, Unterrichts- und Medizinalangelegenheiten 30-31
„Mischehen" / „Rassenmischehen" 171, 194, 198, 227, 233, 239-242, 245, 319
„Mischlinge", vgl. „Coloureds"
„Mischlingskinder" 240, -241, 254, 514
missio Dei 528, 585, 591
Missionarsfrau 336-338, 348, 501-502
Missionarskinder 502, 513
Missionsdirektion / Missionsleitung / Deputation 24, 163, 196, 227-229, 231, 234, 236, 239, 291-293, 304, 352-253, 359, 483-484, 488, 498, 501, 506, 508, 512-513, 537, 546, 552, 569-570, 572-575, 577, 587
Missionsfarm 497, 499-500, 505-506, 521, 538, 543, 562-563, 566, 580
Missionsfest 29, 108, 112, 301, 369, 497-498
Missionsfotografie 111, 116
Missionsfriede v. Okahandja (1870) 576
Missionskolonisten, vgl. Kolonisation
Missionskonferenz 163, 187, 195, 517, 519, 535, 537-538
Missionskonferenz Edinburgh (1910) 196, 298
Missionsschulen, vgl. Bildung
Missionsseminar 194, 241, 303, 369, 477, 497, 523, 542
Missionsstaat 556

Missionsstation 37, 60, 67, 69, 119, 186, 228, 233, 261, 263-264, 280-281, 291, 293-297, 303-304, 335, 341, 362, 368, 370, 378, 421, 437, 442, 445, 448, 452-453, 455, 462, 466, 471-472, 477, 479-483, 487-490, 492, 494, 497-498, 501, 513, 515, 518, 520, 529-530, 533, 536, 538-539, 541-543, 547-550, 552, 558, 562, 565, 582-588, 605
Mitarbeiter, einheimische 75, 111, 119-120, 228, 300, 302-304, 375, 517-520, 534-535, 546-547, 580, 596, 597, 602
Mobilmachung 271, 377, 456
Mönchtum 528
„Mohammedaner", vgl. Islam
Munition 271, 556, 661

‚Nächstenliebe' 95, 132-133, 141-142, 145, 151, 190, 204, 250, 383, 434, 615-617
Namakonferenz (RMG) 571-572
National Arbitration and Peace Congress (1907) 126
National Lutheran Council of America 501
National Party (NP) 271, 274, 278
National Preparatory Committee for the Commemoration of 1904 (NPCC04) 48-49
Nationalbewusstsein 19, 38, 157, 532
Nationalismus 17, 21, 24, 27-28, 43, 47, 58, 69, 93, 96, 108, 121-123, 125-127, 129-131, 133-135, 137, 140, 143, 145, 148-149, 154-159, 163, 237, 248, 273-275, 277-278, 281, 301, 308, 315, 318, 323, 333, 339, 388-389, 424, 442, 446, 531
Nationalität 26-27, 45, 60-61, 134, 152, 154, 157, 175, 181, 188, 191, 248, 314
Nationalkirche 153, 180
Nationalsozialismus 15, 34, 58, 180, 207, 211, 213-214, 218-222, 229, 249, 252, 270, 282-283, 329, 351, 357
Native Trust and Land Act (1936) 507
Natives Land Act (1913) 269-270, 499
Naturalisation 221-222, 248, 273
Naturvölker 94, 474, 476, 606
Nederduitse Gereformeerde Kerk / Niederländisch-reformierte Kirche 289, 438-439, 442, 444, 451, 597, 610
Négritude 44
Neutralität 83, 273, 279, 294, 459, 483
Norwegische Kirchenmission (NKM) 290
Norwegische Mission (NM) 290, 292-293, 303, 582

Oblaten des Heiligen Franz von Sales 237
Obrigkeitslehre 26, 125, 133, 480, 484
Ochsenwagen 370-371, 497, 580
Odendaal-Plan (1964) 555
Ökumene, ökumenisch 5, 22-23, 28, 63, 65, 156, 158, 235, 358, 393, 395, 399, 442, 529, 524, 529-531
Oorlam 52, 115, 226, 337, 445-446, 555-556, 561
‚Opferdiaspora' 44
Order of Ethiopia 451-452
Ordination 125, 132, 228, 289, 293, 303-304, 369, 408, 444, 519, 527, 533-534, 537, 545, 547, 552, 601-602
‚Orientalismus' / Orientalistik 114, 120, 141, 179, 386
Orthodoxie 198-199, 428, 524
Otavi-Minen-Gesellschaft 239
Oxford Bewegung 442-443

Pacht / Pächter / Pachtzahlung 438, 497-501, 503, 505-507, 543, 578
Pan-Afrikanismus 44, 208
Parität, konfessionelle 62, 74, 238
Partikularität 185, 202-205, 207
Partizipation, partizipatorisch 6, 8, 50, 184, 216, 223, 305, 516, 520, 524, 546-547
Passgesetze / Passmarke, vgl. Eingeborenengesetzgebung
Pastorennationalismus 318
Paternalismus 9, 120, 147, 304, 444, 518, 520, 536, 546
Patriotismus, patriotisch 149, 156, 246, 253, 270-273, 277, 279-280, 485, 601
Pazifismus, Pazifisten, pazifistisch 126, 144, 146, 272
‚Persönlichkeit' 143, 180, 194, 203-204, 206, 319, 476
Pfarrkonferenz / Pastoralkonferenz 88, 98-100, 105, 112, 242-245, 251, 361, 389
Pfarr-Witwen und Waisenfonds 95, 407
Pietismus 25, -26, 28, 36, 60, 139, 158, 181, 194, 199, 201, 229, 288, 291, 311, 474, 476, 478, 486, 513, 519-520, 524, 526, 551
Plakkerwet (1887) 541
Politieke Raad / Politischer Rat d. VOC (Kapstadt) 255-256, 395-397

Präses 3, 5, 46, 70, 252, 294, 299, 328-329, 370-371, 413, 487-488, 498, 544-545, 562, 573, 601-602
Presbyterial-synodal 398, 544
Presse 46, 50, 77, 134, 145, 162, 215, 234, 272-273, 275-276, 278-280, 332, 347, 358, 482, 579
Preußische Landeskirche 19-20, 62-65, 68-71, 81, 94, 149-150, 152-153, 245, 265, 377, 389, 417
‚Priestertum der Gläubigen' 175, 524
Privatschule, vgl. Bildung
Proletariat 17, 214, 315-317, 325, 352, 493
Propaganda 15, 46, 110, 140, 158, 163-164, 166, 167, 172-173, 185-186, 273, 280-281, 363, 384, 478, 481, 597
Protektorat, vgl. Schutzgebiet
Provisionele Kerken-Ordre voor de Bataafsche Volksplanting aan de Kaap de Goede Hoop (1804), vgl. Kirchenordnung
Public Welfare and Moratorium Act (1914) 277

Quietismus 135

„Rasse" 12, 21, 23, 27, 29, 33, 42, 44, 49, 96, 119-120, 129, 142, 147, 163, 168, 170, 171, 175-176, 178-179, 196, 325, 239-241, 253, 266, 276-277, 314, 317-318, 323, 325, 328-329, 331, 332, 337, 367, 441, 451, 508, 531, 589, 591, 600
– Hautfarbe 23, 34, 54, 126, 207, 249, 381, 600-601
– „niedere Rasse" 170, 183
– „Rassenbewusstsein" / „Rassendenken" 318, 327
– Rassendünkel / Rassenchauvinismus / Rassenideologie 193, 318, 514, 549
– Rassenbiologie / Rassenforschung / Rassenpsychologie / Rassentheorie 194, 196-197, 241, 597, 604
– Rassenpolitik 233, 321, 327, 539
– Rassenschande 253
– Rassenunruhen 283
– Verordnungen zum Schutz der weißen Rasse (1905) 239
Rassentrennung 12, 22-23, 29, 34-36, 48, 171, 218, 227, 233, 240, 243, 265, 269, 271, 288, 305, 393, 451, 503, 505, 508-509, 523, 540, 553, 579, 600

Rassismus 9, 27-28, 35-36, 45, 108, 119, 129, 195, 197-198, 227, 279, 318-319, 321, 329, 390, 451, 592, 598-603
Rat der Siebzehn (VOC) 256, 396-397
Rauhes Haus (Hamburg) 38
Recht, öffentliches 82, 97, 145
Recht, privates / Privatrecht 80, 97-98, 562, 565-566
Reformation 24, 59, 98, 152, 154, 185, 189-190, 243, 245, 253, 294, 395, 410
Reformierte Kirche / reformiert 15, 29, 34, 61, 66, 228, 232, 247, 256-259, 286-291, 304, 308, 381, 394-398, 400, 402-404, 417-418, 421, 435-436, 438-439, 442, 444, 451, 524, 533, 601, 610
Regierungsschule, vgl. Bildung
‚Reich Gottes' 25, 90, 94, 143, 158, 183, 319, 367, 480-481, 483, 486, 493, 551, 585
Reichsdeputationshauptschluss (1803) 38
Reichskanzler 24, 82, 98, 103, 122, 127, 136, 197, 275, 483-485, 489, 577, 579
Reichskolonialamt Kolonialabteilung des AA 80, 168, 197, 215, 240, 245, 275, 356, 358, 375, 377, 383-384, 388-389, 490, 516
Reichstag 21, 24, 114, 122, 148, 164, 182, 193, 195, 197, 207, 215, 240, 245, 483, 597
Reinheit / Reinlichkeit 67, 94, 119, 159, 182, 252, 321, 330-331, 402-403, 422, 467, 479, 514, 527, 589
Reiseprediger 88, 205, 244, 254
Reiterdenkmal / „Friedensdenkmal" (Windhoek) 449,
Religionsfreiheit 20, 69, 258, 396-397, 436
Religionsgeschichte 165, 202
Religionsgeschichtliche Schule 190, 201-202, 204, 477
Reparationen, vgl. Entschädigung
Reservate 37, 472, 488-494, 562-565, 569, 574-580, 585, 588
– Allerhöchste Verordnung, betr. die Schaffung von Eingeborenen-Reservaten in dem südwestafrikanischen Schutzgebiete (Reservatsverordnung) 569, 574-578
– Missionsreservat 585
Revolution (1848) 60, 81, 308, 318, 399, 513
Rheinische Missionsgesellschaft (RMG) 24, 29, 31, 38, 48, 57-58, 61, 66, 69, 75, 84-85, 107-113, 115-117, 119-120, 161-162, 165-167, 169-170, 172, 205, 227-231,

233-239, 240-241, 243, 247, 250, 252, 259, 285-286, 290-291, 295, 328, 349, 351-352, 354, 356, 360-362, 367-376, 378-379, 381-383, 385, 387-390, 406-408, 442-443, 445-448, 450, 471-473, 476, 481, 483-484, 487-488, 492-493, 511-513, 515-521, 555, 561, 566-567, 569-571, 573-577, 579-580, 582-583, 588, 594-595, 597, 607

Rheinischer Verband des Evangelischen Afrika-Vereins 165, 167, 172

Rheinischer Verein für ärztliche Mission 113

Rinderpest 212, 457

Riogradenser Synode 85

Ruhegehaltskasse 95

Säkularisierung 144, 206, 351, 529

Schatzamt 30, 384

Schlacht a. Waterberg (1904) 35, 48, 50, 380, 382-383, 485

Schlacht a. d. Somme (1916) 270, 282

Schlacht v. Isandlwana (1879) 295

Schlacht v. Nooitgedacht (1900) 464

‚Schöpfungsordnung' 502, 531, 551, 593

Schreuder Mission 293

Schuld, vgl. Bekenntnis u. Entschuldigung

Schule, vgl. Bildung

Schulverein, deutscher, vgl. Bildung

Schutzgebiet / Protektorat 20, 31, 39, 59, 61, 69, 73-83, 89-90, 94-98, 101, 105, 110, 114, 134-135, 152-153, 165, 168, 172, 176, 181-183, 188-189, 222, 231, 239, 243-244, 246, 250, 252, 351, 309, 314, 319, 363, 377-378, 381, 383, 384, 388, 457, 513, 515, 569, 574, 576, 580

Schutzgebietsgesetz (1886 / 1900) 69, 82, 97, 245

Schutztruppe 69, 126, 212, 246, 275-276, 349-350, 367, 371, 374, 448, 490, 559, 564, 572, 577

Schutzverträge 20, 126, 134, 471, 484, 558, 561-563, 576, 605

Schwarzburgischer Kirchenrat 81

„Schwarze Pest" / „Schwarze Gefahr" 328, 329, 332-333

Schwedische Kirchenmission (SKM) 290, 295, 303

‚Seele' 92, 111, 116, 123, 131, 133, 141, 166, 184, 186, 193-203, 206-208, 301, 330, 355, 364, 421, 516, 525-528, 601, 603, 609-610

Seelsorge 67, 74, 77, 98, 115-117, 166, 209, 229, 237, 245, 287, 288, 296-297, 350-351, 353, 355, 360, 368, 371, 376, 386, 389, 418, 448, 452, 535, 536, 541, 543, 574, 583

Selbstabschließung 22-23, 25-26, 28-29, 45

Selbstverwaltung 19, 169, 211, 216, 220-221, 440, 452, 488, 532, 535, 547, 602

self-governing / self-supporting / self-propagating; Selbst-Erhaltung / Selbst-Verwaltung / Selbst-Ausbreitung 530, 535, 546, 599

Siedlungskolonie 41, 96, 168, 198, 211-213, 215, 217, 219, 555, 569

Sittlichkeit 18, 140, 144-149, 155, 161, 167, 178, 180, 187, 195, 240, 250, 363-364, 401, 414, 514, 516, 518, 571

Sklaverei / Sklave / Versklavung / Sklavenhandel 112, 147, 165-166, 258-259, 287-288, 290-291, 396, 401-402, 435-437, 509, 517, 521, 524, 530, 534, 540, 552, 594, 600, 615

– geistige 591-592, 598, 600-601, 603

– Sklavenbefreiung 401, 524, 534

Society for the Propagation of Christian Knowledge (SPCK) 442

Society for the Propagation of the Gospel (SPG) 438

Sonntagsschule 112, 339, 546

South African Native National Congress 270

South African Party (SAP) 269

South West Africa Peoples' Organisation (SWAPO) 566

Souveränität 76, 132, 134, 141, 152, 561-562

Sozialdarwinismus, vgl. Darwinismus

Sozialdemokratische Partei Deutschlands (SPD) 597

Sozialismus 282-283, 318

Sprache 12, 15, 23, 266, 374, 599

– Afrikaans 288, 302, 321

– afrikanische / einheimische / Volkssprache 109-110, 227, 288, 302, 337, 516, 549, 620

– deutsche 16-18, 21, 31, 34, 37, 40, 59, 61, 90, 95, 128-129, 149, 152, 154, 220, 222, 235, 248, 252-253, 256, 262, 264, 266, 288, 301-302, 307-309, 311-315, 317-322, 324, 326, 328, 377, 404-405, 416-418, 431-432, 440, 595, 620

– englische 16, 26, 51, 54, 166, 262, 302, 331, 595

- französische 166, 274, 288
- fremde / Fremdsprachenunterricht 381 516
- isiXhosa / Xhosa 262
- isiZulu / Zulu 295, 547
- liturgische 50
- kapholländische 226, 288, 369, 445
- Khoekhoegowab / Khoikhoi / Nama 227, 248, 359, 369, 378, 597
- Muttersprache 231, 256, 310, 314, 317, 339, 405, 420, 430, 432, 516, 548
- niederländische / holländische 15, 66, 258, 308, 380, 398-400, 403-404, 407, 417
- Oshivambo 359
- Otjiherero 359, 369, 378
- Plattdeutsch / Niederdeutsch 256, 262, 302, 316, 337, 431, 540
- Setswana / Tswana / Setschwana 547
- sorbische 262
- Südwester Deutsch 231, 248
- Tshivenḓa / Venda 304
- Unterrichtssprache 516-517

Staatskirchenrecht 19-20, 62, 75, 98, 152, 411
- Kolonialstaatskirchenrecht 69

Steuern 98, 543
Südafrikanischer Krieg (1899-1902) 52, 263, 266, 269-272, 274, 282, 297-298, 301, 455-457, 459, 461, 463, 465, 467-469, 489, 493, 498, 537
Südwester „Deutschtum" 248-249
Südwester Identität 320
Südwester Nationalismus 21, 248
Sultan 134, 136, 421
Synodalordnung 65, 68, 92-93, 99, 298, 411-413, 544
Synodalverfassung 411, 413
Synode 5, 16, 19, 21, 26-28, 57, 65-68, 70, 84-85, 88, 93, 99, 103-105, 151, 157, 225, 251-254, 263, 266, 285, 289, 293-294, 296-300, 312, 380-381, 387, 393, 409-418, 444, 450, 497-498, 505, 509, 535, 544-545, 613, 616
‚System Leutwein' 35, 211

Tempelgesellschaft / Templer 25, 135
Trans-Nationalismus 33-34
Trappisten 265, 584
‚Trübsal' 487-488, 493

Ubuntu 592-593, 595, 597-598, 603-605, 610

Übersetzer / Übersetzung 54, 208, 227, 326, 354-355, 374, 446, 517, 521, 544, 597, 599
uhuru-Bewegung 595
Uitlander 461-462
Union, Kirchenunion 59, 71, 83, 87, 89-91, 291, 294, 301, 409-410, 417, 443
- Utrechter Union (1579) 256, 395

Universalanspruch / Universalismus 27-28, 32, 47, 93, 126, 130-133, 135-136, 145, 154, 179, 180, 194, 199-200, 202-203, 205, 207, 441, 472-475, 477-479, 481, 483, 485-486, 494

Vaterland 39, 74, 91, 118, 123, 134, 149, 151, 178, 181, 237, 245, 278, 331, 340, 373, 463, 483, 594, 607-608
Verein für Deutsch-evangelisches Leben in den Schutzgebieten und im Ausland (Breslauer Verein) 80, 249, 363-364
Verein zur Beförderung der evangelischen Gemeinden Brasiliens 61
Vereine, deutsche 16, 18-19, 31, 248, 325
- Allgemeiner Deutscher Sprachverein 18, 232
- Bürgerverein 355
- Debattiervereine 225
- Frauenverein 110, 344
- Gesangsverein 255, 311, 431
- Jünglingsverein 113, 311
- Kegelverein 255
- Nähvereine 311
- Schwimmverein 255
- Strickverein 112
- Turnverein 255, 431

Vereenigde Oostindische Compagnie / Vereinigte Ostindische Kompanie (VOC) 15, 58, 66, 255-256, 286-287, 304, 307, 395-396, 398, 435-436, 533
Vereinigung zur Errichtung einer deutschen evangelischen Kolonialschule 165
Verkehr / Weltverkehr 59, 74, 75, 121, 177, 497
Versailler Vertrag (1919) 83-84, 249-250
Versöhnung 3-5, 9-11, 13, 22, 49-50, 198, 266, 495, 549, 591, 614, 616, 619
Vertrag v. Hoachanas (1858)
Völkerbund 445, 452
Völkerbundsmandat, vgl. Mandat

Völkerchristianisierung / Völkermission / Volksmission 28, 47, 189-190, 290, 479, 539, 551-552
Völkerkunde / Völkerkundemuseum 110, 165
Völkermord / Genozid 3, 5, 9, 17, 49-50, 96, 127, 352, 471, 473, 486, 490, 494, 567, 578-579, 597-598, 600, 604, 607-609
Völkerschlacht v. Leipzig (1813) 272
Volkskirche 28, 290, 311, 445, 527-528, 530-532, 551
Volkszählung 217, 248

Waisen 95, 141, 228, 257, 356, 407, 489, 514
Waldecksches Konsistorium 81
Wappen 302, 620
Wattle-Compagnie / Wattleplantage 499, 501, 503, 505-508
Weimarer Reichsverfassung (1919) 69, 152
Weltbürgertum, vgl. Kosmopolitismus
Weltkultur, vgl. Kultur
Weltmacht / Weltmachtpolitik 121-124, 128, 139-140, 142-143, 145-146, 148-149, 154-155, 189, 301
Weltreligion 152, 156, 179, 189
‚Weltvolk' 169-170
Werturteil 474-475, 481
Wesleyaner, vgl. Methodisten
„Wilde", vgl. Kultur
Wirtschaftskrise 21, 219

Württembergische Landeskirche 72
Zivilisation / Civilisation 12, 110, 114, 118-119, 172, 181, 183, 199-200, 205, 229, 271, 331, 333, 437, 529, 542, 583, 594-595, 600-601, 607
Zivilisierung 149, 530
Zivilisierungsmission 168, 198, 477
Züchtigungsrecht, vgl. Eingeborenengesetzgebung
Zuid Afrikaansche Genootschap ter bevordering van de Uitbereiding van Christus Koningrijk 289
Zulukrieg (1879) 295
Zulumission 294, 303, 502, 504, 543
Zwang zur Arbeit / Zwangsarbeit / Zwangsumsiedlung, vgl. Eingeborenengesetzgebung
Zwei-Regimenter-Lehre 144-145, 149, 532-533
– Geistliches Regiment 148
– Weltliches Regiment 145
Zwei-Reiche-Lehre 520, 532
Zweiter Weltkrieg 16, 43, 88, 176, 228-229, 241, 243, 283, 423, 432, 566, 607, 620

Autorinnen und Autoren

Besten, Julia

ist geschäftsführende Mitherausgeberin des Sammelbands und Geschäftsführerin des Studienprozesses. Sie hat Afrikanistik, Allgemeine Sprachwissenschaft und Deutsche Philologie an der Universität zu Köln studiert. 2002-2005 führende Verantwortung für die Gedenkveranstaltung und Ausstellung zum 100. Jahrestag des Kolonialkrieges in Namibia für die Vereinte Evangelische Mission. Seit 2005 Geschäftsführerin der Archiv- und Museumsstiftung der VEM.

Bodenstein, Maren

ist im südafrikanischen Herrmannsburg (Natal), einer deutschen Missionssiedlung, aufgewachsen. Schon ihre Großeltern sind als Missionarsfamilien nach Südafrika übergesiedelt. Derzeit lebt sie als freischaffende Autorin und Referentin mit ihrem Ehemann in einem buddhistischen Zentrum am Magaliesberg.

Dedering, Tilman

ist Mitherausgeber des Sammelbands. Er hat an der Freien Universität Berlin Ethnologie studiert und an der Universität Kapstadt im Fachbereich für afrikanische Geschichte promoviert. Er ist außerplanmäßiger Professor für Geschichte an der Universität von Südafrika in Pretoria. Seine Forschungsschwerpunkte sind namibische und südafrikanische Geschichte.

Eberhardt, Martin

hat Geschichte und Politologie in Konstanz und Stockholm studiert. Promotion am Lehrstuhl für Neuere und Neueste Geschichte von Prof. Jürgen Osterhammel an der Universität Konstanz zur Geschichte der deutschen Bevölkerungsgruppe in Namibia. Seit 2007 Leiter einer Arbeitsgruppe bei der Mull & Partner Ingenieurgesellschaft mbH in Hannover im Bereich der Erkundung militärischer Altlasten und bei der Ermittlung von Kampfmittelverdachtsflächen.

Engel, Lothar

Nach dem Theologiestudium in Wuppertal, Tübingen und Legon (Ghana) hat er über die Geschichte der Rheinischen Missionsgesellschaft in Namibia an der Universität Hamburg promoviert. Er war Dozent am *Lutheran Theological College* in Makumira (Tansania) und Referent im Evangelischen Missionswerk in Deutschland. Er hat zu Fragen der theologischen Ausbildung und zu ökumenischen Themen publiziert.

Fintel, Martin von

verbrachte seine Kindheit auf der Missionsstation Edlomodlomo im Zululand (KwaZulu-Natal). Nach einer Banklehre arbeitete er ab 1965 zunächst als Rechnungsführer und ab

1974 als Geschäftsführer der Landwirtschaftlichen Abteilung der Hermannsburger Mission in Südafrika. Im Jahr 1981 übergab die Mission den gesamten Grundbesitz der Evangelischen Lutherischen Kirche im Südlichen Afrika (ELCSA), die die Verwaltung dieses Vermögens über die *ELCSA Property Management Company* abwickelte. Im Jahr 1992 übernahm von Fintel die Leitung dieser Gesellschaft. Diese Aufgabe führte er bis zu seinem Ruhestand im Jahr 2001 aus.

Hasselhorn, Fritz

hat Mathematik und Geschichte in Heidelberg und Göttingen studiert. Es folgte ein Aufbaustudium in Pädagogik und Volkswirtschaft. Promotion 1986 am Fachbereich Historisch-Philologische Wissenschaften in Göttingen zur Hermannsburger Mission in Südafrika im Spannungsfeld der Kolonialpolitik. Er ist Mitglied der Deutschen Gesellschaft für Missionswissenschaft und sein Forschungsschwerpunkt liegt in Fragen von Mission und Kolonialismus in Südafrika.

Hinz, Rudolf

ist Pastor und Oberkirchenrat der Nordelbischen Ev.-Luth. Kirche. Er war von 1983-1989 Afrikareferent im Außenamt der EKD. Er arbeitete als Dezernent für Mission, Ökumene und Entwicklungsdienst im Kirchenamt der Nordelbischen Ev.-Luth. Kirche und leitete später den Weltdienst des Lutherischen Weltbundes in Genf. Als Dozent lehrt er Interkulturelle Theologie und Ökumene an der Theologischen Fakultät der Universität Kiel. Seine Forschungsschwerpunkte sind die Geschichte der ökumenischen Bewegung und die Kirchen im südlichen Afrika. Er ist Mitglied des Wissenschaftlichen Beirats des Studienprozesses.

Hohmann, Christian

ist Mitherausgeber des Sammelbands. Er war von 2000-2004 Pfarrer für Ökumene und Erwachsenenbildung im Kirchenkreis Koblenz und ist seither Regionalpfarrer für Mission, Ökumene und Weltverantwortung (MÖWe) in der Evangelischen Kirche von Westfalen sowie Studienleiter am Zentrum für Mission und Diakonie der Vereinten Evangelischen Mission. Er hat zum Thema der Einheit in den lutherischen Kirchen Südafrikas im Kontext ihrer Entstehung und im Spannungsfeld der Rassentrennung promoviert, hat dazu mehrfach das südliche Afrika besucht und arbeitet im Koordinierungsausschuss und Wissenschaftlichen Beirat des EKD-Studienprozesses mit.

Isaak, Paul John

ist ordinierter lutherischer Theologe der Republik Namibia, Professor für Missionswissenschaft sowie akademischer Dekan am Ökumenischen Institut Bossey, Schweiz. Außerdem ist er Rezensionsredakteur beim *International Review of Mission*, der Zeitschrift des Ökumenischen Rats der Kirchen. Viele Jahre lehrte er an der Universität von Namibia und war Gastprofessor am *Wartburg Theological Seminary* in Dubuque, Iowa, USA, am *Makumira University College* in Usa-River, Arusha, Tansania und an der Kirchlichen Hochschule in Wuppertal, Deutschland. Seine Forschungsschwerpunkte sind der koloniale Einfluss der christlichen Mission und afrikanische Theologie. Seine Doktorarbeit behandelt Anthropologie und Ethik in der Theologie von Karl Barth (*Lutheran School of Theology*, Chicago, USA).

Kampmann, Jürgen

Studium der evangelischen Theologie in Münster und Basel (Schweiz).1990 Promotion zum Dr. theol. durch die Evangelisch-Theologische Fakultät der Westfälischen Wilhelms-Universität Münster, dort 1997 auch Habilitation. 2002–2006 Leiter des Instituts für Westfälische Kirchengeschichte an der Evangelisch-Theologischen Fakultät in Münster, seit 2006 Inhaber des Lehrstuhls für Kirchenordnung und Neuere Kirchengeschichte an der Evangelisch-theologischen Fakultät der Eberhard Karls Universität Tübingen. Vielfältige Veröffentlichungen zur westfälischen und preußischen Kirchengeschichte mit Schwerpunkt auf Fragen der Kirchenordnung und der Ethik. Er ist Mitglied des Wissenschaftlichen Beirats des Studienprozesses.

Kößler, Reinhart

Studium der Soziologie, Osteuropäischen Geschichte, Mittleren und Neueren Geschichte, Ethnologie sowie Chinakunde in Heidelberg, Leeds und Münster. Dort seit 1993 apl. Professor für Soziologie. Er arbeitet seit 2006 am Arnold-Bergstraesser-Institut in Freiburg und ist Gründungsmitglied und Redakteur der Zeitschrift *Peripherie*. Seit 1980 im Vorstand der Informationsstelle Südliches Afrika (ISSA) e.V. Bonn. 2006-2010 Sprecher Westdeutschland des Deutsch-Schweizer Komitees der *Archives of Anti-Colonial Resistance and Liberation Struggle*. Vielfältige Veröffentlichungen zur namibischen Geschichte und Politik sowie zur Frage des Umgangs mit der Kolonialvergangenheit.

Kriel, Lize

Die südafrikanische Historikerin ist Mitherausgeberin des Sammelbands. Sie lehrt als außerplanmäßige Professorin an der Universität Pretoria, Südafrika. Promotion zum Thema *The ‚Malaboch' books. Kgaluši in the „civilisation of the written word*. Ihr Forschungsinteresse gilt transkulturellen Begegnungen von europäischen und afrikanischen Frauen und Männern, wie sie in kolonialen Schriftzeugnissen und Missionsberichten (Tagebüchern) dokumentiert sind. Ein Schwerpunkt liegt auf der Rolle der Frau in kolonialen Zusammenhängen.

Lessing, Hanns

ist Vorsitzender des Studienprozesses und Herausgeber dieses Sammelbands. Er arbeitet als Gemeindepfarrer in Dortmund und engagiert sich seit vielen Jahren zum Thema des Umgangs mit der Kolonialvergangenheit: 1995-2002 Dozent für Systematische Theologie am *United Lutheran Theological Seminary* in Namibia. 2002-2005 Mitglied im Ausschuss der Vereinten Evangelischen Mission für die Vorbereitung der Gedenkveranstaltungen zum 100. Jahrestag des Kolonialkriegs in Namibia. Seit 2009 stellvertretender Vorsitzender der Archiv- und Museumsstiftung der VEM. Promotion zum Thema *Deutsche Kolonialtheologie. Eine postkoloniale Kritik der Machteffekte des christlichen Universalanspruchs in den Missionslehren von Ernst Troeltsch, Gustav Warneck und Martin Kähler.*

Melck, Marcus

studiert Geschichte an der Universität Pretoria, Südafrika, und erforscht hier insbesondere die Identität deutscher Einwanderer. Seine Masterarbeit wird die *Afrikadeutschen aus Kroondal 1881-1949* behandeln. Derzeit ist er hauptamtlich als Trainer der südafrikanischen Nationalmannschaft im Kanurennsport tätig und lebt in Kapstadt.

Ottermann, Reino

ist in Kroondal aufgewachsen und hat in Stellenbosch, Frankfurt am Main und Berlin studiert. Er war von 1978-1998 Professor für Musikwissenschaft in Stellenbosch. 1967-1997 war er Vorsitzender der Synode der Kapkirche und 1982-1997 Vorsitzender der Generalsynode der VELKSA. In Sachen Liturgie und Gesangbuch hat er in verschiedenen Kommissionen der VELKSA und der FELCSA mitgewirkt.

Pakendorf, Gunther

ist 1944 in Middelburg (Südafrika) geboren. Studium der Germanistik an der Universität Witwatersrand (Johannesburg); Promotion an der Universität Kapstadt 1983. Lehrtätigkeit in Johannesburg und Kapstadt, außerordentlicher Professor in der *School of Languages and Literatures* der Universität Kapstadt. Seit Anfang 2010 emeritiert, zurzeit außerordentlicher Professor im *Department of Modern Foreign Languages* der Universität Stellenbosch. Zu den Forschungsinteressen gehören die Literatur der Goethezeit und der Moderne, zeitgenössische deutsche Erzählliteratur, Kolonialliteratur und der postkoloniale Diskurs, ferner die Schriften der deutschen Missionare in Südafrika.

Rabe, Lizette

hat an der Universität Stellenbosch, Südafrika, promoviert und dort eine Professur sowie die Leitung des Graduiertenprogramms im Bereich Journalismus inne. Ihre Forschungsinteressen sind Medien- und Kulturgeschichte, Medien und Genderfragen und Medienerziehung. Sie ist Mitglied in verschiedenen Berufsverbänden, hat eine Reihe von Büchern verfasst bzw. mit-verfasst und mehr als zwanzig Jahre lang als Journalistin gearbeitet. Als erste Frau wurde sie zur Herausgeberin einer afrikaanssprachigen Veröffentlichung der Naspers-Gruppe ernannt; auch die Stelle der Direktorin des Fachbereichs Journalismus der Universität Stellenbosch bekleidet sie als erste Frau. Sie hält einen *Rector's Award in Teaching Excellence* der Universität Stellenbosch, ist Mitbegründerin der *Salzburg Global Seminar's Academy* und engagiert sich in verschiedenen Gemeindeprojekten.

Rempfer, Dorothee

Studium der Neueren und Neuesten Geschichte, Multimedia in den Geistes- und Sozialwissenschaften und der Angewandten Kulturwissenschaften an der Universität Karlsruhe. Magisterarbeit zum Thema *Nationale Versöhnung durch Vergangenheitsbewältigung? Das Beispiel Ruanda unter besonderer Berücksichtigung der ‚Grass-roots-Justice' gacaca*. Promoviert zum Thema *Wahrnehmung, Darstellung und Transformation von Geschlechterkonstruktionen. Ein Vergleich am Beispiel der Rheinischen Missionsgesellschaft (RMG)*. Seit November 2007 am Lehrgebiet für Neue Europäische und Außereuropäische Geschichte der FernUniversität in Hagen beschäftigt.

Roller, Kathrin

Studium der Geschichte, Ethnologie und Politikwissenschaften in Rom und Berlin; 2004-2010 wissenschaftliche Mitarbeiterin am Institut für Afrikanistik der Universität Leipzig (Forschungsprojekt über die Geschichte lutherischer *prayer women* in Südafrika); Vorstandsmitglied der Berliner Gesellschaft für Missionsgeschichte. Arbeitsschwerpunkt sind die Interdependenzen zwischen *gender – race – religion*. Publikationen zur polnisch-deutschen Migrationsgeschichte, zur Missions- und Kolonialgeschichte sowie zur Geschichte einer namibisch-deutschen Missionarsfamilie.

Ruppenthal, Jens

seit April 2003 Wissenschaftlicher Mitarbeiter am Historischen Institut der Universität zu Köln. Studium der Mittleren und Neueren Geschichte, der Alten Geschichte und der Philosophie an der Christian-Albrechts-Universität zu Kiel. Promotion an der der Christian-Albrechts-Universität zu Kiel zum Thema *Kolonialismus als „Wissenschaft und Technik". Das Hamburgische Kolonialinstitut 1908 bis 1919*. Sein Forschungsinteresse liegt in der Geschichte kolonialer Institutionen in Deutschland.

Saenger, André

analysiert beim *CFD-Broker IG Markets* die internationalen Aktien-, Währungs- und Rohstoffmärkte. Ferner betreut er das Ressort Kommunikation und Public Relations. Seit Jahren arbeitet André Saenger als Journalist und schrieb unter anderem für das Wirtschaftsmagazin *Capital* und die Nachrichtenagentur Dow Jones. Er studierte Außereuropäische Gesichte, Soziologie und Politik an der Universität Duisburg-Essen. Seine Magisterarbeit schrieb André Saenger über die Landpolitik der Rheinischen Missionsgesellschaft in Deutsch-Südwestafrika. Dafür erhielt er im Jahr 2009 den Studienpreis der Archiv- und Museumsstiftung der VEM.

Scriba, Georg

ist auf den Missionsstationen Ehlanzeni und Epangweni unter den Zulu in Natal aufgewachsen. Er studierte Theologie in Pietermaritzburg, Heidelberg und Erlangen. Pastoraler Dienst in Durban, Augsburg-Braunschweig und Kroondal. 1991-2003 Vizepräses und Stellvertretender Bischof der ELKSA(N-T). 1992 wurde er Studienleiter an der Ausbildungsstätte der Vereinigten Evangelisch-Lutherischen Kirche im südlichen Afrika in Pietermaritzburg und Dozent in Kirchengeschichte an der *School of Religion and Theology* der Universität von KwaZulu-Natal. Zusammen mit seiner Frau Inge war er an der Überführung und Zusammenlegung der Seminare und der Bibliotheken des *Umphumulu Lutheran Theological Seminary* und des *Lutheran House of Studies zum Lutheran Theological Institute* in Pietermaritzburg 2002/3 wesentlich beteiligt. Seit 2008 ist er Pastor in der ev.-luth. Gemeinde Pietermaritzburg.

Ward, Kevin

ist in Leeds geboren und hat in Edinburgh und am *Trinity College* in Cambridge Geschichte studiert. Er ist Dozent für afrikanische Religionswissenschaften am Institut für Theologie und Religionswissenschaften der Universität Leeds. 20 Jahre lang hat er in Ostafrika Theologie gelehrt und wurde von der (anglikanischen) Kirche Ugandas ordiniert. Forschungsschwerpunkte sind die Geschichte des Christentums in Afrika, die Beziehungen von Kirche und Staat in Afrika, Religion und Apartheid, traditionell-afrikanische Religionen und Homosexualität und christliche Theologien.

Wellnitz, Britta
Studium der Rechtswissenschaft an der Albert-Ludwigs-Universität in Freiburg i. Br.; Juristin in der Abteilung Rechtsangelegenheiten mit Bezug zu Studium und Lehre der Albert-Ludwigs-Universität. Promotion zum Thema *Deutsche evangelische Gemeinden im Ausland. Ihre Entstehungsgeschichte und die Entwicklung ihrer Rechtsbeziehungen zur Evangelischen Kirche in Deutschland*.

Wendt, Reinhard
lehrt Neuere Europäische und Außereuropäische Geschichte an der FernUniversität in Hagen. Seine Arbeitsschwerpunkte liegen regional in Südostasien und Australien, inhaltlich auf der Geschichte von Kontakten, Interaktionen und Austauschprozessen zwischen westlichen und nichtwestlichen Kulturen: europäisch-überseeische Beziehungen im Spannungsfeld zwischen dem „Reiz der Ferne" und dem „Nutzen des Fremden"; Missionsgeschichte mit einem Akzent auf Missionarsphilologie; Migrationsgeschichte, Diasporen und multikulturelle Gesellschaften. Mitglied des Wissenschaftlichen Beirats des Studienprozesses.